法律与政策工具箱

不良资产处置

规定·案例·文书

苏建永　编著

法律出版社
LAW PRESS · CHINA
北京

图书在版编目(CIP)数据

法律与政策工具箱. 不良资产处置 : 规定·案例·文书 / 苏建永编著. -- 北京 : 法律出版社, 2024
ISBN 978-7-5197-8759-2

Ⅰ. ①法… Ⅱ. ①苏… Ⅲ. ①不良资产-资产管理-法规-中国 Ⅳ. ①D92②D922.291

中国国家版本馆 CIP 数据核字(2024)第 023089 号

法律与政策工具箱:
不良资产处置(规定·案例·文书)
FALÜ YU ZHENGCE GONGJUXIANG:
BULIANG ZICHAN CHUZHI
(GUIDING·ANLI·WENSHU)

苏建永 编著

策划编辑 冯雨春 邢艳萍
责任编辑 邢艳萍
装帧设计 汪奇峰

出版发行 法律出版社
编辑统筹 法律应用出版分社
责任校对 朱海波
责任印制 刘晓伟
经　　销 新华书店

开本 A5
印张 46.25　**字数** 1450 千
版本 2024 年 3 月第 1 版
印次 2024 年 3 月第 1 次印刷
印刷 北京盛通印刷股份有限公司

地址:北京市丰台区莲花池西里 7 号(100073)
网址:www.lawpress.com.cn
投稿邮箱:info@lawpress.com.cn
举报盗版邮箱:jbwq@lawpress.com.cn

销售电话:010-83938349
客服电话:010-83938350
咨询电话:010-63939796

书号:ISBN 978-7-5197-8759-2　**定价**:188.00 元
凡购买本社图书,如有印装错误,我社负责退换。电话:010-83938349

目　　录

第一部分　规范指引

第一编　不良资产处置基本法律制度

第二编　不良资产处置综合性规范

第三编　不良资产转让

第四编　呆账核销

第五编　以物抵债

第六编 金融机构债权人委员会

第七编 债 转 股

第八编　不良资产证券化与不良资产收益权

第九编　不良资产评估

第十编　违约债券处置

第十一编　金融资产管理公司与金融资产投资公司

第十二编　地方资产管理公司

第十三编　不良资产跨境转让

第二部分　典型案例

第三部分　文书范本

本书所涉机构的说明

1. 根据2018年《国务院机构改革方案》，将中国银行业监督管理委员会和中国保险监督管理委员会的职责整合，组建中国银行保险监督管理委员会，作为国务院直属事业单位。将中国银行业监督管理委员会和中国保险监督管理委员会拟订银行业、保险业重要法律法规草案和审慎监管基本制度的职责划入中国人民银行。不再保留中国银行业监督管理委员会、中国保险监督管理委员会。

2. 根据2018年《国务院机构改革方案》，组建国家市场监督管理总局，不再保留国家工商行政管理总局、国家质量监督检验检疫总局、国家食品药品监督管理总局。

3. 根据2018年《国务院机构改革方案》，组建国家林业和草原局。将国家林业局的职责，农业部的草原监督管理职责，以及国土资源部、住房和城乡建设部、水利部、农业部、国家海洋局等部门的自然保护区、风景名胜区、自然遗产、地质公园等管理职责整合，组建国家林业和草原局，由自然资源部管理。国家林业和草原局加挂国家公园管理局牌子，不再保留国家林业局。

4. 根据2018年《国务院机构改革方案》，重新组建司法部。将司法部和国务院法制办公室的职责整合，重新组建司法部，作为国务院组成部门。

5. 1952年11月16日，中央人民政府国家计划委员会成立，是国家计委前身。1954年9月，中央人民政府国家计划委员会改为中华人民共和国国家计划委员会。1993年成立国家发展计划委员会。2003年3月，根据《第十届全国人民代表大会第一次会议关于国务院机构改革方案的决定》，将国家发展计划委员会改组为国家发展和改革委员会。

第一部分　规 范 指 引

第一编　不良资产处置基本法律制度

（一）金融借款与担保制度

法　律

中华人民共和国民法典（节录）

（2020年5月28日第十三届全国人民代表大会第三次会议通过　中华人民共和国主席令第45号　2020年5月28日公布　自2021年1月1日起施行）

目　录

第十三章　宅基地使用权
第十四章　居住权
第十五章　地役权
第四分编　担保物权
第十六章　一般规定
第十七章　抵押权
第一节　一般抵押权
第二节　最高额抵押权
第十八章　质　　权
第一节　动产质权
第二节　权利质权
第十九章　留置权
第五分编　占　　有
第二十章　占　　有
第三编　合　　同
第一分编　通　　则
第一章　一般规定
第二章　合同的订立
第三章　合同的效力
第四章　合同的履行
第五章　合同的保全
第六章　合同的变更和转让
第七章　合同的权利义务终止
第八章　违约责任
第二分编　典型合同
第九章　买卖合同
第十章　供用电、水、气、热力合同
第十一章　赠与合同
第十二章　借款合同
第十三章　保证合同
第一节　一般规定

第五章　名誉权和荣誉权
第六章　隐私权和个人信息保护
第五编　婚姻家庭
第一章　一般规定
第二章　结　　婚
第三章　家庭关系
第一节　夫妻关系
第二节　父母子女关系和其他近亲属关系
第四章　离　　婚
第五章　收　　养
第一节　收养关系的成立
第二节　收养的效力
第三节　收养关系的解除
第六编　继　　承
第一章　一般规定
第二章　法定继承
第三章　遗嘱继承和遗赠
第四章　遗产的处理
第七编　侵权责任
第一章　一般规定
第二章　损害赔偿
第三章　责任主体的特殊规定
第四章　产品责任
第五章　机动车交通事故责任
第六章　医疗损害责任
第七章　环境污染和生态破坏责任
第八章　高度危险责任
第九章　饲养动物损害责任
第十章　建筑物和物件损害责任
附　　则

第一编 总 则

第一章 基本规定

第一条 为了保护民事主体的合法权益,调整民事关系,维护社会和经济秩序,适应中国特色社会主义发展要求,弘扬社会主义核心价值观,根据宪法,制定本法。

第二条 民法调整平等主体的自然人、法人和非法人组织之间的人身关系和财产关系。

第三条 民事主体的人身权利、财产权利以及其他合法权益受法律保护,任何组织或者个人不得侵犯。

第四条 民事主体在民事活动中的法律地位一律平等。

第五条 民事主体从事民事活动,应当遵循自愿原则,按照自己的意思设立、变更、终止民事法律关系。

第六条 民事主体从事民事活动,应当遵循公平原则,合理确定各方的权利和义务。

第七条 民事主体从事民事活动,应当遵循诚信原则,秉持诚实,恪守承诺。

第八条 民事主体从事民事活动,不得违反法律,不得违背公序良俗。

第九条 民事主体从事民事活动,应当有利于节约资源、保护生态环境。

第十条 处理民事纠纷,应当依照法律;法律没有规定的,可以适用习惯,但是不得违背公序良俗。

第十一条 其他法律对民事关系有特别规定的,依照其规定。

第十二条 中华人民共和国领域内的民事活动,适用中华人民共和国法律。法律另有规定的,依照其规定。

第二章 自 然 人

第一节 民事权利能力和民事行为能力

第十三条 自然人从出生时起到死亡时止,具有民事权利能力,依法享有民事权利，承担民事义务。

第十四条 自然人的民事权利能力一律平等。

第十五条 自然人的出生时间和死亡时间，以出生证明、死亡证明记载的时间为准；没有出生证明、死亡证明的，以户籍登记或者其他有效身份登记记载的时间为准。有其他证据足以推翻以上记载时间的，以该证据证明的时间为准。

第十六条 涉及遗产继承、接受赠与等胎儿利益保护的，胎儿视为具有民事权利能力。但是，胎儿娩出时为死体的，其民事权利能力自始不存在。

第十七条 十八周岁以上的自然人为成年人。不满十八周岁的自然人为未成年人。

第十八条 成年人为完全民事行为能力人，可以独立实施民事法律行为。

十六周岁以上的未成年人，以自己的劳动收入为主要生活来源的，视为完全民事行为能力人。

第十九条 八周岁以上的未成年人为限制民事行为能力人，实施民事法律行为由其法定代理人代理或者经其法定代理人同意、追认；但是，可以独立实施纯获利益的民事法律行为或者与其年龄、智力相适应的民事法律行为。

第二十条 不满八周岁的未成年人为无民事行为能力人，由其法定代理人代理实施民事法律行为。

第二十一条 不能辨认自己行为的成年人为无民事行为能力人，由其法定代理人代理实施民事法律行为。

八周岁以上的未成年人不能辨认自己行为的，适用前款规定。

第二十二条 不能完全辨认自己行为的成年人为限制民事行为能力人，实施民事法律行为由其法定代理人代理或者经其法定代理人同意、追认；但是，可以独立实施纯获利益的民事法律行为或者与其智力、精神健康状况相适应的民事法律行为。

第二十三条 无民事行为能力人、限制民事行为能力人的监护人是其法定代理人。

第二十四条 不能辨认或者不能完全辨认自己行为的成年人，其利害关系人或者有关组织,可以向人民法院申请认定该成年人为无民事行为能力人或者限制民事行为能力人。

被人民法院认定为无民事行为能力人或者限制民事行为能力人的,经本人、利害关系人或者有关组织申请,人民法院可以根据其智力、精神健康恢复的状况,认定该成年人恢复为限制民事行为能力人或者完全民事行为能力人。

本条规定的有关组织包括:居民委员会、村民委员会、学校、医疗机构、妇女联合会、残疾人联合会、依法设立的老年人组织、民政部门等。

第二十五条　自然人以户籍登记或者其他有效身份登记记载的居所为住所;经常居所与住所不一致的,经常居所视为住所。

第二节　监　　护

第二十六条　父母对未成年子女负有抚养、教育和保护的义务。

成年子女对父母负有赡养、扶助和保护的义务。

第二十七条　父母是未成年子女的监护人。

未成年人的父母已经死亡或者没有监护能力的,由下列有监护能力的人按顺序担任监护人:

(一)祖父母、外祖父母;

(二)兄、姐;

(三)其他愿意担任监护人的个人或者组织,但是须经未成年人住所地的居民委员会、村民委员会或者民政部门同意。

第二十八条　无民事行为能力或者限制民事行为能力的成年人,由下列有监护能力的人按顺序担任监护人:

(一)配偶;

(二)父母、子女;

(三)其他近亲属;

(四)其他愿意担任监护人的个人或者组织,但是须经被监护人住所地的居民委员会、村民委员会或者民政部门同意。

第二十九条　被监护人的父母担任监护人的,可以通过遗嘱指定监护人。

第三十条　依法具有监护资格的人之间可以协议确定监护人。协议确定监护人应当尊重被监护人的真实意愿。

第三十一条　对监护人的确定有争议的，由被监护人住所地的居民委员会、村民委员会或者民政部门指定监护人，有关当事人对指定不服的，可以向人民法院申请指定监护人；有关当事人也可以直接向人民法院申请指定监护人。

居民委员会、村民委员会、民政部门或者人民法院应当尊重被监护人的真实意愿，按照最有利于被监护人的原则在依法具有监护资格的人中指定监护人。

依据本条第一款规定指定监护人前，被监护人的人身权利、财产权利以及其他合法权益处于无人保护状态的，由被监护人住所地的居民委员会、村民委员会、法律规定的有关组织或者民政部门担任临时监护人。

监护人被指定后，不得擅自变更；擅自变更的，不免除被指定的监护人的责任。

第三十二条　没有依法具有监护资格的人的，监护人由民政部门担任，也可以由具备履行监护职责条件的被监护人住所地的居民委员会、村民委员会担任。

第三十三条　具有完全民事行为能力的成年人，可以与其近亲属、其他愿意担任监护人的个人或者组织事先协商，以书面形式确定自己的监护人，在自己丧失或者部分丧失民事行为能力时，由该监护人履行监护职责。

第三十四条　监护人的职责是代理被监护人实施民事法律行为，保护被监护人的人身权利、财产权利以及其他合法权益等。

监护人依法履行监护职责产生的权利，受法律保护。

监护人不履行监护职责或者侵害被监护人合法权益的，应当承担法律责任。

因发生突发事件等紧急情况，监护人暂时无法履行监护职责，被监护人的生活处于无人照料状态的，被监护人住所地的居民委员会、村民委员会或者民政部门应当为被监护人安排必要的临时生活照料措施。

第三十五条　监护人应当按照最有利于被监护人的原则履行监护职责。监护人除为维护被监护人利益外,不得处分被监护人的财产。

未成年人的监护人履行监护职责,在作出与被监护人利益有关的决定时,应当根据被监护人的年龄和智力状况,尊重被监护人的真实意愿。

成年人的监护人履行监护职责,应当最大程度地尊重被监护人的真实意愿,保障并协助被监护人实施与其智力、精神健康状况相适应的民事法律行为。对被监护人有能力独立处理的事务,监护人不得干涉。

第三十六条　监护人有下列情形之一的,人民法院根据有关个人或者组织的申请,撤销其监护人资格,安排必要的临时监护措施,并按照最有利于被监护人的原则依法指定监护人:

(一)实施严重损害被监护人身心健康的行为;

(二)怠于履行监护职责,或者无法履行监护职责且拒绝将监护职责部分或者全部委托给他人,导致被监护人处于危困状态;

(三)实施严重侵害被监护人合法权益的其他行为。

本条规定的有关个人、组织包括:其他依法具有监护资格的人,居民委员会、村民委员会、学校、医疗机构、妇女联合会、残疾人联合会、未成年人保护组织、依法设立的老年人组织、民政部门等。

前款规定的个人和民政部门以外的组织未及时向人民法院申请撤销监护人资格的,民政部门应当向人民法院申请。

第三十七条　依法负担被监护人抚养费、赡养费、扶养费的父母、子女、配偶等,被人民法院撤销监护人资格后,应当继续履行负担的义务。

第三十八条　被监护人的父母或者子女被人民法院撤销监护人资格后,除对被监护人实施故意犯罪的外,确有悔改表现的,经其申请,人民法院可以在尊重被监护人真实意愿的前提下,视情况恢复其监护人资格,人民法院指定的监护人与被监护人的监护关系同时终止。

第三十九条　有下列情形之一的,监护关系终止:

（一）被监护人取得或者恢复完全民事行为能力；

（二）监护人丧失监护能力；

（三）被监护人或者监护人死亡；

（四）人民法院认定监护关系终止的其他情形。

监护关系终止后，被监护人仍然需要监护的，应当依法另行确定监护人。

第三节　宣告失踪和宣告死亡

第四十条　自然人下落不明满二年的，利害关系人可以向人民法院申请宣告该自然人为失踪人。

第四十一条　自然人下落不明的时间自其失去音讯之日起计算。战争期间下落不明的，下落不明的时间自战争结束之日或者有关机关确定的下落不明之日起计算。

第四十二条　失踪人的财产由其配偶、成年子女、父母或者其他愿意担任财产代管人的人代管。

代管有争议，没有前款规定的人，或者前款规定的人无代管能力的，由人民法院指定的人代管。

第四十三条　财产代管人应当妥善管理失踪人的财产，维护其财产权益。

失踪人所欠税款、债务和应付的其他费用，由财产代管人从失踪人的财产中支付。

财产代管人因故意或者重大过失造成失踪人财产损失的，应当承担赔偿责任。

第四十四条　财产代管人不履行代管职责、侵害失踪人财产权益或者丧失代管能力的，失踪人的利害关系人可以向人民法院申请变更财产代管人。

财产代管人有正当理由的，可以向人民法院申请变更财产代管人。

人民法院变更财产代管人的，变更后的财产代管人有权请求原财产代管人及时移交有关财产并报告财产代管情况。

第四十五条　失踪人重新出现，经本人或者利害关系人申请，人民法院应当撤销失踪宣告。

失踪人重新出现,有权请求财产代管人及时移交有关财产并报告财产代管情况。

第四十六条 自然人有下列情形之一的,利害关系人可以向人民法院申请宣告该自然人死亡:

(一)下落不明满四年;

(二)因意外事件,下落不明满二年。

因意外事件下落不明,经有关机关证明该自然人不可能生存的,申请宣告死亡不受二年时间的限制。

第四十七条 对同一自然人,有的利害关系人申请宣告死亡,有的利害关系人申请宣告失踪,符合本法规定的宣告死亡条件的,人民法院应当宣告死亡。

第四十八条 被宣告死亡的人,人民法院宣告死亡的判决作出之日视为其死亡的日期;因意外事件下落不明宣告死亡的,意外事件发生之日视为其死亡的日期。

第四十九条 自然人被宣告死亡但是并未死亡的,不影响该自然人在被宣告死亡期间实施的民事法律行为的效力。

第五十条 被宣告死亡的人重新出现,经本人或者利害关系人申请,人民法院应当撤销死亡宣告。

第五十一条 被宣告死亡的人的婚姻关系,自死亡宣告之日起消除。死亡宣告被撤销的,婚姻关系自撤销死亡宣告之日起自行恢复。但是,其配偶再婚或者向婚姻登记机关书面声明不愿意恢复的除外。

第五十二条 被宣告死亡的人在被宣告死亡期间,其子女被他人依法收养的,在死亡宣告被撤销后,不得以未经本人同意为由主张收养行为无效。

第五十三条 被撤销死亡宣告的人有权请求依照本法第六编取得其财产的民事主体返还财产;无法返还的,应当给予适当补偿。

利害关系人隐瞒真实情况,致使他人被宣告死亡而取得其财产的,除应当返还财产外,还应当对由此造成的损失承担赔偿责任。

第四节　个体工商户和农村承包经营户

第五十四条　自然人从事工商业经营，经依法登记，为个体工商户。个体工商户可以起字号。

第五十五条　农村集体经济组织的成员，依法取得农村土地承包经营权，从事家庭承包经营的，为农村承包经营户。

第五十六条　个体工商户的债务，个人经营的，以个人财产承担；家庭经营的，以家庭财产承担；无法区分的，以家庭财产承担。

农村承包经营户的债务，以从事农村土地承包经营的农户财产承担；事实上由农户部分成员经营的，以该部分成员的财产承担。

第三章　法　　人

第一节　一般规定

第五十七条　法人是具有民事权利能力和民事行为能力，依法独立享有民事权利和承担民事义务的组织。

第五十八条　法人应当依法成立。

法人应当有自己的名称、组织机构、住所、财产或者经费。法人成立的具体条件和程序，依照法律、行政法规的规定。

设立法人，法律、行政法规规定须经有关机关批准的，依照其规定。

第五十九条　法人的民事权利能力和民事行为能力，从法人成立时产生，到法人终止时消灭。

第六十条　法人以其全部财产独立承担民事责任。

第六十一条　依照法律或者法人章程的规定，代表法人从事民事活动的负责人，为法人的法定代表人。

法定代表人以法人名义从事的民事活动，其法律后果由法人承受。

法人章程或者法人权力机构对法定代表人代表权的限制，不得对抗善意相对人。

第六十二条　法定代表人因执行职务造成他人损害的，由法人承担民事责任。

法人承担民事责任后,依照法律或者法人章程的规定,可以向有过错的法定代表人追偿。

第六十三条 法人以其主要办事机构所在地为住所。依法需要办理法人登记的,应当将主要办事机构所在地登记为住所。

第六十四条 法人存续期间登记事项发生变化的,应当依法向登记机关申请变更登记。

第六十五条 法人的实际情况与登记的事项不一致的,不得对抗善意相对人。

第六十六条 登记机关应当依法及时公示法人登记的有关信息。

第六十七条 法人合并的,其权利和义务由合并后的法人享有和承担。

法人分立的,其权利和义务由分立后的法人享有连带债权,承担连带债务,但是债权人和债务人另有约定的除外。

第六十八条 有下列原因之一并依法完成清算、注销登记的,法人终止:

(一)法人解散;

(二)法人被宣告破产;

(三)法律规定的其他原因。

法人终止,法律、行政法规规定须经有关机关批准的,依照其规定。

第六十九条 有下列情形之一的,法人解散:

(一)法人章程规定的存续期间届满或者法人章程规定的其他解散事由出现;

(二)法人的权力机构决议解散;

(三)因法人合并或者分立需要解散;

(四)法人依法被吊销营业执照、登记证书,被责令关闭或者被撤销;

(五)法律规定的其他情形。

第七十条 法人解散的,除合并或者分立的情形外,清算义务人应当及时组成清算组进行清算。

法人的董事、理事等执行机构或者决策机构的成员为清算义务人。法律、行政法规另有规定的，依照其规定。

清算义务人未及时履行清算义务，造成损害的，应当承担民事责任；主管机关或者利害关系人可以申请人民法院指定有关人员组成清算组进行清算。

第七十一条　法人的清算程序和清算组职权，依照有关法律的规定；没有规定的，参照适用公司法律的有关规定。

第七十二条　清算期间法人存续，但是不得从事与清算无关的活动。

法人清算后的剩余财产，按照法人章程的规定或者法人权力机构的决议处理。法律另有规定的，依照其规定。

清算结束并完成法人注销登记时，法人终止；依法不需要办理法人登记的，清算结束时，法人终止。

第七十三条　法人被宣告破产的，依法进行破产清算并完成法人注销登记时，法人终止。

第七十四条　法人可以依法设立分支机构。法律、行政法规规定分支机构应当登记的，依照其规定。

分支机构以自己的名义从事民事活动，产生的民事责任由法人承担；也可以先以该分支机构管理的财产承担，不足以承担的，由法人承担。

第七十五条　设立人为设立法人从事的民事活动，其法律后果由法人承受；法人未成立的，其法律后果由设立人承受，设立人为二人以上的，享有连带债权，承担连带债务。

设立人为设立法人以自己的名义从事民事活动产生的民事责任，第三人有权选择请求法人或者设立人承担。

第二节　营利法人

第七十六条　以取得利润并分配给股东等出资人为目的成立的法人，为营利法人。

营利法人包括有限责任公司、股份有限公司和其他企业法人等。

第七十七条　营利法人经依法登记成立。

第七十八条 依法设立的营利法人,由登记机关发给营利法人营业执照。营业执照签发日期为营利法人的成立日期。

第七十九条 设立营利法人应当依法制定法人章程。

第八十条 营利法人应当设权力机构。

权力机构行使修改法人章程,选举或者更换执行机构、监督机构成员,以及法人章程规定的其他职权。

第八十一条 营利法人应当设执行机构。

执行机构行使召集权力机构会议,决定法人的经营计划和投资方案,决定法人内部管理机构的设置,以及法人章程规定的其他职权。

执行机构为董事会或者执行董事的,董事长、执行董事或者经理按照法人章程的规定担任法定代表人;未设董事会或者执行董事的,法人章程规定的主要负责人为其执行机构和法定代表人。

第八十二条 营利法人设监事会或者监事等监督机构的,监督机构依法行使检查法人财务,监督执行机构成员、高级管理人员执行法人职务的行为,以及法人章程规定的其他职权。

第八十三条 营利法人的出资人不得滥用出资人权利损害法人或者其他出资人的利益;滥用出资人权利造成法人或者其他出资人损失的,应当依法承担民事责任。

营利法人的出资人不得滥用法人独立地位和出资人有限责任损害法人债权人的利益;滥用法人独立地位和出资人有限责任,逃避债务,严重损害法人债权人的利益的,应当对法人债务承担连带责任。

第八十四条 营利法人的控股出资人、实际控制人、董事、监事、高级管理人员不得利用其关联关系损害法人的利益;利用关联关系造成法人损失的,应当承担赔偿责任。

第八十五条 营利法人的权力机构、执行机构作出决议的会议召集程序、表决方式违反法律、行政法规、法人章程,或者决议内容违反法人章程的,营利法人的出资人可以请求人民法院撤销该决议。但是,营利法人依据该决议与善意相对人形成的民事法律关系不受影响。

第八十六条 营利法人从事经营活动,应当遵守商业道德,维护交易安全,接受政府和社会的监督,承担社会责任。

第三节 非营利法人

第八十七条 为公益目的或者其他非营利目的成立，不向出资人、设立人或者会员分配所取得利润的法人，为非营利法人。

非营利法人包括事业单位、社会团体、基金会、社会服务机构等。

第八十八条 具备法人条件，为适应经济社会发展需要，提供公益服务设立的事业单位，经依法登记成立，取得事业单位法人资格；依法不需要办理法人登记的，从成立之日起，具有事业单位法人资格。

第八十九条 事业单位法人设理事会的，除法律另有规定外，理事会为其决策机构。事业单位法人的法定代表人依照法律、行政法规或者法人章程的规定产生。

第九十条 具备法人条件，基于会员共同意愿，为公益目的或者会员共同利益等非营利目的设立的社会团体，经依法登记成立，取得社会团体法人资格；依法不需要办理法人登记的，从成立之日起，具有社会团体法人资格。

第九十一条 设立社会团体法人应当依法制定法人章程。

社会团体法人应当设会员大会或者会员代表大会等权力机构。

社会团体法人应当设理事会等执行机构。理事长或者会长等负责人按照法人章程的规定担任法定代表人。

第九十二条 具备法人条件，为公益目的以捐助财产设立的基金会、社会服务机构等，经依法登记成立，取得捐助法人资格。

依法设立的宗教活动场所，具备法人条件的，可以申请法人登记，取得捐助法人资格。法律、行政法规对宗教活动场所有规定的，依照其规定。

第九十三条 设立捐助法人应当依法制定法人章程。

捐助法人应当设理事会、民主管理组织等决策机构，并设执行机构。理事长等负责人按照法人章程的规定担任法定代表人。

捐助法人应当设监事会等监督机构。

第九十四条 捐助人有权向捐助法人查询捐助财产的使用、管理情况，并提出意见和建议，捐助法人应当及时、如实答复。

捐助法人的决策机构、执行机构或者法定代表人作出决定的程序违反法律、行政法规、法人章程,或者决定内容违反法人章程的,捐助人等利害关系人或者主管机关可以请求人民法院撤销该决定。但是,捐助法人依据该决定与善意相对人形成的民事法律关系不受影响。

第九十五条 为公益目的成立的非营利法人终止时,不得向出资人、设立人或者会员分配剩余财产。剩余财产应当按照法人章程的规定或者权力机构的决议用于公益目的;无法按照法人章程的规定或者权力机构的决议处理的,由主管机关主持转给宗旨相同或者相近的法人,并向社会公告。

第四节 特别法人

第九十六条 本节规定的机关法人、农村集体经济组织法人、城镇农村的合作经济组织法人、基层群众性自治组织法人,为特别法人。

第九十七条 有独立经费的机关和承担行政职能的法定机构从成立之日起,具有机关法人资格,可以从事为履行职能所需要的民事活动。

第九十八条 机关法人被撤销的,法人终止,其民事权利和义务由继任的机关法人享有和承担;没有继任的机关法人的,由作出撤销决定的机关法人享有和承担。

第九十九条 农村集体经济组织依法取得法人资格。

法律、行政法规对农村集体经济组织有规定的,依照其规定。

第一百条 城镇农村的合作经济组织依法取得法人资格。

法律、行政法规对城镇农村的合作经济组织有规定的,依照其规定。

第一百零一条 居民委员会、村民委员会具有基层群众性自治组织法人资格,可以从事为履行职能所需要的民事活动。

未设立村集体经济组织的,村民委员会可以依法代行村集体经济组织的职能。

第四章 非法人组织

第一百零二条 非法人组织是不具有法人资格,但是能够依法以自己的名义从事民事活动的组织。

非法人组织包括个人独资企业、合伙企业、不具有法人资格的专业服务机构等。

第一百零三条　非法人组织应当依照法律的规定登记。

设立非法人组织，法律、行政法规规定须经有关机关批准的，依照其规定。

第一百零四条　非法人组织的财产不足以清偿债务的，其出资人或者设立人承担无限责任。法律另有规定的，依照其规定。

第一百零五条　非法人组织可以确定一人或者数人代表该组织从事民事活动。

第一百零六条　有下列情形之一的，非法人组织解散：

（一）章程规定的存续期间届满或者章程规定的其他解散事由出现；

（二）出资人或者设立人决定解散；

（三）法律规定的其他情形。

第一百零七条　非法人组织解散的，应当依法进行清算。

第一百零八条　非法人组织除适用本章规定外，参照适用本编第三章第一节的有关规定。

第五章　民事权利

第一百零九条　自然人的人身自由、人格尊严受法律保护。

第一百一十条　自然人享有生命权、身体权、健康权、姓名权、肖像权、名誉权、荣誉权、隐私权、婚姻自主权等权利。

法人、非法人组织享有名称权、名誉权和荣誉权。

第一百一十一条　自然人的个人信息受法律保护。任何组织或者个人需要获取他人个人信息的，应当依法取得并确保信息安全，不得非法收集、使用、加工、传输他人个人信息，不得非法买卖、提供或者公开他人个人信息。

第一百一十二条　自然人因婚姻家庭关系等产生的人身权利受法律保护。

第一百一十三条　民事主体的财产权利受法律平等保护。

第一百一十四条　民事主体依法享有物权。

物权是权利人依法对特定的物享有直接支配和排他的权利，包括所有权、用益物权和担保物权。

第一百一十五条 物包括不动产和动产。法律规定权利作为物权客体的，依照其规定。

第一百一十六条 物权的种类和内容，由法律规定。

第一百一十七条 为了公共利益的需要，依照法律规定的权限和程序征收、征用不动产或者动产的，应当给予公平、合理的补偿。

第一百一十八条 民事主体依法享有债权。

债权是因合同、侵权行为、无因管理、不当得利以及法律的其他规定，权利人请求特定义务人为或者不为一定行为的权利。

第一百一十九条 依法成立的合同，对当事人具有法律约束力。

第一百二十条 民事权益受到侵害的，被侵权人有权请求侵权人承担侵权责任。

第一百二十一条 没有法定的或者约定的义务，为避免他人利益受损失而进行管理的人，有权请求受益人偿还由此支出的必要费用。

第一百二十二条 因他人没有法律根据，取得不当利益，受损失的人有权请求其返还不当利益。

第一百二十三条 民事主体依法享有知识产权。

知识产权是权利人依法就下列客体享有的专有的权利：

（一）作品；

（二）发明、实用新型、外观设计；

（三）商标；

（四）地理标志；

（五）商业秘密；

（六）集成电路布图设计；

（七）植物新品种；

（八）法律规定的其他客体。

第一百二十四条 自然人依法享有继承权。

自然人合法的私有财产，可以依法继承。

第一百二十五条 民事主体依法享有股权和其他投资性权利。

第一百二十六条 民事主体享有法律规定的其他民事权利和利益。

第一百二十七条　法律对数据、网络虚拟财产的保护有规定的，依照其规定。

第一百二十八条　法律对未成年人、老年人、残疾人、妇女、消费者等的民事权利保护有特别规定的，依照其规定。

第一百二十九条　民事权利可以依据民事法律行为、事实行为、法律规定的事件或者法律规定的其他方式取得。

第一百三十条　民事主体按照自己的意愿依法行使民事权利，不受干涉。

第一百三十一条　民事主体行使权利时，应当履行法律规定的和当事人约定的义务。

第一百三十二条　民事主体不得滥用民事权利损害国家利益、社会公共利益或者他人合法权益。

第六章　民事法律行为

第一节　一般规定

第一百三十三条　民事法律行为是民事主体通过意思表示设立、变更、终止民事法律关系的行为。

第一百三十四条　民事法律行为可以基于双方或者多方的意思表示一致成立，也可以基于单方的意思表示成立。

法人、非法人组织依照法律或者章程规定的议事方式和表决程序作出决议的，该决议行为成立。

第一百三十五条　民事法律行为可以采用书面形式、口头形式或者其他形式；法律、行政法规规定或者当事人约定采用特定形式的，应当采用特定形式。

第一百三十六条　民事法律行为自成立时生效，但是法律另有规定或者当事人另有约定的除外。

行为人非依法律规定或者未经对方同意，不得擅自变更或者解除民事法律行为。

第二节　意思表示

第一百三十七条　以对话方式作出的意思表示，相对人知道其内容时生效。

以非对话方式作出的意思表示,到达相对人时生效。以非对话方式作出的采用数据电文形式的意思表示,相对人指定特定系统接收数据电文的,该数据电文进入该特定系统时生效;未指定特定系统的,相对人知道或者应当知道该数据电文进入其系统时生效。当事人对采用数据电文形式的意思表示的生效时间另有约定的,按照其约定。

第一百三十八条 无相对人的意思表示,表示完成时生效。法律另有规定的,依照其规定。

第一百三十九条 以公告方式作出的意思表示,公告发布时生效。

第一百四十条 行为人可以明示或者默示作出意思表示。

沉默只有在有法律规定、当事人约定或者符合当事人之间的交易习惯时,才可以视为意思表示。

第一百四十一条 行为人可以撤回意思表示。撤回意思表示的通知应当在意思表示到达相对人前或者与意思表示同时到达相对人。

第一百四十二条 有相对人的意思表示的解释,应当按照所使用的词句,结合相关条款、行为的性质和目的、习惯以及诚信原则,确定意思表示的含义。

无相对人的意思表示的解释,不能完全拘泥于所使用的词句,而应当结合相关条款、行为的性质和目的、习惯以及诚信原则,确定行为人的真实意思。

第三节 民事法律行为的效力

第一百四十三条 具备下列条件的民事法律行为有效:

(一)行为人具有相应的民事行为能力;

(二)意思表示真实;

(三)不违反法律、行政法规的强制性规定,不违背公序良俗。

第一百四十四条 无民事行为能力人实施的民事法律行为无效。

第一百四十五条 限制民事行为能力人实施的纯获利益的民事法律行为或者与其年龄、智力、精神健康状况相适应的民事法律行为有效;实施的其他民事法律行为经法定代理人同意或者追认后有效。

相对人可以催告法定代理人自收到通知之日起三十日内予以追

认。法定代理人未作表示的，视为拒绝追认。民事法律行为被追认前，善意相对人有撤销的权利。撤销应当以通知的方式作出。

第一百四十六条　行为人与相对人以虚假的意思表示实施的民事法律行为无效。

以虚假的意思表示隐藏的民事法律行为的效力，依照有关法律规定处理。

第一百四十七条　基于重大误解实施的民事法律行为，行为人有权请求人民法院或者仲裁机构予以撤销。

第一百四十八条　一方以欺诈手段，使对方在违背真实意思的情况下实施的民事法律行为，受欺诈方有权请求人民法院或者仲裁机构予以撤销。

第一百四十九条　第三人实施欺诈行为，使一方在违背真实意思的情况下实施的民事法律行为，对方知道或者应当知道该欺诈行为的，受欺诈方有权请求人民法院或者仲裁机构予以撤销。

第一百五十条　一方或者第三人以胁迫手段，使对方在违背真实意思的情况下实施的民事法律行为，受胁迫方有权请求人民法院或者仲裁机构予以撤销。

第一百五十一条　一方利用对方处于危困状态、缺乏判断能力等情形，致使民事法律行为成立时显失公平的，受损害方有权请求人民法院或者仲裁机构予以撤销。

第一百五十二条　有下列情形之一的，撤销权消灭：

（一）当事人自知道或者应当知道撤销事由之日起一年内、重大误解的当事人自知道或者应当知道撤销事由之日起九十日内没有行使撤销权；

（二）当事人受胁迫，自胁迫行为终止之日起一年内没有行使撤销权；

（三）当事人知道撤销事由后明确表示或者以自己的行为表明放弃撤销权。

当事人自民事法律行为发生之日起五年内没有行使撤销权的，撤销权消灭。

第一百五十三条　违反法律、行政法规的强制性规定的民事法律行为无效。但是,该强制性规定不导致该民事法律行为无效的除外。

违背公序良俗的民事法律行为无效。

第一百五十四条 行为人与相对人恶意串通,损害他人合法权益的民事法律行为无效。

第一百五十五条 无效的或者被撤销的民事法律行为自始没有法律约束力。

第一百五十六条 民事法律行为部分无效,不影响其他部分效力的,其他部分仍然有效。

第一百五十七条 民事法律行为无效、被撤销或者确定不发生效力后,行为人因该行为取得的财产,应当予以返还;不能返还或者没有必要返还的,应当折价补偿。有过错的一方应当赔偿对方由此所受到的损失;各方都有过错的,应当各自承担相应的责任。法律另有规定的,依照其规定。

第四节 民事法律行为的附条件和附期限

第一百五十八条 民事法律行为可以附条件,但是根据其性质不得附条件的除外。附生效条件的民事法律行为,自条件成就时生效。附解除条件的民事法律行为,自条件成就时失效。

第一百五十九条 附条件的民事法律行为,当事人为自己的利益不正当地阻止条件成就的,视为条件已经成就;不正当地促成条件成就的,视为条件不成就。

第一百六十条 民事法律行为可以附期限,但是根据其性质不得附期限的除外。附生效期限的民事法律行为,自期限届至时生效。附终止期限的民事法律行为,自期限届满时失效。

第七章 代　　理

第一节 一 般 规 定

第一百六十一条 民事主体可以通过代理人实施民事法律行为。

依照法律规定、当事人约定或者民事法律行为的性质,应当由本人亲自实施的民事法律行为,不得代理。

第一百六十二条 代理人在代理权限内，以被代理人名义实施的民事法律行为，对被代理人发生效力。

第一百六十三条 代理包括委托代理和法定代理。

委托代理人按照被代理人的委托行使代理权。法定代理人依照法律的规定行使代理权。

第一百六十四条 代理人不履行或者不完全履行职责，造成被代理人损害的，应当承担民事责任。

代理人和相对人恶意串通，损害被代理人合法权益的，代理人和相对人应当承担连带责任。

第二节 委托代理

第一百六十五条 委托代理授权采用书面形式的，授权委托书应当载明代理人的姓名或者名称、代理事项、权限和期限，并由被代理人签名或者盖章。

第一百六十六条 数人为同一代理事项的代理人的，应当共同行使代理权，但是当事人另有约定的除外。

第一百六十七条 代理人知道或者应当知道代理事项违法仍然实施代理行为，或者被代理人知道或者应当知道代理人的代理行为违法未作反对表示的，被代理人和代理人应当承担连带责任。

第一百六十八条 代理人不得以被代理人的名义与自己实施民事法律行为，但是被代理人同意或者追认的除外。

代理人不得以被代理人的名义与自己同时代理的其他人实施民事法律行为，但是被代理的双方同意或者追认的除外。

第一百六十九条 代理人需要转委托第三人代理的，应当取得被代理人的同意或者追认。

转委托代理经被代理人同意或者追认的，被代理人可以就代理事务直接指示转委托的第三人，代理人仅就第三人的选任以及对第三人的指示承担责任。

转委托代理未经被代理人同意或者追认的，代理人应当对转委托的第三人的行为承担责任；但是，在紧急情况下代理人为了维护被代理人的利益需要转委托第三人代理的除外。

第一百七十条　执行法人或者非法人组织工作任务的人员,就其职权范围内的事项,以法人或者非法人组织的名义实施的民事法律行为,对法人或者非法人组织发生效力。

法人或者非法人组织对执行其工作任务的人员职权范围的限制,不得对抗善意相对人。

第一百七十一条　行为人没有代理权、超越代理权或者代理权终止后,仍然实施代理行为,未经被代理人追认的,对被代理人不发生效力。

相对人可以催告被代理人自收到通知之日起三十日内予以追认。被代理人未作表示的,视为拒绝追认。行为人实施的行为被追认前,善意相对人有撤销的权利。撤销应当以通知的方式作出。

行为人实施的行为未被追认的,善意相对人有权请求行为人履行债务或者就其受到的损害请求行为人赔偿。但是,赔偿的范围不得超过被代理人追认时相对人所能获得的利益。

相对人知道或者应当知道行为人无权代理的,相对人和行为人按照各自的过错承担责任。

第一百七十二条　行为人没有代理权、超越代理权或者代理权终止后,仍然实施代理行为,相对人有理由相信行为人有代理权的,代理行为有效。

第三节　代理终止

第一百七十三条　有下列情形之一的,委托代理终止:

(一)代理期限届满或者代理事务完成;

(二)被代理人取消委托或者代理人辞去委托;

(三)代理人丧失民事行为能力;

(四)代理人或者被代理人死亡;

(五)作为代理人或者被代理人的法人、非法人组织终止。

第一百七十四条　被代理人死亡后,有下列情形之一的,委托代理人实施的代理行为有效:

(一)代理人不知道且不应当知道被代理人死亡;

(二)被代理人的继承人予以承认;

（三）授权中明确代理权在代理事务完成时终止；

（四）被代理人死亡前已经实施，为了被代理人的继承人的利益继续代理。

作为被代理人的法人、非法人组织终止的，参照适用前款规定。

第一百七十五条　有下列情形之一的，法定代理终止：

（一）被代理人取得或者恢复完全民事行为能力；

（二）代理人丧失民事行为能力；

（三）代理人或者被代理人死亡；

（四）法律规定的其他情形。

第八章　民事责任

第一百七十六条　民事主体依照法律规定或者按照当事人约定，履行民事义务，承担民事责任。

第一百七十七条　二人以上依法承担按份责任，能够确定责任大小的，各自承担相应的责任；难以确定责任大小的，平均承担责任。

第一百七十八条　二人以上依法承担连带责任的，权利人有权请求部分或者全部连带责任人承担责任。

连带责任人的责任份额根据各自责任大小确定；难以确定责任大小的，平均承担责任。实际承担责任超过自己责任份额的连带责任人，有权向其他连带责任人追偿。

连带责任，由法律规定或者当事人约定。

第一百七十九条　承担民事责任的方式主要有：

（一）停止侵害；

（二）排除妨碍；

（三）消除危险；

（四）返还财产；

（五）恢复原状；

（六）修理、重作、更换；

（七）继续履行；

（八）赔偿损失；

（九）支付违约金；

(十)消除影响、恢复名誉;

(十一)赔礼道歉。

法律规定惩罚性赔偿的,依照其规定。

本条规定的承担民事责任的方式,可以单独适用,也可以合并适用。

第一百八十条 因不可抗力不能履行民事义务的,不承担民事责任。法律另有规定的,依照其规定。

不可抗力是不能预见、不能避免且不能克服的客观情况。

第一百八十一条 因正当防卫造成损害的,不承担民事责任。

正当防卫超过必要的限度,造成不应有的损害的,正当防卫人应当承担适当的民事责任。

第一百八十二条 因紧急避险造成损害的,由引起险情发生的人承担民事责任。

危险由自然原因引起的,紧急避险人不承担民事责任,可以给予适当补偿。

紧急避险采取措施不当或者超过必要的限度,造成不应有的损害的,紧急避险人应当承担适当的民事责任。

第一百八十三条 因保护他人民事权益使自己受到损害的,由侵权人承担民事责任,受益人可以给予适当补偿。没有侵权人、侵权人逃逸或者无力承担民事责任,受害人请求补偿的,受益人应当给予适当补偿。

第一百八十四条 因自愿实施紧急救助行为造成受助人损害的,救助人不承担民事责任。

第一百八十五条 侵害英雄烈士等的姓名、肖像、名誉、荣誉,损害社会公共利益的,应当承担民事责任。

第一百八十六条 因当事人一方的违约行为,损害对方人身权益、财产权益的,受损害方有权选择请求其承担违约责任或者侵权责任。

第一百八十七条 民事主体因同一行为应当承担民事责任、行政责任和刑事责任的,承担行政责任或者刑事责任不影响承担民事责任;民事主体的财产不足以支付的,优先用于承担民事责任。

第九章 诉讼时效

第一百八十八条 向人民法院请求保护民事权利的诉讼时效期间为三年。法律另有规定的,依照其规定。

诉讼时效期间自权利人知道或者应当知道权利受到损害以及义务人之日起计算。法律另有规定的,依照其规定。但是,自权利受到损害之日起超过二十年的,人民法院不予保护,有特殊情况的,人民法院可以根据权利人的申请决定延长。

第一百八十九条 当事人约定同一债务分期履行的,诉讼时效期间自最后一期履行期限届满之日起计算。

第一百九十条 无民事行为能力人或者限制民事行为能力人对其法定代理人的请求权的诉讼时效期间,自该法定代理终止之日起计算。

第一百九十一条 未成年人遭受性侵害的损害赔偿请求权的诉讼时效期间,自受害人年满十八周岁之日起计算。

第一百九十二条 诉讼时效期间届满的,义务人可以提出不履行义务的抗辩。

诉讼时效期间届满后,义务人同意履行的,不得以诉讼时效期间届满为由抗辩;义务人已经自愿履行的,不得请求返还。

第一百九十三条 人民法院不得主动适用诉讼时效的规定。

第一百九十四条 在诉讼时效期间的最后六个月内,因下列障碍,不能行使请求权的,诉讼时效中止:

(一)不可抗力;

(二)无民事行为能力人或者限制民事行为能力人没有法定代理人,或者法定代理人死亡、丧失民事行为能力、丧失代理权;

(三)继承开始后未确定继承人或者遗产管理人;

(四)权利人被义务人或者其他人控制;

(五)其他导致权利人不能行使请求权的障碍。

自中止时效的原因消除之日起满六个月,诉讼时效期间届满。

第一百九十五条 有下列情形之一的,诉讼时效中断,从中断、有关程序终结时起,诉讼时效期间重新计算:

（一）权利人向义务人提出履行请求；

（二）义务人同意履行义务；

（三）权利人提起诉讼或者申请仲裁；

（四）与提起诉讼或者申请仲裁具有同等效力的其他情形。

第一百九十六条 下列请求权不适用诉讼时效的规定：

（一）请求停止侵害、排除妨碍、消除危险；

（二）不动产物权和登记的动产物权的权利人请求返还财产；

（三）请求支付抚养费、赡养费或者扶养费；

（四）依法不适用诉讼时效的其他请求权。

第一百九十七条 诉讼时效的期间、计算方法以及中止、中断的事由由法律规定，当事人约定无效。

当事人对诉讼时效利益的预先放弃无效。

第一百九十八条 法律对仲裁时效有规定的，依照其规定；没有规定的，适用诉讼时效的规定。

第一百九十九条 法律规定或者当事人约定的撤销权、解除权等权利的存续期间，除法律另有规定外，自权利人知道或者应当知道权利产生之日起计算，不适用有关诉讼时效中止、中断和延长的规定。存续期间届满，撤销权、解除权等权利消灭。

第十章 期间计算

第二百条 民法所称的期间按照公历年、月、日、小时计算。

第二百零一条 按照年、月、日计算期间的，开始的当日不计入，自下一日开始计算。

按照小时计算期间的，自法律规定或者当事人约定的时间开始计算。

第二百零二条 按照年、月计算期间的，到期月的对应日为期间的最后一日；没有对应日的，月末日为期间的最后一日。

第二百零三条 期间的最后一日是法定休假日的，以法定休假日结束的次日为期间的最后一日。

期间的最后一日的截止时间为二十四时；有业务时间的，停止业务活动的时间为截止时间。

第二百零四条　期间的计算方法依照本法的规定，但是法律另有规定或者当事人另有约定的除外。

第二编　物　　权

第一分编　通　　则

第一章　一般规定

第二百零五条　本编调整因物的归属和利用产生的民事关系。

第二百零六条　国家坚持和完善公有制为主体、多种所有制经济共同发展，按劳分配为主体、多种分配方式并存，社会主义市场经济体制等社会主义基本经济制度。

国家巩固和发展公有制经济，鼓励、支持和引导非公有制经济的发展。

国家实行社会主义市场经济，保障一切市场主体的平等法律地位和发展权利。

第二百零七条　国家、集体、私人的物权和其他权利人的物权受法律平等保护，任何组织或者个人不得侵犯。

第二百零八条　不动产物权的设立、变更、转让和消灭，应当依照法律规定登记。动产物权的设立和转让，应当依照法律规定交付。

第二章　物权的设立、变更、转让和消灭

第一节　不动产登记

第二百零九条　不动产物权的设立、变更、转让和消灭，经依法登记，发生效力；未经登记，不发生效力，但是法律另有规定的除外。

依法属于国家所有的自然资源，所有权可以不登记。

第二百一十条　不动产登记，由不动产所在地的登记机构办理。

国家对不动产实行统一登记制度。统一登记的范围、登记机构和登记办法，由法律、行政法规规定。

第二百一十一条　当事人申请登记，应当根据不同登记事项提供权属证明和不动产界址、面积等必要材料。

第二百一十二条　登记机构应当履行下列职责：

(一)查验申请人提供的权属证明和其他必要材料;

(二)就有关登记事项询问申请人;

(三)如实、及时登记有关事项;

(四)法律、行政法规规定的其他职责。

申请登记的不动产的有关情况需要进一步证明的,登记机构可以要求申请人补充材料,必要时可以实地查看。

第二百一十三条 登记机构不得有下列行为:

(一)要求对不动产进行评估;

(二)以年检等名义进行重复登记;

(三)超出登记职责范围的其他行为。

第二百一十四条 不动产物权的设立、变更、转让和消灭,依照法律规定应当登记的,自记载于不动产登记簿时发生效力。

第二百一十五条 当事人之间订立有关设立、变更、转让和消灭不动产物权的合同,除法律另有规定或者当事人另有约定外,自合同成立时生效;未办理物权登记的,不影响合同效力。

第二百一十六条 不动产登记簿是物权归属和内容的根据。

不动产登记簿由登记机构管理。

第二百一十七条 不动产权属证书是权利人享有该不动产物权的证明。不动产权属证书记载的事项,应当与不动产登记簿一致;记载不一致的,除有证据证明不动产登记簿确有错误外,以不动产登记簿为准。

第二百一十八条 权利人、利害关系人可以申请查询、复制不动产登记资料,登记机构应当提供。

第二百一十九条 利害关系人不得公开、非法使用权利人的不动产登记资料。

第二百二十条 权利人、利害关系人认为不动产登记簿记载的事项错误的,可以申请更正登记。不动产登记簿记载的权利人书面同意更正或者有证据证明登记确有错误的,登记机构应当予以更正。

不动产登记簿记载的权利人不同意更正的,利害关系人可以申请异议登记。登记机构予以异议登记,申请人自异议登记之日起十五日内不提起诉讼的,异议登记失效。异议登记不当,造成权利人损害的,权利人可以向申请人请求损害赔偿。

第二百二十一条　当事人签订买卖房屋的协议或者签订其他不动产物权的协议，为保障将来实现物权，按照约定可以向登记机构申请预告登记。预告登记后，未经预告登记的权利人同意，处分该不动产的，不发生物权效力。

预告登记后，债权消灭或者自能够进行不动产登记之日起九十日内未申请登记的，预告登记失效。

第二百二十二条　当事人提供虚假材料申请登记，造成他人损害的，应当承担赔偿责任。

因登记错误，造成他人损害的，登记机构应当承担赔偿责任。登记机构赔偿后，可以向造成登记错误的人追偿。

第二百二十三条　不动产登记费按件收取，不得按照不动产的面积、体积或者价款的比例收取。

第二节　动产交付

第二百二十四条　动产物权的设立和转让，自交付时发生效力，但是法律另有规定的除外。

第二百二十五条　船舶、航空器和机动车等的物权的设立、变更、转让和消灭，未经登记，不得对抗善意第三人。

第二百二十六条　动产物权设立和转让前，权利人已经占有该动产的，物权自民事法律行为生效时发生效力。

第二百二十七条　动产物权设立和转让前，第三人占有该动产的，负有交付义务的人可以通过转让请求第三人返还原物的权利代替交付。

第二百二十八条　动产物权转让时，当事人又约定由出让人继续占有该动产的，物权自该约定生效时发生效力。

第三节　其他规定

第二百二十九条　因人民法院、仲裁机构的法律文书或者人民政府的征收决定等，导致物权设立、变更、转让或者消灭的，自法律文书或者征收决定等生效时发生效力。

第二百三十条 因继承取得物权的,自继承开始时发生效力。

第二百三十一条 因合法建造、拆除房屋等事实行为设立或者消灭物权的,自事实行为成就时发生效力。

第二百三十二条 处分依照本节规定享有的不动产物权,依照法律规定需要办理登记的,未经登记,不发生物权效力。

第三章 物权的保护

第二百三十三条 物权受到侵害的,权利人可以通过和解、调解、仲裁、诉讼等途径解决。

第二百三十四条 因物权的归属、内容发生争议的,利害关系人可以请求确认权利。

第二百三十五条 无权占有不动产或者动产的,权利人可以请求返还原物。

第二百三十六条 妨害物权或者可能妨害物权的,权利人可以请求排除妨害或者消除危险。

第二百三十七条 造成不动产或者动产毁损的,权利人可以依法请求修理、重作、更换或者恢复原状。

第二百三十八条 侵害物权,造成权利人损害的,权利人可以依法请求损害赔偿,也可以依法请求承担其他民事责任。

第二百三十九条 本章规定的物权保护方式,可以单独适用,也可以根据权利被侵害的情形合并适用。

第二分编 所 有 权

第四章 一 般 规 定

第二百四十条 所有权人对自己的不动产或者动产,依法享有占有、使用、收益和处分的权利。

第二百四十一条 所有权人有权在自己的不动产或者动产上设立用益物权和担保物权。用益物权人、担保物权人行使权利,不得损害所有权人的权益。

第二百四十二条 法律规定专属于国家所有的不动产和动产,任何组织或者个人不能取得所有权。

第二百四十三条　为了公共利益的需要，依照法律规定的权限和程序可以征收集体所有的土地和组织、个人的房屋以及其他不动产。

征收集体所有的土地，应当依法及时足额支付土地补偿费、安置补助费以及农村村民住宅、其他地上附着物和青苗等的补偿费用，并安排被征地农民的社会保障费用，保障被征地农民的生活，维护被征地农民的合法权益。

征收组织、个人的房屋以及其他不动产，应当依法给予征收补偿，维护被征收人的合法权益；征收个人住宅的，还应当保障被征收人的居住条件。

任何组织或者个人不得贪污、挪用、私分、截留、拖欠征收补偿费等费用。

第二百四十四条　国家对耕地实行特殊保护，严格限制农用地转为建设用地，控制建设用地总量。不得违反法律规定的权限和程序征收集体所有的土地。

第二百四十五条　因抢险救灾、疫情防控等紧急需要，依照法律规定的权限和程序可以征用组织、个人的不动产或者动产。被征用的不动产或者动产使用后，应当返还被征用人。组织、个人的不动产或者动产被征用或者征用后毁损、灭失的，应当给予补偿。

第五章　国家所有权和集体所有权、私人所有权

第二百四十六条　法律规定属于国家所有的财产，属于国家所有即全民所有。

国有财产由国务院代表国家行使所有权。法律另有规定的，依照其规定。

第二百四十七条　矿藏、水流、海域属于国家所有。

第二百四十八条　无居民海岛属于国家所有，国务院代表国家行使无居民海岛所有权。

第二百四十九条　城市的土地，属于国家所有。法律规定属于国家所有的农村和城市郊区的土地，属于国家所有。

第二百五十条　森林、山岭、草原、荒地、滩涂等自然资源，属于国

家所有,但是法律规定属于集体所有的除外。

第二百五十一条 法律规定属于国家所有的野生动植物资源,属于国家所有。

第二百五十二条 无线电频谱资源属于国家所有。

第二百五十三条 法律规定属于国家所有的文物,属于国家所有。

第二百五十四条 国防资产属于国家所有。

铁路、公路、电力设施、电信设施和油气管道等基础设施,依照法律规定为国家所有的,属于国家所有。

第二百五十五条 国家机关对其直接支配的不动产和动产,享有占有、使用以及依照法律和国务院的有关规定处分的权利。

第二百五十六条 国家举办的事业单位对其直接支配的不动产和动产,享有占有、使用以及依照法律和国务院的有关规定收益、处分的权利。

第二百五十七条 国家出资的企业,由国务院、地方人民政府依照法律、行政法规规定分别代表国家履行出资人职责,享有出资人权益。

第二百五十八条 国家所有的财产受法律保护,禁止任何组织或者个人侵占、哄抢、私分、截留、破坏。

第二百五十九条 履行国有财产管理、监督职责的机构及其工作人员,应当依法加强对国有财产的管理、监督,促进国有财产保值增值,防止国有财产损失;滥用职权,玩忽职守,造成国有财产损失的,应当依法承担法律责任。

违反国有财产管理规定,在企业改制、合并分立、关联交易等过程中,低价转让、合谋私分、擅自担保或者以其他方式造成国有财产损失的,应当依法承担法律责任。

第二百六十条 集体所有的不动产和动产包括:

(一)法律规定属于集体所有的土地和森林、山岭、草原、荒地、滩涂;

(二)集体所有的建筑物、生产设施、农田水利设施;

(三)集体所有的教育、科学、文化、卫生、体育等设施;

（四）集体所有的其他不动产和动产。

第二百六十一条　农民集体所有的不动产和动产，属于本集体成员集体所有。

下列事项应当依照法定程序经本集体成员决定：

（一）土地承包方案以及将土地发包给本集体以外的组织或者个人承包；

（二）个别土地承包经营权人之间承包地的调整；

（三）土地补偿费等费用的使用、分配办法；

（四）集体出资的企业的所有权变动等事项；

（五）法律规定的其他事项。

第二百六十二条　对于集体所有的土地和森林、山岭、草原、荒地、滩涂等，依照下列规定行使所有权：

（一）属于村农民集体所有的，由村集体经济组织或者村民委员会依法代表集体行使所有权；

（二）分别属于村内两个以上农民集体所有的，由村内各该集体经济组织或者村民小组依法代表集体行使所有权；

（三）属于乡镇农民集体所有的，由乡镇集体经济组织代表集体行使所有权。

第二百六十三条　城镇集体所有的不动产和动产，依照法律、行政法规的规定由本集体享有占有、使用、收益和处分的权利。

第二百六十四条　农村集体经济组织或者村民委员会、村民小组应当依照法律、行政法规以及章程、村规民约向本集体成员公布集体财产的状况。集体成员有权查阅、复制相关资料。

第二百六十五条　集体所有的财产受法律保护，禁止任何组织或者个人侵占、哄抢、私分、破坏。

农村集体经济组织、村民委员会或者其负责人作出的决定侵害集体成员合法权益的，受侵害的集体成员可以请求人民法院予以撤销。

第二百六十六条　私人对其合法的收入、房屋、生活用品、生产工具、原材料等不动产和动产享有所有权。

第二百六十七条　私人的合法财产受法律保护，禁止任何组织或者个人侵占、哄抢、破坏。

第二百六十八条 国家、集体和私人依法可以出资设立有限责任公司、股份有限公司或者其他企业。国家、集体和私人所有的不动产或者动产投到企业的,由出资人按照约定或者出资比例享有资产收益、重大决策以及选择经营管理者等权利并履行义务。

第二百六十九条 营利法人对其不动产和动产依照法律、行政法规以及章程享有占有、使用、收益和处分的权利。

营利法人以外的法人,对其不动产和动产的权利,适用有关法律、行政法规以及章程的规定。

第二百七十条 社会团体法人、捐助法人依法所有的不动产和动产,受法律保护。

第六章 业主的建筑物区分所有权

第二百七十一条 业主对建筑物内的住宅、经营性用房等专有部分享有所有权,对专有部分以外的共有部分享有共有和共同管理的权利。

第二百七十二条 业主对其建筑物专有部分享有占有、使用、收益和处分的权利。业主行使权利不得危及建筑物的安全,不得损害其他业主的合法权益。

第二百七十三条 业主对建筑物专有部分以外的共有部分,享有权利,承担义务;不得以放弃权利为由不履行义务。

业主转让建筑物内的住宅、经营性用房,其对共有部分享有的共有和共同管理的权利一并转让。

第二百七十四条 建筑区划内的道路,属于业主共有,但是属于城镇公共道路的除外。建筑区划内的绿地,属于业主共有,但是属于城镇公共绿地或者明示属于个人的除外。建筑区划内的其他公共场所、公用设施和物业服务用房,属于业主共有。

第二百七十五条 建筑区划内,规划用于停放汽车的车位、车库的归属,由当事人通过出售、附赠或者出租等方式约定。

占用业主共有的道路或者其他场地用于停放汽车的车位,属于业主共有。

第二百七十六条 建筑区划内,规划用于停放汽车的车位、车库应当首先满足业主的需要。

第二百七十七条　业主可以设立业主大会，选举业主委员会。业主大会、业主委员会成立的具体条件和程序，依照法律、法规的规定。

地方人民政府有关部门、居民委员会应当对设立业主大会和选举业主委员会给予指导和协助。

第二百七十八条　下列事项由业主共同决定：

（一）制定和修改业主大会议事规则；

（二）制定和修改管理规约；

（三）选举业主委员会或者更换业主委员会成员；

（四）选聘和解聘物业服务企业或者其他管理人；

（五）使用建筑物及其附属设施的维修资金；

（六）筹集建筑物及其附属设施的维修资金；

（七）改建、重建建筑物及其附属设施；

（八）改变共有部分的用途或者利用共有部分从事经营活动；

（九）有关共有和共同管理权利的其他重大事项。

业主共同决定事项，应当由专有部分面积占比三分之二以上的业主且人数占比三分之二以上的业主参与表决。决定前款第六项至第八项规定的事项，应当经参与表决专有部分面积四分之三以上的业主且参与表决人数四分之三以上的业主同意。决定前款其他事项，应当经参与表决专有部分面积过半数的业主且参与表决人数过半数的业主同意。

第二百七十九条　业主不得违反法律、法规以及管理规约，将住宅改变为经营性用房。业主将住宅改变为经营性用房的，除遵守法律、法规以及管理规约外，应当经有利害关系的业主一致同意。

第二百八十条　业主大会或者业主委员会的决定，对业主具有法律约束力。

业主大会或者业主委员会作出的决定侵害业主合法权益的，受侵害的业主可以请求人民法院予以撤销。

第二百八十一条　建筑物及其附属设施的维修资金，属于业主共有。经业主共同决定，可以用于电梯、屋顶、外墙、无障碍设施等共有部分的维修、更新和改造。建筑物及其附属设施的维修资金的筹集、使用情况应当定期公布。

紧急情况下需要维修建筑物及其附属设施的，业主大会或者业主委员会可以依法申请使用建筑物及其附属设施的维修资金。

第二百八十二条 建设单位、物业服务企业或者其他管理人等利用业主的共有部分产生的收入，在扣除合理成本之后，属于业主共有。

第二百八十三条 建筑物及其附属设施的费用分摊、收益分配等事项，有约定的，按照约定；没有约定或者约定不明确的，按照业主专有部分面积所占比例确定。

第二百八十四条 业主可以自行管理建筑物及其附属设施，也可以委托物业服务企业或者其他管理人管理。

对建设单位聘请的物业服务企业或者其他管理人，业主有权依法更换。

第二百八十五条 物业服务企业或者其他管理人根据业主的委托，依照本法第三编有关物业服务合同的规定管理建筑区划内的建筑物及其附属设施，接受业主的监督，并及时答复业主对物业服务情况提出的询问。

物业服务企业或者其他管理人应当执行政府依法实施的应急处置措施和其他管理措施，积极配合开展相关工作。

第二百八十六条 业主应当遵守法律、法规以及管理规约，相关行为应当符合节约资源、保护生态环境的要求。对于物业服务企业或者其他管理人执行政府依法实施的应急处置措施和其他管理措施，业主应当依法予以配合。

业主大会或者业主委员会，对任意弃置垃圾、排放污染物或者噪声、违反规定饲养动物、违章搭建、侵占通道、拒付物业费等损害他人合法权益的行为，有权依照法律、法规以及管理规约，请求行为人停止侵害、排除妨碍、消除危险、恢复原状、赔偿损失。

业主或者其他行为人拒不履行相关义务的，有关当事人可以向有关行政主管部门报告或者投诉，有关行政主管部门应当依法处理。

第二百八十七条 业主对建设单位、物业服务企业或者其他管理人以及其他业主侵害自己合法权益的行为，有权请求其承担民事责任。

第七章　相邻关系

第二百八十八条　不动产的相邻权利人应当按照有利生产、方便生活、团结互助、公平合理的原则，正确处理相邻关系。

第二百八十九条　法律、法规对处理相邻关系有规定的，依照其规定；法律、法规没有规定的，可以按照当地习惯。

第二百九十条　不动产权利人应当为相邻权利人用水、排水提供必要的便利。

对自然流水的利用，应当在不动产的相邻权利人之间合理分配。对自然流水的排放，应当尊重自然流向。

第二百九十一条　不动产权利人对相邻权利人因通行等必须利用其土地的，应当提供必要的便利。

第二百九十二条　不动产权利人因建造、修缮建筑物以及铺设电线、电缆、水管、暖气和燃气管线等必须利用相邻土地、建筑物的，该土地、建筑物的权利人应当提供必要的便利。

第二百九十三条　建造建筑物，不得违反国家有关工程建设标准，不得妨碍相邻建筑物的通风、采光和日照。

第二百九十四条　不动产权利人不得违反国家规定弃置固体废物，排放大气污染物、水污染物、土壤污染物、噪声、光辐射、电磁辐射等有害物质。

第二百九十五条　不动产权利人挖掘土地、建造建筑物、铺设管线以及安装设备等，不得危及相邻不动产的安全。

第二百九十六条　不动产权利人因用水、排水、通行、铺设管线等利用相邻不动产的，应当尽量避免对相邻的不动产权利人造成损害。

第八章　共　　有

第二百九十七条　不动产或者动产可以由两个以上组织、个人共有。共有包括按份共有和共同共有。

第二百九十八条　按份共有人对共有的不动产或者动产按照其份额享有所有权。

第二百九十九条　共同共有人对共有的不动产或者动产共同享

有所有权。

第三百条 共有人按照约定管理共有的不动产或者动产;没有约定或者约定不明确的,各共有人都有管理的权利和义务。

第三百零一条 处分共有的不动产或者动产以及对共有的不动产或者动产作重大修缮、变更性质或者用途的,应当经占份额三分之二以上的按份共有人或者全体共同共有人同意,但是共有人之间另有约定的除外。

第三百零二条 共有人对共有物的管理费用以及其他负担,有约定的,按照其约定;没有约定或者约定不明确的,按份共有人按照其份额负担,共同共有人共同负担。

第三百零三条 共有人约定不得分割共有的不动产或者动产,以维持共有关系的,应当按照约定,但是共有人有重大理由需要分割的,可以请求分割;没有约定或者约定不明确的,按份共有人可以随时请求分割,共同共有人在共有的基础丧失或者有重大理由需要分割时可以请求分割。因分割造成其他共有人损害的,应当给予赔偿。

第三百零四条 共有人可以协商确定分割方式。达不成协议,共有的不动产或者动产可以分割且不会因分割减损价值的,应当对实物予以分割;难以分割或者因分割会减损价值的,应当对折价或者拍卖、变卖取得的价款予以分割。

共有人分割所得的不动产或者动产有瑕疵的,其他共有人应当分担损失。

第三百零五条 按份共有人可以转让其享有的共有的不动产或者动产份额。其他共有人在同等条件下享有优先购买的权利。

第三百零六条 按份共有人转让其享有的共有的不动产或者动产份额的,应当将转让条件及时通知其他共有人。其他共有人应当在合理期限内行使优先购买权。

两个以上其他共有人主张行使优先购买权的,协商确定各自的购买比例;协商不成的,按照转让时各自的共有份额比例行使优先购买权。

第三百零七条 因共有的不动产或者动产产生的债权债务,在对外关系上,共有人享有连带债权、承担连带债务,但是法律另有规定或者第三人知道共有人不具有连带债权债务关系的除外；在共有人内部关系上，除共有人另有约定外，按份共有人按照份额享有债权、承担债务，共同共有人共同享有债权、承担债务。偿还债务超过自己应当承担份额的按份共有人，有权向其他共有人追偿。

第三百零八条　共有人对共有的不动产或者动产没有约定为按份共有或者共同共有，或者约定不明确的，除共有人具有家庭关系等外，视为按份共有。

第三百零九条　按份共有人对共有的不动产或者动产享有的份额，没有约定或者约定不明确的，按照出资额确定；不能确定出资额的，视为等额享有。

第三百一十条　两个以上组织、个人共同享有用益物权、担保物权的，参照适用本章的有关规定。

第九章　所有权取得的特别规定

第三百一十一条　无处分权人将不动产或者动产转让给受让人的，所有权人有权追回；除法律另有规定外，符合下列情形的，受让人取得该不动产或者动产的所有权：

（一）受让人受让该不动产或者动产时是善意；

（二）以合理的价格转让；

（三）转让的不动产或者动产依照法律规定应当登记的已经登记，不需要登记的已经交付给受让人。

受让人依据前款规定取得不动产或者动产的所有权的，原所有权人有权向无处分权人请求损害赔偿。

当事人善意取得其他物权的，参照适用前两款规定。

第三百一十二条　所有权人或者其他权利人有权追回遗失物。该遗失物通过转让被他人占有的，权利人有权向无处分权人请求损害赔偿，或者自知道或者应当知道受让人之日起二年内向受让人请求返还原物；但是，受让人通过拍卖或者向具有经营资格的经营者购得该遗失物的，权利人请求返还原物时应当支付受让人所付的费用。权利人向受让人支付所付费用后，有权向无处分权人追偿。

第三百一十三条　善意受让人取得动产后，该动产上的原有权利消灭。但是,善意受让人在受让时知道或者应当知道该权利的除外。

第三百一十四条 拾得遗失物,应当返还权利人。拾得人应当及时通知权利人领取,或者送交公安等有关部门。

第三百一十五条 有关部门收到遗失物,知道权利人的,应当及时通知其领取;不知道的,应当及时发布招领公告。

第三百一十六条 拾得人在遗失物送交有关部门前,有关部门在遗失物被领取前,应当妥善保管遗失物。因故意或者重大过失致使遗失物毁损、灭失的,应当承担民事责任。

第三百一十七条 权利人领取遗失物时,应当向拾得人或者有关部门支付保管遗失物等支出的必要费用。

权利人悬赏寻找遗失物的,领取遗失物时应当按照承诺履行义务。

拾得人侵占遗失物的,无权请求保管遗失物等支出的费用,也无权请求权利人按照承诺履行义务。

第三百一十八条 遗失物自发布招领公告之日起一年内无人认领的,归国家所有。

第三百一十九条 拾得漂流物、发现埋藏物或者隐藏物的,参照适用拾得遗失物的有关规定。法律另有规定的,依照其规定。

第三百二十条 主物转让的,从物随主物转让,但是当事人另有约定的除外。

第三百二十一条 天然孳息,由所有权人取得;既有所有权人又有用益物权人的,由用益物权人取得。当事人另有约定的,按照其约定。

法定孳息,当事人有约定的,按照约定取得;没有约定或者约定不明确的,按照交易习惯取得。

第三百二十二条 因加工、附合、混合而产生的物的归属,有约定的,按照约定;没有约定或者约定不明确的,依照法律规定;法律没有规定的,按照充分发挥物的效用以及保护无过错当事人的原则确定。因一方当事人的过错或者确定物的归属造成另一方当事人损害的,应当给予赔偿或者补偿。

第三分编 用益物权

第十章 一般规定

第三百二十三条 用益物权人对他人所有的不动产或者动产,依法享有占有、使用和收益的权利。

第三百二十四条 国家所有或者国家所有由集体使用以及法律规定属于集体所有的自然资源,组织、个人依法可以占有、使用和收益。

第三百二十五条 国家实行自然资源有偿使用制度,但是法律另有规定的除外。

第三百二十六条 用益物权人行使权利,应当遵守法律有关保护和合理开发利用资源、保护生态环境的规定。所有权人不得干涉用益物权人行使权利。

第三百二十七条 因不动产或者动产被征收、征用致使用益物权消灭或者影响用益物权行使的,用益物权人有权依据本法第二百四十三条、第二百四十五条的规定获得相应补偿。

第三百二十八条 依法取得的海域使用权受法律保护。

第三百二十九条 依法取得的探矿权、采矿权、取水权和使用水域、滩涂从事养殖、捕捞的权利受法律保护。

第十一章 土地承包经营权

第三百三十条 农村集体经济组织实行家庭承包经营为基础、统分结合的双层经营体制。

农民集体所有和国家所有由农民集体使用的耕地、林地、草地以及其他用于农业的土地,依法实行土地承包经营制度。

第三百三十一条 土地承包经营权人依法对其承包经营的耕地、林地、草地等享有占有、使用和收益的权利,有权从事种植业、林业、畜牧业等农业生产。

第三百三十二条 耕地的承包期为三十年。草地的承包期为三十年至五十年。林地的承包期为三十年至七十年。

前款规定的承包期限届满,由土地承包经营权人依照农村土地承包的法律规定继续承包。

第三百三十三条 土地承包经营权自土地承包经营权合同生效时设立。

登记机构应当向土地承包经营权人发放土地承包经营权证、林权证等证书,并登记造册,确认土地承包经营权。

第三百三十四条 土地承包经营权人依照法律规定,有权将土地承包经营权互换、转让。未经依法批准,不得将承包地用于非农建设。

第三百三十五条 土地承包经营权互换、转让的,当事人可以向登记机构申请登记;未经登记,不得对抗善意第三人。

第三百三十六条 承包期内发包人不得调整承包地。

因自然灾害严重毁损承包地等特殊情形,需要适当调整承包的耕地和草地的,应当依照农村土地承包的法律规定办理。

第三百三十七条 承包期内发包人不得收回承包地。法律另有规定的,依照其规定。

第三百三十八条 承包地被征收的,土地承包经营权人有权依据本法第二百四十三条的规定获得相应补偿。

第三百三十九条 土地承包经营权人可以自主决定依法采取出租、入股或者其他方式向他人流转土地经营权。

第三百四十条 土地经营权人有权在合同约定的期限内占有农村土地,自主开展农业生产经营并取得收益。

第三百四十一条 流转期限为五年以上的土地经营权,自流转合同生效时设立。当事人可以向登记机构申请土地经营权登记;未经登记,不得对抗善意第三人。

第三百四十二条 通过招标、拍卖、公开协商等方式承包农村土地,经依法登记取得权属证书的,可以依法采取出租、入股、抵押或者其他方式流转土地经营权。

第三百四十三条 国家所有的农用地实行承包经营的,参照适用本编的有关规定。

第十二章　建设用地使用权

第三百四十四条　建设用地使用权人依法对国家所有的土地享有占有、使用和收益的权利，有权利用该土地建造建筑物、构筑物及其附属设施。

第三百四十五条　建设用地使用权可以在土地的地表、地上或者地下分别设立。

第三百四十六条　设立建设用地使用权，应当符合节约资源、保护生态环境的要求，遵守法律、行政法规关于土地用途的规定，不得损害已经设立的用益物权。

第三百四十七条　设立建设用地使用权，可以采取出让或者划拨等方式。

工业、商业、旅游、娱乐和商品住宅等经营性用地以及同一土地有两个以上意向用地者的，应当采取招标、拍卖等公开竞价的方式出让。

严格限制以划拨方式设立建设用地使用权。

第三百四十八条　通过招标、拍卖、协议等出让方式设立建设用地使用权的，当事人应当采用书面形式订立建设用地使用权出让合同。

建设用地使用权出让合同一般包括下列条款：

（一）当事人的名称和住所；

（二）土地界址、面积等；

（三）建筑物、构筑物及其附属设施占用的空间；

（四）土地用途、规划条件；

（五）建设用地使用权期限；

（六）出让金等费用及其支付方式；

（七）解决争议的方法。

第三百四十九条　设立建设用地使用权的，应当向登记机构申请建设用地使用权登记。建设用地使用权自登记时设立。登记机构应当向建设用地使用权人发放权属证书。

第三百五十条　建设用地使用权人应当合理利用土地，不得改变土地用途；需要改变土地用途的，应当依法经有关行政主管部门批准。

第三百五十一条 建设用地使用权人应当依照法律规定以及合同约定支付出让金等费用。

第三百五十二条 建设用地使用权人建造的建筑物、构筑物及其附属设施的所有权属于建设用地使用权人,但是有相反证据证明的除外。

第三百五十三条 建设用地使用权人有权将建设用地使用权转让、互换、出资、赠与或者抵押,但是法律另有规定的除外。

第三百五十四条 建设用地使用权转让、互换、出资、赠与或者抵押的,当事人应当采用书面形式订立相应的合同。使用期限由当事人约定,但是不得超过建设用地使用权的剩余期限。

第三百五十五条 建设用地使用权转让、互换、出资或者赠与的,应当向登记机构申请变更登记。

第三百五十六条 建设用地使用权转让、互换、出资或者赠与的,附着于该土地上的建筑物、构筑物及其附属设施一并处分。

第三百五十七条 建筑物、构筑物及其附属设施转让、互换、出资或者赠与的,该建筑物、构筑物及其附属设施占用范围内的建设用地使用权一并处分。

第三百五十八条 建设用地使用权期限届满前,因公共利益需要提前收回该土地的,应当依据本法第二百四十三条的规定对该土地上的房屋以及其他不动产给予补偿,并退还相应的出让金。

第三百五十九条 住宅建设用地使用权期限届满的,自动续期。续期费用的缴纳或者减免,依照法律、行政法规的规定办理。

非住宅建设用地使用权期限届满后的续期,依照法律规定办理。该土地上的房屋以及其他不动产的归属,有约定的,按照约定;没有约定或者约定不明确的,依照法律、行政法规的规定办理。

第三百六十条 建设用地使用权消灭的,出让人应当及时办理注销登记。登记机构应当收回权属证书。

第三百六十一条 集体所有的土地作为建设用地的,应当依照土地管理的法律规定办理。

第十三章　宅基地使用权

第三百六十二条　宅基地使用权人依法对集体所有的土地享有占有和使用的权利，有权依法利用该土地建造住宅及其附属设施。

第三百六十三条　宅基地使用权的取得、行使和转让，适用土地管理的法律和国家有关规定。

第三百六十四条　宅基地因自然灾害等原因灭失的，宅基地使用权消灭。对失去宅基地的村民，应当依法重新分配宅基地。

第三百六十五条　已经登记的宅基地使用权转让或者消灭的，应当及时办理变更登记或者注销登记。

第十四章　居　住　权

第三百六十六条　居住权人有权按照合同约定，对他人的住宅享有占有、使用的用益物权，以满足生活居住的需要。

第三百六十七条　设立居住权，当事人应当采用书面形式订立居住权合同。

居住权合同一般包括下列条款：

（一）当事人的姓名或者名称和住所；

（二）住宅的位置；

（三）居住的条件和要求；

（四）居住权期限；

（五）解决争议的方法。

第三百六十八条　居住权无偿设立，但是当事人另有约定的除外。设立居住权的，应当向登记机构申请居住权登记。居住权自登记时设立。

第三百六十九条　居住权不得转让、继承。设立居住权的住宅不得出租，但是当事人另有约定的除外。

第三百七十条　居住权期限届满或者居住权人死亡的，居住权消灭。居住权消灭的，应当及时办理注销登记。

第三百七十一条　以遗嘱方式设立居住权的，参照适用本章的有关规定。

第十五章 地 役 权

第三百七十二条 地役权人有权按照合同约定,利用他人的不动产,以提高自己的不动产的效益。

前款所称他人的不动产为供役地,自己的不动产为需役地。

第三百七十三条 设立地役权,当事人应当采用书面形式订立地役权合同。

地役权合同一般包括下列条款:

(一)当事人的姓名或者名称和住所;

(二)供役地和需役地的位置;

(三)利用目的和方法;

(四)地役权期限;

(五)费用及其支付方式;

(六)解决争议的方法。

第三百七十四条 地役权自地役权合同生效时设立。当事人要求登记的,可以向登记机构申请地役权登记;未经登记,不得对抗善意第三人。

第三百七十五条 供役地权利人应当按照合同约定,允许地役权人利用其不动产,不得妨害地役权人行使权利。

第三百七十六条 地役权人应当按照合同约定的利用目的和方法利用供役地,尽量减少对供役地权利人物权的限制。

第三百七十七条 地役权期限由当事人约定;但是,不得超过土地承包经营权、建设用地使用权等用益物权的剩余期限。

第三百七十八条 土地所有权人享有地役权或者负担地役权的,设立土地承包经营权、宅基地使用权等用益物权时,该用益物权人继续享有或者负担已经设立的地役权。

第三百七十九条 土地上已经设立土地承包经营权、建设用地使用权、宅基地使用权等用益物权的,未经用益物权人同意,土地所有权人不得设立地役权。

第三百八十条 地役权不得单独转让。土地承包经营权、建设用地使用权等转让的,地役权一并转让,但是合同另有约定的除外。

第三百八十一条　地役权不得单独抵押。土地经营权、建设用地使用权等抵押的,在实现抵押权时,地役权一并转让。

第三百八十二条　需役地以及需役地上的土地承包经营权、建设用地使用权等部分转让时,转让部分涉及地役权的,受让人同时享有地役权。

第三百八十三条　供役地以及供役地上的土地承包经营权、建设用地使用权等部分转让时,转让部分涉及地役权的,地役权对受让人具有法律约束力。

第三百八十四条　地役权人有下列情形之一的,供役地权利人有权解除地役权合同,地役权消灭:

(一)违反法律规定或者合同约定,滥用地役权;

(二)有偿利用供役地,约定的付款期限届满后在合理期限内经两次催告未支付费用。

第三百八十五条　已经登记的地役权变更、转让或者消灭的,应当及时办理变更登记或者注销登记。

第四分编　担保物权

第十六章　一般规定

第三百八十六条　担保物权人在债务人不履行到期债务或者发生当事人约定的实现担保物权的情形,依法享有就担保财产优先受偿的权利,但是法律另有规定的除外。

第三百八十七条　债权人在借贷、买卖等民事活动中,为保障实现其债权,需要担保的,可以依照本法和其他法律的规定设立担保物权。

第三人为债务人向债权人提供担保的,可以要求债务人提供反担保。反担保适用本法和其他法律的规定。

第三百八十八条　设立担保物权,应当依照本法和其他法律的规定订立担保合同。担保合同包括抵押合同、质押合同和其他具有担保功能的合同。担保合同是主债权债务合同的从合同。主债权债务合同无效的,担保合同无效,但是法律另有规定的除外。

担保合同被确认无效后，债务人、担保人、债权人有过错的，应当根据其过错各自承担相应的民事责任。

第三百八十九条　担保物权的担保范围包括主债权及其利息、违约金、损害赔偿金、保管担保财产和实现担保物权的费用。当事人另有约定的，按照其约定。

第三百九十条　担保期间，担保财产毁损、灭失或者被征收等，担保物权人可以就获得的保险金、赔偿金或者补偿金等优先受偿。被担保债权的履行期限未届满的，也可以提存该保险金、赔偿金或者补偿金等。

第三百九十一条　第三人提供担保，未经其书面同意，债权人允许债务人转移全部或者部分债务的，担保人不再承担相应的担保责任。

第三百九十二条　被担保的债权既有物的担保又有人的担保的，债务人不履行到期债务或者发生当事人约定的实现担保物权的情形，债权人应当按照约定实现债权；没有约定或者约定不明确，债务人自己提供物的担保的，债权人应当先就该物的担保实现债权；第三人提供物的担保的，债权人可以就物的担保实现债权，也可以请求保证人承担保证责任。提供担保的第三人承担担保责任后，有权向债务人追偿。

第三百九十三条　有下列情形之一的，担保物权消灭：

（一）主债权消灭；

（二）担保物权实现；

（三）债权人放弃担保物权；

（四）法律规定担保物权消灭的其他情形。

第十七章　抵　押　权

第一节　一般抵押权

第三百九十四条　为担保债务的履行，债务人或者第三人不转移财产的占有，将该财产抵押给债权人的，债务人不履行到期债务或者发生当事人约定的实现抵押权的情形，债权人有权就该财产优先受偿。

前款规定的债务人或者第三人为抵押人，债权人为抵押权人，提供担保的财产为抵押财产。

第三百九十五条 债务人或者第三人有权处分的下列财产可以抵押：

（一）建筑物和其他土地附着物；

（二）建设用地使用权；

（三）海域使用权；

（四）生产设备、原材料、半成品、产品；

（五）正在建造的建筑物、船舶、航空器；

（六）交通运输工具；

（七）法律、行政法规未禁止抵押的其他财产。

抵押人可以将前款所列财产一并抵押。

第三百九十六条 企业、个体工商户、农业生产经营者可以将现有的以及将有的生产设备、原材料、半成品、产品抵押，债务人不履行到期债务或者发生当事人约定的实现抵押权的情形，债权人有权就抵押财产确定时的动产优先受偿。

第三百九十七条 以建筑物抵押的，该建筑物占用范围内的建设用地使用权一并抵押。以建设用地使用权抵押的，该土地上的建筑物一并抵押。

抵押人未依据前款规定一并抵押的，未抵押的财产视为一并抵押。

第三百九十八条 乡镇、村企业的建设用地使用权不得单独抵押。以乡镇、村企业的厂房等建筑物抵押的，其占用范围内的建设用地使用权一并抵押。

第三百九十九条 下列财产不得抵押：

（一）土地所有权；

（二）宅基地、自留地、自留山等集体所有土地的使用权，但是法律规定可以抵押的除外；

（三）学校、幼儿园、医疗机构等为公益目的成立的非营利法人的教育设施、医疗卫生设施和其他公益设施；

（四）所有权、使用权不明或者有争议的财产；

（五）依法被查封、扣押、监管的财产；

（六）法律、行政法规规定不得抵押的其他财产。

第四百条 设立抵押权，当事人应当采用书面形式订立抵押合同。

抵押合同一般包括下列条款：

（一）被担保债权的种类和数额；

（二）债务人履行债务的期限；

（三）抵押财产的名称、数量等情况；

（四）担保的范围。

第四百零一条 抵押权人在债务履行期限届满前，与抵押人约定债务人不履行到期债务时抵押财产归债权人所有的，只能依法就抵押财产优先受偿。

第四百零二条 以本法第三百九十五条第一款第一项至第三项规定的财产或者第五项规定的正在建造的建筑物抵押的，应当办理抵押登记。抵押权自登记时设立。

第四百零三条 以动产抵押的，抵押权自抵押合同生效时设立；未经登记，不得对抗善意第三人。

第四百零四条 以动产抵押的，不得对抗正常经营活动中已经支付合理价款并取得抵押财产的买受人。

第四百零五条 抵押权设立前，抵押财产已经出租并转移占有的，原租赁关系不受该抵押权的影响。

第四百零六条 抵押期间，抵押人可以转让抵押财产。当事人另有约定的，按照其约定。抵押财产转让的，抵押权不受影响。

抵押人转让抵押财产的，应当及时通知抵押权人。抵押权人能够证明抵押财产转让可能损害抵押权的，可以请求抵押人将转让所得的价款向抵押权人提前清偿债务或者提存。转让的价款超过债权数额的部分归抵押人所有，不足部分由债务人清偿。

第四百零七条 抵押权不得与债权分离而单独转让或者作为其他债权的担保。债权转让的，担保该债权的抵押权一并转让，但是法律另有规定或者当事人另有约定的除外。

第四百零八条　抵押人的行为足以使抵押财产价值减少的，抵押权人有权请求抵押人停止其行为；抵押财产价值减少的，抵押权人有权请求恢复抵押财产的价值，或者提供与减少的价值相应的担保。抵押人不恢复抵押财产的价值，也不提供担保的，抵押权人有权请求债务人提前清偿债务。

第四百零九条　抵押权人可以放弃抵押权或者抵押权的顺位。抵押权人与抵押人可以协议变更抵押权顺位以及被担保的债权数额等内容。但是，抵押权的变更未经其他抵押权人书面同意的，不得对其他抵押权人产生不利影响。

债务人以自己的财产设定抵押，抵押权人放弃该抵押权、抵押权顺位或者变更抵押权的，其他担保人在抵押权人丧失优先受偿权益的范围内免除担保责任，但是其他担保人承诺仍然提供担保的除外。

第四百一十条　债务人不履行到期债务或者发生当事人约定的实现抵押权的情形，抵押权人可以与抵押人协议以抵押财产折价或者以拍卖、变卖该抵押财产所得的价款优先受偿。协议损害其他债权人利益的，其他债权人可以请求人民法院撤销该协议。

抵押权人与抵押人未就抵押权实现方式达成协议的，抵押权人可以请求人民法院拍卖、变卖抵押财产。

抵押财产折价或者变卖的，应当参照市场价格。

第四百一十一条　依据本法第三百九十六条规定设定抵押的，抵押财产自下列情形之一发生时确定：

（一）债务履行期限届满，债权未实现；

（二）抵押人被宣告破产或者解散；

（三）当事人约定的实现抵押权的情形；

（四）严重影响债权实现的其他情形。

第四百一十二条　债务人不履行到期债务或者发生当事人约定的实现抵押权的情形，致使抵押财产被人民法院依法扣押的，自扣押之日起，抵押权人有权收取该抵押财产的天然孳息或者法定孳息，但是抵押权人未通知应当清偿法定孳息义务人的除外。

前款规定的孳息应当先充抵收取孳息的费用。

第四百一十三条　抵押财产折价或者拍卖、变卖后，其价款超过债权数额的部分归抵押人所有,不足部分由债务人清偿。

第四百一十四条 同一财产向两个以上债权人抵押的,拍卖、变卖抵押财产所得的价款依照下列规定清偿:

(一)抵押权已经登记的,按照登记的时间先后确定清偿顺序;

(二)抵押权已经登记的先于未登记的受偿;

(三)抵押权未登记的,按照债权比例清偿。

其他可以登记的担保物权,清偿顺序参照适用前款规定。

第四百一十五条 同一财产既设立抵押权又设立质权的,拍卖、变卖该财产所得的价款按照登记、交付的时间先后确定清偿顺序。

第四百一十六条 动产抵押担保的主债权是抵押物的价款,标的物交付后十日内办理抵押登记的,该抵押权人优先于抵押物买受人的其他担保物权人受偿,但是留置权人除外。

第四百一十七条 建设用地使用权抵押后,该土地上新增的建筑物不属于抵押财产。该建设用地使用权实现抵押权时,应当将该土地上新增的建筑物与建设用地使用权一并处分。但是,新增建筑物所得的价款,抵押权人无权优先受偿。

第四百一十八条 以集体所有土地的使用权依法抵押的,实现抵押权后,未经法定程序,不得改变土地所有权的性质和土地用途。

第四百一十九条 抵押权人应当在主债权诉讼时效期间行使抵押权;未行使的,人民法院不予保护。

第二节 最高额抵押权

第四百二十条 为担保债务的履行,债务人或者第三人对一定期间内将要连续发生的债权提供担保财产的,债务人不履行到期债务或者发生当事人约定的实现抵押权的情形,抵押权人有权在最高债权额限度内就该担保财产优先受偿。

最高额抵押权设立前已经存在的债权,经当事人同意,可以转入最高额抵押担保的债权范围。

第四百二十一条 最高额抵押担保的债权确定前,部分债权转让的,最高额抵押权不得转让,但是当事人另有约定的除外。

第四百二十二条 最高额抵押担保的债权确定前,抵押权人与抵押人可以通过协议变更债权确定的期间、债权范围以及最高债权额。但是,变更的内容不得对其他抵押权人产生不利影响。

第四百二十三条　有下列情形之一的,抵押权人的债权确定:

(一)约定的债权确定期间届满;

(二)没有约定债权确定期间或者约定不明确,抵押权人或者抵押人自最高额抵押权设立之日起满二年后请求确定债权;

(三)新的债权不可能发生;

(四)抵押权人知道或者应当知道抵押财产被查封、扣押;

(五)债务人、抵押人被宣告破产或者解散;

(六)法律规定债权确定的其他情形。

第四百二十四条　最高额抵押权除适用本节规定外,适用本章第一节的有关规定。

第十八章　质　　权

第一节　动 产 质 权

第四百二十五条　为担保债务的履行,债务人或者第三人将其动产出质给债权人占有的,债务人不履行到期债务或者发生当事人约定的实现质权的情形,债权人有权就该动产优先受偿。

前款规定的债务人或者第三人为出质人,债权人为质权人,交付的动产为质押财产。

第四百二十六条　法律、行政法规禁止转让的动产不得出质。

第四百二十七条　设立质权,当事人应当采用书面形式订立质押合同。

质押合同一般包括下列条款:

(一)被担保债权的种类和数额;

(二)债务人履行债务的期限;

(三)质押财产的名称、数量等情况;

(四)担保的范围;

(五)质押财产交付的时间、方式。

第四百二十八条　质权人在债务履行期限届满前,与出质人约定债务人不履行到期债务时质押财产归债权人所有的,只能依法就质押财产优先受偿。

第四百二十九条 质权自出质人交付质押财产时设立。

第四百三十条 质权人有权收取质押财产的孳息,但是合同另有约定的除外。

前款规定的孳息应当先充抵收取孳息的费用。

第四百三十一条 质权人在质权存续期间,未经出质人同意,擅自使用、处分质押财产,造成出质人损害的,应当承担赔偿责任。

第四百三十二条 质权人负有妥善保管质押财产的义务;因保管不善致使质押财产毁损、灭失的,应当承担赔偿责任。

质权人的行为可能使质押财产毁损、灭失的,出质人可以请求质权人将质押财产提存,或者请求提前清偿债务并返还质押财产。

第四百三十三条 因不可归责于质权人的事由可能使质押财产毁损或者价值明显减少,足以危害质权人权利的,质权人有权请求出质人提供相应的担保;出质人不提供的,质权人可以拍卖、变卖质押财产,并与出质人协议将拍卖、变卖所得的价款提前清偿债务或者提存。

第四百三十四条 质权人在质权存续期间,未经出质人同意转质,造成质押财产毁损、灭失的,应当承担赔偿责任。

第四百三十五条 质权人可以放弃质权。债务人以自己的财产出质,质权人放弃该质权的,其他担保人在质权人丧失优先受偿权益的范围内免除担保责任,但是其他担保人承诺仍然提供担保的除外。

第四百三十六条 债务人履行债务或者出质人提前清偿所担保的债权的,质权人应当返还质押财产。

债务人不履行到期债务或者发生当事人约定的实现质权的情形,质权人可以与出质人协议以质押财产折价,也可以就拍卖、变卖质押财产所得的价款优先受偿。

质押财产折价或者变卖的,应当参照市场价格。

第四百三十七条 出质人可以请求质权人在债务履行期限届满后及时行使质权;质权人不行使的,出质人可以请求人民法院拍卖、变卖质押财产。

出质人请求质权人及时行使质权,因质权人怠于行使权利造成出质人损害的，由质权人承担赔偿责任。

第四百三十八条　质押财产折价或者拍卖、变卖后，其价款超过债权数额的部分归出质人所有，不足部分由债务人清偿。

第四百三十九条　出质人与质权人可以协议设立最高额质权。

最高额质权除适用本节有关规定外，参照适用本编第十七章第二节的有关规定。

第二节　权利质权

第四百四十条　债务人或者第三人有权处分的下列权利可以出质：

（一）汇票、本票、支票；

（二）债券、存款单；

（三）仓单、提单；

（四）可以转让的基金份额、股权；

（五）可以转让的注册商标专用权、专利权、著作权等知识产权中的财产权；

（六）现有的以及将有的应收账款；

（七）法律、行政法规规定可以出质的其他财产权利。

第四百四十一条　以汇票、本票、支票、债券、存款单、仓单、提单出质的，质权自权利凭证交付质权人时设立；没有权利凭证的，质权自办理出质登记时设立。法律另有规定的，依照其规定。

第四百四十二条　汇票、本票、支票、债券、存款单、仓单、提单的兑现日期或者提货日期先于主债权到期的，质权人可以兑现或者提货，并与出质人协议将兑现的价款或者提取的货物提前清偿债务或者提存。

第四百四十三条　以基金份额、股权出质的，质权自办理出质登记时设立。

基金份额、股权出质后，不得转让，但是出质人与质权人协商同意的除外。出质人转让基金份额、股权所得的价款，应当向质权人提前清偿债务或者提存。

第四百四十四条　以注册商标专用权、专利权、著作权等知识产权中的财产权出质的,质权自办理出质登记时设立。

知识产权中的财产权出质后,出质人不得转让或者许可他人使用,但是出质人与质权人协商同意的除外。出质人转让或者许可他人使用出质的知识产权中的财产权所得的价款,应当向质权人提前清偿债务或者提存。

第四百四十五条 以应收账款出质的,质权自办理出质登记时设立。

应收账款出质后,不得转让,但是出质人与质权人协商同意的除外。出质人转让应收账款所得的价款,应当向质权人提前清偿债务或者提存。

第四百四十六条 权利质权除适用本节规定外,适用本章第一节的有关规定。

第十九章 留 置 权

第四百四十七条 债务人不履行到期债务,债权人可以留置已经合法占有的债务人的动产,并有权就该动产优先受偿。

前款规定的债权人为留置权人,占有的动产为留置财产。

第四百四十八条 债权人留置的动产,应当与债权属于同一法律关系,但是企业之间留置的除外。

第四百四十九条 法律规定或者当事人约定不得留置的动产,不得留置。

第四百五十条 留置财产为可分物的,留置财产的价值应当相当于债务的金额。

第四百五十一条 留置权人负有妥善保管留置财产的义务;因保管不善致使留置财产毁损、灭失的,应当承担赔偿责任。

第四百五十二条 留置权人有权收取留置财产的孳息。

前款规定的孳息应当先充抵收取孳息的费用。

第四百五十三条 留置权人与债务人应当约定留置财产后的债务履行期限;没有约定或者约定不明确的,留置权人应当给债务人六十日以上履行债务的期限,但是鲜活易腐等不易保管的动产除外。债务人逾期未履行的,留置权人可以与债务人协议以留置财产折价,也可以就拍卖、变卖留置财产所得的价款优先受偿。

留置财产折价或者变卖的，应当参照市场价格。

第四百五十四条　债务人可以请求留置权人在债务履行期限届满后行使留置权；留置权人不行使的，债务人可以请求人民法院拍卖、变卖留置财产。

第四百五十五条　留置财产折价或者拍卖、变卖后，其价款超过债权数额的部分归债务人所有，不足部分由债务人清偿。

第四百五十六条　同一动产上已经设立抵押权或者质权，该动产又被留置的，留置权人优先受偿。

第四百五十七条　留置权人对留置财产丧失占有或者留置权人接受债务人另行提供担保的，留置权消灭。

第五分编　占　　有

第二十章　占　　有

第四百五十八条　基于合同关系等产生的占有，有关不动产或者动产的使用、收益、违约责任等，按照合同约定；合同没有约定或者约定不明确的，依照有关法律规定。

第四百五十九条　占有人因使用占有的不动产或者动产，致使该不动产或者动产受到损害的，恶意占有人应当承担赔偿责任。

第四百六十条　不动产或者动产被占有人占有的，权利人可以请求返还原物及其孳息；但是，应当支付善意占有人因维护该不动产或者动产支出的必要费用。

第四百六十一条　占有的不动产或者动产毁损、灭失，该不动产或者动产的权利人请求赔偿的，占有人应当将因毁损、灭失取得的保险金、赔偿金或者补偿金等返还给权利人；权利人的损害未得到足够弥补的，恶意占有人还应当赔偿损失。

第四百六十二条　占有的不动产或者动产被侵占的，占有人有权请求返还原物；对妨害占有的行为，占有人有权请求排除妨害或者消除危险；因侵占或者妨害造成损害的，占有人有权依法请求损害赔偿。

占有人返还原物的请求权，自侵占发生之日起一年内未行使的，该请求权消灭。

第三编　合　　同

第一分编　通　　则

第一章　一般规定

第四百六十三条　本编调整因合同产生的民事关系。

第四百六十四条　合同是民事主体之间设立、变更、终止民事法律关系的协议。

婚姻、收养、监护等有关身份关系的协议,适用有关该身份关系的法律规定;没有规定的,可以根据其性质参照适用本编规定。

第四百六十五条　依法成立的合同,受法律保护。

依法成立的合同,仅对当事人具有法律约束力,但是法律另有规定的除外。

第四百六十六条　当事人对合同条款的理解有争议的,应当依据本法第一百四十二条第一款的规定,确定争议条款的含义。

合同文本采用两种以上文字订立并约定具有同等效力的,对各文本使用的词句推定具有相同含义。各文本使用的词句不一致的,应当根据合同的相关条款、性质、目的以及诚信原则等予以解释。

第四百六十七条　本法或者其他法律没有明文规定的合同,适用本编通则的规定,并可以参照适用本编或者其他法律最相类似合同的规定。

在中华人民共和国境内履行的中外合资经营企业合同、中外合作经营企业合同、中外合作勘探开发自然资源合同,适用中华人民共和国法律。

第四百六十八条　非因合同产生的债权债务关系,适用有关该债权债务关系的法律规定;没有规定的,适用本编通则的有关规定,但是根据其性质不能适用的除外。

第二章　合同的订立

第四百六十九条　当事人订立合同,可以采用书面形式、口头形式或者其他形式。

书面形式是合同书、信件、电报、电传、传真等可以有形地表现所载内容的形式。

以电子数据交换、电子邮件等方式能够有形地表现所载内容，并可以随时调取查用的数据电文，视为书面形式。

第四百七十条　合同的内容由当事人约定，一般包括下列条款：

（一）当事人的姓名或者名称和住所；

（二）标的；

（三）数量；

（四）质量；

（五）价款或者报酬；

（六）履行期限、地点和方式；

（七）违约责任；

（八）解决争议的方法。

当事人可以参照各类合同的示范文本订立合同。

第四百七十一条　当事人订立合同，可以采取要约、承诺方式或者其他方式。

第四百七十二条　要约是希望与他人订立合同的意思表示，该意思表示应当符合下列条件：

（一）内容具体确定；

（二）表明经受要约人承诺，要约人即受该意思表示约束。

第四百七十三条　要约邀请是希望他人向自己发出要约的表示。拍卖公告、招标公告、招股说明书、债券募集办法、基金招募说明书、商业广告和宣传、寄送的价目表等为要约邀请。

商业广告和宣传的内容符合要约条件的，构成要约。

第四百七十四条　要约生效的时间适用本法第一百三十七条的规定。

第四百七十五条　要约可以撤回。要约的撤回适用本法第一百四十一条的规定。

第四百七十六条　要约可以撤销，但是有下列情形之一的除外：

（一）要约人以确定承诺期限或者其他形式明示要约不可撤销；

（二）受要约人有理由认为要约是不可撤销的，并已经为履行合同做了合理准备工作。

第四百七十七条 撤销要约的意思表示以对话方式作出的,该意思表示的内容应当在受要约人作出承诺之前为受要约人所知道;撤销要约的意思表示以非对话方式作出的,应当在受要约人作出承诺之前到达受要约人。

第四百七十八条 有下列情形之一的,要约失效:

(一)要约被拒绝;

(二)要约被依法撤销;

(三)承诺期限届满,受要约人未作出承诺;

(四)受要约人对要约的内容作出实质性变更。

第四百七十九条 承诺是受要约人同意要约的意思表示。

第四百八十条 承诺应当以通知的方式作出;但是,根据交易习惯或者要约表明可以通过行为作出承诺的除外。

第四百八十一条 承诺应当在要约确定的期限内到达要约人。

要约没有确定承诺期限的,承诺应当依照下列规定到达:

(一)要约以对话方式作出的,应当即时作出承诺;

(二)要约以非对话方式作出的,承诺应当在合理期限内到达。

第四百八十二条 要约以信件或者电报作出的,承诺期限自信件载明的日期或者电报交发之日开始计算。信件未载明日期的,自投寄该信件的邮戳日期开始计算。要约以电话、传真、电子邮件等快速通讯方式作出的,承诺期限自要约到达受要约人时开始计算。

第四百八十三条 承诺生效时合同成立,但是法律另有规定或者当事人另有约定的除外。

第四百八十四条 以通知方式作出的承诺,生效的时间适用本法第一百三十七条的规定。

承诺不需要通知的,根据交易习惯或者要约的要求作出承诺的行为时生效。

第四百八十五条 承诺可以撤回。承诺的撤回适用本法第一百四十一条的规定。

第四百八十六条 受要约人超过承诺期限发出承诺,或者在承诺期限内发出承诺,按照通常情形不能及时到达要约人的,为新要约;但是，要约人及时通知受要约人该承诺有效的除外。

第四百八十七条　受要约人在承诺期限内发出承诺，按照通常情形能够及时到达要约人，但是因其他原因致使承诺到达要约人时超过承诺期限的，除要约人及时通知受要约人因承诺超过期限不接受该承诺外，该承诺有效。

第四百八十八条　承诺的内容应当与要约的内容一致。受要约人对要约的内容作出实质性变更的，为新要约。有关合同标的、数量、质量、价款或者报酬、履行期限、履行地点和方式、违约责任和解决争议方法等的变更，是对要约内容的实质性变更。

第四百八十九条　承诺对要约的内容作出非实质性变更的，除要约人及时表示反对或者要约表明承诺不得对要约的内容作出任何变更外，该承诺有效，合同的内容以承诺的内容为准。

第四百九十条　当事人采用合同书形式订立合同的，自当事人均签名、盖章或者按指印时合同成立。在签名、盖章或者按指印之前，当事人一方已经履行主要义务，对方接受时，该合同成立。

法律、行政法规规定或者当事人约定合同应当采用书面形式订立，当事人未采用书面形式但是一方已经履行主要义务，对方接受时，该合同成立。

第四百九十一条　当事人采用信件、数据电文等形式订立合同要求签订确认书的，签订确认书时合同成立。

当事人一方通过互联网等信息网络发布的商品或者服务信息符合要约条件的，对方选择该商品或者服务并提交订单成功时合同成立，但是当事人另有约定的除外。

第四百九十二条　承诺生效的地点为合同成立的地点。

采用数据电文形式订立合同的，收件人的主营业地为合同成立的地点；没有主营业地的，其住所地为合同成立的地点。当事人另有约定的，按照其约定。

第四百九十三条　当事人采用合同书形式订立合同的，最后签名、盖章或者按指印的地点为合同成立的地点，但是当事人另有约定的除外。

第四百九十四条　国家根据抢险救灾、疫情防控或者其他需要下达国家订货任务、指令性任务的,有关民事主体之间应当依照有关法律、行政法规规定的权利和义务订立合同。

依照法律、行政法规的规定负有发出要约义务的当事人,应当及时发出合理的要约。

依照法律、行政法规的规定负有作出承诺义务的当事人,不得拒绝对方合理的订立合同要求。

第四百九十五条　当事人约定在将来一定期限内订立合同的认购书、订购书、预订书等,构成预约合同。

当事人一方不履行预约合同约定的订立合同义务的,对方可以请求其承担预约合同的违约责任。

第四百九十六条　格式条款是当事人为了重复使用而预先拟定,并在订立合同时未与对方协商的条款。

采用格式条款订立合同的,提供格式条款的一方应当遵循公平原则确定当事人之间的权利和义务,并采取合理的方式提示对方注意免除或者减轻其责任等与对方有重大利害关系的条款,按照对方的要求,对该条款予以说明。提供格式条款的一方未履行提示或者说明义务,致使对方没有注意或者理解与其有重大利害关系的条款的,对方可以主张该条款不成为合同的内容。

第四百九十七条　有下列情形之一的,该格式条款无效:

(一)具有本法第一编第六章第三节和本法第五百零六条规定的无效情形;

(二)提供格式条款一方不合理地免除或者减轻其责任、加重对方责任、限制对方主要权利;

(三)提供格式条款一方排除对方主要权利。

第四百九十八条　对格式条款的理解发生争议的,应当按照通常理解予以解释。对格式条款有两种以上解释的,应当作出不利于提供格式条款一方的解释。格式条款和非格式条款不一致的,应当采用非格式条款。

第四百九十九条　悬赏人以公开方式声明对完成特定行为的人支付报酬的,完成该行为的人可以请求其支付。

第五百条　当事人在订立合同过程中有下列情形之一,造成对方损失的，应当承担赔偿责任：

（一）假借订立合同，恶意进行磋商；

（二）故意隐瞒与订立合同有关的重要事实或者提供虚假情况；

（三）有其他违背诚信原则的行为。

第五百零一条　当事人在订立合同过程中知悉的商业秘密或者其他应当保密的信息，无论合同是否成立，不得泄露或者不正当地使用；泄露、不正当地使用该商业秘密或者信息，造成对方损失的，应当承担赔偿责任。

第三章　合同的效力

第五百零二条　依法成立的合同，自成立时生效，但是法律另有规定或者当事人另有约定的除外。

依照法律、行政法规的规定，合同应当办理批准等手续的，依照其规定。未办理批准等手续影响合同生效的，不影响合同中履行报批等义务条款以及相关条款的效力。应当办理申请批准等手续的当事人未履行义务的，对方可以请求其承担违反该义务的责任。

依照法律、行政法规的规定，合同的变更、转让、解除等情形应当办理批准等手续的，适用前款规定。

第五百零三条　无权代理人以被代理人的名义订立合同，被代理人已经开始履行合同义务或者接受相对人履行的，视为对合同的追认。

第五百零四条　法人的法定代表人或者非法人组织的负责人超越权限订立的合同，除相对人知道或者应当知道其超越权限外，该代表行为有效，订立的合同对法人或者非法人组织发生效力。

第五百零五条　当事人超越经营范围订立的合同的效力，应当依照本法第一编第六章第三节和本编的有关规定确定，不得仅以超越经营范围确认合同无效。

第五百零六条　合同中的下列免责条款无效：

（一）造成对方人身损害的；

（二）因故意或者重大过失造成对方财产损失的。

第五百零七条　合同不生效、无效、被撤销或者终止的，不影响合同中有关解决争议方法的条款的效力。

第五百零八条 本编对合同的效力没有规定的,适用本法第一编第六章的有关规定。

第四章 合同的履行

第五百零九条 当事人应当按照约定全面履行自己的义务。

当事人应当遵循诚信原则,根据合同的性质、目的和交易习惯履行通知、协助、保密等义务。

当事人在履行合同过程中,应当避免浪费资源、污染环境和破坏生态。

第五百一十条 合同生效后,当事人就质量、价款或者报酬、履行地点等内容没有约定或者约定不明确的,可以协议补充;不能达成补充协议的,按照合同相关条款或者交易习惯确定。

第五百一十一条 当事人就有关合同内容约定不明确,依据前条规定仍不能确定的,适用下列规定:

(一)质量要求不明确的,按照强制性国家标准履行;没有强制性国家标准的,按照推荐性国家标准履行;没有推荐性国家标准的,按照行业标准履行;没有国家标准、行业标准的,按照通常标准或者符合合同目的的特定标准履行。

(二)价款或者报酬不明确的,按照订立合同时履行地的市场价格履行;依法应当执行政府定价或者政府指导价的,依照规定履行。

(三)履行地点不明确,给付货币的,在接受货币一方所在地履行;交付不动产的,在不动产所在地履行;其他标的,在履行义务一方所在地履行。

(四)履行期限不明确的,债务人可以随时履行,债权人也可以随时请求履行,但是应当给对方必要的准备时间。

(五)履行方式不明确的,按照有利于实现合同目的的方式履行。

(六)履行费用的负担不明确的,由履行义务一方负担;因债权人原因增加的履行费用,由债权人负担。

第五百一十二条 通过互联网等信息网络订立的电子合同的标的为交付商品并采用快递物流方式交付的,收货人的签收时间为交付时间。电子合同的标的为提供服务的,生成的电子凭证或者实物凭证中载明的时间为提供服务时间;前述凭证没有载明时间或者载明时间与实际提供服务时间不一致的,以实际提供服务的时间为准。

电子合同的标的物为采用在线传输方式交付的,合同标的物进入对方当事人指定的特定系统且能够检索识别的时间为交付时间。

电子合同当事人对交付商品或者提供服务的方式、时间另有约定的,按照其约定。

第五百一十三条　执行政府定价或者政府指导价的,在合同约定的交付期限内政府价格调整时,按照交付时的价格计价。逾期交付标的物的,遇价格上涨时,按照原价格执行;价格下降时,按照新价格执行。逾期提取标的物或者逾期付款的,遇价格上涨时,按照新价格执行;价格下降时,按照原价格执行。

第五百一十四条　以支付金钱为内容的债,除法律另有规定或者当事人另有约定外,债权人可以请求债务人以实际履行地的法定货币履行。

第五百一十五条　标的有多项而债务人只需履行其中一项的,债务人享有选择权;但是,法律另有规定、当事人另有约定或者另有交易习惯的除外。

享有选择权的当事人在约定期限内或者履行期限届满未作选择,经催告后在合理期限内仍未选择的,选择权转移至对方。

第五百一十六条　当事人行使选择权应当及时通知对方,通知到达对方时,标的确定。标的确定后不得变更,但是经对方同意的除外。

可选择的标的发生不能履行情形的,享有选择权的当事人不得选择不能履行的标的,但是该不能履行的情形是由对方造成的除外。

第五百一十七条　债权人为二人以上,标的可分,按照份额各自享有债权的,为按份债权;债务人为二人以上,标的可分,按照份额各自负担债务的,为按份债务。

按份债权人或者按份债务人的份额难以确定的,视为份额相同。

第五百一十八条　债权人为二人以上,部分或者全部债权人均可以请求债务人履行债务的,为连带债权;债务人为二人以上,债权人可以请求部分或者全部债务人履行全部债务的,为连带债务。

连带债权或者连带债务,由法律规定或者当事人约定。

第五百一十九条　连带债务人之间的份额难以确定的,视为份额相同。

实际承担债务超过自己份额的连带债务人,有权就超出部分在其他连带债务人未履行的份额范围内向其追偿,并相应地享有债权人的权利,但是不得损害债权人的利益。其他连带债务人对债权人的抗辩,可以向该债务人主张。

被追偿的连带债务人不能履行其应分担份额的,其他连带债务人应当在相应范围内按比例分担。

第五百二十条　部分连带债务人履行、抵销债务或者提存标的物的,其他债务人对债权人的债务在相应范围内消灭;该债务人可以依据前条规定向其他债务人追偿。

部分连带债务人的债务被债权人免除的,在该连带债务人应当承担的份额范围内,其他债务人对债权人的债务消灭。

部分连带债务人的债务与债权人的债权同归于一人的,在扣除该债务人应当承担的份额后,债权人对其他债务人的债权继续存在。

债权人对部分连带债务人的给付受领迟延的,对其他连带债务人发生效力。

第五百二十一条　连带债权人之间的份额难以确定的,视为份额相同。

实际受领债权的连带债权人,应当按比例向其他连带债权人返还。

连带债权参照适用本章连带债务的有关规定。

第五百二十二条　当事人约定由债务人向第三人履行债务,债务人未向第三人履行债务或者履行债务不符合约定的,应当向债权人承担违约责任。

法律规定或者当事人约定第三人可以直接请求债务人向其履行债务,第三人未在合理期限内明确拒绝,债务人未向第三人履行债务或者履行债务不符合约定的,第三人可以请求债务人承担违约责任;债务人对债权人的抗辩,可以向第三人主张。

第五百二十三条　当事人约定由第三人向债权人履行债务,第三人不履行债务或者履行债务不符合约定的，债务人应当向债权人承担违约责任。

第五百二十四条　债务人不履行债务，第三人对履行该债务具有合法利益的，第三人有权向债权人代为履行；但是，根据债务性质、按照当事人约定或者依照法律规定只能由债务人履行的除外。

债权人接受第三人履行后，其对债务人的债权转让给第三人，但是债务人和第三人另有约定的除外。

第五百二十五条　当事人互负债务，没有先后履行顺序的，应当同时履行。一方在对方履行之前有权拒绝其履行请求。一方在对方履行债务不符合约定时，有权拒绝其相应的履行请求。

第五百二十六条　当事人互负债务，有先后履行顺序，应当先履行债务一方未履行的，后履行一方有权拒绝其履行请求。先履行一方履行债务不符合约定的，后履行一方有权拒绝其相应的履行请求。

第五百二十七条　应当先履行债务的当事人，有确切证据证明对方有下列情形之一的，可以中止履行：

（一）经营状况严重恶化；

（二）转移财产、抽逃资金，以逃避债务；

（三）丧失商业信誉；

（四）有丧失或者可能丧失履行债务能力的其他情形。

当事人没有确切证据中止履行的，应当承担违约责任。

第五百二十八条　当事人依据前条规定中止履行的，应当及时通知对方。对方提供适当担保的，应当恢复履行。中止履行后，对方在合理期限内未恢复履行能力且未提供适当担保的，视为以自己的行为表明不履行主要债务，中止履行的一方可以解除合同并可以请求对方承担违约责任。

第五百二十九条　债权人分立、合并或者变更住所没有通知债务人，致使履行债务发生困难的，债务人可以中止履行或者将标的物提存。

第五百三十条　债权人可以拒绝债务人提前履行债务，但是提前履行不损害债权人利益的除外。

债务人提前履行债务给债权人增加的费用，由债务人负担。

第五百三十一条 债权人可以拒绝债务人部分履行债务,但是部分履行不损害债权人利益的除外。

债务人部分履行债务给债权人增加的费用,由债务人负担。

第五百三十二条 合同生效后,当事人不得因姓名、名称的变更或者法定代表人、负责人、承办人的变动而不履行合同义务。

第五百三十三条 合同成立后,合同的基础条件发生了当事人在订立合同时无法预见的、不属于商业风险的重大变化,继续履行合同对于当事人一方明显不公平的,受不利影响的当事人可以与对方重新协商;在合理期限内协商不成的,当事人可以请求人民法院或者仲裁机构变更或者解除合同。

人民法院或者仲裁机构应当结合案件的实际情况,根据公平原则变更或者解除合同。

第五百三十四条 对当事人利用合同实施危害国家利益、社会公共利益行为的,市场监督管理和其他有关行政主管部门依照法律、行政法规的规定负责监督处理。

第五章 合同的保全

第五百三十五条 因债务人怠于行使其债权或者与该债权有关的从权利,影响债权人的到期债权实现的,债权人可以向人民法院请求以自己的名义代位行使债务人对相对人的权利,但是该权利专属于债务人自身的除外。

代位权的行使范围以债权人的到期债权为限。债权人行使代位权的必要费用,由债务人负担。

相对人对债务人的抗辩,可以向债权人主张。

第五百三十六条 债权人的债权到期前,债务人的债权或者与该债权有关的从权利存在诉讼时效期间即将届满或者未及时申报破产债权等情形,影响债权人的债权实现的,债权人可以代位向债务人的相对人请求其向债务人履行、向破产管理人申报或者作出其他必要的行为。

第五百三十七条 人民法院认定代位权成立的,由债务人的相对人向债权人履行义务,债权人接受履行后,债权人与债务人、债务人与相对人之间相应的权利义务终止。债务人对相对人的债权或者与该债权有关的从权利被采取保全、执行措施,或者债务人破产的,依照相关法律的规定处理。

第五百三十八条　债务人以放弃其债权、放弃债权担保、无偿转让财产等方式无偿处分财产权益,或者恶意延长其到期债权的履行期限,影响债权人的债权实现的,债权人可以请求人民法院撤销债务人的行为。

第五百三十九条　债务人以明显不合理的低价转让财产、以明显不合理的高价受让他人财产或者为他人的债务提供担保,影响债权人的债权实现,债务人的相对人知道或者应当知道该情形的,债权人可以请求人民法院撤销债务人的行为。

第五百四十条　撤销权的行使范围以债权人的债权为限。债权人行使撤销权的必要费用,由债务人负担。

第五百四十一条　撤销权自债权人知道或者应当知道撤销事由之日起一年内行使。自债务人的行为发生之日起五年内没有行使撤销权的,该撤销权消灭。

第五百四十二条　债务人影响债权人的债权实现的行为被撤销的,自始没有法律约束力。

第六章　合同的变更和转让

第五百四十三条　当事人协商一致,可以变更合同。

第五百四十四条　当事人对合同变更的内容约定不明确的,推定为未变更。

第五百四十五条　债权人可以将债权的全部或者部分转让给第三人,但是有下列情形之一的除外:

(一)根据债权性质不得转让;

(二)按照当事人约定不得转让;

(三)依照法律规定不得转让。

当事人约定非金钱债权不得转让的,不得对抗善意第三人。当事人约定金钱债权不得转让的,不得对抗第三人。

第五百四十六条　债权人转让债权,未通知债务人的,该转让对债务人不发生效力。

债权转让的通知不得撤销,但是经受让人同意的除外。

第五百四十七条 债权人转让债权的,受让人取得与债权有关的从权利,但是该从权利专属于债权人自身的除外。

受让人取得从权利不因该从权利未办理转移登记手续或者未转移占有而受到影响。

第五百四十八条 债务人接到债权转让通知后,债务人对让与人的抗辩,可以向受让人主张。

第五百四十九条 有下列情形之一的,债务人可以向受让人主张抵销:

(一)债务人接到债权转让通知时,债务人对让与人享有债权,且债务人的债权先于转让的债权到期或者同时到期;

(二)债务人的债权与转让的债权是基于同一合同产生。

第五百五十条 因债权转让增加的履行费用,由让与人负担。

第五百五十一条 债务人将债务的全部或者部分转移给第三人的,应当经债权人同意。

债务人或者第三人可以催告债权人在合理期限内予以同意,债权人未作表示的,视为不同意。

第五百五十二条 第三人与债务人约定加入债务并通知债权人,或者第三人向债权人表示愿意加入债务,债权人未在合理期限内明确拒绝的,债权人可以请求第三人在其愿意承担的债务范围内和债务人承担连带债务。

第五百五十三条 债务人转移债务的,新债务人可以主张原债务人对债权人的抗辩;原债务人对债权人享有债权的,新债务人不得向债权人主张抵销。

第五百五十四条 债务人转移债务的,新债务人应当承担与主债务有关的从债务,但是该从债务专属于原债务人自身的除外。

第五百五十五条 当事人一方经对方同意,可以将自己在合同中的权利和义务一并转让给第三人。

第五百五十六条 合同的权利和义务一并转让的,适用债权转让、债务转移的有关规定。

第七章　合同的权利义务终止

第五百五十七条　有下列情形之一的，债权债务终止：

（一）债务已经履行；

（二）债务相互抵销；

（三）债务人依法将标的物提存；

（四）债权人免除债务；

（五）债权债务同归于一人；

（六）法律规定或者当事人约定终止的其他情形。

合同解除的，该合同的权利义务关系终止。

第五百五十八条　债权债务终止后，当事人应当遵循诚信等原则，根据交易习惯履行通知、协助、保密、旧物回收等义务。

第五百五十九条　债权债务终止时，债权的从权利同时消灭，但是法律另有规定或者当事人另有约定的除外。

第五百六十条　债务人对同一债权人负担的数项债务种类相同，债务人的给付不足以清偿全部债务的，除当事人另有约定外，由债务人在清偿时指定其履行的债务。

债务人未作指定的，应当优先履行已经到期的债务；数项债务均到期的，优先履行对债权人缺乏担保或者担保最少的债务；均无担保或者担保相等的，优先履行债务人负担较重的债务；负担相同的，按照债务到期的先后顺序履行；到期时间相同的，按照债务比例履行。

第五百六十一条　债务人在履行主债务外还应当支付利息和实现债权的有关费用，其给付不足以清偿全部债务的，除当事人另有约定外，应当按照下列顺序履行：

（一）实现债权的有关费用；

（二）利息；

（三）主债务。

第五百六十二条　当事人协商一致，可以解除合同。

当事人可以约定一方解除合同的事由。解除合同的事由发生时，解除权人可以解除合同。

第五百六十三条　有下列情形之一的，当事人可以解除合同：

(一)因不可抗力致使不能实现合同目的;

(二)在履行期限届满前,当事人一方明确表示或者以自己的行为表明不履行主要债务;

(三)当事人一方迟延履行主要债务,经催告后在合理期限内仍未履行;

(四)当事人一方迟延履行债务或者有其他违约行为致使不能实现合同目的;

(五)法律规定的其他情形。

以持续履行的债务为内容的不定期合同,当事人可以随时解除合同,但是应当在合理期限之前通知对方。

第五百六十四条 法律规定或者当事人约定解除权行使期限,期限届满当事人不行使的,该权利消灭。

法律没有规定或者当事人没有约定解除权行使期限,自解除权人知道或者应当知道解除事由之日起一年内不行使,或者经对方催告后在合理期限内不行使的,该权利消灭。

第五百六十五条 当事人一方依法主张解除合同的,应当通知对方。合同自通知到达对方时解除;通知载明债务人在一定期限内不履行债务则合同自动解除,债务人在该期限内未履行债务的,合同自通知载明的期限届满时解除。对方对解除合同有异议的,任何一方当事人均可以请求人民法院或者仲裁机构确认解除行为的效力。

当事人一方未通知对方,直接以提起诉讼或者申请仲裁的方式依法主张解除合同,人民法院或者仲裁机构确认该主张的,合同自起诉状副本或者仲裁申请书副本送达对方时解除。

第五百六十六条 合同解除后,尚未履行的,终止履行;已经履行的,根据履行情况和合同性质,当事人可以请求恢复原状或者采取其他补救措施,并有权请求赔偿损失。

合同因违约解除的,解除权人可以请求违约方承担违约责任,但是当事人另有约定的除外。

主合同解除后,担保人对债务人应当承担的民事责任仍应当承担担保责任,但是担保合同另有约定的除外。

第五百六十七条 合同的权利义务关系终止,不影响合同中结算和清理条款的效力。

第五百六十八条　当事人互负债务，该债务的标的物种类、品质相同的，任何一方可以将自己的债务与对方的到期债务抵销；但是，根据债务性质、按照当事人约定或者依照法律规定不得抵销的除外。

当事人主张抵销的，应当通知对方。通知自到达对方时生效。抵销不得附条件或者附期限。

第五百六十九条　当事人互负债务，标的物种类、品质不相同的，经协商一致，也可以抵销。

第五百七十条　有下列情形之一，难以履行债务的，债务人可以将标的物提存：

（一）债权人无正当理由拒绝受领；

（二）债权人下落不明；

（三）债权人死亡未确定继承人、遗产管理人，或者丧失民事行为能力未确定监护人；

（四）法律规定的其他情形。

标的物不适于提存或者提存费用过高的，债务人依法可以拍卖或者变卖标的物，提存所得的价款。

第五百七十一条　债务人将标的物或者将标的物依法拍卖、变卖所得价款交付提存部门时，提存成立。

提存成立的，视为债务人在其提存范围内已经交付标的物。

第五百七十二条　标的物提存后，债务人应当及时通知债权人或者债权人的继承人、遗产管理人、监护人、财产代管人。

第五百七十三条　标的物提存后，毁损、灭失的风险由债权人承担。提存期间，标的物的孳息归债权人所有。提存费用由债权人负担。

第五百七十四条　债权人可以随时领取提存物。但是，债权人对债务人负有到期债务的，在债权人未履行债务或者提供担保之前，提存部门根据债务人的要求应当拒绝其领取提存物。

债权人领取提存物的权利，自提存之日起五年内不行使而消灭，提存物扣除提存费用后归国家所有。但是，债权人未履行对债务人的到期债务，或者债权人向提存部门书面表示放弃领取提存物权利的，债务人负担提存费用后有权取回提存物。

第五百七十五条 债权人免除债务人部分或者全部债务的,债权债务部分或者全部终止,但是债务人在合理期限内拒绝的除外。

第五百七十六条 债权和债务同归于一人的,债权债务终止,但是损害第三人利益的除外。

第八章 违约责任

第五百七十七条 当事人一方不履行合同义务或者履行合同义务不符合约定的,应当承担继续履行、采取补救措施或者赔偿损失等违约责任。

第五百七十八条 当事人一方明确表示或者以自己的行为表明不履行合同义务的,对方可以在履行期限届满前请求其承担违约责任。

第五百七十九条 当事人一方未支付价款、报酬、租金、利息,或者不履行其他金钱债务的,对方可以请求其支付。

第五百八十条 当事人一方不履行非金钱债务或者履行非金钱债务不符合约定的,对方可以请求履行,但是有下列情形之一的除外:

(一)法律上或者事实上不能履行;

(二)债务的标的不适于强制履行或者履行费用过高;

(三)债权人在合理期限内未请求履行。

有前款规定的除外情形之一,致使不能实现合同目的的,人民法院或者仲裁机构可以根据当事人的请求终止合同权利义务关系,但是不影响违约责任的承担。

第五百八十一条 当事人一方不履行债务或者履行债务不符合约定,根据债务的性质不得强制履行的,对方可以请求其负担由第三人替代履行的费用。

第五百八十二条 履行不符合约定的,应当按照当事人的约定承担违约责任。对违约责任没有约定或者约定不明确,依据本法第五百一十条的规定仍不能确定的,受损害方根据标的的性质以及损失的大小,可以合理选择请求对方承担修理、重作、更换、退货、减少价款或者报酬等违约责任。

第五百八十三条　当事人一方不履行合同义务或者履行合同义务不符合约定的，在履行义务或者采取补救措施后，对方还有其他损失的，应当赔偿损失。

第五百八十四条　当事人一方不履行合同义务或者履行合同义务不符合约定，造成对方损失的，损失赔偿额应当相当于因违约所造成的损失，包括合同履行后可以获得的利益；但是，不得超过违约一方订立合同时预见到或者应当预见到的因违约可能造成的损失。

第五百八十五条　当事人可以约定一方违约时应当根据违约情况向对方支付一定数额的违约金，也可以约定因违约产生的损失赔偿额的计算方法。

约定的违约金低于造成的损失的，人民法院或者仲裁机构可以根据当事人的请求予以增加；约定的违约金过分高于造成的损失的，人民法院或者仲裁机构可以根据当事人的请求予以适当减少。

当事人就迟延履行约定违约金的，违约方支付违约金后，还应当履行债务。

第五百八十六条　当事人可以约定一方向对方给付定金作为债权的担保。定金合同自实际交付定金时成立。

定金的数额由当事人约定；但是，不得超过主合同标的额的百分之二十，超过部分不产生定金的效力。实际交付的定金数额多于或者少于约定数额的，视为变更约定的定金数额。

第五百八十七条　债务人履行债务的，定金应当抵作价款或者收回。给付定金的一方不履行债务或者履行债务不符合约定，致使不能实现合同目的的，无权请求返还定金；收受定金的一方不履行债务或者履行债务不符合约定，致使不能实现合同目的的，应当双倍返还定金。

第五百八十八条　当事人既约定违约金，又约定定金的，一方违约时，对方可以选择适用违约金或者定金条款。

定金不足以弥补一方违约造成的损失的，对方可以请求赔偿超过定金数额的损失。

第五百八十九条　债务人按照约定履行债务，债权人无正当理由拒绝受领的，债务人可以请求债权人赔偿增加的费用。

在债权人受领迟延期间,债务人无须支付利息。

第五百九十条 当事人一方因不可抗力不能履行合同的,根据不可抗力的影响,部分或者全部免除责任,但是法律另有规定的除外。因不可抗力不能履行合同的,应当及时通知对方,以减轻可能给对方造成的损失,并应当在合理期限内提供证明。

当事人迟延履行后发生不可抗力的,不免除其违约责任。

第五百九十一条 当事人一方违约后,对方应当采取适当措施防止损失的扩大;没有采取适当措施致使损失扩大的,不得就扩大的损失请求赔偿。

当事人因防止损失扩大而支出的合理费用,由违约方负担。

第五百九十二条 当事人都违反合同的,应当各自承担相应的责任。

当事人一方违约造成对方损失,对方对损失的发生有过错的,可以减少相应的损失赔偿额。

第五百九十三条 当事人一方因第三人的原因造成违约的,应当依法向对方承担违约责任。当事人一方和第三人之间的纠纷,依照法律规定或者按照约定处理。

第五百九十四条 因国际货物买卖合同和技术进出口合同争议提起诉讼或者申请仲裁的时效期间为四年。

第二分编 典型合同

第九章 买卖合同

第五百九十五条 买卖合同是出卖人转移标的物的所有权于买受人,买受人支付价款的合同。

第五百九十六条 买卖合同的内容一般包括标的物的名称、数量、质量、价款、履行期限、履行地点和方式、包装方式、检验标准和方法、结算方式、合同使用的文字及其效力等条款。

第五百九十七条 因出卖人未取得处分权致使标的物所有权不能转移的,买受人可以解除合同并请求出卖人承担违约责任。

法律、行政法规禁止或者限制转让的标的物,依照其规定。

第五百九十八条　出卖人应当履行向买受人交付标的物或者交付提取标的物的单证,并转移标的物所有权的义务。

第五百九十九条　出卖人应当按照约定或者交易习惯向买受人交付提取标的物单证以外的有关单证和资料。

第六百条　出卖具有知识产权的标的物的,除法律另有规定或者当事人另有约定外,该标的物的知识产权不属于买受人。

第六百零一条　出卖人应当按照约定的时间交付标的物。约定交付期限的,出卖人可以在该交付期限内的任何时间交付。

第六百零二条　当事人没有约定标的物的交付期限或者约定不明确的,适用本法第五百一十条、第五百一十一条第四项的规定。

第六百零三条　出卖人应当按照约定的地点交付标的物。

当事人没有约定交付地点或者约定不明确,依据本法第五百一十条的规定仍不能确定的,适用下列规定:

(一)标的物需要运输的,出卖人应当将标的物交付给第一承运人以运交给买受人;

(二)标的物不需要运输,出卖人和买受人订立合同时知道标的物在某一地点的,出卖人应当在该地点交付标的物;不知道标的物在某一地点的,应当在出卖人订立合同时的营业地交付标的物。

第六百零四条　标的物毁损、灭失的风险,在标的物交付之前由出卖人承担,交付之后由买受人承担,但是法律另有规定或者当事人另有约定的除外。

第六百零五条　因买受人的原因致使标的物未按照约定的期限交付的,买受人应当自违反约定时起承担标的物毁损、灭失的风险。

第六百零六条　出卖人出卖交由承运人运输的在途标的物,除当事人另有约定外,毁损、灭失的风险自合同成立时起由买受人承担。

第六百零七条　出卖人按照约定将标的物运送至买受人指定地点并交付给承运人后,标的物毁损、灭失的风险由买受人承担。

当事人没有约定交付地点或者约定不明确,依据本法第六百零三条第二款第一项的规定标的物需要运输的,出卖人将标的物交付给第一承运人后,标的物毁损、灭失的风险由买受人承担。

第六百零八条　出卖人按照约定或者依据本法第六百零三条第

二款第二项的规定将标的物置于交付地点,买受人违反约定没有收取的,标的物毁损、灭失的风险自违反约定时起由买受人承担。

第六百零九条 出卖人按照约定未交付有关标的物的单证和资料的,不影响标的物毁损、灭失风险的转移。

第六百一十条 因标的物不符合质量要求,致使不能实现合同目的的,买受人可以拒绝接受标的物或者解除合同。买受人拒绝接受标的物或者解除合同的,标的物毁损、灭失的风险由出卖人承担。

第六百一十一条 标的物毁损、灭失的风险由买受人承担的,不影响因出卖人履行义务不符合约定,买受人请求其承担违约责任的权利。

第六百一十二条 出卖人就交付的标的物,负有保证第三人对该标的物不享有任何权利的义务,但是法律另有规定的除外。

第六百一十三条 买受人订立合同时知道或者应当知道第三人对买卖的标的物享有权利的,出卖人不承担前条规定的义务。

第六百一十四条 买受人有确切证据证明第三人对标的物享有权利的,可以中止支付相应的价款,但是出卖人提供适当担保的除外。

第六百一十五条 出卖人应当按照约定的质量要求交付标的物。出卖人提供有关标的物质量说明的,交付的标的物应当符合该说明的质量要求。

第六百一十六条 当事人对标的物的质量要求没有约定或者约定不明确,依据本法第五百一十条的规定仍不能确定的,适用本法第五百一十一条第一项的规定。

第六百一十七条 出卖人交付的标的物不符合质量要求的,买受人可以依据本法第五百八十二条至第五百八十四条的规定请求承担违约责任。

第六百一十八条 当事人约定减轻或者免除出卖人对标的物瑕疵承担的责任,因出卖人故意或者重大过失不告知买受人标的物瑕疵的,出卖人无权主张减轻或者免除责任。

第六百一十九条 出卖人应当按照约定的包装方式交付标的物。对包装方式没有约定或者约定不明确,依据本法第五百一十条的规定仍不能确定的,应当按照通用的方式包装;没有通用方式的,应当采取足以保护标的物且有利于节约资源、保护生态环境的包装方式。

第六百二十条　买受人收到标的物时应当在约定的检验期限内检验。没有约定检验期限的，应当及时检验。

第六百二十一条　当事人约定检验期限的，买受人应当在检验期限内将标的物的数量或者质量不符合约定的情形通知出卖人。买受人怠于通知的，视为标的物的数量或者质量符合约定。

当事人没有约定检验期限的，买受人应当在发现或者应当发现标的物的数量或者质量不符合约定的合理期限内通知出卖人。买受人在合理期限内未通知或者自收到标的物之日起二年内未通知出卖人的，视为标的物的数量或者质量符合约定；但是，对标的物有质量保证期的，适用质量保证期，不适用该二年的规定。

出卖人知道或者应当知道提供的标的物不符合约定的，买受人不受前两款规定的通知时间的限制。

第六百二十二条　当事人约定的检验期限过短，根据标的物的性质和交易习惯，买受人在检验期限内难以完成全面检验的，该期限仅视为买受人对标的物的外观瑕疵提出异议的期限。

约定的检验期限或者质量保证期短于法律、行政法规规定期限的，应当以法律、行政法规规定的期限为准。

第六百二十三条　当事人对检验期限未作约定，买受人签收的送货单、确认单等载明标的物数量、型号、规格的，推定买受人已经对数量和外观瑕疵进行检验，但是有相关证据足以推翻的除外。

第六百二十四条　出卖人依照买受人的指示向第三人交付标的物，出卖人和买受人约定的检验标准与买受人和第三人约定的检验标准不一致的，以出卖人和买受人约定的检验标准为准。

第六百二十五条　依照法律、行政法规的规定或者按照当事人的约定，标的物在有效使用年限届满后应予回收的，出卖人负有自行或者委托第三人对标的物予以回收的义务。

第六百二十六条　买受人应当按照约定的数额和支付方式支付价款。对价款的数额和支付方式没有约定或者约定不明确的，适用本法第五百一十条、第五百一十一条第二项和第五项的规定。

第六百二十七条　买受人应当按照约定的地点支付价款。对支付地点没有约定或者约定不明确，依据本法第五百一十条的规定仍不能确定的，买受人应当在出卖人的营业地支付；但是，约定支付价款以交付标的物或者交付提取标的物单证为条件的，在交付标的物或者交付提取标的物单证的所在地支付。

第六百二十八条 买受人应当按照约定的时间支付价款。对支付时间没有约定或者约定不明确，依据本法第五百一十条的规定仍不能确定的，买受人应当在收到标的物或者提取标的物单证的同时支付。

第六百二十九条 出卖人多交标的物的，买受人可以接收或者拒绝接收多交的部分。买受人接收多交部分的，按照约定的价格支付价款；买受人拒绝接收多交部分的，应当及时通知出卖人。

第六百三十条 标的物在交付之前产生的孳息，归出卖人所有；交付之后产生的孳息，归买受人所有。但是，当事人另有约定的除外。

第六百三十一条 因标的物的主物不符合约定而解除合同的，解除合同的效力及于从物。因标的物的从物不符合约定被解除的，解除的效力不及于主物。

第六百三十二条 标的物为数物，其中一物不符合约定的，买受人可以就该物解除。但是，该物与他物分离使标的物的价值显受损害的，买受人可以就数物解除合同。

第六百三十三条 出卖人分批交付标的物的，出卖人对其中一批标的物不交付或者交付不符合约定，致使该批标的物不能实现合同目的的，买受人可以就该批标的物解除。

出卖人不交付其中一批标的物或者交付不符合约定，致使之后其他各批标的物的交付不能实现合同目的的，买受人可以就该批以及之后其他各批标的物解除。

买受人如果就其中一批标的物解除，该批标的物与其他各批标的物相互依存的，可以就已经交付和未交付的各批标的物解除。

第六百三十四条 分期付款的买受人未支付到期价款的数额达到全部价款的五分之一，经催告后在合理期限内仍未支付到期价款的，出卖人可以请求买受人支付全部价款或者解除合同。

出卖人解除合同的，可以向买受人请求支付该标的物的使用费。

第六百三十五条　凭样品买卖的当事人应当封存样品，并可以对样品质量予以说明。出卖人交付的标的物应当与样品及其说明的质量相同。

第六百三十六条　凭样品买卖的买受人不知道样品有隐蔽瑕疵的，即使交付的标的物与样品相同，出卖人交付的标的物的质量仍然应当符合同种物的通常标准。

第六百三十七条　试用买卖的当事人可以约定标的物的试用期限。对试用期限没有约定或者约定不明确，依据本法第五百一十条的规定仍不能确定的，由出卖人确定。

第六百三十八条　试用买卖的买受人在试用期内可以购买标的物，也可以拒绝购买。试用期限届满，买受人对是否购买标的物未作表示的，视为购买。

试用买卖的买受人在试用期内已经支付部分价款或者对标的物实施出卖、出租、设立担保物权等行为的，视为同意购买。

第六百三十九条　试用买卖的当事人对标的物使用费没有约定或者约定不明确的，出卖人无权请求买受人支付。

第六百四十条　标的物在试用期内毁损、灭失的风险由出卖人承担。

第六百四十一条　当事人可以在买卖合同中约定买受人未履行支付价款或者其他义务的，标的物的所有权属于出卖人。

出卖人对标的物保留的所有权，未经登记，不得对抗善意第三人。

第六百四十二条　当事人约定出卖人保留合同标的物的所有权，在标的物所有权转移前，买受人有下列情形之一，造成出卖人损害的，除当事人另有约定外，出卖人有权取回标的物：

（一）未按照约定支付价款，经催告后在合理期限内仍未支付；

（二）未按照约定完成特定条件；

（三）将标的物出卖、出质或者作出其他不当处分。

出卖人可以与买受人协商取回标的物；协商不成的，可以参照适用担保物权的实现程序。

第六百四十三条　出卖人依据前条第一款的规定取回标的物后，买受人在双方约定或者出卖人指定的合理回赎期限内，消除出卖人取回标的物的事由的,可以请求回赎标的物。

买受人在回赎期限内没有回赎标的物,出卖人可以以合理价格将标的物出卖给第三人,出卖所得价款扣除买受人未支付的价款以及必要费用后仍有剩余的,应当返还买受人;不足部分由买受人清偿。

第六百四十四条 招标投标买卖的当事人的权利和义务以及招标投标程序等,依照有关法律、行政法规的规定。

第六百四十五条 拍卖的当事人的权利和义务以及拍卖程序等,依照有关法律、行政法规的规定。

第六百四十六条 法律对其他有偿合同有规定的,依照其规定;没有规定的,参照适用买卖合同的有关规定。

第六百四十七条 当事人约定易货交易,转移标的物的所有权的,参照适用买卖合同的有关规定。

第十一章 赠与合同

第六百五十七条 赠与合同是赠与人将自己的财产无偿给予受赠人,受赠人表示接受赠与的合同。

第六百五十八条 赠与人在赠与财产的权利转移之前可以撤销赠与。

经过公证的赠与合同或者依法不得撤销的具有救灾、扶贫、助残等公益、道德义务性质的赠与合同,不适用前款规定。

第六百五十九条 赠与的财产依法需要办理登记或者其他手续的,应当办理有关手续。

第六百六十条 经过公证的赠与合同或者依法不得撤销的具有救灾、扶贫、助残等公益、道德义务性质的赠与合同,赠与人不交付赠与财产的,受赠人可以请求交付。

依据前款规定应当交付的赠与财产因赠与人故意或者重大过失致使毁损、灭失的,赠与人应当承担赔偿责任。

第六百六十一条 赠与可以附义务。

赠与附义务的,受赠人应当按照约定履行义务。

第六百六十二条 赠与的财产有瑕疵的,赠与人不承担责任。附义务的赠与,赠与的财产有瑕疵的,赠与人在附义务的限度内承担与出卖人相同的责任。

赠与人故意不告知瑕疵或者保证无瑕疵，造成受赠人损失的，应当承担赔偿责任。

第六百六十三条　受赠人有下列情形之一的，赠与人可以撤销赠与：

（一）严重侵害赠与人或者赠与人近亲属的合法权益；

（二）对赠与人有扶养义务而不履行；

（三）不履行赠与合同约定的义务。

赠与人的撤销权，自知道或者应当知道撤销事由之日起一年内行使。

第六百六十四条　因受赠人的违法行为致使赠与人死亡或者丧失民事行为能力的，赠与人的继承人或者法定代理人可以撤销赠与。

赠与人的继承人或者法定代理人的撤销权，自知道或者应当知道撤销事由之日起六个月内行使。

第六百六十五条　撤销权人撤销赠与的，可以向受赠人请求返还赠与的财产。

第六百六十六条　赠与人的经济状况显著恶化，严重影响其生产经营或者家庭生活的，可以不再履行赠与义务。

第十二章　借款合同

第六百六十七条　借款合同是借款人向贷款人借款，到期返还借款并支付利息的合同。

第六百六十八条　借款合同应当采用书面形式，但是自然人之间借款另有约定的除外。

借款合同的内容一般包括借款种类、币种、用途、数额、利率、期限和还款方式等条款。

第六百六十九条　订立借款合同，借款人应当按照贷款人的要求提供与借款有关的业务活动和财务状况的真实情况。

第六百七十条　借款的利息不得预先在本金中扣除。利息预先在本金中扣除的，应当按照实际借款数额返还借款并计算利息。

第六百七十一条　贷款人未按照约定的日期、数额提供借款，造成借款人损失的，应当赔偿损失。

借款人未按照约定的日期、数额收取借款的，应当按照约定的日期、数额支付利息。

第六百七十二条 贷款人按照约定可以检查、监督借款的使用情况。借款人应当按照约定向贷款人定期提供有关财务会计报表或者其他资料。

第六百七十三条 借款人未按照约定的借款用途使用借款的，贷款人可以停止发放借款、提前收回借款或者解除合同。

第六百七十四条 借款人应当按照约定的期限支付利息。对支付利息的期限没有约定或者约定不明确，依据本法第五百一十条的规定仍不能确定，借款期间不满一年的，应当在返还借款时一并支付；借款期间一年以上的，应当在每届满一年时支付，剩余期间不满一年的，应当在返还借款时一并支付。

第六百七十五条 借款人应当按照约定的期限返还借款。对借款期限没有约定或者约定不明确，依据本法第五百一十条的规定仍不能确定的，借款人可以随时返还；贷款人可以催告借款人在合理期限内返还。

第六百七十六条 借款人未按照约定的期限返还借款的，应当按照约定或者国家有关规定支付逾期利息。

第六百七十七条 借款人提前返还借款的，除当事人另有约定外，应当按照实际借款的期间计算利息。

第六百七十八条 借款人可以在还款期限届满前向贷款人申请展期；贷款人同意的，可以展期。

第六百七十九条 自然人之间的借款合同，自贷款人提供借款时成立。

第六百八十条 禁止高利放贷，借款的利率不得违反国家有关规定。

借款合同对支付利息没有约定的，视为没有利息。

借款合同对支付利息约定不明确，当事人不能达成补充协议的，按照当地或者当事人的交易方式、交易习惯、市场利率等因素确定利息；自然人之间借款的，视为没有利息。

第十三章 保证合同

第一节 一般规定

第六百八十一条 保证合同是为保障债权的实现,保证人和债权人约定,当债务人不履行到期债务或者发生当事人约定的情形时,保证人履行债务或者承担责任的合同。

第六百八十二条 保证合同是主债权债务合同的从合同。主债权债务合同无效的,保证合同无效,但是法律另有规定的除外。

保证合同被确认无效后,债务人、保证人、债权人有过错的,应当根据其过错各自承担相应的民事责任。

第六百八十三条 机关法人不得为保证人,但是经国务院批准为使用外国政府或者国际经济组织贷款进行转贷的除外。

以公益为目的的非营利法人、非法人组织不得为保证人。

第六百八十四条 保证合同的内容一般包括被保证的主债权的种类、数额,债务人履行债务的期限,保证的方式、范围和期间等条款。

第六百八十五条 保证合同可以是单独订立的书面合同,也可以是主债权债务合同中的保证条款。

第三人单方以书面形式向债权人作出保证,债权人接收且未提出异议的,保证合同成立。

第六百八十六条 保证的方式包括一般保证和连带责任保证。

当事人在保证合同中对保证方式没有约定或者约定不明确的,按照一般保证承担保证责任。

第六百八十七条 当事人在保证合同中约定,债务人不能履行债务时,由保证人承担保证责任的,为一般保证。

一般保证的保证人在主合同纠纷未经审判或者仲裁,并就债务人财产依法强制执行仍不能履行债务前,有权拒绝向债权人承担保证责任,但是有下列情形之一的除外:

(一)债务人下落不明,且无财产可供执行;

(二)人民法院已经受理债务人破产案件;

(三)债权人有证据证明债务人的财产不足以履行全部债务或者

丧失履行债务能力；

（四）保证人书面表示放弃本款规定的权利。

第六百八十八条 当事人在保证合同中约定保证人和债务人对债务承担连带责任的，为连带责任保证。

连带责任保证的债务人不履行到期债务或者发生当事人约定的情形时，债权人可以请求债务人履行债务，也可以请求保证人在其保证范围内承担保证责任。

第六百八十九条 保证人可以要求债务人提供反担保。

第六百九十条 保证人与债权人可以协商订立最高额保证的合同，约定在最高债权额限度内就一定期间连续发生的债权提供保证。

最高额保证除适用本章规定外，参照适用本法第二编最高额抵押权的有关规定。

第二节 保 证 责 任

第六百九十一条 保证的范围包括主债权及其利息、违约金、损害赔偿金和实现债权的费用。当事人另有约定的，按照其约定。

第六百九十二条 保证期间是确定保证人承担保证责任的期间，不发生中止、中断和延长。

债权人与保证人可以约定保证期间，但是约定的保证期间早于主债务履行期限或者与主债务履行期限同时届满的，视为没有约定；没有约定或者约定不明确的，保证期间为主债务履行期限届满之日起六个月。

债权人与债务人对主债务履行期限没有约定或者约定不明确的，保证期间自债权人请求债务人履行债务的宽限期届满之日起计算。

第六百九十三条 一般保证的债权人未在保证期间对债务人提起诉讼或者申请仲裁的，保证人不再承担保证责任。

连带责任保证的债权人未在保证期间请求保证人承担保证责任的，保证人不再承担保证责任。

第六百九十四条 一般保证的债权人在保证期间届满前对债务人提起诉讼或者申请仲裁的，从保证人拒绝承担保证责任的权利消灭之日起，开始计算保证债务的诉讼时效。

连带责任保证的债权人在保证期间届满前请求保证人承担保证责任的，从债权人请求保证人承担保证责任之日起，开始计算保证债务的诉讼时效。

第六百九十五条 债权人和债务人未经保证人书面同意，协商变更主债权债务合同内容，减轻债务的，保证人仍对变更后的债务承担保证责任；加重债务的，保证人对加重的部分不承担保证责任。

债权人和债务人变更主债权债务合同的履行期限，未经保证人书面同意的，保证期间不受影响。

第六百九十六条 债权人转让全部或者部分债权，未通知保证人的，该转让对保证人不发生效力。

保证人与债权人约定禁止债权转让，债权人未经保证人书面同意转让债权的，保证人对受让人不再承担保证责任。

第六百九十七条 债权人未经保证人书面同意，允许债务人转移全部或者部分债务，保证人对未经其同意转移的债务不再承担保证责任，但是债权人和保证人另有约定的除外。

第三人加入债务的，保证人的保证责任不受影响。

第六百九十八条 一般保证的保证人在主债务履行期限届满后，向债权人提供债务人可供执行财产的真实情况，债权人放弃或者怠于行使权利致使该财产不能被执行的，保证人在其提供可供执行财产的价值范围内不再承担保证责任。

第六百九十九条 同一债务有两个以上保证人的，保证人应当按照保证合同约定的保证份额，承担保证责任；没有约定保证份额的，债权人可以请求任何一个保证人在其保证范围内承担保证责任。

第七百条 保证人承担保证责任后，除当事人另有约定外，有权在其承担保证责任的范围内向债务人追偿，享有债权人对债务人的权利，但是不得损害债权人的利益。

第七百零一条 保证人可以主张债务人对债权人的抗辩。债务人放弃抗辩的，保证人仍有权向债权人主张抗辩。

第七百零二条 债务人对债权人享有抵销权或者撤销权的，保证人可以在相应范围内拒绝承担保证责任。

第十四章 租赁合同

第七百零三条 租赁合同是出租人将租赁物交付承租人使用、收益,承租人支付租金的合同。

第七百零四条 租赁合同的内容一般包括租赁物的名称、数量、用途、租赁期限、租金及其支付期限和方式、租赁物维修等条款。

第七百零五条 租赁期限不得超过二十年。超过二十年的,超过部分无效。

租赁期限届满,当事人可以续订租赁合同;但是,约定的租赁期限自续订之日起不得超过二十年。

第七百零六条 当事人未依照法律、行政法规规定办理租赁合同登记备案手续的,不影响合同的效力。

第七百零七条 租赁期限六个月以上的,应当采用书面形式。当事人未采用书面形式,无法确定租赁期限的,视为不定期租赁。

第七百零八条 出租人应当按照约定将租赁物交付承租人,并在租赁期限内保持租赁物符合约定的用途。

第七百零九条 承租人应当按照约定的方法使用租赁物。对租赁物的使用方法没有约定或者约定不明确,依据本法第五百一十条的规定仍不能确定的,应当根据租赁物的性质使用。

第七百一十条 承租人按照约定的方法或者根据租赁物的性质使用租赁物,致使租赁物受到损耗的,不承担赔偿责任。

第七百一十一条 承租人未按照约定的方法或者未根据租赁物的性质使用租赁物,致使租赁物受到损失的,出租人可以解除合同并请求赔偿损失。

第七百一十二条 出租人应当履行租赁物的维修义务,但是当事人另有约定的除外。

第七百一十三条 承租人在租赁物需要维修时可以请求出租人在合理期限内维修。出租人未履行维修义务的,承租人可以自行维修,维修费用由出租人负担。因维修租赁物影响承租人使用的,应当相应减少租金或者延长租期。

因承租人的过错致使租赁物需要维修的,出租人不承担前款规定的维修义务。

第七百一十四条　承租人应当妥善保管租赁物，因保管不善造成租赁物毁损、灭失的，应当承担赔偿责任。

第七百一十五条　承租人经出租人同意，可以对租赁物进行改善或者增设他物。

承租人未经出租人同意，对租赁物进行改善或者增设他物的，出租人可以请求承租人恢复原状或者赔偿损失。

第七百一十六条　承租人经出租人同意，可以将租赁物转租给第三人。承租人转租的，承租人与出租人之间的租赁合同继续有效；第三人造成租赁物损失的，承租人应当赔偿损失。

承租人未经出租人同意转租的，出租人可以解除合同。

第七百一十七条　承租人经出租人同意将租赁物转租给第三人，转租期限超过承租人剩余租赁期限的，超过部分的约定对出租人不具有法律约束力，但是出租人与承租人另有约定的除外。

第七百一十八条　出租人知道或者应当知道承租人转租，但是在六个月内未提出异议的，视为出租人同意转租。

第七百一十九条　承租人拖欠租金的，次承租人可以代承租人支付其欠付的租金和违约金，但是转租合同对出租人不具有法律约束力的除外。

次承租人代为支付的租金和违约金，可以充抵次承租人应当向承租人支付的租金；超出其应付的租金数额的，可以向承租人追偿。

第七百二十条　在租赁期限内因占有、使用租赁物获得的收益，归承租人所有，但是当事人另有约定的除外。

第七百二十一条　承租人应当按照约定的期限支付租金。对支付租金的期限没有约定或者约定不明确，依据本法第五百一十条的规定仍不能确定，租赁期限不满一年的，应当在租赁期限届满时支付；租赁期限一年以上的，应当在每届满一年时支付，剩余期限不满一年的，应当在租赁期限届满时支付。

第七百二十二条　承租人无正当理由未支付或者迟延支付租金的，出租人可以请求承租人在合理期限内支付；承租人逾期不支付的，出租人可以解除合同。

第七百二十三条　因第三人主张权利,致使承租人不能对租赁物使用、收益的,承租人可以请求减少租金或者不支付租金。

第三人主张权利的,承租人应当及时通知出租人。

第七百二十四条　有下列情形之一,非因承租人原因致使租赁物无法使用的,承租人可以解除合同:

(一)租赁物被司法机关或者行政机关依法查封、扣押;

(二)租赁物权属有争议;

(三)租赁物具有违反法律、行政法规关于使用条件的强制性规定情形。

第七百二十五条　租赁物在承租人按照租赁合同占有期限内发生所有权变动的,不影响租赁合同的效力。

第七百二十六条　出租人出卖租赁房屋的,应当在出卖之前的合理期限内通知承租人,承租人享有以同等条件优先购买的权利;但是,房屋按份共有人行使优先购买权或者出租人将房屋出卖给近亲属的除外。

出租人履行通知义务后,承租人在十五日内未明确表示购买的,视为承租人放弃优先购买权。

第七百二十七条　出租人委托拍卖人拍卖租赁房屋的,应当在拍卖五日前通知承租人。承租人未参加拍卖的,视为放弃优先购买权。

第七百二十八条　出租人未通知承租人或者有其他妨害承租人行使优先购买权情形的,承租人可以请求出租人承担赔偿责任。但是,出租人与第三人订立的房屋买卖合同的效力不受影响。

第七百二十九条　因不可归责于承租人的事由,致使租赁物部分或者全部毁损、灭失的,承租人可以请求减少租金或者不支付租金;因租赁物部分或者全部毁损、灭失,致使不能实现合同目的的,承租人可以解除合同。

第七百三十条　当事人对租赁期限没有约定或者约定不明确,依据本法第五百一十条的规定仍不能确定的,视为不定期租赁;当事人可以随时解除合同,但是应当在合理期限之前通知对方。

第七百三十一条　租赁物危及承租人的安全或者健康的,即使承租人订立合同时明知该租赁物质量不合格,承租人仍然可以随时解除合同。

第七百三十二条　承租人在房屋租赁期限内死亡的，与其生前共同居住的人或者共同经营人可以按照原租赁合同租赁该房屋。

第七百三十三条　租赁期限届满，承租人应当返还租赁物。返还的租赁物应当符合按照约定或者根据租赁物的性质使用后的状态。

第七百三十四条　租赁期限届满，承租人继续使用租赁物，出租人没有提出异议的，原租赁合同继续有效，但是租赁期限为不定期。

租赁期限届满，房屋承租人享有以同等条件优先承租的权利。

第十五章　融资租赁合同

第七百三十五条　融资租赁合同是出租人根据承租人对出卖人、租赁物的选择，向出卖人购买租赁物，提供给承租人使用，承租人支付租金的合同。

第七百三十六条　融资租赁合同的内容一般包括租赁物的名称、数量、规格、技术性能、检验方法，租赁期限，租金构成及其支付期限和方式、币种，租赁期限届满租赁物的归属等条款。

融资租赁合同应当采用书面形式。

第七百三十七条　当事人以虚构租赁物方式订立的融资租赁合同无效。

第七百三十八条　依照法律、行政法规的规定，对于租赁物的经营使用应当取得行政许可的，出租人未取得行政许可不影响融资租赁合同的效力。

第七百三十九条　出租人根据承租人对出卖人、租赁物的选择订立的买卖合同，出卖人应当按照约定向承租人交付标的物，承租人享有与受领标的物有关的买受人的权利。

第七百四十条　出卖人违反向承租人交付标的物的义务，有下列情形之一的，承租人可以拒绝受领出卖人向其交付的标的物：

（一）标的物严重不符合约定；

（二）未按照约定交付标的物，经承租人或者出租人催告后在合理期限内仍未交付。

承租人拒绝受领标的物的，应当及时通知出租人。

第七百四十一条 出租人、出卖人、承租人可以约定,出卖人不履行买卖合同义务的,由承租人行使索赔的权利。承租人行使索赔权利的,出租人应当协助。

第七百四十二条 承租人对出卖人行使索赔权利,不影响其履行支付租金的义务。但是,承租人依赖出租人的技能确定租赁物或者出租人干预选择租赁物的,承租人可以请求减免相应租金。

第七百四十三条 出租人有下列情形之一,致使承租人对出卖人行使索赔权利失败的,承租人有权请求出租人承担相应的责任:

(一)明知租赁物有质量瑕疵而不告知承租人;

(二)承租人行使索赔权利时,未及时提供必要协助。

出租人怠于行使只能由其对出卖人行使的索赔权利,造成承租人损失的,承租人有权请求出租人承担赔偿责任。

第七百四十四条 出租人根据承租人对出卖人、租赁物的选择订立的买卖合同,未经承租人同意,出租人不得变更与承租人有关的合同内容。

第七百四十五条 出租人对租赁物享有的所有权,未经登记,不得对抗善意第三人。

第七百四十六条 融资租赁合同的租金,除当事人另有约定外,应当根据购买租赁物的大部分或者全部成本以及出租人的合理利润确定。

第七百四十七条 租赁物不符合约定或者不符合使用目的的,出租人不承担责任。但是,承租人依赖出租人的技能确定租赁物或者出租人干预选择租赁物的除外。

第七百四十八条 出租人应当保证承租人对租赁物的占有和使用。

出租人有下列情形之一的,承租人有权请求其赔偿损失:

(一)无正当理由收回租赁物;

(二)无正当理由妨碍、干扰承租人对租赁物的占有和使用;

(三)因出租人的原因致使第三人对租赁物主张权利;

(四)不当影响承租人对租赁物占有和使用的其他情形。

第七百四十九条 承租人占有租赁物期间,租赁物造成第三人人身损害或者财产损失的，出租人不承担责任。

第七百五十条 承租人应当妥善保管、使用租赁物。

承租人应当履行占有租赁物期间的维修义务。

第七百五十一条 承租人占有租赁物期间，租赁物毁损、灭失的，出租人有权请求承租人继续支付租金，但是法律另有规定或者当事人另有约定的除外。

第七百五十二条 承租人应当按照约定支付租金。承租人经催告后在合理期限内仍不支付租金的，出租人可以请求支付全部租金；也可以解除合同，收回租赁物。

第七百五十三条 承租人未经出租人同意，将租赁物转让、抵押、质押、投资入股或者以其他方式处分的，出租人可以解除融资租赁合同。

第七百五十四条 有下列情形之一的，出租人或者承租人可以解除融资租赁合同：

（一）出租人与出卖人订立的买卖合同解除、被确认无效或者被撤销，且未能重新订立买卖合同；

（二）租赁物因不可归责于当事人的原因毁损、灭失，且不能修复或者确定替代物；

（三）因出卖人的原因致使融资租赁合同的目的不能实现。

第七百五十五条 融资租赁合同因买卖合同解除、被确认无效或者被撤销而解除，出卖人、租赁物系由承租人选择的，出租人有权请求承租人赔偿相应损失；但是，因出租人原因致使买卖合同解除、被确认无效或者被撤销的除外。

出租人的损失已经在买卖合同解除、被确认无效或者被撤销时获得赔偿的，承租人不再承担相应的赔偿责任。

第七百五十六条 融资租赁合同因租赁物交付承租人后意外毁损、灭失等不可归责于当事人的原因解除的，出租人可以请求承租人按照租赁物折旧情况给予补偿。

第七百五十七条 出租人和承租人可以约定租赁期限届满租赁物的归属；对租赁物的归属没有约定或者约定不明确，依据本法第五百一十条的规定仍不能确定的，租赁物的所有权归出租人。

第七百五十八条　当事人约定租赁期限届满租赁物归承租人所有,承租人已经支付大部分租金,但是无力支付剩余租金,出租人因此解除合同收回租赁物,收回的租赁物的价值超过承租人欠付的租金以及其他费用的,承租人可以请求相应返还。

当事人约定租赁期限届满租赁物归出租人所有,因租赁物毁损、灭失或者附合、混合于他物致使承租人不能返还的,出租人有权请求承租人给予合理补偿。

第七百五十九条　当事人约定租赁期限届满,承租人仅需向出租人支付象征性价款的,视为约定的租金义务履行完毕后租赁物的所有权归承租人。

第七百六十条　融资租赁合同无效,当事人就该情形下租赁物的归属有约定的,按照其约定;没有约定或者约定不明确的,租赁物应当返还出租人。但是,因承租人原因致使合同无效,出租人不请求返还或者返还后会显著降低租赁物效用的,租赁物的所有权归承租人,由承租人给予出租人合理补偿。

第十六章　保理合同

第七百六十一条　保理合同是应收账款债权人将现有的或者将有的应收账款转让给保理人,保理人提供资金融通、应收账款管理或者催收、应收账款债务人付款担保等服务的合同。

第七百六十二条　保理合同的内容一般包括业务类型、服务范围、服务期限、基础交易合同情况、应收账款信息、保理融资款或者服务报酬及其支付方式等条款。

保理合同应当采用书面形式。

第七百六十三条　应收账款债权人与债务人虚构应收账款作为转让标的,与保理人订立保理合同的,应收账款债务人不得以应收账款不存在为由对抗保理人,但是保理人明知虚构的除外。

第七百六十四条　保理人向应收账款债务人发出应收账款转让通知的,应当表明保理人身份并附有必要凭证。

第七百六十五条　应收账款债务人接到应收账款转让通知后,应收账款债权人与债务人无正当理由协商变更或者终止基础交易合同,对保理人产生不利影响的,对保理人不发生效力。

第七百六十六条 当事人约定有追索权保理的,保理人可以向应收账款债权人主张返还保理融资款本息或者回购应收账款债权,也可以向应收账款债务人主张应收账款债权。保理人向应收账款债务人主张应收账款债权,在扣除保理融资款本息和相关费用后有剩余的,剩余部分应当返还给应收账款债权人。

第七百六十七条 当事人约定无追索权保理的,保理人应当向应收账款债务人主张应收账款债权,保理人取得超过保理融资款本息和相关费用的部分,无需向应收账款债权人返还。

第七百六十八条 应收账款债权人就同一应收账款订立多个保理合同,致使多个保理人主张权利的,已经登记的先于未登记的取得应收账款;均已经登记的,按照登记时间的先后顺序取得应收账款;均未登记的,由最先到达应收账款债务人的转让通知中载明的保理人取得应收账款;既未登记也未通知的,按照保理融资款或者服务报酬的比例取得应收账款。

第七百六十九条 本章没有规定的,适用本编第六章债权转让的有关规定。

第十八章 建设工程合同

第七百八十八条 建设工程合同是承包人进行工程建设,发包人支付价款的合同。

建设工程合同包括工程勘察、设计、施工合同。

第七百八十九条 建设工程合同应当采用书面形式。

第七百九十条 建设工程的招标投标活动,应当依照有关法律的规定公开、公平、公正进行。

第七百九十一条 发包人可以与总承包人订立建设工程合同,也可以分别与勘察人、设计人、施工人订立勘察、设计、施工承包合同。发包人不得将应当由一个承包人完成的建设工程支解成若干部分发包给数个承包人。

总承包人或者勘察、设计、施工承包人经发包人同意,可以将自己承包的部分工作交由第三人完成。第三人就其完成的工作成果与总承包人或者勘察、设计、施工承包人向发包人承担连带责任。承包人不得将其承包的全部建设工程转包给第三人或者将其承包的全部建设工程支解以后以分包的名义分别转包给第三人。

禁止承包人将工程分包给不具备相应资质条件的单位。禁止分包单位将其承包的工程再分包。建设工程主体结构的施工必须由承包人自行完成。

第七百九十二条　国家重大建设工程合同,应当按照国家规定的程序和国家批准的投资计划、可行性研究报告等文件订立。

第七百九十三条　建设工程施工合同无效,但是建设工程经验收合格的,可以参照合同关于工程价款的约定折价补偿承包人。

建设工程施工合同无效,且建设工程经验收不合格的,按照以下情形处理:

(一)修复后的建设工程经验收合格的,发包人可以请求承包人承担修复费用;

(二)修复后的建设工程经验收不合格的,承包人无权请求参照合同关于工程价款的约定折价补偿。

发包人对因建设工程不合格造成的损失有过错的,应当承担相应的责任。

第七百九十四条　勘察、设计合同的内容一般包括提交有关基础资料和概预算等文件的期限、质量要求、费用以及其他协作条件等条款。

第七百九十五条　施工合同的内容一般包括工程范围、建设工期、中间交工工程的开工和竣工时间、工程质量、工程造价、技术资料交付时间、材料和设备供应责任、拨款和结算、竣工验收、质量保修范围和质量保证期、相互协作等条款。

第七百九十六条　建设工程实行监理的,发包人应当与监理人采用书面形式订立委托监理合同。发包人与监理人的权利和义务以及法律责任,应当依照本编委托合同以及其他有关法律、行政法规的规定。

第七百九十七条　发包人在不妨碍承包人正常作业的情况下,可以随时对作业进度、质量进行检查。

第七百九十八条　隐蔽工程在隐蔽以前，承包人应当通知发包人检查。发包人没有及时检查的，承包人可以顺延工程日期，并有权请求赔偿停工、窝工等损失。

第七百九十九条　建设工程竣工后，发包人应当根据施工图纸及说明书、国家颁发的施工验收规范和质量检验标准及时进行验收。验收合格的，发包人应当按照约定支付价款，并接收该建设工程。

建设工程竣工经验收合格后，方可交付使用；未经验收或者验收不合格的，不得交付使用。

第八百条　勘察、设计的质量不符合要求或者未按照期限提交勘察、设计文件拖延工期，造成发包人损失的，勘察人、设计人应当继续完善勘察、设计，减收或者免收勘察、设计费并赔偿损失。

第八百零一条　因施工人的原因致使建设工程质量不符合约定的，发包人有权请求施工人在合理期限内无偿修理或者返工、改建。经过修理或者返工、改建后，造成逾期交付的，施工人应当承担违约责任。

第八百零二条　因承包人的原因致使建设工程在合理使用期限内造成人身损害和财产损失的，承包人应当承担赔偿责任。

第八百零三条　发包人未按照约定的时间和要求提供原材料、设备、场地、资金、技术资料的，承包人可以顺延工程日期，并有权请求赔偿停工、窝工等损失。

第八百零四条　因发包人的原因致使工程中途停建、缓建的，发包人应当采取措施弥补或者减少损失，赔偿承包人因此造成的停工、窝工、倒运、机械设备调迁、材料和构件积压等损失和实际费用。

第八百零五条　因发包人变更计划，提供的资料不准确，或者未按照期限提供必需的勘察、设计工作条件而造成勘察、设计的返工、停工或者修改设计，发包人应当按照勘察人、设计人实际消耗的工作量增付费用。

第八百零六条　承包人将建设工程转包、违法分包的，发包人可以解除合同。

发包人提供的主要建筑材料、建筑构配件和设备不符合强制性标准或者不履行协助义务，致使承包人无法施工，经催告后在合理期限内仍未履行相应义务的,承包人可以解除合同。

合同解除后,已经完成的建设工程质量合格的,发包人应当按照约定支付相应的工程价款;已经完成的建设工程质量不合格的,参照本法第七百九十三条的规定处理。

第八百零七条　发包人未按照约定支付价款的,承包人可以催告发包人在合理期限内支付价款。发包人逾期不支付的,除根据建设工程的性质不宜折价、拍卖外,承包人可以与发包人协议将该工程折价,也可以请求人民法院将该工程依法拍卖。建设工程的价款就该工程折价或者拍卖的价款优先受偿。

第八百零八条　本章没有规定的,适用承揽合同的有关规定。

第二十一章　保管合同

第八百八十八条　保管合同是保管人保管寄存人交付的保管物,并返还该物的合同。

寄存人到保管人处从事购物、就餐、住宿等活动,将物品存放在指定场所的,视为保管,但是当事人另有约定或者另有交易习惯的除外。

第八百八十九条　寄存人应当按照约定向保管人支付保管费。

当事人对保管费没有约定或者约定不明确,依据本法第五百一十条的规定仍不能确定的,视为无偿保管。

第八百九十条　保管合同自保管物交付时成立,但是当事人另有约定的除外。

第八百九十一条　寄存人向保管人交付保管物的,保管人应当出具保管凭证,但是另有交易习惯的除外。

第八百九十二条　保管人应当妥善保管保管物。

当事人可以约定保管场所或者方法。除紧急情况或者为维护寄存人利益外,不得擅自改变保管场所或者方法。

第八百九十三条　寄存人交付的保管物有瑕疵或者根据保管物的性质需要采取特殊保管措施的,寄存人应当将有关情况告知保管人。寄存人未告知,致使保管物受损失的,保管人不承担赔偿责任;保管人因此受损失的,除保管人知道或者应当知道且未采取补救措施外,寄存人应当承担赔偿责任。

第八百九十四条　保管人不得将保管物转交第三人保管，但是当事人另有约定的除外。

保管人违反前款规定，将保管物转交第三人保管，造成保管物损失的，应当承担赔偿责任。

第八百九十五条　保管人不得使用或者许可第三人使用保管物，但是当事人另有约定的除外。

第八百九十六条　第三人对保管物主张权利的，除依法对保管物采取保全或者执行措施外，保管人应当履行向寄存人返还保管物的义务。

第三人对保管人提起诉讼或者对保管物申请扣押的，保管人应当及时通知寄存人。

第八百九十七条　保管期内，因保管人保管不善造成保管物毁损、灭失的，保管人应当承担赔偿责任。但是，无偿保管人证明自己没有故意或者重大过失的，不承担赔偿责任。

第八百九十八条　寄存人寄存货币、有价证券或者其他贵重物品的，应当向保管人声明，由保管人验收或者封存；寄存人未声明的，该物品毁损、灭失后，保管人可以按照一般物品予以赔偿。

第八百九十九条　寄存人可以随时领取保管物。

当事人对保管期限没有约定或者约定不明确的，保管人可以随时请求寄存人领取保管物；约定保管期限的，保管人无特别事由，不得请求寄存人提前领取保管物。

第九百条　保管期限届满或者寄存人提前领取保管物的，保管人应当将原物及其孳息归还寄存人。

第九百零一条　保管人保管货币的，可以返还相同种类、数量的货币；保管其他可替代物的，可以按照约定返还相同种类、品质、数量的物品。

第九百零二条　有偿的保管合同，寄存人应当按照约定的期限向保管人支付保管费。

当事人对支付期限没有约定或者约定不明确，依据本法第五百一十条的规定仍不能确定的，应当在领取保管物的同时支付。

第九百零三条　寄存人未按照约定支付保管费或者其他费用的，

保管人对保管物享有留置权,但是当事人另有约定的除外。

第二十二章 仓储合同

第九百零四条 仓储合同是保管人储存存货人交付的仓储物,存货人支付仓储费的合同。

第九百零五条 仓储合同自保管人和存货人意思表示一致时成立。

第九百零六条 储存易燃、易爆、有毒、有腐蚀性、有放射性等危险物品或者易变质物品的,存货人应当说明该物品的性质,提供有关资料。

存货人违反前款规定的,保管人可以拒收仓储物,也可以采取相应措施以避免损失的发生,因此产生的费用由存货人负担。

保管人储存易燃、易爆、有毒、有腐蚀性、有放射性等危险物品的,应当具备相应的保管条件。

第九百零七条 保管人应当按照约定对入库仓储物进行验收。保管人验收时发现入库仓储物与约定不符合的,应当及时通知存货人。保管人验收后,发生仓储物的品种、数量、质量不符合约定的,保管人应当承担赔偿责任。

第九百零八条 存货人交付仓储物的,保管人应当出具仓单、入库单等凭证。

第九百零九条 保管人应当在仓单上签名或者盖章。仓单包括下列事项:

(一)存货人的姓名或者名称和住所;

(二)仓储物的品种、数量、质量、包装及其件数和标记;

(三)仓储物的损耗标准;

(四)储存场所;

(五)储存期限;

(六)仓储费;

(七)仓储物已经办理保险的,其保险金额、期间以及保险人的名称;

(八)填发人、填发地和填发日期。

第九百一十条　仓单是提取仓储物的凭证。存货人或者仓单持有人在仓单上背书并经保管人签名或者盖章的,可以转让提取仓储物的权利。

第九百一十一条　保管人根据存货人或者仓单持有人的要求,应当同意其检查仓储物或者提取样品。

第九百一十二条　保管人发现入库仓储物有变质或者其他损坏的,应当及时通知存货人或者仓单持有人。

第九百一十三条　保管人发现入库仓储物有变质或者其他损坏,危及其他仓储物的安全和正常保管的,应当催告存货人或者仓单持有人作出必要的处置。因情况紧急,保管人可以作出必要的处置;但是,事后应当将该情况及时通知存货人或者仓单持有人。

第九百一十四条　当事人对储存期限没有约定或者约定不明确的,存货人或者仓单持有人可以随时提取仓储物,保管人也可以随时请求存货人或者仓单持有人提取仓储物,但是应当给予必要的准备时间。

第九百一十五条　储存期限届满,存货人或者仓单持有人应当凭仓单、入库单等提取仓储物。存货人或者仓单持有人逾期提取的,应当加收仓储费;提前提取的,不减收仓储费。

第九百一十六条　储存期限届满,存货人或者仓单持有人不提取仓储物的,保管人可以催告其在合理期限内提取;逾期不提取的,保管人可以提存仓储物。

第九百一十七条　储存期内,因保管不善造成仓储物毁损、灭失的,保管人应当承担赔偿责任。因仓储物本身的自然性质、包装不符合约定或者超过有效储存期造成仓储物变质、损坏的,保管人不承担赔偿责任。

第九百一十八条　本章没有规定的,适用保管合同的有关规定。

第二十三章　委托合同

第九百一十九条　委托合同是委托人和受托人约定,由受托人处理委托人事务的合同。

第九百二十条　委托人可以特别委托受托人处理一项或者数项

事务，也可以概括委托受托人处理一切事务。

第九百二十一条 委托人应当预付处理委托事务的费用。受托人为处理委托事务垫付的必要费用，委托人应当偿还该费用并支付利息。

第九百二十二条 受托人应当按照委托人的指示处理委托事务。需要变更委托人指示的，应当经委托人同意；因情况紧急，难以和委托人取得联系的，受托人应当妥善处理委托事务，但是事后应当将该情况及时报告委托人。

第九百二十三条 受托人应当亲自处理委托事务。经委托人同意，受托人可以转委托。转委托经同意或者追认的，委托人可以就委托事务直接指示转委托的第三人，受托人仅就第三人的选任及其对第三人的指示承担责任。转委托未经同意或者追认的，受托人应当对转委托的第三人的行为承担责任；但是，在紧急情况下受托人为了维护委托人的利益需要转委托第三人的除外。

第九百二十四条 受托人应当按照委托人的要求，报告委托事务的处理情况。委托合同终止时，受托人应当报告委托事务的结果。

第九百二十五条 受托人以自己的名义，在委托人的授权范围内与第三人订立的合同，第三人在订立合同时知道受托人与委托人之间的代理关系的，该合同直接约束委托人和第三人；但是，有确切证据证明该合同只约束受托人和第三人的除外。

第九百二十六条 受托人以自己的名义与第三人订立合同时，第三人不知道受托人与委托人之间的代理关系的，受托人因第三人的原因对委托人不履行义务，受托人应当向委托人披露第三人，委托人因此可以行使受托人对第三人的权利。但是，第三人与受托人订立合同时如果知道该委托人就不会订立合同的除外。

受托人因委托人的原因对第三人不履行义务，受托人应当向第三人披露委托人，第三人因此可以选择受托人或者委托人作为相对人主张其权利，但是第三人不得变更选定的相对人。

委托人行使受托人对第三人的权利的，第三人可以向委托人主张其对受托人的抗辩。第三人选定委托人作为其相对人的，委托人可以向第三人主张其对受托人的抗辩以及受托人对第三人的抗辩。

第九百二十七条 受托人处理委托事务取得的财产，应当转交给委托人。

第九百二十八条 受托人完成委托事务的，委托人应当按照约定向其支付报酬。

因不可归责于受托人的事由，委托合同解除或者委托事务不能完成的，委托人应当向受托人支付相应的报酬。当事人另有约定的，按照其约定。

第九百二十九条 有偿的委托合同，因受托人的过错造成委托人损失的，委托人可以请求赔偿损失。无偿的委托合同，因受托人的故意或者重大过失造成委托人损失的，委托人可以请求赔偿损失。

受托人超越权限造成委托人损失的，应当赔偿损失。

第九百三十条 受托人处理委托事务时，因不可归责于自己的事由受到损失的，可以向委托人请求赔偿损失。

第九百三十一条 委托人经受托人同意，可以在受托人之外委托第三人处理委托事务。因此造成受托人损失的，受托人可以向委托人请求赔偿损失。

第九百三十二条 两个以上的受托人共同处理委托事务的，对委托人承担连带责任。

第九百三十三条 委托人或者受托人可以随时解除委托合同。因解除合同造成对方损失的，除不可归责于该当事人的事由外，无偿委托合同的解除方应当赔偿因解除时间不当造成的直接损失，有偿委托合同的解除方应当赔偿对方的直接损失和合同履行后可以获得的利益。

第九百三十四条 委托人死亡、终止或者受托人死亡、丧失民事行为能力、终止的，委托合同终止；但是，当事人另有约定或者根据委托事务的性质不宜终止的除外。

第九百三十五条 因委托人死亡或者被宣告破产、解散，致使委托合同终止将损害委托人利益的，在委托人的继承人、遗产管理人或者清算人承受委托事务之前，受托人应当继续处理委托事务。

第九百三十六条 因受托人死亡、丧失民事行为能力或者被宣告破产、解散，致使委托合同终止的，受托人的继承人、遗产管理人、法定代理人或者清算人应当及时通知委托人。因委托合同终止将损害委托人利益的,在委托人作出善后处理之前,受托人的继承人、遗产管理人、法定代理人或者清算人应当采取必要措施。

第三分编 准 合 同

第二十八章 无 因 管 理

第九百七十九条 管理人没有法定的或者约定的义务,为避免他人利益受损失而管理他人事务的,可以请求受益人偿还因管理事务而支出的必要费用;管理人因管理事务受到损失的,可以请求受益人给予适当补偿。

管理事务不符合受益人真实意思的,管理人不享有前款规定的权利;但是,受益人的真实意思违反法律或者违背公序良俗的除外。

第九百八十条 管理人管理事务不属于前条规定的情形,但是受益人享有管理利益的,受益人应当在其获得的利益范围内向管理人承担前条第一款规定的义务。

第九百八十一条 管理人管理他人事务,应当采取有利于受益人的方法。中断管理对受益人不利的,无正当理由不得中断。

第九百八十二条 管理人管理他人事务,能够通知受益人的,应当及时通知受益人。管理的事务不需要紧急处理的,应当等待受益人的指示。

第九百八十三条 管理结束后,管理人应当向受益人报告管理事务的情况。管理人管理事务取得的财产,应当及时转交给受益人。

第九百八十四条 管理人管理事务经受益人事后追认的,从管理事务开始时起,适用委托合同的有关规定,但是管理人另有意思表示的除外。

第二十九章 不 当 得 利

第九百八十五条 得利人没有法律根据取得不当利益的,受损失的人可以请求得利人返还取得的利益,但是有下列情形之一的除外:

(一)为履行道德义务进行的给付;

（二）债务到期之前的清偿；

（三）明知无给付义务而进行的债务清偿。

第九百八十六条　得利人不知道且不应当知道取得的利益没有法律根据，取得的利益已经不存在的，不承担返还该利益的义务。

第九百八十七条　得利人知道或者应当知道取得的利益没有法律根据的，受损失的人可以请求得利人返还其取得的利益并依法赔偿损失。

第九百八十八条　得利人已经将取得的利益无偿转让给第三人的，受损失的人可以请求第三人在相应范围内承担返还义务。

第四编　人　格　权

第一章　一般规定

第九百八十九条　本编调整因人格权的享有和保护产生的民事关系。

第九百九十条　人格权是民事主体享有的生命权、身体权、健康权、姓名权、名称权、肖像权、名誉权、荣誉权、隐私权等权利。

除前款规定的人格权外，自然人享有基于人身自由、人格尊严产生的其他人格权益。

第九百九十一条　民事主体的人格权受法律保护，任何组织或者个人不得侵害。

第九百九十二条　人格权不得放弃、转让或者继承。

第九百九十三条　民事主体可以将自己的姓名、名称、肖像等许可他人使用，但是依照法律规定或者根据其性质不得许可的除外。

第九百九十四条　死者的姓名、肖像、名誉、荣誉、隐私、遗体等受到侵害的，其配偶、子女、父母有权依法请求行为人承担民事责任；死者没有配偶、子女且父母已经死亡的，其他近亲属有权依法请求行为人承担民事责任。

第九百九十五条　人格权受到侵害的，受害人有权依照本法和其他法律的规定请求行为人承担民事责任。受害人的停止侵害、排除妨碍、消除危险、消除影响、恢复名誉、赔礼道歉请求权，不适用诉讼时效的规定。

第九百九十六条 因当事人一方的违约行为,损害对方人格权并造成严重精神损害,受损害方选择请求其承担违约责任的,不影响受损害方请求精神损害赔偿。

第九百九十七条 民事主体有证据证明行为人正在实施或者即将实施侵害其人格权的违法行为,不及时制止将使其合法权益受到难以弥补的损害的,有权依法向人民法院申请采取责令行为人停止有关行为的措施。

第九百九十八条 认定行为人承担侵害除生命权、身体权和健康权外的人格权的民事责任,应当考虑行为人和受害人的职业、影响范围、过错程度,以及行为的目的、方式、后果等因素。

第九百九十九条 为公共利益实施新闻报道、舆论监督等行为的,可以合理使用民事主体的姓名、名称、肖像、个人信息等;使用不合理侵害民事主体人格权的,应当依法承担民事责任。

第一千条 行为人因侵害人格权承担消除影响、恢复名誉、赔礼道歉等民事责任的,应当与行为的具体方式和造成的影响范围相当。

行为人拒不承担前款规定的民事责任的,人民法院可以采取在报刊、网络等媒体上发布公告或者公布生效裁判文书等方式执行,产生的费用由行为人负担。

第一千零一条 对自然人因婚姻家庭关系等产生的身份权利的保护,适用本法第一编、第五编和其他法律的相关规定;没有规定的,可以根据其性质参照适用本编人格权保护的有关规定。

第二章 生命权、身体权和健康权

第一千零二条 自然人享有生命权。自然人的生命安全和生命尊严受法律保护。任何组织或者个人不得侵害他人的生命权。

第一千零三条 自然人享有身体权。自然人的身体完整和行动自由受法律保护。任何组织或者个人不得侵害他人的身体权。

第一千零四条 自然人享有健康权。自然人的身心健康受法律保护。任何组织或者个人不得侵害他人的健康权。

第一千零五条 自然人的生命权、身体权、健康权受到侵害或者处于其他危难情形的，负有法定救助义务的组织或者个人应当及时施救。

第一千零六条　完全民事行为能力人有权依法自主决定无偿捐献其人体细胞、人体组织、人体器官、遗体。任何组织或者个人不得强迫、欺骗、利诱其捐献。

完全民事行为能力人依据前款规定同意捐献的，应当采用书面形式，也可以订立遗嘱。

自然人生前未表示不同意捐献的，该自然人死亡后，其配偶、成年子女、父母可以共同决定捐献，决定捐献应当采用书面形式。

第一千零七条　禁止以任何形式买卖人体细胞、人体组织、人体器官、遗体。

违反前款规定的买卖行为无效。

第一千零八条　为研制新药、医疗器械或者发展新的预防和治疗方法，需要进行临床试验的，应当依法经相关主管部门批准并经伦理委员会审查同意，向受试者或者受试者的监护人告知试验目的、用途和可能产生的风险等详细情况，并经其书面同意。

进行临床试验的，不得向受试者收取试验费用。

第一千零九条　从事与人体基因、人体胚胎等有关的医学和科研活动，应当遵守法律、行政法规和国家有关规定，不得危害人体健康，不得违背伦理道德，不得损害公共利益。

第一千零一十条　违背他人意愿，以言语、文字、图像、肢体行为等方式对他人实施性骚扰的，受害人有权依法请求行为人承担民事责任。

机关、企业、学校等单位应当采取合理的预防、受理投诉、调查处置等措施，防止和制止利用职权、从属关系等实施性骚扰。

第一千零一十一条　以非法拘禁等方式剥夺、限制他人的行动自由，或者非法搜查他人身体的，受害人有权依法请求行为人承担民事责任。

第三章　姓名权和名称权

第一千零一十二条　自然人享有姓名权，有权依法决定、使用、变更或者许可他人使用自己的姓名，但是不得违背公序良俗。

第一千零一十三条 法人、非法人组织享有名称权，有权依法决定、使用、变更、转让或者许可他人使用自己的名称。

第一千零一十四条 任何组织或者个人不得以干涉、盗用、假冒等方式侵害他人的姓名权或者名称权。

第一千零一十五条 自然人应当随父姓或者母姓，但是有下列情形之一的，可以在父姓和母姓之外选取姓氏：

（一）选取其他直系长辈血亲的姓氏；

（二）因由法定扶养人以外的人扶养而选取扶养人姓氏；

（三）有不违背公序良俗的其他正当理由。

少数民族自然人的姓氏可以遵从本民族的文化传统和风俗习惯。

第一千零一十六条 自然人决定、变更姓名，或者法人、非法人组织决定、变更、转让名称的，应当依法向有关机关办理登记手续，但是法律另有规定的除外。

民事主体变更姓名、名称的，变更前实施的民事法律行为对其具有法律约束力。

第一千零一十七条 具有一定社会知名度，被他人使用足以造成公众混淆的笔名、艺名、网名、译名、字号、姓名和名称的简称等，参照适用姓名权和名称权保护的有关规定。

第四章 肖 像 权

第一千零一十八条 自然人享有肖像权，有权依法制作、使用、公开或者许可他人使用自己的肖像。

肖像是通过影像、雕塑、绘画等方式在一定载体上所反映的特定自然人可以被识别的外部形象。

第一千零一十九条 任何组织或者个人不得以丑化、污损，或者利用信息技术手段伪造等方式侵害他人的肖像权。未经肖像权人同意，不得制作、使用、公开肖像权人的肖像，但是法律另有规定的除外。

未经肖像权人同意，肖像作品权利人不得以发表、复制、发行、出租、展览等方式使用或者公开肖像权人的肖像。

第一千零二十条 合理实施下列行为的，可以不经肖像权人同意：

（一）为个人学习、艺术欣赏、课堂教学或者科学研究，在必要范围内使用肖像权人已经公开的肖像；

（二）为实施新闻报道，不可避免地制作、使用、公开肖像权人的肖像；

（三）为依法履行职责，国家机关在必要范围内制作、使用、公开肖像权人的肖像；

（四）为展示特定公共环境，不可避免地制作、使用、公开肖像权人的肖像；

（五）为维护公共利益或者肖像权人合法权益，制作、使用、公开肖像权人的肖像的其他行为。

第一千零二十一条　当事人对肖像许可使用合同中关于肖像使用条款的理解有争议的，应当作出有利于肖像权人的解释。

第一千零二十二条　当事人对肖像许可使用期限没有约定或者约定不明确的，任何一方当事人可以随时解除肖像许可使用合同，但是应当在合理期限之前通知对方。

当事人对肖像许可使用期限有明确约定，肖像权人有正当理由的，可以解除肖像许可使用合同，但是应当在合理期限之前通知对方。因解除合同造成对方损失的，除不可归责于肖像权人的事由外，应当赔偿损失。

第一千零二十三条　对姓名等的许可使用，参照适用肖像许可使用的有关规定。

对自然人声音的保护，参照适用肖像权保护的有关规定。

第五章　名誉权和荣誉权

第一千零二十四条　民事主体享有名誉权。任何组织或者个人不得以侮辱、诽谤等方式侵害他人的名誉权。

名誉是对民事主体的品德、声望、才能、信用等的社会评价。

第一千零二十五条　行为人为公共利益实施新闻报道、舆论监督等行为，影响他人名誉的，不承担民事责任，但是有下列情形之一的除外：

(一)捏造、歪曲事实;

(二)对他人提供的严重失实内容未尽到合理核实义务;

(三)使用侮辱性言辞等贬损他人名誉。

第一千零二十六条 认定行为人是否尽到前条第二项规定的合理核实义务,应当考虑下列因素:

(一)内容来源的可信度;

(二)对明显可能引发争议的内容是否进行了必要的调查;

(三)内容的时限性;

(四)内容与公序良俗的关联性;

(五)受害人名誉受贬损的可能性;

(六)核实能力和核实成本。

第一千零二十七条 行为人发表的文学、艺术作品以真人真事或者特定人为描述对象,含有侮辱、诽谤内容,侵害他人名誉权的,受害人有权依法请求该行为人承担民事责任。

行为人发表的文学、艺术作品不以特定人为描述对象,仅其中的情节与该特定人的情况相似的,不承担民事责任。

第一千零二十八条 民事主体有证据证明报刊、网络等媒体报道的内容失实,侵害其名誉权的,有权请求该媒体及时采取更正或者删除等必要措施。

第一千零二十九条 民事主体可以依法查询自己的信用评价;发现信用评价不当的,有权提出异议并请求采取更正、删除等必要措施。信用评价人应当及时核查,经核查属实的,应当及时采取必要措施。

第一千零三十条 民事主体与征信机构等信用信息处理者之间的关系,适用本编有关个人信息保护的规定和其他法律、行政法规的有关规定。

第一千零三十一条 民事主体享有荣誉权。任何组织或者个人不得非法剥夺他人的荣誉称号,不得诋毁、贬损他人的荣誉。

获得的荣誉称号应当记载而没有记载的,民事主体可以请求记载;获得的荣誉称号记载错误的,民事主体可以请求更正。

第六章　隐私权和个人信息保护

第一千零三十二条　自然人享有隐私权。任何组织或者个人不得以刺探、侵扰、泄露、公开等方式侵害他人的隐私权。

隐私是自然人的私人生活安宁和不愿为他人知晓的私密空间、私密活动、私密信息。

第一千零三十三条　除法律另有规定或者权利人明确同意外，任何组织或者个人不得实施下列行为：

（一）以电话、短信、即时通讯工具、电子邮件、传单等方式侵扰他人的私人生活安宁；

（二）进入、拍摄、窥视他人的住宅、宾馆房间等私密空间；

（三）拍摄、窥视、窃听、公开他人的私密活动；

（四）拍摄、窥视他人身体的私密部位；

（五）处理他人的私密信息；

（六）以其他方式侵害他人的隐私权。

第一千零三十四条　自然人的个人信息受法律保护。

个人信息是以电子或者其他方式记录的能够单独或者与其他信息结合识别特定自然人的各种信息，包括自然人的姓名、出生日期、身份证件号码、生物识别信息、住址、电话号码、电子邮箱、健康信息、行踪信息等。

个人信息中的私密信息，适用有关隐私权的规定；没有规定的，适用有关个人信息保护的规定。

第一千零三十五条　处理个人信息的，应当遵循合法、正当、必要原则，不得过度处理，并符合下列条件：

（一）征得该自然人或者其监护人同意，但是法律、行政法规另有规定的除外；

（二）公开处理信息的规则；

（三）明示处理信息的目的、方式和范围；

（四）不违反法律、行政法规的规定和双方的约定。

个人信息的处理包括个人信息的收集、存储、使用、加工、传输、提供、公开等。

第一千零三十六条 处理个人信息,有下列情形之一的,行为人不承担民事责任:

(一)在该自然人或者其监护人同意的范围内合理实施的行为;

(二)合理处理该自然人自行公开的或者其他已经合法公开的信息,但是该自然人明确拒绝或者处理该信息侵害其重大利益的除外;

(三)为维护公共利益或者该自然人合法权益,合理实施的其他行为。

第一千零三十七条 自然人可以依法向信息处理者查阅或者复制其个人信息;发现信息有错误的,有权提出异议并请求及时采取更正等必要措施。

自然人发现信息处理者违反法律、行政法规的规定或者双方的约定处理其个人信息的,有权请求信息处理者及时删除。

第一千零三十八条 信息处理者不得泄露或者篡改其收集、存储的个人信息;未经自然人同意,不得向他人非法提供其个人信息,但是经过加工无法识别特定个人且不能复原的除外。

信息处理者应当采取技术措施和其他必要措施,确保其收集、存储的个人信息安全,防止信息泄露、篡改、丢失;发生或者可能发生个人信息泄露、篡改、丢失的,应当及时采取补救措施,按照规定告知自然人并向有关主管部门报告。

第一千零三十九条 国家机关、承担行政职能的法定机构及其工作人员对于履行职责过程中知悉的自然人的隐私和个人信息,应当予以保密,不得泄露或者向他人非法提供。

第五编 婚姻家庭

第一章 一般规定

第一千零四十条 本编调整因婚姻家庭产生的民事关系。

第一千零四十一条 婚姻家庭受国家保护。

实行婚姻自由、一夫一妻、男女平等的婚姻制度。

保护妇女、未成年人、老年人、残疾人的合法权益。

第一千零四十二条 禁止包办、买卖婚姻和其他干涉婚姻自由的行为。禁止借婚姻索取财物。

禁止重婚。禁止有配偶者与他人同居。

禁止家庭暴力。禁止家庭成员间的虐待和遗弃。

第一千零四十三条　家庭应当树立优良家风，弘扬家庭美德，重视家庭文明建设。

夫妻应当互相忠实，互相尊重，互相关爱；家庭成员应当敬老爱幼，互相帮助，维护平等、和睦、文明的婚姻家庭关系。

第一千零四十四条　收养应当遵循最有利于被收养人的原则，保障被收养人和收养人的合法权益。

禁止借收养名义买卖未成年人。

第一千零四十五条　亲属包括配偶、血亲和姻亲。

配偶、父母、子女、兄弟姐妹、祖父母、外祖父母、孙子女、外孙子女为近亲属。

配偶、父母、子女和其他共同生活的近亲属为家庭成员。

第二章　结　　婚

第一千零四十六条　结婚应当男女双方完全自愿，禁止任何一方对另一方加以强迫，禁止任何组织或者个人加以干涉。

第一千零四十七条　结婚年龄，男不得早于二十二周岁，女不得早于二十周岁。

第一千零四十八条　直系血亲或者三代以内的旁系血亲禁止结婚。

第一千零四十九条　要求结婚的男女双方应当亲自到婚姻登记机关申请结婚登记。符合本法规定的，予以登记，发给结婚证。完成结婚登记，即确立婚姻关系。未办理结婚登记的，应当补办登记。

第一千零五十条　登记结婚后，按照男女双方约定，女方可以成为男方家庭的成员，男方可以成为女方家庭的成员。

第一千零五十一条　有下列情形之一的，婚姻无效：

（一）重婚；

（二）有禁止结婚的亲属关系；

（三）未到法定婚龄。

第一千零五十二条　因胁迫结婚的，受胁迫的一方可以向人民法院请求撤销婚姻。

请求撤销婚姻的,应当自胁迫行为终止之日起一年内提出。

被非法限制人身自由的当事人请求撤销婚姻的,应当自恢复人身自由之日起一年内提出。

第一千零五十三条 一方患有重大疾病的,应当在结婚登记前如实告知另一方;不如实告知的,另一方可以向人民法院请求撤销婚姻。

请求撤销婚姻的,应当自知道或者应当知道撤销事由之日起一年内提出。

第一千零五十四条 无效的或者被撤销的婚姻自始没有法律约束力,当事人不具有夫妻的权利和义务。同居期间所得的财产,由当事人协议处理;协议不成的,由人民法院根据照顾无过错方的原则判决。对重婚导致的无效婚姻的财产处理,不得侵害合法婚姻当事人的财产权益。当事人所生的子女,适用本法关于父母子女的规定。

婚姻无效或者被撤销的,无过错方有权请求损害赔偿。

第三章 家庭关系

第一节 夫妻关系

第一千零五十五条 夫妻在婚姻家庭中地位平等。

第一千零五十六条 夫妻双方都有各自使用自己姓名的权利。

第一千零五十七条 夫妻双方都有参加生产、工作、学习和社会活动的自由,一方不得对另一方加以限制或者干涉。

第一千零五十八条 夫妻双方平等享有对未成年子女抚养、教育和保护的权利,共同承担对未成年子女抚养、教育和保护的义务。

第一千零五十九条 夫妻有相互扶养的义务。

需要扶养的一方,在另一方不履行扶养义务时,有要求其给付扶养费的权利。

第一千零六十条 夫妻一方因家庭日常生活需要而实施的民事法律行为,对夫妻双方发生效力,但是夫妻一方与相对人另有约定的除外。

夫妻之间对一方可以实施的民事法律行为范围的限制,不得对抗善意相对人。

第一千零六十一条　夫妻有相互继承遗产的权利。

第一千零六十二条　夫妻在婚姻关系存续期间所得的下列财产，为夫妻的共同财产，归夫妻共同所有：

（一）工资、奖金、劳务报酬；

（二）生产、经营、投资的收益；

（三）知识产权的收益；

（四）继承或者受赠的财产，但是本法第一千零六十三条第三项规定的除外；

（五）其他应当归共同所有的财产。

夫妻对共同财产，有平等的处理权。

第一千零六十三条　下列财产为夫妻一方的个人财产：

（一）一方的婚前财产；

（二）一方因受到人身损害获得的赔偿或者补偿；

（三）遗嘱或者赠与合同中确定只归一方的财产；

（四）一方专用的生活用品；

（五）其他应当归一方的财产。

第一千零六十四条　夫妻双方共同签名或者夫妻一方事后追认等共同意思表示所负的债务，以及夫妻一方在婚姻关系存续期间以个人名义为家庭日常生活需要所负的债务，属于夫妻共同债务。

夫妻一方在婚姻关系存续期间以个人名义超出家庭日常生活需要所负的债务，不属于夫妻共同债务；但是，债权人能够证明该债务用于夫妻共同生活、共同生产经营或者基于夫妻双方共同意思表示的除外。

第一千零六十五条　男女双方可以约定婚姻关系存续期间所得的财产以及婚前财产归各自所有、共同所有或者部分各自所有、部分共同所有。约定应当采用书面形式。没有约定或者约定不明确的，适用本法第一千零六十二条、第一千零六十三条的规定。

夫妻对婚姻关系存续期间所得的财产以及婚前财产的约定，对双方具有法律约束力。

夫妻对婚姻关系存续期间所得的财产约定归各自所有，夫或者妻一方对外所负的债务，相对人知道该约定的，以夫或者妻一方的个人财产清偿。

第一千零六十六条　婚姻关系存续期间,有下列情形之一的,夫妻一方可以向人民法院请求分割共同财产:

(一)一方有隐藏、转移、变卖、毁损、挥霍夫妻共同财产或者伪造夫妻共同债务等严重损害夫妻共同财产利益的行为;

(二)一方负有法定扶养义务的人患重大疾病需要医治,另一方不同意支付相关医疗费用。

第二节　父母子女关系和其他近亲属关系

第一千零六十七条　父母不履行抚养义务的,未成年子女或者不能独立生活的成年子女,有要求父母给付抚养费的权利。

成年子女不履行赡养义务的,缺乏劳动能力或者生活困难的父母,有要求成年子女给付赡养费的权利。

第一千零六十八条　父母有教育、保护未成年子女的权利和义务。未成年子女造成他人损害的,父母应当依法承担民事责任。

第一千零六十九条　子女应当尊重父母的婚姻权利,不得干涉父母离婚、再婚以及婚后的生活。子女对父母的赡养义务,不因父母的婚姻关系变化而终止。

第一千零七十条　父母和子女有相互继承遗产的权利。

第一千零七十一条　非婚生子女享有与婚生子女同等的权利,任何组织或者个人不得加以危害和歧视。

不直接抚养非婚生子女的生父或者生母,应当负担未成年子女或者不能独立生活的成年子女的抚养费。

第一千零七十二条　继父母与继子女间,不得虐待或者歧视。

继父或者继母和受其抚养教育的继子女间的权利义务关系,适用本法关于父母子女关系的规定。

第一千零七十三条　对亲子关系有异议且有正当理由的,父或者母可以向人民法院提起诉讼,请求确认或者否认亲子关系。

对亲子关系有异议且有正当理由的,成年子女可以向人民法院提起诉讼,请求确认亲子关系。

第一千零七十四条　有负担能力的祖父母、外祖父母,对于父母已经死亡或者父母无力抚养的未成年孙子女、外孙子女，有抚养的义务。

有负担能力的孙子女、外孙子女，对于子女已经死亡或者子女无力赡养的祖父母、外祖父母，有赡养的义务。

第一千零七十五条　有负担能力的兄、姐，对于父母已经死亡或者父母无力抚养的未成年弟、妹，有扶养的义务。

由兄、姐扶养长大的有负担能力的弟、妹，对于缺乏劳动能力又缺乏生活来源的兄、姐，有扶养的义务。

第四章　离　　婚

第一千零七十六条　夫妻双方自愿离婚的，应当签订书面离婚协议，并亲自到婚姻登记机关申请离婚登记。

离婚协议应当载明双方自愿离婚的意思表示和对子女抚养、财产以及债务处理等事项协商一致的意见。

第一千零七十七条　自婚姻登记机关收到离婚登记申请之日起三十日内，任何一方不愿意离婚的，可以向婚姻登记机关撤回离婚登记申请。

前款规定期限届满后三十日内，双方应当亲自到婚姻登记机关申请发给离婚证；未申请的，视为撤回离婚登记申请。

第一千零七十八条　婚姻登记机关查明双方确实是自愿离婚，并已经对子女抚养、财产以及债务处理等事项协商一致的，予以登记，发给离婚证。

第一千零七十九条　夫妻一方要求离婚的，可以由有关组织进行调解或者直接向人民法院提起离婚诉讼。

人民法院审理离婚案件，应当进行调解；如果感情确已破裂，调解无效的，应当准予离婚。

有下列情形之一，调解无效的，应当准予离婚：

（一）重婚或者与他人同居；

（二）实施家庭暴力或者虐待、遗弃家庭成员；

（三）有赌博、吸毒等恶习屡教不改；

（四）因感情不和分居满二年；

(五)其他导致夫妻感情破裂的情形。

一方被宣告失踪,另一方提起离婚诉讼的,应当准予离婚。

经人民法院判决不准离婚后,双方又分居满一年,一方再次提起离婚诉讼的,应当准予离婚。

第一千零八十条 完成离婚登记,或者离婚判决书、调解书生效,即解除婚姻关系。

第一千零八十一条 现役军人的配偶要求离婚,应当征得军人同意,但是军人一方有重大过错的除外。

第一千零八十二条 女方在怀孕期间、分娩后一年内或者终止妊娠后六个月内,男方不得提出离婚;但是,女方提出离婚或者人民法院认为确有必要受理男方离婚请求的除外。

第一千零八十三条 离婚后,男女双方自愿恢复婚姻关系的,应当到婚姻登记机关重新进行结婚登记。

第一千零八十四条 父母与子女间的关系,不因父母离婚而消除。离婚后,子女无论由父或者母直接抚养,仍是父母双方的子女。

离婚后,父母对于子女仍有抚养、教育、保护的权利和义务。

离婚后,不满两周岁的子女,以由母亲直接抚养为原则。已满两周岁的子女,父母双方对抚养问题协议不成的,由人民法院根据双方的具体情况,按照最有利于未成年子女的原则判决。子女已满八周岁的,应当尊重其真实意愿。

第一千零八十五条 离婚后,子女由一方直接抚养的,另一方应当负担部分或者全部抚养费。负担费用的多少和期限的长短,由双方协议;协议不成的,由人民法院判决。

前款规定的协议或者判决,不妨碍子女在必要时向父母任何一方提出超过协议或者判决原定数额的合理要求。

第一千零八十六条 离婚后,不直接抚养子女的父或者母,有探望子女的权利,另一方有协助的义务。

行使探望权利的方式、时间由当事人协议;协议不成的,由人民法院判决。

父或者母探望子女,不利于子女身心健康的,由人民法院依法中止探望;中止的事由消失后,应当恢复探望。

第一千零八十七条　离婚时，夫妻的共同财产由双方协议处理；协议不成的，由人民法院根据财产的具体情况，按照照顾子女、女方和无过错方权益的原则判决。

对夫或者妻在家庭土地承包经营中享有的权益等，应当依法予以保护。

第一千零八十八条　夫妻一方因抚育子女、照料老年人、协助另一方工作等负担较多义务的，离婚时有权向另一方请求补偿，另一方应当给予补偿。具体办法由双方协议；协议不成的，由人民法院判决。

第一千零八十九条　离婚时，夫妻共同债务应当共同偿还。共同财产不足清偿或者财产归各自所有的，由双方协议清偿；协议不成的，由人民法院判决。

第一千零九十条　离婚时，如果一方生活困难，有负担能力的另一方应当给予适当帮助。具体办法由双方协议；协议不成的，由人民法院判决。

第一千零九十一条　有下列情形之一，导致离婚的，无过错方有权请求损害赔偿：

（一）重婚；

（二）与他人同居；

（三）实施家庭暴力；

（四）虐待、遗弃家庭成员；

（五）有其他重大过错。

第一千零九十二条　夫妻一方隐藏、转移、变卖、毁损、挥霍夫妻共同财产，或者伪造夫妻共同债务企图侵占另一方财产的，在离婚分割夫妻共同财产时，对该方可以少分或者不分。离婚后，另一方发现有上述行为的，可以向人民法院提起诉讼，请求再次分割夫妻共同财产。

第六编　继　　承

第一章　一 般 规 定

第一千一百一十九条　本编调整因继承产生的民事关系。

第一千一百二十条 国家保护自然人的继承权。

第一千一百二十一条 继承从被继承人死亡时开始。

相互有继承关系的数人在同一事件中死亡,难以确定死亡时间的,推定没有其他继承人的人先死亡。都有其他继承人,辈份不同的,推定长辈先死亡;辈份相同的,推定同时死亡,相互不发生继承。

第一千一百二十二条 遗产是自然人死亡时遗留的个人合法财产。

依照法律规定或者根据其性质不得继承的遗产,不得继承。

第一千一百二十三条 继承开始后,按照法定继承办理;有遗嘱的,按照遗嘱继承或者遗赠办理;有遗赠扶养协议的,按照协议办理。

第一千一百二十四条 继承开始后,继承人放弃继承的,应当在遗产处理前,以书面形式作出放弃继承的表示;没有表示的,视为接受继承。

受遗赠人应当在知道受遗赠后六十日内,作出接受或者放弃受遗赠的表示;到期没有表示的,视为放弃受遗赠。

第一千一百二十五条 继承人有下列行为之一的,丧失继承权:

(一)故意杀害被继承人;

(二)为争夺遗产而杀害其他继承人;

(三)遗弃被继承人,或者虐待被继承人情节严重;

(四)伪造、篡改、隐匿或者销毁遗嘱,情节严重;

(五)以欺诈、胁迫手段迫使或者妨碍被继承人设立、变更或者撤回遗嘱,情节严重。

继承人有前款第三项至第五项行为,确有悔改表现,被继承人表示宽恕或者事后在遗嘱中将其列为继承人的,该继承人不丧失继承权。

受遗赠人有本条第一款规定行为的,丧失受遗赠权。

第二章 法定继承

第一千一百二十六条 继承权男女平等。

第一千一百二十七条 遗产按照下列顺序继承:

(一)第一顺序:配偶、子女、父母;

（二）第二顺序：兄弟姐妹、祖父母、外祖父母。

继承开始后，由第一顺序继承人继承，第二顺序继承人不继承；没有第一顺序继承人继承的，由第二顺序继承人继承。

本编所称子女，包括婚生子女、非婚生子女、养子女和有扶养关系的继子女。

本编所称父母，包括生父母、养父母和有扶养关系的继父母。

本编所称兄弟姐妹，包括同父母的兄弟姐妹、同父异母或者同母异父的兄弟姐妹、养兄弟姐妹、有扶养关系的继兄弟姐妹。

第一千一百二十八条 被继承人的子女先于被继承人死亡的，由被继承人的子女的直系晚辈血亲代位继承。

被继承人的兄弟姐妹先于被继承人死亡的，由被继承人的兄弟姐妹的子女代位继承。

代位继承人一般只能继承被代位继承人有权继承的遗产份额。

第一千一百二十九条 丧偶儿媳对公婆，丧偶女婿对岳父母，尽了主要赡养义务的，作为第一顺序继承人。

第一千一百三十条 同一顺序继承人继承遗产的份额，一般应当均等。

对生活有特殊困难又缺乏劳动能力的继承人，分配遗产时，应当予以照顾。

对被继承人尽了主要扶养义务或者与被继承人共同生活的继承人，分配遗产时，可以多分。

有扶养能力和有扶养条件的继承人，不尽扶养义务的，分配遗产时，应当不分或者少分。

继承人协商同意的，也可以不均等。

第一千一百三十一条 对继承人以外的依靠被继承人扶养的人，或者继承人以外的对被继承人扶养较多的人，可以分给适当的遗产。

第一千一百三十二条 继承人应当本着互谅互让、和睦团结的精神，协商处理继承问题。遗产分割的时间、办法和份额，由继承人协商确定；协商不成的，可以由人民调解委员会调解或者向人民法院提起诉讼。

第三章 遗嘱继承和遗赠

第一千一百三十三条 自然人可以依照本法规定立遗嘱处分个人财产,并可以指定遗嘱执行人。

自然人可以立遗嘱将个人财产指定由法定继承人中的一人或者数人继承。

自然人可以立遗嘱将个人财产赠与国家、集体或者法定继承人以外的组织、个人。

自然人可以依法设立遗嘱信托。

第一千一百三十四条 自书遗嘱由遗嘱人亲笔书写,签名,注明年、月、日。

第一千一百三十五条 代书遗嘱应当有两个以上见证人在场见证,由其中一人代书,并由遗嘱人、代书人和其他见证人签名,注明年、月、日。

第一千一百三十六条 打印遗嘱应当有两个以上见证人在场见证。遗嘱人和见证人应当在遗嘱每一页签名,注明年、月、日。

第一千一百三十七条 以录音录像形式立的遗嘱,应当有两个以上见证人在场见证。遗嘱人和见证人应当在录音录像中记录其姓名或者肖像,以及年、月、日。

第一千一百三十八条 遗嘱人在危急情况下,可以立口头遗嘱。口头遗嘱应当有两个以上见证人在场见证。危急情况消除后,遗嘱人能够以书面或者录音录像形式立遗嘱的,所立的口头遗嘱无效。

第一千一百三十九条 公证遗嘱由遗嘱人经公证机构办理。

第一千一百四十条 下列人员不能作为遗嘱见证人:

(一)无民事行为能力人、限制民事行为能力人以及其他不具有见证能力的人;

(二)继承人、受遗赠人;

(三)与继承人、受遗赠人有利害关系的人。

第一千一百四十一条 遗嘱应当为缺乏劳动能力又没有生活来源的继承人保留必要的遗产份额。

第一千一百四十二条 遗嘱人可以撤回、变更自己所立的遗嘱。

立遗嘱后，遗嘱人实施与遗嘱内容相反的民事法律行为的，视为对遗嘱相关内容的撤回。

立有数份遗嘱，内容相抵触的，以最后的遗嘱为准。

第一千一百四十三条　无民事行为能力人或者限制民事行为能力人所立的遗嘱无效。

遗嘱必须表示遗嘱人的真实意思，受欺诈、胁迫所立的遗嘱无效。

伪造的遗嘱无效。

遗嘱被篡改的，篡改的内容无效。

第一千一百四十四条　遗嘱继承或者遗赠附有义务的，继承人或者受遗赠人应当履行义务。没有正当理由不履行义务的，经利害关系人或者有关组织请求，人民法院可以取消其接受附义务部分遗产的权利。

第四章　遗产的处理

第一千一百四十五条　继承开始后，遗嘱执行人为遗产管理人；没有遗嘱执行人的，继承人应当及时推选遗产管理人；继承人未推选的，由继承人共同担任遗产管理人；没有继承人或者继承人均放弃继承的，由被继承人生前住所地的民政部门或者村民委员会担任遗产管理人。

第一千一百四十六条　对遗产管理人的确定有争议的，利害关系人可以向人民法院申请指定遗产管理人。

第一千一百四十七条　遗产管理人应当履行下列职责：

（一）清理遗产并制作遗产清单；

（二）向继承人报告遗产情况；

（三）采取必要措施防止遗产毁损、灭失；

（四）处理被继承人的债权债务；

（五）按照遗嘱或者依照法律规定分割遗产；

（六）实施与管理遗产有关的其他必要行为。

第一千一百四十八条　遗产管理人应当依法履行职责，因故意或者重大过失造成继承人、受遗赠人、债权人损害的，应当承担民事责任。

第一千一百四十九条 遗产管理人可以依照法律规定或者按照约定获得报酬。

第一千一百五十条 继承开始后,知道被继承人死亡的继承人应当及时通知其他继承人和遗嘱执行人。继承人中无人知道被继承人死亡或者知道被继承人死亡而不能通知的,由被继承人生前所在单位或者住所地的居民委员会、村民委员会负责通知。

第一千一百五十一条 存有遗产的人,应当妥善保管遗产,任何组织或者个人不得侵吞或者争抢。

第一千一百五十二条 继承开始后,继承人于遗产分割前死亡,并没有放弃继承的,该继承人应当继承的遗产转给其继承人,但是遗嘱另有安排的除外。

第一千一百五十三条 夫妻共同所有的财产,除有约定的外,遗产分割时,应当先将共同所有的财产的一半分出为配偶所有,其余的为被继承人的遗产。

遗产在家庭共有财产之中的,遗产分割时,应当先分出他人的财产。

第一千一百五十四条 有下列情形之一的,遗产中的有关部分按照法定继承办理:

(一)遗嘱继承人放弃继承或者受遗赠人放弃受遗赠;

(二)遗嘱继承人丧失继承权或者受遗赠人丧失受遗赠权;

(三)遗嘱继承人、受遗赠人先于遗嘱人死亡或者终止;

(四)遗嘱无效部分所涉及的遗产;

(五)遗嘱未处分的遗产。

第一千一百五十五条 遗产分割时,应当保留胎儿的继承份额。胎儿娩出时是死体的,保留的份额按照法定继承办理。

第一千一百五十六条 遗产分割应当有利于生产和生活需要,不损害遗产的效用。

不宜分割的遗产,可以采取折价、适当补偿或者共有等方法处理。

第一千一百五十七条 夫妻一方死亡后另一方再婚的,有权处分所继承的财产,任何组织或者个人不得干涉。

第一千一百五十八条 自然人可以与继承人以外的组织或者个

人签订遗赠扶养协议。按照协议,该组织或者个人承担该自然人生养死葬的义务,享有受遗赠的权利。

第一千一百五十九条　分割遗产,应当清偿被继承人依法应当缴纳的税款和债务;但是,应当为缺乏劳动能力又没有生活来源的继承人保留必要的遗产。

第一千一百六十条　无人继承又无人受遗赠的遗产,归国家所有,用于公益事业;死者生前是集体所有制组织成员的,归所在集体所有制组织所有。

第一千一百六十一条　继承人以所得遗产实际价值为限清偿被继承人依法应当缴纳的税款和债务。超过遗产实际价值部分,继承人自愿偿还的不在此限。

继承人放弃继承的,对被继承人依法应当缴纳的税款和债务可以不负清偿责任。

第一千一百六十二条　执行遗赠不得妨碍清偿遗赠人依法应当缴纳的税款和债务。

第一千一百六十三条　既有法定继承又有遗嘱继承、遗赠的,由法定继承人清偿被继承人依法应当缴纳的税款和债务;超过法定继承遗产实际价值部分,由遗嘱继承人和受遗赠人按比例以所得遗产清偿。

附　　则

第一千二百五十九条　民法所称的“以上”、“以下”、“以内”、“届满”,包括本数;所称的“不满”、“超过”、“以外”,不包括本数。

第一千二百六十条　本法自2021年1月1日起施行。《中华人民共和国婚姻法》、《中华人民共和国继承法》、《中华人民共和国民法通则》、《中华人民共和国收养法》、《中华人民共和国担保法》、《中华人民共和国合同法》、《中华人民共和国物权法》、《中华人民共和国侵权责任法》、《中华人民共和国民法总则》同时废止。

中华人民共和国商业银行法

（1995年5月10日第八届全国人民代表大会常务委员会第十三次会议通过　根据2003年12月27日第十届全国人民代表大会常务委员会第六次会议《关于修改〈中华人民共和国商业银行法〉的决定》第一次修正　根据2015年8月29日第十二届全国人民代表大会常务委员会第十六次会议《关于修改〈中华人民共和国商业银行法〉的决定》第二次修正）

目　　录

第一章　总　　则

第一条　为了保护商业银行、存款人和其他客户的合法权益，规范商业银行的行为，提高信贷资产质量，加强监督管理，保障商业银行的稳健运行，维护金融秩序，促进社会主义市场经济的发展，制定本法。

第二条　本法所称的商业银行是指依照本法和《中华人民共和国公司法》设立的吸收公众存款、发放贷款、办理结算等业务的企业法人。

第三条　商业银行可以经营下列部分或者全部业务：

（一）吸收公众存款；

（二）发放短期、中期和长期贷款；

（三）办理国内外结算；

（四）办理票据承兑与贴现；

（五）发行金融债券；

（六）代理发行、代理兑付、承销政府债券；

（七）买卖政府债券、金融债券；

（八）从事同业拆借；

（九）买卖、代理买卖外汇；

（十）从事银行卡业务；

（十一）提供信用证服务及担保；

（十二）代理收付款项及代理保险业务；

（十三）提供保管箱服务；

（十四）经国务院银行业监督管理机构批准的其他业务。

经营范围由商业银行章程规定，报国务院银行业监督管理机构批准。

商业银行经中国人民银行批准，可以经营结汇、售汇业务。

第四条　商业银行以安全性、流动性、效益性为经营原则，实行自主经营，自担风险，自负盈亏，自我约束。

商业银行依法开展业务，不受任何单位和个人的干涉。

商业银行以其全部法人财产独立承担民事责任。

第五条　商业银行与客户的业务往来，应当遵循平等、自愿、公平和诚实信用的原则。

第六条　商业银行应当保障存款人的合法权益不受任何单位和个人的侵犯。

第七条　商业银行开展信贷业务，应当严格审查借款人的资信，实行担保，保障按期收回贷款。

商业银行依法向借款人收回到期贷款的本金和利息，受法律保护。

第八条 商业银行开展业务,应当遵守法律、行政法规的有关规定,不得损害国家利益、社会公共利益。

第九条 商业银行开展业务,应当遵守公平竞争的原则,不得从事不正当竞争。

第十条 商业银行依法接受国务院银行业监督管理机构的监督管理,但法律规定其有关业务接受其他监督管理部门或者机构监督管理的,依照其规定。

第二章 商业银行的设立和组织机构

第十一条 设立商业银行,应当经国务院银行业监督管理机构审查批准。

未经国务院银行业监督管理机构批准,任何单位和个人不得从事吸收公众存款等商业银行业务,任何单位不得在名称中使用"银行"字样。

第十二条 设立商业银行,应当具备下列条件:

(一)有符合本法和《中华人民共和国公司法》规定的章程;

(二)有符合本法规定的注册资本最低限额;

(三)有具备任职专业知识和业务工作经验的董事、高级管理人员;

(四)有健全的组织机构和管理制度;

(五)有符合要求的营业场所、安全防范措施和与业务有关的其他设施。

设立商业银行,还应当符合其他审慎性条件。

第十三条 设立全国性商业银行的注册资本最低限额为十亿元人民币。设立城市商业银行的注册资本最低限额为一亿元人民币,设立农村商业银行的注册资本最低限额为五千万元人民币。注册资本应当是实缴资本。

国务院银行业监督管理机构根据审慎监管的要求可以调整注册资本最低限额,但不得少于前款规定的限额。

第十四条 设立商业银行,申请人应当向国务院银行业监督管理机构提交下列文件、资料:

（一）申请书，申请书应当载明拟设立的商业银行的名称、所在地、注册资本、业务范围等；

（二）可行性研究报告；

（三）国务院银行业监督管理机构规定提交的其他文件、资料。

第十五条 设立商业银行的申请经审查符合本法第十四条规定的，申请人应当填写正式申请表，并提交下列文件、资料：

（一）章程草案；

（二）拟任职的董事、高级管理人员的资格证明；

（三）法定验资机构出具的验资证明；

（四）股东名册及其出资额、股份；

（五）持有注册资本百分之五以上的股东的资信证明和有关资料；

（六）经营方针和计划；

（七）营业场所、安全防范措施和与业务有关的其他设施的资料；

（八）国务院银行业监督管理机构规定的其他文件、资料。

第十六条 经批准设立的商业银行，由国务院银行业监督管理机构颁发经营许可证，并凭该许可证向工商行政管理部门办理登记，领取营业执照。

第十七条 商业银行的组织形式、组织机构适用《中华人民共和国公司法》的规定。

本法施行前设立的商业银行，其组织形式、组织机构不完全符合《中华人民共和国公司法》规定的，可以继续沿用原有的规定，适用前款规定的日期由国务院规定。

第十八条 国有独资商业银行设立监事会。监事会的产生办法由国务院规定。

监事会对国有独资商业银行的信贷资产质量、资产负债比例、国有资产保值增值等情况以及高级管理人员违反法律、行政法规或者章程的行为和损害银行利益的行为进行监督。

第十九条 商业银行根据业务需要可以在中华人民共和国境内外设立分支机构。设立分支机构必须经国务院银行业监督管理机构审查批准。在中华人民共和国境内的分支机构，不按行政区划设立。

商业银行在中华人民共和国境内设立分支机构，应当按照规定拨付与其经营规模相适应的营运资金额。拨付各分支机构营运资金额的总和，不得超过总行资本金总额的百分之六十。

第二十条　设立商业银行分支机构，申请人应当向国务院银行业监督管理机构提交下列文件、资料：

（一）申请书，申请书应当载明拟设立的分支机构的名称、营运资金额、业务范围、总行及分支机构所在地等；

（二）申请人最近二年的财务会计报告；

（三）拟任职的高级管理人员的资格证明；

（四）经营方针和计划；

（五）营业场所、安全防范措施和与业务有关的其他设施的资料；

（六）国务院银行业监督管理机构规定的其他文件、资料。

第二十一条　经批准设立的商业银行分支机构，由国务院银行业监督管理机构颁发经营许可证，并凭该许可证向工商行政管理部门办理登记，领取营业执照。

第二十二条　商业银行对其分支机构实行全行统一核算，统一调度资金，分级管理的财务制度。

商业银行分支机构不具有法人资格，在总行授权范围内依法开展业务，其民事责任由总行承担。

第二十三条　经批准设立的商业银行及其分支机构，由国务院银行业监督管理机构予以公告。

商业银行及其分支机构自取得营业执照之日起无正当理由超过六个月未开业的，或者开业后自行停业连续六个月以上的，由国务院银行业监督管理机构吊销其经营许可证，并予以公告。

第二十四条　商业银行有下列变更事项之一的，应当经国务院银行业监督管理机构批准：

（一）变更名称；

（二）变更注册资本；

（三）变更总行或者分支行所在地；

（四）调整业务范围；

（五）变更持有资本总额或者股份总额百分之五以上的股东；

（六）修改章程；

（七）国务院银行业监督管理机构规定的其他变更事项。

更换董事、高级管理人员时，应当报经国务院银行业监督管理机构审查其任职资格。

第二十五条 商业银行的分立、合并，适用《中华人民共和国公司法》的规定。

商业银行的分立、合并，应当经国务院银行业监督管理机构审查批准。

第二十六条 商业银行应当依照法律、行政法规的规定使用经营许可证。禁止伪造、变造、转让、出租、出借经营许可证。

第二十七条 有下列情形之一的，不得担任商业银行的董事、高级管理人员：

（一）因犯有贪污、贿赂、侵占财产、挪用财产罪或者破坏社会经济秩序罪，被判处刑罚，或者因犯罪被剥夺政治权利的；

（二）担任因经营不善破产清算的公司、企业的董事或者厂长、经理，并对该公司、企业的破产负有个人责任的；

（三）担任因违法被吊销营业执照的公司、企业的法定代表人，并负有个人责任的；

（四）个人所负数额较大的债务到期未清偿的。

第二十八条 任何单位和个人购买商业银行股份总额百分之五以上的，应当事先经国务院银行业监督管理机构批准。

第三章 对存款人的保护

第二十九条 商业银行办理个人储蓄存款业务，应当遵循存款自愿、取款自由、存款有息、为存款人保密的原则。

对个人储蓄存款，商业银行有权拒绝任何单位或者个人查询、冻结、扣划，但法律另有规定的除外。

第三十条 对单位存款，商业银行有权拒绝任何单位或者个人查询，但法律、行政法规另有规定的除外；有权拒绝任何单位或者个人冻结、扣划，但法律另有规定的除外。

第三十一条 商业银行应当按照中国人民银行规定的存款利率的上下限，确定存款利率，并予以公告。

第三十二条 商业银行应当按照中国人民银行的规定，向中国人民银行交存存款准备金，留足备付金。

第三十三条 商业银行应当保证存款本金和利息的支付，不得拖延、拒绝支付存款本金和利息。

第四章 贷款和其他业务的基本规则

第三十四条 商业银行根据国民经济和社会发展的需要，在国家产业政策指导下开展贷款业务。

第三十五条 商业银行贷款，应当对借款人的借款用途、偿还能力、还款方式等情况进行严格审查。

商业银行贷款，应当实行审贷分离、分级审批的制度。

第三十六条 商业银行贷款，借款人应当提供担保。商业银行应当对保证人的偿还能力，抵押物、质物的权属和价值以及实现抵押权、质权的可行性进行严格审查。

经商业银行审查、评估，确认借款人资信良好，确能偿还贷款的，可以不提供担保。

第三十七条 商业银行贷款，应当与借款人订立书面合同。合同应当约定贷款种类、借款用途、金额、利率、还款期限、还款方式、违约责任和双方认为需要约定的其他事项。

第三十八条 商业银行应当按照中国人民银行规定的贷款利率的上下限，确定贷款利率。

第三十九条 商业银行贷款，应当遵守下列资产负债比例管理的规定：

（一）资本充足率不得低于百分之八；

（二）流动性资产余额与流动性负债余额的比例不得低于百分之二十五；

（三）对同一借款人的贷款余额与商业银行资本余额的比例不得超过百分之十；

（四）国务院银行业监督管理机构对资产负债比例管理的其他规定。

本法施行前设立的商业银行，在本法施行后，其资产负债比例不符合前款规定的，应当在一定的期限内符合前款规定。具体办法由国务院规定。

第四十条 商业银行不得向关系人发放信用贷款；向关系人发放担保贷款的条件不得优于其他借款人同类贷款的条件。

前款所称关系人是指：

（一）商业银行的董事、监事、管理人员、信贷业务人员及其近亲属；

（二）前项所列人员投资或者担任高级管理职务的公司、企业和其他经济组织。

第四十一条 任何单位和个人不得强令商业银行发放贷款或者提供担保。商业银行有权拒绝任何单位和个人强令要求其发放贷款或者提供担保。

第四十二条 借款人应当按期归还贷款的本金和利息。

借款人到期不归还担保贷款的，商业银行依法享有要求保证人归还贷款本金和利息或者就该担保物优先受偿的权利。商业银行因行使抵押权、质权而取得的不动产或者股权，应当自取得之日起二年内予以处分。

借款人到期不归还信用贷款的，应当按照合同约定承担责任。

第四十三条 商业银行在中华人民共和国境内不得从事信托投资和证券经营业务，不得向非自用不动产投资或者向非银行金融机构和企业投资，但国家另有规定的除外。

第四十四条 商业银行办理票据承兑、汇兑、委托收款等结算业务，应当按照规定的期限兑现，收付入账，不得压单、压票或者违反规定退票。有关兑现、收付入账期限的规定应当公布。

第四十五条 商业银行发行金融债券或者到境外借款，应当依照法律、行政法规的规定报经批准。

第四十六条 同业拆借，应当遵守中国人民银行的规定。禁止利用拆入资金发放固定资产贷款或者用于投资。

拆出资金限于交足存款准备金、留足备付金和归还中国人民银行到期贷款之后的闲置资金。拆入资金用于弥补票据结算、联行汇差头寸的不足和解决临时性周转资金的需要。

第四十七条　商业银行不得违反规定提高或者降低利率以及采用其他不正当手段，吸收存款，发放贷款。

第四十八条　企业事业单位可以自主选择一家商业银行的营业场所开立一个办理日常转账结算和现金收付的基本账户，不得开立两个以上基本账户。

任何单位和个人不得将单位的资金以个人名义开立账户存储。

第四十九条　商业银行的营业时间应当方便客户，并予以公告。商业银行应当在公告的营业时间内营业，不得擅自停止营业或者缩短营业时间。

第五十条　商业银行办理业务，提供服务，按照规定收取手续费。收费项目和标准由国务院银行业监督管理机构、中国人民银行根据职责分工，分别会同国务院价格主管部门制定。

第五十一条　商业银行应当按照国家有关规定保存财务会计报表、业务合同以及其他资料。

第五十二条　商业银行的工作人员应当遵守法律、行政法规和其他各项业务管理的规定，不得有下列行为：

（一）利用职务上的便利，索取、收受贿赂或者违反国家规定收受各种名义的回扣、手续费；

（二）利用职务上的便利，贪污、挪用、侵占本行或者客户的资金；

（三）违反规定徇私向亲属、朋友发放贷款或者提供担保；

（四）在其他经济组织兼职；

（五）违反法律、行政法规和业务管理规定的其他行为。

第五十三条　商业银行的工作人员不得泄露其在任职期间知悉的国家秘密、商业秘密。

第五章　财务会计

第五十四条　商业银行应当依照法律和国家统一的会计制度以及国务院银行业监督管理机构的有关规定，建立、健全本行的财务、会计制度。

第五十五条　商业银行应当按照国家有关规定，真实记录并全面反映其业务活动和财务状况，编制年度财务会计报告，及时向国务院银行业监督管理机构、中国人民银行和国务院财政部门报送。商业银行不得在法定的会计账册外另立会计账册。

第五十六条　商业银行应当于每一会计年度终了三个月内，按照国务院银行业监督管理机构的规定，公布其上一年度的经营业绩和审计报告。

第五十七条　商业银行应当按照国家有关规定，提取呆账准备金，冲销呆账。

第五十八条　商业银行的会计年度自公历1月1日起至12月31日止。

第六章　监督管理

第五十九条　商业银行应当按照有关规定，制定本行的业务规则，建立、健全本行的风险管理和内部控制制度。

第六十条　商业银行应当建立、健全本行对存款、贷款、结算、呆账等各项情况的稽核、检查制度。

商业银行对分支机构应当进行经常性的稽核和检查监督。

第六十一条　商业银行应当按照规定向国务院银行业监督管理机构、中国人民银行报送资产负债表、利润表以及其他财务会计、统计报表和资料。

第六十二条　国务院银行业监督管理机构有权依照本法第三章、第四章、第五章的规定，随时对商业银行的存款、贷款、结算、呆账等情况进行检查监督。检查监督时，检查监督人员应当出示合法的证件。商业银行应当按照国务院银行业监督管理机构的要求，提供财务会计资料、业务合同和有关经营管理方面的其他信息。

中国人民银行有权依照《中华人民共和国中国人民银行法》第三十二条、第三十四条的规定对商业银行进行检查监督。

第六十三条　商业银行应当依法接受审计机关的审计监督。

第七章　接管和终止

第六十四条　商业银行已经或者可能发生信用危机，严重影响存款人的利益时，国务院银行业监督管理机构可以对该银行实行接管。

接管的目的是对被接管的商业银行采取必要措施,以保护存款人的利益,恢复商业银行的正常经营能力。被接管的商业银行的债权债务关系不因接管而变化。

第六十五条 接管由国务院银行业监督管理机构决定,并组织实施。国务院银行业监督管理机构的接管决定应当载明下列内容:

(一)被接管的商业银行名称;

(二)接管理由;

(三)接管组织;

(四)接管期限。

接管决定由国务院银行业监督管理机构予以公告。

第六十六条 接管自接管决定实施之日起开始。

自接管开始之日起,由接管组织行使商业银行的经营管理权力。

第六十七条 接管期限届满,国务院银行业监督管理机构可以决定延期,但接管期限最长不得超过二年。

第六十八条 有下列情形之一的,接管终止:

(一)接管决定规定的期限届满或者国务院银行业监督管理机构决定的接管延期届满;

(二)接管期限届满前,该商业银行已恢复正常经营能力;

(三)接管期限届满前,该商业银行被合并或者被依法宣告破产。

第六十九条 商业银行因分立、合并或者出现公司章程规定的解散事由需要解散的,应当向国务院银行业监督管理机构提出申请,并附解散的理由和支付存款的本金和利息等债务清偿计划。经国务院银行业监督管理机构批准后解散。

商业银行解散的,应当依法成立清算组,进行清算,按照清偿计划及时偿还存款本金和利息等债务。国务院银行业监督管理机构监督清算过程。

第七十条 商业银行因吊销经营许可证被撤销的,国务院银行业监督管理机构应当依法及时组织成立清算组,进行清算,按照清偿计划及时偿还存款本金和利息等债务。

第七十一条 商业银行不能支付到期债务,经国务院银行业监督管理机构同意,由人民法院依法宣告其破产。商业银行被宣告破产的，由人民法院组织国务院银行业监督管理机构等有关部门和有关人员成立清算组，进行清算。

商业银行破产清算时，在支付清算费用、所欠职工工资和劳动保险费用后，应当优先支付个人储蓄存款的本金和利息。

第七十二条　商业银行因解散、被撤销和被宣告破产而终止。

第八章　法律责任

第七十三条　商业银行有下列情形之一，对存款人或者其他客户造成财产损害的，应当承担支付迟延履行的利息以及其他民事责任：

（一）无故拖延、拒绝支付存款本金和利息的；

（二）违反票据承兑等结算业务规定，不予兑现，不予收付入账，压单、压票或者违反规定退票的；

（三）非法查询、冻结、扣划个人储蓄存款或者单位存款的；

（四）违反本法规定对存款人或者其他客户造成损害的其他行为。

有前款规定情形的，由国务院银行业监督管理机构责令改正，有违法所得的，没收违法所得，违法所得五万元以上的，并处违法所得一倍以上五倍以下罚款；没有违法所得或者违法所得不足五万元的，处五万元以上五十万元以下罚款。

第七十四条　商业银行有下列情形之一，由国务院银行业监督管理机构责令改正，有违法所得的，没收违法所得，违法所得五十万元以上的，并处违法所得一倍以上五倍以下罚款；没有违法所得或者违法所得不足五十万元的，处五十万元以上二百万元以下罚款；情节特别严重或者逾期不改正的，可以责令停业整顿或者吊销其经营许可证；构成犯罪的，依法追究刑事责任：

（一）未经批准设立分支机构的；

（二）未经批准分立、合并或者违反规定对变更事项不报批的；

（三）违反规定提高或者降低利率以及采用其他不正当手段，吸收存款，发放贷款的；

（四）出租、出借经营许可证的；

（五）未经批准买卖、代理买卖外汇的；

（六）未经批准买卖政府债券或者发行、买卖金融债券的；

(七)违反国家规定从事信托投资和证券经营业务、向非自用不动产投资或者向非银行金融机构和企业投资的;

(八)向关系人发放信用贷款或者发放担保贷款的条件优于其他借款人同类贷款的条件的。

第七十五条 商业银行有下列情形之一,由国务院银行业监督管理机构责令改正,并处二十万元以上五十万元以下罚款;情节特别严重或者逾期不改正的,可以责令停业整顿或者吊销其经营许可证;构成犯罪的,依法追究刑事责任:

(一)拒绝或者阻碍国务院银行业监督管理机构检查监督的;

(二)提供虚假的或者隐瞒重要事实的财务会计报告、报表和统计报表的;

(三)未遵守资本充足率、资产流动性比例、同一借款人贷款比例和国务院银行业监督管理机构有关资产负债比例管理的其他规定的。

第七十六条 商业银行有下列情形之一,由中国人民银行责令改正,有违法所得的,没收违法所得,违法所得五十万元以上的,并处违法所得一倍以上五倍以下罚款;没有违法所得或者违法所得不足五十万元的,处五十万元以上二百万元以下罚款;情节特别严重或者逾期不改正的,中国人民银行可以建议国务院银行业监督管理机构责令停业整顿或者吊销其经营许可证;构成犯罪的,依法追究刑事责任:

(一)未经批准办理结汇、售汇的;

(二)未经批准在银行间债券市场发行、买卖金融债券或者到境外借款的;

(三)违反规定同业拆借的。

第七十七条 商业银行有下列情形之一,由中国人民银行责令改正,并处二十万元以上五十万元以下罚款;情节特别严重或者逾期不改正的,中国人民银行可以建议国务院银行业监督管理机构责令停业整顿或者吊销其经营许可证;构成犯罪的,依法追究刑事责任:

(一)拒绝或者阻碍中国人民银行检查监督的;

(二)提供虚假的或者隐瞒重要事实的财务会计报告、报表和统计报表的;

(三)未按照中国人民银行规定的比例交存存款准备金的。

第七十八条 商业银行有本法第七十三条至第七十七条规定情形的，对直接负责的董事、高级管理人员和其他直接责任人员，应当给予纪律处分；构成犯罪的，依法追究刑事责任。

第七十九条 有下列情形之一，由国务院银行业监督管理机构责令改正，有违法所得的，没收违法所得，违法所得五万元以上的，并处违法所得一倍以上五倍以下罚款；没有违法所得或者违法所得不足五万元的，处五万元以上五十万元以下罚款：

（一）未经批准在名称中使用“银行”字样的；

（二）未经批准购买商业银行股份总额百分之五以上的；

（三）将单位的资金以个人名义开立账户存储的。

第八十条 商业银行不按照规定向国务院银行业监督管理机构报送有关文件、资料的，由国务院银行业监督管理机构责令改正，逾期不改正的，处十万元以上三十万元以下罚款。

商业银行不按照规定向中国人民银行报送有关文件、资料的，由中国人民银行责令改正，逾期不改正的，处十万元以上三十万元以下罚款。

第八十一条 未经国务院银行业监督管理机构批准，擅自设立商业银行，或者非法吸收公众存款、变相吸收公众存款，构成犯罪的，依法追究刑事责任；并由国务院银行业监督管理机构予以取缔。

伪造、变造、转让商业银行经营许可证，构成犯罪的，依法追究刑事责任。

第八十二条 借款人采取欺诈手段骗取贷款，构成犯罪的，依法追究刑事责任。

第八十三条 有本法第八十一条、第八十二条规定的行为，尚不构成犯罪的，由国务院银行业监督管理机构没收违法所得，违法所得五十万元以上的，并处违法所得一倍以上五倍以下罚款；没有违法所得或者违法所得不足五十万元的，处五十万元以上二百万元以下罚款。

第八十四条 商业银行工作人员利用职务上的便利，索取、收受贿赂或者违反国家规定收受各种名义的回扣、手续费，构成犯罪的，依法追究刑事责任；尚不构成犯罪的，应当给予纪律处分。

有前款行为，发放贷款或者提供担保造成损失的，应当承担全部或者部分赔偿责任。

第八十五条 商业银行工作人员利用职务上的便利,贪污、挪用、侵占本行或者客户资金,构成犯罪的,依法追究刑事责任;尚不构成犯罪的,应当给予纪律处分。

第八十六条 商业银行工作人员违反本法规定玩忽职守造成损失的,应当给予纪律处分;构成犯罪的,依法追究刑事责任。

违反规定徇私向亲属、朋友发放贷款或者提供担保造成损失的,应当承担全部或者部分赔偿责任。

第八十七条 商业银行工作人员泄露在任职期间知悉的国家秘密、商业秘密的,应当给予纪律处分;构成犯罪的,依法追究刑事责任。

第八十八条 单位或者个人强令商业银行发放贷款或者提供担保的,应当对直接负责的主管人员和其他直接责任人员或者个人给予纪律处分;造成损失的,应当承担全部或者部分赔偿责任。

商业银行的工作人员对单位或者个人强令其发放贷款或者提供担保未予拒绝的,应当给予纪律处分;造成损失的,应当承担相应的赔偿责任。

第八十九条 商业银行违反本法规定的,国务院银行业监督管理机构可以区别不同情形,取消其直接负责的董事、高级管理人员一定期限直至终身的任职资格,禁止直接负责的董事、高级管理人员和其他直接责任人员一定期限直至终身从事银行业工作。

商业银行的行为尚不构成犯罪的,对直接负责的董事、高级管理人员和其他直接责任人员,给予警告,处五万元以上五十万元以下罚款。

第九十条 商业银行及其工作人员对国务院银行业监督管理机构、中国人民银行的处罚决定不服的,可以依照《中华人民共和国行政诉讼法》的规定向人民法院提起诉讼。

第九章 附 则

第九十一条 本法施行前,按照国务院的规定经批准设立的商业银行不再办理审批手续。

第九十二条 外资商业银行、中外合资商业银行、外国商业银行分行适用本法规定,法律、行政法规另有规定的,依照其规定。

第九十三条 城市信用合作社、农村信用合作社办理存款、贷款和结算等业务,适用本法有关规定。

第九十四条 邮政企业办理商业银行的有关业务,适用本法有关规定。

第九十五条 本法自2015年10月1日起施行。

中华人民共和国银行业监督管理法

(2003年12月27日第十届全国人民代表大会常务委员会第六次会议通过 根据2006年10月31日第十届全国人民代表大会常务委员会第二十四次会议《关于修改〈中华人民共和国银行业监督管理法〉的决定》修正)

目 录

第一章 总 则

第一条 为了加强对银行业的监督管理,规范监督管理行为,防范和化解银行业风险,保护存款人和其他客户的合法权益,促进银行业健康发展,制定本法。

第二条 国务院银行业监督管理机构负责对全国银行业金融机构及其业务活动监督管理的工作。

本法所称银行业金融机构,是指在中华人民共和国境内设立的商业银行、城市信用合作社、农村信用合作社等吸收公众存款的金融机构以及政策性银行。

对在中华人民共和国境内设立的金融资产管理公司、信托投资公司、财务公司、金融租赁公司以及经国务院银行业监督管理机构批准设立的其他金融机构的监督管理，适用本法对银行业金融机构监督管理的规定。

国务院银行业监督管理机构依照本法有关规定，对经其批准在境外设立的金融机构以及前二款金融机构在境外的业务活动实施监督管理。

第三条　银行业监督管理的目标是促进银行业的合法、稳健运行，维护公众对银行业的信心。

银行业监督管理应当保护银行业公平竞争，提高银行业竞争能力。

第四条　银行业监督管理机构对银行业实施监督管理，应当遵循依法、公开、公正和效率的原则。

第五条　银行业监督管理机构及其从事监督管理工作的人员依法履行监督管理职责，受法律保护。地方政府、各级政府部门、社会团体和个人不得干涉。

第六条　国务院银行业监督管理机构应当和中国人民银行、国务院其他金融监督管理机构建立监督管理信息共享机制。

第七条　国务院银行业监督管理机构可以和其他国家或者地区的银行业监督管理机构建立监督管理合作机制，实施跨境监督管理。

第二章　监督管理机构

第八条　国务院银行业监督管理机构根据履行职责的需要设立派出机构。国务院银行业监督管理机构对派出机构实行统一领导和管理。

国务院银行业监督管理机构的派出机构在国务院银行业监督管理机构的授权范围内，履行监督管理职责。

第九条　银行业监督管理机构从事监督管理工作的人员，应当具备与其任职相适应的专业知识和业务工作经验。

第十条　银行业监督管理机构工作人员，应当忠于职守，依法办事，公正廉洁，不得利用职务便利牟取不正当的利益，不得在金融机构等企业中兼任职务。

第十一条　银行业监督管理机构工作人员，应当依法保守国家秘密，并有责任为其监督管理的银行业金融机构及当事人保守秘密。

国务院银行业监督管理机构同其他国家或者地区的银行业监督管理机构交流监督管理信息，应当就信息保密作出安排。

第十二条　国务院银行业监督管理机构应当公开监督管理程序，建立监督管理责任制度和内部监督制度。

第十三条　银行业监督管理机构在处置银行业金融机构风险、查处有关金融违法行为等监督管理活动中，地方政府、各级有关部门应当予以配合和协助。

第十四条　国务院审计、监察等机关，应当依照法律规定对国务院银行业监督管理机构的活动进行监督。

第三章　监督管理职责

第十五条　国务院银行业监督管理机构依照法律、行政法规制定并发布对银行业金融机构及其业务活动监督管理的规章、规则。

第十六条　国务院银行业监督管理机构依照法律、行政法规规定的条件和程序，审查批准银行业金融机构的设立、变更、终止以及业务范围。

第十七条　申请设立银行业金融机构，或者银行业金融机构变更持有资本总额或者股份总额达到规定比例以上的股东的，国务院银行业监督管理机构应当对股东的资金来源、财务状况、资本补充能力和诚信状况进行审查。

第十八条　银行业金融机构业务范围内的业务品种，应当按照规定经国务院银行业监督管理机构审查批准或者备案。需要审查批准或者备案的业务品种，由国务院银行业监督管理机构依照法律、行政法规作出规定并公布。

第十九条　未经国务院银行业监督管理机构批准，任何单位或者个人不得设立银行业金融机构或者从事银行业金融机构的业务活动。

第二十条　国务院银行业监督管理机构对银行业金融机构的董

事和高级管理人员实行任职资格管理。具体办法由国务院银行业监督管理机构制定。

第二十一条 银行业金融机构的审慎经营规则,由法律、行政法规规定,也可以由国务院银行业监督管理机构依照法律、行政法规制定。

前款规定的审慎经营规则,包括风险管理、内部控制、资本充足率、资产质量、损失准备金、风险集中、关联交易、资产流动性等内容。

银行业金融机构应当严格遵守审慎经营规则。

第二十二条 国务院银行业监督管理机构应当在规定的期限,对下列申请事项作出批准或者不批准的书面决定;决定不批准的,应当说明理由:

(一)银行业金融机构的设立,自收到申请文件之日起六个月内;

(二)银行业金融机构的变更、终止,以及业务范围和增加业务范围内的业务品种,自收到申请文件之日起三个月内;

(三)审查董事和高级管理人员的任职资格,自收到申请文件之日起三十日内。

第二十三条 银行业监督管理机构应当对银行业金融机构的业务活动及其风险状况进行非现场监管,建立银行业金融机构监督管理信息系统,分析、评价银行业金融机构的风险状况。

第二十四条 银行业监督管理机构应当对银行业金融机构的业务活动及其风险状况进行现场检查。

国务院银行业监督管理机构应当制定现场检查程序,规范现场检查行为。

第二十五条 国务院银行业监督管理机构应当对银行业金融机构实行并表监督管理。

第二十六条 国务院银行业监督管理机构对中国人民银行提出的检查银行业金融机构的建议,应当自收到建议之日起三十日内予以回复。

第二十七条 国务院银行业监督管理机构应当建立银行业金融机构监督管理评级体系和风险预警机制,根据银行业金融机构的评级情况和风险状况,确定对其现场检查的频率、范围和需要采取的其他措施。

第二十八条 国务院银行业监督管理机构应当建立银行业突发事件的发现、报告岗位责任制度。

银行业监督管理机构发现可能引发系统性银行业风险、严重影响社会稳定的突发事件的,应当立即向国务院银行业监督管理机构负责人报告;国务院银行业监督管理机构负责人认为需要向国务院报告的,应当立即向国务院报告,并告知中国人民银行、国务院财政部门等有关部门。

第二十九条 国务院银行业监督管理机构应当会同中国人民银行、国务院财政部门等有关部门建立银行业突发事件处置制度,制定银行业突发事件处置预案,明确处置机构和人员及其职责、处置措施和处置程序,及时、有效地处置银行业突发事件。

第三十条 国务院银行业监督管理机构负责统一编制全国银行业金融机构的统计数据、报表,并按照国家有关规定予以公布。

第三十一条 国务院银行业监督管理机构对银行业自律组织的活动进行指导和监督。

银行业自律组织的章程应当报国务院银行业监督管理机构备案。

第三十二条 国务院银行业监督管理机构可以开展与银行业监督管理有关的国际交流、合作活动。

第四章 监督管理措施

第三十三条 银行业监督管理机构根据履行职责的需要,有权要求银行业金融机构按照规定报送资产负债表、利润表和其他财务会计、统计报表、经营管理资料以及注册会计师出具的审计报告。

第三十四条 银行业监督管理机构根据审慎监管的要求,可以采取下列措施进行现场检查:

(一)进入银行业金融机构进行检查;

(二)询问银行业金融机构的工作人员,要求其对有关检查事项作出说明;

(三)查阅、复制银行业金融机构与检查事项有关的文件、资料,对可能被转移、隐匿或者毁损的文件、资料予以封存;

(四)检查银行业金融机构运用电子计算机管理业务数据的系统。

进行现场检查,应当经银行业监督管理机构负责人批准。现场检查时,检查人员不得少于二人,并应当出示合法证件和检查通知书;检查人员少于二人或者未出示合法证件和检查通知书的,银行业金融机构有权拒绝检查。

第三十五条 银行业监督管理机构根据履行职责的需要,可以与银行业金融机构董事、高级管理人员进行监督管理谈话,要求银行业金融机构董事、高级管理人员就银行业金融机构的业务活动和风险管理的重大事项作出说明。

第三十六条 银行业监督管理机构应当责令银行业金融机构按照规定,如实向社会公众披露财务会计报告、风险管理状况、董事和高级管理人员变更以及其他重大事项等信息。

第三十七条 银行业金融机构违反审慎经营规则的,国务院银行业监督管理机构或者其省一级派出机构应当责令限期改正;逾期未改正的,或者其行为严重危及该银行业金融机构的稳健运行、损害存款人和其他客户合法权益的,经国务院银行业监督管理机构或者其省一级派出机构负责人批准,可以区别情形,采取下列措施:

(一)责令暂停部分业务、停止批准开办新业务;

(二)限制分配红利和其他收入;

(三)限制资产转让;

(四)责令控股股东转让股权或者限制有关股东的权利;

(五)责令调整董事、高级管理人员或者限制其权利;

(六)停止批准增设分支机构。

银行业金融机构整改后,应当向国务院银行业监督管理机构或者其省一级派出机构提交报告。国务院银行业监督管理机构或者其省一级派出机构经验收,符合有关审慎经营规则的,应当自验收完毕之日起三日内解除对其采取的前款规定的有关措施。

第三十八条 银行业金融机构已经或者可能发生信用危机,严重影响存款人和其他客户合法权益的,国务院银行业监督管理机构可以依法对该银行业金融机构实行接管或者促成机构重组,接管和机构重组依照有关法律和国务院的规定执行。

第三十九条　银行业金融机构有违法经营、经营管理不善等情形，不予撤销将严重危害金融秩序、损害公众利益的，国务院银行业监督管理机构有权予以撤销。

第四十条　银行业金融机构被接管、重组或者被撤销的，国务院银行业监督管理机构有权要求该银行业金融机构的董事、高级管理人员和其他工作人员，按照国务院银行业监督管理机构的要求履行职责。

在接管、机构重组或者撤销清算期间，经国务院银行业监督管理机构负责人批准，对直接负责的董事、高级管理人员和其他直接责任人员，可以采取下列措施：

（一）直接负责的董事、高级管理人员和其他直接责任人员出境将对国家利益造成重大损失的，通知出境管理机关依法阻止其出境；

（二）申请司法机关禁止其转移、转让财产或者对其财产设定其他权利。

第四十一条　经国务院银行业监督管理机构或者其省一级派出机构负责人批准，银行业监督管理机构有权查询涉嫌金融违法的银行业金融机构及其工作人员以及关联行为人的账户；对涉嫌转移或者隐匿违法资金的，经银行业监督管理机构负责人批准，可以申请司法机关予以冻结。

第四十二条　银行业监督管理机构依法对银行业金融机构进行检查时，经设区的市一级以上银行业监督管理机构负责人批准，可以对与涉嫌违法事项有关的单位和个人采取下列措施：

（一）询问有关单位或者个人，要求其对有关情况作出说明；

（二）查阅、复制有关财务会计、财产权登记等文件、资料；

（三）对可能被转移、隐匿、毁损或者伪造的文件、资料，予以先行登记保存。

银行业监督管理机构采取前款规定措施，调查人员不得少于二人，并应当出示合法证件和调查通知书；调查人员少于二人或者未出示合法证件和调查通知书的，有关单位或者个人有权拒绝。对依法采取的措施，有关单位和个人应当配合，如实说明有关情况并提供有关文件、资料，不得拒绝、阻碍和隐瞒。

第五章 法律责任

第四十三条 银行业监督管理机构从事监督管理工作的人员有下列情形之一的,依法给予行政处分;构成犯罪的,依法追究刑事责任:

(一)违反规定审查批准银行业金融机构的设立、变更、终止,以及业务范围和业务范围内的业务品种的;

(二)违反规定对银行业金融机构进行现场检查的;

(三)未依照本法第二十八条规定报告突发事件的;

(四)违反规定查询账户或者申请冻结资金的;

(五)违反规定对银行业金融机构采取措施或者处罚的;

(六)违反本法第四十二条规定对有关单位或者个人进行调查的;

(七)滥用职权、玩忽职守的其他行为。

银行业监督管理机构从事监督管理工作的人员贪污受贿,泄露国家秘密、商业秘密和个人隐私,构成犯罪的,依法追究刑事责任;尚不构成犯罪的,依法给予行政处分。

第四十四条 擅自设立银行业金融机构或者非法从事银行业金融机构的业务活动的,由国务院银行业监督管理机构予以取缔;构成犯罪的,依法追究刑事责任;尚不构成犯罪的,由国务院银行业监督管理机构没收违法所得,违法所得五十万元以上的,并处违法所得一倍以上五倍以下罚款;没有违法所得或者违法所得不足五十万元的,处五十万元以上二百万元以下罚款。

第四十五条 银行业金融机构有下列情形之一,由国务院银行业监督管理机构责令改正,有违法所得的,没收违法所得,违法所得五十万元以上的,并处违法所得一倍以上五倍以下罚款;没有违法所得或者违法所得不足五十万元的,处五十万元以上二百万元以下罚款;情节特别严重或者逾期不改正的,可以责令停业整顿或者吊销其经营许可证;构成犯罪的,依法追究刑事责任:

(一)未经批准设立分支机构的;

(二)未经批准变更、终止的;

(三)违反规定从事未经批准或者未备案的业务活动的;

(四)违反规定提高或者降低存款利率、贷款利率的。

第四十六条　银行业金融机构有下列情形之一,由国务院银行业监督管理机构责令改正,并处二十万元以上五十万元以下罚款;情节特别严重或者逾期不改正的,可以责令停业整顿或者吊销其经营许可证;构成犯罪的,依法追究刑事责任:

(一)未经任职资格审查任命董事、高级管理人员的;

(二)拒绝或者阻碍非现场监管或者现场检查的;

(三)提供虚假的或者隐瞒重要事实的报表、报告等文件、资料的;

(四)未按照规定进行信息披露的;

(五)严重违反审慎经营规则的;

(六)拒绝执行本法第三十七条规定的措施的。

第四十七条　银行业金融机构不按照规定提供报表、报告等文件、资料的,由银行业监督管理机构责令改正,逾期不改正的,处十万元以上三十万元以下罚款。

第四十八条　银行业金融机构违反法律、行政法规以及国家有关银行业监督管理规定的,银行业监督管理机构除依照本法第四十四条至第四十七条规定处罚外,还可以区别不同情形,采取下列措施:

(一)责令银行业金融机构对直接负责的董事、高级管理人员和其他直接责任人员给予纪律处分;

(二)银行业金融机构的行为尚不构成犯罪的,对直接负责的董事、高级管理人员和其他直接责任人员给予警告,处五万元以上五十万元以下罚款;

(三)取消直接负责的董事、高级管理人员一定期限直至终身的任职资格,禁止直接负责的董事、高级管理人员和其他直接责任人员一定期限直至终身从事银行业工作。

第四十九条　阻碍银行业监督管理机构工作人员依法执行检查、调查职务的,由公安机关依法给予治安管理处罚;构成犯罪的,依法追究刑事责任。

第六章　附　　则

第五十条　对在中华人民共和国境内设立的政策性银行、金融资产管理公司的监督管理,法律、行政法规另有规定的,依照其规定。

第五十一条 对在中华人民共和国境内设立的外资银行业金融机构、中外合资银行业金融机构、外国银行业金融机构的分支机构的监督管理,法律、行政法规另有规定的,依照其规定。

第五十二条 本法自2004年2月1日起施行。

中华人民共和国信托法

(2001年4月28日第九届全国人民代表大会常务委员会第二十一次会议通过 中华人民共和国主席令第50号 2001年4月28日公布 自2001年10月1日起施行)

目 录

第一章 总 则

第一条 为了调整信托关系,规范信托行为,保护信托当事人的合法权益,促进信托事业的健康发展,制定本法。

第二条 本法所称信托,是指委托人基于对受托人的信任,将其财产权委托给受托人,由受托人按委托人的意愿以自己的名义,为受益人的利益或者特定目的，进行管理或者处分的行为。

第三条　委托人、受托人、受益人（以下统称信托当事人）在中华人民共和国境内进行民事、营业、公益信托活动，适用本法。

第四条　受托人采取信托机构形式从事信托活动，其组织和管理由国务院制定具体办法。

第五条　信托当事人进行信托活动，必须遵守法律、行政法规，遵循自愿、公平和诚实信用原则，不得损害国家利益和社会公共利益。

第二章　信托的设立

第六条　设立信托，必须有合法的信托目的。

第七条　设立信托，必须有确定的信托财产，并且该信托财产必须是委托人合法所有的财产。

本法所称财产包括合法的财产权利。

第八条　设立信托，应当采取书面形式。

书面形式包括信托合同、遗嘱或者法律、行政法规规定的其他书面文件等。

采取信托合同形式设立信托的，信托合同签订时，信托成立。采取其他书面形式设立信托的，受托人承诺信托时，信托成立。

第九条　设立信托，其书面文件应当载明下列事项：

（一）信托目的；

（二）委托人、受托人的姓名或者名称、住所；

（三）受益人或者受益人范围；

（四）信托财产的范围、种类及状况；

（五）受益人取得信托利益的形式、方法。

除前款所列事项外，可以载明信托期限、信托财产的管理方法、受托人的报酬、新受托人的选任方式、信托终止事由等事项。

第十条　设立信托，对于信托财产，有关法律、行政法规规定应当办理登记手续的，应当依法办理信托登记。

未依照前款规定办理信托登记的，应当补办登记手续；不补办的，该信托不产生效力。

第十一条　有下列情形之一的，信托无效：

(一)信托目的违反法律、行政法规或者损害社会公共利益;

(二)信托财产不能确定;

(三)委托人以非法财产或者本法规定不得设立信托的财产设立信托;

(四)专以诉讼或者讨债为目的设立信托;

(五)受益人或者受益人范围不能确定;

(六)法律、行政法规规定的其他情形。

第十二条 委托人设立信托损害其债权人利益的,债权人有权申请人民法院撤销该信托。

人民法院依照前款规定撤销信托的,不影响善意受益人已经取得的信托利益。

本条第一款规定的申请权,自债权人知道或者应当知道撤销原因之日起一年内不行使的,归于消灭。

第十三条 设立遗嘱信托,应当遵守继承法关于遗嘱的规定。

遗嘱指定的人拒绝或者无能力担任受托人的,由受益人另行选任受托人;受益人为无民事行为能力人或者限制民事行为能力人的,依法由其监护人代行选任。遗嘱对选任受托人另有规定的,从其规定。

第三章 信托财产

第十四条 受托人因承诺信托而取得的财产是信托财产。

受托人因信托财产的管理运用、处分或者其他情形而取得的财产,也归入信托财产。

法律、行政法规禁止流通的财产,不得作为信托财产。

法律、行政法规限制流通的财产,依法经有关主管部门批准后,可以作为信托财产。

第十五条 信托财产与委托人未设立信托的其他财产相区别。设立信托后,委托人死亡或者依法解散、被依法撤销、被宣告破产时,委托人是唯一受益人的,信托终止,信托财产作为其遗产或者清算财产;委托人不是唯一受益人的,信托存续,信托财产不作为其遗产或者清算财产;但作为共同受益人的委托人死亡或者依法解散、被依法撤销、被宣告破产时，其信托受益权作为其遗产或者清算财产。

第十六条　信托财产与属于受托人所有的财产（以下简称固有财产）相区别，不得归入受托人的固有财产或者成为固有财产的一部分。

受托人死亡或者依法解散、被依法撤销、被宣告破产而终止，信托财产不属于其遗产或者清算财产。

第十七条　除因下列情形之一外，对信托财产不得强制执行：

（一）设立信托前债权人已对该信托财产享有优先受偿的权利，并依法行使该权利的；

（二）受托人处理信托事务所产生债务，债权人要求清偿该债务的；

（三）信托财产本身应担负的税款；

（四）法律规定的其他情形。

对于违反前款规定而强制执行信托财产，委托人、受托人或者受益人有权向人民法院提出异议。

第十八条　受托人管理运用、处分信托财产所产生的债权，不得与其固有财产产生的债务相抵销。

受托人管理运用、处分不同委托人的信托财产所产生的债权债务，不得相互抵销。

第四章　信托当事人

第一节　委托人

第十九条　委托人应当是具有完全民事行为能力的自然人、法人或者依法成立的其他组织。

第二十条　委托人有权了解其信托财产的管理运用、处分及收支情况，并有权要求受托人作出说明。

委托人有权查阅、抄录或者复制与其信托财产有关的信托帐目以及处理信托事务的其他文件。

第二十一条　因设立信托时未能预见的特别事由，致使信托财产的管理方法不利于实现信托目的或者不符合受益人的利益时，委托人有权要求受托人调整该信托财产的管理方法。

第二十二条 受托人违反信托目的处分信托财产或者因违背管理职责、处理信托事务不当致使信托财产受到损失的,委托人有权申请人民法院撤销该处分行为,并有权要求受托人恢复信托财产的原状或者予以赔偿;该信托财产的受让人明知是违反信托目的而接受该财产的,应当予以返还或者予以赔偿。

前款规定的申请权,自委托人知道或者应当知道撤销原因之日起一年内不行使的,归于消灭。

第二十三条 受托人违反信托目的处分信托财产或者管理运用、处分信托财产有重大过失的,委托人有权依照信托文件的规定解任受托人,或者申请人民法院解任受托人。

第二节 受 托 人

第二十四条 受托人应当是具有完全民事行为能力的自然人、法人。

法律、行政法规对受托人的条件另有规定的,从其规定。

第二十五条 受托人应当遵守信托文件的规定,为受益人的最大利益处理信托事务。

受托人管理信托财产,必须恪尽职守,履行诚实、信用、谨慎、有效管理的义务。

第二十六条 受托人除依照本法规定取得报酬外,不得利用信托财产为自己谋取利益。

受托人违反前款规定,利用信托财产为自己谋取利益的,所得利益归入信托财产。

第二十七条 受托人不得将信托财产转为其固有财产。受托人将信托财产转为其固有财产的,必须恢复该信托财产的原状;造成信托财产损失的,应当承担赔偿责任。

第二十八条 受托人不得将其固有财产与信托财产进行交易或者将不同委托人的信托财产进行相互交易,但信托文件另有规定或者经委托人或者受益人同意,并以公平的市场价格进行交易的除外。

受托人违反前款规定，造成信托财产损失的，应当承担赔偿责任。

第二十九条　受托人必须将信托财产与其固有财产分别管理、分别记帐，并将不同委托人的信托财产分别管理、分别记帐。

第三十条　受托人应当自己处理信托事务，但信托文件另有规定或者有不得已事由的，可以委托他人代为处理。

受托人依法将信托事务委托他人代理的，应当对他人处理信托事务的行为承担责任。

第三十一条　同一信托的受托人有两个以上的，为共同受托人。

共同受托人应当共同处理信托事务，但信托文件规定对某些具体事务由受托人分别处理的，从其规定。

共同受托人共同处理信托事务，意见不一致时，按信托文件规定处理；信托文件未规定的，由委托人、受益人或者其利害关系人决定。

第三十二条　共同受托人处理信托事务对第三人所负债务，应当承担连带清偿责任。第三人对共同受托人之一所作的意思表示，对其他受托人同样有效。

共同受托人之一违反信托目的处分信托财产或者因违背管理职责、处理信托事务不当致使信托财产受到损失的，其他受托人应当承担连带赔偿责任。

第三十三条　受托人必须保存处理信托事务的完整记录。

受托人应当每年定期将信托财产的管理运用、处分及收支情况，报告委托人和受益人。

受托人对委托人、受益人以及处理信托事务的情况和资料负有依法保密的义务。

第三十四条　受托人以信托财产为限向受益人承担支付信托利益的义务。

第三十五条　受托人有权依照信托文件的约定取得报酬。信托文件未作事先约定的，经信托当事人协商同意，可以作出补充约定；未作事先约定和补充约定的，不得收取报酬。

约定的报酬经信托当事人协商同意，可以增减其数额。

第三十六条　受托人违反信托目的处分信托财产或者因违背管

理职责、处理信托事务不当致使信托财产受到损失的，在未恢复信托财产的原状或者未予赔偿前，不得请求给付报酬。

第三十七条 受托人因处理信托事务所支出的费用、对第三人所负债务，以信托财产承担。受托人以其固有财产先行支付的，对信托财产享有优先受偿的权利。

受托人违背管理职责或者处理信托事务不当对第三人所负债务或者自己所受到的损失，以其固有财产承担。

第三十八条 设立信托后，经委托人和受益人同意，受托人可以辞任。本法对公益信托的受托人辞任另有规定的，从其规定。

受托人辞任的，在新受托人选出前仍应履行管理信托事务的职责。

第三十九条 受托人有下列情形之一的，其职责终止：

（一）死亡或者被依法宣告死亡；

（二）被依法宣告为无民事行为能力人或者限制民事行为能力人；

（三）被依法撤销或者被宣告破产；

（四）依法解散或者法定资格丧失；

（五）辞任或者被解任；

（六）法律、行政法规规定的其他情形。

受托人职责终止时，其继承人或者遗产管理人、监护人、清算人应当妥善保管信托财产，协助新受托人接管信托事务。

第四十条 受托人职责终止的，依照信托文件规定选任新受托人；信托文件未规定的，由委托人选任；委托人不指定或者无能力指定的，由受益人选任；受益人为无民事行为能力人或者限制民事行为能力人的，依法由其监护人代行选任。

原受托人处理信托事务的权利和义务，由新受托人承继。

第四十一条 受托人有本法第三十九条第一款第（三）项至第（六）项所列情形之一，职责终止的，应当作出处理信托事务的报告，并向新受托人办理信托财产和信托事务的移交手续。

前款报告经委托人或者受益人认可，原受托人就报告中所列事项解除责任。但原受托人有不正当行为的除外。

第四十二条 共同受托人之一职责终止的，信托财产由其他受托人管理和处分。

第三节 受 益 人

第四十三条 受益人是在信托中享有信托受益权的人。受益人可以是自然人、法人或者依法成立的其他组织。

委托人可以是受益人,也可以是同一信托的唯一受益人。

受托人可以是受益人,但不得是同一信托的唯一受益人。

第四十四条 受益人自信托生效之日起享有信托受益权。信托文件另有规定的,从其规定。

第四十五条 共同受益人按照信托文件的规定享受信托利益。信托文件对信托利益的分配比例或者分配方法未作规定的,各受益人按照均等的比例享受信托利益。

第四十六条 受益人可以放弃信托受益权。

全体受益人放弃信托受益权的,信托终止。

部分受益人放弃信托受益权的,被放弃的信托受益权按下列顺序确定归属:

(一)信托文件规定的人;

(二)其他受益人;

(三)委托人或者其继承人。

第四十七条 受益人不能清偿到期债务的,其信托受益权可以用于清偿债务,但法律、行政法规以及信托文件有限制性规定的除外。

第四十八条 受益人的信托受益权可以依法转让和继承,但信托文件有限制性规定的除外。

第四十九条 受益人可以行使本法第二十条至第二十三条规定的委托人享有的权利。受益人行使上述权利,与委托人意见不一致时,可以申请人民法院作出裁定。

受托人有本法第二十二条第一款所列行为,共同受益人之一申请人民法院撤销该处分行为的,人民法院所作出的撤销裁定,对全体共同受益人有效。

第五章 信托的变更与终止

第五十条 委托人是唯一受益人的,委托人或者其继承人可以解除信托。信托文件另有规定的,从其规定。

第五十一条 设立信托后,有下列情形之一的,委托人可以变更受益人或者处分受益人的信托受益权:

(一)受益人对委托人有重大侵权行为;

(二)受益人对其他共同受益人有重大侵权行为;

(三)经受益人同意;

(四)信托文件规定的其他情形。

有前款第(一)项、第(三)项、第(四)项所列情形之一的,委托人可以解除信托。

第五十二条 信托不因委托人或者受托人的死亡、丧失民事行为能力、依法解散、被依法撤销或者被宣告破产而终止,也不因受托人的辞任而终止。但本法或者信托文件另有规定的除外。

第五十三条 有下列情形之一的,信托终止:

(一)信托文件规定的终止事由发生;

(二)信托的存续违反信托目的;

(三)信托目的已经实现或者不能实现;

(四)信托当事人协商同意;

(五)信托被撤销;

(六)信托被解除。

第五十四条 信托终止的,信托财产归属于信托文件规定的人;信托文件未规定的,按下列顺序确定归属:

(一)受益人或者其继承人;

(二)委托人或者其继承人。

第五十五条 依照前条规定,信托财产的归属确定后,在该信托财产转移给权利归属人的过程中,信托视为存续,权利归属人视为受益人。

第五十六条 信托终止后,人民法院依据本法第十七条的规定对原信托财产进行强制执行的,以权利归属人为被执行人。

第五十七条　信托终止后,受托人依照本法规定行使请求给付报酬、从信托财产中获得补偿的权利时,可以留置信托财产或者对信托财产的权利归属人提出请求。

第五十八条　信托终止的,受托人应当作出处理信托事务的清算报告。受益人或者信托财产的权利归属人对清算报告无异议的,受托人就清算报告所列事项解除责任。但受托人有不正当行为的除外。

第六章　公益信托

第五十九条　公益信托适用本章规定。本章未规定的,适用本法及其他相关法律的规定。

第六十条　为了下列公共利益目的之一而设立的信托,属于公益信托:

(一)救济贫困;

(二)救助灾民;

(三)扶助残疾人;

(四)发展教育、科技、文化、艺术、体育事业;

(五)发展医疗卫生事业;

(六)发展环境保护事业,维护生态环境;

(七)发展其他社会公益事业。

第六十一条　国家鼓励发展公益信托。

第六十二条　公益信托的设立和确定其受托人,应当经有关公益事业的管理机构(以下简称公益事业管理机构)批准。

未经公益事业管理机构的批准,不得以公益信托的名义进行活动。

公益事业管理机构对于公益信托活动应当给予支持。

第六十三条　公益信托的信托财产及其收益,不得用于非公益目的。

第六十四条　公益信托应当设置信托监察人。

信托监察人由信托文件规定。信托文件未规定的,由公益事业管理机构指定。

第六十五条　信托监察人有权以自己的名义,为维护受益人的利益,提起诉讼或者实施其他法律行为。

第六十六条 公益信托的受托人未经公益事业管理机构批准,不得辞任。

第六十七条 公益事业管理机构应当检查受托人处理公益信托事务的情况及财产状况。

受托人应当至少每年一次作出信托事务处理情况及财产状况报告,经信托监察人认可后,报公益事业管理机构核准,并由受托人予以公告。

第六十八条 公益信托的受托人违反信托义务或者无能力履行其职责的,由公益事业管理机构变更受托人。

第六十九条 公益信托成立后,发生设立信托时不能预见的情形,公益事业管理机构可以根据信托目的,变更信托文件中的有关条款。

第七十条 公益信托终止的,受托人应当于终止事由发生之日起十五日内,将终止事由和终止日期报告公益事业管理机构。

第七十一条 公益信托终止的,受托人作出的处理信托事务的清算报告,应当经信托监察人认可后,报公益事业管理机构核准,并由受托人予以公告。

第七十二条 公益信托终止,没有信托财产权利归属人或者信托财产权利归属人是不特定的社会公众的,经公益事业管理机构批准,受托人应当将信托财产用于与原公益目的相近似的目的,或者将信托财产转移给具有近似目的的公益组织或者其他公益信托。

第七十三条 公益事业管理机构违反本法规定的,委托人、受托人或者受益人有权向人民法院起诉。

第七章 附 则

第七十四条 本法自 2001 年 10 月 1 日起施行。

国务院规范性文件

国务院关于实施动产和权利担保统一登记的决定

（国发〔2020〕18号　2020年12月22日公布
自2021年1月1日起施行）

各省、自治区、直辖市人民政府，国务院各部委、各直属机构：

为贯彻落实党中央、国务院决策部署，进一步提高动产和权利担保融资效率，优化营商环境，促进金融更好服务实体经济，现作出如下决定：

一、自2021年1月1日起，在全国范围内实施动产和权利担保统一登记。

二、纳入动产和权利担保统一登记范围的担保类型包括：

（一）生产设备、原材料、半成品、产品抵押；

（二）应收账款质押；

（三）存款单、仓单、提单质押；

（四）融资租赁；

（五）保理；

（六）所有权保留；

（七）其他可以登记的动产和权利担保，但机动车抵押、船舶抵押、航空器抵押、债券质押、基金份额质押、股权质押、知识产权中的财产权质押除外。

三、纳入统一登记范围的动产和权利担保，由当事人通过中国人民银行征信中心（以下简称征信中心）动产融资统一登记公示系统自主办理登记，并对登记内容的真实性、完整性和合法性负责。登记机构不对登记内容进行实质审查。

四、中国人民银行要加强对征信中心的督促指导。征信中心具体承担服务性登记工作,不得开展事前审批性登记。征信中心要做好系统建设和维护工作,保障系统安全、稳定运行,建立高效运转的服务体系,不断提高服务效率和质量。

五、国家市场监督管理总局不再承担“管理动产抵押物登记”职责。中国人民银行负责制定生产设备、原材料、半成品、产品抵押和应收账款质押统一登记制度,推进登记服务便利化。中国人民银行、国家市场监督管理总局应当明确生产设备、原材料、半成品、产品抵押登记的过渡安排,妥善做好存量信息的查询、变更、注销服务和数据移交工作,确保有关工作的连续性、稳定性、有效性。

各地区、各相关部门要相互协作、密切配合,认真落实本决定部署的各项工作,努力优化营商环境。

司法解释及司法解释性质文件

最高人民法院关于适用《中华人民共和国民法典》合同编通则若干问题的解释

(2023年5月23日最高人民法院审判委员会第1889次会议通过 法释〔2023〕13号 2023年12月4日公布 自2023年12月5日起施行)

为正确审理合同纠纷案件以及非因合同产生的债权债务关系纠纷案件,依法保护当事人的合法权益,根据《中华人民共和国民法典》、《中华人民共和国民事诉讼法》等相关法律规定,结合审判实践,制定本解释。

一、一般规定

第一条　人民法院依据民法典第一百四十二条第一款、第四百六十六条第一款的规定解释合同条款时，应当以词句的通常含义为基础，结合相关条款、合同的性质和目的、习惯以及诚信原则，参考缔约背景、磋商过程、履行行为等因素确定争议条款的含义。

有证据证明当事人之间对合同条款有不同于词句的通常含义的其他共同理解，一方主张按照词句的通常含义理解合同条款的，人民法院不予支持。

对合同条款有两种以上解释，可能影响该条款效力的，人民法院应当选择有利于该条款有效的解释；属于无偿合同的，应当选择对债务人负担较轻的解释。

第二条　下列情形，不违反法律、行政法规的强制性规定且不违背公序良俗的，人民法院可以认定为民法典所称的"交易习惯"：

（一）当事人之间在交易活动中的惯常做法；

（二）在交易行为当地或者某一领域、某一行业通常采用并为交易对方订立合同时所知道或者应当知道的做法。

对于交易习惯，由提出主张的当事人一方承担举证责任。

二、合同的订立

第三条　当事人对合同是否成立存在争议，人民法院能够确定当事人姓名或者名称、标的和数量的，一般应当认定合同成立。但是，法律另有规定或者当事人另有约定的除外。

根据前款规定能够认定合同已经成立的，对合同欠缺的内容，人民法院应当依据民法典第五百一十条、第五百一十一条等规定予以确定。

当事人主张合同无效或者请求撤销、解除合同等，人民法院认为合同不成立的，应当依据《最高人民法院关于民事诉讼证据的若干规定》第五十三条的规定将合同是否成立作为焦点问题进行审理，并可以根据案件的具体情况重新指定举证期限。

第四条　采取招标方式订立合同，当事人请求确认合同自中标通知书到达中标人时成立的,人民法院应予支持。合同成立后,当事人拒绝签订书面合同的,人民法院应当依据招标文件、投标文件和中标通知书等确定合同内容。

采取现场拍卖、网络拍卖等公开竞价方式订立合同,当事人请求确认合同自拍卖师落槌、电子交易系统确认成交时成立的,人民法院应予支持。合同成立后,当事人拒绝签订成交确认书的,人民法院应当依据拍卖公告、竞买人的报价等确定合同内容。

产权交易所等机构主持拍卖、挂牌交易,其公布的拍卖公告、交易规则等文件公开确定了合同成立需要具备的条件,当事人请求确认合同自该条件具备时成立的,人民法院应予支持。

第五条 第三人实施欺诈、胁迫行为,使当事人在违背真实意思的情况下订立合同,受到损失的当事人请求第三人承担赔偿责任的,人民法院依法予以支持;当事人亦有违背诚信原则的行为的,人民法院应当根据各自的过错确定相应的责任。但是,法律、司法解释对当事人与第三人的民事责任另有规定的,依照其规定。

第六条 当事人以认购书、订购书、预订书等形式约定在将来一定期限内订立合同,或者为担保在将来一定期限内订立合同交付了定金,能够确定将来所要订立合同的主体、标的等内容的,人民法院应当认定预约合同成立。

当事人通过签订意向书或者备忘录等方式,仅表达交易的意向,未约定在将来一定期限内订立合同,或者虽然有约定但是难以确定将来所要订立合同的主体、标的等内容,一方主张预约合同成立的,人民法院不予支持。

当事人订立的认购书、订购书、预订书等已就合同标的、数量、价款或者报酬等主要内容达成合意,符合本解释第三条第一款规定的合同成立条件,未明确约定在将来一定期限内另行订立合同,或者虽然有约定但是当事人一方已实施履行行为且对方接受的,人民法院应当认定本约合同成立。

第七条 预约合同生效后,当事人一方拒绝订立本约合同或者在磋商订立本约合同时违背诚信原则导致未能订立本约合同的,人民法院应当认定该当事人不履行预约合同约定的义务。

人民法院认定当事人一方在磋商订立本约合同时是否违背诚信原则，应当综合考虑该当事人在磋商时提出的条件是否明显背离预约合同约定的内容以及是否已尽合理努力进行协商等因素。

第八条 预约合同生效后，当事人一方不履行订立本约合同的义务，对方请求其赔偿因此造成的损失的，人民法院依法予以支持。

前款规定的损失赔偿，当事人有约定的，按照约定；没有约定的，人民法院应当综合考虑预约合同在内容上的完备程度以及订立本约合同的条件的成就程度等因素酌定。

第九条 合同条款符合民法典第四百九十六条第一款规定的情形，当事人仅以合同系依据合同示范文本制作或者双方已经明确约定合同条款不属于格式条款为由主张该条款不是格式条款的，人民法院不予支持。

从事经营活动的当事人一方仅以未实际重复使用为由主张其预先拟定且未与对方协商的合同条款不是格式条款的，人民法院不予支持。但是，有证据证明该条款不是为了重复使用而预先拟定的除外。

第十条 提供格式条款的一方在合同订立时采用通常足以引起对方注意的文字、符号、字体等明显标识，提示对方注意免除或者减轻其责任、排除或者限制对方权利等与对方有重大利害关系的异常条款的，人民法院可以认定其已经履行民法典第四百九十六条第二款规定的提示义务。

提供格式条款的一方按照对方的要求，就与对方有重大利害关系的异常条款的概念、内容及其法律后果以书面或者口头形式向对方作出通常能够理解的解释说明的，人民法院可以认定其已经履行民法典第四百九十六条第二款规定的说明义务。

提供格式条款的一方对其已经尽到提示义务或者说明义务承担举证责任。对于通过互联网等信息网络订立的电子合同，提供格式条款的一方仅以采取了设置勾选、弹窗等方式为由主张其已经履行提示或者说明义务的，人民法院不予支持，但是其举证符合前两款规定的除外。

三、合同的效力

第十一条　当事人一方是自然人，根据该当事人的年龄、智力、知识、经验并结合交易的复杂程度，能够认定其对合同的性质、合同订立的法律后果或者交易中存在的特定风险缺乏应有的认知能力的，人民法院可以认定该情形构成民法典第一百五十一条规定的“缺乏判断能力”。

第十二条　合同依法成立后，负有报批义务的当事人不履行报批义务或者履行报批义务不符合合同的约定或者法律、行政法规的规定，对方请求其继续履行报批义务的，人民法院应予支持；对方主张解除合同并请求其承担违反报批义务的赔偿责任的，人民法院应予支持。

人民法院判决当事人一方履行报批义务后，其仍不履行，对方主张解除合同并参照违反合同的违约责任请求其承担赔偿责任的，人民法院应予支持。

合同获得批准前，当事人一方起诉请求对方履行合同约定的主要义务，经释明后拒绝变更诉讼请求的，人民法院应当判决驳回其诉讼请求，但是不影响其另行提起诉讼。

负有报批义务的当事人已经办理申请批准等手续或者已经履行生效判决确定的报批义务，批准机关决定不予批准，对方请求其承担赔偿责任的，人民法院不予支持。但是，因迟延履行报批义务等可归责于当事人的原因导致合同未获批准，对方请求赔偿因此受到的损失的，人民法院应当依据民法典第一百五十七条的规定处理。

第十三条　合同存在无效或者可撤销的情形，当事人以该合同已在有关行政管理部门办理备案、已经批准机关批准或者已依据该合同办理财产权利的变更登记、移转登记等为由主张合同有效的，人民法院不予支持。

第十四条　当事人之间就同一交易订立多份合同，人民法院应当认定其中以虚假意思表示订立的合同无效。当事人为规避法律、行政法规的强制性规定，以虚假意思表示隐藏真实意思表示的，人民法院应当依据民法典第一百五十三条第一款的规定认定被隐藏合同的效力;当事人为规避法律、行政法规关于合同应当办理批准等手续的规定,以虚假意思表示隐藏真实意思表示的,人民法院应当依据民法典第五百零二条第二款的规定认定被隐藏合同的效力。

依据前款规定认定被隐藏合同无效或者确定不发生效力的,人民法院应当以被隐藏合同为事实基础,依据民法典第一百五十七条的规定确定当事人的民事责任。但是,法律另有规定的除外。

当事人就同一交易订立的多份合同均系真实意思表示,且不存在其他影响合同效力情形的,人民法院应当在查明各合同成立先后顺序和实际履行情况的基础上,认定合同内容是否发生变更。法律、行政法规禁止变更合同内容的,人民法院应当认定合同的相应变更无效。

第十五条 人民法院认定当事人之间的权利义务关系,不应当拘泥于合同使用的名称,而应当根据合同约定的内容。当事人主张的权利义务关系与根据合同内容认定的权利义务关系不一致的,人民法院应当结合缔约背景、交易目的、交易结构、履行行为以及当事人是否存在虚构交易标的等事实认定当事人之间的实际民事法律关系。

第十六条 合同违反法律、行政法规的强制性规定,有下列情形之一,由行为人承担行政责任或者刑事责任能够实现强制性规定的立法目的的,人民法院可以依据民法典第一百五十三条第一款关于“该强制性规定不导致该民事法律行为无效的除外”的规定认定该合同不因违反强制性规定无效:

(一)强制性规定虽然旨在维护社会公共秩序,但是合同的实际履行对社会公共秩序造成的影响显著轻微,认定合同无效将导致案件处理结果有失公平公正;

(二)强制性规定旨在维护政府的税收、土地出让金等国家利益或者其他民事主体的合法利益而非合同当事人的民事权益,认定合同有效不会影响该规范目的的实现;

(三)强制性规定旨在要求当事人一方加强风险控制、内部管理等,对方无能力或者无义务审查合同是否违反强制性规定,认定合同无效将使其承担不利后果;

(四)当事人一方虽然在订立合同时违反强制性规定,但是在合同订立后其已经具备补正违反强制性规定的条件却违背诚信原则不予

补正;

(五)法律、司法解释规定的其他情形。

法律、行政法规的强制性规定旨在规制合同订立后的履行行为,当事人以合同违反强制性规定为由请求认定合同无效的,人民法院不予支持。但是,合同履行必然导致违反强制性规定或者法律、司法解释另有规定的除外。

依据前两款认定合同有效,但是当事人的违法行为未经处理的,人民法院应当向有关行政管理部门提出司法建议。当事人的行为涉嫌犯罪的,应当将案件线索移送刑事侦查机关;属于刑事自诉案件的,应当告知当事人可以向有管辖权的人民法院另行提起诉讼。

第十七条　合同虽然不违反法律、行政法规的强制性规定,但是有下列情形之一,人民法院应当依据民法典第一百五十三条第二款的规定认定合同无效:

(一)合同影响政治安全、经济安全、军事安全等国家安全的;

(二)合同影响社会稳定、公平竞争秩序或者损害社会公共利益等违背社会公共秩序的;

(三)合同背离社会公德、家庭伦理或者有损人格尊严等违背善良风俗的。

人民法院在认定合同是否违背公序良俗时,应当以社会主义核心价值观为导向,综合考虑当事人的主观动机和交易目的、政府部门的监管强度、一定期限内当事人从事类似交易的频次、行为的社会后果等因素,并在裁判文书中充分说理。当事人确因生活需要进行交易,未给社会公共秩序造成重大影响,且不影响国家安全,也不违背善良风俗的,人民法院不应当认定合同无效。

第十八条　法律、行政法规的规定虽然有"应当""必须"或者"不得"等表述,但是该规定旨在限制或者赋予民事权利,行为人违反该规定将构成无权处分、无权代理、越权代表等,或者导致合同相对人、第三人因此获得撤销权、解除权等民事权利的,人民法院应当依据法律、行政法规规定的关于违反该规定的民事法律后果认定合同效力。

第十九条　以转让或者设定财产权利为目的订立的合同,当事人或者真正权利人仅以让与人在订立合同时对标的物没有所有权或者处分权为由主张合同无效的，人民法院不予支持；因未取得真正权利人事后同意或者让与人事后未取得处分权导致合同不能履行，受让人主张解除合同并请求让与人承担违反合同的赔偿责任的，人民法院依法予以支持。

前款规定的合同被认定有效，且让与人已经将财产交付或者移转登记至受让人，真正权利人请求认定财产权利未发生变动或者请求返还财产的，人民法院应予支持。但是，受让人依据民法典第三百一十一条等规定善意取得财产权利的除外。

第二十条 法律、行政法规为限制法人的法定代表人或者非法人组织的负责人的代表权，规定合同所涉事项应当由法人、非法人组织的权力机构或者决策机构决议，或者应当由法人、非法人组织的执行机构决定，法定代表人、负责人未取得授权而以法人、非法人组织的名义订立合同，未尽到合理审查义务的相对人主张该合同对法人、非法人组织发生效力并由其承担违约责任的，人民法院不予支持，但是法人、非法人组织有过错的，可以参照民法典第一百五十七条的规定判决其承担相应的赔偿责任。相对人已尽到合理审查义务，构成表见代表的，人民法院应当依据民法典第五百零四条的规定处理。

合同所涉事项未超越法律、行政法规规定的法定代表人或者负责人的代表权限，但是超越法人、非法人组织的章程或者权力机构等对代表权的限制，相对人主张该合同对法人、非法人组织发生效力并由其承担违约责任的，人民法院依法予以支持。但是，法人、非法人组织举证证明相对人知道或者应当知道该限制的除外。

法人、非法人组织承担民事责任后，向有过错的法定代表人、负责人追偿因越权代表行为造成的损失的，人民法院依法予以支持。法律、司法解释对法定代表人、负责人的民事责任另有规定的，依照其规定。

第二十一条 法人、非法人组织的工作人员就超越其职权范围的事项以法人、非法人组织的名义订立合同，相对人主张该合同对法人、非法人组织发生效力并由其承担违约责任的，人民法院不予支持。但是，法人、非法人组织有过错的，人民法院可以参照民法典第一百五十七条的规定判决其承担相应的赔偿责任。前述情形，构成表见代理的,人民法院应当依据民法典第一百七十二条的规定处理。

合同所涉事项有下列情形之一的,人民法院应当认定法人、非法人组织的工作人员在订立合同时超越其职权范围:

(一)依法应当由法人、非法人组织的权力机构或者决策机构决议的事项;

(二)依法应当由法人、非法人组织的执行机构决定的事项;

(三)依法应当由法定代表人、负责人代表法人、非法人组织实施的事项;

(四)不属于通常情形下依其职权可以处理的事项。

合同所涉事项未超越依据前款确定的职权范围,但是超越法人、非法人组织对工作人员职权范围的限制,相对人主张该合同对法人、非法人组织发生效力并由其承担违约责任的,人民法院应予支持。但是,法人、非法人组织举证证明相对人知道或者应当知道该限制的除外。

法人、非法人组织承担民事责任后,向故意或者有重大过失的工作人员追偿的,人民法院依法予以支持。

第二十二条　法定代表人、负责人或者工作人员以法人、非法人组织的名义订立合同且未超越权限,法人、非法人组织仅以合同加盖的印章不是备案印章或者系伪造的印章为由主张该合同对其不发生效力的,人民法院不予支持。

合同系以法人、非法人组织的名义订立,但是仅有法定代表人、负责人或者工作人员签名或者按指印而未加盖法人、非法人组织的印章,相对人能够证明法定代表人、负责人或者工作人员在订立合同时未超越权限的,人民法院应当认定合同对法人、非法人组织发生效力。但是,当事人约定以加盖印章作为合同成立条件的除外。

合同仅加盖法人、非法人组织的印章而无人员签名或者按指印,相对人能够证明合同系法定代表人、负责人或者工作人员在其权限范围内订立的,人民法院应当认定该合同对法人、非法人组织发生效力。

在前三款规定的情形下,法定代表人、负责人或者工作人员在订立合同时虽然超越代表或者代理权限,但是依据民法典第五百零四条的规定构成表见代表,或者依据民法典第一百七十二条的规定构成表见代理的,人民法院应当认定合同对法人、非法人组织发生效力。

第二十三条 法定代表人、负责人或者代理人与相对人恶意串通,以法人、非法人组织的名义订立合同,损害法人、非法人组织的合法权益,法人、非法人组织主张不承担民事责任的,人民法院应予支持。

法人、非法人组织请求法定代表人、负责人或者代理人与相对人对因此受到的损失承担连带赔偿责任的,人民法院应予支持。

根据法人、非法人组织的举证,综合考虑当事人之间的交易习惯、合同在订立时是否显失公平、相关人员是否获取了不正当利益、合同的履行情况等因素,人民法院能够认定法定代表人、负责人或者代理人与相对人存在恶意串通的高度可能性的,可以要求前述人员就合同订立、履行的过程等相关事实作出陈述或者提供相应的证据。其无正当理由拒绝作出陈述,或者所作陈述不具合理性又不能提供相应证据的,人民法院可以认定恶意串通的事实成立。

第二十四条 合同不成立、无效、被撤销或者确定不发生效力,当事人请求返还财产,经审查财产能够返还的,人民法院应当根据案件具体情况,单独或者合并适用返还占有的标的物、更正登记簿册记载等方式;经审查财产不能返还或者没有必要返还的,人民法院应当以认定合同不成立、无效、被撤销或者确定不发生效力之日该财产的市场价值或者以其他合理方式计算的价值为基准判决折价补偿。

除前款规定的情形外,当事人还请求赔偿损失的,人民法院应当结合财产返还或者折价补偿的情况,综合考虑财产增值收益和贬值损失、交易成本的支出等事实,按照双方当事人的过错程度及原因力大小,根据诚信原则和公平原则,合理确定损失赔偿额。

合同不成立、无效、被撤销或者确定不发生效力,当事人的行为涉嫌违法且未经处理,可能导致一方或者双方通过违法行为获得不当利益的,人民法院应当向有关行政管理部门提出司法建议。当事人的行为涉嫌犯罪的,应当将案件线索移送刑事侦查机关;属于刑事自诉案件的,应当告知当事人可以向有管辖权的人民法院另行提起诉讼。

第二十五条 合同不成立、无效、被撤销或者确定不发生效力,有权请求返还价款或者报酬的当事人一方请求对方支付资金占用费的,人民法院应当在当事人请求的范围内按照中国人民银行授权全国银行间同业拆借中心公布的一年期贷款市场报价利率(LPR)计算。但是,占用资金的当事人对于合同不成立、无效、被撤销或者确定不发生效力没有过错的,应当以中国人民银行公布的同期同类存款基准利率计算。

双方互负返还义务,当事人主张同时履行的,人民法院应予支持;占有标的物的一方对标的物存在使用或者依法可以使用的情形,对方请求将其应支付的资金占用费与应收取的标的物使用费相互抵销的,人民法院应予支持,但是法律另有规定的除外。

四、合同的履行

第二十六条 当事人一方未根据法律规定或者合同约定履行开具发票、提供证明文件等非主要债务,对方请求继续履行该债务并赔偿因怠于履行该债务造成的损失的,人民法院依法予以支持;对方请求解除合同的,人民法院不予支持,但是不履行该债务致使不能实现合同目的或者当事人另有约定的除外。

第二十七条 债务人或者第三人与债权人在债务履行期限届满后达成以物抵债协议,不存在影响合同效力情形的,人民法院应当认定该协议自当事人意思表示一致时生效。

债务人或者第三人履行以物抵债协议后,人民法院应当认定相应的原债务同时消灭;债务人或者第三人未按照约定履行以物抵债协议,经催告后在合理期限内仍不履行,债权人选择请求履行原债务或者以物抵债协议的,人民法院应予支持,但是法律另有规定或者当事人另有约定的除外。

前款规定的以物抵债协议经人民法院确认或者人民法院根据当事人达成的以物抵债协议制作成调解书,债权人主张财产权利自确认书、调解书生效时发生变动或者具有对抗善意第三人效力的,人民法院不予支持。

债务人或者第三人以自己不享有所有权或者处分权的财产权利订立以物抵债协议的,依据本解释第十九条的规定处理。

第二十八条 债务人或者第三人与债权人在债务履行期限届满

前达成以物抵债协议的，人民法院应当在审理债权债务关系的基础上认定该协议的效力。

当事人约定债务人到期没有清偿债务，债权人可以对抵债财产拍卖、变卖、折价以实现债权的，人民法院应当认定该约定有效。当事人约定债务人到期没有清偿债务，抵债财产归债权人所有的，人民法院应当认定该约定无效，但是不影响其他部分的效力；债权人请求对抵债财产拍卖、变卖、折价以实现债权的，人民法院应予支持。

当事人订立前款规定的以物抵债协议后，债务人或者第三人未将财产权利转移至债权人名下，债权人主张优先受偿的，人民法院不予支持；债务人或者第三人已将财产权利转移至债权人名下的，依据《最高人民法院关于适用〈中华人民共和国民法典〉有关担保制度的解释》第六十八条的规定处理。

第二十九条　民法典第五百二十二条第二款规定的第三人请求债务人向自己履行债务的，人民法院应予支持；请求行使撤销权、解除权等民事权利的，人民法院不予支持，但是法律另有规定的除外。

合同依法被撤销或者被解除，债务人请求债权人返还财产的，人民法院应予支持。

债务人按照约定向第三人履行债务，第三人拒绝受领，债权人请求债务人向自己履行债务的，人民法院应予支持，但是债务人已经采取提存等方式消灭债务的除外。第三人拒绝受领或者受领迟延，债务人请求债权人赔偿因此造成的损失的，人民法院依法予以支持。

第三十条　下列民事主体，人民法院可以认定为民法典第五百二十四条第一款规定的对履行债务具有合法利益的第三人：

（一）保证人或者提供物的担保的第三人；

（二）担保财产的受让人、用益物权人、合法占有人；

（三）担保财产上的后顺位担保权人；

（四）对债务人的财产享有合法权益且该权益将因财产被强制执行而丧失的第三人；

（五）债务人为法人或者非法人组织的，其出资人或者设立人；

（六）债务人为自然人的，其近亲属；

（七）其他对履行债务具有合法利益的第三人。

第三人在其已经代为履行的范围内取得对债务人的债权,但是不得损害债权人的利益。

担保人代为履行债务取得债权后,向其他担保人主张担保权利的,依据《最高人民法院关于适用〈中华人民共和国民法典〉有关担保制度的解释》第十三条、第十四条、第十八条第二款等规定处理。

第三十一条 当事人互负债务,一方以对方没有履行非主要债务为由拒绝履行自己的主要债务的,人民法院不予支持。但是,对方不履行非主要债务致使不能实现合同目的或者当事人另有约定的除外。

当事人一方起诉请求对方履行债务,被告依据民法典第五百二十五条的规定主张双方同时履行的抗辩且抗辩成立,被告未提起反诉的,人民法院应当判决被告在原告履行债务的同时履行自己的债务,并在判项中明确原告申请强制执行的,人民法院应当在原告履行自己的债务后对被告采取执行行为;被告提起反诉的,人民法院应当判决双方同时履行自己的债务,并在判项中明确任何一方申请强制执行的,人民法院应当在该当事人履行自己的债务后对对方采取执行行为。

当事人一方起诉请求对方履行债务,被告依据民法典第五百二十六条的规定主张原告应先履行的抗辩且抗辩成立的,人民法院应当驳回原告的诉讼请求,但是不影响原告履行债务后另行提起诉讼。

第三十二条 合同成立后,因政策调整或者市场供求关系异常变动等原因导致价格发生当事人在订立合同时无法预见的、不属于商业风险的涨跌,继续履行合同对于当事人一方明显不公平的,人民法院应当认定合同的基础条件发生了民法典第五百三十三条第一款规定的“重大变化”。但是,合同涉及市场属性活跃、长期以来价格波动较大的大宗商品以及股票、期货等风险投资型金融产品的除外。

合同的基础条件发生了民法典第五百三十三条第一款规定的重大变化,当事人请求变更合同的,人民法院不得解除合同;当事人一方请求变更合同,对方请求解除合同的,或者当事人一方请求解除合同,对方请求变更合同的,人民法院应当结合案件的实际情况,根据公平原则判决变更或者解除合同。

人民法院依据民法典第五百三十三条的规定判决变更或者解除

合同的,应当综合考虑合同基础条件发生重大变化的时间、当事人重新协商的情况以及因合同变更或者解除给当事人造成的损失等因素,在判项中明确合同变更或者解除的时间。

当事人事先约定排除民法典第五百三十三条适用的,人民法院应当认定该约定无效。

五、合同的保全

第三十三条　债务人不履行其对债权人的到期债务,又不以诉讼或者仲裁方式向相对人主张其享有的债权或者与该债权有关的从权利,致使债权人的到期债权未能实现的,人民法院可以认定为民法典第五百三十五条规定的"债务人怠于行使其债权或者与该债权有关的从权利,影响债权人的到期债权实现"。

第三十四条　下列权利,人民法院可以认定为民法典第五百三十五条第一款规定的专属于债务人自身的权利:

(一)抚养费、赡养费或者扶养费请求权;

(二)人身损害赔偿请求权;

(三)劳动报酬请求权,但是超过债务人及其所扶养家属的生活必需费用的部分除外;

(四)请求支付基本养老保险金、失业保险金、最低生活保障金等保障当事人基本生活的权利;

(五)其他专属于债务人自身的权利。

第三十五条　债权人依据民法典第五百三十五条的规定对债务人的相对人提起代位权诉讼的,由被告住所地人民法院管辖,但是依法应当适用专属管辖规定的除外。

债务人或者相对人以双方之间的债权债务关系订有管辖协议为由提出异议的,人民法院不予支持。

第三十六条　债权人提起代位权诉讼后,债务人或者相对人以双方之间的债权债务关系订有仲裁协议为由对法院主管提出异议的,人民法院不予支持。但是,债务人或者相对人在首次开庭前就债务人与相对人之间的债权债务关系申请仲裁的,人民法院可以依法中止代位权诉讼。

第三十七条　债权人以债务人的相对人为被告向人民法院提起代位权诉讼,未将债务人列为第三人的,人民法院应当追加债务人为第三人。

两个以上债权人以债务人的同一相对人为被告提起代位权诉讼的,人民法院可以合并审理。债务人对相对人享有的债权不足以清偿其对两个以上债权人负担的债务的,人民法院应当按照债权人享有的债权比例确定相对人的履行份额,但是法律另有规定的除外。

第三十八条　债权人向人民法院起诉债务人后,又向同一人民法院对债务人的相对人提起代位权诉讼,属于该人民法院管辖的,可以合并审理。不属于该人民法院管辖的,应当告知其向有管辖权的人民法院另行起诉;在起诉债务人的诉讼终结前,代位权诉讼应当中止。

第三十九条　在代位权诉讼中,债务人对超过债权人代位请求数额的债权部分起诉相对人,属于同一人民法院管辖的,可以合并审理。不属于同一人民法院管辖的,应当告知其向有管辖权的人民法院另行起诉;在代位权诉讼终结前,债务人对相对人的诉讼应当中止。

第四十条　代位权诉讼中,人民法院经审理认为债权人的主张不符合代位权行使条件的,应当驳回诉讼请求,但是不影响债权人根据新的事实再次起诉。

债务人的相对人仅以债权人提起代位权诉讼时债权人与债务人之间的债权债务关系未经生效法律文书确认为由,主张债权人提起的诉讼不符合代位权行使条件的,人民法院不予支持。

第四十一条　债权人提起代位权诉讼后,债务人无正当理由减免相对人的债务或者延长相对人的履行期限,相对人以此向债权人抗辩的,人民法院不予支持。

第四十二条　对于民法典第五百三十九条规定的"明显不合理"的低价或者高价,人民法院应当按照交易当地一般经营者的判断,并参考交易时交易地的市场交易价或者物价部门指导价予以认定。

转让价格未达到交易时交易地的市场交易价或者指导价百分之七十的,一般可以认定为"明显不合理的低价";受让价格高于交易时交易地的市场交易价或者指导价百分之三十的,一般可以认定为"明显不合理的高价"。

债务人与相对人存在亲属关系、关联关系的，不受前款规定的百分之七十、百分之三十的限制。

第四十三条 债务人以明显不合理的价格，实施互易财产、以物抵债、出租或者承租财产、知识产权许可使用等行为，影响债权人的债权实现，债务人的相对人知道或者应当知道该情形，债权人请求撤销债务人的行为的，人民法院应当依据民法典第五百三十九条的规定予以支持。

第四十四条 债权人依据民法典第五百三十八条、第五百三十九条的规定提起撤销权诉讼的，应当以债务人和债务人的相对人为共同被告，由债务人或者相对人的住所地人民法院管辖，但是依法应当适用专属管辖规定的除外。

两个以上债权人就债务人的同一行为提起撤销权诉讼的，人民法院可以合并审理。

第四十五条 在债权人撤销权诉讼中，被撤销行为的标的可分，当事人主张在受影响的债权范围内撤销债务人的行为的，人民法院应予支持；被撤销行为的标的不可分，债权人主张将债务人的行为全部撤销的，人民法院应予支持。

债权人行使撤销权所支付的合理的律师代理费、差旅费等费用，可以认定为民法典第五百四十条规定的“必要费用”。

第四十六条 债权人在撤销权诉讼中同时请求债务人的相对人向债务人承担返还财产、折价补偿、履行到期债务等法律后果的，人民法院依法予以支持。

债权人请求受理撤销权诉讼的人民法院一并审理其与债务人之间的债权债务关系，属于该人民法院管辖的，可以合并审理。不属于该人民法院管辖的，应当告知其向有管辖权的人民法院另行起诉。

债权人依据其与债务人的诉讼、撤销权诉讼产生的生效法律文书申请强制执行的，人民法院可以就债务人对相对人享有的权利采取强制执行措施以实现债权人的债权。债权人在撤销权诉讼中，申请对相对人的财产采取保全措施的，人民法院依法予以准许。

六、合同的变更和转让

第四十七条 债权转让后,债务人向受让人主张其对让与人的抗辩的,人民法院可以追加让与人为第三人。

债务转移后,新债务人主张原债务人对债权人的抗辩的,人民法院可以追加原债务人为第三人。

当事人一方将合同权利义务一并转让后,对方就合同权利义务向受让人主张抗辩或者受让人就合同权利义务向对方主张抗辩的,人民法院可以追加让与人为第三人。

第四十八条 债务人在接到债权转让通知前已经向让与人履行,受让人请求债务人履行的,人民法院不予支持;债务人接到债权转让通知后仍然向让与人履行,受让人请求债务人履行的,人民法院应予支持。

让与人未通知债务人,受让人直接起诉债务人请求履行债务,人民法院经审理确认债权转让事实的,应当认定债权转让自起诉状副本送达时对债务人发生效力。债务人主张因未通知而给其增加的费用或者造成的损失从认定的债权数额中扣除的,人民法院依法予以支持。

第四十九条 债务人接到债权转让通知后,让与人以债权转让合同不成立、无效、被撤销或者确定不发生效力为由请求债务人向其履行的,人民法院不予支持。但是,该债权转让通知被依法撤销的除外。

受让人基于债务人对债权真实存在的确认受让债权后,债务人又以该债权不存在为由拒绝向受让人履行的,人民法院不予支持。但是,受让人知道或者应当知道该债权不存在的除外。

第五十条 让与人将同一债权转让给两个以上受让人,债务人以已经向最先通知的受让人履行为由主张其不再履行债务的,人民法院应予支持。债务人明知接受履行的受让人不是最先通知的受让人,最先通知的受让人请求债务人继续履行债务或者依据债权转让协议请求让与人承担违约责任的,人民法院应予支持;最先通知的受让人请求接受履行的受让人返还其接受的财产的,人民法院不予支持,但是接受履行的受让人明知该债权在其受让前已经转让给其他受让人的除外。

前款所称最先通知的受让人，是指最先到达债务人的转让通知中载明的受让人。当事人之间对通知到达时间有争议的，人民法院应当结合通知的方式等因素综合判断，而不能仅根据债务人认可的通知时间或者通知记载的时间予以认定。当事人采用邮寄、通讯电子系统等方式发出通知的，人民法院应当以邮戳时间或者通讯电子系统记载的时间等作为认定通知到达时间的依据。

第五十一条　第三人加入债务并与债务人约定了追偿权，其履行债务后主张向债务人追偿的，人民法院应予支持；没有约定追偿权，第三人依照民法典关于不当得利等的规定，在其已经向债权人履行债务的范围内请求债务人向其履行的，人民法院应予支持，但是第三人知道或者应当知道加入债务会损害债务人利益的除外。

债务人就其对债权人享有的抗辩向加入债务的第三人主张的，人民法院应予支持。

七、合同的权利义务终止

第五十二条　当事人就解除合同协商一致时未对合同解除后的违约责任、结算和清理等问题作出处理，一方主张合同已经解除的，人民法院应予支持。但是，当事人另有约定的除外。

有下列情形之一的，除当事人一方另有意思表示外，人民法院可以认定合同解除：

（一）当事人一方主张行使法律规定或者合同约定的解除权，经审理认为不符合解除权行使条件但是对方同意解除；

（二）双方当事人均不符合解除权行使的条件但是均主张解除合同。

前两款情形下的违约责任、结算和清理等问题，人民法院应当依据民法典第五百六十六条、第五百六十七条和有关违约责任的规定处理。

第五十三条　当事人一方以通知方式解除合同，并以对方未在约定的异议期限或者其他合理期限内提出异议为由主张合同已经解除的，人民法院应当对其是否享有法律规定或者合同约定的解除权进行审查。经审查,享有解除权的,合同自通知到达对方时解除;不享有解除权的,不发生合同解除的效力。

第五十四条 当事人一方未通知对方,直接以提起诉讼的方式主张解除合同,撤诉后再次起诉主张解除合同,人民法院经审理支持该主张的,合同自再次起诉的起诉状副本送达对方时解除。但是,当事人一方撤诉后又通知对方解除合同且该通知已经到达对方的除外。

第五十五条 当事人一方依据民法典第五百六十八条的规定主张抵销,人民法院经审理认为抵销权成立的,应当认定通知到达对方时双方互负的主债务、利息、违约金或者损害赔偿金等债务在同等数额内消灭。

第五十六条 行使抵销权的一方负担的数项债务种类相同,但是享有的债权不足以抵销全部债务,当事人因抵销的顺序发生争议的,人民法院可以参照民法典第五百六十条的规定处理。

行使抵销权的一方享有的债权不足以抵销其负担的包括主债务、利息、实现债权的有关费用在内的全部债务,当事人因抵销的顺序发生争议的,人民法院可以参照民法典第五百六十一条的规定处理。

第五十七条 因侵害自然人人身权益,或者故意、重大过失侵害他人财产权益产生的损害赔偿债务,侵权人主张抵销的,人民法院不予支持。

第五十八条 当事人互负债务,一方以其诉讼时效期间已经届满的债权通知对方主张抵销,对方提出诉讼时效抗辩的,人民法院对该抗辩应予支持。一方的债权诉讼时效期间已经届满,对方主张抵销的,人民法院应予支持。

八、违约责任

第五十九条 当事人一方依据民法典第五百八十条第二款的规定请求终止合同权利义务关系的,人民法院一般应当以起诉状副本送达对方的时间作为合同权利义务关系终止的时间。根据案件的具体情况,以其他时间作为合同权利义务关系终止的时间更加符合公平原则和诚信原则的,人民法院可以以该时间作为合同权利义务关系终止的时间,但是应当在裁判文书中充分说明理由。

第六十条　人民法院依据民法典第五百八十四条的规定确定合同履行后可以获得的利益时，可以在扣除非违约方为订立、履行合同支出的费用等合理成本后，按照非违约方能够获得的生产利润、经营利润或者转售利润等计算。

非违约方依法行使合同解除权并实施了替代交易，主张按照替代交易价格与合同价格的差额确定合同履行后可以获得的利益的，人民法院依法予以支持；替代交易价格明显偏离替代交易发生时当地的市场价格，违约方主张按照市场价格与合同价格的差额确定合同履行后可以获得的利益的，人民法院应予支持。

非违约方依法行使合同解除权但是未实施替代交易，主张按照违约行为发生后合理期间内合同履行地的市场价格与合同价格的差额确定合同履行后可以获得的利益的，人民法院应予支持。

第六十一条　在以持续履行的债务为内容的定期合同中，一方不履行支付价款、租金等金钱债务，对方请求解除合同，人民法院经审理认为合同应当依法解除的，可以根据当事人的主张，参考合同主体、交易类型、市场价格变化、剩余履行期限等因素确定非违约方寻找替代交易的合理期限，并按照该期限对应的价款、租金等扣除非违约方应当支付的相应履约成本确定合同履行后可以获得的利益。

非违约方主张按照合同解除后剩余履行期限相应的价款、租金等扣除履约成本确定合同履行后可以获得的利益的，人民法院不予支持。但是，剩余履行期限少于寻找替代交易的合理期限的除外。

第六十二条　非违约方在合同履行后可以获得的利益难以根据本解释第六十条、第六十一条的规定予以确定的，人民法院可以综合考虑违约方因违约获得的利益、违约方的过错程度、其他违约情节等因素，遵循公平原则和诚信原则确定。

第六十三条　在认定民法典第五百八十四条规定的“违约一方订立合同时预见到或者应当预见到的因违约可能造成的损失”时，人民法院应当根据当事人订立合同的目的，综合考虑合同主体、合同内容、交易类型、交易习惯、磋商过程等因素，按照与违约方处于相同或者类似情况的民事主体在订立合同时预见到或者应当预见到的损失予以确定。

除合同履行后可以获得的利益外，非违约方主张还有其向第三人承担违约责任应当支出的额外费用等其他因违约所造成的损失，并请求违约方赔偿，经审理认为该损失系违约一方订立合同时预见到或者应当预见到的，人民法院应予支持。

在确定违约损失赔偿额时，违约方主张扣除非违约方未采取适当措施导致的扩大损失、非违约方也有过错造成的相应损失、非违约方因违约获得的额外利益或者减少的必要支出的，人民法院依法予以支持。

第六十四条　当事人一方通过反诉或者抗辩的方式，请求调整违约金的，人民法院依法予以支持。

违约方主张约定的违约金过分高于违约造成的损失，请求予以适当减少的，应当承担举证责任。非违约方主张约定的违约金合理的，也应当提供相应的证据。

当事人仅以合同约定不得对违约金进行调整为由主张不予调整违约金的，人民法院不予支持。

第六十五条　当事人主张约定的违约金过分高于违约造成的损失，请求予以适当减少的，人民法院应当以民法典第五百八十四条规定的损失为基础，兼顾合同主体、交易类型、合同的履行情况、当事人的过错程度、履约背景等因素，遵循公平原则和诚信原则进行衡量，并作出裁判。

约定的违约金超过造成损失的百分之三十的，人民法院一般可以认定为过分高于造成的损失。

恶意违约的当事人一方请求减少违约金的，人民法院一般不予支持。

第六十六条　当事人一方请求对方支付违约金，对方以合同不成立、无效、被撤销、确定不发生效力、不构成违约或者非违约方不存在损失等为由抗辩，未主张调整过高的违约金的，人民法院应当就若不支持该抗辩，当事人是否请求调整违约金进行释明。第一审人民法院认为抗辩成立且未予释明，第二审人民法院认为应当判决支付违约金的，可以直接释明，并根据当事人的请求，在当事人就是否应当调整违约金充分举证、质证、辩论后，依法判决适当减少违约金。

被告因客观原因在第一审程序中未到庭参加诉讼，但是在第二审程序中到庭参加诉讼并请求减少违约金的，第二审人民法院可以在当事人就是否应当调整违约金充分举证、质证、辩论后，依法判决适当减少违约金。

第六十七条　当事人交付留置金、担保金、保证金、订约金、押金或者订金等，但是没有约定定金性质，一方主张适用民法典第五百八十七条规定的定金罚则的，人民法院不予支持。当事人约定了定金性质，但是未约定定金类型或者约定不明，一方主张为违约定金的，人民法院应予支持。

当事人约定以交付定金作为订立合同的担保，一方拒绝订立合同或者在磋商订立合同时违背诚信原则导致未能订立合同，对方主张适用民法典第五百八十七条规定的定金罚则的，人民法院应予支持。

当事人约定以交付定金作为合同成立或者生效条件，应当交付定金的一方未交付定金，但是合同主要义务已经履行完毕并为对方所接受的，人民法院应当认定合同在对方接受履行时已经成立或者生效。

当事人约定定金性质为解约定金，交付定金的一方主张以丧失定金为代价解除合同的，或者收受定金的一方主张以双倍返还定金为代价解除合同的，人民法院应予支持。

第六十八条　双方当事人均具有致使不能实现合同目的的违约行为，其中一方请求适用定金罚则的，人民法院不予支持。当事人一方仅有轻微违约，对方具有致使不能实现合同目的的违约行为，轻微违约方主张适用定金罚则，对方以轻微违约方也构成违约为由抗辩的，人民法院对该抗辩不予支持。

当事人一方已经部分履行合同，对方接受并主张按照未履行部分所占比例适用定金罚则的，人民法院应予支持。对方主张按照合同整体适用定金罚则的，人民法院不予支持，但是部分未履行致使不能实现合同目的的除外。

因不可抗力致使合同不能履行，非违约方主张适用定金罚则的，人民法院不予支持。

九、附　　则

第六十九条　本解释自2023年12月5日起施行。

民法典施行后的法律事实引起的民事案件,本解释施行后尚未终审的,适用本解释;本解释施行前已经终审,当事人申请再审或者按照审判监督程序决定再审的,不适用本解释。

最高人民法院关于适用《中华人民共和国民法典》有关担保制度的解释

(2020年12月25日最高人民法院审判委员会第1824次会议通过　法释〔2020〕28号　2020年12月31日公布自2021年1月1日起施行)

为正确适用《中华人民共和国民法典》有关担保制度的规定,结合民事审判实践,制定本解释。

一、关于一般规定

第一条　因抵押、质押、留置、保证等担保发生的纠纷,适用本解释。所有权保留买卖、融资租赁、保理等涉及担保功能发生的纠纷,适用本解释的有关规定。

第二条　当事人在担保合同中约定担保合同的效力独立于主合同,或者约定担保人对主合同无效的法律后果承担担保责任,该有关担保独立性的约定无效。主合同有效的,有关担保独立性的约定无效不影响担保合同的效力;主合同无效的,人民法院应当认定担保合同无效,但是法律另有规定的除外。

因金融机构开立的独立保函发生的纠纷,适用《最高人民法院关于审理独立保函纠纷案件若干问题的规定》。

第三条　当事人对担保责任的承担约定专门的违约责任，或者约定的担保责任范围超出债务人应当承担的责任范围，担保人主张仅在债务人应当承担的责任范围内承担责任的，人民法院应予支持。

担保人承担的责任超出债务人应当承担的责任范围，担保人向债务人追偿，债务人主张仅在其应当承担的责任范围内承担责任的，人民法院应予支持；担保人请求债权人返还超出部分的，人民法院依法予以支持。

第四条　有下列情形之一，当事人将担保物权登记在他人名下，债务人不履行到期债务或者发生当事人约定的实现担保物权的情形，债权人或者其受托人主张就该财产优先受偿的，人民法院依法予以支持：

（一）为债券持有人提供的担保物权登记在债券受托管理人名下；

（二）为委托贷款人提供的担保物权登记在受托人名下；

（三）担保人知道债权人与他人之间存在委托关系的其他情形。

第五条　机关法人提供担保的，人民法院应当认定担保合同无效，但是经国务院批准为使用外国政府或者国际经济组织贷款进行转贷的除外。

居民委员会、村民委员会提供担保的，人民法院应当认定担保合同无效，但是依法代行村集体经济组织职能的村民委员会，依照村民委员会组织法规定的讨论决定程序对外提供担保的除外。

第六条　以公益为目的的非营利性学校、幼儿园、医疗机构、养老机构等提供担保的，人民法院应当认定担保合同无效，但是有下列情形之一的除外：

（一）在购入或者以融资租赁方式承租教育设施、医疗卫生设施、养老服务设施和其他公益设施时，出卖人、出租人为担保价款或者租金实现而在该公益设施上保留所有权；

（二）以教育设施、医疗卫生设施、养老服务设施和其他公益设施以外的不动产、动产或者财产权利设立担保物权。

登记为营利法人的学校、幼儿园、医疗机构、养老机构等提供担保，当事人以其不具有担保资格为由主张担保合同无效的，人民法院不予支持。

第七条　公司的法定代表人违反公司法关于公司对外担保决议程序的规定,超越权限代表公司与相对人订立担保合同,人民法院应当依照民法典第六十一条和第五百零四条等规定处理:

(一)相对人善意的,担保合同对公司发生效力;相对人请求公司承担担保责任的,人民法院应予支持。

(二)相对人非善意的,担保合同对公司不发生效力;相对人请求公司承担赔偿责任的,参照适用本解释第十七条的有关规定。

法定代表人超越权限提供担保造成公司损失,公司请求法定代表人承担赔偿责任的,人民法院应予支持。

第一款所称善意,是指相对人在订立担保合同时不知道且不应当知道法定代表人超越权限。相对人有证据证明已对公司决议进行了合理审查,人民法院应当认定其构成善意,但是公司有证据证明相对人知道或者应当知道决议系伪造、变造的除外。

第八条　有下列情形之一,公司以其未依照公司法关于公司对外担保的规定作出决议为由主张不承担担保责任的,人民法院不予支持:

(一)金融机构开立保函或者担保公司提供担保;

(二)公司为其全资子公司开展经营活动提供担保;

(三)担保合同系由单独或者共同持有公司三分之二以上对担保事项有表决权的股东签字同意。

上市公司对外提供担保,不适用前款第二项、第三项的规定。

第九条　相对人根据上市公司公开披露的关于担保事项已经董事会或者股东大会决议通过的信息,与上市公司订立担保合同,相对人主张担保合同对上市公司发生效力,并由上市公司承担担保责任的,人民法院应予支持。

相对人未根据上市公司公开披露的关于担保事项已经董事会或者股东大会决议通过的信息,与上市公司订立担保合同,上市公司主张担保合同对其不发生效力,且不承担担保责任或者赔偿责任的,人民法院应予支持。

相对人与上市公司已公开披露的控股子公司订立的担保合同,或者相对人与股票在国务院批准的其他全国性证券交易场所交易的公司订立的担保合同，适用前两款规定。

第十条　一人有限责任公司为其股东提供担保，公司以违反公司法关于公司对外担保决议程序的规定为由主张不承担担保责任的，人民法院不予支持。公司因承担担保责任导致无法清偿其他债务，提供担保时的股东不能证明公司财产独立于自己的财产，其他债权人请求该股东承担连带责任的，人民法院应予支持。

第十一条　公司的分支机构未经公司股东（大）会或者董事会决议以自己的名义对外提供担保，相对人请求公司或者其分支机构承担担保责任的，人民法院不予支持，但是相对人不知道且不应当知道分支机构对外提供担保未经公司决议程序的除外。

金融机构的分支机构在其营业执照记载的经营范围内开立保函，或者经有权从事担保业务的上级机构授权开立保函，金融机构或者其分支机构以违反公司法关于公司对外担保决议程序的规定为由主张不承担担保责任的，人民法院不予支持。金融机构的分支机构未经金融机构授权提供保函之外的担保，金融机构或者其分支机构主张不承担担保责任的，人民法院应予支持，但是相对人不知道且不应当知道分支机构对外提供担保未经金融机构授权的除外。

担保公司的分支机构未经担保公司授权对外提供担保，担保公司或者其分支机构主张不承担担保责任的，人民法院应予支持，但是相对人不知道且不应当知道分支机构对外提供担保未经担保公司授权的除外。

公司的分支机构对外提供担保，相对人非善意，请求公司承担赔偿责任的，参照本解释第十七条的有关规定处理。

第十二条　法定代表人依照民法典第五百五十二条的规定以公司名义加入债务的，人民法院在认定该行为的效力时，可以参照本解释关于公司为他人提供担保的有关规则处理。

第十三条　同一债务有两个以上第三人提供担保，担保人之间约定相互追偿及分担份额，承担了担保责任的担保人请求其他担保人按照约定分担份额的，人民法院应予支持；担保人之间约定承担连带共同担保，或者约定相互追偿但是未约定分担份额的，各担保人按照比例分担向债务人不能追偿的部分。

同一债务有两个以上第三人提供担保，担保人之间未对相互追偿作出约定且未约定承担连带共同担保，但是各担保人在同一份合同书上签字、盖章或者按指印，承担了担保责任的担保人请求其他担保人按照比例分担向债务人不能追偿部分的，人民法院应予支持。

除前两款规定的情形外，承担了担保责任的担保人请求其他担保人分担向债务人不能追偿部分的，人民法院不予支持。

第十四条 同一债务有两个以上第三人提供担保，担保人受让债权的，人民法院应当认定该行为系承担担保责任。受让债权的担保人作为债权人请求其他担保人承担担保责任的，人民法院不予支持；该担保人请求其他担保人分担相应份额的，依照本解释第十三条的规定处理。

第十五条 最高额担保中的最高债权额，是指包括主债权及其利息、违约金、损害赔偿金、保管担保财产的费用、实现债权或者实现担保物权的费用等在内的全部债权，但是当事人另有约定的除外。

登记的最高债权额与当事人约定的最高债权额不一致的，人民法院应当依据登记的最高债权额确定债权人优先受偿的范围。

第十六条 主合同当事人协议以新贷偿还旧贷，债权人请求旧贷的担保人承担担保责任的，人民法院不予支持；债权人请求新贷的担保人承担担保责任的，按照下列情形处理：

（一）新贷与旧贷的担保人相同的，人民法院应予支持；

（二）新贷与旧贷的担保人不同，或者旧贷无担保新贷有担保的，人民法院不予支持，但是债权人有证据证明新贷的担保人提供担保时对以新贷偿还旧贷的事实知道或者应当知道的除外。

主合同当事人协议以新贷偿还旧贷，旧贷的物的担保人在登记尚未注销的情形下同意继续为新贷提供担保，在订立新的贷款合同前又以该担保财产为其他债权人设立担保物权，其他债权人主张其担保物权顺位优先于新贷债权人的，人民法院不予支持。

第十七条 主合同有效而第三人提供的担保合同无效，人民法院应当区分不同情形确定担保人的赔偿责任：

（一）债权人与担保人均有过错的，担保人承担的赔偿责任不应超过债务人不能清偿部分的二分之一；

（二）担保人有过错而债权人无过错的，担保人对债务人不能清偿的部分承担赔偿责任；

（三）债权人有过错而担保人无过错的，担保人不承担赔偿责任。

主合同无效导致第三人提供的担保合同无效，担保人无过错的，不承担赔偿责任；担保人有过错的，其承担的赔偿责任不应超过债务人不能清偿部分的三分之一。

第十八条　承担了担保责任或者赔偿责任的担保人，在其承担责任的范围内向债务人追偿的，人民法院应予支持。

同一债权既有债务人自己提供的物的担保，又有第三人提供的担保，承担了担保责任或者赔偿责任的第三人，主张行使债权人对债务人享有的担保物权的，人民法院应予支持。

第十九条　担保合同无效，承担了赔偿责任的担保人按照反担保合同的约定，在其承担赔偿责任的范围内请求反担保人承担担保责任的，人民法院应予支持。

反担保合同无效的，依照本解释第十七条的有关规定处理。当事人仅以担保合同无效为由主张反担保合同无效的，人民法院不予支持。

第二十条　人民法院在审理第三人提供的物的担保纠纷案件时，可以适用民法典第六百九十五条第一款、第六百九十六条第一款、第六百九十七条第二款、第六百九十九条、第七百条、第七百零一条、第七百零二条等关于保证合同的规定。

第二十一条　主合同或者担保合同约定了仲裁条款的，人民法院对约定仲裁条款的合同当事人之间的纠纷无管辖权。

债权人一并起诉债务人和担保人的，应当根据主合同确定管辖法院。

债权人依法可以单独起诉担保人且仅起诉担保人的，应当根据担保合同确定管辖法院。

第二十二条　人民法院受理债务人破产案件后，债权人请求担保人承担担保责任，担保人主张担保债务自人民法院受理破产申请之日起停止计息的，人民法院对担保人的主张应予支持。

第二十三条　人民法院受理债务人破产案件，债权人在破产程序中申报债权后又向人民法院提起诉讼,请求担保人承担担保责任的,人民法院依法予以支持。

担保人清偿债权人的全部债权后,可以代替债权人在破产程序中受偿;在债权人的债权未获全部清偿前,担保人不得代替债权人在破产程序中受偿,但是有权就债权人通过破产分配和实现担保债权等方式获得清偿总额中超出债权的部分,在其承担担保责任的范围内请求债权人返还。

债权人在债务人破产程序中未获全部清偿,请求担保人继续承担担保责任的,人民法院应予支持;担保人承担担保责任后,向和解协议或者重整计划执行完毕后的债务人追偿的,人民法院不予支持。

第二十四条 债权人知道或者应当知道债务人破产,既未申报债权也未通知担保人,致使担保人不能预先行使追偿权的,担保人就该债权在破产程序中可能受偿的范围内免除担保责任,但是担保人因自身过错未行使追偿权的除外。

二、关于保证合同

第二十五条 当事人在保证合同中约定了保证人在债务人不能履行债务或者无力偿还债务时才承担保证责任等类似内容,具有债务人应当先承担责任的意思表示的,人民法院应当将其认定为一般保证。

当事人在保证合同中约定了保证人在债务人不履行债务或者未偿还债务时即承担保证责任、无条件承担保证责任等类似内容,不具有债务人应当先承担责任的意思表示的,人民法院应当将其认定为连带责任保证。

第二十六条 一般保证中,债权人以债务人为被告提起诉讼的,人民法院应予受理。债权人未就主合同纠纷提起诉讼或者申请仲裁,仅起诉一般保证人的,人民法院应当驳回起诉。

一般保证中,债权人一并起诉债务人和保证人的,人民法院可以受理,但是在作出判决时,除有民法典第六百八十七条第二款但书规定的情形外,应当在判决书主文中明确,保证人仅对债务人财产依法强制执行后仍不能履行的部分承担保证责任。

债权人未对债务人的财产申请保全，或者保全的债务人的财产足以清偿债务，债权人申请对一般保证人的财产进行保全的，人民法院不予准许。

第二十七条　一般保证的债权人取得对债务人赋予强制执行效力的公证债权文书后，在保证期间内向人民法院申请强制执行，保证人以债权人未在保证期间内对债务人提起诉讼或者申请仲裁为由主张不承担保证责任的，人民法院不予支持。

第二十八条　一般保证中，债权人依据生效法律文书对债务人的财产依法申请强制执行，保证债务诉讼时效的起算时间按照下列规则确定：

（一）人民法院作出终结本次执行程序裁定，或者依照民事诉讼法第二百五十七条第三项、第五项的规定作出终结执行裁定的，自裁定送达债权人之日起开始计算；

（二）人民法院自收到申请执行书之日起一年内未作出前项裁定的，自人民法院收到申请执行书满一年之日起开始计算，但是保证人有证据证明债务人仍有财产可供执行的除外。

一般保证的债权人在保证期间届满前对债务人提起诉讼或者申请仲裁，债权人举证证明存在民法典第六百八十七条第二款但书规定情形的，保证债务的诉讼时效自债权人知道或者应当知道该情形之日起开始计算。

第二十九条　同一债务有两个以上保证人，债权人以其已经在保证期间内依法向部分保证人行使权利为由，主张已经在保证期间内向其他保证人行使权利的，人民法院不予支持。

同一债务有两个以上保证人，保证人之间相互有追偿权，债权人未在保证期间内依法向部分保证人行使权利，导致其他保证人在承担保证责任后丧失追偿权，其他保证人主张在其不能追偿的范围内免除保证责任的，人民法院应予支持。

第三十条　最高额保证合同对保证期间的计算方式、起算时间等有约定的，按照其约定。

最高额保证合同对保证期间的计算方式、起算时间等没有约定或者约定不明，被担保债权的履行期限均已届满的，保证期间自债权确定之日起开始计算；被担保债权的履行期限尚未届满的，保证期间自最后到期债权的履行期限届满之日起开始计算。

前款所称债权确定之日，依照民法典第四百二十三条的规定认定。

第三十一条 一般保证的债权人在保证期间内对债务人提起诉讼或者申请仲裁后，又撤回起诉或者仲裁申请，债权人在保证期间届满前未再行提起诉讼或者申请仲裁，保证人主张不再承担保证责任的，人民法院应予支持。

连带责任保证的债权人在保证期间内对保证人提起诉讼或者申请仲裁后，又撤回起诉或者仲裁申请，起诉状副本或者仲裁申请书副本已经送达保证人的，人民法院应当认定债权人已经在保证期间内向保证人行使了权利。

第三十二条 保证合同约定保证人承担保证责任直至主债务本息还清时为止等类似内容的，视为约定不明，保证期间为主债务履行期限届满之日起六个月。

第三十三条 保证合同无效，债权人未在约定或者法定的保证期间内依法行使权利，保证人主张不承担赔偿责任的，人民法院应予支持。

第三十四条 人民法院在审理保证合同纠纷案件时，应当将保证期间是否届满、债权人是否在保证期间内依法行使权利等事实作为案件基本事实予以查明。

债权人在保证期间内未依法行使权利的，保证责任消灭。保证责任消灭后，债权人书面通知保证人要求承担保证责任，保证人在通知书上签字、盖章或者按指印，债权人请求保证人继续承担保证责任的，人民法院不予支持，但是债权人有证据证明成立了新的保证合同的除外。

第三十五条 保证人知道或者应当知道主债权诉讼时效期间届满仍然提供保证或者承担保证责任，又以诉讼时效期间届满为由拒绝承担保证责任或者请求返还财产的，人民法院不予支持；保证人承担保证责任后向债务人追偿的，人民法院不予支持，但是债务人放弃诉讼时效抗辩的除外。

第三十六条　第三人向债权人提供差额补足、流动性支持等类似承诺文件作为增信措施，具有提供担保的意思表示，债权人请求第三人承担保证责任的，人民法院应当依照保证的有关规定处理。

第三人向债权人提供的承诺文件，具有加入债务或者与债务人共同承担债务等意思表示的，人民法院应当认定为民法典第五百五十二条规定的债务加入。

前两款中第三人提供的承诺文件难以确定是保证还是债务加入的，人民法院应当将其认定为保证。

第三人向债权人提供的承诺文件不符合前三款规定的情形，债权人请求第三人承担保证责任或者连带责任的，人民法院不予支持，但是不影响其依据承诺文件请求第三人履行约定的义务或者承担相应的民事责任。

三、关于担保物权

（一）担保合同与担保物权的效力

第三十七条　当事人以所有权、使用权不明或者有争议的财产抵押，经审查构成无权处分的，人民法院应当依照民法典第三百一十一条的规定处理。

当事人以依法被查封或者扣押的财产抵押，抵押权人请求行使抵押权，经审查查封或者扣押措施已经解除的，人民法院应予支持。抵押人以抵押权设立时财产被查封或者扣押为由主张抵押合同无效的，人民法院不予支持。

以依法被监管的财产抵押的，适用前款规定。

第三十八条　主债权未受全部清偿，担保物权人主张就担保财产的全部行使担保物权的，人民法院应予支持，但是留置权人行使留置权的，应当依照民法典第四百五十条的规定处理。

担保财产被分割或者部分转让，担保物权人主张就分割或者转让后的担保财产行使担保物权的，人民法院应予支持，但是法律或者司法解释另有规定的除外。

第三十九条　主债权被分割或者部分转让，各债权人主张就其享有的债权份额行使担保物权的，人民法院应予支持，但是法律另有规定或者当事人另有约定的除外。

主债务被分割或者部分转移，债务人自己提供物的担保，债权人请求以该担保财产担保全部债务履行的，人民法院应予支持；第三人提供物的担保，主张对未经其书面同意转移的债务不再承担担保责任的，人民法院应予支持。

第四十条 从物产生于抵押权依法设立前，抵押权人主张抵押权的效力及于从物的，人民法院应予支持，但是当事人另有约定的除外。

从物产生于抵押权依法设立后，抵押权人主张抵押权的效力及于从物的，人民法院不予支持，但是在抵押权实现时可以一并处分。

第四十一条 抵押权依法设立后，抵押财产被添附，添附物归第三人所有，抵押权人主张抵押权效力及于补偿金的，人民法院应予支持。

抵押权依法设立后，抵押财产被添附，抵押人对添附物享有所有权，抵押权人主张抵押权的效力及于添附物的，人民法院应予支持，但是添附导致抵押财产价值增加的，抵押权的效力不及于增加的价值部分。

抵押权依法设立后，抵押人与第三人因添附成为添附物的共有人，抵押权人主张抵押权的效力及于抵押人对共有物享有的份额的，人民法院应予支持。

本条所称添附，包括附合、混合与加工。

第四十二条 抵押权依法设立后，抵押财产毁损、灭失或者被征收等，抵押权人请求按照原抵押权的顺位就保险金、赔偿金或者补偿金等优先受偿的，人民法院应予支持。

给付义务人已经向抵押人给付了保险金、赔偿金或者补偿金，抵押权人请求给付义务人向其给付保险金、赔偿金或者补偿金的，人民法院不予支持，但是给付义务人接到抵押权人要求向其给付的通知后仍然向抵押人给付的除外。

抵押权人请求给付义务人向其给付保险金、赔偿金或者补偿金的，人民法院可以通知抵押人作为第三人参加诉讼。

第四十三条 当事人约定禁止或者限制转让抵押财产但是未将

约定登记，抵押人违反约定转让抵押财产，抵押权人请求确认转让合同无效的，人民法院不予支持；抵押财产已经交付或者登记，抵押权人请求确认转让不发生物权效力的，人民法院不予支持，但是抵押权人有证据证明受让人知道的除外；抵押权人请求抵押人承担违约责任的，人民法院依法予以支持。

当事人约定禁止或者限制转让抵押财产且已经将约定登记，抵押人违反约定转让抵押财产，抵押权人请求确认转让合同无效的，人民法院不予支持；抵押财产已经交付或者登记，抵押权人主张转让不发生物权效力的，人民法院应予支持，但是因受让人代替债务人清偿债务导致抵押权消灭的除外。

第四十四条　主债权诉讼时效期间届满后，抵押权人主张行使抵押权的，人民法院不予支持；抵押人以主债权诉讼时效期间届满为由，主张不承担担保责任的，人民法院应予支持。主债权诉讼时效期间届满前，债权人仅对债务人提起诉讼，经人民法院判决或者调解后未在民事诉讼法规定的申请执行时效期间内对债务人申请强制执行，其向抵押人主张行使抵押权的，人民法院不予支持。

主债权诉讼时效期间届满后，财产被留置的债务人或者对留置财产享有所有权的第三人请求债权人返还留置财产的，人民法院不予支持；债务人或者第三人请求拍卖、变卖留置财产并以所得价款清偿债务的，人民法院应予支持。

主债权诉讼时效期间届满的法律后果，以登记作为公示方式的权利质权，参照适用第一款的规定；动产质权、以交付权利凭证作为公示方式的权利质权，参照适用第二款的规定。

第四十五条　当事人约定当债务人不履行到期债务或者发生当事人约定的实现担保物权的情形，担保物权人有权将担保财产自行拍卖、变卖并就所得的价款优先受偿的，该约定有效。因担保人的原因导致担保物权人无法自行对担保财产进行拍卖、变卖，担保物权人请求担保人承担因此增加的费用的，人民法院应予支持。

当事人依照民事诉讼法有关“实现担保物权案件”的规定，申请拍卖、变卖担保财产，被申请人以担保合同约定仲裁条款为由主张驳回申请的，人民法院经审查后，应当按照以下情形分别处理：

(一)当事人对担保物权无实质性争议且实现担保物权条件已经成就的,应当裁定准许拍卖、变卖担保财产;

(二)当事人对实现担保物权有部分实质性争议的,可以就无争议的部分裁定准许拍卖、变卖担保财产,并告知可以就有争议的部分申请仲裁;

(三)当事人对实现担保物权有实质性争议的,裁定驳回申请,并告知可以向仲裁机构申请仲裁。

债权人以诉讼方式行使担保物权的,应当以债务人和担保人作为共同被告。

(二)不动产抵押

第四十六条 不动产抵押合同生效后未办理抵押登记手续,债权人请求抵押人办理抵押登记手续的,人民法院应予支持。

抵押财产因不可归责于抵押人自身的原因灭失或者被征收等导致不能办理抵押登记,债权人请求抵押人在约定的担保范围内承担责任的,人民法院不予支持;但是抵押人已经获得保险金、赔偿金或者补偿金等,债权人请求抵押人在其所获金额范围内承担赔偿责任的,人民法院依法予以支持。

因抵押人转让抵押财产或者其他可归责于抵押人自身的原因导致不能办理抵押登记,债权人请求抵押人在约定的担保范围内承担责任的,人民法院依法予以支持,但是不得超过抵押权能够设立时抵押人应当承担的责任范围。

第四十七条 不动产登记簿就抵押财产、被担保的债权范围等所作的记载与抵押合同约定不一致的,人民法院应当根据登记簿的记载确定抵押财产、被担保的债权范围等事项。

第四十八条 当事人申请办理抵押登记手续时,因登记机构的过错致使其不能办理抵押登记,当事人请求登记机构承担赔偿责任的,人民法院依法予以支持。

第四十九条 以违法的建筑物抵押的,抵押合同无效,但是一审法庭辩论终结前已经办理合法手续的除外。抵押合同无效的法律后果,依照本解释第十七条的有关规定处理。

当事人以建设用地使用权依法设立抵押，抵押人以土地上存在违法的建筑物为由主张抵押合同无效的，人民法院不予支持。

第五十条　抵押人以划拨建设用地上的建筑物抵押，当事人以该建设用地使用权不能抵押或者未办理批准手续为由主张抵押合同无效或者不生效的，人民法院不予支持。抵押权依法实现时，拍卖、变卖建筑物所得的价款，应当优先用于补缴建设用地使用权出让金。

当事人以划拨方式取得的建设用地使用权抵押，抵押人以未办理批准手续为由主张抵押合同无效或者不生效的，人民法院不予支持。已经依法办理抵押登记，抵押权人主张行使抵押权的，人民法院应予支持。抵押权依法实现时所得的价款，参照前款有关规定处理。

第五十一条　当事人仅以建设用地使用权抵押，债权人主张抵押权的效力及于土地上已有的建筑物以及正在建造的建筑物已完成部分的，人民法院应予支持。债权人主张抵押权的效力及于正在建造的建筑物的续建部分以及新增建筑物的，人民法院不予支持。

当事人以正在建造的建筑物抵押，抵押权的效力范围限于已办理抵押登记的部分。当事人按照担保合同的约定，主张抵押权的效力及于续建部分、新增建筑物以及规划中尚未建造的建筑物的，人民法院不予支持。

抵押人将建设用地使用权、土地上的建筑物或者正在建造的建筑物分别抵押给不同债权人的，人民法院应当根据抵押登记的时间先后确定清偿顺序。

第五十二条　当事人办理抵押预告登记后，预告登记权利人请求就抵押财产优先受偿，经审查存在尚未办理建筑物所有权首次登记、预告登记的财产与办理建筑物所有权首次登记时的财产不一致、抵押预告登记已经失效等情形，导致不具备办理抵押登记条件的，人民法院不予支持；经审查已经办理建筑物所有权首次登记，且不存在预告登记失效等情形的，人民法院应予支持，并应当认定抵押权自预告登记之日起设立。

当事人办理了抵押预告登记，抵押人破产，经审查抵押财产属于破产财产，预告登记权利人主张就抵押财产优先受偿的，人民法院应当在受理破产申请时抵押财产的价值范围内予以支持，但是在人民法院受理破产申请前一年内，债务人对没有财产担保的债务设立抵押预告登记的除外。

（三）动产与权利担保

第五十三条　当事人在动产和权利担保合同中对担保财产进行概括描述，该描述能够合理识别担保财产的，人民法院应当认定担保成立。

第五十四条　动产抵押合同订立后未办理抵押登记，动产抵押权的效力按照下列情形分别处理：

（一）抵押人转让抵押财产，受让人占有抵押财产后，抵押权人向受让人请求行使抵押权的，人民法院不予支持，但是抵押权人能够举证证明受让人知道或者应当知道已经订立抵押合同的除外；

（二）抵押人将抵押财产出租给他人并移转占有，抵押权人行使抵押权的，租赁关系不受影响，但是抵押权人能够举证证明承租人知道或者应当知道已经订立抵押合同的除外；

（三）抵押人的其他债权人向人民法院申请保全或者执行抵押财产，人民法院已经作出财产保全裁定或者采取执行措施，抵押权人主张对抵押财产优先受偿的，人民法院不予支持；

（四）抵押人破产，抵押权人主张对抵押财产优先受偿的，人民法院不予支持。

第五十五条　债权人、出质人与监管人订立三方协议，出质人以通过一定数量、品种等概括描述能够确定范围的货物为债务的履行提供担保，当事人有证据证明监管人系受债权人的委托监管并实际控制该货物的，人民法院应当认定质权于监管人实际控制货物之日起设立。监管人违反约定向出质人或者其他人放货、因保管不善导致货物毁损灭失，债权人请求监管人承担违约责任的，人民法院依法予以支持。

在前款规定情形下，当事人有证据证明监管人系受出质人委托监管该货物，或者虽然受债权人委托但是未实际履行监管职责，导致货物仍由出质人实际控制的，人民法院应当认定质权未设立。债权人可以基于质押合同的约定请求出质人承担违约责任，但是不得超过质权有效设立时出质人应当承担的责任范围。监管人未履行监管职责,债权人请求监管人承担责任的,人民法院依法予以支持。

第五十六条 买受人在出卖人正常经营活动中通过支付合理对价取得已被设立担保物权的动产,担保物权人请求就该动产优先受偿的,人民法院不予支持,但是有下列情形之一的除外:

(一)购买商品的数量明显超过一般买受人;

(二)购买出卖人的生产设备;

(三)订立买卖合同的目的在于担保出卖人或者第三人履行债务;

(四)买受人与出卖人存在直接或者间接的控制关系;

(五)买受人应当查询抵押登记而未查询的其他情形。

前款所称出卖人正常经营活动,是指出卖人的经营活动属于其营业执照明确记载的经营范围,且出卖人持续销售同类商品。前款所称担保物权人,是指已经办理登记的抵押权人、所有权保留买卖的出卖人、融资租赁合同的出租人。

第五十七条 担保人在设立动产浮动抵押并办理抵押登记后又购入或者以融资租赁方式承租新的动产,下列权利人为担保价款债权或者租金的实现而订立担保合同,并在该动产交付后十日内办理登记,主张其权利优先于在先设立的浮动抵押权的,人民法院应予支持:

(一)在该动产上设立抵押权或者保留所有权的出卖人;

(二)为价款支付提供融资而在该动产上设立抵押权的债权人;

(三)以融资租赁方式出租该动产的出租人。

买受人取得动产但未付清价款或者承租人以融资租赁方式占有租赁物但是未付清全部租金,又以标的物为他人设立担保物权,前款所列权利人为担保价款债权或者租金的实现而订立担保合同,并在该动产交付后十日内办理登记,主张其权利优先于买受人为他人设立的担保物权的,人民法院应予支持。

同一动产上存在多个价款优先权的,人民法院应当按照登记的时间先后确定清偿顺序。

第五十八条 以汇票出质,当事人以背书记载“质押”字样并在汇票上签章，汇票已经交付质权人的，人民法院应当认定质权自汇票交付质权人时设立。

第五十九条　存货人或者仓单持有人在仓单上以背书记载“质押”字样，并经保管人签章，仓单已经交付质权人的，人民法院应当认定质权自仓单交付质权人时设立。没有权利凭证的仓单，依法可以办理出质登记的，仓单质权自办理出质登记时设立。

出质人既以仓单出质，又以仓储物设立担保，按照公示的先后确定清偿顺序；难以确定先后的，按照债权比例清偿。

保管人为同一货物签发多份仓单，出质人在多份仓单上设立多个质权，按照公示的先后确定清偿顺序；难以确定先后的，按照债权比例受偿。

存在第二款、第三款规定的情形，债权人举证证明其损失系由出质人与保管人的共同行为所致，请求出质人与保管人承担连带赔偿责任的，人民法院应予支持。

第六十条　在跟单信用证交易中，开证行与开证申请人之间约定以提单作为担保的，人民法院应当依照民法典关于质权的有关规定处理。

在跟单信用证交易中，开证行依据其与开证申请人之间的约定或者跟单信用证的惯例持有提单，开证申请人未按照约定付款赎单，开证行主张对提单项下货物优先受偿的，人民法院应予支持；开证行主张对提单项下货物享有所有权的，人民法院不予支持。

在跟单信用证交易中，开证行依据其与开证申请人之间的约定或者跟单信用证的惯例，通过转让提单或者提单项下货物取得价款，开证申请人请求返还超出债权部分的，人民法院应予支持。

前三款规定不影响合法持有提单的开证行以提单持有人身份主张运输合同项下的权利。

第六十一条　以现有的应收账款出质，应收账款债务人向质权人确认应收账款的真实性后，又以应收账款不存在或者已经消灭为由主张不承担责任的，人民法院不予支持。

以现有的应收账款出质，应收账款债务人未确认应收账款的真实性，质权人以应收账款债务人为被告，请求就应收账款优先受偿，能够举证证明办理出质登记时应收账款真实存在的，人民法院应予支持；质权人不能举证证明办理出质登记时应收账款真实存在，仅以已经办理出质登记为由，请求就应收账款优先受偿的，人民法院不予支持。

以现有的应收账款出质，应收账款债务人已经向应收账款债权人履行了债务，质权人请求应收账款债务人履行债务的，人民法院不予支持，但是应收账款债务人接到质权人要求向其履行的通知后，仍然向应收账款债权人履行的除外。

以基础设施和公用事业项目收益权、提供服务或者劳务产生的债权以及其他将有的应收账款出质，当事人为应收账款设立特定账户，发生法定或者约定的质权实现事由时，质权人请求就该特定账户内的款项优先受偿的，人民法院应予支持；特定账户内的款项不足以清偿债务或者未设立特定账户，质权人请求折价或者拍卖、变卖项目收益权等将有的应收账款，并以所得的价款优先受偿的，人民法院依法予以支持。

第六十二条　债务人不履行到期债务，债权人因同一法律关系留置合法占有的第三人的动产，并主张就该留置财产优先受偿的，人民法院应予支持。第三人以该留置财产并非债务人的财产为由请求返还的，人民法院不予支持。

企业之间留置的动产与债权并非同一法律关系，债务人以该债权不属于企业持续经营中发生的债权为由请求债权人返还留置财产的，人民法院应予支持。

企业之间留置的动产与债权并非同一法律关系，债权人留置第三人的财产，第三人请求债权人返还留置财产的，人民法院应予支持。

四、关于非典型担保

第六十三条　债权人与担保人订立担保合同，约定以法律、行政法规尚未规定可以担保的财产权利设立担保，当事人主张合同无效的，人民法院不予支持。当事人未在法定的登记机构依法进行登记，主张该担保具有物权效力的，人民法院不予支持。

第六十四条　在所有权保留买卖中，出卖人依法有权取回标的物,但是与买受人协商不成,当事人请求参照民事诉讼法“实现担保物权案件”的有关规定,拍卖、变卖标的物的,人民法院应予准许。

出卖人请求取回标的物,符合民法典第六百四十二条规定的,人民法院应予支持;买受人以抗辩或者反诉的方式主张拍卖、变卖标的物,并在扣除买受人未支付的价款以及必要费用后返还剩余款项的,人民法院应当一并处理。

第六十五条 在融资租赁合同中,承租人未按照约定支付租金,经催告后在合理期限内仍不支付,出租人请求承租人支付全部剩余租金,并以拍卖、变卖租赁物所得的价款受偿的,人民法院应予支持;当事人请求参照民事诉讼法“实现担保物权案件”的有关规定,以拍卖、变卖租赁物所得价款支付租金的,人民法院应予准许。

出租人请求解除融资租赁合同并收回租赁物,承租人以抗辩或者反诉的方式主张返还租赁物价值超过欠付租金以及其他费用的,人民法院应当一并处理。当事人对租赁物的价值有争议的,应当按照下列规则确定租赁物的价值:

(一)融资租赁合同有约定的,按照其约定;

(二)融资租赁合同未约定或者约定不明的,根据约定的租赁物折旧以及合同到期后租赁物的残值来确定;

(三)根据前两项规定的方法仍然难以确定,或者当事人认为根据前两项规定的方法确定的价值严重偏离租赁物实际价值的,根据当事人的申请委托有资质的机构评估。

第六十六条 同一应收账款同时存在保理、应收账款质押和债权转让,当事人主张参照民法典第七百六十八条的规定确定优先顺序的,人民法院应予支持。

在有追索权的保理中,保理人以应收账款债权人或者应收账款债务人为被告提起诉讼,人民法院应予受理;保理人一并起诉应收账款债权人和应收账款债务人的,人民法院可以受理。

应收账款债权人向保理人返还保理融资款本息或者回购应收账款债权后,请求应收账款债务人向其履行应收账款债务的,人民法院应予支持。

第六十七条 在所有权保留买卖、融资租赁等合同中,出卖人、出租人的所有权未经登记不得对抗的“善意第三人”的范围及其效力，参照本解释第五十四条的规定处理。

第六十八条　债务人或者第三人与债权人约定将财产形式上转移至债权人名下，债务人不履行到期债务，债权人有权对财产折价或者以拍卖、变卖该财产所得价款偿还债务的，人民法院应当认定该约定有效。当事人已经完成财产权利变动的公示，债务人不履行到期债务，债权人请求参照民法典关于担保物权的有关规定就该财产优先受偿的，人民法院应予支持。

债务人或者第三人与债权人约定将财产形式上转移至债权人名下，债务人不履行到期债务，财产归债权人所有的，人民法院应当认定该约定无效，但是不影响当事人有关提供担保的意思表示的效力。当事人已经完成财产权利变动的公示，债务人不履行到期债务，债权人请求对该财产享有所有权的，人民法院不予支持；债权人请求参照民法典关于担保物权的规定对财产折价或者以拍卖、变卖该财产所得的价款优先受偿的，人民法院应予支持；债务人履行债务后请求返还财产，或者请求对财产折价或者以拍卖、变卖所得的价款清偿债务的，人民法院应予支持。

债务人与债权人约定将财产转移至债权人名下，在一定期间后再由债务人或者其指定的第三人以交易本金加上溢价款回购，债务人到期不履行回购义务，财产归债权人所有的，人民法院应当参照第二款规定处理。回购对象自始不存在的，人民法院应当依照民法典第一百四十六条第二款的规定，按照其实际构成的法律关系处理。

第六十九条　股东以将其股权转移至债权人名下的方式为债务履行提供担保，公司或者公司的债权人以股东未履行或者未全面履行出资义务、抽逃出资等为由，请求作为名义股东的债权人与股东承担连带责任的，人民法院不予支持。

第七十条　债务人或者第三人为担保债务的履行，设立专门的保证金账户并由债权人实际控制，或者将其资金存入债权人设立的保证金账户，债权人主张就账户内的款项优先受偿的，人民法院应予支持。当事人以保证金账户内的款项浮动为由，主张实际控制该账户的债权人对账户内的款项不享有优先受偿权的，人民法院不予支持。

在银行账户下设立的保证金分户，参照前款规定处理。

当事人约定的保证金并非为担保债务的履行设立，或者不符合前两款规定的情形，债权人主张就保证金优先受偿的，人民法院不予支持，但是不影响当事人依照法律的规定或者按照当事人的约定主张权利。

五、附　　则

第七十一条　本解释自2021年1月1日起施行。

最高人民法院关于新民间借贷司法解释适用范围问题的批复

（2020年11月9日最高人民法院审判委员会第1815次会议通过　法释〔2020〕27号　2020年12月29日公布　自2021年1月1日起施行）

广东省高级人民法院：

你院《关于新民间借贷司法解释有关法律适用问题的请示》（粤高法〔2020〕108号）收悉。经研究，批复如下：

一、关于适用范围问题。经征求金融监管部门意见，由地方金融监管部门监管的小额贷款公司、融资担保公司、区域性股权市场、典当行、融资租赁公司、商业保理公司、地方资产管理公司等七类地方金融组织，属于经金融监管部门批准设立的金融机构，其因从事相关金融业务引发的纠纷，不适用新民间借贷司法解释。

二、其它两问题已在修订后的司法解释中予以明确，请遵照执行。

三、本批复自2021年1月1日起施行。

最高人民法院关于审理民间借贷案件适用法律若干问题的规定

（2015 年 6 月 23 日最高人民法院审判委员会第 1655 次会议通过　根据 2020 年 8 月 18 日最高人民法院审判委员会第 1809 次会议通过的《最高人民法院关于修改〈关于审理民间借贷案件适用法律若干问题的规定〉的决定》第一次修正　根据 2020 年 12 月 23 日最高人民法院审判委员会第 1823 次会议通过的《最高人民法院关于修改〈最高人民法院关于在民事审判工作中适用《中华人民共和国工会法》若干问题的解释〉等二十七件民事类司法解释的决定》第二次修正）

为正确审理民间借贷纠纷案件，根据《中华人民共和国民法典》《中华人民共和国民事诉讼法》《中华人民共和国刑事诉讼法》等相关法律之规定，结合审判实践，制定本规定。

第一条　本规定所称的民间借贷，是指自然人、法人和非法人组织之间进行资金融通的行为。

经金融监管部门批准设立的从事贷款业务的金融机构及其分支机构，因发放贷款等相关金融业务引发的纠纷，不适用本规定。

第二条　出借人向人民法院提起民间借贷诉讼时，应当提供借据、收据、欠条等债权凭证以及其他能够证明借贷法律关系存在的证据。

当事人持有的借据、收据、欠条等债权凭证没有载明债权人，持有债权凭证的当事人提起民间借贷诉讼的，人民法院应予受理。被告对原告的债权人资格提出有事实依据的抗辩，人民法院经审查认为原告不具有债权人资格的，裁定驳回起诉。

第三条　借贷双方就合同履行地未约定或者约定不明确，事后未达成补充协议，按照合同相关条款或者交易习惯仍不能确定的，以接受货币一方所在地为合同履行地。

第四条 保证人为借款人提供连带责任保证,出借人仅起诉借款人的,人民法院可以不追加保证人为共同被告;出借人仅起诉保证人的,人民法院可以追加借款人为共同被告。

保证人为借款人提供一般保证,出借人仅起诉保证人的,人民法院应当追加借款人为共同被告;出借人仅起诉借款人的,人民法院可以不追加保证人为共同被告。

第五条 人民法院立案后,发现民间借贷行为本身涉嫌非法集资等犯罪的,应当裁定驳回起诉,并将涉嫌非法集资等犯罪的线索、材料移送公安或者检察机关。

公安或者检察机关不予立案,或者立案侦查后撤销案件,或者检察机关作出不起诉决定,或者经人民法院生效判决认定不构成非法集资等犯罪,当事人又以同一事实向人民法院提起诉讼的,人民法院应予受理。

第六条 人民法院立案后,发现与民间借贷纠纷案件虽有关联但不是同一事实的涉嫌非法集资等犯罪的线索、材料的,人民法院应当继续审理民间借贷纠纷案件,并将涉嫌非法集资等犯罪的线索、材料移送公安或者检察机关。

第七条 民间借贷纠纷的基本案件事实必须以刑事案件的审理结果为依据,而该刑事案件尚未审结的,人民法院应当裁定中止诉讼。

第八条 借款人涉嫌犯罪或者生效判决认定其有罪,出借人起诉请求担保人承担民事责任的,人民法院应予受理。

第九条 自然人之间的借款合同具有下列情形之一的,可以视为合同成立:

(一)以现金支付的,自借款人收到借款时;

(二)以银行转账、网上电子汇款等形式支付的,自资金到达借款人账户时;

(三)以票据交付的,自借款人依法取得票据权利时;

(四)出借人将特定资金账户支配权授权给借款人的,自借款人取得对该账户实际支配权时;

(五)出借人以与借款人约定的其他方式提供借款并实际履行完成时。

第十条 法人之间、非法人组织之间以及它们相互之间为生产、经营需要订立的民间借贷合同,除存在民法典第一百四十六条、第一百五十三条、第一百五十四条以及本规定第十三条规定的情形外,当事人主张民间借贷合同有效的,人民法院应予支持。

第十一条 法人或者非法人组织在本单位内部通过借款形式向职工筹集资金,用于本单位生产、经营,且不存在民法典第一百四十四条、第一百四十六条、第一百五十三条、第一百五十四条以及本规定第十三条规定的情形,当事人主张民间借贷合同有效的,人民法院应予支持。

第十二条 借款人或者出借人的借贷行为涉嫌犯罪,或者已经生效的裁判认定构成犯罪,当事人提起民事诉讼的,民间借贷合同并不当然无效。人民法院应当依据民法典第一百四十四条、第一百四十六条、第一百五十三条、第一百五十四条以及本规定第十三条之规定,认定民间借贷合同的效力。

担保人以借款人或者出借人的借贷行为涉嫌犯罪或者已经生效的裁判认定构成犯罪为由,主张不承担民事责任的,人民法院应当依据民间借贷合同与担保合同的效力、当事人的过错程度,依法确定担保人的民事责任。

第十三条 具有下列情形之一的,人民法院应当认定民间借贷合同无效:

(一)套取金融机构贷款转贷的;

(二)以向其他营利法人借贷、向本单位职工集资,或者以向公众非法吸收存款等方式取得的资金转贷的;

(三)未依法取得放贷资格的出借人,以营利为目的向社会不特定对象提供借款的;

(四)出借人事先知道或者应当知道借款人借款用于违法犯罪活动仍然提供借款的;

(五)违反法律、行政法规强制性规定的;

(六)违背公序良俗的。

第十四条 原告以借据、收据、欠条等债权凭证为依据提起民间借贷诉讼,被告依据基础法律关系提出抗辩或者反诉,并提供证据证明债权纠纷非民间借贷行为引起的,人民法院应当依据查明的案件事实,按照基础法律关系审理。

当事人通过调解、和解或者清算达成的债权债务协议,不适用前款规定。

第十五条 原告仅依据借据、收据、欠条等债权凭证提起民间借贷诉讼,被告抗辩已经偿还借款的,被告应当对其主张提供证据证明。被告提供相应证据证明其主张后,原告仍应就借贷关系的存续承担举证责任。

被告抗辩借贷行为尚未实际发生并能作出合理说明的,人民法院应当结合借贷金额、款项交付、当事人的经济能力、当地或者当事人之间的交易方式、交易习惯、当事人财产变动情况以及证人证言等事实和因素,综合判断查证借贷事实是否发生。

第十六条 原告仅依据金融机构的转账凭证提起民间借贷诉讼,被告抗辩转账系偿还双方之前借款或者其他债务的,被告应当对其主张提供证据证明。被告提供相应证据证明其主张后,原告仍应就借贷关系的成立承担举证责任。

第十七条 依据《最高人民法院关于适用〈中华人民共和国民事诉讼法〉的解释》第一百七十四条第二款之规定,负有举证责任的原告无正当理由拒不到庭,经审查现有证据无法确认借贷行为、借贷金额、支付方式等案件主要事实的,人民法院对原告主张的事实不予认定。

第十八条 人民法院审理民间借贷纠纷案件时发现有下列情形之一的,应当严格审查借贷发生的原因、时间、地点、款项来源、交付方式、款项流向以及借贷双方的关系、经济状况等事实,综合判断是否属于虚假民事诉讼:

(一)出借人明显不具备出借能力;

(二)出借人起诉所依据的事实和理由明显不符合常理;

(三)出借人不能提交债权凭证或者提交的债权凭证存在伪造的可能;

(四)当事人双方在一定期限内多次参加民间借贷诉讼;

(五)当事人无正当理由拒不到庭参加诉讼,委托代理人对借贷事实陈述不清或者陈述前后矛盾;

（六）当事人双方对借贷事实的发生没有任何争议或者诉辩明显不符合常理；

（七）借款人的配偶或者合伙人、案外人的其他债权人提出有事实依据的异议；

（八）当事人在其他纠纷中存在低价转让财产的情形；

（九）当事人不正当放弃权利；

（十）其他可能存在虚假民间借贷诉讼的情形。

第十九条　经查明属于虚假民间借贷诉讼，原告申请撤诉的，人民法院不予准许，并应当依据民事诉讼法第一百一十二条之规定，判决驳回其请求。

诉讼参与人或者其他人恶意制造、参与虚假诉讼，人民法院应当依据民事诉讼法第一百一十一条、第一百一十二条和第一百一十三条之规定，依法予以罚款、拘留；构成犯罪的，应当移送有管辖权的司法机关追究刑事责任。

单位恶意制造、参与虚假诉讼的，人民法院应当对该单位进行罚款，并可以对其主要负责人或者直接责任人员予以罚款、拘留；构成犯罪的，应当移送有管辖权的司法机关追究刑事责任。

第二十条　他人在借据、收据、欠条等债权凭证或者借款合同上签名或者盖章，但是未表明其保证人身份或者承担保证责任，或者通过其他事实不能推定其为保证人，出借人请求其承担保证责任的，人民法院不予支持。

第二十一条　借贷双方通过网络贷款平台形成借贷关系，网络贷款平台的提供者仅提供媒介服务，当事人请求其承担担保责任的，人民法院不予支持。

网络贷款平台的提供者通过网页、广告或者其他媒介明示或者有其他证据证明其为借贷提供担保，出借人请求网络贷款平台的提供者承担担保责任的，人民法院应予支持。

第二十二条　法人的法定代表人或者非法人组织的负责人以单位名义与出借人签订民间借贷合同，有证据证明所借款项系法定代表人或者负责人个人使用，出借人请求将法定代表人或者负责人列为共同被告或者第三人的，人民法院应予准许。

法人的法定代表人或者非法人组织的负责人以个人名义与出借人订立民间借贷合同,所借款项用于单位生产经营,出借人请求单位与个人共同承担责任的,人民法院应予支持。

第二十三条 当事人以订立买卖合同作为民间借贷合同的担保,借款到期后借款人不能还款,出借人请求履行买卖合同的,人民法院应当按照民间借贷法律关系审理。当事人根据法庭审理情况变更诉讼请求的,人民法院应当准许。

按照民间借贷法律关系审理作出的判决生效后,借款人不履行生效判决确定的金钱债务,出借人可以申请拍卖买卖合同标的物,以偿还债务。就拍卖所得的价款与应偿还借款本息之间的差额,借款人或者出借人有权主张返还或者补偿。

第二十四条 借贷双方没有约定利息,出借人主张支付利息的,人民法院不予支持。

自然人之间借贷对利息约定不明,出借人主张支付利息的,人民法院不予支持。除自然人之间借贷的外,借贷双方对借贷利息约定不明,出借人主张利息的,人民法院应当结合民间借贷合同的内容,并根据当地或者当事人的交易方式、交易习惯、市场报价利率等因素确定利息。

第二十五条 出借人请求借款人按照合同约定利率支付利息的,人民法院应予支持,但是双方约定的利率超过合同成立时一年期贷款市场报价利率四倍的除外。

前款所称"一年期贷款市场报价利率",是指中国人民银行授权全国银行间同业拆借中心自2019年8月20日起每月发布的一年期贷款市场报价利率。

第二十六条 借据、收据、欠条等债权凭证载明的借款金额,一般认定为本金。预先在本金中扣除利息的,人民法院应当将实际出借的金额认定为本金。

第二十七条 借贷双方对前期借款本息结算后将利息计入后期借款本金并重新出具债权凭证,如果前期利率没有超过合同成立时一年期贷款市场报价利率四倍,重新出具的债权凭证载明的金额可认定为后期借款本金。超过部分的利息,不应认定为后期借款本金。

按前款计算，借款人在借款期间届满后应当支付的本息之和，超过以最初借款本金与以最初借款本金为基数、以合同成立时一年期贷款市场报价利率四倍计算的整个借款期间的利息之和的，人民法院不予支持。

第二十八条　借贷双方对逾期利率有约定的，从其约定，但是以不超过合同成立时一年期贷款市场报价利率四倍为限。

未约定逾期利率或者约定不明的，人民法院可以区分不同情况处理：

（一）既未约定借期内利率，也未约定逾期利率，出借人主张借款人自逾期还款之日起参照当时一年期贷款市场报价利率标准计算的利息承担逾期还款违约责任的，人民法院应予支持；

（二）约定了借期内利率但是未约定逾期利率，出借人主张借款人自逾期还款之日起按照借期内利率支付资金占用期间利息的，人民法院应予支持。

第二十九条　出借人与借款人既约定了逾期利率，又约定了违约金或者其他费用，出借人可以选择主张逾期利息、违约金或者其他费用，也可以一并主张，但是总计超过合同成立时一年期贷款市场报价利率四倍的部分，人民法院不予支持。

第三十条　借款人可以提前偿还借款，但是当事人另有约定的除外。

借款人提前偿还借款并主张按照实际借款期限计算利息的，人民法院应予支持。

第三十一条　本规定施行后，人民法院新受理的一审民间借贷纠纷案件，适用本规定。

2020年8月20日之后新受理的一审民间借贷案件，借贷合同成立于2020年8月20日之前，当事人请求适用当时的司法解释计算自合同成立到2020年8月19日的利息部分的，人民法院应予支持；对于自2020年8月20日到借款返还之日的利息部分，适用起诉时本规定的利率保护标准计算。

本规定施行后，最高人民法院以前作出的相关司法解释与本规定不一致的，以本规定为准。

部门规章及规范性文件

动产和权利担保统一登记办法

(中国人民银行令〔2021〕第7号 2021年12月28日公布
自2022年2月1日起施行)

第一章 总 则

第一条 为规范动产和权利担保统一登记,保护担保当事人和利害关系人的合法权益,根据《中华人民共和国民法典》《优化营商环境条例》《国务院关于实施动产和权利担保统一登记的决定》(国发〔2020〕18号)等相关法律法规规定,制定本办法。

第二条 纳入动产和权利担保统一登记范围的担保类型包括:

(一)生产设备、原材料、半成品、产品抵押;

(二)应收账款质押;

(三)存款单、仓单、提单质押;

(四)融资租赁;

(五)保理;

(六)所有权保留;

(七)其他可以登记的动产和权利担保,但机动车抵押、船舶抵押、航空器抵押、债券质押、基金份额质押、股权质押、知识产权中的财产权质押除外。

第三条 本办法所称应收账款是指应收账款债权人因提供一定的货物、服务或设施而获得的要求应收账款债务人付款的权利以及依法享有的其他付款请求权,包括现有的以及将有的金钱债权,但不包括因票据或其他有价证券而产生的付款请求权,以及法律、行政法规禁止转让的付款请求权。

本办法所称的应收账款包括下列权利:

(一)销售、出租产生的债权,包括销售货物,供应水、电、气、暖,知识产权的许可使用,出租动产或不动产等;

(二)提供医疗、教育、旅游等服务或劳务产生的债权;

(三)能源、交通运输、水利、环境保护、市政工程等基础设施和公用事业项目收益权;

(四)提供贷款或其他信用活动产生的债权;

(五)其他以合同为基础的具有金钱给付内容的债权。

第四条 中国人民银行征信中心(以下简称征信中心)是动产和权利担保的登记机构,具体承担服务性登记工作,不开展事前审批性登记,不对登记内容进行实质审查。

征信中心建立基于互联网的动产融资统一登记公示系统(以下简称统一登记系统)为社会公众提供动产和权利担保登记和查询服务。

第五条 中国人民银行对征信中心登记和查询服务有关活动进行督促指导。

第二章 登记与查询

第六条 纳入统一登记范围的动产和权利担保登记通过统一登记系统办理。

第七条 担保权人办理登记。担保权人办理登记前,应当与担保人就登记内容达成一致。

担保权人也可以委托他人办理登记。委托他人办理登记的,适用本办法关于担保权人办理登记的规定。

第八条 担保权人办理登记时,应当注册为统一登记系统的用户。

第九条 登记内容包括担保权人和担保人的基本信息、担保财产的描述、登记期限。

担保权人或担保人为法人、非法人组织的,应当填写法人、非法人组织的法定注册名称、住所、法定代表人或负责人姓名,金融机构编码、统一社会信用代码、全球法人识别编码等机构代码或编码以及其他相关信息。

担保权人或担保人为自然人的,应当填写有效身份证件号码、有效身份证件载明的地址等信息。

担保权人可以与担保人约定将主债权金额、担保范围、禁止或限制转让的担保财产等项目作为登记内容。对担保财产进行概括性描述的，应当能够合理识别担保财产。

最高额担保应登记最高债权额。

第十条 担保权人应当将填写完毕的登记内容提交统一登记系统。统一登记系统记录提交时间并分配登记编号，生成初始登记证明和修改码提供给担保权人。

第十一条 担保权人应当根据主债权履行期限合理确定登记期限。登记期限最短1个月，最长不超过30年。

第十二条 在登记期限届满前，担保权人可以申请展期。

担保权人可以多次展期，每次展期期限最短1个月，最长不超过30年。

第十三条 登记内容存在遗漏、错误等情形或登记内容发生变化的，担保权人应当办理变更登记。

担保权人在原登记中增加新的担保财产的，新增加的部分视为新的登记。

第十四条 担保权人办理登记时所填写的担保人法定注册名称或有效身份证件号码变更的，担保权人应当自变更之日起4个月内办理变更登记。

第十五条 担保权人办理展期、变更登记的，应当与担保人就展期、变更事项达成一致。

第十六条 有下列情形之一的，担保权人应当自该情形发生之日起10个工作日内办理注销登记：

（一）主债权消灭；

（二）担保权利实现；

（三）担保权人放弃登记载明的担保财产之上的全部担保权；

（四）其他导致所登记权利消灭的情形。

担保权人迟延办理注销登记，给他人造成损害的，应当承担相应的法律责任。

第十七条 担保权人凭修改码办理展期、变更登记、注销登记。

第十八条 担保人或其他利害关系人认为登记内容错误的，可以要求担保权人办理变更登记或注销登记。担保权人不同意变更或注销的，担保人或其他利害关系人可以办理异议登记。

办理异议登记的担保人或其他利害关系人可以自行注销异议登记。

第十九条　担保人或其他利害关系人应当自异议登记办理完毕之日起7日内通知担保权人。

第二十条　担保人或其他利害关系人自异议登记之日起30日内，未就争议起诉或提请仲裁并在统一登记系统提交案件受理通知的，征信中心撤销异议登记。

第二十一条　应担保人或其他利害关系人、担保权人的申请，征信中心根据对担保人或其他利害关系人、担保权人生效的人民法院判决、裁定或仲裁机构裁决等法律文书撤销相关登记。

第二十二条　担保权人办理变更登记和注销登记、担保人或其他利害关系人办理异议登记后，统一登记系统记录登记时间、分配登记编号，并生成变更登记、注销登记或异议登记证明。

第二十三条　担保权人开展动产和权利担保融资业务时，应当严格审核确认担保财产的真实性，并在统一登记系统中查询担保财产的权利负担状况。

第二十四条　担保权人、担保人和其他利害关系人应当按照统一登记系统提示项目如实登记，并对登记内容的真实性、完整性和合法性负责。因担保权人或担保人名称填写错误，担保财产描述不能够合理识别担保财产等情形导致不能正确公示担保权利的，其法律后果由当事人自行承担。办理登记时，存在提供虚假材料等行为给他人造成损害的，应当承担相应的法律责任。

第二十五条　任何法人、非法人组织和自然人均可以在注册为统一登记系统的用户后，查询动产和权利担保登记信息。

第二十六条　担保人为法人、非法人组织的，查询人以担保人的法定注册名称进行查询。

担保人为自然人的，查询人以担保人的身份证件号码进行查询。

第二十七条　征信中心根据查询人的申请，提供查询证明。

第二十八条　担保权人、担保人或其他利害关系人、查询人可以通过证明编号在统一登记系统对登记证明和查询证明进行验证。

第三章 征信中心的职责

第二十九条 征信中心应当建立登记信息内部控制制度,采取技术措施和其他必要措施,做好统一登记系统建设和维护工作,保障系统安全、稳定运行,建立高效运转的服务体系,不断提高服务效率和质量,防止登记信息泄露、丢失,保护当事人合法权益。

第三十条 征信中心应当制定登记操作规则和内部管理制度,并报中国人民银行备案。

第三十一条 登记注销、登记期限届满或登记撤销后,征信中心应当对登记记录进行电子化离线保存,保存期限为 15 年。

第四章 附 则

第三十二条 征信中心按照国务院价格主管部门批准的收费标准收取登记服务费用。

第三十三条 本办法由中国人民银行负责解释。

第三十四条 本办法自 2022 年 2 月 1 日起施行。《应收账款质押登记办法》(中国人民银行令〔2019〕第 4 号发布)同时废止。

自然资源部关于做好不动产抵押权登记工作的通知

(自然资发〔2021〕54 号 2021 年 4 月 6 日公布施行)

各省、自治区、直辖市自然资源主管部门,新疆生产建设兵团自然资源局:

为落实《民法典》对不动产抵押权的规定,现就有关事项通知如下:

一、依法确定不动产抵押范围。学校、幼儿园、医疗机构、养老机构等为公益目的成立的非营利法人的教育设施、医疗卫生设施、养老设施和其他公益设施,以及法律、行政法规规定不得抵押的其他不动产,不得办理不动产抵押登记。

二、明确记载抵押担保范围。当事人对一般抵押或者最高额抵押的主债权及其利息、违约金、损害赔偿金和实现抵押权费用等抵押担保范围有明确约定的，不动产登记机构应当根据申请在不动产登记簿“担保范围”栏记载；没有提出申请的，填写“/”。

三、保障抵押不动产依法转让。当事人申请办理不动产抵押权首次登记或抵押预告登记的，不动产登记机构应当根据申请在不动产登记簿“是否存在禁止或限制转让抵押不动产的约定”栏记载转让抵押不动产的约定情况。有约定的填写“是”，抵押期间依法转让的，应当由受让人、抵押人（转让人）和抵押权人共同申请转移登记；没有约定的填写“否”，抵押期间依法转让的，应当由受让人、抵押人（转让人）共同申请转移登记。约定情况发生变化的，不动产登记机构应当根据申请办理变更登记。

《民法典》施行前已经办理抵押登记的不动产，抵押期间转让的，未经抵押权人同意，不予办理转移登记。

四、完善不动产登记簿。对《国土资源部关于启用不动产登记簿证样式（试行）的通知》（国土资发〔2015〕25 号）规定的不动产登记簿样式进行修改：

1. 在“抵押权登记信息”页、“预告登记信息”页均增加“担保范围”、“是否存在禁止或限制转让抵押不动产的约定”栏目。

2. 将“抵押权登记信息”页的“最高债权数额”修改为“最高债权额”并独立为一个栏目，填写最高额抵押担保范围所对应的最高债权数额。

五、更新不动产权证书和不动产登记证明。更改法律依据，将电子和纸质不动产权证书、不动产登记证明中的“《中华人民共和国物权法》”修改为“《中华人民共和国民法典》”。

六、调整不动产登记系统、数据库以及申请书。各地要根据新的不动产登记簿，抓紧升级改造各级不动产登记系统，扩展完善数据库结构和内容，将新增和修改的栏目纳入登记系统和数据库，并实时完整上传汇交登记信息。要在不动产登记申请书中增加“担保范围”等栏目，完善申请书示范文本等，保障登记工作顺畅开展。

为厉行节约、避免浪费，原已印制的存量证书证明可以继续使用完为止。

附件

不动产登记簿修改页

第　　本 第　　页

抵押权登记信息				
不动产单元号：　　抵押不动产类型：□土地　□土地和房屋 □土地和在建建筑物　□林地和林木　□海域　□海域和构筑物　□其他				
业务号 内容				
抵押权人				
证件种类				
证件号码				
抵押人				
抵押方式				
登记类型				
登记原因				
在建建筑物坐落				
在建建筑物抵押范围				
被担保主债权数额（万元）				
最高债权额（万元）				
担保范围				
债务履行期限 （债权确定期间）	起 止			
是否存在禁止或限制 转让抵押不动产的约定				
最高债权确定事实和数额				
不动产登记证明号				
登记时间				
登簿人				
注销抵押业务号				
注销抵押原因				
注销时间				
登簿人				
附记				

第　　本 第　　页

预告登记信息				
不动产单元号：	不动产坐落：			
业务号 / 内容				
权利人				
证件种类				
证件号				
义务人				
证件种类				
证件号				
预告登记种类				
登记类型				
登记原因				
土地使用权人				
规划用途				
房屋性质				
所在层/总层数				
建筑面积(m^2)				
取得价格/被担保主债权数额(万元)				
担保范围				
是否存在禁止或限制转让抵押不动产的约定				
不动产登记证明号				
登记时间				
登簿人				
附记				

中国人民银行关于人民币贷款利率有关问题的通知

(银发〔2003〕251号 2003年12月10日公布
自2004年1月1日起施行)

中国人民银行各分行、营业管理部,各政策性银行、国有独资商业银行、股份制商业银行:

为稳步推进利率市场化改革,充分发挥利率杠杆的调节作用。现就有关人民币贷款利率及计结息等有关事宜通知如下:

一、关于人民币贷款计息和结息问题。人民币各项贷款(不含个人住房贷款)的计息和结息方式,由借贷双方协商确定。

二、关于在合同期内贷款利率的调整问题。人民币中、长期贷款利率由原来的一年一定,改为由借贷双方按商业原则确定,可在合同期间按月、按季、按年调整,也可采用固定利率的确定方式。

5年期以上档次贷款利率,由金融机构参照人民银行公布的5年期以上贷款利率自主确定。

三、关于罚息利率问题。逾期贷款(借款人未按合同约定日期还款的借款)罚息利率由现行按日万分之二点一计收利息,改为在借款合同载明的贷款利率水平上加收30%-50%;借款人未按合同约定用途使用借款的罚息利率,由现行按日万分之五计收利息,改为在借款合同载明的贷款利率水平上加收50%-100%。

对逾期或未按合同约定用途使用借款的贷款,从逾期或未按合同约定用途使用贷款之日起,按罚息利率计收利息,直至清偿本息为止。对不能按时支付的利息,按罚息利率计收复利。

四、对2004年1月1日(含2004年1月1日)以后新发放的贷款按本通知执行。对2004年1月1日以前发放的未到期贷款仍按原借款合同执行,但经借贷双方当事人协商一致的,也可执行本通知。

五、本通知自2004年1月1日起执行。此前人民银行发布的有关人民币贷款利率的规定与本通知不符的，以本通知为准。

中国人民银行关于印发《人民币利率管理规定》的通知

（银发〔1999〕77号　1999年3月2日公布
自1999年4月1日起施行）

中国人民银行各分行，营业管理部；各政策性银行，国有独资商业银行，其他商业银行、国家邮政局：

为有效发挥利率杠杆对宏观经济的调节作用，加强利率监管，维护正常的金融秩序，创造公平有序的竞争环境，我行对1990年颁布的《利率管理暂行规定》进行了修订，现将修订后的《人民币利率管理规定》印发给你们，请遵照执行。

特此通知。

人民币利率管理规定

第一章　总　　则

第一条　为有效发挥利率杠杆对国民经济的调节作用，加强利率管理，维护正常的金融秩序，创造公平有序的竞争环境，根据《中华人民共和国中国人民银行法》、《中华人民共和国商业银行法》及其他相关法律、法规制定本规定。

第二条　凡在中华人民共和国境内（不含香港、澳门、台湾）经营人民币存、贷款业务的金融机构，邮政储蓄部门，其他法人、自然人和其他组织，均遵守本规定。

第三条　中国人民银行是经国务院授权的利率主管机关，代表国家依法行使利率管理权,其他任何单位和个人不得干预。

第四条 中国人民银行制定的各种利率是法定利率。法定利率具有法律效力,其他任何单位和个人均无权变动。

第二章 利率的制定与管理

第五条 中国人民银行制定、调整以下利率:

(一)中国人民银行对金融机构存、贷款利率和再贴现利率;

(二)金融机构存、贷款利率;

(三)优惠贷款利率;

(四)罚息利率;

(五)同业存款利率;

(六)利率浮动幅度;

(七)其他。

第六条 金融机构根据中国人民银行的有关规定确定以下利率:

(一)浮动利率;

(二)内部资金往来利率;

(三)同业拆借利率;

(四)贴现利率和转贴现利率;

(五)中国人民银行允许确定的其他利率。

第七条 中国人民银行总行履行下列利率管理职责:

(一)根据国民经济发展的需要和货币政策要求,制定利率政策和利率管理法规并组织实施;

(二)领导中国人民银行分支机构的利率管理工作;

(三)监督、检查金融机构执行国家利率政策、法规的情况;

(四)协调、处理金融机构的利率纠纷和利率违规行为;

(五)宣传、解释国家的利率政策及相关法规;

(六)研究、制定、实施国家的利率改革规划;

(七)监测、调控金融市场利率;

(八)其他利率管理工作。

第八条 中国人民银行分支机构在中国人民银行总行授权的范围内履行下列利率管理职责:

（一）实施对辖区内金融机构的利率管理，指导下级行的利率管理工作；

（二）及时转发中国人民银行总行的有关文件，对有关利率调整等内容的重要文件，应在生效日之前传送到辖区内金融机构，并严守机密；

（三）监督、检查辖区内金融机构执行利率政策的情况，处理利率违规行为，并及时向上级行报告本辖区内利率政策执行情况；

（四）建立和完善利率违规举报制度，加强社会监督；

（五）宣传、解释国家的利率政策及相关法规；

（六）组织有关利率政策的调查研究；

（七）完成上级行安排的其他利率管理工作。

第九条　金融机构履行下列职责：

（一）协助和配合中国人民银行进行利率管理工作，宣传、贯彻、执行国家利率政策；

（二）系统内发布的有关利率的文件必须抄送辖区内中国人民银行，凡与中国人民银行有关规定不一致的内容，以中国人民银行的规定为准；

（三）严格执行国家的利率政策和相关法规，加强自身及所辖分支机构的利率管理，发现问题应主动处理；

（四）自觉接受并主动配合中国人民银行的利率管理和检查，提供真实的相关资料；

（五）在营业场所挂牌公告法定利率水平；

（六）对利率政策执行过程中出现的问题及时向中国人民银行报告。

第十条　利率管理人员应当坚持原则，依法办事，不得徇私舞弊，泄露机密，玩忽职守。

第三章　存款的结息

第十一条　城乡居民储蓄存款的计息和结息按《储蓄管理条例》有关条款办理。

活期储蓄存款每年结息一次，六月三十日为结息日，结息后的利息并入本金起息，元以下尾数不计息。未到结息日清户时，按清户日挂牌公告的利率计息到清户前一日止。

定期储蓄存款按存入日挂牌公告的利率计息，利随本清，遇利率调整不分段计息。

定活两便储蓄存款按支取日挂牌公告的一年期以内（含一年）相应档次的定期整存整取存款利率打折计息，打折后低于活期存款利率时，按活期存款利率计息。

通知存款的计息和结息按《通知存款管理办法》执行。

大额可转让定期存单在存期内按照存单开户日银行挂牌公告的利率计息，利随本清，遇利率调整不分段计息，逾期期间不计息。

第十二条　单位存款的计息和结息按《人民币单位存款管理办法》的有关条款办理。

活期存款按季结息，每季末月的二十日为结息日。

单位通知存款计息和结息按《通知存款管理办法》执行。

单位协定存款按结息日或清户日挂牌公告的利率计息，按季结息。

第十三条　金融机构经中国人民银行批准收取的保证金，按照单位存款计息、结息。

第十四条　职工个人住房公积金存款，当年归集的按结息日挂牌公告的活期存款利率计息，结息后转入上年结转户；上年结转的按结息日挂牌公告的三个月定期整存整取存款利率计息。公积金存款的结息日为每年的六月三十日。

第十五条　金融机构的准备金存款按季结息，每季度末月的二十日为结息日，按结息日的利率计息，遇利率调整不分段计息。

对欠交准备金的金融机构，从欠交之日起按罚息利率计收罚息，直至交足准备金止，遇罚息利率调整分段计息。

第十六条　邮政储蓄转存款，按季结息，每季度末月的二十日为结息日，遇利率调整分段计息。

第十七条　保险公司在中国人民银行的保证金存款按金融机构准备金存款利率计息，在其他金融机构的存款按单位存款利率计息。

第十八条　金融机构按规定全额划缴中国人民银行的财政存款

一律不计息，不划缴的部分按单位存款利率计息。

第十九条　金融机构同业存款利率，最高不得超过准备金存款利率，计息和结息同第十五条。

第四章　贷款的结息

第二十条　短期贷款（期限在一年以下，含一年），按贷款合同签定日的相应档次的法定贷款利率计息。贷款合同期内，遇利率调整不分段计息。

短期贷款按季结息的，每季度末月的二十日为结息日；按月结息的，每月的二十日为结息日。具体结息方式由借贷双方协商确定。对贷款期内不能按期支付的利息按贷款合同利率按季或按月计收复利，贷款逾期后改按罚息利率计收复利。最后一笔贷款清偿时，利随本清。

第二十一条　中长期贷款（期限在一年以上）利率实行一年一定。贷款（包括贷款合同生效日起一年内应分笔拨付的所有资金）根据贷款合同确定的期限，按贷款合同生效日相应档次的法定贷款利率计息，每满一年后（分笔拨付的以第一笔贷款的发放日为准），再按当时相应档次的法定贷款利率确定下一年度利率。中长期贷款按季结息，每季度末月二十日为结息日。对贷款期内不能按期支付的利息按合同利率按季计收复利，贷款逾期后改按罚息利率计收复利。

第二十二条　贴现按贴现日确定的贴现利率一次性收取利息。

第二十三条　信托贷款利率由委托双方在不超过同期同档次法定贷款利率水平（含浮动）的范围内协商确定；租赁贷款利率按同期同档次法定贷款利率（含浮动）执行。

第二十四条　贷款展期，期限累计计算，累计期限达到新的利率期限档次时，自展期之日起，按展期日挂牌的同档次利率计息；达不到新的期限档次时，按展期日的原档次利率计息。

第二十五条　逾期贷款或挤占挪用贷款，从逾期或挤占挪用之日起，按罚息利率计收罚息，直到清偿本息为止，遇罚息利率调整分段计息。对贷款逾期或挪用期间不能按期支付的利息按罚息利率按季（短期贷款也可按月）计收复利。如同一笔贷款既逾期又挤占挪用，应择其重，不能并处。

第二十六条 借款人在借款合同到期日之前归还借款时，贷款人有权按原贷款合同向借款人收取利息。

第二十七条 个人住房贷款利率及其计结息办法按《个人住房贷款管理办法》有关规定执行，贷款逾期按本规定第二十五条办理。

第二十八条 中国人民银行对金融机构再贷款按合同利率计息，遇利率调整不分段计息。按季结息，每季度末月二十日为结息日。对贷款期内不能按期支付的利息按合同利率计收复利。

再贷款展期，贷款期限不累计计算，按展期日相应档次的再贷款利率计息。再贷款逾期，按逾期日的罚息利率计收罚息，直到归还本息，遇罚息利率调整分段计息。对逾期期间不能按期支付的利息按罚息利率按季计收复利。

第二十九条 再贴现按再贴现日的再贴现利率一次性收取利息。

第五章 罚 则

第三十条 有下列行为之一的，属于利率违规行为：

（一）擅自提高或降低存、贷款利率的；

（二）变相提高或降低存、贷款利率的；

（三）擅自或变相以高利率发行债券的；

（四）其他违反本规定和国家利率政策的。

第三十一条 对存在上述利率违规行为的金融机构，中国人民银行将视其情节及所致后果轻重，依照有关法律法规给相应处罚。

第三十二条 金融机构违反国家法律法规和利率政策而多收的贷款利息或少付的存款利息，以及个人、法人及其他组织因金融机构违规而多收的存款利息或少付的贷款利息，不受法律保护。

第三十三条 金融机构因非不可抗力拖延或拒绝支付存款人已到期合法存款的，未付期间按该笔存款原存单利率对存款人支付利息。

第三十四条 对违反《企业债券管理条例》，擅自或变相对高利率发行债券的企业，辖区内中国人民银行有权制止，并会同有关部门依照《企业债券管理条例》等有关法规进行处罚。

第三十五条　对违反本规定的金融机构的主要负责人、业务部门负责人及直接业务人员,视情节轻重和造成危害的程度,按照中国人民银行《关于对金融机构违法违规经营责任人的行政处分规定》给予相应处分。

第三十六条　违反利率管理规定的当事人,对中国人民银行做出的处罚不服的,可以按《行政复议条例》有关规定向上一级人民银行申请复议。

第六章　附　　则

第三十七条　本规定由中国人民银行总行负责解释、说明和修改。

第三十八条　本规定自一九九九年四月一日起实行。此前凡与本规定相抵触的,皆以本规定为准。

贷款通则

(中国人民银行令1996年2号　1996年6月28日公布
自1996年8月1日起施行)

目　　录

第一章 总 则

第一条 为了规范贷款行为,维护借贷双方的合法权益,保证信贷资产的安全,提高贷款使用的整体效益,促进社会经济的持续发展,根据《中华人民共和国中国人民银行法》、《中华人民共和国商业银行法》等有关法律规定,制定本通则。

第二条 本通则所称贷款人,系指在中国境内依法设立的经营贷款业务的中资金融机构。

本通则所称借款人,系指从经营贷款业务的中资金融机构取得贷款的法人、其他经济组织、个体工商户和自然人。

本通则中所称贷款系指贷款人对借款人提供的并按约定的利率和期限还本付息的货币资金。

本通则中的贷款币种包括人民币和外币。

第三条 贷款的发放和使用应当符合国家的法律、行政法规和中国人民银行发布的行政规章,应当遵循效益性、安全性和流动性的原则。

第四条 借款人与贷款人的借贷活动应当遵循平等、自愿、公平和诚实信用的原则。

第五条 贷款人开展贷款业务,应当遵循公平竞争、密切协作的原则,不得从事不正当竞争。

第六条 中国人民银行及其分支机构是实施《贷款通则》的监管机关。

第二章 贷款种类

第七条 自营贷款、委托贷款和特定贷款:

自营贷款,系指贷款人以合法方式筹集的资金自主发放的贷款,其风险由贷款人承担,并由贷款人收回本金和利息。

委托贷款,系指由政府部门、企事业单位及个人等委托人提供资金,由贷款人(即受托人)根据委托人确定的贷款对象、用途、金额期限、利率等代为发放、监督使用并协助收回的贷款。贷款人(受托人)只收取手续费,不承担贷款风险。

特定贷款,系指国务院批准并对贷款可能造成的损失采取相应补救措施后责成国有独资商业银行发放的贷款。

第八条　短期贷款、中期贷款和长期贷款:

短期贷款,系指贷款期限在1年以内(含1年)的贷款。

中期贷款,系指贷款期限在1年以上(不含1年)5年以下(含5年)的贷款。

长期贷款,系指贷款期限在5年(不含5年)以上的贷款。

第九条　信用贷款、担保贷款和票据贴现:

信用贷款,系指以借款人的信誉发放的贷款。

担保贷款,系指保证贷款、抵押贷款、质押贷款。

保证贷款,系指按《中华人民共和国担保法》规定的保证方式以第三人承诺在借款人不能偿还贷款时,按约定承担一般保证责任或者连带责任而发放的贷款。

抵押贷款,系指按《中华人民共和国担保法》规定的抵押方式以借款人或第三人的财产作为抵押物发放的贷款。

质押贷款,系指按《中华人民共和国担保法》规定的质押方式以借款人或第三人的动产或权利作为质物发放的贷款。

票据贴现,系指贷款人以购买借款人未到期商业票据的方式发放的贷款。

第十条　除委托贷款以外,贷款人发放贷款,借款人应当提供担保。贷款人应当对保证人的偿还能力,抵押物、质物的权属和价值以及实现抵押权、质权的可行性进行严格审查。

经贷款审查、评估,确认借款人资信良好,确能偿还贷款的,可以不提供担保。

第三章　贷款期限和利率

第十一条　贷款期限:

贷款限期根据借款人的生产经营周期、还款能力和贷款人的资金供给能力由借贷双方共同商议后确定，并在借款合同中载明。

自营贷款期限最长一般不得超过10年，超过10年应当报中国人民银行备案。

票据贴现的贴现期限最长不得超过6个月，贴现期限为从贴现之日起到票据到期日止。

第十二条　贷款展期：

不能按期归还贷款的，借款人应当在贷款到期日之前，向贷款人申请贷款展期。是否展期由贷款人决定。申请保证贷款、抵押贷款、质押贷款展期的，还应当由保证人、抵押人、出质人出具同意的书面证明。已有约定的，按照约定执行。

短期贷款展期期限累计不得超过原贷款期限；中期贷款展期期限累计不得超过原贷款期限的一半；长期贷款展期期限累计不得超过3年。国家另有规定者除外。借款人未申请展期或申请展期未得到批准，其贷款从到期日次日起，转入逾期贷款账户。

第十三条　贷款利率的确定：

贷款人应当按照中国人民银行规定的贷款利率上下限，确定每笔贷款利率，并在借款合同中载明。

第十四条　贷款利息的计收：

贷款人和借款人应当按借款合同和中国人民银行有关计息规定按期计收或交付利息。

贷款的展期期限加上原期限达到新的利率期限档次时，从展期之日起，贷款利息按新的期限档次利率计收。

逾期贷款按规定计收罚息。

第十五条　贷款的贴息：

根据国家政策，为了促进某些产业和地区经济的发展，有关部门可以对贷款补贴利息。

对有关部门贴息的贷款，承办银行应当自主审查发放，并根据本通则有关规定严格管理。

第十六条　贷款停息、减息、缓息和免息；

除国务院决定外，任何单位和个人无权决定停息、减息、缓息和免息。贷款人应当依据国务院决定，按照职责权限范围具体办理停息、减息、缓息和免息。

第四章　借　款　人

第十七条　借款人应当是经工商行政管理机关(或主管机关)核准登记的企(事)业法人、其他经济组织、个体工商户或具有中华人民共和国国籍的具有完全民事行为能力的自然人。

借款人申请贷款,应当具备产品有市场、生产经营有效益、不挤占挪用贷款资金、恪守信用等基本条件,并且应当符合以下要求:

一、有按期还本付息的能力,原应付贷款利息和到期贷款已清偿;没有清偿的,已经做了贷款人认可的偿还计划。

二、除自然人和不需要经工商部门核准登记的事业法人外,应当经过工商部门办理年检手续。

三、已开立基本账户或一般存款账户。

四、除国务院规定外,有限责任公司和股份有限公司对外股本权益性投资累计额未超过其净资产总额的50%。

五、借款人的资产负债率符合贷款人的要求。

六、申请中期、长期贷款的,新建项目的企业法人所有者权益与项目所需总投资的比例不低于国家规定的投资项目的资本金比例。

第十八条　借款人的权利:

一、可以自主向主办银行或者其他银行的经办机构申请贷款并依条件取得贷款;

二、有权按合同约定提取和使用全部贷款;

三、有权拒绝借款合同以外的附加条件;

四、有权向贷款人的上级和中国人民银行反映、举报有关情况;

五、在征得贷款人同意后,有权向第三人转让债务。

第十九条　借款人的义务:

一、应当如实提供贷款人要求的资料(法律规定不能提供者除外),应当向贷款人如实提供所有开户行、账号及存贷款余额情况,配合贷款人的调查、审查和检查;

二、应当接受贷款人对其使用信贷资金情况和有关生产经营、财务活动的监督;

三、应当按借款合同约定用途使用贷款;

四、应当按借款合同约定及时清偿贷款本息;

五、将债务全部或部分转让给第三人的,应当取得贷款人的同意;

六、有危及贷款人债权安全情况时,应当及时通知贷款人,同时采取保全措施。

第二十条 对借款人的限制:

一、不得在一个贷款人同一辖区内的两个或两个以上同级分支机构取得贷款。

二、不得向贷款人提供虚假的或者隐瞒重要事实的资产负债表、损益表等。

三、不得用贷款从事股本权益性投资,国家另有规定的除外。

四、不得用贷款在有价证券、期货等方面从事投机经营。

五、除依法取得经营房地产资格的借款人以外,不得用贷款经营房地产业务;依法取得经营房地产资格的借款人,不得用贷款从事房地产投机。

六、不得套取贷款用于借贷牟取非法收入。

七、不得违反国家外汇管理规定使用外币贷款。

八、不得采取欺诈手段骗取贷款。

第五章 贷 款 人

第二十一条 贷款人必须经中国人民银行批准经营贷款业务,持有中国人民银行颁发的《金融机构法人许可证》或《金融机构营业许可证》,并经工商行政管理部门核准登记。

第二十二条 贷款人的权利:

根据贷款条件和贷款程序自主审查和决定贷款,除国务院批准的特定贷款外,有权拒绝任何单位和个人强令其发放贷款或者提供担保。

一、要求借款人提供与借款有关的资料;

二、根据借款人的条件,决定贷与不贷、贷款金额、期限和利率等;

三、了解借款人的生产经营活动和财务活动;

四、依合同约定从借款人账户上划收贷款本金和利息;

五、借款人未能履行借款合同规定义务的，贷款人有权依合同约定要求借款人提前归还贷款或停止支付借款人尚未使用的贷款；

六、在贷款将受或已受损失的，可依据合同规定，采取使贷款免受损失的措施。

第二十三条 贷款人的义务：

一、应当公布所经营的贷款的种类、期限和利率，并向借款人提供咨询。

二、应当公开贷款审查的资信内容和发放贷款的条件。

三、贷款人应当审议借款人的借款申请，并及时答复贷与不贷。短期贷款答复时间不得超过1个月，中期、长期贷款答复时间不得超过六个月；国家另有规定者除外。

四、应当对借款人债务、财务、生产、经营情况保密，但对依法查询者除外。

第二十四条 对贷款人的限制：

一、贷款的发放必须严格执行《中华人民共和国商业银行法》第三十九条关于资产负债比例管理的有关规定，第四十条关于不得向关系人发放信用贷款、向关系人发放担保贷款的条件不得优于其他借款人同类贷款条件的规定。

二、借款人有下列情形之一者，不得对其发放贷款：

（一）不具备本通则第四章第十七条所规定的资格和条件的；

（二）生产、经营或投资国家明文禁止的产品、项目的；

（三）违反国家外汇管理规定的；

（四）建设项目按国家规定应当报有关部门批准而未取得批准文件的；

（五）生产经营或投资项目未取得环境保护部门许可的；

（六）在实行承包、租赁、联营、合并（兼并）、合作、分立、产权有偿转让、股份制改造等体制变更过程中，未清偿原有贷款债务、落实原有贷款债务或提供相应担保的；

（七）有其他严重违法经营行为的。

三、未经中国人民银行批准，不得对自然人发放外币币种的贷款。

四、自营贷款和特定贷款，除按中国人民银行规定计收利息之外，不得收取其他任何费用;委托贷款,除按中国人民银行规定计收手续费之外,不得收取其他任何费用。

五、不得给委托人垫付资金,国家另有规定的除外。

六、严格控制信用贷款,积极推广担保贷款。

第六章 贷 款 程 序

第二十五条 贷款申请:

借款人需要贷款,应当向主办银行或者其他银行的经办机构直接申请。

借款人应当填写包括借款金额、借款用途、偿还能力及还款方式等主要内容的《借款申请书》并提供以下资料:

一、借款人及保证人基本情况;

二、财政部门或会计(审计)事务所核准的上年度财务报告,以及申请借款前一期的财务报告;

三、原有不合理占用的贷款的纠正情况;

四、抵押物、质物清单和有处分权人的同意抵押、质押的证明及保证人拟同意保证的有关证明文件;

五、项目建议书和可行性报告;

六、贷款人认为需要提供的其他有关资料。

第二十六条 对借款人的信用等级评估:

应当根据借款人的领导者素质、经济实力、资金结构、履约情况、经营效益和发展前景等因素,评定借款人的信用等级。评级可由贷款人独立进行,内部掌握,也可由有权部门批准的评估机构进行。

第二十七条 贷款调查:

贷款人受理借款人申请后,应当对借款人的信用等级以及借款的合法性、安全性、盈利性等情况进行调查,核实抵押物、质物、保证人情况,测定贷款的风险度。

第二十八条 贷款审批:

贷款人应当建立审贷分离、分级审批的贷款管理制度。审查人员应当对调查人员提供的资料进行核实、评定,复测贷款风险度,提出意见,按规定权限报批。

第二十九条 签订借款合同：

所有贷款应当由贷款人与借款人签订借款合同。借款合同应当约定借款种类，借款用途、金额、利率，借款期限，还款方式，借、贷双方的权利、义务，违约责任和双方认为需要约定的其他事项。

保证贷款应当由保证人与贷款人签订保证合同，或保证人在借款合同上载明与贷款人协商一致的保证条款，加盖保证人的法人公章，并由保证人的法定代表人或其授权代理人签署姓名。抵押贷款、质押贷款应当由抵押人、出质人与贷款人签订抵押合同、质押合同，需要办理登记的，应依法办理登记。

第三十条 贷款发放：

贷款人要按借款合同规定按期发放贷款。贷款人不按合同约定按期发放贷款的，应偿还违约金。借款人不按合同约定用款的，应偿付违约金。

第三十一条 贷后检查：

贷款发放后，贷款人应当对借款人执行借款合同情况及借款人的经营情况进行追踪调查和检查。

第三十二条 贷款归还：

借款人应当按照借款合同规定按时足额归还贷款本息。

贷款人在短期贷款到期1个星期之前、中长期贷款到期1个月之前，应当向借款人发送还本付息通知单；借款人应当及时筹备资金，按时还本付息。

贷款人对逾期的贷款要及时发出催收通知单，做好逾期贷款本息的催收工作。

贷款人对不能按借款合同约定期限归还的贷款，应当按规定加罚利息；对不能归还或者不能落实还本付息事宜的，应当督促归还或者依法起诉。

借款人提前归还贷款，应当与贷款人协商。

第七章 不良贷款监管

第三十三条 贷款人应当建立和完善贷款的质量监管制度，对不良贷款进行分类、登记、考核和催收。

第三十四条　不良贷款系指呆账贷款、呆滞贷款、逾期贷款。

呆账贷款,系指按财政部有关规定列为呆账的贷款。

呆滞贷款,系指按财政部有关规定,逾期(含展期后到期)超过规定年限以上仍未归还的贷款,或虽未逾期或逾期不满规定年限但生产经营已终止、项目已停建的贷款(不含呆账贷款)。

逾期贷款,系指借款合同约定到期(含展期后到期)未归还的贷款(不含呆滞贷款和呆账贷款)。

第三十五条　不良贷款的登记:

不良贷款由会计、信贷部门提供数据,由稽核部门负责审核并按规定权限认定,贷款人应当按季填报不良贷款情况表。在报上级行的同时,应当报中国人民银行当地分支机构。

第三十六条　不良贷款的考核:

贷款人的呆账贷款、呆滞贷款、逾期贷款不得超过中国人民银行规定的比例。贷款人应当对所属分支机构下达和考核呆账贷款、呆滞贷款和逾期贷款的有关指标。

第三十七条　不良贷款的催收和呆账贷款的冲销:

信贷部门负责不良贷款的催收,稽核部门负责对催收情况的检查。贷款人应当按照国家有关规定提取呆账准备金,并按照呆账冲销的条件和程序冲销呆账贷款。

未经国务院批准,贷款人不得豁免贷款。除国务院批准外,任何单位和个人不得强令贷款人豁免贷款。

第八章　贷款管理责任制

第三十八条　贷款管理实行行长(经理、主任,下同)负责制。

贷款实行分级经营管理。各级行长应当在授权范围内对贷款的发放和收回负全部责任。行长可以授权副行长或贷款管理部门负责审批贷款,副行长或贷款管理部门负责人应当对行长负责。

第三十九条　贷款人各级机构应当建立有行长或副行长(经理、主任,下同)和有关部门负责人参加的贷款审查委员会(小组),负责贷款的审查。

第四十条　建立审贷分离制:

贷款调查评估人员负责贷款调查评估，承担调查失误和评估失准的责任；贷款审查人员负责贷款风险的审查，承担审查失误的责任；贷款发放人员负责贷款的检查和清收，承担检查失误、清收不力的责任。

第四十一条 建立贷款分级审批制：

贷款人应当根据业务量大小、管理水平和贷款风险度确定各级分支机构的审批权限，超过审批权限的贷款，应当报上级审批。各级分支机构应当根据贷款种类、借款人的信用等级和抵押物、质物、保证人等情况确定每一笔贷款的风险度。

第四十二条 建立和健全信贷工作岗位责任制：

各级贷款管理部门应将贷款管理的每一个环节的管理责任落实到部门、岗位、个人，严格划分各级信贷工作人员的职责。

第四十三条 贷款人对大额借款人建立驻厂信贷员制度。

第四十四条 建立离职审计制：

贷款管理人员在调离原工作岗位时，应当对其在任职期间和权限内所发放的贷款风险情况进行审计。

第九章 贷款债权保全和清偿的管理

第四十五条 借款人不得违反法律规定，借兼并、破产或者股份制改造等途径，逃避银行债务，侵吞信贷资金；不得借承包、租赁等途径逃避贷款人的信贷监管以及偿还贷款本息的责任。

第四十六条 贷款人有权参与处于兼并、破产或股份制改造等过程中的借款人的债务重组，应当要求借款人落实贷款还本付息事宜。

第四十七条 贷款人应当要求实行承包、租赁经营的借款人，在承包、租赁合同中明确落实原贷款债务的偿还责任。

第四十八条 贷款人对实行股份制改造的借款人，应当要求其重新签订借款合同，明确原贷款债务的清偿责任。

对实行整体股份制改造的借款人，应当明确其所欠贷款债务由改造后公司全部承担；对实行部分股份制改造的借款人，应当要求改造后的股份公司按占用借款人的资本金或资产的比例承担原借款人的贷款债务。

第四十九条 贷款人对联营后组成新的企业法人的借款人，应当要求其依据所占用的资本金或资产的比例将贷款债务落实到新的企业法人。

第五十条 贷款人对合并(兼并)的借款人,应当要求其在合并(兼并)前清偿贷款债务或提供相应的担保。

借款人不清偿贷款债务或未提供相应担保,贷款人应当要求合并(兼并)企业或合并后新成立的企业承担归还原借款人贷款的义务,并与之重新签订有关合同或协议。

第五十一条 贷款人对与外商合资(合作)的借款人,应当要求其继续承担合资(合作)前的贷款归还责任,并要求其将所得收益优先归还贷款。借款人用已作为贷款抵押、质押的财产与外商合资(合作)时必须征求贷款人同意。

第五十二条 贷款人对分立的借款人,应当要求其在分立前清偿贷款债务或提供相应的担保。

借款人不清偿贷款债务或未提供相应担保,贷款人应当要求分立后的各企业,按照分立时所占资本或资产比例或协议,对原借款人所欠贷款承担清偿责任。对设立子公司的借款人,应当要求其子公司按所得资本或资产的比例承担和偿还母公司相应的贷款债务。

第五十三条 贷款人对产权有偿转让或申请解散的借款人,应当要求其在产权转让或解散前必须落实贷款债务的清偿。

第五十四条 贷款人应当按照有关法律参与借款人破产财产的认定与债权债务的处置,对于破产借款人已设定财产抵押、质押或其他担保的贷款债权,贷款人依法享有优先受偿权;无财产担保的贷款债权按法定程序和比例受偿。

第十章 贷款管理特别规定

第五十五条 建立贷款主办行制度:

借款人应按中国人民银行的规定与其开立基本账户的贷款人建立贷款主办行关系。

借款人发生企业分立、股份制改造、重大项目建设等涉及信贷资金使用和安全的重大经济活动,事先应当征求主办行的意见。一个借款人只能有一个贷款主办行,主办行应当随基本账户的变更而变更。

主办行不包资金,但应当按规定有计划地对借款人提供贷款,为借款人提供必要的信息咨询、代理等金融服务。

贷款主办行制度与实施办法,由中国人民银行另行规定。

第五十六条 银团贷款应当确定一个贷款人为牵头行,并签订银团贷款协议,明确各贷款人的权利和义务,共同评审贷款项目。牵头行应当按协议确定的比例监督贷款的偿还。银团贷款管理办法由中国人民银行另行规定。

第五十七条 特定贷款管理:

国有独资商业银行应当按国务院规定发放和管理特定贷款。

特定贷款管理办法另行规定。

第五十八条 非银行金融机构贷款的种类、对象、范围,应当符合中国人民银行规定。

第五十九条 贷款人发放异地贷款,或者接受异地存款,应当报中国人民银行当地分支机构备案。

第六十条 信贷资金不得用于财政支出。

第六十一条 各级行政部门和企事业单位、供销合作社等合作经济组织、农村合作基金会和其他基金会,不得经营存贷款等金融业务。企业之间不得违反国家规定办理借贷或者变相借贷融资业务。

第十一章 罚 则

第六十二条 贷款人违反资产负债比例管理有关规定发放贷款的,应当依照《中华人民共和国商业银行法》第七十五条,由中国人民银行责令改正,处以罚款,有违法所得的没收违法所得,并且应当依照第七十六条对直接负责的主管人员和其他直接责任人员给予处罚。

第六十三条 贷款人违反规定向关系人发放信用贷款或者发放担保贷款的条件优于其他借款人同类贷款条件的,应当依照《中华人民共和国商业银行法》第七十四条处罚,并且应当依照第七十六条对有关直接责任人员给予处罚。

第六十四条 贷款人的工作人员对单位或者个人强令其发放贷款或者提供担保未予拒绝的,应当依照《中华人民共和国商业银行法》第八十五条给予纪律处分,造成损失的应当承担相应的赔偿责任。

第六十五条　贷款人的有关责任人员违反本通则有关规定，应当给予纪律处分和罚款；情节严重或屡次违反的，应当调离工作岗位，取消任职资格；造成严重经济损失或者构成其他经济犯罪的，应当依照有关法律规定追究刑事责任。

第六十六条　贷款人有下列情形之一，由中国人民银行责令改正；逾期不改正的，中国人民银行可以处以五千元以上一万元以下罚款：

一、没有公布所经营贷款的种类、期限、利率的；

二、没有公开贷款条件和发放贷款时要审查的内容的；

三、没有在规定期限内答复借款人贷款申请的。

第六十七条　贷款人有下列情形之一，由中国人民银行责令改正；有违法所得的，没收违法所得，并处以违法所得1倍以上3倍以下罚款；没有违法所得的，处以五万元以上三十万元以下罚款；构成犯罪的，依法追究刑事责任：

一、贷款人违反规定代垫委托贷款资金的；

二、未经中国人民银行批准，对自然人发放外币贷款的；

三、贷款人违反中国人民银行规定，对自营贷款或者特定贷款在计收利息之外收取其他任何费用的，或者对委托贷款在计收手续费之外收取其他任何费用的。

第六十八条　任何单位和个人强令银行发放贷款或者提供担保的，应当依照《中华人民共和国商业银行法》第八十五条，对直接负责的主管人员和其他直接责任人员或者个人给予纪律处分；造成经济损失的，承担全部或者部分赔偿责任。

第六十九条　借款人采取欺诈手段骗取贷款，构成犯罪的，应当依照《中华人民共和国商业银行法》第八十条等法律规定处以罚款并追究刑事责任。

第七十条　借款人违反本通则第九章第四十五条规定，蓄意通过兼并、破产或者股份制改造等途径侵吞信贷资金的，应当依据有关法律规定承担相应部分赔偿责任并处以罚款；造成贷款人重大经济损失的，应当依照有关法律规定追究直接责任人员的刑事责任。

借款人违反本通则第九章其他条款规定，致使贷款债务落空，由贷款人停止发放新贷款,并提前收回原发放的贷款。造成信贷资产损失的,借款人及其主管人员或其他个人,应当承担部分或全部赔偿责任。在未履行赔偿责任之前,其他任何贷款人不得对其发放贷款。

第七十一条 借款人有下列情形之一,由贷款人对其部分或全部贷款加收利息;情节特别严重的,由贷款人停止支付借款人尚未使用的贷款,并提前收回部分或全部贷款:

一、不按借款合同规定用途使用贷款的。

二、用贷款进行股本权益性投资的。

三、用贷款在有价证券、期货等方面从事投机经营的。

四、未依法取得经营房地产资格的借款人用贷款经营房地产业务的;依法取得经营房地产资格的借款人,用贷款从事房地产投机的。

五、不按借款合同规定清偿贷款本息的。

六、套取贷款相互借贷牟取非法收入的。

第七十二条 借款人有下列情形之一,由贷款人责令改正。情节特别严重或逾期不改正的,由贷款人停止支付借款人尚未使用的贷款,并提前收回部分或全部贷款:

一、向贷款人提供虚假或者隐瞒重要事实的资产负债表、损益表等资料的;

二、不如实向贷款人提供所有开户行、账号及存贷款余额等资料的;

三、拒绝接受贷款人对其使用信贷资金情况和有关生产经营、财务活动监督的。

第七十三条 行政部门、企事业单位、股份合作经济组织、供销合作社、农村合作基金会和其他基金会擅自发放贷款的;企业之间擅自办理借贷或者变相借贷的,由中国人民银行对出借方按违规收入处以1倍以上至5倍以下罚款,并由中国人民银行予以取缔。

第七十四条 当事人对中国人民银行处罚决定不服的,可按《中国人民银行行政复议办法(试行)》的规定申请复议,复议期间仍按原处罚执行。

第十二章 附 则

第七十五条 国家政策性银行、外资金融机构(含外资、中外合资、外资金融机构的分支机构等)的贷款管理办法,由中国人民银行另行制定。

第七十六条 有关外国政府贷款、出口信贷、外商贴息贷款、出口信贷项下的对外担保以及与上述贷款配套的国际商业贷款的管理办法,由中国人民银行另行制定。

第七十七条 贷款人可根据本通则制定实施细则,报中国人民银行备案。

第七十八条 本通则自实施之日起,中国人民银行和各贷款人在此以前制定的各种规定,与本通则有抵触者,以本通则为准。

第七十九条 本通则由中国人民银行负责解释。

第八十条 本通则自一九九六年八月一日起施行。

（二）民事诉讼与金融审判

法　律

中华人民共和国民事诉讼法

（1991年4月9日第七届全国人民代表大会第四次会议通过　根据2007年10月28日第十届全国人民代表大会常务委员会第三十次会议《关于修改〈中华人民共和国民事诉讼法〉的决定》第一次修正　根据2012年8月31日第十一届全国人民代表大会常务委员会第二十八次会议《关于修改〈中华人民共和国民事诉讼法〉的决定》第二次修正　根据2017年6月27日第十二届全国人民代表大会常务委员会第二十八次会议《关于修改〈中华人民共和国民事诉讼法〉和〈中华人民共和国行政诉讼法〉的决定》第三次修正　根据2021年12月24日第十三届全国人民代表大会常务委员会第三十二次会议《关于修改〈中华人民共和国民事诉讼法〉的决定》第四次修正　根据2023年9月1日第十四届全国人民代表大会常务委员会第五次会议《关于修改〈中华人民共和国民事诉讼法〉的决定》第五次修正）

目　　录

第三节 移送管辖和指定管辖
第三章 审判组织
第四章 回　　避
第五章 诉讼参加人
第一节 当事人
第二节 诉讼代理人
第六章 证　　据
第七章 期间、送达
第一节 期　　间
第二节 送　　达
第八章 调　　解
第九章 保全和先予执行
第十章 对妨害民事诉讼的强制措施
第十一章 诉讼费用
第二编 审判程序
第十二章 第一审普通程序
第一节 起诉和受理
第二节 审理前的准备
第三节 开庭审理
第四节 诉讼中止和终结
第五节 判决和裁定
第十三章 简易程序
第十四章 第二审程序
第十五章 特别程序
第一节 一般规定
第二节 选民资格案件
第三节 宣告失踪、宣告死亡案件
第四节 指定遗产管理人案件
第五节 认定公民无民事行为能力、限制民事行为能力案件
第六节 认定财产无主案件
第七节 确认调解协议案件

第一编　总　　则

第一章　任务、适用范围和基本原则

第一条　中华人民共和国民事诉讼法以宪法为根据，结合我国民事审判工作的经验和实际情况制定。

第二条　中华人民共和国民事诉讼法的任务，是保护当事人行使诉讼权利，保证人民法院查明事实，分清是非，正确适用法律，及时审理民事案件，确认民事权利义务关系，制裁民事违法行为，保护当事人的合法权益，教育公民自觉遵守法律，维护社会秩序、经济秩序，保障社会主义建设事业顺利进行。

第三条　人民法院受理公民之间、法人之间、其他组织之间以及他们相互之间因财产关系和人身关系提起的民事诉讼，适用本法的规定。

第四条　凡在中华人民共和国领域内进行民事诉讼，必须遵守本法。

第五条 外国人、无国籍人、外国企业和组织在人民法院起诉、应诉，同中华人民共和国公民、法人和其他组织有同等的诉讼权利义务。

外国法院对中华人民共和国公民、法人和其他组织的民事诉讼权利加以限制的，中华人民共和国人民法院对该国公民、企业和组织的民事诉讼权利，实行对等原则。

第六条 民事案件的审判权由人民法院行使。

人民法院依照法律规定对民事案件独立进行审判，不受行政机关、社会团体和个人的干涉。

第七条 人民法院审理民事案件，必须以事实为根据，以法律为准绳。

第八条 民事诉讼当事人有平等的诉讼权利。人民法院审理民事案件，应当保障和便利当事人行使诉讼权利，对当事人在适用法律上一律平等。

第九条 人民法院审理民事案件，应当根据自愿和合法的原则进行调解；调解不成的，应当及时判决。

第十条 人民法院审理民事案件，依照法律规定实行合议、回避、公开审判和两审终审制度。

第十一条 各民族公民都有用本民族语言、文字进行民事诉讼的权利。

在少数民族聚居或者多民族共同居住的地区，人民法院应当用当地民族通用的语言、文字进行审理和发布法律文书。

人民法院应当对不通晓当地民族通用的语言、文字的诉讼参与人提供翻译。

第十二条 人民法院审理民事案件时，当事人有权进行辩论。

第十三条 民事诉讼应当遵循诚信原则。

当事人有权在法律规定的范围内处分自己的民事权利和诉讼权利。

第十四条 人民检察院有权对民事诉讼实行法律监督。

第十五条 机关、社会团体、企业事业单位对损害国家、集体或者个人民事权益的行为，可以支持受损害的单位或者个人向人民法院起诉。

第十六条　经当事人同意，民事诉讼活动可以通过信息网络平台在线进行。

民事诉讼活动通过信息网络平台在线进行的，与线下诉讼活动具有同等法律效力。

第十七条　民族自治地方的人民代表大会根据宪法和本法的原则，结合当地民族的具体情况，可以制定变通或者补充的规定。自治区的规定，报全国人民代表大会常务委员会批准。自治州、自治县的规定，报省或者自治区的人民代表大会常务委员会批准，并报全国人民代表大会常务委员会备案。

第二章　管　　辖

第一节　级别管辖

第十八条　基层人民法院管辖第一审民事案件，但本法另有规定的除外。

第十九条　中级人民法院管辖下列第一审民事案件：

（一）重大涉外案件；

（二）在本辖区有重大影响的案件；

（三）最高人民法院确定由中级人民法院管辖的案件。

第二十条　高级人民法院管辖在本辖区有重大影响的第一审民事案件。

第二十一条　最高人民法院管辖下列第一审民事案件：

（　）在全国有重大影响的案件；

（二）认为应当由本院审理的案件。

第二节　地域管辖

第二十二条　对公民提起的民事诉讼，由被告住所地人民法院管辖；被告住所地与经常居住地不一致的，由经常居住地人民法院管辖。

对法人或者其他组织提起的民事诉讼，由被告住所地人民法院管辖。

同一诉讼的几个被告住所地、经常居住地在两个以上人民法院辖区的,各该人民法院都有管辖权。

第二十三条 下列民事诉讼,由原告住所地人民法院管辖;原告住所地与经常居住地不一致的,由原告经常居住地人民法院管辖:

(一)对不在中华人民共和国领域内居住的人提起的有关身份关系的诉讼;

(二)对下落不明或者宣告失踪的人提起的有关身份关系的诉讼;

(三)对被采取强制性教育措施的人提起的诉讼;

(四)对被监禁的人提起的诉讼。

第二十四条 因合同纠纷提起的诉讼,由被告住所地或者合同履行地人民法院管辖。

第二十五条 因保险合同纠纷提起的诉讼,由被告住所地或者保险标的物所在地人民法院管辖。

第二十六条 因票据纠纷提起的诉讼,由票据支付地或者被告住所地人民法院管辖。

第二十七条 因公司设立、确认股东资格、分配利润、解散等纠纷提起的诉讼,由公司住所地人民法院管辖。

第二十八条 因铁路、公路、水上、航空运输和联合运输合同纠纷提起的诉讼,由运输始发地、目的地或者被告住所地人民法院管辖。

第二十九条 因侵权行为提起的诉讼,由侵权行为地或者被告住所地人民法院管辖。

第三十条 因铁路、公路、水上和航空事故请求损害赔偿提起的诉讼,由事故发生地或者车辆、船舶最先到达地、航空器最先降落地或者被告住所地人民法院管辖。

第三十一条 因船舶碰撞或者其他海事损害事故请求损害赔偿提起的诉讼,由碰撞发生地、碰撞船舶最先到达地、加害船舶被扣留地或者被告住所地人民法院管辖。

第三十二条 因海难救助费用提起的诉讼,由救助地或者被救助船舶最先到达地人民法院管辖。

第三十三条 因共同海损提起的诉讼,由船舶最先到达地、共同海损理算地或者航程终止地的人民法院管辖。

第三十四条 下列案件,由本条规定的人民法院专属管辖:

（一）因不动产纠纷提起的诉讼，由不动产所在地人民法院管辖；

（二）因港口作业中发生纠纷提起的诉讼，由港口所在地人民法院管辖；

（三）因继承遗产纠纷提起的诉讼，由被继承人死亡时住所地或者主要遗产所在地人民法院管辖。

第三十五条 合同或者其他财产权益纠纷的当事人可以书面协议选择被告住所地、合同履行地、合同签订地、原告住所地、标的物所在地等与争议有实际联系的地点的人民法院管辖，但不得违反本法对级别管辖和专属管辖的规定。

第三十六条 两个以上人民法院都有管辖权的诉讼，原告可以向其中一个人民法院起诉；原告向两个以上有管辖权的人民法院起诉的，由最先立案的人民法院管辖。

第三节 移送管辖和指定管辖

第三十七条 人民法院发现受理的案件不属于本院管辖的，应当移送有管辖权的人民法院，受移送的人民法院应当受理。受移送的人民法院认为受移送的案件依照规定不属于本院管辖的，应当报请上级人民法院指定管辖，不得再自行移送。

第三十八条 有管辖权的人民法院由于特殊原因，不能行使管辖权的，由上级人民法院指定管辖。

人民法院之间因管辖权发生争议，由争议双方协商解决；协商解决不了的，报请它们的共同上级人民法院指定管辖。

第三十九条 上级人民法院有权审理下级人民法院管辖的第一审民事案件；确有必要将本院管辖的第一审民事案件交下级人民法院审理的，应当报请其上级人民法院批准。

下级人民法院对它所管辖的第一审民事案件，认为需要由上级人民法院审理的，可以报请上级人民法院审理。

第三章 审判组织

第四十条 人民法院审理第一审民事案件，由审判员、人民陪审员共同组成合议庭或者由审判员组成合议庭。合议庭的成员人数，必须是单数。

适用简易程序审理的民事案件，由审判员一人独任审理。基层人民法院审理的基本事实清楚、权利义务关系明确的第一审民事案件，可以由审判员一人适用普通程序独任审理。

人民陪审员在参加审判活动时，除法律另有规定外，与审判员有同等的权利义务。

第四十一条 人民法院审理第二审民事案件，由审判员组成合议庭。合议庭的成员人数，必须是单数。

中级人民法院对第一审适用简易程序审结或者不服裁定提起上诉的第二审民事案件，事实清楚、权利义务关系明确的，经双方当事人同意，可以由审判员一人独任审理。

发回重审的案件，原审人民法院应当按照第一审程序另行组成合议庭。

审理再审案件，原来是第一审的，按照第一审程序另行组成合议庭；原来是第二审的或者是上级人民法院提审的，按照第二审程序另行组成合议庭。

第四十二条 人民法院审理下列民事案件，不得由审判员一人独任审理：

（一）涉及国家利益、社会公共利益的案件；

（二）涉及群体性纠纷，可能影响社会稳定的案件；

（三）人民群众广泛关注或者其他社会影响较大的案件；

（四）属于新类型或者疑难复杂的案件；

（五）法律规定应当组成合议庭审理的案件；

（六）其他不宜由审判员一人独任审理的案件。

第四十三条 人民法院在审理过程中，发现案件不宜由审判员一人独任审理的，应当裁定转由合议庭审理。

当事人认为案件由审判员一人独任审理违反法律规定的，可以向人民法院提出异议。人民法院对当事人提出的异议应当审查，异议成立的，裁定转由合议庭审理；异议不成立的，裁定驳回。

第四十四条 合议庭的审判长由院长或者庭长指定审判员一人担任；院长或者庭长参加审判的，由院长或者庭长担任。

第四十五条 合议庭评议案件,实行少数服从多数的原则。评议应当制作笔录,由合议庭成员签名。评议中的不同意见,必须如实记入笔录。

第四十六条 审判人员应当依法秉公办案。

审判人员不得接受当事人及其诉讼代理人请客送礼。

审判人员有贪污受贿,徇私舞弊,枉法裁判行为的,应当追究法律责任;构成犯罪的,依法追究刑事责任。

第四章 回 避

第四十七条 审判人员有下列情形之一的,应当自行回避,当事人有权用口头或者书面方式申请他们回避:

(一)是本案当事人或者当事人、诉讼代理人近亲属的;

(二)与本案有利害关系的;

(三)与本案当事人、诉讼代理人有其他关系,可能影响对案件公正审理的。

审判人员接受当事人、诉讼代理人请客送礼,或者违反规定会见当事人、诉讼代理人的,当事人有权要求他们回避。

审判人员有前款规定的行为的,应当依法追究法律责任。

前三款规定,适用于法官助理、书记员、司法技术人员、翻译人员、鉴定人、勘验人。

第四十八条 当事人提出回避申请,应当说明理由,在案件开始审理时提出;回避事由在案件开始审理后知道的,也可以在法庭辩论终结前提出。

被申请回避的人员在人民法院作出是否回避的决定前,应当暂停参与本案的工作,但案件需要采取紧急措施的除外。

第四十九条 院长担任审判长或者独任审判员时的回避,由审判委员会决定;审判人员的回避,由院长决定;其他人员的回避,由审判长或者独任审判员决定。

第五十条 人民法院对当事人提出的回避申请,应当在申请提出的三日内,以口头或者书面形式作出决定。申请人对决定不服的,可以在接到决定时申请复议一次。复议期间,被申请回避的人员,不停止参与本案的工作。人民法院对复议申请,应当在三日内作出复议决定,并通知复议申请人。

第五章 诉讼参加人

第一节 当 事 人

第五十一条 公民、法人和其他组织可以作为民事诉讼的当事人。

法人由其法定代表人进行诉讼。其他组织由其主要负责人进行诉讼。

第五十二条 当事人有权委托代理人,提出回避申请,收集、提供证据,进行辩论,请求调解,提起上诉,申请执行。

当事人可以查阅本案有关材料,并可以复制本案有关材料和法律文书。查阅、复制本案有关材料的范围和办法由最高人民法院规定。

当事人必须依法行使诉讼权利,遵守诉讼秩序,履行发生法律效力的判决书、裁定书和调解书。

第五十三条 双方当事人可以自行和解。

第五十四条 原告可以放弃或者变更诉讼请求。被告可以承认或者反驳诉讼请求,有权提起反诉。

第五十五条 当事人一方或者双方为二人以上,其诉讼标的是共同的,或者诉讼标的是同一种类、人民法院认为可以合并审理并经当事人同意的,为共同诉讼。

共同诉讼的一方当事人对诉讼标的有共同权利义务的,其中一人的诉讼行为经其他共同诉讼人承认,对其他共同诉讼人发生效力;对诉讼标的没有共同权利义务的,其中一人的诉讼行为对其他共同诉讼人不发生效力。

第五十六条 当事人一方人数众多的共同诉讼,可以由当事人推选代表人进行诉讼。代表人的诉讼行为对其所代表的当事人发生效力,但代表人变更、放弃诉讼请求或者承认对方当事人的诉讼请求,进行和解,必须经被代表的当事人同意。

第五十七条 诉讼标的是同一种类、当事人一方人数众多在起诉时人数尚未确定的，人民法院可以发出公告，说明案件情况和诉讼请求，通知权利人在一定期间向人民法院登记。

向人民法院登记的权利人可以推选代表人进行诉讼；推选不出代表人的，人民法院可以与参加登记的权利人商定代表人。

代表人的诉讼行为对其所代表的当事人发生效力，但代表人变更、放弃诉讼请求或者承认对方当事人的诉讼请求，进行和解，必须经被代表的当事人同意。

人民法院作出的判决、裁定，对参加登记的全体权利人发生效力。未参加登记的权利人在诉讼时效期间提起诉讼的，适用该判决、裁定。

第五十八条　对污染环境、侵害众多消费者合法权益等损害社会公共利益的行为，法律规定的机关和有关组织可以向人民法院提起诉讼。

人民检察院在履行职责中发现破坏生态环境和资源保护、食品药品安全领域侵害众多消费者合法权益等损害社会公共利益的行为，在没有前款规定的机关和组织或者前款规定的机关和组织不提起诉讼的情况下，可以向人民法院提起诉讼。前款规定的机关或者组织提起诉讼的，人民检察院可以支持起诉。

第五十九条　对当事人双方的诉讼标的，第三人认为有独立请求权的，有权提起诉讼。

对当事人双方的诉讼标的，第三人虽然没有独立请求权，但案件处理结果同他有法律上的利害关系的，可以申请参加诉讼，或者由人民法院通知他参加诉讼。人民法院判决承担民事责任的第三人，有当事人的诉讼权利义务。

前两款规定的第三人，因不能归责于本人的事由未参加诉讼，但有证据证明发生法律效力的判决、裁定、调解书的部分或者全部内容错误，损害其民事权益的，可以自知道或者应当知道其民事权益受到损害之日起六个月内，向作出该判决、裁定、调解书的人民法院提起诉讼。人民法院经审理，诉讼请求成立的，应当改变或者撤销原判决、裁定、调解书；诉讼请求不成立的，驳回诉讼请求。

第二节 诉讼代理人

第六十条 无诉讼行为能力人由他的监护人作为法定代理人代为诉讼。法定代理人之间互相推诿代理责任的,由人民法院指定其中一人代为诉讼。

第六十一条 当事人、法定代理人可以委托一至二人作为诉讼代理人。

下列人员可以被委托为诉讼代理人:

(一)律师、基层法律服务工作者;

(二)当事人的近亲属或者工作人员;

(三)当事人所在社区、单位以及有关社会团体推荐的公民。

第六十二条 委托他人代为诉讼,必须向人民法院提交由委托人签名或者盖章的授权委托书。

授权委托书必须记明委托事项和权限。诉讼代理人代为承认、放弃、变更诉讼请求,进行和解,提起反诉或者上诉,必须有委托人的特别授权。

侨居在国外的中华人民共和国公民从国外寄交或者托交的授权委托书,必须经中华人民共和国驻该国的使领馆证明;没有使领馆的,由与中华人民共和国有外交关系的第三国驻该国的使领馆证明,再转由中华人民共和国驻该第三国使领馆证明,或者由当地的爱国华侨团体证明。

第六十三条 诉讼代理人的权限如果变更或者解除,当事人应当书面告知人民法院,并由人民法院通知对方当事人。

第六十四条 代理诉讼的律师和其他诉讼代理人有权调查收集证据,可以查阅本案有关材料。查阅本案有关材料的范围和办法由最高人民法院规定。

第六十五条 离婚案件有诉讼代理人的,本人除不能表达意思的以外,仍应出庭;确因特殊情况无法出庭的,必须向人民法院提交书面意见。

第六章 证 据

第六十六条 证据包括：

（一）当事人的陈述；

（二）书证；

（三）物证；

（四）视听资料；

（五）电子数据；

（六）证人证言；

（七）鉴定意见；

（八）勘验笔录。

证据必须查证属实，才能作为认定事实的根据。

第六十七条 当事人对自己提出的主张，有责任提供证据。

当事人及其诉讼代理人因客观原因不能自行收集的证据，或者人民法院认为审理案件需要的证据，人民法院应当调查收集。

人民法院应当按照法定程序，全面地、客观地审查核实证据。

第六十八条 当事人对自己提出的主张应当及时提供证据。

人民法院根据当事人的主张和案件审理情况，确定当事人应当提供的证据及其期限。当事人在该期限内提供证据确有困难的，可以向人民法院申请延长期限，人民法院根据当事人的申请适当延长。当事人逾期提供证据的，人民法院应当责令其说明理由；拒不说明理由或者理由不成立的，人民法院根据不同情形可以不予采纳该证据，或者采纳该证据但予以训诫、罚款。

第六十九条 人民法院收到当事人提交的证据材料，应当出具收据，写明证据名称、页数、份数、原件或者复印件以及收到时间等，并由经办人员签名或者盖章。

第七十条 人民法院有权向有关单位和个人调查取证，有关单位和个人不得拒绝。

人民法院对有关单位和个人提出的证明文书，应当辨别真伪，审查确定其效力。

第七十一条 证据应当在法庭上出示，并由当事人互相质证。对涉及国家秘密、商业秘密和个人隐私的证据应当保密,需要在法庭出示的,不得在公开开庭时出示。

第七十二条 经过法定程序公证证明的法律事实和文书,人民法院应当作为认定事实的根据,但有相反证据足以推翻公证证明的除外。

第七十三条 书证应当提交原件。物证应当提交原物。提交原件或者原物确有困难的,可以提交复制品、照片、副本、节录本。

提交外文书证,必须附有中文译本。

第七十四条 人民法院对视听资料,应当辨别真伪,并结合本案的其他证据,审查确定能否作为认定事实的根据。

第七十五条 凡是知道案件情况的单位和个人,都有义务出庭作证。有关单位的负责人应当支持证人作证。

不能正确表达意思的人,不能作证。

第七十六条 经人民法院通知,证人应当出庭作证。有下列情形之一的,经人民法院许可,可以通过书面证言、视听传输技术或者视听资料等方式作证:

(一)因健康原因不能出庭的;

(二)因路途遥远,交通不便不能出庭的;

(三)因自然灾害等不可抗力不能出庭的;

(四)其他有正当理由不能出庭的。

第七十七条 证人因履行出庭作证义务而支出的交通、住宿、就餐等必要费用以及误工损失,由败诉一方当事人负担。当事人申请证人作证的,由该当事人先行垫付;当事人没有申请,人民法院通知证人作证的,由人民法院先行垫付。

第七十八条 人民法院对当事人的陈述,应当结合本案的其他证据,审查确定能否作为认定事实的根据。

当事人拒绝陈述的,不影响人民法院根据证据认定案件事实。

第七十九条 当事人可以就查明事实的专门性问题向人民法院申请鉴定。当事人申请鉴定的,由双方当事人协商确定具备资格的鉴定人;协商不成的,由人民法院指定。

当事人未申请鉴定,人民法院对专门性问题认为需要鉴定的,应当委托具备资格的鉴定人进行鉴定。

第八十条　鉴定人有权了解进行鉴定所需要的案件材料,必要时可以询问当事人、证人。

鉴定人应当提出书面鉴定意见,在鉴定书上签名或者盖章。

第八十一条　当事人对鉴定意见有异议或者人民法院认为鉴定人有必要出庭的,鉴定人应当出庭作证。经人民法院通知,鉴定人拒不出庭作证的,鉴定意见不得作为认定事实的根据;支付鉴定费用的当事人可以要求返还鉴定费用。

第八十二条　当事人可以申请人民法院通知有专门知识的人出庭,就鉴定人作出的鉴定意见或者专业问题提出意见。

第八十三条　勘验物证或者现场,勘验人必须出示人民法院的证件,并邀请当地基层组织或者当事人所在单位派人参加。当事人或者当事人的成年家属应当到场,拒不到场的,不影响勘验的进行。

有关单位和个人根据人民法院的通知,有义务保护现场,协助勘验工作。

勘验人应当将勘验情况和结果制作笔录,由勘验人、当事人和被邀参加人签名或者盖章。

第八十四条　在证据可能灭失或者以后难以取得的情况下,当事人可以在诉讼过程中向人民法院申请保全证据,人民法院也可以主动采取保全措施。

因情况紧急,在证据可能灭失或者以后难以取得的情况下,利害关系人可以在提起诉讼或者申请仲裁前向证据所在地、被申请人住所地或者对案件有管辖权的人民法院申请保全证据。

证据保全的其他程序,参照适用本法第九章保全的有关规定。

第七章　期间、送达

第一节　期　　间

第八十五条　期间包括法定期间和人民法院指定的期间。

期间以时、日、月、年计算。期间开始的时和日,不计算在期间内。

期间届满的最后一日是法定休假日的,以法定休假日后的第一日为期间届满的日期。

期间不包括在途时间,诉讼文书在期满前交邮的,不算过期。

第八十六条　当事人因不可抗拒的事由或者其他正当理由耽误期限的,在障碍消除后的十日内,可以申请顺延期限,是否准许,由人民法院决定。

第二节　送　　达

第八十七条　送达诉讼文书必须有送达回证,由受送达人在送达回证上记明收到日期,签名或者盖章。

受送达人在送达回证上的签收日期为送达日期。

第八十八条　送达诉讼文书,应当直接送交受送达人。受送达人是公民的,本人不在交他的同住成年家属签收;受送达人是法人或者其他组织的,应当由法人的法定代表人、其他组织的主要负责人或者该法人、组织负责收件的人签收;受送达人有诉讼代理人的,可以送交其代理人签收;受送达人已向人民法院指定代收人的,送交代收人签收。

受送达人的同住成年家属,法人或者其他组织的负责收件的人,诉讼代理人或者代收人在送达回证上签收的日期为送达日期。

第八十九条　受送达人或者他的同住成年家属拒绝接收诉讼文书的,送达人可以邀请有关基层组织或者所在单位的代表到场,说明情况,在送达回证上记明拒收事由和日期,由送达人、见证人签名或者盖章,把诉讼文书留在受送达人的住所;也可以把诉讼文书留在受送达人的住所,并采用拍照、录像等方式记录送达过程,即视为送达。

第九十条　经受送达人同意,人民法院可以采用能够确认其收悉的电子方式送达诉讼文书。通过电子方式送达的判决书、裁定书、调解书,受送达人提出需要纸质文书的,人民法院应当提供。

采用前款方式送达的,以送达信息到达受送达人特定系统的日期为送达日期。

第九十一条　直接送达诉讼文书有困难的,可以委托其他人民法院代为送达,或者邮寄送达。邮寄送达的,以回执上注明的收件日期为送达日期。

第九十二条　受送达人是军人的，通过其所在部队团以上单位的政治机关转交。

第九十三条　受送达人被监禁的，通过其所在监所转交。

受送达人被采取强制性教育措施的，通过其所在强制性教育机构转交。

第九十四条　代为转交的机关、单位收到诉讼文书后，必须立即交受送达人签收，以在送达回证上的签收日期，为送达日期。

第九十五条　受送达人下落不明，或者用本节规定的其他方式无法送达的，公告送达。自发出公告之日起，经过三十日，即视为送达。

公告送达，应当在案卷中记明原因和经过。

第八章　调　　解

第九十六条　人民法院审理民事案件，根据当事人自愿的原则，在事实清楚的基础上，分清是非，进行调解。

第九十七条　人民法院进行调解，可以由审判员一人主持，也可以由合议庭主持，并尽可能就地进行。

人民法院进行调解，可以用简便方式通知当事人、证人到庭。

第九十八条　人民法院进行调解，可以邀请有关单位和个人协助。被邀请的单位和个人，应当协助人民法院进行调解。

第九十九条　调解达成协议，必须双方自愿，不得强迫。调解协议的内容不得违反法律规定。

第一百条　调解达成协议，人民法院应当制作调解书。调解书应当写明诉讼请求、案件的事实和调解结果。

调解书由审判人员、书记员署名，加盖人民法院印章，送达双方当事人。

调解书经双方当事人签收后，即具有法律效力。

第一百零一条　下列案件调解达成协议，人民法院可以不制作调解书：

（一）调解和好的离婚案件；

（二）调解维持收养关系的案件；

（三）能够即时履行的案件；

(四)其他不需要制作调解书的案件。

对不需要制作调解书的协议,应当记入笔录,由双方当事人、审判人员、书记员签名或者盖章后,即具有法律效力。

第一百零二条　调解未达成协议或者调解书送达前一方反悔的,人民法院应当及时判决。

第九章　保全和先予执行

第一百零三条　人民法院对于可能因当事人一方的行为或者其他原因,使判决难以执行或者造成当事人其他损害的案件,根据对方当事人的申请,可以裁定对其财产进行保全、责令其作出一定行为或者禁止其作出一定行为;当事人没有提出申请的,人民法院在必要时也可以裁定采取保全措施。

人民法院采取保全措施,可以责令申请人提供担保,申请人不提供担保的,裁定驳回申请。

人民法院接受申请后,对情况紧急的,必须在四十八小时内作出裁定;裁定采取保全措施的,应当立即开始执行。

第一百零四条　利害关系人因情况紧急,不立即申请保全将会使其合法权益受到难以弥补的损害的,可以在提起诉讼或者申请仲裁前向被保全财产所在地、被申请人住所地或者对案件有管辖权的人民法院申请采取保全措施。申请人应当提供担保,不提供担保的,裁定驳回申请。

人民法院接受申请后,必须在四十八小时内作出裁定;裁定采取保全措施的,应当立即开始执行。

申请人在人民法院采取保全措施后三十日内不依法提起诉讼或者申请仲裁的,人民法院应当解除保全。

第一百零五条　保全限于请求的范围,或者与本案有关的财物。

第一百零六条　财产保全采取查封、扣押、冻结或者法律规定的其他方法。人民法院保全财产后,应当立即通知被保全财产的人。

财产已被查封、冻结的,不得重复查封、冻结。

第一百零七条　财产纠纷案件,被申请人提供担保的,人民法院应当裁定解除保全。

第一百零八条　申请有错误的，申请人应当赔偿被申请人因保全所遭受的损失。

第一百零九条　人民法院对下列案件，根据当事人的申请，可以裁定先予执行：

（一）追索赡养费、扶养费、抚养费、抚恤金、医疗费用的；

（二）追索劳动报酬的；

（三）因情况紧急需要先予执行的。

第一百一十条　人民法院裁定先予执行的，应当符合下列条件：

（一）当事人之间权利义务关系明确，不先予执行将严重影响申请人的生活或者生产经营的；

（二）被申请人有履行能力。

人民法院可以责令申请人提供担保，申请人不提供担保的，驳回申请。申请人败诉的，应当赔偿被申请人因先予执行遭受的财产损失。

第一百一十一条　当事人对保全或者先予执行的裁定不服的，可以申请复议一次。复议期间不停止裁定的执行。

第十章　对妨害民事诉讼的强制措施

第一百一十二条　人民法院对必须到庭的被告，经两次传票传唤，无正当理由拒不到庭的，可以拘传。

第一百一十三条　诉讼参与人和其他人应当遵守法庭规则。

人民法院对违反法庭规则的人，可以予以训诫，责令退出法庭或者予以罚款、拘留。

人民法院对哄闹、冲击法庭，侮辱、诽谤、威胁、殴打审判人员，严重扰乱法庭秩序的人，依法追究刑事责任；情节较轻的，予以罚款、拘留。

第一百一十四条　诉讼参与人或者其他人有下列行为之一的，人民法院可以根据情节轻重予以罚款、拘留；构成犯罪的，依法追究刑事责任：

（一）伪造、毁灭重要证据，妨碍人民法院审理案件的；

（二）以暴力、威胁、贿买方法阻止证人作证或者指使、贿买、胁迫

他人作伪证的;

(三)隐藏、转移、变卖、毁损已被查封、扣押的财产,或者已被清点并责令其保管的财产,转移已被冻结的财产的;

(四)对司法工作人员、诉讼参加人、证人、翻译人员、鉴定人、勘验人、协助执行的人,进行侮辱、诽谤、诬陷、殴打或者打击报复的;

(五)以暴力、威胁或者其他方法阻碍司法工作人员执行职务的;

(六)拒不履行人民法院已经发生法律效力的判决、裁定的。

人民法院对有前款规定的行为之一的单位,可以对其主要负责人或者直接责任人员予以罚款、拘留;构成犯罪的,依法追究刑事责任。

第一百一十五条 当事人之间恶意串通,企图通过诉讼、调解等方式侵害国家利益、社会公共利益或者他人合法权益的,人民法院应当驳回其请求,并根据情节轻重予以罚款、拘留;构成犯罪的,依法追究刑事责任。

当事人单方捏造民事案件基本事实,向人民法院提起诉讼,企图侵害国家利益、社会公共利益或者他人合法权益的,适用前款规定。

第一百一十六条 被执行人与他人恶意串通,通过诉讼、仲裁、调解等方式逃避履行法律文书确定的义务的,人民法院应当根据情节轻重予以罚款、拘留;构成犯罪的,依法追究刑事责任。

第一百一十七条 有义务协助调查、执行的单位有下列行为之一的,人民法院除责令其履行协助义务外,并可以予以罚款:

(一)有关单位拒绝或者妨碍人民法院调查取证的;

(二)有关单位接到人民法院协助执行通知书后,拒不协助查询、扣押、冻结、划拨、变价财产的;

(三)有关单位接到人民法院协助执行通知书后,拒不协助扣留被执行人的收入、办理有关财产权证照转移手续、转交有关票证、证照或者其他财产的;

(四)其他拒绝协助执行的。

人民法院对有前款规定的行为之一的单位,可以对其主要负责人或者直接责任人员予以罚款;对仍不履行协助义务的,可以予以拘留;并可以向监察机关或者有关机关提出予以纪律处分的司法建议。

第一百一十八条 对个人的罚款金额,为人民币十万元以下。对单位的罚款金额,为人民币五万元以上一百万元以下。

拘留的期限,为十五日以下。

被拘留的人,由人民法院交公安机关看管。在拘留期间,被拘留人承认并改正错误的,人民法院可以决定提前解除拘留。

第一百一十九条 拘传、罚款、拘留必须经院长批准。

拘传应当发拘传票。

罚款、拘留应当用决定书。对决定不服的,可以向上一级人民法院申请复议一次。复议期间不停止执行。

第一百二十条 采取对妨害民事诉讼的强制措施必须由人民法院决定。任何单位和个人采取非法拘禁他人或者非法私自扣押他人财产追索债务的,应当依法追究刑事责任,或者予以拘留、罚款。

第十一章 诉讼费用

第一百二十一条 当事人进行民事诉讼,应当按照规定交纳案件受理费。财产案件除交纳案件受理费外,并按照规定交纳其他诉讼费用。

当事人交纳诉讼费用确有困难的,可以按照规定向人民法院申请缓交、减交或者免交。

收取诉讼费用的办法另行制定。

第二编 审判程序

第十二章 第一审普通程序

第一节 起诉和受理

第一百二十二条 起诉必须符合下列条件:

(一)原告是与本案有直接利害关系的公民、法人和其他组织;

(二)有明确的被告;

(三)有具体的诉讼请求和事实、理由;

(四)属于人民法院受理民事诉讼的范围和受诉人民法院管辖。

第一百二十三条 起诉应当向人民法院递交起诉状,并按照被告人数提出副本。

书写起诉状确有困难的,可以口头起诉,由人民法院记入笔录,并告知对方当事人。

第一百二十四条 起诉状应当记明下列事项:

(一)原告的姓名、性别、年龄、民族、职业、工作单位、住所、联系方式,法人或者其他组织的名称、住所和法定代表人或者主要负责人的姓名、职务、联系方式;

(二)被告的姓名、性别、工作单位、住所等信息,法人或者其他组织的名称、住所等信息;

(三)诉讼请求和所根据的事实与理由;

(四)证据和证据来源,证人姓名和住所。

第一百二十五条 当事人起诉到人民法院的民事纠纷,适宜调解的,先行调解,但当事人拒绝调解的除外。

第一百二十六条 人民法院应当保障当事人依照法律规定享有的起诉权利。对符合本法第一百二十二条的起诉,必须受理。符合起诉条件的,应当在七日内立案,并通知当事人;不符合起诉条件的,应当在七日内作出裁定书,不予受理;原告对裁定不服的,可以提起上诉。

第一百二十七条 人民法院对下列起诉,分别情形,予以处理:

(一)依照行政诉讼法的规定,属于行政诉讼受案范围的,告知原告提起行政诉讼;

(二)依照法律规定,双方当事人达成书面仲裁协议申请仲裁、不得向人民法院起诉的,告知原告向仲裁机构申请仲裁;

(三)依照法律规定,应当由其他机关处理的争议,告知原告向有关机关申请解决;

(四)对不属于本院管辖的案件,告知原告向有管辖权的人民法院起诉;

(五)对判决、裁定、调解书已经发生法律效力的案件,当事人又起诉的,告知原告申请再审,但人民法院准许撤诉的裁定除外;

(六)依照法律规定,在一定期限内不得起诉的案件,在不得起诉的期限内起诉的,不予受理;

(七)判决不准离婚和调解和好的离婚案件,判决、调解维持收养关系的案件，没有新情况、新理由，原告在六个月内又起诉的，不予受理。

第二节　审理前的准备

第一百二十八条　人民法院应当在立案之日起五日内将起诉状副本发送被告，被告应当在收到之日起十五日内提出答辩状。答辩状应当记明被告的姓名、性别、年龄、民族、职业、工作单位、住所、联系方式；法人或者其他组织的名称、住所和法定代表人或者主要负责人的姓名、职务、联系方式。人民法院应当在收到答辩状之日起五日内将答辩状副本发送原告。

被告不提出答辩状的，不影响人民法院审理。

第一百二十九条　人民法院对决定受理的案件，应当在受理案件通知书和应诉通知书中向当事人告知有关的诉讼权利义务，或者口头告知。

第一百三十条　人民法院受理案件后，当事人对管辖权有异议的，应当在提交答辩状期间提出。人民法院对当事人提出的异议，应当审查。异议成立的，裁定将案件移送有管辖权的人民法院；异议不成立的，裁定驳回。

当事人未提出管辖异议，并应诉答辩或者提出反诉的，视为受诉人民法院有管辖权，但违反级别管辖和专属管辖规定的除外。

第一百三十一条　审判人员确定后，应当在三日内告知当事人。

第一百三十二条　审判人员必须认真审核诉讼材料，调查收集必要的证据。

第一百三十三条　人民法院派出人员进行调查时，应当向被调查人出示证件。

调查笔录经被调查人校阅后，由被调查人、调查人签名或者盖章。

第一百三十四条　人民法院在必要时可以委托外地人民法院调查。

委托调查，必须提出明确的项目和要求。受委托人民法院可以主动补充调查。

受委托人民法院收到委托书后，应当在三十日内完成调查。因故不能完成的,应当在上述期限内函告委托人民法院。

第一百三十五条 必须共同进行诉讼的当事人没有参加诉讼的,人民法院应当通知其参加诉讼。

第一百三十六条 人民法院对受理的案件,分别情形,予以处理:

(一)当事人没有争议,符合督促程序规定条件的,可以转入督促程序;

(二)开庭前可以调解的,采取调解方式及时解决纠纷;

(三)根据案件情况,确定适用简易程序或者普通程序;

(四)需要开庭审理的,通过要求当事人交换证据等方式,明确争议焦点。

第三节 开庭审理

第一百三十七条 人民法院审理民事案件,除涉及国家秘密、个人隐私或者法律另有规定的以外,应当公开进行。

离婚案件,涉及商业秘密的案件,当事人申请不公开审理的,可以不公开审理。

第一百三十八条 人民法院审理民事案件,根据需要进行巡回审理,就地办案。

第一百三十九条 人民法院审理民事案件,应当在开庭三日前通知当事人和其他诉讼参与人。公开审理的,应当公告当事人姓名、案由和开庭的时间、地点。

第一百四十条 开庭审理前,书记员应当查明当事人和其他诉讼参与人是否到庭,宣布法庭纪律。

开庭审理时,由审判长或者独任审判员核对当事人,宣布案由,宣布审判人员、法官助理、书记员等的名单,告知当事人有关的诉讼权利义务,询问当事人是否提出回避申请。

第一百四十一条 法庭调查按照下列顺序进行:

(一)当事人陈述;

(二)告知证人的权利义务,证人作证,宣读未到庭的证人证言;

(三)出示书证、物证、视听资料和电子数据;

(四)宣读鉴定意见;

（五）宣读勘验笔录。

第一百四十二条 当事人在法庭上可以提出新的证据。

当事人经法庭许可，可以向证人、鉴定人、勘验人发问。

当事人要求重新进行调查、鉴定或者勘验的，是否准许，由人民法院决定。

第一百四十三条 原告增加诉讼请求，被告提出反诉，第三人提出与本案有关的诉讼请求，可以合并审理。

第一百四十四条 法庭辩论按照下列顺序进行：

（一）原告及其诉讼代理人发言；

（二）被告及其诉讼代理人答辩；

（三）第三人及其诉讼代理人发言或者答辩；

（四）互相辩论。

法庭辩论终结，由审判长或者独任审判员按照原告、被告、第三人的先后顺序征询各方最后意见。

第一百四十五条 法庭辩论终结，应当依法作出判决。判决前能够调解的，还可以进行调解，调解不成的，应当及时判决。

第一百四十六条 原告经传票传唤，无正当理由拒不到庭的，或者未经法庭许可中途退庭的，可以按撤诉处理；被告反诉的，可以缺席判决。

第一百四十七条 被告经传票传唤，无正当理由拒不到庭的，或者未经法庭许可中途退庭的，可以缺席判决。

第一百四十八条 宣判前，原告申请撤诉的，是否准许，由人民法院裁定。

人民法院裁定不准许撤诉的，原告经传票传唤，无正当理由拒不到庭的，可以缺席判决。

第一百四十九条 有下列情形之一的，可以延期开庭审理：

（一）必须到庭的当事人和其他诉讼参与人有正当理由没有到庭的；

（二）当事人临时提出回避申请的；

（三）需要通知新的证人到庭，调取新的证据，重新鉴定、勘验，或者需要补充调查的；

(四)其他应当延期的情形。

第一百五十条 书记员应当将法庭审理的全部活动记入笔录,由审判人员和书记员签名。

法庭笔录应当当庭宣读,也可以告知当事人和其他诉讼参与人当庭或者在五日内阅读。当事人和其他诉讼参与人认为对自己的陈述记录有遗漏或者差错的,有权申请补正。如果不予补正,应当将申请记录在案。

法庭笔录由当事人和其他诉讼参与人签名或者盖章。拒绝签名盖章的,记明情况附卷。

第一百五十一条 人民法院对公开审理或者不公开审理的案件,一律公开宣告判决。

当庭宣判的,应当在十日内发送判决书;定期宣判的,宣判后立即发给判决书。

宣告判决时,必须告知当事人上诉权利、上诉期限和上诉的法院。

宣告离婚判决,必须告知当事人在判决发生法律效力前不得另行结婚。

第一百五十二条 人民法院适用普通程序审理的案件,应当在立案之日起六个月内审结。有特殊情况需要延长的,经本院院长批准,可以延长六个月;还需要延长的,报请上级人民法院批准。

第四节 诉讼中止和终结

第一百五十三条 有下列情形之一的,中止诉讼:

(一)一方当事人死亡,需要等待继承人表明是否参加诉讼的;

(二)一方当事人丧失诉讼行为能力,尚未确定法定代理人的;

(三)作为一方当事人的法人或者其他组织终止,尚未确定权利义务承受人的;

(四)一方当事人因不可抗拒的事由,不能参加诉讼的;

(五)本案必须以另一案的审理结果为依据,而另一案尚未审结的;

(六)其他应当中止诉讼的情形。

中止诉讼的原因消除后,恢复诉讼。

第一百五十四条　有下列情形之一的，终结诉讼：

（一）原告死亡，没有继承人，或者继承人放弃诉讼权利的；

（二）被告死亡，没有遗产，也没有应当承担义务的人的；

（三）离婚案件一方当事人死亡的；

（四）追索赡养费、扶养费、抚养费以及解除收养关系案件的一方当事人死亡的。

第五节　判决和裁定

第一百五十五条　判决书应当写明判决结果和作出该判决的理由。判决书内容包括：

（一）案由、诉讼请求、争议的事实和理由；

（二）判决认定的事实和理由、适用的法律和理由；

（三）判决结果和诉讼费用的负担；

（四）上诉期间和上诉的法院。

判决书由审判人员、书记员署名，加盖人民法院印章。

第一百五十六条　人民法院审理案件，其中一部分事实已经清楚，可以就该部分先行判决。

第一百五十七条　裁定适用于下列范围：

（一）不予受理；

（二）对管辖权有异议的；

（三）驳回起诉；

（四）保全和先予执行；

（五）准许或者不准许撤诉；

（六）中止或者终结诉讼；

（七）补正判决书中的笔误；

（八）中止或者终结执行；

（九）撤销或者不予执行仲裁裁决；

（十）不予执行公证机关赋予强制执行效力的债权文书；

（十一）其他需要裁定解决的事项。

对前款第一项至第三项裁定，可以上诉。

裁定书应当写明裁定结果和作出该裁定的理由。裁定书由审判人员、书记员署名,加盖人民法院印章。口头裁定的,记入笔录。

第一百五十八条 最高人民法院的判决、裁定,以及依法不准上诉或者超过上诉期没有上诉的判决、裁定,是发生法律效力的判决、裁定。

第一百五十九条 公众可以查阅发生法律效力的判决书、裁定书,但涉及国家秘密、商业秘密和个人隐私的内容除外。

第十三章 简易程序

第一百六十条 基层人民法院和它派出的法庭审理事实清楚、权利义务关系明确、争议不大的简单的民事案件,适用本章规定。

基层人民法院和它派出的法庭审理前款规定以外的民事案件,当事人双方也可以约定适用简易程序。

第一百六十一条 对简单的民事案件,原告可以口头起诉。

当事人双方可以同时到基层人民法院或者它派出的法庭,请求解决纠纷。基层人民法院或者它派出的法庭可以当即审理,也可以另定日期审理。

第一百六十二条 基层人民法院和它派出的法庭审理简单的民事案件,可以用简便方式传唤当事人和证人、送达诉讼文书、审理案件,但应当保障当事人陈述意见的权利。

第一百六十三条 简单的民事案件由审判员一人独任审理,并不受本法第一百三十九条、第一百四十一条、第一百四十四条规定的限制。

第一百六十四条 人民法院适用简易程序审理案件,应当在立案之日起三个月内审结。有特殊情况需要延长的,经本院院长批准,可以延长一个月。

第一百六十五条 基层人民法院和它派出的法庭审理事实清楚、权利义务关系明确、争议不大的简单金钱给付民事案件,标的额为各省、自治区、直辖市上年度就业人员年平均工资百分之五十以下的,适用小额诉讼的程序审理,实行一审终审。

基层人民法院和它派出的法庭审理前款规定的民事案件,标的额超过各省、自治区、直辖市上年度就业人员年平均工资百分之五十但在二倍以下的，当事人双方也可以约定适用小额诉讼的程序。

第一百六十六条　人民法院审理下列民事案件，不适用小额诉讼的程序：

（一）人身关系、财产确权案件；

（二）涉外案件；

（三）需要评估、鉴定或者对诉前评估、鉴定结果有异议的案件；

（四）一方当事人下落不明的案件；

（五）当事人提出反诉的案件；

（六）其他不宜适用小额诉讼的程序审理的案件。

第一百六十七条　人民法院适用小额诉讼的程序审理案件，可以一次开庭审结并且当庭宣判。

第一百六十八条　人民法院适用小额诉讼的程序审理案件，应当在立案之日起两个月内审结。有特殊情况需要延长的，经本院院长批准，可以延长一个月。

第一百六十九条　人民法院在审理过程中，发现案件不宜适用小额诉讼的程序的，应当适用简易程序的其他规定审理或者裁定转为普通程序。

当事人认为案件适用小额诉讼的程序审理违反法律规定的，可以向人民法院提出异议。人民法院对当事人提出的异议应当审查，异议成立的，应当适用简易程序的其他规定审理或者裁定转为普通程序；异议不成立的，裁定驳回。

第一百七十条　人民法院在审理过程中，发现案件不宜适用简易程序的，裁定转为普通程序。

第十四章　第二审程序

第一百七十一条　当事人不服地方人民法院第一审判决的，有权在判决书送达之日起十五日内向上一级人民法院提起上诉。

当事人不服地方人民法院第一审裁定的，有权在裁定书送达之日起十日内向上一级人民法院提起上诉。

第一百七十二条　上诉应当递交上诉状。上诉状的内容，应当包括当事人的姓名，法人的名称及其法定代表人的姓名或者其他组织的名称及其主要负责人的姓名;原审人民法院名称、案件的编号和案由;上诉的请求和理由。

第一百七十三条 上诉状应当通过原审人民法院提出,并按照对方当事人或者代表人的人数提出副本。

当事人直接向第二审人民法院上诉的,第二审人民法院应当在五日内将上诉状移交原审人民法院。

第一百七十四条 原审人民法院收到上诉状,应当在五日内将上诉状副本送达对方当事人,对方当事人在收到之日起十五日内提出答辩状。人民法院应当在收到答辩状之日起五日内将副本送达上诉人。对方当事人不提出答辩状的,不影响人民法院审理。

原审人民法院收到上诉状、答辩状,应当在五日内连同全部案卷和证据,报送第二审人民法院。

第一百七十五条 第二审人民法院应当对上诉请求的有关事实和适用法律进行审查。

第一百七十六条 第二审人民法院对上诉案件应当开庭审理。经过阅卷、调查和询问当事人,对没有提出新的事实、证据或者理由,人民法院认为不需要开庭审理的,可以不开庭审理。

第二审人民法院审理上诉案件,可以在本院进行,也可以到案件发生地或者原审人民法院所在地进行。

第一百七十七条 第二审人民法院对上诉案件,经过审理,按照下列情形,分别处理:

(一)原判决、裁定认定事实清楚,适用法律正确的,以判决、裁定方式驳回上诉,维持原判决、裁定;

(二)原判决、裁定认定事实错误或者适用法律错误的,以判决、裁定方式依法改判、撤销或者变更;

(三)原判决认定基本事实不清的,裁定撤销原判决,发回原审人民法院重审,或者查清事实后改判;

(四)原判决遗漏当事人或者违法缺席判决等严重违反法定程序的,裁定撤销原判决,发回原审人民法院重审。

原审人民法院对发回重审的案件作出判决后,当事人提起上诉的,第二审人民法院不得再次发回重审。

第一百七十八条　第二审人民法院对不服第一审人民法院裁定的上诉案件的处理，一律使用裁定。

第一百七十九条　第二审人民法院审理上诉案件，可以进行调解。调解达成协议，应当制作调解书，由审判人员、书记员署名，加盖人民法院印章。调解书送达后，原审人民法院的判决即视为撤销。

第一百八十条　第二审人民法院判决宣告前，上诉人申请撤回上诉的，是否准许，由第二审人民法院裁定。

第一百八十一条　第二审人民法院审理上诉案件，除依照本章规定外，适用第一审普通程序。

第一百八十二条　第二审人民法院的判决、裁定，是终审的判决、裁定。

第一百八十三条　人民法院审理对判决的上诉案件，应当在第二审立案之日起三个月内审结。有特殊情况需要延长的，由本院院长批准。

人民法院审理对裁定的上诉案件，应当在第二审立案之日起三十日内作出终审裁定。

第十五章　特别程序

第一节　一般规定

第一百八十四条　人民法院审理选民资格案件、宣告失踪或者宣告死亡案件、指定遗产管理人案件、认定公民无民事行为能力或者限制民事行为能力案件、认定财产无主案件、确认调解协议案件和实现担保物权案件，适用本章规定。本章没有规定的，适用本法和其他法律的有关规定。

第一百八十五条　依照本章程序审理的案件，实行一审终审。选民资格案件或者重大、疑难的案件，由审判员组成合议庭审理；其他案件由审判员一人独任审理。

第一百八十六条　人民法院在依照本章程序审理案件的过程中，发现本案属于民事权益争议的，应当裁定终结特别程序，并告知利害关系人可以另行起诉。

第一百八十七条 人民法院适用特别程序审理的案件,应当在立案之日起三十日内或者公告期满后三十日内审结。有特殊情况需要延长的,由本院院长批准。但审理选民资格的案件除外。

第二节 选民资格案件

第一百八十八条 公民不服选举委员会对选民资格的申诉所作的处理决定,可以在选举日的五日以前向选区所在地基层人民法院起诉。

第一百八十九条 人民法院受理选民资格案件后,必须在选举日前审结。

审理时,起诉人、选举委员会的代表和有关公民必须参加。

人民法院的判决书,应当在选举日前送达选举委员会和起诉人,并通知有关公民。

第三节 宣告失踪、宣告死亡案件

第一百九十条 公民下落不明满二年,利害关系人申请宣告其失踪的,向下落不明人住所地基层人民法院提出。

申请书应当写明失踪的事实、时间和请求,并附有公安机关或者其他有关机关关于该公民下落不明的书面证明。

第一百九十一条 公民下落不明满四年,或者因意外事件下落不明满二年,或者因意外事件下落不明,经有关机关证明该公民不可能生存,利害关系人申请宣告其死亡的,向下落不明人住所地基层人民法院提出。

申请书应当写明下落不明的事实、时间和请求,并附有公安机关或者其他有关机关关于该公民下落不明的书面证明。

第一百九十二条 人民法院受理宣告失踪、宣告死亡案件后,应当发出寻找下落不明人的公告。宣告失踪的公告期间为三个月,宣告死亡的公告期间为一年。因意外事件下落不明,经有关机关证明该公民不可能生存的,宣告死亡的公告期间为三个月。

公告期间届满,人民法院应当根据被宣告失踪、宣告死亡的事实是否得到确认,作出宣告失踪、宣告死亡的判决或者驳回申请的判决。

第一百九十三条　被宣告失踪、宣告死亡的公民重新出现，经本人或者利害关系人申请，人民法院应当作出新判决，撤销原判决。

第四节　指定遗产管理人案件

第一百九十四条　对遗产管理人的确定有争议，利害关系人申请指定遗产管理人的，向被继承人死亡时住所地或者主要遗产所在地基层人民法院提出。

申请书应当写明被继承人死亡的时间、申请事由和具体请求，并附有被继承人死亡的相关证据。

第一百九十五条　人民法院受理申请后，应当审查核实，并按照有利于遗产管理的原则，判决指定遗产管理人。

第一百九十六条　被指定的遗产管理人死亡、终止、丧失民事行为能力或者存在其他无法继续履行遗产管理职责情形的，人民法院可以根据利害关系人或者本人的申请另行指定遗产管理人。

第一百九十七条　遗产管理人违反遗产管理职责，严重侵害继承人、受遗赠人或者债权人合法权益的，人民法院可以根据利害关系人的申请，撤销其遗产管理人资格，并依法指定新的遗产管理人。

第五节　认定公民无民事行为能力、限制民事行为能力案件

第一百九十八条　申请认定公民无民事行为能力或者限制民事行为能力，由利害关系人或者有关组织向该公民住所地基层人民法院提出。

申请书应当写明该公民无民事行为能力或者限制民事行为能力的事实和根据。

第一百九十九条　人民法院受理申请后，必要时应当对被请求认定为无民事行为能力或者限制民事行为能力的公民进行鉴定。申请人已提供鉴定意见的，应当对鉴定意见进行审查。

第二百条　人民法院审理认定公民无民事行为能力或者限制民事行为能力的案件，应当由该公民的近亲属为代理人，但申请人除外。近亲属互相推诿的，由人民法院指定其中一人为代理人。该公民健康

情况许可的,还应当询问本人的意见。

人民法院经审理认定申请有事实根据的,判决该公民为无民事行为能力或者限制民事行为能力人;认定申请没有事实根据的,应当判决予以驳回。

第二百零一条 人民法院根据被认定为无民事行为能力人、限制民事行为能力人本人、利害关系人或者有关组织的申请,证实该公民无民事行为能力或者限制民事行为能力的原因已经消除的,应当作出新判决,撤销原判决。

第六节 认定财产无主案件

第二百零二条 申请认定财产无主,由公民、法人或者其他组织向财产所在地基层人民法院提出。

申请书应当写明财产的种类、数量以及要求认定财产无主的根据。

第二百零三条 人民法院受理申请后,经审查核实,应当发出财产认领公告。公告满一年无人认领的,判决认定财产无主,收归国家或者集体所有。

第二百零四条 判决认定财产无主后,原财产所有人或者继承人出现,在民法典规定的诉讼时效期间可以对财产提出请求,人民法院审查属实后,应当作出新判决,撤销原判决。

第七节 确认调解协议案件

第二百零五条 经依法设立的调解组织调解达成调解协议,申请司法确认的,由双方当事人自调解协议生效之日起三十日内,共同向下列人民法院提出:

(一)人民法院邀请调解组织开展先行调解的,向作出邀请的人民法院提出;

(二)调解组织自行开展调解的,向当事人住所地、标的物所在地、调解组织所在地的基层人民法院提出;调解协议所涉纠纷应当由中级人民法院管辖的,向相应的中级人民法院提出。

第二百零六条 人民法院受理申请后,经审查,符合法律规定的,裁定调解协议有效，一方当事人拒绝履行或者未全部履行的，对方当事人可以向人民法院申请执行；不符合法律规定的，裁定驳回申请，当事人可以通过调解方式变更原调解协议或者达成新的调解协议，也可以向人民法院提起诉讼。

第八节 实现担保物权案件

第二百零七条 申请实现担保物权，由担保物权人以及其他有权请求实现担保物权的人依照民法典等法律，向担保财产所在地或者担保物权登记地基层人民法院提出。

第二百零八条 人民法院受理申请后，经审查，符合法律规定的，裁定拍卖、变卖担保财产，当事人依据该裁定可以向人民法院申请执行；不符合法律规定的，裁定驳回申请，当事人可以向人民法院提起诉讼。

第十六章 审判监督程序

第二百零九条 各级人民法院院长对本院已经发生法律效力的判决、裁定、调解书，发现确有错误，认为需要再审的，应当提交审判委员会讨论决定。

最高人民法院对地方各级人民法院已经发生法律效力的判决、裁定、调解书，上级人民法院对下级人民法院已经发生法律效力的判决、裁定、调解书，发现确有错误的，有权提审或者指令下级人民法院再审。

第二百一十条 当事人对已经发生法律效力的判决、裁定，认为有错误的，可以向上一级人民法院申请再审；当事人一方人数众多或者当事人双方为公民的案件，也可以向原审人民法院申请再审。当事人申请再审的，不停止判决、裁定的执行。

第二百一十一条 当事人的申请符合下列情形之一的，人民法院应当再审：

（一）有新的证据，足以推翻原判决、裁定的；

（二）原判决、裁定认定的基本事实缺乏证据证明的；

（三）原判决、裁定认定事实的主要证据是伪造的；

(四)原判决、裁定认定事实的主要证据未经质证的;

(五)对审理案件需要的主要证据,当事人因客观原因不能自行收集,书面申请人民法院调查收集,人民法院未调查收集的;

(六)原判决、裁定适用法律确有错误的;

(七)审判组织的组成不合法或者依法应当回避的审判人员没有回避的;

(八)无诉讼行为能力人未经法定代理人代为诉讼或者应当参加诉讼的当事人,因不能归责于本人或者其诉讼代理人的事由,未参加诉讼的;

(九)违反法律规定,剥夺当事人辩论权利的;

(十)未经传票传唤,缺席判决的;

(十一)原判决、裁定遗漏或者超出诉讼请求的;

(十二)据以作出原判决、裁定的法律文书被撤销或者变更的;

(十三)审判人员审理该案件时有贪污受贿,徇私舞弊,枉法裁判行为的。

第二百一十二条 当事人对已经发生法律效力的调解书,提出证据证明调解违反自愿原则或者调解协议的内容违反法律的,可以申请再审。经人民法院审查属实的,应当再审。

第二百一十三条 当事人对已经发生法律效力的解除婚姻关系的判决、调解书,不得申请再审。

第二百一十四条 当事人申请再审的,应当提交再审申请书等材料。人民法院应当自收到再审申请书之日起五日内将再审申请书副本发送对方当事人。对方当事人应当自收到再审申请书副本之日起十五日内提交书面意见;不提交书面意见的,不影响人民法院审查。人民法院可以要求申请人和对方当事人补充有关材料,询问有关事项。

第二百一十五条 人民法院应当自收到再审申请书之日起三个月内审查,符合本法规定的,裁定再审;不符合本法规定的,裁定驳回申请。有特殊情况需要延长的,由本院院长批准。

因当事人申请裁定再审的案件由中级人民法院以上的人民法院审理,但当事人依照本法第二百一十条的规定选择向基层人民法院申请再审的除外。最高人民法院、高级人民法院裁定再审的案件,由本院再审或者交其他人民法院再审,也可以交原审人民法院再审。

第二百一十六条 当事人申请再审,应当在判决、裁定发生法律效力后六个月内提出;有本法第二百一十一条第一项、第三项、第十二项、第十三项规定情形的,自知道或者应当知道之日起六个月内提出。

第二百一十七条 按照审判监督程序决定再审的案件,裁定中止原判决、裁定、调解书的执行,但追索赡养费、扶养费、抚养费、抚恤金、医疗费用、劳动报酬等案件,可以不中止执行。

第二百一十八条 人民法院按照审判监督程序再审的案件,发生法律效力的判决、裁定是由第一审法院作出的,按照第一审程序审理,所作的判决、裁定,当事人可以上诉;发生法律效力的判决、裁定是由第二审法院作出的,按照第二审程序审理,所作的判决、裁定,是发生法律效力的判决、裁定;上级人民法院按照审判监督程序提审的,按照第二审程序审理,所作的判决、裁定是发生法律效力的判决、裁定。

人民法院审理再审案件,应当另行组成合议庭。

第二百一十九条 最高人民检察院对各级人民法院已经发生法律效力的判决、裁定,上级人民检察院对下级人民法院已经发生法律效力的判决、裁定,发现有本法第二百一十一条规定情形之一的,或者发现调解书损害国家利益、社会公共利益的,应当提出抗诉。

地方各级人民检察院对同级人民法院已经发生法律效力的判决、裁定,发现有本法第二百一十一条规定情形之一的,或者发现调解书损害国家利益、社会公共利益的,可以向同级人民法院提出检察建议,并报上级人民检察院备案;也可以提请上级人民检察院向同级人民法院提出抗诉。

各级人民检察院对审判监督程序以外的其他审判程序中审判人员的违法行为,有权向同级人民法院提出检察建议。

第二百二十条 有下列情形之一的,当事人可以向人民检察院申请检察建议或者抗诉:

(一)人民法院驳回再审申请的;

(二)人民法院逾期未对再审申请作出裁定的;

(三)再审判决、裁定有明显错误的。

人民检察院对当事人的申请应当在三个月内进行审查,作出提出或者不予提出检察建议或者抗诉的决定。当事人不得再次向人民检察院申请检察建议或者抗诉。

第二百二十一条 人民检察院因履行法律监督职责提出检察建议或者抗诉的需要,可以向当事人或者案外人调查核实有关情况。

第二百二十二条 人民检察院提出抗诉的案件,接受抗诉的人民法院应当自收到抗诉书之日起三十日内作出再审的裁定;有本法第二百一十一条第一项至第五项规定情形之一的,可以交下一级人民法院再审,但经该下一级人民法院再审的除外。

第二百二十三条 人民检察院决定对人民法院的判决、裁定、调解书提出抗诉的,应当制作抗诉书。

第二百二十四条 人民检察院提出抗诉的案件,人民法院再审时,应当通知人民检察院派员出席法庭。

第十七章 督促程序

第二百二十五条 债权人请求债务人给付金钱、有价证券,符合下列条件的,可以向有管辖权的基层人民法院申请支付令:

(一)债权人与债务人没有其他债务纠纷的;

(二)支付令能够送达债务人的。

申请书应当写明请求给付金钱或者有价证券的数量和所根据的事实、证据。

第二百二十六条 债权人提出申请后,人民法院应当在五日内通知债权人是否受理。

第二百二十七条 人民法院受理申请后,经审查债权人提供的事实、证据,对债权债务关系明确、合法的,应当在受理之日起十五日内向债务人发出支付令;申请不成立的,裁定予以驳回。

债务人应当自收到支付令之日起十五日内清偿债务,或者向人民法院提出书面异议。

债务人在前款规定的期间不提出异议又不履行支付令的,债权人可以向人民法院申请执行。

第二百二十八条 人民法院收到债务人提出的书面异议后,经审查,异议成立的,应当裁定终结督促程序,支付令自行失效。

支付令失效的，转入诉讼程序，但申请支付令的一方当事人不同意提起诉讼的除外。

第十八章 公示催告程序

第二百二十九条 按照规定可以背书转让的票据持有人，因票据被盗、遗失或者灭失，可以向票据支付地的基层人民法院申请公示催告。依照法律规定可以申请公示催告的其他事项，适用本章规定。

申请人应当向人民法院递交申请书，写明票面金额、发票人、持票人、背书人等票据主要内容和申请的理由、事实。

第二百三十条 人民法院决定受理申请，应当同时通知支付人停止支付，并在三日内发出公告，催促利害关系人申报权利。公示催告的期间，由人民法院根据情况决定，但不得少于六十日。

第二百三十一条 支付人收到人民法院停止支付的通知，应当停止支付，至公示催告程序终结。

公示催告期间，转让票据权利的行为无效。

第二百三十二条 利害关系人应当在公示催告期间向人民法院申报。

人民法院收到利害关系人的申报后，应当裁定终结公示催告程序，并通知申请人和支付人。

申请人或者申报人可以向人民法院起诉。

第二百三十三条 没有人申报的，人民法院应当根据申请人的申请，作出判决，宣告票据无效。判决应当公告，并通知支付人。自判决公告之日起，申请人有权向支付人请求支付。

第二百三十四条 利害关系人因正当理由不能在判决前向人民法院申报的，自知道或者应当知道判决公告之日起一年内，可以向作出判决的人民法院起诉。

第三编 执行程序

第十九章 一般规定

第二百三十五条 发生法律效力的民事判决、裁定，以及刑事判决、裁定中的财产部分,由第一审人民法院或者与第一审人民法院同级的被执行的财产所在地人民法院执行。

法律规定由人民法院执行的其他法律文书,由被执行人住所地或者被执行的财产所在地人民法院执行。

第二百三十六条 当事人、利害关系人认为执行行为违反法律规定的,可以向负责执行的人民法院提出书面异议。当事人、利害关系人提出书面异议的,人民法院应当自收到书面异议之日起十五日内审查,理由成立的,裁定撤销或者改正;理由不成立的,裁定驳回。当事人、利害关系人对裁定不服的,可以自裁定送达之日起十日内向上一级人民法院申请复议。

第二百三十七条 人民法院自收到申请执行书之日起超过六个月未执行的,申请执行人可以向上一级人民法院申请执行。上一级人民法院经审查,可以责令原人民法院在一定期限内执行,也可以决定由本院执行或者指令其他人民法院执行。

第二百三十八条 执行过程中,案外人对执行标的提出书面异议的,人民法院应当自收到书面异议之日起十五日内审查,理由成立的,裁定中止对该标的的执行;理由不成立的,裁定驳回。案外人、当事人对裁定不服,认为原判决、裁定错误的,依照审判监督程序办理;与原判决、裁定无关的,可以自裁定送达之日起十五日内向人民法院提起诉讼。

第二百三十九条 执行工作由执行员进行。

采取强制执行措施时,执行员应当出示证件。执行完毕后,应当将执行情况制作笔录,由在场的有关人员签名或者盖章。

人民法院根据需要可以设立执行机构。

第二百四十条 被执行人或者被执行的财产在外地的,可以委托当地人民法院代为执行。受委托人民法院收到委托函件后,必须在十五日内开始执行,不得拒绝。执行完毕后,应当将执行结果及时函复委托人民法院;在三十日内如果还未执行完毕,也应当将执行情况函告委托人民法院。

受委托人民法院自收到委托函件之日起十五日内不执行的,委托人民法院可以请求受委托人民法院的上级人民法院指令受委托人民法院执行。

第二百四十一条　在执行中,双方当事人自行和解达成协议的,执行员应当将协议内容记入笔录,由双方当事人签名或者盖章。

申请执行人因受欺诈、胁迫与被执行人达成和解协议,或者当事人不履行和解协议的,人民法院可以根据当事人的申请,恢复对原生效法律文书的执行。

第二百四十二条　在执行中,被执行人向人民法院提供担保,并经申请执行人同意的,人民法院可以决定暂缓执行及暂缓执行的期限。被执行人逾期仍不履行的,人民法院有权执行被执行人的担保财产或者担保人的财产。

第二百四十三条　作为被执行人的公民死亡的,以其遗产偿还债务。作为被执行人的法人或者其他组织终止的,由其权利义务承受人履行义务。

第二百四十四条　执行完毕后,据以执行的判决、裁定和其他法律文书确有错误,被人民法院撤销的,对已被执行的财产,人民法院应当作出裁定,责令取得财产的人返还;拒不返还的,强制执行。

第二百四十五条　人民法院制作的调解书的执行,适用本编的规定。

第二百四十六条　人民检察院有权对民事执行活动实行法律监督。

第二十章　执行的申请和移送

第二百四十七条　发生法律效力的民事判决、裁定,当事人必须履行。一方拒绝履行的,对方当事人可以向人民法院申请执行,也可以由审判员移送执行员执行。

调解书和其他应当由人民法院执行的法律文书,当事人必须履行。一方拒绝履行的,对方当事人可以向人民法院申请执行。

第二百四十八条　对依法设立的仲裁机构的裁决,一方当事人不履行的,对方当事人可以向有管辖权的人民法院申请执行。受申请的人民法院应当执行。

被申请人提出证据证明仲裁裁决有下列情形之一的,经人民法院

组成合议庭审查核实,裁定不予执行:

(一)当事人在合同中没有订有仲裁条款或者事后没有达成书面仲裁协议的;

(二)裁决的事项不属于仲裁协议的范围或者仲裁机构无权仲裁的;

(三)仲裁庭的组成或者仲裁的程序违反法定程序的;

(四)裁决所根据的证据是伪造的;

(五)对方当事人向仲裁机构隐瞒了足以影响公正裁决的证据的;

(六)仲裁员在仲裁该案时有贪污受贿,徇私舞弊,枉法裁决行为的。

人民法院认定执行该裁决违背社会公共利益的,裁定不予执行。

裁定书应当送达双方当事人和仲裁机构。

仲裁裁决被人民法院裁定不予执行的,当事人可以根据双方达成的书面仲裁协议重新申请仲裁,也可以向人民法院起诉。

第二百四十九条 对公证机关依法赋予强制执行效力的债权文书,一方当事人不履行的,对方当事人可以向有管辖权的人民法院申请执行,受申请的人民法院应当执行。

公证债权文书确有错误的,人民法院裁定不予执行,并将裁定书送达双方当事人和公证机关。

第二百五十条 申请执行的期间为二年。申请执行时效的中止、中断,适用法律有关诉讼时效中止、中断的规定。

前款规定的期间,从法律文书规定履行期间的最后一日起计算;法律文书规定分期履行的,从最后一期履行期限届满之日起计算;法律文书未规定履行期间的,从法律文书生效之日起计算。

第二百五十一条 执行员接到申请执行书或者移交执行书,应当向被执行人发出执行通知,并可以立即采取强制执行措施。

第二十一章 执行措施

第二百五十二条 被执行人未按执行通知履行法律文书确定的义务,应当报告当前以及收到执行通知之日前一年的财产情况。被执行人拒绝报告或者虚假报告的,人民法院可以根据情节轻重对被执行人或者其法定代理人、有关单位的主要负责人或者直接责任人员予以罚款、拘留。

第二百五十三条 被执行人未按执行通知履行法律文书确定的义务，人民法院有权向有关单位查询被执行人的存款、债券、股票、基金份额等财产情况。人民法院有权根据不同情形扣押、冻结、划拨、变价被执行人的财产。人民法院查询、扣押、冻结、划拨、变价的财产不得超出被执行人应当履行义务的范围。

人民法院决定扣押、冻结、划拨、变价财产，应当作出裁定，并发出协助执行通知书，有关单位必须办理。

第二百五十四条 被执行人未按执行通知履行法律文书确定的义务，人民法院有权扣留、提取被执行人应当履行义务部分的收入。但应当保留被执行人及其所扶养家属的生活必需费用。

人民法院扣留、提取收入时，应当作出裁定，并发出协助执行通知书，被执行人所在单位、银行、信用合作社和其他有储蓄业务的单位必须办理。

第二百五十五条 被执行人未按执行通知履行法律文书确定的义务，人民法院有权查封、扣押、冻结、拍卖、变卖被执行人应当履行义务部分的财产。但应当保留被执行人及其所扶养家属的生活必需品。

采取前款措施，人民法院应当作出裁定。

第二百五十六条 人民法院查封、扣押财产时，被执行人是公民的，应当通知被执行人或者他的成年家属到场；被执行人是法人或者其他组织的，应当通知其法定代表人或者主要负责人到场。拒不到场的，不影响执行。被执行人是公民的，其工作单位或者财产所在地的基层组织应当派人参加。

对被查封、扣押的财产，执行员必须造具清单，由在场人签名或者盖章后，交被执行人一份。被执行人是公民的，也可以交他的成年家属一份。

第二百五十七条 被查封的财产，执行员可以指定被执行人负责保管。因被执行人的过错造成的损失，由被执行人承担。

第二百五十八条 财产被查封、扣押后，执行员应当责令被执行人在指定期间履行法律文书确定的义务。被执行人逾期不履行的，人民法院应当拍卖被查封、扣押的财产;不适于拍卖或者当事人双方同意不进行拍卖的,人民法院可以委托有关单位变卖或者自行变卖。国家禁止自由买卖的物品,交有关单位按照国家规定的价格收购。

第二百五十九条 被执行人不履行法律文书确定的义务,并隐匿财产的,人民法院有权发出搜查令,对被执行人及其住所或者财产隐匿地进行搜查。

采取前款措施,由院长签发搜查令。

第二百六十条 法律文书指定交付的财物或者票证,由执行员传唤双方当事人当面交付,或者由执行员转交,并由被交付人签收。

有关单位持有该项财物或者票证的,应当根据人民法院的协助执行通知书转交,并由被交付人签收。

有关公民持有该项财物或者票证的,人民法院通知其交出。拒不交出的,强制执行。

第二百六十一条 强制迁出房屋或者强制退出土地,由院长签发公告,责令被执行人在指定期间履行。被执行人逾期不履行的,由执行员强制执行。

强制执行时,被执行人是公民的,应当通知被执行人或者他的成年家属到场;被执行人是法人或者其他组织的,应当通知其法定代表人或者主要负责人到场。拒不到场的,不影响执行。被执行人是公民的,其工作单位或者房屋、土地所在地的基层组织应当派人参加。执行员应当将强制执行情况记入笔录,由在场人签名或者盖章。

强制迁出房屋被搬出的财物,由人民法院派人运至指定处所,交给被执行人。被执行人是公民的,也可以交给他的成年家属。因拒绝接收而造成的损失,由被执行人承担。

第二百六十二条 在执行中,需要办理有关财产权证照转移手续的,人民法院可以向有关单位发出协助执行通知书,有关单位必须办理。

第二百六十三条 对判决、裁定和其他法律文书指定的行为,被执行人未按执行通知履行的,人民法院可以强制执行或者委托有关单位或者其他人完成,费用由被执行人承担。

第二百六十四条 被执行人未按判决、裁定和其他法律文书指定的期间履行给付金钱义务的,应当加倍支付迟延履行期间的债务利息。被执行人未按判决、裁定和其他法律文书指定的期间履行其他义务的,应当支付迟延履行金。

第二百六十五条 人民法院采取本法第二百五十三条、第二百五十四条、第二百五十五条规定的执行措施后,被执行人仍不能偿还债务的,应当继续履行义务。债权人发现被执行人有其他财产的,可以随时请求人民法院执行。

第二百六十六条 被执行人不履行法律文书确定的义务的,人民法院可以对其采取或者通知有关单位协助采取限制出境,在征信系统记录、通过媒体公布不履行义务信息以及法律规定的其他措施。

第二十二章 执行中止和终结

第二百六十七条 有下列情形之一的,人民法院应当裁定中止执行:

(一)申请人表示可以延期执行的;

(二)案外人对执行标的提出确有理由的异议的;

(三)作为一方当事人的公民死亡,需要等待继承人继承权利或者承担义务的;

(四)作为一方当事人的法人或者其他组织终止,尚未确定权利义务承受人的;

(五)人民法院认为应当中止执行的其他情形。

中止的情形消失后,恢复执行。

第二百六十八条 有下列情形之一的,人民法院裁定终结执行:

(一)申请人撤销申请的;

(二)据以执行的法律文书被撤销的;

(三)作为被执行人的公民死亡,无遗产可供执行,又无义务承担人的;

(四)追索赡养费、扶养费、抚养费案件的权利人死亡的;

(五)作为被执行人的公民因生活困难无力偿还借款,无收入来源,又丧失劳动能力的;

(六)人民法院认为应当终结执行的其他情形。

第二百六十九条 中止和终结执行的裁定,送达当事人后立即生效。

第四编 涉外民事诉讼程序的特别规定

第二十三章 一般原则

第二百七十条 在中华人民共和国领域内进行涉外民事诉讼,适用本编规定。本编没有规定的,适用本法其他有关规定。

第二百七十一条 中华人民共和国缔结或者参加的国际条约同本法有不同规定的,适用该国际条约的规定,但中华人民共和国声明保留的条款除外。

第二百七十二条 对享有外交特权与豁免的外国人、外国组织或者国际组织提起的民事诉讼,应当依照中华人民共和国有关法律和中华人民共和国缔结或者参加的国际条约的规定办理。

第二百七十三条 人民法院审理涉外民事案件,应当使用中华人民共和国通用的语言、文字。当事人要求提供翻译的,可以提供,费用由当事人承担。

第二百七十四条 外国人、无国籍人、外国企业和组织在人民法院起诉、应诉,需要委托律师代理诉讼的,必须委托中华人民共和国的律师。

第二百七十五条 在中华人民共和国领域内没有住所的外国人、无国籍人、外国企业和组织委托中华人民共和国律师或者其他人代理诉讼,从中华人民共和国领域外寄交或者托交的授权委托书,应当经所在国公证机关证明,并经中华人民共和国驻该国使领馆认证,或者履行中华人民共和国与该所在国订立的有关条约中规定的证明手续后,才具有效力。

第二十四章 管 辖

第二百七十六条 因涉外民事纠纷,对在中华人民共和国领域内没有住所的被告提起除身份关系以外的诉讼,如果合同签订地、合同履行地、诉讼标的物所在地、可供扣押财产所在地、侵权行为地、代表机构住所地位于中华人民共和国领域内的，可以由合同签订地、合同履行地、诉讼标的物所在地、可供扣押财产所在地、侵权行为地、代表机构住所地人民法院管辖。

除前款规定外，涉外民事纠纷与中华人民共和国存在其他适当联系的，可以由人民法院管辖。

第二百七十七条　涉外民事纠纷的当事人书面协议选择人民法院管辖的，可以由人民法院管辖。

第二百七十八条　当事人未提出管辖异议，并应诉答辩或者提出反诉的，视为人民法院有管辖权。

第二百七十九条　下列民事案件，由人民法院专属管辖：

（一）因在中华人民共和国领域内设立的法人或者其他组织的设立、解散、清算，以及该法人或者其他组织作出的决议的效力等纠纷提起的诉讼；

（二）因与在中华人民共和国领域内审查授予的知识产权的有效性有关的纠纷提起的诉讼；

（三）因在中华人民共和国领域内履行中外合资经营企业合同、中外合作经营企业合同、中外合作勘探开发自然资源合同发生纠纷提起的诉讼。

第二百八十条　当事人之间的同一纠纷，一方当事人向外国法院起诉，另一方当事人向人民法院起诉，或者一方当事人既向外国法院起诉，又向人民法院起诉，人民法院依照本法有管辖权的，可以受理。当事人订立排他性管辖协议选择外国法院管辖且不违反本法对专属管辖的规定，不涉及中华人民共和国主权、安全或者社会公共利益的，人民法院可以裁定不予受理；已经受理的，裁定驳回起诉。

第二百八十一条　人民法院依据前条规定受理案件后，当事人以外国法院已经先于人民法院受理为由，书面申请人民法院中止诉讼的，人民法院可以裁定中止诉讼，但是存在下列情形之一的除外：

（一）当事人协议选择人民法院管辖，或者纠纷属于人民法院专属管辖；

（二）由人民法院审理明显更为方便。

外国法院未采取必要措施审理案件，或者未在合理期限内审结的，依当事人的书面申请，人民法院应当恢复诉讼。

外国法院作出的发生法律效力的判决、裁定，已经被人民法院全部或者部分承认，当事人对已经获得承认的部分又向人民法院起诉的，裁定不予受理；已经受理的，裁定驳回起诉。

第二百八十二条　人民法院受理的涉外民事案件，被告提出管辖异议，且同时有下列情形的，可以裁定驳回起诉，告知原告向更为方便的外国法院提起诉讼：

（一）案件争议的基本事实不是发生在中华人民共和国领域内，人民法院审理案件和当事人参加诉讼均明显不方便；

（二）当事人之间不存在选择人民法院管辖的协议；

（三）案件不属于人民法院专属管辖；

（四）案件不涉及中华人民共和国主权、安全或者社会公共利益；

（五）外国法院审理案件更为方便。

裁定驳回起诉后，外国法院对纠纷拒绝行使管辖权，或者未采取必要措施审理案件，或者未在合理期限内审结，当事人又向人民法院起诉的，人民法院应当受理。

第二十五章　送达、调查取证、期间

第二百八十三条　人民法院对在中华人民共和国领域内没有住所的当事人送达诉讼文书，可以采用下列方式：

（一）依照受送达人所在国与中华人民共和国缔结或者共同参加的国际条约中规定的方式送达；

（二）通过外交途径送达；

（三）对具有中华人民共和国国籍的受送达人，可以委托中华人民共和国驻受送达人所在国的使领馆代为送达；

（四）向受送达人在本案中委托的诉讼代理人送达；

（五）向受送达人在中华人民共和国领域内设立的独资企业、代表机构、分支机构或者有权接受送达的业务代办人送达；

（六）受送达人为外国人、无国籍人，其在中华人民共和国领域内设立的法人或者其他组织担任法定代表人或者主要负责人，且与该法人或者其他组织为共同被告的，向该法人或者其他组织送达；

（七）受送达人为外国法人或者其他组织，其法定代表人或者主要负责人在中华人民共和国领域内的，向其法定代表人或者主要负责人送达；

（八）受送达人所在国的法律允许邮寄送达的，可以邮寄送达，自邮寄之日起满三个月，送达回证没有退回，但根据各种情况足以认定已经送达的，期间届满之日视为送达；

（九）采用能够确认受送达人收悉的电子方式送达，但是受送达人所在国法律禁止的除外；

（十）以受送达人同意的其他方式送达，但是受送达人所在国法律禁止的除外。

不能用上述方式送达的，公告送达，自发出公告之日起，经过六十日，即视为送达。

第二百八十四条 当事人申请人民法院调查收集的证据位于中华人民共和国领域外，人民法院可以依照证据所在国与中华人民共和国缔结或者共同参加的国际条约中规定的方式，或者通过外交途径调查收集。

在所在国法律不禁止的情况下，人民法院可以采用下列方式调查收集：

（一）对具有中华人民共和国国籍的当事人、证人，可以委托中华人民共和国驻当事人、证人所在国的使领馆代为取证；

（二）经双方当事人同意，通过即时通讯工具取证；

（三）以双方当事人同意的其他方式取证。

第二百八十五条 被告在中华人民共和国领域内没有住所的，人民法院应当将起诉状副本送达被告，并通知被告在收到起诉状副本后三十日内提出答辩状。被告申请延期的，是否准许，由人民法院决定。

第二百八十六条 在中华人民共和国领域内没有住所的当事人，不服第一审人民法院判决、裁定的，有权在判决书、裁定书送达之日起三十日内提起上诉。被上诉人在收到上诉状副本后，应当在三十日内提出答辩状。当事人不能在法定期间提起上诉或者提出答辩状，申请延期的，是否准许，由人民法院决定。

第二百八十七条 人民法院审理涉外民事案件的期间,不受本法第一百五十二条、第一百八十三条规定的限制。

第二十六章 仲 裁

第二百八十八条 涉外经济贸易、运输和海事中发生的纠纷,当事人在合同中订有仲裁条款或者事后达成书面仲裁协议,提交中华人民共和国涉外仲裁机构或者其他仲裁机构仲裁的,当事人不得向人民法院起诉。

当事人在合同中没有订有仲裁条款或者事后没有达成书面仲裁协议的,可以向人民法院起诉。

第二百八十九条 当事人申请采取保全的,中华人民共和国的涉外仲裁机构应当将当事人的申请,提交被申请人住所地或者财产所在地的中级人民法院裁定。

第二百九十条 经中华人民共和国涉外仲裁机构裁决的,当事人不得向人民法院起诉。一方当事人不履行仲裁裁决的,对方当事人可以向被申请人住所地或者财产所在地的中级人民法院申请执行。

第二百九十一条 对中华人民共和国涉外仲裁机构作出的裁决,被申请人提出证据证明仲裁裁决有下列情形之一的,经人民法院组成合议庭审查核实,裁定不予执行:

(一)当事人在合同中没有订有仲裁条款或者事后没有达成书面仲裁协议的;

(二)被申请人没有得到指定仲裁员或者进行仲裁程序的通知,或者由于其他不属于被申请人负责的原因未能陈述意见的;

(三)仲裁庭的组成或者仲裁的程序与仲裁规则不符的;

(四)裁决的事项不属于仲裁协议的范围或者仲裁机构无权仲裁的。

人民法院认定执行该裁决违背社会公共利益的,裁定不予执行。

第二百九十二条 仲裁裁决被人民法院裁定不予执行的,当事人可以根据双方达成的书面仲裁协议重新申请仲裁,也可以向人民法院起诉。

第二十七章　司法协助

第二百九十三条　根据中华人民共和国缔结或者参加的国际条约,或者按照互惠原则,人民法院和外国法院可以相互请求,代为送达文书、调查取证以及进行其他诉讼行为。

外国法院请求协助的事项有损于中华人民共和国的主权、安全或者社会公共利益的,人民法院不予执行。

第二百九十四条　请求和提供司法协助,应当依照中华人民共和国缔结或者参加的国际条约所规定的途径进行;没有条约关系的,通过外交途径进行。

外国驻中华人民共和国的使领馆可以向该国公民送达文书和调查取证,但不得违反中华人民共和国的法律,并不得采取强制措施。

除前款规定的情况外,未经中华人民共和国主管机关准许,任何外国机关或者个人不得在中华人民共和国领域内送达文书、调查取证。

第二百九十五条　外国法院请求人民法院提供司法协助的请求书及其所附文件,应当附有中文译本或者国际条约规定的其他文字文本。

人民法院请求外国法院提供司法协助的请求书及其所附文件,应当附有该国文字译本或者国际条约规定的其他文字文本。

第二百九十六条　人民法院提供司法协助,依照中华人民共和国法律规定的程序进行。外国法院请求采用特殊方式的,也可以按照其请求的特殊方式进行,但请求采用的特殊方式不得违反中华人民共和国法律。

第二百九十七条　人民法院作出的发生法律效力的判决、裁定,如果被执行人或者其财产不在中华人民共和国领域内,当事人请求执行的,可以由当事人直接向有管辖权的外国法院申请承认和执行,也可以由人民法院依照中华人民共和国缔结或者参加的国际条约的规定,或者按照互惠原则,请求外国法院承认和执行。

在中华人民共和国领域内依法作出的发生法律效力的仲裁裁决,当事人请求执行的,如果被执行人或者其财产不在中华人民共和国领域内，当事人可以直接向有管辖权的外国法院申请承认和执行。

第二百九十八条 外国法院作出的发生法律效力的判决、裁定，需要人民法院承认和执行的，可以由当事人直接向有管辖权的中级人民法院申请承认和执行，也可以由外国法院依照该国与中华人民共和国缔结或者参加的国际条约的规定，或者按照互惠原则，请求人民法院承认和执行。

第二百九十九条 人民法院对申请或者请求承认和执行的外国法院作出的发生法律效力的判决、裁定，依照中华人民共和国缔结或者参加的国际条约，或者按照互惠原则进行审查后，认为不违反中华人民共和国法律的基本原则且不损害国家主权、安全、社会公共利益的，裁定承认其效力；需要执行的，发出执行令，依照本法的有关规定执行。

第三百条 对申请或者请求承认和执行的外国法院作出的发生法律效力的判决、裁定，人民法院经审查，有下列情形之一的，裁定不予承认和执行：

（一）依据本法第三百零一条的规定，外国法院对案件无管辖权；

（二）被申请人未得到合法传唤或者虽经合法传唤但未获得合理的陈述、辩论机会，或者无诉讼行为能力的当事人未得到适当代理；

（三）判决、裁定是通过欺诈方式取得；

（四）人民法院已对同一纠纷作出判决、裁定，或者已经承认第三国法院对同一纠纷作出的判决、裁定；

（五）违反中华人民共和国法律的基本原则或者损害国家主权、安全、社会公共利益。

第三百零一条 有下列情形之一的，人民法院应当认定该外国法院对案件无管辖权：

（一）外国法院依照其法律对案件没有管辖权，或者虽然依照其法律有管辖权但与案件所涉纠纷无适当联系；

（二）违反本法对专属管辖的规定；

（三）违反当事人排他性选择法院管辖的协议。

第三百零二条 当事人向人民法院申请承认和执行外国法院作出的发生法律效力的判决、裁定，该判决、裁定涉及的纠纷与人民法院正在审理的纠纷属于同一纠纷的，人民法院可以裁定中止诉讼。

外国法院作出的发生法律效力的判决、裁定不符合本法规定的承认条件的，人民法院裁定不予承认和执行，并恢复已经中止的诉讼；符合本法规定的承认条件的，人民法院裁定承认其效力；需要执行的，发出执行令，依照本法的有关规定执行；对已经中止的诉讼，裁定驳回起诉。

第三百零三条 当事人对承认和执行或者不予承认和执行的裁定不服的，可以自裁定送达之日起十日内向上一级人民法院申请复议。

第三百零四条 在中华人民共和国领域外作出的发生法律效力的仲裁裁决，需要人民法院承认和执行的，当事人可以直接向被执行人住所地或者其财产所在地的中级人民法院申请。被执行人住所地或者其财产不在中华人民共和国领域内的，当事人可以向申请人住所地或者与裁决的纠纷有适当联系的地点的中级人民法院申请。人民法院应当依照中华人民共和国缔结或者参加的国际条约，或者按照互惠原则办理。

第三百零五条 涉及外国国家的民事诉讼，适用中华人民共和国有关外国国家豁免的法律规定；有关法律没有规定的，适用本法。

第三百零六条 本法自公布之日起施行，《中华人民共和国民事诉讼法(试行)》同时废止。

司法解释及司法解释性质文件

最高人民法院关于适用《中华人民共和国民事诉讼法》的解释

(2014年12月18日最高人民法院审判委员会第1636次会议通过　根据2020年12月23日最高人民法院审判委员会第1823次会议通过的《最高人民法院关于修改〈最高人民法院关于人民法院民事调解工作若干问题的规定〉等十九件民事诉讼类司法解释的决定》第一次修正　根据2022年3月22日最高人民法院审判委员会第1866次会议通过的《最高人民法院关于修改〈最高人民法院关于适用《中华人民共和国民事诉讼法》的解释〉的决定》第二次修正)

目　录

2012 年 8 月 31 日,第十一届全国人民代表大会常务委员会第二十八次会议审议通过了《关于修改〈中华人民共和国民事诉讼法〉的决定》。根据修改后的民事诉讼法,结合人民法院民事审判和执行工作实际,制定本解释。

一、管　　辖

第一条　民事诉讼法第十九条第一项规定的重大涉外案件,包括争议标的额大的案件、案情复杂的案件,或者一方当事人人数众多等具有重大影响的案件。

第二条　专利纠纷案件由知识产权法院、最高人民法院确定的中级人民法院和基层人民法院管辖。

海事、海商案件由海事法院管辖。

第三条　公民的住所地是指公民的户籍所在地,法人或者其他组织的住所地是指法人或者其他组织的主要办事机构所在地。

法人或者其他组织的主要办事机构所在地不能确定的,法人或者其他组织的注册地或者登记地为住所地。

第四条　公民的经常居住地是指公民离开住所地至起诉时已连续居住一年以上的地方,但公民住院就医的地方除外。

第五条　对没有办事机构的个人合伙、合伙型联营体提起的诉讼,由被告注册登记地人民法院管辖。没有注册登记,几个被告又不在同一辖区的，被告住所地的人民法院都有管辖权。

第六条　被告被注销户籍的，依照民事诉讼法第二十三条规定确定管辖；原告、被告均被注销户籍的，由被告居住地人民法院管辖。

第七条　当事人的户籍迁出后尚未落户，有经常居住地的，由该地人民法院管辖；没有经常居住地的，由其原户籍所在地人民法院管辖。

第八条　双方当事人都被监禁或者被采取强制性教育措施的，由被告原住所地人民法院管辖。被告被监禁或者被采取强制性教育措施一年以上的，由被告被监禁地或者被采取强制性教育措施地人民法院管辖。

第九条　追索赡养费、扶养费、抚养费案件的几个被告住所地不在同一辖区的，可以由原告住所地人民法院管辖。

第十条　不服指定监护或者变更监护关系的案件，可以由被监护人住所地人民法院管辖。

第十一条　双方当事人均为军人或者军队单位的民事案件由军事法院管辖。

第十二条　夫妻一方离开住所地超过一年，另一方起诉离婚的案件，可以由原告住所地人民法院管辖。

夫妻双方离开住所地超过一年，一方起诉离婚的案件，由被告经常居住地人民法院管辖；没有经常居住地的，由原告起诉时被告居住地人民法院管辖。

第十三条　在国内结婚并定居国外的华侨，如定居国法院以离婚诉讼须由婚姻缔结地法院管辖为由不予受理，当事人向人民法院提出离婚诉讼的，由婚姻缔结地或者一方在国内的最后居住地人民法院管辖。

第十四条　在国外结婚并定居国外的华侨，如定居国法院以离婚诉讼须由国籍所属国法院管辖为由不予受理，当事人向人民法院提出离婚诉讼的，由一方原住所地或者在国内的最后居住地人民法院管辖。

第十五条　中国公民一方居住在国外，一方居住在国内，不论哪一方向人民法院提起离婚诉讼，国内一方住所地人民法院都有权管辖。国外一方在居住国法院起诉，国内一方向人民法院起诉的，受诉人民法院有权管辖。

第十六条　中国公民双方在国外但未定居，一方向人民法院起诉离婚的，应由原告或者被告原住所地人民法院管辖。

第十七条　已经离婚的中国公民，双方均定居国外，仅就国内财产分割提起诉讼的，由主要财产所在地人民法院管辖。

第十八条　合同约定履行地点的，以约定的履行地点为合同履行地。

合同对履行地点没有约定或者约定不明确，争议标的为给付货币的，接收货币一方所在地为合同履行地；交付不动产的，不动产所在地为合同履行地；其他标的，履行义务一方所在地为合同履行地。即时结清的合同，交易行为地为合同履行地。

合同没有实际履行，当事人双方住所地都不在合同约定的履行地的，由被告住所地人民法院管辖。

第十九条　财产租赁合同、融资租赁合同以租赁物使用地为合同履行地。合同对履行地有约定的，从其约定。

第二十条　以信息网络方式订立的买卖合同，通过信息网络交付标的的，以买受人住所地为合同履行地；通过其他方式交付标的的，收货地为合同履行地。合同对履行地有约定的，从其约定。

第二十一条　因财产保险合同纠纷提起的诉讼，如果保险标的物是运输工具或者运输中的货物，可以由运输工具登记注册地、运输目的地、保险事故发生地人民法院管辖。

因人身保险合同纠纷提起的诉讼，可以由被保险人住所地人民法院管辖。

第二十二条　因股东名册记载、请求变更公司登记、股东知情权、公司决议、公司合并、公司分立、公司减资、公司增资等纠纷提起的诉讼，依照民事诉讼法第二十七条规定确定管辖。

第二十三条　债权人申请支付令，适用民事诉讼法第二十二条规定，由债务人住所地基层人民法院管辖。

第二十四条　民事诉讼法第二十九条规定的侵权行为地，包括侵权行为实施地、侵权结果发生地。

第二十五条 信息网络侵权行为实施地包括实施被诉侵权行为的计算机等信息设备所在地，侵权结果发生地包括被侵权人住所地。

第二十六条 因产品、服务质量不合格造成他人财产、人身损害提起的诉讼，产品制造地、产品销售地、服务提供地、侵权行为地和被告住所地人民法院都有管辖权。

第二十七条 当事人申请诉前保全后没有在法定期间起诉或者申请仲裁，给被申请人、利害关系人造成损失引起的诉讼，由采取保全措施的人民法院管辖。

当事人申请诉前保全后在法定期间内起诉或者申请仲裁，被申请人、利害关系人因保全受到损失提起的诉讼，由受理起诉的人民法院或者采取保全措施的人民法院管辖。

第二十八条 民事诉讼法第三十四条第一项规定的不动产纠纷是指因不动产的权利确认、分割、相邻关系等引起的物权纠纷。

农村土地承包经营合同纠纷、房屋租赁合同纠纷、建设工程施工合同纠纷、政策性房屋买卖合同纠纷，按照不动产纠纷确定管辖。

不动产已登记的，以不动产登记簿记载的所在地为不动产所在地；不动产未登记的，以不动产实际所在地为不动产所在地。

第二十九条 民事诉讼法第三十五条规定的书面协议，包括书面合同中的协议管辖条款或者诉讼前以书面形式达成的选择管辖的协议。

第三十条 根据管辖协议，起诉时能够确定管辖法院的，从其约定；不能确定的，依照民事诉讼法的相关规定确定管辖。

管辖协议约定两个以上与争议有实际联系的地点的人民法院管辖，原告可以向其中一个人民法院起诉。

第三十一条 经营者使用格式条款与消费者订立管辖协议，未采取合理方式提请消费者注意，消费者主张管辖协议无效的，人民法院应予支持。

第三十二条 管辖协议约定由一方当事人住所地人民法院管辖，协议签订后当事人住所地变更的，由签订管辖协议时的住所地人民法院管辖，但当事人另有约定的除外。

第三十三条 合同转让的，合同的管辖协议对合同受让人有效，但转让时受让人不知道有管辖协议，或者转让协议另有约定且原合同相对人同意的除外。

第三十四条　当事人因同居或者在解除婚姻、收养关系后发生财产争议，约定管辖的，可以适用民事诉讼法第三十五条规定确定管辖。

第三十五条　当事人在答辩期间届满后未应诉答辩，人民法院在一审开庭前，发现案件不属于本院管辖的，应当裁定移送有管辖权的人民法院。

第三十六条　两个以上人民法院都有管辖权的诉讼，先立案的人民法院不得将案件移送给另一个有管辖权的人民法院。人民法院在立案前发现其他有管辖权的人民法院已先立案的，不得重复立案；立案后发现其他有管辖权的人民法院已先立案的，裁定将案件移送给先立案的人民法院。

第三十七条　案件受理后，受诉人民法院的管辖权不受当事人住所地、经常居住地变更的影响。

第三十八条　有管辖权的人民法院受理案件后，不得以行政区域变更为由，将案件移送给变更后有管辖权的人民法院。判决后的上诉案件和依审判监督程序提审的案件，由原审人民法院的上级人民法院进行审判；上级人民法院指令再审、发回重审的案件，由原审人民法院再审或者重审。

第三十九条　人民法院对管辖异议审查后确定有管辖权的，不因当事人提起反诉、增加或者变更诉讼请求等改变管辖，但违反级别管辖、专属管辖规定的除外。

人民法院发回重审或者按第一审程序再审的案件，当事人提出管辖异议的，人民法院不予审查。

第四十条　依照民事诉讼法第三十八条第二款规定，发生管辖权争议的两个人民法院因协商不成报请它们的共同上级人民法院指定管辖时，双方为同属一个地、市辖区的基层人民法院的，由该地、市的中级人民法院及时指定管辖；同属一个省、自治区、直辖市的两个人民法院的，由该省、自治区、直辖市的高级人民法院及时指定管辖；双方为跨省、自治区、直辖市的人民法院，高级人民法院协商不成的，由最高人民法院及时指定管辖。

依照前款规定报请上级人民法院指定管辖时,应当逐级进行。

第四十一条 人民法院依照民事诉讼法第三十八条第二款规定指定管辖的,应当作出裁定。

对报请上级人民法院指定管辖的案件,下级人民法院应当中止审理。指定管辖裁定作出前,下级人民法院对案件作出判决、裁定的,上级人民法院应当在裁定指定管辖的同时,一并撤销下级人民法院的判决、裁定。

第四十二条 下列第一审民事案件,人民法院依照民事诉讼法第三十九条第一款规定,可以在开庭前交下级人民法院审理:

(一)破产程序中有关债务人的诉讼案件;

(二)当事人人数众多且不方便诉讼的案件;

(三)最高人民法院确定的其他类型案件。

人民法院交下级人民法院审理前,应当报请其上级人民法院批准。上级人民法院批准后,人民法院应当裁定将案件交下级人民法院审理。

二、回　　避

第四十三条 审判人员有下列情形之一的,应当自行回避,当事人有权申请其回避:

(一)是本案当事人或者当事人近亲属的;

(二)本人或者其近亲属与本案有利害关系的;

(三)担任过本案的证人、鉴定人、辩护人、诉讼代理人、翻译人员的;

(四)是本案诉讼代理人近亲属的;

(五)本人或者其近亲属持有本案非上市公司当事人的股份或者股权的;

(六)与本案当事人或者诉讼代理人有其他利害关系,可能影响公正审理的。

第四十四条 审判人员有下列情形之一的,当事人有权申请其回避:

(一)接受本案当事人及其受托人宴请,或者参加由其支付费用的活动的；

（二）索取、接受本案当事人及其受托人财物或者其他利益的；

（三）违反规定会见本案当事人、诉讼代理人的；

（四）为本案当事人推荐、介绍诉讼代理人，或者为律师、其他人员介绍代理本案的；

（五）向本案当事人及其受托人借用款物的；

（六）有其他不正当行为，可能影响公正审理的。

第四十五条　在一个审判程序中参与过本案审判工作的审判人员，不得再参与该案其他程序的审判。

发回重审的案件，在一审法院作出裁判后又进入第二审程序的，原第二审程序中审判人员不受前款规定的限制。

第四十六条　审判人员有应当回避的情形，没有自行回避，当事人也没有申请其回避的，由院长或者审判委员会决定其回避。

第四十七条　人民法院应当依法告知当事人对合议庭组成人员、独任审判员和书记员等人员有申请回避的权利。

第四十八条　民事诉讼法第四十七条所称的审判人员，包括参与本案审理的人民法院院长、副院长、审判委员会委员、庭长、副庭长、审判员和人民陪审员。

第四十九条　书记员和执行员适用审判人员回避的有关规定。

三、诉讼参加人

第五十条　法人的法定代表人以依法登记的为准，但法律另有规定的除外。依法不需要办理登记的法人，以其正职负责人为法定代表人；没有正职负责人的，以其主持工作的副职负责人为法定代表人。

法定代表人已经变更，但未完成登记，变更后的法定代表人要求代表法人参加诉讼的，人民法院可以准许。

其他组织，以其主要负责人为代表人。

第五十一条　在诉讼中，法人的法定代表人变更的，由新的法定代表人继续进行诉讼，并应向人民法院提交新的法定代表人身份证明书。原法定代表人进行的诉讼行为有效。

前款规定，适用于其他组织参加的诉讼。

第五十二条 民事诉讼法第五十一条规定的其他组织是指合法成立、有一定的组织机构和财产，但又不具备法人资格的组织，包括：

（一）依法登记领取营业执照的个人独资企业；

（二）依法登记领取营业执照的合伙企业；

（三）依法登记领取我国营业执照的中外合作经营企业、外资企业；

（四）依法成立的社会团体的分支机构、代表机构；

（五）依法设立并领取营业执照的法人的分支机构；

（六）依法设立并领取营业执照的商业银行、政策性银行和非银行金融机构的分支机构；

（七）经依法登记领取营业执照的乡镇企业、街道企业；

（八）其他符合本条规定条件的组织。

第五十三条 法人非依法设立的分支机构，或者虽依法设立，但没有领取营业执照的分支机构，以设立该分支机构的法人为当事人。

第五十四条 以挂靠形式从事民事活动，当事人请求由挂靠人和被挂靠人依法承担民事责任的，该挂靠人和被挂靠人为共同诉讼人。

第五十五条 在诉讼中，一方当事人死亡，需要等待继承人表明是否参加诉讼的，裁定中止诉讼。人民法院应当及时通知继承人作为当事人承担诉讼，被继承人已经进行的诉讼行为对承担诉讼的继承人有效。

第五十六条 法人或者其他组织的工作人员执行工作任务造成他人损害的，该法人或者其他组织为当事人。

第五十七条 提供劳务一方因劳务造成他人损害，受害人提起诉讼的，以接受劳务一方为被告。

第五十八条 在劳务派遣期间，被派遣的工作人员因执行工作任务造成他人损害的，以接受劳务派遣的用工单位为当事人。当事人主张劳务派遣单位承担责任的，该劳务派遣单位为共同被告。

第五十九条 在诉讼中，个体工商户以营业执照上登记的经营者为当事人。有字号的，以营业执照上登记的字号为当事人，但应同时注明该字号经营者的基本信息。

营业执照上登记的经营者与实际经营者不一致的，以登记的经营者和实际经营者为共同诉讼人。

第六十条 在诉讼中，未依法登记领取营业执照的个人合伙的全体合伙人为共同诉讼人。个人合伙有依法核准登记的字号的，应在法律文书中注明登记的字号。全体合伙人可以推选代表人；被推选的代表人，应由全体合伙人出具推选书。

第六十一条 当事人之间的纠纷经人民调解委员会或者其他依法设立的调解组织调解达成协议后，一方当事人不履行调解协议，另一方当事人向人民法院提起诉讼的，应以对方当事人为被告。

第六十二条 下列情形，以行为人为当事人：

（一）法人或者其他组织应登记而未登记，行为人即以该法人或者其他组织名义进行民事活动的；

（二）行为人没有代理权、超越代理权或者代理权终止后以被代理人名义进行民事活动的，但相对人有理由相信行为人有代理权的除外；

（三）法人或者其他组织依法终止后，行为人仍以其名义进行民事活动的。

第六十三条 企业法人合并的，因合并前的民事活动发生的纠纷，以合并后的企业为当事人；企业法人分立的，因分立前的民事活动发生的纠纷，以分立后的企业为共同诉讼人。

第六十四条 企业法人解散的，依法清算并注销前，以该企业法人为当事人；未依法清算即被注销的，以该企业法人的股东、发起人或者出资人为当事人。

第六十五条 借用业务介绍信、合同专用章、盖章的空白合同书或者银行账户的，出借单位和借用人为共同诉讼人。

第六十六条 因保证合同纠纷提起的诉讼，债权人向保证人和被保证人一并主张权利的，人民法院应当将保证人和被保证人列为共同被告。保证合同约定为一般保证，债权人仅起诉保证人的，人民法院应当通知被保证人作为共同被告参加诉讼；债权人仅起诉被保证人的，可以只列被保证人为被告。

第六十七条 无民事行为能力人、限制民事行为能力人造成他人损害的，无民事行为能力人、限制民事行为能力人和其监护人为共同被告。

第六十八条 居民委员会、村民委员会或者村民小组与他人发生民事纠纷的,居民委员会、村民委员会或者有独立财产的村民小组为当事人。

第六十九条 对侵害死者遗体、遗骨以及姓名、肖像、名誉、荣誉、隐私等行为提起诉讼的,死者的近亲属为当事人。

第七十条 在继承遗产的诉讼中,部分继承人起诉的,人民法院应通知其他继承人作为共同原告参加诉讼;被通知的继承人不愿意参加诉讼又未明确表示放弃实体权利的,人民法院仍应将其列为共同原告。

第七十一条 原告起诉被代理人和代理人,要求承担连带责任的,被代理人和代理人为共同被告。

原告起诉代理人和相对人,要求承担连带责任的,代理人和相对人为共同被告。

第七十二条 共有财产权受到他人侵害,部分共有权人起诉的,其他共有权人为共同诉讼人。

第七十三条 必须共同进行诉讼的当事人没有参加诉讼的,人民法院应当依照民事诉讼法第一百三十五条的规定,通知其参加;当事人也可以向人民法院申请追加。人民法院对当事人提出的申请,应当进行审查,申请理由不成立的,裁定驳回;申请理由成立的,书面通知被追加的当事人参加诉讼。

第七十四条 人民法院追加共同诉讼的当事人时,应当通知其他当事人。应当追加的原告,已明确表示放弃实体权利的,可不予追加;既不愿意参加诉讼,又不放弃实体权利的,仍应追加为共同原告,其不参加诉讼,不影响人民法院对案件的审理和依法作出判决。

第七十五条 民事诉讼法第五十六条、第五十七条和第二百零六条规定的人数众多,一般指十人以上。

第七十六条 依照民事诉讼法第五十六条规定,当事人一方人数众多在起诉时确定的,可以由全体当事人推选共同的代表人,也可以由部分当事人推选自己的代表人;推选不出代表人的当事人,在必要的共同诉讼中可以自己参加诉讼,在普通的共同诉讼中可以另行起诉。

第七十七条　根据民事诉讼法第五十七条规定，当事人一方人数众多在起诉时不确定的，由当事人推选代表人。当事人推选不出的，可以由人民法院提出人选与当事人协商；协商不成的，也可以由人民法院在起诉的当事人中指定代表人。

第七十八条　民事诉讼法第五十六条和第五十七条规定的代表人为二至五人，每位代表人可以委托一至二人作为诉讼代理人。

第七十九条　依照民事诉讼法第五十七条规定受理的案件，人民法院可以发出公告，通知权利人向人民法院登记。公告期间根据案件的具体情况确定，但不得少于三十日。

第八十条　根据民事诉讼法第五十七条规定向人民法院登记的权利人，应当证明其与对方当事人的法律关系和所受到的损害。证明不了的，不予登记，权利人可以另行起诉。人民法院的裁判在登记的范围内执行。未参加登记的权利人提起诉讼，人民法院认定其请求成立的，裁定适用人民法院已作出的判决、裁定。

第八十一条　根据民事诉讼法第五十九条的规定，有独立请求权的第三人有权向人民法院提出诉讼请求和事实、理由，成为当事人；无独立请求权的第三人，可以申请或者由人民法院通知参加诉讼。

第一审程序中未参加诉讼的第三人，申请参加第二审程序的，人民法院可以准许。

第八十二条　在一审诉讼中，无独立请求权的第三人无权提出管辖异议，无权放弃、变更诉讼请求或者申请撤诉，被判决承担民事责任的，有权提起上诉。

第八十三条　在诉讼中，无民事行为能力人、限制民事行为能力人的监护人是他的法定代理人。事先没有确定监护人的，可以由有监护资格的人协商确定；协商不成的，由人民法院在他们之中指定诉讼中的法定代理人。当事人没有民法典第二十七条、第二十八条规定的监护人的，可以指定民法典第三十二条规定的有关组织担任诉讼中的法定代理人。

第八十四条　无民事行为能力人、限制民事行为能力人以及其他依法不能作为诉讼代理人的，当事人不得委托其作为诉讼代理人。

第八十五条 根据民事诉讼法第六十一条第二款第二项规定，与当事人有夫妻、直系血亲、三代以内旁系血亲、近姻亲关系以及其他有抚养、赡养关系的亲属，可以当事人近亲属的名义作为诉讼代理人。

第八十六条 根据民事诉讼法第六十一条第二款第二项规定，与当事人有合法劳动人事关系的职工，可以当事人工作人员的名义作为诉讼代理人。

第八十七条 根据民事诉讼法第六十一条第二款第三项规定，有关社会团体推荐公民担任诉讼代理人的，应当符合下列条件：

（一）社会团体属于依法登记设立或者依法免予登记设立的非营利性法人组织；

（二）被代理人属于该社会团体的成员，或者当事人一方住所地位于该社会团体的活动地域；

（三）代理事务属于该社会团体章程载明的业务范围；

（四）被推荐的公民是该社会团体的负责人或者与该社会团体有合法劳动人事关系的工作人员。

专利代理人经中华全国专利代理人协会推荐，可以在专利纠纷案件中担任诉讼代理人。

第八十八条 诉讼代理人除根据民事诉讼法第六十二条规定提交授权委托书外，还应当按照下列规定向人民法院提交相关材料：

（一）律师应当提交律师执业证、律师事务所证明材料；

（二）基层法律服务工作者应当提交法律服务工作者执业证、基层法律服务所出具的介绍信以及当事人一方位于本辖区内的证明材料；

（三）当事人的近亲属应当提交身份证件和与委托人有近亲属关系的证明材料；

（四）当事人的工作人员应当提交身份证件和与当事人有合法劳动人事关系的证明材料；

（五）当事人所在社区、单位推荐的公民应当提交身份证件、推荐材料和当事人属于该社区、单位的证明材料；

（六）有关社会团体推荐的公民应当提交身份证件和符合本解释第八十七条规定条件的证明材料。

第八十九条 当事人向人民法院提交的授权委托书，应当在开庭审理前送交人民法院。授权委托书仅写“全权代理”而无具体授权的，诉讼代理人无权代为承认、放弃、变更诉讼请求，进行和解，提出反诉或者提起上诉。

适用简易程序审理的案件，双方当事人同时到庭并径行开庭审理的，可以当场口头委托诉讼代理人，由人民法院记入笔录。

四、证　　据

第九十条　当事人对自己提出的诉讼请求所依据的事实或者反驳对方诉讼请求所依据的事实，应当提供证据加以证明，但法律另有规定的除外。

在作出判决前，当事人未能提供证据或者证据不足以证明其事实主张的，由负有举证证明责任的当事人承担不利的后果。

第九十一条　人民法院应当依照下列原则确定举证证明责任的承担，但法律另有规定的除外：

（一）主张法律关系存在的当事人，应当对产生该法律关系的基本事实承担举证证明责任；

（二）主张法律关系变更、消灭或者权利受到妨害的当事人，应当对该法律关系变更、消灭或者权利受到妨害的基本事实承担举证证明责任。

第九十二条　一方当事人在法庭审理中，或者在起诉状、答辩状、代理词等书面材料中，对于己不利的事实明确表示承认的，另一方当事人无需举证证明。

对于涉及身份关系、国家利益、社会公共利益等应当由人民法院依职权调查的事实，不适用前款自认的规定。

自认的事实与查明的事实不符的，人民法院不予确认。

第九十三条　下列事实，当事人无须举证证明：

（一）自然规律以及定理、定律；

（二）众所周知的事实；

（三）根据法律规定推定的事实；

（四）根据已知的事实和日常生活经验法则推定出的另一事实；

（五）已为人民法院发生法律效力的裁判所确认的事实；

(六)已为仲裁机构生效裁决所确认的事实;

(七)已为有效公证文书所证明的事实。

前款第二项至第四项规定的事实,当事人有相反证据足以反驳的除外;第五项至第七项规定的事实,当事人有相反证据足以推翻的除外。

第九十四条 民事诉讼法第六十七条第二款规定的当事人及其诉讼代理人因客观原因不能自行收集的证据包括:

(一)证据由国家有关部门保存,当事人及其诉讼代理人无权查阅调取的;

(二)涉及国家秘密、商业秘密或者个人隐私的;

(三)当事人及其诉讼代理人因客观原因不能自行收集的其他证据。

当事人及其诉讼代理人因客观原因不能自行收集的证据,可以在举证期限届满前书面申请人民法院调查收集。

第九十五条 当事人申请调查收集的证据,与待证事实无关联、对证明待证事实无意义或者其他无调查收集必要的,人民法院不予准许。

第九十六条 民事诉讼法第六十七条第二款规定的人民法院认为审理案件需要的证据包括:

(一)涉及可能损害国家利益、社会公共利益的;

(二)涉及身份关系的;

(三)涉及民事诉讼法第五十八条规定诉讼的;

(四)当事人有恶意串通损害他人合法权益可能的;

(五)涉及依职权追加当事人、中止诉讼、终结诉讼、回避等程序性事项的。

除前款规定外,人民法院调查收集证据,应当依照当事人的申请进行。

第九十七条 人民法院调查收集证据,应当由两人以上共同进行。调查材料要由调查人、被调查人、记录人签名、捺印或者盖章。

第九十八条 当事人根据民事诉讼法第八十四条第一款规定申请证据保全的,可以在举证期限届满前书面提出。

证据保全可能对他人造成损失的，人民法院应当责令申请人提供相应的担保。

第九十九条　人民法院应当在审理前的准备阶段确定当事人的举证期限。举证期限可以由当事人协商，并经人民法院准许。

人民法院确定举证期限，第一审普通程序案件不得少于十五日，当事人提供新的证据的第二审案件不得少于十日。

举证期限届满后，当事人对已经提供的证据，申请提供反驳证据或者对证据来源、形式等方面的瑕疵进行补正的，人民法院可以酌情再次确定举证期限，该期限不受前款规定的限制。

第一百条　当事人申请延长举证期限的，应当在举证期限届满前向人民法院提出书面申请。

申请理由成立的，人民法院应当准许，适当延长举证期限，并通知其他当事人。延长的举证期限适用于其他当事人。

申请理由不成立的，人民法院不予准许，并通知申请人。

第一百零一条　当事人逾期提供证据的，人民法院应当责令其说明理由，必要时可以要求其提供相应的证据。

当事人因客观原因逾期提供证据，或者对方当事人对逾期提供证据未提出异议的，视为未逾期。

第一百零二条　当事人因故意或者重大过失逾期提供的证据，人民法院不予采纳。但该证据与案件基本事实有关的，人民法院应当采纳，并依照民事诉讼法第六十八条、第一百一十八条第一款的规定予以训诫、罚款。

当事人非因故意或者重大过失逾期提供的证据，人民法院应当采纳，并对当事人予以训诫。

当事人一方要求另一方赔偿因逾期提供证据致使其增加的交通、住宿、就餐、误工、证人出庭作证等必要费用的，人民法院可予支持。

第一百零三条　证据应当在法庭上出示，由当事人互相质证。未经当事人质证的证据，不得作为认定案件事实的根据。

当事人在审理前的准备阶段认可的证据，经审判人员在庭审中说明后，视为质证过的证据。

涉及国家秘密、商业秘密、个人隐私或者法律规定应当保密的证据，不得公开质证。

第一百零四条　人民法院应当组织当事人围绕证据的真实性、合法性以及与待证事实的关联性进行质证，并针对证据有无证明力和证明力大小进行说明和辩论。

能够反映案件真实情况、与待证事实相关联、来源和形式符合法律规定的证据，应当作为认定案件事实的根据。

第一百零五条　人民法院应当按照法定程序，全面、客观地审核证据，依照法律规定，运用逻辑推理和日常生活经验法则，对证据有无证明力和证明力大小进行判断，并公开判断的理由和结果。

第一百零六条　对以严重侵害他人合法权益、违反法律禁止性规定或者严重违背公序良俗的方法形成或者获取的证据，不得作为认定案件事实的根据。

第一百零七条　在诉讼中，当事人为达成调解协议或者和解协议作出妥协而认可的事实，不得在后续的诉讼中作为对其不利的根据，但法律另有规定或者当事人均同意的除外。

第一百零八条　对负有举证证明责任的当事人提供的证据，人民法院经审查并结合相关事实，确信待证事实的存在具有高度可能性的，应当认定该事实存在。

对一方当事人为反驳负有举证证明责任的当事人所主张事实而提供的证据，人民法院经审查并结合相关事实，认为待证事实真伪不明的，应当认定该事实不存在。

法律对于待证事实所应达到的证明标准另有规定的，从其规定。

第一百零九条　当事人对欺诈、胁迫、恶意串通事实的证明，以及对口头遗嘱或者赠与事实的证明，人民法院确信该待证事实存在的可能性能够排除合理怀疑的，应当认定该事实存在。

第一百一十条　人民法院认为有必要的，可以要求当事人本人到庭，就案件有关事实接受询问。在询问当事人之前，可以要求其签署保证书。

保证书应当载明据实陈述、如有虚假陈述愿意接受处罚等内容。当事人应当在保证书上签名或者捺印。

负有举证证明责任的当事人拒绝到庭、拒绝接受询问或者拒绝签署保证书，待证事实又欠缺其他证据证明的，人民法院对其主张的事实不予认定。

第一百一十一条　民事诉讼法第七十三条规定的提交书证原件确有困难，包括下列情形：

（一）书证原件遗失、灭失或者毁损的；

（二）原件在对方当事人控制之下，经合法通知提交而拒不提交的；

（三）原件在他人控制之下，而其有权不提交的；

（四）原件因篇幅或者体积过大而不便提交的；

（五）承担举证证明责任的当事人通过申请人民法院调查收集或者其他方式无法获得书证原件的。

前款规定情形，人民法院应当结合其他证据和案件具体情况，审查判断书证复制品等能否作为认定案件事实的根据。

第一百一十二条　书证在对方当事人控制之下的，承担举证证明责任的当事人可以在举证期限届满前书面申请人民法院责令对方当事人提交。

申请理由成立的，人民法院应当责令对方当事人提交，因提交书证所产生的费用，由申请人负担。对方当事人无正当理由拒不提交的，人民法院可以认定申请人所主张的书证内容为真实。

第一百一十三条　持有书证的当事人以妨碍对方当事人使用为目的，毁灭有关书证或者实施其他致使书证不能使用行为的，人民法院可以依照民事诉讼法第一百一十四条规定，对其处以罚款、拘留。

第一百一十四条　国家机关或者其他依法具有社会管理职能的组织，在其职权范围内制作的文书所记载的事项推定为真实，但有相反证据足以推翻的除外。必要时，人民法院可以要求制作文书的机关或者组织对文书的真实性予以说明。

第一百一十五条　单位向人民法院提出的证明材料，应当由单位负责人及制作证明材料的人员签名或者盖章，并加盖单位印章。人民法院就单位出具的证明材料，可以向单位及制作证明材料的人员进行调查核实。必要时，可以要求制作证明材料的人员出庭作证。

单位及制作证明材料的人员拒绝人民法院调查核实，或者制作证明材料的人员无正当理由拒绝出庭作证的,该证明材料不得作为认定案件事实的根据。

第一百一十六条 视听资料包括录音资料和影像资料。

电子数据是指通过电子邮件、电子数据交换、网上聊天记录、博客、微博客、手机短信、电子签名、域名等形成或者存储在电子介质中的信息。

存储在电子介质中的录音资料和影像资料,适用电子数据的规定。

第一百一十七条 当事人申请证人出庭作证的,应当在举证期限届满前提出。

符合本解释第九十六条第一款规定情形的,人民法院可以依职权通知证人出庭作证。

未经人民法院通知,证人不得出庭作证,但双方当事人同意并经人民法院准许的除外。

第一百一十八条 民事诉讼法第七十七条规定的证人因履行出庭作证义务而支出的交通、住宿、就餐等必要费用,按照机关事业单位工作人员差旅费用和补贴标准计算;误工损失按照国家上年度职工日平均工资标准计算。

人民法院准许证人出庭作证申请的,应当通知申请人预缴证人出庭作证费用。

第一百一十九条 人民法院在证人出庭作证前应当告知其如实作证的义务以及作伪证的法律后果,并责令其签署保证书,但无民事行为能力人和限制民事行为能力人除外。

证人签署保证书适用本解释关于当事人签署保证书的规定。

第一百二十条 证人拒绝签署保证书的,不得作证,并自行承担相关费用。

第一百二十一条 当事人申请鉴定,可以在举证期限届满前提出。申请鉴定的事项与待证事实无关联,或者对证明待证事实无意义的,人民法院不予准许。

人民法院准许当事人鉴定申请的,应当组织双方当事人协商确定具备相应资格的鉴定人。当事人协商不成的,由人民法院指定。

符合依职权调查收集证据条件的,人民法院应当依职权委托鉴定,在询问当事人的意见后,指定具备相应资格的鉴定人。

第一百二十二条 当事人可以依照民事诉讼法第八十二条的规定,在举证期限届满前申请一至二名具有专门知识的人出庭,代表当事人对鉴定意见进行质证,或者对案件事实所涉及的专业问题提出意见。

具有专门知识的人在法庭上就专业问题提出的意见,视为当事人的陈述。

人民法院准许当事人申请的,相关费用由提出申请的当事人负担。

第一百二十三条 人民法院可以对出庭的具有专门知识的人进行询问。经法庭准许,当事人可以对出庭的具有专门知识的人进行询问,当事人各自申请的具有专门知识的人可以就案件中的有关问题进行对质。

具有专门知识的人不得参与专业问题之外的法庭审理活动。

第一百二十四条 人民法院认为有必要的,可以根据当事人的申请或者依职权对物证或者现场进行勘验。勘验时应当保护他人的隐私和尊严。

人民法院可以要求鉴定人参与勘验。必要时,可以要求鉴定人在勘验中进行鉴定。

五、期间和送达

第一百二十五条 依照民事诉讼法第八十五条第二款规定,民事诉讼中以时起算的期间从次时起算;以日、月、年计算的期间从次日起算。

第一百二十六条 民事诉讼法第一百二十六条规定的立案期限,因起诉状内容欠缺通知原告补正的,从补正后交人民法院的次日起算。由上级人民法院转交下级人民法院立案的案件,从受诉人民法院收到起诉状的次日起算。

第一百二十七条 民事诉讼法第五十九条第三款、第二百一十二条以及本解释第三百七十二条、第三百八十二条、第三百九十九条、第四百二十条、第四百二十一条规定的六个月,民事诉讼法第二百三十条规定的一年,为不变期间,不适用诉讼时效中止、中断、延长的规定。

第一百二十八条　再审案件按照第一审程序或者第二审程序审理的,适用民事诉讼法第一百五十二条、第一百八十三条规定的审限。审限自再审立案的次日起算。

第一百二十九条　对申请再审案件,人民法院应当自受理之日起三个月内审查完毕,但公告期间、当事人和解期间等不计入审查期限。有特殊情况需要延长的,由本院院长批准。

第一百三十条　向法人或者其他组织送达诉讼文书,应当由法人的法定代表人、该组织的主要负责人或者办公室、收发室、值班室等负责收件的人签收或者盖章,拒绝签收或者盖章的,适用留置送达。

民事诉讼法第八十九条规定的有关基层组织和所在单位的代表,可以是受送达人住所地的居民委员会、村民委员会的工作人员以及受送达人所在单位的工作人员。

第一百三十一条　人民法院直接送达诉讼文书的,可以通知当事人到人民法院领取。当事人到达人民法院,拒绝签署送达回证的,视为送达。审判人员、书记员应当在送达回证上注明送达情况并签名。

人民法院可以在当事人住所地以外向当事人直接送达诉讼文书。当事人拒绝签署送达回证的,采用拍照、录像等方式记录送达过程即视为送达。审判人员、书记员应当在送达回证上注明送达情况并签名。

第一百三十二条　受送达人有诉讼代理人的,人民法院既可以向受送达人送达,也可以向其诉讼代理人送达。受送达人指定诉讼代理人为代收人的,向诉讼代理人送达时,适用留置送达。

第一百三十三条　调解书应当直接送达当事人本人,不适用留置送达。当事人本人因故不能签收的,可由其指定的代收人签收。

第一百三十四条　依照民事诉讼法第九十一条规定,委托其他人民法院代为送达的,委托法院应当出具委托函,并附需要送达的诉讼文书和送达回证,以受送达人在送达回证上签收的日期为送达日期。

委托送达的,受委托人民法院应当自收到委托函及相关诉讼文书之日起十日内代为送达。

第一百三十五条　电子送达可以采用传真、电子邮件、移动通信等即时收悉的特定系统作为送达媒介。

民事诉讼法第九十条第二款规定的到达受送达人特定系统的日期，为人民法院对应系统显示发送成功的日期，但受送达人证明到达其特定系统的日期与人民法院对应系统显示发送成功的日期不一致的，以受送达人证明到达其特定系统的日期为准。

第一百三十六条　受送达人同意采用电子方式送达的，应当在送达地址确认书中予以确认。

第一百三十七条　当事人在提起上诉、申请再审、申请执行时未书面变更送达地址的，其在第一审程序中确认的送达地址可以作为第二审程序、审判监督程序、执行程序的送达地址。

第一百三十八条　公告送达可以在法院的公告栏和受送达人住所地张贴公告，也可以在报纸、信息网络等媒体上刊登公告，发出公告日期以最后张贴或者刊登的日期为准。对公告送达方式有特殊要求的，应当按要求的方式进行。公告期满，即视为送达。

人民法院在受送达人住所地张贴公告的，应当采取拍照、录像等方式记录张贴过程。

第一百三十九条　公告送达应当说明公告送达的原因；公告送达起诉状或者上诉状副本的，应当说明起诉或者上诉要点，受送达人答辩期限及逾期不答辩的法律后果；公告送达传票，应当说明出庭的时间和地点及逾期不出庭的法律后果；公告送达判决书、裁定书的，应当说明裁判主要内容，当事人有权上诉的，还应当说明上诉权利、上诉期限和上诉的人民法院。

第一百四十条　适用简易程序的案件，不适用公告送达。

第一百四十一条　人民法院在定期宣判时，当事人拒不签收判决书、裁定书的，应视为送达，并在宣判笔录中记明。

六、调　　解

第一百四十二条　人民法院受理案件后，经审查，认为法律关系明确、事实清楚，在征得当事人双方同意后，可以径行调解。

第一百四十三条　适用特别程序、督促程序、公示催告程序的案件,婚姻等身份关系确认案件以及其他根据案件性质不能进行调解的案件,不得调解。

第一百四十四条　人民法院审理民事案件,发现当事人之间恶意串通,企图通过和解、调解方式侵害他人合法权益的,应当依照民事诉讼法第一百一十五条的规定处理。

第一百四十五条　人民法院审理民事案件,应当根据自愿、合法的原则进行调解。当事人一方或者双方坚持不愿调解的,应当及时裁判。

人民法院审理离婚案件,应当进行调解,但不应久调不决。

第一百四十六条　人民法院审理民事案件,调解过程不公开,但当事人同意公开的除外。

调解协议内容不公开,但为保护国家利益、社会公共利益、他人合法权益,人民法院认为确有必要公开的除外。

主持调解以及参与调解的人员,对调解过程以及调解过程中获悉的国家秘密、商业秘密、个人隐私和其他不宜公开的信息,应当保守秘密,但为保护国家利益、社会公共利益、他人合法权益的除外。

第一百四十七条　人民法院调解案件时,当事人不能出庭的,经其特别授权,可由其委托代理人参加调解,达成的调解协议,可由委托代理人签名。

离婚案件当事人确因特殊情况无法出庭参加调解的,除本人不能表达意志的以外,应当出具书面意见。

第一百四十八条　当事人自行和解或者调解达成协议后,请求人民法院按照和解协议或者调解协议的内容制作判决书的,人民法院不予准许。

无民事行为能力人的离婚案件,由其法定代理人进行诉讼。法定代理人与对方达成协议要求发给判决书的,可根据协议内容制作判决书。

第一百四十九条　调解书需经当事人签收后才发生法律效力的,应当以最后收到调解书的当事人签收的日期为调解书生效日期。

第一百五十条　人民法院调解民事案件,需由无独立请求权的第三人承担责任的,应当经其同意。该第三人在调解书送达前反悔的,人民法院应当及时裁判。

第一百五十一条 根据民事诉讼法第一百零一条第一款第四项规定，当事人各方同意在调解协议上签名或者盖章后即发生法律效力的，经人民法院审查确认后，应当记入笔录或者将调解协议附卷，并由当事人、审判人员、书记员签名或者盖章后即具有法律效力。

前款规定情形，当事人请求制作调解书的，人民法院审查确认后可以制作调解书送交当事人。当事人拒收调解书的，不影响调解协议的效力。

七、保全和先予执行

第一百五十二条 人民法院依照民事诉讼法第一百零三条、第一百零四条规定，在采取诉前保全、诉讼保全措施时，责令利害关系人或者当事人提供担保的，应当书面通知。

利害关系人申请诉前保全的，应当提供担保。申请诉前财产保全的，应当提供相当于请求保全数额的担保；情况特殊的，人民法院可以酌情处理。申请诉前行为保全的，担保的数额由人民法院根据案件的具体情况决定。

在诉讼中，人民法院依申请或者依职权采取保全措施的，应当根据案件的具体情况，决定当事人是否应当提供担保以及担保的数额。

第一百五十三条 人民法院对季节性商品、鲜活、易腐烂变质以及其他不宜长期保存的物品采取保全措施时，可以责令当事人及时处理，由人民法院保存价款；必要时，人民法院可予以变卖，保存价款。

第一百五十四条 人民法院在财产保全中采取查封、扣押、冻结财产措施时，应当妥善保管被查封、扣押、冻结的财产。不宜由人民法院保管的，人民法院可以指定被保全人负责保管；不宜由被保全人保管的，可以委托他人或者申请保全人保管。

查封、扣押、冻结担保物权人占有的担保财产，一般由担保物权人保管；由人民法院保管的，质权、留置权不因采取保全措施而消灭。

第一百五十五条 由人民法院指定被保全人保管的财产，如果继续使用对该财产的价值无重大影响，可以允许被保全人继续使用；由人民法院保管或者委托他人、申请保全人保管的财产，人民法院和其他保管人不得使用。

第一百五十六条 人民法院采取财产保全的方法和措施,依照执行程序相关规定办理。

第一百五十七条 人民法院对抵押物、质押物、留置物可以采取财产保全措施,但不影响抵押权人、质权人、留置权人的优先受偿权。

第一百五十八条 人民法院对债务人到期应得的收益,可以采取财产保全措施,限制其支取,通知有关单位协助执行。

第一百五十九条 债务人的财产不能满足保全请求,但对他人有到期债权的,人民法院可以依债权人的申请裁定该他人不得对本案债务人清偿。该他人要求偿付的,由人民法院提存财物或者价款。

第一百六十条 当事人向采取诉前保全措施以外的其他有管辖权的人民法院起诉的,采取诉前保全措施的人民法院应当将保全手续移送受理案件的人民法院。诉前保全的裁定视为受移送人民法院作出的裁定。

第一百六十一条 对当事人不服一审判决提起上诉的案件,在第二审人民法院接到报送的案件之前,当事人有转移、隐匿、出卖或者毁损财产等行为,必须采取保全措施的,由第一审人民法院依当事人申请或者依职权采取。第一审人民法院的保全裁定,应当及时报送第二审人民法院。

第一百六十二条 第二审人民法院裁定对第一审人民法院采取的保全措施予以续保或者采取新的保全措施的,可以自行实施,也可以委托第一审人民法院实施。

再审人民法院裁定对原保全措施予以续保或者采取新的保全措施的,可以自行实施,也可以委托原审人民法院或者执行法院实施。

第一百六十三条 法律文书生效后,进入执行程序前,债权人因对方当事人转移财产等紧急情况,不申请保全将可能导致生效法律文书不能执行或者难以执行的,可以向执行法院申请采取保全措施。债权人在法律文书指定的履行期间届满后五日内不申请执行的,人民法院应当解除保全。

第一百六十四条 对申请保全人或者他人提供的担保财产,人民法院应当依法办理查封、扣押、冻结等手续。

第一百六十五条　人民法院裁定采取保全措施后，除作出保全裁定的人民法院自行解除或者其上级人民法院决定解除外，在保全期限内，任何单位不得解除保全措施。

第一百六十六条　裁定采取保全措施后，有下列情形之一的，人民法院应当作出解除保全裁定：

（一）保全错误的；

（二）申请人撤回保全申请的；

（三）申请人的起诉或者诉讼请求被生效裁判驳回的；

（四）人民法院认为应当解除保全的其他情形。

解除以登记方式实施的保全措施的，应当向登记机关发出协助执行通知书。

第一百六十七条　财产保全的被保全人提供其他等值担保财产且有利于执行的，人民法院可以裁定变更保全标的物为被保全人提供的担保财产。

第一百六十八条　保全裁定未经人民法院依法撤销或者解除，进入执行程序后，自动转为执行中的查封、扣押、冻结措施，期限连续计算，执行法院无需重新制作裁定书，但查封、扣押、冻结期限届满的除外。

第一百六十九条　民事诉讼法规定的先予执行，人民法院应当在受理案件后终审判决作出前采取。先予执行应当限于当事人诉讼请求的范围，并以当事人的生活、生产经营的急需为限。

第一百七十条　民事诉讼法第一百零九条第三项规定的情况紧急，包括：

（一）需要立即停止侵害、排除妨碍的；

（二）需要立即制止某项行为的；

（三）追索恢复生产、经营急需的保险理赔费的；

（四）需要立即返还社会保险金、社会救助资金的；

（五）不立即返还款项，将严重影响权利人生活和生产经营的。

第一百七十一条　当事人对保全或者先予执行裁定不服的，可以自收到裁定书之日起五日内向作出裁定的人民法院申请复议。人民法院应当在收到复议申请后十日内审查。裁定正确的，驳回当事人的申请；裁定不当的，变更或者撤销原裁定。

第一百七十二条 利害关系人对保全或者先予执行的裁定不服申请复议的,由作出裁定的人民法院依照民事诉讼法第一百一十一条规定处理。

第一百七十三条 人民法院先予执行后,根据发生法律效力的判决,申请人应当返还因先予执行所取得的利益的,适用民事诉讼法第二百四十条的规定。

八、对妨害民事诉讼的强制措施

第一百七十四条 民事诉讼法第一百一十二条规定的必须到庭的被告,是指负有赡养、抚育、扶养义务和不到庭就无法查清案情的被告。

人民法院对必须到庭才能查清案件基本事实的原告,经两次传票传唤,无正当理由拒不到庭的,可以拘传。

第一百七十五条 拘传必须用拘传票,并直接送达被拘传人;在拘传前,应当向被拘传人说明拒不到庭的后果,经批评教育仍拒不到庭的,可以拘传其到庭。

第一百七十六条 诉讼参与人或者其他人有下列行为之一的,人民法院可以适用民事诉讼法第一百一十三条规定处理:

(一)未经准许进行录音、录像、摄影的;

(二)未经准许以移动通信等方式现场传播审判活动的;

(三)其他扰乱法庭秩序,妨害审判活动进行的。

有前款规定情形的,人民法院可以暂扣诉讼参与人或者其他人进行录音、录像、摄影、传播审判活动的器材,并责令其删除有关内容;拒不删除的,人民法院可以采取必要手段强制删除。

第一百七十七条 训诫、责令退出法庭由合议庭或者独任审判员决定。训诫的内容、被责令退出法庭者的违法事实应当记入庭审笔录。

第一百七十八条 人民法院依照民事诉讼法第一百一十三条至第一百一十七条的规定采取拘留措施的,应经院长批准,作出拘留决定书,由司法警察将被拘留人送交当地公安机关看管。

第一百七十九条 被拘留人不在本辖区的,作出拘留决定的人民法院应当派员到被拘留人所在地的人民法院,请该院协助执行,受委托的人民法院应当及时派员协助执行。被拘留人申请复议或者在拘留期间承认并改正错误,需要提前解除拘留的,受委托人民法院应当向委托人民法院转达或者提出建议,由委托人民法院审查决定。

第一百八十条　人民法院对被拘留人采取拘留措施后,应当在二十四小时内通知其家属;确实无法按时通知或者通知不到的,应当记录在案。

第一百八十一条　因哄闹、冲击法庭,用暴力、威胁等方法抗拒执行公务等紧急情况,必须立即采取拘留措施的,可在拘留后,立即报告院长补办批准手续。院长认为拘留不当的,应当解除拘留。

第一百八十二条　被拘留人在拘留期间认错悔改的,可以责令其具结悔过,提前解除拘留。提前解除拘留,应报经院长批准,并作出提前解除拘留决定书,交负责看管的公安机关执行。

第一百八十三条　民事诉讼法第一百一十三条至第一百一十六条规定的罚款、拘留可以单独适用,也可以合并适用。

第一百八十四条　对同一妨害民事诉讼行为的罚款、拘留不得连续适用。发生新的妨害民事诉讼行为的,人民法院可以重新予以罚款、拘留。

第一百八十五条　被罚款、拘留的人不服罚款、拘留决定申请复议的,应当自收到决定书之日起三日内提出。上级人民法院应当在收到复议申请后五日内作出决定,并将复议结果通知下级人民法院和当事人。

第一百八十六条　上级人民法院复议时认为强制措施不当的,应当制作决定书,撤销或者变更下级人民法院作出的拘留、罚款决定。情况紧急的,可以在口头通知后三日内发出决定书。

第一百八十七条　民事诉讼法第一百一十四条第一款第五项规定的以暴力、威胁或者其他方法阻碍司法工作人员执行职务的行为,包括:

(一)在人民法院哄闹、滞留,不听从司法工作人员劝阻的;

(二)故意毁损、抢夺人民法院法律文书、查封标志的;

(三)哄闹、冲击执行公务现场,围困、扣押执行或者协助执行公务人员的；

（四）毁损、抢夺、扣留案件材料、执行公务车辆、其他执行公务器械、执行公务人员服装和执行公务证件的；

（五）以暴力、威胁或者其他方法阻碍司法工作人员查询、查封、扣押、冻结、划拨、拍卖、变卖财产的；

（六）以暴力、威胁或者其他方法阻碍司法工作人员执行职务的其他行为。

第一百八十八条 民事诉讼法第一百一十四条第一款第六项规定的拒不履行人民法院已经发生法律效力的判决、裁定的行为，包括：

（一）在法律文书发生法律效力后隐藏、转移、变卖、毁损财产或者无偿转让财产、以明显不合理的价格交易财产、放弃到期债权、无偿为他人提供担保等，致使人民法院无法执行的；

（二）隐藏、转移、毁损或者未经人民法院允许处分已向人民法院提供担保的财产的；

（三）违反人民法院限制高消费令进行消费的；

（四）有履行能力而拒不按照人民法院执行通知履行生效法律文书确定的义务的；

（五）有义务协助执行的个人接到人民法院协助执行通知书后，拒不协助执行的。

第一百八十九条 诉讼参与人或者其他人有下列行为之一的，人民法院可以适用民事诉讼法第一百一十四条的规定处理：

（一）冒充他人提起诉讼或者参加诉讼的；

（二）证人签署保证书后作虚假证言，妨碍人民法院审理案件的；

（三）伪造、隐藏、毁灭或者拒绝交出有关被执行人履行能力的重要证据，妨碍人民法院查明被执行人财产状况的；

（四）擅自解冻已被人民法院冻结的财产的；

（五）接到人民法院协助执行通知书后，给当事人通风报信，协助其转移、隐匿财产的。

第一百九十条 民事诉讼法第一百一十五条规定的他人合法权益，包括案外人的合法权益、国家利益、社会公共利益。

第三人根据民事诉讼法第五十九条第三款规定提起撤销之诉，经审查，原案当事人之间恶意串通进行虚假诉讼的，适用民事诉讼法第一百一十五条规定处理。

第一百九十一条　单位有民事诉讼法第一百一十五条或者第一百一十六条规定行为的，人民法院应当对该单位进行罚款，并可以对其主要负责人或者直接责任人员予以罚款、拘留；构成犯罪的，依法追究刑事责任。

第一百九十二条　有关单位接到人民法院协助执行通知书后，有下列行为之一的，人民法院可以适用民事诉讼法第一百一十七条规定处理：

（一）允许被执行人高消费的；

（二）允许被执行人出境的；

（三）拒不停止办理有关财产权证照转移手续、权属变更登记、规划审批等手续的；

（四）以需要内部请示、内部审批，有内部规定等为由拖延办理的。

第一百九十三条　人民法院对个人或者单位采取罚款措施时，应当根据其实施妨害民事诉讼行为的性质、情节、后果，当地的经济发展水平，以及诉讼标的额等因素，在民事诉讼法第一百一十八条第一款规定的限额内确定相应的罚款金额。

九、诉 讼 费 用

第一百九十四条　依照民事诉讼法第五十七条审理的案件不预交案件受理费，结案后按照诉讼标的额由败诉方交纳。

第一百九十五条　支付令失效后转入诉讼程序的，债权人应当按照《诉讼费用交纳办法》补交案件受理费。

支付令被撤销后，债权人另行起诉的，按照《诉讼费用交纳办法》交纳诉讼费用。

第一百九十六条　人民法院改变原判决、裁定、调解结果的，应当在裁判文书中对原审诉讼费用的负担一并作出处理。

第一百九十七条　诉讼标的物是证券的，按照证券交易规则并根据当事人起诉之日前最后一个交易日的收盘价、当日的市场价或者其载明的金额计算诉讼标的金额。

第一百九十八条 诉讼标的物是房屋、土地、林木、车辆、船舶、文物等特定物或者知识产权,起诉时价值难以确定的,人民法院应当向原告释明主张过高或者过低的诉讼风险,以原告主张的价值确定诉讼标的金额。

第一百九十九条 适用简易程序审理的案件转为普通程序的,原告自接到人民法院交纳诉讼费用通知之日起七日内补交案件受理费。

原告无正当理由未按期足额补交的,按撤诉处理,已经收取的诉讼费用退还一半。

第二百条 破产程序中有关债务人的民事诉讼案件,按照财产案件标准交纳诉讼费,但劳动争议案件除外。

第二百零一条 既有财产性诉讼请求,又有非财产性诉讼请求的,按照财产性诉讼请求的标准交纳诉讼费。

有多个财产性诉讼请求的,合并计算交纳诉讼费;诉讼请求中有多个非财产性诉讼请求的,按一件交纳诉讼费。

第二百零二条 原告、被告、第三人分别上诉的,按照上诉请求分别预交二审案件受理费。

同一方多人共同上诉的,只预交一份二审案件受理费;分别上诉的,按照上诉请求分别预交二审案件受理费。

第二百零三条 承担连带责任的当事人败诉的,应当共同负担诉讼费用。

第二百零四条 实现担保物权案件,人民法院裁定拍卖、变卖担保财产的,申请费由债务人、担保人负担;人民法院裁定驳回申请的,申请费由申请人负担。

申请人另行起诉的,其已经交纳的申请费可以从案件受理费中扣除。

第二百零五条 拍卖、变卖担保财产的裁定作出后,人民法院强制执行的,按照执行金额收取执行申请费。

第二百零六条 人民法院决定减半收取案件受理费的,只能减半一次。

第二百零七条 判决生效后,胜诉方预交但不应负担的诉讼费用,人民法院应当退还,由败诉方向人民法院交纳,但胜诉方自愿承担或者同意败诉方直接向其支付的除外。

当事人拒不交纳诉讼费用的，人民法院可以强制执行。

十、第一审普通程序

第二百零八条 人民法院接到当事人提交的民事起诉状时，对符合民事诉讼法第一百二十二条的规定，且不属于第一百二十七条规定情形的，应当登记立案；对当场不能判定是否符合起诉条件的，应当接收起诉材料，并出具注明收到日期的书面凭证。

需要补充必要相关材料的，人民法院应当及时告知当事人。在补齐相关材料后，应当在七日内决定是否立案。

立案后发现不符合起诉条件或者属于民事诉讼法第一百二十七条规定情形的，裁定驳回起诉。

第二百零九条 原告提供被告的姓名或者名称、住所等信息具体明确，足以使被告与他人相区别的，可以认定为有明确的被告。

起诉状列写被告信息不足以认定明确的被告的，人民法院可以告知原告补正。原告补正后仍不能确定明确的被告的，人民法院裁定不予受理。

第二百一十条 原告在起诉状中有谩骂和人身攻击之辞的，人民法院应当告知其修改后提起诉讼。

第二百一十一条 对本院没有管辖权的案件，告知原告向有管辖权的人民法院起诉；原告坚持起诉的，裁定不予受理；立案后发现本院没有管辖权的，应当将案件移送有管辖权的人民法院。

第二百一十二条 裁定不予受理、驳回起诉的案件，原告再次起诉，符合起诉条件且不属于民事诉讼法第一百二十七条规定情形的，人民法院应予受理。

第二百一十三条 原告应当预交而未预交案件受理费，人民法院应当通知其预交，通知后仍不预交或者申请减、缓、免未获批准而仍不预交的，裁定按撤诉处理。

第二百一十四条 原告撤诉或者人民法院按撤诉处理后，原告以同一诉讼请求再次起诉的，人民法院应予受理。

原告撤诉或者按撤诉处理的离婚案件，没有新情况、新理由，六个月内又起诉的,比照民事诉讼法第一百二十七条第七项的规定不予受理。

第二百一十五条 依照民事诉讼法第一百二十七条第二项的规定,当事人在书面合同中订有仲裁条款,或者在发生纠纷后达成书面仲裁协议,一方向人民法院起诉的,人民法院应当告知原告向仲裁机构申请仲裁,其坚持起诉的,裁定不予受理,但仲裁条款或者仲裁协议不成立、无效、失效、内容不明确无法执行的除外。

第二百一十六条 在人民法院首次开庭前,被告以有书面仲裁协议为由对受理民事案件提出异议的,人民法院应当进行审查。

经审查符合下列情形之一的,人民法院应当裁定驳回起诉:

(一)仲裁机构或者人民法院已经确认仲裁协议有效的;

(二)当事人没有在仲裁庭首次开庭前对仲裁协议的效力提出异议的;

(三)仲裁协议符合仲裁法第十六条规定且不具有仲裁法第十七条规定情形的。

第二百一十七条 夫妻一方下落不明,另一方诉至人民法院,只要求离婚,不申请宣告下落不明人失踪或者死亡的案件,人民法院应当受理,对下落不明人公告送达诉讼文书。

第二百一十八条 赡养费、扶养费、抚养费案件,裁判发生法律效力后,因新情况、新理由,一方当事人再行起诉要求增加或者减少费用的,人民法院应作为新案受理。

第二百一十九条 当事人超过诉讼时效期间起诉的,人民法院应予受理。受理后对方当事人提出诉讼时效抗辩,人民法院经审理认为抗辩事由成立的,判决驳回原告的诉讼请求。

第二百二十条 民事诉讼法第七十一条、第一百三十七条、第一百五十九条规定的商业秘密,是指生产工艺、配方、贸易联系、购销渠道等当事人不愿公开的技术秘密、商业情报及信息。

第二百二十一条 基于同一事实发生的纠纷,当事人分别向同一人民法院起诉的,人民法院可以合并审理。

第二百二十二条 原告在起诉状中直接列写第三人的,视为其申请人民法院追加该第三人参加诉讼。是否通知第三人参加诉讼,由人民法院审查决定。

第二百二十三条 当事人在提交答辩状期间提出管辖异议,又针对起诉状的内容进行答辩的,人民法院应当依照民事诉讼法第一百三十条第一款的规定,对管辖异议进行审查。

当事人未提出管辖异议,就案件实体内容进行答辩、陈述或者反诉的,可以认定为民事诉讼法第一百三十条第二款规定的应诉答辩。

第二百二十四条 依照民事诉讼法第一百三十六条第四项规定,人民法院可以在答辩期届满后,通过组织证据交换、召集庭前会议等方式,作好审理前的准备。

第二百二十五条 根据案件具体情况,庭前会议可以包括下列内容:

(一)明确原告的诉讼请求和被告的答辩意见;

(二)审查处理当事人增加、变更诉讼请求的申请和提出的反诉,以及第三人提出的与本案有关的诉讼请求;

(三)根据当事人的申请决定调查收集证据,委托鉴定,要求当事人提供证据,进行勘验,进行证据保全;

(四)组织交换证据;

(五)归纳争议焦点;

(六)进行调解。

第二百二十六条 人民法院应当根据当事人的诉讼请求、答辩意见以及证据交换的情况,归纳争议焦点,并就归纳的争议焦点征求当事人的意见。

第二百二十七条 人民法院适用普通程序审理案件,应当在开庭三日前用传票传唤当事人。对诉讼代理人、证人、鉴定人、勘验人、翻译人员应当用通知书通知其到庭。当事人或者其他诉讼参与人在外地的,应当留有必要的在途时间。

第二百二十八条 法庭审理应当围绕当事人争议的事实、证据和法律适用等焦点问题进行。

第二百二十九条 当事人在庭审中对其在审理前的准备阶段认可的事实和证据提出不同意见的,人民法院应当责令其说明理由。必要时,可以责令其提供相应证据。人民法院应当结合当事人的诉讼能力、证据和案件的具体情况进行审查。理由成立的，可以列入争议焦点进行审理。

第二百三十条 人民法院根据案件具体情况并征得当事人同意，可以将法庭调查和法庭辩论合并进行。

第二百三十一条 当事人在法庭上提出新的证据的，人民法院应当依照民事诉讼法第六十八条第二款规定和本解释相关规定处理。

第二百三十二条 在案件受理后，法庭辩论结束前，原告增加诉讼请求，被告提出反诉，第三人提出与本案有关的诉讼请求，可以合并审理的，人民法院应当合并审理。

第二百三十三条 反诉的当事人应当限于本诉的当事人的范围。

反诉与本诉的诉讼请求基于相同法律关系、诉讼请求之间具有因果关系，或者反诉与本诉的诉讼请求基于相同事实的，人民法院应当合并审理。

反诉应由其他人民法院专属管辖，或者与本诉的诉讼标的及诉讼请求所依据的事实、理由无关联的，裁定不予受理，告知另行起诉。

第二百三十四条 无民事行为能力人的离婚诉讼，当事人的法定代理人应当到庭；法定代理人不能到庭的，人民法院应当在查清事实的基础上，依法作出判决。

第二百三十五条 无民事行为能力的当事人的法定代理人，经传票传唤无正当理由拒不到庭，属于原告方的，比照民事诉讼法第一百四十六条的规定，按撤诉处理；属于被告方的，比照民事诉讼法第一百四十七条的规定，缺席判决。必要时，人民法院可以拘传其到庭。

第二百三十六条 有独立请求权的第三人经人民法院传票传唤，无正当理由拒不到庭的，或者未经法庭许可中途退庭的，比照民事诉讼法第一百四十六条的规定，按撤诉处理。

第二百三十七条 有独立请求权的第三人参加诉讼后，原告申请撤诉，人民法院在准许原告撤诉后，有独立请求权的第三人作为另案原告，原案原告、被告作为另案被告，诉讼继续进行。

第二百三十八条 当事人申请撤诉或者依法可以按撤诉处理的案件，如果当事人有违反法律的行为需要依法处理的，人民法院可以不准许撤诉或者不按撤诉处理。

法庭辩论终结后原告申请撤诉，被告不同意的，人民法院可以不予准许。

第二百三十九条　人民法院准许本诉原告撤诉的，应当对反诉继续审理；被告申请撤回反诉的，人民法院应予准许。

第二百四十条　无独立请求权的第三人经人民法院传票传唤，无正当理由拒不到庭，或者未经法庭许可中途退庭的，不影响案件的审理。

第二百四十一条　被告经传票传唤无正当理由拒不到庭，或者未经法庭许可中途退庭的，人民法院应当按期开庭或者继续开庭审理，对到庭的当事人诉讼请求、双方的诉辩理由以及已经提交的证据及其他诉讼材料进行审理后，可以依法缺席判决。

第二百四十二条　一审宣判后，原审人民法院发现判决有错误，当事人在上诉期内提出上诉的，原审人民法院可以提出原判决有错误的意见，报送第二审人民法院，由第二审人民法院按照第二审程序进行审理；当事人不上诉的，按照审判监督程序处理。

第二百四十三条　民事诉讼法第一百五十二条规定的审限，是指从立案之日起至裁判宣告、调解书送达之日止的期间，但公告期间、鉴定期间、双方当事人和解期间、审理当事人提出的管辖异议以及处理人民法院之间的管辖争议期间不应计算在内。

第二百四十四条　可以上诉的判决书、裁定书不能同时送达双方当事人的，上诉期从各自收到判决书、裁定书之日计算。

第二百四十五条　民事诉讼法第一百五十七条第一款第七项规定的笔误是指法律文书误写、误算，诉讼费用漏写、误算和其他笔误。

第二百四十六条　裁定中止诉讼的原因消除，恢复诉讼程序时，不必撤销原裁定，从人民法院通知或者准许当事人双方继续进行诉讼时起，中止诉讼的裁定即失去效力。

第二百四十七条　当事人就已经提起诉讼的事项在诉讼过程中或者裁判生效后再次起诉，同时符合下列条件的，构成重复起诉：

（一）后诉与前诉的当事人相同；

（二）后诉与前诉的诉讼标的相同；

（三）后诉与前诉的诉讼请求相同，或者后诉的诉讼请求实质上否定前诉裁判结果。

当事人重复起诉的,裁定不予受理;已经受理的,裁定驳回起诉,但法律、司法解释另有规定的除外。

第二百四十八条 裁判发生法律效力后,发生新的事实,当事人再次提起诉讼的,人民法院应当依法受理。

第二百四十九条 在诉讼中,争议的民事权利义务转移的,不影响当事人的诉讼主体资格和诉讼地位。人民法院作出的发生法律效力的判决、裁定对受让人具有拘束力。

受让人申请以无独立请求权的第三人身份参加诉讼的,人民法院可予准许。受让人申请替代当事人承担诉讼的,人民法院可以根据案件的具体情况决定是否准许;不予准许的,可以追加其为无独立请求权的第三人。

第二百五十条 依照本解释第二百四十九条规定,人民法院准许受让人替代当事人承担诉讼的,裁定变更当事人。

变更当事人后,诉讼程序以受让人为当事人继续进行,原当事人应当退出诉讼。原当事人已经完成的诉讼行为对受让人具有拘束力。

第二百五十一条 二审裁定撤销一审判决发回重审的案件,当事人申请变更、增加诉讼请求或者提出反诉,第三人提出与本案有关的诉讼请求的,依照民事诉讼法第一百四十三条规定处理。

第二百五十二条 再审裁定撤销原判决、裁定发回重审的案件,当事人申请变更、增加诉讼请求或者提出反诉,符合下列情形之一的,人民法院应当准许:

(一)原审未合法传唤缺席判决,影响当事人行使诉讼权利的;

(二)追加新的诉讼当事人的;

(三)诉讼标的物灭失或者发生变化致使原诉讼请求无法实现的;

(四)当事人申请变更、增加的诉讼请求或者提出的反诉,无法通过另诉解决的。

第二百五十三条 当庭宣判的案件,除当事人当庭要求邮寄发送裁判文书的外,人民法院应当告知当事人或者诉讼代理人领取裁判文书的时间和地点以及逾期不领取的法律后果。上述情况,应当记入笔录。

第二百五十四条　公民、法人或者其他组织申请查阅发生法律效力的判决书、裁定书的，应当向作出该生效裁判的人民法院提出。申请应当以书面形式提出，并提供具体的案号或者当事人姓名、名称。

第二百五十五条　对于查阅判决书、裁定书的申请，人民法院根据下列情形分别处理：

（一）判决书、裁定书已经通过信息网络向社会公开的，应当引导申请人自行查阅；

（二）判决书、裁定书未通过信息网络向社会公开，且申请符合要求的，应当及时提供便捷的查阅服务；

（三）判决书、裁定书尚未发生法律效力，或者已失去法律效力的，不提供查阅并告知申请人；

（四）发生法律效力的判决书、裁定书不是本院作出的，应当告知申请人向作出生效裁判的人民法院申请查阅；

（五）申请查阅的内容涉及国家秘密、商业秘密、个人隐私的，不予准许并告知申请人。

十一、简易程序

第二百五十六条　民事诉讼法第一百六十条规定的简单民事案件中的事实清楚，是指当事人对争议的事实陈述基本一致，并能提供相应的证据，无须人民法院调查收集证据即可查明事实；权利义务关系明确是指能明确区分谁是责任的承担者，谁是权利的享有者；争议不大是指当事人对案件的是非、责任承担以及诉讼标的争执无原则分歧。

第二百五十七条　下列案件，不适用简易程序：

（一）起诉时被告下落不明的；

（二）发回重审的；

（三）当事人一方人数众多的；

（四）适用审判监督程序的；

（五）涉及国家利益、社会公共利益的；

（六）第三人起诉请求改变或者撤销生效判决、裁定、调解书的；

（七）其他不宜适用简易程序的案件。

第二百五十八条 适用简易程序审理的案件，审理期限到期后，有特殊情况需要延长的，经本院院长批准，可以延长审理期限。延长后的审理期限累计不得超过四个月。

人民法院发现案件不宜适用简易程序，需要转为普通程序审理的，应当在审理期限届满前作出裁定并将审判人员及相关事项书面通知双方当事人。

案件转为普通程序审理的，审理期限自人民法院立案之日计算。

第二百五十九条 当事人双方可就开庭方式向人民法院提出申请，由人民法院决定是否准许。经当事人双方同意，可以采用视听传输技术等方式开庭。

第二百六十条 已经按照普通程序审理的案件，在开庭后不得转为简易程序审理。

第二百六十一条 适用简易程序审理案件，人民法院可以依照民事诉讼法第九十条、第一百六十二条的规定采取捎口信、电话、短信、传真、电子邮件等简便方式传唤双方当事人、通知证人和送达诉讼文书。

以简便方式送达的开庭通知，未经当事人确认或者没有其他证据证明当事人已经收到的，人民法院不得缺席判决。

适用简易程序审理案件，由审判员独任审判，书记员担任记录。

第二百六十二条 人民法庭制作的判决书、裁定书、调解书，必须加盖基层人民法院印章，不得用人民法庭的印章代替基层人民法院的印章。

第二百六十三条 适用简易程序审理案件，卷宗中应当具备以下材料：

（一）起诉状或者口头起诉笔录；

（二）答辩状或者口头答辩笔录；

（三）当事人身份证明材料；

（四）委托他人代理诉讼的授权委托书或者口头委托笔录；

（五）证据；

（六）询问当事人笔录；

（七）审理（包括调解）笔录；

（八）判决书、裁定书、调解书或者调解协议；

（九）送达和宣判笔录；

（十）执行情况；

（十一）诉讼费收据；

（十二）适用民事诉讼法第一百六十五条规定审理的，有关程序适用的书面告知。

第二百六十四条　当事人双方根据民事诉讼法第一百六十条第二款规定约定适用简易程序的，应当在开庭前提出。口头提出的，记入笔录，由双方当事人签名或者捺印确认。

本解释第二百五十七条规定的案件，当事人约定适用简易程序的，人民法院不予准许。

第二百六十五条　原告口头起诉的，人民法院应当将当事人的姓名、性别、工作单位、住所、联系方式等基本信息，诉讼请求，事实及理由等准确记入笔录，由原告核对无误后签名或者捺印。对当事人提交的证据材料，应当出具收据。

第二百六十六条　适用简易程序案件的举证期限由人民法院确定，也可以由当事人协商一致并经人民法院准许，但不得超过十五日。被告要求书面答辩的，人民法院可在征得其同意的基础上，合理确定答辩期间。

人民法院应当将举证期限和开庭日期告知双方当事人，并向当事人说明逾期举证以及拒不到庭的法律后果，由双方当事人在笔录和开庭传票的送达回证上签名或者捺印。

当事人双方均表示不需要举证期限、答辩期间的，人民法院可以立即开庭审理或者确定开庭日期。

第二百六十七条　适用简易程序审理案件，可以简便方式进行审理前的准备。

第二百六十八条　对没有委托律师、基层法律服务工作者代理诉讼的当事人，人民法院在庭审过程中可以对回避、自认、举证证明责任等相关内容向其作必要的解释或者说明，并在庭审过程中适当提示当事人正确行使诉讼权利、履行诉讼义务。

第二百六十九条　当事人就案件适用简易程序提出异议，人民法院经审查,异议成立的,裁定转为普通程序;异议不成立的,裁定驳回。裁定以口头方式作出的,应当记入笔录。

转为普通程序的,人民法院应当将审判人员及相关事项以书面形式通知双方当事人。

转为普通程序前,双方当事人已确认的事实,可以不再进行举证、质证。

第二百七十条 适用简易程序审理的案件,有下列情形之一的,人民法院在制作判决书、裁定书、调解书时,对认定事实或者裁判理由部分可以适当简化:

(一)当事人达成调解协议并需要制作民事调解书的;

(二)一方当事人明确表示承认对方全部或者部分诉讼请求的;

(三)涉及商业秘密、个人隐私的案件,当事人一方要求简化裁判文书中的相关内容,人民法院认为理由正当的;

(四)当事人双方同意简化的。

十二、简易程序中的小额诉讼

第二百七十一条 人民法院审理小额诉讼案件,适用民事诉讼法第一百六十五条的规定,实行一审终审。

第二百七十二条 民事诉讼法第一百六十五条规定的各省、自治区、直辖市上年度就业人员年平均工资,是指已经公布的各省、自治区、直辖市上一年度就业人员年平均工资。在上一年度就业人员年平均工资公布前,以已经公布的最近年度就业人员年平均工资为准。

第二百七十三条 海事法院可以适用小额诉讼的程序审理海事、海商案件。案件标的额应当以实际受理案件的海事法院或者其派出法庭所在的省、自治区、直辖市上年度就业人员年平均工资为基数计算。

第二百七十四条 人民法院受理小额诉讼案件,应当向当事人告知该类案件的审判组织、一审终审、审理期限、诉讼费用交纳标准等相关事项。

第二百七十五条 小额诉讼案件的举证期限由人民法院确定,也可以由当事人协商一致并经人民法院准许,但一般不超过七日。

被告要求书面答辩的,人民法院可以在征得其同意的基础上合理确定答辩期间,但最长不得超过十五日。

当事人到庭后表示不需要举证期限和答辩期间的,人民法院可立即开庭审理。

第二百七十六条　当事人对小额诉讼案件提出管辖异议的,人民法院应当作出裁定。裁定一经作出即生效。

第二百七十七条　人民法院受理小额诉讼案件后,发现起诉不符合民事诉讼法第一百二十二条规定的起诉条件的,裁定驳回起诉。裁定一经作出即生效。

第二百七十八条　因当事人申请增加或者变更诉讼请求、提出反诉、追加当事人等,致使案件不符合小额诉讼案件条件的,应当适用简易程序的其他规定审理。

前款规定案件,应当适用普通程序审理的,裁定转为普通程序。

适用简易程序的其他规定或者普通程序审理前,双方当事人已确认的事实,可以不再进行举证、质证。

第二百七十九条　当事人对按照小额诉讼案件审理有异议的,应当在开庭前提出。人民法院经审查,异议成立的,适用简易程序的其他规定审理或者裁定转为普通程序;异议不成立的,裁定驳回。裁定以口头方式作出的,应当记入笔录。

第二百八十条　小额诉讼案件的裁判文书可以简化,主要记载当事人基本信息、诉讼请求、裁判主文等内容。

第二百八十一条　人民法院审理小额诉讼案件,本解释没有规定的,适用简易程序的其他规定。

十三、公益诉讼

第二百八十二条　环境保护法、消费者权益保护法等法律规定的机关和有关组织对污染环境、侵害众多消费者合法权益等损害社会公共利益的行为,根据民事诉讼法第五十八条规定提起公益诉讼,符合下列条件的,人民法院应当受理:

(一)有明确的被告;

(二)有具体的诉讼请求;

(三)有社会公共利益受到损害的初步证据;

(四)属于人民法院受理民事诉讼的范围和受诉人民法院管辖。

第二百八十三条 公益诉讼案件由侵权行为地或者被告住所地中级人民法院管辖,但法律、司法解释另有规定的除外。

因污染海洋环境提起的公益诉讼,由污染发生地、损害结果地或者采取预防污染措施地海事法院管辖。

对同一侵权行为分别向两个以上人民法院提起公益诉讼的,由最先立案的人民法院管辖,必要时由它们的共同上级人民法院指定管辖。

第二百八十四条 人民法院受理公益诉讼案件后,应当在十日内书面告知相关行政主管部门。

第二百八十五条 人民法院受理公益诉讼案件后,依法可以提起诉讼的其他机关和有关组织,可以在开庭前向人民法院申请参加诉讼。人民法院准许参加诉讼的,列为共同原告。

第二百八十六条 人民法院受理公益诉讼案件,不影响同一侵权行为的受害人根据民事诉讼法第一百二十二条规定提起诉讼。

第二百八十七条 对公益诉讼案件,当事人可以和解,人民法院可以调解。

当事人达成和解或者调解协议后,人民法院应当将和解或者调解协议进行公告。公告期间不得少于三十日。

公告期满后,人民法院经审查,和解或者调解协议不违反社会公共利益的,应当出具调解书;和解或者调解协议违反社会公共利益的,不予出具调解书,继续对案件进行审理并依法作出裁判。

第二百八十八条 公益诉讼案件的原告在法庭辩论终结后申请撤诉的,人民法院不予准许。

第二百八十九条 公益诉讼案件的裁判发生法律效力后,其他依法具有原告资格的机关和有关组织就同一侵权行为另行提起公益诉讼的,人民法院裁定不予受理,但法律、司法解释另有规定的除外。

十四、第三人撤销之诉

第二百九十条 第三人对已经发生法律效力的判决、裁定、调解书提起撤销之诉的，应当自知道或者应当知道其民事权益受到损害之日起六个月内，向作出生效判决、裁定、调解书的人民法院提出，并应当提供存在下列情形的证据材料：

（一）因不能归责于本人的事由未参加诉讼；

（二）发生法律效力的判决、裁定、调解书的全部或者部分内容错误；

（三）发生法律效力的判决、裁定、调解书内容错误损害其民事权益。

第二百九十一条　人民法院应当在收到起诉状和证据材料之日起五日内送交对方当事人，对方当事人可以自收到起诉状之日起十日内提出书面意见。

人民法院应当对第三人提交的起诉状、证据材料以及对方当事人的书面意见进行审查。必要时，可以询问双方当事人。

经审查，符合起诉条件的，人民法院应当在收到起诉状之日起三十日内立案。不符合起诉条件的，应当在收到起诉状之日起三十日内裁定不予受理。

第二百九十二条　人民法院对第三人撤销之诉案件，应当组成合议庭开庭审理。

第二百九十三条　民事诉讼法第五十九条第三款规定的因不能归责于本人的事由未参加诉讼，是指没有被列为生效判决、裁定、调解书当事人，且无过错或者无明显过错的情形。包括：

（一）不知道诉讼而未参加的；

（二）申请参加未获准许的；

（三）知道诉讼，但因客观原因无法参加的；

（四）因其他不能归责于本人的事由未参加诉讼的。

第二百九十四条　民事诉讼法第五十九条第三款规定的判决、裁定、调解书的部分或者全部内容，是指判决、裁定的主文，调解书中处理当事人民事权利义务的结果。

第二百九十五条　对下列情形提起第三人撤销之诉的，人民法院不予受理：

（一）适用特别程序、督促程序、公示催告程序、破产程序等非讼程

序处理的案件;

(二)婚姻无效、撤销或者解除婚姻关系等判决、裁定、调解书中涉及身份关系的内容;

(三)民事诉讼法第五十七条规定的未参加登记的权利人对代表人诉讼案件的生效裁判;

(四)民事诉讼法第五十八条规定的损害社会公共利益行为的受害人对公益诉讼案件的生效裁判。

第二百九十六条 第三人提起撤销之诉,人民法院应当将该第三人列为原告,生效判决、裁定、调解书的当事人列为被告,但生效判决、裁定、调解书中没有承担责任的无独立请求权的第三人列为第三人。

第二百九十七条 受理第三人撤销之诉案件后,原告提供相应担保,请求中止执行的,人民法院可以准许。

第二百九十八条 对第三人撤销或者部分撤销发生法律效力的判决、裁定、调解书内容的请求,人民法院经审理,按下列情形分别处理:

(一)请求成立且确认其民事权利的主张全部或部分成立的,改变原判决、裁定、调解书内容的错误部分;

(二)请求成立,但确认其全部或部分民事权利的主张不成立,或者未提出确认其民事权利请求的,撤销原判决、裁定、调解书内容的错误部分;

(三)请求不成立的,驳回诉讼请求。

对前款规定裁判不服的,当事人可以上诉。

原判决、裁定、调解书的内容未改变或者未撤销的部分继续有效。

第二百九十九条 第三人撤销之诉案件审理期间,人民法院对生效判决、裁定、调解书裁定再审的,受理第三人撤销之诉的人民法院应当裁定将第三人的诉讼请求并入再审程序。但有证据证明原审当事人之间恶意串通损害第三人合法权益的,人民法院应当先行审理第三人撤销之诉案件,裁定中止再审诉讼。

第三百条 第三人诉讼请求并入再审程序审理的,按照下列情形分别处理:

(一)按照第一审程序审理的,人民法院应当对第三人的诉讼请求一并审理，所作的判决可以上诉；

（二）按照第二审程序审理的，人民法院可以调解，调解达不成协议的，应当裁定撤销原判决、裁定、调解书，发回一审法院重审，重审时应当列明第三人。

第三百零一条　第三人提起撤销之诉后，未中止生效判决、裁定、调解书执行的，执行法院对第三人依照民事诉讼法第二百三十四条规定提出的执行异议，应予审查。第三人不服驳回执行异议裁定，申请对原判决、裁定、调解书再审的，人民法院不予受理。

案外人对人民法院驳回其执行异议裁定不服，认为原判决、裁定、调解书内容错误损害其合法权益的，应当根据民事诉讼法第二百三十四条规定申请再审，提起第三人撤销之诉的，人民法院不予受理。

十五、执行异议之诉

第三百零二条　根据民事诉讼法第二百三十四条规定，案外人、当事人对执行异议裁定不服，自裁定送达之日起十五日内向人民法院提起执行异议之诉的，由执行法院管辖。

第三百零三条　案外人提起执行异议之诉，除符合民事诉讼法第一百二十二条规定外，还应当具备下列条件：

（一）案外人的执行异议申请已经被人民法院裁定驳回；

（二）有明确的排除对执行标的执行的诉讼请求，且诉讼请求与原判决、裁定无关；

（三）自执行异议裁定送达之日起十五日内提起。

人民法院应当在收到起诉状之日起十五日内决定是否立案。

第三百零四条　申请执行人提起执行异议之诉，除符合民事诉讼法第一百二十二条规定外，还应当具备下列条件：

（一）依案外人执行异议申请，人民法院裁定中止执行；

（二）有明确的对执行标的继续执行的诉讼请求，且诉讼请求与原判决、裁定无关；

（三）自执行异议裁定送达之日起十五日内提起。

人民法院应当在收到起诉状之日起十五日内决定是否立案。

第三百零五条　案外人提起执行异议之诉的，以申请执行人为被告。被执行人反对案外人异议的，被执行人为共同被告；被执行人不反对案外人异议的，可以列被执行人为第三人。

第三百零六条 申请执行人提起执行异议之诉的，以案外人为被告。被执行人反对申请执行人主张的，以案外人和被执行人为共同被告；被执行人不反对申请执行人主张的，可以列被执行人为第三人。

第三百零七条 申请执行人对中止执行裁定未提起执行异议之诉，被执行人提起执行异议之诉的，人民法院告知其另行起诉。

第三百零八条 人民法院审理执行异议之诉案件，适用普通程序。

第三百零九条 案外人或者申请执行人提起执行异议之诉的，案外人应当就其对执行标的享有足以排除强制执行的民事权益承担举证证明责任。

第三百一十条 对案外人提起的执行异议之诉，人民法院经审理，按照下列情形分别处理：

（一）案外人就执行标的享有足以排除强制执行的民事权益的，判决不得执行该执行标的；

（二）案外人就执行标的不享有足以排除强制执行的民事权益的，判决驳回诉讼请求。

案外人同时提出确认其权利的诉讼请求的，人民法院可以在判决中一并作出裁判。

第三百一十一条 对申请执行人提起的执行异议之诉，人民法院经审理，按照下列情形分别处理：

（一）案外人就执行标的不享有足以排除强制执行的民事权益的，判决准许执行该执行标的；

（二）案外人就执行标的享有足以排除强制执行的民事权益的，判决驳回诉讼请求。

第三百一十二条 对案外人执行异议之诉，人民法院判决不得对执行标的执行的，执行异议裁定失效。

对申请执行人执行异议之诉，人民法院判决准许对该执行标的执行的，执行异议裁定失效，执行法院可以根据申请执行人的申请或者依职权恢复执行。

第三百一十三条 案外人执行异议之诉审理期间，人民法院不得对执行标的进行处分。申请执行人请求人民法院继续执行并提供相应担保的，人民法院可以准许。

被执行人与案外人恶意串通，通过执行异议、执行异议之诉妨害执行的，人民法院应当依照民事诉讼法第一百一十六条规定处理。申请执行人因此受到损害的，可以提起诉讼要求被执行人、案外人赔偿。

第三百一十四条　人民法院对执行标的裁定中止执行后，申请执行人在法律规定的期间内未提起执行异议之诉的，人民法院应当自起诉期限届满之日起七日内解除对该执行标的采取的执行措施。

十六、第二审程序

第三百一十五条　双方当事人和第三人都提起上诉的，均列为上诉人。人民法院可以依职权确定第二审程序中当事人的诉讼地位。

第三百一十六条　民事诉讼法第一百七十三条、第一百七十四条规定的对方当事人包括被上诉人和原审其他当事人。

第三百一十七条　必要共同诉讼人的一人或者部分人提起上诉的，按下列情形分别处理：

（一）上诉仅对与对方当事人之间权利义务分担有意见，不涉及其他共同诉讼人利益的，对方当事人为被上诉人，未上诉的同一方当事人依原审诉讼地位列明；

（二）上诉仅对共同诉讼人之间权利义务分担有意见，不涉及对方当事人利益的，未上诉的同一方当事人为被上诉人，对方当事人依原审诉讼地位列明；

（三）上诉对双方当事人之间以及共同诉讼人之间权利义务承担有意见的，未提起上诉的其他当事人均为被上诉人。

第三百一十八条　一审宣判时或者判决书、裁定书送达时，当事人口头表示上诉的，人民法院应告知其必须在法定上诉期间内递交上诉状。未在法定上诉期间内递交上诉状的，视为未提起上诉。虽递交上诉状，但未在指定的期限内交纳上诉费的，按自动撤回上诉处理。

第三百一十九条　无民事行为能力人、限制民事行为能力人的法定代理人，可以代理当事人提起上诉。

第三百二十条　上诉案件的当事人死亡或者终止的，人民法院依法通知其权利义务承继者参加诉讼。

需要终结诉讼的,适用民事诉讼法第一百五十四条规定。

第三百二十一条 第二审人民法院应当围绕当事人的上诉请求进行审理。

当事人没有提出请求的,不予审理,但一审判决违反法律禁止性规定,或者损害国家利益、社会公共利益、他人合法权益的除外。

第三百二十二条 开庭审理的上诉案件,第二审人民法院可以依照民事诉讼法第一百三十六条第四项规定进行审理前的准备。

第三百二十三条 下列情形,可以认定为民事诉讼法第一百七十七条第一款第四项规定的严重违反法定程序:

(一)审判组织的组成不合法的;

(二)应当回避的审判人员未回避的;

(三)无诉讼行为能力人未经法定代理人代为诉讼的;

(四)违法剥夺当事人辩论权利的。

第三百二十四条 对当事人在第一审程序中已经提出的诉讼请求,原审人民法院未作审理、判决的,第二审人民法院可以根据当事人自愿的原则进行调解;调解不成的,发回重审。

第三百二十五条 必须参加诉讼的当事人或者有独立请求权的第三人,在第一审程序中未参加诉讼,第二审人民法院可以根据当事人自愿的原则予以调解;调解不成的,发回重审。

第三百二十六条 在第二审程序中,原审原告增加独立的诉讼请求或者原审被告提出反诉的,第二审人民法院可以根据当事人自愿的原则就新增加的诉讼请求或者反诉进行调解;调解不成的,告知当事人另行起诉。

双方当事人同意由第二审人民法院一并审理的,第二审人民法院可以一并裁判。

第三百二十七条 一审判决不准离婚的案件,上诉后,第二审人民法院认为应当判决离婚的,可以根据当事人自愿的原则,与子女抚养、财产问题一并调解;调解不成的,发回重审。

双方当事人同意由第二审人民法院一并审理的,第二审人民法院可以一并裁判。

第三百二十八条 人民法院依照第二审程序审理案件，认为依法不应由人民法院受理的，可以由第二审人民法院直接裁定撤销原裁判，驳回起诉。

第三百二十九条 人民法院依照第二审程序审理案件，认为第一审人民法院受理案件违反专属管辖规定的，应当裁定撤销原裁判并移送有管辖权的人民法院。

第三百三十条 第二审人民法院查明第一审人民法院作出的不予受理裁定有错误的，应当在撤销原裁定的同时，指令第一审人民法院立案受理；查明第一审人民法院作出的驳回起诉裁定有错误的，应当在撤销原裁定的同时，指令第一审人民法院审理。

第三百三十一条 第二审人民法院对下列上诉案件，依照民事诉讼法第一百七十六条规定可以不开庭审理：

（一）不服不予受理、管辖权异议和驳回起诉裁定的；

（二）当事人提出的上诉请求明显不能成立的；

（三）原判决、裁定认定事实清楚，但适用法律错误的；

（四）原判决严重违反法定程序，需要发回重审的。

第三百三十二条 原判决、裁定认定事实或者适用法律虽有瑕疵，但裁判结果正确的，第二审人民法院可以在判决、裁定中纠正瑕疵后，依照民事诉讼法第一百七十七条第一款第一项规定予以维持。

第三百三十三条 民事诉讼法第一百七十七条第一款第三项规定的基本事实，是指用以确定当事人主体资格、案件性质、民事权利义务等对原判决、裁定的结果有实质性影响的事实。

第三百三十四条 在第二审程序中，作为当事人的法人或者其他组织分立的，人民法院可以直接将分立后的法人或者其他组织列为共同诉讼人；合并的，将合并后的法人或者其他组织列为当事人。

第三百三十五条 在第二审程序中，当事人申请撤回上诉，人民法院经审查认为一审判决确有错误，或者当事人之间恶意串通损害国家利益、社会公共利益、他人合法权益的，不应准许。

第三百三十六条 在第二审程序中，原审原告申请撤回起诉，经其他当事人同意，且不损害国家利益、社会公共利益、他人合法权益的，人民法院可以准许。准许撤诉的，应当一并裁定撤销一审裁判。

原审原告在第二审程序中撤回起诉后重复起诉的,人民法院不予受理。

第三百三十七条 当事人在第二审程序中达成和解协议的,人民法院可以根据当事人的请求,对双方达成的和解协议进行审查并制作调解书送达当事人;因和解而申请撤诉,经审查符合撤诉条件的,人民法院应予准许。

第三百三十八条 第二审人民法院宣告判决可以自行宣判,也可以委托原审人民法院或者当事人所在地人民法院代行宣判。

第三百三十九条 人民法院审理对裁定的上诉案件,应当在第二审立案之日起三十日内作出终审裁定。有特殊情况需要延长审限的,由本院院长批准。

第三百四十条 当事人在第一审程序中实施的诉讼行为,在第二审程序中对该当事人仍具有拘束力。

当事人推翻其在第一审程序中实施的诉讼行为时,人民法院应当责令其说明理由。理由不成立的,不予支持。

十七、特别程序

第三百四十一条 宣告失踪或者宣告死亡案件,人民法院可以根据申请人的请求,清理下落不明人的财产,并指定案件审理期间的财产管理人。公告期满后,人民法院判决宣告失踪的,应当同时依照民法典第四十二条的规定指定失踪人的财产代管人。

第三百四十二条 失踪人的财产代管人经人民法院指定后,代管人申请变更代管的,比照民事诉讼法特别程序的有关规定进行审理。申请理由成立的,裁定撤销申请人的代管人身份,同时另行指定财产代管人;申请理由不成立的,裁定驳回申请。

失踪人的其他利害关系人申请变更代管的,人民法院应当告知其以原指定的代管人为被告起诉,并按普通程序进行审理。

第三百四十三条 人民法院判决宣告公民失踪后,利害关系人向人民法院申请宣告失踪人死亡,自失踪之日起满四年的,人民法院应当受理,宣告失踪的判决即是该公民失踪的证明,审理中仍应依照民事诉讼法第一百九十二条规定进行公告。

第三百四十四条 符合法律规定的多个利害关系人提出宣告失踪、宣告死亡申请的,列为共同申请人。

第三百四十五条 寻找下落不明人的公告应当记载下列内容:

(一)被申请人应当在规定期间内向受理法院申报其具体地址及其联系方式。否则,被申请人将被宣告失踪、宣告死亡;

(二)凡知悉被申请人生存现状的人,应当在公告期间内将其所知道情况向受理法院报告。

第三百四十六条 人民法院受理宣告失踪、宣告死亡案件后,作出判决前,申请人撤回申请的,人民法院应当裁定终结案件,但其他符合法律规定的利害关系人加入程序要求继续审理的除外。

第三百四十七条 在诉讼中,当事人的利害关系人或者有关组织提出该当事人不能辨认或者不能完全辨认自己的行为,要求宣告该当事人无民事行为能力或者限制民事行为能力的,应由利害关系人或者有关组织向人民法院提出申请,由受诉人民法院按照特别程序立案审理,原诉讼中止。

第三百四十八条 认定财产无主案件,公告期间有人对财产提出请求的,人民法院应当裁定终结特别程序,告知申请人另行起诉,适用普通程序审理。

第三百四十九条 被指定的监护人不服居民委员会、村民委员会或者民政部门指定,应当自接到通知之日起三十日内向人民法院提出异议。经审理,认为指定并无不当的,裁定驳回异议;指定不当的,判决撤销指定,同时另行指定监护人。判决书应当送达异议人、原指定单位及判决指定的监护人。

有关当事人依照民法典第三十一条第一款规定直接向人民法院申请指定监护人的,适用特别程序审理,判决指定监护人。判决书应当送达申请人、判决指定的监护人。

第三百五十条 申请认定公民无民事行为能力或者限制民事行为能力的案件,被申请人没有近亲属的,人民法院可以指定经被申请人住所地的居民委员会、村民委员会或者民政部门同意,且愿意担任代理人的个人或者组织为代理人。

没有前款规定的代理人的,由被申请人住所地的居民委员会、村民委员会或者民政部门担任代理人。

代理人可以是一人，也可以是同一顺序中的两人。

第三百五十一条 申请司法确认调解协议的，双方当事人应当本人或者由符合民事诉讼法第六十一条规定的代理人依照民事诉讼法第二百零一条的规定提出申请。

第三百五十二条 调解组织自行开展的调解，有两个以上调解组织参与的，符合民事诉讼法第二百零一条规定的各调解组织所在地人民法院均有管辖权。

双方当事人可以共同向符合民事诉讼法第二百零一条规定的其中一个有管辖权的人民法院提出申请；双方当事人共同向两个以上有管辖权的人民法院提出申请的，由最先立案的人民法院管辖。

第三百五十三条 当事人申请司法确认调解协议，可以采用书面形式或者口头形式。当事人口头申请的，人民法院应当记入笔录，并由当事人签名、捺印或者盖章。

第三百五十四条 当事人申请司法确认调解协议，应当向人民法院提交调解协议、调解组织主持调解的证明，以及与调解协议相关的财产权利证明等材料，并提供双方当事人的身份、住所、联系方式等基本信息。

当事人未提交上述材料的，人民法院应当要求当事人限期补交。

第三百五十五条 当事人申请司法确认调解协议，有下列情形之一的，人民法院裁定不予受理：

（一）不属于人民法院受理范围的；

（二）不属于收到申请的人民法院管辖的；

（三）申请确认婚姻关系、亲子关系、收养关系等身份关系无效、有效或者解除的；

（四）涉及适用其他特别程序、公示催告程序、破产程序审理的；

（五）调解协议内容涉及物权、知识产权确权的。

人民法院受理申请后，发现有上述不予受理情形的，应当裁定驳回当事人的申请。

第三百五十六条 人民法院审查相关情况时，应当通知双方当事人共同到场对案件进行核实。

人民法院经审查,认为当事人的陈述或者提供的证明材料不充分、不完备或者有疑义的,可以要求当事人限期补充陈述或者补充证明材料。必要时,人民法院可以向调解组织核实有关情况。

第三百五十七条　确认调解协议的裁定作出前,当事人撤回申请的,人民法院可以裁定准许。

当事人无正当理由未在限期内补充陈述、补充证明材料或者拒不接受询问的,人民法院可以按撤回申请处理。

第三百五十八条　经审查,调解协议有下列情形之一的,人民法院应当裁定驳回申请:

(一)违反法律强制性规定的;

(二)损害国家利益、社会公共利益、他人合法权益的;

(三)违背公序良俗的;

(四)违反自愿原则的;

(五)内容不明确的;

(六)其他不能进行司法确认的情形。

第三百五十九条　民事诉讼法第二百零三条规定的担保物权人,包括抵押权人、质权人、留置权人;其他有权请求实现担保物权的人,包括抵押人、出质人、财产被留置的债务人或者所有权人等。

第三百六十条　实现票据、仓单、提单等有权利凭证的权利质权案件,可以由权利凭证持有人住所地人民法院管辖;无权利凭证的权利质权,由出质登记地人民法院管辖。

第三百六十一条　实现担保物权案件属于海事法院等专门人民法院管辖的,由专门人民法院管辖。

第三百六十二条　同一债权的担保物有多个且所在地不同,申请人分别向有管辖权的人民法院申请实现担保物权的,人民法院应当依法受理。

第三百六十三条　依照民法典第三百九十二条的规定,被担保的债权既有物的担保又有人的担保,当事人对实现担保物权的顺序有约定,实现担保物权的申请违反该约定的,人民法院裁定不予受理;没有约定或者约定不明的,人民法院应当受理。

第三百六十四条　同一财产上设立多个担保物权,登记在先的担保物权尚未实现的,不影响后顺位的担保物权人向人民法院申请实现担保物权。

第三百六十五条 申请实现担保物权,应当提交下列材料:

(一)申请书。申请书应当记明申请人、被申请人的姓名或者名称、联系方式等基本信息,具体的请求和事实、理由;

(二)证明担保物权存在的材料,包括主合同、担保合同、抵押登记证明或者他项权利证书,权利质权的权利凭证或者质权出质登记证明等;

(三)证明实现担保物权条件成就的材料;

(四)担保财产现状的说明;

(五)人民法院认为需要提交的其他材料。

第三百六十六条 人民法院受理申请后,应当在五日内向被申请人送达申请书副本、异议权利告知书等文书。

被申请人有异议的,应当在收到人民法院通知后的五日内向人民法院提出,同时说明理由并提供相应的证据材料。

第三百六十七条 实现担保物权案件可以由审判员一人独任审查。担保财产标的额超过基层人民法院管辖范围的,应当组成合议庭进行审查。

第三百六十八条 人民法院审查实现担保物权案件,可以询问申请人、被申请人、利害关系人,必要时可以依职权调查相关事实。

第三百六十九条 人民法院应当就主合同的效力、期限、履行情况,担保物权是否有效设立、担保财产的范围、被担保的债权范围、被担保的债权是否已届清偿期等担保物权实现的条件,以及是否损害他人合法权益等内容进行审查。

被申请人或者利害关系人提出异议的,人民法院应当一并审查。

第三百七十条 人民法院审查后,按下列情形分别处理:

(一)当事人对实现担保物权无实质性争议且实现担保物权条件成就的,裁定准许拍卖、变卖担保财产;

(二)当事人对实现担保物权有部分实质性争议的,可以就无争议部分裁定准许拍卖、变卖担保财产;

(三)当事人对实现担保物权有实质性争议的,裁定驳回申请,并告知申请人向人民法院提起诉讼。

第三百七十一条 人民法院受理申请后，申请人对担保财产提出保全申请的，可以按照民事诉讼法关于诉讼保全的规定办理。

第三百七十二条 适用特别程序作出的判决、裁定，当事人、利害关系人认为有错误的，可以向作出该判决、裁定的人民法院提出异议。人民法院经审查，异议成立或者部分成立的，作出新的判决、裁定撤销或者改变原判决、裁定；异议不成立的，裁定驳回。

对人民法院作出的确认调解协议、准许实现担保物权的裁定，当事人有异议的，应当自收到裁定之日起十五日内提出；利害关系人有异议的，自知道或者应当知道其民事权益受到侵害之日起六个月内提出。

十八、审判监督程序

第三百七十三条 当事人死亡或者终止的，其权利义务承继者可以根据民事诉讼法第二百零六条、第二百零八条的规定申请再审。

判决、调解书生效后，当事人将判决、调解书确认的债权转让，债权受让人对该判决、调解书不服申请再审的，人民法院不予受理。

第三百七十四条 民事诉讼法第二百零六条规定的人数众多的一方当事人，包括公民、法人和其他组织。

民事诉讼法第二百零六条规定的当事人双方为公民的案件，是指原告和被告均为公民的案件。

第三百七十五条 当事人申请再审，应当提交下列材料：

（一）再审申请书，并按照被申请人和原审其他当事人的人数提交副本；

（二）再审申请人是自然人的，应当提交身份证明；再审申请人是法人或者其他组织的，应当提交营业执照、组织机构代码证书、法定代表人或者主要负责人身份证明书。委托他人代为申请的，应当提交授权委托书和代理人身份证明；

（三）原审判决书、裁定书、调解书；

（四）反映案件基本事实的主要证据及其他材料。

前款第二项、第三项、第四项规定的材料可以是与原件核对无异的复印件。

第三百七十六条 再审申请书应当记明下列事项:

(一)再审申请人与被申请人及原审其他当事人的基本信息;

(二)原审人民法院的名称,原审裁判文书案号;

(三)具体的再审请求;

(四)申请再审的法定情形及具体事实、理由。

再审申请书应当明确申请再审的人民法院,并由再审申请人签名、捺印或者盖章。

第三百七十七条 当事人一方人数众多或者当事人双方为公民的案件,当事人分别向原审人民法院和上一级人民法院申请再审且不能协商一致的,由原审人民法院受理。

第三百七十八条 适用特别程序、督促程序、公示催告程序、破产程序等非讼程序审理的案件,当事人不得申请再审。

第三百七十九条 当事人认为发生法律效力的不予受理、驳回起诉的裁定错误的,可以申请再审。

第三百八十条 当事人就离婚案件中的财产分割问题申请再审,如涉及判决中已分割的财产,人民法院应当依照民事诉讼法第二百零七条的规定进行审查,符合再审条件的,应当裁定再审;如涉及判决中未作处理的夫妻共同财产,应当告知当事人另行起诉。

第三百八十一条 当事人申请再审,有下列情形之一的,人民法院不予受理:

(一)再审申请被驳回后再次提出申请的;

(二)对再审判决、裁定提出申请的;

(三)在人民检察院对当事人的申请作出不予提出再审检察建议或者抗诉决定后又提出申请的。

前款第一项、第二项规定情形,人民法院应当告知当事人可以向人民检察院申请再审检察建议或者抗诉,但因人民检察院提出再审检察建议或者抗诉而再审作出的判决、裁定除外。

第三百八十二条 当事人对已经发生法律效力的调解书申请再审,应当在调解书发生法律效力后六个月内提出。

第三百八十三条 人民法院应当自收到符合条件的再审申请书

等材料之日起五日内向再审申请人发送受理通知书，并向被申请人及原审其他当事人发送应诉通知书、再审申请书副本等材料。

第三百八十四条　人民法院受理申请再审案件后，应当依照民事诉讼法第二百零七条、第二百零八条、第二百一十一条等规定，对当事人主张的再审事由进行审查。

第三百八十五条　再审申请人提供的新的证据，能够证明原判决、裁定认定基本事实或者裁判结果错误的，应当认定为民事诉讼法第二百零七条第一项规定的情形。

对于符合前款规定的证据，人民法院应当责令再审申请人说明其逾期提供该证据的理由；拒不说明理由或者理由不成立的，依照民事诉讼法第六十八条第二款和本解释第一百零二条的规定处理。

第三百八十六条　再审申请人证明其提交的新的证据符合下列情形之一的，可以认定逾期提供证据的理由成立：

（一）在原审庭审结束前已经存在，因客观原因于庭审结束后才发现的；

（二）在原审庭审结束前已经发现，但因客观原因无法取得或者在规定的期限内不能提供的；

（三）在原审庭审结束后形成，无法据此另行提起诉讼的。

再审申请人提交的证据在原审中已经提供，原审人民法院未组织质证且未作为裁判根据的，视为逾期提供证据的理由成立，但原审人民法院依照民事诉讼法第六十八条规定不予采纳的除外。

第三百八十七条　当事人对原判决、裁定认定事实的主要证据在原审中拒绝发表质证意见或者质证中未对证据发表质证意见的，不属于民事诉讼法第二百零七条第四项规定的未经质证的情形。

第三百八十八条　有下列情形之一，导致判决、裁定结果错误的，应当认定为民事诉讼法第二百零七条第六项规定的原判决、裁定适用法律确有错误：

（一）适用的法律与案件性质明显不符的；

（二）确定民事责任明显违背当事人约定或者法律规定的；

（三）适用已经失效或者尚未施行的法律的；

（四）违反法律溯及力规定的；

(五)违反法律适用规则的;

(六)明显违背立法原意的。

第三百八十九条 原审开庭过程中有下列情形之一的,应当认定为民事诉讼法第二百零七条第九项规定的剥夺当事人辩论权利:

(一)不允许当事人发表辩论意见的;

(二)应当开庭审理而未开庭审理的;

(三)违反法律规定送达起诉状副本或者上诉状副本,致使当事人无法行使辩论权利的;

(四)违法剥夺当事人辩论权利的其他情形。

第三百九十条 民事诉讼法第二百零七条第十一项规定的诉讼请求,包括一审诉讼请求、二审上诉请求,但当事人未对一审判决、裁定遗漏或者超出诉讼请求提起上诉的除外。

第三百九十一条 民事诉讼法第二百零七条第十二项规定的法律文书包括:

(一)发生法律效力的判决书、裁定书、调解书;

(二)发生法律效力的仲裁裁决书;

(三)具有强制执行效力的公证债权文书。

第三百九十二条 民事诉讼法第二百零七条第十三项规定的审判人员审理该案件时有贪污受贿、徇私舞弊、枉法裁判行为,是指已经由生效刑事法律文书或者纪律处分决定所确认的行为。

第三百九十三条 当事人主张的再审事由成立,且符合民事诉讼法和本解释规定的申请再审条件的,人民法院应当裁定再审。

当事人主张的再审事由不成立,或者当事人申请再审超过法定申请再审期限、超出法定再审事由范围等不符合民事诉讼法和本解释规定的申请再审条件的,人民法院应当裁定驳回再审申请。

第三百九十四条 人民法院对已经发生法律效力的判决、裁定、调解书依法决定再审,依照民事诉讼法第二百一十三条规定,需要中止执行的,应当在再审裁定中同时写明中止原判决、裁定、调解书的执行;情况紧急的,可以将中止执行裁定口头通知负责执行的人民法院,并在通知后十日内发出裁定书。

第三百九十五条 人民法院根据审查案件的需要决定是否询问

当事人。新的证据可能推翻原判决、裁定的,人民法院应当询问当事人。

第三百九十六条 审查再审申请期间,被申请人及原审其他当事人依法提出再审申请的,人民法院应当将其列为再审申请人,对其再审事由一并审查,审查期限重新计算。经审查,其中一方再审申请人主张的再审事由成立的,应当裁定再审。各方再审申请人主张的再审事由均不成立的,一并裁定驳回再审申请。

第三百九十七条 审查再审申请期间,再审申请人申请人民法院委托鉴定、勘验的,人民法院不予准许。

第三百九十八条 审查再审申请期间,再审申请人撤回再审申请的,是否准许,由人民法院裁定。

再审申请人经传票传唤,无正当理由拒不接受询问的,可以按撤回再审申请处理。

第三百九十九条 人民法院准许撤回再审申请或者按撤回再审申请处理后,再审申请人再次申请再审的,不予受理,但有民事诉讼法第二百零七条第一项、第三项、第十二项、第十三项规定情形,自知道或者应当知道之日起六个月内提出的除外。

第四百条 再审申请审查期间,有下列情形之一的,裁定终结审查:

(一)再审申请人死亡或者终止,无权利义务承继者或者权利义务承继者声明放弃再审申请的;

(二)在给付之诉中,负有给付义务的被申请人死亡或者终止,无可供执行的财产,也没有应当承担义务的人的;

(三)当事人达成和解协议且已履行完毕的,但当事人在和解协议中声明不放弃申请再审权利的除外;

(四)他人未经授权以当事人名义申请再审的;

(五)原审或者上一级人民法院已经裁定再审的;

(六)有本解释第三百八十一条第一款规定情形的。

第四百零一条 人民法院审理再审案件应当组成合议庭开庭审理,但按照第二审程序审理,有特殊情况或者双方当事人已经通过其他方式充分表达意见,且书面同意不开庭审理的除外。

符合缺席判决条件的,可以缺席判决。

第四百零二条 人民法院开庭审理再审案件,应当按照下列情形分别进行:

(一)因当事人申请再审的,先由再审申请人陈述再审请求及理由,后由被申请人答辩、其他原审当事人发表意见;

(二)因抗诉再审的,先由抗诉机关宣读抗诉书,再由申请抗诉的当事人陈述,后由被申请人答辩、其他原审当事人发表意见;

(三)人民法院依职权再审,有申诉人的,先由申诉人陈述再审请求及理由,后由被申诉人答辩、其他原审当事人发表意见;

(四)人民法院依职权再审,没有申诉人的,先由原审原告或者原审上诉人陈述,后由原审其他当事人发表意见。

对前款第一项至第三项规定的情形,人民法院应当要求当事人明确其再审请求。

第四百零三条 人民法院审理再审案件应当围绕再审请求进行。当事人的再审请求超出原审诉讼请求的,不予审理;符合另案诉讼条件的,告知当事人可以另行起诉。

被申请人及原审其他当事人在庭审辩论结束前提出的再审请求,符合民事诉讼法第二百一十二条规定的,人民法院应当一并审理。

人民法院经再审,发现已经发生法律效力的判决、裁定损害国家利益、社会公共利益、他人合法权益的,应当一并审理。

第四百零四条 再审审理期间,有下列情形之一的,可以裁定终结再审程序:

(一)再审申请人在再审期间撤回再审请求,人民法院准许的;

(二)再审申请人经传票传唤,无正当理由拒不到庭的,或者未经法庭许可中途退庭,按撤回再审请求处理的;

(三)人民检察院撤回抗诉的;

(四)有本解释第四百条第一项至第四项规定情形的。

因人民检察院提出抗诉裁定再审的案件,申请抗诉的当事人有前款规定的情形,且不损害国家利益、社会公共利益或者他人合法权益的,人民法院应当裁定终结再审程序。

再审程序终结后,人民法院裁定中止执行的原生效判决自动恢复执行。

第四百零五条 人民法院经再审审理认为,原判决、裁定认定事实清楚、适用法律正确的,应予维持;原判决、裁定认定事实、适用法律虽有瑕疵,但裁判结果正确的,应当在再审判决、裁定中纠正瑕疵后予以维持。

原判决、裁定认定事实、适用法律错误,导致裁判结果错误的,应当依法改判、撤销或者变更。

第四百零六条 按照第二审程序再审的案件,人民法院经审理认为不符合民事诉讼法规定的起诉条件或者符合民事诉讼法第一百二十七条规定不予受理情形的,应当裁定撤销一、二审判决,驳回起诉。

第四百零七条 人民法院对调解书裁定再审后,按照下列情形分别处理:

(一)当事人提出的调解违反自愿原则的事由不成立,且调解书的内容不违反法律强制性规定的,裁定驳回再审申请;

(二)人民检察院抗诉或者再审检察建议所主张的损害国家利益、社会公共利益的理由不成立的,裁定终结再审程序。

前款规定情形,人民法院裁定中止执行的调解书需要继续执行的,自动恢复执行。

第四百零八条 一审原告在再审审理程序中申请撤回起诉,经其他当事人同意,且不损害国家利益、社会公共利益、他人合法权益的,人民法院可以准许。裁定准许撤诉的,应当一并撤销原判决。

一审原告在再审审理程序中撤回起诉后重复起诉的,人民法院不予受理。

第四百零九条 当事人提交新的证据致使再审改判,因再审申请人或者申请检察监督当事人的过错未能在原审程序中及时举证,被申请人等当事人请求补偿其增加的交通、住宿、就餐、误工等必要费用的,人民法院应予支持。

第四百一十条 部分当事人到庭并达成调解协议,其他当事人未作出书面表示的,人民法院应当在判决中对该事实作出表述;调解协议内容不违反法律规定,且不损害其他当事人合法权益的,可以在判决主文中予以确认。

第四百一十一条 人民检察院依法对损害国家利益、社会公共利益的发生法律效力的判决、裁定、调解书提出抗诉,或者经人民检察院检察委员会讨论决定提出再审检察建议的,人民法院应予受理。

第四百一十二条 人民检察院对已经发生法律效力的判决以及不予受理、驳回起诉的裁定依法提出抗诉的,人民法院应予受理,但适用特别程序、督促程序、公示催告程序、破产程序以及解除婚姻关系的判决、裁定等不适用审判监督程序的判决、裁定除外。

第四百一十三条 人民检察院依照民事诉讼法第二百一十六条第一款第三项规定对有明显错误的再审判决、裁定提出抗诉或者再审检察建议的,人民法院应予受理。

第四百一十四条 地方各级人民检察院依当事人的申请对生效判决、裁定向同级人民法院提出再审检察建议,符合下列条件的,应予受理:

(一)再审检察建议书和原审当事人申请书及相关证据材料已经提交;

(二)建议再审的对象为依照民事诉讼法和本解释规定可以进行再审的判决、裁定;

(三)再审检察建议书列明该判决、裁定有民事诉讼法第二百一十五条第二款规定情形;

(四)符合民事诉讼法第二百一十六条第一款第一项、第二项规定情形;

(五)再审检察建议经该人民检察院检察委员会讨论决定。

不符合前款规定的,人民法院可以建议人民检察院予以补正或者撤回;不予补正或者撤回的,应当函告人民检察院不予受理。

第四百一十五条 人民检察院依当事人的申请对生效判决、裁定提出抗诉,符合下列条件的,人民法院应当在三十日内裁定再审:

(一)抗诉书和原审当事人申请书及相关证据材料已经提交;

(二)抗诉对象为依照民事诉讼法和本解释规定可以进行再审的判决、裁定;

(三)抗诉书列明该判决、裁定有民事诉讼法第二百一十五条第一款规定情形;

（四）符合民事诉讼法第二百一十六条第一款第一项、第二项规定情形。

不符合前款规定的，人民法院可以建议人民检察院予以补正或者撤回；不予补正或者撤回的，人民法院可以裁定不予受理。

第四百一十六条 当事人的再审申请被上级人民法院裁定驳回后，人民检察院对原判决、裁定、调解书提出抗诉，抗诉事由符合民事诉讼法第二百零七条第一项至第五项规定情形之一的，受理抗诉的人民法院可以交由下一级人民法院再审。

第四百一十七条 人民法院收到再审检察建议后，应当组成合议庭，在三个月内进行审查，发现原判决、裁定、调解书确有错误，需要再审的，依照民事诉讼法第二百零五条规定裁定再审，并通知当事人；经审查，决定不予再审的，应当书面回复人民检察院。

第四百一十八条 人民法院审理因人民检察院抗诉或者检察建议裁定再审的案件，不受此前已经作出的驳回当事人再审申请裁定的影响。

第四百一十九条 人民法院开庭审理抗诉案件，应当在开庭三日前通知人民检察院、当事人和其他诉讼参与人。同级人民检察院或者提出抗诉的人民检察院应当派员出庭。

人民检察院因履行法律监督职责向当事人或者案外人调查核实的情况，应当向法庭提交并予以说明，由双方当事人进行质证。

第四百二十条 必须共同进行诉讼的当事人因不能归责于本人或者其诉讼代理人的事由未参加诉讼的，可以根据民事诉讼法第二百零七条第八项规定，自知道或者应当知道之日起六个月内申请再审，但符合本解释第四百二十一条规定情形的除外。

人民法院因前款规定的当事人申请而裁定再审，按照第一审程序再审的，应当追加其为当事人，作出新的判决、裁定；按照第二审程序再审，经调解不能达成协议的，应当撤销原判决、裁定，发回重审，重审时应追加其为当事人。

第四百二十一条 根据民事诉讼法第二百三十四条规定，案外人对驳回其执行异议的裁定不服，认为原判决、裁定、调解书内容错误损害其民事权益的，可以自执行异议裁定送达之日起六个月内，向作出原判决、裁定、调解书的人民法院申请再审。

第四百二十二条 根据民事诉讼法第二百三十四条规定,人民法院裁定再审后,案外人属于必要的共同诉讼当事人的,依照本解释第四百二十条第二款规定处理。

案外人不是必要的共同诉讼当事人的,人民法院仅审理原判决、裁定、调解书对其民事权益造成损害的内容。经审理,再审请求成立的,撤销或者改变原判决、裁定、调解书;再审请求不成立的,维持原判决、裁定、调解书。

第四百二十三条 本解释第三百三十八条规定适用于审判监督程序。

第四百二十四条 对小额诉讼案件的判决、裁定,当事人以民事诉讼法第二百零七条规定的事由向原审人民法院申请再审的,人民法院应当受理。申请再审事由成立的,应当裁定再审,组成合议庭进行审理。作出的再审判决、裁定,当事人不得上诉。

当事人以不应按小额诉讼案件审理为由向原审人民法院申请再审的,人民法院应当受理。理由成立的,应当裁定再审,组成合议庭审理。作出的再审判决、裁定,当事人可以上诉。

十九、督 促 程 序

第四百二十五条 两个以上人民法院都有管辖权的,债权人可以向其中一个基层人民法院申请支付令。

债权人向两个以上有管辖权的基层人民法院申请支付令的,由最先立案的人民法院管辖。

第四百二十六条 人民法院收到债权人的支付令申请书后,认为申请书不符合要求的,可以通知债权人限期补正。人民法院应当自收到补正材料之日起五日内通知债权人是否受理。

第四百二十七条 债权人申请支付令,符合下列条件的,基层人民法院应当受理,并在收到支付令申请书后五日内通知债权人:

(一)请求给付金钱或者汇票、本票、支票、股票、债券、国库券、可转让的存款单等有价证券;

(二)请求给付的金钱或者有价证券已到期且数额确定,并写明了请求所根据的事实、证据；

（三）债权人没有对待给付义务；

（四）债务人在我国境内且未下落不明；

（五）支付令能够送达债务人；

（六）收到申请书的人民法院有管辖权；

（七）债权人未向人民法院申请诉前保全。

不符合前款规定的，人民法院应当在收到支付令申请书后五日内通知债权人不予受理。

基层人民法院受理申请支付令案件，不受债权金额的限制。

第四百二十八条　人民法院受理申请后，由审判员一人进行审查。经审查，有下列情形之一的，裁定驳回申请：

（一）申请人不具备当事人资格的；

（二）给付金钱或者有价证券的证明文件没有约定逾期给付利息或者违约金、赔偿金，债权人坚持要求给付利息或者违约金、赔偿金的；

（三）要求给付的金钱或者有价证券属于违法所得的；

（四）要求给付的金钱或者有价证券尚未到期或者数额不确定的。

人民法院受理支付令申请后，发现不符合本解释规定的受理条件的，应当在受理之日起十五日内裁定驳回申请。

第四百二十九条　向债务人本人送达支付令，债务人拒绝接收的，人民法院可以留置送达。

第四百三十条　有下列情形之一的，人民法院应当裁定终结督促程序，已发出支付令的，支付令自行失效：

（一）人民法院受理支付令申请后，债权人就同一债权债务关系又提起诉讼的；

（二）人民法院发出支付令之日起三十日内无法送达债务人的；

（三）债务人收到支付令前，债权人撤回申请的。

第四百三十一条　债务人在收到支付令后，未在法定期间提出书面异议，而向其他人民法院起诉的，不影响支付令的效力。

债务人超过法定期间提出异议的，视为未提出异议。

第四百三十二条　债权人基于同一债权债务关系，在同一支付令申请中向债务人提出多项支付请求,债务人仅就其中一项或者几项请求提出异议的,不影响其他各项请求的效力。

第四百三十三条 债权人基于同一债权债务关系,就可分之债向多个债务人提出支付请求,多个债务人中的一人或者几人提出异议的,不影响其他请求的效力。

第四百三十四条 对设有担保的债务的主债务人发出的支付令,对担保人没有拘束力。

债权人就担保关系单独提起诉讼的,支付令自人民法院受理案件之日起失效。

第四百三十五条 经形式审查,债务人提出的书面异议有下列情形之一的,应当认定异议成立,裁定终结督促程序,支付令自行失效:

(一)本解释规定的不予受理申请情形的;

(二)本解释规定的裁定驳回申请情形的;

(三)本解释规定的应当裁定终结督促程序情形的;

(四)人民法院对是否符合发出支付令条件产生合理怀疑的。

第四百三十六条 债务人对债务本身没有异议,只是提出缺乏清偿能力、延缓债务清偿期限、变更债务清偿方式等异议的,不影响支付令的效力。

人民法院经审查认为异议不成立的,裁定驳回。

债务人的口头异议无效。

第四百三十七条 人民法院作出终结督促程序或者驳回异议裁定前,债务人请求撤回异议的,应当裁定准许。

债务人对撤回异议反悔的,人民法院不予支持。

第四百三十八条 支付令失效后,申请支付令的一方当事人不同意提起诉讼的,应当自收到终结督促程序裁定之日起七日内向受理申请的人民法院提出。

申请支付令的一方当事人不同意提起诉讼的,不影响其向其他有管辖权的人民法院提起诉讼。

第四百三十九条 支付令失效后,申请支付令的一方当事人自收到终结督促程序裁定之日起七日内未向受理申请的人民法院表明不同意提起诉讼的,视为向受理申请的人民法院起诉。

债权人提出支付令申请的时间，即为向人民法院起诉的时间。

第四百四十条 债权人向人民法院申请执行支付令的期间，适用民事诉讼法第二百四十六条的规定。

第四百四十一条 人民法院院长发现本院已经发生法律效力的支付令确有错误，认为需要撤销的，应当提交本院审判委员会讨论决定后，裁定撤销支付令，驳回债权人的申请。

二十、公示催告程序

第四百四十二条 民事诉讼法第二百二十五条规定的票据持有人，是指票据被盗、遗失或者灭失前的最后持有人。

第四百四十三条 人民法院收到公示催告的申请后，应当立即审查，并决定是否受理。经审查认为符合受理条件的，通知予以受理，并同时通知支付人停止支付；认为不符合受理条件的，七日内裁定驳回申请。

第四百四十四条 因票据丧失，申请公示催告的，人民法院应结合票据存根、丧失票据的复印件、出票人关于签发票据的证明、申请人合法取得票据的证明、银行挂失止付通知书、报案证明等证据，决定是否受理。

第四百四十五条 人民法院依照民事诉讼法第二百二十六条规定发出的受理申请的公告，应当写明下列内容：

（一）公示催告申请人的姓名或者名称；

（二）票据的种类、号码、票面金额、出票人、背书人、持票人、付款期限等事项以及其他可以申请公示催告的权利凭证的种类、号码、权利范围、权利人、义务人、行权日期等事项；

（三）申报权利的期间；

（四）在公示催告期间转让票据等权利凭证，利害关系人不申报的法律后果。

第四百四十六条 公告应当在有关报纸或者其他媒体上刊登，并于同日公布于人民法院公告栏内。人民法院所在地有证券交易所的，还应当同日在该交易所公布。

第四百四十七条 公告期间不得少于六十日，且公示催告期间届满日不得早于票据付款日后十五日。

第四百四十八条 在申报期届满后、判决作出之前,利害关系人申报权利的,应当适用民事诉讼法第二百二十八条第二款、第三款规定处理。

第四百四十九条 利害关系人申报权利,人民法院应当通知其向法院出示票据,并通知公示催告申请人在指定的期间查看该票据。公示催告申请人申请公示催告的票据与利害关系人出示的票据不一致的,应当裁定驳回利害关系人的申报。

第四百五十条 在申报权利的期间无人申报权利,或者申报被驳回的,申请人应当自公示催告期间届满之日起一个月内申请作出判决。逾期不申请判决的,终结公示催告程序。

裁定终结公示催告程序的,应当通知申请人和支付人。

第四百五十一条 判决公告之日起,公示催告申请人有权依据判决向付款人请求付款。

付款人拒绝付款,申请人向人民法院起诉,符合民事诉讼法第一百二十二条规定的起诉条件的,人民法院应予受理。

第四百五十二条 适用公示催告程序审理案件,可由审判员一人独任审理;判决宣告票据无效的,应当组成合议庭审理。

第四百五十三条 公示催告申请人撤回申请,应在公示催告前提出;公示催告期间申请撤回的,人民法院可以径行裁定终结公示催告程序。

第四百五十四条 人民法院依照民事诉讼法第二百二十七条规定通知支付人停止支付,应当符合有关财产保全的规定。支付人收到停止支付通知后拒不止付的,除可依照民事诉讼法第一百一十四条、第一百一十七条规定采取强制措施外,在判决后,支付人仍应承担付款义务。

第四百五十五条 人民法院依照民事诉讼法第二百二十八条规定终结公示催告程序后,公示催告申请人或者申报人向人民法院提起诉讼,因票据权利纠纷提起的,由票据支付地或者被告住所地人民法院管辖;因非票据权利纠纷提起的,由被告住所地人民法院管辖。

第四百五十六条 依照民事诉讼法第二百二十八条规定制作的

终结公示催告程序的裁定书，由审判员、书记员署名，加盖人民法院印章。

第四百五十七条　依照民事诉讼法第二百三十条的规定，利害关系人向人民法院起诉的，人民法院可按票据纠纷适用普通程序审理。

第四百五十八条　民事诉讼法第二百三十条规定的正当理由，包括：

（一）因发生意外事件或者不可抗力致使利害关系人无法知道公告事实的；

（二）利害关系人因被限制人身自由而无法知道公告事实，或者虽然知道公告事实，但无法自己或者委托他人代为申报权利的；

（三）不属于法定申请公示催告情形的；

（四）未予公告或者未按法定方式公告的；

（五）其他导致利害关系人在判决作出前未能向人民法院申报权利的客观事由。

第四百五十九条　根据民事诉讼法第二百三十条的规定，利害关系人请求人民法院撤销除权判决的，应当将申请人列为被告。

利害关系人仅诉请确认其为合法持票人的，人民法院应当在裁判文书中写明，确认利害关系人为票据权利人的判决作出后，除权判决即被撤销。

二十一、执行程序

第四百六十条　发生法律效力的实现担保物权裁定、确认调解协议裁定、支付令，由作出裁定、支付令的人民法院或者与其同级的被执行财产所在地的人民法院执行。

认定财产无主的判决，由作出判决的人民法院将无主财产收归国家或者集体所有。

第四百六十一条　当事人申请人民法院执行的生效法律文书应当具备下列条件：

（一）权利义务主体明确；

（二）给付内容明确。

法律文书确定继续履行合同的，应当明确继续履行的具体内容。

第四百六十二条　根据民事诉讼法第二百三十四条规定,案外人对执行标的提出异议的,应当在该执行标的执行程序终结前提出。

第四百六十三条　案外人对执行标的提出的异议,经审查,按照下列情形分别处理:

(一)案外人对执行标的不享有足以排除强制执行的权益的,裁定驳回其异议;

(二)案外人对执行标的享有足以排除强制执行的权益的,裁定中止执行。

驳回案外人执行异议裁定送达案外人之日起十五日内,人民法院不得对执行标的进行处分。

第四百六十四条　申请执行人与被执行人达成和解协议后请求中止执行或者撤回执行申请的,人民法院可以裁定中止执行或者终结执行。

第四百六十五条　一方当事人不履行或者不完全履行在执行中双方自愿达成的和解协议,对方当事人申请执行原生效法律文书的,人民法院应当恢复执行,但和解协议已履行的部分应当扣除。和解协议已经履行完毕的,人民法院不予恢复执行。

第四百六十六条　申请恢复执行原生效法律文书,适用民事诉讼法第二百四十六条申请执行期间的规定。申请执行期间因达成执行中的和解协议而中断,其期间自和解协议约定履行期限的最后一日起重新计算。

第四百六十七条　人民法院依照民事诉讼法第二百三十八条规定决定暂缓执行的,如果担保是有期限的,暂缓执行的期限应当与担保期限一致,但最长不得超过一年。被执行人或者担保人对担保的财产在暂缓执行期间有转移、隐藏、变卖、毁损等行为的,人民法院可以恢复强制执行。

第四百六十八条　根据民事诉讼法第二百三十八条规定向人民法院提供执行担保的,可以由被执行人或者他人提供财产担保,也可以由他人提供保证。担保人应当具有代为履行或者代为承担赔偿责任的能力。

他人提供执行保证的,应当向执行法院出具保证书,并将保证书副本送交申请执行人。被执行人或者他人提供财产担保的，应当参照民法典的有关规定办理相应手续。

第四百六十九条　被执行人在人民法院决定暂缓执行的期限届满后仍不履行义务的，人民法院可以直接执行担保财产，或者裁定执行担保人的财产，但执行担保人的财产以担保人应当履行义务部分的财产为限。

第四百七十条　依照民事诉讼法第二百三十九条规定，执行中作为被执行人的法人或者其他组织分立、合并的，人民法院可以裁定变更后的法人或者其他组织为被执行人；被注销的，如果依照有关实体法的规定有权利义务承受人的，可以裁定该权利义务承受人为被执行人。

第四百七十一条　其他组织在执行中不能履行法律文书确定的义务的，人民法院可以裁定执行对该其他组织依法承担义务的法人或者公民个人的财产。

第四百七十二条　在执行中，作为被执行人的法人或者其他组织名称变更的，人民法院可以裁定变更后的法人或者其他组织为被执行人。

第四百七十三条　作为被执行人的公民死亡，其遗产继承人没有放弃继承的，人民法院可以裁定变更被执行人，由该继承人在遗产的范围内偿还债务。继承人放弃继承的，人民法院可以直接执行被执行人的遗产。

第四百七十四条　法律规定由人民法院执行的其他法律文书执行完毕后，该法律文书被有关机关或者组织依法撤销的，经当事人申请，适用民事诉讼法第二百四十条规定。

第四百七十五条　仲裁机构裁决的事项，部分有民事诉讼法第二百四十四条第二款、第三款规定情形的，人民法院应当裁定对该部分不予执行。

应当不予执行部分与其他部分不可分的，人民法院应当裁定不予执行仲裁裁决。

第四百七十六条　依照民事诉讼法第二百四十四条第二款、第三款规定，人民法院裁定不予执行仲裁裁决后，当事人对该裁定提出执行异议或者复议的,人民法院不予受理。当事人可以就该民事纠纷重新达成书面仲裁协议申请仲裁,也可以向人民法院起诉。

第四百七十七条 在执行中,被执行人通过仲裁程序将人民法院查封、扣押、冻结的财产确权或者分割给案外人的,不影响人民法院执行程序的进行。

案外人不服的,可以根据民事诉讼法第二百三十四条规定提出异议。

第四百七十八条 有下列情形之一的,可以认定为民事诉讼法第二百四十五条第二款规定的公证债权文书确有错误:

(一)公证债权文书属于不得赋予强制执行效力的债权文书的;

(二)被执行人一方未亲自或者未委托代理人到场公证等严重违反法律规定的公证程序的;

(三)公证债权文书的内容与事实不符或者违反法律强制性规定的;

(四)公证债权文书未载明被执行人不履行义务或者不完全履行义务时同意接受强制执行的。

人民法院认定执行该公证债权文书违背社会公共利益的,裁定不予执行。

公证债权文书被裁定不予执行后,当事人、公证事项的利害关系人可以就债权争议提起诉讼。

第四百七十九条 当事人请求不予执行仲裁裁决或者公证债权文书的,应当在执行终结前向执行法院提出。

第四百八十条 人民法院应当在收到申请执行书或者移交执行书后十日内发出执行通知。

执行通知中除应责令被执行人履行法律文书确定的义务外,还应通知其承担民事诉讼法第二百六十条规定的迟延履行利息或者迟延履行金。

第四百八十一条 申请执行人超过申请执行时效期间向人民法院申请强制执行的,人民法院应予受理。被执行人对申请执行时效期间提出异议,人民法院经审查异议成立的,裁定不予执行。

被执行人履行全部或者部分义务后,又以不知道申请执行时效期间届满为由请求执行回转的，人民法院不予支持。

第四百八十二条　对必须接受调查询问的被执行人、被执行人的法定代表人、负责人或者实际控制人，经依法传唤无正当理由拒不到场的，人民法院可以拘传其到场。

人民法院应当及时对被拘传人进行调查询问，调查询问的时间不得超过八小时；情况复杂，依法可能采取拘留措施的，调查询问的时间不得超过二十四小时。

人民法院在本辖区以外采取拘传措施时，可以将被拘传人拘传到当地人民法院，当地人民法院应予协助。

第四百八十三条　人民法院有权查询被执行人的身份信息与财产信息，掌握相关信息的单位和个人必须按照协助执行通知书办理。

第四百八十四条　对被执行的财产，人民法院非经查封、扣押、冻结不得处分。对银行存款等各类可以直接扣划的财产，人民法院的扣划裁定同时具有冻结的法律效力。

第四百八十五条　人民法院冻结被执行人的银行存款的期限不得超过一年，查封、扣押动产的期限不得超过两年，查封不动产、冻结其他财产权的期限不得超过三年。

申请执行人申请延长期限的，人民法院应当在查封、扣押、冻结期限届满前办理续行查封、扣押、冻结手续，续行期限不得超过前款规定的期限。

人民法院也可以依职权办理续行查封、扣押、冻结手续。

第四百八十六条　依照民事诉讼法第二百五十四条规定，人民法院在执行中需要拍卖被执行人财产的，可以由人民法院自行组织拍卖，也可以交由具备相应资质的拍卖机构拍卖。

交拍卖机构拍卖的，人民法院应当对拍卖活动进行监督。

第四百八十七条　拍卖评估需要对现场进行检查、勘验的，人民法院应当责令被执行人、协助义务人予以配合。被执行人、协助义务人不予配合的，人民法院可以强制进行。

第四百八十八条　人民法院在执行中需要变卖被执行人财产的，可以交有关单位变卖，也可以由人民法院直接变卖。

对变卖的财产，人民法院或者其工作人员不得买受。

第四百八十九条 经申请执行人和被执行人同意,且不损害其他债权人合法权益和社会公共利益的,人民法院可以不经拍卖、变卖,直接将被执行人的财产作价交申请执行人抵偿债务。对剩余债务,被执行人应当继续清偿。

第四百九十条 被执行人的财产无法拍卖或者变卖的,经申请执行人同意,且不损害其他债权人合法权益和社会公共利益的,人民法院可以将该项财产作价后交付申请执行人抵偿债务,或者交付申请执行人管理;申请执行人拒绝接收或者管理的,退回被执行人。

第四百九十一条 拍卖成交或者依法定程序裁定以物抵债的,标的物所有权自拍卖成交裁定或者抵债裁定送达买受人或者接受抵债物的债权人时转移。

第四百九十二条 执行标的物为特定物的,应当执行原物。原物确已毁损或者灭失的,经双方当事人同意,可以折价赔偿。

双方当事人对折价赔偿不能协商一致的,人民法院应当终结执行程序。申请执行人可以另行起诉。

第四百九十三条 他人持有法律文书指定交付的财物或者票证,人民法院依照民事诉讼法第二百五十六条第二款、第三款规定发出协助执行通知后,拒不转交的,可以强制执行,并可依照民事诉讼法第一百一十七条、第一百一十八条规定处理。

他人持有期间财物或者票证毁损、灭失的,参照本解释第四百九十二条规定处理。

他人主张合法持有财物或者票证的,可以根据民事诉讼法第二百三十四条规定提出执行异议。

第四百九十四条 在执行中,被执行人隐匿财产、会计账簿等资料的,人民法院除可依照民事诉讼法第一百一十四条第一款第六项规定对其处理外,还应责令被执行人交出隐匿的财产、会计账簿等资料。被执行人拒不交出的,人民法院可以采取搜查措施。

第四百九十五条 搜查人员应当按规定着装并出示搜查令和工作证件。

第四百九十六条 人民法院搜查时禁止无关人员进入搜查现场;搜查对象是公民的,应当通知被执行人或者他的成年家属以及基层组织派员到场；搜查对象是法人或者其他组织的，应当通知法定代表人或者主要负责人到场。拒不到场的，不影响搜查。

搜查妇女身体，应当由女执行人员进行。

第四百九十七条　搜查中发现应当依法采取查封、扣押措施的财产，依照民事诉讼法第二百五十二条第二款和第二百五十四条规定办理。

第四百九十八条　搜查应当制作搜查笔录，由搜查人员、被搜查人及其他在场人签名、捺印或者盖章。拒绝签名、捺印或者盖章的，应当记入搜查笔录。

第四百九十九条　人民法院执行被执行人对他人的到期债权，可以作出冻结债权的裁定，并通知该他人向申请执行人履行。

该他人对到期债权有异议，申请执行人请求对异议部分强制执行的，人民法院不予支持。利害关系人对到期债权有异议的，人民法院应当按照民事诉讼法第二百三十四条规定处理。

对生效法律文书确定的到期债权，该他人予以否认的，人民法院不予支持。

第五百条　人民法院在执行中需要办理房产证、土地证、林权证、专利证书、商标证书、车船执照等有关财产权证照转移手续的，可以依照民事诉讼法第二百五十八条规定办理。

第五百零一条　被执行人不履行生效法律文书确定的行为义务，该义务可由他人完成的，人民法院可以选定代履行人；法律、行政法规对履行该行为义务有资格限制的，应当从有资格的人中选定。必要时，可以通过招标的方式确定代履行人。

申请执行人可以在符合条件的人中推荐代履行人，也可以申请自己代为履行，是否准许，由人民法院决定。

第五百零二条　代履行费用的数额由人民法院根据案件具体情况确定，并由被执行人在指定期限内预先支付。被执行人未预付的，人民法院可以对该费用强制执行。

代履行结束后，被执行人可以查阅、复制费用清单以及主要凭证。

第五百零三条　被执行人不履行法律文书指定的行为，且该项行为只能由被执行人完成的，人民法院可以依照民事诉讼法第一百一十四条第一款第六项规定处理。

被执行人在人民法院确定的履行期间内仍不履行的，人民法院可以依照民事诉讼法第一百一十四条第一款第六项规定再次处理。

第五百零四条 被执行人迟延履行的，迟延履行期间的利息或者迟延履行金自判决、裁定和其他法律文书指定的履行期间届满之日起计算。

第五百零五条 被执行人未按判决、裁定和其他法律文书指定的期间履行非金钱给付义务的，无论是否已给申请执行人造成损失，都应当支付迟延履行金。已经造成损失的，双倍补偿申请执行人已经受到的损失；没有造成损失的，迟延履行金可以由人民法院根据具体案件情况决定。

第五百零六条 被执行人为公民或者其他组织，在执行程序开始后，被执行人的其他已经取得执行依据的债权人发现被执行人的财产不能清偿所有债权的，可以向人民法院申请参与分配。

对人民法院查封、扣押、冻结的财产有优先权、担保物权的债权人，可以直接申请参与分配，主张优先受偿权。

第五百零七条 申请参与分配，申请人应当提交申请书。申请书应当写明参与分配和被执行人不能清偿所有债权的事实、理由，并附有执行依据。

参与分配申请应当在执行程序开始后，被执行人的财产执行终结前提出。

第五百零八条 参与分配执行中，执行所得价款扣除执行费用，并清偿应当优先受偿的债权后，对于普通债权，原则上按照其占全部申请参与分配债权数额的比例受偿。清偿后的剩余债务，被执行人应当继续清偿。债权人发现被执行人有其他财产的，可以随时请求人民法院执行。

第五百零九条 多个债权人对执行财产申请参与分配的，执行法院应当制作财产分配方案，并送达各债权人和被执行人。债权人或者被执行人对分配方案有异议的，应当自收到分配方案之日起十五日内向执行法院提出书面异议。

第五百一十条 债权人或者被执行人对分配方案提出书面异议

的，执行法院应当通知未提出异议的债权人、被执行人。

未提出异议的债权人、被执行人自收到通知之日起十五日内未提出反对意见的，执行法院依异议人的意见对分配方案审查修正后进行分配；提出反对意见的，应当通知异议人。异议人可以自收到通知之日起十五日内，以提出反对意见的债权人、被执行人为被告，向执行法院提起诉讼；异议人逾期未提起诉讼的，执行法院按照原分配方案进行分配。

诉讼期间进行分配的，执行法院应当提存与争议债权数额相应的款项。

第五百一十一条 在执行中，作为被执行人的企业法人符合企业破产法第二条第一款规定情形的，执行法院经申请执行人之一或者被执行人同意，应当裁定中止对该被执行人的执行，将执行案件相关材料移送被执行人住所地人民法院。

第五百一十二条 被执行人住所地人民法院应当自收到执行案件相关材料之日起三十日内，将是否受理破产案件的裁定告知执行法院。不予受理的，应当将相关案件材料退回执行法院。

第五百一十三条 被执行人住所地人民法院裁定受理破产案件的，执行法院应当解除对被执行人财产的保全措施。被执行人住所地人民法院裁定宣告被执行人破产的，执行法院应当裁定终结对该被执行人的执行。

被执行人住所地人民法院不受理破产案件的，执行法院应当恢复执行。

第五百一十四条 当事人不同意移送破产或者被执行人住所地人民法院不受理破产案件的，执行法院就执行变价所得财产，在扣除执行费用及清偿优先受偿的债权后，对于普通债权，按照财产保全和执行中查封、扣押、冻结财产的先后顺序清偿。

第五百一十五条 债权人根据民事诉讼法第二百六十一条规定请求人民法院继续执行的，不受民事诉讼法第二百四十六条规定申请执行时效期间的限制。

第五百一十六条 被执行人不履行法律文书确定的义务的，人民法院除对被执行人予以处罚外，还可以根据情节将其纳入失信被执行人名单，将被执行人不履行或者不完全履行义务的信息向其所在单位、征信机构以及其他相关机构通报。

第五百一十七条 经过财产调查未发现可供执行的财产，在申请执行人签字确认或者执行法院组成合议庭审查核实并经院长批准后，可以裁定终结本次执行程序。

依照前款规定终结执行后，申请执行人发现被执行人有可供执行财产的，可以再次申请执行。再次申请不受申请执行时效期间的限制。

第五百一十八条 因撤销申请而终结执行后，当事人在民事诉讼法第二百四十六条规定的申请执行时效期间内再次申请执行的，人民法院应当受理。

第五百一十九条 在执行终结六个月内，被执行人或者其他人对已执行的标的有妨害行为的，人民法院可以依申请排除妨害，并可以依照民事诉讼法第一百一十四条规定进行处罚。因妨害行为给执行债权人或者其他人造成损失的，受害人可以另行起诉。

二十二、涉外民事诉讼程序的特别规定

第五百二十条 有下列情形之一，人民法院可以认定为涉外民事案件：

（一）当事人一方或者双方是外国人、无国籍人、外国企业或者组织的；

（二）当事人一方或者双方的经常居所地在中华人民共和国领域外的；

（三）标的物在中华人民共和国领域外的；

（四）产生、变更或者消灭民事关系的法律事实发生在中华人民共和国领域外的；

（五）可以认定为涉外民事案件的其他情形。

第五百二十一条 外国人参加诉讼，应当向人民法院提交护照等用以证明自己身份的证件。

外国企业或者组织参加诉讼，向人民法院提交的身份证明文件，应当经所在国公证机关公证，并经中华人民共和国驻该国使领馆认

证,或者履行中华人民共和国与该所在国订立的有关条约中规定的证明手续。

代表外国企业或者组织参加诉讼的人,应当向人民法院提交其有权作为代表人参加诉讼的证明,该证明应当经所在国公证机关公证,并经中华人民共和国驻该国使领馆认证,或者履行中华人民共和国与该所在国订立的有关条约中规定的证明手续。

本条所称的"所在国",是指外国企业或者组织的设立登记地国,也可以是办理了营业登记手续的第三国。

第五百二十二条　依照民事诉讼法第二百七十一条以及本解释第五百二十一条规定,需要办理公证、认证手续,而外国当事人所在国与中华人民共和国没有建立外交关系的,可以经该国公证机关公证,经与中华人民共和国有外交关系的第三国驻该国使领馆认证,再转由中华人民共和国驻该第三国使领馆认证。

第五百二十三条　外国人、外国企业或者组织的代表人在人民法院法官的见证下签署授权委托书,委托代理人进行民事诉讼的,人民法院应予认可。

第五百二十四条　外国人、外国企业或者组织的代表人在中华人民共和国境内签署授权委托书,委托代理人进行民事诉讼,经中华人民共和国公证机构公证的,人民法院应予认可。

第五百二十五条　当事人向人民法院提交的书面材料是外文的,应当同时向人民法院提交中文翻译件。

当事人对中文翻译件有异议的,应当共同委托翻译机构提供翻译文本;当事人对翻译机构的选择不能达成一致的,由人民法院确定。

第五百二十六条　涉外民事诉讼中的外籍当事人,可以委托本国人为诉讼代理人,也可以委托本国律师以非律师身份担任诉讼代理人;外国驻华使领馆官员,受本国公民的委托,可以以个人名义担任诉讼代理人,但在诉讼中不享有外交或者领事特权和豁免。

第五百二十七条　涉外民事诉讼中,外国驻华使领馆授权其本馆官员,在作为当事人的本国国民不在中华人民共和国领域内的情况下,可以以外交代表身份为其本国国民在中华人民共和国聘请中华人民共和国律师或者中华人民共和国公民代理民事诉讼。

第五百二十八条 涉外民事诉讼中,经调解双方达成协议,应当制发调解书。当事人要求发给判决书的,可以依协议的内容制作判决书送达当事人。

第五百二十九条 涉外合同或者其他财产权益纠纷的当事人,可以书面协议选择被告住所地、合同履行地、合同签订地、原告住所地、标的物所在地、侵权行为地等与争议有实际联系地点的外国法院管辖。

根据民事诉讼法第三十四条和第二百七十三条规定,属于中华人民共和国法院专属管辖的案件,当事人不得协议选择外国法院管辖,但协议选择仲裁的除外。

第五百三十条 涉外民事案件同时符合下列情形的,人民法院可以裁定驳回原告的起诉,告知其向更方便的外国法院提起诉讼:

(一)被告提出案件应由更方便外国法院管辖的请求,或者提出管辖异议;

(二)当事人之间不存在选择中华人民共和国法院管辖的协议;

(三)案件不属于中华人民共和国法院专属管辖;

(四)案件不涉及中华人民共和国国家、公民、法人或者其他组织的利益;

(五)案件争议的主要事实不是发生在中华人民共和国境内,且案件不适用中华人民共和国法律,人民法院审理案件在认定事实和适用法律方面存在重大困难;

(六)外国法院对案件享有管辖权,且审理该案件更加方便。

第五百三十一条 中华人民共和国法院和外国法院都有管辖权的案件,一方当事人向外国法院起诉,而另一方当事人向中华人民共和国法院起诉的,人民法院可予受理。判决后,外国法院申请或者当事人请求人民法院承认和执行外国法院对本案作出的判决、裁定的,不予准许;但双方共同缔结或者参加的国际条约另有规定的除外。

外国法院判决、裁定已经被人民法院承认,当事人就同一争议向人民法院起诉的,人民法院不予受理。

第五百三十二条 对在中华人民共和国领域内没有住所的当事人,经用公告方式送达诉讼文书,公告期满不应诉,人民法院缺席判决后，仍应当将裁判文书依照民事诉讼法第二百七十四条第八项规定公告送达。自公告送达裁判文书满三个月之日起，经过三十日的上诉期当事人没有上诉的，一审判决即发生法律效力。

第五百三十三条 外国人或者外国企业、组织的代表人、主要负责人在中华人民共和国领域内的，人民法院可以向该自然人或者外国企业、组织的代表人、主要负责人送达。

外国企业、组织的主要负责人包括该企业、组织的董事、监事、高级管理人员等。

第五百三十四条 受送达人所在国允许邮寄送达的，人民法院可以邮寄送达。

邮寄送达时应当附有送达回证。受送达人未在送达回证上签收但在邮件回执上签收的，视为送达，签收日期为送达日期。

自邮寄之日起满三个月，如果未收到送达的证明文件，且根据各种情况不足以认定已经送达的，视为不能用邮寄方式送达。

第五百三十五条 人民法院一审时采取公告方式向当事人送达诉讼文书的，二审时可径行采取公告方式向其送达诉讼文书，但人民法院能够采取公告方式之外的其他方式送达的除外。

第五百三十六条 不服第一审人民法院判决、裁定的上诉期，对在中华人民共和国领域内有住所的当事人，适用民事诉讼法第一百七十一条规定的期限；对在中华人民共和国领域内没有住所的当事人，适用民事诉讼法第二百七十六条规定的期限。当事人的上诉期均已届满没有上诉的，第一审人民法院的判决、裁定即发生法律效力。

第五百三十七条 人民法院对涉外民事案件的当事人申请再审进行审查的期间，不受民事诉讼法第二百一十一条规定的限制。

第五百三十八条 申请人向人民法院申请执行中华人民共和国涉外仲裁机构的裁决，应当提出书面申请，并附裁决书正本。如申请人为外国当事人，其申请书应当用中文文本提出。

第五百三十九条 人民法院强制执行涉外仲裁机构的仲裁裁决时，被执行人以有民事诉讼法第二百八十一条第一款规定的情形为由提出抗辩的，人民法院应当对被执行人的抗辩进行审查，并根据审查结果裁定执行或者不予执行。

第五百四十条 依照民事诉讼法第二百七十九条规定,中华人民共和国涉外仲裁机构将当事人的保全申请提交人民法院裁定的,人民法院可以进行审查,裁定是否进行保全。裁定保全的,应当责令申请人提供担保,申请人不提供担保的,裁定驳回申请。

当事人申请证据保全,人民法院经审查认为无需提供担保的,申请人可以不提供担保。

第五百四十一条 申请人向人民法院申请承认和执行外国法院作出的发生法律效力的判决、裁定,应当提交申请书,并附外国法院作出的发生法律效力的判决、裁定正本或者经证明无误的副本以及中文译本。外国法院判决、裁定为缺席判决、裁定的,申请人应当同时提交该外国法院已经合法传唤的证明文件,但判决、裁定已经对此予以明确说明的除外。

中华人民共和国缔结或者参加的国际条约对提交文件有规定的,按照规定办理。

第五百四十二条 当事人向中华人民共和国有管辖权的中级人民法院申请承认和执行外国法院作出的发生法律效力的判决、裁定的,如果该法院所在国与中华人民共和国没有缔结或者共同参加国际条约,也没有互惠关系的,裁定驳回申请,但当事人向人民法院申请承认外国法院作出的发生法律效力的离婚判决的除外。

承认和执行申请被裁定驳回的,当事人可以向人民法院起诉。

第五百四十三条 对临时仲裁庭在中华人民共和国领域外作出的仲裁裁决,一方当事人向人民法院申请承认和执行的,人民法院应当依照民事诉讼法第二百九十条规定处理。

第五百四十四条 对外国法院作出的发生法律效力的判决、裁定或者外国仲裁裁决,需要中华人民共和国法院执行的,当事人应当先向人民法院申请承认。人民法院经审查,裁定承认后,再根据民事诉讼法第三编的规定予以执行。

当事人仅申请承认而未同时申请执行的,人民法院仅对应否承认进行审查并作出裁定。

第五百四十五条 当事人申请承认和执行外国法院作出的发生法律效力的判决、裁定或者外国仲裁裁决的期间,适用民事诉讼法第二百四十六条的规定。

当事人仅申请承认而未同时申请执行的，申请执行的期间自人民法院对承认申请作出的裁定生效之日起重新计算。

第五百四十六条　承认和执行外国法院作出的发生法律效力的判决、裁定或者外国仲裁裁决的案件，人民法院应当组成合议庭进行审查。

人民法院应当将申请书送达被申请人。被申请人可以陈述意见。

人民法院经审查作出的裁定，一经送达即发生法律效力。

第五百四十七条　与中华人民共和国没有司法协助条约又无互惠关系的国家的法院，未通过外交途径，直接请求人民法院提供司法协助的，人民法院应予退回，并说明理由。

第五百四十八条　当事人在中华人民共和国领域外使用中华人民共和国法院的判决书、裁定书，要求中华人民共和国法院证明其法律效力的，或者外国法院要求中华人民共和国法院证明判决书、裁定书的法律效力的，作出判决、裁定的中华人民共和国法院，可以本法院的名义出具证明。

第五百四十九条　人民法院审理涉及香港、澳门特别行政区和台湾地区的民事诉讼案件，可以参照适用涉外民事诉讼程序的特别规定。

二十三、附　　则

第五百五十条　本解释公布施行后，最高人民法院于1992年7月14日发布的《关于适用〈中华人民共和国民事诉讼法〉若干问题的意见》同时废止；最高人民法院以前发布的司法解释与本解释不一致的，不再适用。

最高人民法院关于审理民事案件适用诉讼时效制度若干问题的规定

(2008年8月11日最高人民法院审判委员会第1450次会议通过　根据2020年12月23日最高人民法院审判委员会第1823次会议通过的《最高人民法院关于修改〈最高人民法院关于在民事审判工作中适用《中华人民共和国工会法》若干问题的解释〉等二十七件民事类司法解释的决定》修正)

为正确适用法律关于诉讼时效制度的规定,保护当事人的合法权益,依照《中华人民共和国民法典》《中华人民共和国民事诉讼法》等法律的规定,结合审判实践,制定本规定。

第一条　当事人可以对债权请求权提出诉讼时效抗辩,但对下列债权请求权提出诉讼时效抗辩的,人民法院不予支持:

(一)支付存款本金及利息请求权;

(二)兑付国债、金融债券以及向不特定对象发行的企业债券本息请求权;

(三)基于投资关系产生的缴付出资请求权;

(四)其他依法不适用诉讼时效规定的债权请求权。

第二条　当事人未提出诉讼时效抗辩,人民法院不应对诉讼时效问题进行释明。

第三条　当事人在一审期间未提出诉讼时效抗辩,在二审期间提出的,人民法院不予支持,但其基于新的证据能够证明对方当事人的请求权已过诉讼时效期间的情形除外。

当事人未按照前款规定提出诉讼时效抗辩,以诉讼时效期间届满为由申请再审或者提出再审抗辩的,人民法院不予支持。

第四条　未约定履行期限的合同,依照民法典第五百一十条、第五百一十一条的规定,可以确定履行期限的,诉讼时效期间从履行期限届满之日起计算；不能确定履行期限的，诉讼时效期间从债权人要求债务人履行义务的宽限期届满之日起计算，但债务人在债权人第一次向其主张权利之时明确表示不履行义务的，诉讼时效期间从债务人明确表示不履行义务之日起计算。

第五条 享有撤销权的当事人一方请求撤销合同的，应适用民法典关于除斥期间的规定。对方当事人对撤销合同请求权提出诉讼时效抗辩的，人民法院不予支持。

合同被撤销，返还财产、赔偿损失请求权的诉讼时效期间从合同被撤销之日起计算。

第六条 返还不当得利请求权的诉讼时效期间，从当事人一方知道或者应当知道不当得利事实及对方当事人之日起计算。

第七条 管理人因无因管理行为产生的给付必要管理费用、赔偿损失请求权的诉讼时效期间，从无因管理行为结束并且管理人知道或者应当知道本人之日起计算。

本人因不当无因管理行为产生的赔偿损失请求权的诉讼时效期间，从其知道或者应当知道管理人及损害事实之日起计算。

第八条 具有下列情形之一的，应当认定为民法典第一百九十五条规定的"权利人向义务人提出履行请求"，产生诉讼时效中断的效力：

（一）当事人一方直接向对方当事人送交主张权利文书，对方当事人在文书上签名、盖章、按指印或者虽未签名、盖章、按指印但能够以其他方式证明该文书到达对方当事人的；

（二）当事人一方以发送信件或者数据电文方式主张权利，信件或者数据电文到达或者应当到达对方当事人的；

（三）当事人一方为金融机构，依照法律规定或者当事人约定从对方当事人账户中扣收欠款本息的；

（四）当事人一方下落不明，对方当事人在国家级或者下落不明的当事人一方住所地的省级有影响的媒体上刊登具有主张权利内容的公告的，但法律和司法解释另有特别规定的，适用其规定。

前款第（一）项情形中，对方当事人为法人或者其他组织的，签收人可以是其法定代表人、主要负责人、负责收发信件的部门或者被授权主体;对方当事人为自然人的,签收人可以是自然人本人、同住的具有完全行为能力的亲属或者被授权主体。

第九条 权利人对同一债权中的部分债权主张权利,诉讼时效中断的效力及于剩余债权,但权利人明确表示放弃剩余债权的情形除外。

第十条 当事人一方向人民法院提交起诉状或者口头起诉的,诉讼时效从提交起诉状或者口头起诉之日起中断。

第十一条 下列事项之一,人民法院应当认定与提起诉讼具有同等诉讼时效中断的效力:

(一)申请支付令;

(二)申请破产、申报破产债权;

(三)为主张权利而申请宣告义务人失踪或死亡;

(四)申请诉前财产保全、诉前临时禁令等诉前措施;

(五)申请强制执行;

(六)申请追加当事人或者被通知参加诉讼;

(七)在诉讼中主张抵销;

(八)其他与提起诉讼具有同等诉讼时效中断效力的事项。

第十二条 权利人向人民调解委员会以及其他依法有权解决相关民事纠纷的国家机关、事业单位、社会团体等社会组织提出保护相应民事权利的请求,诉讼时效从提出请求之日起中断。

第十三条 权利人向公安机关、人民检察院、人民法院报案或者控告,请求保护其民事权利的,诉讼时效从其报案或者控告之日起中断。

上述机关决定不立案、撤销案件、不起诉的,诉讼时效期间从权利人知道或者应当知道不立案、撤销案件或者不起诉之日起重新计算;刑事案件进入审理阶段,诉讼时效期间从刑事裁判文书生效之日起重新计算。

第十四条 义务人作出分期履行、部分履行、提供担保、请求延期履行、制定清偿债务计划等承诺或者行为的,应当认定为民法典第一百九十五条规定的“义务人同意履行义务”。

第十五条 对于连带债权人中的一人发生诉讼时效中断效力的

事由，应当认定对其他连带债权人也发生诉讼时效中断的效力。

对于连带债务人中的一人发生诉讼时效中断效力的事由，应当认定对其他连带债务人也发生诉讼时效中断的效力。

第十六条 债权人提起代位权诉讼的，应当认定对债权人的债权和债务人的债权均发生诉讼时效中断的效力。

第十七条 债权转让的，应当认定诉讼时效从债权转让通知到达债务人之日起中断。

债务承担情形下，构成原债务人对债务承认的，应当认定诉讼时效从债务承担意思表示到达债权人之日起中断。

第十八条 主债务诉讼时效期间届满，保证人享有主债务人的诉讼时效抗辩权。

保证人未主张前述诉讼时效抗辩权，承担保证责任后向主债务人行使追偿权的，人民法院不予支持，但主债务人同意给付的情形除外。

第十九条 诉讼时效期间届满，当事人一方向对方当事人作出同意履行义务的意思表示或者自愿履行义务后，又以诉讼时效期间届满为由进行抗辩的，人民法院不予支持。

当事人双方就原债务达成新的协议，债权人主张义务人放弃诉讼时效抗辩权的，人民法院应予支持。

超过诉讼时效期间，贷款人向借款人发出催收到期贷款通知单，债务人在通知单上签字或者盖章，能够认定借款人同意履行诉讼时效期间已经届满的义务的，对于贷款人关于借款人放弃诉讼时效抗辩权的主张，人民法院应予支持。

第二十条 本规定施行后，案件尚在一审或者二审阶段的，适用本规定；本规定施行前已经终审的案件，人民法院进行再审时，不适用本规定。

第二十一条 本规定施行前本院作出的有关司法解释与本规定相抵触的，以本规定为准。

最高人民法院关于印发《全国法院民商事审判工作会议纪要》的通知

（法〔2019〕254号 2019年11月8日公布施行）

各省、自治区、直辖市高级人民法院，解放军军事法院，新疆维吾尔自治区高级人民法院生产建设兵团分院：

《全国法院民商事审判工作会议纪要》（以下简称《会议纪要》）已于2019年9月11日经最高人民法院审判委员会民事行政专业委员会第319次会议原则通过。为便于进一步学习领会和正确适用《会议纪要》，特作如下通知：

一、充分认识《会议纪要》出台的意义

《会议纪要》针对民商事审判中的前沿疑难争议问题，在广泛征求各方面意见的基础上，经最高人民法院审判委员会民事行政专业委员会讨论决定。《会议纪要》的出台，对统一裁判思路，规范法官自由裁量权，增强民商事审判的公开性、透明度以及可预期性，提高司法公信力具有重要意义。各级人民法院要正确把握和理解适用《会议纪要》的精神实质和基本内容。

二、及时组织学习培训

为使各级人民法院尽快准确理解掌握《会议纪要》的内涵，在案件审理中正确理解适用，各级人民法院要在妥善处理好工学关系的前提下，通过多种形式组织学习培训，做好宣传工作。

三、准确把握《会议纪要》的应用范围

纪要不是司法解释，不能作为裁判依据进行援引。《会议纪要》发布后，人民法院尚未审结的一审、二审案件，在裁判文书“本院认为”部分具体分析法律适用的理由时，可以根据《会议纪要》的相关规定进行说理。

对于适用中存在的问题，请层报最高人民法院。

全国法院民商事审判工作会议纪要

目　　录

引　　言

为全面贯彻党的十九大和十九届二中、三中全会以及中央经济工作会议、中央政法工作会议、全国金融工作会议精神，研究当前形势下如何进一步加强人民法院民商事审判工作，着力提升民商事审判工作能力和水平，为我国经济高质量发展提供更加有力的司法服务和保障，最高人民法院于2019年7月3日至4日在黑龙江省哈尔滨市召开了全国法院民商事审判工作会议。最高人民法院党组书记、院长周强同志出席会议并讲话。各省、自治区、直辖市高级人民法院分管民商事审判工作的副院长、承担民商事案件审判任务的审判庭庭长、解放军军事法院的代表、最高人民法院有关部门负责人在主会场出席会议，地方各级人民法院的其他负责同志和民商事审判法官在各地分会场通过视频参加会议。中央政法委、全国人大常委会法工委的代表、部分全国人大代表、全国政协委员、最高人民法院特约监督员、专家学者应邀参加会议。

会议认为，民商事审判工作必须坚持正确的政治方向，必须以习近平新时代中国特色社会主义思想武装头脑、指导实践、推动工作。一要坚持党的绝对领导。这是中国特色社会主义司法制度的本质特征和根本要求，是人民法院永远不变的根和魂。在民商事审判工作中，要切实增强“四个意识”、坚定“四个自信”、做到“两个维护”，坚定不移走中国特色社会主义法治道路。二要坚持服务党和国家大局。认清形势，高度关注中国特色社会主义进入新时代背景下经济社会的重大变化、社会主要矛盾的历史性变化、各类风险隐患的多元多变，提高服务大局的自觉性、针对性，主动作为，勇于担当，处理好依法办案和服务大局的辩证关系，着眼于贯彻落实党中央的重大决策部署、维护人民群众的根本利益、维护法治的统一。三要坚持司法为民。牢固树立以人民为中心的发展思想，始终坚守人民立场，胸怀人民群众，满足人民需求，带着对人民群众的深厚感情和强烈责任感去做好民商事审判工作。在民商事审判工作中要弘扬社会主义核心价值观，注意情理法的交融平衡，做到以法为据、以理服人、以情感人，既要义正辞严讲清法理，又要循循善诱讲明事理，还要感同身受讲透情理，争取广大人民群众和社会的理解与支持。要建立健全方便人民群众诉讼的民商事审判工作机制。四要坚持公正司法。公平正义是中国特色社会主义制度的内在要求，也是我党治国理政的一贯主张。司法是维护社会公平正义的最后一道防线，必须把公平正义作为生命线，必须把公平正义作为镌刻在心中的价值坐标，必须把“努力让人民群众在每一个司法案件中感受到公平正义”作为矢志不渝的奋斗目标。

会议指出，民商事审判工作要树立正确的审判理念。注意辩证理解并准确把握契约自由、平等保护、诚实信用、公序良俗等民商事审判基本原则；注意树立请求权基础思维、逻辑和价值相一致思维、同案同判思维，通过检索类案、参考指导案例等方式统一裁判尺度，有效防止滥用自由裁量权；注意处理好民商事审判与行政监管的关系，通过穿透式审判思维，查明当事人的真实意思，探求真实法律关系；特别注意外观主义系民商法上的学理概括，并非现行法律规定的原则，现行法律只是规定了体现外观主义的具体规则,如《物权法》第 106 条规定的善意取得,《合同法》第 49 条、《民法总则》第 172 条规定的表见代理,《合同法》第 50 条规定的越权代表,审判实务中应当依据有关具体法律规则进行判断,类推适用亦应当以法律规则设定的情形、条件为基础。从现行法律规则看,外观主义是为保护交易安全设置的例外规定,一般适用于因合理信赖权利外观或意思表示外观的交易行为。实际权利人与名义权利人的关系,应注重财产的实质归属,而不单纯地取决于公示外观。总之,审判实务中要准确把握外观主义的适用边界,避免泛化和滥用。

会议对当前民商事审判工作中的一些疑难法律问题取得了基本一致的看法,现纪要如下:

一、关于民法总则适用的法律衔接

会议认为,民法总则施行后至民法典施行前,拟编入民法典但尚未完成修订的物权法、合同法等民商事基本法,以及不编入民法典的公司法、证券法、信托法、保险法、票据法等民商事特别法,均可能存在与民法总则规定不一致的情形。人民法院应当依照《立法法》第 92 条、《民法总则》第 11 条等规定,综合考虑新的规定优于旧的规定、特别规定优于一般规定等法律适用规则,依法处理好民法总则与相关法律的衔接问题,主要是处理好与民法通则、合同法、公司法的关系。

1.【民法总则与民法通则的关系及其适用】民法通则既规定了民法的一些基本制度和一般性规则,也规定了合同、所有权及其他财产权、知识产权、民事责任、涉外民事法律关系适用等具体内容。民法总则基本吸收了民法通则规定的基本制度和一般性规则,同时作了补充、完善和发展。民法通则规定的合同、所有权及其他财产权、民事责任等具体内容还需要在编撰民法典各分编时作进一步统筹,系统整合。因民法总则施行后暂不废止民法通则,在此之前,民法总则与民法通则规定不一致的,根据新的规定优于旧的规定的法律适用规则,适用民法总则的规定。最高人民法院已依据民法总则制定了关于诉讼时效问题的司法解释,而原依据民法通则制定的关于诉讼时效的司法解释,只要与民法总则不冲突,仍可适用。

2.【民法总则与合同法的关系及其适用】根据民法典编撰工作"两

步走”的安排,民法总则施行后,目前正在进行民法典的合同编、物权编等各分编的编撰工作。民法典施行后,合同法不再保留。在这之前,因民法总则施行前成立的合同发生的纠纷,原则上适用合同法的有关规定处理。因民法总则施行后成立的合同发生的纠纷,如果合同法“总则”对此的规定与民法总则的规定不一致的,根据新的规定优于旧的规定的法律适用规则,适用民法总则的规定。例如,关于欺诈、胁迫问题,根据合同法的规定,只有合同当事人之间存在欺诈、胁迫行为的,被欺诈、胁迫一方才享有撤销合同的权利。而依民法总则的规定,第三人实施的欺诈、胁迫行为,被欺诈、胁迫一方也有撤销合同的权利。另外,合同法视欺诈、胁迫行为所损害利益的不同,对合同效力作出了不同规定:损害合同当事人利益的,属于可撤销或者可变更合同;损害国家利益的,则属于无效合同。民法总则则未加区别,规定一律按可撤销合同对待。再如,关于显失公平问题,合同法将显失公平与乘人之危作为两类不同的可撤销或者可变更合同事由,而民法总则则将二者合并为一类可撤销合同事由。

民法总则施行后发生的纠纷,在民法典施行前,如果合同法“分则”对此的规定与民法总则不一致的,根据特别规定优于一般规定的法律适用规则,适用合同法“分则”的规定。例如,民法总则仅规定了显名代理,没有规定《合同法》第402条的隐名代理和第403条的间接代理。在民法典施行前,这两条规定应当继续适用。

3.【民法总则与公司法的关系及其适用】民法总则与公司法的关系,是一般法与商事特别法的关系。民法总则第三章“法人”第一节“一般规定”和第二节“营利法人”基本上是根据公司法的有关规定提炼的,二者的精神大体一致。因此,涉及民法总则这一部分的内容,规定一致的,适用民法总则或者公司法皆可;规定不一致的,根据《民法总则》第11条有关“其他法律对民事关系有特别规定的,依照其规定”的规定,原则上应当适用公司法的规定。但应当注意也有例外情况,主要表现在两个方面:一是就同一事项,民法总则制定时有意修正公司法有关条款的,应当适用民法总则的规定。例如,《公司法》第32条第3款规定:“公司应当将股东的姓名或者名称及其出资额向公司登记机关登记;登记事项发生变更的,应当办理变更登记。未经登记或者变更登记的,不得对抗第三人。”而《民法总则》第 65 条的规定则把“不得对抗第三人”修正为“不得对抗善意相对人”。经查询有关立法理由,可以认为,此种情况应当适用民法总则的规定。二是民法总则在公司法规定基础上增加了新内容的,如《公司法》第 22 条第 2 款就公司决议的撤销问题进行了规定,《民法总则》第 85 条在该条基础上增加规定:“但是营利法人依据该决议与善意相对人形成的民事法律关系不受影响。”此时,也应当适用民法总则的规定。

4.【民法总则的时间效力】根据“法不溯及既往”的原则,民法总则原则上没有溯及力,故只能适用于施行后发生的法律事实;民法总则施行前发生的法律事实,适用当时的法律;某一法律事实发生在民法总则施行前,其行为延续至民法总则施行后的,适用民法总则的规定。但要注意有例外情形,如虽然法律事实发生在民法总则施行前,但当时的法律对此没有规定而民法总则有规定的,例如,对于虚伪意思表示、第三人实施欺诈行为,合同法均无规定,发生纠纷后,基于“法官不得拒绝裁判”规则,可以将民法总则的相关规定作为裁判依据。又如,民法总则施行前成立的合同,根据当时的法律应当认定无效,而根据民法总则应当认定有效或者可撤销的,应当适用民法总则的规定。

在民法总则无溯及力的场合,人民法院应当依据法律事实发生时的法律进行裁判,但如果法律事实发生时的法律虽有规定,但内容不具体、不明确的,如关于无权代理在被代理人不予追认时的法律后果,民法通则和合同法均规定由行为人承担民事责任,但对民事责任的性质和方式没有规定,而民法总则对此有明确且详细的规定,人民法院在审理案件时,就可以在裁判文书的说理部分将民法总则规定的内容作为解释法律事实发生时法律规定的参考。

二、关于公司纠纷案件的审理

会议认为,审理好公司纠纷案件,对于保护交易安全和投资安全,激发经济活力,增强投资创业信心,具有重要意义。要依法协调好公司债权人、股东、公司等各种利益主体之间的关系,处理好公司外部与内部的关系,解决好公司自治与司法介入的关系。

(一)关于“对赌协议”的效力及履行

实践中俗称的“对赌协议”,又称估值调整协议,是指投资方与融资方在达成股权性融资协议时,为解决交易双方对目标公司未来发展的不确定性、信息不对称以及代理成本而设计的包含了股权回购、金钱补偿等对未来目标公司的估值进行调整的协议。从订立“对赌协议”的主体来看,有投资方与目标公司的股东或者实际控制人“对赌”、投资方与目标公司“对赌”、投资方与目标公司的股东、目标公司“对赌”等形式。人民法院在审理“对赌协议”纠纷案件时,不仅应当适用合同法的相关规定,还应当适用公司法的相关规定;既要坚持鼓励投资方对实体企业特别是科技创新企业投资原则,从而在一定程度上缓解企业融资难问题,又要贯彻资本维持原则和保护债权人合法权益原则,依法平衡投资方、公司债权人、公司之间的利益。对于投资方与目标公司的股东或者实际控制人订立的“对赌协议”,如无其他无效事由,认定有效并支持实际履行,实践中并无争议。但投资方与目标公司订立的“对赌协议”是否有效以及能否实际履行,存在争议。对此,应当把握如下处理规则:

5.【与目标公司“对赌”】投资方与目标公司订立的“对赌协议”在不存在法定无效事由的情况下,目标公司仅以存在股权回购或者金钱补偿约定为由,主张“对赌协议”无效的,人民法院不予支持,但投资方主张实际履行的,人民法院应当审查是否符合公司法关于“股东不得抽逃出资”及股份回购的强制性规定,判决是否支持其诉讼请求。

投资方请求目标公司回购股权的,人民法院应当依据《公司法》第35条关于“股东不得抽逃出资”或者第142条关于股份回购的强制性规定进行审查。经审查,目标公司未完成减资程序的,人民法院应当驳回其诉讼请求。

投资方请求目标公司承担金钱补偿义务的,人民法院应当依据《公司法》第35条关于“股东不得抽逃出资”和第166条关于利润分配的强制性规定进行审查。经审查,目标公司没有利润或者虽有利润但不足以补偿投资方的,人民法院应当驳回或者部分支持其诉讼请求。今后目标公司有利润时,投资方还可以依据该事实另行提起诉讼。

(二)关于股东出资加速到期及表决权

6.【股东出资应否加速到期】在注册资本认缴制下,股东依法享有期限利益。债权人以公司不能清偿到期债务为由,请求未届出资期限的股东在未出资范围内对公司不能清偿的债务承担补充赔偿责任的,人民法院不予支持。但是,下列情形除外:

(1)公司作为被执行人的案件,人民法院穷尽执行措施无财产可供执行,已具备破产原因,但不申请破产的;

(2)在公司债务产生后,公司股东(大)会决议或以其他方式延长股东出资期限的。

7.【表决权能否受限】股东认缴的出资未届履行期限,对未缴纳部分的出资是否享有以及如何行使表决权等问题,应当根据公司章程来确定。公司章程没有规定的,应当按照认缴出资的比例确定。如果股东(大)会作出不按认缴出资比例而按实际出资比例或者其他标准确定表决权的决议,股东请求确认决议无效的,人民法院应当审查该决议是否符合修改公司章程所要求的表决程序,即必须经代表三分之二以上表决权的股东通过。符合的,人民法院不予支持;反之,则依法予以支持。

(三)关于股权转让

8.【有限责任公司的股权变动】当事人之间转让有限责任公司股权,受让人以其姓名或者名称已记载于股东名册为由主张其已经取得股权的,人民法院依法予以支持,但法律、行政法规规定应当办理批准手续生效的股权转让除外。未向公司登记机关办理股权变更登记的,不得对抗善意相对人。

9.【侵犯优先购买权的股权转让合同的效力】审判实践中,部分人民法院对公司法司法解释(四)第21条规定的理解存在偏差,往往以保护其他股东的优先购买权为由认定股权转让合同无效。准确理解该条规定,既要注意保护其他股东的优先购买权,也要注意保护股东以外的股权受让人的合法权益,正确认定有限责任公司的股东与股东以外的股权受让人订立的股权转让合同的效力。一方面,其他股东依法享有优先购买权,在其主张按照股权转让合同约定的同等条件购买股权的情况下,应当支持其诉讼请求,除非出现该条第1款规定的情形。另一方面,为保护股东以外的股权受让人的合法权益,股权转让合同如无其他影响合同效力的事由,应当认定有效。其他股东行使优先购买权的,虽然股东以外的股权受让人关于继续履行股权转让合同的请求不能得到支持,但不影响其依约请求转让股东承担相应的违约责任。

(四)关于公司人格否认

公司人格独立和股东有限责任是公司法的基本原则。否认公司独立人格,由滥用公司法人独立地位和股东有限责任的股东对公司债务承担连带责任,是股东有限责任的例外情形,旨在矫正有限责任制度在特定法律事实发生时对债权人保护的失衡现象。在审判实践中,要准确把握《公司法》第 20 条第 3 款规定的精神。一是只有在股东实施了滥用公司法人独立地位及股东有限责任的行为,且该行为严重损害了公司债权人利益的情况下,才能适用。损害债权人利益,主要是指股东滥用权利使公司财产不足以清偿公司债权人的债权。二是只有实施了滥用法人独立地位和股东有限责任行为的股东才对公司债务承担连带清偿责任,而其他股东不应承担此责任。三是公司人格否认不是全面、彻底、永久地否定公司的法人资格,而只是在具体案件中依据特定的法律事实、法律关系,突破股东对公司债务不承担责任的一般规则,例外地判令其承担连带责任。人民法院在个案中否认公司人格的判决的既判力仅仅约束该诉讼的各方当事人,不当然适用于涉及该公司的其他诉讼,不影响公司独立法人资格的存续。如果其他债权人提起公司人格否认诉讼,已生效判决认定的事实可以作为证据使用。四是《公司法》第 20 条第 3 款规定的滥用行为,实践中常见的情形有人格混同、过度支配与控制、资本显著不足等。在审理案件时,需要根据查明的案件事实进行综合判断,既审慎适用,又当用则用。实践中存在标准把握不严而滥用这一例外制度的现象,同时也存在因法律规定较为原则、抽象,适用难度大,而不善于适用、不敢于适用的现象,均应当引起高度重视。

10.【人格混同】认定公司人格与股东人格是否存在混同,最根本的判断标准是公司是否具有独立意思和独立财产,最主要的表现是公司的财产与股东的财产是否混同且无法区分。在认定是否构成人格混同时,应当综合考虑以下因素:

(1)股东无偿使用公司资金或者财产,不作财务记载的;

(2)股东用公司的资金偿还股东的债务,或者将公司的资金供关联公司无偿使用,不作财务记载的;

(3)公司账簿与股东账簿不分,致使公司财产与股东财产无法区分的;

(4)股东自身收益与公司盈利不加区分,致使双方利益不清的;

(5)公司的财产记载于股东名下,由股东占有、使用的;

(6)人格混同的其他情形。

在出现人格混同的情况下,往往同时出现以下混同:公司业务和股东业务混同;公司员工与股东员工混同,特别是财务人员混同;公司住所与股东住所混同。人民法院在审理案件时,关键要审查是否构成人格混同,而不要求同时具备其他方面的混同,其他方面的混同往往只是人格混同的补强。

11.【过度支配与控制】公司控制股东对公司过度支配与控制,操纵公司的决策过程,使公司完全丧失独立性,沦为控制股东的工具或躯壳,严重损害公司债权人利益,应当否认公司人格,由滥用控制权的股东对公司债务承担连带责任。实践中常见的情形包括:

(1)母子公司之间或者子公司之间进行利益输送的;

(2)母子公司或者子公司之间进行交易,收益归一方,损失却由另一方承担的;

(3)先从原公司抽走资金,然后再成立经营目的相同或者类似的公司,逃避原公司债务的;

(4)先解散公司,再以原公司场所、设备、人员及相同或者相似的经营目的另设公司,逃避原公司债务的;

(5)过度支配与控制的其他情形。

控制股东或实际控制人控制多个子公司或者关联公司,滥用控制权使多个子公司或者关联公司财产边界不清、财务混同,利益相互输送,丧失人格独立性,沦为控制股东逃避债务、非法经营,甚至违法犯罪工具的,可以综合案件事实,否认子公司或者关联公司法人人格,判令承担连带责任。

12.【资本显著不足】资本显著不足指的是,公司设立后在经营过程中,股东实际投入公司的资本数额与公司经营所隐含的风险相比明显不匹配。股东利用较少资本从事力所不及的经营,表明其没有从事公司经营的诚意,实质是恶意利用公司独立人格和股东有限责任把投资风险转嫁给债权人。由于资本显著不足的判断标准有很大的模糊性,特别是要与公司采取“以小博大”的正常经营方式相区分,因此在适用时要十分谨慎,应当与其他因素结合起来综合判断。

13.【诉讼地位】人民法院在审理公司人格否认纠纷案件时,应当根据不同情形确定当事人的诉讼地位:

(1)债权人对债务人公司享有的债权已经由生效裁判确认,其另行提起公司人格否认诉讼,请求股东对公司债务承担连带责任的,列股东为被告,公司为第三人;

(2)债权人对债务人公司享有的债权提起诉讼的同时,一并提起公司人格否认诉讼,请求股东对公司债务承担连带责任的,列公司和股东为共同被告;

(3)债权人对债务人公司享有的债权尚未经生效裁判确认,直接提起公司人格否认诉讼,请求公司股东对公司债务承担连带责任的,人民法院应当向债权人释明,告知其追加公司为共同被告。债权人拒绝追加的,人民法院应当裁定驳回起诉。

(五)关于有限责任公司清算义务人的责任

关于有限责任公司股东清算责任的认定,一些案件的处理结果不适当地扩大了股东的清算责任。特别是实践中出现了一些职业债权人,从其他债权人处大批量超低价收购僵尸企业的“陈年旧账”后,对批量僵尸企业提起强制清算之诉,在获得人民法院对公司主要财产、账册、重要文件等灭失的认定后,根据公司法司法解释(二)第18条第2款的规定,请求有限责任公司的股东对公司债务承担连带清偿责任。有的人民法院没有准确把握上述规定的适用条件,判决没有“怠于履行义务”的小股东或者虽“怠于履行义务”但与公司主要财产、账册、重要文件等灭失没有因果关系的小股东对公司债务承担远远超过其出资数额的责任,导致出现利益明显失衡的现象。需要明确的是,上述司法解释关于有限责任公司股东清算责任的规定,其性质是因股东怠于履行清算义务致使公司无法清算所应当承担的侵权责任。在认定有限责任公司股东是否应当对债权人承担侵权赔偿责任时,应当注意以下问题：

14.【怠于履行清算义务的认定】公司法司法解释（二）第18条第2款规定的“怠于履行义务”，是指有限责任公司的股东在法定清算事由出现后，在能够履行清算义务的情况下，故意拖延、拒绝履行清算义务，或者因过失导致无法进行清算的消极行为。股东举证证明其已经为履行清算义务采取了积极措施，或者小股东举证证明其既不是公司董事会或者监事会成员，也没有选派人员担任该机关成员，且从未参与公司经营管理，以不构成“怠于履行义务”为由，主张其不应当对公司债务承担连带清偿责任的，人民法院依法予以支持。

15.【因果关系抗辩】有限责任公司的股东举证证明其“怠于履行义务”的消极不作为与“公司主要财产、账册、重要文件等灭失，无法进行清算”的结果之间没有因果关系，主张其不应对公司债务承担连带清偿责任的，人民法院依法予以支持。

16.【诉讼时效期间】公司债权人请求股东对公司债务承担连带清偿责任，股东以公司债权人对公司的债权已经超过诉讼时效期间为由抗辩，经查证属实的，人民法院依法予以支持。

公司债权人以公司法司法解释（二）第18条第2款为依据，请求有限责任公司的股东对公司债务承担连带清偿责任的，诉讼时效期间自公司债权人知道或者应当知道公司无法进行清算之日起计算。

（六）关于公司为他人提供担保

关于公司为他人提供担保的合同效力问题，审判实践中裁判尺度不统一，严重影响了司法公信力，有必要予以规范。对此，应当把握以下几点：

17.【违反《公司法》第16条构成越权代表】为防止法定代表人随意代表公司为他人提供担保给公司造成损失，损害中小股东利益，《公司法》第16条对法定代表人的代表权进行了限制。根据该条规定，担保行为不是法定代表人所能单独决定的事项，而必须以公司股东（大）会、董事会等公司机关的决议作为授权的基础和来源。法定代表人未经授权擅自为他人提供担保的，构成越权代表，人民法院应当根据《合同法》第50条关于法定代表人越权代表的规定，区分订立合同时债权人是否善意分别认定合同效力：债权人善意的，合同有效；反之，合同无效。

18.【善意的认定】前条所称的善意,是指债权人不知道或者不应当知道法定代表人超越权限订立担保合同。《公司法》第16条对关联担保和非关联担保的决议机关作出了区别规定,相应地,在善意的判断标准上也应当有所区别。一种情形是,为公司股东或者实际控制人提供关联担保,《公司法》第16条明确规定必须由股东(大)会决议,未经股东(大)会决议,构成越权代表。在此情况下,债权人主张担保合同有效,应当提供证据证明其在订立合同时对股东(大)会决议进行了审查,决议的表决程序符合《公司法》第16条的规定,即在排除被担保股东表决权的情况下,该项表决由出席会议的其他股东所持表决权的过半数通过,签字人员也符合公司章程的规定。另一种情形是,公司为公司股东或者实际控制人以外的人提供非关联担保,根据《公司法》第16条的规定,此时由公司章程规定是由董事会决议还是股东(大)会决议。无论章程是否对决议机关作出规定,也无论章程规定决议机关为董事会还是股东(大)会,根据《民法总则》第61条第3款关于"法人章程或者法人权力机构对法定代表人代表权的限制,不得对抗善意相对人"的规定,只要债权人能够证明其在订立担保合同时对董事会决议或者股东(大)会决议进行了审查,同意决议的人数及签字人员符合公司章程的规定,就应当认定其构成善意,但公司能够证明债权人明知公司章程对决议机关有明确规定的除外。

债权人对公司机关决议内容的审查一般限于形式审查,只要求尽到必要的注意义务即可,标准不宜太过严苛。公司以机关决议系法定代表人伪造或者变造、决议程序违法、签章(名)不实、担保金额超过法定限额等事由抗辩债权人非善意的,人民法院一般不予支持。但是,公司有证据证明债权人明知决议系伪造或者变造的除外。

19.【无须机关决议的例外情况】存在下列情形的,即便债权人知道或者应当知道没有公司机关决议,也应当认定担保合同符合公司的真实意思表示,合同有效:

(1)公司是以为他人提供担保为主营业务的担保公司,或者是开展保函业务的银行或者非银行金融机构;

(2)公司为其直接或者间接控制的公司开展经营活动向债权人提

供担保；

(3)公司与主债务人之间存在相互担保等商业合作关系；

(4)担保合同系由单独或者共同持有公司三分之二以上有表决权的股东签字同意。

20.【越权担保的民事责任】依据前述3条规定，担保合同有效，债权人请求公司承担担保责任的，人民法院依法予以支持；担保合同无效，债权人请求公司承担担保责任的，人民法院不予支持，但可以按照担保法及有关司法解释关于担保无效的规定处理。公司举证证明债权人明知法定代表人超越权限或者机关决议系伪造或者变造，债权人请求公司承担合同无效后的民事责任的，人民法院不予支持。

21.【权利救济】法定代表人的越权担保行为给公司造成损失，公司请求法定代表人承担赔偿责任的，人民法院依法予以支持。公司没有提起诉讼，股东依据《公司法》第151条的规定请求法定代表人承担赔偿责任的，人民法院依法予以支持。

22.【上市公司为他人提供担保】债权人根据上市公司公开披露的关于担保事项已经董事会或者股东大会决议通过的信息订立的担保合同，人民法院应当认定有效。

23.【债务加入准用担保规则】法定代表人以公司名义与债务人约定加入债务并通知债权人或者向债权人表示愿意加入债务，该约定的效力问题，参照本纪要关于公司为他人提供担保的有关规则处理。

(七)关于股东代表诉讼

24.【何时成为股东不影响起诉】股东提起股东代表诉讼，被告以行为发生时原告尚未成为公司股东为由抗辩该股东不是适格原告的，人民法院不予支持。

25.【正确适用前置程序】根据《公司法》第151条的规定，股东提起代表诉讼的前置程序之一是，股东必须先书面请求公司有关机关向人民法院提起诉讼。一般情况下，股东没有履行该前置程序的，应当驳回起诉。但是，该项前置程序针对的是公司治理的一般情况，即在股东向公司有关机关提出书面申请之时，存在公司有关机关提起诉讼的可能性。如果查明的相关事实表明，根本不存在该种可能性的，人民法院不应当以原告未履行前置程序为由驳回起诉。

26.【股东代表诉讼的反诉】股东依据《公司法》第151条第3款的规定提起股东代表诉讼后,被告以原告股东恶意起诉侵犯其合法权益为由提起反诉的,人民法院应予受理。被告以公司在案涉纠纷中应当承担侵权或者违约等责任为由对公司提出的反诉,因不符合反诉的要件,人民法院应当裁定不予受理;已经受理的,裁定驳回起诉。

27.【股东代表诉讼的调解】公司是股东代表诉讼的最终受益人,为避免因原告股东与被告通过调解损害公司利益,人民法院应当审查调解协议是否为公司的意思。只有在调解协议经公司股东(大)会、董事会决议通过后,人民法院才能出具调解书予以确认。至于具体决议机关,取决于公司章程的规定。公司章程没有规定的,人民法院应当认定公司股东(大)会为决议机关。

(八)其他问题

28.【实际出资人显名的条件】实际出资人能够提供证据证明有限责任公司过半数的其他股东知道其实际出资的事实,且对其实际行使股东权利未曾提出异议的,对实际出资人提出的登记为公司股东的请求,人民法院依法予以支持。公司以实际出资人的请求不符合公司法司法解释(三)第24条的规定为由抗辩的,人民法院不予支持。

29.【请求召开股东(大)会不可诉】公司召开股东(大)会本质上属于公司内部治理范围。股东请求判令公司召开股东(大)会的,人民法院应当告知其按照《公司法》第40条或者第101条规定的程序自行召开。股东坚持起诉的,人民法院应当裁定不予受理;已经受理的,裁定驳回起诉。

三、关于合同纠纷案件的审理

会议认为,合同是市场化配置资源的主要方式,合同纠纷也是民商事纠纷的主要类型。人民法院在审理合同纠纷案件时,要坚持鼓励交易原则,充分尊重当事人的意思自治。要依法审慎认定合同效力。要根据诚实信用原则,合理解释合同条款、确定履行内容,合理确定当事人的权利义务关系,审慎适用合同解除制度,依法调整过高的违约金,强化对守约者诚信行为的保护力度,提高违法违约成本,促进诚信社会构建。

（一）关于合同效力

人民法院在审理合同纠纷案件过程中，要依职权审查合同是否存在无效的情形，注意无效与可撤销、未生效、效力待定等合同效力形态之间的区别，准确认定合同效力，并根据效力的不同情形，结合当事人的诉讼请求，确定相应的民事责任。

30.【强制性规定的识别】合同法施行后，针对一些人民法院动辄以违反法律、行政法规的强制性规定为由认定合同无效，不当扩大无效合同范围的情形，合同法司法解释（二）第 14 条将《合同法》第 52 条第 5 项规定的“强制性规定”明确限于“效力性强制性规定”。此后，《最高人民法院关于当前形势下审理民商事合同纠纷案件若干问题的指导意见》进一步提出了“管理性强制性规定”的概念，指出违反管理性强制性规定的，人民法院应当根据具体情形认定合同效力。随着这一概念的提出，审判实践中又出现了另一种倾向，有的人民法院认为凡是行政管理性质的强制性规定都属于“管理性强制性规定”，不影响合同效力。这种望文生义的认定方法，应予纠正。

人民法院在审理合同纠纷案件时，要依据《民法总则》第 153 条第 1 款和合同法司法解释（二）第 14 条的规定慎重判断“强制性规定”的性质，特别是要在考量强制性规定所保护的法益类型、违法行为的法律后果以及交易安全保护等因素的基础上认定其性质，并在裁判文书中充分说明理由。下列强制性规定，应当认定为“效力性强制性规定”：强制性规定涉及金融安全、市场秩序、国家宏观政策等公序良俗的；交易标的禁止买卖的，如禁止人体器官、毒品、枪支等买卖；违反特许经营规定的，如场外配资合同；交易方式严重违法的，如违反招投标等竞争性缔约方式订立的合同；交易场所违法的，如在批准的交易场所之外进行期货交易。关于经营范围、交易时间、交易数量等行政管理性质的强制性规定，一般应当认定为“管理性强制性规定”。

31.【违反规章的合同效力】违反规章一般情况下不影响合同效力，但该规章的内容涉及金融安全、市场秩序、国家宏观政策等公序良俗的，应当认定合同无效。人民法院在认定规章是否涉及公序良俗时，要在考察规范对象基础上，兼顾监管强度、交易安全保护以及社会影响等方面进行慎重考量，并在裁判文书中进行充分说理。

32.【合同不成立、无效或者被撤销的法律后果】《合同法》第58条就合同无效或者被撤销时的财产返还责任和损害赔偿责任作了规定,但未规定合同不成立的法律后果。考虑到合同不成立时也可能发生财产返还和损害赔偿责任问题,故应当参照适用该条的规定。

在确定合同不成立、无效或者被撤销后财产返还或者折价补偿范围时,要根据诚实信用原则的要求,在当事人之间合理分配,不能使不诚信的当事人因合同不成立、无效或者被撤销而获益。合同不成立、无效或者被撤销情况下,当事人所承担的缔约过失责任不应超过合同履行利益。比如,依据《最高人民法院关于审理建设工程施工合同纠纷案件适用法律问题的解释》第2条规定,建设工程施工合同无效,在建设工程经竣工验收合格情况下,可以参照合同约定支付工程款,但除非增加了合同约定之外新的工程项目,一般不应超出合同约定支付工程款。

33.【财产返还与折价补偿】合同不成立、无效或者被撤销后,在确定财产返还时,要充分考虑财产增值或者贬值的因素。双务合同不成立、无效或者被撤销后,双方因该合同取得财产的,应当相互返还。应予返还的股权、房屋等财产相对于合同约定价款出现增值或者贬值的,人民法院要综合考虑市场因素、受让人的经营或者添附等行为与财产增值或者贬值之间的关联性,在当事人之间合理分配或者分担,避免一方因合同不成立、无效或者被撤销而获益。在标的物已经灭失、转售他人或者其他无法返还的情况下,当事人主张返还原物的,人民法院不予支持,但其主张折价补偿的,人民法院依法予以支持。折价时,应当以当事人交易时约定的价款为基础,同时考虑当事人在标的物灭失或者转售时的获益情况综合确定补偿标准。标的物灭失时当事人获得的保险金或者其他赔偿金,转售时取得的对价,均属于当事人因标的物而获得的利益。对获益高于或者低于价款的部分,也应当在当事人之间合理分配或者分担。

34.【价款返还】双务合同不成立、无效或者被撤销时,标的物返还与价款返还互为对待给付,双方应当同时返还。关于应否支付利息问题,只要一方对标的物有使用情形的,一般应当支付使用费,该费用可与占有价款一方应当支付的资金占用费相互抵销,故在一方返还原物前,另一方仅须支付本金,而无须支付利息。

35.【损害赔偿】合同不成立、无效或者被撤销时,仅返还财产或者折价补偿不足以弥补损失,一方还可以向有过错的另一方请求损害赔偿。在确定损害赔偿范围时,既要根据当事人的过错程度合理确定责任,又要考虑在确定财产返还范围时已经考虑过的财产增值或者贬值因素,避免双重获利或者双重受损的现象发生。

36.【合同无效时的释明问题】在双务合同中,原告起诉请求确认合同有效并请求继续履行合同,被告主张合同无效的,或者原告起诉请求确认合同无效并返还财产,而被告主张合同有效的,都要防止机械适用"不告不理"原则,仅就当事人的诉讼请求进行审理,而应向原告释明变更或者增加诉讼请求,或者向被告释明提出同时履行抗辩,尽可能一次性解决纠纷。例如,基于合同有给付行为的原告请求确认合同无效,但并未提出返还原物或者折价补偿、赔偿损失等请求的,人民法院应当向其释明,告知其一并提出相应诉讼请求;原告请求确认合同无效并要求被告返还原物或者赔偿损失,被告基于合同也有给付行为的,人民法院同样应当向被告释明,告知其也可以提出返还请求;人民法院经审理认定合同无效的,除了要在判决书"本院认为"部分对同时返还作出认定外,还应当在判项中作出明确表述,避免因判令单方返还而出现不公平的结果。

第一审人民法院未予释明,第二审人民法院认为应当对合同不成立、无效或者被撤销的法律后果作出判决的,可以直接释明并改判。当然,如果返还财产或者赔偿损失的范围确实难以确定或者双方争议较大的,也可以告知当事人通过另行起诉等方式解决,并在裁判文书中予以明确。

当事人按照释明变更诉讼请求或者提出抗辩的,人民法院应当将其归纳为案件争议焦点,组织当事人充分举证、质证、辩论。

37.【未经批准合同的效力】法律、行政法规规定某类合同应当办理批准手续生效的,如商业银行法、证券法、保险法等法律规定购买商业银行、证券公司、保险公司5%以上股权须经相关主管部门批准,依据《合同法》第44条第2款的规定,批准是合同的法定生效条件,未经批准的合同因欠缺法律规定的特别生效条件而未生效。实践中的一个突出问题是,把未生效合同认定为无效合同,或者虽认定为未生效,却按无效合同处理。无效合同从本质上来说是欠缺合同的有效要件,或者具有合同无效的法定事由,自始不发生法律效力。而未生效合同已具备合同的有效要件,对双方具有一定的拘束力,任何一方不得擅自撤回、解除、变更,但因欠缺法律、行政法规规定或当事人约定的特别生效条件,在该生效条件成就前,不能产生请求对方履行合同主要权利义务的法律效力。

38.【报批义务及相关违约条款独立生效】须经行政机关批准生效的合同,对报批义务及未履行报批义务的违约责任等相关内容作出专门约定的,该约定独立生效。一方因另一方不履行报批义务,请求解除合同并请求其承担合同约定的相应违约责任的,人民法院依法予以支持。

39.【报批义务的释明】须经行政机关批准生效的合同,一方请求另一方履行合同主要权利义务的,人民法院应当向其释明,将诉讼请求变更为请求履行报批义务。一方变更诉讼请求的,人民法院依法予以支持;经释明后当事人拒绝变更的,应当驳回其诉讼请求,但不影响其另行提起诉讼。

40.【判决履行报批义务后的处理】人民法院判决一方履行报批义务后,该当事人拒绝履行,经人民法院强制执行仍未履行,对方请求其承担合同违约责任的,人民法院依法予以支持。一方依据判决履行报批义务,行政机关予以批准,合同发生完全的法律效力,其请求对方履行合同的,人民法院依法予以支持;行政机关没有批准,合同不具有法律上的可履行性,一方请求解除合同的,人民法院依法予以支持。

41.【盖章行为的法律效力】司法实践中,有些公司有意刻制两套甚至多套公章,有的法定代表人或者代理人甚至私刻公章,订立合同时恶意加盖非备案的公章或者假公章,发生纠纷后法人以加盖的是假公章为由否定合同效力的情形并不鲜见。人民法院在审理案件时,应当主要审查签约人于盖章之时有无代表权或者代理权,从而根据代表或者代理的相关规则来确定合同的效力。

法定代表人或者其授权之人在合同上加盖法人公章的行为,表明其是以法人名义签订合同,除《公司法》第16条等法律对其职权有特别规定的情形外，应当由法人承担相应的法律后果。法人以法定代表人事后已无代表权、加盖的是假章、所盖之章与备案公章不一致等为由否定合同效力的，人民法院不予支持。

代理人以被代理人名义签订合同，要取得合法授权。代理人取得合法授权后，以被代理人名义签订的合同，应当由被代理人承担责任。被代理人以代理人事后已无代理权、加盖的是假章、所盖之章与备案公章不一致等为由否定合同效力的，人民法院不予支持。

42.【撤销权的行使】撤销权应当由当事人行使。当事人未请求撤销的，人民法院不应当依职权撤销合同。一方请求另一方履行合同，另一方以合同具有可撤销事由提出抗辩的，人民法院应当在审查合同是否具有可撤销事由以及是否超过法定期间等事实的基础上，对合同是否可撤销作出判断，不能仅以当事人未提起诉讼或者反诉为由不予审查或者不予支持。一方主张合同无效，依据的却是可撤销事由，此时人民法院应当全面审查合同是否具有无效事由以及当事人主张的可撤销事由。当事人关于合同无效的事由成立的，人民法院应当认定合同无效。当事人主张合同无效的理由不成立，而可撤销的事由成立的，因合同无效和可撤销的后果相同，人民法院也可以结合当事人的诉讼请求，直接判决撤销合同。

（二）关于合同履行与救济

在认定以物抵债协议的性质和效力时，要根据订立协议时履行期限是否已经届满予以区别对待。合同解除、违约责任都是非违约方寻求救济的主要方式，人民法院在认定合同应否解除时，要根据当事人有无解除权、是约定解除还是法定解除等不同情形，分别予以处理。在确定违约责任时，尤其要注意依法适用违约金调整的相关规则，避免简单地以民间借贷利率的司法保护上限作为调整依据。

43.【抵销】抵销权既可以通知的方式行使，也可以提出抗辩或者提起反诉的方式行使。抵销的意思表示自到达对方时生效，抵销一经生效，其效力溯及自抵销条件成就之时，双方互负的债务在同等数额内消灭。双方互负的债务数额，是截至抵销条件成就之时各自负有的包括主债务、利息、违约金、赔偿金等在内的全部债务数额。行使抵销权一方享有的债权不足以抵销全部债务数额，当事人对抵销顺序又没有特别约定的,应当根据实现债权的费用、利息、主债务的顺序进行抵销。

44.【履行期届满后达成的以物抵债协议】当事人在债务履行期限届满后达成以物抵债协议,抵债物尚未交付债权人,债权人请求债务人交付的,人民法院要着重审查以物抵债协议是否存在恶意损害第三人合法权益等情形,避免虚假诉讼的发生。经审查,不存在以上情况,且无其他无效事由的,人民法院依法予以支持。

当事人在一审程序中因达成以物抵债协议申请撤回起诉的,人民法院可予准许。当事人在二审程序中申请撤回上诉的,人民法院应当告知其申请撤回起诉。当事人申请撤回起诉,经审查不损害国家利益、社会公共利益、他人合法权益的,人民法院可予准许。当事人不申请撤回起诉,请求人民法院出具调解书对以物抵债协议予以确认的,因债务人完全可以立即履行该协议,没有必要由人民法院出具调解书,故人民法院不应准许,同时应当继续对原债权债务关系进行审理。

45.【履行期届满前达成的以物抵债协议】当事人在债务履行期届满前达成以物抵债协议,抵债物尚未交付债权人,债权人请求债务人交付的,因此种情况不同于本纪要第71条规定的让与担保,人民法院应当向其释明,其应当根据原债权债务关系提起诉讼。经释明后当事人仍拒绝变更诉讼请求的,应当驳回其诉讼请求,但不影响其根据原债权债务关系另行提起诉讼。

46.【通知解除的条件】审判实践中,部分人民法院对合同法司法解释(二)第24条的理解存在偏差,认为不论发出解除通知的一方有无解除权,只要另一方未在异议期限内以起诉方式提出异议,就判令解除合同,这不符合合同法关于合同解除权行使的有关规定。对该条的准确理解是,只有享有法定或者约定解除权的当事人才能以通知方式解除合同。不享有解除权的一方向另一方发出解除通知,另一方即便未在异议期限内提起诉讼,也不发生合同解除的效果。人民法院在审理案件时,应当审查发出解除通知的一方是否享有约定或者法定的解除权来决定合同应否解除,不能仅以受通知一方在约定或者法定的异议期限届满内未起诉这一事实就认定合同已经解除。

47.【约定解除条件】合同约定的解除条件成就时,守约方以此为由请求解除合同的,人民法院应当审查违约方的违约程度是否显著轻微,是否影响守约方合同目的的实现,根据诚实信用原则,确定合同应否解除。违约方的违约程度显著轻微,不影响守约方合同目的的实现,守约方请求解除合同的,人民法院不予支持;反之,则依法予以支持。

48.【违约方起诉解除】违约方不享有单方解除合同的权利。但是,在一些长期性合同如房屋租赁合同履行过程中,双方形成合同僵局,一概不允许违约方通过起诉的方式解除合同,有时对双方都不利。在此前提下,符合下列条件,违约方起诉请求解除合同的,人民法院依法予以支持:

(1)违约方不存在恶意违约的情形;

(2)违约方继续履行合同,对其显失公平;

(3)守约方拒绝解除合同,违反诚实信用原则。

人民法院判决解除合同的,违约方本应当承担的违约责任不能因解除合同而减少或者免除。

49.【合同解除的法律后果】合同解除时,一方依据合同中有关违约金、约定损害赔偿的计算方法、定金责任等违约责任条款的约定,请求另一方承担违约责任的,人民法院依法予以支持。

双务合同解除时人民法院的释明问题,参照本纪要第 36 条的相关规定处理。

50.【违约金过高标准及举证责任】认定约定违约金是否过高,一般应当以《合同法》第 113 条规定的损失为基础进行判断,这里的损失包括合同履行后可以获得的利益。除借款合同外的双务合同,作为对价的价款或者报酬给付之债,并非借款合同项下的还款义务,不能以受法律保护的民间借贷利率上限作为判断违约金是否过高的标准,而应当兼顾合同履行情况、当事人过错程度以及预期利益等因素综合确定。主张违约金过高的违约方应当对违约金是否过高承担举证责任。

(三)关于借款合同

人民法院在审理借款合同纠纷案件过程中,要根据防范化解重大金融风险、金融服务实体经济、降低融资成本的精神,区别对待金融借贷与民间借贷,并适用不同规则与利率标准。要依法否定高利转贷行为、职业放贷行为的效力,充分发挥司法的示范、引导作用,促进金融服务实体经济。要注意到,为深化利率市场化改革,推动降低实体利率水平,自2019年8月20日起,中国人民银行已经授权全国银行间同业拆借中心于每月20日(遇节假日顺延)9时30分公布贷款市场报价利率(LPR),中国人民银行贷款基准利率这一标准已经取消。因此,自此之后人民法院裁判贷款利息的基本标准应改为全国银行间同业拆借中心公布的贷款市场报价利率。应予注意的是,贷款利率标准尽管发生了变化,但存款基准利率并未发生相应变化,相关标准仍可适用。

51.【变相利息的认定】金融借款合同纠纷中,借款人认为金融机构以服务费、咨询费、顾问费、管理费等为名变相收取利息,金融机构或者由其指定的人收取的相关费用不合理的,人民法院可以根据提供服务的实际情况确定借款人应否支付或者酌减相关费用。

52.【高利转贷】民间借贷中,出借人的资金必须是自有资金。出借人套取金融机构信贷资金又高利转贷给借款人的民间借贷行为,既增加了融资成本,又扰乱了信贷秩序,根据民间借贷司法解释第14条第1项的规定,应当认定此类民间借贷行为无效。人民法院在适用该条规定时,应当注意把握以下几点:一是要审查出借人的资金来源。借款人能够举证证明在签订借款合同时出借人尚欠银行贷款未还的,一般可以推定为出借人套取信贷资金,但出借人能够举反证予以推翻的除外;二是从宽认定"高利"转贷行为的标准,只要出借人通过转贷行为牟利的,就可以认定为是"高利"转贷行为;三是对该条规定的"借款人事先知道或者应当知道的"要件,不宜把握过苛。实践中,只要出借人在签订借款合同时存在尚欠银行贷款未还事实的,一般可以认为满足了该条规定的"借款人事先知道或者应当知道"这一要件。

53.【职业放贷人】未依法取得放贷资格的以民间借贷为业的法人,以及以民间借贷为业的非法人组织或者自然人从事的民间借贷行为,应当依法认定无效。同一出借人在一定期间内多次反复从事有偿民间借贷行为的,一般可以认定为是职业放贷人。民间借贷比较活跃的地方的高级人民法院或者经其授权的中级人民法院,可以根据本地区的实际情况制定具体的认定标准。

四、关于担保纠纷案件的审理

会议认为,要注意担保法及其司法解释与物权法对独立担保、混合担保、担保期间等有关制度的不同规定，根据新的规定优于旧的规定的法律适用规则，优先适用物权法的规定。从属性是担保的基本属性，要慎重认定独立担保行为的效力，将其严格限定在法律或者司法解释明确规定的情形。要根据区分原则，准确认定担保合同效力。要坚持物权法定、公示公信原则，区分不动产与动产担保物权在物权变动、效力规则等方面的异同，准确适用法律。要充分发挥担保对缓解融资难融资贵问题的积极作用，不轻易否定新类型担保、非典型担保的合同效力及担保功能。

（一）关于担保的一般规则

54.【独立担保】从属性是担保的基本属性，但由银行或者非银行金融机构开立的独立保函除外。独立保函纠纷案件依据《最高人民法院关于审理独立保函纠纷案件若干问题的规定》处理。需要进一步明确的是：凡是由银行或者非银行金融机构开立的符合该司法解释第1条、第3条规定情形的保函，无论是用于国际商事交易还是用于国内商事交易，均不影响保函的效力。银行或者非银行金融机构之外的当事人开立的独立保函，以及当事人有关排除担保从属性的约定，应当认定无效。但是，根据“无效法律行为的转换”原理，在否定其独立担保效力的同时，应当将其认定为从属性担保。此时，如果主合同有效，则担保合同有效，担保人与主债务人承担连带保证责任。主合同无效，则该所谓的独立担保也随之无效，担保人无过错的，不承担责任；担保人有过错的，其承担民事责任的部分，不应超过债务人不能清偿部分的三分之一。

55.【担保责任的范围】担保人承担的担保责任范围不应当大于主债务，是担保从属性的必然要求。当事人约定的担保责任的范围大于主债务的，如针对担保责任约定专门的违约责任、担保责任的数额高于主债务、担保责任约定的利息高于主债务利息、担保责任的履行期先于主债务履行期届满，等等，均应当认定大于主债务部分的约定无效，从而使担保责任缩减至主债务的范围。

56.【混合担保中担保人之间的追偿问题】被担保的债权既有保证又有第三人提供的物的担保的，担保法司法解释第38条明确规定，承担了担保责任的担保人可以要求其他担保人清偿其应当分担的份额。

但《物权法》第176条并未作出类似规定,根据《物权法》第178条关于"担保法与本法的规定不一致的,适用本法"的规定,承担了担保责任的担保人向其他担保人追偿的,人民法院不予支持,但担保人在担保合同中约定可以相互追偿的除外。

57.【借新还旧的担保物权】贷款到期后,借款人与贷款人订立新的借款合同,将新贷用于归还旧贷,旧贷因清偿而消灭,为旧贷设立的担保物权也随之消灭。贷款人以旧贷上的担保物权尚未进行涂销登记为由,主张对新贷行使担保物权的,人民法院不予支持,但当事人约定继续为新贷提供担保的除外。

58.【担保债权的范围】以登记作为公示方式的不动产担保物权的担保范围,一般应当以登记的范围为准。但是,我国目前不动产担保物权登记,不同地区的系统设置及登记规则并不一致,人民法院在审理案件时应当充分注意制度设计上的差别,作出符合实际的判断:一是多数省区市的登记系统未设置"担保范围"栏目,仅有"被担保主债权数额(最高债权数额)"的表述,且只能填写固定数字。而当事人在合同中又往往约定担保物权的担保范围包括主债权及其利息、违约金等附属债权,致使合同约定的担保范围与登记不一致。显然,这种不一致是由于该地区登记系统设置及登记规则造成的该地区的普遍现象。人民法院以合同约定认定担保物权的担保范围,是符合实际的妥当选择。二是一些省区市不动产登记系统设置与登记规则比较规范,担保物权登记范围与合同约定一致在该地区是常态或者普遍现象,人民法院在审理案件时,应当以登记的担保范围为准。

59.【主债权诉讼时效届满的法律后果】抵押权人应当在主债权的诉讼时效期间内行使抵押权。抵押权人在主债权诉讼时效届满前未行使抵押权,抵押人在主债权诉讼时效届满后请求涂销抵押权登记的,人民法院依法予以支持。

以登记作为公示方法的权利质权,参照适用前款规定。

(二)关于不动产担保物权

60.【未办理登记的不动产抵押合同的效力】不动产抵押合同依法成立,但未办理抵押登记手续,债权人请求抵押人办理抵押登记手续的,人民法院依法予以支持。因抵押物灭失以及抵押物转让他人等原因不能办理抵押登记,债权人请求抵押人以抵押物的价值为限承担责任的,人民法院依法予以支持,但其范围不得超过抵押权有效设立时抵押人所应当承担的责任。

61.【房地分别抵押】根据《物权法》第 182 条之规定,仅以建筑物设定抵押的,抵押权的效力及于占用范围内的土地;仅以建设用地使用权抵押的,抵押权的效力亦及于其上的建筑物。在房地分别抵押,即建设用地使用权抵押给一个债权人,而其上的建筑物又抵押给另一个人的情况下,可能产生两个抵押权的冲突问题。基于"房地一体"规则,此时应当将建筑物和建设用地使用权视为同一财产,从而依照《物权法》第 199 条的规定确定清偿顺序:登记在先的先清偿;同时登记的,按照债权比例清偿。同一天登记的,视为同时登记。应予注意的是,根据《物权法》第 200 条的规定,建设用地使用权抵押后,该土地上新增的建筑物不属于抵押财产。

62.【抵押权随主债权转让】抵押权是从属于主合同的从权利,根据"从随主"规则,债权转让的,除法律另有规定或者当事人另有约定外,担保该债权的抵押权一并转让。受让人向抵押人主张行使抵押权,抵押人以受让人不是抵押合同的当事人、未办理变更登记等为由提出抗辩的,人民法院不予支持。

(三)关于动产担保物权

63.【流动质押的设立与监管人的责任】在流动质押中,经常由债权人、出质人与监管人订立三方监管协议,此时应当查明监管人究竟是受债权人的委托还是受出质人的委托监管质物,确定质物是否已经交付债权人,从而判断质权是否有效设立。如果监管人系受债权人的委托监管质物,则其是债权人的直接占有人,应当认定完成了质物交付,质权有效设立。监管人违反监管协议约定,违规向出质人放货、因保管不善导致质物毁损灭失,债权人请求监管人承担违约责任的,人民法院依法予以支持。

如果监管人系受出质人委托监管质物,表明质物并未交付债权人,应当认定质权未有效设立。尽管监管协议约定监管人系受债权人的委托监管质物,但有证据证明其并未履行监管职责,质物实际上仍由出质人管领控制的,也应当认定质物并未实际交付,质权未有效设立。此时，债权人可以基于质押合同的约定请求质押人承担违约责任，但其范围不得超过质权有效设立时质押人所应当承担的责任。监管人未履行监管职责的，债权人也可以请求监管人承担违约责任。

64.【浮动抵押的效力】企业将其现有的以及将有的生产设备、原材料、半成品及产品等财产设定浮动抵押后，又将其中的生产设备等部分财产设定了动产抵押，并都办理了抵押登记的，根据《物权法》第199条的规定，登记在先的浮动抵押优先于登记在后的动产抵押。

65.【动产抵押权与质权竞存】同一动产上同时设立质权和抵押权的，应当参照适用《物权法》第199条的规定，根据是否完成公示以及公示先后情况来确定清偿顺序：质权有效设立、抵押权办理了抵押登记的，按照公示先后确定清偿顺序；顺序相同的，按照债权比例清偿；质权有效设立，抵押权未办理抵押登记的，质权优先于抵押权；质权未有效设立，抵押权未办理抵押登记的，因此时抵押权已经有效设立，故抵押权优先受偿。

根据《物权法》第178条规定的精神，担保法司法解释第79条第1款不再适用。

（四）关于非典型担保

66.【担保关系的认定】当事人订立的具有担保功能的合同，不存在法定无效情形的，应当认定有效。虽然合同约定的权利义务关系不属于物权法规定的典型担保类型，但是其担保功能应予肯定。

67.【约定担保物权的效力】债权人与担保人订立担保合同，约定以法律、行政法规未禁止抵押或者质押的财产设定以登记作为公示方法的担保，因无法定的登记机构而未能进行登记的，不具有物权效力。当事人请求按照担保合同的约定就该财产折价、变卖或者拍卖所得价款等方式清偿债务的，人民法院依法予以支持，但对其他权利人不具有对抗效力和优先性。

68.【保兑仓交易】保兑仓交易作为一种新类型融资担保方式，其基本交易模式是，以银行信用为载体、以银行承兑汇票为结算工具、由银行控制货权、卖方（或者仓储方）受托保管货物并以承兑汇票与保证金之间的差额作为担保。其基本的交易流程是：卖方、买方和银行订立三方合作协议，其中买方向银行缴存一定比例的承兑保证金，银行向买方签发以卖方为收款人的银行承兑汇票，买方将银行承兑汇票交付卖方作为货款，银行根据买方缴纳的保证金的一定比例向卖方签发提货单，卖方根据提货单向买方交付对应金额的货物，买方销售货物后，将货款再缴存为保证金。

在三方协议中，一般来说，银行的主要义务是及时签发承兑汇票并按约定方式将其交给卖方，卖方的主要义务是根据银行签发的提货单发货，并在买方未及时销售或者回赎货物时，就保证金与承兑汇票之间的差额部分承担责任。银行为保障自身利益，往往还会约定卖方要将货物交给由其指定的当事人监管，并设定质押，从而涉及监管协议以及流动质押等问题。实践中，当事人还可能在前述基本交易模式基础上另行作出其他约定，只要不违反法律、行政法规的效力性强制性规定，这些约定应当认定有效。

一方当事人因保兑仓交易纠纷提起诉讼的，人民法院应当以保兑仓交易合同作为审理案件的基本依据，但买卖双方没有真实买卖关系的除外。

69.【无真实贸易背景的保兑仓交易】保兑仓交易以买卖双方有真实买卖关系为前提。双方无真实买卖关系的，该交易属于名为保兑仓交易实为借款合同，保兑仓交易因构成虚伪意思表示而无效，被隐藏的借款合同是当事人的真实意思表示，如不存在其他合同无效情形，应当认定有效。保兑仓交易认定为借款合同关系的，不影响卖方和银行之间担保关系的效力，卖方仍应当承担担保责任。

70.【保兑仓交易的合并审理】当事人就保兑仓交易中的不同法律关系的相对方分别或者同时向同一人民法院起诉的，人民法院可以根据民事诉讼法司法解释第221条的规定，合并审理。当事人未起诉某一方当事人的，人民法院可以依职权追加未参加诉讼的当事人为第三人，以便查明相关事实，正确认定责任。

71.【让与担保】债务人或者第三人与债权人订立合同，约定将财产形式上转让至债权人名下，债务人到期清偿债务，债权人将该财产返还给债务人或第三人，债务人到期没有清偿债务，债权人可以对财产拍卖、变卖、折价偿还债权的，人民法院应当认定合同有效。合同如果约定债务人到期没有清偿债务，财产归债权人所有的，人民法院应当认定该部分约定无效，但不影响合同其他部分的效力。

当事人根据上述合同约定，已经完成财产权利变动的公示方式转让至债权人名下，债务人到期没有清偿债务，债权人请求确认财产归其所有的，人民法院不予支持，但债权人请求参照法律关于担保物权的规定对财产拍卖、变卖、折价优先偿还其债权的，人民法院依法予以支持。债务人因到期没有清偿债务，请求对该财产拍卖、变卖、折价偿还所欠债权人合同项下债务的，人民法院亦应依法予以支持。

五、关于金融消费者权益保护纠纷案件的审理

会议认为，在审理金融产品发行人、销售者以及金融服务提供者（以下简称卖方机构）与金融消费者之间因销售各类高风险等级金融产品和为金融消费者参与高风险等级投资活动提供服务而引发的民商事案件中，必须坚持"卖者尽责、买者自负"原则，将金融消费者是否充分了解相关金融产品、投资活动的性质及风险并在此基础上作出自主决定作为应当查明的案件基本事实，依法保护金融消费者的合法权益，规范卖方机构的经营行为，推动形成公开、公平、公正的市场环境和市场秩序。

72.【适当性义务】适当性义务是指卖方机构在向金融消费者推介、销售银行理财产品、保险投资产品、信托理财产品、券商集合理财计划、杠杆基金份额、期权及其他场外衍生品等高风险等级金融产品，以及为金融消费者参与融资融券、新三板、创业板、科创板、期货等高风险等级投资活动提供服务的过程中，必须履行的了解客户、了解产品、将适当的产品（或者服务）销售（或者提供）给适合的金融消费者等义务。卖方机构承担适当性义务的目的是确保金融消费者能够在充分了解相关金融产品、投资活动的性质及风险的基础上作出自主决定，并承受由此产生的收益和风险。在推介、销售高风险等级金融产品和提供高风险等级金融服务领域，适当性义务的履行是"卖者尽责"的主要内容，也是"买者自负"的前提和基础。

73.【法律适用规则】在确定卖方机构适当性义务的内容时，应当以合同法、证券法、证券投资基金法、信托法等法律规定的基本原则和国务院发布的规范性文件作为主要依据。相关部门在部门规章、规范性文件中对高风险等级金融产品的推介、销售，以及为金融消费者参与高风险等级投资活动提供服务作出的监管规定，与法律和国务院发布的规范性文件的规定不相抵触的，可以参照适用。

74.【责任主体】金融产品发行人、销售者未尽适当性义务，导致金融消费者在购买金融产品过程中遭受损失的，金融消费者既可以请求金融产品的发行人承担赔偿责任，也可以请求金融产品的销售者承担赔偿责任，还可以根据《民法总则》第 167 条的规定，请求金融产品的发行人、销售者共同承担连带赔偿责任。发行人、销售者请求人民法院明确各自的责任份额的，人民法院可以在判决发行人、销售者对金融消费者承担连带赔偿责任的同时，明确发行人、销售者在实际承担了赔偿责任后，有权向责任方追偿其应当承担的赔偿份额。

金融服务提供者未尽适当性义务，导致金融消费者在接受金融服务后参与高风险等级投资活动遭受损失的，金融消费者可以请求金融服务提供者承担赔偿责任。

75.【举证责任分配】在案件审理过程中，金融消费者应当对购买产品（或者接受服务）、遭受的损失等事实承担举证责任。卖方机构对其是否履行了适当性义务承担举证责任。卖方机构不能提供其已经建立了金融产品（或者服务）的风险评估及相应管理制度、对金融消费者的风险认知、风险偏好和风险承受能力进行了测试、向金融消费者告知产品（或者服务）的收益和主要风险因素等相关证据的，应当承担举证不能的法律后果。

76.【告知说明义务】告知说明义务的履行是金融消费者能够真正了解各类高风险等级金融产品或者高风险等级投资活动的投资风险和收益的关键，人民法院应当根据产品、投资活动的风险和金融消费者的实际情况，综合理性人能够理解的客观标准和金融消费者能够理解的主观标准来确定卖方机构是否已经履行了告知说明义务。卖方机构简单地以金融消费者手写了诸如“本人明确知悉可能存在本金损失风险”等内容主张其已经履行了告知说明义务，不能提供其他相关证据的，人民法院对其抗辩理由不予支持。

77.【损失赔偿数额】卖方机构未尽适当性义务导致金融消费者损失的，应当赔偿金融消费者所受的实际损失。实际损失为损失的本金和利息，利息按照中国人民银行发布的同期同类存款基准利率计算。

金融消费者因购买高风险等级金融产品或者为参与高风险投资活动接受服务,以卖方机构存在欺诈行为为由,主张卖方机构应当根据《消费者权益保护法》第55条的规定承担惩罚性赔偿责任的,人民法院不予支持。卖方机构的行为构成欺诈的,对金融消费者提出赔偿其支付金钱总额的利息损失请求,应当注意区分不同情况进行处理:

(1)金融产品的合同文本中载明了预期收益率、业绩比较基准或者类似约定的,可以将其作为计算利息损失的标准;

(2)合同文本以浮动区间的方式对预期收益率或者业绩比较基准等进行约定,金融消费者请求按照约定的上限作为利息损失计算标准的,人民法院依法予以支持;

(3)合同文本虽然没有关于预期收益率、业绩比较基准或者类似约定,但金融消费者能够提供证据证明产品发行的广告宣传资料中载明了预期收益率、业绩比较基准或者类似表述的,应当将宣传资料作为合同文本的组成部分;

(4)合同文本及广告宣传资料中未载明预期收益率、业绩比较基准或者类似表述的,按照全国银行间同业拆借中心公布的贷款市场报价利率计算。

78.【免责事由】因金融消费者故意提供虚假信息、拒绝听取卖方机构的建议等自身原因导致其购买产品或者接受服务不适当,卖方机构请求免除相应责任的,人民法院依法予以支持,但金融消费者能够证明该虚假信息的出具系卖方机构误导的除外。卖方机构能够举证证明根据金融消费者的既往投资经验、受教育程度等事实,适当性义务的违反并未影响金融消费者作出自主决定的,对其关于应当由金融消费者自负投资风险的抗辩理由,人民法院依法予以支持。

六、关于证券纠纷案件的审理

(一)关于证券虚假陈述

会议认为,《最高人民法院关于审理证券市场因虚假陈述引发的民事赔偿案件的若干规定》①施行以来,证券市场的发展出现了新的情况,证券虚假陈述纠纷案件的审理对司法能力提出了更高的要求。在

① 已废止。

案件审理过程中,对于需要借助其他学科领域的专业知识进行职业判断的问题,要充分发挥专家证人的作用,使得案件的事实认定符合证券市场的基本常识和普遍认知或者认可的经验法则,责任承担与侵权行为及其主观过错程度相匹配,在切实维护投资者合法权益的同时,通过民事责任追究实现震慑违法的功能,维护公开、公平、公正的资本市场秩序。

79.【共同管辖的案件移送】原告以发行人、上市公司以外的虚假陈述行为人为被告提起诉讼,被告申请追加发行人或者上市公司为共同被告的,人民法院应予准许。人民法院在追加后发现其他有管辖权的人民法院已先行受理因同一虚假陈述引发的民事赔偿案件的,应当按照民事诉讼法司法解释第 36 条的规定,将案件移送给先立案的人民法院。

80.【案件审理方式】案件审理方式方面,在传统的"一案一立、分别审理"的方式之外,一些人民法院已经进行了将部分案件合并审理、在示范判决基础上委托调解等改革,初步实现了案件审理的集约化和诉讼经济。在认真总结审判实践经验的基础上,有条件的地方人民法院可以选择个案以《民事诉讼法》第 54 条规定的代表人诉讼方式进行审理,逐步展开试点工作。就案件审理中涉及的适格原告范围认定、公告通知方式、投资者权利登记、代表人推选、执行款项的发放等具体工作,积极协调相关部门和有关方面,推动信息技术审判辅助平台和常态化、可持续的工作机制建设,保障投资者能够便捷、高效、透明和低成本地维护自身合法权益,为构建符合中国国情的证券民事诉讼制度积累审判经验,培养审判队伍。

81.【立案登记】多个投资者就同一虚假陈述向人民法院提起诉讼,可以采用代表人诉讼方式对案件进行审理的,人民法院在登记立案时可以根据原告起诉状中所描述的虚假陈述的数量、性质及其实施日、揭露日或者更正日等时间节点,将投资者作为共同原告统一立案登记。原告主张被告实施了多个虚假陈述的,可以分别立案登记。

82.【案件甄别及程序决定】人民法院决定采用《民事诉讼法》第 54 条规定的方式审理案件的,在发出公告前,应当先行就被告的行为是否构成虚假陈述,投资者的交易方向与诱多、诱空的虚假陈述是否一致,以及虚假陈述的实施日、揭露日或者更正日等案件基本事实进行审查。

83.【选定代表人】权利登记的期间届满后,人民法院应当通知当事人在指定期间内完成代表人的推选工作。推选不出代表人的,人民法院可以与当事人商定代表人。人民法院在提出人选时,应当将当事人诉讼请求的典型性和利益诉求的份额等作为考量因素,确保代表行为能够充分、公正地表达投资者的诉讼主张。国家设立的投资者保护机构以自己的名义提起诉讼,或者接受投资者的委托指派工作人员或者委托诉讼代理人参与案件审理活动的,人民法院可以商定该机构或者其代理的当事人作为代表人。

84.【揭露日和更正日的认定】虚假陈述的揭露和更正,是指虚假陈述被市场所知悉、了解,其精确程度并不以"镜像规则"为必要,不要求达到全面、完整、准确的程度。原则上,只要交易市场对监管部门立案调查、权威媒体刊载的揭露文章等信息存在着明显的反应,对一方主张市场已经知悉虚假陈述的抗辩,人民法院依法予以支持。

85.【重大性要件的认定】审判实践中,部分人民法院对重大性要件和信赖要件存在着混淆认识,以行政处罚认定的信息披露违法行为对投资者的交易决定没有影响为由否定违法行为的重大性,应当引起注意。重大性是指可能对投资者进行投资决策具有重要影响的信息,虚假陈述已经被监管部门行政处罚的,应当认为是具有重大性的违法行为。在案件审理过程中,对于一方提出的监管部门作出处罚决定的行为不具有重大性的抗辩,人民法院不予支持,同时应当向其释明,该抗辩并非民商事案件的审理范围,应当通过行政复议、行政诉讼加以解决。

(二)关于场外配资

会议认为,将证券市场的信用交易纳入国家统一监管的范围,是维护金融市场透明度和金融稳定的重要内容。不受监管的场外配资业务,不仅盲目扩张了资本市场信用交易的规模,也容易冲击资本市场的交易秩序。融资融券作为证券市场的主要信用交易方式和证券经营机构的核心业务之一,依法属于国家特许经营的金融业务,未经依法批准,任何单位和个人不得非法从事配资业务。

86.【场外配资合同的效力】从审判实践看,场外配资业务主要是指一些 P2P 公司或者私募类配资公司利用互联网信息技术,搭建起游离于监管体系之外的融资业务平台,将资金融出方、资金融入方即用资人和券商营业部三方连接起来,配资公司利用计算机软件系统的二级分仓功能将其自有资金或者以较低成本融入的资金出借给用资人,赚取利息收入的行为。这些场外配资公司所开展的经营活动,本质上属于只有证券公司才能依法开展的融资活动,不仅规避了监管部门对融资融券业务中资金来源、投资标的、杠杆比例等诸多方面的限制,也加剧了市场的非理性波动。在案件审理过程中,除依法取得融资融券资格的证券公司与客户开展的融资融券业务外,对其他任何单位或者个人与用资人的场外配资合同,人民法院应当根据《证券法》第 142 条、合同法司法解释(一)第 10 条的规定,认定为无效。

87.【合同无效的责任承担】场外配资合同被确认无效后,配资方依场外配资合同的约定,请求用资人向其支付约定的利息和费用的,人民法院不予支持。

配资方依场外配资合同的约定,请求分享用资人因使用配资所产生的收益的,人民法院不予支持。

用资人以其因使用配资导致投资损失为由请求配资方予以赔偿的,人民法院不予支持。用资人能够证明因配资方采取更改密码等方式控制账户使得用资人无法及时平仓止损,并据此请求配资方赔偿其因此遭受的损失的,人民法院依法予以支持。

用资人能够证明配资合同是因配资方招揽、劝诱而订立,请求配资方赔偿其全部或者部分损失的,人民法院应当综合考虑配资方招揽、劝诱行为的方式、对用资人的实际影响、用资人自身的投资经历、风险判断和承受能力等因素,判决配资方承担与其过错相适应的赔偿责任。

七、关于营业信托纠纷案件的审理

会议认为,从审判实践看,营业信托纠纷主要表现为事务管理信托纠纷和主动管理信托纠纷两种类型。在事务管理信托纠纷案件中,对信托公司开展和参与的多层嵌套、通道业务、回购承诺等融资活动,要以其实际构成的法律关系确定其效力,并在此基础上依法确定各方的权利义务。在主动管理信托纠纷案件中,应当重点审查受托人在"受人之托,忠人之事"的财产管理过程中,是否恪尽职守,履行了谨慎、有效管理等法定或者约定义务。

88.【营业信托纠纷的认定】信托公司根据法律法规以及金融监督管理部门的监管规定,以取得信托报酬为目的接受委托人的委托,以受托人身份处理信托事务的经营行为,属于营业信托。由此产生的信托当事人之间的纠纷,为营业信托纠纷。

根据《关于规范金融机构资产管理业务的指导意见》的规定,其他金融机构开展的资产管理业务构成信托关系的,当事人之间的纠纷适用信托法及其他有关规定处理。

89.【资产或者资产收益权转让及回购】信托公司在资金信托成立后,以募集的信托资金受让特定资产或者特定资产收益权,属于信托公司在资金依法募集后的资金运用行为,由此引发的纠纷不应当认定为营业信托纠纷。如果合同中约定由转让方或者其指定的第三方在一定期间后以交易本金加上溢价款等固定价款无条件回购的,无论转让方所转让的标的物是否真实存在、是否实际交付或者过户,只要合同不存在法定无效事由,对信托公司提出的由转让方或者其指定的第三方按约定承担责任的诉讼请求,人民法院依法予以支持。

当事人在相关合同中同时约定采用信托公司受让目标公司股权、向目标公司增资方式并以相应股权担保债权实现的,应当认定在当事人之间成立让与担保法律关系。当事人之间的具体权利义务,根据本纪要第 71 条的规定加以确定。

90.【劣后级受益人的责任承担】信托文件及相关合同将受益人区分为优先级受益人和劣后级受益人等不同类别,约定优先级受益人以其财产认购信托计划份额,在信托到期后,劣后级受益人负有对优先级受益人从信托财产获得利益与其投资本金及约定收益之间的差额承担补足义务,优先级受益人请求劣后级受益人按照约定承担责任的,人民法院依法予以支持。

信托文件中关于不同类型受益人权利义务关系的约定,不影响受益人与受托人之间信托法律关系的认定。

91.【增信文件的性质】信托合同之外的当事人提供第三方差额补

足、代为履行到期回购义务、流动性支持等类似承诺文件作为增信措施,其内容符合法律关于保证的规定的,人民法院应当认定当事人之间成立保证合同关系。其内容不符合法律关于保证的规定的,依据承诺文件的具体内容确定相应的权利义务关系,并根据案件事实情况确定相应的民事责任。

92.【保底或者刚兑条款无效】信托公司、商业银行等金融机构作为资产管理产品的受托人与受益人订立的含有保证本息固定回报、保证本金不受损失等保底或者刚兑条款的合同,人民法院应当认定该条款无效。受益人请求受托人对其损失承担与其过错相适应的赔偿责任的,人民法院依法予以支持。

实践中,保底或者刚兑条款通常不在资产管理产品合同中明确约定,而是以"抽屉协议"或者其他方式约定,不管形式如何,均应认定无效。

93.【通道业务的效力】当事人在信托文件中约定,委托人自主决定信托设立、信托财产运用对象、信托财产管理运用处分方式等事宜,自行承担信托资产的风险管理责任和相应风险损失,受托人仅提供必要的事务协助或者服务,不承担主动管理职责的,应当认定为通道业务。《中国人民银行、中国银行保险监督管理委员会、中国证券监督管理委员会、国家外汇管理局关于规范金融机构资产管理业务的指导意见》第22条在规定"金融机构不得为其他金融机构的资产管理产品提供规避投资范围、杠杆约束等监管要求的通道服务"的同时,也在第29条明确按照"新老划断"原则,将过渡期设置为截至2020年底,确保平稳过渡。在过渡期内,对通道业务中存在的利用信托通道掩盖风险,规避资金投向、资产分类、拨备计提和资本占用等监管规定,或者通过信托通道将表内资产虚假出表等信托业务,如果不存在其他无效事由,一方以信托目的违法违规为由请求确认无效的,人民法院不予支持。至于委托人和受托人之间的权利义务关系,应当依据信托文件的约定加以确定。

94.【受托人的举证责任】资产管理产品的委托人以受托人未履行勤勉尽责、公平对待客户等义务损害其合法权益为由,请求受托人承担损害赔偿责任的,应当由受托人举证证明其已经履行了义务。受托人不能举证证明,委托人请求其承担相应赔偿责任的,人民法院依法予以支持。

95.【信托财产的诉讼保全】信托财产在信托存续期间独立于委托人、受托人、受益人各自的固有财产。委托人将其财产委托给受托人进行管理,在信托依法设立后,该信托财产即独立于委托人未设立信托的其他固有财产。受托人因承诺信托而取得的信托财产,以及通过对信托财产的管理、运用、处分等方式取得的财产,均独立于受托人的固有财产。受益人对信托财产享有的权利表现为信托受益权,信托财产并非受益人的责任财产。因此,当事人因其与委托人、受托人或者受益人之间的纠纷申请对存管银行或者信托公司专门账户中的信托资金采取保全措施的,除符合《信托法》第17条规定的情形外,人民法院不应当准许。已经采取保全措施的,存管银行或者信托公司能够提供证据证明该账户为信托账户的,应当立即解除保全措施。对信托公司管理的其他信托财产的保全,也应当根据前述规则办理。

当事人申请对受益人的受益权采取保全措施的,人民法院应当根据《信托法》第47条的规定进行审查,决定是否采取保全措施。决定采取保全措施的,应当将保全裁定送达受托人和受益人。

96.【信托公司固有财产的诉讼保全】除信托公司作为被告外,原告申请对信托公司固有资金账户的资金采取保全措施的,人民法院不应准许。信托公司作为被告,确有必要对其固有财产采取诉讼保全措施的,必须强化善意执行理念,防范发生金融风险。要严格遵守相应的适用条件与法定程序,坚决杜绝超标的执行。在采取具体保全措施时,要尽量寻求依法平等保护各方利益的平衡点,优先采取方便执行且对信托公司正常经营影响最小的执行措施,能采取"活封""活扣"措施的,尽量不进行"死封""死扣"。在条件允许的情况下,可以为信托公司预留必要的流动资金和往来账户,最大限度降低对信托公司正常经营活动的不利影响。信托公司申请解除财产保全符合法律、司法解释规定情形的,应当在法定期限内及时解除保全措施。

八、关于财产保险合同纠纷案件的审理

会议认为,妥善审理财产保险合同纠纷案件,对于充分发挥保险的风险管理和保障功能,依法保护各方当事人合法权益,实现保险业持续健康发展和服务实体经济，具有重大意义。

97.【未依约支付保险费的合同效力】当事人在财产保险合同中约定以投保人支付保险费作为合同生效条件，但对该生效条件是否为全额支付保险费约定不明，已经支付了部分保险费的投保人主张保险合同已经生效的，人民法院依法予以支持。

98.【仲裁协议对保险人的效力】被保险人和第三者在保险事故发生前达成的仲裁协议，对行使保险代位求偿权的保险人是否具有约束力，实务中存在争议。保险代位求偿权是一种法定债权转让，保险人在向被保险人赔偿保险金后，有权行使被保险人对第三者请求赔偿的权利。被保险人和第三者在保险事故发生前达成的仲裁协议，对保险人具有约束力。考虑到涉外民商事案件的处理常常涉及国际条约、国际惯例的适用，相关问题具有特殊性，故具有涉外因素的民商事纠纷案件中该问题的处理，不纳入本条规范的范围。

99.【直接索赔的诉讼时效】商业责任保险的被保险人给第三者造成损害，被保险人对第三者应当承担的赔偿责任确定后，保险人应当根据被保险人的请求，直接向第三者赔偿保险金。被保险人怠于提出请求的，第三者有权依据《保险法》第 65 条第 2 款的规定，就其应获赔偿部分直接向保险人请求赔偿保险金。保险人拒绝赔偿的，第三者请求保险人直接赔偿保险金的诉讼时效期间的起算时间如何认定，实务中存在争议。根据诉讼时效制度的基本原理，第三者请求保险人直接赔偿保险金的诉讼时效期间，自其知道或者应当知道向保险人的保险金赔偿请求权行使条件成就之日起计算。

九、关于票据纠纷案件的审理

会议认为，人民法院在审理票据纠纷案件时，应当注意区分票据的种类和功能，正确理解票据行为无因性的立法目的，在维护票据流通性功能的同时，依法认定票据行为的效力，依法确认当事人之间的权利义务关系以及保护合法持票人的权益，防范和化解票据融资市场风险，维护票据市场的交易安全。

100.【合谋伪造贴现申请材料的后果】贴现行的负责人或者有权从事该业务的工作人员与贴现申请人合谋，伪造贴现申请人与其前手之间具有真实的商品交易关系的合同、增值税专用发票等材料申请贴现,贴现行主张其享有票据权利的,人民法院不予支持。对贴现行因支付资金而产生的损失,按照基础关系处理。

101.【民间贴现行为的效力】票据贴现属于国家特许经营业务,合法持票人向不具有法定贴现资质的当事人进行“贴现”的,该行为应当认定无效,贴现款和票据应当相互返还。当事人不能返还票据的,原合法持票人可以拒绝返还贴现款。人民法院在民商事案件审理过程中,发现不具有法定资质的当事人以“贴现”为业的,因该行为涉嫌犯罪,应当将有关材料移送公安机关。民商事案件的审理必须以相关刑事案件的审理结果为依据的,应当中止诉讼,待刑事案件审结后,再恢复案件的审理。案件的基本事实无须以相关刑事案件的审理结果为依据的,人民法院应当继续审理。

根据票据行为无因性原理,在合法持票人向不具有贴现资质的主体进行“贴现”,该“贴现”人给付贴现款后直接将票据交付其后手,其后手支付对价并记载自己为被背书人后,又基于真实的交易关系和债权债务关系将票据进行背书转让的情形下,应当认定最后持票人为合法持票人。

102.【转贴现协议】转贴现是通过票据贴现持有票据的商业银行为了融通资金,在票据到期日之前将票据权利转让给其他商业银行,由转贴现行在收取一定的利息后,将转贴现款支付给持票人的票据转让行为。转贴现行提示付款被拒付后,依据转贴现协议的约定,请求未在票据上背书的转贴现申请人按照合同法律关系返还转贴现款并赔偿损失的,案由应当确定为合同纠纷。转贴现合同法律关系有效成立的,对于原告的诉讼请求,人民法院依法予以支持。当事人虚构转贴现事实,或者当事人之间不存在真实的转贴现合同法律关系的,人民法院应当向当事人释明按照真实交易关系提出诉讼请求,并按照真实交易关系和当事人约定本意依法确定当事人的责任。

103.【票据清单交易、封包交易案件中的票据权利】审判实践中,以票据贴现为手段的多链条融资模式引发的案件应当引起重视。这种交易俗称票据清单交易、封包交易,是指商业银行之间就案涉票据订立转贴现或者回购协议,附以票据清单,或者将票据封包作为质押,双方约定按照票据清单中列明的基本信息进行票据转贴现或者回购,但往往并不进行票据交付和背书。实务中，双方还往往再订立一份代保管协议，约定由原票据持有人代对方继续持有票据，从而实现合法、合规的形式要求。

出资银行仅以参与交易的单个或者部分银行为被告提起诉讼行使票据追索权，被告能够举证证明票据交易存在诸如不符合正常转贴现交易顺序的倒打款、未进行背书转让、票据未实际交付等相关证据，并据此主张相关金融机构之间并无转贴现的真实意思表示，抗辩出资银行不享有票据权利的，人民法院依法予以支持。

出资银行在取得商业承兑汇票后又将票据转贴现给其他商业银行，持票人向其前手主张票据权利的，人民法院依法予以支持。

104.【票据清单交易、封包交易案件的处理原则】在村镇银行、农信社等作为直贴行，农信社、农商行、城商行、股份制银行等多家金融机构共同开展以商业承兑汇票为基础的票据清单交易、封包交易引发的纠纷案件中，在商业承兑汇票的出票人等实际用资人不能归还票款的情况下，为实现纠纷的一次性解决，出资银行以实际用资人和参与交易的其他金融机构为共同被告，请求实际用资人归还本息、参与交易的其他金融机构承担与其过错相适应的赔偿责任的，人民法院依法予以支持。

出资银行仅以整个交易链条的部分当事人为被告提起诉讼的，人民法院应当向其释明，其应当申请追加参与交易的其他当事人作为共同被告。出资银行拒绝追加实际用资人为被告的，人民法院应当驳回其诉讼请求；出资银行拒绝追加参与交易的其他金融机构为被告的，人民法院在确定其他金融机构的过错责任范围时，应当将未参加诉讼的当事人应当承担的相应份额作为考量因素，相应减轻本案当事人的责任。在确定参与交易的其他金融机构的过错责任范围时，可以参照其收取的“通道费”“过桥费”等费用的比例以及案件的其他情况综合加以确定。

105.【票据清单交易、封包交易案件中的民刑交叉问题】人民法院在案件审理过程中，如果发现公安机关已经就实际用资人、直贴行、出资银行的工作人员涉嫌骗取票据承兑罪、伪造印章罪等立案侦查，一方当事人根据《最高人民法院关于在审理经济纠纷案件中涉及经济犯罪嫌疑若干问题的规定》第11条的规定申请将案件移送公安机关的,因该节事实对于查明出资银行是否为正当持票人,以及参与交易的其他金融机构的抗辩理由能否成立存在重要关联,人民法院应当将有关材料移送公安机关。民商事案件的审理必须以相关刑事案件的审理结果为依据的,应当中止诉讼,待刑事案件审结后,再恢复案件的审理。案件的基本事实无须以相关刑事案件的审理结果为依据的,人民法院应当继续案件的审理。

参与交易的其他商业银行以公安机关已经对其工作人员涉嫌受贿、伪造印章等犯罪立案侦查为由请求将案件移送公安机关的,因该节事实并不影响相关当事人民事责任的承担,人民法院应当根据《最高人民法院关于在审理经济纠纷案件中涉及经济犯罪嫌疑若干问题的规定》第10条的规定继续审理。

106.【恶意申请公示催告的救济】公示催告程序本为对合法持票人进行失票救济所设,但实践中却沦为部分票据出卖方在未获得票款情形下,通过伪报票据丧失事实申请公示催告、阻止合法持票人行使票据权利的工具。对此,民事诉讼法司法解释已经作出了相应规定。适用时,应当区别付款人是否已经付款等情形,作出不同认定:

(1)在除权判决作出后,付款人尚未付款的情况下,最后合法持票人可以根据《民事诉讼法》第223条的规定,在法定期限内请求撤销除权判决,待票据恢复效力后再依法行使票据权利。最后合法持票人也可以基于基础法律关系向其直接前手退票并请求其直接前手另行给付基础法律关系项下的对价。

(2)除权判决作出后,付款人已经付款的,因恶意申请公示催告并持除权判决获得票款的行为损害了最后合法持票人的权利,最后合法持票人请求申请人承担侵权损害赔偿责任的,人民法院依法予以支持。

十、关于破产纠纷案件的审理

会议认为,审理好破产案件对于推动高质量发展、深化供给侧结构性改革、营造稳定公平透明可预期的营商环境,具有十分重要的意义。要继续深入推进破产审判工作的市场化、法治化、专业化、信息化,充分发挥破产审判公平清理债权债务、促进优胜劣汰、优化资源配置、维护市场经济秩序等重要功能。一是要继续加大对破产保护理念的宣传和落实,及时发挥破产重整制度的积极拯救功能,通过平衡债权人、债务人、出资人、员工等利害关系人的利益,实现社会整体价值最大化;注重发挥和解程序简便快速清理债权债务关系的功能,鼓励当事人通过和解程序或者达成自行和解的方式实现各方利益共赢;积极推进清算程序中的企业整体处置方式,有效维护企业营运价值和职工就业。二是要推进不符合国家产业政策、丧失经营价值的企业主体尽快从市场退出,通过依法简化破产清算程序流程加快对"僵尸企业"的清理。三是要注重提升破产制度实施的经济效益,降低破产程序运行的时间和成本,有效维护企业营运价值,最大程度发挥各类要素和资源潜力,减少企业破产给社会经济造成的损害。四是要积极稳妥进行实践探索,加强理论研究,分步骤、有重点地推进建立自然人破产制度,进一步推动健全市场主体退出制度。

107.【继续推动破产案件的及时受理】充分发挥破产重整案件信息网的线上预约登记功能,提高破产案件的受理效率。当事人提出破产申请的,人民法院不得以非法定理由拒绝接收破产申请材料。如果可能影响社会稳定的,要加强府院协调,制定相应预案,但不应当以"影响社会稳定"之名,行消极不作为之实。破产申请材料不完备的,立案部门应当告知当事人在指定期限内补充材料,待材料齐备后以"破申"作为案件类型代字编制案号登记立案,并及时将案件移送破产审判部门进行破产审查。

注重发挥破产和解制度简便快速清理债权债务关系的功能,债务人根据《企业破产法》第95条的规定,直接提出和解申请,或者在破产申请受理后宣告破产前申请和解的,人民法院应当依法受理并及时作出是否批准的裁定。

108.【破产申请的不予受理和撤回】人民法院裁定受理破产申请前,提出破产申请的债权人的债权因清偿或者其他原因消灭的,因申请人不再具备申请资格,人民法院应当裁定不予受理。但该裁定不影响其他符合条件的主体再次提出破产申请。破产申请受理后,管理人以上述清偿符合《企业破产法》第31条、第32条为由请求撤销的,人民法院查实后应当予以支持。

人民法院裁定受理破产申请系对债务人具有破产原因的初步认可,破产申请受理后,申请人请求撤回破产申请的,人民法院不予准许。除非存在《企业破产法》第12条第2款规定的情形,人民法院不得裁定驳回破产申请。

109.【受理后债务人财产保全措施的处理】要切实落实破产案件受理后相关保全措施应予解除、相关执行措施应当中止、债务人财产应当及时交付管理人等规定,充分运用信息化技术手段,通过信息共享与整合,维护债务人财产的完整性。相关人民法院拒不解除保全措施或者拒不中止执行的,破产受理人民法院可以请求该法院的上级人民法院依法予以纠正。对债务人财产采取保全措施或者执行措施的人民法院未依法及时解除保全措施、移交处置权,或者中止执行程序并移交有关财产的,上级人民法院应当依法予以纠正。相关人员违反上述规定造成严重后果的,破产受理人民法院可以向人民法院纪检监察部门移送其违法审判责任线索。

人民法院审理企业破产案件时,有关债务人财产被其他具有强制执行权力的国家行政机关,包括税务机关、公安机关、海关等采取保全措施或者执行程序的,人民法院应当积极与上述机关进行协调和沟通,取得有关机关的配合,参照上述具体操作规程,解除有关保全措施,中止有关执行程序,以便保障破产程序顺利进行。

110.【受理后有关债务人诉讼的处理】人民法院受理破产申请后,已经开始而尚未终结的有关债务人的民事诉讼,在管理人接管债务人财产和诉讼事务后继续进行。债权人已经对债务人提起的给付之诉,破产申请受理后,人民法院应当继续审理,但是在判定相关当事人实体权利义务时,应当注意与企业破产法及其司法解释的规定相协调。

上述裁判作出并生效前,债权人可以同时向管理人申报债权,但其作为债权尚未确定的债权人,原则上不得行使表决权,除非人民法院临时确定其债权额。上述裁判生效后,债权人应当根据裁判认定的债权数额在破产程序中依法统一受偿,其对债务人享有的债权利息应当按照《企业破产法》第46条第2款的规定停止计算。

人民法院受理破产申请后,债权人新提起的要求债务人清偿的民事诉讼,人民法院不予受理,同时告知债权人应当向管理人申报债权。

债权人申报债权后，对管理人编制的债权表记载有异议的，可以根据《企业破产法》第 58 条的规定提起债权确认之诉。

111.【债务人自行管理的条件】重整期间，债务人同时符合下列条件的，经申请，人民法院可以批准债务人在管理人的监督下自行管理财产和营业事务：

(1)债务人的内部治理机制仍正常运转；

(2)债务人自行管理有利于债务人继续经营；

(3)债务人不存在隐匿、转移财产的行为；

(4)债务人不存在其他严重损害债权人利益的行为。

债务人提出重整申请时可以一并提出自行管理的申请。经人民法院批准由债务人自行管理财产和营业事务的，企业破产法规定的管理人职权中有关财产管理和营业经营的职权应当由债务人行使。

管理人应当对债务人的自行管理行为进行监督。管理人发现债务人存在严重损害债权人利益的行为或者有其他不适宜自行管理情形的，可以申请人民法院作出终止债务人自行管理的决定。人民法院决定终止的，应当通知管理人接管债务人财产和营业事务。债务人有上述行为而管理人未申请人民法院作出终止决定的，债权人等利害关系人可以向人民法院提出申请。

112.【重整中担保物权的恢复行使】重整程序中，要依法平衡保护担保物权人的合法权益和企业重整价值。重整申请受理后，管理人或者自行管理的债务人应当及时确定设定有担保物权的债务人财产是否为重整所必需。如果认为担保物不是重整所必需，管理人或者自行管理的债务人应当及时对担保物进行拍卖或者变卖，拍卖或者变卖担保物所得价款在支付拍卖、变卖费用后优先清偿担保物权人的债权。

在担保物权暂停行使期间，担保物权人根据《企业破产法》第 75 条的规定向人民法院请求恢复行使担保物权的，人民法院应当自收到恢复行使担保物权申请之日起三十日内作出裁定。经审查，担保物权人的申请不符合第 75 条的规定，或者虽然符合该条规定但管理人或者自行管理的债务人有证据证明担保物是重整所必需，并且提供与减少价值相应担保或者补偿的，人民法院应当裁定不予批准恢复行使担保物权。担保物权人不服该裁定的，可以自收到裁定书之日起十日内,向作出裁定的人民法院申请复议。人民法院裁定批准行使担保物权的,管理人或者自行管理的债务人应当自收到裁定书之日起十五日内启动对担保物的拍卖或者变卖,拍卖或者变卖担保物所得价款在支付拍卖、变卖费用后优先清偿担保物权人的债权。

113.【重整计划监督期间的管理人报酬及诉讼管辖】要依法确保重整计划的执行和有效监督。重整计划的执行期间和监督期间原则上应当一致。二者不一致的,人民法院在确定和调整重整程序中的管理人报酬方案时,应当根据重整期间和重整计划监督期间管理人工作量的不同予以区别对待。其中,重整期间的管理人报酬应当根据管理人对重整发挥的实际作用等因素予以确定和支付;重整计划监督期间管理人报酬的支付比例和支付时间,应当根据管理人监督职责的履行情况,与债权人按照重整计划实际受偿比例和受偿时间相匹配。

重整计划执行期间,因重整程序终止后新发生的事实或者事件引发的有关债务人的民事诉讼,不适用《企业破产法》第 21 条有关集中管辖的规定。除重整计划有明确约定外,上述纠纷引发的诉讼,不再由管理人代表债务人进行。

114.【重整程序与破产清算程序的衔接】重整期间或者重整计划执行期间,债务人因法定事由被宣告破产的,人民法院不再另立新的案号,原重整程序的管理人原则上应当继续履行破产清算程序中的职责。原重整程序的管理人不能继续履行职责或者不适宜继续担任管理人的,人民法院应当依法重新指定管理人。

重整程序转破产清算案件中的管理人报酬,应当综合管理人为重整工作和清算工作分别发挥的实际作用等因素合理确定。重整期间因法定事由转入破产清算程序的,应当按照破产清算案件确定管理人报酬。重整计划执行期间因法定事由转入破产清算程序的,后续破产清算阶段的管理人报酬应当根据管理人实际工作量予以确定,不能简单根据债务人最终清偿的财产价值总额计算。

重整程序因人民法院裁定批准重整计划草案而终止的,重整案件可作结案处理。重整计划执行完毕后,人民法院可以根据管理人等利害关系人申请,作出重整程序终结的裁定。

115.【庭外重组协议效力在重整程序中的延伸】继续完善庭外重

组与庭内重整的衔接机制，降低制度性成本，提高破产制度效率。人民法院受理重整申请前，债务人和部分债权人已经达成的有关协议与重整程序中制作的重整计划草案内容一致的，有关债权人对该协议的同意视为对该重整计划草案表决的同意。但重整计划草案对协议内容进行了修改并对有关债权人有不利影响，或者与有关债权人重大利益相关的，受到影响的债权人有权按照企业破产法的规定对重整计划草案重新进行表决。

116.【审计、评估等中介机构的确定及责任】要合理区分人民法院和管理人在委托审计、评估等财产管理工作中的职责。破产程序中确实需要聘请中介机构对债务人财产进行审计、评估的，根据《企业破产法》第28条的规定，经人民法院许可后，管理人可以自行公开聘请，但是应当对其聘请的中介机构的相关行为进行监督。上述中介机构因不当履行职责给债务人、债权人或者第三人造成损害的，应当承担赔偿责任。管理人在聘用过程中存在过错的，应当在其过错范围内承担相应的补充赔偿责任。

117.【公司解散清算与破产清算的衔接】要依法区分公司解散清算与破产清算的不同功能和不同适用条件。债务人同时符合破产清算条件和强制清算条件的，应当及时适用破产清算程序实现对债权人利益的公平保护。债权人对符合破产清算条件的债务人提起公司强制清算申请，经人民法院释明，债权人仍然坚持申请对债务人强制清算的，人民法院应当裁定不予受理。

118.【无法清算案件的审理与责任承担】人民法院在审理债务人相关人员下落不明或者财产状况不清的破产案件时，应当充分贯彻债权人利益保护原则，避免债务人通过破产程序不当损害债权人利益，同时也要避免不当突破股东有限责任原则。

人民法院在适用《最高人民法院关于债权人对人员下落不明或者财产状况不清的债务人申请破产清算案件如何处理的批复》第3款的规定，判定债务人相关人员承担责任时，应当依照企业破产法的相关规定来确定相关主体的义务内容和责任范围，不得根据公司法司法解释(二)第18条第2款的规定来判定相关主体的责任。

上述批复第3款规定的“债务人的有关人员不履行法定义务，人民法院可依据有关法律规定追究其相应法律责任",系指债务人的法定代表人、财务管理人员和其他经营管理人员不履行《企业破产法》第15条规定的配合清算义务,人民法院可以根据《企业破产法》第126条、第127条追究其相应法律责任,或者参照《民事诉讼法》第111条的规定,依法拘留,构成犯罪的,依法追究刑事责任;债务人的法定代表人或者实际控制人不配合清算的,人民法院可以依据《出境入境管理法》第12条的规定,对其作出不准出境的决定,以确保破产程序顺利进行。

上述批复第3款规定的"其行为导致无法清算或者造成损失",系指债务人的有关人员不配合清算的行为导致债务人财产状况不明,或者依法负有清算责任的人未依照《企业破产法》第7条第3款的规定及时履行破产申请义务,导致债务人主要财产、账册、重要文件等灭失,致使管理人无法执行清算职务,给债权人利益造成损害。"有关权利人起诉请求其承担相应民事责任",系指管理人请求上述主体承担相应损害赔偿责任并将因此获得的赔偿归入债务人财产。管理人未主张上述赔偿,个别债权人可以代表全体债权人提起上述诉讼。

上述破产清算案件被裁定终结后,相关主体以债务人主要财产、账册、重要文件等重新出现为由,申请对破产清算程序启动审判监督的,人民法院不予受理,但符合《企业破产法》第123条规定的,债权人可以请求人民法院追加分配。

十一、关于案外人救济案件的审理

案外人救济案件包括案外人申请再审、案外人执行异议之诉和第三人撤销之诉三种类型。修改后的民事诉讼法在保留案外人执行异议之诉及案外人申请再审的基础上,新设立第三人撤销之诉制度,在为案外人权利保障提供更多救济渠道的同时,因彼此之间错综复杂的关系也容易导致认识上的偏差,有必要厘清其相互之间的关系,以便正确适用不同程序,依法充分保护各方主体合法权益。

119.【案外人执行异议之诉的审理】案外人执行异议之诉以排除对特定标的物的执行为目的,从程序上而言,案外人依据《民事诉讼法》第227条提出执行异议被驳回的,即可向执行人民法院提起执行异议之诉。人民法院对执行异议之诉的审理,一般应当就案外人对执行标的物是否享有权利、享有什么样的权利、权利是否足以排除强制执行进行判断。至于是否作出具体的确权判项，视案外人的诉讼请求而定。案外人未提出确权或者给付诉讼请求的，不作出确权判项，仅在裁判理由中进行分析判断并作出是否排除执行的判项即可。但案外人既提出确权、给付请求，又提出排除执行请求的，人民法院对该请求是否支持、是否排除执行，均应当在具体判项中予以明确。执行异议之诉不以否定作为执行依据的生效裁判为目的，案外人如认为裁判确有错误的，只能通过申请再审或者提起第三人撤销之诉的方式进行救济。

120.【债权人能否提起第三人撤销之诉】第三人撤销之诉中的第三人仅局限于《民事诉讼法》第 56 条规定的有独立请求权及无独立请求权的第三人，而且一般不包括债权人。但是，设立第三人撤销之诉的目的在于，救济第三人享有的因不能归责于本人的事由未参加诉讼但因生效裁判文书内容错误受到损害的民事权益，因此，债权人在下列情况下可以提起第三人撤销之诉：

(1)该债权是法律明确给予特殊保护的债权，如《合同法》第 286 条规定的建设工程价款优先受偿权，《海商法》第 22 条规定的船舶优先权；

(2)因债务人与他人的权利义务被生效裁判文书确定，导致债权人本来可以对《合同法》第 74 条和《企业破产法》第 31 条规定的债务人的行为享有撤销权而不能行使的；

(3)债权人有证据证明，裁判文书主文确定的债权内容部分或者全部虚假的。

债权人提起第三人撤销之诉还要符合法律和司法解释规定的其他条件。对于除此之外的其他债权，债权人原则上不得提起第三人撤销之诉。

121.【必要共同诉讼漏列的当事人申请再审】民事诉讼法司法解释对必要共同诉讼漏列的当事人申请再审规定了两种不同的程序，二者在管辖法院及申请再审期限的起算点上存在明显差别，人民法院在审理相关案件时应予注意：

(1)该当事人在执行程序中以案外人身份提出异议，异议被驳回

的,根据民事诉讼法司法解释第423条的规定,其可以在驳回异议裁定送达之日起6个月内向原审人民法院申请再审;

(2)该当事人未在执行程序中以案外人身份提出异议的,根据民事诉讼法司法解释第422条的规定,其可以根据《民事诉讼法》第200条第8项的规定,自知道或者应当知道生效裁判之日起6个月内向上一级人民法院申请再审。当事人一方人数众多或者当事人双方为公民的案件,也可以向原审人民法院申请再审。

122.【程序启动后案外人不享有程序选择权】案外人申请再审与第三人撤销之诉功能上近似,如果案外人既有申请再审的权利,又符合第三人撤销之诉的条件,对于案外人是否可以行使选择权,民事诉讼法司法解释采取了限制的司法态度,即依据民事诉讼法司法解释第303条的规定,按照启动程序的先后,案外人只能选择相应的救济程序:案外人先启动执行异议程序的,对执行异议裁定不服,认为原裁判内容错误损害其合法权益的,只能向作出原裁判的人民法院申请再审,而不能提起第三人撤销之诉;案外人先启动了第三人撤销之诉,即便在执行程序中又提出执行异议,也只能继续进行第三人撤销之诉,而不能依《民事诉讼法》第227条申请再审。

123.【案外人依据另案生效裁判对非金钱债权的执行提起执行异议之诉】审判实践中,案外人有时依据另案生效裁判所认定的与执行标的物有关的权利提起执行异议之诉,请求排除对标的物的执行。此时,鉴于作为执行依据的生效裁判与作为案外人提出执行异议依据的生效裁判,均涉及对同一标的物权属或给付的认定,性质上属于两个生效裁判所认定的权利之间可能产生的冲突,人民法院在审理执行异议之诉时,需区别不同情况作出判断:如果作为执行依据的生效裁判是确权裁判,不论作为执行异议依据的裁判是确权裁判还是给付裁判,一般不应据此排除执行,但人民法院应当告知案外人对作为执行依据的确权裁判申请再审;如果作为执行依据的生效裁判是给付标的物的裁判,而作为提出异议之诉依据的裁判是确权裁判,一般应据此排除执行,此时人民法院应告知其对该确权裁判申请再审;如果两个裁判均属给付标的物的裁判,人民法院需依法判断哪个裁判所认定的给付权利具有优先性,进而判断是否可以排除执行。

124.【案外人依据另案生效裁判对金钱债权的执行提起执行异议之诉】作为执行依据的生效裁判并未涉及执行标的物，只是执行中为实现金钱债权对特定标的物采取了执行措施。对此种情形，《最高人民法院关于人民法院办理执行异议和复议案件若干问题的规定》第26条规定了解决案外人执行异议的规则，在审理执行异议之诉时可以参考适用。依据该条规定，作为案外人提起执行异议之诉依据的裁判将执行标的物确权给案外人，可以排除执行；作为案外人提起执行异议之诉依据的裁判，未将执行标的物确权给案外人，而是基于不以转移所有权为目的的有效合同（如租赁、借用、保管合同），判令向案外人返还执行标的物的，其性质属于物权请求权，亦可以排除执行；基于以转移所有权为目的有效合同（如买卖合同），判令向案外人交付标的物的，其性质属于债权请求权，不能排除执行。

应予注意的是，在金钱债权执行中，如果案外人提出执行异议之诉依据的生效裁判认定以转移所有权为目的的合同（如买卖合同）无效或应当解除，进而判令向案外人返还执行标的物的，此时案外人享有的是物权性质的返还请求权，本可排除金钱债权的执行，但在双务合同无效的情况下，双方互负返还义务，在案外人未返还价款的情况下，如果允许其排除金钱债权的执行，将会使申请执行人既执行不到被执行人名下的财产，又执行不到本应返还给被执行人的价款，显然有失公允。为平衡各方当事人的利益，只有在案外人已经返还价款的情况下，才能排除普通债权人的执行。反之，案外人未返还价款的，不能排除执行。

125.【案外人系商品房消费者】实践中，商品房消费者向房地产开发企业购买商品房，往往没有及时办理房地产过户手续。房地产开发企业因欠债而被强制执行，人民法院在对尚登记在房地产开发企业名下但已出卖给消费者的商品房采取执行措施时，商品房消费者往往会提出执行异议，以排除强制执行。对此，《最高人民法院关于人民法院办理执行异议和复议案件若干问题的规定》第29条规定，符合下列情形的，应当支持商品房消费者的诉讼请求：一是在人民法院查封之前已签订合法有效的书面买卖合同；二是所购商品房系用于居住且买受人名下无其他用于居住的房屋；三是已支付的价款超过合同约定总价款的百分之五十。人民法院在审理执行异议之诉案件时,可参照适用此条款。

问题是,对于其中“所购商品房系用于居住且买受人名下无其他用于居住的房屋”如何理解,审判实践中掌握的标准不一。“买受人名下无其他用于居住的房屋”,可以理解为在案涉房屋同一设区的市或者县级市范围内商品房消费者名下没有用于居住的房屋。商品房消费者名下虽然已有1套房屋,但购买的房屋在面积上仍然属于满足基本居住需要的,可以理解为符合该规定的精神。

对于其中“已支付的价款超过合同约定总价款的百分之五十”如何理解,审判实践中掌握的标准也不一致。如果商品房消费者支付的价款接近于百分之五十,且已按照合同约定将剩余价款支付给申请执行人或者按照人民法院的要求交付执行的,可以理解为符合该规定的精神。

126.【商品房消费者的权利与抵押权的关系】根据《最高人民法院关于建设工程价款优先受偿权问题的批复》①第1条、第2条的规定,交付全部或者大部分款项的商品房消费者的权利优先于抵押权人的抵押权,故抵押权人申请执行登记在房地产开发企业名下但已销售给消费者的商品房,消费者提出执行异议的,人民法院依法予以支持。但应当特别注意的是,此情况是针对实践中存在的商品房预售不规范现象为保护消费者生存权而作出的例外规定,必须严格把握条件,避免扩大范围,以免动摇抵押权具有优先性的基本原则。因此,这里的商品房消费者应当仅限于符合本纪要第125条规定的商品房消费者。买受人不是本纪要第125条规定的商品房消费者,而是一般的房屋买卖合同的买受人,不适用上述处理规则。

127.【案外人系商品房消费者之外的一般买受人】金钱债权执行中,商品房消费者之外的一般买受人对登记在被执行人名下的不动产提出异议,请求排除执行的,《最高人民法院关于人民法院办理执行异议和复议案件若干问题的规定》第28条规定,符合下列情形的依法予以支持:一是在人民法院查封之前已签订合法有效的书面买卖合同;

---

① 已废止。

二是在人民法院查封之前已合法占有该不动产；三是已支付全部价款，或者已按照合同约定支付部分价款且将剩余价款按照人民法院的要求交付执行；四是非因买受人自身原因未办理过户登记。人民法院在审理执行异议之诉案件时，可参照适用此条款。

实践中，对于该规定的前 3 个条件，理解并无分歧。对于其中的第 4 个条件，理解不一致。一般而言，买受人只要有向房屋登记机构递交过户登记材料，或向出卖人提出了办理过户登记的请求等积极行为的，可以认为符合该条件。买受人无上述积极行为，其未办理过户登记有合理的客观理由的，亦可认定符合该条件。

十二、关于民刑交叉案件的程序处理

会议认为，近年来，在民间借贷、P2P 等融资活动中，与涉嫌诈骗、合同诈骗、票据诈骗、集资诈骗、非法吸收公众存款等犯罪有关的民商事案件的数量有所增加，出现了一些新情况和新问题。在审理案件时，应当依照《最高人民法院关于在审理经济纠纷案件中涉及经济犯罪嫌疑若干问题的规定》《最高人民法院关于审理非法集资刑事案件具体应用法律若干问题的解释》《最高人民法院最高人民检察院公安部关于办理非法集资刑事案件适用法律若干问题的意见》以及民间借贷司法解释等规定，处理好民刑交叉案件之间的程序关系。

128.【分别审理】同一当事人因不同事实分别发生民商事纠纷和涉嫌刑事犯罪，民商事案件与刑事案件应当分别审理，主要有下列情形：

(1)主合同的债务人涉嫌刑事犯罪或者刑事裁判认定其构成犯罪，债权人请求担保人承担民事责任的；

(2)行为人以法人、非法人组织或者他人名义订立合同的行为涉嫌刑事犯罪或者刑事裁判认定其构成犯罪，合同相对人请求该法人、非法人组织或者他人承担民事责任的；

(3)法人或者非法人组织的法定代表人、负责人或者其他工作人员的职务行为涉嫌刑事犯罪或者刑事裁判认定其构成犯罪，受害人请求该法人或者非法人组织承担民事责任的；

(4)侵权行为人涉嫌刑事犯罪或者刑事裁判认定其构成犯罪，被保险人、受益人或者其他赔偿权利人请求保险人支付保险金的；

(5)受害人请求涉嫌刑事犯罪的行为人之外的其他主体承担民事责任的。

审判实践中出现的问题是,在上述情形下,有的人民法院仍然以民商事案件涉嫌刑事犯罪为由不予受理,已经受理的,裁定驳回起诉。对此,应予纠正。

129.【涉众型经济犯罪与民商事案件的程序处理】2014年颁布实施的《最高人民法院最高人民检察院公安部关于办理非法集资刑事案件适用法律若干问题的意见》和2019年1月颁布实施的《最高人民法院最高人民检察院公安部关于办理非法集资刑事案件若干问题的意见》规定的涉嫌集资诈骗、非法吸收公众存款等涉众型经济犯罪,所涉人数众多、当事人分布地域广、标的额特别巨大、影响范围广,严重影响社会稳定,对于受害人就同一事实提起的以犯罪嫌疑人或者刑事被告人为被告的民事诉讼,人民法院应当裁定不予受理,并将有关材料移送侦查机关、检察机关或者正在审理该刑事案件的人民法院。受害人的民事权利保护应当通过刑事追赃、退赔的方式解决。正在审理民商事案件的人民法院发现有上述涉众型经济犯罪线索的,应当及时将犯罪线索和有关材料移送侦查机关。侦查机关作出立案决定前,人民法院应当中止审理;作出立案决定后,应当裁定驳回起诉;侦查机关未及时立案的,人民法院必要时可以将案件报请党委政法委协调处理。除上述情形人民法院不予受理外,要防止通过刑事手段干预民商事审判,搞地方保护,影响营商环境。

当事人因租赁、买卖、金融借款等与上述涉众型经济犯罪无关的民事纠纷,请求上述主体承担民事责任的,人民法院应予受理。

130.【民刑交叉案件中民商事案件中止审理的条件】人民法院在审理民商事案件时,如果民商事案件必须以相关刑事案件的审理结果为依据,而刑事案件尚未审结的,应当根据《民事诉讼法》第150条第5项的规定裁定中止诉讼。待刑事案件审结后,再恢复民商事案件的审理。如果民商事案件不是必须以相关的刑事案件的审理结果为依据,则民商事案件应当继续审理。

最高人民法院印发《关于进一步加强金融审判工作的若干意见》的通知

（法发〔2017〕22号 2017年8月4日公布施行）

各省、自治区、直辖市高级人民法院，解放军军事法院，新疆维吾尔自治区高级人民法院生产建设兵团分院：

现将《最高人民法院关于进一步加强金融审判工作的若干意见》印发给你们，请认真贯彻执行。

最高人民法院关于进一步加强金融审判工作的若干意见

金融是国家重要的核心竞争力，金融安全是国家安全的重要组成部分，金融制度是经济社会发展中重要的基础性制度。为充分发挥人民法院金融审判职能作用，促进经济和金融良性循环、健康发展，现提出以下指导意见。

一、统一思想，提高认识，深入学习贯彻习近平总书记在全国金融工作会议上的重要讲话精神

习近平总书记在第五次全国金融工作会议上发表的重要讲话，科学回答了我国金融改革发展稳定中的重大理论和实践问题，具有很强的思想性、指导性、实践性，为做好新形势下金融工作提供了根本遵循，为人民法院金融审判工作指明了方向。全国各级人民法院要深入学习贯彻会议精神，切实把思想和行动统一到以习近平同志为核心的党中央对金融工作的形势分析判断和决策部署上来，牢牢坚持党对金融工作的统一领导，紧紧围绕服务实体经济、防控金融风险、深化金融改革三项任务，积极稳妥开展金融审判工作，切实维护国家金融安全，促进经济和金融良性循环、健康发展。

二、以服务实体经济作为出发点和落脚点,引导和规范金融交易

1. 遵循金融规律,依法审理金融案件。以金融服务实体经济为价值本源,依法审理各类金融案件。对于能够实际降低交易成本,实现普惠金融,合法合规的金融交易模式依法予以保护。对以金融创新为名掩盖金融风险、规避金融监管、进行制度套利的金融违规行为,要以其实际构成的法律关系确定其效力和各方的权利义务。对于以金融创新名义非法吸收公众存款或者集资诈骗,构成犯罪的,依法追究刑事责任。

2. 严格依法规制高利贷,有效降低实体经济的融资成本。金融借款合同的借款人以贷款人同时主张的利息、复利、罚息、违约金和其他费用过高,显著背离实际损失为由,请求对总计超过年利率24%的部分予以调减的,应予支持,以有效降低实体经济的融资成本。规范和引导民间融资秩序,依法否定民间借贷纠纷案件中预扣本金或者利息、变相高息等规避民间借贷利率司法保护上限的合同条款效力。

3. 依法认定新类型担保的法律效力,拓宽中小微企业的融资担保方式。丰富和拓展中小微企业的融资担保方式,除符合合同法第五十二条规定的合同无效情形外,应当依法认定新类型担保合同有效;符合物权法有关担保物权的规定的,还应当依法认定其物权效力,以增强中小微企业融资能力,有效缓解中小微企业融资难、融资贵问题。

4. 规范和促进直接服务实体经济的融资方式,拓宽金融对接实体经济的渠道。依法保护融资租赁、保理等金融资本与实体经济相结合的融资模式,支持和保障金融资本服务实体经济。对名为融资租赁合同、保理合同,实为借款合同的,应当按照实际构成的借款合同关系确定各方的权利义务,防范当事人以预扣租金、保证金等方式变相抬高实体经济融资成本。

5. 优化多层次资本市场体系的法治环境,满足多样化金融需求。依法审理证券、期货民商事纠纷案件,规范资本市场投融资秩序,引导把更多金融资源配置到经济社会发展的重点领域和薄弱环节,更好满足实体经济多样化的金融需求。

6. 准确适用保险法,促进保险业发挥长期稳健风险管理和保障的功能。妥善审理保险合同纠纷案件,依法保障各方当事人利益。充分发挥保险制度的核心功能,管理和分散实体经济运行中的自然灾害、

意外事故、法律责任以及信用等风险。依法规范保险合同纠纷当事人、保险中介等各类市场主体行为,防范不同主体的道德风险,构建保险诚信法治体系。

7. 依法审理互联网金融纠纷案件,规范发展互联网金融。依法认定互联网金融所涉具体法律关系,据此确定各方当事人的权利义务。准确界定网络借贷信息中介机构与网络借贷合同当事人之间的居间合同关系。网络借贷信息中介机构与出借人以居间费用形式规避民间借贷利率司法保护上限规定的,应当认定无效。依法严厉打击涉互联网金融或者以互联网金融名义进行的违法犯罪行为,规范和保障互联网金融健康发展。

8. 加强新类型金融案件的研究和应对,统一裁判尺度。高度关注涉及私募股权投资、委托理财、资产管理等新类型金融交易的案件,严格按照合同法、公司法、合伙企业法、信托法等法律规范,确定各方当事人的权利义务。发布指导性案例,通过类案指导,统一裁判尺度。

9. 依法规制国有企业的贷款通道业务,防范无金融资质的国有企业变相从事金融业务。无金融资质的国有企业变相从事金融业务,套取金融机构信贷资金又高利转贷的,应当根据《最高人民法院关于审理民间借贷案件适用法律若干问题的规定》第十四条①的规定,依法否

---

① 《最高人民法院关于审理民间借贷案件适用法律若干问题的规定》第 14 条规定:具有下列情形之一,人民法院应当认定民间借贷合同无效:(一)套取金融机构信贷资金又高利转贷给借款人,且借款人事先知道或者应当知道的;(二)以向其他企业借贷或者向本单位职工集资取得的资金又转贷给借款人牟利,且借款人事先知道或者应当知道的;(三)出借人事先知道或者应当知道借款人借款用于违法犯罪活动仍然提供借款的;(四)违背社会公序良俗的;(五)其他违反法律、行政法规效力性强制性规定的。

该司法解释根据 2020 年 8 月 18 日最高人民法院审判委员会第 1809 次会议通过的《最高人民法院关于修改〈关于审理民间借贷案件适用法律若干问题的规定〉的决定》第一次修正,根据 2020 年 12 月 23 日最高人民法院审判委员会第 1823 次会议通过的《最高人民法院关于修改〈最高人民法院关于在民事审判工作中适用《中华人民共和国工会法》若干问题的解释〉等二十七件民事类司法解释的决定》第二次修正,上述第 14 条已修订为第 13 条,具体内容也发生了变化。第 13 条规定,具有下列情形之一的,人民法院应当认定民间借贷合同无效:(一)套取金融机构贷款转贷的;(二)以向其他营利法人借贷、向本单位职工集资,或者以向公众非法吸收存款等方式取得的资金转贷的;(三)未依法取得放贷资格的出借人,以营利为目的向社会不特定对象提供借款的;(四)出借人事先知道或者应当知道借款人借款用于违法犯罪活动仍然提供借款的;(五)违反法律、行政法规强制性规定的;(六)违背公序良俗的。

定其放贷行为的法律效力,并通过向相应的主管部门提出司法建议等方式,遏制国有企业的贷款通道业务,引导其回归实体经济。

10. 依法打击资金掮客和资金融通中的违法犯罪行为,有效规范金融秩序。对于民间借贷中涉及商业银行工作人员内外勾结进行高利转贷、利益输送,或者金融机构工作人员违法发放贷款,以及公司、企业在申请贷款过程中虚构事实、隐瞒真相骗取贷款、实施贷款诈骗构成犯罪的,依法追究刑事责任。

三、有效防范化解金融风险,切实维护金融安全

11. 依法处置"僵尸企业"推动经济去杠杆。加强破产审判工作和体制机制建设,充分发挥破产程序在依法处置"僵尸企业"中的制度功能。对于已不具备市场竞争力和营运价值的"僵尸企业",及时进行破产清算,有序退出市场,切实减少无效供给、化解过剩产能、释放生产要素、降低企业杠杆率,为深化供给侧结构性改革提供有力的司法服务和保障。

12. 充分发挥破产重整制度的拯救功能,促进有价值的危困企业再生。健全完善破产企业识别机制,对于虽然丧失清偿能力,但仍能适应市场需要、具有营运价值的企业,要综合运用破产重整、和解制度手段进行拯救,优化资源配置,实现企业再生。破产重整程序要坚持市场化导向,更加重视重整中的营业整合和资产重组,严格依法审慎适用重整计划强制批准权。

13. 积极预防破产案件引发金融风险,维护社会稳定。依法审慎处理可能引发金融风险、影响社会稳定的破产案件,特别是涉及相互、连环担保以及民间融资、非法集资的企业破产案件,避免引发区域性风险和群体性事件。进一步完善上市公司、金融机构等特定主体的破产制度设计,预防个案引发系统性金融风险。严格审查破产程序中的恶意逃废债务行为。依法适用关联企业合并破产、行使破产撤销权和取回权等手段,查找和追回债务人财产。对于隐匿、故意销毁会计账册、会计凭证,拒不执行法院判决、裁定等犯罪行为,依法追究刑事责任。

14. 依法保护金融债权,提升金融债权实现效率。依法打击逃废金融债权的行为,明确责任主体和责任范围,切实保护金融债权。根据具体金融借款合同纠纷案件的特点，分别适用普通程序、简易程序、特别程序、督促程序等不同程序，提高审判效率。有效发挥具有强制执行效力的公证书的作用，降低金融债权实现成本。

15. 依法审理票据纠纷案件，妥善化解票据风险。认真研究应对因违法票据融资行为可能引发的金融风险，准确适用票据法审理票据纠纷案件，有效防范和遏制票据风险，促进票据市场安全稳定发展。

16. 依法审理金融不良债权案件，保障金融不良债权依法处置。加强研究新形势下金融不良债权处置过程中出现的新情况新问题，统一裁判标准，促进金融不良债权处置的市场化、法治化进程。

17. 持续保持对非法集资犯罪打击的高压态势，有效维护社会稳定。依法公正高效审理非法集资案件，严厉打击非法集资犯罪行为。针对非法集资犯罪案件参与人数多、涉案金额大、波及面广、行业和区域相对集中的特点，加强与职能机关、地方政府的信息沟通和协调配合，提升处置效果，切实保障被害人的合法权益，有效维护社会稳定。

18. 依法保障房地产市场平稳健康发展，防范房地产市场的金融风险传导。高度重视房地产市场波动对金融债权的影响，依法妥善审理相关案件，有效防范房地产市场潜在风险对金融稳定和金融安全的传导与冲击。统一借名买房等规避国家房产限购政策的合同效力的裁判标准，引导房产交易回归居住属性。

19. 依法严厉惩治证券犯罪行为，维护资本市场秩序。依法审理欺诈发行股票、债券案件，违规披露、不披露重要信息案件，内幕交易案件，利用未公开信息交易案件和操纵证券、期货市场案件，防范和化解资本市场的系统性风险，促进资本市场的持续健康发展。

20. 加强投资者民事权益的司法保护，维护投资者的财产安全。依法审理证券市场虚假陈述、内幕交易、操纵市场的民事案件，保障证券投资者的合法权益。支持证券投资者保护机构以诉讼代表人的身份接受投资者委托提起诉讼或者提供专门法律服务，拓展投资者维权方式。探索建立证券侵权民事诉讼领域的律师调查令制度，提高投资者的举证能力。依法充分运用专家证人、专家陪审员制度，扩充证券案件审理的知识容量和审理深度，提高证券案件审判的专业性和公信力。引导金融产品提供者及服务提供者切实履行投资者适当性审查义务、信息披露义务和最大损失揭示义务,依法维护投资者的正当权益。

21.规范整治地方交易场所的违法交易行为,防范和化解区域性金融风险。对地方交易场所未经许可或者超越经营许可范围开展的违法违规交易行为,要严格依照相关法律和行政法规的禁止性规定,否定其法律效力,明确交易场所的民事责任。切实加强涉地方交易场所案件的行政处置工作与司法审判工作的衔接,有效防范区域性金融风险。

22.依法审理涉地方政府债务纠纷案件,防范地方政府债务风险。依法认定政府违法提供担保的法律责任,规范政府行为。依法认定地方政府利用平台公司融资、政府和社会资本合作(PPP)、投资基金、购买服务等方式变相举债作出的行政行为或者签订的行政协议的性质、效力和责任,明确裁判规则,划出责任边界,有效防范地方政府债务风险的集聚。

23.依法审理涉外投资案件,加强外部金融风险的防范应对。加强对"一带一路"倡议下跨境投资的金融安全与金融风险问题的研究应对,准确认定规避国家外汇管制政策的跨境投资行为的法律效力。

四、依法服务和保障金融改革,建立和完善适应金融审判工作需要的新机制

24.支持金融监管机构依法履职,监督和促进金融监管机构依法行政。紧密配合金融改革和金融监管机构调整的要求,维护金融监管机构依法履行监管职责。依法审理涉及金融监管机构履行行政许可和审批、作出行政处罚和处理、公开政府信息及不履行法定职责等方面的各类行政案件,积极推动、监督和支持金融监管机构依法行政。

25.加强与金融监管机构的协调配合,推动完善金融法治体系。探索建立人民法院与金融监管机构之间的沟通机制,定期通报涉及金融风险防范与金融安全的重要案件情况,强化金融监管和金融审判的衔接配合,推动形成统一完善的金融法治体系。

26.有效引入外部资源,探索完善金融案件的多元化纠纷解决机制。推广证券期货行业、保险行业的诉讼与调解对接机制的成功经验,联合相关金融监管机构、行业协会和投资者保护机构,发挥专业资源优势,防范和化解金融纠纷。进一步畅通当事人的诉求表达和权利救济渠道,通过立案前委派调解、立案后委托调解等方式,促进金融纠纷依法、公正、高效解决,有效维护各方当事人的合法权益。

27. 建立金融审判信息平台,不断提升金融审判的信息化水平。结合"智慧法院"建设,探索建立金融审判信息平台,研究建立以金融机构为当事人的民商事案件信息管理系统,实时反映金融机构涉诉信息。建立重大金融案件的信息专报制度,及时研究应对措施,有效防范金融风险的传导和扩大。充分挖掘运用司法大数据,加强对金融案件的审判管理和分析研判,定期形成金融审判大数据分析报告,研究解决具有普遍性、趋势性的法律问题,为区域性、行业性、系统性金融风险的防范预警和重大决策提供信息支持。

五、加强司法能力建设,不断提升金融审判的专业化水平

28. 根据金融案件特点,探索建立专业化的金融审判机构。根据金融机构分布和金融案件数量情况,在金融案件相对集中的地区选择部分法院设立金融审判庭,探索实行金融案件的集中管辖。在其他金融案件较多的中级人民法院,可以根据案件情况设立专业化的金融审判庭或者金融审判合议庭。

29. 加强金融审判队伍的专业化建设,为金融审判提供人才保障。充实各级人民法院的金融审判队伍,完善与金融监管机构交流挂职、联合开展业务交流等金融审判专业人才的培养机制,有针对性地开展金融审判专题培训,努力造就一支既懂法律、又懂金融的高素质金融审判队伍,不断提升金融审判的专业化水平。

30. 加强金融司法研究,推动金融法治理论与金融审判实践的深度融合。加强与学术机构、高等院校的合作,围绕金融审判实务问题,深入开展金融审判的理论研究,为金融审判提供智力支持。

最高人民法院关于在民事审判和执行工作中依法保护金融债权防止国有资产流失问题的通知

(法〔2005〕32号 2005年3月16日公布施行)

各省、自治区、直辖市高级人民法院,解放军军事法院,新疆维吾尔自治区高级人民法院生产建设兵团分院:

依法保护金融债权,防止国有资产流失,关系到国家经济安全,已经成为当前我国经济结构调整和金融体制改革过程中的重要问题。随着金融不良债权处置工作进入攻坚阶段和处置难度的加大、处置方式的多元化,人民群众和社会各界对人民法院在审理和执行涉及不良金融债权案件中如何依法保护金融债权,防止国有资产流失提出了更高的要求。为正确审理上述相关纠纷案件,保障金融不良债权处置工作的顺利进行,防止国有资产流失,现通知如下:

一、充分发挥民事审判和执行工作在依法调整社会各种经济关系,维护社会主义市场经济秩序方面的职能作用。在审理和执行涉及金融不良债权案件中要严格执行民事诉讼法、合同法、担保法及本院颁布的《关于审理企业破产案件若干问题的规定》、《关于审理与企业改制相关的民事纠纷案件若干问题的规定》等一系列司法解释,准确理解和把握立法和司法解释的本意,统一司法尺度。

二、各级人民法院和广大法官要增强司法能力,提高司法水平,维护国家法制的统一,摒弃和坚决抵制地方保护主义。审理涉及金融不良债权案件,要坚持办案的法律效果与社会效果的统一,妥善处理国家利益和地方利益的关系,依法保护金融债权和企业职工的合法权益。

三、加强涉及金融不良债权案件的调研工作。随着我国金融体制改革的逐步深入,人民法院在审理和执行涉及金融不良债权案件中会不断遇到新情况和新问题。这些问题政策性强、社会影响大,而有关法律法规又相对滞后。人民法院要在总结经验的基础上加强调查研究,不断提高办案质量和效率。上级人民法院要加强对下级人民法院的监督指导,并开展有针对性的执法检查,发现问题及时纠正。

四、在审理和执行上述案件时,需要对金融不良债权和相关财产进行评估、审计的,要严格依照法律规定委托有相应资质并信誉良好的中介机构进行,要对评估、审计程序和结果进行严格审查。对被执行人的财产进行变价时,要尽可能采取由拍卖机构公开拍卖的方式,最大限度回收金融债权。

五、人民法院在民事审判和执行工作中,如发现金融机构工作人员在处置金融不良债权过程中与受让人、中介机构等恶意串通,故意违规处置金融不良债权,有经济犯罪嫌疑线索的,要及时将犯罪嫌疑线索移送检察机关查处。

六、要加强与金融监管部门、国有资产管理部门的沟通和协调,对辖区内有重大影响和易引起社会关注的案件,处理前应征求上述有关部门的意见,共同做好工作。

七、在执行涉及金融不良债权案件时,要做好处理突发事件的预案,防范少数不法人员煽动、组织不明真相的职工和群众冲击法院和执行现场,围攻法院工作人员和集体到党政机关上访。发生重大突发性事件,要及时向地方党委、人大和上级人民法院报告。

特此通知。

最高人民法院关于超过诉讼时效期间后债务人向债权人发出确认债务的询证函的行为是否构成新的债务的请示的答复

(〔2003〕民二他字第59号　2004年6月4日公布施行)

重庆市高级人民法院:

你院渝高法〔2003〕232号请示收悉。经研究,答复如下:

根据你院请示的中国农业银行重庆市渝中区支行与重庆包装技术研究所、重庆嘉陵企业公司华西国际贸易公司借款合同纠纷案有关事实,重庆嘉陵企业公司华西国际贸易公司于诉讼时效期间届满后主动向中国农业银行重庆市渝中区支行发出询证函核对贷款本息的行为,与本院法释〔1999〕7号《关于超过诉讼时效期间借款人在催款通知单上签字或盖章的法律效力问题的批复》所规定的超过诉讼时效期间后借款人在信用社发出的催款通知单上签字或盖章的行为类似,因此,对债务人于诉讼时效期间届满后主动向债权人发出询证函核对贷款本息行为的法律后果问题可参照本院上述《关于超过诉讼时效期间借款人在催款通知单上签字或盖章的法律效力问题的批复》的规定进行认定和处理。

此复

最高人民法院关于债权人在保证期间以特快专递向保证人发出逾期贷款催收通知书但缺乏保证人对邮件签收或拒收的证据能否认定债权人向保证人主张权利的请示的复函

(〔2003〕民二他字第6号　2003年6月12日公布施行)

河北省高级人民法院:

你院〔2003〕冀民二请字第1号请示收悉。经研究,答复如下:

债权人通过邮局以特快专递的方式向保证人发出逾期贷款催收通知书,在债权人能够提供特快专递邮件存根及内容的情况下,除非保证人有相反证据推翻债权人所提供的证据,应当认定债权人向保证人主张了权利。

最高人民法院关于超过诉讼时效期间借款人在催款通知单上签字或者盖章的法律效力问题的批复

（1999年1月29日最高人民法院审判委员会第1042次会议通过　法释〔1999〕7号　1999年2月11日公布　自1999年2月16日起施行）

河北省高级人民法院：

你院〔1998〕冀经一请字第38号《关于超过诉讼时效期间信用社向借款人发出的“催收到期贷款通知单”是否受法律保护的请示》收悉。经研究，答复如下：

根据《中华人民共和国民法通则》第四条、第九十条规定的精神，对于超过诉讼时效期间，信用社向借款人发出催收到期贷款通知单，债务人在该通知单上签字或者盖章的，应当视为对原债务的重新确认，该债权债务关系应受法律保护。

此复

(三)财产保全与强制执行

司法解释及司法解释性质文件

最高人民法院关于人民法院办理财产保全案件若干问题的规定

(2016年10月17日最高人民法院审判委员会第1696次会议通过 根据2020年12月23日最高人民法院审判委员会第1823次会议通过的《最高人民法院关于修改〈最高人民法院关于人民法院扣押铁路运输货物若干问题的规定〉等十八件执行类司法解释的决定》修正)

为依法保护当事人、利害关系人的合法权益,规范人民法院办理财产保全案件,根据《中华人民共和国民事诉讼法》等法律规定,结合审判、执行实践,制定本规定。

第一条 当事人、利害关系人申请财产保全,应当向人民法院提交申请书,并提供相关证据材料。

申请书应当载明下列事项:

(一)申请保全人与被保全人的身份、送达地址、联系方式;

(二)请求事项和所根据的事实与理由;

(三)请求保全数额或者争议标的;

(四)明确的被保全财产信息或者具体的被保全财产线索;

(五)为财产保全提供担保的财产信息或资信证明,或者不需要提供担保的理由;

(六)其他需要载明的事项。

法律文书生效后,进入执行程序前,债权人申请财产保全的,应当写明生效法律文书的制作机关、文号和主要内容，并附生效法律文书副本。

第二条　人民法院进行财产保全，由立案、审判机构作出裁定，一般应当移送执行机构实施。

第三条　仲裁过程中，当事人申请财产保全的，应当通过仲裁机构向人民法院提交申请书及仲裁案件受理通知书等相关材料。人民法院裁定采取保全措施或者裁定驳回申请的，应当将裁定书送达当事人，并通知仲裁机构。

第四条　人民法院接受财产保全申请后，应当在五日内作出裁定；需要提供担保的，应当在提供担保后五日内作出裁定；裁定采取保全措施的，应当在五日内开始执行。对情况紧急的，必须在四十八小时内作出裁定；裁定采取保全措施的，应当立即开始执行。

第五条　人民法院依照民事诉讼法第一百条规定责令申请保全人提供财产保全担保的，担保数额不超过请求保全数额的百分之三十；申请保全的财产系争议标的的，担保数额不超过争议标的价值的百分之三十。

利害关系人申请诉前财产保全的，应当提供相当于请求保全数额的担保；情况特殊的，人民法院可以酌情处理。

财产保全期间，申请保全人提供的担保不足以赔偿可能给被保全人造成的损失的，人民法院可以责令其追加相应的担保；拒不追加的，可以裁定解除或者部分解除保全。

第六条　申请保全人或第三人为财产保全提供财产担保的，应当向人民法院出具担保书。担保书应当载明担保人、担保方式、担保范围、担保财产及其价值、担保责任承担等内容，并附相关证据材料。

第三人为财产保全提供保证担保的，应当向人民法院提交保证书。保证书应当载明保证人、保证方式、保证范围、保证责任承担等内容，并附相关证据材料。

对财产保全担保，人民法院经审查，认为违反民法典、公司法等有关法律禁止性规定的，应当责令申请保全人在指定期限内提供其他担保；逾期未提供的，裁定驳回申请。

第七条　保险人以其与申请保全人签订财产保全责任险合同的

方式为财产保全提供担保的,应当向人民法院出具担保书。

担保书应当载明,因申请财产保全错误,由保险人赔偿被保全人因保全所遭受的损失等内容,并附相关证据材料。

第八条 金融监管部门批准设立的金融机构以独立保函形式为财产保全提供担保的,人民法院应当依法准许。

第九条 当事人在诉讼中申请财产保全,有下列情形之一的,人民法院可以不要求提供担保:

(一)追索赡养费、扶养费、抚育费、抚恤金、医疗费用、劳动报酬、工伤赔偿、交通事故人身损害赔偿的;

(二)婚姻家庭纠纷案件中遭遇家庭暴力且经济困难的;

(三)人民检察院提起的公益诉讼涉及损害赔偿的;

(四)因见义勇为遭受侵害请求损害赔偿的;

(五)案件事实清楚、权利义务关系明确,发生保全错误可能性较小的;

(六)申请保全人为商业银行、保险公司等由金融监管部门批准设立的具有独立偿付债务能力的金融机构及其分支机构的。

法律文书生效后,进入执行程序前,债权人申请财产保全的,人民法院可以不要求提供担保。

第十条 当事人、利害关系人申请财产保全,应当向人民法院提供明确的被保全财产信息。

当事人在诉讼中申请财产保全,确因客观原因不能提供明确的被保全财产信息,但提供了具体财产线索的,人民法院可以依法裁定采取财产保全措施。

第十一条 人民法院依照本规定第十条第二款规定作出保全裁定的,在该裁定执行过程中,申请保全人可以向已经建立网络执行查控系统的执行法院,书面申请通过该系统查询被保全人的财产。

申请保全人提出查询申请的,执行法院可以利用网络执行查控系统,对裁定保全的财产或者保全数额范围内的财产进行查询,并采取相应的查封、扣押、冻结措施。

人民法院利用网络执行查控系统未查询到可供保全财产的,应当书面告知申请保全人。

第十二条 人民法院对查询到的被保全人财产信息，应当依法保密。除依法保全的财产外，不得泄露被保全人其他财产信息，也不得在财产保全、强制执行以外使用相关信息。

第十三条 被保全人有多项财产可供保全的，在能够实现保全目的的情况下，人民法院应当选择对其生产经营活动影响较小的财产进行保全。

人民法院对厂房、机器设备等生产经营性财产进行保全时，指定被保全人保管的，应当允许其继续使用。

第十四条 被保全财产系机动车、航空器等特殊动产的，除被保全人下落不明的以外，人民法院应当责令被保全人书面报告该动产的权属和占有、使用等情况，并予以核实。

第十五条 人民法院应当依据财产保全裁定采取相应的查封、扣押、冻结措施。

可供保全的土地、房屋等不动产的整体价值明显高于保全裁定载明金额的，人民法院应当对该不动产的相应价值部分采取查封、扣押、冻结措施，但该不动产在使用上不可分或者分割会严重减损其价值的除外。

对银行账户内资金采取冻结措施的，人民法院应当明确具体的冻结数额。

第十六条 人民法院在财产保全中采取查封、扣押、冻结措施，需要有关单位协助办理登记手续的，有关单位应当在裁定书和协助执行通知书送达后立即办理。针对同一财产有多个裁定书和协助执行通知书的，应当按照送达的时间先后办理登记手续。

第十七条 利害关系人申请诉前财产保全，在人民法院采取保全措施后三十日内依法提起诉讼或者申请仲裁的，诉前财产保全措施自动转为诉讼或仲裁中的保全措施；进入执行程序后，保全措施自动转为执行中的查封、扣押、冻结措施。

依前款规定，自动转为诉讼、仲裁中的保全措施或者执行中的查封、扣押、冻结措施的，期限连续计算，人民法院无需重新制作裁定书。

第十八条 申请保全人申请续行财产保全的，应当在保全期限届满七日前向人民法院提出；逾期申请或者不申请的，自行承担不能续行保全的法律后果。

人民法院进行财产保全时,应当书面告知申请保全人明确的保全期限届满日以及前款有关申请续行保全的事项。

第十九条 再审审查期间,债务人申请保全生效法律文书确定给付的财产的,人民法院不予受理。

再审审理期间,原生效法律文书中止执行,当事人申请财产保全的,人民法院应当受理。

第二十条 财产保全期间,被保全人请求对被保全财产自行处分,人民法院经审查,认为不损害申请保全人和其他执行债权人合法权益的,可以准许,但应当监督被保全人按照合理价格在指定期限内处分,并控制相应价款。

被保全人请求对作为争议标的的被保全财产自行处分的,须经申请保全人同意。

人民法院准许被保全人自行处分被保全财产的,应当通知申请保全人;申请保全人不同意的,可以依照民事诉讼法第二百二十五条规定提出异议。

第二十一条 保全法院在首先采取查封、扣押、冻结措施后超过一年未对被保全财产进行处分的,除被保全财产系争议标的外,在先轮候查封、扣押、冻结的执行法院可以商请保全法院将被保全财产移送执行。但司法解释另有特别规定的,适用其规定。

保全法院与在先轮候查封、扣押、冻结的执行法院就移送被保全财产发生争议的,可以逐级报请共同的上级法院指定该财产的执行法院。

共同的上级法院应当根据被保全财产的种类及所在地、各债权数额与被保全财产价值之间的关系等案件具体情况指定执行法院,并督促其在指定期限内处分被保全财产。

第二十二条 财产纠纷案件,被保全人或第三人提供充分有效担保请求解除保全,人民法院应当裁定准许。被保全人请求对作为争议标的的财产解除保全的,须经申请保全人同意。

第二十三条 人民法院采取财产保全措施后,有下列情形之一的,申请保全人应当及时申请解除保全:

（一）采取诉前财产保全措施后三十日内不依法提起诉讼或者申请仲裁的；

（二）仲裁机构不予受理仲裁申请、准许撤回仲裁申请或者按撤回仲裁申请处理的；

（三）仲裁申请或者请求被仲裁裁决驳回的；

（四）其他人民法院对起诉不予受理、准许撤诉或者按撤诉处理的；

（五）起诉或者诉讼请求被其他人民法院生效裁判驳回的；

（六）申请保全人应当申请解除保全的其他情形。

人民法院收到解除保全申请后，应当在五日内裁定解除保全；对情况紧急的，必须在四十八小时内裁定解除保全。

申请保全人未及时申请人民法院解除保全，应当赔偿被保全人因财产保全所遭受的损失。

被保全人申请解除保全，人民法院经审查认为符合法律规定的，应当在本条第二款规定的期间内裁定解除保全。

第二十四条 财产保全裁定执行中，人民法院发现保全裁定的内容与被保全财产的实际情况不符的，应当予以撤销、变更或补正。

第二十五条 申请保全人、被保全人对保全裁定或者驳回申请裁定不服的，可以自裁定书送达之日起五日内向作出裁定的人民法院申请复议一次。人民法院应当自收到复议申请后十日内审查。

对保全裁定不服申请复议的，人民法院经审查，理由成立的，裁定撤销或变更；理由不成立的，裁定驳回。

对驳回申请裁定不服申请复议的，人民法院经审查，理由成立的，裁定撤销，并采取保全措施；理由不成立的，裁定驳回。

第二十六条 申请保全人、被保全人、利害关系人认为保全裁定实施过程中的执行行为违反法律规定提出书面异议的，人民法院应当依照民事诉讼法第二百二十五条规定审查处理。

第二十七条 人民法院对诉讼争议标的以外的财产进行保全，案外人对保全裁定或者保全裁定实施过程中的执行行为不服，基于实体权利对被保全财产提出书面异议的，人民法院应当依照民事诉讼法第二百二十七条规定审查处理并作出裁定。案外人、申请保全人对该裁定不服的,可以自裁定送达之日起十五日内向人民法院提起执行异议之诉。

人民法院裁定案外人异议成立后,申请保全人在法律规定的期间内未提起执行异议之诉的,人民法院应当自起诉期限届满之日起七日内对该被保全财产解除保全。

第二十八条 海事诉讼中,海事请求人申请海事请求保全,适用《中华人民共和国海事诉讼特别程序法》及相关司法解释。

第二十九条 本规定自2016年12月1日起施行。

本规定施行前公布的司法解释与本规定不一致的,以本规定为准。

最高人民法院关于人民法院民事执行中查封、扣押、冻结财产的规定

(2004年10月26日最高人民法院审判委员会第1330次会议通过 根据2020年12月23日最高人民法院审判委员会第1823次会议通过的《最高人民法院关于修改〈最高人民法院关于人民法院扣押铁路运输货物若干问题的规定〉等十八件执行类司法解释的决定》修正)

为了进一步规范民事执行中的查封、扣押、冻结措施,维护当事人的合法权益,根据《中华人民共和国民事诉讼法》等法律的规定,结合人民法院民事执行工作的实践经验,制定本规定。

第一条 人民法院查封、扣押、冻结被执行人的动产、不动产及其他财产权,应当作出裁定,并送达被执行人和申请执行人。

采取查封、扣押、冻结措施需要有关单位或者个人协助的,人民法院应当制作协助执行通知书,连同裁定书副本一并送达协助执行人。查封、扣押、冻结裁定书和协助执行通知书送达时发生法律效力。

第二条 人民法院可以查封、扣押、冻结被执行人占有的动产、登记在被执行人名下的不动产、特定动产及其他财产权。

未登记的建筑物和土地使用权,依据土地使用权的审批文件和其他相关证据确定权属。

对于第三人占有的动产或者登记在第三人名下的不动产、特定动产及其他财产权,第三人书面确认该财产属于被执行人的,人民法院可以查封、扣押、冻结。

第三条 人民法院对被执行人的下列财产不得查封、扣押、冻结:

(一)被执行人及其所扶养家属生活所必需的衣服、家具、炊具、餐具及其他家庭生活必需的物品;

(二)被执行人及其所扶养家属所必需的生活费用。当地有最低生活保障标准的,必需的生活费用依照该标准确定;

(三)被执行人及其所扶养家属完成义务教育所必需的物品;

(四)未公开的发明或者未发表的著作;

(五)被执行人及其所扶养家属用于身体缺陷所必需的辅助工具、医疗物品;

(六)被执行人所得的勋章及其他荣誉表彰的物品;

(七)根据《中华人民共和国缔结条约程序法》,以中华人民共和国、中华人民共和国政府或者中华人民共和国政府部门名义同外国、国际组织缔结的条约、协定和其他具有条约、协定性质的文件中规定免于查封、扣押、冻结的财产;

(八)法律或者司法解释规定的其他不得查封、扣押、冻结的财产。

第四条 对被执行人及其所扶养家属生活所必需的居住房屋,人民法院可以查封,但不得拍卖、变卖或者抵债。

第五条 对于超过被执行人及其所扶养家属生活所必需的房屋和生活用品,人民法院根据申请执行人的申请,在保障被执行人及其所扶养家属最低生活标准所必需的居住房屋和普通生活必需品后,可予以执行。

第六条 查封、扣押动产的,人民法院可以直接控制该项财产。人民法院将查封、扣押的动产交付其他人控制的,应当在该动产上加贴封条或者采取其他足以公示查封、扣押的适当方式。

第七条 查封不动产的,人民法院应当张贴封条或者公告,并可以提取保存有关财产权证照。

查封、扣押、冻结已登记的不动产、特定动产及其他财产权,应当通知有关登记机关办理登记手续。未办理登记手续的,不得对抗其他已经办理了登记手续的查封、扣押、冻结行为。

第八条　查封尚未进行权属登记的建筑物时,人民法院应当通知其管理人或者该建筑物的实际占有人,并在显著位置张贴公告。

第九条　扣押尚未进行权属登记的机动车辆时,人民法院应当在扣押清单上记载该机动车辆的发动机编号。该车辆在扣押期间权利人要求办理权属登记手续的,人民法院应当准许并及时办理相应的扣押登记手续。

第十条　查封、扣押的财产不宜由人民法院保管的,人民法院可以指定被执行人负责保管;不宜由被执行人保管的,可以委托第三人或者申请执行人保管。

由人民法院指定被执行人保管的财产,如果继续使用对该财产的价值无重大影响,可以允许被执行人继续使用;由人民法院保管或者委托第三人、申请执行人保管的,保管人不得使用。

第十一条　查封、扣押、冻结担保物权人占有的担保财产,一般应当指定该担保物权人作为保管人;该财产由人民法院保管的,质权、留置权不因转移占有而消灭。

第十二条　对被执行人与其他人共有的财产,人民法院可以查封、扣押、冻结,并及时通知共有人。

共有人协议分割共有财产,并经债权人认可的,人民法院可以认定有效。查封、扣押、冻结的效力及于协议分割后被执行人享有份额内的财产;对其他共有人享有份额内的财产的查封、扣押、冻结,人民法院应当裁定予以解除。

共有人提起析产诉讼或者申请执行人代位提起析产诉讼的,人民法院应当准许。诉讼期间中止对该财产的执行。

第十三条　对第三人为被执行人的利益占有的被执行人的财产,人民法院可以查封、扣押、冻结;该财产被指定给第三人继续保管的,第三人不得将其交付给被执行人。

对第三人为自己的利益依法占有的被执行人的财产,人民法院可以查封、扣押、冻结,第三人可以继续占有和使用该财产,但不得将其交付给被执行人。

第三人无偿借用被执行人的财产的，不受前款规定的限制。

第十四条　被执行人将其财产出卖给第三人，第三人已经支付部分价款并实际占有该财产，但根据合同约定被执行人保留所有权的，人民法院可以查封、扣押、冻结；第三人要求继续履行合同的，向人民法院交付全部余款后，裁定解除查封、扣押、冻结。

第十五条　被执行人将其所有的需要办理过户登记的财产出卖给第三人，第三人已经支付部分或者全部价款并实际占有该财产，但尚未办理产权过户登记手续的，人民法院可以查封、扣押、冻结；第三人已经支付全部价款并实际占有，但未办理过户登记手续的，如果第三人对此没有过错，人民法院不得查封、扣押、冻结。

第十六条　被执行人购买第三人的财产，已经支付部分价款并实际占有该财产，第三人依合同约定保留所有权的，人民法院可以查封、扣押、冻结。保留所有权已办理登记的，第三人的剩余价款从该财产变价款中优先支付；第三人主张取回该财产的，可以依据民事诉讼法第二百二十七条规定提出异议。

第十七条　被执行人购买需要办理过户登记的第三人的财产，已经支付部分或者全部价款并实际占有该财产，虽未办理产权过户登记手续，但申请执行人已向第三人支付剩余价款或者第三人同意剩余价款从该财产变价款中优先支付的，人民法院可以查封、扣押、冻结。

第十八条　查封、扣押、冻结被执行人的财产时，执行人员应当制作笔录，载明下列内容：

（一）执行措施开始及完成的时间；

（二）财产的所在地、种类、数量；

（三）财产的保管人；

（四）其他应当记明的事项。

执行人员及保管人应当在笔录上签名，有民事诉讼法第二百四十五条规定的人员到场的，到场人员也应当在笔录上签名。

第十九条　查封、扣押、冻结被执行人的财产，以其价额足以清偿法律文书确定的债权额及执行费用为限，不得明显超标的额查封、扣押、冻结。

发现超标的额查封、扣押、冻结的,人民法院应当根据被执行人的申请或者依职权,及时解除对超标的额部分财产的查封、扣押、冻结,但该财产为不可分物且被执行人无其他可供执行的财产或者其他财产不足以清偿债务的除外。

第二十条 查封、扣押的效力及于查封、扣押物的从物和天然孳息。

第二十一条 查封地上建筑物的效力及于该地上建筑物使用范围内的土地使用权,查封土地使用权的效力及于地上建筑物,但土地使用权与地上建筑物的所有权分属被执行人与他人的除外。

地上建筑物和土地使用权的登记机关不是同一机关的,应当分别办理查封登记。

第二十二条 查封、扣押、冻结的财产灭失或者毁损的,查封、扣押、冻结的效力及于该财产的替代物、赔偿款。人民法院应当及时作出查封、扣押、冻结该替代物、赔偿款的裁定。

第二十三条 查封、扣押、冻结协助执行通知书在送达登记机关时,登记机关已经受理被执行人转让不动产、特定动产及其他财产的过户登记申请,尚未完成登记的,应当协助人民法院执行。人民法院不得对登记机关已经完成登记的被执行人已转让的财产实施查封、扣押、冻结措施。

查封、扣押、冻结协助执行通知书在送达登记机关时,其他人民法院已向该登记机关送达了过户登记协助执行通知书的,应当优先办理过户登记。

第二十四条 被执行人就已经查封、扣押、冻结的财产所作的移转、设定权利负担或者其他有碍执行的行为,不得对抗申请执行人。

第三人未经人民法院准许占有查封、扣押、冻结的财产或者实施其他有碍执行的行为的,人民法院可以依据申请执行人的申请或者依职权解除其占有或者排除其妨害。

人民法院的查封、扣押、冻结没有公示的,其效力不得对抗善意第三人。

第二十五条 人民法院查封、扣押被执行人设定最高额抵押权的抵押物的,应当通知抵押权人。抵押权人受抵押担保的债权数额自收到人民法院通知时起不再增加。

人民法院虽然没有通知抵押权人,但有证据证明抵押权人知道或者应当知道查封、扣押事实的,受抵押担保的债权数额从其知道或者应当知道该事实时起不再增加。

第二十六条　对已被人民法院查封、扣押、冻结的财产,其他人民法院可以进行轮候查封、扣押、冻结。查封、扣押、冻结解除的,登记在先的轮候查封、扣押、冻结即自动生效。

其他人民法院对已登记的财产进行轮候查封、扣押、冻结的,应当通知有关登记机关协助进行轮候登记,实施查封、扣押、冻结的人民法院应当允许其他人民法院查阅有关文书和记录。

其他人民法院对没有登记的财产进行轮候查封、扣押、冻结的,应当制作笔录,并经实施查封、扣押、冻结的人民法院执行人员及被执行人签字,或者书面通知实施查封、扣押、冻结的人民法院。

第二十七条　查封、扣押、冻结期限届满,人民法院未办理延期手续的,查封、扣押、冻结的效力消灭。

查封、扣押、冻结的财产已经被执行拍卖、变卖或者抵债的,查封、扣押、冻结的效力消灭。

第二十八条　有下列情形之一的,人民法院应当作出解除查封、扣押、冻结裁定,并送达申请执行人、被执行人或者案外人:

(一)查封、扣押、冻结案外人财产的;

(二)申请执行人撤回执行申请或者放弃债权的;

(三)查封、扣押、冻结的财产流拍或者变卖不成,申请执行人和其他执行债权人又不同意接受抵债,且对该财产又无法采取其他执行措施的;

(四)债务已经清偿的;

(五)被执行人提供担保且申请执行人同意解除查封、扣押、冻结的;

(六)人民法院认为应当解除查封、扣押、冻结的其他情形。

解除以登记方式实施的查封、扣押、冻结的,应当向登记机关发出协助执行通知书。

第二十九条　财产保全裁定和先予执行裁定的执行适用本规定。

第三十条　本规定自2005年1月1日起施行。施行前本院公布的司法解释与本规定不一致的,以本规定为准。

最高人民法院关于民事执行中财产调查若干问题的规定

(2017年1月25日最高人民法院审判委员会第1708次会议通过 根据2020年12月23日最高人民法院审判委员会第1823次会议通过的《最高人民法院关于修改〈最高人民法院关于人民法院扣押铁路运输货物若干问题的规定〉等十八件执行类司法解释的决定》修正)

为规范民事执行财产调查,维护当事人及利害关系人的合法权益,根据《中华人民共和国民事诉讼法》等法律的规定,结合执行实践,制定本规定。

第一条 执行过程中,申请执行人应当提供被执行人的财产线索;被执行人应当如实报告财产;人民法院应当通过网络执行查控系统进行调查,根据案件需要应当通过其他方式进行调查的,同时采取其他调查方式。

第二条 申请执行人提供被执行人财产线索,应当填写财产调查表。财产线索明确、具体的,人民法院应当在七日内调查核实;情况紧急的,应当在三日内调查核实。财产线索确实的,人民法院应当及时采取相应的执行措施。

申请执行人确因客观原因无法自行查明财产的,可以申请人民法院调查。

第三条 人民法院依申请执行人的申请或依职权责令被执行人报告财产情况的,应当向其发出报告财产令。金钱债权执行中,报告财产令应当与执行通知同时发出。

人民法院根据案件需要再次责令被执行人报告财产情况的,应当重新向其发出报告财产令。

第四条 报告财产令应当载明下列事项:

（一）提交财产报告的期限；

（二）报告财产的范围、期间；

（三）补充报告财产的条件及期间；

（四）违反报告财产义务应承担的法律责任；

（五）人民法院认为有必要载明的其他事项。

报告财产令应附财产调查表，被执行人必须按照要求逐项填写。

第五条　被执行人应当在报告财产令载明的期限内向人民法院书面报告下列财产情况：

（一）收入、银行存款、现金、理财产品、有价证券；

（二）土地使用权、房屋等不动产；

（三）交通运输工具、机器设备、产品、原材料等动产；

（四）债权、股权、投资权益、基金份额、信托受益权、知识产权等财产性权利；

（五）其他应当报告的财产。

被执行人的财产已出租、已设立担保物权等权利负担，或者存在共有、权属争议等情形的，应当一并报告；被执行人的动产由第三人占有，被执行人的不动产、特定动产、其他财产权等登记在第三人名下的，也应当一并报告。

被执行人在报告财产令载明的期限内提交书面报告确有困难的，可以向人民法院书面申请延长期限；申请有正当理由的，人民法院可以适当延长。

第六条　被执行人自收到执行通知之日前一年至提交书面财产报告之日，其财产情况发生下列变动的，应当将变动情况一并报告：

（一）转让、出租财产的；

（二）在财产上设立担保物权等权利负担的；

（三）放弃债权或延长债权清偿期的；

（四）支出大额资金的；

（五）其他影响生效法律文书确定债权实现的财产变动。

第七条　被执行人报告财产后，其财产情况发生变动，影响申请执行人债权实现的，应当自财产变动之日起十日内向人民法院补充报告。

第八条 对被执行人报告的财产情况,人民法院应当及时调查核实,必要时可以组织当事人进行听证。

申请执行人申请查询被执行人报告的财产情况的,人民法院应当准许。申请执行人及其代理人对查询过程中知悉的信息应当保密。

第九条 被执行人拒绝报告、虚假报告或者无正当理由逾期报告财产情况的,人民法院可以根据情节轻重对被执行人或者其法定代理人予以罚款、拘留;构成犯罪的,依法追究刑事责任。

人民法院对有前款规定行为之一的单位,可以对其主要负责人或者直接责任人员予以罚款、拘留;构成犯罪的,依法追究刑事责任。

第十条 被执行人拒绝报告、虚假报告或者无正当理由逾期报告财产情况的,人民法院应当依照相关规定将其纳入失信被执行人名单。

第十一条 有下列情形之一的,财产报告程序终结:

(一)被执行人履行完毕生效法律文书确定义务的;

(二)人民法院裁定终结执行的;

(三)人民法院裁定不予执行的;

(四)人民法院认为财产报告程序应当终结的其他情形。

发出报告财产令后,人民法院裁定终结本次执行程序的,被执行人仍应依照本规定第七条的规定履行补充报告义务。

第十二条 被执行人未按执行通知履行生效法律文书确定的义务,人民法院有权通过网络执行查控系统、现场调查等方式向被执行人、有关单位或个人调查被执行人的身份信息和财产信息,有关单位和个人应当依法协助办理。

人民法院对调查所需资料可以复制、打印、抄录、拍照或以其他方式进行提取、留存。

申请执行人申请查询人民法院调查的财产信息的,人民法院可以根据案件需要决定是否准许。申请执行人及其代理人对查询过程中知悉的信息应当保密。

第十三条 人民法院通过网络执行查控系统进行调查,与现场调查具有同等法律效力。

人民法院调查过程中作出的电子法律文书与纸质法律文书具有

同等法律效力；协助执行单位反馈的电子查询结果与纸质反馈结果具有同等法律效力。

第十四条　被执行人隐匿财产、会计账簿等资料拒不交出的，人民法院可以依法采取搜查措施。

人民法院依法搜查时，对被执行人可能隐匿财产或者资料的处所、箱柜等，经责令被执行人开启而拒不配合的，可以强制开启。

第十五条　为查明被执行人的财产情况和履行义务的能力，可以传唤被执行人或被执行人的法定代表人、负责人、实际控制人、直接责任人员到人民法院接受调查询问。

对必须接受调查询问的被执行人、被执行人的法定代表人、负责人或者实际控制人，经依法传唤无正当理由拒不到场的，人民法院可以拘传其到场；上述人员下落不明的，人民法院可以依照相关规定通知有关单位协助查找。

第十六条　人民法院对已经办理查封登记手续的被执行人机动车、船舶、航空器等特定动产未能实际扣押的，可以依照相关规定通知有关单位协助查找。

第十七条　作为被执行人的法人或非法人组织不履行生效法律文书确定的义务，申请执行人认为其有拒绝报告、虚假报告财产情况，隐匿、转移财产等逃避债务情形或者其股东、出资人有出资不实、抽逃出资等情形的，可以书面申请人民法院委托审计机构对该被执行人进行审计。人民法院应当自收到书面申请之日起十日内决定是否准许。

第十八条　人民法院决定审计的，应当随机确定具备资格的审计机构，并责令被执行人提交会计凭证、会计账簿、财务会计报告等与审计事项有关的资料。

被执行人隐匿审计资料的，人民法院可以依法采取搜查措施。

第十九条　被执行人拒不提供、转移、隐匿、伪造、篡改、毁弃审计资料，阻挠审计人员查看业务现场或者有其他妨碍审计调查行为的，人民法院可以根据情节轻重对被执行人或其主要负责人、直接责任人员予以罚款、拘留；构成犯罪的，依法追究刑事责任。

第二十条　审计费用由提出审计申请的申请执行人预交。被执行人存在拒绝报告或虚假报告财产情况，隐匿、转移财产或者其他逃避债务情形的,审计费用由被执行人承担;未发现被执行人存在上述情形的,审计费用由申请执行人承担。

第二十一条 被执行人不履行生效法律文书确定的义务,申请执行人可以向人民法院书面申请发布悬赏公告查找可供执行的财产。申请书应当载明下列事项:

(一)悬赏金的数额或计算方法;

(二)有关人员提供人民法院尚未掌握的财产线索,使该申请执行人的债权得以全部或部分实现时,自愿支付悬赏金的承诺;

(三)悬赏公告的发布方式;

(四)其他需要载明的事项。

人民法院应当自收到书面申请之日起十日内决定是否准许。

第二十二条 人民法院决定悬赏查找财产的,应当制作悬赏公告。悬赏公告应当载明悬赏金的数额或计算方法、领取条件等内容。

悬赏公告应当在全国法院执行悬赏公告平台、法院微博或微信等媒体平台发布,也可以在执行法院公告栏或被执行人住所地、经常居住地等处张贴。申请执行人申请在其他媒体平台发布,并自愿承担发布费用的,人民法院应当准许。

第二十三条 悬赏公告发布后,有关人员向人民法院提供财产线索的,人民法院应当对有关人员的身份信息和财产线索进行登记;两人以上提供相同财产线索的,应当按照提供线索的先后顺序登记。

人民法院对有关人员的身份信息和财产线索应当保密,但为发放悬赏金需要告知申请执行人的除外。

第二十四条 有关人员提供人民法院尚未掌握的财产线索,使申请发布悬赏公告的申请执行人的债权得以全部或部分实现的,人民法院应当按照悬赏公告发放悬赏金。

悬赏金从前款规定的申请执行人应得的执行款中予以扣减。特定物交付执行或者存在其他无法扣减情形的,悬赏金由该申请执行人另行支付。

有关人员为申请执行人的代理人、有义务向人民法院提供财产线索的人员或者存在其他不应发放悬赏金情形的,不予发放。

第二十五条 执行人员不得调查与执行案件无关的信息,对调查过程中知悉的国家秘密、商业秘密和个人隐私应当保密。

第二十六条 本规定自2017年5月1日起施行。

本规定施行后,本院以前公布的司法解释与本规定不一致的,以本规定为准。

最高人民法院关于人民法院民事执行中拍卖、变卖财产的规定

(2004年10月26日最高人民法院审判委员会第1330次会议通过 根据2020年12月23日最高人民法院审判委员会第1823次会议通过的《最高人民法院关于修改〈最高人民法院关于人民法院扣押铁路运输货物若干问题的规定〉等十八件执行类司法解释的决定》修正)

为了进一步规范民事执行中的拍卖、变卖措施,维护当事人的合法权益,根据《中华人民共和国民事诉讼法》等法律的规定,结合人民法院民事执行工作的实践经验,制定本规定。

第一条 在执行程序中,被执行人的财产被查封、扣押、冻结后,人民法院应当及时进行拍卖、变卖或者采取其他执行措施。

第二条 人民法院对查封、扣押、冻结的财产进行变价处理时,应当首先采取拍卖的方式,但法律、司法解释另有规定的除外。

第三条 人民法院拍卖被执行人财产,应当委托具有相应资质的拍卖机构进行,并对拍卖机构的拍卖进行监督,但法律、司法解释另有规定的除外。

第四条 对拟拍卖的财产,人民法院可以委托具有相应资质的评估机构进行价格评估。对于财产价值较低或者价格依照通常方法容易确定的,可以不进行评估。

当事人双方及其他执行债权人申请不进行评估的,人民法院应当准许。

对被执行人的股权进行评估时,人民法院可以责令有关企业提供会计报表等资料;有关企业拒不提供的,可以强制提取。

第五条 拍卖应当确定保留价。

拍卖财产经过评估的,评估价即为第一次拍卖的保留价;未作评估的,保留价由人民法院参照市价确定,并应当征询有关当事人的意见。

如果出现流拍,再行拍卖时,可以酌情降低保留价,但每次降低的数额不得超过前次保留价的百分之二十。

第六条 保留价确定后,依据本次拍卖保留价计算,拍卖所得价款在清偿优先债权和强制执行费用后无剩余可能的,应当在实施拍卖前将有关情况通知申请执行人。申请执行人于收到通知后五日内申请继续拍卖的,人民法院应当准许,但应当重新确定保留价;重新确定的保留价应当大于该优先债权及强制执行费用的总额。

依照前款规定流拍的,拍卖费用由申请执行人负担。

第七条 执行人员应当对拍卖财产的权属状况、占有使用情况等进行必要的调查,制作拍卖财产现状的调查笔录或者收集其他有关资料。

第八条 拍卖应当先期公告。

拍卖动产的,应当在拍卖七日前公告;拍卖不动产或者其他财产权的,应当在拍卖十五日前公告。

第九条 拍卖公告的范围及媒体由当事人双方协商确定;协商不成的,由人民法院确定。拍卖财产具有专业属性的,应当同时在专业性报纸上进行公告。

当事人申请在其他新闻媒体上公告或者要求扩大公告范围的,应当准许,但该部分的公告费用由其自行承担。

第十条 拍卖不动产、其他财产权或者价值较高的动产的,竞买人应当于拍卖前向人民法院预交保证金。申请执行人参加竞买的,可以不预交保证金。保证金的数额由人民法院确定,但不得低于评估价或者市价的百分之五。

应当预交保证金而未交纳的,不得参加竞买。拍卖成交后,买受人预交的保证金充抵价款,其他竞买人预交的保证金应当在三日内退还；拍卖未成交的，保证金应当于三日内退还竞买人。

第十一条　人民法院应当在拍卖五日前以书面或者其他能够确认收悉的适当方式，通知当事人和已知的担保物权人、优先购买权人或者其他优先权人于拍卖日到场。

优先购买权人经通知未到场的，视为放弃优先购买权。

第十二条　法律、行政法规对买受人的资格或者条件有特殊规定的，竞买人应当具备规定的资格或者条件。

申请执行人、被执行人可以参加竞买。

第十三条　拍卖过程中，有最高应价时，优先购买权人可以表示以该最高价买受，如无更高应价，则拍归优先购买权人；如有更高应价，而优先购买权人不作表示的，则拍归该应价最高的竞买人。

顺序相同的多个优先购买权人同时表示买受的，以抽签方式决定买受人。

第十四条　拍卖多项财产时，其中部分财产卖得的价款足以清偿债务和支付被执行人应当负担的费用的，对剩余的财产应当停止拍卖，但被执行人同意全部拍卖的除外。

第十五条　拍卖的多项财产在使用上不可分，或者分别拍卖可能严重减损其价值的，应当合并拍卖。

第十六条　拍卖时无人竞买或者竞买人的最高应价低于保留价，到场的申请执行人或者其他执行债权人申请或者同意以该次拍卖所定的保留价接受拍卖财产的，应当将该财产交其抵债。

有两个以上执行债权人申请以拍卖财产抵债的，由法定受偿顺位在先的债权人优先承受；受偿顺位相同的，以抽签方式决定承受人。承受人应受清偿的债权额低于抵债财产的价额的，人民法院应当责令其在指定的期间内补交差额。

第十七条　在拍卖开始前，有下列情形之一的，人民法院应当撤回拍卖委托：

（一）据以执行的生效法律文书被撤销的；

（二）申请执行人及其他执行债权人撤回执行申请的；

（三）被执行人全部履行了法律文书确定的金钱债务的；

（四）当事人达成了执行和解协议，不需要拍卖财产的；

(五)案外人对拍卖财产提出确有理由的异议的;

(六)拍卖机构与竞买人恶意串通的;

(七)其他应当撤回拍卖委托的情形。

第十八条 人民法院委托拍卖后,遇有依法应当暂缓执行或者中止执行的情形的,应当决定暂缓执行或者裁定中止执行,并及时通知拍卖机构和当事人。拍卖机构收到通知后,应当立即停止拍卖,并通知竞买人。

暂缓执行期限届满或者中止执行的事由消失后,需要继续拍卖的,人民法院应当在十五日内通知拍卖机构恢复拍卖。

第十九条 被执行人在拍卖日之前向人民法院提交足额金钱清偿债务,要求停止拍卖的,人民法院应当准许,但被执行人应当负担因拍卖支出的必要费用。

第二十条 拍卖成交或者以流拍的财产抵债的,人民法院应当作出裁定,并于价款或者需要补交的差价全额交付后十日内,送达买受人或者承受人。

第二十一条 拍卖成交后,买受人应当在拍卖公告确定的期限或者人民法院指定的期限内将价款交付到人民法院或者汇入人民法院指定的账户。

第二十二条 拍卖成交或者以流拍的财产抵债后,买受人逾期未支付价款或者承受人逾期未补交差价而使拍卖、抵债的目的难以实现的,人民法院可以裁定重新拍卖。重新拍卖时,原买受人不得参加竞买。

重新拍卖的价款低于原拍卖价款造成的差价、费用损失及原拍卖中的佣金,由原买受人承担。人民法院可以直接从其预交的保证金中扣除。扣除后保证金有剩余的,应当退还原买受人;保证金数额不足的,可以责令原买受人补交;拒不补交的,强制执行。

第二十三条 拍卖时无人竞买或者竞买人的最高应价低于保留价,到场的申请执行人或者其他执行债权人不申请以该次拍卖所定的保留价抵债的,应当在六十日内再行拍卖。

第二十四条 对于第二次拍卖仍流拍的动产,人民法院可以依照本规定第十六条的规定将其作价交申请执行人或者其他执行债权人抵债。申请执行人或者其他执行债权人拒绝接受或者依法不能交付其抵债的,人民法院应当解除查封、扣押,并将该动产退还被执行人。

第二十五条 对于第二次拍卖仍流拍的不动产或者其他财产权,人民法院可以依照本规定第十六条的规定将其作价交申请执行人或者其他执行债权人抵债。申请执行人或者其他执行债权人拒绝接受或者依法不能交付其抵债的,应当在六十日内进行第三次拍卖。

第三次拍卖流拍且申请执行人或者其他执行债权人拒绝接受或者依法不能接受该不动产或者其他财产权抵债的,人民法院应当于第三次拍卖终结之日起七日内发出变卖公告。自公告之日起六十日内没有买受人愿意以第三次拍卖的保留价买受该财产,且申请执行人、其他执行债权人仍不表示接受该财产抵债的,应当解除查封、冻结,将该财产退还被执行人,但对该财产可以采取其他执行措施的除外。

第二十六条 不动产、动产或者其他财产权拍卖成交或者抵债后,该不动产、动产的所有权、其他财产权自拍卖成交或者抵债裁定送达买受人或者承受人时起转移。

第二十七条 人民法院裁定拍卖成交或者以流拍的财产抵债后,除有依法不能移交的情形外,应当于裁定送达后十五日内,将拍卖的财产移交买受人或者承受人。被执行人或者第三人占有拍卖财产应当移交而拒不移交的,强制执行。

第二十八条 拍卖财产上原有的担保物权及其他优先受偿权,因拍卖而消灭,拍卖所得价款,应当优先清偿担保物权人及其他优先受偿权人的债权,但当事人另有约定的除外。

拍卖财产上原有的租赁权及其他用益物权,不因拍卖而消灭,但该权利继续存在于拍卖财产上,对在先的担保物权或者其他优先受偿权的实现有影响的,人民法院应当依法将其除去后进行拍卖。

第二十九条 拍卖成交的,拍卖机构可以按照下列比例向买受人收取佣金:

拍卖成交价200万元以下的,收取佣金的比例不得超过5%;超过200万元至1000万元的部分,不得超过3%;超过1000万元至5000万元的部分,不得超过2%;超过5000万元至1亿元的部分,不得超过1%;超过1亿元的部分,不得超过0.5%。

采取公开招标方式确定拍卖机构的,按照中标方案确定的数额收取佣金。

拍卖未成交或者非因拍卖机构的原因撤回拍卖委托的,拍卖机构为本次拍卖已经支出的合理费用,应当由被执行人负担。

第三十条 在执行程序中拍卖上市公司国有股和社会法人股的,适用最高人民法院《关于冻结、拍卖上市公司国有股和社会法人股若干问题的规定》。

第三十一条 对查封、扣押、冻结的财产,当事人双方及有关权利人同意变卖的,可以变卖。

金银及其制品、当地市场有公开交易价格的动产、易腐烂变质的物品、季节性商品、保管困难或者保管费用过高的物品,人民法院可以决定变卖。

第三十二条 当事人双方及有关权利人对变卖财产的价格有约定的,按照其约定价格变卖;无约定价格但有市价的,变卖价格不得低于市价;无市价但价值较大、价格不易确定的,应当委托评估机构进行评估,并按照评估价格进行变卖。

按照评估价格变卖不成的,可以降低价格变卖,但最低的变卖价不得低于评估价的二分之一。

变卖的财产无人应买的,适用本规定第十六条的规定将该财产交申请执行人或者其他执行债权人抵债;申请执行人或者其他执行债权人拒绝接受或者依法不能交付其抵债的,人民法院应当解除查封、扣押,并将该财产退还被执行人。

第三十三条 本规定自2005年1月1日起施行。施行前本院公布的司法解释与本规定不一致的,以本规定为准。

最高人民法院关于民事执行中变更、追加当事人若干问题的规定

（2016年8月29日最高人民法院审判委员会第1691次会议通过　根据2020年12月23日最高人民法院审判委员会第1823次会议通过的《最高人民法院关于修改〈最高人民法院关于人民法院扣押铁路运输货物若干问题的规定〉等十八件执行类司法解释的决定》修正）

为正确处理民事执行中变更、追加当事人问题，维护当事人、利害关系人的合法权益，根据《中华人民共和国民事诉讼法》等法律规定，结合执行实践，制定本规定。

第一条　执行过程中，申请执行人或其继承人、权利承受人可以向人民法院申请变更、追加当事人。申请符合法定条件的，人民法院应予支持。

第二条　作为申请执行人的自然人死亡或被宣告死亡，该自然人的遗产管理人、继承人、受遗赠人或其他因该自然人死亡或被宣告死亡依法承受生效法律文书确定权利的主体，申请变更、追加其为申请执行人的，人民法院应予支持。

作为申请执行人的自然人被宣告失踪，该自然人的财产代管人申请变更、追加其为申请执行人的，人民法院应予支持。

第三条　作为申请执行人的自然人离婚时，生效法律文书确定的权利全部或部分分割给其配偶，该配偶申请变更、追加其为申请执行人的，人民法院应予支持。

第四条　作为申请执行人的法人或非法人组织终止，因该法人或非法人组织终止依法承受生效法律文书确定权利的主体，申请变更、追加其为申请执行人的，人民法院应予支持。

第五条　作为申请执行人的法人或非法人组织因合并而终止，合

并后存续或新设的法人、非法人组织申请变更其为申请执行人的,人民法院应予支持。

第六条 作为申请执行人的法人或非法人组织分立,依分立协议约定承受生效法律文书确定权利的新设法人或非法人组织,申请变更、追加其为申请执行人的,人民法院应予支持。

第七条 作为申请执行人的法人或非法人组织清算或破产时,生效法律文书确定的权利依法分配给第三人,该第三人申请变更、追加其为申请执行人的,人民法院应予支持。

第八条 作为申请执行人的机关法人被撤销,继续履行其职能的主体申请变更、追加其为申请执行人的,人民法院应予支持,但生效法律文书确定的权利依法应由其他主体承受的除外;没有继续履行其职能的主体,且生效法律文书确定权利的承受主体不明确,作出撤销决定的主体申请变更、追加其为申请执行人的,人民法院应予支持。

第九条 申请执行人将生效法律文书确定的债权依法转让给第三人,且书面认可第三人取得该债权,该第三人申请变更、追加其为申请执行人的,人民法院应予支持。

第十条 作为被执行人的自然人死亡或被宣告死亡,申请执行人申请变更、追加该自然人的遗产管理人、继承人、受遗赠人或其他因该自然人死亡或被宣告死亡取得遗产的主体为被执行人,在遗产范围内承担责任的,人民法院应予支持。

作为被执行人的自然人被宣告失踪,申请执行人申请变更该自然人的财产代管人为被执行人,在代管的财产范围内承担责任的,人民法院应予支持。

第十一条 作为被执行人的法人或非法人组织因合并而终止,申请执行人申请变更合并后存续或新设的法人、非法人组织为被执行人的,人民法院应予支持。

第十二条 作为被执行人的法人或非法人组织分立,申请执行人申请变更、追加分立后新设的法人或非法人组织为被执行人,对生效法律文书确定的债务承担连带责任的,人民法院应予支持。但被执行人在分立前与申请执行人就债务清偿达成的书面协议另有约定的除外。

第十三条 作为被执行人的个人独资企业,不能清偿生效法律文书确定的债务,申请执行人申请变更、追加其出资人为被执行人的,人民法院应予支持。个人独资企业出资人作为被执行人的,人民法院可以直接执行该个人独资企业的财产。

个体工商户的字号为被执行人的,人民法院可以直接执行该字号经营者的财产。

第十四条 作为被执行人的合伙企业,不能清偿生效法律文书确定的债务,申请执行人申请变更、追加普通合伙人为被执行人的,人民法院应予支持。

作为被执行人的有限合伙企业,财产不足以清偿生效法律文书确定的债务,申请执行人申请变更、追加未按期足额缴纳出资的有限合伙人为被执行人,在未足额缴纳出资的范围内承担责任的,人民法院应予支持。

第十五条 作为被执行人的法人分支机构,不能清偿生效法律文书确定的债务,申请执行人申请变更、追加该法人为被执行人的,人民法院应予支持。法人直接管理的责任财产仍不能清偿债务的,人民法院可以直接执行该法人其他分支机构的财产。

作为被执行人的法人,直接管理的责任财产不能清偿生效法律文书确定债务的,人民法院可以直接执行该法人分支机构的财产。

第十六条 个人独资企业、合伙企业、法人分支机构以外的非法人组织作为被执行人,不能清偿生效法律文书确定的债务,申请执行人申请变更、追加依法对该非法人组织的债务承担责任的主体为被执行人的,人民法院应予支持。

第十七条 作为被执行人的营利法人,财产不足以清偿生效法律文书确定的债务,申请执行人申请变更、追加未缴纳或未足额缴纳出资的股东、出资人或依公司法规定对该出资承担连带责任的发起人为被执行人,在尚未缴纳出资的范围内依法承担责任的,人民法院应予支持。

第十八条 作为被执行人的营利法人,财产不足以清偿生效法律文书确定的债务,申请执行人申请变更、追加抽逃出资的股东、出资人为被执行人,在抽逃出资的范围内承担责任的,人民法院应予支持。

第十九条 作为被执行人的公司,财产不足以清偿生效法律文书确定的债务,其股东未依法履行出资义务即转让股权,申请执行人申请变更、追加该原股东或依公司法规定对该出资承担连带责任的发起人为被执行人,在未依法出资的范围内承担责任的,人民法院应予支持。

第二十条 作为被执行人的一人有限责任公司,财产不足以清偿生效法律文书确定的债务,股东不能证明公司财产独立于自己的财产,申请执行人申请变更、追加该股东为被执行人,对公司债务承担连带责任的,人民法院应予支持。

第二十一条 作为被执行人的公司,未经清算即办理注销登记,导致公司无法进行清算,申请执行人申请变更、追加有限责任公司的股东、股份有限公司的董事和控股股东为被执行人,对公司债务承担连带清偿责任的,人民法院应予支持。

第二十二条 作为被执行人的法人或非法人组织,被注销或出现被吊销营业执照、被撤销、被责令关闭、歇业等解散事由后,其股东、出资人或主管部门无偿接受其财产,致使该被执行人无遗留财产或遗留财产不足以清偿债务,申请执行人申请变更、追加该股东、出资人或主管部门为被执行人,在接受的财产范围内承担责任的,人民法院应予支持。

第二十三条 作为被执行人的法人或非法人组织,未经依法清算即办理注销登记,在登记机关办理注销登记时,第三人书面承诺对被执行人的债务承担清偿责任,申请执行人申请变更、追加该第三人为被执行人,在承诺范围内承担清偿责任的,人民法院应予支持。

第二十四条 执行过程中,第三人向执行法院书面承诺自愿代被执行人履行生效法律文书确定的债务,申请执行人申请变更、追加该第三人为被执行人,在承诺范围内承担责任的,人民法院应予支持。

第二十五条 作为被执行人的法人或非法人组织,财产依行政命令被无偿调拨、划转给第三人,致使该被执行人财产不足以清偿生效法律文书确定的债务,申请执行人申请变更、追加该第三人为被执行人,在接受的财产范围内承担责任的,人民法院应予支持。

第二十六条 被申请人在应承担责任范围内已承担相应责任的,

人民法院不得责令其重复承担责任。

第二十七条　执行当事人的姓名或名称发生变更的,人民法院可以直接将姓名或名称变更后的主体作为执行当事人,并在法律文书中注明变更前的姓名或名称。

第二十八条　申请人申请变更、追加执行当事人,应当向执行法院提交书面申请及相关证据材料。

除事实清楚、权利义务关系明确、争议不大的案件外,执行法院应当组成合议庭审查并公开听证。经审查,理由成立的,裁定变更、追加;理由不成立的,裁定驳回。

执行法院应当自收到书面申请之日起六十日内作出裁定。有特殊情况需要延长的,由本院院长批准。

第二十九条　执行法院审查变更、追加被执行人申请期间,申请人申请对被申请人的财产采取查封、扣押、冻结措施的,执行法院应当参照民事诉讼法第一百条的规定办理。

申请执行人在申请变更、追加第三人前,向执行法院申请查封、扣押、冻结该第三人财产的,执行法院应当参照民事诉讼法第一百零一条的规定办理。

第三十条　被申请人、申请人或其他执行当事人对执行法院作出的变更、追加裁定或驳回申请裁定不服的,可以自裁定书送达之日起十日内向上一级人民法院申请复议,但依据本规定第三十二条的规定应当提起诉讼的除外。

第三十一条　上一级人民法院对复议申请应当组成合议庭审查,并自收到申请之日起六十日内作出复议裁定。有特殊情况需要延长的,由本院院长批准。

被裁定变更、追加的被申请人申请复议的,复议期间,人民法院不得对其争议范围内的财产进行处分。申请人请求人民法院继续执行并提供相应担保的,人民法院可以准许。

第三十二条　被申请人或申请人对执行法院依据本规定第十四条第二款、第十七条至第二十一条规定作出的变更、追加裁定或驳回申请裁定不服的,可以自裁定书送达之日起十五日内,向执行法院提起执行异议之诉。

被申请人提起执行异议之诉的,以申请人为被告。申请人提起执行异议之诉的,以被申请人为被告。

第三十三条 被申请人提起的执行异议之诉,人民法院经审理,按照下列情形分别处理:

(一)理由成立的,判决不得变更、追加被申请人为被执行人或者判决变更责任范围;

(二)理由不成立的,判决驳回诉讼请求。

诉讼期间,人民法院不得对被申请人争议范围内的财产进行处分。申请人请求人民法院继续执行并提供相应担保的,人民法院可以准许。

第三十四条 申请人提起的执行异议之诉,人民法院经审理,按照下列情形分别处理:

(一)理由成立的,判决变更、追加被申请人为被执行人并承担相应责任或者判决变更责任范围;

(二)理由不成立的,判决驳回诉讼请求。

第三十五条 本规定自2016年12月1日起施行。

本规定施行后,本院以前公布的司法解释与本规定不一致的,以本规定为准。

最高人民法院关于人民法院办理执行异议和复议案件若干问题的规定

(2014年12月29日最高人民法院审判委员会第1638次会议通过 根据2020年12月23日最高人民法院审判委员会第1823次会议通过的《最高人民法院关于修改〈最高人民法院关于人民法院扣押铁路运输货物若干问题的规定〉等十八件执行类司法解释的决定》修正)

为了规范人民法院办理执行异议和复议案件,维护当事人、利害关系人和案外人的合法权益，根据民事诉讼法等法律规定，结合人民法院执行工作实际，制定本规定。

第一条　异议人提出执行异议或者复议申请人申请复议，应当向人民法院提交申请书。申请书应当载明具体的异议或者复议请求、事实、理由等内容，并附下列材料：

（一）异议人或者复议申请人的身份证明；

（二）相关证据材料；

（三）送达地址和联系方式。

第二条　执行异议符合民事诉讼法第二百二十五条或者第二百二十七条规定条件的，人民法院应当在三日内立案，并在立案后三日内通知异议人和相关当事人。不符合受理条件的，裁定不予受理；立案后发现不符合受理条件的，裁定驳回申请。

执行异议申请材料不齐备的，人民法院应当一次性告知异议人在三日内补足，逾期未补足的，不予受理。

异议人对不予受理或者驳回申请裁定不服的，可以自裁定送达之日起十日内向上一级人民法院申请复议。上一级人民法院审查后认为符合受理条件的，应当裁定撤销原裁定，指令执行法院立案或者对执行异议进行审查。

第三条　执行法院收到执行异议后三日内既不立案又不作出不予受理裁定，或者受理后无正当理由超过法定期限不作出异议裁定的，异议人可以向上一级人民法院提出异议。上一级人民法院审查后认为理由成立的，应当指令执行法院在三日内立案或者在十五日内作出异议裁定。

第四条　执行案件被指定执行、提级执行、委托执行后，当事人、利害关系人对原执行法院的执行行为提出异议的，由提出异议时负责该案件执行的人民法院审查处理；受指定或者受委托的人民法院是原执行法院的下级人民法院的，仍由原执行法院审查处理。

执行案件被指定执行、提级执行、委托执行后，案外人对原执行法院的执行标的提出异议的，参照前款规定处理。

第五条　有下列情形之一的，当事人以外的自然人、法人和非法人组织，可以作为利害关系人提出执行行为异议：

(一)认为人民法院的执行行为违法,妨碍其轮候查封、扣押、冻结的债权受偿的;

(二)认为人民法院的拍卖措施违法,妨碍其参与公平竞价的;

(三)认为人民法院的拍卖、变卖或者以物抵债措施违法,侵害其对执行标的的优先购买权的;

(四)认为人民法院要求协助执行的事项超出其协助范围或者违反法律规定的;

(五)认为其他合法权益受到人民法院违法执行行为侵害的。

第六条　当事人、利害关系人依照民事诉讼法第二百二十五条规定提出异议的,应当在执行程序终结之前提出,但对终结执行措施提出异议的除外。

案外人依照民事诉讼法第二百二十七条规定提出异议的,应当在异议指向的执行标的执行终结之前提出;执行标的由当事人受让的,应当在执行程序终结之前提出。

第七条　当事人、利害关系人认为执行过程中或者执行保全、先予执行裁定过程中的下列行为违法提出异议的,人民法院应当依照民事诉讼法第二百二十五条规定进行审查:

(一)查封、扣押、冻结、拍卖、变卖、以物抵债、暂缓执行、中止执行、终结执行等执行措施;

(二)执行的期间、顺序等应当遵守的法定程序;

(三)人民法院作出的侵害当事人、利害关系人合法权益的其他行为。

被执行人以债权消灭、丧失强制执行效力等执行依据生效之后的实体事由提出排除执行异议的,人民法院应当参照民事诉讼法第二百二十五条规定进行审查。

除本规定第十九条规定的情形外,被执行人以执行依据生效之前的实体事由提出排除执行异议的,人民法院应当告知其依法申请再审或者通过其他程序解决。

第八条　案外人基于实体权利既对执行标的提出排除执行异议又作为利害关系人提出执行行为异议的,人民法院应当依照民事诉讼法第二百二十七条规定进行审查。

案外人既基于实体权利对执行标的提出排除执行异议又作为利害关系人提出与实体权利无关的执行行为异议的，人民法院应当分别依照民事诉讼法第二百二十七条和第二百二十五条规定进行审查。

第九条　被限制出境的人认为对其限制出境错误的，可以自收到限制出境决定之日起十日内向上一级人民法院申请复议。上一级人民法院应当自收到复议申请之日起十五日内作出决定。复议期间，不停止原决定的执行。

第十条　当事人不服驳回不予执行公证债权文书申请的裁定的，可以自收到裁定之日起十日内向上一级人民法院申请复议。上一级人民法院应当自收到复议申请之日起三十日内审查，理由成立的，裁定撤销原裁定，不予执行该公证债权文书；理由不成立的，裁定驳回复议申请。复议期间，不停止执行。

第十一条　人民法院审查执行异议或者复议案件，应当依法组成合议庭。

指令重新审查的执行异议案件，应当另行组成合议庭。

办理执行实施案件的人员不得参与相关执行异议和复议案件的审查。

第十二条　人民法院对执行异议和复议案件实行书面审查。案情复杂、争议较大的，应当进行听证。

第十三条　执行异议、复议案件审查期间，异议人、复议申请人申请撤回异议、复议申请的，是否准许由人民法院裁定。

第十四条　异议人或者复议申请人经合法传唤，无正当理由拒不参加听证，或者未经法庭许可中途退出听证，致使人民法院无法查清相关事实的，由其自行承担不利后果。

第十五条　当事人、利害关系人对同一执行行为有多个异议事由，但未在异议审查过程中一并提出，撤回异议或者被裁定驳回异议后，再次就该执行行为提出异议的，人民法院不予受理。

案外人撤回异议或者被裁定驳回异议后，再次就同一执行标的提出异议的，人民法院不予受理。

第十六条　人民法院依照民事诉讼法第二百二十五条规定作出裁定时，应当告知相关权利人申请复议的权利和期限。

人民法院依照民事诉讼法第二百二十七条规定作出裁定时,应当告知相关权利人提起执行异议之诉的权利和期限。

人民法院作出其他裁定和决定时,法律、司法解释规定了相关权利人申请复议的权利和期限的,应当进行告知。

第十七条　人民法院对执行行为异议,应当按照下列情形,分别处理:

(一)异议不成立的,裁定驳回异议;

(二)异议成立的,裁定撤销相关执行行为;

(三)异议部分成立的,裁定变更相关执行行为;

(四)异议成立或者部分成立,但执行行为无撤销、变更内容的,裁定异议成立或者相应部分异议成立。

第十八条　执行过程中,第三人因书面承诺自愿代被执行人偿还债务而被追加为被执行人后,无正当理由反悔并提出异议的,人民法院不予支持。

第十九条　当事人互负到期债务,被执行人请求抵销,请求抵销的债务符合下列情形的,除依照法律规定或者按照债务性质不得抵销的以外,人民法院应予支持:

(一)已经生效法律文书确定或者经申请执行人认可;

(二)与被执行人所负债务的标的物种类、品质相同。

第二十条　金钱债权执行中,符合下列情形之一,被执行人以执行标的系本人及所扶养家属维持生活必需的居住房屋为由提出异议的,人民法院不予支持:

(一)对被执行人有扶养义务的人名下有其他能够维持生活必需的居住房屋的;

(二)执行依据生效后,被执行人为逃避债务转让其名下其他房屋的;

(三)申请执行人按照当地廉租住房保障面积标准为被执行人及所扶养家属提供居住房屋,或者同意参照当地房屋租赁市场平均租金标准从该房屋的变价款中扣除五至八年租金的。

执行依据确定被执行人交付居住的房屋,自执行通知送达之日起,已经给予三个月的宽限期,被执行人以该房屋系本人及所扶养家属维持生活的必需品为由提出异议的，人民法院不予支持。

第二十一条　当事人、利害关系人提出异议请求撤销拍卖，符合下列情形之一的，人民法院应予支持：

（一）竞买人之间、竞买人与拍卖机构之间恶意串通，损害当事人或者其他竞买人利益的；

（二）买受人不具备法律规定的竞买资格的；

（三）违法限制竞买人参加竞买或者对不同的竞买人规定不同竞买条件的；

（四）未按照法律、司法解释的规定对拍卖标的物进行公告的；

（五）其他严重违反拍卖程序且损害当事人或者竞买人利益的情形。

当事人、利害关系人请求撤销变卖的，参照前款规定处理。

第二十二条　公证债权文书对主债务和担保债务同时赋予强制执行效力的，人民法院应予执行；仅对主债务赋予强制执行效力未涉及担保债务的，对担保债务的执行申请不予受理；仅对担保债务赋予强制执行效力未涉及主债务的，对主债务的执行申请不予受理。

人民法院受理担保债务的执行申请后，被执行人仅以担保合同不属于赋予强制执行效力的公证债权文书范围为由申请不予执行的，不予支持。

第二十三条　上一级人民法院对不服异议裁定的复议申请审查后，应当按照下列情形，分别处理：

（一）异议裁定认定事实清楚，适用法律正确，结果应予维持的，裁定驳回复议申请，维持异议裁定；

（二）异议裁定认定事实错误，或者适用法律错误，结果应予纠正的，裁定撤销或者变更异议裁定；

（三）异议裁定认定基本事实不清、证据不足的，裁定撤销异议裁定，发回作出裁定的人民法院重新审查，或者查清事实后作出相应裁定；

（四）异议裁定遗漏异议请求或者存在其他严重违反法定程序的情形，裁定撤销异议裁定，发回作出裁定的人民法院重新审查；

（五）异议裁定对应当适用民事诉讼法第二百二十七条规定审查

处理的异议,错误适用民事诉讼法第二百二十五条规定审查处理的,裁定撤销异议裁定,发回作出裁定的人民法院重新作出裁定。

除依照本条第一款第三、四、五项发回重新审查或者重新作出裁定的情形外,裁定撤销或者变更异议裁定且执行行为可撤销、变更的,应当同时撤销或者变更该裁定维持的执行行为。

人民法院对发回重新审查的案件作出裁定后,当事人、利害关系人申请复议的,上一级人民法院复议后不得再次发回重新审查。

第二十四条 对案外人提出的排除执行异议,人民法院应当审查下列内容:

(一)案外人是否系权利人;

(二)该权利的合法性与真实性;

(三)该权利能否排除执行。

第二十五条 对案外人的异议,人民法院应当按照下列标准判断其是否系权利人:

(一)已登记的不动产,按照不动产登记簿判断;未登记的建筑物、构筑物及其附属设施,按照土地使用权登记簿、建设工程规划许可、施工许可等相关证据判断;

(二)已登记的机动车、船舶、航空器等特定动产,按照相关管理部门的登记判断;未登记的特定动产和其他动产,按照实际占有情况判断;

(三)银行存款和存管在金融机构的有价证券,按照金融机构和登记结算机构登记的账户名称判断;有价证券由具备合法经营资质的托管机构名义持有的,按照该机构登记的实际出资人账户名称判断;

(四)股权按照工商行政管理机关的登记和企业信用信息公示系统公示的信息判断;

(五)其他财产和权利,有登记的,按照登记机构的登记判断;无登记的,按照合同等证明财产权属或者权利人的证据判断。

案外人依据另案生效法律文书提出排除执行异议,该法律文书认定的执行标的权利人与依照前款规定得出的判断不一致的,依照本规定第二十六条规定处理。

第二十六条 金钱债权执行中,案外人依据执行标的被查封、扣押、冻结前作出的另案生效法律文书提出排除执行异议，人民法院应当按照下列情形，分别处理：

（一）该法律文书系就案外人与被执行人之间的权属纠纷以及租赁、借用、保管等不以转移财产权属为目的的合同纠纷，判决、裁决执行标的归属于案外人或者向其返还执行标的且其权利能够排除执行的，应予支持；

（二）该法律文书系就案外人与被执行人之间除前项所列合同之外的债权纠纷，判决、裁决执行标的归属于案外人或者向其交付、返还执行标的的，不予支持。

（三）该法律文书系案外人受让执行标的的拍卖、变卖成交裁定或者以物抵债裁定且其权利能够排除执行的，应予支持。

金钱债权执行中，案外人依据执行标的被查封、扣押、冻结后作出的另案生效法律文书提出排除执行异议的，人民法院不予支持。

非金钱债权执行中，案外人依据另案生效法律文书提出排除执行异议，该法律文书对执行标的权属作出不同认定的，人民法院应当告知案外人依法申请再审或者通过其他程序解决。

申请执行人或者案外人不服人民法院依照本条第一、二款规定作出的裁定，可以依照民事诉讼法第二百二十七条规定提起执行异议之诉。

第二十七条　申请执行人对执行标的依法享有对抗案外人的担保物权等优先受偿权，人民法院对案外人提出的排除执行异议不予支持，但法律、司法解释另有规定的除外。

第二十八条　金钱债权执行中，买受人对登记在被执行人名下的不动产提出异议，符合下列情形且其权利能够排除执行的，人民法院应予支持：

（一）在人民法院查封之前已签订合法有效的书面买卖合同；

（二）在人民法院查封之前已合法占有该不动产；

（三）已支付全部价款，或者已按照合同约定支付部分价款且将剩余价款按照人民法院的要求交付执行；

（四）非因买受人自身原因未办理过户登记。

第二十九条　金钱债权执行中，买受人对登记在被执行的房地产

开发企业名下的商品房提出异议,符合下列情形且其权利能够排除执行的,人民法院应予支持:

(一)在人民法院查封之前已签订合法有效的书面买卖合同;

(二)所购商品房系用于居住且买受人名下无其他用于居住的房屋;

(三)已支付的价款超过合同约定总价款的百分之五十。

第三十条 金钱债权执行中,对被查封的办理了受让物权预告登记的不动产,受让人提出停止处分异议的,人民法院应予支持;符合物权登记条件,受让人提出排除执行异议的,应予支持。

第三十一条 承租人请求在租赁期内阻止向受让人移交占有被执行的不动产,在人民法院查封之前已签订合法有效的书面租赁合同并占有使用该不动产的,人民法院应予支持。

承租人与被执行人恶意串通,以明显不合理的低价承租被执行的不动产或者伪造交付租金证据的,对其提出的阻止移交占有的请求,人民法院不予支持。

第三十二条 本规定施行后尚未审查终结的执行异议和复议案件,适用本规定。本规定施行前已经审查终结的执行异议和复议案件,人民法院依法提起执行监督程序的,不适用本规定。

最高人民法院关于公布失信被执行人名单信息的若干规定

(2013年7月1日最高人民法院审判委员会第1582次会议通过 根据2017年1月16日最高人民法院审判委员会第1707次会议通过的《最高人民法院关于修改〈最高人民法院关于公布失信被执行人名单信息的若干规定〉的决定》修正)

为促使被执行人自觉履行生效法律文书确定的义务,推进社会信用体系建设,根据《中华人民共和国民事诉讼法》的规定,结合人民法院工作实际,制定本规定。

第一条 被执行人未履行生效法律文书确定的义务,并具有下列情形之一的,人民法院应当将其纳入失信被执行人名单,依法对其进行信用惩戒:

(一)有履行能力而拒不履行生效法律文书确定义务的;

(二)以伪造证据、暴力、威胁等方法妨碍、抗拒执行的;

(三)以虚假诉讼、虚假仲裁或者以隐匿、转移财产等方法规避执行的;

(四)违反财产报告制度的;

(五)违反限制消费令的;

(六)无正当理由拒不履行执行和解协议的。

第二条 被执行人具有本规定第一条第二项至第六项规定情形的,纳入失信被执行人名单的期限为二年。被执行人以暴力、威胁方法妨碍、抗拒执行情节严重或具有多项失信行为的,可以延长一至三年。

失信被执行人积极履行生效法律文书确定义务或主动纠正失信行为的,人民法院可以决定提前删除失信信息。

第三条 具有下列情形之一的,人民法院不得依据本规定第一条第一项的规定将被执行人纳入失信被执行人名单:

(一)提供了充分有效担保的;

(二)已被采取查封、扣押、冻结等措施的财产足以清偿生效法律文书确定债务的;

(三)被执行人履行顺序在后,对其依法不应强制执行的;

(四)其他不属于有履行能力而拒不履行生效法律文书确定义务的情形。

第四条 被执行人为未成年人的,人民法院不得将其纳入失信被执行人名单。

第五条 人民法院向被执行人发出的执行通知中,应当载明有关纳入失信被执行人名单的风险提示等内容。

申请执行人认为被执行人具有本规定第一条规定情形之一的,可以向人民法院申请将其纳入失信被执行人名单。人民法院应当自收到申请之日起十五日内审查并作出决定。人民法院认为被执行人具有本规定第一条规定情形之一的,也可以依职权决定将其纳入失信被执行人名单。

人民法院决定将被执行人纳入失信被执行人名单的,应当制作决定书,决定书应当写明纳入失信被执行人名单的理由,有纳入期限的,应当写明纳入期限。决定书由院长签发,自作出之日起生效。决定书应当按照民事诉讼法规定的法律文书送达方式送达当事人。

第六条 记载和公布的失信被执行人名单信息应当包括:

(一)作为被执行人的法人或者其他组织的名称、统一社会信用代码(或组织机构代码)、法定代表人或者负责人姓名;

(二)作为被执行人的自然人的姓名、性别、年龄、身份证号码;

(三)生效法律文书确定的义务和被执行人的履行情况;

(四)被执行人失信行为的具体情形;

(五)执行依据的制作单位和文号、执行案号、立案时间、执行法院;

(六)人民法院认为应当记载和公布的不涉及国家秘密、商业秘密、个人隐私的其他事项。

第七条 各级人民法院应当将失信被执行人名单信息录入最高人民法院失信被执行人名单库,并通过该名单库统一向社会公布。

各级人民法院可以根据各地实际情况,将失信被执行人名单通过报纸、广播、电视、网络、法院公告栏等其他方式予以公布,并可以采取新闻发布会或者其他方式对本院及辖区法院实施失信被执行人名单制度的情况定期向社会公布。

第八条 人民法院应当将失信被执行人名单信息,向政府相关部门、金融监管机构、金融机构、承担行政职能的事业单位及行业协会等通报,供相关单位依照法律、法规和有关规定,在政府采购、招标投标、行政审批、政府扶持、融资信贷、市场准入、资质认定等方面,对失信被执行人予以信用惩戒。

人民法院应当将失信被执行人名单信息向征信机构通报,并由征信机构在其征信系统中记录。

国家工作人员、人大代表、政协委员等被纳入失信被执行人名单的,人民法院应当将失信情况通报其所在单位和相关部门。

国家机关、事业单位、国有企业等被纳入失信被执行人名单的,人民法院应当将失信情况通报其上级单位、主管部门或者履行出资人职责的机构。

第九条 不应纳入失信被执行人名单的公民、法人或其他组织被纳入失信被执行人名单的,人民法院应当在三个工作日内撤销失信信息。

记载和公布的失信信息不准确的,人民法院应当在三个工作日内更正失信信息。

第十条 具有下列情形之一的,人民法院应当在三个工作日内删除失信信息:

(一)被执行人已履行生效法律文书确定的义务或人民法院已执行完毕的;

(二)当事人达成执行和解协议且已履行完毕的;

(三)申请执行人书面申请删除失信信息,人民法院审查同意的;

(四)终结本次执行程序后,通过网络执行查控系统查询被执行人财产两次以上,未发现有可供执行财产,且申请执行人或者其他人未提供有效财产线索的;

(五)因审判监督或破产程序,人民法院依法裁定对失信被执行人中止执行的;

(六)人民法院依法裁定不予执行的;

(七)人民法院依法裁定终结执行的。

有纳入期限的,不适用前款规定。纳入期限届满后三个工作日内,人民法院应当删除失信信息。

依照本条第一款规定删除失信信息后,被执行人具有本规定第一条规定情形之一的,人民法院可以重新将其纳入失信被执行人名单。

依照本条第一款第三项规定删除失信信息后六个月内,申请执行人申请将该被执行人纳入失信被执行人名单的,人民法院不予支持。

第十一条 被纳入失信被执行人名单的公民、法人或其他组织认为有下列情形之一的,可以向执行法院申请纠正:

(一)不应将其纳入失信被执行人名单的;

（二）记载和公布的失信信息不准确的；

（三）失信信息应予删除的。

第十二条　公民、法人或其他组织对被纳入失信被执行人名单申请纠正的，执行法院应当自收到书面纠正申请之日起十五日内审查，理由成立的，应当在三个工作日内纠正；理由不成立的，决定驳回。公民、法人或其他组织对驳回决定不服的，可以自决定书送达之日起十日内向上一级人民法院申请复议。上一级人民法院应当自收到复议申请之日起十五日内作出决定。

复议期间，不停止原决定的执行。

第十三条　人民法院工作人员违反本规定公布、撤销、更正、删除失信信息的，参照有关规定追究责任。

最高人民法院关于人民法院网络司法拍卖若干问题的规定

（2016年5月30日最高人民法院审判委员会第1685次会议通过　法释〔2016〕18号　2016年8月2日公布　自2017年1月1日起施行）

为了规范网络司法拍卖行为，保障网络司法拍卖公开、公平、公正、安全、高效，维护当事人的合法权益，根据《中华人民共和国民事诉讼法》等法律的规定，结合人民法院执行工作的实际，制定本规定。

第一条　本规定所称的网络司法拍卖，是指人民法院依法通过互联网拍卖平台，以网络电子竞价方式公开处置财产的行为。

第二条　人民法院以拍卖方式处置财产的，应当采取网络司法拍卖方式，但法律、行政法规和司法解释规定必须通过其他途径处置，或者不宜采用网络拍卖方式处置的除外。

第三条　网络司法拍卖应当在互联网拍卖平台上向社会全程公开，接受社会监督。

第四条 最高人民法院建立全国性网络服务提供者名单库。网络服务提供者申请纳入名单库的，其提供的网络司法拍卖平台应当符合下列条件：

（一）具备全面展示司法拍卖信息的界面；

（二）具备本规定要求的信息公示、网上报名、竞价、结算等功能；

（三）具有信息共享、功能齐全、技术拓展等功能的独立系统；

（四）程序运作规范、系统安全高效、服务优质价廉；

（五）在全国具有较高的知名度和广泛的社会参与度。

最高人民法院组成专门的评审委员会，负责网络服务提供者的选定、评审和除名。最高人民法院每年引入第三方评估机构对已纳入和新申请纳入名单库的网络服务提供者予以评审并公布结果。

第五条 网络服务提供者由申请执行人从名单库中选择；未选择或者多个申请执行人的选择不一致的，由人民法院指定。

第六条 实施网络司法拍卖的，人民法院应当履行下列职责：

（一）制作、发布拍卖公告；

（二）查明拍卖财产现状、权利负担等内容，并予以说明；

（三）确定拍卖保留价、保证金的数额、税费负担等；

（四）确定保证金、拍卖款项等支付方式；

（五）通知当事人和优先购买权人；

（六）制作拍卖成交裁定；

（七）办理财产交付和出具财产权证照转移协助执行通知书；

（八）开设网络司法拍卖专用账户；

（九）其他依法由人民法院履行的职责。

第七条 实施网络司法拍卖的，人民法院可以将下列拍卖辅助工作委托社会机构或者组织承担：

（一）制作拍卖财产的文字说明及视频或者照片等资料；

（二）展示拍卖财产，接受咨询，引领查看，封存样品等；

（三）拍卖财产的鉴定、检验、评估、审计、仓储、保管、运输等；

（四）其他可以委托的拍卖辅助工作。

社会机构或者组织承担网络司法拍卖辅助工作所支出的必要费用由被执行人承担。

第八条 实施网络司法拍卖的,下列事项应当由网络服务提供者承担:

(一)提供符合法律、行政法规和司法解释规定的网络司法拍卖平台,并保障安全正常运行;

(二)提供安全便捷配套的电子支付对接系统;

(三)全面、及时展示人民法院及其委托的社会机构或者组织提供的拍卖信息;

(四)保证拍卖全程的信息数据真实、准确、完整和安全;

(五)其他应当由网络服务提供者承担的工作。

网络服务提供者不得在拍卖程序中设置阻碍适格竞买人报名、参拍、竞价以及监视竞买人信息等后台操控功能。

网络服务提供者提供的服务无正当理由不得中断。

第九条 网络司法拍卖服务提供者从事与网络司法拍卖相关的行为,应当接受人民法院的管理、监督和指导。

第十条 网络司法拍卖应当确定保留价,拍卖保留价即为起拍价。

起拍价由人民法院参照评估价确定;未作评估的,参照市价确定,并征询当事人意见。起拍价不得低于评估价或者市价的百分之七十。

第十一条 网络司法拍卖不限制竞买人数量。一人参与竞拍,出价不低于起拍价的,拍卖成交。

第十二条 网络司法拍卖应当先期公告,拍卖公告除通过法定途径发布外,还应同时在网络司法拍卖平台发布。拍卖动产的,应当在拍卖十五日前公告;拍卖不动产或者其他财产权的,应当在拍卖三十日前公告。

拍卖公告应当包括拍卖财产、价格、保证金、竞买人条件、拍卖财产已知瑕疵、相关权利义务、法律责任、拍卖时间、网络平台和拍卖法院等信息。

第十三条 实施网络司法拍卖的,人民法院应当在拍卖公告发布当日通过网络司法拍卖平台公示下列信息:

(一)拍卖公告;

(二)执行所依据的法律文书,但法律规定不得公开的除外;

（三）评估报告副本，或者未经评估的定价依据；

（四）拍卖时间、起拍价以及竞价规则；

（五）拍卖财产权属、占有使用、附随义务等现状的文字说明、视频或者照片等；

（六）优先购买权主体以及权利性质；

（七）通知或者无法通知当事人、已知优先购买权人的情况；

（八）拍卖保证金、拍卖款项支付方式和账户；

（九）拍卖财产产权转移可能产生的税费及承担方式；

（十）执行法院名称，联系、监督方式等；

（十一）其他应当公示的信息。

第十四条　实施网络司法拍卖的，人民法院应当在拍卖公告发布当日通过网络司法拍卖平台对下列事项予以特别提示：

（一）竞买人应当具备完全民事行为能力，法律、行政法规和司法解释对买受人资格或者条件有特殊规定的，竞买人应当具备规定的资格或者条件；

（二）委托他人代为竞买的，应当在竞价程序开始前经人民法院确认，并通知网络服务提供者；

（三）拍卖财产已知瑕疵和权利负担；

（四）拍卖财产以实物现状为准，竞买人可以申请实地看样；

（五）竞买人决定参与竞买的，视为对拍卖财产完全了解，并接受拍卖财产一切已知和未知瑕疵；

（六）载明买受人真实身份的拍卖成交确认书在网络司法拍卖平台上公示；

（七）买受人悔拍后保证金不予退还。

第十五条　被执行人应当提供拍卖财产品质的有关资料和说明。

人民法院已按本规定第十三条、第十四条的要求予以公示和特别提示，且在拍卖公告中声明不能保证拍卖财产真伪或者品质的，不承担瑕疵担保责任。

第十六条　网络司法拍卖的事项应当在拍卖公告发布三日前以书面或者其他能够确认收悉的合理方式，通知当事人、已知优先购买权人。权利人书面明确放弃权利的，可以不通知。无法通知的，应当在网络司法拍卖平台公示并说明无法通知的理由，公示满五日视为已经通知。

优先购买权人经通知未参与竞买的，视为放弃优先购买权。

第十七条　保证金数额由人民法院在起拍价的百分之五至百分之二十范围内确定。

竞买人应当在参加拍卖前以实名交纳保证金，未交纳的，不得参加竞买。申请执行人参加竞买的，可以不交保证金；但债权数额小于保证金数额的按差额部分交纳。

交纳保证金，竞买人可以向人民法院指定的账户交纳，也可以由网络服务提供者在其提供的支付系统中对竞买人的相应款项予以冻结。

第十八条　竞买人在拍卖竞价程序结束前交纳保证金经人民法院或者网络服务提供者确认后，取得竞买资格。网络服务提供者应当向取得资格的竞买人赋予竞买代码、参拍密码；竞买人以该代码参与竞买。

网络司法拍卖竞价程序结束前，人民法院及网络服务提供者对竞买人以及其他能够确认竞买人真实身份的信息、密码等，应当予以保密。

第十九条　优先购买权人经人民法院确认后，取得优先竞买资格以及优先竞买代码、参拍密码，并以优先竞买代码参与竞买；未经确认的，不得以优先购买权人身份参与竞买。

顺序不同的优先购买权人申请参与竞买的，人民法院应当确认其顺序，赋予不同顺序的优先竞买代码。

第二十条　网络司法拍卖从起拍价开始以递增出价方式竞价，增价幅度由人民法院确定。竞买人以低于起拍价出价的无效。

网络司法拍卖的竞价时间应当不少于二十四小时。竞价程序结束前五分钟内无人出价的，最后出价即为成交价；有出价的，竞价时间自该出价时点顺延五分钟。竞买人的出价时间以进入网络司法拍卖平台服务系统的时间为准。

竞买代码及其出价信息应当在网络竞买页面实时显示，并储存、显示竞价全程。

第二十一条 优先购买权人参与竞买的，可以与其他竞买人以相同的价格出价，没有更高出价的，拍卖财产由优先购买权人竞得。

顺序不同的优先购买权人以相同价格出价的，拍卖财产由顺序在先的优先购买权人竞得。

顺序相同的优先购买权人以相同价格出价的，拍卖财产由出价在先的优先购买权人竞得。

第二十二条 网络司法拍卖成交的，由网络司法拍卖平台以买受人的真实身份自动生成确认书并公示。

拍卖财产所有权自拍卖成交裁定送达买受人时转移。

第二十三条 拍卖成交后，买受人交纳的保证金可以充抵价款；其他竞买人交纳的保证金应当在竞价程序结束后二十四小时内退还或者解冻。拍卖未成交的，竞买人交纳的保证金应当在竞价程序结束后二十四小时内退还或者解冻。

第二十四条 拍卖成交后买受人悔拍的，交纳的保证金不予退还，依次用于支付拍卖产生的费用损失、弥补重新拍卖价款低于原拍卖价款的差价、冲抵本案被执行人的债务以及与拍卖财产相关的被执行人的债务。

悔拍后重新拍卖的，原买受人不得参加竞买。

第二十五条 拍卖成交后，买受人应当在拍卖公告确定的期限内将剩余价款交付人民法院指定账户。拍卖成交后二十四小时内，网络服务提供者应当将冻结的买受人交纳的保证金划入人民法院指定账户。

第二十六条 网络司法拍卖竞价期间无人出价的，本次拍卖流拍。流拍后应当在三十日内在同一网络司法拍卖平台再次拍卖，拍卖动产的应当在拍卖七日前公告；拍卖不动产或者其他财产权的应当在拍卖十五日前公告。再次拍卖的起拍价降价幅度不得超过前次起拍价的百分之二十。

再次拍卖流拍的，可以依法在同一网络司法拍卖平台变卖。

第二十七条 起拍价及其降价幅度、竞价增价幅度、保证金数额和优先购买权人竞买资格及其顺序等事项，应当由人民法院依法组成合议庭评议确定。

第二十八条　网络司法拍卖竞价程序中,有依法应当暂缓、中止执行等情形的,人民法院应当决定暂缓或者裁定中止拍卖;人民法院可以自行或者通知网络服务提供者停止拍卖。

网络服务提供者发现系统故障、安全隐患等紧急情况的,可以先行暂缓拍卖,并立即报告人民法院。

暂缓或者中止拍卖的,应当及时在网络司法拍卖平台公告原因或者理由。

暂缓拍卖期限届满或者中止拍卖的事由消失后,需要继续拍卖的,应当在五日内恢复拍卖。

第二十九条　网络服务提供者对拍卖形成的电子数据,应当完整保存不少于十年,但法律、行政法规另有规定的除外。

第三十条　因网络司法拍卖本身形成的税费,应当依照相关法律、行政法规的规定,由相应主体承担;没有规定或者规定不明的,人民法院可以根据法律原则和案件实际情况确定税费承担的相关主体、数额。

第三十一条　当事人、利害关系人提出异议请求撤销网络司法拍卖,符合下列情形之一的,人民法院应当支持:

(一)由于拍卖财产的文字说明、视频或者照片展示以及瑕疵说明严重失实,致使买受人产生重大误解,购买目的无法实现的,但拍卖时的技术水平不能发现或者已经就相关瑕疵以及责任承担予以公示说明的除外;

(二)由于系统故障、病毒入侵、黑客攻击、数据错误等原因致使拍卖结果错误,严重损害当事人或者其他竞买人利益的;

(三)竞买人之间,竞买人与网络司法拍卖服务提供者之间恶意串通,损害当事人或者其他竞买人利益的;

(四)买受人不具备法律、行政法规和司法解释规定的竞买资格的;

(五)违法限制竞买人参加竞买或者对享有同等权利的竞买人规定不同竞买条件的;

(六)其他严重违反网络司法拍卖程序且损害当事人或者竞买人利益的情形。

第三十二条　网络司法拍卖被人民法院撤销，当事人、利害关系人、案外人认为人民法院的拍卖行为违法致使其合法权益遭受损害的，可以依法申请国家赔偿；认为其他主体的行为违法致使其合法权益遭受损害的，可以另行提起诉讼。

第三十三条　当事人、利害关系人、案外人认为网络司法拍卖服务提供者的行为违法致使其合法权益遭受损害的，可以另行提起诉讼；理由成立的，人民法院应当支持，但具有法定免责事由的除外。

第三十四条　实施网络司法拍卖的，下列机构和人员不得竞买并不得委托他人代为竞买与其行为相关的拍卖财产：

（一）负责执行的人民法院；

（二）网络服务提供者；

（三）承担拍卖辅助工作的社会机构或者组织；

（四）第（一）至（三）项规定主体的工作人员及其近亲属。

第三十五条　网络服务提供者有下列情形之一的，应当将其从名单库中除名：

（一）存在违反本规定第八条第二款规定操控拍卖程序、修改拍卖信息等行为的；

（二）存在恶意串通、弄虚作假、泄漏保密信息等行为的；

（三）因违反法律、行政法规和司法解释等规定受到处罚，不适于继续从事网络司法拍卖的；

（四）存在违反本规定第三十四条规定行为的；

（五）其他应当除名的情形。

网络服务提供者有前款规定情形之一，人民法院可以依照《中华人民共和国民事诉讼法》的相关规定予以处理。

第三十六条　当事人、利害关系人认为网络司法拍卖行为违法侵害其合法权益的，可以提出执行异议。异议、复议期间，人民法院可以决定暂缓或者裁定中止拍卖。

案外人对网络司法拍卖的标的提出异议的，人民法院应当依据《中华人民共和国民事诉讼法》第二百二十七条及相关司法解释的规定处理，并决定暂缓或者裁定中止拍卖。

第三十七条　人民法院通过互联网平台以变卖方式处置财产的，

参照本规定执行。

执行程序中委托拍卖机构通过互联网平台实施网络拍卖的,参照本规定执行。

本规定对网络司法拍卖行为没有规定的,适用其他有关司法拍卖的规定。

第三十八条 本规定自2017年1月1日起施行。施行前最高人民法院公布的司法解释和规范性文件与本规定不一致的,以本规定为准。

最高人民法院关于首先查封法院与优先债权执行法院处分查封财产有关问题的批复

(2015年12月16日最高人民法院审判委员会第1672次会议通过 法释〔2016〕6号 2016年4月12日公布 自2016年4月14日起施行)

福建省高级人民法院:

你院《关于解决法院首封处分权与债权人行使优先受偿债权冲突问题的请示》(闽高法〔2015〕261号)收悉。经研究,批复如下:

一、执行过程中,应当由首先查封、扣押、冻结(以下简称查封)法院负责处分查封财产。但已进入其他法院执行程序的债权对查封财产有顺位在先的担保物权、优先权(该债权以下简称优先债权),自首先查封之日起已超过60日,且首先查封法院就该查封财产尚未发布拍卖公告或者进入变卖程序的,优先债权执行法院可以要求将该查封财产移送执行。

二、优先债权执行法院要求首先查封法院将查封财产移送执行的,应当出具商请移送执行函,并附确认优先债权的生效法律文书及案件情况说明。

首先查封法院应当在收到优先债权执行法院商请移送执行函之

日起15日内出具移送执行函，将查封财产移送优先债权执行法院执行，并告知当事人。

移送执行函应当载明将查封财产移送执行及首先查封债权的相关情况等内容。

三、财产移送执行后，优先债权执行法院在处分或继续查封该财产时，可以持首先查封法院移送执行函办理相关手续。

优先债权执行法院对移送的财产变价后，应当按照法律规定的清偿顺序分配，并将相关情况告知首先查封法院。

首先查封债权尚未经生效法律文书确认的，应当按照首先查封债权的清偿顺位，预留相应份额。

四、首先查封法院与优先债权执行法院就移送查封财产发生争议的，可以逐级报请双方共同的上级法院指定该财产的执行法院。

共同的上级法院根据首先查封债权所处的诉讼阶段、查封财产的种类及所在地、各债权数额与查封财产价值之间的关系等案件具体情况，认为由首先查封法院执行更为妥当的，也可以决定由首先查封法院继续执行，但应当督促其在指定期限内处分查封财产。

此复。

附件：1. ××××人民法院商请移送执行函

2. ××××人民法院移送执行函

附件1

××××人民法院商请移送执行函

（××××）……号

××××人民法院：

……（写明当事人姓名或名称和案由）一案的……（写明生效法律文书名称）已经发生法律效力。由于……［写明本案债权人依法享有顺位在先的担保物权（优先权）和首先查封法院没有及时对查封财产进行处理的情况，以及商请移送执行的理由］。根据《最高人民法院关于首先查封法院与优先债权执行法院处分查封财产有关问题的批复》之规定,请你院在收到本函之日起15日内向我院出具移送执行函,将……(写明具体查封财产)移送我院执行。

附件:1. 据以执行的生效法律文书

2. 有关案件情况说明[内容包括本案债权依法享有顺位在先的担保物权(优先权)的具体情况、案件执行情况、执行员姓名及联系电话、申请执行人地址及联系电话等]

3. 其他必要的案件材料

××××年××月××日

(院印)

本院地址: 邮编:

联系人: 联系电话:

附件2

××××人民法院移送执行函

(××××)……号

××××人民法院:

你院(××××)……号商请移送执行函收悉。我院于××××年××月××日对……(写明具体查封财产,以下简称查封财产)予以查封(或者扣押、冻结),鉴于你院(××××)……号执行案件债权人对该查封财产享有顺位在先的担保物权(优先权),现根据《最高人民法院关于首先查封法院与优先债权执行法院处分查封财产有关问题的批复》之规定及你院的来函要求,将上述查封财产移送你院执行,对该财产的续封、解封和变价、分配等后续工作,交由你院办理,我院不再负责。请你院在后续执行程序中,对我院执行案件债权人××作为首先查封债权人所享有的各项权利依法予以保护,并将执行结果及时告知我院。

附件:1. 据以执行的生效法律文书

2. 有关案件情况的材料和说明(内容包括查封财产的查封、调查、异议、评估、处置和剩余债权数额等案件执行情况,执行员姓名及联系电话、申请执行人地址及联系电话等)

3. 其他必要的案件材料

××××年××月××日

(院印)

本院地址: 邮编:

联系人: 联系电话:

最高人民法院关于限制被执行人高消费及有关消费的若干规定

(2010年5月17日最高人民法院审判委员会第1487次会议通过 根据2015年7月6日最高人民法院审判委员会第1657次会议通过的《最高人民法院关于修改〈最高人民法院关于限制被执行人高消费的若干规定〉的决定》修正 法释〔2015〕17号)

为进一步加大执行力度,推动社会信用机制建设,最大限度保护申请执行人和被执行人的合法权益,根据《中华人民共和国民事诉讼法》的有关规定,结合人民法院民事执行工作的实践经验,制定本规定。

第一条 被执行人未按执行通知书指定的期间履行生效法律文书确定的给付义务的,人民法院可以采取限制消费措施,限制其高消费及非生活或者经营必需的有关消费。

纳入失信被执行人名单的被执行人,人民法院应当对其采取限制消费措施。

第二条 人民法院决定采取限制消费措施时,应当考虑被执行人是否有消极履行、规避执行或者抗拒执行的行为以及被执行人的履行能力等因素。

第三条 被执行人为自然人的,被采取限制消费措施后,不得有以下高消费及非生活和工作必需的消费行为:

(一)乘坐交通工具时,选择飞机、列车软卧、轮船二等以上舱位;

(二)在星级以上宾馆、酒店、夜总会、高尔夫球场等场所进行高消费;

(三)购买不动产或者新建、扩建、高档装修房屋;

(四)租赁高档写字楼、宾馆、公寓等场所办公;

(五)购买非经营必需车辆;

(六)旅游、度假;

(七)子女就读高收费私立学校;

(八)支付高额保费购买保险理财产品;

(九)乘坐G字头动车组列车全部座位、其他动车组列车一等以上座位等其他非生活和工作必需的消费行为。

被执行人为单位的,被采取限制消费措施后,被执行人及其法定代表人、主要负责人、影响债务履行的直接责任人员、实际控制人不得实施前款规定的行为。因私消费以个人财产实施前款规定行为的,可以向执行法院提出申请。执行法院审查属实的,应予准许。

第四条 限制消费措施一般由申请执行人提出书面申请,经人民法院审查决定;必要时人民法院可以依职权决定。

第五条 人民法院决定采取限制消费措施的,应当向被执行人发出限制消费令。限制消费令由人民法院院长签发。限制消费令应当载明限制消费的期间、项目、法律后果等内容。

第六条 人民法院决定采取限制消费措施的,可以根据案件需要和被执行人的情况向有义务协助调查、执行的单位送达协助执行通知书,也可以在相关媒体上进行公告。

第七条 限制消费令的公告费用由被执行人负担;申请执行人申请在媒体公告的,应当垫付公告费用。

第八条 被限制消费的被执行人因生活或者经营必需而进行本规定禁止的消费活动的,应当向人民法院提出申请,获批准后方可进行。

第九条 在限制消费期间,被执行人提供确实有效的担保或者经申请执行人同意的,人民法院可以解除限制消费令;被执行人履行完毕生效法律文书确定的义务的，人民法院应当在本规定第六条通知或者公告的范围内及时以通知或者公告解除限制消费令。

第十条　人民法院应当设置举报电话或者邮箱，接受申请执行人和社会公众对被限制消费的被执行人违反本规定第三条的举报，并进行审查认定。

第十一条　被执行人违反限制消费令进行消费的行为属于拒不履行人民法院已经发生法律效力的判决、裁定的行为，经查证属实的，依照《中华人民共和国民事诉讼法》第一百一十一条的规定，予以拘留、罚款；情节严重，构成犯罪的，追究其刑事责任。

有关单位在收到人民法院协助执行通知书后，仍允许被执行人进行高消费及非生活或者经营必需的有关消费的，人民法院可以依照《中华人民共和国民事诉讼法》第一百一十四条的规定，追究其法律责任。

最高人民法院关于执行程序中计算迟延履行期间的债务利息适用法律若干问题的解释

（2014年6月9日最高人民法院审判委员会第1619次会议通过　法释〔2014〕8号　2014年7月7日公布　自2014年8月1日起施行）

为规范执行程序中迟延履行期间债务利息的计算，根据《中华人民共和国民事诉讼法》的规定，结合司法实践，制定本解释。

第一条　根据民事诉讼法第二百五十三条规定加倍计算之后的迟延履行期间的债务利息，包括迟延履行期间的一般债务利息和加倍部分债务利息。

迟延履行期间的一般债务利息，根据生效法律文书确定的方法计算；生效法律文书未确定给付该利息的，不予计算。

加倍部分债务利息的计算方法为：加倍部分债务利息 = 债务人尚未清偿的生效法律文书确定的除一般债务利息之外的金钱债务 × 日

万分之一点七五×迟延履行期间。

第二条 加倍部分债务利息自生效法律文书确定的履行期间届满之日起计算;生效法律文书确定分期履行的,自每次履行期间届满之日起计算;生效法律文书未确定履行期间的,自法律文书生效之日起计算。

第三条 加倍部分债务利息计算至被执行人履行完毕之日;被执行人分次履行的,相应部分的加倍部分债务利息计算至每次履行完毕之日。

人民法院划拨、提取被执行人的存款、收入、股息、红利等财产的,相应部分的加倍部分债务利息计算至划拨、提取之日;人民法院对被执行人财产拍卖、变卖或者以物抵债的,计算至成交裁定或者抵债裁定生效之日;人民法院对被执行人财产通过其他方式变价的,计算至财产变价完成之日。

非因被执行人的申请,对生效法律文书审查而中止或者暂缓执行的期间及再审中止执行的期间,不计算加倍部分债务利息。

第四条 被执行人的财产不足以清偿全部债务的,应当先清偿生效法律文书确定的金钱债务,再清偿加倍部分债务利息,但当事人对清偿顺序另有约定的除外。

第五条 生效法律文书确定给付外币的,执行时以该种外币按日万分之一点七五计算加倍部分债务利息,但申请执行人主张以人民币计算的,人民法院应予准许。

以人民币计算加倍部分债务利息的,应当先将生效法律文书确定的外币折算或者套算为人民币后再进行计算。

外币折算或者套算为人民币的,按照加倍部分债务利息起算之日的中国外汇交易中心或者中国人民银行授权机构公布的人民币对该外币的中间价折合成人民币计算;中国外汇交易中心或者中国人民银行授权机构未公布汇率中间价的外币,按照该日境内银行人民币对该外币的中间价折算成人民币,或者该外币在境内银行、国际外汇市场对美元汇率,与人民币对美元汇率中间价进行套算。

第六条 执行回转程序中,原申请执行人迟延履行金钱给付义务的,应当按照本解释的规定承担加倍部分债务利息。

第七条 本解释施行时尚未执行完毕部分的金钱债务,本解释施行前的迟延履行期间债务利息按照之前的规定计算;施行后的迟延履行期间债务利息按照本解释计算。

本解释施行前本院发布的司法解释与本解释不一致的，以本解释为准。

（四）公司与企业破产

法　律

中华人民共和国公司法

（1993年12月29日第八届全国人民代表大会常务委员会第五次会议通过　根据1999年12月25日第九届全国人民代表大会常务委员会第十三次会议《关于修改〈中华人民共和国公司法〉的决定》第一次修正　根据2004年8月28日第十届全国人民代表大会常务委员会第十一次会议《关于修改〈中华人民共和国公司法〉的决定》第二次修正　2005年10月27日第十届全国人民代表大会常务委员会第十八次会议第一次修订　根据2013年12月28日第十二届全国人民代表大会常务委员会第六次会议《关于修改〈中华人民共和国海洋环境保护法〉等七部法律的决定》第三次修正　根据2018年10月26日第十三届全国人民代表大会常务委员会第六次会议《关于修改〈中华人民共和国公司法〉的决定》第四次修正　2023年12月29日第十四届全国人民代表大会常务委员会第七次会议第二次修订）

目　录

第一章 总 则

第一条 为了规范公司的组织和行为,保护公司、股东、职工和债权人的合法权益,完善中国特色现代企业制度,弘扬企业家精神,维护社会经济秩序,促进社会主义市场经济的发展,根据宪法,制定本法。

第二条 本法所称公司,是指依照本法在中华人民共和国境内设立的有限责任公司和股份有限公司。

第三条 公司是企业法人,有独立的法人财产,享有法人财产权。公司以其全部财产对公司的债务承担责任。

公司的合法权益受法律保护，不受侵犯。

第四条 有限责任公司的股东以其认缴的出资额为限对公司承担责任；股份有限公司的股东以其认购的股份为限对公司承担责任。

公司股东对公司依法享有资产收益、参与重大决策和选择管理者等权利。

第五条 设立公司应当依法制定公司章程。公司章程对公司、股东、董事、监事、高级管理人员具有约束力。

第六条 公司应当有自己的名称。公司名称应当符合国家有关规定。

公司的名称权受法律保护。

第七条 依照本法设立的有限责任公司，应当在公司名称中标明有限责任公司或者有限公司字样。

依照本法设立的股份有限公司，应当在公司名称中标明股份有限公司或者股份公司字样。

第八条 公司以其主要办事机构所在地为住所。

第九条 公司的经营范围由公司章程规定。公司可以修改公司章程，变更经营范围。

公司的经营范围中属于法律、行政法规规定须经批准的项目，应当依法经过批准。

第十条 公司的法定代表人按照公司章程的规定，由代表公司执行公司事务的董事或者经理担任。

担任法定代表人的董事或者经理辞任的，视为同时辞去法定代表人。

法定代表人辞任的，公司应当在法定代表人辞任之日起三十日内确定新的法定代表人。

第十一条 法定代表人以公司名义从事的民事活动，其法律后果由公司承受。

公司章程或者股东会对法定代表人职权的限制，不得对抗善意相对人。

法定代表人因执行职务造成他人损害的，由公司承担民事责任。公司承担民事责任后，依照法律或者公司章程的规定，可以向有过错的法定代表人追偿。

第十二条 有限责任公司变更为股份有限公司,应当符合本法规定的股份有限公司的条件。股份有限公司变更为有限责任公司,应当符合本法规定的有限责任公司的条件。

有限责任公司变更为股份有限公司的,或者股份有限公司变更为有限责任公司的,公司变更前的债权、债务由变更后的公司承继。

第十三条 公司可以设立子公司。子公司具有法人资格,依法独立承担民事责任。

公司可以设立分公司。分公司不具有法人资格,其民事责任由公司承担。

第十四条 公司可以向其他企业投资。

法律规定公司不得成为对所投资企业的债务承担连带责任的出资人的,从其规定。

第十五条 公司向其他企业投资或者为他人提供担保,按照公司章程的规定,由董事会或者股东会决议;公司章程对投资或者担保的总额及单项投资或者担保的数额有限额规定的,不得超过规定的限额。

公司为公司股东或者实际控制人提供担保的,应当经股东会决议。

前款规定的股东或者受前款规定的实际控制人支配的股东,不得参加前款规定事项的表决。该项表决由出席会议的其他股东所持表决权的过半数通过。

第十六条 公司应当保护职工的合法权益,依法与职工签订劳动合同,参加社会保险,加强劳动保护,实现安全生产。

公司应当采用多种形式,加强公司职工的职业教育和岗位培训,提高职工素质。

第十七条 公司职工依照《中华人民共和国工会法》组织工会,开展工会活动,维护职工合法权益。公司应当为本公司工会提供必要的活动条件。公司工会代表职工就职工的劳动报酬、工作时间、休息休假、劳动安全卫生和保险福利等事项依法与公司签订集体合同。

公司依照宪法和有关法律的规定,建立健全以职工代表大会为基本形式的民主管理制度，通过职工代表大会或者其他形式，实行民主管理。

公司研究决定改制、解散、申请破产以及经营方面的重大问题、制定重要的规章制度时，应当听取公司工会的意见，并通过职工代表大会或者其他形式听取职工的意见和建议。

第十八条　在公司中，根据中国共产党章程的规定，设立中国共产党的组织，开展党的活动。公司应当为党组织的活动提供必要条件。

第十九条　公司从事经营活动，应当遵守法律法规，遵守社会公德、商业道德，诚实守信，接受政府和社会公众的监督。

第二十条　公司从事经营活动，应当充分考虑公司职工、消费者等利益相关者的利益以及生态环境保护等社会公共利益，承担社会责任。

国家鼓励公司参与社会公益活动，公布社会责任报告。

第二十一条　公司股东应当遵守法律、行政法规和公司章程，依法行使股东权利，不得滥用股东权利损害公司或者其他股东的利益。

公司股东滥用股东权利给公司或者其他股东造成损失的，应当承担赔偿责任。

第二十二条　公司的控股股东、实际控制人、董事、监事、高级管理人员不得利用关联关系损害公司利益。

违反前款规定，给公司造成损失的，应当承担赔偿责任。

第二十三条　公司股东滥用公司法人独立地位和股东有限责任，逃避债务，严重损害公司债权人利益的，应当对公司债务承担连带责任。

股东利用其控制的两个以上公司实施前款规定行为的，各公司应当对任一公司的债务承担连带责任。

只有一个股东的公司，股东不能证明公司财产独立于股东自己的财产的，应当对公司债务承担连带责任。

第二十四条　公司股东会、董事会、监事会召开会议和表决可以采用电子通信方式，公司章程另有规定的除外。

第二十五条　公司股东会、董事会的决议内容违反法律、行政法规的无效。

第二十六条 公司股东会、董事会的会议召集程序、表决方式违反法律、行政法规或者公司章程,或者决议内容违反公司章程的,股东自决议作出之日起六十日内,可以请求人民法院撤销。但是,股东会、董事会的会议召集程序或者表决方式仅有轻微瑕疵,对决议未产生实质影响的除外。

未被通知参加股东会会议的股东自知道或者应当知道股东会决议作出之日起六十日内,可以请求人民法院撤销;自决议作出之日起一年内没有行使撤销权的,撤销权消灭。

第二十七条 有下列情形之一的,公司股东会、董事会的决议不成立:

(一)未召开股东会、董事会会议作出决议;

(二)股东会、董事会会议未对决议事项进行表决;

(三)出席会议的人数或者所持表决权数未达到本法或者公司章程规定的人数或者所持表决权数;

(四)同意决议事项的人数或者所持表决权数未达到本法或者公司章程规定的人数或者所持表决权数。

第二十八条 公司股东会、董事会决议被人民法院宣告无效、撤销或者确认不成立的,公司应当向公司登记机关申请撤销根据该决议已办理的登记。

股东会、董事会决议被人民法院宣告无效、撤销或者确认不成立的,公司根据该决议与善意相对人形成的民事法律关系不受影响。

第二章 公司登记

第二十九条 设立公司,应当依法向公司登记机关申请设立登记。

法律、行政法规规定设立公司必须报经批准的,应当在公司登记前依法办理批准手续。

第三十条 申请设立公司,应当提交设立登记申请书、公司章程等文件,提交的相关材料应当真实、合法和有效。

申请材料不齐全或者不符合法定形式的,公司登记机关应当一次性告知需要补正的材料。

第三十一条　申请设立公司，符合本法规定的设立条件的，由公司登记机关分别登记为有限责任公司或者股份有限公司；不符合本法规定的设立条件的，不得登记为有限责任公司或者股份有限公司。

第三十二条　公司登记事项包括：

（一）名称；

（二）住所；

（三）注册资本；

（四）经营范围；

（五）法定代表人的姓名；

（六）有限责任公司股东、股份有限公司发起人的姓名或者名称。

公司登记机关应当将前款规定的公司登记事项通过国家企业信用信息公示系统向社会公示。

第三十三条　依法设立的公司，由公司登记机关发给公司营业执照。公司营业执照签发日期为公司成立日期。

公司营业执照应当载明公司的名称、住所、注册资本、经营范围、法定代表人姓名等事项。

公司登记机关可以发给电子营业执照。电子营业执照与纸质营业执照具有同等法律效力。

第三十四条　公司登记事项发生变更的，应当依法办理变更登记。

公司登记事项未经登记或者未经变更登记，不得对抗善意相对人。

第三十五条　公司申请变更登记，应当向公司登记机关提交公司法定代表人签署的变更登记申请书、依法作出的变更决议或者决定等文件。

公司变更登记事项涉及修改公司章程的，应当提交修改后的公司章程。

公司变更法定代表人的，变更登记申请书由变更后的法定代表人签署。

第三十六条　公司营业执照记载的事项发生变更的，公司办理变更登记后,由公司登记机关换发营业执照。

第三十七条 公司因解散、被宣告破产或者其他法定事由需要终止的,应当依法向公司登记机关申请注销登记,由公司登记机关公告公司终止。

第三十八条 公司设立分公司,应当向公司登记机关申请登记,领取营业执照。

第三十九条 虚报注册资本、提交虚假材料或者采取其他欺诈手段隐瞒重要事实取得公司设立登记的,公司登记机关应当依照法律、行政法规的规定予以撤销。

第四十条 公司应当按照规定通过国家企业信用信息公示系统公示下列事项:

(一)有限责任公司股东认缴和实缴的出资额、出资方式和出资日期,股份有限公司发起人认购的股份数;

(二)有限责任公司股东、股份有限公司发起人的股权、股份变更信息;

(三)行政许可取得、变更、注销等信息;

(四)法律、行政法规规定的其他信息。

公司应当确保前款公示信息真实、准确、完整。

第四十一条 公司登记机关应当优化公司登记办理流程,提高公司登记效率,加强信息化建设,推行网上办理等便捷方式,提升公司登记便利化水平。

国务院市场监督管理部门根据本法和有关法律、行政法规的规定,制定公司登记注册的具体办法。

第三章 有限责任公司的设立和组织机构

第一节 设 立

第四十二条 有限责任公司由一个以上五十个以下股东出资设立。

第四十三条 有限责任公司设立时的股东可以签订设立协议,明确各自在公司设立过程中的权利和义务。

第四十四条　有限责任公司设立时的股东为设立公司从事的民事活动，其法律后果由公司承受。

公司未成立的，其法律后果由公司设立时的股东承受；设立时的股东为二人以上的，享有连带债权，承担连带债务。

设立时的股东为设立公司以自己的名义从事民事活动产生的民事责任，第三人有权选择请求公司或者公司设立时的股东承担。

设立时的股东因履行公司设立职责造成他人损害的，公司或者无过错的股东承担赔偿责任后，可以向有过错的股东追偿。

第四十五条　设立有限责任公司，应当由股东共同制定公司章程。

第四十六条　有限责任公司章程应当载明下列事项：

（一）公司名称和住所；

（二）公司经营范围；

（三）公司注册资本；

（四）股东的姓名或者名称；

（五）股东的出资额、出资方式和出资日期；

（六）公司的机构及其产生办法、职权、议事规则；

（七）公司法定代表人的产生、变更办法；

（八）股东会认为需要规定的其他事项。

股东应当在公司章程上签名或者盖章。

第四十七条　有限责任公司的注册资本为在公司登记机关登记的全体股东认缴的出资额。全体股东认缴的出资额由股东按照公司章程的规定自公司成立之日起五年内缴足。

法律、行政法规以及国务院决定对有限责任公司注册资本实缴、注册资本最低限额、股东出资期限另有规定的，从其规定。

第四十八条　股东可以用货币出资，也可以用实物、知识产权、土地使用权、股权、债权等可以用货币估价并可以依法转让的非货币财产作价出资；但是，法律、行政法规规定不得作为出资的财产除外。

对作为出资的非货币财产应当评估作价，核实财产，不得高估或者低估作价。法律、行政法规对评估作价有规定的，从其规定。

第四十九条　股东应当按期足额缴纳公司章程规定的各自所认

缴的出资额。

股东以货币出资的，应当将货币出资足额存入有限责任公司在银行开设的账户；以非货币财产出资的，应当依法办理其财产权的转移手续。

股东未按期足额缴纳出资的，除应当向公司足额缴纳外，还应当对给公司造成的损失承担赔偿责任。

第五十条 有限责任公司设立时，股东未按照公司章程规定实际缴纳出资，或者实际出资的非货币财产的实际价额显著低于所认缴的出资额的，设立时的其他股东与该股东在出资不足的范围内承担连带责任。

第五十一条 有限责任公司成立后，董事会应当对股东的出资情况进行核查，发现股东未按期足额缴纳公司章程规定的出资的，应当由公司向该股东发出书面催缴书，催缴出资。

未及时履行前款规定的义务，给公司造成损失的，负有责任的董事应当承担赔偿责任。

第五十二条 股东未按照公司章程规定的出资日期缴纳出资，公司依照前条第一款规定发出书面催缴书催缴出资的，可以载明缴纳出资的宽限期；宽限期自公司发出催缴书之日起，不得少于六十日。宽限期届满，股东仍未履行出资义务的，公司经董事会决议可以向该股东发出失权通知，通知应当以书面形式发出。自通知发出之日起，该股东丧失其未缴纳出资的股权。

依照前款规定丧失的股权应当依法转让，或者相应减少注册资本并注销该股权；六个月内未转让或者注销的，由公司其他股东按照其出资比例足额缴纳相应出资。

股东对失权有异议的，应当自接到失权通知之日起三十日内，向人民法院提起诉讼。

第五十三条 公司成立后，股东不得抽逃出资。

违反前款规定的，股东应当返还抽逃的出资；给公司造成损失的，负有责任的董事、监事、高级管理人员应当与该股东承担连带赔偿责任。

第五十四条 公司不能清偿到期债务的，公司或者已到期债权的债权人有权要求已认缴出资但未届出资期限的股东提前缴纳出资。

第五十五条　有限责任公司成立后，应当向股东签发出资证明书，记载下列事项：

（一）公司名称；

（二）公司成立日期；

（三）公司注册资本；

（四）股东的姓名或者名称、认缴和实缴的出资额、出资方式和出资日期；

（五）出资证明书的编号和核发日期。

出资证明书由法定代表人签名，并由公司盖章。

第五十六条　有限责任公司应当置备股东名册，记载下列事项：

（一）股东的姓名或者名称及住所；

（二）股东认缴和实缴的出资额、出资方式和出资日期；

（三）出资证明书编号；

（四）取得和丧失股东资格的日期。

记载于股东名册的股东，可以依股东名册主张行使股东权利。

第五十七条　股东有权查阅、复制公司章程、股东名册、股东会会议记录、董事会会议决议、监事会会议决议和财务会计报告。

股东可以要求查阅公司会计账簿、会计凭证。股东要求查阅公司会计账簿、会计凭证的，应当向公司提出书面请求，说明目的。公司有合理根据认为股东查阅会计账簿、会计凭证有不正当目的，可能损害公司合法利益的，可以拒绝提供查阅，并应当自股东提出书面请求之日起十五日内书面答复股东并说明理由。公司拒绝提供查阅的，股东可以向人民法院提起诉讼。

股东查阅前款规定的材料，可以委托会计师事务所、律师事务所等中介机构进行。

股东及其委托的会计师事务所、律师事务所等中介机构查阅、复制有关材料，应当遵守有关保护国家秘密、商业秘密、个人隐私、个人信息等法律、行政法规的规定。

股东要求查阅、复制公司全资子公司相关材料的，适用前四款的规定。

第二节 组织机构

第五十八条 有限责任公司股东会由全体股东组成。股东会是公司的权力机构,依照本法行使职权。

第五十九条 股东会行使下列职权:

(一)选举和更换董事、监事,决定有关董事、监事的报酬事项;

(二)审议批准董事会的报告;

(三)审议批准监事会的报告;

(四)审议批准公司的利润分配方案和弥补亏损方案;

(五)对公司增加或者减少注册资本作出决议;

(六)对发行公司债券作出决议;

(七)对公司合并、分立、解散、清算或者变更公司形式作出决议;

(八)修改公司章程;

(九)公司章程规定的其他职权。

股东会可以授权董事会对发行公司债券作出决议。

对本条第一款所列事项股东以书面形式一致表示同意的,可以不召开股东会会议,直接作出决定,并由全体股东在决定文件上签名或者盖章。

第六十条 只有一个股东的有限责任公司不设股东会。股东作出前条第一款所列事项的决定时,应当采用书面形式,并由股东签名或者盖章后置备于公司。

第六十一条 首次股东会会议由出资最多的股东召集和主持,依照本法规定行使职权。

第六十二条 股东会会议分为定期会议和临时会议。

定期会议应当按照公司章程的规定按时召开。代表十分之一以上表决权的股东、三分之一以上的董事或者监事会提议召开临时会议的,应当召开临时会议。

第六十三条 股东会会议由董事会召集,董事长主持;董事长不能履行职务或者不履行职务的,由副董事长主持;副董事长不能履行职务或者不履行职务的,由过半数的董事共同推举一名董事主持。

董事会不能履行或者不履行召集股东会会议职责的,由监事会召集和主持；监事会不召集和主持的，代表十分之一以上表决权的股东可以自行召集和主持。

第六十四条　召开股东会会议，应当于会议召开十五日前通知全体股东；但是，公司章程另有规定或者全体股东另有约定的除外。

股东会应当对所议事项的决定作成会议记录，出席会议的股东应当在会议记录上签名或者盖章。

第六十五条　股东会会议由股东按照出资比例行使表决权；但是，公司章程另有规定的除外。

第六十六条　股东会的议事方式和表决程序，除本法有规定的外，由公司章程规定。

股东会作出决议，应当经代表过半数表决权的股东通过。

股东会作出修改公司章程、增加或者减少注册资本的决议，以及公司合并、分立、解散或者变更公司形式的决议，应当经代表三分之二以上表决权的股东通过。

第六十七条　有限责任公司设董事会，本法第七十五条另有规定的除外。

董事会行使下列职权：

（一）召集股东会会议，并向股东会报告工作；

（二）执行股东会的决议；

（三）决定公司的经营计划和投资方案；

（四）制订公司的利润分配方案和弥补亏损方案；

（五）制订公司增加或者减少注册资本以及发行公司债券的方案；

（六）制订公司合并、分立、解散或者变更公司形式的方案；

（七）决定公司内部管理机构的设置；

（八）决定聘任或者解聘公司经理及其报酬事项，并根据经理的提名决定聘任或者解聘公司副经理、财务负责人及其报酬事项；

（九）制定公司的基本管理制度；

（十）公司章程规定或者股东会授予的其他职权。

公司章程对董事会职权的限制不得对抗善意相对人。

第六十八条　有限责任公司董事会成员为三人以上，其成员中可以有公司职工代表。职工人数三百人以上的有限责任公司，除依法设监事会并有公司职工代表的外,其董事会成员中应当有公司职工代表。董事会中的职工代表由公司职工通过职工代表大会、职工大会或者其他形式民主选举产生。

董事会设董事长一人,可以设副董事长。董事长、副董事长的产生办法由公司章程规定。

第六十九条 有限责任公司可以按照公司章程的规定在董事会中设置由董事组成的审计委员会,行使本法规定的监事会的职权,不设监事会或者监事。公司董事会成员中的职工代表可以成为审计委员会成员。

第七十条 董事任期由公司章程规定,但每届任期不得超过三年。董事任期届满,连选可以连任。

董事任期届满未及时改选,或者董事在任期内辞任导致董事会成员低于法定人数的,在改选出的董事就任前,原董事仍应当依照法律、行政法规和公司章程的规定,履行董事职务。

董事辞任的,应当以书面形式通知公司,公司收到通知之日辞任生效,但存在前款规定情形的,董事应当继续履行职务。

第七十一条 股东会可以决议解任董事,决议作出之日解任生效。

无正当理由,在任期届满前解任董事的,该董事可以要求公司予以赔偿。

第七十二条 董事会会议由董事长召集和主持;董事长不能履行职务或者不履行职务的,由副董事长召集和主持;副董事长不能履行职务或者不履行职务的,由过半数的董事共同推举一名董事召集和主持。

第七十三条 董事会的议事方式和表决程序,除本法有规定的外,由公司章程规定。

董事会会议应当有过半数的董事出席方可举行。董事会作出决议,应当经全体董事的过半数通过。

董事会决议的表决,应当一人一票。

董事会应当对所议事项的决定作成会议记录,出席会议的董事应当在会议记录上签名。

第七十四条 有限责任公司可以设经理,由董事会决定聘任或者解聘。

经理对董事会负责,根据公司章程的规定或者董事会的授权行使职权。经理列席董事会会议。

第七十五条 规模较小或者股东人数较少的有限责任公司,可以不设董事会,设一名董事,行使本法规定的董事会的职权。该董事可以兼任公司经理。

第七十六条 有限责任公司设监事会,本法第六十九条、第八十三条另有规定的除外。

监事会成员为三人以上。监事会成员应当包括股东代表和适当比例的公司职工代表,其中职工代表的比例不得低于三分之一,具体比例由公司章程规定。监事会中的职工代表由公司职工通过职工代表大会、职工大会或者其他形式民主选举产生。

监事会设主席一人,由全体监事过半数选举产生。监事会主席召集和主持监事会会议;监事会主席不能履行职务或者不履行职务的,由过半数的监事共同推举一名监事召集和主持监事会会议。

董事、高级管理人员不得兼任监事。

第七十七条 监事的任期每届为三年。监事任期届满,连选可以连任。

监事任期届满未及时改选,或者监事在任期内辞任导致监事会成员低于法定人数的,在改选出的监事就任前,原监事仍应当依照法律、行政法规和公司章程的规定,履行监事职务。

第七十八条 监事会行使下列职权:

(一)检查公司财务;

(二)对董事、高级管理人员执行职务的行为进行监督,对违反法律、行政法规、公司章程或者股东会决议的董事、高级管理人员提出解任的建议;

(三)当董事、高级管理人员的行为损害公司的利益时,要求董事、高级管理人员予以纠正;

(四)提议召开临时股东会会议,在董事会不履行本法规定的召集和主持股东会会议职责时召集和主持股东会会议;

(五)向股东会会议提出提案;

(六)依照本法第一百八十九条的规定,对董事、高级管理人员提起诉讼;

(七)公司章程规定的其他职权。

第七十九条 监事可以列席董事会会议,并对董事会决议事项提出质询或者建议。

监事会发现公司经营情况异常,可以进行调查;必要时,可以聘请会计师事务所等协助其工作,费用由公司承担。

第八十条 监事会可以要求董事、高级管理人员提交执行职务的报告。

董事、高级管理人员应当如实向监事会提供有关情况和资料,不得妨碍监事会或者监事行使职权。

第八十一条 监事会每年度至少召开一次会议,监事可以提议召开临时监事会会议。

监事会的议事方式和表决程序,除本法有规定的外,由公司章程规定。

监事会决议应当经全体监事的过半数通过。

监事会决议的表决,应当一人一票。

监事会应当对所议事项的决定作成会议记录,出席会议的监事应当在会议记录上签名。

第八十二条 监事会行使职权所必需的费用,由公司承担。

第八十三条 规模较小或者股东人数较少的有限责任公司,可以不设监事会,设一名监事,行使本法规定的监事会的职权;经全体股东一致同意,也可以不设监事。

第四章 有限责任公司的股权转让

第八十四条 有限责任公司的股东之间可以相互转让其全部或者部分股权。

股东向股东以外的人转让股权的,应当将股权转让的数量、价格、支付方式和期限等事项书面通知其他股东,其他股东在同等条件下有优先购买权。股东自接到书面通知之日起三十日内未答复的,视为放弃优先购买权。两个以上股东行使优先购买权的,协商确定各自的购买比例;协商不成的,按照转让时各自的出资比例行使优先购买权。

公司章程对股权转让另有规定的,从其规定。

第八十五条　人民法院依照法律规定的强制执行程序转让股东的股权时,应当通知公司及全体股东,其他股东在同等条件下有优先购买权。其他股东自人民法院通知之日起满二十日不行使优先购买权的,视为放弃优先购买权。

第八十六条　股东转让股权的,应当书面通知公司,请求变更股东名册;需要办理变更登记的,并请求公司向公司登记机关办理变更登记。公司拒绝或者在合理期限内不予答复的,转让人、受让人可以依法向人民法院提起诉讼。

股权转让的,受让人自记载于股东名册时起可以向公司主张行使股东权利。

第八十七条　依照本法转让股权后,公司应当及时注销原股东的出资证明书,向新股东签发出资证明书,并相应修改公司章程和股东名册中有关股东及其出资额的记载。对公司章程的该项修改不需再由股东会表决。

第八十八条　股东转让已认缴出资但未届出资期限的股权的,由受让人承担缴纳该出资的义务;受让人未按期足额缴纳出资的,转让人对受让人未按期缴纳的出资承担补充责任。

未按照公司章程规定的出资日期缴纳出资或者作为出资的非货币财产的实际价额显著低于所认缴的出资额的股东转让股权的,转让人与受让人在出资不足的范围内承担连带责任;受让人不知道且不应当知道存在上述情形的,由转让人承担责任。

第八十九条　有下列情形之一的,对股东会该项决议投反对票的股东可以请求公司按照合理的价格收购其股权:

(一)公司连续五年不向股东分配利润,而公司该五年连续盈利,并且符合本法规定的分配利润条件;

(二)公司合并、分立、转让主要财产;

(三)公司章程规定的营业期限届满或者章程规定的其他解散事由出现,股东会通过决议修改章程使公司存续。

自股东会决议作出之日起六十日内,股东与公司不能达成股权收购协议的,股东可以自股东会决议作出之日起九十日内向人民法院提起诉讼。

公司的控股股东滥用股东权利,严重损害公司或者其他股东利益的,其他股东有权请求公司按照合理的价格收购其股权。

公司因本条第一款、第三款规定的情形收购的本公司股权,应当在六个月内依法转让或者注销。

第九十条 自然人股东死亡后,其合法继承人可以继承股东资格;但是,公司章程另有规定的除外。

第五章 股份有限公司的设立和组织机构

第一节 设 立

第九十一条 设立股份有限公司,可以采取发起设立或者募集设立的方式。

发起设立,是指由发起人认购设立公司时应发行的全部股份而设立公司。

募集设立,是指由发起人认购设立公司时应发行股份的一部分,其余股份向特定对象募集或者向社会公开募集而设立公司。

第九十二条 设立股份有限公司,应当有一人以上二百人以下为发起人,其中应当有半数以上的发起人在中华人民共和国境内有住所。

第九十三条 股份有限公司发起人承担公司筹办事务。

发起人应当签订发起人协议,明确各自在公司设立过程中的权利和义务。

第九十四条 设立股份有限公司,应当由发起人共同制订公司章程。

第九十五条 股份有限公司章程应当载明下列事项:

(一)公司名称和住所;

(二)公司经营范围;

(三)公司设立方式;

（四）公司注册资本、已发行的股份数和设立时发行的股份数，面额股的每股金额；

（五）发行类别股的，每一类别股的股份数及其权利和义务；

（六）发起人的姓名或者名称、认购的股份数、出资方式；

（七）董事会的组成、职权和议事规则；

（八）公司法定代表人的产生、变更办法；

（九）监事会的组成、职权和议事规则；

（十）公司利润分配办法；

（十一）公司的解散事由与清算办法；

（十二）公司的通知和公告办法；

（十三）股东会认为需要规定的其他事项。

第九十六条　股份有限公司的注册资本为在公司登记机关登记的已发行股份的股本总额。在发起人认购的股份缴足前，不得向他人募集股份。

法律、行政法规以及国务院决定对股份有限公司注册资本最低限额另有规定的，从其规定。

第九十七条　以发起设立方式设立股份有限公司的，发起人应当认足公司章程规定的公司设立时应发行的股份。

以募集设立方式设立股份有限公司的，发起人认购的股份不得少于公司章程规定的公司设立时应发行股份总数的百分之三十五；但是，法律、行政法规另有规定的，从其规定。

第九十八条　发起人应当在公司成立前按照其认购的股份全额缴纳股款。

发起人的出资，适用本法第四十八条、第四十九条第二款关于有限责任公司股东出资的规定。

第九十九条　发起人不按照其认购的股份缴纳股款，或者作为出资的非货币财产的实际价额显著低于所认购的股份的，其他发起人与该发起人在出资不足的范围内承担连带责任。

第一百条　发起人向社会公开募集股份，应当公告招股说明书，并制作认股书。认股书应当载明本法第一百五十四条第二款、第三款所列事项，由认股人填写认购的股份数、金额、住所，并签名或者盖章。

认股人应当按照所认购股份足额缴纳股款。

第一百零一条 向社会公开募集股份的股款缴足后，应当经依法设立的验资机构验资并出具证明。

第一百零二条 股份有限公司应当制作股东名册并置备于公司。股东名册应当记载下列事项：

（一）股东的姓名或者名称及住所；

（二）各股东所认购的股份种类及股份数；

（三）发行纸面形式的股票的，股票的编号；

（四）各股东取得股份的日期。

第一百零三条 募集设立股份有限公司的发起人应当自公司设立时应发行股份的股款缴足之日起三十日内召开公司成立大会。发起人应当在成立大会召开十五日前将会议日期通知各认股人或者予以公告。成立大会应当有持有表决权过半数的认股人出席，方可举行。

以发起设立方式设立股份有限公司成立大会的召开和表决程序由公司章程或者发起人协议规定。

第一百零四条 公司成立大会行使下列职权：

（一）审议发起人关于公司筹办情况的报告；

（二）通过公司章程；

（三）选举董事、监事；

（四）对公司的设立费用进行审核；

（五）对发起人非货币财产出资的作价进行审核；

（六）发生不可抗力或者经营条件发生重大变化直接影响公司设立的，可以作出不设立公司的决议。

成立大会对前款所列事项作出决议，应当经出席会议的认股人所持表决权过半数通过。

第一百零五条 公司设立时应发行的股份未募足，或者发行股份的股款缴足后，发起人在三十日内未召开成立大会的，认股人可以按照所缴股款并加算银行同期存款利息，要求发起人返还。

发起人、认股人缴纳股款或者交付非货币财产出资后，除未按期募足股份、发起人未按期召开成立大会或者成立大会决议不设立公司的情形外，不得抽回其股本。

第一百零六条　董事会应当授权代表，于公司成立大会结束后三十日内向公司登记机关申请设立登记。

第一百零七条　本法第四十四条、第四十九条第三款、第五十一条、第五十二条、第五十三条的规定，适用于股份有限公司。

第一百零八条　有限责任公司变更为股份有限公司时，折合的实收股本总额不得高于公司净资产额。有限责任公司变更为股份有限公司，为增加注册资本公开发行股份时，应当依法办理。

第一百零九条　股份有限公司应当将公司章程、股东名册、股东会会议记录、董事会会议记录、监事会会议记录、财务会计报告、债券持有人名册置备于本公司。

第一百一十条　股东有权查阅、复制公司章程、股东名册、股东会会议记录、董事会会议决议、监事会会议决议、财务会计报告，对公司的经营提出建议或者质询。

连续一百八十日以上单独或者合计持有公司百分之三以上股份的股东要求查阅公司的会计账簿、会计凭证的，适用本法第五十七条第二款、第三款、第四款的规定。公司章程对持股比例有较低规定的，从其规定。

股东要求查阅、复制公司全资子公司相关材料的，适用前两款的规定。

上市公司股东查阅、复制相关材料的，应当遵守《中华人民共和国证券法》等法律、行政法规的规定。

第二节　股　东　会

第一百一十一条　股份有限公司股东会由全体股东组成。股东会是公司的权力机构，依照本法行使职权。

第一百一十二条　本法第五十九条第一款、第二款关于有限责任公司股东会职权的规定，适用于股份有限公司股东会。

本法第六十条关于只有一个股东的有限责任公司不设股东会的规定，适用于只有一个股东的股份有限公司。

第一百一十三条　股东会应当每年召开一次年会。有下列情形

之一的,应当在两个月内召开临时股东会会议:

(一)董事人数不足本法规定人数或者公司章程所定人数的三分之二时;

(二)公司未弥补的亏损达股本总额三分之一时;

(三)单独或者合计持有公司百分之十以上股份的股东请求时;

(四)董事会认为必要时;

(五)监事会提议召开时;

(六)公司章程规定的其他情形。

第一百一十四条 股东会会议由董事会召集,董事长主持;董事长不能履行职务或者不履行职务的,由副董事长主持;副董事长不能履行职务或者不履行职务的,由过半数的董事共同推举一名董事主持。

董事会不能履行或者不履行召集股东会会议职责的,监事会应当及时召集和主持;监事会不召集和主持的,连续九十日以上单独或者合计持有公司百分之十以上股份的股东可以自行召集和主持。

单独或者合计持有公司百分之十以上股份的股东请求召开临时股东会会议的,董事会、监事会应当在收到请求之日起十日内作出是否召开临时股东会会议的决定,并书面答复股东。

第一百一十五条 召开股东会会议,应当将会议召开的时间、地点和审议的事项于会议召开二十日前通知各股东;临时股东会会议应当于会议召开十五日前通知各股东。

单独或者合计持有公司百分之一以上股份的股东,可以在股东会会议召开十日前提出临时提案并书面提交董事会。临时提案应当有明确议题和具体决议事项。董事会应当在收到提案后二日内通知其他股东,并将该临时提案提交股东会审议;但临时提案违反法律、行政法规或者公司章程的规定,或者不属于股东会职权范围的除外。公司不得提高提出临时提案股东的持股比例。

公开发行股份的公司,应当以公告方式作出前两款规定的通知。

股东会不得对通知中未列明的事项作出决议。

第一百一十六条 股东出席股东会会议,所持每一股份有一表决权,类别股股东除外。公司持有的本公司股份没有表决权。

股东会作出决议,应当经出席会议的股东所持表决权过半数通过。

股东会作出修改公司章程、增加或者减少注册资本的决议,以及公司合并、分立、解散或者变更公司形式的决议,应当经出席会议的股东所持表决权的三分之二以上通过。

第一百一十七条 股东会选举董事、监事,可以按照公司章程的规定或者股东会的决议,实行累积投票制。

本法所称累积投票制,是指股东会选举董事或者监事时,每一股份拥有与应选董事或者监事人数相同的表决权,股东拥有的表决权可以集中使用。

第一百一十八条 股东委托代理人出席股东会会议的,应当明确代理人代理的事项、权限和期限;代理人应当向公司提交股东授权委托书,并在授权范围内行使表决权。

第一百一十九条 股东会应当对所议事项的决定作成会议记录,主持人、出席会议的董事应当在会议记录上签名。会议记录应当与出席股东的签名册及代理出席的委托书一并保存。

第三节 董事会、经理

第一百二十条 股份有限公司设董事会,本法第一百二十八条另有规定的除外。

本法第六十七条、第六十八条第一款、第七十条、第七十一条的规定,适用于股份有限公司。

第一百二十一条 股份有限公司可以按照公司章程的规定在董事会中设置由董事组成的审计委员会,行使本法规定的监事会的职权,不设监事会或者监事。

审计委员会成员为三名以上,过半数成员不得在公司担任除董事以外的其他职务,且不得与公司存在任何可能影响其独立客观判断的关系。公司董事会成员中的职工代表可以成为审计委员会成员。

审计委员会作出决议,应当经审计委员会成员的过半数通过。

审计委员会决议的表决,应当一人一票。

审计委员会的议事方式和表决程序,除本法有规定的外,由公司章程规定。

公司可以按照公司章程的规定在董事会中设置其他委员会。

第一百二十二条 董事会设董事长一人,可以设副董事长。董事长和副董事长由董事会以全体董事的过半数选举产生。

董事长召集和主持董事会会议,检查董事会决议的实施情况。副董事长协助董事长工作,董事长不能履行职务或者不履行职务的,由副董事长履行职务;副董事长不能履行职务或者不履行职务的,由过半数的董事共同推举一名董事履行职务。

第一百二十三条 董事会每年度至少召开两次会议,每次会议应当于会议召开十日前通知全体董事和监事。

代表十分之一以上表决权的股东、三分之一以上董事或者监事会,可以提议召开临时董事会会议。董事长应当自接到提议后十日内,召集和主持董事会会议。

董事会召开临时会议,可以另定召集董事会的通知方式和通知时限。

第一百二十四条 董事会会议应当有过半数的董事出席方可举行。董事会作出决议,应当经全体董事的过半数通过。

董事会决议的表决,应当一人一票。

董事会应当对所议事项的决定作成会议记录,出席会议的董事应当在会议记录上签名。

第一百二十五条 董事会会议,应当由董事本人出席;董事因故不能出席,可以书面委托其他董事代为出席,委托书应当载明授权范围。

董事应当对董事会的决议承担责任。董事会的决议违反法律、行政法规或者公司章程、股东会决议,给公司造成严重损失的,参与决议的董事对公司负赔偿责任;经证明在表决时曾表明异议并记载于会议记录的,该董事可以免除责任。

第一百二十六条 股份有限公司设经理,由董事会决定聘任或者解聘。

经理对董事会负责,根据公司章程的规定或者董事会的授权行使职权。经理列席董事会会议。

第一百二十七条 公司董事会可以决定由董事会成员兼任经理。

第一百二十八条 规模较小或者股东人数较少的股份有限公司，可以不设董事会，设一名董事，行使本法规定的董事会的职权。该董事可以兼任公司经理。

第一百二十九条 公司应当定期向股东披露董事、监事、高级管理人员从公司获得报酬的情况。

第四节 监 事 会

第一百三十条 股份有限公司设监事会，本法第一百二十一条第一款、第一百三十三条另有规定的除外。

监事会成员为三人以上。监事会成员应当包括股东代表和适当比例的公司职工代表，其中职工代表的比例不得低于三分之一，具体比例由公司章程规定。监事会中的职工代表由公司职工通过职工代表大会、职工大会或者其他形式民主选举产生。

监事会设主席一人，可以设副主席。监事会主席和副主席由全体监事过半数选举产生。监事会主席召集和主持监事会会议；监事会主席不能履行职务或者不履行职务的，由监事会副主席召集和主持监事会会议；监事会副主席不能履行职务或者不履行职务的，由过半数的监事共同推举一名监事召集和主持监事会会议。

董事、高级管理人员不得兼任监事。

本法第七十七条关于有限责任公司监事任期的规定，适用于股份有限公司监事。

第一百三十一条 本法第七十八条至第八十条的规定，适用于股份有限公司监事会。

监事会行使职权所必需的费用，由公司承担。

第一百三十二条 监事会每六个月至少召开一次会议。监事可以提议召开临时监事会会议。

监事会的议事方式和表决程序，除本法有规定的外，由公司章程规定。

监事会决议应当经全体监事的过半数通过。

监事会决议的表决，应当一人一票。

监事会应当对所议事项的决定作成会议记录，出席会议的监事应当在会议记录上签名。

第一百三十三条 规模较小或者股东人数较少的股份有限公司，可以不设监事会，设一名监事，行使本法规定的监事会的职权。

第五节 上市公司组织机构的特别规定

第一百三十四条 本法所称上市公司，是指其股票在证券交易所上市交易的股份有限公司。

第一百三十五条 上市公司在一年内购买、出售重大资产或者向他人提供担保的金额超过公司资产总额百分之三十的，应当由股东会作出决议，并经出席会议的股东所持表决权的三分之二以上通过。

第一百三十六条 上市公司设独立董事，具体管理办法由国务院证券监督管理机构规定。

上市公司的公司章程除载明本法第九十五条规定的事项外，还应当依照法律、行政法规的规定载明董事会专门委员会的组成、职权以及董事、监事、高级管理人员薪酬考核机制等事项。

第一百三十七条 上市公司在董事会中设置审计委员会的，董事会对下列事项作出决议前应当经审计委员会全体成员过半数通过：

（一）聘用、解聘承办公司审计业务的会计师事务所；

（二）聘任、解聘财务负责人；

（三）披露财务会计报告；

（四）国务院证券监督管理机构规定的其他事项。

第一百三十八条 上市公司设董事会秘书，负责公司股东会和董事会会议的筹备、文件保管以及公司股东资料的管理，办理信息披露事务等事宜。

第一百三十九条 上市公司董事与董事会会议决议事项所涉及的企业或者个人有关联关系的，该董事应当及时向董事会书面报告。有关联关系的董事不得对该项决议行使表决权，也不得代理其他董事行使表决权。该董事会会议由过半数的无关联关系董事出席即可举行，董事会会议所作决议须经无关联关系董事过半数通过。出席董事会会议的无关联关系董事人数不足三人的，应当将该事项提交上市公司股东会审议。

第一百四十条　上市公司应当依法披露股东、实际控制人的信息，相关信息应当真实、准确、完整。

禁止违反法律、行政法规的规定代持上市公司股票。

第一百四十一条　上市公司控股子公司不得取得该上市公司的股份。

上市公司控股子公司因公司合并、质权行使等原因持有上市公司股份的，不得行使所持股份对应的表决权，并应当及时处分相关上市公司股份。

第六章　股份有限公司的股份发行和转让

第一节　股份发行

第一百四十二条　公司的资本划分为股份。公司的全部股份，根据公司章程的规定择一采用面额股或者无面额股。采用面额股的，每一股的金额相等。

公司可以根据公司章程的规定将已发行的面额股全部转换为无面额股或者将无面额股全部转换为面额股。

采用无面额股的，应当将发行股份所得股款的二分之一以上计入注册资本。

第一百四十三条　股份的发行，实行公平、公正的原则，同类别的每一股份应当具有同等权利。

同次发行的同类别股份，每股的发行条件和价格应当相同；认购人所认购的股份，每股应当支付相同价额。

第一百四十四条　公司可以按照公司章程的规定发行下列与普通股权利不同的类别股：

（一）优先或者劣后分配利润或者剩余财产的股份；

（二）每一股的表决权数多于或者少于普通股的股份；

（三）转让须经公司同意等转让受限的股份；

（四）国务院规定的其他类别股。

公开发行股份的公司不得发行前款第二项、第三项规定的类别股;公开发行前已发行的除外。

公司发行本条第一款第二项规定的类别股的,对于监事或者审计委员会成员的选举和更换,类别股与普通股每一股的表决权数相同。

第一百四十五条 发行类别股的公司,应当在公司章程中载明以下事项:

(一)类别股分配利润或者剩余财产的顺序;

(二)类别股的表决权数;

(三)类别股的转让限制;

(四)保护中小股东权益的措施;

(五)股东会认为需要规定的其他事项。

第一百四十六条 发行类别股的公司,有本法第一百一十六条第三款规定的事项等可能影响类别股股东权利的,除应当依照第一百一十六条第三款的规定经股东会决议外,还应当经出席类别股股东会议的股东所持表决权的三分之二以上通过。

公司章程可以对需经类别股股东会议决议的其他事项作出规定。

第一百四十七条 公司的股份采取股票的形式。股票是公司签发的证明股东所持股份的凭证。

公司发行的股票,应当为记名股票。

第一百四十八条 面额股股票的发行价格可以按票面金额,也可以超过票面金额,但不得低于票面金额。

第一百四十九条 股票采用纸面形式或者国务院证券监督管理机构规定的其他形式。

股票采用纸面形式的,应当载明下列主要事项:

(一)公司名称;

(二)公司成立日期或者股票发行的时间;

(三)股票种类、票面金额及代表的股份数,发行无面额股的,股票代表的股份数。

股票采用纸面形式的,还应当载明股票的编号,由法定代表人签名,公司盖章。

发起人股票采用纸面形式的,应当标明发起人股票字样。

第一百五十条 股份有限公司成立后,即向股东正式交付股票。

公司成立前不得向股东交付股票。

第一百五十一条 公司发行新股,股东会应当对下列事项作出决议:

(一)新股种类及数额;

(二)新股发行价格;

(三)新股发行的起止日期;

(四)向原有股东发行新股的种类及数额;

(五)发行无面额股的,新股发行所得股款计入注册资本的金额。

公司发行新股,可以根据公司经营情况和财务状况,确定其作价方案。

第一百五十二条 公司章程或者股东会可以授权董事会在三年内决定发行不超过已发行股份百分之五十的股份。但以非货币财产作价出资的应当经股东会决议。

董事会依照前款规定决定发行股份导致公司注册资本、已发行股份数发生变化的,对公司章程该项记载事项的修改不需再由股东会表决。

第一百五十三条 公司章程或者股东会授权董事会决定发行新股的,董事会决议应当经全体董事三分之二以上通过。

第一百五十四条 公司向社会公开募集股份,应当经国务院证券监督管理机构注册,公告招股说明书。

招股说明书应当附有公司章程,并载明下列事项:

(一)发行的股份总数;

(二)面额股的票面金额和发行价格或者无面额股的发行价格;

(三)募集资金的用途;

(四)认股人的权利和义务;

(五)股份种类及其权利和义务;

(六)本次募股的起止日期及逾期未募足时认股人可以撤回所认股份的说明。

公司设立时发行股份的,还应当载明发起人认购的股份数。

第一百五十五条 公司向社会公开募集股份,应当由依法设立的证券公司承销,签订承销协议。

第一百五十六条 公司向社会公开募集股份,应当同银行签订代收股款协议。

代收股款的银行应当按照协议代收和保存股款,向缴纳股款的认股人出具收款单据,并负有向有关部门出具收款证明的义务。

公司发行股份募足股款后,应予公告。

第二节 股份转让

第一百五十七条 股份有限公司的股东持有的股份可以向其他股东转让,也可以向股东以外的人转让;公司章程对股份转让有限制的,其转让按照公司章程的规定进行。

第一百五十八条 股东转让其股份,应当在依法设立的证券交易场所进行或者按照国务院规定的其他方式进行。

第一百五十九条 股票的转让,由股东以背书方式或者法律、行政法规规定的其他方式进行;转让后由公司将受让人的姓名或者名称及住所记载于股东名册。

股东会会议召开前二十日内或者公司决定分配股利的基准日前五日内,不得变更股东名册。法律、行政法规或者国务院证券监督管理机构对上市公司股东名册变更另有规定的,从其规定。

第一百六十条 公司公开发行股份前已发行的股份,自公司股票在证券交易所上市交易之日起一年内不得转让。法律、行政法规或者国务院证券监督管理机构对上市公司的股东、实际控制人转让其所持有的本公司股份另有规定的,从其规定。

公司董事、监事、高级管理人员应当向公司申报所持有的本公司的股份及其变动情况,在就任时确定的任职期间每年转让的股份不得超过其所持有本公司股份总数的百分之二十五;所持本公司股份自公司股票上市交易之日起一年内不得转让。上述人员离职后半年内,不得转让其所持有的本公司股份。公司章程可以对公司董事、监事、高级管理人员转让其所持有的本公司股份作出其他限制性规定。

股份在法律、行政法规规定的限制转让期限内出质的,质权人不得在限制转让期限内行使质权。

第一百六十一条 有下列情形之一的,对股东会该项决议投反对

票的股东可以请求公司按照合理的价格收购其股份,公开发行股份的公司除外:

(一)公司连续五年不向股东分配利润,而公司该五年连续盈利,并且符合本法规定的分配利润条件;

(二)公司转让主要财产;

(三)公司章程规定的营业期限届满或者章程规定的其他解散事由出现,股东会通过决议修改章程使公司存续。

自股东会决议作出之日起六十日内,股东与公司不能达成股份收购协议的,股东可以自股东会决议作出之日起九十日内向人民法院提起诉讼。

公司因本条第一款规定的情形收购的本公司股份,应当在六个月内依法转让或者注销。

第一百六十二条 公司不得收购本公司股份。但是,有下列情形之一的除外:

(一)减少公司注册资本;

(二)与持有本公司股份的其他公司合并;

(三)将股份用于员工持股计划或者股权激励;

(四)股东因对股东会作出的公司合并、分立决议持异议,要求公司收购其股份;

(五)将股份用于转换公司发行的可转换为股票的公司债券;

(六)上市公司为维护公司价值及股东权益所必需。

公司因前款第一项、第二项规定的情形收购本公司股份的,应当经股东会决议;公司因前款第三项、第五项、第六项规定的情形收购本公司股份的,可以按照公司章程或者股东会的授权,经三分之二以上董事出席的董事会会议决议。

公司依照本条第一款规定收购本公司股份后,属于第一项情形的,应当自收购之日起十日内注销;属于第二项、第四项情形的,应当在六个月内转让或者注销;属于第三项、第五项、第六项情形的,公司合计持有的本公司股份数不得超过本公司已发行股份总数的百分之十,并应当在三年内转让或者注销。

上市公司收购本公司股份的,应当依照《中华人民共和国证券法》

的规定履行信息披露义务。上市公司因本条第一款第三项、第五项、第六项规定的情形收购本公司股份的,应当通过公开的集中交易方式进行。

公司不得接受本公司的股份作为质权的标的。

第一百六十三条 公司不得为他人取得本公司或者其母公司的股份提供赠与、借款、担保以及其他财务资助,公司实施员工持股计划的除外。

为公司利益,经股东会决议,或者董事会按照公司章程或者股东会的授权作出决议,公司可以为他人取得本公司或者其母公司的股份提供财务资助,但财务资助的累计总额不得超过已发行股本总额的百分之十。董事会作出决议应当经全体董事的三分之二以上通过。

违反前两款规定,给公司造成损失的,负有责任的董事、监事、高级管理人员应当承担赔偿责任。

第一百六十四条 股票被盗、遗失或者灭失,股东可以依照《中华人民共和国民事诉讼法》规定的公示催告程序,请求人民法院宣告该股票失效。人民法院宣告该股票失效后,股东可以向公司申请补发股票。

第一百六十五条 上市公司的股票,依照有关法律、行政法规及证券交易所交易规则上市交易。

第一百六十六条 上市公司应当依照法律、行政法规的规定披露相关信息。

第一百六十七条 自然人股东死亡后,其合法继承人可以继承股东资格;但是,股份转让受限的股份有限公司的章程另有规定的除外。

第七章 国家出资公司组织机构的特别规定

第一百六十八条 国家出资公司的组织机构,适用本章规定;本章没有规定的,适用本法其他规定。

本法所称国家出资公司,是指国家出资的国有独资公司、国有资本控股公司,包括国家出资的有限责任公司、股份有限公司。

第一百六十九条 国家出资公司,由国务院或者地方人民政府分别代表国家依法履行出资人职责,享有出资人权益。国务院或者地方人民政府可以授权国有资产监督管理机构或者其他部门、机构代表本级人民政府对国家出资公司履行出资人职责。

代表本级人民政府履行出资人职责的机构、部门,以下统称为履行出资人职责的机构。

第一百七十条 国家出资公司中中国共产党的组织,按照中国共产党章程的规定发挥领导作用,研究讨论公司重大经营管理事项,支持公司的组织机构依法行使职权。

第一百七十一条 国有独资公司章程由履行出资人职责的机构制定。

第一百七十二条 国有独资公司不设股东会,由履行出资人职责的机构行使股东会职权。履行出资人职责的机构可以授权公司董事会行使股东会的部分职权,但公司章程的制定和修改,公司的合并、分立、解散、申请破产,增加或者减少注册资本,分配利润,应当由履行出资人职责的机构决定。

第一百七十三条 国有独资公司的董事会依照本法规定行使职权。

国有独资公司的董事会成员中,应当过半数为外部董事,并应当有公司职工代表。

董事会成员由履行出资人职责的机构委派;但是,董事会成员中的职工代表由公司职工代表大会选举产生。

董事会设董事长一人,可以设副董事长。董事长、副董事长由履行出资人职责的机构从董事会成员中指定。

第一百七十四条 国有独资公司的经理由董事会聘任或者解聘。

经履行出资人职责的机构同意,董事会成员可以兼任经理。

第一百七十五条 国有独资公司的董事、高级管理人员,未经履行出资人职责的机构同意,不得在其他有限责任公司、股份有限公司或者其他经济组织兼职。

第一百七十六条 国有独资公司在董事会中设置由董事组成的审计委员会行使本法规定的监事会职权的,不设监事会或者监事。

第一百七十七条 国家出资公司应当依法建立健全内部监督管理和风险控制制度,加强内部合规管理。

第八章 公司董事、监事、高级管理人员的资格和义务

第一百七十八条 有下列情形之一的,不得担任公司的董事、监事、高级管理人员:

(一)无民事行为能力或者限制民事行为能力;

(二)因贪污、贿赂、侵占财产、挪用财产或者破坏社会主义市场经济秩序,被判处刑罚,或者因犯罪被剥夺政治权利,执行期满未逾五年,被宣告缓刑的,自缓刑考验期满之日起未逾二年;

(三)担任破产清算的公司、企业的董事或者厂长、经理,对该公司、企业的破产负有个人责任的,自该公司、企业破产清算完结之日起未逾三年;

(四)担任因违法被吊销营业执照、责令关闭的公司、企业的法定代表人,并负有个人责任的,自该公司、企业被吊销营业执照、责令关闭之日起未逾三年;

(五)个人因所负数额较大债务到期未清偿被人民法院列为失信被执行人。

违反前款规定选举、委派董事、监事或者聘任高级管理人员的,该选举、委派或者聘任无效。

董事、监事、高级管理人员在任职期间出现本条第一款所列情形的,公司应当解除其职务。

第一百七十九条 董事、监事、高级管理人员应当遵守法律、行政法规和公司章程。

第一百八十条 董事、监事、高级管理人员对公司负有忠实义务,应当采取措施避免自身利益与公司利益冲突,不得利用职权牟取不正当利益。

董事、监事、高级管理人员对公司负有勤勉义务,执行职务应当为公司的最大利益尽到管理者通常应有的合理注意。

公司的控股股东、实际控制人不担任公司董事但实际执行公司事务的,适用前两款规定。

第一百八十一条 董事、监事、高级管理人员不得有下列行为:

（一）侵占公司财产、挪用公司资金；

（二）将公司资金以其个人名义或者以其他个人名义开立账户存储；

（三）利用职权贿赂或者收受其他非法收入；

（四）接受他人与公司交易的佣金归为己有；

（五）擅自披露公司秘密；

（六）违反对公司忠实义务的其他行为。

第一百八十二条 董事、监事、高级管理人员，直接或者间接与本公司订立合同或者进行交易，应当就与订立合同或者进行交易有关的事项向董事会或者股东会报告，并按照公司章程的规定经董事会或者股东会决议通过。

董事、监事、高级管理人员的近亲属，董事、监事、高级管理人员或者其近亲属直接或者间接控制的企业，以及与董事、监事、高级管理人员有其他关联关系的关联人，与公司订立合同或者进行交易，适用前款规定。

第一百八十三条 董事、监事、高级管理人员，不得利用职务便利为自己或者他人谋取属于公司的商业机会。但是，有下列情形之一的除外：

（一）向董事会或者股东会报告，并按照公司章程的规定经董事会或者股东会决议通过；

（二）根据法律、行政法规或者公司章程的规定，公司不能利用该商业机会。

第一百八十四条 董事、监事、高级管理人员未向董事会或者股东会报告，并按照公司章程的规定经董事会或者股东会决议通过，不得自营或者为他人经营与其任职公司同类的业务。

第一百八十五条 董事会对本法第一百八十二条至第一百八十四条规定的事项决议时，关联董事不得参与表决，其表决权不计入表决权总数。出席董事会会议的无关联关系董事人数不足三人的，应当将该事项提交股东会审议。

第一百八十六条 董事、监事、高级管理人员违反本法第一百八十一条至第一百八十四条规定所得的收入应当归公司所有。

第一百八十七条 股东会要求董事、监事、高级管理人员列席会议的,董事、监事、高级管理人员应当列席并接受股东的质询。

第一百八十八条 董事、监事、高级管理人员执行职务违反法律、行政法规或者公司章程的规定,给公司造成损失的,应当承担赔偿责任。

第一百八十九条 董事、高级管理人员有前条规定的情形的,有限责任公司的股东、股份有限公司连续一百八十日以上单独或者合计持有公司百分之一以上股份的股东,可以书面请求监事会向人民法院提起诉讼;监事有前条规定的情形的,前述股东可以书面请求董事会向人民法院提起诉讼。

监事会或者董事会收到前款规定的股东书面请求后拒绝提起诉讼,或者自收到请求之日起三十日内未提起诉讼,或者情况紧急、不立即提起诉讼将会使公司利益受到难以弥补的损害的,前款规定的股东有权为公司利益以自己的名义直接向人民法院提起诉讼。

他人侵犯公司合法权益,给公司造成损失的,本条第一款规定的股东可以依照前两款的规定向人民法院提起诉讼。

公司全资子公司的董事、监事、高级管理人员有前条规定情形,或者他人侵犯公司全资子公司合法权益造成损失的,有限责任公司的股东、股份有限公司连续一百八十日以上单独或者合计持有公司百分之一以上股份的股东,可以依照前三款规定书面请求全资子公司的监事会、董事会向人民法院提起诉讼或者以自己的名义直接向人民法院提起诉讼。

第一百九十条 董事、高级管理人员违反法律、行政法规或者公司章程的规定,损害股东利益的,股东可以向人民法院提起诉讼。

第一百九十一条 董事、高级管理人员执行职务,给他人造成损害的,公司应当承担赔偿责任;董事、高级管理人员存在故意或者重大过失的,也应当承担赔偿责任。

第一百九十二条 公司的控股股东、实际控制人指示董事、高级管理人员从事损害公司或者股东利益的行为的,与该董事、高级管理人员承担连带责任。

第一百九十三条 公司可以在董事任职期间为董事因执行公司

职务承担的赔偿责任投保责任保险。

公司为董事投保责任保险或者续保后，董事会应当向股东会报告责任保险的投保金额、承保范围及保险费率等内容。

第九章　公司债券

第一百九十四条　本法所称公司债券，是指公司发行的约定按期还本付息的有价证券。

公司债券可以公开发行，也可以非公开发行。

公司债券的发行和交易应当符合《中华人民共和国证券法》等法律、行政法规的规定。

第一百九十五条　公开发行公司债券，应当经国务院证券监督管理机构注册，公告公司债券募集办法。

公司债券募集办法应当载明下列主要事项：

（一）公司名称；

（二）债券募集资金的用途；

（三）债券总额和债券的票面金额；

（四）债券利率的确定方式；

（五）还本付息的期限和方式；

（六）债券担保情况；

（七）债券的发行价格、发行的起止日期；

（八）公司净资产额；

（九）已发行的尚未到期的公司债券总额；

（十）公司债券的承销机构。

第一百九十六条　公司以纸面形式发行公司债券的，应当在债券上载明公司名称、债券票面金额、利率、偿还期限等事项，并由法定代表人签名，公司盖章。

第一百九十七条　公司债券应当为记名债券。

第一百九十八条　公司发行公司债券应当置备公司债券持有人名册。

发行公司债券的，应当在公司债券持有人名册上载明下列事项：

（一）债券持有人的姓名或者名称及住所；

(二)债券持有人取得债券的日期及债券的编号;

(三)债券总额,债券的票面金额、利率、还本付息的期限和方式;

(四)债券的发行日期。

第一百九十九条 公司债券的登记结算机构应当建立债券登记、存管、付息、兑付等相关制度。

第二百条 公司债券可以转让,转让价格由转让人与受让人约定。

公司债券的转让应当符合法律、行政法规的规定。

第二百零一条 公司债券由债券持有人以背书方式或者法律、行政法规规定的其他方式转让;转让后由公司将受让人的姓名或者名称及住所记载于公司债券持有人名册。

第二百零二条 股份有限公司经股东会决议,或者经公司章程、股东会授权由董事会决议,可以发行可转换为股票的公司债券,并规定具体的转换办法。上市公司发行可转换为股票的公司债券,应当经国务院证券监督管理机构注册。

发行可转换为股票的公司债券,应当在债券上标明可转换公司债券字样,并在公司债券持有人名册上载明可转换公司债券的数额。

第二百零三条 发行可转换为股票的公司债券的,公司应当按照其转换办法向债券持有人换发股票,但债券持有人对转换股票或者不转换股票有选择权。法律、行政法规另有规定的除外。

第二百零四条 公开发行公司债券的,应当为同期债券持有人设立债券持有人会议,并在债券募集办法中对债券持有人会议的召集程序、会议规则和其他重要事项作出规定。债券持有人会议可以对与债券持有人有利害关系的事项作出决议。

除公司债券募集办法另有约定外,债券持有人会议决议对同期全体债券持有人发生效力。

第二百零五条 公开发行公司债券的,发行人应当为债券持有人聘请债券受托管理人,由其为债券持有人办理受领清偿、债权保全、与债券相关的诉讼以及参与债务人破产程序等事项。

第二百零六条 债券受托管理人应当勤勉尽责,公正履行受托管理职责,不得损害债券持有人利益。

受托管理人与债券持有人存在利益冲突可能损害债券持有人利益的，债券持有人会议可以决议变更债券受托管理人。

债券受托管理人违反法律、行政法规或者债券持有人会议决议，损害债券持有人利益的，应当承担赔偿责任。

第十章　公司财务、会计

第二百零七条　公司应当依照法律、行政法规和国务院财政部门的规定建立本公司的财务、会计制度。

第二百零八条　公司应当在每一会计年度终了时编制财务会计报告，并依法经会计师事务所审计。

财务会计报告应当依照法律、行政法规和国务院财政部门的规定制作。

第二百零九条　有限责任公司应当按照公司章程规定的期限将财务会计报告送交各股东。

股份有限公司的财务会计报告应当在召开股东会年会的二十日前置备于本公司，供股东查阅；公开发行股份的股份有限公司应当公告其财务会计报告。

第二百一十条　公司分配当年税后利润时，应当提取利润的百分之十列入公司法定公积金。公司法定公积金累计额为公司注册资本的百分之五十以上的，可以不再提取。

公司的法定公积金不足以弥补以前年度亏损的，在依照前款规定提取法定公积金之前，应当先用当年利润弥补亏损。

公司从税后利润中提取法定公积金后，经股东会决议，还可以从税后利润中提取任意公积金。

公司弥补亏损和提取公积金后所余税后利润，有限责任公司按照股东实缴的出资比例分配利润，全体股东约定不按照出资比例分配利润的除外；股份有限公司按照股东所持有的股份比例分配利润，公司章程另有规定的除外。

公司持有的本公司股份不得分配利润。

第二百一十一条　公司违反本法规定向股东分配利润的，股东应当将违反规定分配的利润退还公司；给公司造成损失的，股东及负有责任的董事、监事、高级管理人员应当承担赔偿责任。

第二百一十二条 股东会作出分配利润的决议的,董事会应当在股东会决议作出之日起六个月内进行分配。

第二百一十三条 公司以超过股票票面金额的发行价格发行股份所得的溢价款、发行无面额股所得股款未计入注册资本的金额以及国务院财政部门规定列入资本公积金的其他项目,应当列为公司资本公积金。

第二百一十四条 公司的公积金用于弥补公司的亏损、扩大公司生产经营或者转为增加公司注册资本。

公积金弥补公司亏损,应当先使用任意公积金和法定公积金;仍不能弥补的,可以按照规定使用资本公积金。

法定公积金转为增加注册资本时,所留存的该项公积金不得少于转增前公司注册资本的百分之二十五。

第二百一十五条 公司聘用、解聘承办公司审计业务的会计师事务所,按照公司章程的规定,由股东会、董事会或者监事会决定。

公司股东会、董事会或者监事会就解聘会计师事务所进行表决时,应当允许会计师事务所陈述意见。

第二百一十六条 公司应当向聘用的会计师事务所提供真实、完整的会计凭证、会计账簿、财务会计报告及其他会计资料,不得拒绝、隐匿、谎报。

第二百一十七条 公司除法定的会计账簿外,不得另立会计账簿。

对公司资金,不得以任何个人名义开立账户存储。

第十一章 公司合并、分立、增资、减资

第二百一十八条 公司合并可以采取吸收合并或者新设合并。

一个公司吸收其他公司为吸收合并,被吸收的公司解散。两个以上公司合并设立一个新的公司为新设合并,合并各方解散。

第二百一十九条 公司与其持股百分之九十以上的公司合并,被合并的公司不需经股东会决议,但应当通知其他股东,其他股东有权请求公司按照合理的价格收购其股权或者股份。

公司合并支付的价款不超过本公司净资产百分之十的，可以不经股东会决议；但是，公司章程另有规定的除外。

公司依照前两款规定合并不经股东会决议的，应当经董事会决议。

第二百二十条　公司合并，应当由合并各方签订合并协议，并编制资产负债表及财产清单。公司应当自作出合并决议之日起十日内通知债权人，并于三十日内在报纸上或者国家企业信用信息公示系统公告。债权人自接到通知之日起三十日内，未接到通知的自公告之日起四十五日内，可以要求公司清偿债务或者提供相应的担保。

第二百二十一条　公司合并时，合并各方的债权、债务，应当由合并后存续的公司或者新设的公司承继。

第二百二十二条　公司分立，其财产作相应的分割。

公司分立，应当编制资产负债表及财产清单。公司应当自作出分立决议之日起十日内通知债权人，并于三十日内在报纸上或者国家企业信用信息公示系统公告。

第二百二十三条　公司分立前的债务由分立后的公司承担连带责任。但是，公司在分立前与债权人就债务清偿达成的书面协议另有约定的除外。

第二百二十四条　公司减少注册资本，应当编制资产负债表及财产清单。

公司应当自股东会作出减少注册资本决议之日起十日内通知债权人，并于三十日内在报纸上或者国家企业信用信息公示系统公告。债权人自接到通知之日起三十日内，未接到通知的自公告之日起四十五日内，有权要求公司清偿债务或者提供相应的担保。

公司减少注册资本，应当按照股东出资或者持有股份的比例相应减少出资额或者股份，法律另有规定、有限责任公司全体股东另有约定或者股份有限公司章程另有规定的除外。

第二百二十五条　公司依照本法第二百一十四条第二款的规定弥补亏损后，仍有亏损的，可以减少注册资本弥补亏损。减少注册资本弥补亏损的，公司不得向股东分配，也不得免除股东缴纳出资或者股款的义务。

依照前款规定减少注册资本的，不适用前条第二款的规定，但应当自股东会作出减少注册资本决议之日起三十日内在报纸上或者国家企业信用信息公示系统公告。

公司依照前两款的规定减少注册资本后，在法定公积金和任意公积金累计额达到公司注册资本百分之五十前，不得分配利润。

第二百二十六条　违反本法规定减少注册资本的，股东应当退还其收到的资金，减免股东出资的应当恢复原状；给公司造成损失的，股东及负有责任的董事、监事、高级管理人员应当承担赔偿责任。

第二百二十七条　有限责任公司增加注册资本时，股东在同等条件下有权优先按照实缴的出资比例认缴出资。但是，全体股东约定不按照出资比例优先认缴出资的除外。

股份有限公司为增加注册资本发行新股时，股东不享有优先认购权，公司章程另有规定或者股东会决议决定股东享有优先认购权的除外。

第二百二十八条　有限责任公司增加注册资本时，股东认缴新增资本的出资，依照本法设立有限责任公司缴纳出资的有关规定执行。

股份有限公司为增加注册资本发行新股时，股东认购新股，依照本法设立股份有限公司缴纳股款的有关规定执行。

第十二章　公司解散和清算

第二百二十九条　公司因下列原因解散：

(一)公司章程规定的营业期限届满或者公司章程规定的其他解散事由出现；

(二)股东会决议解散；

(三)因公司合并或者分立需要解散；

(四)依法被吊销营业执照、责令关闭或者被撤销；

(五)人民法院依照本法第二百三十一条的规定予以解散。

公司出现前款规定的解散事由，应当在十日内将解散事由通过国家企业信用信息公示系统予以公示。

第二百三十条　公司有前条第一款第一项、第二项情形，且尚未向股东分配财产的，可以通过修改公司章程或者经股东会决议而存续。

依照前款规定修改公司章程或者经股东会决议，有限责任公司须经持有三分之二以上表决权的股东通过，股份有限公司须经出席股东会会议的股东所持表决权的三分之二以上通过。

第二百三十一条　公司经营管理发生严重困难，继续存续会使股东利益受到重大损失，通过其他途径不能解决的，持有公司百分之十以上表决权的股东，可以请求人民法院解散公司。

第二百三十二条　公司因本法第二百二十九条第一款第一项、第二项、第四项、第五项规定而解散的，应当清算。董事为公司清算义务人，应当在解散事由出现之日起十五日内组成清算组进行清算。

清算组由董事组成，但是公司章程另有规定或者股东会决议另选他人的除外。

清算义务人未及时履行清算义务，给公司或者债权人造成损失的，应当承担赔偿责任。

第二百三十三条　公司依照前条第一款的规定应当清算，逾期不成立清算组进行清算或者成立清算组后不清算的，利害关系人可以申请人民法院指定有关人员组成清算组进行清算。人民法院应当受理该申请，并及时组织清算组进行清算。

公司因本法第二百二十九条第一款第四项的规定而解散的，作出吊销营业执照、责令关闭或者撤销决定的部门或者公司登记机关，可以申请人民法院指定有关人员组成清算组进行清算。

第二百三十四条　清算组在清算期间行使下列职权：

（一）清理公司财产，分别编制资产负债表和财产清单；

（二）通知、公告债权人；

（三）处理与清算有关的公司未了结的业务；

（四）清缴所欠税款以及清算过程中产生的税款；

（五）清理债权、债务；

（六）分配公司清偿债务后的剩余财产；

（七）代表公司参与民事诉讼活动。

第二百三十五条　清算组应当自成立之日起十日内通知债权人，并于六十日内在报纸上或者国家企业信用信息公示系统公告。债权人应当自接到通知之日起三十日内,未接到通知的自公告之日起四十五日内,向清算组申报其债权。

债权人申报债权,应当说明债权的有关事项,并提供证明材料。清算组应当对债权进行登记。

在申报债权期间,清算组不得对债权人进行清偿。

第二百三十六条 清算组在清理公司财产、编制资产负债表和财产清单后,应当制订清算方案,并报股东会或者人民法院确认。

公司财产在分别支付清算费用、职工的工资、社会保险费用和法定补偿金,缴纳所欠税款,清偿公司债务后的剩余财产,有限责任公司按照股东的出资比例分配,股份有限公司按照股东持有的股份比例分配。

清算期间,公司存续,但不得开展与清算无关的经营活动。公司财产在未依照前款规定清偿前,不得分配给股东。

第二百三十七条 清算组在清理公司财产、编制资产负债表和财产清单后,发现公司财产不足清偿债务的,应当依法向人民法院申请破产清算。

人民法院受理破产申请后,清算组应当将清算事务移交给人民法院指定的破产管理人。

第二百三十八条 清算组成员履行清算职责,负有忠实义务和勤勉义务。

清算组成员怠于履行清算职责,给公司造成损失的,应当承担赔偿责任;因故意或者重大过失给债权人造成损失的,应当承担赔偿责任。

第二百三十九条 公司清算结束后,清算组应当制作清算报告,报股东会或者人民法院确认,并报送公司登记机关,申请注销公司登记。

第二百四十条 公司在存续期间未产生债务,或者已清偿全部债务的,经全体股东承诺,可以按照规定通过简易程序注销公司登记。

通过简易程序注销公司登记,应当通过国家企业信用信息公示系统予以公告,公告期限不少于二十日。公告期限届满后,未有异议的,公司可以在二十日内向公司登记机关申请注销公司登记。

公司通过简易程序注销公司登记，股东对本条第一款规定的内容承诺不实的，应当对注销登记前的债务承担连带责任。

第二百四十一条　公司被吊销营业执照、责令关闭或者被撤销，满三年未向公司登记机关申请注销公司登记的，公司登记机关可以通过国家企业信用信息公示系统予以公告，公告期限不少于六十日。公告期限届满后，未有异议的，公司登记机关可以注销公司登记。

依照前款规定注销公司登记的，原公司股东、清算义务人的责任不受影响。

第二百四十二条　公司被依法宣告破产的，依照有关企业破产的法律实施破产清算。

第十三章　外国公司的分支机构

第二百四十三条　本法所称外国公司，是指依照外国法律在中华人民共和国境外设立的公司。

第二百四十四条　外国公司在中华人民共和国境内设立分支机构，应当向中国主管机关提出申请，并提交其公司章程、所属国的公司登记证书等有关文件，经批准后，向公司登记机关依法办理登记，领取营业执照。

外国公司分支机构的审批办法由国务院另行规定。

第二百四十五条　外国公司在中华人民共和国境内设立分支机构，应当在中华人民共和国境内指定负责该分支机构的代表人或者代理人，并向该分支机构拨付与其所从事的经营活动相适应的资金。

对外国公司分支机构的经营资金需要规定最低限额的，由国务院另行规定。

第二百四十六条　外国公司的分支机构应当在其名称中标明该外国公司的国籍及责任形式。

外国公司的分支机构应当在本机构中置备该外国公司章程。

第二百四十七条　外国公司在中华人民共和国境内设立的分支机构不具有中国法人资格。

外国公司对其分支机构在中华人民共和国境内进行经营活动承担民事责任。

第二百四十八条 经批准设立的外国公司分支机构,在中华人民共和国境内从事业务活动,应当遵守中国的法律,不得损害中国的社会公共利益,其合法权益受中国法律保护。

第二百四十九条 外国公司撤销其在中华人民共和国境内的分支机构时,应当依法清偿债务,依照本法有关公司清算程序的规定进行清算。未清偿债务之前,不得将其分支机构的财产转移至中华人民共和国境外。

第十四章 法律责任

第二百五十条 违反本法规定,虚报注册资本、提交虚假材料或者采取其他欺诈手段隐瞒重要事实取得公司登记的,由公司登记机关责令改正,对虚报注册资本的公司,处以虚报注册资本金额百分之五以上百分之十五以下的罚款;对提交虚假材料或者采取其他欺诈手段隐瞒重要事实的公司,处以五万元以上二百万元以下的罚款;情节严重的,吊销营业执照;对直接负责的主管人员和其他直接责任人员处以三万元以上三十万元以下的罚款。

第二百五十一条 公司未依照本法第四十条规定公示有关信息或者不如实公示有关信息的,由公司登记机关责令改正,可以处以一万元以上五万元以下的罚款。情节严重的,处以五万元以上二十万元以下的罚款;对直接负责的主管人员和其他直接责任人员处以一万元以上十万元以下的罚款。

第二百五十二条 公司的发起人、股东虚假出资,未交付或者未按期交付作为出资的货币或者非货币财产的,由公司登记机关责令改正,可以处以五万元以上二十万元以下的罚款;情节严重的,处以虚假出资或者未出资金额百分之五以上百分之十五以下的罚款;对直接负责的主管人员和其他直接责任人员处以一万元以上十万元以下的罚款。

第二百五十三条 公司的发起人、股东在公司成立后,抽逃其出资的,由公司登记机关责令改正,处以所抽逃出资金额百分之五以上百分之十五以下的罚款;对直接负责的主管人员和其他直接责任人员处以三万元以上三十万元以下的罚款。

第二百五十四条 有下列行为之一的,由县级以上人民政府财政部门依照《中华人民共和国会计法》等法律、行政法规的规定处罚：

（一）在法定的会计账簿以外另立会计账簿；

（二）提供存在虚假记载或者隐瞒重要事实的财务会计报告。

第二百五十五条　公司在合并、分立、减少注册资本或者进行清算时，不依照本法规定通知或者公告债权人的，由公司登记机关责令改正，对公司处以一万元以上十万元以下的罚款。

第二百五十六条　公司在进行清算时，隐匿财产，对资产负债表或者财产清单作虚假记载，或者在未清偿债务前分配公司财产的，由公司登记机关责令改正，对公司处以隐匿财产或者未清偿债务前分配公司财产金额百分之五以上百分之十以下的罚款；对直接负责的主管人员和其他直接责任人员处以一万元以上十万元以下的罚款。

第二百五十七条　承担资产评估、验资或者验证的机构提供虚假材料或者提供有重大遗漏的报告的，由有关部门依照《中华人民共和国资产评估法》、《中华人民共和国注册会计师法》等法律、行政法规的规定处罚。

承担资产评估、验资或者验证的机构因其出具的评估结果、验资或者验证证明不实，给公司债权人造成损失的，除能够证明自己没有过错的外，在其评估或者证明不实的金额范围内承担赔偿责任。

第二百五十八条　公司登记机关违反法律、行政法规规定未履行职责或者履行职责不当的，对负有责任的领导人员和直接责任人员依法给予政务处分。

第二百五十九条　未依法登记为有限责任公司或者股份有限公司，而冒用有限责任公司或者股份有限公司名义的，或者未依法登记为有限责任公司或者股份有限公司的分公司，而冒用有限责任公司或者股份有限公司的分公司名义的，由公司登记机关责令改正或者予以取缔，可以并处十万元以下的罚款。

第二百六十条　公司成立后无正当理由超过六个月未开业的，或者开业后自行停业连续六个月以上的，公司登记机关可以吊销营业执照，但公司依法办理歇业的除外。

公司登记事项发生变更时，未依照本法规定办理有关变更登记的，由公司登记机关责令限期登记；逾期不登记的，处以一万元以上十万元以下的罚款。

第二百六十一条　外国公司违反本法规定,擅自在中华人民共和国境内设立分支机构的,由公司登记机关责令改正或者关闭,可以并处五万元以上二十万元以下的罚款。

第二百六十二条　利用公司名义从事危害国家安全、社会公共利益的严重违法行为的,吊销营业执照。

第二百六十三条　公司违反本法规定,应当承担民事赔偿责任和缴纳罚款、罚金的,其财产不足以支付时,先承担民事赔偿责任。

第二百六十四条　违反本法规定,构成犯罪的,依法追究刑事责任。

第十五章　附　　则

第二百六十五条　本法下列用语的含义:

(一)高级管理人员,是指公司的经理、副经理、财务负责人,上市公司董事会秘书和公司章程规定的其他人员。

(二)控股股东,是指其出资额占有限责任公司资本总额超过百分之五十或者其持有的股份占股份有限公司股本总额超过百分之五十的股东;出资额或者持有股份的比例虽然低于百分之五十,但依其出资额或者持有的股份所享有的表决权已足以对股东会的决议产生重大影响的股东。

(三)实际控制人,是指通过投资关系、协议或者其他安排,能够实际支配公司行为的人。

(四)关联关系,是指公司控股股东、实际控制人、董事、监事、高级管理人员与其直接或者间接控制的企业之间的关系,以及可能导致公司利益转移的其他关系。但是,国家控股的企业之间不仅因为同受国家控股而具有关联关系。

第二百六十六条　本法自2024年7月1日起施行。

本法施行前已登记设立的公司,出资期限超过本法规定的期限的,除法律、行政法规或者国务院另有规定外,应当逐步调整至本法规定的期限以内;对于出资期限、出资额明显异常的,公司登记机关可以依法要求其及时调整。具体实施办法由国务院规定。

中华人民共和国企业破产法

（2006 年 8 月 27 日第十届全国人民代表大会常务委员会第二十三次会议通过　中华人民共和国主席令第 54 号　2006 年 8 月 27 日公布　自 2007 年 6 月 1 日起施行）

目　录

第一章　总　　则

第一条　为规范企业破产程序,公平清理债权债务,保护债权人和债务人的合法权益,维护社会主义市场经济秩序,制定本法。

第二条　企业法人不能清偿到期债务,并且资产不足以清偿全部债务或者明显缺乏清偿能力的,依照本法规定清理债务。

企业法人有前款规定情形,或者有明显丧失清偿能力可能的,可以依照本法规定进行重整。

第三条　破产案件由债务人住所地人民法院管辖。

第四条　破产案件审理程序,本法没有规定的,适用民事诉讼法的有关规定。

第五条　依照本法开始的破产程序,对债务人在中华人民共和国领域外的财产发生效力。

对外国法院作出的发生法律效力的破产案件的判决、裁定,涉及债务人在中华人民共和国领域内的财产,申请或者请求人民法院承认和执行的,人民法院依照中华人民共和国缔结或者参加的国际条约,或者按照互惠原则进行审查,认为不违反中华人民共和国法律的基本原则,不损害国家主权、安全和社会公共利益,不损害中华人民共和国领域内债权人的合法权益的,裁定承认和执行。

第六条　人民法院审理破产案件,应当依法保障企业职工的合法权益,依法追究破产企业经营管理人员的法律责任。

第二章　申请和受理

第一节　申　　请

第七条　债务人有本法第二条规定的情形,可以向人民法院提出重整、和解或者破产清算申请。

债务人不能清偿到期债务,债权人可以向人民法院提出对债务人进行重整或者破产清算的申请。

企业法人已解散但未清算或者未清算完毕,资产不足以清偿债务的，依法负有清算责任的人应当向人民法院申请破产清算。

第八条　向人民法院提出破产申请，应当提交破产申请书和有关证据。

破产申请书应当载明下列事项：

（一）申请人、被申请人的基本情况；

（二）申请目的；

（三）申请的事实和理由；

（四）人民法院认为应当载明的其他事项。

债务人提出申请的，还应当向人民法院提交财产状况说明、债务清册、债权清册、有关财务会计报告、职工安置预案以及职工工资的支付和社会保险费用的缴纳情况。

第九条　人民法院受理破产申请前，申请人可以请求撤回申请。

第二节　受　　理

第十条　债权人提出破产申请的，人民法院应当自收到申请之日起五日内通知债务人。债务人对申请有异议的，应当自收到人民法院的通知之日起七日内向人民法院提出。人民法院应当自异议期满之日起十日内裁定是否受理。

除前款规定的情形外，人民法院应当自收到破产申请之日起十五日内裁定是否受理。

有特殊情况需要延长前两款规定的裁定受理期限的，经上一级人民法院批准，可以延长十五日。

第十一条　人民法院受理破产申请的，应当自裁定作出之日起五日内送达申请人。

债权人提出申请的，人民法院应当自裁定作出之日起五日内送达债务人。债务人应当自裁定送达之日起十五日内，向人民法院提交财产状况说明、债务清册、债权清册、有关财务会计报告以及职工工资的支付和社会保险费用的缴纳情况。

第十二条　人民法院裁定不受理破产申请的，应当自裁定作出之日起五日内送达申请人并说明理由。申请人对裁定不服的，可以自裁定送达之日起十日内向上一级人民法院提起上诉。

人民法院受理破产申请后至破产宣告前,经审查发现债务人不符合本法第二条规定情形的,可以裁定驳回申请。申请人对裁定不服的,可以自裁定送达之日起十日内向上一级人民法院提起上诉。

第十三条 人民法院裁定受理破产申请的,应当同时指定管理人。

第十四条 人民法院应当自裁定受理破产申请之日起二十五日内通知已知债权人,并予以公告。

通知和公告应当载明下列事项:

(一)申请人、被申请人的名称或者姓名;

(二)人民法院受理破产申请的时间;

(三)申报债权的期限、地点和注意事项;

(四)管理人的名称或者姓名及其处理事务的地址;

(五)债务人的债务人或者财产持有人应当向管理人清偿债务或者交付财产的要求;

(六)第一次债权人会议召开的时间和地点;

(七)人民法院认为应当通知和公告的其他事项。

第十五条 自人民法院受理破产申请的裁定送达债务人之日起至破产程序终结之日,债务人的有关人员承担下列义务:

(一)妥善保管其占有和管理的财产、印章和账簿、文书等资料;

(二)根据人民法院、管理人的要求进行工作,并如实回答询问;

(三)列席债权人会议并如实回答债权人的询问;

(四)未经人民法院许可,不得离开住所地;

(五)不得新任其他企业的董事、监事、高级管理人员。

前款所称有关人员,是指企业的法定代表人;经人民法院决定,可以包括企业的财务管理人员和其他经营管理人员。

第十六条 人民法院受理破产申请后,债务人对个别债权人的债务清偿无效。

第十七条 人民法院受理破产申请后,债务人的债务人或者财产持有人应当向管理人清偿债务或者交付财产。

债务人的债务人或者财产持有人故意违反前款规定向债务人清偿债务或者交付财产,使债权人受到损失的,不免除其清偿债务或者交付财产的义务。

第十八条　人民法院受理破产申请后，管理人对破产申请受理前成立而债务人和对方当事人均未履行完毕的合同有权决定解除或者继续履行，并通知对方当事人。管理人自破产申请受理之日起二个月内未通知对方当事人，或者自收到对方当事人催告之日起三十日内未答复的，视为解除合同。

管理人决定继续履行合同的，对方当事人应当履行；但是，对方当事人有权要求管理人提供担保。管理人不提供担保的，视为解除合同。

第十九条　人民法院受理破产申请后，有关债务人财产的保全措施应当解除，执行程序应当中止。

第二十条　人民法院受理破产申请后，已经开始而尚未终结的有关债务人的民事诉讼或者仲裁应当中止；在管理人接管债务人的财产后，该诉讼或者仲裁继续进行。

第二十一条　人民法院受理破产申请后，有关债务人的民事诉讼，只能向受理破产申请的人民法院提起。

第三章　管　理　人

第二十二条　管理人由人民法院指定。

债权人会议认为管理人不能依法、公正执行职务或者有其他不能胜任职务情形的，可以申请人民法院予以更换。

指定管理人和确定管理人报酬的办法，由最高人民法院规定。

第二十三条　管理人依照本法规定执行职务，向人民法院报告工作，并接受债权人会议和债权人委员会的监督。

管理人应当列席债权人会议，向债权人会议报告职务执行情况，并回答询问。

第二十四条　管理人可以由有关部门、机构的人员组成的清算组或者依法设立的律师事务所、会计师事务所、破产清算事务所等社会中介机构担任。

人民法院根据债务人的实际情况，可以在征询有关社会中介机构的意见后，指定该机构具备相关专业知识并取得执业资格的人员担任管理人。

有下列情形之一的，不得担任管理人：

（一）因故意犯罪受过刑事处罚；

（二）曾被吊销相关专业执业证书；

（三）与本案有利害关系；

（四）人民法院认为不宜担任管理人的其他情形。

个人担任管理人的，应当参加执业责任保险。

第二十五条 管理人履行下列职责：

（一）接管债务人的财产、印章和账簿、文书等资料；

（二）调查债务人财产状况，制作财产状况报告；

（三）决定债务人的内部管理事务；

（四）决定债务人的日常开支和其他必要开支；

（五）在第一次债权人会议召开之前，决定继续或者停止债务人的营业；

（六）管理和处分债务人的财产；

（七）代表债务人参加诉讼、仲裁或者其他法律程序；

（八）提议召开债权人会议；

（九）人民法院认为管理人应当履行的其他职责。

本法对管理人的职责另有规定的，适用其规定。

第二十六条 在第一次债权人会议召开之前，管理人决定继续或者停止债务人的营业或者有本法第六十九条规定行为之一的，应当经人民法院许可。

第二十七条 管理人应当勤勉尽责，忠实执行职务。

第二十八条 管理人经人民法院许可，可以聘用必要的工作人员。

管理人的报酬由人民法院确定。债权人会议对管理人的报酬有异议的，有权向人民法院提出。

第二十九条 管理人没有正当理由不得辞去职务。管理人辞去职务应当经人民法院许可。

第四章　债务人财产

第三十条　破产申请受理时属于债务人的全部财产，以及破产申请受理后至破产程序终结前债务人取得的财产，为债务人财产。

第三十一条　人民法院受理破产申请前一年内，涉及债务人财产的下列行为，管理人有权请求人民法院予以撤销：

（一）无偿转让财产的；

（二）以明显不合理的价格进行交易的；

（三）对没有财产担保的债务提供财产担保的；

（四）对未到期的债务提前清偿的；

（五）放弃债权的。

第三十二条　人民法院受理破产申请前六个月内，债务人有本法第二条第一款规定的情形，仍对个别债权人进行清偿的，管理人有权请求人民法院予以撤销。但是，个别清偿使债务人财产受益的除外。

第三十三条　涉及债务人财产的下列行为无效：

（一）为逃避债务而隐匿、转移财产的；

（二）虚构债务或者承认不真实的债务的。

第三十四条　因本法第三十一条、第三十二条或者第三十三条规定的行为而取得的债务人的财产，管理人有权追回。

第三十五条　人民法院受理破产申请后，债务人的出资人尚未完全履行出资义务的，管理人应当要求该出资人缴纳所认缴的出资，而不受出资期限的限制。

第三十六条　债务人的董事、监事和高级管理人员利用职权从企业获取的非正常收入和侵占的企业财产，管理人应当追回。

第三十七条　人民法院受理破产申请后，管理人可以通过清偿债务或者提供为债权人接受的担保，取回质物、留置物。

前款规定的债务清偿或者替代担保，在质物或者留置物的价值低于被担保的债权额时，以该质物或者留置物当时的市场价值为限。

第三十八条　人民法院受理破产申请后，债务人占有的不属于债务人的财产，该财产的权利人可以通过管理人取回。但是，本法另有规定的除外。

第三十九条　人民法院受理破产申请时,出卖人已将买卖标的物向作为买受人的债务人发运,债务人尚未收到且未付清全部价款的,出卖人可以取回在运途中的标的物。但是,管理人可以支付全部价款,请求出卖人交付标的物。

第四十条　债权人在破产申请受理前对债务人负有债务的,可以向管理人主张抵销。但是,有下列情形之一的,不得抵销:

(一)债务人的债务人在破产申请受理后取得他人对债务人的债权的;

(二)债权人已知债务人有不能清偿到期债务或者破产申请的事实,对债务人负担债务的;但是,债权人因为法律规定或者有破产申请一年前所发生的原因而负担债务的除外;

(三)债务人的债务人已知债务人有不能清偿到期债务或者破产申请的事实,对债务人取得债权的;但是,债务人的债务人因为法律规定或者有破产申请一年前所发生的原因而取得债权的除外。

第五章　破产费用和共益债务

第四十一条　人民法院受理破产申请后发生的下列费用,为破产费用:

(一)破产案件的诉讼费用;

(二)管理、变价和分配债务人财产的费用;

(三)管理人执行职务的费用、报酬和聘用工作人员的费用。

第四十二条　人民法院受理破产申请后发生的下列债务,为共益债务:

(一)因管理人或者债务人请求对方当事人履行双方均未履行完毕的合同所产生的债务;

(二)债务人财产受无因管理所产生的债务;

(三)因债务人不当得利所产生的债务;

(四)为债务人继续营业而应支付的劳动报酬和社会保险费用以及由此产生的其他债务;

(五)管理人或者相关人员执行职务致人损害所产生的债务;

(六)债务人财产致人损害所产生的债务。

第四十三条　破产费用和共益债务由债务人财产随时清偿。

债务人财产不足以清偿所有破产费用和共益债务的，先行清偿破产费用。

债务人财产不足以清偿所有破产费用或者共益债务的，按照比例清偿。

债务人财产不足以清偿破产费用的，管理人应当提请人民法院终结破产程序。人民法院应当自收到请求之日起十五日内裁定终结破产程序，并予以公告。

第六章　债权申报

第四十四条　人民法院受理破产申请时对债务人享有债权的债权人，依照本法规定的程序行使权利。

第四十五条　人民法院受理破产申请后，应当确定债权人申报债权的期限。债权申报期限自人民法院发布受理破产申请公告之日起计算，最短不得少于三十日，最长不得超过三个月。

第四十六条　未到期的债权，在破产申请受理时视为到期。

附利息的债权自破产申请受理时起停止计息。

第四十七条　附条件、附期限的债权和诉讼、仲裁未决的债权，债权人可以申报。

第四十八条　债权人应当在人民法院确定的债权申报期限内向管理人申报债权。

债务人所欠职工的工资和医疗、伤残补助、抚恤费用，所欠的应当划入职工个人账户的基本养老保险、基本医疗保险费用，以及法律、行政法规规定应当支付给职工的补偿金，不必申报，由管理人调查后列出清单并予以公示。职工对清单记载有异议的，可以要求管理人更正；管理人不予更正的，职工可以向人民法院提起诉讼。

第四十九条　债权人申报债权时，应当书面说明债权的数额和有无财产担保，并提交有关证据。申报的债权是连带债权的，应当说明。

第五十条　连带债权人可以由其中一人代表全体连带债权人申报债权，也可以共同申报债权。

第五十一条　债务人的保证人或者其他连带债务人已经代替债务人清偿债务的，以其对债务人的求偿权申报债权。

债务人的保证人或者其他连带债务人尚未代替债务人清偿债务的，以其对债务人的将来求偿权申报债权。但是，债权人已经向管理人申报全部债权的除外。

第五十二条　连带债务人数人被裁定适用本法规定的程序的，其债权人有权就全部债权分别在各破产案件中申报债权。

第五十三条　管理人或者债务人依照本法规定解除合同的，对方当事人以因合同解除所产生的损害赔偿请求权申报债权。

第五十四条　债务人是委托合同的委托人，被裁定适用本法规定的程序，受托人不知该事实，继续处理委托事务的，受托人以由此产生的请求权申报债权。

第五十五条　债务人是票据的出票人，被裁定适用本法规定的程序，该票据的付款人继续付款或者承兑的，付款人以由此产生的请求权申报债权。

第五十六条　在人民法院确定的债权申报期限内，债权人未申报债权的，可以在破产财产最后分配前补充申报；但是，此前已进行的分配，不再对其补充分配。为审查和确认补充申报债权的费用，由补充申报人承担。

债权人未依照本法规定申报债权的，不得依照本法规定的程序行使权利。

第五十七条　管理人收到债权申报材料后，应当登记造册，对申报的债权进行审查，并编制债权表。

债权表和债权申报材料由管理人保存，供利害关系人查阅。

第五十八条　依照本法第五十七条规定编制的债权表，应当提交第一次债权人会议核查。

债务人、债权人对债权表记载的债权无异议的，由人民法院裁定确认。

债务人、债权人对债权表记载的债权有异议的，可以向受理破产申请的人民法院提起诉讼。

第七章　债权人会议

第一节　一般规定

第五十九条　依法申报债权的债权人为债权人会议的成员，有权参加债权人会议，享有表决权。

债权尚未确定的债权人，除人民法院能够为其行使表决权而临时确定债权额的外，不得行使表决权。

对债务人的特定财产享有担保权的债权人，未放弃优先受偿权利的，对于本法第六十一条第一款第七项、第十项规定的事项不享有表决权。

债权人可以委托代理人出席债权人会议，行使表决权。代理人出席债权人会议，应当向人民法院或者债权人会议主席提交债权人的授权委托书。

债权人会议应当有债务人的职工和工会的代表参加，对有关事项发表意见。

第六十条　债权人会议设主席一人，由人民法院从有表决权的债权人中指定。

债权人会议主席主持债权人会议。

第六十一条　债权人会议行使下列职权：

（一）核查债权；

（二）申请人民法院更换管理人，审查管理人的费用和报酬；

（三）监督管理人；

（四）选任和更换债权人委员会成员；

（五）决定继续或者停止债务人的营业；

（六）通过重整计划；

（七）通过和解协议；

（八）通过债务人财产的管理方案；

（九）通过破产财产的变价方案；

（十）通过破产财产的分配方案；

（十一）人民法院认为应当由债权人会议行使的其他职权。

债权人会议应当对所议事项的决议作成会议记录。

第六十二条 第一次债权人会议由人民法院召集,自债权申报期限届满之日起十五日内召开。

以后的债权人会议,在人民法院认为必要时,或者管理人、债权人委员会、占债权总额四分之一以上的债权人向债权人会议主席提议时召开。

第六十三条 召开债权人会议,管理人应当提前十五日通知已知的债权人。

第六十四条 债权人会议的决议,由出席会议的有表决权的债权人过半数通过,并且其所代表的债权额占无财产担保债权总额的二分之一以上。但是,本法另有规定的除外。

债权人认为债权人会议的决议违反法律规定,损害其利益的,可以自债权人会议作出决议之日起十五日内,请求人民法院裁定撤销该决议,责令债权人会议依法重新作出决议。

债权人会议的决议,对于全体债权人均有约束力。

第六十五条 本法第六十一条第一款第八项、第九项所列事项,经债权人会议表决未通过的,由人民法院裁定。

本法第六十一条第一款第十项所列事项,经债权人会议二次表决仍未通过的,由人民法院裁定。

对前两款规定的裁定,人民法院可以在债权人会议上宣布或者另行通知债权人。

第六十六条 债权人对人民法院依照本法第六十五条第一款作出的裁定不服的,债权额占无财产担保债权总额二分之一以上的债权人对人民法院依照本法第六十五条第二款作出的裁定不服的,可以自裁定宣布之日或者收到通知之日起十五日内向该人民法院申请复议。复议期间不停止裁定的执行。

第二节 债权人委员会

第六十七条 债权人会议可以决定设立债权人委员会。债权人委员会由债权人会议选任的债权人代表和一名债务人的职工代表或者工会代表组成。债权人委员会成员不得超过九人。

债权人委员会成员应当经人民法院书面决定认可。

第六十八条　债权人委员会行使下列职权：

（一）监督债务人财产的管理和处分；

（二）监督破产财产分配；

（三）提议召开债权人会议；

（四）债权人会议委托的其他职权。

债权人委员会执行职务时，有权要求管理人、债务人的有关人员对其职权范围内的事务作出说明或者提供有关文件。

管理人、债务人的有关人员违反本法规定拒绝接受监督的，债权人委员会有权就监督事项请求人民法院作出决定；人民法院应当在五日内作出决定。

第六十九条　管理人实施下列行为，应当及时报告债权人委员会：

（一）涉及土地、房屋等不动产权益的转让；

（二）探矿权、采矿权、知识产权等财产权的转让；

（三）全部库存或者营业的转让；

（四）借款；

（五）设定财产担保；

（六）债权和有价证券的转让；

（七）履行债务人和对方当事人均未履行完毕的合同；

（八）放弃权利；

（九）担保物的取回；

（十）对债权人利益有重大影响的其他财产处分行为。

未设立债权人委员会的，管理人实施前款规定的行为应当及时报告人民法院。

第八章　重　　整

第一节　重整申请和重整期间

第七十条　债务人或者债权人可以依照本法规定，直接向人民法院申请对债务人进行重整。

债权人申请对债务人进行破产清算的,在人民法院受理破产申请后、宣告债务人破产前,债务人或者出资额占债务人注册资本十分之一以上的出资人,可以向人民法院申请重整。

第七十一条 人民法院经审查认为重整申请符合本法规定的,应当裁定债务人重整,并予以公告。

第七十二条 自人民法院裁定债务人重整之日起至重整程序终止,为重整期间。

第七十三条 在重整期间,经债务人申请,人民法院批准,债务人可以在管理人的监督下自行管理财产和营业事务。

有前款规定情形的,依照本法规定已接管债务人财产和营业事务的管理人应当向债务人移交财产和营业事务,本法规定的管理人的职权由债务人行使。

第七十四条 管理人负责管理财产和营业事务的,可以聘任债务人的经营管理人员负责营业事务。

第七十五条 在重整期间,对债务人的特定财产享有的担保权暂停行使。但是,担保物有损坏或者价值明显减少的可能,足以危害担保权人权利的,担保权人可以向人民法院请求恢复行使担保权。

在重整期间,债务人或者管理人为继续营业而借款的,可以为该借款设定担保。

第七十六条 债务人合法占有的他人财产,该财产的权利人在重整期间要求取回的,应当符合事先约定的条件。

第七十七条 在重整期间,债务人的出资人不得请求投资收益分配。

在重整期间,债务人的董事、监事、高级管理人员不得向第三人转让其持有的债务人的股权。但是,经人民法院同意的除外。

第七十八条 在重整期间,有下列情形之一的,经管理人或者利害关系人请求,人民法院应当裁定终止重整程序,并宣告债务人破产:

(一)债务人的经营状况和财产状况继续恶化,缺乏挽救的可能性;

(二)债务人有欺诈、恶意减少债务人财产或者其他显著不利于债权人的行为;

（三）由于债务人的行为致使管理人无法执行职务。

第二节 重整计划的制定和批准

第七十九条 债务人或者管理人应当自人民法院裁定债务人重整之日起六个月内，同时向人民法院和债权人会议提交重整计划草案。

前款规定的期限届满，经债务人或者管理人请求，有正当理由的，人民法院可以裁定延期三个月。

债务人或者管理人未按期提出重整计划草案的，人民法院应当裁定终止重整程序，并宣告债务人破产。

第八十条 债务人自行管理财产和营业事务的，由债务人制作重整计划草案。

管理人负责管理财产和营业事务的，由管理人制作重整计划草案。

第八十一条 重整计划草案应当包括下列内容：

（一）债务人的经营方案；

（二）债权分类；

（三）债权调整方案；

（四）债权受偿方案；

（五）重整计划的执行期限；

（六）重整计划执行的监督期限；

（七）有利于债务人重整的其他方案。

第八十二条 下列各类债权的债权人参加讨论重整计划草案的债权人会议，依照下列债权分类，分组对重整计划草案进行表决：

（一）对债务人的特定财产享有担保权的债权；

（二）债务人所欠职工的工资和医疗、伤残补助、抚恤费用，所欠的应当划入职工个人账户的基本养老保险、基本医疗保险费用，以及法律、行政法规规定应当支付给职工的补偿金；

（三）债务人所欠税款；

（四）普通债权。

人民法院在必要时可以决定在普通债权组中设小额债权组对重

整计划草案进行表决。

第八十三条 重整计划不得规定减免债务人欠缴的本法第八十二条第一款第二项规定以外的社会保险费用;该项费用的债权人不参加重整计划草案的表决。

第八十四条 人民法院应当自收到重整计划草案之日起三十日内召开债权人会议,对重整计划草案进行表决。

出席会议的同一表决组的债权人过半数同意重整计划草案,并且其所代表的债权额占该组债权总额的三分之二以上的,即为该组通过重整计划草案。

债务人或者管理人应当向债权人会议就重整计划草案作出说明,并回答询问。

第八十五条 债务人的出资人代表可以列席讨论重整计划草案的债权人会议。

重整计划草案涉及出资人权益调整事项的,应当设出资人组,对该事项进行表决。

第八十六条 各表决组均通过重整计划草案时,重整计划即为通过。

自重整计划通过之日起十日内,债务人或者管理人应当向人民法院提出批准重整计划的申请。人民法院经审查认为符合本法规定的,应当自收到申请之日起三十日内裁定批准,终止重整程序,并予以公告。

第八十七条 部分表决组未通过重整计划草案的,债务人或者管理人可以同未通过重整计划草案的表决组协商。该表决组可以在协商后再表决一次。双方协商的结果不得损害其他表决组的利益。

未通过重整计划草案的表决组拒绝再次表决或者再次表决仍未通过重整计划草案,但重整计划草案符合下列条件的,债务人或者管理人可以申请人民法院批准重整计划草案:

(一)按照重整计划草案,本法第八十二条第一款第一项所列债权就该特定财产将获得全额清偿,其因延期清偿所受的损失将得到公平补偿,并且其担保权未受到实质性损害,或者该表决组已经通过重整计划草案;

（二）按照重整计划草案，本法第八十二条第一款第二项、第三项所列债权将获得全额清偿，或者相应表决组已经通过重整计划草案；

（三）按照重整计划草案，普通债权所获得的清偿比例，不低于其在重整计划草案被提请批准时依照破产清算程序所能获得的清偿比例，或者该表决组已经通过重整计划草案；

（四）重整计划草案对出资人权益的调整公平、公正，或者出资人组已经通过重整计划草案；

（五）重整计划草案公平对待同一表决组的成员，并且所规定的债权清偿顺序不违反本法第一百一十三条的规定；

（六）债务人的经营方案具有可行性。

人民法院经审查认为重整计划草案符合前款规定的，应当自收到申请之日起三十日内裁定批准，终止重整程序，并予以公告。

第八十八条 重整计划草案未获得通过且未依照本法第八十七条的规定获得批准，或者已通过的重整计划未获得批准的，人民法院应当裁定终止重整程序，并宣告债务人破产。

第三节 重整计划的执行

第八十九条 重整计划由债务人负责执行。

人民法院裁定批准重整计划后，已接管财产和营业事务的管理人应当向债务人移交财产和营业事务。

第九十条 自人民法院裁定批准重整计划之日起，在重整计划规定的监督期内，由管理人监督重整计划的执行。

在监督期内，债务人应当向管理人报告重整计划执行情况和债务人财务状况。

第九十一条 监督期届满时，管理人应当向人民法院提交监督报告。自监督报告提交之日起，管理人的监督职责终止。

管理人向人民法院提交的监督报告，重整计划的利害关系人有权查阅。

经管理人申请，人民法院可以裁定延长重整计划执行的监督期限。

第九十二条 经人民法院裁定批准的重整计划，对债务人和全体债权人均有约束力。

债权人未依照本法规定申报债权的,在重整计划执行期间不得行使权利;在重整计划执行完毕后,可以按照重整计划规定的同类债权的清偿条件行使权利。

债权人对债务人的保证人和其他连带债务人所享有的权利,不受重整计划的影响。

第九十三条 债务人不能执行或者不执行重整计划的,人民法院经管理人或者利害关系人请求,应当裁定终止重整计划的执行,并宣告债务人破产。

人民法院裁定终止重整计划执行的,债权人在重整计划中作出的债权调整的承诺失去效力。债权人因执行重整计划所受的清偿仍然有效,债权未受清偿的部分作为破产债权。

前款规定的债权人,只有在其他同顺位债权人同自己所受的清偿达到同一比例时,才能继续接受分配。

有本条第一款规定情形的,为重整计划的执行提供的担保继续有效。

第九十四条 按照重整计划减免的债务,自重整计划执行完毕时起,债务人不再承担清偿责任。

第九章 和　　解

第九十五条 债务人可以依照本法规定,直接向人民法院申请和解;也可以在人民法院受理破产申请后、宣告债务人破产前,向人民法院申请和解。

债务人申请和解,应当提出和解协议草案。

第九十六条 人民法院经审查认为和解申请符合本法规定的,应当裁定和解,予以公告,并召集债权人会议讨论和解协议草案。

对债务人的特定财产享有担保权的权利人,自人民法院裁定和解之日起可以行使权利。

第九十七条 债权人会议通过和解协议的决议,由出席会议的有表决权的债权人过半数同意,并且其所代表的债权额占无财产担保债权总额的三分之二以上。

第九十八条　债权人会议通过和解协议的，由人民法院裁定认可，终止和解程序，并予以公告。管理人应当向债务人移交财产和营业事务，并向人民法院提交执行职务的报告。

第九十九条　和解协议草案经债权人会议表决未获得通过，或者已经债权人会议通过的和解协议未获得人民法院认可的，人民法院应当裁定终止和解程序，并宣告债务人破产。

第一百条　经人民法院裁定认可的和解协议，对债务人和全体和解债权人均有约束力。

和解债权人是指人民法院受理破产申请时对债务人享有无财产担保债权的人。

和解债权人未依照本法规定申报债权的，在和解协议执行期间不得行使权利；在和解协议执行完毕后，可以按照和解协议规定的清偿条件行使权利。

第一百零一条　和解债权人对债务人的保证人和其他连带债务人所享有的权利，不受和解协议的影响。

第一百零二条　债务人应当按照和解协议规定的条件清偿债务。

第一百零三条　因债务人的欺诈或者其他违法行为而成立的和解协议，人民法院应当裁定无效，并宣告债务人破产。

有前款规定情形的，和解债权人因执行和解协议所受的清偿，在其他债权人所受清偿同等比例的范围内，不予返还。

第一百零四条　债务人不能执行或者不执行和解协议的，人民法院经和解债权人请求，应当裁定终止和解协议的执行，并宣告债务人破产。

人民法院裁定终止和解协议执行的，和解债权人在和解协议中作出的债权调整的承诺失去效力。和解债权人因执行和解协议所受的清偿仍然有效，和解债权未受清偿的部分作为破产债权。

前款规定的债权人，只有在其他债权人同自己所受的清偿达到同一比例时，才能继续接受分配。

有本条第一款规定情形的，为和解协议的执行提供的担保继续有效。

第一百零五条　人民法院受理破产申请后，债务人与全体债权人就债权债务的处理自行达成协议的,可以请求人民法院裁定认可,并终结破产程序。

第一百零六条 按照和解协议减免的债务,自和解协议执行完毕时起,债务人不再承担清偿责任。

第十章 破产清算

第一节 破产宣告

第一百零七条 人民法院依照本法规定宣告债务人破产的,应当自裁定作出之日起五日内送达债务人和管理人,自裁定作出之日起十日内通知已知债权人,并予以公告。

债务人被宣告破产后,债务人称为破产人,债务人财产称为破产财产,人民法院受理破产申请时对债务人享有的债权称为破产债权。

第一百零八条 破产宣告前,有下列情形之一的,人民法院应当裁定终结破产程序,并予以公告:

(一)第三人为债务人提供足额担保或者为债务人清偿全部到期债务的;

(二)债务人已清偿全部到期债务的。

第一百零九条 对破产人的特定财产享有担保权的权利人,对该特定财产享有优先受偿的权利。

第一百一十条 享有本法第一百零九条规定权利的债权人行使优先受偿权利未能完全受偿的,其未受偿的债权作为普通债权;放弃优先受偿权利的,其债权作为普通债权。

第二节 变价和分配

第一百一十一条 管理人应当及时拟订破产财产变价方案,提交债权人会议讨论。

管理人应当按照债权人会议通过的或者人民法院依照本法第六十五条第一款规定裁定的破产财产变价方案,适时变价出售破产财产。

第一百一十二条 变价出售破产财产应当通过拍卖进行。但是,债权人会议另有决议的除外。

破产企业可以全部或者部分变价出售。企业变价出售时,可以将其中的无形资产和其他财产单独变价出售。

按照国家规定不能拍卖或者限制转让的财产,应当按照国家规定的方式处理。

第一百一十三条 破产财产在优先清偿破产费用和共益债务后,依照下列顺序清偿:

(一)破产人所欠职工的工资和医疗、伤残补助、抚恤费用,所欠的应当划入职工个人账户的基本养老保险、基本医疗保险费用,以及法律、行政法规规定应当支付给职工的补偿金;

(二)破产人欠缴的除前项规定以外的社会保险费用和破产人所欠税款;

(三)普通破产债权。

破产财产不足以清偿同一顺序的清偿要求的,按照比例分配。

破产企业的董事、监事和高级管理人员的工资按照该企业职工的平均工资计算。

第一百一十四条 破产财产的分配应当以货币分配方式进行。但是,债权人会议另有决议的除外。

第一百一十五条 管理人应当及时拟订破产财产分配方案,提交债权人会议讨论。

破产财产分配方案应当载明下列事项:

(一)参加破产财产分配的债权人名称或者姓名、住所;

(二)参加破产财产分配的债权额;

(三)可供分配的破产财产数额;

(四)破产财产分配的顺序、比例及数额;

(五)实施破产财产分配的方法。

债权人会议通过破产财产分配方案后,由管理人将该方案提请人民法院裁定认可。

第一百一十六条 破产财产分配方案经人民法院裁定认可后,由管理人执行。

管理人按照破产财产分配方案实施多次分配的,应当公告本次分配的财产额和债权额。管理人实施最后分配的,应当在公告中指明,并载明本法第一百一十七条第二款规定的事项。

第一百一十七条 对于附生效条件或者解除条件的债权,管理人应当将其分配额提存。

管理人依照前款规定提存的分配额,在最后分配公告日,生效条件未成就或者解除条件成就的,应当分配给其他债权人;在最后分配公告日,生效条件成就或者解除条件未成就的,应当交付给债权人。

第一百一十八条 债权人未受领的破产财产分配额,管理人应当提存。债权人自最后分配公告之日起满二个月仍不领取的,视为放弃受领分配的权利,管理人或者人民法院应当将提存的分配额分配给其他债权人。

第一百一十九条 破产财产分配时,对于诉讼或者仲裁未决的债权,管理人应当将其分配额提存。自破产程序终结之日起满二年仍不能受领分配的,人民法院应当将提存的分配额分配给其他债权人。

第三节 破产程序的终结

第一百二十条 破产人无财产可供分配的,管理人应当请求人民法院裁定终结破产程序。

管理人在最后分配完结后,应当及时向人民法院提交破产财产分配报告,并提请人民法院裁定终结破产程序。

人民法院应当自收到管理人终结破产程序的请求之日起十五日内作出是否终结破产程序的裁定。裁定终结的,应当予以公告。

第一百二十一条 管理人应当自破产程序终结之日起十日内,持人民法院终结破产程序的裁定,向破产人的原登记机关办理注销登记。

第一百二十二条 管理人于办理注销登记完毕的次日终止执行职务。但是,存在诉讼或者仲裁未决情况的除外。

第一百二十三条 自破产程序依照本法第四十三条第四款或者第一百二十条的规定终结之日起二年内,有下列情形之一的,债权人可以请求人民法院按照破产财产分配方案进行追加分配:

(一)发现有依照本法第三十一条、第三十二条、第三十三条、第三十六条规定应当追回的财产的；

（二）发现破产人有应当供分配的其他财产的。

有前款规定情形，但财产数量不足以支付分配费用的，不再进行追加分配，由人民法院将其上交国库。

第一百二十四条　破产人的保证人和其他连带债务人，在破产程序终结后，对债权人依照破产清算程序未受清偿的债权，依法继续承担清偿责任。

第十一章　法律责任

第一百二十五条　企业董事、监事或者高级管理人员违反忠实义务、勤勉义务，致使所在企业破产的，依法承担民事责任。

有前款规定情形的人员，自破产程序终结之日起三年内不得担任任何企业的董事、监事、高级管理人员。

第一百二十六条　有义务列席债权人会议的债务人的有关人员，经人民法院传唤，无正当理由拒不列席债权人会议的，人民法院可以拘传，并依法处以罚款。债务人的有关人员违反本法规定，拒不陈述、回答，或者作虚假陈述、回答的，人民法院可以依法处以罚款。

第一百二十七条　债务人违反本法规定，拒不向人民法院提交或者提交不真实的财产状况说明、债务清册、债权清册、有关财务会计报告以及职工工资的支付情况和社会保险费用的缴纳情况的，人民法院可以对直接责任人员依法处以罚款。

债务人违反本法规定，拒不向管理人移交财产、印章和账簿、文书等资料的，或者伪造、销毁有关财产证据材料而使财产状况不明的，人民法院可以对直接责任人员依法处以罚款。

第一百二十八条　债务人有本法第三十一条、第三十二条、第三十三条规定的行为，损害债权人利益的，债务人的法定代表人和其他直接责任人员依法承担赔偿责任。

第一百二十九条　债务人的有关人员违反本法规定，擅自离开住所地的，人民法院可以予以训诫、拘留，可以依法并处罚款。

第一百三十条　管理人未依照本法规定勤勉尽责，忠实执行职务的，人民法院可以依法处以罚款；给债权人、债务人或者第三人造成损失的,依法承担赔偿责任。

第一百三十一条 违反本法规定,构成犯罪的,依法追究刑事责任。

第十二章 附 则

第一百三十二条 本法施行后,破产人在本法公布之日前所欠职工的工资和医疗、伤残补助、抚恤费用,所欠的应当划入职工个人账户的基本养老保险、基本医疗保险费用,以及法律、行政法规规定应当支付给职工的补偿金,依照本法第一百一十三条的规定清偿后不足以清偿的部分,以本法第一百零九条规定的特定财产优先于对该特定财产享有担保权的权利人受偿。

第一百三十三条 在本法施行前国务院规定的期限和范围内的国有企业实施破产的特殊事宜,按照国务院有关规定办理。

第一百三十四条 商业银行、证券公司、保险公司等金融机构有本法第二条规定情形的,国务院金融监督管理机构可以向人民法院提出对该金融机构进行重整或者破产清算的申请。国务院金融监督管理机构依法对出现重大经营风险的金融机构采取接管、托管等措施的,可以向人民法院申请中止以该金融机构为被告或者被执行人的民事诉讼程序或者执行程序。

金融机构实施破产的,国务院可以依据本法和其他有关法律的规定制定实施办法。

第一百三十五条 其他法律规定企业法人以外的组织的清算,属于破产清算的,参照适用本法规定的程序。

第一百三十六条 本法自2007年6月1日起施行,《中华人民共和国企业破产法(试行)》同时废止。

司法解释及司法解释性质文件

最高人民法院关于适用《中华人民共和国企业破产法》若干问题的规定(三)

(2019年2月25日最高人民法院审判委员会第1762次会议通过　根据2020年12月23日最高人民法院审判委员会第1823次会议通过的《最高人民法院关于修改〈最高人民法院关于破产企业国有划拨土地使用权应否列入破产财产等问题的批复〉等二十九件商事类司法解释的决定》修正)

为正确适用《中华人民共和国企业破产法》,结合审判实践,就人民法院审理企业破产案件中有关债权人权利行使等相关法律适用问题,制定本规定。

第一条　人民法院裁定受理破产申请的,此前债务人尚未支付的公司强制清算费用、未终结的执行程序中产生的评估费、公告费、保管费等执行费用,可以参照企业破产法关于破产费用的规定,由债务人财产随时清偿。

此前债务人尚未支付的案件受理费、执行申请费,可以作为破产债权清偿。

第二条　破产申请受理后,经债权人会议决议通过,或者第一次债权人会议召开前经人民法院许可,管理人或者自行管理的债务人可以为债务人继续营业而借款。提供借款的债权人主张参照企业破产法第四十二条第四项的规定优先于普通破产债权清偿的,人民法院应予支持,但其主张优先于此前已就债务人特定财产享有担保的债权清偿的,人民法院不予支持。

管理人或者自行管理的债务人可以为前述借款设定抵押担保,抵押物在破产申请受理前已为其他债权人设定抵押的,债权人主张按照民法典第四百一十四条规定的顺序清偿,人民法院应予支持。

第三条 破产申请受理后,债务人欠缴款项产生的滞纳金,包括债务人未履行生效法律文书应当加倍支付的迟延利息和劳动保险金的滞纳金,债权人作为破产债权申报的,人民法院不予确认。

第四条 保证人被裁定进入破产程序的,债权人有权申报其对保证人的保证债权。

主债务未到期的,保证债权在保证人破产申请受理时视为到期。一般保证的保证人主张行使先诉抗辩权的,人民法院不予支持,但债权人在一般保证人破产程序中的分配额应予提存,待一般保证人应承担的保证责任确定后再按照破产清偿比例予以分配。

保证人被确定应当承担保证责任的,保证人的管理人可以就保证人实际承担的清偿额向主债务人或其他债务人行使求偿权。

第五条 债务人、保证人均被裁定进入破产程序的,债权人有权向债务人、保证人分别申报债权。

债权人向债务人、保证人均申报全部债权的,从一方破产程序中获得清偿后,其对另一方的债权额不作调整,但债权人的受偿额不得超出其债权总额。保证人履行保证责任后不再享有求偿权。

第六条 管理人应当依照企业破产法第五十七条的规定对所申报的债权进行登记造册,详尽记载申报人的姓名、单位、代理人、申报债权额、担保情况、证据、联系方式等事项,形成债权申报登记册。

管理人应当依照企业破产法第五十七条的规定对债权的性质、数额、担保财产、是否超过诉讼时效期间、是否超过强制执行期间等情况进行审查、编制债权表并提交债权人会议核查。

债权表、债权申报登记册及债权申报材料在破产期间由管理人保管,债权人、债务人、债务人职工及其他利害关系人有权查阅。

第七条 已经生效法律文书确定的债权,管理人应当予以确认。

管理人认为债权人据以申报债权的生效法律文书确定的债权错误,或者有证据证明债权人与债务人恶意通过诉讼、仲裁或者公证机关赋予强制执行力公证文书的形式虚构债权债务的,应当依法通过审判监督程序向作出该判决、裁定、调解书的人民法院或者上一级人民法院申请撤销生效法律文书,或者向受理破产申请的人民法院申请撤销或者不予执行仲裁裁决、不予执行公证债权文书后,重新确定债权。

第八条 债务人、债权人对债权表记载的债权有异议的,应当说明理由和法律依据。经管理人解释或调整后,异议人仍然不服的,或者管理人不予解释或调整的,异议人应当在债权人会议核查结束后十五日内向人民法院提起债权确认的诉讼。当事人之间在破产申请受理前订立有仲裁条款或仲裁协议的,应当向选定的仲裁机构申请确认债权债务关系。

第九条 债务人对债权表记载的债权有异议向人民法院提起诉讼的,应将被异议债权人列为被告。债权人对债权表记载的他人债权有异议的,应将被异议债权人列为被告;债权人对债权表记载的本人债权有异议的,应将债务人列为被告。

对同一笔债权存在多个异议人,其他异议人申请参加诉讼的,应当列为共同原告。

第十条 单个债权人有权查阅债务人财产状况报告、债权人会议决议、债权人委员会决议、管理人监督报告等参与破产程序所必需的债务人财务和经营信息资料。管理人无正当理由不予提供的,债权人可以请求人民法院作出决定;人民法院应当在五日内作出决定。

上述信息资料涉及商业秘密的,债权人应当依法承担保密义务或者签署保密协议;涉及国家秘密的应当依照相关法律规定处理。

第十一条 债权人会议的决议除现场表决外,可以由管理人事先将相关决议事项告知债权人,采取通信、网络投票等非现场方式进行表决。采取非现场方式进行表决的,管理人应当在债权人会议召开后的三日内,以信函、电子邮件、公告等方式将表决结果告知参与表决的债权人。

根据企业破产法第八十二条规定,对重整计划草案进行分组表决时,权益因重整计划草案受到调整或者影响的债权人或者股东,有权参加表决;权益未受到调整或者影响的债权人或者股东,参照企业破产法第八十三条的规定,不参加重整计划草案的表决。

第十二条 债权人会议的决议具有以下情形之一,损害债权人利益,债权人申请撤销的,人民法院应予支持:

(一)债权人会议的召开违反法定程序;

(二)债权人会议的表决违反法定程序;

(三)债权人会议的决议内容违法;

(四)债权人会议的决议超出债权人会议的职权范围。

人民法院可以裁定撤销全部或者部分事项决议,责令债权人会议依法重新作出决议。

债权人申请撤销债权人会议决议的,应当提出书面申请。债权人会议采取通信、网络投票等非现场方式进行表决的,债权人申请撤销的期限自债权人收到通知之日起算。

第十三条 债权人会议可以依照企业破产法第六十八条第一款第四项的规定,委托债权人委员会行使企业破产法第六十一条第一款第二、三、五项规定的债权人会议职权。债权人会议不得作出概括性授权,委托其行使债权人会议所有职权。

第十四条 债权人委员会决定所议事项应获得全体成员过半数通过,并作成议事记录。债权人委员会成员对所议事项的决议有不同意见的,应当在记录中载明。

债权人委员会行使职权应当接受债权人会议的监督,以适当的方式向债权人会议及时汇报工作,并接受人民法院的指导。

第十五条 管理人处分企业破产法第六十九条规定的债务人重大财产的,应当事先制作财产管理或者变价方案并提交债权人会议进行表决,债权人会议表决未通过的,管理人不得处分。

管理人实施处分前,应当根据企业破产法第六十九条的规定,提前十日书面报告债权人委员会或者人民法院。债权人委员会可以依照企业破产法第六十八条第二款的规定,要求管理人对处分行为作出相应说明或者提供有关文件依据。

债权人委员会认为管理人实施的处分行为不符合债权人会议通过的财产管理或变价方案的,有权要求管理人纠正。管理人拒绝纠正的,债权人委员会可以请求人民法院作出决定。

人民法院认为管理人实施的处分行为不符合债权人会议通过的财产管理或变价方案的,应当责令管理人停止处分行为。管理人应当予以纠正,或者提交债权人会议重新表决通过后实施。

第十六条　本规定自2019年3月28日起实施。

实施前本院发布的有关企业破产的司法解释，与本规定相抵触的，自本规定实施之日起不再适用。

最高人民法院关于适用《中华人民共和国企业破产法》若干问题的规定（二）

（2013年7月29日最高人民法院审判委员会第1586次会议通过　根据2020年12月23日最高人民法院审判委员会第1823次会议通过的《最高人民法院关于修改〈最高人民法院关于破产企业国有划拨土地使用权应否列入破产财产等问题的批复〉等二十九件商事类司法解释的决定》修正）

根据《中华人民共和国民法典》《中华人民共和国企业破产法》等相关法律，结合审判实践，就人民法院审理企业破产案件中认定债务人财产相关的法律适用问题，制定本规定。

第一条　除债务人所有的货币、实物外，债务人依法享有的可以用货币估价并可以依法转让的债权、股权、知识产权、用益物权等财产和财产权益，人民法院均应认定为债务人财产。

第二条　下列财产不应认定为债务人财产：

（一）债务人基于仓储、保管、承揽、代销、借用、寄存、租赁等合同或者其他法律关系占有、使用的他人财产；

（二）债务人在所有权保留买卖中尚未取得所有权的财产；

（三）所有权专属于国家且不得转让的财产；

（四）其他依照法律、行政法规不属于债务人的财产。

第三条　债务人已依法设定担保物权的特定财产，人民法院应当认定为债务人财产。

对债务人的特定财产在担保物权消灭或者实现担保物权后的剩

余部分，在破产程序中可用以清偿破产费用、共益债务和其他破产债权。

第四条 债务人对按份享有所有权的共有财产的相关份额，或者共同享有所有权的共有财产的相应财产权利，以及依法分割共有财产所得部分，人民法院均应认定为债务人财产。

人民法院宣告债务人破产清算，属于共有财产分割的法定事由。人民法院裁定债务人重整或者和解的，共有财产的分割应当依据民法典第三百零三条的规定进行；基于重整或者和解的需要必须分割共有财产，管理人请求分割的，人民法院应予准许。

因分割共有财产导致其他共有人损害产生的债务，其他共有人请求作为共益债务清偿的，人民法院应予支持。

第五条 破产申请受理后，有关债务人财产的执行程序未依照企业破产法第十九条的规定中止的，采取执行措施的相关单位应当依法予以纠正。依法执行回转的财产，人民法院应当认定为债务人财产。

第六条 破产申请受理后，对于可能因有关利益相关人的行为或者其他原因，影响破产程序依法进行的，受理破产申请的人民法院可以根据管理人的申请或者依职权，对债务人的全部或者部分财产采取保全措施。

第七条 对债务人财产已采取保全措施的相关单位，在知悉人民法院已裁定受理有关债务人的破产申请后，应当依照企业破产法第十九条的规定及时解除对债务人财产的保全措施。

第八条 人民法院受理破产申请后至破产宣告前裁定驳回破产申请，或者依据企业破产法第一百零八条的规定裁定终结破产程序的，应当及时通知原已采取保全措施并已依法解除保全措施的单位按照原保全顺位恢复相关保全措施。

在已依法解除保全的单位恢复保全措施或者表示不再恢复之前，受理破产申请的人民法院不得解除对债务人财产的保全措施。

第九条 管理人依据企业破产法第三十一条和第三十二条的规定提起诉讼，请求撤销涉及债务人财产的相关行为并由相对人返还债务人财产的，人民法院应予支持。

管理人因过错未依法行使撤销权导致债务人财产不当减损，债权人提起诉讼主张管理人对其损失承担相应赔偿责任的，人民法院应予支持。

第十条　债务人经过行政清理程序转入破产程序的，企业破产法第三十一条和第三十二条规定的可撤销行为的起算点，为行政监管机构作出撤销决定之日。

债务人经过强制清算程序转入破产程序的，企业破产法第三十一条和第三十二条规定的可撤销行为的起算点，为人民法院裁定受理强制清算申请之日。

第十一条　人民法院根据管理人的请求撤销涉及债务人财产的以明显不合理价格进行的交易的，买卖双方应当依法返还从对方获取的财产或者价款。

因撤销该交易，对于债务人应返还受让人已支付价款所产生的债务，受让人请求作为共益债务清偿的，人民法院应予支持。

第十二条　破产申请受理前一年内债务人提前清偿的未到期债务，在破产申请受理前已经到期，管理人请求撤销该清偿行为的，人民法院不予支持。但是，该清偿行为发生在破产申请受理前六个月内且债务人有企业破产法第二条第一款规定情形的除外。

第十三条　破产申请受理后，管理人未依据企业破产法第三十一条的规定请求撤销债务人无偿转让财产、以明显不合理价格交易、放弃债权行为的，债权人依据民法典第五百三十八条、第五百三十九条等规定提起诉讼，请求撤销债务人上述行为并将因此追回的财产归入债务人财产的，人民法院应予受理。

相对人以债权人行使撤销权的范围超出债权人的债权抗辩的，人民法院不予支持。

第十四条　债务人对以自有财产设定担保物权的债权进行的个别清偿，管理人依据企业破产法第三十二条的规定请求撤销的，人民法院不予支持。但是，债务清偿时担保财产的价值低于债权额的除外。

第十五条　债务人经诉讼、仲裁、执行程序对债权人进行的个别清偿，管理人依据企业破产法第三十二条的规定请求撤销的，人民法院不予支持。但是，债务人与债权人恶意串通损害其他债权人利益的除外。

第十六条 债务人对债权人进行的以下个别清偿,管理人依据企业破产法第三十二条的规定请求撤销的,人民法院不予支持:

(一)债务人为维系基本生产需要而支付水费、电费等的;

(二)债务人支付劳动报酬、人身损害赔偿金的;

(三)使债务人财产受益的其他个别清偿。

第十七条 管理人依据企业破产法第三十三条的规定提起诉讼,主张被隐匿、转移财产的实际占有人返还债务人财产,或者主张债务人虚构债务或者承认不真实债务的行为无效并返还债务人财产的,人民法院应予支持。

第十八条 管理人代表债务人依据企业破产法第一百二十八条的规定,以债务人的法定代表人和其他直接责任人员对所涉债务人财产的相关行为存在故意或者重大过失,造成债务人财产损失为由提起诉讼,主张上述责任人员承担相应赔偿责任的,人民法院应予支持。

第十九条 债务人对外享有债权的诉讼时效,自人民法院受理破产申请之日起中断。

债务人无正当理由未对其到期债权及时行使权利,导致其对外债权在破产申请受理前一年内超过诉讼时效期间的,人民法院受理破产申请之日起重新计算上述债权的诉讼时效期间。

第二十条 管理人代表债务人提起诉讼,主张出资人向债务人依法缴付未履行的出资或者返还抽逃的出资本息,出资人以认缴出资尚未届至公司章程规定的缴纳期限或者违反出资义务已经超过诉讼时效为由抗辩的,人民法院不予支持。

管理人依据公司法的相关规定代表债务人提起诉讼,主张公司的发起人和负有监督股东履行出资义务的董事、高级管理人员,或者协助抽逃出资的其他股东、董事、高级管理人员、实际控制人等,对股东违反出资义务或者抽逃出资承担相应责任,并将财产归入债务人财产的,人民法院应予支持。

第二十一条 破产申请受理前,债权人就债务人财产提起下列诉讼,破产申请受理时案件尚未审结的,人民法院应当中止审理:

(一)主张次债务人代替债务人直接向其偿还债务的;

（二）主张债务人的出资人、发起人和负有监督股东履行出资义务的董事、高级管理人员，或者协助抽逃出资的其他股东、董事、高级管理人员、实际控制人等直接向其承担出资不实或者抽逃出资责任的；

（三）以债务人的股东与债务人法人人格严重混同为由，主张债务人的股东直接向其偿还债务人对其所负债务的；

（四）其他就债务人财产提起的个别清偿诉讼。

债务人破产宣告后，人民法院应当依照企业破产法第四十四条的规定判决驳回债权人的诉讼请求。但是，债权人一审中变更其诉讼请求为追收的相关财产归入债务人财产的除外。

债务人破产宣告前，人民法院依据企业破产法第十二条或者第一百零八条的规定裁定驳回破产申请或者终结破产程序的，上述中止审理的案件应当依法恢复审理。

第二十二条 破产申请受理前，债权人就债务人财产向人民法院提起本规定第二十一条第一款所列诉讼，人民法院已经作出生效民事判决书或者调解书但尚未执行完毕的，破产申请受理后，相关执行行为应当依据企业破产法第十九条的规定中止，债权人应当依法向管理人申报相关债权。

第二十三条 破产申请受理后，债权人就债务人财产向人民法院提起本规定第二十一条第一款所列诉讼的，人民法院不予受理。

债权人通过债权人会议或者债权人委员会，要求管理人依法向次债务人、债务人的出资人等追收债务人财产，管理人无正当理由拒绝追收，债权人会议依据企业破产法第二十二条的规定，申请人民法院更换管理人的，人民法院应予支持。

管理人不予追收，个别债权人代表全体债权人提起相关诉讼，主张次债务人或者债务人的出资人等向债务人清偿或者返还债务人财产，或者依法申请合并破产的，人民法院应予受理。

第二十四条 债务人有企业破产法第二条第一款规定的情形时，债务人的董事、监事和高级管理人员利用职权获取的以下收入，人民法院应当认定为企业破产法第三十六条规定的非正常收入：

（一）绩效奖金；

（二）普遍拖欠职工工资情况下获取的工资性收入；

（三）其他非正常收入。

债务人的董事、监事和高级管理人员拒不向管理人返还上述债务人财产，管理人主张上述人员予以返还的，人民法院应予支持。

债务人的董事、监事和高级管理人员因返还第一款第（一）项、第（三）项非正常收入形成的债权，可以作为普通破产债权清偿。因返还第一款第（二）项非正常收入形成的债权，依据企业破产法第一百一十三条第三款的规定，按照该企业职工平均工资计算的部分作为拖欠职工工资清偿；高出该企业职工平均工资计算的部分，可以作为普通破产债权清偿。

第二十五条 管理人拟通过清偿债务或者提供担保取回质物、留置物，或者与质权人、留置权人协议以质物、留置物折价清偿债务等方式，进行对债权人利益有重大影响的财产处分行为的，应当及时报告债权人委员会。未设立债权人委员会的，管理人应当及时报告人民法院。

第二十六条 权利人依据企业破产法第三十八条的规定行使取回权，应当在破产财产变价方案或者和解协议、重整计划草案提交债权人会议表决前向管理人提出。权利人在上述期限后主张取回相关财产的，应当承担延迟行使取回权增加的相关费用。

第二十七条 权利人依据企业破产法第三十八条的规定向管理人主张取回相关财产，管理人不予认可，权利人以债务人为被告向人民法院提起诉讼请求行使取回权的，人民法院应予受理。

权利人依据人民法院或者仲裁机关的相关生效法律文书向管理人主张取回所涉争议财产，管理人以生效法律文书错误为由拒绝其行使取回权的，人民法院不予支持。

第二十八条 权利人行使取回权时未依法向管理人支付相关的加工费、保管费、托运费、委托费、代销费等费用，管理人拒绝其取回相关财产的，人民法院应予支持。

第二十九条 对债务人占有的权属不清的鲜活易腐等不易保管的财产或者不及时变现价值将严重贬损的财产，管理人及时变价并提存变价款后，有关权利人就该变价款行使取回权的，人民法院应予支持。

第三十条　债务人占有的他人财产被违法转让给第三人,依据民法典第三百一十一条的规定第三人已善意取得财产所有权,原权利人无法取回该财产的,人民法院应当按照以下规定处理:

(一)转让行为发生在破产申请受理前的,原权利人因财产损失形成的债权,作为普通破产债权清偿;

(二)转让行为发生在破产申请受理后的,因管理人或者相关人员执行职务导致原权利人损害产生的债务,作为共益债务清偿。

第三十一条　债务人占有的他人财产被违法转让给第三人,第三人已向债务人支付了转让价款,但依据民法典第三百一十一条的规定未取得财产所有权,原权利人依法追回转让财产的,对因第三人已支付对价而产生的债务,人民法院应当按照以下规定处理:

(一)转让行为发生在破产申请受理前的,作为普通破产债权清偿;

(二)转让行为发生在破产申请受理后的,作为共益债务清偿。

第三十二条　债务人占有的他人财产毁损、灭失,因此获得的保险金、赔偿金、代偿物尚未交付给债务人,或者代偿物虽已交付给债务人但能与债务人财产予以区分的,权利人主张取回就此获得的保险金、赔偿金、代偿物的,人民法院应予支持。

保险金、赔偿金已经交付给债务人,或者代偿物已经交付给债务人且不能与债务人财产予以区分的,人民法院应当按照以下规定处理:

(一)财产毁损、灭失发生在破产申请受理前的,权利人因财产损失形成的债权,作为普通破产债权清偿;

(二)财产毁损、灭失发生在破产申请受理后的,因管理人或者相关人员执行职务导致权利人损害产生的债务,作为共益债务清偿。

债务人占有的他人财产毁损、灭失,没有获得相应的保险金、赔偿金、代偿物,或者保险金、赔偿物、代偿物不足以弥补其损失的部分,人民法院应当按照本条第二款的规定处理。

第三十三条　管理人或者相关人员在执行职务过程中,因故意或者重大过失不当转让他人财产或者造成他人财产毁损、灭失,导致他人损害产生的债务作为共益债务,由债务人财产随时清偿不足弥补损失,权利人向管理人或者相关人员主张承担补充赔偿责任的,人民法院应予支持。

上述债务作为共益债务由债务人财产随时清偿后,债权人以管理人或者相关人员执行职务不当导致债务人财产减少给其造成损失为由提起诉讼,主张管理人或者相关人员承担相应赔偿责任的,人民法院应予支持。

第三十四条 买卖合同双方当事人在合同中约定标的物所有权保留,在标的物所有权未依法转移给买受人前,一方当事人破产的,该买卖合同属于双方均未履行完毕的合同,管理人有权依据企业破产法第十八条的规定决定解除或者继续履行合同。

第三十五条 出卖人破产,其管理人决定继续履行所有权保留买卖合同的,买受人应当按照原买卖合同的约定支付价款或者履行其他义务。

买受人未依约支付价款或者履行完毕其他义务,或者将标的物出卖、出质或者作出其他不当处分,给出卖人造成损害,出卖人管理人依法主张取回标的物的,人民法院应予支持。但是,买受人已经支付标的物总价款百分之七十五以上或者第三人善意取得标的物所有权或者其他物权的除外。

因本条第二款规定未能取回标的物,出卖人管理人依法主张买受人继续支付价款、履行完毕其他义务,以及承担相应赔偿责任的,人民法院应予支持。

第三十六条 出卖人破产,其管理人决定解除所有权保留买卖合同,并依据企业破产法第十七条的规定要求买受人向其交付买卖标的物的,人民法院应予支持。

买受人以其不存在未依约支付价款或者履行完毕其他义务,或者将标的物出卖、出质或者作出其他不当处分情形抗辩的,人民法院不予支持。

买受人依法履行合同义务并依据本条第一款将买卖标的物交付出卖人管理人后,买受人已支付价款损失形成的债权作为共益债务清偿。但是,买受人违反合同约定,出卖人管理人主张上述债权作为普通破产债权清偿的,人民法院应予支持。

第三十七条 买受人破产,其管理人决定继续履行所有权保留买卖合同的,原买卖合同中约定的买受人支付价款或者履行其他义务的期限在破产申请受理时视为到期,买受人管理人应当及时向出卖人支付价款或者履行其他义务。

买受人管理人无正当理由未及时支付价款或者履行完毕其他义务,或者将标的物出卖、出质或者作出其他不当处分,给出卖人造成损害,出卖人依据民法典第六百四十一条等规定主张取回标的物的,人民法院应予支持。但是,买受人已支付标的物总价款百分之七十五以上或者第三人善意取得标的物所有权或者其他物权的除外。

因本条第二款规定未能取回标的物,出卖人依法主张买受人继续支付价款、履行完毕其他义务,以及承担相应赔偿责任的,人民法院应予支持。对因买受人未支付价款或者未履行完毕其他义务,以及买受人管理人将标的物出卖、出质或者作出其他不当处分导致出卖人损害产生的债务,出卖人主张作为共益债务清偿的,人民法院应予支持。

第三十八条 买受人破产,其管理人决定解除所有权保留买卖合同,出卖人依据企业破产法第三十八条的规定主张取回买卖标的物的,人民法院应予支持。

出卖人取回买卖标的物,买受人管理人主张出卖人返还已支付价款的,人民法院应予支持。取回的标的物价值明显减少给出卖人造成损失的,出卖人可从买受人已支付价款中优先予以抵扣后,将剩余部分返还给买受人;对买受人已支付价款不足以弥补出卖人标的物价值减损损失形成的债权,出卖人主张作为共益债务清偿的,人民法院应予支持。

第三十九条 出卖人依据企业破产法第三十九条的规定,通过通知承运人或者实际占有人中止运输、返还货物、变更到达地,或者将货物交给其他收货人等方式,对在运途中标的物主张了取回权但未能实现,或者在货物未达管理人前已向管理人主张取回在运途中标的物,在买卖标的物到达管理人后,出卖人向管理人主张取回的,管理人应予准许。

出卖人对在运途中标的物未及时行使取回权,在买卖标的物到达管理人后向管理人行使在运途中标的物取回权的,管理人不应准许。

第四十条 债务人重整期间,权利人要求取回债务人合法占有的权利人的财产,不符合双方事先约定条件的,人民法院不予支持。但是,因管理人或者自行管理的债务人违反约定,可能导致取回物被转让、毁损、灭失或者价值明显减少的除外。

第四十一条 债权人依据企业破产法第四十条的规定行使抵销权,应当向管理人提出抵销主张。

管理人不得主动抵销债务人与债权人的互负债务,但抵销使债务人财产受益的除外。

第四十二条 管理人收到债权人提出的主张债务抵销的通知后,经审查无异议的,抵销自管理人收到通知之日起生效。

管理人对抵销主张有异议的,应当在约定的异议期限内或者自收到主张债务抵销的通知之日起三个月内向人民法院提起诉讼。无正当理由逾期提起的,人民法院不予支持。

人民法院判决驳回管理人提起的抵销无效诉讼请求的,该抵销自管理人收到主张债务抵销的通知之日起生效。

第四十三条 债权人主张抵销,管理人以下列理由提出异议的,人民法院不予支持:

(一)破产申请受理时,债务人对债权人负有的债务尚未到期;

(二)破产申请受理时,债权人对债务人负有的债务尚未到期;

(三)双方互负债务标的物种类、品质不同。

第四十四条 破产申请受理前六个月内,债务人有企业破产法第二条第一款规定的情形,债务人与个别债权人以抵销方式对个别债权人清偿,其抵销的债权债务属于企业破产法第四十条第(二)、(三)项规定的情形之一,管理人在破产申请受理之日起三个月内向人民法院提起诉讼,主张该抵销无效的,人民法院应予支持。

第四十五条 企业破产法第四十条所列不得抵销情形的债权人,主张以其对债务人特定财产享有优先受偿权的债权,与债务人对其不享有优先受偿权的债权抵销,债务人管理人以抵销存在企业破产法第四十条规定的情形提出异议的,人民法院不予支持。但是,用以抵销的债权大于债权人享有优先受偿权财产价值的除外。

第四十六条 债务人的股东主张以下列债务与债务人对其负有

的债务抵销，债务人管理人提出异议的，人民法院应予支持：

（一）债务人股东因欠缴债务人的出资或者抽逃出资对债务人所负的债务；

（二）债务人股东滥用股东权利或者关联关系损害公司利益对债务人所负的债务。

第四十七条　人民法院受理破产申请后，当事人提起的有关债务人的民事诉讼案件，应当依据企业破产法第二十一条的规定，由受理破产申请的人民法院管辖。

受理破产申请的人民法院管辖的有关债务人的第一审民事案件，可以依据民事诉讼法第三十八条的规定，由上级人民法院提审，或者报请上级人民法院批准后交下级人民法院审理。

受理破产申请的人民法院，如对有关债务人的海事纠纷、专利纠纷、证券市场因虚假陈述引发的民事赔偿纠纷等案件不能行使管辖权的，可以依据民事诉讼法第三十七条的规定，由上级人民法院指定管辖。

第四十八条　本规定施行前本院发布的有关企业破产的司法解释，与本规定相抵触的，自本规定施行之日起不再适用。

最高人民法院印发《全国法院破产审判工作会议纪要》的通知

（法〔2018〕53号　2018年3月4日公布施行）

各省、自治区、直辖市高级人民法院，解放军军事法院，新疆维吾尔自治区高级人民法院生产建设兵团分院：

现将《全国法院破产审判工作会议纪要》印发给你们，请认真遵照执行。

全国法院破产审判工作会议纪要

为落实党的十九大报告提出的贯彻新发展理念、建设现代化经济体系的要求,紧紧围绕高质量发展这条主线,服务和保障供给侧结构性改革,充分发挥人民法院破产审判工作在完善社会主义市场经济主体拯救和退出机制中的积极作用,为决胜全面建成小康社会提供更加有力的司法保障,2017 年 12 月 25 日,最高人民法院在广东省深圳市召开了全国法院破产审判工作会议。各省、自治区、直辖市高级人民法院、设立破产审判庭的市中级人民法院的代表参加了会议。与会代表经认真讨论,对人民法院破产审判涉及的主要问题达成共识。现纪要如下:

一、破产审判的总体要求

会议认为,人民法院要坚持以习近平新时代中国特色社会主义经济思想为指导,深刻认识破产法治对决胜全面建成小康社会的重要意义,以更加有力的举措开展破产审判工作,为经济社会持续健康发展提供更加有力的司法保障。当前和今后一个时期,破产审判工作总的要求是:

一要发挥破产审判功能,助推建设现代化经济体系。人民法院要通过破产工作实现资源重新配置,用好企业破产中权益、经营管理、资产、技术等重大调整的有利契机,对不同企业分类处置,把科技、资本、劳动力和人力资源等生产要素调动好、配置好、协同好,促进实体经济和产业体系优质高效。

二要着力服务构建新的经济体制,完善市场主体救治和退出机制。要充分运用重整、和解法律手段实现市场主体的有效救治,帮助企业提质增效;运用清算手段促使丧失经营价值的企业和产能及时退出市场,实现优胜劣汰,从而完善社会主义市场主体的救治和退出机制。

三要健全破产审判工作机制,最大限度释放破产审判的价值。要进一步完善破产重整企业识别、政府与法院协调、案件信息沟通、合法有序的利益衡平四项破产审判工作机制,推动破产审判工作良性运行,彰显破产审判工作的制度价值和社会责任。

四要完善执行与破产工作的有序衔接,推动解决“执行难”。要将破产审判作为与立案、审判、执行既相互衔接、又相对独立的一个重要环节,充分发挥破产审判对化解执行积案的促进功能,消除执行转破产的障碍,从司法工作机制上探索解决“执行难”的有效途径。

二、破产审判的专业化建设

审判专业化是破产审判工作取得实质性进展的关键环节。各级法院要大力加强破产审判专业化建设,努力实现审判机构专业化、审判队伍专业化、审判程序规范化、裁判规则标准化、绩效考评科学化。

1. 推进破产审判机构专业化建设。省会城市、副省级城市所在地中级人民法院要根据最高人民法院《关于在中级人民法院设立清算与破产审判庭的工作方案》(法〔2016〕209 号),抓紧设立清算与破产审判庭。其他各级法院可根据本地工作实际需求决定设立清算与破产审判庭或专门的合议庭,培养熟悉清算与破产审判的专业法官,以适应破产审判工作的需求。

2. 合理配置审判任务。要根据破产案件数量、案件难易程度、审判力量等情况,合理分配各级法院的审判任务。对于债权债务关系复杂、审理难度大的破产案件,高级人民法院可以探索实行中级人民法院集中管辖为原则、基层人民法院管辖为例外的管辖制度;对于债权债务关系简单、审理难度不大的破产案件,可以主要由基层人民法院管辖,通过快速审理程序高效审结。

3. 建立科学的绩效考评体系。要尽快完善清算与破产审判工作绩效考评体系,在充分尊重司法规律的基础上确定绩效考评标准,避免将办理清算破产案件与普通案件简单对比、等量齐观、同等考核。

三、管理人制度的完善

管理人是破产程序的主要推动者和破产事务的具体执行者。管理人的能力和素质不仅影响破产审判工作的质量,还关系到破产企业的命运与未来发展。要加快完善管理人制度,大力提升管理人职业素养和执业能力,强化对管理人的履职保障和有效监督,为改善企业经营、优化产业结构提供有力制度保障。

4. 完善管理人队伍结构。人民法院要指导编入管理人名册的中介机构采取适当方式吸收具有专业技术知识、企业经营能力的人员充实到管理人队伍中来,促进管理人队伍内在结构更加合理,充分发挥和提升管理人在企业病因诊断、资源整合等方面的重要作用。

5. 探索管理人跨区域执业。除从本地名册选择管理人外,各地法院还可以探索从外省、市管理人名册中选任管理人,确保重大破产案件能够遴选出最佳管理人。两家以上具备资质的中介机构请求联合担任同一破产案件管理人的,人民法院经审查符合自愿协商、优势互补、权责一致要求且确有必要的,可以准许。

6. 实行管理人分级管理。高级人民法院或者自行编制管理人名册的中级人民法院可以综合考虑管理人的专业水准、工作经验、执业操守、工作绩效、勤勉程度等因素,合理确定管理人等级,对管理人实行分级管理、定期考评。对债务人财产数量不多、债权债务关系简单的破产案件,可以在相应等级的管理人中采取轮候、抽签、摇号等随机方式指定管理人。

7. 建立竞争选定管理人工作机制。破产案件中可以引入竞争机制选任管理人,提升破产管理质量。上市公司破产案件、在本地有重大影响的破产案件或者债权债务关系复杂,涉及债权人、职工以及利害关系人人数较多的破产案件,在指定管理人时,一般应当通过竞争方式依法选定。

8. 合理划分法院和管理人的职能范围。人民法院应当支持和保障管理人依法履行职责,不得代替管理人作出本应由管理人自己作出的决定。管理人应当依法管理和处分债务人财产,审慎决定债务人内部管理事务,不得将自己的职责全部或者部分转让给他人。

9. 进一步落实管理人职责。在债务人自行管理的重整程序中,人民法院要督促管理人制订监督债务人的具体制度。在重整计划规定的监督期内,管理人应当代表债务人参加监督期开始前已经启动而尚未终结的诉讼、仲裁活动。重整程序、和解程序转入破产清算程序后,管理人应当按照破产清算程序继续履行管理人职责。

10. 发挥管理人报酬的激励和约束作用。人民法院可以根据破产案件的不同情况确定管理人报酬的支付方式,发挥管理人报酬在激励、约束管理人勤勉履职方面的积极作用。管理人报酬原则上应当根据破产案件审理进度和管理人履职情况分期支付。案情简单、耗时较短的破产案件,可以在破产程序终结后一次性向管理人支付报酬。

11. 管理人聘用其他人员费用负担的规制。管理人经人民法院许可聘用企业经营管理人员,或者管理人确有必要聘请其他社会中介机构或人员处理重大诉讼、仲裁、执行或审计等专业性较强工作,如所需费用需要列入破产费用的,应当经债权人会议同意。

12. 推动建立破产费用的综合保障制度。各地法院要积极争取财政部门支持,或采取从其他破产案件管理人报酬中提取一定比例等方式,推动设立破产费用保障资金,建立破产费用保障长效机制,解决因债务人财产不足以支付破产费用而影响破产程序启动的问题。

13. 支持和引导成立管理人协会。人民法院应当支持、引导、推动本辖区范围内管理人名册中的社会中介机构、个人成立管理人协会,加强对管理人的管理和约束,维护管理人的合法权益,逐步形成规范、稳定和自律的行业组织,确保管理人队伍既充满活力又规范有序发展。

四、破产重整

会议认为,重整制度集中体现了破产法的拯救功能,代表了现代破产法的发展趋势,全国各级法院要高度重视重整工作,妥善审理企业重整案件,通过市场化、法治化途径挽救困境企业,不断完善社会主义市场主体救治机制。

14. 重整企业的识别审查。破产重整的对象应当是具有挽救价值和可能的困境企业;对于僵尸企业,应通过破产清算,果断实现市场出清。人民法院在审查重整申请时,根据债务人的资产状况、技术工艺、生产销售、行业前景等因素,能够认定债务人明显不具备重整价值以及拯救可能性的,应裁定不予受理。

15. 重整案件的听证程序。对于债权债务关系复杂、债务规模较大,或者涉及上市公司重整的案件,人民法院在审查重整申请时,可以组织申请人、被申请人听证。债权人、出资人、重整投资人等利害关系人经人民法院准许,也可以参加听证。听证期间不计入重整申请审查期限。

16. 重整计划的制定及沟通协调。人民法院要加强与管理人或债务人的沟通，引导其分析债务人陷于困境的原因，有针对性地制定重整计划草案，促使企业重新获得盈利能力，提高重整成功率。人民法院要与政府建立沟通协调机制，帮助管理人或债务人解决重整计划草案制定中的困难和问题。

17. 重整计划的审查与批准。重整不限于债务减免和财务调整，重整的重点是维持企业的营运价值。人民法院在审查重整计划时，除合法性审查外，还应审查其中的经营方案是否具有可行性。重整计划中关于企业重新获得盈利能力的经营方案具有可行性、表决程序合法、内容不损害各表决组中反对者的清偿利益的，人民法院应当自收到申请之日起三十日内裁定批准重整计划。

18. 重整计划草案强制批准的条件。人民法院应当审慎适用企业破产法第八十七条第二款，不得滥用强制批准权。确需强制批准重整计划草案的，重整计划草案除应当符合企业破产法第八十七条第二款规定外，如债权人分多组的，还应当至少有一组已经通过重整计划草案，且各表决组中反对者能够获得的清偿利益不低于依照破产清算程序所能获得的利益。

19. 重整计划执行中的变更条件和程序。债务人应严格执行重整计划，但因出现国家政策调整、法律修改变化等特殊情况，导致原重整计划无法执行的，债务人或管理人可以申请变更重整计划一次。债权人会议决议同意变更重整计划的，应自决议通过之日起十日内提请人民法院批准。债权人会议决议不同意或者人民法院不批准变更申请的，人民法院经管理人或者利害关系人请求，应当裁定终止重整计划的执行，并宣告债务人破产。

20. 重整计划变更后的重新表决与裁定批准。人民法院裁定同意变更重整计划的，债务人或者管理人应当在六个月内提出新的重整计划。变更后的重整计划应提交给因重整计划变更而遭受不利影响的债权人组和出资人组进行表决。表决、申请人民法院批准以及人民法院裁定是否批准的程序与原重整计划的相同。

21. 重整后企业正常生产经营的保障。企业重整后，投资主体、股权结构、公司治理模式、经营方式等与原企业相比，往往发生了根本变化，人民法院要通过加强与政府的沟通协调，帮助重整企业修复信用记录，依法获取税收优惠，以利于重整企业恢复正常生产经营。

22. 探索推行庭外重组与庭内重整制度的衔接。在企业进入重整程序之前，可以先由债权人与债务人、出资人等利害关系人通过庭外商业谈判，拟定重组方案。重整程序启动后，可以重组方案为依据拟定重整计划草案提交人民法院依法审查批准。

五、破产清算

会议认为，破产清算作为破产制度的重要组成部分，具有淘汰落后产能、优化市场资源配置的直接作用。对于缺乏拯救价值和可能性的债务人，要及时通过破产清算程序对债权债务关系进行全面清理，重新配置社会资源，提升社会有效供给的质量和水平，增强企业破产法对市场经济发展的引领作用。

23. 破产宣告的条件。人民法院受理破产清算申请后，第一次债权人会议上无人提出重整或和解申请的，管理人应当在债权审核确认和必要的审计、资产评估后，及时向人民法院提出宣告破产的申请。人民法院受理破产和解或重整申请后，债务人出现应当宣告破产的法定原因时，人民法院应当依法宣告债务人破产。

24. 破产宣告的程序及转换限制。相关主体向人民法院提出宣告破产申请的，人民法院应当自收到申请之日起七日内作出破产宣告裁定并进行公告。债务人被宣告破产后，不得再转入重整程序或和解程序。

25. 担保权人权利的行使与限制。在破产清算和破产和解程序中，对债务人特定财产享有担保权的债权人可以随时向管理人主张就该特定财产变价处置行使优先受偿权，管理人应及时变价处置，不得以须经债权人会议决议等为由拒绝。但因单独处置担保财产会降低其他破产财产的价值而应整体处置的除外。

26. 破产财产的处置。破产财产处置应当以价值最大化为原则，兼顾处置效率。人民法院要积极探索更为有效的破产财产处置方式和渠道，最大限度提升破产财产变价率。采用拍卖方式进行处置的，拍卖所得预计不足以支付评估拍卖费用，或者拍卖不成的，经债权人会议决议，可以采取作价变卖或实物分配方式。变卖或实物分配的方案经债权人会议两次表决仍未通过的，由人民法院裁定处理。

27.企业破产与职工权益保护。破产程序中要依法妥善处理劳动关系,推动完善职工欠薪保障机制,依法保护职工生存权。由第三方垫付的职工债权,原则上按照垫付的职工债权性质进行清偿;由欠薪保障基金垫付的,应按照企业破产法第一百一十三条第一款第二项的顺序清偿。债务人欠缴的住房公积金,按照债务人拖欠的职工工资性质清偿。

28.破产债权的清偿原则和顺序。对于法律没有明确规定清偿顺序的债权,人民法院可以按照人身损害赔偿债权优先于财产性债权、私法债权优先于公法债权、补偿性债权优先于惩罚性债权的原则合理确定清偿顺序。因债务人侵权行为造成的人身损害赔偿,可以参照企业破产法第一百一十三条第一款第一项规定的顺序清偿,但其中涉及的惩罚性赔偿除外。破产财产依照企业破产法第一百一十三条规定的顺序清偿后仍有剩余的,可依次用于清偿破产受理前产生的民事惩罚性赔偿金、行政罚款、刑事罚金等惩罚性债权。

29.建立破产案件审理的繁简分流机制。人民法院审理破产案件应当提升审判效率,在确保利害关系人程序和实体权利不受损害的前提下,建立破产案件审理的繁简分流机制。对于债权债务关系明确、债务人财产状况清楚的破产案件,可以通过缩短程序时间、简化流程等方式加快案件审理进程,但不得突破法律规定的最低期限。

30.破产清算程序的终结。人民法院终结破产清算程序应当以查明债务人财产状况、明确债务人财产的分配方案、确保破产债权获得依法清偿为基础。破产申请受理后,经管理人调查,债务人财产不足以清偿破产费用且无人代为清偿或垫付的,人民法院应当依管理人申请宣告破产并裁定终结破产清算程序。

31.保证人的清偿责任和求偿权的限制。破产程序终结前,已向债权人承担了保证责任的保证人,可以要求债务人向其转付已申报债权的债权人在破产程序中应得清偿部分。破产程序终结后,债权人就破产程序中未受清偿部分要求保证人承担保证责任的,应在破产程序终结后六个月内提出。保证人承担保证责任后,不得再向和解或重整后的债务人行使求偿权。

六、关联企业破产

会议认为,人民法院审理关联企业破产案件时,要立足于破产关联企业之间的具体关系模式,采取不同方式予以处理。既要通过实质合并审理方式处理法人人格高度混同的关联关系,确保全体债权人公平清偿,也要避免不当采用实质合并审理方式损害相关利益主体的合法权益。

32. 关联企业实质合并破产的审慎适用。人民法院在审理企业破产案件时,应当尊重企业法人人格的独立性,以对关联企业成员的破产原因进行单独判断并适用单个破产程序为基本原则。当关联企业成员之间存在法人人格高度混同、区分各关联企业成员财产的成本过高、严重损害债权人公平清偿利益时,可例外适用关联企业实质合并破产方式进行审理。

33. 实质合并申请的审查。人民法院收到实质合并申请后,应当及时通知相关利害关系人并组织听证,听证时间不计入审查时间。人民法院在审查实质合并申请过程中,可以综合考虑关联企业之间资产的混同程序及其持续时间、各企业之间的利益关系、债权人整体清偿利益、增加企业重整的可能性等因素,在收到申请之日起三十日内作出是否实质合并审理的裁定。

34. 裁定实质合并时利害关系人的权利救济。相关利害关系人对受理法院作出的实质合并审理裁定不服的,可以自裁定书送达之日起十五日内向受理法院的上一级人民法院申请复议。

35. 实质合并审理的管辖原则与冲突解决。采用实质合并方式审理关联企业破产案件的,应由关联企业中的核心控制企业住所地人民法院管辖。核心控制企业不明确的,由关联企业主要财产所在地人民法院管辖。多个法院之间对管辖权发生争议的,应当报请共同的上级人民法院指定管辖。

36. 实质合并审理的法律后果。人民法院裁定采用实质合并方式审理破产案件的,各关联企业成员之间的债权债务归于消灭,各成员的财产作为合并后统一的破产财产,由各成员的债权人在同一程序中按照法定顺序公平受偿。采用实质合并方式进行重整的,重整计划草案中应当制定统一的债权分类、债权调整和债权受偿方案。

37. 实质合并审理后的企业成员存续。适用实质合并规则进行破产清算的,破产程序终结后各关联企业成员均应予以注销。适用实质合并规则进行和解或重整的,各关联企业原则上应当合并为一个企业。根据和解协议或重整计划,确有需要保持个别企业独立的,应当依照企业分立的有关规则单独处理。

38. 关联企业破产案件的协调审理与管辖原则。多个关联企业成员均存在破产原因但不符合实质合并条件的,人民法院可根据相关主体的申请对多个破产程序进行协调审理,并可根据程序协调的需要,综合考虑破产案件审理的效率、破产申请的先后顺序、成员负债规模大小、核心控制企业住所地等因素,由共同的上级法院确定一家法院集中管辖。

39. 协调审理的法律后果。协调审理不消灭关联企业成员之间的债权债务关系,不对关联企业成员的财产进行合并,各关联企业成员的债权人仍以该企业成员财产为限依法获得清偿。但关联企业成员之间不当利用关联关系形成的债权,应当劣后于其他普通债权顺序清偿,且该劣后债权人不得就其他关联企业成员提供的特定财产优先受偿。

七、执行程序与破产程序的衔接

执行程序与破产程序的有效衔接是全面推进破产审判工作的有力抓手,也是破解"执行难"的重要举措。全国各级法院要深刻认识执行转破产工作的重要意义,大力推动符合破产条件的执行案件,包括执行不能案件进入破产程序,充分发挥破产程序的制度价值。

40. 执行法院的审查告知、释明义务和移送职责。执行部门要高度重视执行与破产的衔接工作,推动符合条件的执行案件向破产程序移转。执行法院发现作为被执行人的企业法人符合企业破产法第二条规定的,应当及时询问当事人是否同意将案件移送破产审查并释明法律后果。执行法院作出移送决定后,应当书面通知所有已知执行法院,执行法院均应中止对被执行人的执行程序。

41. 执行转破产案件的移送和接收。执行法院与受移送法院应加强移送环节的协调配合,提升工作实效。执行法院移送案件时,应当确保材料完备,内容、形式符合规定。受移送法院应当认真审核并及时反馈意见,不得无故不予接收或暂缓立案。

42. 破产案件受理后查封措施的解除或查封财产的移送。执行法院收到破产受理裁定后,应当解除对债务人财产的查封、扣押、冻结措施;或者根据破产受理法院的要求,出具函件将查封、扣押、冻结财产的处置权交破产受理法院。破产受理法院可以持执行法院的移送处置函件进行续行查封、扣押、冻结,解除查封、扣押、冻结,或者予以处置。

执行法院收到破产受理裁定拒不解除查封、扣押、冻结措施的,破产受理法院可以请求执行法院的上级法院依法予以纠正。

43. 破产审判部门与执行部门的信息共享。破产受理法院可以利用执行查控系统查控债务人财产,提高破产审判工作效率,执行部门应予以配合。

各地法院要树立线上线下法律程序同步化的观念,逐步实现符合移送条件的执行案件网上移送,提升移送工作的透明度,提高案件移送、通知、送达、沟通协调等相关工作的效率。

44. 强化执行转破产工作的考核与管理。各级法院要结合工作实际建立执行转破产工作考核机制,科学设置考核指标,推动执行转破产工作开展。对应当征询当事人意见不征询、应当提交移送审查不提交、受移送法院违反相关规定拒不接收执行转破产材料或者拒绝立案的,除应当纳入绩效考核和业绩考评体系外,还应当公开通报和严肃追究相关人员的责任。

八、破产信息化建设

会议认为,全国法院要进一步加强破产审判的信息化建设,提升破产案件审理的透明度和公信力,增进破产案件审理质效,促进企业重整再生。

45. 充分发挥破产重整案件信息平台对破产审判工作的推动作用。各级法院要按照最高人民法院相关规定,通过破产重整案件信息平台规范破产案件审理,全程公开、步步留痕。要进一步强化信息网的数据统计、数据检索等功能,分析研判企业破产案件情况,及时发现新情况,解决新问题,提升破产案件审判水平。

46. 不断加大破产重整案件的信息公开力度。要增加对债务人企业信息的公开内容,吸引潜在投资者,促进资本、技术、管理能力等要素自由流动和有效配置,帮助企业重整再生。要确保债权人等利害关系人及时、充分了解案件进程和债务人相关财务、重整计划草案、重整计划执行等情况,维护债权人等利害关系人的知情权、程序参与权。

47. 运用信息化手段提高破产案件处理的质量与效率。要适应信息化发展趋势,积极引导以网络拍卖方式处置破产财产,提升破产财产处置效益。鼓励和规范通过网络方式召开债权人会议,提高效率,降低破产费用,确保债权人等主体参与破产程序的权利。

48. 进一步发挥人民法院破产重整案件信息网的枢纽作用。要不断完善和推广使用破产重整案件信息网,在确保增量数据及时录入信息网的同时,加快填充有关存量数据,确立信息网在企业破产大数据方面的枢纽地位,发挥信息网的宣传、交流功能,扩大各方运用信息网的积极性。

九、跨境破产

49. 对跨境破产与互惠原则。人民法院在处理跨境破产案件时,要妥善解决跨境破产中的法律冲突与矛盾,合理确定跨境破产案件中的管辖权。在坚持同类债权平等保护的原则下,协调好外国债权人利益与我国债权人利益的平衡,合理保护我国境内职工债权、税收债权等优先权的清偿利益。积极参与、推动跨境破产国际条约的协商与签订,探索互惠原则适用的新方式,加强我国法院和管理人在跨境破产领域的合作,推进国际投资健康有序发展。

50. 跨境破产案件中的权利保护与利益平衡。依照企业破产法第五条的规定,开展跨境破产协作。人民法院认可外国法院作出的破产案件的判决、裁定后,债务人在中华人民共和国境内的财产在全额清偿境内的担保权人、职工债权和社会保险费用、所欠税款等优先权后,剩余财产可以按照该外国法院的规定进行分配。

最高人民法院关于适用《中华人民共和国企业破产法》若干问题的规定(一)

(2011年8月29日最高人民法院审判委员会第1527次会议通过 法释〔2011〕22号 2011年9月9日公布 自2011年9月26日起施行)

为正确适用《中华人民共和国企业破产法》,结合审判实践,就人民法院依法受理企业破产案件适用法律问题作出如下规定。

第一条 债务人不能清偿到期债务并且具有下列情形之一的,人民法院应当认定其具备破产原因:

(一)资产不足以清偿全部债务;

(二)明显缺乏清偿能力。

相关当事人以对债务人的债务负有连带责任的人未丧失清偿能力为由,主张债务人不具备破产原因的,人民法院应不予支持。

第二条 下列情形同时存在的,人民法院应当认定债务人不能清偿到期债务:

(一)债权债务关系依法成立;

(二)债务履行期限已经届满;

(三)债务人未完全清偿债务。

第三条 债务人的资产负债表,或者审计报告、资产评估报告等显示其全部资产不足以偿付全部负债的,人民法院应当认定债务人资产不足以清偿全部债务,但有相反证据足以证明债务人资产能够偿付全部负债的除外。

第四条 债务人账面资产虽大于负债,但存在下列情形之一的,人民法院应当认定其明显缺乏清偿能力:

(一)因资金严重不足或者财产不能变现等原因,无法清偿债务;

(二)法定代表人下落不明且无其他人员负责管理财产,无法清偿

债务;

(三)经人民法院强制执行,无法清偿债务;

(四)长期亏损且经营扭亏困难,无法清偿债务;

(五)导致债务人丧失清偿能力的其他情形。

第五条 企业法人已解散但未清算或者未在合理期限内清算完毕,债权人申请债务人破产清算的,除债务人在法定异议期限内举证证明其未出现破产原因外,人民法院应当受理。

第六条 债权人申请债务人破产的,应当提交债务人不能清偿到期债务的有关证据。债务人对债权人的申请未在法定期限内向人民法院提出异议,或者异议不成立的,人民法院应当依法裁定受理破产申请。

受理破产申请后,人民法院应当责令债务人依法提交其财产状况说明、债务清册、债权清册、财务会计报告等有关材料,债务人拒不提交的,人民法院可以对债务人的直接责任人员采取罚款等强制措施。

第七条 人民法院收到破产申请时,应当向申请人出具收到申请及所附证据的书面凭证。

人民法院收到破产申请后应当及时对申请人的主体资格、债务人的主体资格和破产原因,以及有关材料和证据等进行审查,并依据企业破产法第十条的规定作出是否受理的裁定。

人民法院认为申请人应当补充、补正相关材料的,应当自收到破产申请之日起五日内告知申请人。当事人补充、补正相关材料的期间不计入企业破产法第十条规定的期限。

第八条 破产案件的诉讼费用,应根据企业破产法第四十三条的规定,从债务人财产中拨付。相关当事人以申请人未预先交纳诉讼费用为由,对破产申请提出异议的,人民法院不予支持。

第九条 申请人向人民法院提出破产申请,人民法院未接收其申请,或者未按本规定第七条执行的,申请人可以向上一级人民法院提出破产申请。

上一级人民法院接到破产申请后,应当责令下级法院依法审查并及时作出是否受理的裁定;下级法院仍不作出是否受理裁定的,上一级人民法院可以径行作出裁定。

上一级人民法院裁定受理破产申请的,可以同时指令下级人民法院审理该案件。

第二编　不良资产处置综合性规范

国务院规范性文件

国务院关于推进普惠金融高质量发展的实施意见

（国发〔2023〕15号　2023年9月25日发布施行）

各省、自治区、直辖市人民政府，国务院各部委、各直属机构：

近年来，各地区、各部门认真贯彻落实党中央、国务院决策部署，推动我国普惠金融发展取得长足进步，金融服务覆盖率、可得性、满意度明显提高，基本实现乡乡有机构、村村有服务、家家有账户，移动支付、数字信贷等业务迅速发展，小微企业、"三农"等领域金融服务水平不断提升。新形势下，普惠金融发展仍面临诸多问题和挑战，与全面建设社会主义现代化国家的目标要求还存在较大差距。为构建高水平普惠金融体系，进一步推进普惠金融高质量发展，现提出如下意见。

一、总体要求

（一）指导思想

以习近平新时代中国特色社会主义思想为指导，深入贯彻党的二十大精神，认真落实党中央、国务院决策部署，牢牢把握金融工作的政治性和人民性，完整、准确、全面贯彻新发展理念，深化金融供给侧结构性改革，推进普惠金融高质量发展，提升服务实体经济能力，防范化解各类金融风险，促进全体人民共同富裕。

（二）基本原则

——坚持党的领导。坚持加强党的全面领导和党中央集中统一领导，充分发挥中国特色社会主义制度优势，进一步发挥各级党组织的作用，为普惠金融高质量发展提供坚强的政治保证和组织保障。

——坚持人民至上。牢固树立以人民为中心的发展思想，坚持普惠金融发展为了人民、依靠人民、成果由人民共享。始终把人民对美好生活的向往作为普惠金融发展的方向，自觉担当惠民利民的责任和使命，切实增强人民群众金融服务获得感。

——坚持政策引领。进一步明确各级政府责任，加强规划引导，加大政策、资源倾斜力度。坚持依法行政，优化营商环境，维护市场秩序。完善基础设施、制度规则和基层治理，推进普惠金融治理能力现代化。

——坚持改革创新。坚持市场化、法治化原则，遵循金融规律，积极稳妥探索成本可负担、商业可持续的普惠金融发展模式。持续深化改革，破除机制障碍，强化科技赋能。加强国际交流合作，以高水平开放推动高质量发展。

——坚持安全发展。坚持底线思维，统筹发展和安全，加强和完善现代金融监管。坚决打击非法金融活动，着力防范化解中小金融机构风险，强化金融稳定保障体系，守住不发生系统性金融风险底线。倡导负责任金融理念，切实保护金融消费者合法权益。

（三）主要目标

未来五年，高质量的普惠金融体系基本建成。重点领域金融服务可得性实现新提升，普惠金融供给侧结构性改革迈出新步伐，金融基础设施和发展环境得到新改善，防范化解金融风险取得新成效，普惠金融促进共同富裕迈上新台阶。

——基础金融服务更加普及。银行业持续巩固乡乡有机构、村村有服务，保险服务基本实现乡镇全覆盖。基础金融服务的效率和保障能力显著提升，数字化服务水平明显提高。

——经营主体融资更加便利。小微企业、个体工商户、农户及新型农业经营主体等融资可得性持续提高，信贷产品体系更加丰富，授信户数大幅增长，敢贷、愿贷、能贷、会贷的长效机制基本构建。小微企业直接融资占比明显提高，金融支持小微企业科技创新力度进一步加大。金融服务现代化产业体系能力不断增强。

——金融支持乡村振兴更加有力。农村金融服务体系更加健全。金融支持农村基础设施和公共服务的力度持续加大。农业转移人口等新市民金融服务不断深化。三大粮食作物农业保险覆盖率和保障水平进一步提升。新型农业经营主体基本实现信用建档评级全覆盖。脱贫人口小额信贷对符合条件的脱贫户应贷尽贷,助力巩固拓展脱贫攻坚成果同乡村振兴有效衔接。

——金融消费者教育和保护机制更加健全。金融知识普及程度显著提高,人民群众和经营主体选择适配金融产品的能力和风险责任意识明显增强。数字普惠金融产品的易用性、安全性、适老性持续提升,“数字鸿沟”问题进一步缓解。金融消费者权益保护体系更加完善,侵害金融消费者权益行为得到及时查处。

——金融风险防控更加有效。中小金融机构等重点机构和重点领域风险防控能力持续提升,风险监测预警和化解处置机制不断完善。数字平台风险得到有效识别和防控。非法金融活动得到有力遏制。金融稳定保障机制进一步完善。

——普惠金融配套机制更加完善。普惠金融基础平台的包容性和透明度不断提升,重点领域信用信息共享平台基本建成。配套法律制度体系进一步完善,诚信履约的信用环境基本形成,风险分担补偿机制逐步优化。普惠金融高质量发展评价指标体系基本健全。

二、优化普惠金融重点领域产品服务

(四)支持小微经营主体可持续发展。鼓励金融机构开发符合小微企业、个体工商户生产经营特点和发展需求的产品和服务,加大首贷、续贷、信用贷、中长期贷款投放。建立完善金融服务小微企业科技创新的专业化机制,加大对专精特新、战略性新兴产业小微企业的支持力度。优化制造业小微企业金融服务,加强对设备更新和技术改造的资金支持。强化对流通领域小微企业的金融支持。规范发展小微企业供应链票据、应收账款、存货、仓单和订单融资等业务。拓展小微企业知识产权质押融资服务。鼓励开展贸易融资、出口信用保险业务,加大对小微外贸企业的支持力度。

(五)助力乡村振兴国家战略有效实施。健全农村金融服务体系。做好过渡期内脱贫人口小额信贷工作,加大对国家乡村振兴重点帮扶县的信贷投放和保险保障力度,助力增强脱贫地区和脱贫群众内生发展动力。加强对乡村产业发展、文化繁荣、生态保护、城乡融合等领域的金融支持。提高对农户、返乡入乡群体、新型农业经营主体的金融服务水平,有效满足农业转移人口等新市民的金融需求,持续增加首贷户。加大对粮食生产各个环节、各类主体的金融保障力度。强化对农业农村基础设施建设的中长期信贷支持。拓宽涉农主体融资渠道,稳妥推广农村承包土地经营权、集体经营性建设用地使用权和林权抵押贷款。积极探索开展禽畜活体、养殖圈舍、农机具、大棚设施等涉农资产抵押贷款。发展农业供应链金融,重点支持县域优势特色产业。

(六)提升民生领域金融服务质量。改革完善社会领域投融资体制,加快推进社会事业补短板。落实好创业担保贷款政策,提升贷款便利度。推动妇女创业贷款扩面增量。支持金融机构在依法合规、风险可控前提下,丰富大学生助学、创业等金融产品。完善适老、友好的金融产品和服务,加强对养老服务、医疗卫生服务产业和项目的金融支持。支持具有养老属性的储蓄、理财、保险、基金等产品发展。鼓励信托公司开发养老领域信托产品。注重加强对老年人、残疾人群体的人工服务、远程服务、上门服务,完善无障碍服务设施,提高特殊群体享受金融服务的便利性。积极围绕适老化、无障碍金融服务以及生僻字处理等制定实施金融标准。

(七)发挥普惠金融支持绿色低碳发展作用。在普惠金融重点领域服务中融入绿色低碳发展目标。引导金融机构为小微企业、农业企业、农户技术升级改造和污染治理等生产经营方式的绿色转型提供支持。探索开发符合小微企业经营特点的绿色金融产品,促进绿色生态农业发展、农业资源综合开发和农村生态环境治理。支持农业散煤治理等绿色生产,支持低碳农房建设及改造、清洁炊具和卫浴、新能源交通工具、清洁取暖改造等农村绿色消费,支持绿色智能家电下乡和以旧换新,推动城乡居民生活方式绿色转型。丰富绿色保险服务体系。

三、健全多层次普惠金融机构组织体系

(八)引导各类银行机构坚守定位、良性竞争。推动各类银行机构建立健全敢贷、愿贷、能贷、会贷的长效机制。引导大型银行、股份制银行进一步做深做实支持小微经营主体和乡村振兴的考核激励、资源倾斜等内部机制,完善分支机构普惠金融服务机制。推动地方法人银行坚持服务当地定位、聚焦支农支小,完善专业化的普惠金融经营机制，提升治理能力，改进服务方式。优化政策性、开发性银行普惠金融领域转贷款业务模式，提升精细化管理水平，探索合作银行风险共担机制，立足职能定位稳妥开展小微企业等直贷业务。

（九）发挥其他各类机构补充作用。发挥小额贷款公司灵活、便捷、小额、分散的优势，突出消费金融公司专业化、特色化服务功能，提升普惠金融服务效能。引导融资担保机构扩大支农支小业务规模，规范收费，降低门槛。支持金融租赁、融资租赁公司助力小微企业、涉农企业盘活设备资产，推动实现创新升级。引导商业保理公司、典当行等地方金融组织专注主业，更好服务普惠金融重点领域。

四、完善高质量普惠保险体系

（十）建设农业保险高质量服务体系。推动农业保险"扩面、增品、提标"。扩大稻谷、小麦、玉米三大粮食作物完全成本保险和种植收入保险实施范围。落实中央财政奖补政策，鼓励因地制宜发展地方优势特色农产品保险。探索发展收入保险、气象指数保险等新型险种。推进农业保险承保理赔电子化试点，优化农业保险承保理赔业务制度，进一步提高承保理赔服务效率。发挥农业保险在防灾减灾、灾后理赔中的作用。

（十一）发挥普惠型人身保险保障民生作用。积极发展面向老年人、农民、新市民、低收入人口、残疾人等群体的普惠型人身保险业务，扩大覆盖面。完善商业保险机构承办城乡居民大病保险运行机制，提升服务能力。积极发展商业医疗保险。鼓励发展面向县域居民的健康险业务，扩大县域地区覆盖范围，拓展保障内容。支持商业保险公司因地制宜发展面向农户的意外险、定期寿险业务，提高农户抵御风险能力。

（十二）支持保险服务多样化养老需求。鼓励保险公司开发各类商业养老保险产品，有效对接企业（职业）年金、第三支柱养老保险参加人和其他金融产品消费者的长期领取需求。探索开发各类投保简单、交费灵活、收益稳健、收益形式多样的商业养老年金保险产品。在风险有效隔离的基础上，支持保险公司以适当方式参与养老服务体系建设，探索实现长期护理、风险保障与机构养老、社区养老等服务有效衔接。

五、提升资本市场服务普惠金融效能

（十三）拓宽经营主体直接融资渠道。健全资本市场功能，完善多层次资本市场差异化制度安排，适应各发展阶段、各类型小微企业特别是科技型企业融资需求，提高直接融资比重。优化新三板融资机制和并购重组机制，提升服务小微企业效能。完善区域性股权市场制度和业务试点，拓宽小微企业融资渠道。完善私募股权和创业投资基金"募投管退"机制，鼓励投早、投小、投科技、投农业。发挥好国家中小企业发展基金等政府投资基金作用，引导创业投资机构加大对种子期、初创期成长型小微企业支持。鼓励企业发行创新创业专项债务融资工具。优化小微企业和"三农"、科技创新等领域公司债发行和资金流向监测机制，切实降低融资成本。

（十四）丰富资本市场服务涉农主体方式。支持符合条件的涉农企业、欠发达地区和民族地区企业利用多层次资本市场直接融资和并购重组。对脱贫地区企业在一定时期内延续适用首发上市优惠政策，探索支持政策与股票发行注册制改革相衔接。优化"保险＋期货"，支持农产品期货期权产品开发，更好满足涉农经营主体的价格发现和风险管理需求。

（十五）满足居民多元化资产管理需求。丰富基金产品类型，满足居民日益增长的资产管理需求特别是权益投资需求。构建类别齐全、策略丰富、层次清晰的理财产品和服务体系，拓宽居民财产性收入渠道。建设公募基金账户份额信息统一查询平台，便利投资者集中查询基金投资信息。

六、有序推进数字普惠金融发展

（十六）提升普惠金融科技水平。强化科技赋能普惠金融，支持金融机构深化运用互联网、大数据、人工智能、区块链等科技手段，优化普惠金融服务模式，改进授信审批和风险管理模型，提升小微企业、个体工商户、涉农主体等金融服务可得性和质量。推动互联网保险规范发展，增强线上承保理赔能力，通过数字化、智能化经营提升保险服务水平。稳妥有序探索区域性股权市场区块链建设试点，提升服务效能和安全管理水平。

（十七）打造健康的数字普惠金融生态。支持金融机构依托数字化渠道对接线上场景,紧贴小微企业和“三农”、民生等领域提供高质量普惠金融服务。在确保数据安全的前提下,鼓励金融机构探索与小微企业、核心企业、物流仓储等供应链各方规范开展信息协同,提高供应链金融服务普惠金融重点群体效率。鼓励将数字政务、智慧政务与数字普惠金融有机结合,促进与日常生活密切相关的金融服务更加便利,同时保障人民群众日常现金使用。稳妥推进数字人民币研发试点。有效发挥数字普惠金融领域行业自律作用。

(十八)健全数字普惠金融监管体系。将数字普惠金融全面纳入监管,坚持数字化业务发展在审慎监管前提下进行。规范基础金融服务平台发展,加强反垄断和反不正当竞争,依法规范和引导资本健康发展。提升数字普惠金融监管能力,建立健全风险监测、防范和处置机制。严肃查处非法处理公民信息等违法犯罪活动。积极发挥金融科技监管试点机制作用,提升智慧监管水平。加快推进互联网法院和金融法院建设,为普惠金融领域纠纷化解提供司法保障。

七、着力防范化解重点领域金融风险

(十九)加快中小银行改革化险。坚持早识别、早预警、早发现、早处置,建立健全风险预警响应机制,强化城商行、农商行、农信社、村镇银行等风险监测。以省为单位制定中小银行改革化险方案。以转变省联社职责为重点,加快推进农信社改革。按照市场化、法治化原则,稳步推动村镇银行结构性重组。加大力度处置不良资产,推动不良贷款处置支持政策尽快落地见效,多渠道补充中小银行资本。严格限制和规范中小银行跨区域经营行为。压实金融机构及其股东主体责任,压实地方政府、金融监管、行业主管等各方责任。构建高风险机构常态化风险处置机制,探索分级分类处置模式,有效发挥存款保险基金、金融稳定保障基金作用。

(二十)完善中小银行治理机制。推动党的领导和公司治理深度融合,构建符合中小银行实际、简明实用的公司治理架构,建立健全审慎合规经营、严格资本管理和激励约束机制。强化股权管理,加强穿透审查,严肃查处虚假出资、循环注资等违法违规行为。严格约束大股东行为,严禁违规关联交易。积极培育职业经理人市场,完善高管遴选机制,以公开透明和市场化方式选聘中小银行董事、监事和高管人员，提升高管人员的专业素养和专业能力。健全中小银行违法违规的市场惩戒机制。压实村镇银行主发起行责任，提高持股比例，强化履职意愿，做好支持、服务和监督，建立主发起行主导的职责清晰的治理结构。完善涉及中小银行行政监管与刑事司法双向衔接工作机制。

（二十一）坚决打击非法金融活动。依法将各类金融活动全部纳入监管。坚决取缔非法金融机构，严肃查处非法金融业务。严厉打击以普惠金融名义开展的违法犯罪活动，切实维护金融市场秩序和社会大局稳定。健全非法金融活动监测预警体系，提高早防早治、精准处置能力。强化事前防范、事中监管、事后处置的全链条工作机制，加快形成防打结合、综合施策、齐抓共管、标本兼治的系统治理格局。

八、强化金融素养提升和消费者保护

（二十二）提升社会公众金融素养和金融能力。健全金融知识普及多部门协作机制，广泛开展金融知识普及活动。稳步建设金融教育基地、投资者教育基地，推进将金融知识纳入国民教育体系。培养全生命周期财务管理理念，培育消费者、投资者选择适当金融产品的能力。组织面向农户、新市民、小微企业主、个体工商户、低收入人口、老年人、残疾人等重点群体的教育培训，提升数字金融产品使用能力，增强个人信息保护意识。培育契约精神和诚信意识，提倡正确评估和承担自身风险。

（二十三）健全金融消费者权益保护体系。督促金融机构加强消费者权益保护体制机制建设，强化消费者权益保护全流程管控，切实履行信息披露义务。探索金融产品销售适当性规制建设，研究制定金融机构销售行为可回溯监管制度。畅通金融消费者投诉渠道，建立健全金融纠纷多元化解机制。组织开展金融机构金融消费者权益保护评估和评价工作，加大监管披露和通报力度，推进金融消费者权益保护监管执法合作机制建设。加强金融广告治理，强化行业自律。

九、提升普惠金融法治水平

（二十四）完善普惠金融相关法律法规。推动修订中国人民银行法、银行业监督管理法、商业银行法、保险法等法律，推动加快出台金融稳定法，制定地方金融监督管理条例等法规，明确普惠金融战略导向和监管职责。加快推进金融消费者权益保护专门立法，健全数字普惠金融等新业态经营和监管法规,积极推动防范化解金融风险法治建设。

(二十五)加快补齐规则和监管短板。完善小额贷款公司、融资担保公司、典当行、融资租赁公司、商业保理公司、互联网保险业务监管规制。探索拓展更加便捷处置普惠金融重点领域不良资产的司法路径。建立健全普惠金融领域新业态、新产品的监管体系和规则。加快补齐风险预防预警处置问责制度短板。对尚未出台制度的领域,依据立法精神,运用法治思维、法治方式实施监管,维护人民群众合法权益。

十、加强政策引导和治理协同

(二十六)优化普惠金融政策体系。发挥货币信贷政策、财税政策、监管政策、产业政策等激励约束作用。根据经济周期、宏观环境动态调整政策,区分短期激励和长效机制,完善短期政策平稳退出机制和长期政策评估反馈机制。加强部门间协同,推动各类政策考核标准互认互用。

(二十七)强化货币政策引领。运用支农支小再贷款、再贴现、差别化存款准备金率、宏观审慎评估等政策工具,引导扩大普惠金融业务覆盖面。深化利率市场化改革,畅通利率传导机制,更好发挥对普惠金融的支持促进作用。

(二十八)完善差异化监管政策。定期开展商业银行小微企业金融服务监管评价和金融机构服务乡村振兴考核评估,加强结果运用。优化普惠金融监管考核指标和贷款风险权重、不良贷款容忍度等监管制度,健全差异化监管激励体系,引导金融资源向重点领域和薄弱环节倾斜。

(二十九)用好财税政策支持工具。优化财政支持普惠金融发展政策工具,提高普惠金融发展专项资金使用效能,实施中央财政支持普惠金融发展示范区奖补政策。落实金融企业呆账核销管理制度,提高普惠金融领域不良贷款处置效率。落实小微企业、个体工商户、农户等普惠金融重点群体贷款利息收入免征增值税政策。

(三十)积极参与普惠金融全球治理。推进普惠金融领域对外开放,深化与二十国集团普惠金融全球合作伙伴、世界银行、普惠金融联盟、国际金融消费者保护组织等国际组织和多边机制的交流合作。加强与巴塞尔银行监管委员会、国际保险监督官协会、国际证监会组织等国际金融监管组织的普惠金融监管合作。积极与其他国家、地区开展普惠金融合作,加强国际经验互鉴。深度参与、积极推动普惠金融相关国际规则制定。

十一、优化普惠金融发展环境

(三十一)健全普惠金融重点领域信用信息共享机制。加强信用信息归集共享应用制度的顶层设计,依法依规健全信息归集、共享、查询、对接机制以及相关标准,确保数据安全。推广“信易贷”模式,有效利用全国中小企业融资综合信用服务平台,充分发挥地方政府作用,建立完善地方融资信用服务平台,加强小微企业、个体工商户、农户、新型农业经营主体等重点群体相关信息共享。深化“银税互动”和“银商合作”,提高信息共享效率。依法依规拓宽金融信用信息基础数据库信息采集范围。更好发挥地方征信平台作用,完善市场化运营模式,扩大区域内金融机构及普惠金融重点群体信息服务覆盖范围。

(三十二)强化农村支付环境和社会信用环境建设。持续推进农村支付环境建设,巩固规范银行卡助农取款服务。推动移动支付等新兴支付方式普及应用,引导移动支付便民工程向乡村下沉。畅通基层党政组织、社会组织参与信用环境建设途径,结合乡村治理开展农村信用体系建设,扩大农户信用档案覆盖面和应用场景。加快建设新型农业经营主体信用体系。依法依规建立健全失信约束制度,加强信用教育,优化信用生态环境。

(三十三)优化普惠金融风险分担补偿机制。深化政府性融资担保体系建设,落实政府性融资担保机构绩效评价机制,坚持保本微利原则,强化支农支小正向激励。切实发挥国家融资担保基金、全国农业信贷担保体系和地方政府性再担保机构作用,推动银担“总对总”批量担保业务合作,稳步扩大再担保业务规模。鼓励有条件的地方探索建立完善涉农贷款、小微企业贷款风险补偿机制。

(三十四)加快推进融资登记基础平台建设。完善动产和权利担保统一登记制度,扩大动产融资统一登记公示系统建设应用。优化知识产权质押信息平台功能,完善知识产权评估、登记、流转体系。提升应收账款融资服务平台的服务质量和效率。完善农村产权流转、抵押、登记体制机制建设。继续推动不动产登记向银行业金融机构延伸服务网点,提供融资、转贷、续贷、展期和申请抵押登记一站式服务。

十二、加强组织保障

(三十五)坚持和加强党的全面领导。完善党领导金融工作的制度体系,坚决贯彻落实党中央重大决策部署,把党的领导有效落实到推进普惠金融高质量发展的各领域各方面各环节。强化各级党组织作用,切实把党的领导制度优势转化为治理效能。深入推进全面从严治党,坚决惩治金融腐败,坚持不敢腐、不能腐、不想腐一体推进。健全地方党政主要领导负责的财政金融风险处置机制。

(三十六)强化监测评估。建立健全与高质量发展相适应的普惠金融指标体系,探索开展以区域、机构等为对象的普惠金融高质量发展评价评估。完善小微企业、新型农业经营主体等融资状况相关调查制度。深入开展中小微企业融资状况监测评估。加大区域信用信息基础设施建设考核力度。

(三十七)推进试点示范。深入推进普惠金融改革试验区建设。支持各地开展金融服务乡村振兴等试点示范。在全面评估效果基础上,积极稳妥推广普惠金融业务数字化模式、"银税互动"等部门信用信息共享、区域性综合金融服务平台等成熟经验,不断探索形成新经验并推动落地见效。

(三十八)加强组织协调。优化推进普惠金融发展工作协调机制,由金融监管总局、中国人民银行牵头,中央网信办、国家发展改革委、教育部、科技部、工业和信息化部、公安部、民政部、司法部、财政部、人力资源社会保障部、自然资源部、生态环境部、农业农村部、商务部、国家卫生健康委、应急管理部、海关总署、税务总局、市场监管总局、中国证监会、国家统计局、国家知识产权局、国家版权局、中国气象局、国家数据局、国家林草局、最高人民法院、最高人民检察院、共青团中央、全国妇联、中国残联等31个单位参加,根据职责分工落实本意见,协调解决重大问题。加强对普惠金融政策落实情况的监督。强化中央与地方联动,因地制宜、协同推进普惠金融高质量发展。

司法解释及司法解释性质文件

最高人民法院、司法部、中国银监会关于充分发挥公证书的强制执行效力服务银行金融债权风险防控的通知

（司发通〔2017〕76号　2017年7月13日公布施行）

各省、自治区、直辖市高级人民法院、司法厅（局），解放军军事法院，新疆维吾尔自治区高级人民法院生产建设兵团分院、新疆生产建设兵团司法局；各银监局，各政策性银行、大型银行、股份制银行，邮储银行，外资银行，金融资产管理公司，其他有关金融机构：

为进一步加强金融风险防控，充分发挥公证作为预防性法律制度的作用，提高银行业金融机构金融债权实现效率，降低金融债权实现成本，有效提高银行业金融机构防控风险的水平，现就在银行业金融机构经营业务中进一步发挥公证书的强制执行效力，服务银行金融债权风险防控通知如下：

一、公证机构可以对银行业金融机构运营中所签署的符合《公证法》第37条[①]规定的以下债权文书赋予强制执行效力：

（一）各类融资合同，包括各类授信合同，借款合同、委托贷款合同、信托贷款合同等各类贷款合同，票据承兑协议等各类票据融资合同，融资租赁合同，保理合同，开立信用证合同，信用卡融资合同（包括信用卡合约及各类分期付款合同）等；

（二）债务重组合同、还款合同、还款承诺等；

---

① 《公证法》第37条规定：对经公证的以给付为内容并载明债务人愿意接受强制执行承诺的债权文书，债务人不履行或者履行不适当的，债权人可以依法向有管辖权的人民法院申请执行。前款规定的债权文书确有错误的，人民法院裁定不予执行，并将裁定书送达双方当事人和公证机构。

（三）各类担保合同、保函；

（四）符合本通知第二条规定条件的其他债权文书。

二、公证机构对银行业金融机构运营中所签署的合同赋予强制执行效力应当具备以下条件：

（一）债权文书具有给付货币、物品、有价证券的内容；

（二）债权债务关系明确，债权人和债务人对债权文书有关给付内容无疑义；

（三）债权文书中载明债务人不履行义务或不完全履行义务时，债务人愿意接受依法强制执行的承诺。该项承诺也可以通过承诺书或者补充协议等方式在债权文书的附件中载明。

三、银行业金融机构申办强制执行公证，应当协助公证机构完成对当事人身份证明、财产权利证明等与公证事项有关材料的收集、核实工作；根据公证机构的要求通过修改合同、签订补充协议或者由当事人签署承诺书等方式将债务人、担保人愿意接受强制执行的承诺、出具执行证书前的核实方式、公证费和实现债权的其他费用的承担等内容载入公证的债权文书中。

四、公证机构在办理赋予各类债权文书强制执行效力的公证业务中应当严格遵守法律、法规规定的程序，切实做好当事人身份、担保物权属、当事人内部授权程序、合同条款及当事人意思表示等审核工作，确认当事人的签约行为的合法效力，告知当事人申请赋予债权文书强制执行效力的法律后果，提高合同主体的履约意识，预防和降低金融机构的操作风险。

五、银行业金融机构申请公证机构出具执行证书应当在《中华人民共和国民事诉讼法》第二百三十九条①所规定的执行期间内提出申请，并应当向公证机构提交经公证的具有强制执行效力的债权文书、

① 2021年12月24日，第十三届全国人民代表大会常务委员会第三十二次会议对《民事诉讼法》进行了第四次修正，《民事诉讼法》原第二百三十九条已修正为第二百四十六条，该条对申请执行期限进行了明确规定：申请执行的期间为二年。申请执行时效的中止、中断，适用法律有关诉讼时效中止、中断的规定。前款规定的期间，从法律文书规定履行期间的最后一日起计算；法律文书规定分期履行的，从最后一期履行期限届满之日起计算；法律文书未规定履行期间的，从法律文书生效之日起计算。

申请书、合同项下往来资金结算的明细表以及其他与债务履行相关的证据，并承诺所申请强制执行的债权金额或者相关计算公式准确无误。

六、公证机构受理银行业金融机构提出出具执行证书的申请后，应当按照法律法规规定的程序以及合同约定的核实方式进行核实，确保执行证书载明的债权债务明确无误，尽力减少执行争议的发生。

公证机构对符合条件的申请，应当在受理后十五个工作日内出具执行证书，需要补充材料、核实相关情况所需的时间不计算在期限内。

七、执行证书应当载明被执行人、执行标的、申请执行的期限。因债务人不履行或不完全履行而发生的违约金、利息、滞纳金等，以及按照债权文书的约定由债务人承担的公证费等实现债权的费用，有明确数额或计算方法的，可以根据银行业金融机构的申请依法列入执行标的。

八、人民法院支持公证机构对银行业金融机构的各类债权文书依法赋予强制执行效力，加大对公证债权文书的执行力度，银行业金融机构提交强制执行申请书、赋予债权文书强制执行效力公证书及执行证书申请执行公证债权文书符合法律规定条件的，人民法院应当受理，切实保障银行业金融机构快速实现金融债权，防范金融风险。

九、被执行人提出执行异议的银行业金融机构执行案件，人民法院经审查认为相关公证债权文书确有错误的，裁定不予执行。个别事项执行标的不明确，但不影响其他事项执行的，人民法院应对其他事项予以执行。

十、各省（区、市）司法行政部门要会同价格主管部门合理确定银行业金融债权文书强制执行公证的收费标准。公证机构和银行业金融机构协商一致的，可以在办理债权文书公证时收取部分费用，出具执行证书时收齐其余费用。

十一、银行业监督管理机构批准设立的其他金融机构，以及经国务院银行业监督管理机构公布的地方资产管理公司，参照本通知执行。

部门规章及规范性文件

商业银行金融资产风险分类办法

(2020 年 3 月 17 日中国银行保险监督管理委员会 2020 年第 1 次委务会审议通过,并经中国人民银行同意 中国银行保险监督管理委员会、中国人民银行令〔2023〕第 1 号 2023 年 2 月 10 日公布 自 2023 年 7 月 1 日起施行)

第一章 总 则

第一条 为促进商业银行准确评估信用风险,真实反映金融资产质量,根据《中华人民共和国银行业监督管理法》、《中华人民共和国商业银行法》等法律法规,制定本办法。

第二条 本办法适用于中华人民共和国境内依法设立的商业银行。

第三条 商业银行应对表内承担信用风险的金融资产进行风险分类,包括但不限于贷款、债券和其他投资、同业资产、应收款项等。表外项目中承担信用风险的,应按照表内资产相关要求开展风险分类。

商业银行交易账簿下的金融资产以及衍生品交易形成的相关资产不包括在本办法之内。

第四条 本办法所称风险分类是指商业银行按照风险程度将金融资产划分为不同档次的行为。

第五条 商业银行应按照以下原则进行风险分类:

(一)真实性原则。风险分类应真实、准确地反映金融资产风险水平。

(二)及时性原则。按照债务人履约能力以及金融资产风险变化情况,及时、动态地调整分类结果。

（三）审慎性原则。金融资产风险分类不确定的，应从低确定分类等级。

（四）独立性原则。金融资产风险分类结果取决于商业银行在依法依规前提下的独立判断。

第二章　风险分类

第六条　金融资产按照风险程度分为五类，分别为正常类、关注类、次级类、可疑类、损失类，后三类合称不良资产。

（一）正常类：债务人能够履行合同，没有客观证据表明本金、利息或收益不能按时足额偿付。

（二）关注类：虽然存在一些可能对履行合同产生不利影响的因素，但债务人目前有能力偿付本金、利息或收益。

（三）次级类：债务人无法足额偿付本金、利息或收益，或金融资产已经发生信用减值。

（四）可疑类：债务人已经无法足额偿付本金、利息或收益，金融资产已发生显著信用减值。

（五）损失类：在采取所有可能的措施后，只能收回极少部分金融资产，或损失全部金融资产。

前款所称金融资产已发生信用减值指根据《企业会计准则第22号——金融工具确认和计量》（财会〔2017〕7号）第四十条，因债务人信用状况恶化导致的金融资产估值向下调整。

第七条　商业银行对非零售资产开展风险分类时，应加强对债务人第一还款来源的分析，以评估债务人履约能力为中心，重点考察债务人的财务状况、偿付意愿、偿付记录，并考虑金融资产的逾期天数、担保情况等因素。对于债务人为企业集团成员的，其债务被分为不良并不必然导致其他成员也被分为不良，但商业银行应及时启动评估程序，审慎评估该成员对其他成员的影响，并根据评估结果决定是否调整其他成员债权的风险分类。

商业银行对非零售债务人在本行的债权超过10%被分为不良的，对该债务人在本行的所有债权均应归为不良。经国务院金融管理部门认可的增信方式除外。

第八条 商业银行对零售资产开展风险分类时,在审慎评估债务人履约能力和偿付意愿基础上,可根据单笔资产的交易特征、担保情况、损失程度等因素进行逐笔分类。

零售资产包括个人贷款、信用卡贷款以及小微企业债权等。其中,个人贷款、信用卡贷款、小微企业贷款可采取脱期法进行分类。

第九条 同一笔债权不得拆分分类,符合本办法第十六条规定的情形除外。

第十条 商业银行应将符合下列情况之一的金融资产至少归为关注类:

(一)本金、利息或收益逾期,操作性或技术性原因导致的短期逾期除外(7天内);

(二)未经商业银行同意,擅自改变资金用途;

(三)通过借新还旧或通过其他债务融资方式偿还,债券、符合条件的小微企业续贷业务除外;

(四)同一非零售债务人在本行或其他银行的债务出现不良。

第十一条 商业银行应将符合下列情况之一的金融资产至少归为次级类:

(一)本金、利息或收益逾期超过90天;

(二)金融资产已发生信用减值;

(三)债务人或金融资产的外部评级大幅下调,导致债务人的履约能力显著下降;

(四)同一非零售债务人在所有银行的债务中,逾期超过90天的债务已经超过20%。

第十二条 商业银行应将符合下列情况之一的金融资产至少归为可疑类:

(一)本金、利息或收益逾期超过270天;

(二)债务人逃废银行债务;

(三)金融资产已发生信用减值,且预期信用损失占其账面余额50%以上。

第十三条 商业银行应将符合下列情况之一的金融资产归为损失类:

（一）本金、利息或收益逾期超过360天；

（二）债务人已进入破产清算程序；

（三）金融资产已发生信用减值，且预期信用损失占其账面余额90%以上。

第十四条　商业银行将不良资产上调至正常类或关注类时，应符合正常类或关注类定义，并同时满足下列要求：

（一）逾期的债权及相关费用已全部偿付，并至少在随后连续两个还款期或6个月内（按两者孰长原则确定）正常偿付；

（二）经评估认为，债务人未来能够持续正常履行合同；

（三）债务人在本行已经没有发生信用减值的金融资产。

其中，个人贷款、信用卡贷款、小微企业贷款可按照脱期法要求对不良资产进行上调。

第十五条　因并购导致偿债主体发生变化的，并购方和被并购方相关金融资产风险分类在6个月内不得上调，其中的不良金融资产不纳入第七条、第十（四）、第十一（四）等相关条款的指标计算。

6个月后，商业银行应重新评估债务人风险状况，并对其全部债权进行风险分类。涉及不良资产上调为正常类或关注类的，应满足第十四条相关要求。

第十六条　商业银行对投资的资产管理产品或资产证券化产品进行风险分类时，应穿透至基础资产，按照基础资产风险状况进行风险分类。对于无法完全穿透至基础资产的产品，应按照可穿透的基础资产中风险分类最差的资产确定产品风险分类。

对于以零售资产、不良资产为基础资产的信贷资产证券化产品，分层的信贷资产证券化产品以及其他经银保监会认可的产品，商业银行应在综合评估最终债务人风险状况以及结构化产品特征的基础上，按照投资预计损益情况对产品进行风险分类。

第三章　重组资产风险分类

第十七条　重组资产是指因债务人发生财务困难，为促使债务人偿还债务，商业银行对债务合同作出有利于债务人调整的金融资产，或对债务人现有债务提供再融资，包括借新还旧、新增债务融资等。

对于现有合同赋予债务人自主改变条款或再融资的权利，债务人因财务困难行使该权利的，相关资产也属于重组资产。

第十八条　债务人财务困难包括以下情形：

（一）本金、利息或收益已经逾期；

（二）虽然本金、利息或收益尚未逾期，但债务人偿债能力下降，预计现金流不足以履行合同，债务有可能逾期；

（三）债务人的债务已经被分为不良；

（四）债务人无法在其他银行以市场公允价格融资；

（五）债务人公开发行的证券存在退市风险，或处于退市过程中，或已经退市，且对债务人的履约能力产生显著不利影响；

（六）商业银行认定的其他情形。

第十九条　合同调整包括以下情形：

（一）展期；

（二）宽限本息偿还计划；

（三）新增或延长宽限期；

（四）利息转为本金；

（五）降低利率，使债务人获得比公允利率更优惠的利率；

（六）允许债务人减少本金、利息或相关费用的偿付；

（七）释放部分押品，或用质量较差的押品置换现有押品；

（八）置换；

（九）其他放松合同条款的措施。

第二十条　商业银行应对重组资产设置重组观察期。观察期自合同调整后约定的第一次还款日开始计算，应至少包含连续两个还款期，并不得低于1年。观察期结束时，债务人已经解决财务困难并在观察期内按照合同约定及时足额还款的，相关资产可不再被认定为重组资产。

债务人在观察期结束时未解决财务困难的，应重新计算观察期。债务人在观察期内没有及时足额还款的，应从未履约时点开始，重新计算观察期。

第二十一条　对于重组资产，商业银行应准确判断债务人财务困难的状况，严格按照本办法进行分类。重组前为正常类或关注类的资产,以及对现有债务提供的再融资,重组后应至少归为关注类;观察期内符合不良认定标准的应下调为不良资产,并重新计算观察期;观察期内认定为不良资产后满足第十四条要求的,可上调为关注类。

重组前为次级类、可疑类或损失类的,观察期内满足第十四条要求的,可上调为关注类;观察期内资产质量持续恶化的应进一步下调分类,并重新计算观察期。

第二十二条 重组观察期内债务人未按照合同约定及时足额还款,或虽足额还款但财务状况未有好转,再次重组的资产应至少归为次级类,并重新计算观察期。

第二十三条 债务人未发生财务困难情况下,商业银行对债务合同作出调整的金融资产或再融资不属于重组资产。

第四章 风险分类管理

第二十四条 本办法是金融资产风险分类的最低要求,商业银行应根据实际情况完善分类制度,细化分类方法,但不得低于本办法提出的标准和要求,且与本办法的风险分类方法具有明确的对应和转换关系。商业银行制定或修订金融资产风险分类制度后,应在 30 日内报银保监会及其派出机构备案。

第二十五条 商业银行应健全金融资产风险分类管理的治理架构,明确董事会、高级管理层和相关部门的风险分类职责。

第二十六条 董事会对金融资产风险分类结果承担最终责任,监督高级管理层履行风险分类职责。

第二十七条 高级管理层应制定金融资产风险分类制度,推进风险分类实施,确保分类结果真实有效,并定期向董事会报告。

第二十八条 金融资产风险分类管理制度的内容包括但不限于分类流程、职责分工、分类标准、分类方法、内部审计、风险监测、统计报告及信息披露等。

第二十九条 商业银行应按照金融资产类别、交易对手类型、产品结构特征、历史违约情况等信息,结合本行资产组合特征,明确各类金融资产的风险分类方法。分类方法一经确定,应保持相对稳定。

第三十条 商业银行应完善金融资产风险分类流程,明确"初分、认定、审批"三级程序,加强各环节管理要求,建立有效的制衡机制,确保分类过程的独立性,以及分类结果的准确性和客观性。

第三十一条 商业银行应至少每季度对全部金融资产进行一次风险分类。对于债务人财务状况或影响债务偿还的因素发生重大变化的,应及时调整风险分类。

第三十二条 商业银行应至少每年对风险分类制度、程序和执行情况进行一次内部审计,审计结果应及时向董事会书面报告,并报送银保监会及其派出机构。

第三十三条 商业银行应开发并持续完善金融资产风险分类相关信息系统,满足风险管理和审慎监管要求。

第三十四条 商业银行应加强对金融资产风险的监测、分析和预警,动态监测风险分布和风险变化,深入分析风险来源及迁徙趋势,及时根据风险状况采取防范措施。

第三十五条 商业银行应依据有关信息披露的规定,及时披露金融资产风险分类方法、程序、结果,以及损失准备计提、损失核销等信息。

第三十六条 商业银行应持续加强金融资产风险分类档案管理,确保分类资料信息准确、连续、完整。

第五章 监督管理

第三十七条 银保监会及其派出机构依照本办法规定对商业银行金融资产风险分类进行监督检查,并采取相应监管措施。

第三十八条 商业银行应按照规定向银保监会及其派出机构报送与金融资产风险分类有关的统计报表和分析报告。

商业银行应于每年初30个工作日内向银保监会及其派出机构报告上一年度金融资产风险分类管理情况。

第三十九条 商业银行应向银保监会及其派出机构及时报告有关金融资产风险分类的重大事项。

第四十条 银保监会及其派出机构定期或不定期评估商业银行金融资产风险分类管理状况及效果。同时,将评估意见反馈商业银行董事会和高级管理层,并将评估结果作为监管评级的重要参考。

第四十一条　商业银行违反风险分类监管要求的,银保监会及其派出机构可以采取以下措施:

(一)与商业银行董事会、高级管理层进行审慎性会谈;

(二)印发监管意见书,内容包括商业银行金融资产风险分类管理存在的问题、限期整改意见和拟采取的纠正措施等;

(三)要求商业银行加强金融资产风险分类管理,制订切实可行的整改计划,并报银保监会及其派出机构备案;

(四)根据违规程度提高其拨备和监管资本要求;

(五)责令商业银行采取有效措施缓释金融资产风险。

第四十二条　商业银行违反本办法规定的监管要求的,银保监会及其派出机构除采取本办法第四十一条规定的措施外,还可依据《中华人民共和国银行业监督管理法》等法律法规规定采取监管措施或实施行政处罚。

第六章　附　　则

第四十三条　对于已实施资本计量高级方法的商业银行,应明确风险分类标准和内评体系违约定义之间的稳定对应关系。

第四十四条　商业银行可按照相关规定对信用卡贷款及符合条件的小微企业续贷类业务确定其风险分类。

银保监会对金融资产风险分类另有规定的,适用其规定。

第四十五条　国家开发银行及政策性银行、农村合作银行、村镇银行、农村信用社和外国银行分行、银保监会及其派出机构监管的其他银行业金融机构参照本办法执行。另有规定的从其规定。

第四十六条　本办法由银保监会会同中国人民银行负责解释。

第四十七条　本办法自2023年7月1日起施行。

第四十八条　商业银行自2023年7月1日起新发生的业务应按本办法要求进行分类。对于2023年7月1日前发生的业务,商业银行应制订重新分类计划,并于2025年12月31日前,按季度有计划、分步骤对所有存量业务全部按本办法要求进行重新分类。鼓励有条件的商业银行提前完成存量业务的重新分类。过渡期内,尚未按照本办法重新分类的存量业务,按照《贷款风险分类指引》(银监发〔2007〕54号)相关规定进行分类。

中国人民银行、中国银行保险监督管理委员会关于做好当前金融支持房地产市场平稳健康发展工作的通知

(银发〔2022〕254号 2022年11月11日发布施行)

为贯彻落实党中央、国务院决策部署,坚持房子是用来住的、不是用来炒的定位,全面落实房地产长效机制,因城施策支持刚性和改善性住房需求,保持房地产融资合理适度,维护住房消费者合法权益,促进房地产市场平稳健康发展,现将有关事项通知如下:

一、保持房地产融资平稳有序

(一)稳定房地产开发贷款投放。坚持"两个毫不动摇",对国有、民营等各类房地产企业一视同仁。鼓励金融机构重点支持治理完善、聚焦主业、资质良好的房地产企业稳健发展。金融机构要合理区分项目子公司风险与集团控股公司风险,在保证债权安全、资金封闭运作的前提下,按照市场化原则满足房地产项目合理融资需求。支持项目主办行和银团贷款模式,强化贷款审批、发放、收回全流程管理,切实保障资金安全。

(二)支持个人住房贷款合理需求。支持各地在全国政策基础上,因城施策实施好差别化住房信贷政策,合理确定当地个人住房贷款首付比例和贷款利率政策下限,支持刚性和改善性住房需求。鼓励金融机构结合自身经营情况、客户风险状况和信贷条件等,在城市政策下限基础上,合理确定个人住房贷款具体首付比例和利率水平。支持金融机构优化新市民住房金融服务,合理确定符合购房条件新市民首套住房个人住房贷款的标准,多维度科学审慎评估新市民信用水平,提升借款和还款便利度。

（三）稳定建筑企业信贷投放。鼓励金融机构在风险可控、商业可持续基础上，优化建筑企业信贷服务，提供必要的贷款支持，保持建筑企业融资连续稳定。

（四）支持开发贷款、信托贷款等存量融资合理展期。对于房地产企业开发贷款、信托贷款等存量融资，在保证债权安全的前提下，鼓励金融机构与房地产企业基于商业性原则自主协商，积极通过存量贷款展期、调整还款安排等方式予以支持，促进项目完工交付。自本通知印发之日起，未来半年内到期的，可以允许超出原规定多展期1年，可不调整贷款分类，报送征信系统的贷款分类与之保持一致。

（五）保持债券融资基本稳定。支持优质房地产企业发行债券融资。推动专业信用增进机构为财务总体健康、面临短期困难的房地产企业债券发行提供增信支持。鼓励债券发行人与持有人提前沟通，做好债券兑付资金安排。按期兑付确有困难的，通过协商做出合理展期、置换等安排，主动化解风险。支持债券发行人在境内外市场回购债券。

（六）保持信托等资管产品融资稳定。鼓励信托等资管产品支持房地产合理融资需求。鼓励信托公司等金融机构加快业务转型，在严格落实资管产品监管要求、做好风险防控的基础上，按市场化、法治化原则支持房地产企业和项目的合理融资需求，依法合规为房地产企业项目并购、商业养老地产、租赁住房建设等提供金融支持。

二、积极做好“保交楼”金融服务

（七）支持开发性政策性银行提供“保交楼”专项借款。支持国家开发银行、农业发展银行按照有关政策安排和要求，依法合规、高效有序地向经复核备案的借款主体发放“保交楼”专项借款，封闭运行、专款专用，专项用于支持已售逾期难交付住宅项目加快建设交付。

（八）鼓励金融机构提供配套融资支持。在专项借款支持项目明确债权债务安排、专项借款和新增配套融资司法保障后，鼓励金融机构特别是项目个人住房贷款的主融资商业银行或其牵头组建的银团，按照市场化、法治化原则，为专项借款支持项目提供新增配套融资支持，推动化解未交楼个人住房贷款风险。

对于剩余货值的销售回款可同时覆盖专项借款和新增配套融资的项目,以及剩余货值的销售回款不能同时覆盖专项借款和新增配套融资,但已明确新增配套融资和专项借款配套机制安排并落实还款来源的项目,鼓励金融机构在商业自愿前提下积极提供新增配套融资支持。

新增配套融资的承贷主体应与专项借款支持项目的实施主体保持一致,项目存量资产负债应经地方政府组织有资质机构进行审计评估确认并已制定“一楼一策”实施方案。商业银行可在房地产开发贷款项下新设“专项借款配套融资”子科目用于统计和管理。配套融资原则上不应超过对应专项借款的期限,最长不超过3年。项目销售回款应当划入在主融资商业银行或其他商业银行开立的项目专用账户,项目专用账户由提供新增配套融资的商业银行参与共同管理。明确按照“后进先出”原则,项目剩余货值的销售回款要优先偿还新增配套融资和专项借款。

对于商业银行按照本通知要求,自本通知印发之日起半年内,向专项借款支持项目发放的配套融资,在贷款期限内不下调风险分类;对债务新老划断后的承贷主体按照合格借款主体管理。对于新发放的配套融资形成不良的,相关机构和人员已尽职的,可予免责。

三、积极配合做好受困房地产企业风险处置

(九)做好房地产项目并购金融支持。鼓励商业银行稳妥有序开展房地产项目并购贷款业务,重点支持优质房地产企业兼并收购受困房地产企业项目。鼓励金融资产管理公司、地方资产管理公司(以下统称资产管理公司)发挥在不良资产处置、风险管理等方面的经验和能力,与地方政府、商业银行、房地产企业等共同协商风险化解模式,推动加快资产处置。鼓励资产管理公司与律师事务所、会计师事务所等第三方机构开展合作,提高资产处置效率。支持符合条件的商业银行、金融资产管理公司发行房地产项目并购主题金融债券。

(十)积极探索市场化支持方式。对于部分已进入司法重整的项目,金融机构可按自主决策、自担风险、自负盈亏原则,一企一策协助推进项目复工交付。鼓励资产管理公司通过担任破产管理人、重整投资人等方式参与项目处置。支持有条件的金融机构稳妥探索通过设立基金等方式，依法依规市场化化解受困房地产企业风险，支持项目完工交付。

四、依法保障住房金融消费者合法权益

（十一）鼓励依法自主协商延期还本付息。对于因疫情住院治疗或隔离，或因疫情停业失业而失去收入来源的个人，以及因购房合同发生改变或解除的个人住房贷款，金融机构可按市场化、法治化原则与购房人自主开展协商，进行延期展期等调整，相关方都要依法依规、信守合同、践行承诺。在此过程中，金融机构要做好客户服务工作，加强沟通，依法保障金融消费者合法权益，同时按相关规定做好资产分类。对于恶意逃废金融债务的行为，依法依规予以处理，维护良好市场秩序。

（十二）切实保护延期贷款的个人征信权益。个人住房贷款已调整还款安排的，金融机构按新的还款安排报送信用记录；经人民法院判决、裁定认定应予调整的，金融机构根据人民法院生效判决、裁定等调整信用记录报送，已报送的予以调整。金融机构应妥善处置相关征信异议，依法保护信息主体征信权益。

五、阶段性调整部分金融管理政策

（十三）延长房地产贷款集中度管理政策过渡期安排。对于受疫情等客观原因影响不能如期满足房地产贷款集中度管理要求的银行业金融机构，人民银行、银保监会或人民银行分支机构、银保监会派出机构根据房地产贷款集中度管理有关规定，基于实际情况并经客观评估，合理延长其过渡期。

（十四）阶段性优化房地产项目并购融资政策。相关金融机构要用好人民银行、银保监会已出台的适用于主要商业银行、全国性金融资产管理公司的阶段性房地产金融管理政策，加快推动房地产风险市场化出清。

六、加大住房租赁金融支持力度

（十五）优化住房租赁信贷服务。引导金融机构重点加大对独立法人运营、业务边界清晰、具备房地产专业投资和管理能力的自持物业型住房租赁企业的信贷支持，合理设计贷款期限、利率和还款方式，积极满足企业中长期资金需求。鼓励金融机构按照市场化、法治化原则,为各类主体收购、改建房地产项目用于住房租赁提供资金支持。商业银行向持有保障性住房租赁项目认定书的保障性租赁住房项目发放的有关贷款,不纳入房地产贷款集中度管理。商业地产改造为保障性租赁住房,取得保障性租赁住房认定书后,银行发放贷款期限、利率适用保障性租赁贷款相关政策。

(十六)拓宽住房租赁市场多元化融资渠道。支持住房租赁企业发行信用债券和担保债券等直接融资产品,专项用于租赁住房建设和经营。鼓励商业银行发行支持住房租赁金融债券,筹集资金用于增加住房租赁开发建设贷款和经营性贷款投放。稳步推进房地产投资信托基金(REITs)试点。

财政部关于进一步加强国有金融企业财务管理的通知

(财金〔2022〕87号 2022年7月20日公布施行)

人民银行、银保监会、证监会,各省、自治区、直辖市、计划单列市财政厅(局),新疆生产建设兵团财政局,财政部各地监管局,各中央金融企业,其他各国有金融企业:

为深入贯彻落实党中央、国务院关于进一步严肃财经纪律、整饬财经秩序、规范财务管理的工作要求,引导金融企业规范有序健康平稳运行,促进金融业高质量发展,现就进一步加强国有金融企业财务管理通知如下:

一、规范金融企业收支管理,夯实财务基础,促进降本增效高质量发展

(一)加强财务预算管理,合理控制费用开支。金融企业应当严格遵守财经法律法规和制度规定,牢固树立过紧日子思想,以成本管控为中心,严格预算管理、强化内部控制,对非必要费用支出应减尽减,避免铺张浪费,及时纠正不必要、不规范的支出。

金融企业应当精简会议、差旅、培训、论坛、庆典等相关活动，加强地点相同、对象重叠、内容相近等活动整合，积极采用视频、电话、网络等新型方式开展，节约相关费用开支。严格控制一般性赞助支出，有效整合广告支出和企业文化建设支出。

金融企业应当从严从紧核定因公出国(境)、公车购置及运行、业务招待费预算。对无实质内容的因公出国(境)、业务招待等活动，要坚决予以取消。巩固公务用车制度改革成果，加强保留车辆使用管理，严格控制车辆报废更新，切实降低公务用车运行成本。严格控制业务招待活动数量和费用预算，分类按要求确定和落实商务、外事和其他公务招待标准，明确业务招待费的申请、审批、实施、报销等程序。

金融企业开展商务宴请严禁讲排场、杜绝奢侈浪费，严格按规定执行招待标准，严禁购买提供高档酒水。金融企业因商务招待活动需要赠送纪念品的，应当节约从简，以宣传企业形象、展示企业文化或体现地域文化等为主要内容。

金融企业应当严格规范办公用房管理，严禁违规购建办公用房，严禁豪华装饰办公用房以及配备高档办公家具；严格新增资产配置管理，与资产存量情况挂钩，办公用房等资产存在闲置或对外出租、具备再利用条件的，原则上在同一县级区域内不得申请新增(含租用)同类资产，对于闲置办公用房等资产要及时整合利用或处置，避免资源浪费。

金融企业集中采购应当遵循公开、公平、公正、诚实信用和效益原则，可以采用公开招标、邀请招标、竞争性谈判、竞争性磋商、单一来源采购、询价，以及有关管理部门认定的其他采购方式。金融企业应按采购计划实施集中采购，并纳入年度预算管理。计划外的集中采购事项，应按企业内部相关规定报批。采购计划的重大调整，应按程序报集中采购管理委员会审议。

金融企业应当严格执行国家关于职工个人待遇相关规定，由个人承担的娱乐、健身、旅游、招待、购物、馈赠等支出不得在企业成本费用中列支。其中，为职工建立补充医疗保险，所需费用按照国家规定的标准在成本费用中列支；超过规定标准部分或超过医疗保险报销范围部分，由职工个人负担。

（二）严格落实履职待遇、业务支出管理要求，进一步强化金融企业对下属部门和机构的管理责任。金融企业应当按规定严格落实履职待遇、业务支出管理要求，按标准规范配置公务用车、办公用房，国内出差、因公出国（境）按规定标准乘坐交通工具、落实住宿和餐饮标准，严格规范内部各级分支机构、子机构差旅、住宿、接待标准。

金融企业应当建立健全负责人公务用车管理制度，严格落实 1 人 1 车或多人 1 车为负责人配备（包括购置、租赁）公务用车，不得为参加车改人员既发放公务用车补贴又提供公务用车保障。

金融企业应当落实内部管理主体责任，及时传达和细化管理政策，督促下属部门和机构落实制度；按规定分级分档确定各级机构负责人履职待遇、业务支出各项标准，其他高级管理人员以及下属部门和机构主要负责人各项标准不超过总公司（或总行）副职负责人标准，下属部门和机构其他负责人应当低于总公司（或总行）副职负责人标准。

中央金融企业、各省份所属金融企业，以及相关部门所属金融企业应当按对应层级依规合理确定履职待遇、业务支出各项标准，并予以落实。

（三）积极优化内部收入分配结构，科学设计薪酬体系，合理控制岗位分配级差。金融企业应当主动优化内部收入分配结构，充分发挥工资薪酬的正向激励作用，有效落实总部职工平均工资增幅原则上应低于本企业在岗职工平均工资增幅，中高级管理岗位人员平均工资增幅原则上不高于本企业在岗职工平均工资增幅的政策要求。金融企业要有效履行对控股子公司、分支机构、直管企业以及其他实际控制企业薪酬管理的主体责任。

金融企业应当合理控制岗位分配级差，充分调动一线员工、基层员工的积极性，有效平衡好领导班子、中层干部和基层员工的收入分配关系，对于总部职工平均工资明显高于本企业在岗职工平均工资的，其年度工资总额要进一步加大向一线员工、基层员工倾斜力度。

金融企业应当严肃分配纪律，严格清理规范工资外收入，将所有工资性收入一律纳入工资总额管理，不得在工资总额之外以其他形式列支任何津贴、补贴等工资性支出，实现收入工资化、工资货币化、发放透明化。

（四）建立健全薪酬分配递延支付和追责追薪机制。金融企业应当综合考虑市场条件、业绩情况、承担风险、薪酬战略等因素，科学设定不同岗位薪酬标准，并合理确定一定比例的绩效薪酬。对于金融企业高级管理人员及对风险有直接或重要影响岗位的员工，基本薪酬一般不高于薪酬总额的35%，根据其所负责业务收益和风险分期考核情况进行绩效薪酬延期支付，绩效薪酬的40%以上应当采取延期支付方式，延期支付期限一般不少于3年，确保绩效薪酬支付期限与相应业务的风险持续期限相匹配，国家另有规定的从其规定。

金融企业应当制定绩效薪酬追索扣回制度，对于高级管理人员及对风险有直接或重要影响岗位的员工在自身职责内未能勤勉尽责，使得金融企业发生重大违法违规行为或者给金融企业造成重大风险损失的，金融企业应当依法依规并履行公司治理程序后将相应期限内已发放的部分或全部绩效薪酬追回，并止付未支付部分或全部薪酬。绩效薪酬追回期限原则上与相关责任人的行为发生期限一致。绩效薪酬追索扣回规定适用于已离职或退休人员。

二、加强金融资产管理，维护金融债权，有效防范金融风险

（五）做实资产风险分类，准确合理计提风险拨备，真实公允反映经营成果。金融企业应当加强资产质量管理，做实资产风险分类，定期对各类资产风险分类开展重检，真实准确反映资产质量，不得以无效重组等方式隐瞒资产的真实风险状况。

其中，无效重组是指对不符合条件的债务人进行的债务协议重组（不包括法院主持下的破产重整等司法重组），或者重组后债务人难以实质性提质增效、化解风险的债务重组。不符合条件的债务人一般为已不能清偿到期债务，且资产不足以清偿全部债务或者明显缺乏清偿能力的债务企业，并具有下列条件之一：（1）已由国务院国资委或省级人民政府列入"僵尸企业"名单；（2）主要靠政府或企业总部补贴和银行续贷等方式维持生产经营，资产负债率超过85%且最近三个会计年度连续亏损，经营性净现金流为负值，并经债权金融企业评估存在实质性经营风险；（3）因生产经营困难已停产半年以上或半停产1年以上，并经债权金融企业评估复工无望。

金融企业应当综合评估自身资产状况,科学预测潜在风险,根据资产质量变化情况,客观合理评估资产减值损失,对承担风险和损失的资产根据有关规定及时足额提取各项准备金,增强风险抵御能力,真实反映盈利情况,不得通过人为调整准备金操纵利润。

(六)加强不良资产核销和处置管理,有效防范道德风险和国有资产流失。金融企业应当严格落实"符合认定条件、提供有效证据、账销案存、权在力催"基本原则,加大不良资产核销力度,用足用好现有核销政策。对于申请核销的不良资产,应当采取必要保全措施和实施必要追偿程序,切实履行对借款人及债务关联人、担保财产等尽职追索,认真查明原因,对于因履职不力等主观原因形成资产损失的,按规定确保相关责任认定和追究到位。

对于已核销资产,除依据国家有关规定权利义务已终结的外,金融企业应当实行账销案存管理,建立核销后资产管理制度,按年度向董事会报告不良资产核销管理情况,包括核销资产情况、已核销资产清收处置进展、责任认定和责任追究情况等。其中,对于提交董事会审议通过的核销资产,应当建立统计台账,逐笔跟踪、监测处置进展情况。

对已核销资产仍享有的合法权益,金融企业应当做到"账销案不销、追偿力不减、积极查线索、充分维权益",定期检查追偿情况,切实履行清收职责;建立健全追偿责任制度、明确责任人,并依据追偿效果动态调整不良资产核销授权。对于核销时仍有追偿回收价值的已核销资产,如连续三年以上无实质性清收处置进展,金融企业应当向同级财政部门和金融管理部门进行报告。

金融企业不良资产对外转让应当坚持"依法合规、公开透明、洁净转让、真实出售"原则,及时充分披露相关信息,严禁暗箱操作,防范道德风险,不得通过处置不良资产进行利益输送。严禁通过虚假转让不良资产,掩盖金融企业真实资产质量情况。所处置的不良资产(包括银行初次转让以及资产管理公司后续转让),除依照国家有关规定与原债务人及利益相关方债务重组、资产重整外,不得折价转让给该资产原债务人及关联企业等利益相关方。其中,资产管理公司以批量转让方式购入的不良资产应当主要采取清收、债务重组、债转股等方式进行处置。金融企业应当对不良资产处置建立检查抽查制度,严厉打击利益输送等违法违规行为。

（七）强化境外投资管理，有效防范跨境资产风险。金融企业境外投资应当遵循“依法合规、服务大局、商业运作、风险可控、廉洁自律、权责清晰”的原则，有效服务国家宏观政策和实体经济，按照市场化方式，审慎运作、严控风险、廉洁经营、权责对等，失责必问、问责必严。

金融企业境外投资决策要建立全流程、全链条管理机制，事前要实施尽职调查和可行性论证；事中要强化全面预算、逐级授权、项目跟踪、风险监测、资产监管和资金管控，实施决策、执行、监测不相容岗位分离机制，防范境外投资廉洁风险；事后开展绩效评价，实施追踪问效。对于发生损失的项目要依法落实责任认定、责任追究。

三、压实金融企业主体责任，准确实施会计核算，真实完整披露财务会计报告

（八）金融企业要依法依规做好会计核算、编制财务会计报告，确保财务会计报告真实完整。金融企业应当根据法律法规、国家统一的会计制度规定，依据实际发生的经济业务事项进行会计核算，填制会计凭证、登记会计账簿，做到数据真实、计算准确、来源可靠，保证账证相符、账账相符、账实相符、账表相符，不得混用科目，不得虚列、隐瞒、推迟或提前确认收入，不得虚增、多列、不列或少列费用、成本，不得虚增或虚减资产、负债、所有者权益，不得通过操纵会计信息调节财务指标和监管指标、隐匿风险，不得通过设计实施复杂交易等方式实现特定会计意图以规避监管要求。

金融企业应当依法依规编制财务会计报告，不得编制和对外提供虚假或者隐瞒重要事实的财务会计报告，切实履行会计信息质量主体责任；金融企业负责人对本企业财务会计报告的真实性、完整性负责。

（九）金融企业要依法接受会计师事务所独立审计，为其独立客观发表审计意见提供有效支持和保障。金融企业要为会计师事务所执业过程中落实对股东负责机制、畅通报告路径、履行必要审计程序、客观发表审计意见提供有效支持和保障。

为保障审计质量和独立性，金融企业应当严格落实定期轮换制度，按规定聘用年限轮换会计师事务所、审计项目主管合伙人和签字注册会计师。

金融企业外部审计会计师事务所选聘工作由股东(大)会或董事会委托董事会审计委员会负责落实,具体事宜按照独立和不相容岗位分离原则,可由董事会审计委员会授权金融企业内部与财务报表编制职能无关的部门或机构办理;如金融企业未设立董事会审计委员会,可由内部与财务报表编制职能无关的部门或机构负责落实办理,确保外部审计独立性。对于未设股东(大)会或董事会的金融企业,会计师事务所选聘工作由履行出资人职责的机构决定或授权金融企业决定。

会计师事务所选聘方式可按规定采用公开招标、邀请招标、竞争性谈判、竞争性磋商等。会计师事务所选聘评价标准应当突出质量因素,不以报价水平为决定因素,对于低价竞争、恶意压标压价的会计师事务所,应在评标和计算平均报价时予以剔除。审计费用要根据市场公允水平、同业轮换普遍情况变化、审计工作量等因素合理确定。

四、财政部门要积极履行国有金融资本出资人职责,有效维护所有者权益

(十)各级财政部门要督促金融企业加强内部管理,促进金融治理规范有序。引导本级所属金融企业加强财务管理、健全风险管理和内控机制,完善法人治理结构,推动金融企业规范、有序、健康发展,促进国有金融资本保值增值。

(十一)各级财政部门要切实加强国有股权董事实质化管理,落实出资人监督机制。国有股权董事要在法律法规和有关操作指引规范下,行使权利、履行义务,有效发挥“参与决策、把握流程、执行监督、信息枢纽”作用,做到忠实勤勉,更好发挥对金融企业和管理层监督制约作用。

(十二)各级财政部门要压实会计师事务所独立审计责任,切实发挥独立审计的第三方监督作用。落实会计师事务所对金融企业股东负责机制,要求承担金融企业审计业务的会计师事务所独立客观地对金融企业财务状况、经营成果、现金流量发表审计意见,对于金融企业以通用目的为编制基础的财务报表出具适用于各利益相关方的审计报告。

同时,各级财政部门要加强金融风险信息监测,建立健全预测预警机制,有效防范金融风险外溢,切实防止地方金融风险向中央转移集聚;及时开展财会监督检查,严肃查处违反财经纪律、财务造假、内部控制失效等问题,筑牢金融企业财务管理根基,有效维护财经纪律。

五、其他

(十三)适用范围。本通知适用于国有金融企业,包括在中华人民共和国境内外依法设立的国有独资及国有控股金融企业(含国有实际控制金融企业)、主权财富基金、国有金融控股公司、国有金融投资运营机构,以及金融基础设施等实质性开展金融业务的其他企业或机构。其他金融企业可参照执行。

人民银行、银保监会、证监会请将本通知发送至所属金融基础设施等实质性开展金融业务的企业或机构执行。

各省、自治区、直辖市、计划单列市财政厅(局)及新疆生产建设兵团财政局请将本通知发送至辖内国有金融企业执行。

(十四)实施时间。本通知自印发之日起施行。

银行保险机构关联交易管理办法

(2021年5月20日中国银行保险监督管理委员会2021年第5次委务会议审议通过 中国银行保险监督管理委员会令〔2022〕1号 2022年1月10日公布 自2022年3月1日起施行)

第一章 总 则

第一条 为加强审慎监管,规范银行保险机构关联交易行为,防范关联交易风险,促进银行保险机构安全、独立、稳健运行,根据《中华人民共和国公司法》《中华人民共和国银行业监督管理法》《中华人民共和国商业银行法》《中华人民共和国保险法》《中华人民共和国信托法》等法律法规,制定本办法。

第二条 本办法所称银行保险机构包括银行机构、保险机构和在中华人民共和国境内依法设立的信托公司、金融资产管理公司、金融租赁公司、汽车金融公司、消费金融公司。

银行机构是指在中华人民共和国境内依法设立的商业银行、政策性银行、村镇银行、农村信用合作社、农村合作银行。

保险机构是指在中华人民共和国境内依法设立的保险集团（控股）公司、保险公司、保险资产管理公司。

第三条 银行保险机构开展关联交易应当遵守法律法规和有关监管规定，健全公司治理架构，完善内部控制和风险管理，遵循诚实信用、公开公允、穿透识别、结构清晰的原则。

银行保险机构不得通过关联交易进行利益输送或监管套利，应当采取有效措施，防止关联方利用其特殊地位，通过关联交易侵害银行保险机构利益。

银行保险机构应当维护经营独立性，提高市场竞争力，控制关联交易的数量和规模，避免多层嵌套等复杂安排，重点防范向股东及其关联方进行利益输送的风险。

第四条 银保监会及其派出机构依法对银行保险机构的关联交易实施监督管理。

第二章 关 联 方

第五条 银行保险机构的关联方，是指与银行保险机构存在一方控制另一方，或对另一方施加重大影响，以及与银行保险机构同受一方控制或重大影响的自然人、法人或非法人组织。

第六条 银行保险机构的关联自然人包括：

（一）银行保险机构的自然人控股股东、实际控制人，及其一致行动人、最终受益人；

（二）持有或控制银行保险机构5%以上股权的，或持股不足5%但对银行保险机构经营管理有重大影响的自然人；

（三）银行保险机构的董事、监事、总行（总公司）和重要分行（分公司）的高级管理人员，以及具有大额授信、资产转移、保险资金运用等核心业务审批或决策权的人员；

（四）本条第（一）至（三）项所列关联方的配偶、父母、成年子女及兄弟姐妹；

（五）本办法第七条第（一）（二）项所列关联方的董事、监事、高级管理人员。

第七条　银行保险机构的关联法人或非法人组织包括：

（一）银行保险机构的法人控股股东、实际控制人，及其一致行动人、最终受益人；

（二）持有或控制银行保险机构5%以上股权的，或者持股不足5%但对银行保险机构经营管理有重大影响的法人或非法人组织，及其控股股东、实际控制人、一致行动人、最终受益人；

（三）本条第（一）项所列关联方控制或施加重大影响的法人或非法人组织，本条第（二）项所列关联方控制的法人或非法人组织；

（四）银行保险机构控制或施加重大影响的法人或非法人组织；

（五）本办法第六条第（一）项所列关联方控制或施加重大影响的法人或非法人组织，第六条第（二）至（四）项所列关联方控制的法人或非法人组织。

第八条　银行保险机构按照实质重于形式和穿透的原则，可以认定以下自然人、法人或非法人组织为关联方：

（一）在过去十二个月内或者根据相关协议安排在未来十二个月内存在本办法第六条、第七条规定情形之一的；

（二）本办法第六条第（一）至（三）项所列关联方的其他关系密切的家庭成员；

（三）银行保险机构内部工作人员及其控制的法人或其他组织；

（四）本办法第六条第（二）（三）项，以及第七条第（二）项所列关联方可施加重大影响的法人或非法人组织；

（五）对银行保险机构有影响，与银行保险机构发生或可能发生未遵守商业原则、有失公允的交易行为，并可据以从交易中获取利益的自然人、法人或非法人组织。

第九条　银保监会或其派出机构可以根据实质重于形式和穿透的原则，认定可能导致银行保险机构利益转移的自然人、法人或非法人组织为关联方。

第三章　关联交易

第十条　银行保险机构关联交易是指银行保险机构与关联方之间发生的利益转移事项。

第十一条　银行保险机构应当按照实质重于形式和穿透原则，识别、认定、管理关联交易及计算关联交易金额。

计算关联自然人与银行保险机构的关联交易余额时，其配偶、父母、成年子女、兄弟姐妹等与该银行保险机构的关联交易应当合并计算；计算关联法人或非法人组织与银行保险机构的关联交易余额时，与其存在控制关系的法人或非法人组织与该银行保险机构的关联交易应当合并计算。

第十二条　银保监会或其派出机构可以根据实质重于形式和穿透监管原则认定关联交易。

银保监会可以根据银行保险机构的公司治理状况、关联交易风险状况、机构类型特点等对银行保险机构适用的关联交易监管比例进行设定或调整。

第一节　银行机构关联交易

第十三条　银行机构的关联交易包括以下类型：

（一）授信类关联交易：指银行机构向关联方提供资金支持、或者对关联方在有关经济活动中可能产生的赔偿、支付责任作出保证，包括贷款(含贸易融资)、票据承兑和贴现、透支、债券投资、特定目的载体投资、开立信用证、保理、担保、保函、贷款承诺、证券回购、拆借以及其他实质上由银行机构承担信用风险的表内外业务等；

（二）资产转移类关联交易：包括银行机构与关联方之间发生的自用动产与不动产买卖，信贷资产及其收(受)益权买卖，抵债资产的接收和处置等；

（三）服务类关联交易：包括信用评估、资产评估、法律服务、咨询服务、信息服务、审计服务、技术和基础设施服务、财产租赁以及委托或受托销售等；

（四）存款和其他类型关联交易，以及根据实质重于形式原则认定的可能引致银行机构利益转移的事项。

第十四条 银行机构关联交易分为重大关联交易和一般关联交易。

银行机构重大关联交易是指银行机构与单个关联方之间单笔交易金额达到银行机构上季末资本净额1%以上,或累计达到银行机构上季末资本净额5%以上的交易。

银行机构与单个关联方的交易金额累计达到前款标准后,其后发生的关联交易,每累计达到上季末资本净额1%以上,则应当重新认定为重大关联交易。

一般关联交易是指除重大关联交易以外的其他关联交易。

第十五条 银行机构关联交易金额计算方式如下:

(一)授信类关联交易原则上以签订协议的金额计算交易金额;

(二)资产转移类关联交易以交易价格或公允价值计算交易金额;

(三)服务类关联交易以业务收入或支出金额计算交易金额;

(四)银保监会确定的其他计算口径。

第十六条 银行机构对单个关联方的授信余额不得超过银行机构上季末资本净额的10%。银行机构对单个关联法人或非法人组织所在集团客户的合计授信余额不得超过银行机构上季末资本净额的15%。银行机构对全部关联方的授信余额不得超过银行机构上季末资本净额的50%。

计算授信余额时,可以扣除授信时关联方提供的保证金存款以及质押的银行存单和国债金额。

银行机构与关联方开展同业业务应当同时遵守关于同业业务的相关规定。银行机构与境内外关联方银行之间开展的同业业务、外资银行与母行集团内银行之间开展的业务可不适用本条第一款所列比例规定和本办法第十四条重大关联交易标准。

被银保监会或其派出机构采取风险处置或接管等措施的银行机构,经银保监会批准可不适用本条所列比例规定。

第二节 保险机构关联交易

第十七条 保险机构的关联交易包括以下类型:

(一)资金运用类关联交易:包括在关联方办理银行存款;直接或间接买卖债券、股票等有价证券,投资关联方的股权、不动产及其他资产;直接或间接投资关联方发行的金融产品,或投资基础资产包含关联方资产的金融产品等。

(二)服务类关联交易:包括审计服务、精算服务、法律服务、咨询顾问服务、资产评估、技术和基础设施服务、委托或受托管理资产、租赁资产等。

(三)利益转移类关联交易:包括赠与、给予或接受财务资助,权利转让,担保,债权债务转移,放弃优先受让权、同比例增资权或其他权利等。

(四)保险业务和其他类型关联交易,以及根据实质重于形式原则认定的可能引致保险机构利益转移的事项。

第十八条　保险机构关联交易金额以交易对价或转移的利益计算。具体计算方式如下:

(一)资金运用类关联交易以保险资金投资金额计算交易金额。其中,投资于关联方发行的金融产品且基础资产涉及其他关联方的,以投资金额计算交易金额;投资于关联方发行的金融产品且基础资产不涉及其他关联方的,以发行费或投资管理费计算交易金额;买入资产的,以交易价格计算交易金额。

(二)服务类关联交易以业务收入或支出金额计算交易金额。

(三)利益转移类关联交易以资助金额、交易价格、担保金额、标的市场价值等计算交易金额。

(四)银保监会确定的其他计算口径。

第十九条　保险机构关联交易分为重大关联交易和一般关联交易。

保险机构重大关联交易是指保险机构与单个关联方之间单笔或年度累计交易金额达到3000万元以上,且占保险机构上一年度末经审计的净资产的1%以上的交易。

一个年度内保险机构与单个关联方的累计交易金额达到前款标准后,其后发生的关联交易再次累计达到前款标准,应当重新认定为重大关联交易。

保险机构一般关联交易是指除重大关联交易以外的其他关联交易。

第二十条　保险机构资金运用关联交易应符合以下比例要求：

（一）保险机构投资全部关联方的账面余额，合计不得超过保险机构上一年度末总资产的25%与上一年度末净资产二者中的金额较低者；

（二）保险机构投资权益类资产、不动产类资产、其他金融资产和境外投资的账面余额中，对关联方的投资金额不得超过上述各类资产投资限额的30%；

（三）保险机构投资单一关联方的账面余额，合计不得超过保险机构上一年度末净资产的30%；

（四）保险机构投资金融产品，若底层基础资产涉及控股股东、实际控制人或控股股东、实际控制人的关联方，保险机构购买该金融产品的份额不得超过该产品发行总额的50%。

保险机构与其控股的非金融子公司投资关联方的账面余额及购买份额应当合并计算并符合前述比例要求。

保险机构与其控股子公司之间，以及控股子公司之间发生的关联交易，不适用前述规定。

第三节　信托公司及其他非银行金融机构关联交易

第二十一条　信托公司应当按照穿透原则和实质重于形式原则，加强关联交易认定和关联交易资金来源与运用的双向核查。

信托公司关联交易分为重大关联交易和一般关联交易。重大关联交易是指信托公司固有财产与单个关联方之间、信托公司信托财产与单个关联方之间单笔交易金额占信托公司注册资本5%以上，或信托公司与单个关联方发生交易后，信托公司与该关联方的交易余额占信托公司注册资本20%以上的交易。一般关联交易是指除重大关联交易以外的其他关联交易。

第二十二条　金融资产管理公司、金融租赁公司、汽车金融公司、消费金融公司（下称其他非银行金融机构）的关联交易包括以下类型：

（一）以资产为基础的关联交易：包括资产买卖与委托（代理）处

置、资产重组(置换)、资产租赁等;

(二)以资金为基础的关联交易:包括投资、贷款、融资租赁、借款、拆借、存款、担保等;

(三)以中间服务为基础的关联交易:包括评级服务、评估服务、审计服务、法律服务、拍卖服务、咨询服务、业务代理、中介服务等;

(四)其他类型关联交易以及根据实质重于形式原则认定的可能引致其他非银行金融机构利益转移的事项。

第二十三条 其他非银行金融机构的关联交易分为重大关联交易和一般关联交易。

其他非银行金融机构重大关联交易是指其他非银行金融机构与单个关联方之间单笔交易金额达到其他非银行金融机构上季末资本净额1%以上,或累计达到其他非银行金融机构上季末资本净额5%以上的交易。金融租赁公司除外。

金融租赁公司重大关联交易是指金融租赁公司与单个关联方之间单笔交易金额达到金融租赁公司上季末资本净额5%以上,或累计达到金融租赁公司上季末资本净额10%以上的交易。

其他非银行金融机构与单个关联方的交易金额累计达到前款标准后,其后发生的关联交易,每累计达到上季末资本净额1%以上,应当重新认定为重大关联交易。金融租赁公司除外。

金融租赁公司与单个关联方的交易金额累计达到前款标准后,其后发生的关联交易,每累计达到上季末资本净额5%以上,应当重新认定为重大关联交易。

一般关联交易是指除重大关联交易以外的其他关联交易。

第二十四条 其他非银行金融机构的关联交易金额以交易对价或转移的利益计算,具体计算方式如下:

(一)以资产为基础的关联交易以交易价格计算交易金额;

(二)以资金为基础的关联交易以签订协议的金额计算交易金额;

(三)以中间服务为基础的关联交易以业务收入或支出金额计算交易金额;

(四)银保监会确定的其他计算口径。

第二十五条 金融资产管理公司及其非金融控股子公司与关联

方之间发生的以资金、资产为基础的交易余额应当合并计算，参照适用本办法第十六条相关监管要求，金融资产管理公司与其控股子公司之间、以及控股子公司之间发生的关联交易除外。

金融资产管理公司应当参照本办法第二章规定，将控股子公司的关联方纳入集团关联方范围。

第二十六条　金融租赁公司对单个关联方的融资余额不得超过上季末资本净额的30%。

金融租赁公司对全部关联方的全部融资余额不得超过上季末资本净额的50%。

金融租赁公司对单个股东及其全部关联方的融资余额不得超过该股东在金融租赁公司的出资额，且应同时满足本条第一款的规定。

金融租赁公司及其设立的控股子公司、项目公司之间的关联交易不适用本条规定。

汽车金融公司对单个股东及其关联方的授信余额不得超过该股东在汽车金融公司的出资额。

第四节　禁止性规定

第二十七条　银行保险机构不得通过掩盖关联关系、拆分交易等各种隐蔽方式规避重大关联交易审批或监管要求。

银行保险机构不得利用各种嵌套交易拉长融资链条、模糊业务实质、规避监管规定，不得为股东及其关联方违规融资、腾挪资产、空转套利、隐匿风险等。

第二十八条　银行机构不得直接通过或借道同业、理财、表外等业务，突破比例限制或违反规定向关联方提供资金。

银行机构不得接受本行的股权作为质押提供授信。银行机构不得为关联方的融资行为提供担保（含等同于担保的或有事项），但关联方以银行存单、国债提供足额反担保的除外。

银行机构向关联方提供授信发生损失的，自发现损失之日起二年内不得再向该关联方提供授信，但为减少该授信的损失，经银行机构董事会批准的除外。

第二十九条　保险机构不得借道不动产项目、非保险子公司、信托计划、资管产品投资，或其他通道、嵌套方式等变相突破监管限制，为关联方违规提供融资。

第三十条　金融资产管理公司参照执行本办法第二十八条规定，且不得与关联方开展无担保的以资金为基础的关联交易，同业拆借、股东流动性支持以及金融监管机构另有规定的除外。非金融子公司负债依存度不得超过30%，确有必要救助的，原则上不得超过70%，并于作出救助决定后3个工作日内向董事会、监事会和银保监会报告。

金融资产管理公司及其子公司将自身形成的不良资产在集团内部转让的，应当由集团母公司董事会审批，金融子公司按规定批量转让的除外。

第三十一条　金融租赁公司与关联方开展以资产、资金为基础的关联交易发生损失的，自发现损失之日起二年内不得与该关联方新增以资产、资金为基础的关联交易。但为减少损失，经金融租赁公司董事会批准的除外。

第三十二条　信托公司开展固有业务，不得向关联方融出资金或转移财产，不得为关联方提供担保。

信托公司开展结构化信托业务不得以利益相关人作为劣后受益人，利益相关人包括但不限于信托公司及其全体员工、信托公司股东等。

信托公司管理集合资金信托计划，不得将信托资金直接或间接运用于信托公司的股东及其关联方，但信托资金全部来源于股东或其关联方的除外。

第三十三条　公司治理监管评估结果为E级的银行保险机构，不得开展授信类、资金运用类、以资金为基础的关联交易。经银保监会或其派出机构认可的除外。

第三十四条　银行保险机构违反本办法规定的，银保监会或其派出机构予以责令改正，包括以下措施：

（一）责令禁止与特定关联方开展交易；

（二）要求对特定的交易出具审计报告；

（三）根据银行保险机构关联交易风险状况，要求银行保险机构缩减对单个或全部关联方交易金额的比例要求，直至停止关联交易；

（四）责令更换会计师事务所、专业评估机构、律师事务所等服务机构；

（五）银保监会或其派出机构可依法采取的其他措施。

第三十五条　银行保险机构董事、监事、高级管理人员或其他有关从业人员违反本办法规定的，银保监会或其派出机构可以对相关责任人员采取以下措施：

（一）责令改正；

（二）记入履职记录并进行行业通报；

（三）责令银行保险机构予以问责；

（四）银保监会或其派出机构可依法采取的其他措施。

银行保险机构的关联方违反本办法规定的，银保监会或其派出机构可以采取公开谴责等措施。

第三十六条　持有银行保险机构5%以上股权的股东质押股权数量超过其持有该银行保险机构股权总量50%的，银保监会或其派出机构可以限制其与银行保险机构开展关联交易。

第四章　关联交易的内部管理

第三十七条　银行保险机构应当制定关联交易管理制度。

关联交易管理制度包括关联交易的管理架构和相应职责分工，关联方的识别、报告、信息收集与管理，关联交易的定价、审查、回避、报告、披露、审计和责任追究等内容。

第三十八条　银行保险机构应对其控股子公司与银行保险机构关联方发生的关联交易事项进行管理，明确管理机制，加强风险管控。

第三十九条　银行保险机构董事会应当设立关联交易控制委员会，负责关联交易管理、审查和风险控制。银保监会对设立董事会下设专业委员会另有规定的，从其规定。

董事会对关联交易管理承担最终责任，关联交易控制委员会、涉及业务部门、风险审批及合规审查的部门负责人对关联交易的合规性承担相应责任。

关联交易控制委员会由三名以上董事组成，由独立董事担任负责人。关联交易控制委员会应重点关注关联交易的合规性、公允性和必要性。

银行保险机构应当在管理层面设立跨部门的关联交易管理办公室,成员应当包括合规、业务、风控、财务等相关部门人员,并明确牵头部门、设置专岗,负责关联方识别维护、关联交易管理等日常事务。

第四十条 银行保险机构应当建立关联方信息档案,确定重要分行、分公司标准或名单,明确具有大额授信、资产转移、保险资金运用等核心业务审批或决策权的人员范围。

银行保险机构应当通过关联交易监管相关信息系统及时向银保监会或其派出机构报送关联方、重大关联交易、季度关联交易情况等信息,保证数据的真实性、准确性,不得瞒报、漏报。

银行保险机构应当提高关联方和关联交易管理的信息化和智能化水平,强化大数据管理能力。

第四十一条 银行保险机构董事、监事、高级管理人员及具有大额授信、资产转移、保险资金运用等核心业务审批或决策权的人员,应当自任职之日起15个工作日内,按本办法有关规定向银行保险机构报告其关联方情况。

持有银行保险机构5%以上股权,或持股不足5%但是对银行保险机构经营管理有重大影响的自然人、法人或非法人组织,应当在持股达到5%之日或能够施加重大影响之日起15个工作日内,按本办法有关规定向银行保险机构报告其关联方情况。

前款报告事项如发生变动,应当在变动后的15个工作日内向银行保险机构报告并更新关联方情况。

第四十二条 银行保险机构关联方不得通过隐瞒关联关系等不当手段规避关联交易的内部审查、外部监管以及报告披露义务。

第四十三条 银行保险机构应当主动穿透识别关联交易,动态监测交易资金来源和流向,及时掌握基础资产状况,动态评估对风险暴露和资本占用的影响程度,建立有效的关联交易风险控制机制,及时调整经营行为以符合本办法的有关规定。

第四十四条 关联交易应当订立书面协议,按照商业原则,以不优于对非关联方同类交易的条件进行。必要时关联交易控制委员会可以聘请财务顾问等独立第三方出具报告,作为判断的依据。

第四十五条 银行保险机构应当完善关联交易内控机制,优化关联交易管理流程,关键环节的审查意见以及关联交易控制委员会等会议决议、记录应当清晰可查。

一般关联交易按照公司内部管理制度和授权程序审查,报关联交易控制委员会备案。重大关联交易经由关联交易控制委员会审查后,提交董事会批准。董事会会议所作决议须经非关联董事2/3以上通过。出席董事会会议的非关联董事人数不足三人的,应当提交股东(大)会审议。

第四十六条 银行保险机构关联交易控制委员会、董事会及股东(大)会对关联交易进行表决或决策时,与该关联交易有利害关系的人员应当回避。

如银行保险机构未设立股东(大)会,或者因回避原则而无法召开股东(大)会的,仍由董事会审议且不适用本条第一款关于回避的规定,但关联董事应出具不存在利益输送的声明。

第四十七条 银行保险机构与同一关联方之间长期持续发生的,需要反复签订交易协议的提供服务类、保险业务类及其他经银保监会认可的关联交易,可以签订统一交易协议,协议期限一般不超过三年。

第四十八条 统一交易协议的签订、续签、实质性变更,应按照重大关联交易进行内部审查、报告和信息披露。统一交易协议下发生的关联交易无需逐笔进行审查、报告和披露,但应当在季度报告中说明执行情况。统一交易协议应当明确或预估关联交易金额。

第四十九条 独立董事应当逐笔对重大关联交易的公允性、合规性以及内部审批程序履行情况发表书面意见。独立董事认为有必要的,可以聘请中介机构等独立第三方提供意见,费用由银行保险机构承担。

第五十条 对于未按照规定报告关联方、违规开展关联交易等情形,银行保险机构应当按照内部问责制度对相关人员进行问责,并将问责情况报关联交易控制委员会。

第五十一条 银行保险机构应当每年至少对关联交易进行一次专项审计,并将审计结果报董事会和监事会。

银行保险机构不得聘用关联方控制的会计师事务所、专业评估机构、律师事务所为其提供审计、评估等服务。

第五章 关联交易的报告和披露

第五十二条 银行保险机构及其关联方应当按照本办法有关规定,真实、准确、完整、及时地报告、披露关联交易信息,不得存在任何虚假记载、误导性陈述或重大遗漏。

第五十三条 银行保险机构应当在签订以下交易协议后15个工作日内逐笔向银保监会或其派出机构报告:

(一)重大关联交易;

(二)统一交易协议的签订、续签或实质性变更;

(三)银保监会要求报告的其他交易。

信托公司关联交易逐笔报告另有规定的,从其规定。

第五十四条 银行保险机构应当按照本办法有关规定统计季度全部关联交易金额及比例,并于每季度结束后30日内通过关联交易监管相关信息系统向银保监会或其派出机构报送关联交易有关情况。

第五十五条 银行保险机构董事会应当每年向股东(大)会就关联交易整体情况做出专项报告,并向银保监会或其派出机构报送。

第五十六条 银行保险机构应当在公司网站中披露关联交易信息,在公司年报中披露当年关联交易的总体情况。按照本办法第五十三条规定需逐笔报告的关联交易应当在签订交易协议后15个工作日内逐笔披露,一般关联交易应在每季度结束后30日内按交易类型合并披露。

逐笔披露内容包括:

(一)关联交易概述及交易标的情况。

(二)交易对手情况。包括关联自然人基本情况,关联法人或非法人组织的名称、经济性质或类型、主营业务或经营范围、法定代表人、注册地、注册资本及其变化,与银行保险机构存在的关联关系。

(三)定价政策。

(四)关联交易金额及相应比例。

(五)股东(大)会、董事会决议,关联交易控制委员会的意见或决议情况。

（六）独立董事发表意见情况。

（七）银保监会认为需要披露的其他事项。

合并披露内容应当包括关联交易类型、交易金额及相应监管比例执行情况。

第五十七条　银行保险机构进行的下列关联交易，可以免予按照关联交易的方式进行审议和披露：

（一）与关联自然人单笔交易额在50万元以下或与关联法人单笔交易额在500万元以下的关联交易，且交易后累计未达到重大关联交易标准的；

（二）一方以现金认购另一方公开发行的股票、公司债券或企业债券、可转换债券或其他衍生品种；

（三）活期存款业务；

（四）同一自然人同时担任银行保险机构和其他法人的独立董事且不存在其他构成关联方情形的，该法人与银行保险机构进行的交易；

（五）交易的定价为国家规定的；

（六）银保监会认可的其他情形。

第五十八条　银行保险机构关联交易信息涉及国家秘密、商业秘密或者银保监会认可的其他情形，银行保险机构可以向银保监会申请豁免按照本办法披露或履行相关义务。

第六章　关联交易的监督管理

第五十九条　银行机构、信托公司、其他非银行金融机构的股东或其控股股东、实际控制人，通过向机构施加影响，迫使机构从事下列行为的，银保监会或其派出机构应当责令限期改正；逾期未改正的，可以限制该股东的权利；对情节严重的控股股东，可以责令其转让股权。

（一）违反本办法第二十七条规定进行关联交易的；

（二）未按本办法第四十四条规定的商业原则进行关联交易的；

（三）未按本办法第四十五条规定审查关联交易的；

（四）违反本办法规定为关联方融资行为提供担保的；

（五）接受本公司的股权作为质押提供授信的；

（六）聘用关联方控制的会计师事务所等为其提供服务的；

(七)对关联方授信余额或融资余额等超过本办法规定比例的;

(八)未按照本办法规定披露信息的。

第六十条 银行机构、信托公司、其他非银行金融机构董事、高级管理人员有下列情形之一的,银保监会或其派出机构可以责令其限期改正;逾期未改正或者情节严重的,银保监会或其派出机构可以责令机构调整董事、高级管理人员或者限制其权利。

(一)未按本办法第四十一条规定报告的;

(二)做出虚假或有重大遗漏报告的;

(三)未按本办法第四十六条规定回避的;

(四)独立董事未按本办法第四十九条规定发表书面意见的。

第六十一条 银行机构、信托公司、其他非银行金融机构有下列情形之一的,银保监会或其派出机构可依照法律法规采取相关监管措施或进行处罚:

(一)违反本办法第二十七条规定进行关联交易的;

(二)未按本办法第四十四条规定的商业原则进行关联交易的;

(三)未按本办法第四十五条规定审查关联交易的;

(四)违反本办法规定为关联方融资行为提供担保的;

(五)接受本行的股权作为质押提供授信的;

(六)聘用关联方控制的会计师事务所等为其提供服务的;

(七)对关联方授信余额或融资余额等超过本办法规定比例的;

(八)未按照本办法规定披露信息的;

(九)未按要求执行本办法第五十九条和第六十条规定的监督管理措施的;

(十)其他违反本办法规定的情形。

第六十二条 银行机构、信托公司、其他非银行金融机构未按照本办法规定向银保监会或其派出机构报告重大关联交易或报送关联交易情况报告的,银保监会或其派出机构可依照法律法规采取相关监管措施或进行处罚。

第六十三条 银行机构、信托公司、其他非银行金融机构有本办法第六十一条所列情形之一的,银保监会或其派出机构可以区别不同情形,依据《中华人民共和国银行业监督管理法》等法律法规对董事、高级管理人员和其他直接责任人员采取相应处罚措施。

第六十四条　保险机构及其股东、控股股东，保险机构的董事、监事或高级管理人员违反本办法相关规定的，银保监会或其派出机构可依照法律法规采取相关监管措施或进行处罚。涉嫌犯罪的，依法移送司法机关追究刑事责任。

第七章　附　　则

第六十五条　本办法中下列用语的含义：

本办法所称“以上”含本数，“以下”不含本数。年度为会计年度。

控制，包括直接控制、间接控制，是指有权决定一个企业的财务和经营决策，并能据以从该企业的经营活动中获取利益。

持有，包括直接持有与间接持有。

重大影响，是指对法人或组织的财务和经营政策有参与决策的权力，但不能够控制或者与其他方共同控制这些政策的制定。包括但不限于派驻董事、监事或高级管理人员、通过协议或其他方式影响法人或组织的财务和经营管理决策，以及银保监会或其派出机构认定的其他情形。

共同控制，指按照合同约定对某项经济活动所共有的控制，仅在与该项经济活动相关的重要财务和经营决策需要分享控制权的投资方一致同意时存在。

控股股东，是指持股比例达到50%以上的股东；或持股比例虽不足50%，但依享有的表决权已足以对股东（大）会的决议产生控制性影响的股东。

控股子公司，是指对该子公司的持股比例达到50%以上；或者持股比例虽不足50%，但通过表决权、协议等安排能够对其施加控制性影响。控股子公司包括直接、间接或共同控制的子公司或非法人组织。

实际控制人，是指虽不是公司的股东，但通过投资关系、协议或者其他安排，能够实际支配公司行为的自然人或其他最终控制人。

集团客户，是指存在控制关系的一组企事业法人客户或同业单一客户。

一致行动人，是指通过协议、合作或其他途径，在行使表决权或参与其他经济活动时采取相同意思表示的自然人、法人或非法人组织。

最终受益人,是指实际享有银行保险机构股权收益、金融产品收益的人。

其他关系密切的家庭成员,是指除配偶、父母、成年子女及兄弟姐妹以外的包括配偶的父母、子女的配偶、兄弟姐妹的配偶、配偶的兄弟姐妹以及其他可能产生利益转移的家庭成员。

内部工作人员,是指与银行保险机构签订劳动合同的人员。

关联关系,是指银行保险机构控股股东、实际控制人、董事、监事、高级管理人员等与其直接或者间接控制的企业之间的关系,以及可能导致利益转移的其他关系。

关联董事、关联股东,是指交易的一方,或者在审议关联交易时可能影响该交易公允性的董事、股东。

书面协议的书面形式包括合同书、信件和数据电文(包括电报、电传、传真、电子数据交换和电子邮件)等法律认可的有形的表现所载内容的形式。

本办法所称关联法人或非法人组织不包括国家行政机关、政府部门,中央汇金投资有限责任公司,全国社保基金理事会,梧桐树投资平台有限责任公司,存款保险基金管理有限责任公司,以及经银保监会批准豁免认定的关联方。上述机构派出同一自然人同时担任两家或以上银行保险机构董事或监事,且不存在其他关联关系的,所任职机构之间不构成关联方。

国家控股的企业之间不仅因为同受国家控股而构成关联方。

第六十六条 银保监会批准设立的外国银行分行、其他金融机构参照适用本办法,法律、行政法规及银保监会另有规定的从其规定。

自保公司的自保业务、企业集团财务公司的成员单位业务不适用本办法。

银行保险机构为上市公司的,应同时遵守上市公司有关规定。

第六十七条 本办法由银保监会负责解释。

第六十八条 本办法自2022年3月1日起施行。《商业银行与内部人和股东关联交易管理办法》(中国银行业监督管理委员会令2004年第3号)、《保险公司关联交易管理办法》(银保监发〔2019〕35号)同时废止。本办法施行前,银保监会有关银行保险机构关联交易管理的规定与本办法不一致的,按照本办法执行。

中国银保监会办公厅关于预防银行业保险业从业人员金融违法犯罪的指导意见

（银保监办发〔2020〕18号　2020年2月20日公布施行）

各银保监局,各政策性银行、大型银行、股份制银行,外资银行,金融资产管理公司,各保险集团(控股)公司、保险公司、保险资产管理公司,各会管单位:

为进一步完善银行业保险业从业人员金融违法犯罪预防工作机制,防控银行保险机构案件风险,促进银行业保险业健康发展,提出以下指导意见:

一、基本原则

(一)加强党的领导和党的建设。认真贯彻落实新时代党的建设总要求和全面从严治党战略部署,层层压实党建工作责任,着力强化制度执行,维护法规制度严肃性和权威性,确保党的路线方针政策在银行业保险业不折不扣得到贯彻执行。

(二)坚持健全长效机制与短期重点惩治并重。持续强化风险内控机制建设,有针对性地解决社会反映强烈、犯罪案件频发、对于银行保险机构稳健经营有重要影响的重点领域违法犯罪问题,惩防结合,标本兼治,管住人、看住钱、筑牢制度的防火墙。

(三)坚持内部管控、行业自律与外部监管三管齐下。构建"落实机构主体责任、建立行业协作机制、强化外部监督管理"三位一体的预防犯罪工作体系,形成齐抓共管的治理格局。

(四)坚持金融监管部门与监察机关、公安机关和司法机关联动协调,形成防范打击合力。通过行政执法与刑事司法协调配合,发挥个案警示作用,建立跨区域、跨部门、跨领域的监督惩处机制。

二、预防重点领域金融违法犯罪

(五)严防信贷业务领域违法犯罪行为。银行业金融机构要强化信贷纪律约束,聚焦受理与调查、抵质押物评估与核保、风险评价与审批、合同签订与贷款发放、支付与贷后管理等各个环节,在科学制定和严格执行尽职免责制度基础上,建立健全贷款各操作环节的考核问责机制。防范高级管理人员强令、指使、暗示、授意下属越权、违规违章办理业务等行为。防范从业人员与外部人员共谋利用空壳主体和虚假资料等骗取银行贷款。严禁银行业金融机构和从业人员参与各类票据中介和资金掮客活动。

(六)严防同业业务领域违法犯罪行为。银行业金融机构要严格落实同业账户开户、资金划付、印章及凭证保管等关键环节风险管控,防范外部欺诈。严格遵守同业结算、票据、投融资、理财业务等管理规定,禁止出租、出借同业账户,加强同业专营业务的存续期管理,防范通过伪造合同、印章、产品等手段进行诈骗的违法犯罪行为。

(七)严防资产处置领域违法犯罪行为。银行业金融机构应加强不良资产管理,以尽职追索与合理估值为切入点,规范处置操作,严格处置损失授权管理。着重防范对转让债权作出隐性回购或兜底承诺、发放贷款承接已转让不良资产、协助借款人向他人违规拆借资金归还本机构贷款等行为。不断健全呆账核销管理制度,规范审核程序,做好风险隔离与防范,防止利益输送行为。

(八)严防资产管理业务领域违法犯罪行为。银行业金融机构要加强对营销人员的监督管理,防范超授权违规开展理财业务、修改理财产品说明书、承诺回报、掩饰风险、误导客户等行为。强化非标投资业务风险管控,防范表外风险传导至表内。严防套取银行业金融机构理财资金进行高利转贷的行为。严禁从业人员作为主要成员或实际控制人开展有组织的民间借贷。

(九)严防信用卡业务领域违法犯罪行为。银行业金融机构要加强信用卡业务管理,严格资信审查,杜绝为追求业绩不顾申请人实际还款能力滥发信用卡的行为。防范从业人员与外部机构或个人勾结进行信用卡大额套现、伪造信用卡、非法买卖信用卡客户信息资料等行为。

（十）严防现金管理领域违法犯罪行为。银行业金融机构要加强现金管理，加强现金调拨、出入库、交接、自动柜员机清机加钞、对账、查库等环节和管库、记账、清分、调拨等岗位管理，对库门、尾箱、自助设备等钥匙密码管理和库存限额管理制度执行和内控管理情况加大检查力度，切实落实双人管理、岗位分离、权限控制、监督检查等制度要求。加强款箱交接、流转跟踪管理，结合机构实际，探索利用技术手段提高交接人员身份验证、款箱核实等环节的规范性、安全性和运转效率。

（十一）严防保险业务领域违法犯罪行为。保险机构要防堵承保、查勘理赔、单证印章管理等环节漏洞，重点预防故意虚构保险标的、编造未发生的保险事故、编造虚假事故原因、夸大损失程度、故意造成保险事故等骗取保险金的行为。加强对各级分支机构的管控，严禁从业人员违规销售非保险金融产品，防范违规销售行为向非法集资转化，预防销售假保单、非法销售非保险产品的诈骗行为。加强保险资金运用的穿透式管理，严防通过职务便利，利用股权、不动产、保险资产管理产品、信托计划、私募股权基金、银行存款质押等投资工具或者其他不正当关联交易手段，非法套取、侵占、挪用保险资金，严禁利用保险资金向股东或关联方输送利益。加强客户动态管理，加大客户回访频次，定期发送消费短信等提示。完善财务管理制度，防范资金体外循环。

（十二）严防第三方合作领域违法犯罪行为。银行保险机构应完善第三方合作机构准入与限额管理机制，全面评估业务合作双方权利义务的匹配性。加强账户管理、合作机构穿透管理和合作业务存续期管理。防范违法转委托、放大杠杆、多层嵌套等行为。依法合规开展与互联网企业在支付服务、营销服务、资金支持、资产存管等方面的业务合作。加强内控管理，不得将核心业务外包。对第三方机构的产品、数据、技术、运营能力等做好合规审查和风险评估。严禁违规为网络借贷信息中介机构提供中介、销售和支付结算等服务。

（十三）严防金融市场领域违法犯罪行为。银行保险机构应强化交易报价、交易审批、交易达成、交易结算等关键环节的风险防控。重点检查交易策略执行情况、交易价格偏离度、交易集中度、拆分交易、删改交易和线下环节。落实交易权限和渠道的授权和使用管理，防范交易员的道德风险。

（十四）严防洗钱和恐怖融资相关违法犯罪行为。银行保险机构应当建立健全从业人员行为监测制度，完善相关风险管理体系，识别和评估从业人员洗钱和恐怖融资风险。加强日常管理与监测，将从业人员行为监测纳入反洗钱监测系统。强化高风险领域管控措施，防范从业人员利用专业知识和专业技能从事或协助不法分子从事洗钱等犯罪活动。

（十五）严防信息科技领域违法犯罪行为。银行保险机构要制定内部网络安全管理制度和操作规程，建立监督制约机制，确保制度得到刚性执行。加强数据安全管理，严格控制数据授权范围，实现数据分类、重要数据备份和加密。加强对客户信息收集、维护、使用人员的培训管理。在内部产品和业务流程设计上落实客户信息安全控制和风险提示。明确约定涉及客户资料交接的对外合作保密条款，消除信息泄露隐患。严防从业人员利用职权和管理漏洞，篡改后台数据，盗取资金，以及非法复制数据、贩卖客户信息等行为。

三、强化机构内控和行业自律机制建设

（十六）强化公司治理。坚持加强党的领导和完善公司治理相统一，把党的领导融入公司治理各环节，推进国有控股银行保险机构党建与公司治理有机融合。充分发挥公司治理机制在预防从业人员金融违法犯罪中的作用，抓好“以案为鉴、以案促改”工作。董事会下设的相关委员会应听取预防从业人员金融违法犯罪专题工作报告。加强战略管理，提倡突出核心主业的稳健发展战略。强化高级管理人员案防职责，防止业务模式异化，避免盲目追求多元发展。提高高级管理人员特别是分支机构高级管理人员和基层营业机构关键或重要岗位轮岗要求。完善内部绩效考评和激励约束机制，以适当形式将预防从业人员金融违法犯罪工作成效水平与绩效考评挂钩。

（十七）强化制度流程控制。加强案防重点领域全流程管理，健全内部控制，从制度、流程、系统和机制上对经营管理、风险控制有决策权或重要影响力的各级管理人员进行有效监督和制衡。健全各业务条线预防从业人员金融违法犯罪工作体系和管理制度。对存在管理缺失或缺陷的，应及时预警提示并采取管控措施，消除风险隐患。畅通完善投诉举报渠道，完善举报处置机制，做到有案必查、查实必罚。

（十八）加强案件风险监测和排查。加强从业人员聘用管理，提出必要的职业道德、资质、履职经验、专业素质及其他个人素质标准要求。加强重点领域、机构、岗位和人员风险排查工作。依法合规建立从业人员异常行为排查机制，特别要加强拟离职人员及其经办业务的排查，重点关注关键岗位人员账户交易、资金借贷、证券投资、兴办企业、涉及诉讼和社会关系往来等情况。通过流程分析、日常风险监测等方式开展风险识别，采用多种方法对内控设计和运行的有效性进行评估。不断更新排查工具和方法，通过远程审计、大数据筛查、反洗钱监测系统等手段排查隐蔽性强的风险案件，摸清案件风险底数，强化案防工作主体责任。

（十九）严肃责任追究。对违法违规行为事实清楚、证据充分的，要对案件相关责任人严肃追究责任。发现涉嫌违法犯罪的，应及时移送监察机关、公安机关和司法机关处理，积极配合有关部门查清犯罪事实，不得以纪律处分或者解除劳动合同代替刑事责任追究。严格按照银行保险监督管理机构案件管理和处置相关规定进行内部问责。

（二十）完善教育培训体系。不断完善分层次、分需求、多维度的合规教育培训体系。每年至少开展一次覆盖全体从业人员的警示教育。要向经营管理、风险控制有决策权或重要影响力的各级管理人员定期传达监管要求、解析监管政策、提示风险，增强合规经营和风险防控意识。持续开展各业务条线合规培训，保证培训学时，编写关键岗位培训教材，培育恪守职业道德、严守规章制度的合规文化。各级银行保险行业协会要及时监测汇总分析从业人员金融违法犯罪情况，强化风险提示、警示教育、合规培训和经验交流。银行保险机构和行业协会要通过多种形式开展宣传教育，增强社会公众金融安全和防骗意识。

（二十一）强化行业性约束惩戒。对于涉及金融违法犯罪，被追究刑事责任或受到严重行政处罚的从业人员，各级银行保险行业协会要依法依规加强行业性约束和惩戒。银保监会及其派出机构指导行业协会完善行业内部信用信息采集、共享机制,将相关行为记入会员信用档案。依法依规支持行业协会按照行业标准、行规、行约等,视情节轻重对银行保险机构及其从业人员采取行业性惩戒措施。

四、依法严惩,加强监管和联动协调

(二十二)完善案防管理体系。银保监会及其派出机构指导银行保险机构将预防从业人员金融违法犯罪制度纳入案防工作体系。持续完善案件(风险)报送管理制度,结合业务特点、风险状况、案防形势,及时更新报送要求。督促银行保险机构及时报送案件(风险)信息、重大违法事件,依法对漏报、瞒报、迟报、错报的机构进行处罚。

(二十三)加强检查与评估结果应用。银保监会及其派出机构要将发生重大、恶性案件的机构作为重点监管对象,加强日常监管力度,提高随机抽查比例和频次。通过非现场监管和现场检查加强评估和监督管理,在监管评级中考虑应用评估结果。

(二十四)严格依法惩处和问责。银保监会及其派出机构要严格依据法律法规和监管规定,对违法违规行为负有责任的机构及人员实施行政处罚。违法行为轻微并及时纠正,没有造成危害后果的,不予行政处罚。对自查发现案件,在法律法规规定的范围内,可以酌情对涉案机构和案件责任人员从轻处罚。银保监会及其派出机构要严格执行并不断完善案件问责制度,督促银行保险机构严肃问责。

(二十五)发挥联合惩戒警示作用。银保监会要加强与有关部门协作,积极落实银行业保险业违法失信相关责任主体联合惩戒备忘录,制定完善银行保险从业人员违法失信信息使用、管理、监督等相关实施细则和操作流程,指导落实违法失信行为惩戒措施,达到"惩戒一个,警示一片"的效果。

(二十六)强化联动协调。银保监会及其派出机构要加强与监察机关、公安机关、司法机关和其他金融管理部门沟通协作,建立联席会议、信息共享、案件移送、行政执法与刑事司法衔接等机制,加强交流互训,形成防范打击合力,加大金融领域反腐败力度,积极维护金融秩序和社会稳定。

中国银监会关于提升银行业服务实体经济质效的指导意见

（银监发〔2017〕4号　2017年4月7日公布施行）

各银监局，机关各部门，各政策性银行、大型银行、股份制银行，邮储银行，外资银行，金融资产管理公司，其他会管金融机构，各协会：

根据党中央、国务院有关决策部署，银行业要按照风险可控、商业可持续原则，坚持以供给侧结构性改革为主线，深化改革、积极创新、回归本源、专注主业，进一步提高服务实体经济的能力和水平。现就提升银行业服务实体经济质效提出以下具体指导意见。

一、围绕"三去一降一补"，提升银行业服务实体经济水平

（一）深入实施差异化信贷政策和债权人委员会制度。银行业金融机构要切实提升经营管理的精细化程度，进一步完善区别对待、有保有控的差别化信贷政策，细化分类名单制管理。对于长期亏损、失去清偿能力和市场竞争力的"僵尸企业"，以及包括落后产能在内的所有不符合国家产业政策的产能，坚决压缩退出相关贷款，稳妥有序实现市场出清。对于产能过剩行业中技术设备先进、产品有竞争力、有市场、虽暂遇困难但经过深化改革和加强内部管理仍能恢复市场竞争力的优质骨干企业，继续给予信贷支持。要继续推广债权人委员会制度，进一步完善债权银行信息共享、客户评价、联合授信等机制，确保一致行动，加强与企业、地方政府之间的沟通协作。

（二）多种渠道盘活信贷资源，加快处置不良资产。在深入推进去产能过程中，银行业金融机构要增强主动服务意识，加强与地方政府协作，拓宽企业兼并重组融资渠道，积极运用重组、追偿、核销、转让等多种手段，加快处置不良资产。在依法合规、风险可控的前提下，支持银行业金融机构开展资产证券化、信贷资产流转等业务盘活信贷资源，鼓励金融资产管理公司、地方资产管理公司等积极参与不良资产处置。积极推动和配合有关部门研究完善银行不良贷款处置制度和相关税收政策。

(三)因地因城施策,促进房地产市场长期稳健发展。银行业金融机构要牢牢把握住房的居住属性,分类调控、因城施策,落实差别化住房信贷政策。严禁资金违规流入房地产市场,严厉打击"首付贷"等行为,切实抑制热点城市房地产泡沫。支持居民自住和进城人员购房需求,推动降低库存压力较大的三四线城市房地产库存。持续支持城镇化建设、房屋租赁市场发展和棚户区改造,加大棚改货币化安置力度。

(四)积极稳妥开展市场化债转股。银行业金融机构应按照市场化、法治化原则,与相关市场主体自主协商确定转股对象、转股债权以及转股价格和条件,确保银行债权洁净转让、真实出售,有效实现风险隔离,严防道德风险。支持银行充分利用现有符合条件的实施机构或申请设立符合规定的新机构开展市场化债转股。

(五)进一步提升服务质量,加强服务收费管理。银行业金融机构要牢固树立以客户为中心的理念,努力提升金融服务质量和层次,切实帮助客户防范融资风险、降低资金成本。要严格落实服务价格相关政策法规,大力整治不当收费行为。持续开展减费让利,对于能在利差中补偿的,不再另外收费。对于必须保留的补偿成本性收费,严格控制收费水平。对于巧立名目、变相收费增加借款人负担的,一律取消。对于个性化服务、定制化服务等,按照市场规则规范管理,有效降低企业成本。

(六)持续提升"三农"和小微企业金融服务水平。银行业金融机构要积极支持农业供给侧结构性改革,为新型农业经营主体和农村电商、休闲农业、乡村旅游等新产业新业态提供有效金融服务,稳妥推进农村集体经营性建设用地使用权、农民住房财产权、农村承包土地经营权抵押贷款试点。继续推进农村信用社改革,强化服务"三农"功能。要按照相关监管政策要求,继续细化落实小微企业续贷和授信尽职免责制度。要进一步推广"银税互动""银商合作""双基联动"等服务模式和动产抵(质)押融资等业务。要结合企业生产经营周期性特点,深入开展现金流预测和风险分析,合理确定贷款期限。要进一步完善"四单"等金融扶贫工作机制,落实扶贫小额信贷分片包干责任,继续扩大建档立卡贫困户的扶贫小额信贷覆盖面。支持银行业金融机构向贫困地区延伸机构和服务,提升金融精准扶贫效率。

(七)大力支持国家发展战略,满足重点领域金融需求。银行业金融机构要大力支持京津冀协同发展、长江经济带发展。在风险可控前提下,遵循国际通行规则,为"一带一路"建设提供长期、稳定、可持续的金融服务。根据西部开发、东北振兴、中部崛起、东部率先的区域发展总体战略,精准支持对宏观经济和区域经济具有重要带动作用的重点项目和工程。在能源、交通、电信、水利等重大基础设施领域和城市轨道交通、地下管廊、供水供电等城市建设领域,要继续发挥重要支持作用。要积极总结推广自贸试验区金融改革实践经验。

(八)积极推动产业转型升级和支持振兴实体经济。银行业金融机构应围绕《中国制造 2025》重点任务提高金融服务水平,支持关键共性技术研发和科技成果转化应用,切实加强对企业技术改造中长期贷款支持,积极运用信贷、租赁等多种手段,支持高端装备领域突破发展和扩大应用。要加强与外贸企业、信用保险机构、融资担保机构和地方政府的合作,扩大保单融资和出口退税账户质押贷款,提升外贸综合金融服务质效。在风险可控前提下,对国际产能合作和外贸企业收购境外品牌、建设营销体系等加大信贷支持。鼓励银行业金融机构向企业提供以品牌为基础的商标权、专利权质押贷款,大力支持我国自主品牌发展。

(九)深入推进消费金融和支持社会领域企业发展。银行业金融机构要进一步拓展消费金融业务,积极满足居民在大宗耐用消费品、新型消费品以及教育、旅游等服务领域的合理融资需求。要积极创新有利于医疗、养老、教育、文化、体育等社会领域企业发展的金融产品,探索股权、收益权、应收账款以及其他合规财产权利质押融资,促进激发社会领域投资活力。

(十)加快发展绿色金融助力生态环境保护和建设。银行业自律组织要加快建立绿色银行评价体系。鼓励银行业金融机构通过发行绿色金融债、开展绿色信贷资产转让等方式多渠道筹集资金,加大绿色信贷投放,重点支持低碳、循环、生态领域融资需求。银行业金融机构要坚决退出安全生产不达标、环保排放不达标、严重污染环境且整改无望的落后企业。

二、推进体制机制改革创新,提高银行业服务实体经济内生动力

(十一)继续完善和加强公司治理。银行业金融机构要充分认识有效支持实体经济对银行业长期稳健发展的重要意义,自觉按照回归本源、专注主业、下沉重心的原则,确立科学的发展理念和战略方向,加强决策、执行、监督、评价等治理机制建设。加快完善全面风险管理体系,培育良好的风险文化。要围绕服务实体经济本源,切实改进激励约束机制,纠正过于追求短期股东回报和收益、忽视客户服务和长期稳健发展的绩效考评体系。

(十二)持续深化普惠金融机制改革。银行业金融机构应深入落实普惠金融发展规划,完善配套管理流程和考核机制,立足机会平等和商业可持续原则,进一步提高金融服务的覆盖率、可得性和满意度。鼓励银行业金融机构根据自身情况,探索采用事业部、专营机构、子公司等形式,形成多层次的普惠金融服务专业化组织体系。鼓励大中型商业银行设立普惠金融事业部,国有大型银行要率先做到,实行差别化考核评价办法和支持政策,有效缓解中小微企业融资难、融资贵问题。国有大型银行、股份制银行、城市商业银行要在有效防控风险前提下,合理赋予县域分支机构业务审批权限,提高县域信贷业务办理效率。

(十三)积极稳妥创新服务模式和技术流程。稳妥有序推进投贷联动试点,试点银行要加快完善投贷联动业务内部管理制度和流程,积极支持科创企业发展。银行业金融机构应积极运用互联网、大数据、云计算等信息科技手段,缓解银企信息不对称,提高风险识别和定价能力,加强线上线下联动,丰富产品和服务渠道,优化内部流程,提高管理效率。银行业金融机构依法合规开展理财、信托等多元化业务,应引导资金直接投向基础设施、农业、制造业和服务业等实体经济领域。

(十四)进一步发挥开发性政策性金融作用。国家开发银行和政策性银行应坚守自身职能定位,突出开发性和政策性主业,发挥各自优势,以服务国家战略、审慎合规经营、有效管控风险和保本微利为原则,淡化规模类、增长类、盈利类考核指标。国家开发银行和中国农业发展银行应在风险可控的前提下,进一步提高专项建设基金的投资使用效率。鼓励国家开发银行、政策性银行探索与地方法人银行合作开展小微企业金融服务。

（十五）有序推动民间资本进入银行业。有序推进民营银行设立工作，落实民营银行监管指导意见。继续支持符合条件的民间资本发起设立消费金融公司、金融租赁公司、企业集团财务公司、汽车金融公司和参与发起设立村镇银行。推动完善银行业金融机构股东管理制度，加强控股股东行为约束和关联交易监管，严禁控股股东不当干预银行业金融机构正常经营管理。

三、强化重点领域监管约束，督促银行业回归服务实体经济本源

（十六）确保业务规范性和透明度。银行业金融机构要加强合规管理，严格遵守信贷、同业、理财、票据、信托等业务监管规定，提高产品和服务透明度。开展跨业、跨市场金融业务，要按照减少嵌套、缩短链条的原则，穿透监测资金流向，全面掌握底层基础资产信息，真实投向符合国家政策的实体经济领域。要按照实质重于形式的原则，加强风险管理，防止监管套利。充分发挥银行业理财登记托管中心、银行业信贷资产登记流转中心、中国信托登记公司等机构的作用，确保相关业务规范透明、风险可控。

（十七）加强创新业务制度建设和风险管理。银行业金融机构要持续提升对实体经济客户需求的研判能力，有针对性地开展业务创新。要系统研究各类创新业务的法律特征和风险实质，按照内控优先、信息透明的原则，将各类创新业务纳入全面风险管理体系，及时健全相关制度和管理流程，并合理控制业务增速、集中度和复杂程度，确保业务发展状况与风险管理能力相匹配。

（十八）杜绝违法违规行为和市场乱象。银行业金融机构要进一步强化股权管理并提高透明度，杜绝违法违规代持银行股份、违规开展关联交易、利益输送等现象，抑制产融无序结合。要按照统筹考虑、审慎把握的原则开展综合化经营试点。要切实自查自纠参与方过多、结构复杂、链条过长、导致资金脱实向虚的交易业务，确保金融资源流向实体经济。

四、推动优化外部环境，完善银行业服务实体经济的基础设施

（十九）加强信用信息归集共享与守信联合激励。各级监管机构要积极推动和配合有关部门建设信用信息共享平台，提高信用信息归集、共享、公开和使用效率,健全守信联合激励机制,在行政管理、公共服务、市场交易和投融资等领域对守信企业实施优惠便利措施。

(二十)完善多方合作的增信和风险分担机制。各级监管机构、银行业金融机构要进一步推广政银保、政银担等多方合作模式,推动有关部门建立健全补偿、代偿、贴保、贴息等相结合的多层次风险分担机制。推动设立国家融资担保基金和地方政府风险补偿基金,完善财政支持的农业信贷担保体系。

(二十一)加大逃废债打击力度。各级监管机构、银行业自律组织、银行业金融机构要继续加强与地方政府、司法机关的信息共享和工作联动,积极推动落实跨部门失信联合惩戒机制,开辟金融案件快立、快审、快判、快执通道,扩大简易程序适用范围,深入开展依法保护银行债权、打击逃废银行债务活动。

五、加强组织领导和评估交流,确保政策落地实施

(二十二)加强组织领导。银行业金融机构要积极履行提升服务实体经济质效的主体责任,董事会、高管层应将有效服务实体经济纳入公司战略,并与经营目标深度融合。各总行(公司)要强化统筹安排,完善相关机制,确定牵头部门,对照本意见和相关政策,制定实施细则,分解服务实体经济的各项工作任务,与日常经营管理流程有机结合,落实责任,确保各项服务实体经济工作有效开展。

(二十三)强化考核评估。银行业金融机构要将服务实体经济工作纳入综合绩效考核体系,建立评估、检查、审计机制,制定可操作、能问责的工作方案和具体措施,对服务实体经济的成效、不足等进行定期评估考核,提出整改方向,并将结果每半年一次向相关监管机构报告。各级监管机构要将所监管的银行业金融机构服务实体经济工作情况纳入监管评价。

(二十四)促进沟通交流。银行业金融机构要围绕提升服务实体经济质效,加大宣传力度,在服务和产品创新、授信管理、风险防控、机制改革等方面加强沟通。各级监管机构和银行业自律组织要及时解读相关政策要求,积极搭建行业交流平台,建立信息联动发布机制,为银行业服务实体经济营造良好舆论氛围。

中国银监会关于银行业风险防控工作的指导意见

（银监发〔2017〕6号　2017年4月7日公布施行）

各银监局，机关各部门，各政策性银行、大型银行、股份制银行，邮储银行，外资银行，金融资产管理公司，其他会管金融机构：

为贯彻落实中央经济工作会议“把防控金融风险放到更加重要的位置”总体要求，银行业应坚持底线思维、分类施策、稳妥推进、标本兼治，切实防范化解突出风险，严守不发生系统性风险底线。现就银行业风险防控工作提出以下指导意见。

一、加强信用风险管控，维护资产质量总体稳定

（一）摸清风险底数。银行业金融机构要严格落实信贷及类信贷资产的分类标准和操作流程，真实、准确和动态地反映资产风险状况；建立健全信用风险预警体系，密切监测分析重点领域信用风险的生成和迁徙变化情况，定期开展信用风险压力测试。各级监管机构要重点关注逾期90天以上贷款与不良贷款比例超过100%、关注类贷款占比较高或增长较快、类信贷及表外资产增长过快的银行业金融机构，重点治理资产风险分类不准确、通过各种手段隐匿或转移不良贷款的行为。

（二）严控增量风险。银行业金融机构要加强统一授信、统一管理，严格不同层级的审批权限；加强授信风险审查，有效甄别高风险客户，防范多头授信、过度授信、给“僵尸企业”授信、给“空壳企业”授信、财务欺诈等风险。各级监管机构要重点治理放松授信条件、放松风险管理、贷款“三查”不到位等问题，对辖内银行业金融机构新发生的大额不良贷款暴露，要及时进行跟踪调查。

（三）处置存量风险。银行业金融机构要综合运用重组、转让、追偿、核销等手段加快处置存量不良资产，通过追加担保、债务重组、资产置换等措施缓释潜在风险;通过解包还原、置换担保、救助核心企业、联合授信管理等方式,妥善化解担保圈风险;利用债权人委员会机制,按照"一企一策"原则制定风险处置计划;加强债权维护,切实遏制逃废债行为。

(四)提升风险缓释能力。银行业金融机构要加强资产质量迁徙趋势分析,增加利润留存,及时足额计提资产减值准备,增强风险缓释能力。各级监管机构要对银行业金融机构采取风险缓释措施有效性进行跟踪评估,对风险抵补能力不足的机构,应督促其限期整改;要引导银行业金融机构通过上市融资、增资扩股、发行新型资本工具等措施,提高损失吸收能力。

二、完善流动性风险治理体系,提升流动性风险管控能力

(五)加强风险监测。银行业金融机构要完善流动性风险治理架构,将同业业务、投资业务、托管业务、理财业务等纳入流动性风险监测范围,制定合理的流动性限额和管理方案;提高对重点分支机构、币种和业务领域的关注强度,采取有效措施降低对同业存单等同业融资的依赖度。

(六)加强重点机构管控。各级监管机构要锁定资金来源与运用明显错配、批发性融资占比高的银行业金融机构,实行"一对一"贴身盯防。督促同业存单增速较快、同业存单占同业负债比例较高的银行,合理控制同业存单等同业融资规模。

(七)创新风险防控手段。探索试点城商行、农商行流动性互助机制,发挥好信托业保障基金作用,构筑中小银行业金融机构流动性安全网。

(八)提升应急管理能力。银行业金融机构要加强负债稳定性管理,确保负债总量适度、来源稳定、结构多元、期限匹配;完善流动性风险应对预案,定期开展流动性风险压力测试;加强向央行的报告沟通,运用"临时流动性便利"等工具,满足流动性需求。

三、加强债券投资业务管理,密切关注债券市场波动

(九)健全债券交易内控制度。银行业金融机构要建立贯穿债券交易各环节、覆盖全流程的内控体系,加强债券交易的合规性审查和风险控制。坚持"穿透管理"和"实质重于形式"的原则,将债券投资纳入统一授信。

（十）强化业务集中管理。银行业金融机构应将直接债券投资以及通过特殊目的载体（SPV）、表外理财等方式开展的债券投资纳入统一监测范围，全面掌握资金真实投向和底层债券资产的基本信息、风险状况、交易变动等情况，实现准入集中、数据集中和退出集中管理。

（十一）严格控制投资杠杆。银行业金融机构要审慎开展委外投资业务，严格委外机构审查和名单管理，明确委外投资限额、单一受托人受托资产比例等要求，规范开展债券回购和质押融资，严格控制交易杠杆比率，不得违规放大投资杠杆。

（十二）加强风险监测防控。银行业金融机构要严格债券信用评级准入标准，做好债券投资久期管理。高度关注债券集中到期的企业、出现债券违约的企业，防控债券违约风险向信贷业务传导。各级监管机构要督促风险管理能力薄弱、债券投资占比高的银行合理控制持债余额。

四、整治同业业务，加强交叉金融业务管控

（十三）控制业务增量。银行业金融机构要完善同业业务内部管理架构，确保业务复杂程度与风险管理能力相匹配，审慎开展交叉金融业务。同业业务应由银行业金融机构总部统一管理、集中审批。制定统一的合作机构名单、产品投资目录，严禁与不在名单范围内的机构开展合作，严禁开展投资目录之外的业务。

（十四）做实穿透管理。银行业金融机构要建立交叉金融业务监测台账，准确掌握业务规模、业务品种、基础资产性质、风险状况、资本和拨备等相关信息。新开展的同业投资业务不得进行多层嵌套，要根据基础资产性质，准确计量风险，足额计提资本和拨备。

（十五）消化存量风险。银行业金融机构应全面排查存量同业业务，对多层架构、复杂程度高的业务要制定整改计划。对风险高的同业投资业务，要制定应对策略和退出时间表。

（十六）严查违规行为。各级监管机构要重点检查同业业务多层嵌套、特定目的载体投资未严格穿透至基础资产、未将最终债务人纳入统一授信和集中度风险管控、资本拨备计提不足等问题。

五、规范银行理财和代销业务,加强金融消费者保护

(十七)加强银行理财业务风险管控。银行业金融机构应当确保每只理财产品与所投资资产相对应,做到单独管理、单独建账、单独核算;不得开展滚动发售、混合运作、期限错配、分离定价的资金池理财业务;确保自营业务与代客业务相分离;不得在理财产品之间、理财产品客户之间或理财产品客户与其他主体之间进行利益输送。

(十八)规范银行理财产品设计。银行业金融机构应当按照"简单、透明、可控"的原则设计和运作理财产品,在资金来源、运用、杠杆率、流动性、信息披露等方面严格遵守监管要求;严控嵌套投资,强化穿透管理,切实履行自身投资管理职责,不得简单将理财业务作为各类资管产品的资金募集通道;严格控制杠杆,防范资金在金融体系内自我循环,不得使用自有资金购买本行发行的理财产品。

(十九)加强金融消费者保护。银行业金融机构应当按照风险匹配原则,严格区分公募与私募、批发与零售、自营与代客等不同产品类型,充分披露产品信息和揭示风险,将投资者分层管理落到实处。只有面向高资产净值、私人银行和机构客户发行的银行理财产品,可投资于境内二级市场股票、未上市企业股权等权益类资产。理财产品宣传及销售人员产品营销推介时,应真实、全面介绍产品的性质和特征,明确告知是本机构产品还是其他机构产品、是保本产品还是非保本产品、是有固定收益的产品还是没有固定收益的产品。不得误导客户购买与其风险承受能力不相匹配的理财产品,严格落实"双录"要求,做到"卖者尽责"基础上的"买者自负",切实保护投资者合法权益。

(二十)审慎开展代销业务。银行业金融机构应当对代销业务实施严格谨慎管理。根据自身风险管理能力、合作机构风险评估情况、代销产品风险等级,合理确定代销业务品种和限额;银行业金融机构总部应对代销业务实行集中统一管理,对合作机构实行名单制管理,对拟代销产品应开展尽职调查,不得仅依据合作机构的产品审批资料作为产品审批依据;银行业金融机构应明示代销产品的代销属性,不得将代销产品与存款或自身发行的理财产品混淆销售。

六、坚持分类调控、因城施策,防范房地产领域风险

(二十一)分类实施房地产信贷调控。认真落实中央经济工作会议精神，明确住房居住属性。坚持分类调控、因城施策，严厉打击"首付贷"等行为，切实抑制热点城市房地产泡沫，建立促进房地产健康发展的长效机制。

（二十二）强化房地产风险管控。银行业金融机构要建立全口径房地产风险监测机制。将房地产企业贷款、个人按揭贷款、以房地产为抵押的贷款、房地产企业债券，以及其他形式的房地产融资纳入监测范围，定期开展房地产压力测试。加强房地产业务合规性管理，严禁资金违规流入房地产领域。各级监管机构要重点关注房地产融资占比高、贷款质量波动大的银行业金融机构，以及房地产信托业务增量较大、占比较高的信托公司。

（二十三）加强房地产押品管理。银行业金融机构要完善押品准入管理机制，建立健全房地产押品动态监测机制，及时发布内部预警信息，采取有效应对措施。

七、加强地方政府债务风险管控，切实防范地方政府债务风险

（二十四）严格落实《预算法》。银行业金融机构要认真落实《预算法》和《国务院关于加强地方政府性债务管理的意见》（国发〔2014〕43号）要求，不得违规新增地方政府融资平台贷款，严禁接受地方政府担保兜底。

（二十五）规范新型业务模式。银行业金融机构要依法合规开展专项建设基金、政府与社会资本合作、政府购买服务等新型业务模式，明确各方权利义务关系，不得通过各种方式异化形成违规政府性债务。

（二十六）强化融资平台风险管控。各级监管机构要会同有关部门强化地方政府债务全口径监测，指导银行业金融机构配合推进融资平台转型，明晰债权债务关系，防范债权悬空风险。银行业金融机构要紧盯列入预警范围的潜在高风险地区，推动制定中长期债务风险化解规划，有效应对局部风险。

八、稳妥推进互联网金融风险治理，促进合规稳健发展

（二十七）持续推进网络借贷平台（P2P）风险专项整治。严格执行《网络借贷信息中介机构业务活动管理暂行办法》和备案登记、资金存管等配套制度，按照专项整治工作实施方案要求，稳妥推进分类处置工作,督促网络借贷信息中介机构加强整改,适时采取关、停、并、转等措施。

(二十八)重点做好校园网贷的清理整顿工作。网络借贷信息中介机构不得将不具备还款能力的借款人纳入营销范围,禁止向未满18岁的在校大学生提供网贷服务,不得进行虚假欺诈宣传和销售,不得通过各种方式变相发放高利贷。

(二十九)做好"现金贷"业务活动的清理整顿工作。网络借贷信息中介机构应依法合规开展业务,确保出借人资金来源合法,禁止欺诈、虚假宣传。严格执行最高人民法院关于民间借贷利率的有关规定,不得违法高利放贷及暴力催收。

九、加强外部冲击风险监测,防止民间金融风险向银行业传递

(三十)防范跨境业务风险。银行业金融机构要严格遵守外汇管理相关政策,加强跨境资金流动监测预警。提高跨境并表风险管理能力,加快健全环境与社会风险管理体系,确保国别风险准备金计提充足。加强境外合规管理,及时排查反洗钱和重点领域合规风险。提高银行及其客户科学分析外汇收支、币种结构、汇率波动走势和规律的能力,避免简单跟风变动可能带来的风险和损失。

(三十一)防范社会金融风险。各级监管机构应配合地方金融监管部门规范融资担保和小贷公司行业。落实国务院清理整顿各类交易场所要求,督促银行业金融机构开展专项排查,不得为违规交易所提供开户、托管、资金划转、代理买卖、支付清算、投资咨询等服务。

(三十二)严处非法集资风险。各级监管机构要加大对未经批准设立银行业金融机构的查处力度,严肃查处非法使用"银行"名称、违法吸收公众存款、违法发放贷款的行为。银行业金融机构严禁为非法集资提供任何金融服务,严禁内部员工违规参与各类集资活动,积极协助相关部门加强账户、信息监测,及时发现和报告异常交易,劝阻客户受骗参与非法集资。

十、维护银行业经营稳定,防止出现重大案件和群体事件

(三十三)加强案件风险防控。银行业金融机构要加强员工管理,有效防范内外勾结、利益输送等案件;加强重点环节管理,对授权卡、业务印章、空白凭证等物品管理全流程控制有效性进行评估;落实票据业务相关规定，规范业务操作，严禁与非法票据中介等机构开展业务合作；加大案件查处问责力度，切实做到发现一起、处理一起，做到“一案三问”“上追两级”，遏制案件多发频发态势；强化安全管理，加强安全防范设施建设，及时消除各类安全隐患。

（三十四）加强信息科技风险防控。银行业金融机构要全面强化网络信息安全管理，提高身份认证机制安全性；加大对新兴电子渠道风险的管理力度，完善灾备体系，制定完善应对预案；完善外包管理体系，降低外包风险，不得将信息科技管理责任外包。对发生严重信息科技风险事件的银行业金融机构，各级监管机构要及时采取必要的强制性监管措施。

（三十五）加强预期管理。银行业金融机构要主动发声，强化主动服务意识和沟通意识，提高信息披露频率和透明度。正确引导各方预期，提升各界对银行业的信心。积极研判社会舆情走势，重点关注可能导致声誉风险的各类隐患，提前准备应对预案，提升应对能力。

各级监管机构、各银行业金融机构要稳妥有序开展风险防控工作，把握好节奏平衡，防止在化解风险过程中产生新的风险。各银行业金融机构要履行风险防控主体责任，实行“一把手”负责制，制定可行性、针对性强的实施方案，细化责任分工，层层压实责任，把责任落实到具体的机构、部门和人员，对于重大违规和案件风险，要一查到底，对相关机构、违规人员和领导人员严格问责。各级监管机构要做到守土有责，及时开展工作督查，对自查整改不到位、存在违法违规问题的机构，要严肃问责。

各法人银行业金融机构应分别于 2017 年 7 月 20 日和 2018 年 1 月 20 日前，向监管机构报告本机构上半年和全年相关工作进展。各银监局应分别于 2017 年 7 月 31 日和 2018 年 1 月 31 日前，向银监会报告上半年和全年辖内银行业风险防控及督查工作情况。

中国银监会、发展改革委、工业和信息化部关于钢铁煤炭行业化解过剩产能金融债权债务问题的若干意见

(银监发〔2016〕51号　2016年12月1日公布施行)

各银监局,各省(区、市)发展改革部门、工业和信息化部门,各政策性银行、大型银行、股份制银行,邮储银行,外资银行,金融资产管理公司,其他会管金融机构:

为贯彻《国务院关于钢铁行业化解过剩产能实现脱困发展的意见》(国发〔2016〕6号)、《国务院关于煤炭行业化解过剩产能实现脱困发展的意见》(国发〔2016〕7号)精神,妥善处置化解过剩产能过程中的有关金融债权债务,根据《中华人民共和国银行业监督管理法》、《中华人民共和国商业银行法》等法律法规,现就钢铁煤炭行业化解过剩产能涉及金融债权债务问题提出以下意见:

一、支持钢铁煤炭企业合理资金需求。银行业金融机构要提高对钢铁煤炭行业在国民经济中支柱性、战略性地位的认识,认真贯彻落实区别对待、有扶有控的信贷政策。对技术设备先进、产品有竞争力、有市场的钢铁煤炭企业,银行业金融机构应当按照风险可控、商业可持续原则,继续给予信贷支持,不得抽贷、压贷、断贷。

二、加大对兼并重组钢铁煤炭企业的金融支持力度。鼓励符合条件的钢铁煤炭企业开展并购重组。支持银行业金融机构按照依法合规、自主决策、风险可控、商业可持续原则,对能产生整合效应的钢铁煤炭兼并重组项目采取银团贷款等方式,积极稳妥开展并购贷款业务。对符合并购贷款条件的兼并重组企业,并购交易价款中并购贷款所占比例上限可提高至70%。

三、鼓励银行业金融机构对主动去产能的钢铁煤炭困难企业进行贷款重组。对符合国家产业政策、主动去产能、具有持续经营能力、还

款能力与还款意愿强、贷款到期后仍有融资需求、但暂时存在资金困难的钢铁煤炭企业，银行业金融机构在风险可控、商业可持续原则前提下，可以进行贷款重组，调整贷款结构，合理确定贷款期限，按照国家有关规定减免利息。

四、严控违规新增钢铁煤炭产能的信贷投放。对违规新增钢铁煤炭产能项目，银行业金融机构一律不得提供信贷支持；对违规新增产能的企业，停止贷款。

五、坚决停止对落后产能和“僵尸企业”的金融支持。对不符合国家产业政策规定的落后产能企业，或环保、能耗、质量、安全生产、技术等不达标且整改无望的企业，或已停产半停产、连年亏损、资不抵债、失去清偿能力的“僵尸企业”，以及有恶意逃废债行为的企业，银行业金融机构要坚决压缩、退出相关贷款。

六、推动组建债权人委员会，对困难钢铁煤炭企业实施债务重组。对符合国家产业政策，主动去产能、调结构、转型发展，产品或服务有市场，发展有前景的钢铁煤炭企业，银行业金融机构应当组建债权人委员会，按照市场化、法治化原则，通过调整贷款期限、利率、还款方式等措施，实施金融债务重组。银行业金融机构组建债权人委员会，应当按照银监会关于做好银行业金融机构债权人委员会有关工作的通知精神，开展自主重组、协议重组和协议并司法重组，支持暂时困难的钢铁煤炭企业发展。债券投资人可以加入债权人委员会，共同解决企业债务问题。切实做到稳定预期、稳定信贷、稳定支持，帮助企业渡过难关。

协调地方人民政府及相关部门采取有力措施，支持债权人委员会相关工作，共同解决企业债务重组等重大问题。

七、支持金融资产管理公司、地方资产管理公司等多类型实施机构对钢铁煤炭企业开展市场化债转股。对资产负债率较高、在国民经济中占重要地位、具备发展潜力的钢铁煤炭骨干企业，支持金融资产管理公司、地方资产管理公司、银行现有符合条件的所属机构或设立的符合规定的新机构等多种类型实施机构按照国家法律法规和国家有关规定，按照市场化、法治化的原则，开展债转股工作，依法行使股东权利，改进公司治理结构。

八、支持产业基金和股权投资基金投资钢铁煤炭骨干企业。引导社会资本参与钢铁煤炭企业的脱困发展,支持产业基金和股权投资基金特别是地方政府成立的产业基金和股权投资基金,投资入股产品有市场、发展有前景、但资产负债率较高的钢铁煤炭骨干企业,依法行使股东权利。

九、妥善处置钢铁煤炭企业集团的担保问题。对钢铁煤炭企业集团主动去产能、依法关闭破产子公司,履行担保责任确有困难的,由钢铁煤炭企业集团与银行业金融机构按照市场化、法治化、互惠互利的原则进行协商处理,妥善处置担保问题。

十、妥善处置涉及钢铁煤炭企业的不良资产。要按照市场化、法治化、互惠互利的原则,充分发挥金融资产管理公司和地方资产管理公司批量处置不良资产和综合性金融服务功能的积极作用。银行业金融机构要加大涉及钢铁煤炭企业不良资产的转让力度,鼓励银行业金融机构与资产管理公司创新合作处置模式,发挥好双方优势,通过合作处置,提升价值,实现银行业金融机构、资产管理公司与钢铁煤炭企业的共赢,维护经济金融秩序。

十一、依法维护涉及破产清算钢铁煤炭企业的金融债权。对严重资不抵债、不能清偿到期债务的"僵尸企业",或不达标产能、落后产能、整体退出产能的企业,要依照《中华人民共和国企业破产法》等法律法规,建立债权人委员会,通过债务和解、破产重整、破产清算等方式,妥善处理企业债务,积极维护金融债权安全。

十二、依法打击逃废金融债务行为。钢铁煤炭去产能过程中,一些地区和企业借转型、转产之机悬空金融债务,或通过转移、出售企业有效资产逃废金融债务,或不尊重金融债权人的合法权益,组织破产逃废金融债务。各级银行业监督管理机构要组织银行业协会、银行业金融机构加强金融债权管理,及时制止逃废金融债务行为,并向地方政府报告;对于拒不纠正的企业,组织实施停止贷款、停止结算等制裁措施,纳入全国信用信息共享平台,通过失信惩戒机制实施联合惩戒,切实遏制逃废金融债务行为。

十三、加强主管部门、行业协会和企业与银行业金融机构的信息沟通。银行业金融机构在落实政策过程中,应加强与发展改革部门、工业和信息化部门等主管部门、行业协会和钢铁煤炭企业的沟通与交流，解决银政、银企信息不对称问题。各银监局应加强对银行业金融机构的指导和监督。

各级发展改革部门、工业和信息化部门等应及时公布行业发展情况、产业规划调整方案、“僵尸企业”、涉及淘汰落后和过剩产能企业和项目名单，帮助银行业金融机构落实好“有保有控”的差别化信贷政策。

各银监局、各省（区、市）发展改革部门、工业和信息化部门以及银行业金融机构在贯彻落实本意见过程中遇有问题应及时报告。银监会、发展改革委、工业和信息化部将适时组织对本意见执行情况的检查监督。

财政部、国家税务总局关于落实降低企业杠杆率税收支持政策的通知

（财税〔2016〕125 号　2016 年 11 月 22 日公布施行）

各省、自治区、直辖市、计划单列市财政厅（局）、国家税务局、地方税务局，新疆生产建设兵团财务局：

按照党中央、国务院决策部署，根据《国务院关于积极稳妥降低企业杠杆率的意见》（国发〔2016〕54 号，以下简称《意见》）有关精神，现就落实降低企业杠杆率税收政策工作通知如下：

一、充分认识贯彻落实降杠杆税收支持政策的重要意义

近年来，我国企业杠杆率高企，债务规模增长过快，企业债务负担不断加重。党中央、国务院从战略高度对降低企业杠杆率工作作出决策部署，把去杠杆列为供给侧结构性改革“三去一降一补”的五大任务之一。《意见》将“落实和完善降杠杆财税支持政策”作为重要任务。各级财税部门要充分认识积极稳妥降低企业杠杆率的重要性，坚决贯彻执行中央决策部署，严格按照《意见》要求认真落实好有关税收政

策,充分发挥税收职能作用,切实减轻企业负担、降低企业成本,为企业降杠杆创造良好的外部环境。

二、落实好降杠杆相关税收支持政策

(一)企业符合税法规定条件的股权(资产)收购、合并、债务重组等重组行为,可按税法规定享受企业所得税递延纳税优惠政策。

(二)企业以非货币性资产投资,可按规定享受5年内分期缴纳企业所得税政策。

(三)企业破产、注销,清算企业所得税时,可按规定在税前扣除有关清算费用及职工工资、社会保险费用、法定补偿金。

(四)企业符合税法规定条件的债权损失可按规定在计算企业所得税应纳税所得额时扣除。

(五)金融企业按照规定提取的贷款损失准备金,符合税法规定的,可以在企业所得税税前扣除。

(六)在企业重组过程中,企业通过合并、分立、出售、置换等方式,将全部或者部分实物资产以及与其相关联的债权、负债和劳动力,一并转让给其他单位和个人,其中涉及的货物、不动产、土地使用权转让行为,符合规定的,不征收增值税。

(七)企业重组改制涉及的土地增值税、契税、印花税,符合规定的,可享受相关优惠政策。

(八)符合信贷资产证券化政策条件的纳税人,可享受相关优惠政策。

三、工作要求

降杠杆相关税收政策涵盖交易多个环节,涉及面广,政策内容多。各级财税部门要高度重视,进一步加强学习培训,熟悉、掌握政策内容;要加强对纳税人的宣传辅导,跟踪税收政策执行情况和实施效应,加强调研反馈,及时了解执行中遇到的问题,研究提出调整和完善税收政策的建议。

特此通知。

中国银监会关于印发银行业金融机构全面风险管理指引的通知

(银监发〔2016〕44号 2016年9月27日公布
自2016年11月1日起施行)

各银监局,各政策性银行、大型银行、股份制银行,邮储银行,外资银行,金融资产管理公司,其他会管金融机构:

现将《银行业金融机构全面风险管理指引》印发给你们,请遵照执行。

银行业金融机构全面风险管理指引

第一章 总 则

第一条 为提高银行业金融机构全面风险管理水平,促进银行业体系安全稳健运行,根据《中华人民共和国银行业监督管理法》、《中华人民共和国商业银行法》等法律法规,制定本指引。

第二条 本指引适用于在中华人民共和国境内依法设立的银行业金融机构。

本指引所称银行业金融机构,是指在中华人民共和国境内设立的商业银行、农村信用合作社等吸收公众存款的金融机构、政策性银行以及国家开发银行。

第三条 银行业金融机构应当建立全面风险管理体系,采取定性和定量相结合的方法,识别、计量、评估、监测、报告、控制或缓释所承担的各类风险。

各类风险包括信用风险、市场风险、流动性风险、操作风险、国别风险、银行账户利率风险、声誉风险、战略风险、信息科技风险以及其他风险。

银行业金融机构的全面风险管理体系应当考虑风险之间的关联性，审慎评估各类风险之间的相互影响，防范跨境、跨业风险。

第四条　银行业金融机构全面风险管理应当遵循以下基本原则：

（一）匹配性原则。全面风险管理体系应当与风险状况和系统重要性等相适应，并根据环境变化进行调整。

（二）全覆盖原则。全面风险管理应当覆盖各个业务条线，包括本外币、表内外、境内外业务；覆盖所有分支机构、附属机构，部门、岗位和人员；覆盖所有风险种类和不同风险之间的相互影响；贯穿决策、执行和监督全部管理环节。

（三）独立性原则。银行业金融机构应当建立独立的全面风险管理组织架构，赋予风险管理条线足够的授权、人力资源及其他资源配置，建立科学合理的报告渠道，与业务条线之间形成相互制衡的运行机制。

（四）有效性原则。银行业金融机构应当将全面风险管理的结果应用于经营管理，根据风险状况、市场和宏观经济情况评估资本和流动性的充足性，有效抵御所承担的总体风险和各类风险。

第五条　银行业金融机构全面风险管理体系应当包括但不限于以下要素：

（一）风险治理架构；

（二）风险管理策略、风险偏好和风险限额；

（三）风险管理政策和程序；

（四）管理信息系统和数据质量控制机制；

（五）内部控制和审计体系。

第六条　银行业金融机构应当推行稳健的风险文化，形成与本机构相适应的风险管理理念、价值准则、职业操守，建立培训、传达和监督机制，推动全体工作人员理解和执行。

第七条　银行业金融机构应当承担全面风险管理的主体责任，建立全面风险管理制度，保障制度执行，对全面风险管理体系进行自我评估，健全自我约束机制。

第八条　银行业监督管理机构依法对银行业金融机构全面风险管理实施监管。

第九条　银行业金融机构应当按照银行业监督管理机构的规定，向公众披露全面风险管理情况。

第二章　风险治理架构

第十条　银行业金融机构应当建立组织架构健全、职责边界清晰的风险治理架构，明确董事会、监事会、高级管理层、业务部门、风险管理部门和内审部门在风险管理中的职责分工，建立多层次、相互衔接、有效制衡的运行机制。

第十一条　银行业金融机构董事会承担全面风险管理的最终责任，履行以下职责：

（一）建立风险文化；

（二）制定风险管理策略；

（三）设定风险偏好和确保风险限额的设立；

（四）审批重大风险管理政策和程序；

（五）监督高级管理层开展全面风险管理；

（六）审议全面风险管理报告；

（七）审批全面风险和各类重要风险的信息披露；

（八）聘任风险总监（首席风险官）或其他高级管理人员，牵头负责全面风险管理；

（九）其他与风险管理有关的职责。

董事会可以授权其下设的风险管理委员会履行其全面风险管理的部分职责。

第十二条　银行业金融机构应当建立风险管理委员会与董事会下设的战略委员会、审计委员会、提名委员会等其他专门委员会的沟通机制，确保信息充分共享并能够支持风险管理相关决策。

第十三条　银行业金融机构监事会承担全面风险管理的监督责任，负责监督检查董事会和高级管理层在风险管理方面的履职尽责情况并督促整改。相关监督检查情况应当纳入监事会工作报告。

第十四条　银行业金融机构高级管理层承担全面风险管理的实施责任，执行董事会的决议，履行以下职责：

（一）建立适应全面风险管理的经营管理架构，明确全面风险管理职能部门、业务部门以及其他部门在风险管理中的职责分工，建立部门之间相互协调、有效制衡的运行机制；

（二）制定清晰的执行和问责机制，确保风险管理策略、风险偏好和风险限额得到充分传达和有效实施；

（三）根据董事会设定的风险偏好，制定风险限额，包括但不限于行业、区域、客户、产品等维度；

（四）制定风险管理政策和程序，定期评估，必要时予以调整；

（五）评估全面风险和各类重要风险管理状况并向董事会报告；

（六）建立完备的管理信息系统和数据质量控制机制；

（七）对突破风险偏好、风险限额以及违反风险管理政策和程序的情况进行监督，根据董事会的授权进行处理；

（八）风险管理的其他职责。

第十五条　规模较大或业务复杂的银行业金融机构应当设立风险总监（首席风险官）。董事会应当将风险总监（首席风险官）纳入高级管理人员。风险总监（首席风险官）或其他牵头负责全面风险管理的高级管理人员应当保持充分的独立性，独立于操作和经营条线，可以直接向董事会报告全面风险管理情况。

调整风险总监（首席风险官）应当事先得到董事会批准，并公开披露。银行业金融机构应当向银行业监督管理机构报告调整风险总监（首席风险官）的原因。

第十六条　银行业金融机构应当确定业务条线承担风险管理的直接责任；风险管理条线承担制定政策和流程，监测和管理风险的责任；内审部门承担业务部门和风险管理部门履职情况的审计责任。

第十七条　银行业金融机构应当设立或者指定部门负责全面风险管理，牵头履行全面风险的日常管理，包括但不限于以下职责：

（一）实施全面风险管理体系建设；

（二）牵头协调识别、计量、评估、监测、控制或缓释全面风险和各类重要风险，及时向高级管理人员报告；

（三）持续监控风险管理策略、风险偏好、风险限额及风险管理政策和程序的执行情况，对突破风险偏好、风险限额以及违反风险管理政策和程序的情况及时预警、报告并提出处理建议；

（四）组织开展风险评估，及时发现风险隐患和管理漏洞，持续提高风险管理的有效性。

第十八条　银行业金融机构应当采取必要措施，保证全面风险管理的政策流程在基层分支机构得到理解与执行，建立与基层分支机构风险状况相匹配的风险管理架构。

在境外设有机构的银行业金融机构应当建立适当的境外风险管理框架、政策和流程。

第十九条　银行业金融机构应当赋予全面风险管理职能部门和各类风险管理部门充足的资源、独立性、授权，保证其能够及时获得风险管理所需的数据和信息，满足履行风险管理职责的需要。

第三章　风险管理策略、风险偏好和风险限额

第二十条　银行业金融机构应当制定清晰的风险管理策略，至少每年评估一次其有效性。风险管理策略应当反映风险偏好、风险状况以及市场和宏观经济变化，并在银行内部得到充分传导。

第二十一条　银行业金融机构应当制定书面的风险偏好，做到定性指标和定量指标并重。风险偏好的设定应当与战略目标、经营计划、资本规划、绩效考评和薪酬机制衔接，在机构内传达并执行。

银行业金融机构应当每年对风险偏好至少进行一次评估。

第二十二条　银行业金融机构制定的风险偏好，应当包括但不限于以下内容：

（一）战略目标和经营计划的制定依据，风险偏好与战略目标、经营计划的关联性；

（二）为实现战略目标和经营计划愿意承担的风险总量；

（三）愿意承担的各类风险的最大水平；

（四）风险偏好的定量指标，包括利润、风险、资本、流动性以及其他相关指标的目标值或目标区间。上述定量指标通过风险限额、经营计划、绩效考评等方式传导至业务条线、分支机构、附属机构的安排；

（五）对不能定量的风险偏好的定性描述，包括承担此类风险的原因、采取的管理措施；

（六）资本、流动性抵御总体风险和各类风险的水平；

(七)可能导致偏离风险偏好目标的情形和处置方法。

银行业金融机构应当在书面的风险偏好中明确董事会、高级管理层和首席风险官、业务条线、风险部门在制定和实施风险偏好过程中的职责。

第二十三条　银行业金融机构应当建立监测分析各业务条线、分支机构、附属机构执行风险偏好的机制。

当风险偏好目标被突破时,应当及时分析原因,制定解决方案并实施。

第二十四条　银行业金融机构应当建立风险偏好的调整制度。根据业务规模、复杂程度、风险状况的变化,对风险偏好进行调整。

第二十五条　银行业金融机构应当制定风险限额管理的政策和程序,建立风险限额设定、限额调整、超限额报告和处理制度。

银行业金融机构应当根据风险偏好,按照客户、行业、区域、产品等维度设定风险限额。风险限额应当综合考虑资本、风险集中度、流动性、交易目的等。

全面风险管理职能部门应当对风险限额进行监控,并向董事会或高级管理层报送风险限额使用情况。

风险限额临近监管指标限额时,银行业金融机构应当启动相应的纠正措施和报告程序,采取必要的风险分散措施,并向银行业监督管理机构报告。

第四章　风险管理政策和程序

第二十六条　银行业金融机构应当制定风险管理政策和程序,包括但不限于以下内容:

(一)全面风险管理的方法,包括各类风险的识别、计量、评估、监测、报告、控制或缓释,风险加总的方法和程序;

(二)风险定性管理和定量管理的方法;

(三)风险管理报告;

(四)压力测试安排;

(五)新产品、重大业务和机构变更的风险评估;

(六)资本和流动性充足情况评估;

(七)应急计划和恢复计划。

第二十七条 银行业金融机构应当在集团和法人层面对各附属机构、分支机构、业务条线，对表内和表外、境内和境外、本币和外币业务涉及的各类风险，进行识别、计量、评估、监测、报告、控制或缓释。

银行业金融机构应当制定每项业务对应的风险管理政策和程序。未制定的，不得开展该项业务。

银行业金融机构应当有效评估和管理各类风险。对能够量化的风险，应当通过风险计量技术，加强对相关风险的计量、控制、缓释；对难以量化的风险，应当建立风险识别、评估、控制和报告机制，确保相关风险得到有效管理。

第二十八条 银行业金融机构应当建立风险统一集中管理的制度，确保全面风险管理对各类风险管理的统领性、各类风险管理与全面风险管理政策和程序的一致性。

第二十九条 银行业金融机构应当建立风险加总的政策、程序，选取合理可行的加总方法，充分考虑集中度风险及风险之间的相互影响和相互传染，确保在不同层次上和总体上及时识别风险。

第三十条 银行业金融机构采用内部模型计量风险的，应当遵守相关监管要求，确保风险计量的一致性、客观性和准确性。董事会和高级管理层应当理解模型结果的局限性、不确定性和模型使用的固有风险。

第三十一条 银行业金融机构应当建立全面风险管理报告制度，明确报告的内容、频率和路线。

报告内容至少包括总体风险和各类风险的整体状况；风险管理策略、风险偏好和风险限额的执行情况；风险在行业、地区、客户、产品等维度的分布；资本和流动性抵御风险的能力。

第三十二条 银行业金融机构应当建立压力测试体系，明确压力测试的治理结构、政策文档、方法流程、情景设计、保障支持、验证评估以及压力测试结果运用。

银行业金融机构应当定期开展压力测试。压力测试的开展应当覆盖各类风险和表内外主要业务领域，并考虑各类风险之间的相互影响。

压力测试结果应当运用于银行业金融机构的风险管理和各项经营管理决策中。

第三十三条 银行业金融机构应当建立专门的政策和流程,评估开发新产品、对现有产品进行重大改动、拓展新的业务领域、设立新机构、从事重大收购和投资等可能带来的风险,并建立内部审批流程和退出安排。银行业金融机构开展上述活动时,应当经风险管理部门审查同意,并经董事会或董事会指定的专门委员会批准。

第三十四条 银行业金融机构应当根据风险偏好和风险状况及时评估资本和流动性的充足情况,确保资本、流动性能够抵御风险。

第三十五条 银行业金融机构应当制定应急计划,确保能够及时应对和处理紧急或危机情况。应急计划应当说明可能出现的风险以及在压力情况(包括会严重威胁银行生存能力的压力情景)下应当采取的措施。银行业金融机构的应急计划应当涵盖对境外分支机构和附属机构的应急安排。银行业金融机构应当定期更新、演练或测试上述计划,确保其充分性和可行性。

第三十六条 银行业金融机构应当按照相关监管要求,根据风险状况和系统重要性,制定并定期更新完善本机构的恢复计划,明确本机构在压力情况下能够继续提供持续稳定运营的各项关键性金融服务并恢复正常运营的行动方案。

第三十七条 银行业金融机构应当制定覆盖其附属机构的风险管理政策和程序,保持风险管理的一致性、有效性。银行业金融机构应当要求并确保各附属机构在整体风险偏好和风险管理政策框架下,建立自身的风险管理组织架构、政策流程,促进全面风险管理的一致性和有效性。

银行业金融机构应当建立健全风险隔离制度,规范内部交易,防止风险传染。

第三十八条 银行业金融机构应当制定外包风险管理制度,确定与其风险管理水平相适应的外包活动范围。

第三十九条 银行业金融机构应当将风险管理策略、风险偏好、风险限额、风险管理政策和程序等要素与资本管理、业务管理相结合,在战略和经营计划制定、新产品审批、内部定价、绩效考评和薪酬激励等日常经营管理中充分应用并有效实施。

第四十条　银行业金融机构应当对风险管理策略、风险偏好、风险限额、风险管理政策和程序建立规范的文档记录。

第五章　管理信息系统和数据质量

第四十一条　银行业金融机构应当具备完善的风险管理信息系统，能够在集团和法人层面计量、评估、展示、报告所有风险类别、产品和交易对手风险暴露的规模和构成。

第四十二条　银行业金融机构相关风险管理信息系统应当具备以下主要功能，支持风险报告和管理决策的需要：

（一）支持识别、计量、评估、监测和报告所有类别的重要风险；

（二）支持风险限额管理，对超出风险限额的情况进行实时监测、预警和控制；

（三）能够计量、评估和报告所有风险类别、产品和交易对手的风险状况，满足全面风险管理需要；

（四）支持按照业务条线、机构、资产类型、行业、地区、集中度等多个维度展示和报告风险暴露情况；

（五）支持不同频率的定期报告和压力情况下的数据加工和风险加总需求；

（六）支持压力测试工作，评估各种不利情景对银行业金融机构及主要业务条线的影响。

第四十三条　银行业金融机构应当建立与业务规模、风险状况等相匹配的信息科技基础设施。

第四十四条　银行业金融机构应当建立健全数据质量控制机制，积累真实、准确、连续、完整的内部和外部数据，用于风险识别、计量、评估、监测、报告，以及资本和流动性充足情况的评估。

第六章　内部控制和审计

第四十五条　银行业金融机构应当合理确定各项业务活动和管理活动的风险控制点，采取适当的控制措施，执行标准统一的业务流程和管理流程，确保规范运作。

第四十六条 银行业金融机构应当将全面风险管理纳入内部审计范畴,定期审查和评价全面风险管理的充分性和有效性。

银行业金融机构内部审计活动应独立于业务经营、风险管理和合规管理,遵循独立性、客观性原则,不断提升内部审计人员的专业能力和职业操守。

全面风险管理的内部审计报告应当直接提交董事会和监事会。董事会应当针对内部审计发现的问题,督促高级管理层及时采取整改措施。内部审计部门应当跟踪检查整改措施的实施情况,并及时向董事会提交有关报告。

第七章 监督管理

第四十七条 银行业金融机构应当将风险管理策略、风险偏好、重大风险管理政策和程序等报送银行业监督管理机构,并至少按年度报送全面风险管理报告。

第四十八条 银行业监督管理机构应当将银行业金融机构全面风险管理纳入法人监管体系中,并根据本指引全面评估银行业金融机构风险管理体系的健全性和有效性,提出监管意见,督促银行业金融机构持续加以完善。

第四十九条 银行业监督管理机构通过非现场监管和现场检查等实施对银行业金融机构全面风险管理的持续监管,具体方式包括但不限于监管评级、风险提示、现场检查、监管通报、监管会谈、与内外部审计师会谈等。

第五十条 银行业监督管理机构应当就全面风险管理情况与银行业金融机构董事会、监事会、高级管理层等进行充分沟通,并视情况在银行业金融机构董事会、监事会会议上通报。

第五十一条 对不能满足本指引及其他规范性文件中关于全面风险管理要求的银行业金融机构,银行业监督管理机构可以要求其制定整改方案,责令限期改正,并视情况采取相应的监管措施。

第八章 附　　则

第五十二条 各类具体风险的监管要求按照银行业监督管理机

构的有关规定执行。

第五十三条　经银行业监督管理机构批准设立的其他金融机构参照本指引执行。

第五十四条　本指引自2016年11月1日起施行。本指引实施前已有规范性文件如与本指引不一致的,按照本指引执行。

中国银监会办公厅关于进一步加强信托公司风险监管工作的意见

(银监办发〔2016〕58号　2016年3月18日公布施行)

各银监局:

为有效解决2015年信托监管有效性检查发现的问题以及日常监管薄弱环节,进一步提高信托公司风险监管前瞻性、主动性和有效性,防范化解信托业风险,严守风险底线,促进信托业稳健发展,结合2016年信托业监管工作会议部署,现提出以下工作意见:

一、推进风险治理体系建设,建立风险防控长效机制

(一)健全风险治理体系

各银监局要将风险治理体系建设作为引导信托业务转型发展的监管重点,推动信托公司优化股权结构,深化治理体系改革。督促信托公司落实股东实名制,如实披露股东关联关系信息,推进实际控制人信息"阳光化",落实股东责任。督促信托公司董事会将风险战略纳入公司战略规划,明确风险偏好,建立风险挂钩的薪酬制度,培育良好风险文化,并根植于从董事会、高管层直至一线员工的经营管理各环节中。支持信托公司探索专业子公司制改革,增强资产管理专业能力,重视架构复杂化带来的管理难度和潜在风险,完善内部交易管理。

(二)完善全面风险管理框架

各银监局要重视信托公司风险并表管理,督促信托公司将固有表内外业务和信托业务纳入全面风险管理体系,杜绝风险管理盲区。指导信托公司梳理表内外风险转化途径、母子公司风险传导途径、与其他机构业务合作存在的风险传染途径,完善相关风险管理政策、程序、方法和工具,提高风险管理主动性和有效性。

(三)研究开展压力测试工作

各银监局要督导信托公司研究建立压力测试体系,合理确定情景设置,定期开展压力测试,将压力测试结果充分运用于制定经营管理决策、应急预案和恢复与处置计划。要及时审查信托公司压力测试报告,必要时对压力测试情况进行后评价,作为信托公司风险评估和监管评级的参考因素。

(四)强化数据质量管理

各银监局要高度重视信托公司非现场监管报表、信托项目要素表和风险项目要素表的报送质量,切实加强数据审核工作,严格执行"四单"制度,对信托公司错报、漏报、瞒报问题,加大问责处罚力度并限期整改。督促信托公司高管层签订"数据责任承诺书",加强信息系统建设,提高数据加工和信息管理能力。各银监局要组织开展监管报表质量信托公司自查和核查工作。银监会信托部将组织抽查,要将抽查发现问题与信托公司评级和相关银监局监管有效性评价结果挂钩。

二、加强风险监测分析,提高风险识别和防控能力

(一)切实加强信用风险防控

1. 完善资产质量管理。各银监局要督促信托公司将承担信用风险的固有非信贷资产、表外资产及信托资产纳入资产质量管理体系。固有业务不仅要加强贷款五级分类管理,还要重点关注与接盘信托风险项目相关的表内各项投资、应收款项和表外担保等资产风险分类情况。信托业务要重点关注融资类信托资产、风险责任划分不清的事务管理类融资性信托资产、投资类信托所涉非标债权资产、结构化信托产品优先级资产的风险分类情况,尤其是相关逾期信托项目风险情况,要将已发生风险的信托项目及时纳入信托风险项目要素表监测。

2. 加强重点领域信用风险防控。各银监局要督促信托公司关注房地产、地方政府融资平台、产能过剩等重点领域信用风险,定期开展风险排查并做好风险缓释准备。对于房地产信托,要加强分区域、分业务类别的风险监测，合理控制业务规模、优化业务结构；对于政信合作信托，要密切跟进地方政府性债务置换工作，做好存量业务风险防控，审慎开展增量业务；对于产能过剩风险，要认真落实国家相关政策，按区别对待原则选择过剩行业中优质企业审慎开展业务。

3. 提升风险处置质效。各银监局不仅要关注信托项目兑付风险化解，更要重视实质风险化解。指导信托公司完善信托产品违约处理机制，做好舆情监测和正向引导、投资者教育和安抚、风险处置预案等工作；综合运用追加担保、资产置换、并购重组、诉讼追偿等方式，积极化解信托存量风险；加大固有不良资产风险化解和核销力度。要特别关注信托公司通过各类接盘方式化解信托项目兑付风险情形，应将接盘的固有资产及为第三方接盘提供的担保纳入不良资产监测，将接盘的信托项目（如资金池项目、TOT 项目）纳入信托风险项目要素表持续监测，督促化解实质风险。对于涉及面广的大型客户风险暴露，引导所涉信托公司积极参加债权人委员会，联合行动，争取多方支持，促进风险化解。

（二）高度重视流动性风险防控

1. 实现流动性风险防控全覆盖。各银监局不仅要持续监测传统的表内流动性风险指标，也要关注表外担保业务及信托业务带来的流动性管理压力。督促信托公司将各类显性或隐性表外担保纳入流动性管理范畴，加强各信托产品的流动性管理，识别表内外业务的各类风险转化为表内流动性风险的传导途径。

2. 加强信托业务流动性风险监测。各银监局要加强对各信托产品资金来源与运用的期限结构分析，特别是资金来源为开放式、滚动发行、分期发行的信托产品期限错配情况，对复杂信托产品要按“穿透”原则监测底层资产流动性状况。要加大非标资金池信托排查清理力度，摸清底数，督促信托公司积极推进存量非标资金池清理，严禁新设非标资金池，按月报送非标资金池信托清理计划执行情况，直至达标为止。

（三）充分重视市场风险防控

1. 加强固有业务市场风险防控。各银监局要督促信托公司不断完善固有业务市场风险管理政策、程序、方法和系统支持，加强交易性资产和可供出售类资产估值管理,及时反映资产公允价值变化对当期损益和资本的影响。督促信托公司将自营股票交易规模控制在合理范围内,避免市价大幅下跌对资本的过度侵蚀。

2. 加强信托业务市场风险防控。各银监局要督促信托公司依法合规开展股票投资等信托业务,配备专业管理团队和信息系统支持,建立健全风险管理和内控机制,切实做好风险揭示、尽职管理和信息披露。督促信托公司合理控制结构化股票投资信托产品杠杆比例,优先受益人与劣后受益人投资资金配置比例原则上不超过1:1,最高不超过2:1,不得变相放大劣后级受益人的杠杆比例。

(四)提升操作风险防控水平

1. 明确案件防控责任。各银监局要督促信托公司落实案件防控主体责任和第一责任人的责任,实行案防目标责任制和一把手负责制,建立清晰明确的内部案防工作责任体系。

2. 完善操作风险防控机制。各银监局要督促信托公司完善操作风险管理体系,充分发挥业务管理、风险合规、内部审计三道防线作用,建立并落实内部问责制度,提升内控管理水平。督促信托公司完善全流程操作风险防控,覆盖信托产品设计、发行、销售、管理、信息披露等各个环节,尤其不能忽视信托产品营销过程的操作风险管理,不得通过第三方互联网平台、理财机构向不特定客户或非合格投资者进行产品推介,不得进行夸大收益和风险承担承诺的误导性销售,严格执行"双录"制度,完善合同约定,明确风险承担责任。

3. 强化从业人员管理。各银监局要督促信托公司加强员工队伍建设,强化职业操守和法制观念教育;加强员工行为排查、岗位制衡和岗外监测,加强对重点人员、重要岗位、案件多发部位、异地展业团队的监控;完善员工违规处罚信息库,建立"灰名单",杜绝违规人员"带病提拔"、"带病流动"。

(五)加强跨行业、跨市场的交叉产品风险防控

1. 建立交叉产品风险防控机制。各银监局要加强对信托创新产品的风险监测分析,使跨业、跨境、跨市场资金流动始终"看得见、管得了、控得住",防范风险传染和监管套利。督促信托公司建立交叉产品风险管理机制,在合同中落实各参与方的风险管理责任,建立针对"具

有交叉传染性”特征信托产品的风险识别、计量、监测、预警和管理体系。

2. 提高复杂信托产品透明度。各银监局要督促信托公司按“穿透”原则向上识别信托产品最终投资者，不得突破合格投资者各项规定，防止风险蔓延；同时按“穿透”原则向下识别产品底层资产，资金最终投向应符合银、证、保各类监管规定和合同约定，将相关信息向投资者充分披露。

三、推动加强拨备和资本管理，提升风险抵补能力

（一）足额计提拨备

各银监局要督促信托公司根据“穿透”原则对承担信用风险的表内外资产足额计提风险拨备。其中，对信托公司贷款和非信贷资产根据资产质量分别足额计提贷款损失准备和资产减值准备；对担保等表外资产根据资产质量足额确认预计负债；对信托风险项目，根据资产质量，综合考虑其推介销售、尽职管理、信息披露等方面的管理瑕疵以及声誉风险管理需求，客观判断风险损失向表内传导的可能性，足额确认预计负债。此外，督促信托公司对公允价值大幅下跌或持续下跌的可供出售类资产及时确认减值损失。

（二）强化资本管理

各银监局要督促信托公司严格落实净资本管理制度，提高资本计量准确性，强化资本约束。督促信托公司建立资本平仓和补仓制度，风险拨备缺口应在净资本中全额扣减，避免资本虚高；净资本不足部分，应推动股东及时补足。

（三）加大利润留存

各银监局要督导信托公司进一步增强利润真实性和可持续性，加快发展转型，培育新的利润增长点。督促信托公司审慎制定利润分配政策，优先补充资本，增强资本自我积累能力。

（四）完善恢复和处置计划

各银监局要督促信托公司及时更新、完善恢复和处置计划，当信托公司业务模式、管理架构和整体风险状况发生重大变化时应及时进行更新，确保涉及资本和流动性的相关恢复处置措施具有可操作性和有效性。

四、加强监管联动,形成监管合力,提升监管实效

(一)加强市场准入、非现场监管和现场检查联动

各银监局要将信托公司非现场监管成果与准入事项审核、现场检查频度范围等挂钩,建立"扶优限劣"正向激励机制,合理配置监管资源,提高监管效率。要落实风险处置和准入事项挂钩制度,通过市场准入审批引导信托公司优化治理机制、落实风控责任、稳健开展业务。要将非现场监管发现的信托公司风险疑点和管理问题及时纳入现场检查计划,深入核查问题根源,严格问责,督促整改,整改落实情况要在日常监管过程中持续跟踪。

(二)加强银监局之间的横向监管联动

对信托公司异地业务,各属地银监局要加强与异地业务所在地银监局之间的信息共享和监管合作。一方面,属地银监局要强化法人监管主体责任,督促异地展业的辖内信托公司强化总部决策、运营和管理功能,密切跟踪其异地展业情况和风险控制情况。另一方面,信托公司异地业务所在地银监局要将监管过程中发现的该信托公司违规行为和风险苗头及时与属地银监局沟通并协调行动。

(三)加强上下监管联动

各银监局要于每月15日前向信托部报告上月辖内信托公司市场准入、治理机制建设、风险分析、业务创新和经营转型等情况,发生重大风险、突发事件和异常变动时应及时报告。信托部要加强信托行业发展动向和风险趋势分析,将行业共性问题和风险苗头,及时提示各银监局。

(四)加强内外联动

各银监局信托监管部门要与信托公司的母公司或子公司所涉银行、证券、保险监管部门加强信息共享,促进跨业监管合作;要加强与信托公司外审机构联动,定期沟通信息,充分发挥外审监督作用;要加强与地方政府和司法机关联动,争取各方力量支持,促进信托风险处置。

(五)加大监管问责力度

对非现场监管和现场检查发现的信托公司违法违规问题,各银监局要综合运用行政处罚、监管措施和监管建议等手段,加大监管问责

和处罚力度，维护监管权威，促进提升监管有效性。对于监管发现问题整改不到位的信托公司，各银监局也要加大问责力度，必要时采取行政处罚措施，督促相关整改措施按时落实到位。

中国银监会办公厅关于防范化解金融风险严守风险底线工作的意见

（银监办发〔2016〕27号　2016年2月22日公布施行）

各银监局，各政策性银行、大型银行、股份制银行，邮储银行，外资银行，金融资产管理公司，其他会管金融机构：

为把严守风险底线放在更加突出的位置，切实有效地做好风险防范和化解工作，逐步有序缓释存量风险，严格控制增量风险，促进银行体系安全稳健运行，现提出以下工作意见。

一、健全风险治理体系，全面提升风险防控能力

（一）加快风险治理体系建设。

各级监管机构要督促银行业金融机构继续深化治理体系改革，加强集团全面风险管理。督促加强董事会建设，强化履职评价，严格股权管理和股东行为规范。推进子公司制、事业部制、专营部门制、分支机构制改革，完善业务治理体系，完善风险隔离机制。

（二）完善全面风险管理框架。

各级监管机构要督导银行业金融机构将非信贷、表外等类信贷业务纳入全面风险管理体系，与表内业务一起进行统一授信管理，建立包括各类资产在内的资产质量监测体系，及时向相关银行业金融机构提示风险。组织银行业金融机构开展新兴表外业务风险自查，自查报告及时报送监管机构。

（三）健全联防联控风险化解机制。

各级监管机构要根据辖区实际情况，绘制辖区风险地图，确定风险监管重点地区，成立风险防控小组，定期分析监测区域风险变化及趋势,及早预警提示。积极推动由地方政府、监管机构和银行业金融机构等参与的联扶、联防、联控的风险化解机制。

(四)加强系统重要性银行监管。

相关监管机构要强化对系统重要性银行的监管,督促其切实计提系统重要性附加资本。强化对银行集团的并表监管,推动系统重要性银行制定恢复和处置计划,建立危机管理工作组,加强跨境危机管理和处置协调。

(五)加强压力测试分析及其成果的应用。

各级监管机构要定期组织银行业金融机构开展压力测试,实施频度应当与其风险状况和系统重要性相适应。及时审查银行业金融机构压力测试报告,必要时对压力测试情况进行后评估。银行业金融机构要按规定将压力测试报告报送监管机构,并将压力测试结果充分运用于制定、修订经营管理决策、应急预案和恢复与处置计划。

二、持续加强信用风险防控,紧盯重点客户、行业和区域

(六)推动不良贷款防范化解。

各级监管机构要督促银行业金融机构运用重组、转让、追偿、核销等手段加快处置存量不良,推进不良贷款受益权转让和不良贷款证券化等试点工作。银行业金融机构要按季向监管机构报送不良贷款处置情况,并综合运用续贷展期、联合授信、追加担保、并购重组、资产置换等措施缓释潜在风险,严控新增不良。

(七)做实信贷资产五级分类。

各级监管机构要加强贷款质量迁徙趋势分析,关注高风险业务,加强对银行业金融机构贷款和其他资产质量真实性的检查,对信贷资产质量严重不实的机构,除要求其根据分类调整情况重新测算资本充足率和利润水平、提足拨备外,要坚决采取行政处罚措施,并按规定将相关检查报告和处罚结果上报银监会。

(八)加强大客户风险的监管。

各级监管机构要持续跟踪监测大额和集团客户及其关联企业的风险状况,推动信息共享,及时提示风险。银行业金融机构要对风险特征明显的潜在风险大客户实施台账管理,提前制定突发事件处置预案。对授信总额大的单户企业或重大项目,原则上应当采取银团贷款或联合授信方式。

(九)积极配合清理"僵尸企业"。

各级监管机构视情况开展后续核查工作,并指导银行业金融机构配合地方政府在市场出清过程中做好"僵尸企业"市场退出的资产保全工作。银行业金融机构

要开展自查自纠活动,释放被"僵尸企业"低效占用的信贷资源,自查情况要报送监管机构。

(十)加强重点行业风险监控。

各级监管机构要指导建立行业信贷资产质量监测分析平台,重点关注风险暴露行业变化情况及风险在产业链上下游传递情况。银行业金融机构要定期对高风险行业授信开展风险排查,做好风险缓释措施。实施行业授信限额动态监测,优化行业授信和风险防控之间的平衡。

(十一)防控跨区域授信业务风险。

各级监管机构要加强对异地授信业务的调查研究,建立异地授信业务台账监测制度,规范异地授信业务管理。对存在风险苗头的,要及时提示风险;对存在违反监管规定行为的,要迅速采取监管措施。

(十二)防范房地产领域信贷风险。

各级监管机构要重点关注房地产融资占比高、贷款质量波动大的银行业金融机构,适时组织开展涉及房地产贷款风险的现场检查,明确监管意见。银行业金融机构要加强对房地产信贷风险分区域、分业态的监测分析,指导分支机构及时关注风险,切实落实"名单制"管理。

(十三)加强政府融资平台风险监控。

各级监管机构要指导银行业金融机构持续做好融资平台存量贷款风险防控,积极协调地方政府将在建项目后续融资纳入政府预算。督导银行业金融机构做好债务的承接工作,密切跟进地方政府性债务置换工作安排,争取将"地方政府应还债务"足额纳入财政预算。银行业金融机构要合理确定地方债投资规模,建立相应监测制度。

(十四)积极化解产能过剩风险。

银行业金融机构要认真落实国家淘汰落后产能的各项政策;加强与政府信息共享,及时掌握不符合产业政策的客户名单,对长期亏损、

失去清偿能力或环保、安全生产不达标且整改无望的企业及落后产能,要压缩退出。

(十五)严防担保圈、担保链引发的区域性风险。

各级监管机构要加强本地区关联担保风险监测,汇总相关信息,做好风险提示,推进风险化解。银行业金融机构要加强对企业关联担保风险的识别与监测,建立健全监测台账。对存量担保圈贷款,要确定核心客户和关键节点,综合运用多种措施拆圈解链。对已出现风险的担保圈,要及时向监管机构和地方政府报告。

(十六)提高企业还款能力和还款意愿。

各级监管机构要加强与司法机关、地方政府的沟通协作,加大对恶意逃废债务等失信企业和个人的惩处力度。银行业金融机构要合理把握信贷投放总量和节奏。对暂时遇到困难但符合产业政策、有市场、有效益的企业,支持其合理的信贷需求,避免"一刀切"式的抽贷、停贷、压贷。

三、高度关注流动性风险,提升突发风险应对能力

(十七)完善流动性风险监测覆盖。

银行业金融机构要将流动性风险的有效管理纳入整体发展战略,建立考核及问责机制,完善流动性风险管理信息系统的监测、计量和报告功能,覆盖不同机构、币种和业务领域,提高对重点分支机构、币种和业务领域的关注强度和频率,实时监测可能引发风险的因素,提前做好应对措施。

(十八)强化重点机构防控。

各级监管机构要锁定存款集中度高、同业负债依赖度大、存贷比高、资产负债期限错配严重等流动性风险较高或潜在风险较大的机构,列入内部掌握的风险名单,按照监管职责分工落实责任,实行"一对一"贴身盯防,提高监测频率和监管强度。

(十九)强化特殊时点的风险防控。

银行业金融机构要高度关注月末、季末、节假日、新股申购日、国债发行日、政策出台日等特殊时点的流动性风险,根据自身现金流状况合理计量和评估未来特殊时点现金流,提前做好相关的备付或融资安排。

（二十）强化个别业务领域的风险防控。

银行业金融机构要将同业、外汇、投资、托管、资产管理等快速发展、且易成为流动性风险源的业务领域纳入监测范围，科学评估其对流动性风险的影响机制和力度，制定合理的流动性限额和应对方案。

（二十一）防范风险转化。

银行业金融机构要主动研究信用风险、市场风险、操作风险、声誉风险等向流动性风险转化的渠道和表现形式，完善各类风险与流动性风险的隔离措施，防止风险转化传染。

（二十二）加强负债管理。

银行业金融机构要健全负债质量管理体系，拓展主动负债渠道，改善期限过度错配、资金来源稳定性下降和流动性管理滞后等问题。要加强分支机构存款波动性日常监测，科学设定分支机构存款考核指标，加强存款稳定性管理。

（二十三）制定和完善流动性风险应急预案。

各级监管机构要按照分工，认真审核银行业金融机构应急预案，确保措施具有针对性、可操作性和有效性。银行业金融机构要制定流动性风险应急预案，并至少每年进行一次测试和评估，报监管机构备案。

（二十四）探索区域性流动性互助机制。

鼓励银行业金融机构探索建立区域性流动性风险互助机制，明确互助资金使用条件，为成员机构提供紧急情况下的流动性支持。

四、落实案防主体责任，不断提升操作风险管理水平

（二十五）明确防控责任。

银行业金融机构要落实案防主体责任和第一责任人的责任，实行案防目标责任制和一把手负责制，建立清晰明确的内部案防工作责任体系。

（二十六）强化从业人员管理。

银行业金融机构要完善员工违规处罚信息库，建立“灰名单”，杜绝违规人员“带病提拔”、“带病流动”。加强员工行为排查、岗位制衡和岗外监测，加强对重点人员、重要岗位、案件多发部位的监控。强化从业人员职业操守和法制观念教育，做好风险事件培训。

(二十七)完善内控机制。

银行业金融机构要确立符合本机构整体发展战略的操作风险管理组织架构和体系,充分发挥业务管理、风险合规、内部审计三道防线作用,大力提升内控管理水平,强化对分支机构和基层网点的风险管控。

(二十八)严肃责任追究。

各级监管机构要加大检查处罚和责任追究力度,综合运用行政处罚手段和监管措施处理违规行为,防止问责不到位和问责扩大化。

五、加强非传统业务领域风险监管,防范外部风险传递

(二十九)有效建立风险"防火墙"。

各级监管机构要不断创新监管方式,加强金融产品管理和监测分析,使跨业、跨境、跨市场资金流动始终"看得见、管得了、控得住",防范风险传染和监管套利。银行业金融机构要审慎评估和开展跨业、跨境、跨市场合作,建立满足"交叉传染性"特征的全面风险识别、计量、监测、预警和管理体系。

(三十)加强相关领域市场风险管理。

银行业金融机构要加强代客权益类投资相关资金和指标管理,认真分析相关业务对流动性和资产安全性的影响,做好预案。要严格债券信用评级的准入标准和信用风险限额管理,定期、及时向监管机构报送信用风险评级较低债券的有关情况;严格控制风险偏好,做好债券投资久期管理,合理控制持债余额和操作规模。要做好外汇敞口头寸管理,加强外汇走势跟踪研究,做好风险对冲。

(三十一)防范社会金融风险传递。

各级监管机构要引导银行业金融机构主动跟踪社会金融风险的演变趋势,建立风险隔离"防火墙",制定有效的防范处置措施。银行业金融机构要提升防范打击非法集资宣传教育的深度和广度,做好内部管理、资金监测、涉案账户查控等各项重点工作。

(三十二)防范银行理财业务风险。

银行业金融机构要依法合规开展理财业务,理财资金应按照"穿透原则"遵守银监会关于理财投资运作的各项规定。要将理财业务风险管理纳入全面风险管理体系,并积极探索建立理财业务的风险缓释机制,增强风险抵御能力。

(三十三)防范跨境业务风险。

银行业金融机构要加强对跨境资金流动的统计和双向监测,建立跨境资金流动监测预警平台和指标体系,对跨境异常资金流动进行预警,并做好跨境贸易和投资各环节的尽职调查。

(三十四)防范信息科技风险。

各级监管机构应对新发生严重信息科技风险事件的银行业金融机构及时采取必要的强制性监管措施,待其整改合格后再适时解除。银行业金融机构要加大对新兴电子渠道风险的关注力度,完善信息科技系统,建立灾备体系,制定应急预案,定期开展风险排查和应急演练。

(三十五)防范声誉风险。

银行业金融机构要认真研究各类传统风险及法律纠纷、恶意炒作、黑客攻击等偶发性因素可能给自身带来的声誉风险。加强舆情监测,提高舆情管理能力,正确引导各方预期,确保经营稳定。

六、持续强化资本监管,不断提高风险抵补能力

(三十六)强化资本管理。

各级监管机构要指导辖内机构拓宽资本补充渠道,强化资本管理。银行业金融机构要科学制定资本规划,提高资本充足水平和资本质量。切实健全资本约束机制,将分支机构和各业务条线的资本占用纳入绩效考核,增强资本节约意识。

(三十七)提高拨备水平。

各级监管机构对拨备覆盖率或贷款拨备率明显低于监管要求以及高风险领域贷款集中度较高的银行业金融机构,要督促其增提拨备。银行业金融机构要根据“穿透原则”,对具有信贷性质的非传统业务和新兴业务足额计提拨备,并加强国别风险拨备管理。

(三十八)加大利润留存。

银行业金融机构要进一步增强利润真实性、稳定度、主动性和可持续性,加快发展转型,深挖内部潜力,培育新的利润增长点,利润要优先补充核心一级资本。审慎制定利润分配政策,合理确定利润留存比率和分红比例,严格控制突击分红、高比例分红。

(三十九)建立恢复与处置计划。

各级监管机构要督促有条件的银行业金融机构从法人层面制定恢复与处置计划,并至少每年更新一次,当业务模式、管理架构和整体风险状况发生重大变化时应当及时进行更新。

七、完善工作保障和落实机制,增强风险监管实效

(四十)责任分工。

银行业金融机构是本机构风险防范的第一责任人;负责法人监管的机构是法人风险监管的第一责任人;各银监局、银监分局要明确专门的区域性风险监管牵头部门,按照属地监管原则承担区域性风险的第一监管责任。

(四十一)工作机制。

各级监管机构要确定年度风险防控重点,明确工作任务和责任部门。定期召开专题风险防控会议,探索建立系统性区域性风险监测指标体系。各级监管机构和银行业金融机构要层层落实责任制,对责任落实不到位、报告不及时、采取措施不力的单位严肃问责,对在风险防范工作中有贡献的人员在年度工作中予以表彰和奖励。

(四十二)加强内外联动。

各级监管机构对外要加强与地方政府、境内外金融监管机构和司法机关的联动。对内要加强风险监管联动,协同开展防控措施,加强数据整合和信息共享;各银监局可根据需要建立跨区域风险处置协调机制,定期就重大风险处置进行会商。

(四十三)完善重大风险事件处理制度。

各级监管机构要研究制定重大风险事件处理制度,明确责任主体、政策措施、方法流程,建立后评价机制。在防范化解风险过程中,要联动多方力量,特别是充分依靠和借助地方政府和主要债权银行的力量。非银行金融机构风险监管工作参照本意见执行。

中国人民银行、发展改革委、工业和信息化部、财政部、商务部、银监会、证监会、保监会关于金融支持工业稳增长调结构增效益的若干意见

（银发〔2016〕42号　2016年2月14日公布施行）

工业是国民经济的主导力量，是实体经济的骨架和国家竞争力的基础，是稳增长、调结构、转方式的主战场，也是创新的主战场，对经济发展全局至关重要。金融与实体经济、特别与工业是利益共同体，一荣俱荣，一损俱损。用好和创新金融工具，服务好实体经济和工业增效升级，是壮大和发展金融业、防范金融风险的根本举措和重要内容。按照党中央、国务院决策部署，为进一步增强金融服务能力，突破工业转型发展面临的融资难、融资贵瓶颈，加大金融对工业供给侧结构性改革和工业稳增长、调结构、增效益的支持力度，推动工业去产能、去库存、去杠杆、降成本、补短板、加快工业转型升级，经国务院同意，现提出如下意见：

一、加强货币信贷政策支持，营造良好的货币金融环境

（一）着力加强金融对工业供给侧结构性改革的支持。综合运用多种流动性管理工具，完善宏观审慎管理，加强预调、微调，保持流动性水平适度和货币市场稳定运行，引导货币信贷平稳增长。创新金融支持和服务方式。加强和改进对企业兼并重组、不良资产处置的力度和效率，积极稳妥推进工业化解过剩产能和库存。继续整顿金融服务乱收费，指导金融机构合理确定利率水平和收费项目，加大对不合理收费的查处力度，降低企业融资成本和债务负担。支持工业企业技术改造和设备更新，补齐工业软硬基础设施短板，提高企业创新发展能力，为工业稳增长调结构增效益创造有利条件。

（二）落实差别化工业信贷政策。引导银行业金融机构根据重大技改、产业升级、结构调整项目目录，进一步完善信贷准入标准，加大

对战略性新兴产业、传统产业技术改造和转型升级等的支持力度。引导金融机构加大中长期贷款投入,加大对高新技术企业、重大技术装备、工业强基工程等领域的支持力度。制定出台金融支持制造强国建设指导意见,推动金融业全方位服务"中国制造2025"。鼓励银行业金融机构在风险可控前提下,适当降低新能源汽车、二手车的贷款首付比例,合理扩大汽车消费信贷,支持新能源汽车生产、消费及相关产业发展。引导银行业金融机构坚持区别对待、有扶有控原则,对钢铁、有色、建材、船舶、煤炭等行业中产品有竞争力、有市场、有效益的优质企业继续给予信贷支持,帮助有前景的企业渡过难关。支持工业企业积极稳妥化解产能过剩,对产能严重过剩行业未取得合法手续的新增产能建设项目,一律不得给予授信;对长期亏损、失去清偿能力和市场竞争力的"僵尸企业",或环保、安全生产不达标且整改无望的企业及落后产能,坚决压缩退出相关贷款。制定银企对接行动方案,积极推动银企信息对接工作。

(三)加快工业信贷产品创新。引导金融机构紧密结合工业创新,加快发展支持工业领域大众创业、万众创新的金融产品和服务,深入挖掘工业增长潜力,积极培养工业发展新动能。积极支持工业领域"互联网+"行动,促进传统产业、大企业与市场迅速对接,实现工业制造企业和网络融合,着力改造工业发展传统动能。大力发展能效信贷、合同能源管理未来收益权质押贷款、排污权抵押贷款、碳排放权抵押贷款等绿色信贷业务,积极支持节能环保项目和服务。鼓励银行业金融机构开发自主品牌、商标专用权等企业无形资产质押贷款业务,支持消费品领域自主品牌建设。支持开展小微企业融资担保代偿补偿等业务。

(四)改进工业信贷管理制度。支持金融机构在有效管控风险的前提下,落实好无还本续贷、循环贷款等小微企业流动资金贷款还款方式创新,降低小微企业"过桥"融资成本。对资金周转出现暂时困难但仍具备清偿能力和市场竞争力的大中型企业,可在做好贷款质量监测和准确分类的同时,通过调整贷款期限、还款方式等贷款重组措施,缓解企业债务压力。推动行业主管部门进一步明确工业结构调整和转型升级方向,强化目录管理、标准管理等手段的约束力,提高"白名单”、“黑名单”的参考价值。加强金融机构同业沟通协调,积极开展联合授信,保持对工业企业的合理授信规模。

二、加大资本市场、保险市场对工业企业的支持力度

（五）加大工业企业直接融资的支持力度。支持符合“中国制造2025”和战略性新兴产业方向的制造业企业,在各层次资本市场进行股权融资。鼓励工业企业扩大发行标准化债权产品,替代其他高成本融资方式。对运作规范的工业企业,在完善偿债保障措施的基础上,支持其发行公司信用类债券用于调整债务结构。扩大公司信用类债券发行规模,拓展可交换债券、可转换债券市场。积极发展绿色债券、高收益债券、绿色资产证券化等创新金融工具。

（六）提升各类投资基金支持能力。加快组建新兴产业创业投资引导基金,积极运作国家中小企业发展基金和先进制造产业投资基金,发挥财政资金的放大效应,吸引社会资本积极参与,鼓励地方加大投入,支持种子期、初创成长型中小企业和战略性新兴产业、先进制造业加快发展。优化专项建设基金投向,支持有助于传统产业加快转型升级的重大技术改造工程和培育新经济增长点的战略性新兴产业培育发展工程等,继续支持增强制造业核心竞争力等转型升级项目。探索为企业创新活动提供股权和债权相结合的融资方式。

（七）稳步推进资产证券化发展。进一步推进信贷资产证券化,支持银行通过盘活信贷存量加大对工业的信贷支持力度。加快推进住房和汽车贷款资产证券化。在审慎稳妥的前提下,选择少数符合条件的金融机构探索开展不良资产证券化试点。加快推进应收账款证券化等企业资产证券化业务发展,盘活工业企业存量资产。

（八）不断提高工业保险服务水平。深入推进首台(套)重大技术装备保险补偿机制试点工作,研究将新材料、关键零部件纳入首批次应用保险保费补偿机制实施范围。推动保险公司尽快开发出更符合新能源汽车风险特征的专属保险产品。扩大中国保险投资基金对工业转型升级项目的投入。鼓励保险资产管理机构加快债权投资计划、股权投资计划、股债结合等资产管理产品创新,为战略性新兴产业、先进制造业等提供资金支持。

三、推动工业企业融资机制创新

(九)大力发展应收账款融资。加强动产融资统一登记系统建设,改进完善应收账款质押和转让、特许经营权项下收益权质押、合同能源管理未来收益权质押、融资租赁、保证金质押、存货和仓单质押等登记服务。推动更多供应链加入应收账款质押融资服务平台,支持商业银行进一步扩大应收账款质押融资规模。建立应收账款交易机制,解决大企业拖欠中小微企业资金问题。推动大企业和政府采购主体积极确认应收账款,帮助中小企业供应商融资。

(十)探索推进产融对接融合。支持符合条件的工业企业集团设立财务公司。探索开展企业集团财务公司延伸产业链金融服务试点。支持大企业设立产业创投基金,为产业链上下游创业者提供资金支持。积极稳妥推进投贷联动试点,有效防范风险,支持科技创新创业企业健康发展。

四、促进工业企业兼并重组

(十一)优化工业企业兼并重组政策环境。进一步取消或简化上市公司兼并重组行政许可及审批事项,优化审核流程,落实好分行业审核机制,提高并购重组审核效率和透明度。研究完善并购重组股份定价机制、丰富并购重组支付工具。鼓励国有控股上市公司依托资本市场加强资源整合,调整优化产业布局,提高发展质量和效益。发挥市场在兼并重组中的决定性作用,引导金融机构与企业自主协商、妥善解决工业企业兼并重组中的金融债务重组问题,切实维护债权人合法权益。

(十二)扩宽工业企业兼并重组融资渠道。完善并购贷款业务,进一步扩大并购贷款规模,合理确定贷款期限。进一步推动金融机构对兼并重组工业企业实行综合授信。允许符合条件的工业企业通过发行优先股、可转换债券等筹集兼并重组资金。对于暂时困难、未来现金流有合理市场预期的工业企业,通过债务重组等多种方式有效降低其债务负担和杠杆率。

五、支持工业企业加快"走出去"

(十三)完善对工业企业"走出去"的支持政策。简化境内企业境外融资核准程序,鼓励境内工业企业利用境外市场发行股票、债券和资产证券化产品。支持工业企业在对外经济活动中使用人民币计价结算,优化对外人民币贷款项目管理,鼓励工业企业使用人民币对外贷款和投资。加大出口信用保险对自主品牌、自主知识产权、战略性新兴产业的支持力度,扩大中长期出口信用保险覆盖面,对大型成套设备出口融资实现应保尽保。

(十四)加强对工业企业"走出去"的融资支持。进一步提高"两优"贷款支持力度,支持生产型海外项目建设。鼓励中国企业采用政府和社会资本合作(PPP)模式开展境外项目合作。推动工业企业用好"外保内贷"政策,支持"走出去"企业以境外资产和股权、矿权等权益为抵押获得贷款。支持国内工业企业与"一带一路"国家及产能合作重点国别企业开展多方面合作。

六、加强风险防范和协调配合

(十五)切实防范化解金融风险。积极稳妥做好"僵尸"企业信贷退出,维护银行信贷资产安全。充分发挥金融信用信息基础数据库作用,建立健全部门间联合惩戒机制,对恶意逃废银行债务和"恶意脱保"企业、个人形成强有力约束。督促银行用足用好现有核销政策,加快核销进度,做到"应核尽核"。落实好贷款损失税前扣除政策。完善不良贷款处置的市场主体准入、组包项目及户数等政策。进一步发挥金融资产管理公司和地方资产管理公司在参与企业破产重组和债务处置中的作用。各级金融监管部门要完善风险监测体系,督促金融机构提高风险管控能力,及时处置化解风险隐患,同时注意处置风险的风险,坚决守住不发生区域性、系统性金融风险的底线。

(十六)加强协调配合。对集中度较高的重点行业,明确优质骨干企业名单,通过引导金融资源集中支持,确保行业稳定发展。通过严格实施技术标准、环保标准等措施,加快推动不符合行业规范的企业主动升级或加快退出,促进金融资源有效配置。研究加大对关键环节和重点领域的财税政策支持力度,为金融支持工业稳增长调结构增效益提供适当的正向激励。明确地方人民政府在维护金融债权方面的责任,为金融机构支持实体经济发展解除后顾之忧。

请人民银行上海总部、各分行、营业管理部、省会(首府)城市中心支行、副省级城市中心支行会同所在省(区、市)发展改革委、工业和信息化主管部门、财政厅（局）、商务主管部门、银监会、证监会及保监会派出机构将本意见迅速转发至辖区内相关机构，并做好政策贯彻实施工作。

中国银监会办公厅关于加强企业担保圈贷款风险防范和化解工作的通知

（银监办发〔2014〕214号　2014年7月28日公布施行）

各银监局，各政策性银行、国有商业银行、股份制商业银行，邮储银行：

近一时期，我国部分地区企业（不含融资性担保机构，下同）担保圈导致的信贷风险大量暴露，给银行信贷资产带来较大风险。为有效防范和化解企业担保圈贷款风险，现就有关事项通知如下：

一、提高认识。担保圈常见的担保模式有互保、联保、循环保等，当前在小微企业和县域企业中较为普遍。这些担保模式在一定程度上能够增强企业偿债能力，但也容易造成多头授信和过度授信，加大风险发生和传递的可能性。特别是在经济下行周期，当担保圈中个别企业发生经营问题和财务危机时，往往产生多米诺骨牌效应，风险很快传染整个担保圈，导致圈内企业整体陷入困境。各银行业金融机构要充分认识当前担保圈风险问题的严重性和复杂性，未雨绸缪、防患未然，研究采取有效措施防范化解风险，确保不发生区域性、系统性金融风险。

二、转变观念。各银行业金融机构要改变银行贷款风险管理中过度依赖抵押、担保等第二还款来源的做法，把企业第一还款来源作为授信额度控制和贷款风险管理的首要条件。单个企业客户的贷款需求必须有真实交易背景作为支撑，根据企业销售规模与经营周转速度合理核定贷款额度，核定的贷款额度必须有可预见的稳定现金流作为覆盖。要严格控制企业间互保、联保、循环保贷款规模，适当降低互保、联保、循环保贷款比重，注重从源头上防范多头授信、连环互保风险。

三、严格准入。各银行业金融机构要加强对企业互保、联保、循环保业务的准入管理，审慎评估保证人的实际担保能力，加强对保证人的准入管理。要深入调查相关借款人和担保人关联关系、资金流向并甄别联保背景真实性，防范操作风险和欺诈风险。严格限制盲目担保和过度担保行为，防止担保链条过长。对联保贷款方式，企业对外担保的限额原则上不得超过其净资产；除农户担保贷款外，每家企业担保客户不超过5户，并严格控制联保体内单户贷款额度。

四、专项排查。各银行业金融机构要对本行互保、联保、循环保企业客户进行专项排查，彻底清查和审慎评估担保圈内贷款风险。对排查过程中发现的属于担保圈贷款的客户，要及时纳入担保圈治理范围，重点做好对借款人、保证人偿债能力的分析和监控。在专项排查的基础上，要按照企业爆发风险的可能性及损失大小，对客户进行筛查排序，实施名单式管理，并将客户分为高风险、中风险、低风险三类，对高风险客户要坚持"一户一策"原则，逐户制订变更承债主体、调整贷款期限、优化担保结构、置换业务品种等风险处置预案。各银行业金融机构应在2014年10月底前完成风险排查，并及时向属地银监部门报告排查结果和高风险客户的风险处置预案。

五、抱团帮扶。对于已出现风险的担保圈贷款，要由主债权银行（即贷款余额最大行）牵头成立担保贷款债权人委员会，建立债权银行之间的协调会商机制，共同应对风险暴露后的化解处置。在发生因企业对外担保而形成的风险事件时，债权人委员会要协调各债权人按照"实事求是、区别对待、抱团帮扶、合力解困"的原则，积极整合资源化解债务风险。要共享信息、协调政策，共同促进风险化解工作，不得单独采取极端方式突然处置，防止担保圈内企业由于资金链断裂造成大面积倒闭，引发区域性金融风险。

六、分类管理。对暂时出现资金链紧张，但属于战略新兴、节能环保等国家政策支持产业，或有市场、有客户、有核心竞争力、有科技含量的企业，债权银行不应强行要求立即偿还所有债务，不盲目抽贷、压贷、缓贷，可通过重新评估贷款期限、增加有效抵质押物等方式，帮助企业渡过难关，最大限度地保全银行债权。对于市场发展前景和盈利能力一般，或偿债能力不佳、保证人担保能力不足、关联关系过于复杂，或圈内企业存在违约记录的客户，可通过增加抵质押物、多收少贷、只收不贷等措施积极压缩收回贷款。对于市场发展前景不佳甚至属于国家政策限制发展的产业,或资金无盘活希望、有贷款诈骗嫌疑,甚至躲避还款、逃废银行债务的,要及时采取诉讼手段,保全资产、减少损失。

七、核销处置。对于因担保圈问题导致的不良贷款,各银行业金融机构要用足用好国家有关部门关于呆账核销、不良处置的各项政策,通过及时核销、贷款转让、变更偿债主体等多种方式依法高效处置不良资产。

八、监测预警。各银行业金融机构要建立全面的风险预警管控机制,加强对企业担保圈贷款的日常监测。要健全风险预警指标体系,强化贷前风险预警功能,监控重点行业、区域、特定客户群等风险变化趋势,及时发出预警信号。重点监控银行贷款依存度高、民间融资依存度高、生产经营不正常的担保圈企业,长三角、珠三角等风险较高地区的担保圈企业,以及钢贸、煤炭、纺织化纤等风险较高行业领域的担保圈企业。

中国银行业监督管理委员会办公厅关于信托公司风险监管的指导意见

(银监办发〔2014〕99号　2014年4月8日公布施行)

为贯彻落实国务院关于加强影子银行监管有关文件精神和2014年全国银行业监督管理工作会议部署,有效防范化解信托公司风险,推动信托公司转型发展,现提出如下指导意见。

一、总体要求

坚持防范化解风险和推动转型发展并重的原则,全面掌握风险底数,积极研究应对预案,综合运用市场、法律等手段妥善化解风险,维护金融稳定大局。明确信托公司"受人之托、代人理财"的功能定位,培育"卖者尽责、买者自负"的信托文化,推动信托公司业务转型发展,回归本业,将信托公司打造成服务投资者、服务实体经济、服务民生的专业资产管理机构。

二、做好风险防控

(一)妥善处置风险项目

1.落实风险责任。健全信托项目风险责任制,对所有信托项目、尤其是高风险项目,安排专人跟踪,责任明确到人。项目风险暴露后,信托公司应全力进行风险处置,在完成风险化解前暂停相关项目负责人开展新业务。相关责任主体应切实承担起推动地方政府履职、及时合理处置资产和沟通安抚投资人等风险化解责任。

2.推进风险处置市场化。按照"一项目一对策"和市场化处置原则,探索抵押物处置、债务重组、外部接盘等审慎稳妥的市场化处置方式。同时,充分运用向担保人追偿、寻求司法解决等手段保护投资人合法权益。

3.建立流动性支持和资本补充机制。信托公司股东应承诺或在信托公司章程中约定,当信托公司出现流动性风险时,给予必要的流动性支持。信托公司经营损失侵蚀资本的,应在净资本中全额扣减,并相应压缩业务规模,或由股东及时补充资本。信托公司违反审慎经营规则、严重危及公司稳健运行、损害投资人合法权益的,监管机构要区别情况,依法采取责令控股股东转让股权或限制有关股东权利等监管措施。

(二)切实加强潜在风险防控

1.加强尽职管理。信托公司应切实履行受托人职责,从产品设计、尽职调查、风险管控、产品营销、后续管理、信息披露和风险处置等环节入手,全方位、全过程、动态化加强尽职管理,做到勤勉尽责,降低合规、法律及操作风险。提升对基础资产的动态估值能力和对资金使用的监控能力,严防资金挪用。

2.加强风险评估。信托公司要做好存续项目风险排查工作,及时掌握风险变化,制定应对预案。同时,加强对宏观经济形势和特定行业趋势、区域金融环境的整体判断,关注政策调整变化可能引发的风险。对房地产等重点风险领域定期进行压力测试。

3.规范产品营销。坚持合格投资人标准,应在产品说明书中明确，投资人不得违规汇集他人资金购买信托产品，违规者要承担相应责任及法律后果。坚持私募标准，不得向不特定客户发送产品信息。准确划分投资人群，坚持把合适的产品卖给适合的对象，切实承担售卖责任。信托公司应遵循诚实信用原则，切实履行“卖者尽责”义务，在产品营销时向投资人充分揭示风险，不得存在虚假披露、误导性销售等行为。加强投资者风险教育，增强投资者“买者自负”意识。在信托公司履职尽责的前提下，投资者应遵循“买者自负”原则自行承担风险损失。逐步实现信托公司以录音或录像方式保存营销记录。严格执行《信托公司集合资金信托计划管理办法》，防止第三方非金融机构销售风险向信托公司传递。发现违规推介的，监管部门要暂停其相关业务，对高管严格问责。

4. 做好资金池清理。信托公司不得开展非标准化理财资金池等具有影子银行特征的业务。对已开展的非标准化理财资金池业务，要查明情况，摸清底数，形成整改方案，于 2014 年 6 月 30 日前报送监管机构。各信托公司要结合自身实际，循序渐进、积极稳妥推进资金池业务清理工作。各银监局要加强监督指导，避免因“一刀切”引发流动性风险。

5. 优化业务管理。从今年起对信托公司业务范围实行严格的准入审批管理；对业务范围项下的具体产品实行报告制度。凡新入市的产品都必须按程序和统一要求在入市前 10 天逐笔向监管机构报告。监管机构不对具体产品做实质性审核，但可根据信托公司监管评级、净资本状况、风险事件、合规情况等采取监管措施。信托公司开展关联交易应按要求逐笔向监管机构事前报告，监管机构无异议后，信托公司方可开展有关业务。异地推介的产品在推介前向属地、推介地银监局报告。属地和推介地银监局要加强销售监管，发现问题的要及时叫停，以防风险扩大。

6. 严防道德风险和案件风险。强化依法合规经营，严防员工违法、违规事件发生。组织案件风险排查，严格实施违规问责和案件问责，保持对案件风险防控的高压态势。

（三）建立风险防控长效机制

1. 完善公司治理。信托公司股东（大）会、董事会、监事会、经营层要清晰界定职责权限,各司其职,形成运行有效、制衡有效、激励有效、约束有效的良性机制。信托公司实际控制人必须"阳光化",明确风险责任,做到权责对等。各银监局要将信托公司的公司治理情况作为监管重点,对《信托公司治理指引》等相关规定执行不力的机构和责任人员严格问责。

2. 建立恢复与处置机制。信托公司应结合自身特点制订恢复与处置计划。该计划至少应包括:激励性薪酬延付制度(建立与风险责任和经营业绩挂钩的科学合理的薪酬延期支付制度);限制分红或红利回拨制度(信托公司股东应承诺或在信托公司章程中约定,在信托公司出现严重风险时,减少分红或不分红,必要时应将以前年度分红用于资本补充或风险化解,增强信托公司风险抵御能力);业务分割与恢复机制(通过对部分业务实施分割或托管以保全公司整体实力);机构处置机制(事先做好机构出现重大风险的应对措施)。

各信托公司应将该计划经董事会、股东会批准通过后,于 2014 年 6 月 30 日前报送监管机构审核。各银监局应据此制定机构监管处置计划,并将其与信托公司的恢复与处置计划于 7 月 20 日前一并报送银监会。

3. 建立行业稳定机制。积极探索设立信托行业稳定基金,发挥行业合力,消化单体业务及单体机构风险,避免单体机构倒闭给信托行业乃至金融业带来较大负面冲击。

4. 建立社会责任机制。信托业协会要公布信托公司社会责任要求,按年度发布行业社会责任报告。信托公司要在产品说明书(或其他相关信托文件)中明示该产品是否符合社会责任,并在年报中披露本公司全年履行社会责任的情况。

三、明确转型方向

(一)规范现有业务模式

1. 明确事务管理类信托业务的参与主体责任。金融机构之间的交叉产品和合作业务,必须以合同形式明确项目的风险责任承担主体,提供通道的一方为项目事务风险的管理主体,厘清权利义务,并由风险承担主体的行业归口监管部门负责监督管理,切实落实风险防控责任。进一步加强业务现场检查,防止以抽屉协议的形式规避监管。

2. 强化信贷类资金信托业务监管力度。按照实质重于形式和风险水平与资本要求相匹配的原则，强化信贷类业务的风险资本约束，完善净资本管理。

（二）探索转型发展方向

1. 支持治理完善、内控有效、资产管理能力较强的信托公司探索创新。鼓励走差异化发展道路，将资产管理、投资银行、受托服务等多种业务有机结合，推动信托公司发展成为风险可控、守法合规、创新不断、具有核心竞争力的现代信托机构，真正做到"受人之托、代人理财"。

2. 推动业务转型。改造信贷类集合资金信托业务模式，研究推出债权型信托直接融资工具。大力发展真正的股权投资，支持符合条件的信托公司设立直接投资专业子公司。鼓励开展并购业务，积极参与企业并购重组，推动产业转型。积极发展资产管理等收费型业务，鼓励开展信贷资产证券化和企业资产证券化业务，提高资产证券化业务的附加值。探索家族财富管理，为客户量身定制资产管理方案。完善公益信托制度，大力发展公益信托，推动信托公司履行社会责任。

四、完善监管机制

（一）厘清监管责任边界

非银行金融机构监管部和各银监局既要各司其职，又要加强协同，形成监管合力。非银行金融机构监管部要着力研究完善制度设计和机制建设，加强指导、检查和后评价工作。各银监局要按照属地监管原则承担第一监管责任，明确各级监管人员的具体职责，切实做好辖内信托公司风险防范与改革发展工作。

（二）紧盯重点风险领域

各银监局要按照银监会统一监管要求，对融资平台、房地产、矿业、产能过剩行业、影子银行业务等风险隐患进行重点监控，并适时开展风险排查，及时做好风险防范和化解工作。

（三）严格监管问责

各银监局要严格落实《关于进一步明确信托公司风险监管责任的通知》（银监办发〔2013〕200 号）相关要求，对 2013 年以来出现风险的信托项目，实事求是地做好问责工作。对存在违规行为、风险管理或风险化解不当的信托公司及其责任人员，及时实施监管问责并报送银监会。建立风险责任人及交易对手案底制度。

（四）强化持续监管

1. 做好非现场监管工作。监管机构要列席各公司董事会和议决重大事项的经营班子会议。紧盯数据信息系统及行业舆情，督促信托公司提升数据质量。按季开展高管会谈，按年开展董事会、监事会会谈及外部审计会谈。各级监管部门要按月及时跟踪监测信托公司运行情况，编制上报季度风险报告和年度监管报告，同时可抄送股东单位、行政管理部门和党委管理部门，引入约束机制。

2. 做好现场检查工作。将尽职调查、合规管理和兑付风险等纳入现场检查重点，检查方式和频率由各银监局结合辖内机构实际情况合理确定。

3. 实行高管准入"三考"制度。凡新进信托公司的董事、高管都必须通过"三考"，再核准其任职资格。"三考"内容和要求，由非银行金融机构监管部负责制定，属地银监局按统一要求具体实施。包括：考核（对过往业绩做非现场检查）、考试（考察履职能力和业务能力是否相符）、考查（当面谈话，判断是否具备高管能力）。

4. 做好法人监管工作。要求信托公司总部的综合部门和业务后台部门所在地原则上与注册地一致；中台部门相对集中，不能过于分散；前台部门规范有序开展业务。

（五）建立风险处置和准入事项挂钩制度

信托公司多次在同一类业务发生风险，严重危及稳健运行的，监管机构应依法暂停其该类业务。信托公司连续在不同业务领域发生风险的，可区分原因采取暂停发行集合信托、责令调整高级管理人员和风控架构等监管措施。对发生风险的信托公司，在实现风险化解前，暂停核准其高管任职和创新业务资格。

（六）完善资本监管

2014 年上半年完成信托公司净资本计算标准修订工作，调整信托业务分类标准，区分事务管理类业务和自主管理类业务，强化信贷类信托业务的资本约束，建立合理明晰的分类资本计量方法，完善净资本监管制度。

(七)加强从业人员管理

尽快印发规范信托公司从业人员管理办法,指导信托业协会做好从业人员考试工作,提高信托从业人员素质,加强从业人员资质准入和持续管理,建立从业人员诚信履职评价机制。

(八)建立信托产品登记机制

抓紧建立信托产品登记信息系统,制定信托产品登记管理规则,扩展信托产品登记的监管功能和市场功能,研究设立专门登记机构负责该系统的运营与管理工作。

(九)建立分类经营机制

抓紧《信托公司监管评级与分类监管指引》(银监发〔2008〕69号)修订工作,适当调整评级指标,综合考察公司治理、内控机制、风控水平、团队建设、资产管理能力和软硬件支撑等要素,按"减分制"开展评级。将评级结果与业务范围相挂钩,逐步推进实施"有限牌照"管理。

中国银监会关于加强大额不良贷款监管工作的通知

(银监发〔2007〕66号 2007年8月3日公布施行)

各银监局,各政策性银行、国有商业银行、股份制商业银行:

近年来,银行业金融机构通过深化改革,加强内部管理,信用风险管理水平不断提高,资产质量持续改善。但随着大客户授信集中度的持续上升,大额不良贷款也呈反弹上升之势,成为影响不良贷款"双降"的重要因素。为切实抓好银行业金融机构不良贷款"双降"工作,银监会决定综合运用非现场监管、现场检查、延伸检查、责任追究和核销重组等措施,加强大额不良贷款风险防范和化解工作。现将有关事项通知如下:

一、对不良大客户实行台账监测，逐户跟踪风险化解

（一）双向建立台账

建立银行业监管部门和银行双向台账制度：

一是银监会相关监管部门按照“客户风险监测预警系统”，对单户贷款余额超过5000万元且不良率超过50%的大客户贷款建立台账。各银监局对辖内台账进行逐户跟踪，持续监测大额不良贷款变化、清收处置、资产保全等情况，督促银行做好核销工作。对于低于上述标准的大额贷款，视具体情况，由银监局自行建立台账管理。

二是各银行总行根据银监会设立的台账，逐户明确贷款责任行和责任人，按照“一户一策”原则，制定风险化解时间表和清收处置方案，每半年向银监会报送一次方案及其执行情况。

（二）定期进行对账

银监会相关监管部门与各银行总行、银监会各监管部门与各银监局、各银监局与相关银行一级分行每半年分别核对台账情况，核对内容包括：客户变化、每户清收处置方案完成情况等。银监会统计部定期更新不良贷款客户名单，相关监管部门及时将更新名单通知各家银行总行和各银监局。

（三）双线落实责任

各银行总行及其分支机构成立专门小组，由行级领导担任组长，指定牵头部门和配合部门，明确职责，安排专人负责大额不良贷款台账管理工作。各银监局成立监测小组，由主管局领导担任组长，指定专人负责台账监测工作。

（四）加强内部审计

各银行要加强内审工作，定期对大额不良贷款进行全面审计，对退出台账的大额不良贷款应当进行专项审计。

（五）报告制度

各银行总行每半年向银监会报送大额不良贷款台账情况。包括：客户及不良贷款变化、清收处置方案及具体措施、实施的效果、对监管意见的落实情况等。各银监局每半年向银监会报告台账变化情况。包括：大额不良贷款变动趋势和原因、客户构成变动、清收处置方案进度、存在的问题等具体情况。

二、开展大额不良贷款现场检查

(一)检查对象和频率

各银监局根据辖内不良贷款台账,以户为单位,按照风险状况,采用相应频率(月、季、半年)组织实施现场检查。检查应覆盖所有向该客户发放贷款的银行和全部授信情况。现场检查从发文之日起开始实施,首次只检查一个客户,并在一个月内完成检查任务。

(二)检查责任

各银监局成立大额不良贷款现场检查小组,分管局领导任组长,指定现场检查经验丰富的处长为主查人。

检查实行项目负责制,对选定企业的贷款问题要查深查透。对本次检查未发现问题,日后由审计、财政、纪检等有关部门检查发现问题的,根据《中国银监会工作人员履职问责暂行办法》追究相关人员的监管责任和领导责任。

(三)检查内容

1. 贷前调查。重点检查贷款调查是否尽职充分。包括:银行是否根据授信种类收集企业基本资料,建立企业档案。是否关注和收集企业及关联客户的有关信息,有效识别授信集中风险及关联客户授信风险。是否对企业提供的授信主体资格、财务状况等资料的合法性、真实性和有效性认真核实,并将核实过程和结果以书面形式记载。是否以实地调查方式验证企业资料,是否向政府有关部门及社会中介索取相关资料,以验证企业提供材料的真实性,并记录在案。企业资料有变动时,银行是否要求企业提供书面报告,进一步核实后及时更新。企业资料补充或变更时,授信业务部门和授信管理部门是否及时进行沟通。企业发生突发事件时,银行是否派员实地调查,并及时做出是否更改原授信意见。

2. 贷款审查。重点检查贷款审查是否依法合规。包括:是否按照规定的程序、形式和权限进行审批。授信是否符合国家产业政策和环保标准。是否逆程序审查企业贷款申请,是否存在先贷后审问题。是否认真评估客户的财务报表,对影响客户财务状况的各项因素进行分析评价,预测客户未来的财务和经营情况。是否对客户非财务因素进行分析评价,对客户公司治理、管理层素质、履约记录、生产装备和技术能力、产品和市场、行业特点以及宏观经济环境方面的风险进行识别。是否评定并记载客户的信用等级。是否对授信项目的技术、市场、财务等方面可行性进行评审,并以书面形式予以记载。是否对第二还款来源进行分析评价,确认保证人的保证主体资格和代偿能力,以及抵押、质押的合法性、充分性和可实现性。是否根据上述环节的评价,形成书面的分析报告。是否在客户信用登记和评价报告有效期内,对发生影响客户资信的重大事项,重新进行授信分析评价。

3. 贷款发放。重点检查贷款发放是否符合规定程序。包括:是否以书面形式确定贷款终审意见,明确发放时间和有关限制性条款,包括金额、期限、时间、利率、用途、限制性规定等内容。经办行是否根据贷款终审意见与企业签订全套贷款合同并准备相关资料。放款前银行是否审核贷款合同签订是否规范、企业提供资料是否齐全、公司章程、验资报告和营业执照、董事会决议等资料是否齐全;贷款用途是否符合终审意见;是否在落实审贷意见的基础上发放贷款。

4. 贷后检查。重点检查贷后检查是否落实有关要求。包括:银行是否对所有影响企业还款的因素进行持续监测,形成书面监测报告。是否对固定资产贷款的资金流向进行跟踪和监控。是否严格按照风险管理的原则,对已实施授信进行准确分类,并建立企业情况变化报告制度。是否通过非现场和现场检查,及时发现企业的潜在风险并发出预警风险提示。是否在发现企业违约时及时制止并采取相应补救措施。是否根据企业偿还能力和现金流量,调整企业授信,包括展期、增加或缩减授信,要求提前还款等。是否及时采取措施,处理不良贷款,包括:重新审核所有授信文件,征求法律、审计和问题授信管理等方面专家的意见。书面通知所有可能受影响的分支机构并要求承诺落实必要的措施。要求保证人履行保证责任,追加担保或行使担保权。

5. 内部审计。重点检查内部审计是否独立充分。包括:是否对该户企业贷款不良成因进行过内部审计。审计程序、内容和深度是否符合要求,审计是否发现贷款存在问题,是否对发现的问题进行责任认定并提出整改意见,内审整改和处理意见是否得到落实。

(四)检查方式

银监局要组织现场检查人员对贷款银行单户企业授信情况进行

全面检查,检查程序依照银监会现场检查有关规定执行。

必要时,检查人员应依法行使延伸检查权,深入企业和相关部门检查核实有关情况,包括:

一是核查财务状况。重点核查企业提交的财务报表是否与银行贷前调查收集的财务报表一致,存在差异的主要原因等。企业的财务报表是否经过合格会计师事务所审计,对未审计的报表,是否有与企业实际情况重大不符点。有必要时,应分别到税务、工商管理等部门核对财务报表的真实性。

二是核查贷款使用情况。检查企业借款资金是否符合合同规定的用途,是否存在违规挪用贷款问题,是否实行专款专用,是否接受银行定期贷后调查。

三是核查抵押品。应实地核查有形抵押品的真实状况,抵押品市价变动是否满足贷款规定的抵押比例,抵质押品处置是否存在障碍。

四是核查权证真实性。重点核实抵质押品是否按规定程序办理抵押登记手续,是否存在重复抵押问题,土地权证、存单、单据是否有相应部门的合法登记手续,抵质押品权证管理是否符合有关规定。企业是否存在提供虚假权证问题。

五是核查资产保全。重点核查借款企业是否履行还款承诺,企业还款安排是否合理,银行资产保全措施是否得到遵守,企业是否存在逃债行为等。

(五)责任认定和处罚处理

1. 不良成因认定。根据检查情况,对每户企业不良贷款成因作出认定。一是市场原因,包括受宏观调控的影响或企业所在行业发展的经济周期影响,企业在技术、产品和市场方面处于不利地位,由此导致企业还款出现困难。二是银行内部管理原因,包括因违反授信业务的监管规定和银行内部规定,导致出现的不良贷款。三是案件原因。包括因银行员工内外勾结或企业骗取银行信贷资金,形成不良贷款。四是逃废债原因,包括企业有还款能力,但恶意逃废银行债务形成不良贷款。五是不可抗力原因,包括因地震、火灾、洪水等不可抗力原因形成的不良贷款。六是其他原因(应具体列明)。

2. 责任认定。根据现场检查收集证据和不良成因分析,严格责任认定。对因银行内部管理原因形成的不良贷款,要厘定贷前、审查、贷后管理责任人责任。对因骗贷等原因形成的不良贷款,要认定企业高管人员或银行内部人员的责任。对因市场原因形成的不良贷款,银行又未及时采取补救措施的,要认定银行有关责任人责任。对企业逃废债原因形成的不良贷款,要认定企业责任。对因不可抗力原因形成不良贷款的,可以免责。

3.分类处理。(1)对违反《银行业监督管理法》等法律法规的行为,要区别情形,分别采取监管谈话、限期整改、停办业务、停止审批新业务等监管措施。对应予行政处罚的,严格按照《中国银行业监督管理委员会行政处罚办法》等有关规定,给予警告、罚款等行政处罚。(2)对因违法违规导致不良贷款形成的银行高级管理人员,要根据有关规定取消其任职资格。(3)对违反银行内部制度、纪律的行为,责令银行给予纪律处分。(4)对企业及其法定代表人或银行人员骗贷、违法放贷而涉嫌犯罪的,应及时移交公安、检察机关处理。(5)对查实的不良贷款,要督促贷款银行制定切实可行的处置方案,符合核销条件的,要限期办理核销手续。在采取上述处罚处理过程中遇到困难确需银监会协调有关部门解决的,应及时向银监会报告。

(六)检查报告

银监局要认真撰写检查报告,内容要简明扼要、事实清楚、分析有力、结论明确,要深入剖析不良贷款成因并提出责任认定和处理意见。

三、建立配套工作机制

(一)高度重视,认真做好组织工作

一是要高度重视。建立大额不良贷款台账监测制度是对各银行不良贷款进行逐笔监管,各银监局和各银行要给予高度重视,精心组织,周密部署,确保各项要求落实到位。

二是要加强领导。银监会相关监管部门成立不良贷款大客户台账监测小组,组长由各部主任担任,副主任和各处处长为小组成员。小组下设办公室,为日常联系部门,具体负责银监会与各银行总行和银监局的联系、协调工作。各银监局、银行也应成立专门小组,统一指挥落实台账监测工作。小组负责人和成员报银监会相关监管部门备案。

三是要做好现场检查准备。各银监局要认真做好检查前动员和培训,根据银监会《现场检查规程》编制检查前问卷和进场会谈记录;对工作底稿、取证记录和证据、事实确认书、检查意见书等要确保真实、有效和完整;做好保密工作。

(二)加强联动,扎实推进工作

一是银监会相关监管部门与各银行总行、银监会与各银监局、银监局与各银行一级分行建立日常沟通制度,定期沟通工作进展情况。

二是银监会相关监管部门定期向各银监局、各银行总行通报大额不良贷款台账监测和现场检查阶段性工作情况,分析存在问题,提出下一步工作要求。

三是根据现场检查和台账监测工作的开展情况,组织召开经验交流会,请成绩突出的银监局、银行介绍经验,推行好的做法。

四是银监会相关监管部门定期或不定期地对部分银监局、银行进行实地调研。

五是经会领导批准,将部分检查报告及时上报国务院,并将报告编辑成册,供监管人员和风险管理人员学习借鉴。

(三)加强跨行跨地区合作,查清跨省区不良客户

一是实行主监督行制度。对涉及多家银行的集团客户,由不良贷款余额最大的银行作为主监督行,联合其他贷款银行,成立贷款联合清收组,共同研究和做好同一企业不良贷款清收处置和风险化解工作。

二是实行主查局制度。对于集团客户涉及跨省区的,由集团注册地的银监局担任主查局,派出主查人,抽调其他局人员共同完成现场检查任务。

三是对需要到辖区外,如总行、外省一级或二级分支行检查的,银监会各监管部门和被检查地区银监局提供必要的协助配合。对审批权在总行的审批环节检查,由银监会监管部门统一协调相关银行总行,为现场检查提供支持。

各银监局、各银行要按照本通知要求,抓紧建立并实施大额不良贷款台账监测制度。各银监局要认真开展大额不良贷款单户企业授

信业务现场检查，共同做好大额不良贷款清收处置和风险化解工作，确保持续实现不良贷款“双降”目标。

中国银监会关于印发《贷款风险分类指引》的通知①

（银监发〔2007〕54号　2007年7月3日公布施行）

各银监局，各政策性银行、国有商业银行、股份制商业银行、邮政储蓄银行，银监会直接监管的信托公司、财务公司、金融租赁公司：

现将《贷款风险分类指引》印发给你们，请认真贯彻执行。

请各银监局将本通知转发至辖内各银行业金融机构。

贷款风险分类指引

第一条　为促进商业银行完善信贷管理，科学评估信贷资产质量，根据《中华人民共和国银行业监督管理法》、《中华人民共和国商业银行法》及其他法律、行政法规，制定本指引。

第二条　本指引所指的贷款分类，是指商业银行按照风险程度将

① 为促进商业银行准确识别信用风险，真实反映资产质量，2019年4月，银保监会制定了《商业银行金融资风险分类暂行办法（征求意见稿）》，并面向社会公开征求意见。与《贷款风险分类指引》相比，《商业银行金融资风险分类暂行办法（征求意见稿）》有较大变化，共六章48条，除总则和附则外，主要包括四方面内容。一是提出金融资产风险分类要求。明确金融资产五级分类定义，设定零售资产和非零售资产的分类标准，对债务逾期、资产减值、逃废债务、联合惩戒等特定情形，以及分类上调、企业并购涉及的资产分类等问题提出具体要求。二是提出重组资产的风险分类要求。细化重组资产定义、认定标准以及退出标准，明确不同情形下的重组资产分类要求，设定重组资产观察期。三是加强银行风险分类管理。要求商业银行健全风险分类治理架构，制定风险分类管理制度，明确分类方法、流程和频率，开发完善信息系统，加强监测分析、信息披露和文档管理。四是明确监督管理要求。监管机构定期对商业银行风险分类管理开展评估，对违反要求的银行采取监管措施和行政处罚。

贷款划分为不同档次的过程,其实质是判断债务人及时足额偿还贷款本息的可能性。

第三条　通过贷款分类应达到以下目标:

(一)揭示贷款的实际价值和风险程度,真实、全面、动态地反映贷款质量。

(二)及时发现信贷管理过程中存在的问题,加强贷款管理。

(三)为判断贷款损失准备金是否充足提供依据。

第四条　贷款分类应遵循以下原则:

(一)真实性原则。分类应真实客观地反映贷款的风险状况。

(二)及时性原则。应及时、动态地根据借款人经营管理等状况的变化调整分类结果。

(三)重要性原则。对影响贷款分类的诸多因素,要根据本指引第五条的核心定义确定关键因素进行评估和分类。

(四)审慎性原则。对难以准确判断借款人还款能力的贷款,应适度下调其分类等级。

第五条　商业银行应按照本指引,至少将贷款划分为正常、关注、次级、可疑和损失五类,后三类合称为不良贷款。

正常:借款人能够履行合同,没有足够理由怀疑贷款本息不能按时足额偿还。

关注:尽管借款人目前有能力偿还贷款本息,但存在一些可能对偿还产生不利影响的因素。

次级:借款人的还款能力出现明显问题,完全依靠其正常营业收入无法足额偿还贷款本息,即使执行担保,也可能会造成一定损失。

可疑:借款人无法足额偿还贷款本息,即使执行担保,也肯定要造成较大损失。

损失:在采取所有可能的措施或一切必要的法律程序之后,本息仍然无法收回,或只能收回极少部分。

第六条　商业银行对贷款进行分类,应主要考虑以下因素:

(一)借款人的还款能力。

(二)借款人的还款记录。

(三)借款人的还款意愿。

（四）贷款项目的盈利能力。

（五）贷款的担保。

（六）贷款偿还的法律责任。

（七）银行的信贷管理状况。

第七条 对贷款进行分类时，要以评估借款人的还款能力为核心，把借款人的正常营业收入作为贷款的主要还款来源，贷款的担保作为次要还款来源。

借款人的还款能力包括借款人现金流量、财务状况、影响还款能力的非财务因素等。

不能用客户的信用评级代替对贷款的分类，信用评级只能作为贷款分类的参考因素。

第八条 对零售贷款如自然人和小企业贷款主要采取脱期法，依据贷款逾期时间长短直接划分风险类别。对农户、农村微型企业贷款可同时结合信用等级、担保情况等进行风险分类。

第九条 同一笔贷款不得进行拆分分类。

第十条 下列贷款应至少归为关注类：

（一）本金和利息虽尚未逾期，但借款人有利用兼并、重组、分立等形式恶意逃废银行债务的嫌疑。

（二）借新还旧，或者需通过其他融资方式偿还。

（三）改变贷款用途。

（四）本金或者利息逾期。

（五）同一借款人对本行或其他银行的部分债务已经不良。

（六）违反国家有关法律和法规发放的贷款。

第十一条 下列贷款应至少归为次级类：

（一）逾期（含展期后）超过一定期限、其应收利息不再计入当期损益。

（二）借款人利用合并、分立等形式恶意逃废银行债务，本金或者利息已经逾期。

第十二条 需要重组的贷款应至少归为次级类。

重组贷款是指银行由于借款人财务状况恶化，或无力还款而对借款合同还款条款作出调整的贷款。

重组后的贷款（简称重组贷款）如果仍然逾期，或借款人仍然无力归还贷款，应至少归为可疑类。

重组贷款的分类档次在至少6个月的观察期内不得调高，观察期结束后，应严格按照本指引规定进行分类。

第十三条　商业银行在贷款分类中应当做到：

（一）制定和修订信贷资产风险分类的管理政策、操作实施细则或业务操作流程。

（二）开发和运用信贷资产风险分类操作实施系统和信息管理系统。

（三）保证信贷资产分类人员具备必要的分类知识和业务素质。

（四）建立完整的信贷档案，保证分类资料信息准确、连续、完整。

（五）建立有效的信贷组织管理体制，形成相互监督制约的内部控制机制，保证贷款分类的独立、连续、可靠。

商业银行高级管理层要对贷款分类制度的执行、贷款分类的结果承担责任。

第十四条　商业银行应至少每季度对全部贷款进行一次分类。

如果影响借款人财务状况或贷款偿还因素发生重大变化，应及时调整对贷款的分类。

对不良贷款应严密监控，加大分析和分类的频率，根据贷款的风险状况采取相应的管理措施。

第十五条　逾期天数是分类的重要参考指标。商业银行应加强对贷款的期限管理。

第十六条　商业银行内部审计部门应对信贷资产分类政策、程序和执行情况进行检查和评估，将结果向上级行或董事会作出书面汇报，并报送中国银行业监督管理委员会或其派出机构。

检查、评估的频率每年不得少于一次。

第十七条　本指引规定的贷款分类方式是贷款风险分类的最低要求，各商业银行可根据自身实际制定贷款分类制度，细化分类方法，但不得低于本指引提出的标准和要求，并与本指引的贷款风险分类方法具有明确的对应和转换关系。

商业银行制定的贷款分类制度应向中国银行业监督管理委员会

或其派出机构进行报备。

第十八条　对贷款以外的各类资产，包括表外项目中的直接信用替代项目，也应根据资产的净值、债务人的偿还能力、债务人的信用评级情况和担保情况划分为正常、关注、次级、可疑、损失五类，其中后三类合称为不良资产。

分类时，要以资产价值的安全程度为核心，具体可参照贷款风险分类的标准和要求。

第十九条　中国银行业监督管理委员会及其派出机构通过现场检查和非现场监管对贷款分类及其质量进行监督管理。

第二十条　商业银行应当按照相关规定，向中国银行业监督管理委员会及其派出机构报送贷款分类的数据资料。

第二十一条　商业银行应在贷款分类的基础上，根据有关规定及时足额计提贷款损失准备，核销贷款损失。

第二十二条　商业银行应依据有关信息披露的规定，披露贷款分类方法、程序、结果及贷款损失计提、贷款损失核销等信息。

第二十三条　本指引适用于各类商业银行、农村合作银行、村镇银行、贷款公司和农村信用社。

政策性银行和经中国银行业监督管理委员会批准经营信贷业务的其他金融机构可参照本指引建立各自的分类制度，但不应低于本指引所提出的标准和要求。

第二十四条　本指引由中国银行业监督管理委员会负责解释和修改。

第二十五条　本指引自发布之日起施行，在本指引发布施行前有关规定与本指引相抵触的，以本指引为准。

中国银行业监督管理委员会、财政部关于印发《不良金融资产处置尽职指引》的通知

(银监发〔2005〕72 号 2005 年 11 月 18 日公布施行)

各银监局,各政策性银行、国有商业银行、股份制商业银行、金融资产管理公司、建银投资公司,财政部驻各省、自治区、直辖市、计划单列市财政监察专员办事处:

为规范银行业金融机构、金融资产管理公司和经中国银监会批准设立的其他金融机构的不良金融资产处置行为,明确不良金融资产处置工作尽职要求,中国银监会、财政部制定了《不良金融资产处置尽职指引》。现印发给你们,请遵照执行。

请各银监局将此文及时转发至辖内城市商业银行、城市信用合作社、农村信用合作社联社等有关法人机构。

不良金融资产处置尽职指引

第一章 总 则

第一条 为规范不良金融资产处置行为,明确不良金融资产处置工作尽职要求,防范道德风险,促进提高资产处置效率,根据《中华人民共和国银行业监督管理法》、《中华人民共和国商业银行法》和《金融资产管理公司条例》等法律法规,制定本指引。

第二条 本指引适用于在中华人民共和国境内设立的政策性银行、商业银行(以下统称银行业金融机构)和金融资产管理公司。经中国银行业监督管理委员会批准设立的其他金融机构可参照执行。

第三条 本指引中的不良金融资产、不良金融资产处置、不良金融资产工作人员是指:

(一)不良金融资产指银行业金融机构和金融资产管理公司经营中形成、通过购买或其他方式取得的不良信贷资产和非信贷资产,如不良债权、股权和实物类资产等。

(二)不良金融资产处置指银行业金融机构和金融资产管理公司对不良金融资产开展的资产处置前期调查、资产处置方式选择、资产定价、资产处置方案制定、审核审批和执行等各项活动。与不良金融资产处置相关的资产剥离(转让)、收购和管理等活动也适用本指引的相关规定。

(三)不良金融资产工作人员指银行业金融机构和金融资产管理公司参与不良金融资产剥离(转让)、收购、管理和处置的相关人员。

第四条 银行业金融机构和金融资产管理公司在处置不良金融资产时,应遵守法律、法规、规章和政策等规定,在坚持公开、公平、公正和竞争、择优的基础上,努力实现处置净回收现值最大化。

第五条 银行业金融机构和金融资产管理公司应建立全面规范的不良金融资产处置业务规章制度,完善决策机制和操作程序,明确尽职要求。定期或在有关法律、法规、规章和政策发生变化时,对不良金融资产处置业务规章制度进行评审和修订。

第六条 银行业金融机构和金融资产管理公司应采取有效措施,确保不良金融资产工作人员熟悉并掌握不良金融资产处置相关法律、法规、规章、政策和本指引有关规定。

第七条 不良金融资产工作人员与剥离(转让)方、债务人、担保人、持股企业、资产受让(受托)方、受托中介机构存在直接或间接利益关系的,或经认定对不良金融资产形成有直接责任的,在不良金融资产处置中应当回避。

不良金融资产工作人员不得同时从事资产评估(定价)资产处置和相关审核审批工作。

第八条 银行业金融机构和金融资产管理公司应建立不良金融资产处置尽职问责制,规定在不良金融资产剥离(转让)、收购、管理和处置过程中有关单位、部门和岗位的职责,对违反有关法律、法规、规章、政策和本指引规定的行为进行责任认定,并按规定对有关责任人进行处理。

第二章 资产剥离(转让)和收购尽职要求

第九条 银行业金融机构和金融资产管理公司剥离(转让)不良金融资产:

(一)剥离(转让)方应做好对剥离(转让)资产的数据核对、债权(担保)情况调查、档案资料整理、不良金融资产形成原因分析等工作;剥离(转让)方应向收购方提供剥离(转让)资产的清单、现有全部的档案资料和相应的电子信息数据;剥离(转让)方应对己方数据信息的真实性和准确性以及移送档案资料的完整性做出相应承诺,并协助收购方做好资产接收前的调查工作。

(二)剥离(转让)方应设定剥离(转让)工作程序,明确剥离(转让)工作职责,并按权限进行审批。审批部门要独立于其他部门,直接向最高管理层负责。

(三)剥离(转让)方和收购方应在资产转让协议中对有关资产权利的维护、担保权利的变更以及已起诉和执行项目主体资格的变更等具体事项做出明确约定,共同做好剥离(转让)资产相关权利的转让和承接工作。银行业金融机构向金融资产管理公司剥离(转让)资产不应附有限制转让条款,附有限制转让条款的应由剥离(转让)方负责解除。

(四)自资产交易基准日至资产交割日期间,剥离(转让)方应征得收购方同意并根据授权,继续对剥离(转让)资产进行债权、担保权利管理和维护,代收剥离(转让)资产合同项下的现金等资产,并及时交付给收购方,由此发生的合理费用由收购方承担。

第十条 银行业金融机构和金融资产管理公司收购不良金融资产:

(一)收购方应对收购不良金融资产的状况、权属关系、市场前景以及收购的可行性等进行调查。调查可以采取现场调查和非现场调查方式。当缺乏大规模现场调查条件时,应将现场调查和非现场调查相结合,以真实、全面地反映资产价值和风险。当涉及较大金额收购时,收购方应聘请独立、专业的中介机构对收购资产进行尽职调查。

（二）收购方应设定收购程序，明确收购工作职责，按权限严格审批。审批部门要独立于其他部门，直接向最高管理层负责。

（三）收购方应认真核对收购资产的数据、合同、协议、抵债物和抵押（质）物权属证明文件、涉诉法律文书及其他相关资料的合法性、真实性、完整性和有效性，核对应在合理的时间内完成，并及时办理交接手续，接收转让资产，并进行管理和维护。

第十一条　剥离（转让）方和收购方在不良金融资产移交过程中应建立和完善联系沟通机制，相互配合与协作，有效管理不良金融资产，联手打击逃废债行为，共同防止资产流失和债权悬空，最大限度地保全资产。

第十二条　剥离（转让）方在剥离（转让）不良贷款过程中，应当对拟剥离（转让）不良贷款是否存在违法违规行为，包括贷款调查、贷款审批和发放、贷后管理、资产保全是否尽职等进行认定，并将结果以书面形式记录存档。发现违法违规行为的，依法、依规追究责任，并将结果抄报监管部门。

收购方在收购过程中发现剥离（转让）方违规发放贷款，贷后管理、资产保全不尽职，剥离（转让）中操作不规范，弄虚作假，掩盖违法违规行为，隐瞒损失等情形的，应及时向剥离（转让）方反映，由剥离（转让）方进行责任认定和处理。同时，剥离（转让）方和收购方应将上述情况以书面形式进行确认，并抄报监管部门。

剥离（转让）方和收购方应当以协议的形式规定，如果剥离（转让）中存在弄虚作假、隐瞒报失等情况的，收购方可以要求剥离（转让）方予以纠正，也可以拒绝接受该项资产。

第三章　资产管理尽职要求

第十三条　银行业金融机构和金融资产管理公司应建立不良金融资产管理制度，实施有效的管理策略，明确管理职责，做好不良金融资产档案管理、权益维护、风险监测等日常管理工作。定期对资产管理策略进行评价和调整。

第十四条　银行业金融机构和金融资产管理公司应全面搜集、核实和及时更新债务人（担保人）的资产负债、生产经营、涉诉情况等信息资料,搜集、核实的过程和结果应以书面或电子形式记载并归入档案。对确实难以搜集、核实相关信息的,应提供必要的佐证材料和相应的记录。

银行业金融机构和金融资产管理公司应定期或根据实际需要对不良金融资产有关情况进行现场调查。

第十五条 银行业金融机构和金融资产管理公司应加强不良债权管理。

(一)认真整理、审查和完善不良债权的法律文件和相关管理资料,包括对纸质文件和相应电子信息的管理和更新。

(二)密切监控主债权诉讼时效、保证期间和申请执行期限等,及时主张权利,确保债权始终受司法保护。

(三)跟踪涉诉项目进展情况,及时主张权利。

(四)密切关注抵押(质)物价值的不利变化,及时采取补救措施。对因客观原因或其他不可抗力而无法及时发现和补救的,应做出必要说明和记录。

(五)调查和了解债务人(担保人)的其他债务和担保情况以及其他债权人对该债务人(担保人)的债务追偿情况。

(六)及时发现债务人(担保人)主体资格丧失、隐匿、转移和毁损资产,擅自处置抵押物或将抵押物再次抵押给其他债权人等有可能导致债权被悬空的事件或行为,采取措施制止、补救和进行必要说明,并报告监管部门。

第十六条 银行业金融机构和金融资产管理公司应加强股权类资产管理。

(一)建立和完善股权管理制度。根据持股比例向持股企业派出(选聘)股东代表、董事、监事等人员,参与企业重大决策。建立股权管理授权制度。派出(选聘)的股东代表、董事、监事应定期总结报告其在持股企业中的工作。银行业金融机构和金融资产管理公司应定期对派出(选聘)股东代表、董事、监事的履职情况进行考核。

(二)密切关注持股企业资产负债、生产经营和关联交易等重大事项及其变化。

(三)依法维护股东权益,采取措施制止损害股东合法权益的行为。

（四）督促持股企业转换经营机制，建立和完善法人治理结构，提高经营管理效益，努力实现股权资产保值增值。对阶段性持股要尽可能创造条件实现退出。

（五）根据持股比例参与企业利润分配。

（六）当持股企业因管理、环境等因素发生不利变化，将导致持有股权风险显著增大时，应及时采取有效措施维护自身合法权益。

第十七条　银行业金融机构和金融资产管理公司应加强实物类资产管理。

（一）遵循有利于变现和成本效益原则，根据不同类实物类资产的特点制定并采取适当的管理策略。

（二）明确管理责任人，做好实物类资产经营管理和日常维护工作，重要权证实施集中管理。

（三）建立实物类资产台账，定期进行盘点清查，账实核对，及时掌握实物类资产的形态及价值状态的异常变化和风险隐患，积极采取有效措施，防止贬损或丢失。

（四）建立实物类资产信息数据库，及时收集、更新和分析管理、处置信息。

（五）抵债资产非经规定程序批准不能自用，并须按照有关规定尽快处置变现。

第十八条　不良债权主要包括银行持有的次级、可疑及损失类贷款，金融资产管理公司收购或接收的不良金融债权，以及其他非银行金融机构持有的不良债权。

股权类资产主要包括政策性债转股、商业性债转股、抵债股权、质押股权等。

实物类资产主要包括收购的以及资产处置中收回的以物抵债资产、受托管理的实物资产，以及其他能实现债权清偿权利的实物资产。

第十九条　银行业金融机构和金融资产管理公司应定期对不良金融资产进行分析，选择有利处置时机，及时启动处置程序，防止资产因处置不及时造成贬值或流失。

第四章 资产处置前期调查尽职要求

第二十条 银行业金融机构和金融资产管理公司处置不良金融资产前,应对拟处置资产开展前期调查分析。前期调查分析应充分利用现有档案资料和日常管理中获得的各种有效信息。当现有信息与实际情况发生较大出入或重大变化时,应进行现场调查。

对于经法院裁定终结执行、破产或经县级以上工商行政管理部门注销的债务人及其他回收价值低的资产,可根据实际情况进行专项调查、重点调查或典型抽样调查。

第二十一条 银行业金融机构和金融资产管理公司应记录前期调查过程,整理分类并妥善保管各类调查资料和证据材料。重要项目要形成书面调查报告。前期调查资料和调查报告应对后续资产处置方式选择、定价和方案制作等形成必要的支持。

第二十二条 负责调查的不良金融资产工作人员应保证在调查报告中对可能影响到资产价值判断和处置方式选择的重要事项不存在虚假记载、重大遗漏和误导性陈述,并已对所获信息资料的置信程度进行了充分说明。

第二十三条 银行业金融机构和金融资产管理公司资产处置前期调查主要由内部人员负责实施。必要时,也可委托中介机构进行或参与。

第五章 资产处置方式选择与运用尽职要求

第二十四条 银行业金融机构和金融资产管理公司应在法律法规允许并经金融监管部门批准的业务许可范围内,积极稳妥地选择并探索有效的不良金融资产处置方式。

第二十五条 银行业金融机构和金融资产管理公司在选择与运用资产处置方式时,应遵循成本效益和风险控制原则,合理分析,综合比较,择优选用可行的处置方式,并提供相关依据。

第二十六条 对债权类资产进行追偿的,包括直接催收、诉讼(仲裁)追偿、委托第三方追偿、破产清偿等方式。

(一)采用直接催收方式的,应监控债务人(担保人)的还款能力变化等情况，及时发送催收通知，尽可能收回贷款本息。当直接催收方式不能顺利实施时，应及时调整处置方式。

（二）采用诉讼（仲裁）追偿方式的，应在论证诉讼（仲裁）可行性的基础上，根据债务人（担保人）的财产情况，合理确定诉讼时机、方式和标的。并按照生效法律文书在规定时间内要求债务人（担保人）履行或申请执行，尽快回收现金和其他资产。对违法、显失公平的判决、裁决或裁定，应及时上诉。必要时，应提起申诉，并保留相应记录。

（三）采用委托第三方追偿债务方式的，应在对委托债权价值做出独立判断的基础上，结合委托债权追偿的难易程度、代理方追偿能力和代理效果，合理确定委托费用，并对代理方的代理行为进行动态监督，防止资产损失。采用风险代理方式的，应严格委托标准，择优选择代理方，明确授权范围、代理期限，合理确定费用标准和支付方式等内容，并加强对代理方的监督考核。

（四）采用债务人（担保人）破产清偿方式的，应参加债权人会议，密切关注破产清算进程，并尽最大可能防止债务人利用破产手段逃废债。对破产过程中存在损害债权人利益的行为和显失公平的裁定应及时依法维护自身权益。

第二十七条 对债权进行重组的，包括以物抵债、修改债务条款、资产置换等方式或其组合。

（一）采用以物抵债方式的，应按照有关规定要求，重点关注抵债资产的产权和实物状况、评估价值、维护费用、升（贬）值趋势以及变现能力等因素，谨慎确定抵债资产抵偿的债权数额，对剩余债权继续保留追偿权。应当优先接受产权清晰、权证齐全、具有独立使用功能、易于保管及变现的实物类资产抵债。在考虑成本效益与资产风险的前提下，及时办理确权手续。

（二）采用修改债务条款方式的，应对债务人（担保人）的偿债能力进行分析，谨慎确定新债务条款，与债务人（担保人）重新签订还款计划，落实有关担保条款和相应保障措施，督促债务人（担保人）履行约定义务。

（三）采用资产置换方式的，应以提高资产变现和收益能力为目标，确保拟换入资产来源合法、权属清晰、价值公允，并严密控制相关风险。

(四)采用以债务人分立、合并和破产重整为基础的债务重组方式的,应建立操作和审批制度,依据有关法律、法规、规章和政策等切实维护自身合法权益。

第二十八条 对不良金融资产进行转让的,包括拍卖、竞标、竞价转让和协议转让等方式。

(一)采用拍卖方式处置资产的,应遵守国家拍卖有关法律法规,严格监督拍卖过程,防止合谋压价、串通作弊、排斥竞争等行为。

(二)采用竞标方式处置资产的,应参照国家招投标有关法律法规,规范竞标程序。

(三)采用竞价转让方式处置资产的,应为所有竞买人提供平等的竞价机会。

(四)当采用拍卖、竞标、竞价等公开处置方式在经济上不可行,或不具备采用拍卖、竞标、竞价等公开处置方式的条件时,可采用协议转让方式处置,同时应坚持谨慎原则,透明操作,真实记录,切实防范风险。

(五)采用拍卖、竞标、竞价和协议等方式转让不良金融资产的,应按照有关规定披露与转让资产相关的信息,最大限度地提高转让过程的透明度。

(六)转让资产时,原则上要求一次性付款。确需采取分期付款方式的,应将付款期限、次数等条件作为确定转让对象和价格的因素,在落实有效履约保障措施后,方可向受让人移交部分或全部资产权证。

第二十九条 采用债权转股权或以实物类资产出资入股方式处置不良金融资产的,应综合考虑转股债权或实物类资产的价值、入股企业的经营管理水平和发展前景以及转股股权未来的价值趋势等,做出合理的出资决策。

第三十条 对因受客观条件限制,暂时无法处置的资产进行租赁,应遵守国家有关规定,并在不影响资产处置的情况下,合理确定租赁条件,确保租赁资产的安全和租赁收益。

第三十一条 对符合条件的不良金融资产损失进行内部核销,应遵守国家有关规定,制定核销业务操作规程,严格核销程序和条件,审查申报材料的合法性和真实性，建立监督制度和保密制度，防止弄虚作假行为。对已核销不良金融资产应建立管理制度，加强管理，并择机清收和处置。

第三十二条　接受委托，代理处置不良金融资产应签订委托代理协议，并按照协议勤勉尽职处置。委托代理业务应与自营业务严格区分，分账管理。

第三十三条　银行业金融机构和金融资产管理公司聘请中介机构为资产处置提供服务，应引入市场机制，审查其行业资质，优先选择业绩良好的中介机构，同时注意控制成本费用。

第六章　资产处置定价尽职要求

第三十四条　银行业金融机构和金融资产管理公司应制定不良金融资产定价管理办法，明确定价程序、定价因素、定价方式和定价方法，逐步建立起以市场为导向、规范合理的不良金融资产定价机制，严格防范定价过程中的各类风险。

银行业金融机构和金融资产管理公司应加强对定价方法的探索和研究，逐步实现不良金融资产定价的量化管理。

第三十五条　银行业金融机构和金融资产管理公司内部负责评估、定价环节的部门在机构和人员上应独立于负责资产处置的部门。

第三十六条　银行业金融机构和金融资产管理公司应根据适用会计准则或审慎会计原则，定期（至少半年一次）重估不良金融资产的实际价值。

第三十七条　不良金融资产定价应在综合考虑国家有关政策、市场因素、环境因素的基础上，重点关注法律权利的有效性、评估（咨询）报告与尽职调查报告、债务人（担保人）或承债式兼并方的偿债能力与偿债意愿、企业经营状况与净资产价值、实物资产的公允价值与交易案例、市场招商情况与潜在投资者报价等影响交易定价的因素，同时也应关注定价的可实现性、实现的成本和时间。

第三十八条　银行业金融机构和金融资产管理公司应根据债权、股权、实物类资产等不同形态资产的特点，有所侧重地采用适当的定价方法。

第三十九条 银行业金融机构和金融资产管理公司应按国家有关规定确定列入评估的资产范围和具体的评估形式。选聘中介机构对处置不良金融资产进行评估的,应遵守有关行业准则。

对不具备评估条件的不良金融资产,应明确其他替代方法。对因缺乏基础资料,难以准确把握资产真实价值的,应通过充分的信息披露、广泛招商以及交易结构设计等手段,利用市场机制发掘不良金融资产的公允价值。

第四十条 银行业金融机构和金融资产管理公司对评估(咨询)报告应进行独立的分析和判断,发现虚假记载、重大遗漏、误导性陈述和适用方法明显不当等问题时,应向中介机构提出书面疑义,要求其做出书面解释。

不良金融资产工作人员不应简单以评估(咨询)结果代替自身进行的调查、取证和分析工作。在评估结果与招商结果、谈判结果等存在较大差异时,应分析原因,并合法、合理认定处置资产的公允价值。

第七章 资产处置方案制定、审批和实施尽职要求

第四十一条 银行业金融机构和金融资产管理公司处置不良金融资产应规定操作和审批程序,不得违反程序或减少程序进行处置。

第四十二条 银行业金融机构和金融资产管理公司处置不良金融资产,除账户扣收和直接催收方式外,应制定处置方案。方案制定人员应对方案内容的真实性和完整性负责,并承诺不存在虚假记载、重大遗漏和误导性陈述。

第四十三条 制定处置方案应做到事实真实完整、数据准确、法律关系表述清晰、分析严谨。主要包括:处置对象情况、处置时机判断、处置方式比较和选择、处置定价和依据以及交易结构设计等内容。还应对建议的处置方式、定价依据、履约保证和风险控制、处置损失、费用支出、收款计划等做出合法、合规、合理的解释和论证,并最大限度地收集能支持方案合法性、合规性及合理性的证据材料。

第四十四条 银行业金融机构和金融资产管理公司应按有关规定及时、真实、完整地披露不良金融资产信息,提高资产处置透明度,增强市场约束。

第四十五条　不良金融资产处置中,如果一方有能力直接或间接控制、共同控制另一方或对另一方施加重大影响,则他们之间存在关联方关系;如果两方或多方同受一方控制,则他们之间也存在关联关系。

关联方参与不良金融资产处置,应充分披露处置有关信息;如存在其他投资者,向关联方提供的条件不得优于其他投资者。

第四十六条　银行业金融机构和金融资产管理公司应建立资产处置审核程序,严格按程序进行审批。

(一)应建立和完善授权审核、审批制度,明确各级机构的审核和审批权限。

(二)应建立不良金融资产处置与审核分离机制,由专门机构和专职人员在授权范围内对处置方案进行全面、独立的审核。

(三)资产处置审核人员应具备从业所需的专业素质和经验,诚实守信、勤勉尽职,独立发表意见。

(四)资产处置审核人员应对处置方案的合法性、合规性、合理性和可行性进行审核。审核机构和审核人员对审核意见负责。对资产处置审核情况和审核过程中各种意见应如实记录,并形成会议纪要。

第四十七条　除接受人民法院和仲裁机构有终局性法律效力的判决、裁定、裁决的资产处置项目及按国家政策实施政策性破产、重组外,不良金融资产处置方案须由资产处置审核机构审核通过,经有权审批人批准后方可实施。

第四十八条　银行业金融机构和金融资产管理公司对已批准的不良金融资产处置项目,要严格按照审批方案实施,如确需变更,条件优于原方案的,应向项目原审批机构报备。劣于原方案的,应重新上报审批并取得同意。有附加条件的批准项目应先落实条件后再实施。

第四十九条　银行业金融机构和金融资产管理公司对不良金融资产处置项目应制作相应的法律文件,并确保法律文件合法合规。

第五十条　不良金融资产处置方案实施中,银行业金融机构和金融资产管理公司应对可能影响处置回收的因素进行持续监测,跟踪了解合同履行或诉讼案件进展情况。

第五十一条　银行业金融机构和金融资产管理公司对处置方案

实施过程中出现的各种人为阻力或干预,应依法采取措施,并向上级或监管部门报告。对无法实施的项目应分析原因,及时调整处置策略,维护自身合法权益。

第五十二条 银行业金融机构和金融资产管理公司应按照国家有关规定,加强资产处置管理,确保资产处置过程、审核审批程序和履约执行结果等数据资料的完整、真实。

第八章 尽职检查监督要求

第五十三条 银行业金融机构和金融资产管理公司应建立不良金融资产处置尽职检查监督制度,设立或确定独立的不良金融资产处置尽职检查监督部门或岗位,并配备与其工作要求相适应的尽职检查监督人员。明确部门和岗位的职责和要求,制定尽职检查监督工作程序,规范尽职检查监督行为。

第五十四条 尽职检查监督人员应具备与岗位要求相适应的职业操守、专业知识、监督能力和相关工作经验,并不得直接参与不良金融资产剥离(转让)、收购、管理、处置、定价、审核和审批工作。

第五十五条 银行业金融机构和金融资产管理公司应支持尽职检查监督人员独立行使检查监督职能。检查可采取现场检查或非现场检查的方式进行。必要时,可聘请外部专家或委托中介机构开展特定的不良金融资产处置尽职审计工作,并出具独立的尽职审计意见。

银行业金融机构和金融资产管理公司任何部门和个人不得直接或间接干扰和阻挠尽职检查监督人员的尽职检查监督工作,不得授意、指使和强令检查监督部门或检查监督人员故意弄虚作假和隐瞒违法违规情况,不得对尽职检查监督人员或举报人等进行打击报复。

第五十六条 银行业金融机构和金融资产管理公司对不良金融资产处置等工作进行的尽职检查监督应至少每半年一次。重大项目应及时进行尽职检查监督。

第五十七条 尽职检查监督人员应根据有关法律、法规、规章和本指引相关规定对不良金融资产工作人员进行独立的尽职检查监督,评价各环节有关人员依法合规、勤勉尽职的情况,并形成书面尽职检查报告。

第五十八条　银行业金融机构和金融资产管理公司对于尽职检查监督人员发现的问题,应责成相关部门和人员纠正或采取必要的补救措施,并及时跟踪整改结果。

第五十九条　银行业金融机构和金融资产管理公司应建立对尽职检查监督工作的监督机制,对尽职检查监督人员的尽职情况进行监督。定期(至少每半年一次)向银行业监管机构报告尽职检查监督工作情况。

第九章　责任认定和免责

第六十条　银行业金融机构和金融资产管理公司应建立不良金融资产处置尽职责任认定制度和程序,规范责任认定行为,并执行相应的回避制度。

第六十一条　责任认定部门和人员应根据尽职检查监督人员的检查结果,对不良金融资产工作人员是否尽职进行责任认定。责任认定部门和人员应对责任认定结果负责。

第六十二条　银行业金融机构和金融资产管理公司应建立不良金融资产处置尽职责任追究制度,根据有关规定进行责任追究,并报监管部门。重大违法、违规、失职责任处理结果应及时向社会公开,接受社会监督。

第六十三条　具有以下情节的,将依法、依规追究其责任。

(一)自资产交易基准日至资产交割日期间,剥离(转让)方擅自处置剥离(转让)资产,放弃与剥离(转让)资产相关的权益,截留、隐匿或私分基准日后剥离(转让)资产项下回收现金和其他资产。

(二)资产剥离(转让)后回购剥离(转让)资产,国家另有规定的除外。

(三)利用内部信息,暗箱操作,将资产处置给自己或与自己存在直接或间接利益关系的机构或人员,非法谋取小集体利益和个人利益。

(四)泄露金融机构商业秘密,获取非法利益。

(五)利用虚假拍卖、竞标、竞价和协议转让等掩盖非法处置不良金融资产行为。

(六)为达到处置目的人为制造评估结果,以及通过隐瞒重要资料或授意进行虚假评估。

(七)超越权限和违反规定程序擅自处置资产,以及未经规定程序审批同意擅自更改处置方案。

(八)未经规定程序审批同意,放弃不良金融资产合法权益。

(九)伪造、篡改、隐匿、毁损资产处置档案。

(十)未按照本指引规定要求尽职操作,致使不良金融资产的转让价格明显低于市场价值。

(十一)其他违反本指引规定要求的行为。

第六十四条 对直接或间接干扰和阻挠尽职检查监督人员的尽职检查监督工作,故意隐瞒违法违规和失职渎职行为,或对尽职检查监督人员或举报人等进行打击报复的机构和人员,应认定并依法、依规追究其责任。

第六十五条 银行业金融机构和金融资产管理公司尽职检查监督人员在检查监督中滥用职权、玩忽职守、徇私舞弊的,应认定并依法、依规从严追究其责任。

第六十六条 银行业金融机构和金融资产管理公司经尽职检查监督和责任认定,有充分证据表明,不良金融资产工作人员按照有关法律、法规、规章、政策和本指引规定勤勉尽职地履行了职责,不良金融资产处置一旦出现问题,可视情况免除相关责任。

第十章 附 则

第六十七条 银行业金融机构和金融资产管理公司应根据本指引制定实施细则并报中国银行业监督管理委员会和财政部备案。

第六十八条 中国银行业监督管理委员会根据本指引,加强对银行业金融机构和金融资产管理公司不良金融资产处置工作的监管。

第六十九条 本指引由中国银行业监督管理委员会、财政部负责解释。

第七十条 本指引自发布之日起施行。

中国人民银行办公厅关于印发《加强金融机构依法收贷、清收不良资产的法律指导意见》的通知[①]

（银办发〔2000〕170 号　2000 年 6 月 15 日公布施行）

中国人民银行各分行、营业管理部，各政策性银行，国有独资商业银行，股份制商业银行，各金融资产管理公司，总行直接监管的信托投资公司、财务公司、融资租赁公司：

为支持和督促金融机构依法收贷收息，改善金融机构的资产质量。现制定并印发《加强金融机构依法收贷、清收不良资产的法律指导意见》（以下简称《指导意见》），请认真贯彻落实。

一、各金融机构应当高度重视依法收贷、清收不良资产工作，积极组织力量，确保这一工作取得良好效果。

二、各金融机构应当根据《指导意见》的要求完善内部信贷管理制度，实行收贷收息责任制，减少新生逾期贷款和不良资产。

---

① 该规定已废止。2007 年 7 月 3 日，中国银监会发布《关于制定、修改、废止、不适用部分规章和规范性文件的公告》（银监发〔2007〕56 号），根据监管主体与监管规则制定主体以及监管规则执行主体统一的原则，银行业监管机构在履行监管职责和行使监管职权时，不再适用原由中国人民银行发布的 101 件银行业监管规章和规范性文件，其中包括本办法。2010 年 10 月 26 日，中国人民银行、中国银行业监督管理委员会发布《中国人民银行、中国银行业监督管理委员会〔2010〕第 15 号公告》，自公告发布之日起中国人民银行办公厅《关于印发〈加强金融机构依法收贷、清收不良资产的法律指导意见〉的通知》废止。但监管机构发布的指导金融机构开展依法收贷、清收不良资产的法律指导意见非常少，故仍汇编纳入供参考了解。

附件

加强金融机构依法收贷、清收不良资产的法律指导意见

近年来,在经济运行中出现了企业贷款到期不还或采取各种方式逃、废金融机构债务等违反市场规律、破坏社会信用的情况,直接导致了社会信用环境恶化和金融机构资产质量下降。为整饬社会信用,提高金融机构资产质量,保证我国金融业稳健运行,现就加强金融机构依法收贷、清收不良资产工作提出以下法律指导意见:

一、采取适当法律措施,对逾期贷款进行有效催收。金融机构可以采取以下法律措施,对逾期贷款进行催收:

(一)有约定的,直接从借款人或保证人的存款账户上扣收款项。

(二)向债务人、保证人主张债权,直接要求债务人、保证人履行债务。根据《中华人民共和国民法通则》第140条[①]及最高人民法院司法解释的规定,债权人主张权利是导致诉讼时效中断的一种方式。从中断时起,诉讼期间重新计算。催款通知书是债权人主张权利的凭证,可以引起诉讼时效的中断。为防止逾期贷款超过诉讼时效期间导致丧失法律保护,金融机构应当在诉讼时效期间内向债务人及时发出催款通知书,催款通知书应当由债务人签字盖章,签署回执;对于保证贷款,根据《担保法》的规定,金融机构应当在合同约定的保证期间或法律规定的保证期间向保证人发出催款通知书,由保证人签字盖章。当借款人、保证人的法定代表人、主要负责人或财务部门负责人等有关人员拒绝在催款通知书上签字盖章时,各金融机构可以根据实际情

① 《中华人民共和国民法通则》第140条规定了诉讼时效的中断:诉讼时效因提起诉讼、当事人一方提出要求或者同意履行义务而中断。从中断时起,诉讼效期间重新计算。

况，立即起诉借款人和（或）保证人，也可以根据《公证条例》[①]的规定，请公证机关进行公证；对已经超过诉讼时效的债权，金融机构可采取措施与债务人达成还款协议，或根据《最高人民法院关于超过诉讼时效期间借款人在催款通知单上签字或盖章的法律效力问题的批复》，向债务人发出催款通知书，由债务人在催款通知书上签字、盖章。

（三）在符合法律规定的条件下申请人民法院强制执行借款人、保证人的财产或向人民法院申请支付令。

（四）行使代位权。当债务人无力履行债务，同时债务人享有别的债权却怠于行使，致使金融机构的到期债权不能实现的，金融机构可以根据《最高人民法院关于〈合同法〉司法解释》第一部分第11条向人民法院请求以自己的名义代位行使债务人的债权。

（五）行使撤销权。如发生债务人放弃到期债权，无偿转让财产，以明显不合理的低价转让财产等情况，致使金融机构的到期债权不能实现的，金融机构可以请求人民法院撤销债务人的以上行为。撤销权自金融机构知道或者应当知道撤销事由之日起一年内行使。

（六）行使抵销权。若金融机构与债务人之间互负有到期债务，该债务的标的物种类、品质相同，金融机构可根据《合同法》第99条的规定，将自己的债务与对方的债务抵销，但依照法律规定或者按照合同性质不得抵销的除外。金融机构在主张抵销时应当通知对方，通知自到达对方时生效，抵销不得附条件或者附期限。

（七）提前追究违约责任。债务人明确表示或者以自己的行为表明不履行债务的，金融机构可以根据《合同法》108条的规定，在债务履行期届满之前要求债务人承担违约责任。

（八）申请破产。对用以上手段仍无法收回的贷款，金融机构可申请借款人、保证人破产。

二、切实落实贷款催收和不良资产清收中的担保责任。

---

① 该处的《公证条例》是指1982年4月13日国务院发布的《中华人民共和国公证暂行条例》（国发〔1982〕64号），该条例第4条对公证处的业务进行了规定，包括保全证据，对于追偿债款、物品的文书，认为无疑义的，在该文书上证明有强制执行的效力等。第十届全国人民代表大会常务委员会第十七次会议于2005年8月28日通过《中华人民共和国公证法》，自2006年3月1日起施行，《公证条例》已失效。

金融机构对于因下列原因造成的无效担保贷款,要积极采取补救措施,补办有关手续,重新确定担保方式和签订担保合同:

(一)保证人不符合法律规定的主体资格;

(二)担保物是法律规定的禁止担保的物;

(三)法律规定抵押、质押必须办理登记而未办理登记的;

(四)法律规定的其他无效担保方式。

金融机构经与债务人协商,以贷款展期或其他方式对债务合同变更的,应当就变更后的债务合同与保证人、抵押人、质押人签订新的保证、抵押、质押合同,需要变更抵押、质押登记的应当变更登记,以落实担保责任。

三、维护债务人改制、债务重组中的金融债权。

(一)金融机构得知债务人拟实行承包、租赁、股份制改造、联营、合并、分立、合资或合作等改制情况的,应积极参与改制工作,严格监督改制方案的制定、清产核资、产权界定和债务清偿等工作。具体应当要求债务人报送改制方案和对金融机构所欠债务的处理意见。金融机构应当对债务人生产经营与资产负债情况以及改制方案进行调查核实,并确定债务人改制后金融债权是否安全。金融债权安全存在危险的,应当及时向债务人主张债权,或落实担保责任。

(二)对于进入破产程序的债务人,金融机构要积极申报债权,参加债权人会议。按照金融债权管理的有关要求清收债权。

(三)对于确实经营管理混乱、扭亏无望、严重资不抵债的债务人,金融机构应敦促其加大改革力度,实现债务重组。在债务重组中,金融机构要与债务人协商一致,就原债务合同签订变更合同,同时,金融机构应当就变更后的债务合同与保证人、抵押人、质押人签订新的保证、抵押、质押合同,需要变更抵押、质押登记的应当变更登记,以落实担保责任。

(四)对于通过企业改制逃、废银行债务,造成信贷资产流失的单位和个人,金融机构要依法提起诉讼,重新落实债权债务关系和追究有关人员责任。

四、加强对金融机构市场退出中贷款的催收和不良资产的清收。对于被宣布关闭、撤销、破产的金融机构,该金融机构的清算组在清算工作中,应当按照本指导意见的要求,积极催收贷款、清收不良资产,及时主张债权,行使代位权、撤销权、抵销权等权利,有效保护金融债权和金融资产。金融机构被收购或兼并的,其境外资产应纳入总资产中,由收购或兼并方拥有所有权并负责管理和清收。金融机构可以依据人民法院作出的发生法律效力的判决、裁定以及仲裁机构的仲裁裁决,根据《民事诉讼法》第266条的规定,对不在中国境内的债务人或者其财产申请执行。

五、严格控制在贷款催收和不良资产清收中用以物抵债的方式实现金融债权。金融机构在实现债权时,首先应以货币形式受偿,严格控制以物抵债;债务人无货币清偿能力时,应当以拍卖、变卖抵押、质押财产或其他非货币财产所得的价款清偿金融机构债务;既无货币资金,财产又暂时难以变现的,债务人可以根据与金融机构之间的约定或司法机关、仲裁机构的生效法律文书,将非货币财产或事先抵押、质押给金融机构的财产折价归金融机构,实现以物抵债。以物抵债的金额应根据市场原则确定。

六、建立贷款催收和不良资产清收中的责任追究制度。金融机构工作人员有下列渎职行为或其他违法违规行为造成贷款或资产无法收回的,中国人民银行或金融机构应根据《刑法》、《金融违法行为处罚办法》、《金融机构高级管理人员任职资格管理暂行规定》[①]及其他法律法规和规章的规定,对直接责任人员和主要负责人给予行政处分、行政处罚和取消一定期限的高级管理人员任职资格。构成犯罪的,移送司法机关追究刑事责任。

(一)金融机构对发放的贷款放松管理、失查,致使企业套取贷款改变用途造成损失的。

(二)金融机构对到期债权不及时催收,致使债权超过诉讼时效、保证期间而造成损失的。

---

① 1996年9月13日,中国人民银行发布《金融机构高级管理人员任职资格管理暂行规定》(银发〔1996〕327号)。2000年2月24日,中国人民银行发布施行了《金融机构高级管理人员任职资格管理办法》,自发布之日起,《金融机构高级管理人员任职资格管理暂行规定》废止。

（三）金融机构对债务人的故意逃废债务的行为，不采取积极措施挽回损失的。

（四）金融机构工作人员玩忽职守，内外勾结，弄虚作假，造成金融机构资产损失的。

各金融机构要提高认识，加强组织领导，加大依法收贷和清收不良资产的力度。应当根据本指导意见，结合本机构的实际情况，制定具体措施，落实依法收贷和清收不良资产的工作；对在具体工作中遇到的法律问题，要及时与司法机关沟通，妥善解决。各级人民银行要积极组织和监督辖区内各金融机构依法收贷和清收不良资产，作好协调和服务工作。

部门工作文件

财政部关于规范国有金融机构资产转让有关事项的通知

（财金〔2021〕102号　2021年11月29日公布施行）

国务院有关部委、有关直属机构，各省、自治区、直辖市、计划单列市财政厅（局），新疆生产建设兵团财政局，全国社会保障基金理事会，各国有金融机构：

为贯彻落实《中共中央　国务院关于完善国有金融资本管理的指导意见》有关精神和《国有金融资本出资人职责暂行规定》要求，进一步加强国有金融资本管理，提高国有金融机构资产转让透明度，规范相关资产交易行为，维护国有金融资本出资人权益，现就规范国有金融机构资产转让有关事项通知如下：

一、坚持依法依规，确保公开、公平、公正

国有独资、国有全资、国有控股及实际控制金融机构（含其分支机构及拥有实际控制权的各级子企业,以下统称国有金融机构)资产转让应当严格遵守国家法律法规和政策规定,充分发挥市场配置资源作用,遵循等价有偿和公开公平公正的原则,不得通过资产转让进行不当利益输送。资产转让过程中,涉及政府公共管理事项的,应当根据国家规定履行相关审批程序。

国有金融机构转让股权类资产,按照《金融企业国有资产转让管理办法》(财政部令第54号)等相关规定执行;转让不动产、机器设备、知识产权、有关金融资产等非股权类资产,按照本通知有关规定执行,行业监管部门另有规定的从其规定。转让标的资产在境外的,应在遵守所在国法律法规的前提下,参照本通知规定执行,国家另有规定的从其规定。因开展正常经营业务涉及的抵(质)押资产、抵债资产、诉讼资产、信贷资产、租赁资产、不良资产、债权等资产转让及报废资产处置,以及司法拍卖资产、政府征收资产等,国家另有规定的从其规定。除国家另有规定外,涉及底层资产全部是股权类资产且享有浮动收益的信托计划、资管产品、基金份额等金融资产转让,应当比照股权类资产转让规定执行。纳入国有金融资本管理的凭借国家权力和信用支持的金融机构,资产转让有关事宜执行本通知规定。

二、夯实管理职责,落实国有金融机构主体责任

国有金融机构应当按照"统一政策、分级管理"的原则,建立并完善集团或公司内部各类资产转让管理制度,明确责任部门、管理权限、决策程序、工作流程,对资产转让交易方式、种类、金额标准等作出具体规定,并报同级财政部门备案。国有金融机构资产转让应当严格履行内部决策程序,其中重大资产转让,应当严格落实"三重一大"决策制度,需经董事会或股东(大)会审议的,依法依规履行相应公司治理程序;按规定需报财政部门履行相关程序的,应按规定报同级财政部门。国有金融机构要切实加强对各分支机构和各级子企业的资产转让监督管理工作,杜绝暗箱操作,确保资产有序流转,防止国有资产流失。

三、规范转让方式,严格限制直接协议转让范围

国有金融机构资产转让原则上采取进场交易、公开拍卖、网络拍卖、竞争性谈判等公开交易方式进行。转让在公开市场交易的证券及金融衍生产品,应当通过依法设立的交易系统和交易场所进行。除国家另有规定外,未经公开竞价处置程序,国有金融机构不得采取直接协议转让方式向非国有受让人转让资产。属于集团内部资产转让、按照投资协议或合同约定条款履约退出、根据合同约定第三人行使优先购买权、将特定行业资产转让给国有及国有控股企业,以及经同级财政部门认可的其他情形,经国有金融机构按照授权机制审议决策后,可以采取直接协议转让方式进行交易。

四、合理确定价格,有效防范国有资产流失

国有金融机构资产转让,按照《金融企业国有资产评估监督管理暂行办法》(财政部令第 47 号)等有关规定需要进行资产评估的,转让方应当委托具有相应资质的评估机构进行资产评估并履行相应的核准、备案手续,并以经核准或备案的评估结果为依据确定转让底价。对于有明确市场公允价值的资产交易,转让标的价值较低(单项资产价值低于 100 万元)的资产交易,国有独资、全资金融机构之间的资产交易,国有金融机构及其独资全资子企业之间的资产交易,以及国有金融机构所属控股子企业之间发生的不会造成国有金融机构拥有的国有权益发生变动的资产交易,且经国有金融机构或第三方中介机构论证不会造成国有资产流失的,依法依规履行决策程序后可以不评估,有明确市场公允价值的资产交易可以参照市场公允价值确定转让底价,其他资产交易可以参照市场公允价值、审计后账面价值等方式确定转让底价。对投资协议或合同已约定退出价格的资产交易,依法依规履行决策程序后,经论证不会造成国有资产流失的,可按约定价格执行。

五、明确交易流程,确保资产转让依法合规

国有金融机构资产转让采取进入产权交易场所交易的,具体工作流程参照金融企业非上市国有产权转让的有关规定执行;采取公开拍卖方式的,应当选择有资质的拍卖中介机构,按照《中华人民共和国拍卖法》的规定组织实施;采取网络拍卖方式的,应当在互联网拍卖平台上向社会全程公开,接受社会监督;采取竞争性谈判方式的,应当有三人以上参加竞价;采取其他方式的,国家有相关规定的依据相关规定执行,没有规定的应当至少有两人以上参加竞价,当只有一人竞价时,需按照公告程序补登公告，公告 7 个工作日后，如确定没有新的竞价者参加竞价才能成交。

资产转让成交后，转让价款原则上应一次性付清。如成交金额较大(超过 1 亿元)、一次性付清确有困难的，可以约定分期付款方式，但首付款比例不得低于 30%，其余款项应当提供转让方认可的合法有效担保，并按照不低于上一期新发放贷款加权平均利率向转让方支付延期付款期间利息，付款期限不得超过 1 年。受让方未付清全部款项前，不得进行资产交割及办理过户手续。国有金融机构及其独资全资子企业之间的资产转让，其款项支付和资产交割可根据实际情况进行约定。

六、择优选择机构，确保交易信息充分公开

国有金融机构资产转让采取进入产权交易场所交易的，参照《规范产权交易机构开展金融企业国有产权交易管理暂行规定》(财金〔2020〕92 号)执行，应当在省级财政部门确认的承办地方金融企业国有产权交易业务的产权交易机构中进行。

除国家另有规定外，国有金融机构资产转让原则上需向社会公开发布资产转让信息公告，公告应当遵守有关法律法规，遵循统一渠道、查阅便利的原则，确保转让信息发布及时、有效、真实、完整。转让底价高于 100 万元低于 1000 万元(含)的资产转让项目，信息公告期应当不少于 10 个工作日；转让底价高于 1000 万元的资产转让项目，信息公告期应当不少于 20 个工作日。除国家另有要求外，国有金融机构资产转让不得对受让方的资格条件作出限制。

七、加强监督检查，严肃查处违法违规行为

各级财政部门应当加强对本级国有金融机构资产转让行为的监督管理，财政部各地监管局应当加强对属地中央国有金融机构资产转让行为的监督管理，发现转让方未执行或违反相关规定、侵害国有权益的，应当依法要求转让方立即中止或者终止资产转让行为，并向上级财政部门报告。国有金融机构应当建立资产转让监督检查制度，定期对所属分支机构及各级子企业资产转让事项进行内部审计，并于每年 5 月 20 日前，将上年度资产转让情况报同级财政部门。

各级财政部门、国有金融机构有关人员违反法律、行政法规及本通知规定,越权决策、玩忽职守、以权谋私,造成国有资产流失的,应当依法依规承担赔偿责任,并由有关部门按照人事和干部管理权限给予处分;构成犯罪的,移送司法机关处理。

中国银保监会办公厅关于推进信托公司与专业机构合作处置风险资产的通知

(银保监办发〔2021〕55号　2021年4月28日公布施行)

各银保监局(辽宁、广西、海南、宁夏除外),信托保障基金公司、信托登记公司,各金融资产管理公司:

为推进信托业风险资产化解,促进信托行业转型发展,经银保监会同意,现就信托公司与中国信托业保障基金有限责任公司(以下简称信托保障基金公司)、金融资产管理公司和地方资产管理公司(以下统称资产管理公司)等专业机构合作处置信托公司固有不良资产和信托风险资产(以下统称信托业风险资产)有关事项通知如下:

一、探索多种模式处置信托业风险资产

(一)向专业机构直接转让资产。信托公司向专业机构直接卖断信托业风险资产后,由专业机构独立处置或与信托公司合作处置。

(二)向特殊目的载体转让资产。信托公司向信托保障基金公司、资产管理公司等专业机构合作设立的特殊目的载体卖断信托业风险资产,整合各类机构在资金实力、专业人才、服务网络和信息资源等方面优势,共同推进风险资产处置。

(三)委托专业机构处置资产。信托公司委托专业机构提供风险资产管理和处置相关服务,如债权日常管理、债务追偿、债务重组等,充分利用专业机构优势,在资产出险早期开展风险处置,以提高处置效率,实现风险处置关口前移。

(四)信托保障基金公司反委托收购。信托保障基金公司收购信托业风险资产,并委托信托公司代为管理和处置,以缓解信托公司流动性压力,助力其风险资产化解。

(五)其他合作模式。鼓励信托公司与专业机构探索其他处置模式,通过多种手段降低行业风险水平,如专业机构批量买断信托业风险资产包,并通过批量转让、证券化、财务重组或管理重组等方式进行后续处置。

二、构建信托业风险资产处置市场化机制

(一)加强资产估值管理。信托公司应当按照企业会计准则及相关监管制度规定,对固有资产及信托资产进行价值评估。其中,对于以摊余成本计量的资产等,依规计提减值准备;对于以公允价值计量的资产,采用市值或运用估值技术,及时反映资产价值变化情况。必要时委托会计师事务所、律师事务所、评估机构等独立第三方机构出具专业意见。通过合理估算资产价值,为资产转让定价提供依据。

(二)引入市场化竞争机制。支持信托保障基金公司、资产管理公司等市场主体在依法合规的前提下,积极参与信托业风险资产处置,通过引入多元化市场参与主体,增强市场交易活跃度,更好促进资产价值发现、提升和实现。信托公司卖断式转让资产要优先选择招标、竞价、拍卖等公开转让方式,按照竞争择优原则开展交易,以实现资产转让价值最大化。

(三)明确损失分担机制。信托公司应当按照"卖者尽责、买者自负""卖者失责、依责赔偿"的原则,做好信托产品风险承担主体确认、损失认定和划分工作。对于已经或预期发生信用损失的信托资产,依规在信托产品资产负债表中计提减值准备,并在信托产品损益表中确认减值损失;若信托资产转让价格低于其账面价值,在信托产品损益表中确认资产处置损失。

对于信托产品发生的损失,信托公司还应当基于受托履职情况,依据协商结果或司法裁定,区分应由自身承担的赔偿责任和应由投资者承担的投资损失,并在信托公司资产负债表中就赔偿责任确认预计负债。

(四)增强损失抵补能力。信托公司因承担固有资产减值损失、固有资产处置损失或信托赔偿损失等原因,导致其资本水平下降的,应当按照监管要求及时补充资本。专业机构买断式收购信托业风险资产,应当在其资产负债表内确认收购标的,并依规加强拨备和资本管理。

三、规范信托业风险资产转让业务

(一)明确标的资产范围。支持信托保障基金公司从信托公司收购固有不良资产或信托风险资产;为落实资管新规整改要求,也可收购存在流动性风险的非标资金池和其他融资类信托产品项下资产。信托公司固有资产及信托资产的信用风险分类参照国务院银行业监督管理机构关于贷款风险分类的规定。资产管理公司收购资产范围另有规定的,从其规定。

(二)切实化解行业风险。专业机构与信托公司开展买断式资产收购业务,应当遵守真实性、洁净性、整体性原则,通过规范的估值程序进行市场公允定价,实现资产和风险的真实、完全转移。双方不得在资产转让合同之外达成改变风险承担和收益分配的约定,为信托公司隐匿风险或隐性加杠杆经营提供便利。信托公司向特殊目的载体卖断资产,不得对特殊目的载体形成控制。

(三)坚持依法合规展业。专业机构开展资产收购业务应当加强尽职调查,不得以业务创新为名义,协助信托公司变相规避监管展业,削弱国家宏观调控政策实施效果。信托公司应当依法合规开展信托业务,若存在违法违规情形,即使已经对外转让相关资产,监管部门有权依法查处。信托公司与专业机构开展资产转让业务时不得违规进行利益输送。

信托公司开展资产转让业务,应当按照监管制度规定和信托文件约定,获得信托受益人授权并向其充分披露信息。

(四)规范各方会计核算。信托公司与专业机构开展资产转让业务,应当严格遵守企业会计准则关于"金融资产转移"的规定及其他相关规定,标的资产不符合终止确认条件的,不应将其移出信托公司或信托产品资产负债表,对于继续涉入的情形应当充分进行信息披露。受让方、信托公司和信托产品作为三类独立的会计核算主体,对资产的转出和转入应当做到衔接统一,风险承担主体在任何时点上均不得落空。

（五）发挥登记平台作用。信托登记公司可依托其信息系统，为交易各方提供信息登记、挂牌展示等服务，探索通过高效、有序、活跃的市场化交易，促进交易主体提升风险定价能力，为信托行业风险化解提供有力支持。

信托公司转让信托资产或固有项下信托受益权后，应当在信托登记公司进行信托产品变更登记。

（六）加强授信集中度管理。信托保障基金公司反委托收购业务若存在信托公司差额补足等类似安排，需纳入授信集中度管理。信托保障基金公司使用自营资金对单家信托公司的各类授信业务总规模不得超过自身净资产的30%。信托保障基金公司开展买断式资产收购业务时，应当按照穿透原则识别债权融资方，并从单一客户、行业等维度加强风险集中度管理。

四、严格压实各方工作责任

（一）压实信托公司主体责任。信托公司要落实风险资产处置的主体责任，积极探索风险资产处置的新方法新手段，切实提高风险处置质效。对于采取有效措施真实化险的信托公司，在监管评级、市场准入等方面，可给予适当的监管激励。

（二）落实其他主体协同责任。支持信托保障基金公司、资产管理公司等专业机构发挥各自优势，探索以多种方式加强合作，助力信托业切实降低风险水平，不得通过虚假处置方式协助信托公司隐匿风险。支持信托登记公司发挥市场监督作用，分析监测信托业资产转让业务开展情况。

（三）强化各级监管责任。各银保监局要加强跟踪督导，准确识别信托公司通过虚假处置方式隐匿风险的违规行为，并采取相应监管措施，及时评估资产处置效果，推动风险化解取得实效，按季向信托部报告辖内信托公司资产处置相关情况。

地方规范性文件

国家金融监督管理总局浙江监管局关于印发规范浙江辖内银行业金融机构互联网贷款催收工作意见的通知

(浙金规〔2024〕1号　2024年1月17日公布
自2024年3月1日起施行)

各监管分局,各大型银行浙江省分行,浙江农商联合银行,各股份制商业银行杭州分行,杭州银行、各城市商业银行杭州分行,浙江网商银行,杭州辖内各农村中小金融机构,各外资银行杭州分行,各信托公司,杭银消费金融公司、裕隆汽车金融公司,省银行业协会:

为进一步规范浙江辖内互联网贷款催收全流程管理,保护金融消费者合法权益,促进平台经济规范健康发展,我局制定了《关于规范浙江辖内银行业金融机构互联网贷款催收工作的意见》,现印发给你们,请认真贯彻执行。

为规范浙江辖内银行业金融机构(以下简称各机构)互联网贷款催收工作,切实维护金融消费者合法权益,促进互联网贷款业务规范健康发展,依据《商业银行互联网贷款管理暂行办法》《银行保险机构消费者权益保护管理办法》等规定,制定本意见。

一、总体要求

(一)各机构要切实提高政治站位,坚持以习近平新时代中国特色社会主义思想为指导,贯彻新发展理念,践行以人民为中心的发展思想,规范开展互联网贷款业务,更好服务实体经济。

(二)各机构要坚决守住依法合规经营底线,严格遵守法律法规及相关监管规定,不得违反法律,不得违背公序良俗,确保互联网贷款催收工作在依法合规的框架下进行,有效防范声誉风险。

（三）各机构要建立健全借款人权益保护机制，优化和改进金融服务，规范合作机构催收行为，切实维护好金融消费者合法权益，构建各方规范协作的良好局面，不断增强人民群众获得感、幸福感、安全感。

二、切实承担催收管理主体责任

（四）各机构是催收管理的第一责任人，应切实履行催收管理主体责任，持续加强催收行为管理，建立健全催收管理制度，做好外包催收机构管理、人员管理、信息安全管理、投诉处理等。催收行为包括但不限于电话催收、短信催收、信息系统催收、电子邮件催收、外访催收、信函催收、司法催收等方式。催收人员是指银行业金融机构、外包催收机构及其分包商负责催收工作的人员。

对因催收管理不力，造成外包催收机构及其分包商损害借款人或其他相关人合法权益的，各机构应承担相应的外包风险和贷后管理责任。

（五）各机构应指定部门负责催收管理，组建催收管理团队，明确权责，安排专岗负责催收工作运营管理及外包催收机构的准入、培训、检查、清退等工作。

（六）各机构应将消费者权益保护要求嵌入催收业务全流程，遵循规范审慎、诚实守信原则，在债务催收过程中充分尊重并自觉保障金融消费者的知情权、受尊重权、信息安全权、依法求偿权等基本权利。建立便捷高效的业务咨询和催收投诉处理机制，切实履行投诉处理主体责任，不能简单交由外包催收机构自行处理。探索建立总分联动的互联网贷款消保处理流程，按照总行集中、分支机构协同的工作原则，由总行线上化贷款服务团队集中处理互联网贷款投诉。

（七）各机构处理债务人个人信息，应当坚持合法、正当、必要、诚信原则，对债务人个人信息实施全流程分级分类管控，在数据使用、加工、保管等方面加强对债务人信息的保护。各机构应在债务人授权范围内处理债务人的个人信息，不得侵害债务人的个人信息权益，不得通过误导、欺诈、胁迫等方式收集和处理债务人个人信息。

（八）各机构应依法合规向国家金融信用信息基础数据库报送互联网贷款相关信息，防范多头借贷、过度借贷。在自营和助贷模式下，各机构应当自主报送，在联合贷款模式下，可以委托共同出资发放贷款的合作机构一并报送。

(九)各机构应主动履行社会责任,自觉维护社会和谐稳定,着力提升服务意识和服务能力,做到最大善意服务客户、最大诚意化解纠纷。

三、加强外包催收穿透管理

(十)各机构应审慎选择外包催收机构,对外包催收机构进行准入前评估,合作机构至少应具备良好商业信誉,具有履行合同所必需的催收作业系统、专业能力和管理能力,无不良从业记录。应对外包催收机构实行名单制管理,每年至少开展一次现场评估,对不满足准入条件的外包催收机构予以清退。对准入权限在总行的机构,应配合总行做好催收机构准入前评估、现场评估和清退等工作。

(十一)各机构开展委外催收前,应当签订书面协议,联合贷款模式下,各出资方均应与外包催收机构签订书面协议。协议应明确合同各方权利义务,包括但不限于服务范围和标准、消费者权益保护、客户信息保护、数据安全、纠纷解决机制、违约责任、承诺配合银行业金融机构接受银行业监督管理机构的检查等内容,不应将同一笔债务同时委托给多家机构进行催收。

(十二)各机构应切实加强对外包催收行为的穿透式管理,定期开展催收工作合规性排查,通过常态化考核、日常评估、定期抽检等方式,督促外包催收机构及其分包商的催收人员依法合规催收,及时纠正违法违规行为,严防外部输入性案件风险。对总行直接签订催收协议的机构,应配合总行做好相关管理工作。

(十三)各机构应建立对外包催收机构的常态化考核机制,将合规执行、内控评价、催收行为可回溯管理、消费者投诉、信息安全、违规处罚等纳入考核指标体系,不得采用或变相采用单一以债务回收金额提成的考核方式。

(十四)各机构对外包催收机构的评估范围包括日常规范管理、催收记录审核、催收录音质检、系统检查等。定期对每家外包催收机构的催收录音进行人工抽检。鼓励有条件的机构开展逐日全量 AI 自动质检,并对击中 AI 质检敏感词的催收录音进行人工复检。对于未通过人工质检的,应及时反馈至外包催收机构进行核实,并视核实结果采取相应措施。

（十五）各机构应穿透掌握外包催收机构的催收作业标准、催收分包协议、分包商名单、具体分包情况、外呼催收号码、催收质检情况等必要信息，对于不符合规定的内容，各机构应提出修改意见和整改要求。

（十六）各机构应加强合规理念宣导，督促外包催收机构制定合法合规的催收行为规范，列明禁止性规定和负面行为清单，加强案例警示教育和职业道德教育，强化催收人员行为规范管理。

（十七）合作期内，各机构发现外包催收机构及其分包商存在未按合同约定履行义务、不诚信行为时，可根据合同约定督促其限期整改；如未能限期整改到位，应依法按合同约定终止合作关系。对存在暴力催收等严重违法违规行为的，应立即终止合作关系，将其列入本行禁止合作机构名单，涉嫌犯罪的，移送司法机关处理。

四、严格规范催收行为

（十八）债务催收对象应为符合法律法规和监管规定的债务人、债务担保人、连带责任人等负有还款义务的相关当事人，不得对与债务无关的第三人进行催收。

（十九）在无法与债务人取得联系时，为恢复与债务人联系，可与债务人事先约定的第三人进行联系。联系第三人时，催收人员可询问债务人的联系信息或请其代为转告债务人与催收人员联系，当第三人明确要求不得联系时，催收人员应停止后续联系行为。

（二十）催收过程中，应要求催收人员表明所代表的贷款人名称、使用文明礼貌用语，不得存在以下行为：

1. 冒用行政机关、司法机关等名义实施催收；

2. 采取故意伤害、非法拘禁、侮辱、诽谤、恐吓、威胁、言语攻击等不正当手段实施催收；

3. 通过散布他人隐私、非法获取个人信息、频繁致电和发短信骚扰，或以其他侵扰他人私人生活安宁的方式实施催收；

4. 采取误导性表述编造或虚构事实、隐瞒重要情况，如夸大债务违约后果、作出虚假承诺等，诱导催收对象作出违背其真实意思表示行为的欺诈手段实施催收；

5.通过向催收对象私自收取现金及其他财物，或诱导、胁迫其通过新增借贷或非法途径筹集资金偿还债务等方式实施催收；

6.采用其他违法违规和违背公序良俗的手段实施催收。

（二十一）催收人员应通过统一的系统实施催收，该系统应按照权责对应、最小必要原则对催收相关人员开放债务人信息并有效记录催收活动和催收行为，相关数据作为信贷业务全流程的一部分，保存期限参照信贷档案保存要求。不得使用未备案外呼号码催收，不得使用私人通讯工具联系催收对象。催收人员应在恰当时间开展催收活动，合理安排电话催收时间及频次，不得频繁骚扰债务人及相关当事人。

（二十二）各机构应严格规范外访和信函催收行为。外访催收人员不应少于两名，不宜超过三人。催收人员须穿着得体，主动出示工作证件，不得穿着误导性服装。外访催收应录音或录像。涉及对催收信函留置送达的，应对信函进行密封，不得随意留置或张贴。

（二十三）外包催收机构及其分包商使用的短信、电子邮件和信函催收内容模板，应取得各机构的书面同意。催收内容应真实准确、避免歧义，短信、电子邮件内容包括贷款主体、还款方式提醒、联系方式等，信函内容包括贷款逾期情况及相关法律条文等，并加盖相关公章。

五、加强监督管理

（二十四）各级监管部门要通过非现场监管、现场检查等推动辖内银行业金融机构规范催收工作，强化风险防控和合规管理的主体责任意识，加强对外包催收机构的管理，维护辖内互联网贷款业务良好秩序。

（二十五）各级监管部门发现辖内银行业金融机构存在违规催收问题的，视情节严重程度，依法采取责令限期改正、暂停催收、限制业务规模、暂停业务、行政处罚等监管措施。涉嫌违法犯罪的，移送司法机关处理。

（二十六）各机构应有效防范利用过度投诉或“反催收”等手段逃废债务的风险，加强对“不法代理维权”等黑产的打击力度，其中涉嫌犯罪的，应及时向执法机关提供线索并积极配合调查取证。

（二十七）浙江省银行业协会应当加强监管政策宣讲和行业沟通协作，可通过发布行业倡议、制定催收机构准入标准、通报违规典型案例等形式，引导会员单位依法合规开展互联网贷款相关业务，促进互联网贷款相关业务持续健康发展。

六、其他事项

（二十八）本意见适用于浙江辖内开展互联网贷款业务的银行业金融机构。浙江辖内银行信用卡催收工作参照执行。

（二十九）本意见由国家金融监督管理总局浙江监管局负责解释。

（三十）本意见自2024年3月1日起施行。

国家金融监督管理总局青岛监管局关于印发《关于规范互联网贷款及信用卡催收工作的指导意见》的通知

（青国金规〔2023〕1号　2023年9月14日公布施行）

辖区银行保险机构：

近年来，随着互联网贷款及信用卡业务的发展，金融领域催收乱象频发，不当催收行为与“反催收”黑灰产业并存，不仅严重侵犯金融消费者合法权益，而且扰乱了正常金融秩序。为进一步规范辖区互联网贷款及信用卡催收工作，我局结合辖区实际制定了《关于规范互联网贷款及信用卡催收工作的指导意见》（见附件1），现予以印发，并提出监管要求，请认真贯彻执行。

一、开展相关催收业务的银行保险机构应对本机构的催收工作进行自查，自查内容包括但不限于制度建设、落实催收行为规范、委外催收管理、涉及催收的举报投诉处理、配合打击“反催收”黑产情况及整改措施等。各机构应在自查基础上形成自查报告并填写《催收工作自查整改台账》（见附件2），于2023年10月31日前以正式文件形式报送我局，同时针对自查发现问题持续做好问题整改。

二、我局将结合日常监管发现问题、各机构自查情况、举报投诉情况等选取相关机构适时开展现场督导，对于整改落实不到位的机构将严肃采取相应监管措施。

附件:1. 关于规范互联网贷款及信用卡催收工作的指导意见

2. 催收工作自查整改台账

附件 1

关于规范互联网贷款及信用卡催收工作的指导意见

为进一步规范辖区互联网贷款及信用卡催收工作,切实保护金融消费者合法权益,持续提升辖区金融服务质效,根据《商业银行互联网贷款管理暂行办法》(银保监会令 2020 年第 9 号)、《商业银行信用卡业务监督管理办法》(银监会令 2011 年第 2 号)、《银行业金融机构外包风险管理指引》(银监发〔2010〕44 号)、《信用保险和保证保险业务监管办法》(银保监办发〔2020〕39 号)等规定制定本指导意见。

一、总体要求

(一)工作目标

规范互联网贷款及信用卡催收工作,加强金融消费者权益保护,有效化解矛盾纠纷,防范声誉风险,推动互联网贷款及信用卡业务持续健康发展。

(二)基本原则

依法合规审慎开展业务。开展催收活动应严格遵守相关法律法规以及规章制度。中国互联网金融协会及中国银行业协会成员单位应自觉遵守《互联网金融逾期债务催收自律公约(试行)》《中国银行业协会信用卡催收工作指引(试行)》等自律规章要求,审慎开展催收活动。

加强消费者权益保护。开展催收活动应自觉保护金融消费者合法权益,不得侵犯催收对象的隐私权、个人信息权、财产权等合法权益。

维护良好形象。高度重视不当催收行为给本机构及行业带来的负面声誉影响，防止催收乱象向金融领域蔓延，维护本机构及行业的良好社会形象。

二、建立健全催收管理机制

（一）建立健全催收管理制度。参考《互联网金融逾期债务催收自律公约（试行）》和《中国银行业协会信用卡催收工作指引（试行）》的良好做法，不断完善催收工作管理制度，包括但不限于内控管理、业务管理、委外管理、信息安全、举报投诉处理、消费者权益保护等。

（二）加强催收人员考核培训。加强催收人员管理，定期开展业务及合规培训，制定合理的绩效考核与奖惩机制，优化考核方式，不简单以债务回收率作为单一考核指标。

三、重点加强委外催收管理

（一）落实催收主体责任，建立完善准入退出机制。与外部催收机构制定业务合作协议，明确双方权利义务，要求外部催收机构不得以委托机构的名义开展活动，加强催收行为管理。应与经营状况良好、合规管理健全、人员配备充足、催收经验丰富、服务品质优良的外部催收机构合作，持续关注催收机构的声誉状况，严禁委托涉黑涉恶机构催收，发现合作机构采用暴力、恐吓等严重非法手段催收的，应停止合作关系，并列入黑名单。

（二）实施动态跟踪评估，强化催收行为管理。定期对外部催收机构进行现场及非现场检查，将外部催收机构的投诉举报数量、催收记录是否完备等作为重要的考核指标。原则上应要求外部催收机构使用本机构统一的操作系统实施催收，避免使用私人通讯工具联系催收对象，开展催收时应表明身份、明确债权人，不得故意隐瞒身份，出现无法查证催收人员身份的情况。

四、严格落实催收行为规范

（一）严格限制催收对象范围。严格遵守国家对个人信息保护的相关规定。电话联系债务人时应首先确认对方身份，得到对方明确答复后方可实施催收。在联系不上债务人时，可以联系债务人的预留联系人，询问债务人的联系信息，或请其代为转告债务人与催收人员联系，不得透露债务人的详细欠款信息和欠款金额。当第三人明确表示愿意为债务人偿还欠款时，可视情况提供还款所需必要信息，当第三人明确要求不得联系时,经确认其为无关第三人,催收人员应停止后续联系行为,不得对与债务无关的第三人进行催收。

(二)严格加强催收行为管理。催收用语应文明、规范,不得存在下列情形:

1. 冒用行政机关、司法机关等名义实施催收;

2. 采取暴力、恐吓、欺诈等不正当手段实施催收;

3. 故意采取可能产生歧义的表述,故意夸大事实如虚假夸大债务数额、违约性质、法律后果等,编造不存在的事实,如虚构黑名单或不良信用数据库等误导债务人及相关当事人;

4. 诱导或逼迫债务人通过信用卡套现等新增借贷或非法途径筹集资金偿还逾期债务;

5. 以频繁拨打电话、发送短信等方式骚扰债务人及相关当事人;

6. 以非法方式获取债务人通讯录、住址、工作单位等信息实施催收;

7. 采用其他违法违规和违背公序良俗的手段实施催收。

五、妥善处理涉催收举报投诉

(一)高度重视,迅速处理。对于涉及不当催收的举报投诉应予以高度重视,在客户投诉发生后第一时间积极处理,避免出现推诿扯皮导致矛盾升级或事态扩大的情况,在规定时间内及时向投诉人反馈核查结果。

(二)做好记录,举一反三。认真记录并按照投诉内容及时开展核查,对投诉处理全过程如实记录,并做好相应档案管理工作,确保核查过程可追溯。定期复盘总结有关催收的投诉举报,查找制度机制层面的原因,举一反三,并及时进行整改完善。

六、配合打击"反催收"黑产

(一)准确区分举报投诉性质。采用科学手段准确识别并区分正常消费投诉与"反催收"黑产投诉举报,针对协商还款、费用减免、征信异议处理等黑灰产投诉集中的业务场景,加强身份证明文件、授权书、电话录音等手续验证,压缩代理投诉寻租空间。

(二)积极配合提供黑产线索。强化催收人员和客户警示教育,提升对"反催收"黑产的风险防范意识,防止向非法中介代理机构让渡利益。在业务办理过程中发现“反催收”黑产等非法中介代理机构相关线索的，应向相关部门反映，并配合开展规范整治工作。

七、附则

辖区开展互联网贷款及信用卡催收业务的银行保险机构适用本指导意见。

监管部门加强监督管理，发现违反本指导意见相关规定的，根据违规行为的事实、性质和情节等采取相应监管措施。

本指导意见自印发之日起实施。

附件2

催收工作自查整改台账

事项	工作任务	自查发现问题	整改情况	完成时限	备注
一、建立健全催收管理机制	1. 参考《互联网金融逾期债务催收自律公约（试行）》和《中国银行业协会信用卡催收工作指引（试行）》的良好做法，不断完善催收工作管理制度，包括但不限于内控管理、业务管理、委外管理、信息安全、举报投诉处理、消费者权益保护等。				
	2. 加强催收人员管理，定期开展业务及合规培训。				
	3. 制定合理的绩效考核与奖惩机制，优化考核方式，不简单以债务回收率作为单一考核指标。				
二、重点加强委外催收管理	1. 与外部催收机构制定业务合作协议，明确双方权利义务，要求外部催收机构不得以委托机构的名义开展活动，加强催收行为管理。				

续表

事项	工作任务	自查发现问题	整改情况	完成时限	备注
	2. 与经营状况良好、合规管理健全、人员配备充足、催收经验丰富、服务品质优良的外部催收机构合作,持续关注催收机构的声誉状况,严禁委托涉黑涉恶机构催收,发现合作机构采用暴力、恐吓等严重非法手段催收的,应视情况停止合作关系,并列入黑名单。				
	3. 定期对外部催收机构进行现场及非现场检查,将外部催收机构的投诉举报数量、催收记录是否完备等作为重要的考核指标。				
	4. 原则上应要求外部催收机构使用本机构统一的操作系统实施催收,避免使用私人通讯工具联系催收对象,开展催收时应表明身份、明确债权人,不得故意隐瞒身份,出现无法查证催收人员身份的情况。				
三、严格落实催收行为规范	1. 严格遵守国家对个人信息保护的相关规定。				
	2. 电话联系债务人时应首先确认对方身份,得到对方明确答复后方可实施催收。				
	3. 在联系不上债务人时,可以联系债务人的预留联系人,询问债务人的联系信息,或请其代为转告债务人与催收人员联系,不得透露债务人的详细欠款信息和欠款金额。当第三人明确表示愿意为债务人偿还欠款时,可视情况提供还款所需必要信息,当第三人明确要求不得联系时,经确认其为无关第三人,催收人员应停止后续联系行为,不得对与债务无关的第三人进行催收。				

续表

事项	工作任务	自查发现问题	整改情况	完成时限	备注
	4. 催收用语应文明、规范，不得存在下列情形： (1)冒用行政机关、司法机关等名义实施催收； (2)采取暴力、恐吓、欺诈等不正当手段实施催收； (3)故意采取可能产生歧义的表述，故意夸大事实如虚假夸大债务数额、违约性质、法律后果等，编造不存在的事实，如虚构黑名单或不良信用数据库等误导债务人及相关当事人； (4)诱导或逼迫债务人通过信用卡套现等新增借贷或非法途径筹集资金偿还逾期债务； (5)以频繁拨打电话、发送短信等方式骚扰债务人及相关当事人； (6)以非法方式获取债务人通讯录、住址、工作单位等信息实施催收； (7)采用其他违法违规和违背公序良俗的手段实施催收。				
四、妥善处理涉催收举报投诉	1. 对于涉及不当催收的举报投诉应予以高度重视，在客户投诉发生后第一时间积极处理，避免出现推诿扯皮导致矛盾升级或事态扩大的情况，在规定时间内及时向投诉人反馈核查结果。				
	2. 认真记录并按照投诉内容及时开展核查，对投诉处理全过程如实记录，并做好相应档案管理工作，确保核查过程可追溯。				
	3. 定期复盘总结有关催收的投诉举报，查找制度机制层面的原因，举一反三，并及时进行整改完善。				

续表

事项	工作任务	自查发现问题	整改情况	完成时限	备注
五、配合打击“反催收”黑产	1.采用科学手段准确识别并区分正常消费投诉与“反催收”黑产投诉举报,针对协商还款、费用减免、征信异议处理等黑灰产投诉集中的业务场景,加强身份证明文件、授权书、电话录音等手续验证,压缩代理投诉寻租空间。				
	2.强化催收人员和客户警示教育,提升对“反催收”黑产的风险防范意识,防止向非法中介代理机构让渡利益。				
	3.在业务办理过程中发现“反催收”黑产等非法中介代理机构相关线索的,应向相关部门反映,并配合开展规范整治工作。				

地方司法文件

四川省地方金融监督管理局、中国人民银行成都分行、中国银行保险监督管理委员会四川监管局、四川省高级人民法院、四川省公安厅、四川省财政厅、国家税务总局四川省税务局关于印发《关于支持金融机构加快不良资产处置若干措施》的通知

(川金发〔2020〕19号 2020年6月16日公布施行)

各市(州)金融工作局,人行成都分行营业管理部、各中心支行,各银保监分局,各中级人民法院,各市(州)公安局、财政局、税务局:

为做好我省金融风险防范化解工作,推动金融机构加快处置不良

资产，现将《关于支持金融机构加快不良资产处置若干措施》印发你们，请结合实际认真贯彻落实。

关于支持金融机构加快不良资产处置若干措施

为打赢防范化解重大金融风险攻坚战，提高不良资产处置效率，切实化解金融机构风险，提升金融支持实体经济能力，结合四川省实际，提出以下措施。

一、建立不良资产处置协调联动机制

各市（州）要发挥部门合力，落实属地责任，明确不良资产处置工作目标，对辖内金融机构不良资产进行清单式管理，支持金融机构逐一制定不良资产处置方案，争取消化、处置不良资产的政策。积极协调司法机关和相关部门，建立不良资产处置信息平台和协调机制，及时解决金融机构处置不良资产中遇到的困难和问题，确保属地不良资产余额和不良资产率保持在合理区间。

二、丰富不良资产处置主体

拓展"天府信用通"平台功能，打造不良资产处置信息发布、交易撮合、融资服务平台，提高不良资产处置效率。充分发挥资产管理公司作用，定期组织不良资产处置项目对接。支持地方资产管理公司积极发挥作用，灵活运用多种手段参与金融机构和企业债务风险化解处置和资产盘活。积极争取不良资产跨境转让试点，引进外资参与不良资产处置。协调国有企业加大参与处置不良资产力度，通过盘活抵押物、引入投资者等方式提升资产价值，加快不良资产处置。探索成立不良资产处置特殊目的公司（SPV），以过桥基金、分级基金等形式循环使用，提高不良资产处置能力。

三、压实金融机构主体责任

加强对金融机构不良资产化解工作的考核，督促各银行机构尤其是高风险银行机构切实做好不良资产压降，化解存量、严控新增，防止不良资产"边清边冒"。督促金融机构通过现金清收、重组、核销、打包转让、资产证券化等多种方式，加大不良资产化解处置力度。加大问责追责力度，对金融机构高管和股东违规开展关联交易、违规干预金融机构经营管理，直接或变相套取、挪用、挤占金融机构及客户资金，或以其他方式损害金融机构合法权益等金融违法行为，及时采取监管措施并依法移送司法机关。对防范化解处置风险不力的金融机构人员，依法依规启动问责程序。

四、加强监管指导与政策支持

金融监管部门及时掌握金融机构真实不良资产规模和分布，指导机构有计划分阶段平稳有序压降不良资产，制定年度不良资产清收处置计划，细化工作目标，"一户一策"制定化解方案。针对特定机构、特定主体，根据监管要求实施特别监管政策，支持机构进行风险化解处置。实行不良资产化解与政府资源、差异化监管措施挂钩，根据各银行不良资产压降情况，调整政府资源匹配力度，对不良率高、化解工作不实、措施不力的银行加大监管力度。

五、增强融资担保体系增信分险能力

对国有融资担保公司担保项下的不良贷款，逐户制定化解方案，重组一批、代偿一批、清收一批。各市（州）根据担保公司年度经营及代偿需求，加大资金注入力度，增强公司资金流动性。按照市场化、法治化原则，通过增加政府出资、引进社会资本、并购重组等方式有序整合符合条件的市、县国有融资担保公司，推动行业机构减量提质，恢复担保公司正常服务和代偿能力。支持省级再担保公司积极争取国家融资担保基金和小微企业融资担保业务降费奖补等政策。建立完善省级再担保公司、政府性融资担保公司股本金增长机制，增强资本实力和可持续发展能力。

六、分类施策处置困难企业

在困难企业债务处置工作中，充分发挥市场作用，以债权机构金融债权管理需要及对企业实际情况的市场化判断为前提，有序开展金融帮扶工作，"一企一策"研究增贷、稳贷、减贷等措施。对产业发展符合国家宏观经济政策、产业政策和金融支持政策，企业产品或服务有市场、发展有前景有价值，且企业和债权金融机构有相关意愿的，利用债务重组、市场化法治化债转股等方式开展金融帮扶，增强企业造血能力；对仍有品牌、市场、资产价值的企业，积极协调司法部门综合运用破产和解、重整等方式进行救助；对已不具备市场竞争力的落后产能企业及“僵尸企业”，支持依法启动破产清算程序，促进市场有序出清。对具备清偿能力的去产能企业积极进行追索，对进入破产程序的企业积极申报债权，切实防止恶意逃废债行为。在推进市场有序出清过程中，妥善做好维护稳定、经费保障、信用修复、企业注销等工作。

七、加大财税政策支持力度

对银行涉诉抵押资产增值税及附加、企业所得税、土地增值税、契税、印花税等税款，由纳税义务人依法缴纳。贷款银行可依法接受纳税人的委托办理纳税申报、税款缴纳等事宜。相关单位不得要求银行机构承担无法律依据的缴税义务。简化银行贷款损失税前扣除申报程序，银行向税务机关申报资产损失，仅需填报企业所得税年度纳税申报表附表，不再报送资产损失相关资料，相关资料由银行留存备查；对银行单户贷款余额1000万元以下的涉农贷款、中小企业贷款损失按国家税收政策规定，留存备查相关资料。

八、提高金融债权案件办理效率

加强与司法机关的沟通协调，推广金融债权诉讼“绿色通道”，对金融债权诉讼优先立案登记，及时分案移送。推行试点“电话录音公证送达”“委托公证送达”等工作机制，解决金融债权送达难问题。发挥“繁简分流”机制作用，提升金融纠纷案件的审理效率。搭建成熟、专门的金融审判团队，吸收金融专业人才充实到人民陪审员队伍。完善司法评估机制，确保资产评估价值客观公正。简化诉讼费退费程序及审批流程，将预交的诉讼费及时退还胜诉金融机构，降低诉讼成本。配合司法机关持续开展金融借款案件专项执行行动，对超时限和长期未结金融借款案件进行专项清理。加大在人民法院主导下的强制腾退力度，减少司法拍卖参与者的参拍顾虑。进一步丰富司法拍卖资产配套金融服务支持，提高司法拍卖成功率。推动司法机关针对轮候查封案件，做好其他首封法院查封情况排查。推动建立执行人民法院与公安部门协调处理机制，协调财产执行工作，避免久查封不处置。涉刑案件中金融机构不良债权的抵押物，经审查确认不属于涉刑案件资产范围的，积极协调人民法院进行司法处置，保护金融机构债权人权益。

九、加强金融债权保护

推动完善诉前资产保全措施,及时对有关资产进行查封、冻结、扣押。协调推动司法机关对诉中财产保全申请,优化审查过程,督促申请人及时提供财产线索,采取保全措施。对债权债务关系明确的金融案件,积极引导债权人及时提出保全申请,协调司法机关依法裁定保全。建立抵债资产过户快捷通道,金融机构通过人民法院裁定等方式取得的抵债资产,在履行取得相关手续后即可办理过户。加大恶意逃废银行债务联合惩戒力度,推动银行同业间共享恶意逃废银行债务的企业和个人名单。协调推动相关部门根据人民法院认定的失信被执行人名单,依照法律、法规和有关规定对失信执行人予以联合惩戒。

十、加大金融违法犯罪打击力度

对不良资产清收过程中发现的违法犯罪线索,及时移交司法机关打击查处。积极协调司法机关,重点加大对贷款诈骗、违法发放贷款、虚假诉讼等犯罪以及恶意逃废债中涉嫌犯罪行为的打击力度,建立负面清单,将恶意逃废银行债务的企业及个人纳入失信人名单,营造诚实守信的社会环境,维护良好金融秩序。全力开展追赃挽损,及时依法高效查封、冻结涉案资产,多措并举,最大限度挽回损失。

地方工作文件

北京银保监局关于做好不良资产处置工作的通知

(京银保监发〔2020〕415 号　2020 年 9 月 29 日公布施行)

各政策性银行北京市分行及总行营业部、国家开发银行在京营业机构、辖内各国有控股大型商业银行、辖内各股份制商业银行、北京银行、北京农商银行、北京中关村银行、辖内各中资村镇银行、各城市商业银行北京分行、辖内各信托公司、各中资企业集团财务公司、各金融租赁公司、消费金融公司：

为进一步提升不良处置效率，前瞻防范化解金融风险，有效落实《北京银保监局关于全力做好当前信用风险管控工作的通知》（京银保监发〔2020〕344号）提出的工作目标，现就做好辖内银行业金融机构不良资产处置工作有关事项通知如下：

一、完善组织机制

各法人机构应加强人力资源保障，配备必需岗位人员，经常性开展专题培训，培养专业高效的处置团队，适当结合外部清收资源，确保不良处置工作顺利开展。应推动优化组织架构，完善跨部门、跨区域"横向"协作机制及总、分、支行"纵向"分工机制，科学合理分配处置权限，适当缩短审批流程，提高不良处置质效。应树立制度先行理念，结合本机构不良处置实践，建立健全涵盖核销、清收、转让、重组、以物抵债、资产证券化等处置方式的配套管理制度及操作细则，并及时根据最新法律法规要求和业务实际修订调整，避免出现不良处置工作无制度可依情况。

各法人机构应在2021年一季度末前完成上述组织机制、工作制度的改进完善工作。分支机构应参照前述要求执行，主动向总行提出改进建议，推动优化处置机制流程。

二、做实资产分类

各机构应对照《贷款风险分类指引》（银监发〔2007〕54号）、《小企业贷款风险分类办法（试行）》（银监发〔2007〕63号）等监管规制要求，以评估借款人自身还款能力作为核心依据，以贷款担保作为次要依据，真实、准确、及时地反映贷款及其他实质承担信用风险的资产质量。审慎实施不良贷款上调为非不良贷款的操作，只有符合逾期本息等欠款已全部偿还，并至少在随后连续两个还款期或6个月内（两者中孰长）正常还本付息，且预计后续能按照合同条款持续还款的不良贷款，才能上调为非不良贷款。不得以支持疫情防控和复产复工为由新发放贷款掩盖不良，不得通过虚假转让、违规倒贷续贷等方式隐匿不良。信托公司固有资产风险分类应真实反映底层资产质量，固有贷款按照《贷款风险分类指引》（银监发〔2007〕54 号）进行五级分类，固有非信贷资产参照固有贷款分类标准进行分类。

三、依法合规处置

各机构应树立依法合规理念，严格遵循不良处置相关法律法规要求。债权核销的，对于符合核销条件的应核尽核，确保内部证据的真实性、合法性，并加强核销后资产的管理，做到账销案存、权在力催。资产转让的，原则上，应按照《中国银监会办公厅关于银行业信贷资产流转集中登记的通知》（银监办发〔2015〕108 号）要求，对不良资产流转进行集中登记，促进信贷资产流转规范化、透明化；商业银行向社会投资者转让贷款债权应符合《中国银监会办公厅关于商业银行向社会投资者转让贷款债权法律效力有关问题的批复》（银监办发〔2009〕24 号）中明确的公开原则，以形成公允价格，接受社会监督；严格遵守真实性和洁净转让原则，不得利用表内外资金承接本行不良资产及其受（收）益权，包括但不限于表内信贷、同业投资、理财、"假代销"等业务资金。以物抵债和债转股的，应严格落实处置期限、资本计提等监管要求。

四、强化风险管控

各机构要强化风险管控，严密防范处置风险的风险。不良资产清收过程中，应坚持分类施策，对前期经营正常、受疫情影响遇到暂时困难、发展前景良好的借款人给予适当缓冲期，避免触发偿付危机。不良资产核销、转让过程中，应加强监督约束，严防道德风险，有效遏制虚假评估、利益输送、泄露商业秘密等行为。对不良资产处置涉及的外包催收、资产评估等第三方服务机构采取名单制管理，健全准入、风控、考核、淘汰等各环节管理机制，重点加强对第三方服务机构的合规性管理。严禁与存在暴力催收、违规收费、泄露客户隐私信息等违法违规行为的第三方服务机构合作，防止第三方服务机构风险向银行业金融机构传导。

五、完善激励约束

各机构应落实失职问责及尽职免责机制。对不良产生和不良处置中的违法、违规、失职行为均要严格实施问责，重点加强对不良资产转让不真实、不洁净等违规业务审批人员的问责。对于不良资产责任认定和追究工作，在符合财政部《金融企业呆账核销管理办法》（财金

〔2017〕90号)的时限要求前提下,应与处置工作“双线”进行,避免错失处置时机。对有充分证据表明相关人员按照有关法律法规、规章政策勤勉尽职地履行职责的,落实尽职免责规定,并鼓励开展线上业务的机构探索建立适应业务特点的尽职免责机制。

各机构应改进不良资产处置工作考核制度,注重奖惩对等,对于在处置工作、特别是现金清收工作中取得积极成效的应落实激励措施,激发处置人员积极性和能动性。加强不良资产精细化管理,科学制定考评目标,避免片面注重压降账面不良的考核导向,以实现风险化解、回收最大化作为不良处置考核目标。

2021年上半年,我局将针对本通知贯彻落实情况开展专项督查,对工作不力、敷衍塞责的机构进行通报,对相关违法违规行为依法严肃查处,追究直接责任人员和相关高管人员责任,并视情况采取审慎监管措施。

第三编　不良资产转让

司法解释及司法解释性质文件

最高人民法院关于非金融机构受让金融不良债权后能否向非国有企业债务人主张全额债权的请示的答复

（〔2013〕执他字第4号　2013年11月26日公布施行）

湖北省高级人民法院：

你院《关于非金融机构受让金融不良债权后能否向非国有企业债务人主张全额债权的请示》（鄂高法〔2012〕323号）收悉。经研究并经我院审判委员会讨论决定，答复如下：

一、非金融机构受让经生效法律文书确定的金融不良债权能否在执行程序中向非国有企业债务人主张受让日后利息的问题，应当参照我院2009年3月30日《关于审理涉及金融不良债权转让案件工作座谈会纪要》（法发〔2009〕19号，以下简称《海南座谈会纪要》）的精神处理。

二、根据《海南座谈会纪要》第十二条的规定，《海南座谈会纪要》不具有溯及力。《海南座谈会纪要》发布前，非金融资产管理公司的机构或个人受让经生效法律文书确定的金融不良债权，或者受让的金融不良债权经生效法律文书确定的，发布日之前的利息按照相关法律规定计算；发布日之后不再计付利息。《海南座谈会纪要》发布后，非金融资产管理公司的机构或个人受让经生效法律文书确定的金融不良债权的，受让日之前的利息按照相关法律规定计算；受让日之后不再计付利息。

根据上述规定，本案中的利息（包括《中华人民共和国民事诉讼法》第二百五十三条的迟延履行利息）应按照法律规定计算至《海南座谈会纪要》发布之日。

最高人民法院关于审理涉及中国农业银行股份有限公司处置股改剥离不良资产案件适用相关司法解释和司法政策的通知

（法〔2011〕144号 2011年3月28日公布施行）

各省、自治区、直辖市高级人民法院，解放军军事法院，新疆维吾尔自治区高级人民法院生产建设兵团分院：

根据财政部《关于中国农业银行不良资产剥离有关问题的通知》（财金〔2008〕138号）和《关于委托中国农业银行处置股改剥离不良资产的通知》（财金函〔2009〕34号），中国农业银行股份有限公司（原中国农业银行，以下简称农业银行）受财政部委托处置其股改剥离的不良资产。为了支持国家金融体制改革，防止国有资产流失，确保不良资产处置工作的顺利进行，降低处置成本，现就农业银行处置不良资产过程中涉诉相关问题通知如下：

一、人民法院在审理涉及农业银行处置上述不良资产案件时，可以适用最高人民法院就审理涉及金融资产管理公司处置不良资产案件所发布的相关司法解释、司法政策及有关答复、通知的规定。

二、财政部驻各省、自治区、直辖市、计划单列市财政监察专员办事处出具的委托处置资产证明文件，可以作为人民法院确认农业银行处置的不良资产属于受财政部委托处置资产的依据。

最高人民法院关于审理金融资产管理公司利用外资处置不良债权案件涉及对外担保合同效力问题的通知

(法发〔2010〕25号　2010年7月1日公布施行)

各省、自治区、直辖市高级人民法院,解放军军事法院,新疆维吾尔自治区高级人民法院生产建设兵团分院:

为正确审理金融资产管理公司利用外资处置不良债权的案件,充分保护各方当事人的权益,经征求国家有关主管部门意见,现将利用外资处置不良债权涉及担保合同效力的有关问题通知如下,各级人民法院在审理本通知发布后尚未审结及新受理的案件时应遵照执行:

一、2005年1月1日之后金融资产管理公司利用外资处置不良债权,向外国投资者出售或转让不良资产,外国投资者受让债权之后向人民法院提起诉讼,要求债务人及担保人直接向其承担责任的案件,由于债权人变更为外国投资者,使得不良资产中含有的原国内性质的担保具有了对外担保的性质,该类担保有其自身的特性,国家有关主管部门对该类担保的审查采取较为宽松的政策。如果当事人提供证据证明依照《国家外汇管理局关于金融资产管理公司利用外资处置不良资产有关外汇管理问题的通知》(汇发〔2004〕119号)第六条规定①,

① 根据2013年4月28日颁布,自2013年5月13日起实施的国家外汇管理局《关于发布〈外债登记管理办法〉的通知》,国家外汇管理局《关于金融资产管理公司利用外资处置不良资产有关外汇管理问题的通知》(汇发〔2004〕119号)已废止,其第6条规定内容如下:利用外资处置的不良资产中含有第三方担保的,金融资产管理公司应通知原债权债务合同的担保人。外国投资者或其代理人在办理不良资产转让备案登记时,应在资产备案登记中注明担保的具体情况;国家外汇管理局及其分局对损害社会公共利益或违反法律法规规定的担保,不予登记。金融资产管理公司利用外资处置资产后,除原有担保外,债务人或第三人不得为所出售或转让的债权提供其他担保。

金融资产管理公司通知了原债权债务合同的担保人,外国投资者或其代理人在办理不良资产转让备案登记时提交的材料中注明了担保的具体情况,并经国家外汇管理局分局、管理部审核后办理不良资产备案登记的,人民法院不应以转让未经担保人同意或者未经国家有关主管部门批准或者登记为由认定担保合同无效。

二、外国投资者或其代理人办理不良资产转让备案登记时,向国家外汇管理局分局、管理部提交的材料中应逐笔列明担保的情况,未列明的,视为担保未予登记。当事人在一审法庭辩论终结前向国家外汇管理局分局、管理部补交了注明担保具体情况的不良资产备案资料的,人民法院不应以未经国家有关主管部门批准或者登记为由认定担保合同无效。

三、对于因2005年1月1日之前金融资产管理公司利用外资处置不良债权而产生的纠纷案件,如果当事人能够提供证据证明依照当时的规定办理了相关批准、登记手续的,人民法院不应以未经国家有关主管部门批准或者登记为由认定担保合同无效。

最高人民法院关于如何理解最高人民法院法发〔2009〕19号《会议纪要》若干问题的请示之答复

(〔2009〕民二他字第21号　2009年9月25日公布施行)

云南省高级人民法院:

你院《关于如何理解最高人民法院法发〔2009〕19号〈会议纪要〉若干问题的请示》收悉。经研究,答复如下:

我院于2009年4月3日发布的法发〔2009〕19号《关于审理涉及金融不良债权转让案件工作座谈会纪要》(以下简称《纪要》)所要解决的问题实质是如何解决和化解计划经济时期形成的历史遗留问题。其主要目的在于规范金融不良债权转让行为,维护企业和社会稳定,防止国有资产流失,保障国家经济安全。根据《纪要》的精神和目的,涉及非国有企业债务人的金融不良债权转让纠纷案件,亦应参照适用《纪要》的规定。债务人未对不良债权转让合同的效力提出异议,但案件的事实和相关证据情况能够引发人民法院对不良债权转让合同效力产生合理怀疑的,人民法院可以依职权主动审查不良债权转让合同的效力。

以上意见供参考。

最高人民法院关于判决确定的金融不良债权多次转让人民法院能否裁定变更执行主体请示的答复

([2009]执他字第1号　2009年6月16日公布施行)

湖北省高级人民法院:

你院鄂高法[2009]21号请示收悉。经研究,答复如下:

《最高人民法院关于人民法院执行工作若干问题的规定(试行)》,已经对申请执行人的资格以明确。其中第十八条第一款①规定"人民法院受理执行案件应当符合下列条件:……(2)申请执行人是生效法律文书确定的权利人或继承人、权利承受人。"该条中的"权利承受人",包含通过债权转让的方式承受债权的人。依法从金融资产管理公司受让债权的受让人将债权再行转让给其他普通受让人的,执行法院可以依据上述规定,依债权转让协议以及受让人或者转让人的申

① 该规定已于2020年修改。最高人民法院《关于人民法院执行工作若干问题的规定(试行)》(2020年修正)第16条第1款规定:人民法院受理执行案件应当符合下列条件:(1)申请或移送执行的法律文书已经生效;(2)申请执行人是生效法律文书确定的权利人或其继承人、权利承受人;(3)申请执行的法律文书有给付内容,且执行标的和被执行人明确;(4)义务人在生效法律文书确定的期限内未履行义务;(5)属于受申请执行的人民法院管辖。

请,裁定变更申请执行主体。

《最高人民法院关于金融资产管理公司收购、处置银行不良资产有关问题的补充通知》第三条虽只就金融资产管理公司转让金融不良债权环节可以变更申请执行主体作了专门规定,但并未排除普通受让人再行转让给其他普通受让人时变更申请执行主体。此种情况下裁定变更申请执行主体,也符合该通知及其他相关文件中关于支持金融不良资产债权处置工作的司法政策,但对普通受让人不能适用诉讼费用减半收取和公告通知债务人等专门适用金融资产管理公司处置不良债权的特殊政策规定。

最高人民法院印发《关于审理涉及金融不良债权转让案件工作座谈会纪要》的通知

(法发〔2009〕19号 2009年3月30日公布施行)

各省、自治区、直辖市高级人民法院,解放军军事法院,新疆维吾尔自治区高级人民法院生产建设兵团分院:

为认真落实中央关于研究解决金融不良债权转让过程中国有资产流失问题的精神,统一思想,明确任务,依法公正妥善地审理涉及金融不良债权转让案件,防止国有资产流失,保障金融不良债权处置工作的顺利进行,维护和促进社会和谐稳定,维护社会公共利益和相关当事人的合法权益,最高人民法院商有关部门形成了《关于审理涉及金融不良债权转让案件工作座谈会纪要》,现印发给你们,请结合审判工作实际,遵照执行。

各高级人民法院,特别是不良债权转让纠纷案件数量较多、标的额较大、影响较大地区的高级人民法院,要加强对有关案件审判、执行工作的调研指导,发现新情况、新问题的,应当及时报告最高人民法院。

最高人民法院关于审理涉及金融不良债权转让案件工作座谈会纪要

为了认真落实中央关于研究解决金融不良债权转让过程中国有资产流失问题的精神。统一思想,明确任务,依法妥善公正地审理涉及金融不良债权转让案件,防止国有资产流失,保障金融不良债权处置工作的顺利进行,维护和促进社会和谐稳定,最高人民法院邀请全国人大常委会法制工作委员会、中共中央政法委员会、国务院法制办公室、财政部、国务院国有资产监督管理委员会、中国银行业监督管理委员会、中国人民银行和审计署等单位,于2008年10月14日在海南省海口市召开了全国法院审理金融不良债权转让案件工作座谈会。各省、自治区、直辖市高级人民法院和解放军军事法院以及新疆维吾尔自治区高级人民法院生产建设兵团分院主管民商审判工作的副院长、相关审判庭的负责同志参加了座谈会。与会同志通过认真讨论,就关于审理涉及金融不良债权转让案件的主要问题取得了一致的看法。现纪要如下:

一、关于审理此类案件应遵循的原则

会议认为,此类案件事关金融不良资产处置工作的顺利进行,事关国有资产保护,事关职工利益保障和社会稳定。因此,人民法院必须高度重视此类案件,并在审理中注意坚持以下原则:

(一)坚持保障国家经济安全原则。民商事审判工作是国家维护经济秩序、防范和化解市场风险、维护国家经济安全的重要手段。全国法院必须服从和服务于国家对整个国民经济稳定和国有资产安全的监控,从中央政策精神的目的出发,以民商事法律、法规的基本精神为依托,本着规范金融市场、防范金融风险、维护金融稳定、保障经济安全的宗旨,依法公正妥善地审理此类纠纷案件,确保国家经济秩序稳定和国有资产安全。

(二)坚持维护企业和社会稳定原则。金融不良资产的处置,涉及企业重大经济利益。全国法院要进一步强化政治意识、大局意识、责任意识和保障意识,从维护国家改革、发展和稳定的大局出发,依法公正妥善地审理好此类纠纷案件，切实防止可能引发的群体性、突发性和恶性事件，切实做到“化解矛盾、理顺关系、安定人心、维护秩序”。

（三）坚持依法公正和妥善合理的原则。人民法院在审理此类案件中，要将法律条文规则的适用与中央政策精神的实现相结合，将坚持民商法的意思自治、平等保护等理念与国家经济政策、金融市场监管和社会影响等因素相结合，正确处理好保护国有资产、保障金融不良资产处置工作顺利进行、维护企业和社会稳定的关系，做到统筹兼顾、妥善合理，确保依法公正与妥善合理的统一，确保审判的法律效果和社会效果统一。

（四）坚持调解优先、调判结合的原则。为了避免矛盾激化，维护社会稳定，平衡各方利益，人民法院在诉讼中应当向当事人充分说明国家的政策精神，澄清当事人对法律和政策的模糊认识。坚持调解优先，积极引导各方当事人本着互谅互让的精神进行协商，尽最大可能采用调解的方式解决纠纷。如果当事人不能达成和解，人民法院要根据相关法律法规以及本座谈会纪要（以下简称《纪要》）进行妥善公正的审理。

二、关于案件的受理

会议认为，为确保此类案件得到公正妥善的处理，凡符合民事诉讼法规定的受理条件及《纪要》有关规定精神涉及的此类案件，人民法院应予受理。不良债权已经剥离至金融资产管理公司又被转让给受让人后，国有企业债务人知道或者应当知道不良债权已经转让而仍向原国有银行清偿的，不得对抗受让人对其提起的追索之诉，国有企业债务人在对受让人清偿后向原国有银行提起返还不当得利之诉的，人民法院应予受理；国有企业债务人不知道不良债权已经转让而向原国有银行清偿的，可以对抗受让人对其提起的追索之诉，受让人向国有银行提起返还不当得利之诉的，人民法院应予受理。

受让人在对国有企业债务人的追索诉讼中，主张追加原国有银行为第三人的，人民法院不予支持；在《纪要》发布前已经终审或者根据《纪要》做出终审的，当事人根据《纪要》认为生效裁判存在错误而申请再审的，人民法院不予支持。

案件存在下列情形之一的，人民法院不予受理：

（一）金融资产管理公司与国有银行就政策性金融资产转让协议

发生纠纷起诉到人民法院的[①]；

（二）债权人向国家政策性关闭破产的国有企业债务人主张清偿债务的；

（三）债权人向已列入经国务院批准的全国企业政策性关闭破产总体规划并拟实施关闭破产的国有企业债务人主张清偿债务的；

（四）《纪要》发布前，受让人与国有企业债务人之间的债权债务关系已经履行完毕，优先购买权人或国有企业债务人提起不良债权转让合同无效诉讼的；

（五）受让人自金融资产管理公司受让不良债权后，以不良债权存在瑕疵为由起诉原国有银行的；

（六）国有银行或金融资产管理公司转让享受天然林资源保护工程政策的国有森工企业不良债权而引发受让人向森工企业主张债权的（具体详见《天然林资源保护区森工企业金融机构债务免除申请表》名录）；

（七）在不良债权转让合同无效之诉中，国有企业债务人不能提供相应担保或者优先购买权人放弃优先购买权的。

三、关于债权转让生效条件的法律适用和自行约定的效力

会议认为，不良债权成立在合同法施行之前[②]，转让于合同法施行之后的，该债权转让对债务人生效的条件应适用合同法第八十条第一

① 对此问题，最高人民法院曾对湖北省高级人民法院作出专门批复，详见《最高人民法院关于人民法院是否受理金融资产管理公司与国有商业银行就政策性金融资产转让协议发生的纠纷问题的答复》（〔2004〕民二他字第25号 2005年6月17日）

湖北省高级人民法院：

你院鄂高法〔2004〕378号《关于中国农业银行武汉市汉口支行与中国长城资产管理公司武汉办事处债权转让合同纠纷上诉案法律适用问题的请示》收悉。经研究，答复如下：

金融资产管理公司接收国有商业银行的不良资产是国家根据有关政策实施的，具有政府指令划转国有资产的性质。金融资产管理公司与国有商业银行就政策性金融资产转让协议发生纠纷起诉到人民法院的，人民法院不予受理。同意你院审判委员会第二种意见。

此复。

② 1999年3月15日，《中华人民共和国合同法》由第九届全国人民代表大会第二次会议通过，中华人民共和国主席令第15号公布，自1999年10月1日起施行，2021年1月1日起《中华人民共和国民法典》施行，《中华人民共和国合同法》废止。

款的规定①。

金融资产管理公司受让不良债权后,自行与债务人约定或重新约定诉讼管辖的,如不违反法律规定,人民法院应当认定该约定有效。金融资产管理公司在不良债权转让合同中订有禁止转售、禁止向国有银行、各级人民政府、国家机构等追偿、禁止转让给特定第三人等要求受让人放弃部分权利条款的,人民法院应认定该条款有效。国有银行向金融资产管理公司转让不良债权,或者金融资产管理公司收购、处置不良债权的,担保债权同时转让,无须征得担保人的同意,担保人仍应在原担保范围内对受让人继续承担担保责任。担保合同中关于合同变更需经担保人同意或者禁止转让主债权的约定,对主债权和担保权利转让没有约束力。

四、关于地方政府等的优先购买权

会议认为,为了防止在通过债权转让方式处置不良债权过程中发生国有资产流失,相关地方人民政府或者代表本级人民政府履行出资人职责的机构、部门或者持有国有企业债务人国有资本的集团公司可以对不良债权行使优先购买权。

金融资产管理公司向非国有金融机构法人转让不良债权的处置方案、交易条件以及处置程序、方式确定后,单笔(单户)转让不良债权的,金融资产管理公司应当通知国有企业债务人注册登记地的优先购买权人。以整体“资产包”的形式转让不良债权的,如资产包中主要债务人注册登记地属同一辖区,应当通知该辖区的优先购买权人;如资产包中主要债务人注册登记地属不同辖区,应当通知主要债务人共同的上级行政区域的优先购买权人。

按照确定的处置方案、交易条件以及处置程序、方式,上述优先购买权人在同等条件下享有优先购买权。优先购买权人收到通知后明确表示不予购买或者在收到通知之日起三十日内未就是否行使优先购买权做出书面答复,或者未在公告确定的拍卖、招标日之前做出书面答复或者未按拍卖公告、招标公告的规定时间和条件参加竞拍、竞

① 《中华人民共和国合同法》(已废止)第80条第1款规定:债权人转让权利的,应当通知债务人。未经通知,该转让对债务人不发生效力。《中华人民共和国民法典》第546条第1款规定:债权人转让债权,未通知债务人的,该转让对债务人不发生效力。

标的,视为放弃优先购买权。

金融资产管理公司在《纪要》发布之前已经完成不良债权转让,上述优先购买权人主张行使优先购买权的,人民法院不予支持。

债务人主张优先购买不良债权的,人民法院不予支持。

五、关于国有企业的诉权及相关诉讼程序

会议认为,为避免当事人滥用诉权,在受让人向国有企业债务人主张债权的诉讼中,国有企业债务人以不良债权转让行为损害国有资产等为由,提出不良债权转让合同无效抗辩的,人民法院应告知其向同一人民法院另行提起不良债权转让合同无效的诉讼;国有企业债务人不另行起诉的,人民法院对其抗辩不予支持。国有企业债务人另行提起不良债权转让合同无效诉讼的,人民法院应中止审理受让人向国有企业债务人主张债权的诉讼,在不良债权转让合同无效诉讼被受理后,两案合并审理。国有企业债务人在二审期间另行提起不良债权转让合同无效诉讼的,人民法院应中止审理受让人向国有企业债务人主张债权的诉讼,在不良债权转让合同无效诉讼被受理且做出一审裁判后再行审理。

国有企业债务人提出的不良债权转让合同无效诉讼被受理后,对于受让人的债权系直接从金融资产管理公司处受让的,人民法院应当将金融资产管理公司和受让人列为案件当事人;如果受让人的债权系金融资产管理公司转让给其他受让人后,因该受让人再次转让或多次转让而取得的,人民法院应当将金融资产管理公司和该转让人以及后手受让人列为案件当事人。

六、关于不良债权转让合同无效和可撤销事由的认定

会议认为,在审理不良债权转让合同效力的诉讼中,人民法院应当根据合同法和《金融资产管理公司条例》等法律法规,并参照国家相关政策规定,重点审查不良债权的可转让性、受让人的适格性以及转让程序的公正性和合法性。金融资产管理公司转让不良债权存在下列情形的,人民法院应当认定转让合同损害国家利益或社会公共利益或者违反法律、行政法规强制性规定而无效。

(一)债务人或者担保人为国家机关的;

(二)被有关国家机关依法认定为涉及国防、军工等国家安全和敏感信息的以及其他依法禁止转让或限制转让情形的;

（三）与受让人恶意串通转让不良债权的；

（四）转让不良债权公告违反《金融资产管理公司资产处置公告管理办法（修订）》规定，对依照公开、公平、公正和竞争、择优原则处置不良资产造成实质性影响的；

（五）实际转让的资产包与转让前公告的资产包内容严重不符，且不符合《金融资产管理公司资产处置公告管理办法（修订）》规定的；

（六）根据有关规定应经合法、独立的评估机构评估，但未经评估的；或者金融资产管理公司与评估机构、评估机构与债务人、金融资产管理公司和债务人以及三方之间恶意串通，低估、漏估不良债权的；

（七）根据有关规定应当采取公开招标、拍卖等方式处置，但未公开招标、拍卖的；或者公开招标中的投标人少于三家（不含三家）的；或者以拍卖方式转让不良债权时，未公开选择有资质的拍卖中介机构的；或者未依照《中华人民共和国拍卖法》的规定进行拍卖的；

（八）根据有关规定应当向行政主管部门办理相关报批或者备案、登记手续而未办理，且在一审法庭辩论终结前仍未能办理的；

（九）受让人为国家公务员、金融监管机构工作人员、政法干警、金融资产管理公司工作人员、国有企业债务人管理人员、参与资产处置工作的律师、会计师、评估师等中介机构等关联人或者上述关联人参与的非金融机构法人的；

（十）受让人与参与不良债权转让的金融资产管理公司工作人员、国有企业债务人或者受托资产评估机构负责人员等有直系亲属关系的；

（十一）存在其他损害国家利益或社会公共利益的转让情形的。

在金融资产管理公司转让不良债权后，国有企业债务人有证据证明不良债权根本不存在或者已经全部或部分归还而主张撤销不良债权转让合同的，人民法院应当撤销或者部分撤销不良债权转让合同；不良债权转让合同被撤销或者部分撤销后，受让人可以请求金融资产管理公司承担相应的缔约过失责任。

七、关于不良债权转让无效合同的处理

会议认为，人民法院认定金融不良债权转让合同无效后，对于受让人直接从金融资产管理公司受让不良债权的，人民法院应当判决金融资产管理公司与受让人之间的债权转让合同无效；受让人通过再次转让而取得债权的,人民法院应当判决金融资产管理公司与转让人、转让人与后手受让人之间的系列债权转让合同无效。债权转让合同被认定无效后,人民法院应当按照合同法的相关规定处理;[①]受让人要求转让人赔偿损失,赔偿损失数额应以受让人实际支付的价金之利息损失为限。相关不良债权的诉讼时效自金融不良债权转让合同被认定无效之日起重新计算。

金融资产管理公司以整体"资产包"的形式转让不良债权中出现单笔或者数笔债权无效情形,或者单笔或数笔不良债权的债务人为非国有企业,受让人请求认定合同全部无效的,人民法院应当判令金融资产管理公司与转让人之间的资产包债权转让合同无效;受让人请求认定已履行或已清结部分有效的,人民法院应当认定尚未履行或尚未清结部分无效,并判令受让人将尚未履行部分或尚未清结部分返还给金融资产管理公司,金融资产管理公司不再向受让人返还相应价金。

八、关于举证责任分配和相关证据的审查

会议认为,人民法院在审查不良债权转让合同效力时,要加强对不良债权转让合同、转让标的、转让程序以及相关证据的审查,尤其是对受让人权利范围、受让人身份合法性以及证据真实性的审查。不良债权转让合同中经常存在诸多限制受让人权利范围的条款,人民法院应当要求受让人向法庭披露不良债权转让合同以证明其权利合法性和权利范围。受让人不予提供的,人民法院应当责令其提供;受让人拒不提供的,应当承担举证不能的法律后果。人民法院在对受让人身份的合法性以及是否存在恶意串通等方面存在合理怀疑时,应当根据最高人民法院《关于民事诉讼证据的若干规定》[②]及时合理地分配举

---

① 《中华人民共和国合同法》(已废止)第 58 条规定:合同无效或者被撤销后,因该合同取得的财产,应当予以返还;不能返还或者没有必要返还的,应当折价补偿。有过错的一方应当赔偿对方因此所受到的损失,双方都有过错的,应当各自承担相应的责任。《民法典》第 157 条规定:民事法律行为无效、被撤销或确定不发生效力后,行为人因该行为取得的财产,应当予以返还;不能返还或没有必要返还的,应当折价补偿。有过错的一方应当赔偿对方由此所受到的损失各方都有过错的,应当各自承担相应的责任。法律另有规定的,依照其规定。

② 最高人民法院《关于修改〈关于民事诉讼证据的若干规定〉的决定》已于 2019 年 10 月 14 日由最高人民法院审判委员会第 1777 次会议通过,2019 年 12 月 25 日公布,自 2020 年 5 月 1 日起施行。

证责任;但人民法院不得仅以不良债权出让价格与资产账面额之间的差额幅度作为引起怀疑的证据,而应当综合判断。对当事人伪造或变造借款合同、担保合同、借款借据、修改缔约时间和债务人还贷时间以及产生诉讼时效中断证据等情形的,人民法院应当严格依据相关法律规定予以制裁。

九、关于受让人收取利息的问题

会议认为,受让人向国有企业债务人主张利息的计算基数应以原借款合同本金为准;受让人向国有企业债务人主张不良债权受让日之后发生的利息的,人民法院不予支持。但不良债权转让合同被认定无效的,出让人在向受让人返还受让款本金的同时,应当按照中国人民银行规定的同期定期存款利率支付利息。

十、关于诉讼或执行主体的变更

会议认为,金融资产管理公司转让已经涉及诉讼、执行或者破产等程序的不良债权的,人民法院应当根据债权转让合同以及受让人或者转让人的申请,裁定变更诉讼主体或者执行主体。在不良债权转让合同被认定无效后,金融资产管理公司请求变更受让人为金融资产管理公司以通过诉讼继续追索国有企业债务人的,人民法院应予支持。人民法院裁判金融不良债权转让合同无效后当事人履行相互返还义务时,应从不良债权最终受让人开始逐一与前手相互返还,直至完成第一受让人与金融资产管理公司的相互返还。后手受让人直接对金融资产管理公司主张不良债权转让合同无效并请求赔偿的,人民法院不予支持。

十一、关于既有规定的适用

会议认为,国有银行向金融资产管理公司转让不良债权,或者金融资产管理公司受让不良债权后,通过债权转让方式处置不良资产的,可以适用最高人民法院《关于审理金融资产管理公司收购、管理、处置国有银行不良贷款形成的资产的案件适用法律若干问题的规定》①、《关于贯彻执行最高人民法院“十二条”司法解释有关问题的函的答复》、《关于金融资产管理公司收购、管理、处置银行不良资产有关

① 根据最高人民法院《关于废止部分司法解释及相关规范性文件的决定》(法释〔2020〕16 号),该规定自 2021 年 1 月 1 日起废止。

问题的补充通知》和《关于国有金融资产管理公司处置国有商业银行不良资产案件交纳诉讼费用的通知》①。受让人受让不良债权后再行

① 最高人民法院曾专门印发两个通知文件,即《关于国有金融资产管理公司处置国有商业银行不良资产案件交纳诉讼费用的通知》和《关于延长国有金融资产管理公司处理国有商业银行不良资产案件减半缴纳诉讼费用期限的通知》,自2001年10月25日至2009年2月28日,对四家国有金融资产管理公司处置国有商业银行剥离的不良资产的案件减半交纳案件受理费、申请执行费和申请保全费,减轻了金融资产管理公司的费用负担,降低了处置成本。

2001年10月25日,最高人民法院发布《关于国有金融资产管理公司处置国有商业银行不良资产案件交纳诉讼费用的通知》(法〔2001〕156号)。

各省、自治区、直辖市高级人民法院,新疆维吾尔自治区高级人民法院生产建设兵团分院:

近来,各级人民法院陆续依法受理了一批华融、长城、信达、东方等四家国有金融资产管理公司处置国有商业银行剥离的不良资产的案件。据国务院有关部门反映,涉及四家国有资产管理公司的此类案件数量多、标的大,所需交纳的诉讼费用数额也很大,要求适当给予减免。为了支持国家金融体制改革,防止国有资产流失,减轻国有资产管理公司在处置国有商业银行不良资产过程中的费用负担,使这部分不良资产得以尽快依法处置,现对审理此类案件交纳的诉讼费用等问题通知如下:

一、凡属上述金融资产管理公司为处置国有商业银行不良资产提起诉讼(包括上诉和申请执行)的案件,其案件受理费、申请执行费和申请保全费,按照《人民法院诉讼收费办法》的规定计算,减半交纳。

二、上述案件中,金融资产管理公司申请财产保全的,依照《最高人民法院关于审理涉及金融资产管理公司收购、管理、处置国有银行不良贷款形成的资产的案件适用法律若干问题的规定》(法释〔2001〕12号,已废止)第五条的规定执行。

三、对于诉讼过程中所实际支出的诉讼费用,以及按照《〈人民法院诉讼收费办法〉补充规定》的规定应向当事人收取的差旅费等费用,各级人民法院要严格按照实际发生的项目和金额收取。

四、各级人民法院要严格执行上述规定,不得擅自提高收费标准,改变计费方式以及违反规定加收诉讼活动费、执行活动费等其他费用。

五、本通知规定的事项自下发之日起实行,至2006年2月28日废止。本通知下发之前已经受理的案件,所收取的诉讼费用不予退回。人民法院过去处理这类案件,已决定同意当事人缓交的,超出本通知规定限额的部分不再追收。

2006年4月13日,最高人民法院发布《关于延长国有金融资产管理公司处理国有商业银行不良资产案件减半缴纳诉讼费用期限的通知》(法〔2006〕100号)。

各省、自治区、直辖市高级人民法院,新疆维吾尔自治区高级人民法院生产建设兵团分院:

为支持国有银行和国有企业改革发展,支持东方、华融、长城、信达四家金融资产管理公司继续做好收购、管理和处置国有银行不良资产工作,现将《最高人民法院关于国有金融资产管理公司处置国有商业银行不良资产案件缴纳诉讼费用的通知》(法〔2001〕156号)的有效期延长3年。2006年3月1日至2009年2月28日期间,各级人民法院在受理以上四家金融资产管理公司处置国有商业银行案件时,诉讼费用的收取仍然按照《最高人民法院关于国有金融资产管理公司处置国有商业银行不良资产案件缴纳诉讼费用的通知》(法〔2001〕156号)的各项规定执行。

转让的,不适用上述规定,但受让人为相关地方人民政府或者代表本级人民政府履行出资人职责的机构、部门或者持有国有企业债务人国有资本的集团公司除外。

国有银行或者金融资产管理公司根据《关于贯彻执行最高人民法院"十二条"司法解释有关问题的函的答复》的规定,在全国或省级有影响的报纸上发布有催收内容的债权转让通知或公告的,该公告或通知之日应为诉讼时效的实际中断日,新的诉讼时效应自此起算。上述公告或者通知对保证合同诉讼时效发生同等效力。

十二、关于《纪要》的适用范围

会议认为,在《纪要》中,国有银行包括国有独资商业银行、国有控股商业银行以及国有政策性银行;金融资产管理公司包括华融、长城、东方和信达等金融资产管理公司和资产管理公司通过组建或参股等方式成立的资产处置联合体。国有企业债务人包括国有独资和国有控股的企业法人。受让人是指非金融资产管理公司法人、自然人。不良债权转让包括金融资产管理公司政策性和商业性不良债权的转让。政策性不良债权是指1999年至2000年上述四家金融资产管理公司在国家统一安排下通过再贷款或者财政担保的商业票据形式支付收购成本从中国银行、中国农业银行、中国建设银行、中国工商银行以及国家开发银行收购的不良债权;商业性不良债权是指2004年至2005年上述四家金融资产管理公司在政府主管部门主导下从交通银行、中国银行、中国建设银行和中国工商银行收购的不良债权。

《纪要》的内容和精神仅适用于在《纪要》发布之后尚在一审或者二审阶段的涉及最初转让方为国有银行、金融资产管理公司通过债权转让方式处置不良资产形成的相关案件。人民法院依照审判监督程序决定再审的案件,不适用《纪要》。

会议还认为,鉴于此类纠纷案件具有较强政策性,人民法院在案件审理过程中,遇到难度大、涉及面广或者涉及社会稳定的案件,要紧紧依靠党委领导,自觉接受人大监督,必要时也可以请示上级人民法院。在不良债权处置工作中发现违规现象的,要及时与财政、金融监管部门联系或者向金融监管部门提出司法建议;对存在经济犯罪嫌疑、发现犯罪线索的，要及时向有关侦查机关移送案件或者案件线索。上级人民法院要加强审理此类纠纷案件的监督指导，及时总结审判经验，发布案件指导，依法妥善公正地审理好此类案件。

最高人民法院关于人民法院在审理涉及汇达资产托管有限责任公司清收、处置不良资产所形成的案件时适用相关司法解释规定的通知

（法〔2006〕298号　2006年10月30日公布施行）

各省、自治区，直辖市高级人民法院，解放军军事法院，新疆维吾尔自治区高级人民法院生产建设兵团分院：

汇达资产托管有限责任公司（以下简称汇达资产公司）系经银监会、财政部、中国人民银行批准，于2005年8月1日成立的专门接收、管理和处置中国人民银行历史遗留的不良资产的国有资产管理公司，其前身是光大资产托管有限责任公司，现为中国信达资产管理公司的控股子公司。根据银监会“银监复〔2005〕148号”批复规定，汇达资产公司执行现行国有资产管理公司的有关政策和制度。为了确保汇达资产公司资产处置工作的顺利进行，降低该类不良资产处置的成本，现就与其民事诉讼相关的问题通知如下：

人民法院在审理涉及汇达资产公司在清理、处置中国人民银行历史遗留的不良资产所形成的纠纷案件时，应同样适用最高人民法院就审理涉及金融资产管理公司处置国有不良贷款案件所发布的司法解释及有关答复、通知的规定。

最高人民法院关于人民法院是否受理金融资产管理公司与国有商业银行就政策性金融资产转让协议发生的纠纷问题的答复

(〔2004〕民二他字第25号　2005年6月17日公布施行)

湖北省高级人民法院：

你院鄂高法〔2004〕378号《关于中国农业银行武汉市汉口支行与中国长城资产管理公司武汉办事处债权转让合同纠纷上诉案法律适用问题的请示》收悉。经研究,答复如下：

金融资产管理公司接收国有商业银行的不良资产是国家根据有关政策实施的,具有政府指令划转国有资产的性质。金融资产管理公司与国有商业银行就政策性金融资产转让协议发生纠纷起诉到人民法院的,人民法院不予受理。同意你院审判委员会第二种意见。

此复。

最高人民法院关于金融资产管理公司收购、处置银行不良资产有关问题的补充通知

(法〔2005〕62号　2005年5月30日公布施行)

各省、自治区、直辖市高级人民法院,新疆维吾尔自治区高级人民法院生产建设兵团分院：

为了深化金融改革,规范金融秩序,本院先后下发了《关于审理涉及金融资产管理公司收购、管理、处置国有银行不良贷款形成的资产的案件适用法律若干问题的规定》①、《关于贯彻执行最高人民法院“十二条”司法解释有关问题的函的答复》和《关于国有金融资产管理公司处置国有商业银行不良资产案件交纳诉讼费用的通知》。最近,根据国务院关于国有独资商业银行股份制改革的总体部署,中国信达资产管理公司收购了中国银行、中国建设银行和交通银行剥离的不良资产。为了维护金融资产安全,降低不良资产处置成本,现将审理金融资产管理公司在收购、处置不良资产发生的纠纷案件的有关问题补充通知如下:

一、国有商业银行(包括国有控股银行)向金融资产管理公司转让不良贷款,或者金融资产管理公司受让不良贷款后,通过债权转让方式处置不良资产的,可以适用本院发布的上述规定。

二、国有商业银行(包括国有控股银行)向金融资产管理公司转让不良贷款,或者金融资产管理公司收购、处置不良贷款的,担保债权同时转让无须征得担保人的同意,担保人仍应在原担保范围内对受让人继续承担担保责任。担保合同中关于合同变更需经担保人同意的约定,对债权人转让债权没有约束力。

三、金融资产管理公司转让、处置已经涉及诉讼、执行或者破产等程序的不良债权时,人民法院应当根据债权转让协议和转让人或者受让人的申请,裁定变更诉讼或者执行主体。

① 已废止。

最高人民法院关于甘肃省高级人民法院就在诉讼时效期间债权人依法将主债权转让给第三人保证人是否继续承担保证责任等问题请示的答复

（〔2003〕民二他字第39号 2003年10月20日公布施行）

甘肃省高级人民法院：

你院甘高法〔2003〕176号请示收悉。经研究，答复如下：

一、在诉讼时效期间，凡符合《中华人民共和国合同法》①第八十一条和《中华人民共和国担保法》第二十二条规定的，债权人将主债权转让给第三人，保证债权作为从权利一并转移，保证人在原保证担保的范围内继续承担保证责任。

二、按照《关于适用〈中华人民共和国担保法〉若干问题的解释》②第三十六条第一款的规定，主债务诉讼时效中断，连带保证债务诉讼时效不因主债务诉讼时效中断而中断。按照上述解释第三十四条第二款的规定，连带责任保证的债权人在保证期间内要求保证人承担保证责任的，自该要求之日起开始计算连带保证债务的诉讼时效。《最高人民法院对〈关于贯彻执行最高人民法院“十二条”司法解释有关问题的函〉的答复》是答复四家资产管理公司的，其目的是最大限度地保全国有资产。因此，债权人对保证人有公告催收行为的，人民法院应比照适用《最高人民法院关于审理涉及金融资产公司收购、管理、处置国有银行不良贷款形成的资产的案件适用法律若干问题的规定》③第十条的规定，认定债权人对保证债务的诉讼时

① 已废止。
② 已废止。
③ 已废止。

效中断。

此复

最高人民法院关于在保证期间内保证人在债权转让协议上签字并承诺履行原保证义务能否视为债权人向担保人主张过债权及认定保证合同的诉讼时效如何起算等问题请示的答复

（〔2003〕民二他字第25号　2003年9月8日公布施行）

云南省高级人民法院：

你院云高法报〔2003〕5号《关于在保证期间内，保证人在债权转让协议上签字并承诺履行原保证义务，能否视为债权人向担保人主张过债权，从而认定保证合同的诉讼时效从签字时起算的请示报告》收悉。经研究，答复如下：

《中华人民共和国担保法》（以下简称《担保法》）①第二十六条第一款规定的债权人要求保证人承担保证责任应包括债权人在保证期间内向保证人主动催收或提示债权，以及保证人在保证期间内向债权人作出承担保证责任的承诺两种情形。请示所涉案件的保证人——个旧市配件公司于保证期间内，在所担保的债权转让协议上签字并承诺"继续履行原保证合同项下的保证义务"即属《担保法》第二十六条第一款所规定的债权人要求保证人承担保证责任的规定精神。依照本院《关于适用〈中华人民共和国担保法〉若干问题的解释》第三十四条

① 已废止。

第二款的规定[①],自保证人个旧市配件公司承诺之日起,保证合同的诉讼时效开始计算。故同意你院第一种意见。

此复

最高人民法院对《关于贯彻执行最高人民法院"十二条"司法解释有关问题的函》的答复

（法函〔2002〕3号　2002年1月7日公布施行）

信达、华融、长城、东方资产管理公司：

你们于2001年10月15日发出的"信总报〔2001〕64号"关于贯彻执行最高人民法院"十二条"司法解释有关问题的函收悉。经研究,现就函中所提出问题答复如下：

依据我院《关于审理涉及金融资产管理公司收购、管理、处置国有银行不良贷款形成的资产的案件适用法律若干问题的规定》[②]（以下简称《规定》）第十条规定,为了最大限度地保全国有资产,金融资产管理公司在全国或省级有影响的报纸上发布的有催收内容的债权转让公告或通知所构成的诉讼时效中断,可以溯及至金融资产管理公司受让原债权银行债权之日;金融资产管理公司对已承接的债权,可以在上述报纸上以发布催收公告的方式取得诉讼时效中断（主张权利）的证据。关于涉及资产管理公司清收不良资产的诉讼案件,其"管辖问题"应按《规定》执行。

---

① 《最高人民法院关于适用〈中华人民共和国担保法〉若干问题的解释》第34条第2款规定:连带责任保证的债权人在保证期间届满前要求保证人承担保证责任的,从债权人要求保证人承担保证责任之日起,开始计算保证合同的诉讼时效。该司法解释已废止,该条款内容已被《民法典》第694条吸收。《民法典》第694条规定:连带责任保证的债权人在保证期间届满前请求保证人承担保证责任的,从债权人请求保证人承担保证责任之日起,开始计算保证债务的诉讼时效。

② 已废止。

两高工作文件

最高人民法院对十三届全国人大三次会议第5510号建议的答复

（2020年11月4日公布施行）

您提出的《关于禁止人民法院强制执行阶段变相买卖判决书行为的建议》收悉，现答复如下：

您在建议中指出生效法律文书确定的金融债权转让在实践中存在的一些问题，并提出从严限制金融不良债权受让主体、严格对金融不良债权转让登报公告适用主体和条件的审查、禁止强制执行阶段金融不良债权转让后直接变更申请执行人等三项建议。您的建议明确具体、针对性强，对人民法院审判、执行工作具有参考借鉴意义。

一、关于对金融不良债权受让主体的限制问题

为了实现鼓励交易，促进市场经济发展的目的，法律规定债权人可以将债权的全部或者部分转让给第三人。同时，为了维护社会公共利益和交易秩序，平衡合同双方当事人的权益，法律对权利转让也作了一定的限制，即依债权的性质、按照当事人约定或者法律规定不得转让的，债权人不得转让其权利。因此，权利人转让债权，只要符合法律规定，均应允许。您提出的“买卖法院判决书”的问题，实质上只是对经生效判决确认的债权进行转让。生效判决所确认的权利与未通过判决确认的权利之间的差异仅在于判决的既判力和强制执行力，从权利的性质而言并没有本质区别。而对于债务人而言，无论向原权利主体履行，还是向受让人履行，所履行的义务应当说是相同的，因此债权转让本身并不损害债务人的合法权益。

对于金融不良债权的转让，人民法院在审判和执行过程中贯彻落实法律的规定，首先是坚持意思自治、平等保护原则，尊重金融不良债权转让的市场性和交易行为的自治性。民事主体在民事活动中的法律地位一律平等，合法权益均应受到平等保护。债权受让人无论是对国有企业还是民营企业、内资企业还是外资企业、集体还是个人，在法律上一律受到平等保护，这是我国法治进步的标志，也是人民法院始终坚持的价值取向。

同时，人民法院在办理金融不良债权转让案件中，也贯彻落实法律关于债权转让的限制规定。《最高人民法院关于审理涉及金融不良债权转让案件工作座谈会纪要》中，一是对受让主体作了限制性规定，即受让人为国家公务员、金融监管机构工作人员、政法干警、金融资产管理公司工作人员、国有企业债务人管理人员、参与资产处置工作的律师、会计师、评估师等中介机构等关联人或者上述关联人参与的非金融机构法人的，以及受让人与参与不良债权转让的金融资产管理公司工作人员、国有企业债务人或者受托资产评估机构负责人员等有直系亲属关系的，债务人可以另行提起不良债权转让合同无效的诉讼，人民法院依法认定转让合同无效。对于明显存在上述主体违规受让金融不良债权的，执行程序同样不予支持。二是规定，金融资产管理公司在不良债权转让合同中订有禁止转售、禁止转让给特定第三人等要求受让人放弃部分权利条款的，人民法院应认定该条款有效。因此，相关主管部门和有关金融债权人对受让主体作出限制的，人民法院在审判、执行中均予以认可。《最高人民法院关于审理涉及金融不良债权转让案件工作座谈会纪要》也明确指出，人民法院在审查不良债权转让合同效力时，要加强对不良债权转让合同、转让标的、转让程序以及相关证据的审查，尤其是对受让人权利范围、受让人身份合法性以及证据真实性的审查。

二、关于金融不良债权转让登报公告适用主体和条件的问题

根据法律规定，转让债权不需经债务人同意，但应当通知债务人。债权人转让债权，未通知债务人的，该转让对债务人不发生效力。通知为债权转让事实的告知，是否通知债务人决定了转让行为是否对债务人产生法律约束力，并进一步决定债务人应向谁履行义务等，一方面尊重了债权人对权利处分的自由，另一方面也保障了债务人的利益。目前的法律规定对通知仅有较为原则性的规定，对于通知的主

体、通知的方式等未作明确具体的规定，实践中也产生一些争议。部分观点认为，债权人可以口头、书面、电子及其他能够证明已履行通知义务的相关方式来履行通知的义务。根据《最高人民法院关于审理涉及金融资产管理公司收购、管理、处置国有银行不良贷款形成的资产的案件适用法律若干问题的规定》①第六条第一款的规定，金融资产管理公司受让国有银行债权后，原债权银行在全国或者省级有影响的报纸上发布债权转让公告或通知的，人民法院可以认定债权人履行了通知义务。根据《最高人民法院关于审理涉及金融不良债权转让案件工作座谈会纪要》精神，受让不良债权的普通民事主体原则上不适用公告方式履行债权转让通知义务。但实践中也不应排除在债务人下落不明、无法以其他有效方式直接通知的情况下，参照民事送达的有关规定，以公告方式履行通知义务。当然，在当事人因为通知发生争议时，通知人应当对是否已履行通知义务进行举证。按照上述纪要的规定，在诉讼案件和申请变更执行人的审查案件中，债务人以原债权银行转让债权未履行通知义务为由进行抗辩的，人民法院可以具体向原债权银行、原申请执行人调查债权转让事实，并责令原债权银行、原申请执行人告知债务人债权转让的事实。司法实践中，也认可原告起诉状的送达一定意义上作为向债务人履行通知义务的方式。因此，对通知的形式，最核心的还是要从告知债务人债权转让事实的目的角度来把握。从债务人的角度看，债权转让对债务人的通知，只是对债务人发生履行的效力，可以以其实际知道债权转让之日起负履行的责任。最高人民法院正在着手研究起草有关不良资产转让的司法解释，对登报公告等方式的限制也予以了着重考虑，拟对公告方式设置一定的标准和条件，在限制和允许之中寻找合理的平衡点。

三、关于强制执行阶段金融不良债权转让后直接变更申请执行人的问题

债权转让行为在债权存续的各个阶段，无论是在诉讼程序之外，还是诉讼程序、执行程序中，都可能发生。债权经生效法律文书确定后，权利主体发生变动的，在执行程序中直接裁定变更申请执行人，是

① 已废止。

较早就确立并运行多年的制度。《最高人民法院关于人民法院执行工作若干问题的规定（试行）》第十八条第一款规定："人民法院受理执行案件应当符合下列条件：……（2）申请执行人是生效法律文书确定的权利人或继承人、权利承受人。"该条中的"权利承受人"，包含通过债权转让的方式承受债权的人。实践中人民法院可以依据该项规定变更申请执行人。《最高人民法院关于民事执行中变更、追加当事人若干问题的规定》进一步明确，执行过程中，申请执行人或其继承人、权利承受人可以向人民法院申请变更、追加当事人。申请符合法定条件的，人民法院应予支持。申请执行人将生效法律文书确定的债权依法转让给第三人，且书面认可第三人取得该债权，该第三人申请变更、追加其为申请执行人的，人民法院应予支持。

上述规定的法理考量是：因债权已经生效法律文书确认，除了特殊情况对债权转让、债务履行情况可以提出异议外，在判决确定的债权实现阶段，债务人对判定的权利义务关系本身在法律上已经不能再行争执。而债权转让人和受让人之间也没有争议。因此，在判定债权转让后，债务人应向债权受让人履行义务，一般来说，没有必要再通过诉讼进行确认。如果受让人受让权利后只能通过再行诉讼获得判决才能执行，必然影响权利实现的效率。因此，理论和实务上，都支持在执行程序开始后，实体权利主体发生变更时，可以通过执行程序变更权利主体的方式解决，使受让人在获得受让的实体权利的同时，便获得相应的强制执行的申请权以及在执行过程中变更为申请执行人的权利。而对债务人可能存在的抗辩事由，通过相关执行异议复议程序处理。确有争议的特殊情况可以通过诉讼解决。

人民法院对金融不良债权受让人的合法权利予以充分保护，包括支持其在执行阶段申请变更权利主体，也是基于对不良资产处置工作的支持，有利于促进这一市场的健康稳定发展，使国家维护金融安全、化解金融风险的金融体制改革政策得到落实。《最高人民法院关于审理涉及金融不良债权转让案件工作座谈会纪要》指出，金融资产管理公司转让已经涉及诉讼、执行或者破产等程序的不良债权的，人民法院应当根据债权转让合同以及受让人或者转让人的申请，裁定变更诉讼主体或者执行主体。最高人民法院（2009）执他字第1号请示答复函指出：依法从金融资产管理公司受让债权的受让人将债权再行转让给其他普通受让人的，执行法院可以依据《最高人民法院关于人民法院执行工作若干问题的规定（试行）》第十八条第一款的规定，依债权转让协议以及受让人或者转让人的申请，裁定变更申请执行主体。《最高人民法院关于金融资产管理公司收购、处置银行不良资产有关问题的补充通知》第三条虽只就金融资产管理公司转让金融不良债权环节可以变更申请执行主体作了专门规定，但并未排除普通受让人再行转让给其他普通受让人时变更申请执行主体。此种情况下裁定变更申请执行主体，也符合该通知及其他相关文件中关于支持金融不良资产债权处置工作的司法政策。

四、关于办理金融不良债权转让案件中对相关问题的处理

金融不良资产处置工作事关国家金融安全，涉及重大经济利益和社会稳定，人民法院要坚持为防范化解金融风险的大局服务，从中央和国务院实施金融不良债权剥离和处置战略上统筹考虑，充分发挥审判职能，正确处理好涉及金融不良资产处置的审判及执行案件，既要注重防止出现不公平及国有资产流失等情形，又要注重充分保障受让人的合法权益，由此促进金融不良资产处置工作的顺利进行，在减少不良资产、确保国有商业银行竞争实力和兑付能力、应对和化解金融风险等方面提供司法支持。

您在建议中指出金融不良债权转让存在几个方面的问题，一是不规范的债权转让可能侵害被执行人利益，不利于被执行人行使抗辩权维护自身权益；二是原债权人在放弃债权或者已与被执行人达成执行和解的情况下，仍将债权转让，导致债权受让人的利益无法实现；三是批发转手倒卖处置方式，层层加码，追求利益简单粗暴，不利于债务企业盘活，不能为处于困境的债务企业提供重整方案和服务，导致债务企业倒闭或破产；四是个别案件存在虚假转让债权逃避执行等非法目的的问题。我们在实践中也关注到了一些案件在不同程度上存在上述问题。对这些问题，人民法院在现行法律和司法解释框架下，有以下应对措施：

第一，在审理不良债权转让合同的诉讼中，人民法院严格依照法律法规，并参照国家相关政策规定，重点审查不良债权的可转让性、受让人的适格性以及转让程序的公正性和合法性，防止通过债权转让牟取不当利益。同时，如存在与受让人恶意串通转让不良债权或者存在其他损害国家利益或社会公共利益等转让情形的，人民法院对该债权转让不予支持。

第二，关于被执行人行使抗辩权的问题，目前法律和司法解释规定了执行异议、复议和执行监督制度，能够保障债权转让后债务人的抗辩权。在存在原债权人已放弃债权，或与债务人达成执行和解后仍转让债权等情形的，当事人由此对履行数额产生争议，或者存在其他相关抗辩等事由的，被执行人可以通过执行异议、债务人异议以及诉讼等程序主张权利。经审查原债权人确实已经放弃债权，或者和解协议已经履行完毕的，对受让人的继续执行申请将不予支持。此外，严格执行《最高人民法院关于民事执行中变更、追加当事人若干问题的规定》第九条的规定，债权受让人申请变更其为申请执行人的，要求必须经转让人书面认可第三人取得该债权。人民法院也通过被执行人异议、其他债权人异议审查程序，加强对债权转让真实性的审查。经审查认定存在虚假转让债权、逃避执行等情形的，将不予支持变更申请执行人的申请，即使已经裁定变更申请执行人，通过异议复议审查，也可以撤销原裁定。同时应根据具体情况对相关当事人依法予以制裁。

第三，强化善意执行理念，进一步规范执行措施，切实维护债务企业的合法权益。最高人民法院2019年发布的《关于深化执行改革健全解决执行难长效机制的意见——人民法院执行工作纲要（2019－2023）》《关于在执行工作中进一步强化善意文明执行理念的意见》等文件均强调了善意文明执行理念，要求公正保障各方当事人合法权益，切实贯彻落实《中共中央、国务院关于完善产权保护制度依法保护产权的意见》《中共中央、国务院关于营造更好发展环境支持民营企业改革发展的意见》等文件精神。2020年5月，最高人民法院下发《关于依法妥善办理涉新冠肺炎疫情执行案件若干问题的指导意见》，进一步突出强化善意文明执行理念，要求各级法院依法审慎采取强制执行措施，平衡协调各方利益，在依法保障胜诉当事人合法权益的同时，最大限度降低对被执行人权益的影响。要合理选择查封财产，灵活采取查封措施,严禁超标的查封,充分发挥查封财产融资功能,依法适当采取财产变价措施,最大限度实现财产真实价值。同时,特别强调依法用好执行和解和破产重整等相关制度。要在依法采取执行措施的同时,妥善把握执行时机、讲究执行策略、注意执行方法。积极引导当事人进行协商,以和解方式化解矛盾纠纷。对资金链暂时断裂,但仍有发展潜力、存在救治可能的企业,可以通过和解分期履行、兼并重组、引入第三方资金等方式盘活企业资产。要加大破产保护理念宣传,通过强化释明等方式引导执行债权人或被执行人同意依法将案件转入破产程序。对具有营运价值的企业通过破产重整、破产和解解决债务危机,充分发挥破产制度的拯救功能,帮助企业走出困境,平衡债权人、债务人、出资人、员工等利害关系人的利益,通过市场实现资源配置优化和社会整体价值最大化。

下一步,我们将继续关注和梳理金融不良债权转让案件中出现的新情况和新问题,深入开展调查研究,及时总结审判执行经验,与有关监管机构加强沟通,提出应对措施和建议,并在强制执行立法以及制定相应司法政策、司法解释时研究吸收您所提出的有益建议,促进金融不良债权转让工作进一步规范和完善。

感谢您对人民法院工作的关心和支持。

部门规章及规范性文件

中国银监会办公厅关于规范金融资产管理公司不良资产收购业务的通知

(银监办发〔2016〕56号 2016年3月17日公布施行)

各银监局,各金融资产管理公司:

近年来,四家金融资产管理公司(以下简称资产公司)充分发挥自身专业优势，加大不良资产收购和处置力度，在化解金融和实体企业风险、服务实体经济发展方面发挥了积极作用，但部分资产公司存在着不良资产收购业务不规范不审慎、项目风险有所暴露等问题。为规范资产公司不良资产收购业务，促进合规经营、稳健发展，根据《金融企业不良资产批量转让管理办法》（财金〔2012〕6号）、《金融资产管理公司开展非金融机构不良资产业务管理办法》（财金〔2015〕56号）[①]等相关规定，现就有关事项通知如下：

一、规范开展金融机构不良资产收购业务

（一）资产公司收购银行业金融机构不良资产要严格遵守真实性、洁净性和整体性原则，通过评估或估值程序进行市场公允定价，实现资产和风险的真实、完全转移。不得与转让方在转让合同等正式法律文件之外签订或达成影响资产和风险真实完全转移的改变交易结构、风险承担主体及相关权益转移过程等的协议或约定，不得设置任何显性或隐性的回购条款，不得违规进行利益输送，不得为银行业金融机构规避资产质量监管提供通道。

（二）资产公司委托银行业金融机构协助或代理处置不良资产，应当基于商业原则，制定相应的委托代理处置方案并按内部管理流程进行审批，有利于提高效率、降低成本，实现不良资产回收价值的最大化。委托方与受托方应按照委托合同约定履行各自的权利和义务，不得约定各种形式的实质上由受托方承担清收保底义务的条款。

二、规范开展非金融机构不良资产收购业务

（三）资产公司要严格按照《金融资产管理公司开展非金融机构不良资产业务管理办法》中非金融机构不良资产的定义，通过评估或估值程序对企业的资产进行价值判断，收购非金融机构存量不良资产，不得收购非金融机构的正常资产。

① 2015年7月，财政部、银监会印发了《金融资产管理公司开展非金融机构不良资产业务管理办法》，该办法系统规范了金融资产管理公司收购和处置非金融机构不良资产的经营行为，明确了金融资产管理公司开展非金融机构不良资产业务的范围和条件、收购和处置的程序及风险控制要求等，但该管理办法未予公开。

(四)资产公司收购非金融机构不良债权或资产,应以真实价值或实物存在为标的,严禁收购企业之间虚构的或尚未发生的应收账款等非真实存在的债权、资产,不得借收购不良债权、资产名义为企业或项目提供融资。

(五)资产公司要切实做好尽职调查工作,全面了解和收集与收购标的真实性、有效性、合法性及认定为不良资产相关的证明材料,包括但不限于:业务发生的基础合同及协议、贸易背景证明、双方企业会计报表、各交易方银行账户流水等资金收付凭证、债权债务关系确认书、资产性质证明等;同时,要对收购标的、债权转让人、债务人、担保情况进行深入调查,全面收集相关征信信息、舆情信息以及是否涉及民间借贷等方面的材料。资产公司应确保尽职调查的独立性,不能单纯依赖于资产出让方、债务方等交易相关方提供的材料。

三、严格落实风险管理责任,切实防范和化解风险

(六)增强责任意识。资产公司是风险防范和处置的第一责任主体,要建立内部预警机制,完善预警指标体系和风险处置预案,建立风险责任制和内部问责机制,强化内部问责,按半年频度向银监会报送问责情况。发生风险案件的,要严格按照《银行业金融机构案件问责工作管理暂行办法》(银监办发〔2013〕255 号)做好问责工作。

(七)健全风险管控机制,严格落实风险管理要求。资产公司应加强项目全流程管理,严格落实尽职调查、审查审批、风控措施、后续管理等各项要求,确保制度执行到位。定期开展风险排查,摸清薄弱环节,加强监督约束。

(八)做实资产分类,防范信用风险。资产公司应严格按照监管部门的有关规定和要求,对以信用风险为主要特征的资产进行准确分类,足额计提风险损失准备。

(九)切实化解内生不良资产。资产公司应及时采取有效措施,切实化解风险,避免风险外溢,确保能自担责任、自负盈亏、自我消化风险。不得采取不合理的展期、重组、内部转让、借新还旧等方式掩盖风险。项目风险及化解情况应按照相关监管要求报送银监会。

(十)强化合规经营意识。资产公司应严格遵守国家经济金融和产业政策,严格执行各项监管规章制度和监管政策,不得通过设立特殊目的实体进入禁止性领域。

四、加强风险为本的监管，严守风险底线

（十一）持续加强对资产公司不良资产业务的非现场监管和现场检查，对资产公司在经营中存在的违法违规行为，要依法采取相应的监管措施，并追究有关人员责任。

（十二）各银监局应加强对辖内资产公司分支机构不良资产业务的监管，做好日常风险监测，督促资产公司建立并及时更新风险项目台账，及时发现风险苗头和风险隐患，做好风险提示，重大风险应及时向银监会报告。对非现场监管和现场检查中发现的违规行为，应当及时采取相应的监管措施。

地方资产管理公司开展金融机构不良资产收购业务适用本通知规定，请有关银监局将本通知以适当方式印送辖内地方资产管理公司。

财政部、中国银监会关于印发《金融企业不良资产批量转让管理办法》的通知

（财金〔2012〕6号　2012年1月18日公布施行）

各省、自治区、直辖市、计划单列市财政厅（局），各银监局，有关金融企业：

为盘活金融企业不良资产，增强抵御风险能力，促进金融支持经济发展，现将《金融企业不良资产批量转让管理办法》印发给你们，请遵照执行。

金融企业不良资产批量转让管理办法

第一章　总　　则

第一条　为盘活金融企业不良资产，增强抵御风险能力，促进金

融支持经济发展,防范国有资产流失,根据国家有关法律法规,制定本办法。

第二条 本办法所称金融企业,是指在中华人民共和国境内依法设立的国有及国有控股商业银行、政策性银行、信托投资公司、财务公司、城市信用社、农村信用社以及中国银行业监督管理委员会(以下简称银监会)依法监督管理的其他国有及国有控股金融企业(金融资产管理公司除外)。

其他中资金融企业参照本办法执行。

第三条 本办法所称资产管理公司,是指具有健全公司治理、内部管理控制机制,并有5年以上不良资产管理和处置经验,公司注册资本金100亿元(含)以上,取得银监会核发的金融许可证的公司,以及各省、自治区、直辖市人民政府依法设立或授权的资产管理或经营公司。

各省级人民政府原则上只可设立或授权一家资产管理或经营公司,核准设立或授权文件同时抄送财政部和银监会。上述资产管理或经营公司只能参与本省(区、市)范围内不良资产的批量转让工作,其购入的不良资产应采取债务重组的方式进行处置,不得对外转让。[①]

批量转让是指金融企业对一定规模的不良资产(10户/项以上)进行组包[②],定向转让给资产管理公司的行为。

第四条 金融企业应进一步完善公司治理和内控制度,不断提高风险管理能力,建立损失补偿机制,及时提足相关风险准备。

第五条 金融企业应对批量处置的不良资产及时认定责任人,对

① 2016年10月14日,原中国银监会办公厅发布《关于适当调整地方资产管理公司有关政策的函》,放宽本条关于各省级人民政府原则上可设立一家地方资产管理公司的限制,允许确有意愿的省级人民政府增设一家地方资产管理公司。同时放宽本条关于地方资产管理公司收购的不良资产不得对外转让,只能进行债务重组的限制,允许以债务重组,对外转让等方式处置不良资产,对外转让的受让主体不受地域限制。

② 2017年4月25日,原中国银监会办公厅发布《关于公布云南省、海南省、湖北省、福建省、山东省、广西壮族自治区、天津市地方资产管理公司名单的通知》(银监办便函〔2017〕702号),明确规定批量转让是指金融企业对3户及以上不良资产进行组包,定向转让给资产管理公司的行为。大幅降低不良资产批量转让门槛,将不良资产批量转让组包户数由“10户以上”降低为“3户以上”。

相关责任人进行严肃处理,并将处理情况报同级财政部门和银监会或属地银监局。

第六条　不良资产批量转让工作应坚持依法合规、公开透明、竞争择优、价值最大化原则。

(一)依法合规原则。转让资产范围、程序严格遵守国家法律法规和政策规定,严禁违法违规行为。

(二)公开透明原则。转让行为要公开、公平、公正,及时充分披露相关信息,避免暗箱操作,防范道德风险。

(三)竞争择优原则。要优先选择招标、竞价、拍卖等公开转让方式,充分竞争,避免非理性竞价。

(四)价值最大化原则。转让方式和交易结构应科学合理,提高效率,降低成本,实现处置回收价值最大化。

第二章　转 让 范 围

第七条　金融企业批量转让不良资产的范围包括金融企业在经营中形成的以下不良信贷资产和非信贷资产:

(一)按规定程序和标准认定为次级、可疑、损失类的贷款;

(二)已核销的账销案存资产①;

(三)抵债资产;

(四)其他不良资产。

第八条　下列不良资产不得进行批量转让:

(一)债务人或担保人为国家机关的资产;

①　《金融企业呆账核销管理办法》(2017 年版)第 16 条专门规定了不纳入账销案存资产管理的 8 种具体情形。

（二）经国务院批准列入全国企业政策性关闭破产计划的资产①；

（三）国防军工等涉及国家安全和敏感信息的资产；

（四）个人贷款（包括向个人发放的购房贷款、购车贷款、教育助学贷款、信用卡透支、其他消费贷款等以个人为借款主体的各类贷款）；

（五）在借款合同或担保合同中有限制转让条款的资产；

（六）国家法律法规限制转让的其他资产。

第三章　转 让 程 序

第九条　资产组包。金融企业应确定拟批量转让不良资产的范围和标准，对资产进行分类整理，对一定户数和金额的不良资产进行组包，根据资产分布和市场行情，合理确定批量转让资产的规模。

第十条　卖方尽职调查。金融企业应按照国家有关规定和要求，认真做好批量转让不良资产的卖方尽职调查工作。

（一）通过审阅不良资产档案和现场调查等方式，客观、公正地反映不良资产状况，充分披露资产风险。

（二）金融企业应按照地域、行业、金额等特点确定样本资产，并对样本资产（其中债权资产应包括抵质押物）开展现场调查，样本资产金额（债权为本金金额）应不低于每批次资产的80%。

（三）金融企业应真实记录卖方尽职调查过程，建立卖方尽职调查数据库，撰写卖方尽职调查报告。

第十一条　资产估值。金融企业应在卖方尽职调查的基础上，采取科学的估值方法，逐户预测不良资产的回收情况，合理估算资产价

---

① 对长期亏损、资不抵债、扭亏无望的国有企业实施政策性关闭破产是为解决历史遗留问题而采取的一项特殊政策，也是党中央、国务院做出的的重大决策。根据《国务院办公厅转发全国企业兼并破产和职工再就业工作领导小组关于进一步做好国有企业政策性关闭破产工作意见的通知》（国办发〔2006〕3号，已废止）的规定，对列入总体规划拟实施关闭破产的企业，有关金融机构不得在企业关闭破产方案实施前转让或出售已确认的债权（国有金融机构之间经国家批准的债权转让除外），也不得加紧追讨债权及担保责任。但对企业恶意逃废金融债权的行为，有关金融机构应依法维护自身合法权益。国有金融机构以企业破产终结时法院裁定的清偿率进行清收。股份制金融机构（包括改制后的国有商业银行）债权由金融机构按照内部议事程序，依据企业破产终结法院裁定依法核销。

值,作为资产转让定价的依据。

第十二条　制定转让方案。金融企业制定转让方案应对资产状况、尽职调查情况、估值的方法和结果、转让方式、邀请或公告情况、受让方的确定过程、履约保证和风险控制措施、预计处置回收和损失、费用支出等进行阐述和论证。转让方案应附卖方尽职调查报告和转让协议文本。

第十三条　方案审批。金融企业不良资产批量转让方案须履行相应的内部审批程序。

第十四条　发出要约邀请。金融企业可选择招标、竞价、拍卖等公开转让方式,根据不同的转让方式向资产管理公司发出邀请函或进行公告。邀请函或公告内容应包括资产金额、交易基准日、五级分类、资产分布、转让方式、交易对象资格和条件、报价日、邀请或公告日期、有效期限、联系人和联系方式及其他需要说明的问题。通过公开转让方式只产生一个符合条件的意向受让方时,可采取协议转让方式。

第十五条　组织买方尽职调查。金融企业应组织接受邀请并注册竞买的资产管理公司进行买方尽职调查。

(一)金融企业应在买方尽职调查前,向已注册竞买的资产管理公司提供必要的资产权属文件、档案资料和相应电子信息数据,至少应包括不良资产重要档案复印件或扫描文件、贷款五级分类结果等。

(二)金融企业应对资产管理公司的买方尽职调查提供必要的条件,保证合理的现场尽职调查时间,对于资产金额和户数较大的资产包,应适当延长尽职调查时间。

(三)资产管理公司通过买方尽职调查,补充完善资产信息,对资产状况、权属关系、市场前景等进行评价分析,科学估算资产价值,合理预测风险。对拟收购资产进行量本利分析,认真测算收购资产的预期收入和成本,根据资产管理公司自身的风险承受能力,理性报价。

第十六条　确定受让方。金融企业根据不同的转让方式,按照市场化原则和国家有关规定,确定受让资产管理公司。金融企业应将确定受让方的原则提前告知已注册的资产管理公司。采取竞价方式转让资产,应组成评价委员会,负责转让资产的评价工作,评价委员会可邀请外部专家参加;采取招标方式应遵守国家有关招标的法律法规;

采取拍卖方式应遵守国家有关拍卖的法律法规。

第十七条 签订转让协议。金融企业应与受让资产管理公司签订资产转让协议,转让协议应明确约定交易基准日、转让标的、转让价格、付款方式、付款时间、收款账户、资产清单、资产交割日、资产交接方式、违约责任等条款,以及有关资产权利的维护、担保权利的变更、已起诉和执行项目主体资格的变更等具体事项。转让协议经双方签署后生效。

第十八条 组织实施。金融企业和受让资产管理公司根据签署的资产转让协议组织实施。

第十九条 发布转让公告。转让债权资产的,金融企业和受让资产管理公司要在约定时间内在全国或者省级有影响的报纸上发布债权转让通知暨债务催收公告,通知债务人和相应的担保人,公告费用由双方承担。双方约定采取其他方式通知债务人的除外。

第二十条 转让协议生效后,受让资产管理公司应在规定时间内将交易价款划至金融企业指定账户。原则上采取一次性付款方式,确需采取分期付款方式的,应将付款期限和次数等条件作为确定转让对象和价格的因素,首次支付比例不低于全部价款的30%。

采取分期付款的,资产权证移交受让资产管理公司前应落实有效履约保障措施。

第二十一条 金融企业应按照资产转让协议约定,及时完成资产档案的整理、组卷和移交工作。

(一)金融企业移交的档案资料原则上应为原件(电子信息资料除外),其中证明债权债务关系和产权关系的法律文件资料必须移交原件。

(二)金融企业将资产转让给资产管理公司时,对双方共有债权的档案资料,由双方协商确定档案资料原件的保管方,并在协议中进行约定,确保其他方需要使用原件时,原件保管方及时提供。

(三)金融企业应确保移交档案资料和信息披露资料(债权利息除外)的一致性,严格按照转让协议的约定向受让资产管理公司移交不良资产的档案资料。

第二十二条 自交易基准日至资产交割日的过渡期内,金融企业应继续负责转让资产的管理和维护,避免出现管理真空,丧失诉讼时效等相关法律权利。

过渡期内由于金融企业原因造成债权诉讼时效丧失所形成的损失,应由金融企业承担。签订资产转让协议后,金融企业对不良资产进行处置或签署委托处置代理协议的方案,应征得受让资产管理公司同意。

第二十三条 金融企业应按照国家有关规定,对资产转让成交价格与账面价值的差额进行核销①,并按规定进行税前扣除。

第四章 转让管理

第二十四条 金融企业应建立健全不良资产批量转让管理制度,设立或确定专门的审核机构,完善授权机制,明确股东大会、董事会、经营管理层的职责。

资产管理公司应制定不良资产收购管理制度,设立收购业务审议决策机构,建立科学的决策机制,有效防范经营风险。

第二十五条 金融企业和资产管理公司负责不良资产批量转让或收购的有关部门应遵循岗位分离、人员独立、职能制衡的原则。

第二十六条 金融企业根据本办法规定,按照公司章程和内部管理权限,履行批量转让不良资产的内部审批程序,自主批量转让不良资产。

第二十七条 金融企业应在每批次不良资产转让工作结束后(即金融企业向受让资产管理公司完成档案移交)30个工作日内,向同级财政部门和银监会或属地银监局报告转让方案及处置结果,其中中央管理的金融企业报告财政部和银监会,地方管理的金融企业报告同级

① 此处与《金融企业呆账核销管理办法》(2008年修订)的规定一致。根据《金融企业呆账核销管理办法》(2008年修订)的规定,金融企业经批准采取打包出售、公开拍卖、转让等市场手段处置债权或股权后,其出售转让价格与账面价值的差额可做呆账核销处理;根据《金融企业呆账核销管理办法》(2017年版)的规定,金融企业采取打包出售、公开拍卖、转让、债务减免、债转股、信贷资产证券化等市场手段处置债权或者股权后,根据转让协议或者债务减免协议,其处置回收资金与债权或者股权余额的差额可作呆账予以核销。

财政部门和属地银监局。同一报价日发生的批量转让行为作为一个批次。

第二十八条 金融企业应于每年2月20日前向同级财政部门和银监会或属地银监局报送上年度批量转让不良资产情况报告。省级财政部门和银监局于每年3月30日前分别将辖区内金融企业上年度批量转让不良资产汇总情况报财政部和银监会。

第二十九条 金融企业和资产管理公司的相关人员与债务人、担保人、受托中介机构等存在直接或间接利益关系的,或经认定对不良资产形成有直接责任的,在不良资产转让和收购工作中应予以回避。

第三十条 金融企业应在法律法规允许的范围内及时披露资产转让的有关信息,同时充分披露参与不良资产转让关联方的相关信息,提高转让工作的透明度。

上市金融企业应严格遵守证券交易所有关信息披露的规定,及时充分披露不良资产成因与处置结果等信息,以强化市场约束机制。

第三十一条 金融企业应做好不良资产批量转让工作的内部检查和审计,认真分析不良资产的形成原因,及时纠正存在的问题,总结经验教训,提出改进措施,强化信贷管理和风险防控。

第三十二条 金融企业应严格遵守国家法律法规,严禁以下违法违规行为:

(一)自交易基准日至资产交割日期间,擅自放弃与批量转让资产相关的权益;

(二)违反规定程序擅自转让不良资产;

(三)与债务人串通,转移资产,逃废债务;

(四)抽调、隐匿原始不良资产档案资料,编造、伪造档案资料或其他数据、资料;

(五)其他违法违规的行为。

第三十三条 金融企业和资产管理公司应建立健全责任追究制度,对违反相关法律、法规的行为进行责任认定,视情节轻重和损失大小对相关责任人进行处罚;违反党纪、政纪的,移交纪检、监察部门处理;涉嫌犯罪的,移交司法机关处理。

第三十四条 财政部和银监会依照相关法律法规,对金融企业的不良资产批量转让工作和资产管理公司的资产收购工作进行监督和管理,具体办法由财政部和银监会另行制定。对检查中发现的问题,责令有关单位或部门进行整改,并追究相关人员责任。

第五章　附　　则

第三十五条　金融企业应依据本办法制定内部管理办法,并报告同级财政部门和银监会或属地银监局。

第三十六条　各省、自治区、直辖市人民政府依法设立或授权的资产管理或经营公司的资质认可条件,由银监会另行制定①。

第三十七条　本办法自印发之日起施行。

中国银行业监督管理委员会关于商业银行向社会投资者转让贷款债权法律效力有关问题的批复

(银监办发〔2009〕24号　2009年2月5日公布施行)

广东银监局:

你局《关于商业银行将债权转让给个人有关问题的请示》(粤银监报〔2009〕5号)收悉。经研究,现就有关问题批复如下:

一、对商业银行向社会投资者转让贷款债权没有禁止性规定,转让合同具有合同法上的效力。

社会投资者是指金融机构以外的自然人、法人或者其他组织。

二、转让具体的贷款债权,属于债权人将合同的权利转让给第三

---

①　2013年11月28日,银监会发布《关于地方资产管理公司开展金融企业不良资产批量收购处置业务资质认可条件等有关问题的通知》,就省、自治区、直辖市人民政府依法设立或授权的资产管理或经营公司开展金融企业不良资产批量收购、处置业务的资质认可条件等有关问题作出明确规定。2016年10月14日,银监会办公厅发布《关于适当调整地方资产管理公司有关政策的函》,对地方资产管理公司设立等政策进行放宽调整。

人,并非向社会不特定对象发放贷款的经营性活动,不涉及从事贷款业务的资格问题,受让主体无须具备从事贷款业务的资格。

三、商业银行向社会投资者转让贷款债权,应当建立风险管理制度、内部控制制度等相应的制度和内部批准程序。

四、商业银行向社会投资者转让贷款债权,应当采取拍卖等公开形式,以形成公允的价格,接受社会监督。

五、商业银行向社会投资者转让贷款债权,应当向银监会或其派出机构报告,接受监管部门的监督检查。

财政部关于进一步规范金融资产管理公司不良债权转让有关问题的通知

(财金〔2005〕74 号　2005 年 7 月 4 日公布施行)

中国华融资产管理公司,中国长城资产管理公司,中国东方资产管理公司,中国信达资产管理公司:

为进一步规范金融资产管理公司(以下简称“资产公司”)债权转让工作,有效处置不良资产,防范国有资产流失,现将有关事宜通知如下:

一、资产公司应严格执行《金融资产管理公司条例》、《金融资产管理公司资产处置管理办法(修订)》(财金〔2004〕41 号)①、《财政部关于金融资产管理公司债权资产打包转让有关问题的通知》(财金〔2005〕12 号)②、《金融资产管理公司资产处置公告管理办法》(财金〔2005〕47 号)等有关规定,充分论证采取转让方式处置资产的可行性和必要性,合理确定能够提升处置回收价值的有效方式,确保处置程序的规范性和处置信息的公开透明,并高度重视和积极防范不良债权

① 2008 年 7 月 9 日,财政部发布《关于印发〈金融资产管理公司资产处置管理办法(修订)〉的通知》(财金〔2008〕85 号),本办法自发布之日起施行。原《财政部关于印发〈金融资产管理公司资产处置管理办法(修订)〉的通知》(财金〔2004〕41 号)同时废止。

② 已废止。

转让中的国有资产流失问题。

二、下列资产不得对外公开转让：债务人或担保人为国家机关的不良债权；经国务院批准列入全国企业政策性关闭破产计划的国有企业债权；国防、军工等涉及国家安全和敏感信息的债权以及其他限制转让的债权。

三、下列人员不得购买或变相购买不良资产：国家公务员、金融监管机构工作人员、政法干警、资产公司工作人员、原债务企业管理层以及参与资产处置工作的律师、会计师等中介机构人员等关联人。

四、除上述限制转让的债权和限制参与购买的人员外，资产公司应采取公开招标、拍卖等市场化方式，吸引国内外各类合格投资者参与不良资产市场交易，引入市场竞争机制，提高处置回收率，并慎重确定债权买受人，防止借机炒作资产和逃废债务。

五、资产公司应进一步加强内部控制建设，全面梳理、修改和完善现有规章制度，规范债权转让程序和转让过程中评估、定价、处置信息公告、招标拍卖、中介机构选用等各个环节的操作，采取职责分离、岗位轮换、责任追究等措施，严格控制和防范债权转让中的道德风险和操作风险，防止国有资产流失。

财政部关于金融资产管理公司债权资产打包转让有关问题的通知[①]

（财金〔2005〕12号 2005年2月2日公布施行）

中国华融资产管理公司，中国长城资产管理公司，中国东方资产管理公司，中国信达资产管理公司，财政部驻各省、自治区、直辖市、计划单

① 该规定已废止。根据2011年2月21日《财政部关于公布废止和失效的财政规章和规范性文件目录（第十一批）的决定》（财政部令第62号），废止的财政规范性文件415件中包括该办法。但是该办法第二条中对不良资产打包转让方案的主要内容和审查重点的规定仍有借鉴意义。

列市财政监察专员办事处：

中国东方资产管理公司日前反映，对债权资产打包转让过程中征求财政部驻债权所在地财政监察专员办事处（以下简称“专员办”）意见的环节有一些操作困难，提出了相关建议。经研究，为规范金融资产管理公司（以下简称“资产公司”）不良资产处置操作，有效防范风险和控制损失，同时提高工作效率和质量，现将有关要求通知如下：

一、资产公司在对债权资产进行打包转让时，必须严格执行《财政部关于印发〈金融资产管理公司资产处置管理办法（修订）〉的通知》（财金〔2004〕41号）①的规定，按照打包转让金额的权限，履行打包资产处置的审核与备案程序。

二、打包转让方案的主要内容和审查重点应至少包括以下内容：

（一）原则。资产公司采取打包转让方式既要有利于加速处置，降低成本，又要符合回收最大化的原则，不能单方面追求处置速度和节约费用而忽视损失。

（二）打包规模。资产包规模应适中，既防止资产包过大而限制投资者范围，影响资产转让的公平性，也防止资产包规模过小而达不到打包处置的基本目的。

（三）资产包结构。科学合理组包，保证包内资产质量、形态、行业、地区分布等的合理性；

（四）转让方式。采取何种具体方式，招标、拍卖、要约邀请还是协议转让等。采取协议转让等非公开方式的，应说明理由，以及保证转让公正性和透明度的相关措施。

（五）转让对象。是否具有确定的转让对象，对受让对象的资格和条件有何具体要求。

（六）价格。定价的依据、方式和过程，是否评估和评估方式。采取外部评估的，应说明评估机构的选择过程和评估情况；未采取外部评估的，应说明原因以及替代定价方法的科学性和合理性。

---

① 2008年7月9日，财政部发布《关于印发〈金融资产管理公司资产处置管理办法（修订）〉的通知》（财金〔2008〕85号），财政部《关于印发〈金融资产管理公司资产处置管理办法（修订）〉的通知》（财金〔2004〕41号）同时废止。

（七）处置信息公告。以何种方式公告打包转让信息，包括拟选择的媒体、信息公告期限等。为保证处置工作的公开、透明，打包处置事前公告应选择知名媒体的显著位置，期限应至少保证1个月。

（八）其他需关注的事项。

三、资产公司对债权资产进行打包转让的必要性和适当性征求债权所在地专员办意见时，必须按上述要求向专员办提供打包处置方案以及专员办认为需要提供的其他相关材料，并及时答复专员办的质疑。资产公司应对所报材料的真实性和完整性以及打包处置的实施效果负责，防止盲目打包现象和借打包方式掩盖私下交易，防范道德风险。

四、专员办要按照上述审查重点对资产公司报送的打包转让方案等相关材料进行认真审查，必要时可进行现场调查，在保证审查质量的前提下，及时对债权资产打包转让的必要性和适当性出具书面意见，供资产公司处置时参考。为不影响资产处置时机和进度，专员办应积极配合，提高工作效率。

五、专员办审查出具的意见包括两类，一类是适宜采取打包方式处置；另一类是不适宜打包处置。专员办应在意见中说明适宜或不适宜打包的认定理由，以及对打包方案的相关意见和建议。

六、按规定应征求专员办意见的资产打包转让方案，在专员办出具书面意见之前，资产公司不得实施。资产公司按规定向财政部报备资产打包转让方案时，应对必要性和适当性进行说明，并附专员办意见。

七、专员办应对资产公司打包转让资产工作进行跟踪监督检查，确保实际处置工作严格按方案执行。对发现的重要情况和问题，应及时向财政部报告和反映，对擅自变更方案等各类违规处置行为，依据有关法律法规予以严肃处理。

部门工作文件

中国银保监会办公厅关于开展第二批不良贷款转让试点工作的通知

(银保监办便函〔2022〕1191号 2022年12月29日公布施行)

各银保监局,各省、自治区、直辖市、计划单列市地方金融监管局,各政策性银行、大型银行、股份制银行,金融资产管理公司,地方资产管理公司,金融资产投资公司,银行业信贷资产登记流转中心:

《中国银保监会办公厅关于开展不良贷款转让试点工作的通知》(银保监办便函〔2021〕26号)印发后,各类市场主体积极参与,试点工作平稳有序开展,取得了良好的示范效应。经商财政部,现就下一步不良贷款转让试点有关事项通知如下:

一、在原试点机构范围基础上,本次将开发银行、进出口银行、农业发展银行以及信托公司、消费金融公司、汽车金融公司、金融租赁公司纳入试点机构范围;将注册地位于北京、河北、内蒙古、辽宁、黑龙江、上海、江苏、浙江、河南、广东、甘肃的城市商业银行、农村中小银行机构纳入试点机构范围。

二、资产管理公司受让个人不良贷款后,可参照《个人贷款管理暂行办法》(中国银行业监督管理委员会令2010年第2号)及其他有关规定,采取诉讼追偿、债务展期、重组等多种方式进行处置,不得再次对外转让。受让后的个人不良贷款风险权重按照《中国银监会关于印发金融资产管理公司资本管理办法(试行)的通知》(银监办发〔2017〕56号)关于批量收购金融不良资产形成的债权风险权重的规定执行。

三、不良贷款出让方可以依据《中华人民共和国个人信息保护法》第十三条第一款第(二)项规定,依法处理个人信息。不良贷款出让方应在转让贷款后采取合理手段及时通知债务人(含担保人),债务人明确知晓后即可视为已履行告知义务。对于失联的债务人,可采取公告方式履行告知义务。出让方应保留可证明已履行告知义务的材料。

四、对于参与试点的不良贷款,金融机构可参照《金融企业不良资产批量转让管理办法》(财金〔2012〕6号)第二十三条的规定,对资产转让成交价格与账面价值的差额进行核销,并按规定进行税前扣除。

五、金融机构对公不良资产批量转让业务继续按照《金融企业不良资产批量转让管理办法》(财金〔2012〕6号)执行,并可以在银行业信贷资产登记流转中心开展相关工作。

六、金融机构应在尽职调查、估值等各个转让环节,坚持公开透明原则,履行告知义务,确保转让工作依法合规、公平公正,坚决杜绝暗箱操作、以权谋私、利益输送、损公肥私等问题。

七、金融机构对拟处置的不良贷款,应深入分析形成原因,涉及员工违纪违法问题的,应及时进行责任认定,确保权责对等、问责到人、追责到位,避免一卖了之、高举轻放等现象。

八、各银保监局应加强对辖内试点机构的监管,做好日常风险监测,督促金融机构落实试点工作各项要求。发现违法违规行为的,可以区别情形,暂停其业务开展、对有关金融机构和人员采取监管措施或行政处罚;涉嫌犯罪的,应当及时移送司法机关,依法追究刑事责任。

九、本次试点实行期限暂定自通知印发之日起至2025年12月31日,《中国银保监会办公厅关于开展不良贷款转让试点工作的通知》(银保监办便函〔2021〕26号)施行期限同时延长。

十、本通知未说明的其他转让试点工作要求,继续按照《中国银保监会办公厅关于开展不良贷款转让试点工作的通知》(银保监办便函〔2021〕26号)执行。

中国银保监会办公厅关于开展不良贷款转让试点工作的通知

（银保监办便函〔2021〕26号　2021年1月7日公布施行）

各银保监局，各省、自治区、直辖市、计划单列市地方金融监管局，各大型银行、股份制银行，金融资产管理公司，地方资产管理公司，金融资产投资公司，银行业信贷资产登记流转中心：

为规范银行不良贷款转让行为，切实提升金融服务实体经济质效，银保监会已批复同意银行业信贷资产登记流转中心（以下简称银登中心）以试点方式进一步拓宽不良贷款处置渠道和处置方式。经与财政部协商一致，现就试点开展单户对公不良贷款转让和个人不良贷款批量转让有关事项通知如下：

一、明确试点原则

试点工作应遵循依法合规、市场自愿、公开透明、稳步推进、真实洁净转让原则。试点过程中，应按照不良贷款转让法规和试点工作要求，严控业务风险，确保试点工作平稳有序开展。

二、确定试点机构

首批参与试点银行包括：6家国有控股大型银行和12家全国性股份制银行（以下统称银行）。参与试点的不良贷款收购机构包括：金融资产管理公司和符合条件的地方资产管理公司（以下统称资产管理公司）、金融资产投资公司。其中，参加试点的地方资产管理公司应经营管理状况较好、主营业务突出、监管评价良好，并由省级地方金融监督管理局出具同意文件。试点范围内的银行和收购机构按照自主自愿原则参与试点业务。

三、参加试点的不良贷款类型

本次试点不良贷款包括：单户对公不良贷款、批量个人不良贷款。银行可以向金融资产管理公司和地方资产管理公司转让单户对公不良贷款和批量转让个人不良贷款。地方资产管理公司可以受让本省(自治区、直辖市)区域内的银行单户对公不良贷款,批量受让个人不良贷款不受区域限制。参与试点的个人贷款范围以已纳入不良分类的个人消费信用贷款、信用卡透支、个人经营类信用贷款为主。①

四、不参加试点的不良贷款类型

下列银行不良贷款不参与本次转让试点工作:

(一)债务人或担保人为国家机关的贷款,经国务院批准列入全国企业政策性关闭破产计划的贷款,国防军工等涉及国家安全和敏感信息的贷款;

(二)精准扶贫贷款、"三区三州"等深度贫困地区各项贷款等政策性、导向性贷款;

(三)虚假个人贷款、债务关联人涉及刑事案件或涉及银行内部案件的个人贷款、个人教育助学贷款、银行员工及其亲属在本行的贷款。

(四)在借款合同或担保合同中有限制转让条款的贷款;

(五)国家法律法规及有关部门限制转让的其他贷款。

个人住房按揭贷款、个人消费抵(质)押贷款、个人经营性抵押贷款等抵(质)押物清晰的个人贷款,应当以银行自行清收为主,原则上不纳入对外批量转让范围。

五、坚持真实洁净整体转让

银行、资产管理公司、金融资产投资公司应当按照真实性、洁净性和整体性原则开展不良贷款转让,实现资产和风险的真实、完全转移。严禁在转让合同之外签订抽屉协议或回购条款等,杜绝虚假出表、虚假转让、逃废债务等行为,不得违规向债务关联人进行利益输送、转移资产。资产管理公司、金融资产投资公司受让的单户对公贷款,不得再次转让给原债务人及相关利益主体。

---

① 2021年4月9日,中国银保监会办公厅发布的《关于2021年进一步推动小微企业金融服务高质量发展的通知》第18条规定:进一步拓宽不良贷款处置渠道,鼓励主动化解风险。鼓励银行业金融机构通过依法合规的核销、转让等方式,加大对小微企业不良贷款的处置力度。鼓励符合条件的银行业金融机构按照有关监管政策规定,在银行业信贷资产登记流转中心开展小微企业主、个体工商户不良贷款批量转让和小型微型企业法人贷款单户转让。

六、强化不良贷款转让风险控制

银行应制定试点业务内部管理公规定,明确转让方案,并履行相应的决策程序,完善工作机制,明确职责分工,做好尽职调查和资产评估工作。按照市场化、法治化原则,对单户对公不良贷款打折出售和个人不良贷款批量转让进行论证,充分考量回收价值,审慎选择处置方式并建立对试点工作的专项审计机制,加强内部约束,严格控制和防范转让过程中的道德风险和操作风险。银行转让不良贷款后,应及时通知债务人。

七、严格受让个人贷款清收要求

资产管理公司应建立个人贷款的相应催收制度、投诉处理制度,配备相应机构和人才队伍。资产管理公司对批量收购的个人贷款,只能采取自行清收、重组等手段自行处置,不得再次对外转让,禁止暴力催收不良贷款,严禁委托有暴力催收、涉黑犯罪等违法行为记录的机构开展清收工作。

八、规范转让信息

转让方应当通过监管部门认可的平台,对外发布包含资产基本信息、转让方式、交易对象要求、有效期限、联系人和联系方式等信息的转让公告。在转让完成后,转让方应当及时通过上述渠道发布转让结果公告,公告应包括出让方机构、受让方机构、转让时间等信息。公告信息应当在公告平台永久保留。

九、做好征信记录衔接

不良贷款转让后,仍属于信贷业务范围的,征信数据报送、异议处理等征信权责自不良贷款转让之日起,由原出让方转至受让人履行。原出让方仍需对转让前的征信工作负责。原出让方、受让人要做好工作衔接,保障信息主体合法的征信权益。受让人需要原出让方协助的,由双方按照市场化原则在债权转让合同中约定。

十、依法保护有关贷款主体信息

资产管理公司对批量收购的个人贷款,应依法依规获取原贷款合同约定的债务人相关的个人信息,并按照原合同的约定使用个人信息。同时,应采取必要措施保护个人信息,防止发生个人信息泄露或非法使用的情形。

十一、积极发挥银登中心试点平台作用

银登中心应严格按照试点工作要求，制定不良贷款转让试点业务规则，具体承担不良贷款资产登记、挂牌展示、转让服务、信息披露和市场监测等工作，并及时向监管部门报送试点情况，对转让过程中发现的违法违规行为，及时向相关监管部门报告，并积极配合监管部门实施相关监管措施，促进不良贷款转让业务健康、有序开展。

十二、依法加强监管

银行业监督管理机构根据《中华人民共和国银行业监督管理法》对不良贷款转让业务实施监督管理，对试点过程中出现违法违规行为的金融机构，监管机构可停止其参与不良贷款转让试点的资质，依法采取相应监管措施。

十三、其他事项

金融资产投资公司、资产管理公司可以债转股为目的受让试点范围内及其他金融机构的对公不良贷款，按照债转股相关政策和监管要求开展工作。

金融企业开展对公不良资产批量转让业务及本通知未说明的其他不良贷款转让要求，继续按照《金融企业不良资产批量转让管理办法》（财金〔2012〕6号文）执行。本通知暂定施行期限至2022年12月31日。

行业规定

银行业信贷资产登记流转中心关于延续不良贷款转让业务费用优惠安排的通知

（2023年5月15日公布）

各市场成员：

为进一步推动落实不良贷款转让试点工作，自2023年6月1日至

2025年12月31日，银登中心继续对不良贷款转让业务暂免收取挂牌服务费，并对交易服务费予以八折优惠。

同时，银登中心将进一步提升服务质效，向市场机构免费提供业务培训、资产推介、数据统计、信息共享等服务，并将陆续推出保证金管理、资金支付、标准协议文本等增值服务，以推动不良贷款转让市场高质量发展。

特此通知。

银行业信贷资产登记流转中心不良贷款转让业务信息披露细则

（2023年3月27日发布施行）

第一条　为规范不良贷款转让业务信息披露行为，提高市场透明度，保障参与机构合法权益，根据《中国银保监会办公厅关于开展不良贷款转让试点工作的通知》（银保监办便函〔2021〕26号）、《中国银保监会办公厅关于开展第二批不良贷款转让试点工作的通知》（银保监办便函〔2022〕1191号）、《银行业信贷资产登记流转中心不良贷款转让业务规则》（银登字〔2023〕1号），制定本细则。

第二条　在银行业信贷资产登记流转中心（以下简称银登中心）开展不良贷款转让业务的参与机构，应遵照本细则进行信息披露，法律法规另有规定的，从其规定。

第三条　出让方是信息披露责任主体，应按照相关法律法规、监管要求、合同约定以及银登中心相关规定，有效履行信息披露义务，保证信息披露的真实性、准确性、完整性、合法性、及时性，不得存在虚假记载、误导性陈述或重大遗漏等情形。

第四条　受让方应当认真，充分地阅读并理解有关信息披露文件，对信息披露的内容进行独立分析，独立判断投资价值，自行承担投资风险。

第五条　通过银登中心进行信息披露，不表明银登中心对相应不良贷款之投资价值作出任何评价或保证，也不表明对相应不良贷款之投资风险进行任何判断或承担。

出让方、受让方以及其他参与机构之间的任何约定，均不得直接或间接违反前款规定；如因违反前款规定给参与机构造成损失的，应承担相应法律责任。

第六条　出让方应至少于公开竞价前10个工作日，通过银登中心向市场发布不良贷款转让公告。转让公告内容包括但不限于不良贷款基本信息、时间安排、转让方式、交易对象要求、交易条件、业务联系人信息。其中，交易对象要求不得为法律法规及监管要求以外的非审慎要求，不得阻碍潜在受让方参与竞价。公告信息在银登中心永久保留。

出让方根据《银行业信贷资产登记流转中心不良贷款转让业务公开竞价细则》重新挂牌的，应至少于公开竞价前5个工作日，通过银登中心向市场重新发布不良贷款转让公告，其中不良贷款基本信息内容应与原不良贷款转让公告一致。

转让公告根据出让方在银登中心业务系统录入的挂牌信息自动生成，并于项目挂牌后通过银登中心向市场自动发布。转让公告是出让方的真实意思表示，出让方须对转让公告的真实性、准确性、完整性、合法性负完全责任。

第七条　出让方应通过银登中心业务系统向合格意向受让方充分披露已登记的全部不良贷款信息及有关文本材料。其中，不良贷款信息包括但不限于项目详情、贷款基本信息、借款人基本信息、贷款发放机构信息；文本材料包括但不限于债权材料、担保材料、诉讼材料。

开展个人不良贷款批量转让业务的，出让方还应通过银登中心业务系统向意向受让方披露《个人不良贷款分布信息表》（参考格式详见附件1）。

第八条　出让方应于档案移交完成后3个工作日内，通过银登中心向市场发布不良贷款转让结果公告。转让结果公告包括出让方机构、受让方机构、项目名称、转让协议签署日期等内容。公告信息在银登中心永久保留。

转让结果公告根据银登中心业务系统的结果信息自动生成,并于业务办结后通过银登中心向市场自动发布。转让结果公告是出让方的真实意思表示,出让方须对转让结果公告的真实性、准确性、完整性、合法性负完全责任。

第九条 不良贷款转让公告发布后至转让协议生效前,若发生可能或已经对不良贷款投资价值有实质性影响的重大事项,出让方应在知道或应当知道发生重大事项的情况下,及时通过银登中心向市场发布重大事项公告(参考格式详见附件2),并向相关方披露详细信息,确保相关方可重新评估不良贷款投资价值。

重大事项包括但不限于以下事项:

(一)不良贷款项下的担保人、担保物发生重大变化的;

(二)不良贷款项下的担保人、担保物出现争议或异议的;

(三)出让方或借款人发生影响不良贷款投资价值的违法、违规或违约事件;

(四)出让方或借款人经营情况或主体评级发生重大变化的;

(五)法律、行政法规、监管部门规定以及当事人约定的应当公告的其他事项。

第十条 信息披露内容一经披露,不得随意变更。确需变更的,出让方应向银登中心提出申请。

第十一条 开展不良贷款转让业务信息披露,应遵守国家信息保密相关规定,建立信息保密工作机制,做好信息保密工作。对不良贷款转让业务过程中知悉、获取的个人信息依法予以保密,不得非法复制、非法存储、非法使用、向他人出售或者以其他非法形式泄露个人信息,不得用于其他非法目的。

第十二条 对于违反法律法规、监管要求、银登中心业务规则及本细则的,银登中心将及时报告监管部门,配合监管部门实施相关监管措施。

第十三条 本细则由银登中心负责解释、修订。

第十四条 本细则自发布之日起实施。《银行业信贷资产登记流转中心不良贷款转让业务信息披露细测(试行)》(银登字〔2021〕2号)同时废止。

附件1

个人不良贷款分布信息表

本机构保证《个人不良贷款分布信息表》中披露内容不存在任何虚假记载、误导性陈述或者重大遗漏，并承诺对其真实性、准确性、完整性和有效性承担完全的法律责任。

本机构依据《银行业信贷资产登记流转中心不良贷款转让业务规则》和《银行业信贷资产登记流转中心不良贷款转让业务信息披露细则》的要求，拟通过银登中心披露*项目名称* 为项目名称的个人不良贷款分布信息。

资产分布				
未偿本息余额分布	笔数(笔)	占比	未偿本息余额(万元)	占比
…				
合计				
五级分类分布	笔数(笔)	占比	未偿本息余额(万元)	占比
…				
合计				
担保方式分布	笔数(笔)	占比	未偿本息余额(万元)	占比
…				
合计				

续表

贷款逾期时间分布	笔数(笔)	占比	未偿本息余额(万元)	占比
…				
合计				
借款人分布				
借款人年龄分布	笔数(笔)	占比	未偿本息余额(万元)	占比
…				
合计				
借款人职业分布	笔数(笔)	占比	未偿本息余额(万元)	占比
…				
合计				
借款人收入分布	笔数(笔)	占比	未偿本息余额(万元)	占比
…				
合计				
借款人授信额度分布	笔数(笔)	占比	未偿本息余额(万元)	占比
…				
合计				

(出让方全称)

(机构公章)

年　月　日

附件 2

（项目名称）

重大事项公告

本机构保证公告内容不存在任何虚假记载、误导性陈述或者重大遗漏，并承诺对其真实性、准确性、完整性和有效性承担完全的法律责任。

本机构依据《银行业信贷资产登记流转中心不良贷款转让业务规则》和《银行业信贷资产登记流转中心不良贷款转让业务信息披露细则》的要求，拟通过银登中心业务系统向*项目名称（项目编号）*相关方披露重大事项相关详细信息，现予以公告。

所有合格意向受让方均可通过银登中心业务系统进行查询。

特此公告。

联系人：

联系电话：

电子邮件：

（出让方全称）

（机构公章）

年 月 日

银行业信贷资产登记流转中心关于发布《银行业信贷资产登记流转中心不良贷款转让业务公开竞价细则》的通知

(银登字〔2023〕3号　2023年3月27日公布施行)

各市场机构:

根据《中国银保监会办公厅关于开展不良贷款转让试点工作的通知》(银保监办便函〔2021〕26号)、《中国银保监会办公厅关于开展银行不良贷款转让试点的复函》(银保监办便函〔2021〕27号)和《中国银保监会办公厅关于开展第二批不良贷款转让试点工作的通知》(银保监办便函〔2022〕1191号)等有关要求,为落实《银行业信贷资产登记流转中心不良贷款转让业务规则》(银登字〔2023〕1号)的有关规定,银登中心制定了《银行业信贷资产登记流转中心不良贷款转让业务公开竞价细则》,现予以发布,请遵照执行。

实施中如有意见建议,请及时向银登中心反馈。

附件

银行业信贷资产登记流转中心不良贷款转让业务公开竞价细则

第一章　总　　则

第一条　为规范不良贷款转让行为,维护竞价秩序和竞价安全,保护各参与机构合法权益,根据《中国银保监会办公厅关于开展不良贷款转让试点工作的通知》(银保监办便函〔2021〕26号)、《中国银保监会办公厅关于开展第二批不良贷款转让试点工作的通知》(银保监办便函〔2022〕1191 号）、《银行业信贷资产登记流转中心不良贷款转让业务规则》（银登字〔2023〕1 号），制定本细则。

第二条　公开竞价应严格遵守法律法规、监管要求以及银行业信贷资产登记流转中心（以下简称“银登中心”）相关规定，遵循公开、公平、公正原则，不得损害国家、集体、第三人的合法权益或社会公共利益。

第三条　公开竞价应选用一次竞价或多轮竞价方式进行。出让方可根据业务需要自愿选择竞价方式。

第四条　银登中心为公开竞价提供相应的系统支持与保障。

第五条　银登中心业务系统支持公开竞价的时间段为工作日 9:00－17:00。公开竞价相关系统操作时间应以银登中心业务系统时间为准，发送的操作指令到达银登中心业务系统时生效。

第二章　项目挂牌

第六条　出让方应至少于公开竞价前 10 个工作日，通过银登中心业务系统将已完成登记的项目向市场挂牌展示。

挂牌信息具体包括：不良贷款基本信息、时间安排、转让方式、交易对象要求、交易条件、业务联系人信息、转让协议文本、转让公告以及与转让相关的其他信息等。出让方应确保挂牌信息与不良贷款转让公告相关内容一致。挂牌信息一经设定不得修改。

转让方式具体包括竞价方式、（自由）竞价起止时间、延时周期（如有）、起始价和加价幅度。其中，起始价是指一场竞价中合格意向受让方可报出的最低价格，任何报价均不应低于起始价。加价幅度是一场竞价中报价加价的最小单位。

出让方不得设置法律法规及监管要求以外的非审慎要求，阻碍潜在受让方参与竞价。

第七条　竞价报名截止时间不得晚于公开竞价前 2 个工作日。挂牌发布日至竞价报名截止时间为竞价报名有效期。竞价报名有效期内，意向受让方可根据出让方设置的合格意向受让方要求，通过银登中心业务系统向出让方提交意向申请，并上传相关证明文件。

第八条　意向受让方提交意向申请后，出让方可通过银登中心业务系统查看和处理意向受让方申请，并至少于公开竞价前 1 个工作日完成全部合格意向受让方确认。

对于未被出让方确认为合格意向受让方的，出让方应通过银登中心业务系统说明具体原因。

第九条　出让方应至少于公开竞价前1个工作日，通过银登中心业务系统完成保留价设置。

保留价是本场竞价中出让方同意达成交易的最低价格，唯一最高价未达到保留价的，本场竞价失败。保留价应不低于起始价，且仅为出让方可见。

第十条　通过项目挂牌只产生一个合格意向受让方的，出让方可选择协议转让方式与其达成交易。出让方须在选择协议转让方式前，通过银登中心业务系统完成保留价设置。协议转让的成交价格不得低于出让方设置的保留价。

通过项目挂牌未产生合格意向受让方的，本项目挂牌自动取消。

第三章　一次竞价

第十一条　采用一次竞价方式的，合格意向受让方应按照出让方设置的竞价条件，通过银登中心业务系统在竞价时间内完成一次性报价，根据价格优先、时间优先原则确定唯一最高价。

第十二条　一次竞价时段为工作日9:00－11:00与14:00－16:00，单场一次竞价时长可为连续的0.5小时、1小时、1.5小时或2小时。出让方可根据业务需要自愿选择。

第十三条　合格意向受让方应在出让方设置的竞价时间内，通过银登中心业务系统进行报价。报价金额为起始价与加价幅度的非负整数倍之和。同一合格意向受让方在竞价时间内，最多可进行一次报价，报价成功后不得撤销。

第十四条　竞价结束后，系统自动确定金额最高的报价为唯一最高价；出现两个或两个以上相同的最高报价时，系统自动确认报价时间最先的最高报价为唯一最高价。

第十五条　竞价时间内，出让方不能查看任何合格意向受让方报价记录，合格意向受让方不能查看本方报价以外的任何报价记录；竞价结束后，出让方可查看所有合格意向受让方报价记录，合格意向受让方可查看本方报价及唯一最高价匿名报价记录。

第四章 多轮竞价

第十六条 采用多轮竞价方式的,合格意向受让方应按照出让方设置的竞价条件,通过银登中心业务系统在竞价时间内进行多次递增报价,根据价格优先原则确定唯一最高价。多轮竞价按时间顺序分为自由竞价与延时竞价两个阶段。

第十七条 多轮竞价自由竞价时段为工作日9:00-11:00与14:00-16:00,单场多轮竞价的自由竞价时长为0.5小时或1小时,延时竞价的延时周期可设置为1分钟、2分钟、3分钟、4分钟或5分钟。出让方可根据业务需要自愿选择。

第十八条 合格意向受让方应在出让方设置的竞价时间内,通过银登中心业务系统进行报价。报价金额为起始价与加价幅度的非负整数倍之和。同一合格意向受让方在自由竞价与延时竞价阶段均可进行多次报价,每次报价均应高于当前最高报价,报价成功后不得撤销。

第十九条 自由竞价时间内,合格意向受让方可通过银登中心业务系统进行多次报价。自由竞价结束后,无论是否出现报价,系统均将自动进入延时竞价。

第二十条 延时竞价延时周期内出现报价的,则自动触发下一延时周期,直至任一延时周期未出现报价,系统自动确认当前最高报价为本次唯一最高价;延时竞价阶段未出现报价的,则系统自动确认自由竞价阶段最高报价为本次唯一最高价。

若延时竞价超过银登中心业务系统运行时间,当日系统运行时间自动延长。

第二十一条 竞价时间内,出让方和合格意向受让方均可全程查看全部合格意向受让方的匿名报价记录;竞价结束后,出让方可查看本次竞价唯一最高价报价记录及全部合格意向受让方的报价记录,合格意向受让方可查看本方报价及全部合格意向受让方的匿名报价记录。

第五章 结果信息确认

第二十二条 竞价结束后,若最高价大于或等于保留价,则本次竞价成功,系统确认的本次竞价唯一最高价即为竞价结果,交易双方应于竞价日当日通过银登中心业务系统确认竞价结果信息。银登中心将向交易双方出具不良贷款转让业务结果(公开竞价)确认书。

确认书包括项目编号、项目名称、未偿本息总额等项目简要信息,竞价方式、受让方、竞价结果等竞价相关信息,是交易双方竞价后签署转让协议、办理转让后续事宜的依据。

第二十三条 竞价结束后,若最高价小于保留价,或竞价过程中未出现报价,则本次竞价失败。

第二十四条 出让方选择协议转让方式后,原则上应于原定竞价日后 5 个工作日内,通过银登中心业务系统确认合格意向受让方报价。结果确认后,银登中心为交易双方出具不良贷款转让业务结果(协议转让)确认书。

确认书包括项目编号、项目名称、未偿本息总额等项目简要信息,挂牌编号、出让方、受让方、协议转让价格等协议转让信息,是交易双方签署转让协议、办理协议转让后续事宜的依据。

第六章 重新挂牌

第二十五条 当出现下列情况时,出让方可向银登中心申请重新挂牌:

(一)通过项目挂牌只产生一个合格意向受让方,且出让方未选择协议转让,或协议转让未达成交易的;

(二)通过项目挂牌未产生合格意向受让方的;

(三)出现本细则第二十三条竞价失败的情况的;

(四)银登中心认可的其他情况。

第二十六条 申请重新挂牌的,出让方应提交重新挂牌申请书(参考格式详见附件),完成项目挂牌并按照《银行业信贷资产登记流转中心不良贷款转让业务信息披露细则》的要求发布不良贷款转让公告。

第二十七条 重新挂牌的,出让方应至少于公开竞价前 5 个工作日,通过银登中心业务系统将原项目进行挂牌。

竞价报名截止时间不得晚于公开竞价前 2 个工作日。出让方应至少于公开竞价前 1 个工作日完成全部合格意向受让方确认和保留价设置。

第七章　附　　则

第二十八条　因不可抗力、电力供应故障、网络通讯传输障碍、系统被非法入侵等意外事件，导致在项目挂牌日至竞价日前出让方及所有意向受让方均无法正常使用银登中心业务系统的，出让方可向银登中心提出申请，根据系统无法正常使用的持续时间重新设置竞价报名截止时间和竞价日。

第二十九条　因不可抗力、电力供应故障、网络通讯传输障碍、系统被非法入侵等意外事件，导致在竞价时间内出让方及所有合格意向受让方均无法正常使用银登中心业务系统，本场竞价取消。原定竞价时间内发生的任何报价、操作均无效。

出让方可向银登中心提出申请，重新组织竞价。

第三十条　因未遵守本细则进行公开竞价，造成相关方损失的，由相关责任主体依法承担法律责任。

第三十一条　对于违反法律法规、监管要求、银登中心业务规则及本细则的，银登中心将及时报告监管部门，配合监管部门实施相关监管措施。

第三十二条　本细则由银登中心负责解释、修订。

第三十三条　本细则自发布之日起实施。《银行业信贷资产登记流转中心不良贷款转让业务公开竞价细则（试行）》（银登字〔2021〕3号）同时废止。

附件

不良贷款转让业务重新挂牌申请书

出让方业务账号	
出让方（全称）	
项目编号	
项目名称	

拟重新挂牌时间	
拟重新竞价时间	
申请原因	
【请明确申请重新挂牌的具体原因,如:无合格意向受让方、无人参与竞价等】	

(机构全称)
(经办部门签章)
年　月　日

填写注意事项:
1. 以上信息均为必填信息,须打印,不可手写;
2. 项目编号是业务的唯一识别码,可通过"出让管理"查询界面查看;
3. 经办部门签章应与参与者信息表一致。

银行业信贷资产登记流转中心关于发布《银行业信贷资产登记流转中心不良贷款转让业务规则》的通知

(银登字〔2023〕1号　2023年1月18日公布施行)

各市场机构:

根据《金融企业不良资产批量转让管理办法》(财金〔2012〕6号)、《中国银保监会办公厅关于开展不良贷款转让试点工作的通知》(银保监办便函〔2021〕26号)、《中国银保监会办公厅关于开展银行不良贷款转让试点的复函》(银保监办便函〔2021〕27号)和《中国银保监会办公厅关于开展第二批不良贷款转让试点工作的通知》(银保监办便函〔2022〕1191 号)等有关要求,银登中心制定了《银行业信贷资产登记流转中心不良贷款转让业务规则》,现予以发布,请遵照执行。

实施中如有意见建议,请及时向银登中心反馈。

附件:银行业信贷资产登记流转中心不良贷款转让业务规则

附件

银行业信贷资产登记流转中心
不良贷款转让业务规则

第一章　总　　则

第一条　为规范不良贷款转让业务,防范金融风险,根据《金融企业不良资产批量转让管理办法》(财金〔2012〕6 号)、《中国银保监会办公厅关于开展不良贷款转让试点工作的通知》(银保监办便函〔2021〕26 号)、《中国银保监会办公厅关于开展银行不良贷款转让试点的复函》(银保监办便函〔2021〕27 号)、《中国银保监会办公厅关于开展第二批不良贷款转让试点工作的通知》(银保监办便函〔2022〕1191 号)等相关监管要求,制定本规则。

第二条　不良贷款转让业务应遵循依法合规、市场自愿、公开透明、稳步推进、真实洁净的原则。

第三条　本规则所称不良贷款转让业务,是指单户对公不良贷款转让、个人不良贷款批量转让、对公不良资产批量转让以及监管部门同意的其他业务。

第四条　中国银行保险监督管理委员会依法对不良贷款转让业务实施监督管理。

第五条　银行业信贷资产登记流转中心(以下简称"银登中心")按照监管要求,为不良贷款转让业务提供账户开立、资产登记、项目挂牌、公开竞价、信息披露、协议签署和资金支付等服务与系统支持。银登中心不对相关资产价值、风险作出任何评价、判断或保证。

第六条　不良贷款转让业务的参与机构，应严格遵守法律法规、监管要求以及本规则规定，充分了解不良贷款状况，独立进行价值判断，自行承担相关风险及法律责任。

参与机构在向银登中心提交的不良贷款转让业务相关材料中不得存在虚假记载、误导性陈述和重大遗漏，并对其所提交材料的真实性、准确性、完整性、合法性和有效性承担完全法律责任。

第二章　转让范围

第七条　下列机构可以作为出让方：

（一）国家开发银行、中国进出口银行、中国农业发展银行；

（二）国有控股大型银行；

（三）全国性股份制银行；

（四）城市商业银行；

（五）农村中小银行机构；

（六）信托公司；

（七）消费金融公司；

（八）汽车金融公司；

（九）金融租赁公司；

（十）监管部门同意的其他机构。

其中，开展单户对公不良贷款转让和个人不良贷款批量转让业务的出让方应符合《中国银保监会办公厅关于开展不良贷款转让试点工作的通知》（银保监办便函〔2021〕26号）和《中国银保监会办公厅关于开展第二批不良贷款转让试点工作的通知》（银保监办便函〔2022〕1191号）等监管要求。

对公不良资产批量转让业务的出让方应符合相关监管要求。

经总行（总公司）授权同意，分支机构可以作为出让方。

第八条　下列机构可以作为受让方：

（一）金融资产管理公司；

（二）地方资产管理公司；

（三）金融资产投资公司；

（四）监管部门同意的其他机构。

地方资产管理公司作为单户对公不良贷款转让和个人不良贷款批量转让业务受让方的,须经省级地方金融监督管理局同意。地方资产管理公司可以受让本省(自治区、直辖市)区域内的单户对公不良贷款,批量受让个人不良贷款不受区域限制。

对公不良资产批量转让业务的受让方应符合相关监管要求。

经总公司授权同意,金融资产管理公司分支机构可以作为受让方。

第九条 下列不良贷款可以转让:

(一)对公不良贷款,包括出让方在经营中形成的、按规定程序和标准认定为次级、可疑或损失类的对公贷款。

(二)个人不良贷款,包括出让方在经营中形成的、按规定程序和标准认定为次级、可疑或损失类的个人消费信用贷款、信用卡透支、个人经营类信用贷款等个人贷款。

(三)监管部门同意转让的其他不良贷款。

第十条 下列不良贷款不得转让:

(一)债务人或担保人为国家机关的贷款,经国务院批准列入全国企业政策性关闭破产计划的贷款,国防军工等涉及国家安全和敏感信息的贷款;

(二)精准扶贫贷款、"三区三州"等深度贫困地区各项贷款等政策性、导向性贷款;

(三)虚假个人贷款、债务关联人涉及刑事案件或涉及银行内部案件的个人贷款、个人教育助学贷款、银行员工及其亲属在本行的贷款;

(四)在借款合同或担保合同中有限制转让条款的贷款;

(五)国家法律法规及有关部门限制转让的其他贷款。

个人住房按揭贷款、个人消费抵(质)押贷款、个人经营性抵押贷款等抵(质)押物清晰的个人贷款,应当以银行自行清收为主,原则上不纳入对外批量转让范围,监管部门另有规定的从其规定。

第三章 业务流程

第十一条 开展不良贷款转让业务的出让方和受让方,均应在银登中心开立账户。

第十二条　开展不良贷款转让业务，出让方应向银登中心提交相关材料，并办理资产登记。

出让方提交的材料包括不良贷款转让项目说明书、已履行内部决策的证明文件、转让协议文本以及监管部门要求的其他材料。

资产登记是出让方对截至交易基准日的不良贷款所作的一般性描述，登记内容包括项目信息、不良贷款要素信息和相关文本材料。银登中心按照监管要求对资产登记信息和材料进行完备性核对，配发唯一的项目编号和资产编号；对于不符合监管要求的资产不予登记。

第十三条　出让方应及时通过银登中心发布不良贷款转让公告。转让公告内容包括但不限于不良贷款基本信息、时间安排、转让方式、交易对象要求、交易条件、业务联系人信息。

第十四条　资产登记完成后，不良贷款转让项目在银登中心业务系统挂牌，向市场展示。

第十五条　意向受让方应按照出让方要求，通过银登中心业务系统向出让方提交报名申请，并由出让方在系统内进行确认。

第十六条　出让方应通过银登中心业务系统开展公开竞价，并于公开竞价前及时完成竞价条件设置。

出让方采用一次竞价方式的，意向受让方应通过银登中心业务系统在竞价时间内完成一次性报价，根据价格优先、时间优先原则确定唯一最高价。

出让方采用多轮竞价方式的，意向受让方应通过银登中心业务系统在竞价时间内进行多次递增报价，根据价格优先原则确定唯一最高价。

第十七条　若唯一最高价不低于出让方设置的保留价，则竞价成功，交易双方应及时通过银登中心业务系统对公开竞价结果进行确认，银登中心据此为交易双方出具公开竞价确认书。竞价不成功的，出让方可选择重新挂牌。

第十八条　对于挂牌展示后只产生一个符合条件的意向受让方的，出让方与意向受让方可采取协议转让方式达成交易。交易双方应及时通过银登中心业务系统对协议转让结果进行确认，银登中心据此为交易双方出具协议转让确认书。交易双方应对协议转让的合法合规性负责。

第十九条 交易双方应在公开竞价确认书或协议转让确认书发出后15个工作日内,完成不良贷款转让协议签署。

转让协议包括但不限于以下内容:

(一)交易双方名称、不良贷款转让价格、交易基准日、付款方式、资产清单、资产交割日、档案移交方式、债务人及担保人通知方式等内容。

(二)交易双方权利义务和责任,相关的信息使用义务和保密要求,有关资产权利的维护、担保权利的变更、已起诉和执行项目主体资格的变更等事项。

(三)不良贷款转让后受让方资产处置的相关条款内容,包括征信记录变更、处置清收安排等。

(四)对监管要求和本规则所提出的禁止性规定的相关安排。

第二十条 交易双方应按照法律法规、监管要求或合同约定的方式及时通知债务人和相应的担保人。对于失联的债务人和担保人,可采取公告方式履行告知义务。出让方应保留可证明已履行告知义务的材料。

第二十一条 不良贷款转让后,仍属于信贷业务范围的,征信数据报送、异议处理等征信权责自不良贷款转让之日起,由原出让方转至受让方履行。原出让方仍需对转让前的征信工作负责。原出让方与受让方要做好工作衔接,保障信息主体合法的征信权益。受让方需要原出让方协助的,由双方按照市场化原则在转让协议中约定。

第二十二条 交易双方应根据转让协议约定及时完成资金支付和档案移交,原则上应在转让协议签署生效后20个工作日内完成。

第二十三条 协议签署、资金支付和档案移交等工作全部完成后,出让方应及时将转让协议、资金收讫证明和档案移交完成证明等材料,上传至银登中心业务系统,由受让方进行确认,银登中心据此出具业务办结通知书。

第二十四条 交易双方应根据监管要求,向监管部门报送不良贷款转让情况。

第四章 信息披露

第二十五条 出让方是信息披露责任主体,应按照相关法律法规、监管要求、合同约定以及本规则要求,有效履行信息披露义务,保证信息披露的真实性、准确性、完整性、合法性、及时性，不得存在虚假记载、误导性陈述或重大遗漏等情形。

第二十六条 不良贷款转让的信息披露应通过银登中心业务系统、银登中心官方网站或银登中心认可的其他方式进行。

第二十七条 出让方应根据本规则第十三条要求，及时发布不良贷款转让公告。转让公告一经披露，不得随意变更。公告信息在银登中心永久保留。

第二十八条 出让方应及时向符合条件的意向受让方，通过银登中心充分披露已登记的不良贷款详细信息及相关文本材料。

第二十九条 出让方应于档案移交完成后，及时通过银登中心向市场发布转让结果公告。转让结果公告应包含出让方机构、受让方机构、项目名称、转让协议签署日期等内容。公告信息在银登中心永久保留。

第三十条 转让公告发布后至转让协议签署生效前，若发生可能或已经对不良贷款投资价值有实质性影响的重大事项，出让方应在知道或应当知道发生重大事项的情况下，及时通过银登中心披露相关重大事项信息。

第五章 风险管理

第三十一条 出让方应严格按照监管要求，制定关于不良贷款转让的内部管理规定，完善工作机制，明确职责分工，建立专项审计机制，加强内部约束，严格控制和防范转让过程中的道德风险和操作风险。

不良贷款转让前，出让方应做好尽职调查和资产评估工作，制定转让方案，履行相应的决策程序，确保拟转让的不良贷款符合监管要求。

第三十二条 受让方应严格按照监管要求，建立健全不良贷款转让及处置管理制度，建立科学的决策机制，加强不良贷款处置人才队伍建设。

受让方应建立不良贷款的催收、投诉处理机制。禁止暴力催收不良贷款。对于受让的对公不良贷款，受让方不得再次转让给原债务人及相关利益主体。对于批量收购的个人不良贷款，受让方可按监管部门有关规定，采取自行清收、诉讼追偿、债务展期、重组等多种方式进行处置,不得再次对外转让。严禁委托有暴力催收行为、涉黑犯罪等违法行为记录的机构开展清收工作。

第三十三条　受让方应按照法律法规要求,做好不良贷款的尽职调查工作,科学评估资产价值和风险,独立进行决策。出让方应为受让方提供必要的资产权属文件、档案资料和相应电子信息数据,保证合理的现场尽职调查时间。

第三十四条　自交易基准日至资产交割日的过渡期内,出让方应继续负责转让资产的管理和维护,避免出现管理真空,避免超过诉讼时效、丧失胜诉权等相关法律权利,不得擅自放弃与转让资产相关的权益。

第三十五条　不良贷款转让业务中,交易双方应在尽职调查、估值等各个转让环节,坚持公开透明原则,履行告知义务,确保转让工作依法合规、公平公正,坚决杜绝暗箱操作、以权谋私、利益输送、损公肥私等问题,不得存在以下行为:

(一)在转让协议之外签订抽屉协议或回购条款等;

(二)虚假出表,虚假转让,逃废债务;

(三)向债务关联人进行利益输送,转移资产;

(四)合谋压价,串通作弊,排斥竞争;

(五)其他违法违规的行为。

第三十六条　出让方和受让方可聘请律师事务所、会计师事务所、资产评估机构、估值机构等第三方中介机构,协助开展尽职调查、风险评估等工作。

第三方中介机构应遵守相关法律法规、监管要求以及合同约定,以诚实、守信、独立、勤勉、尽责为原则,切实履行职责,对出具的专业报告和专业意见负责。

第三十七条　参与不良贷款转让业务的,应严格执行国家信息保密相关规定,建立健全信息保密工作机制,严格控制个人信息的知悉和使用范围,做好信息保密工作。对业务过程中知悉、获取的个人信息依法予以保密,不得非法复制、非法存储、非法使用、向他人出售或者以其他非法形式泄露个人信息,不得用于其他非法目的。

出让方可以依据《中华人民共和国个人信息保护法》第十三条第

一款第(二)项规定,依法处理个人信息。

受让方对批量收购的个人贷款,应依法依规获取原借款合同约定的债务,人相关的个人信息,并按照原合同的约定使用个人信息。

第三十八条　银登中心做好不良贷款转让市场监测工作,及时向监管部门报告业务开展情况。对于发现的异常情况,及时了解并向监管部门报告;对于违法违规行为,积极配合监管部门实施相关监管措施。

第六章　附　　则

第三十九条　金融资产投资公司、金融资产管理公司、地方资产管理公司可以债转股为目的受让试点范围内及其他金融机构的对公不良贷款,按照债转股相关政策和监管要求开展工作。

第四十条　因不可抗力、电力供应故障、网络通讯传输障碍、系统被非法入侵等意外事件导致银登中心业务系统不能正常运营,所引起的相关损失或损害应由各参与机构自行承担。

第四十一条　不良贷款转让业务收费标准由银登中心另行制定。

第四十二条　本规则由银登中心负责解释、修订。

第四十三条　本规则自发布之日起实施。《银行业信贷资产登记流转中心不良贷款转让业务规则(试行)》(银登字〔2021〕1号)同时废止。

银行业信贷资产登记流转中心关于发布《银行业信贷资产登记流转中心不良贷款转让业务收费办法(试行)》的通知

(2022年2月24日公布　自2022年6月1日起施行)

各市场成员:

为有效履行不良贷款转让平台职能,规范各市场机构的缴费行为,经充分征求相关各方意见,银登中心制订了《银行业信贷资产登记流转中心不良贷款转让业务收费办法(试行)》,并于2月8日至2月

14 日进行了公示,现予以发布,自 2022 年 6 月 1 日起正式施行(以发布转让公告时间为准)。

为培育市场,在本试行办法施行后一年内(2022 年 6 月 1 日至 2023 年 5 月 31 日),对不良贷款转让业务予以暂免收取挂牌服务费以及交易服务费八折的优惠安排。

特此通知。

银行业信贷资产登记流转中心
不良贷款转让业务收费办法(试行)

第一条 为有效履行不良贷款转让平台职能,规范交易主体的缴费行为,促进不良贷款转让业务良性可持续发展,根据《银行业信贷资产登记流转中心不良贷款转让业务规则(试行)》(银登字〔2021〕1 号)等文件规定,制定本收费办法。

第二条 银行业信贷资产登记流转中心(以下简称"银登中心")根据为不良贷款转让业务提供的服务内容分别收取挂牌服务费、交易服务费(收费标准详见附件)。

挂牌服务费是指银登中心为出让方提供资产推介、项目挂牌、信息披露等服务而收取的服务费,向出让方收取。

交易服务费是指银登中心为交易各方提供公开竞价、成交确认以及交易达成后的后续转让协议签署、资金结算证明等服务而收取的服务费,向达成交易的出让方和受让方分别收取。

第三条 通过银登中心业务系统竞价成功或达成协议转让意向且达成交易的不良贷款转让业务,须缴纳服务费。以下情况无需缴纳服务费:

(一)竞价失败或未达成协议转让意向;

(二)通过银登中心系统竞价成功或达成协议转让意向,但后续未能达成交易。

第四条 银登中心在交易双方确认竞价结果或协议转让结果后为交易主体出具缴费通知单,缴费主体应于收到缴费通知单后一个月内缴纳服务费。

第五条　缴费主体逾期未缴费，且经催缴仍不缴费的，银登中心将根据相关规定处理。

第六条　缴费主体应向银登中心提供完整的增值税发票信息，银登中心在收到缴费主体缴纳的服务费后依据其提供的发票信息开具发票。

第七条　银登中心可根据业务开展情况，适时调整收费项目、收费标准和优惠措施，并及时向市场成员公布。

第八条　本办法中未尽事宜，按银登中心其他制度执行。

第九条　本办法由银登中心负责解释并组织修订。

第十条　本办法自2022年6月1日起施行。

附件

银行业信贷资产登记流转中心

不良贷款转让业务收费标准

收费项目	收费对象	收费标准
挂牌服务费	出让方	成交金额的0.1%
交易服务费	出让方	成交金额5000万元(含)以下的部分:0.2%
		成交金额5000万元－1亿元(含)的部分:0.15%
		成交金额1亿元－2亿元(含)的部分:0.1%
		成交金额2亿元以上的部分: 0.05%
	受让方	成交金额5000万元(含)以下的部分:0.2%
		成交金额500万元－1亿元(含)的部分:0.15%
		成交金额1亿元－2亿元(含)的部分:0.1%
		成交金额2亿元以上的部分: 0.05%

注:1. 以协议转让方式成交的业务交易结算服务费予以5折优惠；

2. 成交金额5亿元以上的部分免收挂牌服务费和交易服务费；

3. 省级政府出函明确处置方案的协议转让业务暂免收取挂牌服务费。

地方规范性文件

中国银保监会浙江监管局、中国银保监会宁波监管局关于依托浙江省金融综合服务平台规范不良金融资产转让行为的通知

（浙银保监发〔2021〕6号　2021年3月5日公布
自2021年5月1日起施行）

各银保监分局，浙江省内各政策性银行、各大型银行、各股份制商业银行、各城市商业银行、浙江网商银行、省农信联社、各农村商业银行（含农信社）、各金融资产管理公司：

为进一步规范浙江（含宁波）不良金融资产转让市场秩序，增强市场约束，提高透明度，防范道德风险和案件风险，现就有关银行机构通过浙江省金融综合服务平台公告发布不良资产转让信息事项通知如下：

一、总体要求

有关银行机构在现有不良资产转让管理程序基础上，按照谁组织竞价、谁公告发布原则，统一在浙江省金融综合服务平台发布不良资产转让信息，并通过浙江银保监局区域特色报送监管系统按季度报送成交信息（附表1），经营中形成，由辖外上级机构统一组织转让的不良资产，无需公告发布转让信息，但应纳入附表1报送。本通知规范的业务范围为：批量（含对公和个人）转让和单户转让不良资产，转让抵债资产、账销案存资产。

二、信息公告、报送具体要求

（一）公告内容。

1. 不良金融资产转让情况表（附表2）；

2. 资产处置的意思表示；

3. 资产转让方式（竞标、拍卖等）；

4. 对交易对象资格和交易条件的要求；

5. 联系人及联系方式；

6. 信息发布日期、有效期限及竞价日；

7. 其他需要说明的情况。

（二）公告时间。

1. 资产处置标的在1000万元（含，本金余额、下同）以下的转让项目，应在竞价日前至少7个工作日发布转让信息；资产处置标的在1000万元至5000万元（含）的转让项目，应在竞价日前至少10个工作日发布转让信息；资产处置标的在5000万元至10000万元（含）的转让项目，应在竞价日前至少15个工作日发布转让信息；资产处置标的超过10000万元的处置项目，应在竞价日前至少20个工作日发布转让信息。有关银行机构发布不良资产转让信息时，应同步向浙江省内符合条件的资产管理公司（含地方资产管理公司、下同）发出邀请函，配合开展标的资产尽职调查。对于资产金额和户数超大的不良资产包，应适当延长资产管理公司尽职调查时间。

2. 有关银行机构可提前向浙江省内符合条件的资产管理公司发出邀请函，配合开展标的资产尽职调查。向资产管理公司发出邀请函后的时间，计入信息发布时间（在附表2备注“已于××年××月××日发出邀请函”）。发布最终不良资产转让信息至竞价日，原则上不少于3个工作日。

3. 已发布转让信息的转让项目，增加转让标的，应在原时间要求的基础上，根据增加标的资产金额，参照前述要求增加相应时间，并修改已发布转让信息（在附表2予以备注）；减少转让标的，按照原标的资产金额的时间要求不变，可直接修改已发布转让信息（在附表2予以备注）；整体不再转让的，应下架已发布转让信息。

4. 不良资产包第一次转让失败，再次原包转让时，可直接发布转让信息（在附表2予以备注）。不良资产单户转让失败再次转让的，参照本条规定执行。

（三）公告信息豁免。以下符合国家有关规定不宜公开转让的处置项目，可不在浙江省金融综合服务平台上发布转让信息。

1. 债务人或担保人为国家机关的项目；

2. 经国务院批准列入全国企业政策性关闭破产计划的国有企业项目；

3. 国务院批准的债转股项目，原股东用债转股企业所得税返还回购银行机构持有的债转股企业股权；

4. 经相关政府部门出具证明的，国防、军工等涉及国家安全和敏感信息的项目，以及其他特殊情形不宜公开的项目。

（四）成交信息报送。有关银行机构应在季后7日内（节假日顺延）通过浙江银保监局区域特色报送监管系统报送上季度“不良金融资产转让信息统计表”，并于2021年6月30日前补报2019年度、2020年度、2021年一季度报表。

三、其他监管要求

1. 加快系统对接。浙江省金融综合服务平台通过网页提供不良金融资产转让信息发布服务。有关银行机构、金融资产管理公司应于2021年3月31日前实现系统对接，原则上由省内级别最高机构对接网络、并负责联通辖属机构（省农信联社负责联通辖内农商行和农信社）。

2. 分别贯彻落实。有关银行机构应进一步完善不良资产转让管理办法和工作流程，同时依托浙江省金融综合服务平台提供的用户管理模块，建立内部统一的用户管理体系，根据业务实际设置相应级别管理员，做好不良资产转让信息发布，及时报送不良资产转让成交信息。相关机构监管处、各银保监分局应分别明确牵头责任人，监督有关银行机构按规定发布、报送不良资产转让信息，并按监管职责分别审核“不良金融资产转让信息统计表”。

3. 加强安全保障。有关银行机构、资产管理公司应强化安全技术应用，按照“专机、专人”要求开展工作部署，做好浙江省金融综合服务平台网络连接的安全防护措施。监管部门应加强内部管理，防止不良金融资产转让信息不当泄露。

4. 加大监督力度。有关银行机构未按本通知要求在浙江省金融综合服务平台发布不良资产转让信息，或人为阻碍合格意向购买方开展标的资产尽职调查的，知情人可向监管部门举报，监管部门将依法核查，发现确有问题的，将依法依规对责任机构、责任人员采取相应监管措施。

本通知自2021年5月1日起施行。

附表：（略）

地方工作文件

广东银监局关于做好不良资产转让交接工作防范相关风险的提示

（粤银监办发〔2017〕87号 2017年4月5日公布施行）

各银监分局，广州地区各政策性银行分行、大型银行分行、股份制银行分行、邮储银行分行、外资银行分行及代表处、金融资产管理公司分公司、城市商业银行总行（分行）、信托公司、金融租赁公司、财务公司、汽车金融公司、消费金融公司、农村信用社联合社、农村商业银行、村镇银行：

据反映，辖内部分银行业金融机构在涉案不良资产转让过程中存在未做好诉讼保全、申请执行等交接工作，导致合法债权受损、资产流失等不利情形，亟须各银行业金融机构引起充分重视。为防范相关风险，现提示如下：

一、涉案不良资产转让交接中存在的问题

一是因交接不到位，部分银行业金融机构作为涉案不良资产受让人，不清楚不良资产是否存在诉讼保全以及诉讼保全的开展、到期情况，也不清楚案件判决何时生效，从而无法行使权利并履行义务，导致案件执行受阻甚至出现无法保障债权的情形。二是部分银行业金融机构怠于领取案件生效证明，申请执行，或是涉案资产诉讼保全查封、扣押、冻结期限临近届满，却未向法院申请继续查封、扣押、冻结。三是转让机构与受让机构未清楚划分双方的义务、责任，容易出现责任不清的情形。四是部分银行业金融机构转让不良资产未及时告知法院，增加了诉讼成本。

二、相关要求

（一）高度重视不良资产转让交接工作，做到权责两清

辖内银行业金融机构要高度重视不良资产转让的交接工作，尤其是资产转让过程中涉及的诉讼保全、申请执行的交接问题。转让机构在资产转让前应将相关的诉讼、诉讼保全等整套资料及时、完整地移交给受让人，做到权责两清，避免因交接不清楚、不到位导致的纠纷。

（二）因案制宜，做实做细不良资产转让的交接工作

辖内银行业金融机构应根据涉案资产转让所处不同诉讼阶段做好交接工作，并根据具体情况，做好后续工作。如案件尚未审结，转让与受让双方应就涉案资产是否已经查封、冻结、扣押以及届满期限，是否继续查封以及主体变更等问题做好交接；如案件已经审结，应就申请执行问题做好交接，并及时变更申请执行主体。

（三）积极主张相关权利，维护资产安全

涉案不良资产的受让机构在受让前应充分了解债权情况，对其转让资产是否涉诉，案件由何人起诉，是否存在诉讼保全，判决是否生效，何人执行等问题了如指掌。对已经进入诉讼程序的案件，受让机构应尽早参与，及时行使诉讼权利，降低诉讼风险和诉讼成本；对已经生效的案件，受让机构应尽快领取生效证明，申请执行，避免执行超期。

请各银监分局督促辖内银行业金融机构做好相关工作，防范相关风险。

特此通知。

第四编　呆账核销

国务院规范性文件

国务院办公厅转发全国企业兼并破产和职工再就业工作领导小组关于进一步做好国有企业政策性关闭破产工作意见的通知[①]

（国办发〔2006〕3号　2006年1月16日公布施行）

各省、自治区、直辖市人民政府，国务院各部委、各直属机构：

全国企业兼并破产和职工再就业工作领导小组《关于进一步做好国有企业政策性关闭破产工作的意见》已经国务院同意，现转发给你们，请认真贯彻执行。

关于进一步做好国有企业政策性关闭破产工作的意见

国有企业实施政策性关闭破产是为解决历史遗留问题而采取的一项特殊政策。近几年来，国有企业政策性关闭破产工作取得了重要进展，一批长期亏损、资不抵债、扭亏无望的国有大中型企业和资源枯竭矿山平稳有序地退出市场，对于深化国有企业改革，调整国有经济布局和结构，维护企业和社会稳定，起到了重要作用。为做好今后几

① 该通知已废止。根据2015年11月27日国务院《关于宣布失效一批国务院文件的决定》（国发〔2015〕68号），凡宣布失效的国务院文件，自本决定印发之日起一律停止执行，不再作为行政管理的依据。因为批量转让和呆账相关文件中均涉及政策性破产条款，故仍附录于此作为背景性知识了解。

年国有企业政策性关闭破产工作,全国企业兼并破产和职工再就业工作领导小组(以下简称全国领导小组)研究制订了全国国有企业关闭破产工作总体规划(以下简称总体规划),已经国务院第80次常务会议原则同意。现就贯彻落实总体规划,进一步做好国有企业政策性关闭破产工作提出以下意见:

一、总体规划实施的范围和重点

实施政策性关闭破产的期限为2005年至2008年。2008年后不再实施政策性关闭破产。已列入规划的拟关闭破产企业,按年度编制关闭破产计划。全国领导小组按规定程序组织有关部门和国有金融机构进行审核,上报国务院批准后组织实施。

总体规划的实施范围包括:一是新增的拟关闭破产企业,共1610户,涉及国有金融机构债权1502.6亿元,职工228万人;二是目前已送各国有金融机构审核的拟关闭破产企业,共506户,涉及国有金融机构债权769亿元,职工123万人。以上企业共计2116户,涉及国有金融机构债权2271.6亿元,职工351万人。

实施政策性关闭破产的重点是:继续支持东北地区等老工业基地振兴和中西部地区经济结构调整;支持军工企业改革脱困和资源枯竭煤矿关闭破产;继续做好有色金属困难企业关闭破产的收尾工作。

二、进一步改进关闭破产项目审核办法

负责项目审核工作的有关部门、国有金融机构应认真履行审核职责,在规定时间内完成审核任务。(一)在国资委下发报送年度项目的通知后,各省(区、市)和有关中央企业(集团)应在1个月内完成关闭破产预案的制订和申报工作。(二)国资委应在1个月内完成项目的初审工作,将拟关闭破产企业项目表(含各国有金融机构的债权明细)送有关部门审核。(三)有关部门和国有金融机构应在3个月内完成项目审核工作,报全国领导小组办公室复核;国有金融机构如未在规定时间内对项目提出意见,视为审核同意。(四)全国领导小组办公室应在1个月内,对审核中发现的不符合政策性破产条件或逃废金融债务的项目提出处理意见,将审核通过的项目上报国务院。

三、加强企业债务的审核和管理

国有金融机构应在3个月内完成对拟关闭破产企业的债务核对

工作,对审核中发现不符合政策性破产条件或逃废金融债务的项目提出意见。不符合政策性破产条件或逃废金融债务的企业不得实施政策性破产。国有金融机构不得以任何名义向拟关闭破产企业索要补偿金;不得因拟关闭破产企业的担保问题而影响审查进度,担保企业履行担保责任确有困难的,由国有金融机构与企业协商,酌情予以适当减免。国有金融机构在项目审核过程中,应及时向当地协调小组和企业通报审核进展情况。

拟关闭破产企业必须及时向有关部门和单位报送关闭破产预案并说明有关情况,确保关闭破产预案中的资产、债务、各类人员及各项费用标准等数据真实可靠,主动配合国有金融机构做好项目审核工作,支持国有金融机构在规定时间内完成项目审核任务。

对列入总体规划拟实施关闭破产的企业,有关金融机构不得在企业关闭破产方案实施前转让或出售已确认的债权(国有金融机构之间经国家批准的债权转让除外),也不得加紧追讨债权及担保责任。但对企业恶意逃废金融债权的行为,有关金融机构应依法维护自身合法权益。国有金融机构以企业破产终结时法院裁定的清偿率进行清收。股份制金融机构(包括改制后的国有商业银行)债权由金融机构按照内部议事程序,依据企业破产终结法院裁定依法核销。

国家有关部门对金融资产管理公司进行考核时,应对其执行国家政策性关闭破产政策核销贷款发生的损失因素予以考虑。在核销政策性关闭破产企业贷款时,如贷款的审批、发放和贷后管理无违规违纪问题,国有金融机构可不对有关责任人员处罚后再核销呆账。

四、严格破产操作程序和责任追究制度

各地企业兼并破产和职工再就业工作协调小组(以下简称协调小组)、有关部门和国有金融机构要充分认识落实总体规划的重要意义,按照国务院的要求,进一步加强领导,精心组织,认真执行国家有关政策,按照法定程序规范操作。各地协调小组要做好拟关闭破产企业、有关部门和国有金融机构之间的协调工作,及时解决工作中的矛盾和问题,确保在国务院规定的时间和范围内,完成政策性关闭破产工作任务。

为进一步做好列入总体规划的中央企业关闭破产工作,全国领导小组要会同各地协调小组,按照“先移交后破产”的原则,切实做好组织实施工作。国资委等有关部门要加强协调和指导,有关中央企业(集团)要切实负起责任,确保政策性关闭破产工作顺利进行。

各地协调小组要对拟关闭破产企业进行政策培训,组织企业编制好关闭破产预案,做好实施工作。各地协调小组和有关企业在实施关闭破产项目过程中,要严格按照国家的有关规定规范操作,不得虚报、瞒报企业财务数据;不得私分、转移、故意贱卖拟关闭破产企业和关闭破产企业的资产;不得恶意逃废国有金融机构和其他债权人的债务;任何人、任何机构都不得截留、挪用各级财政用于关闭破产企业的补助资金。地方各级人民政府要切实履行接收关闭破产企业办社会职能的承诺,积极创造条件并严格按照规定及时妥善接收破产企业办社会职能的资产和人员;已改制的股份制商业银行在国有企业实施破产过程中要严格按国家有关法律、法规,依市场规则办事。各地要建立责任追究制度,对违法违纪事件要严肃处理,特别是对弄虚作假的有关部门和企业领导人要从严追究责任。对出现重大违法违纪事件的,全国领导小组将通报批评,并暂停审批该地区的政策性关闭破产项目,暂停下达该地区的关闭破产企业中央财政补助资金。

五、切实维护职工合法权益和社会稳定

各地要继续把做好破产企业的稳定工作放在突出地位。企业关闭破产方案未经职代会审议的,职工分流安置方案未经职代会讨论通过的,关闭破产所需资金不落实的,不能实施政策性关闭破产。各地要进一步完善有关政策,切实维护关闭破产企业职工的合法权益。在实施关闭破产期间,企业的党组织、工会组织不能撤,工作不能停,要积极开展思想政治工作,协调好各方面的利益,化解各种矛盾。各地协调小组要对关闭破产企业的稳定工作负责,对突发的重大事件要按规定程序上报全国领导小组。

部门规章及规范性文件

国家税务总局关于企业所得税资产损失资料留存备查有关事项的公告

(国家税务总局公告2018年第15号
2018年4月10日公布施行)

为了进一步深化税务系统“放管服”改革,简化企业纳税申报资料报送,减轻企业办税负担,现就企业所得税资产损失资料留存备查有关事项公告如下:

一、企业向税务机关申报扣除资产损失,仅需填报企业所得税年度纳税申报表《资产损失税前扣除及纳税调整明细表》,不再报送资产损失相关资料。相关资料由企业留存备查。

二、企业应当完整保存资产损失相关资料,保证资料的真实性、合法性。

三、本公告规定适用于2017年度及以后年度企业所得税汇算清缴。《国家税务总局关于发布〈企业资产损失所得税税前扣除管理办法〉的公告》(国家税务总局公告2011年第25号)第四条、第七条、第八条、第十三条有关资产损失证据资料、会计核算资料、纳税资料等相关资料报送的内容同时废止。

特此公告。

附:关于《国家税务总局关于企业所得税资产损失资料留存备查有关事项的公告》的解读

一、公告发布背景

为深入贯彻落实税务系统“放管服”改革要求,优化税收营商环境,减轻企业办税负担,制定了《国家税务总局关于企业所得税资产损失资料留存备查有关事项的公告》(以下简称《公告》)。

二、公告主要内容

(一)明确取消企业资产损失报送资料

简化企业资产损失资料报送,是为了切实减轻企业办税负担。同时,考虑到现行企业所得税年度纳税申报表已有资产损失栏目,企业可以通过填列资产损失具体数额的方式,实现资产损失申报。因此,《公告》第一条明确,企业向税务机关申报扣除资产损失,仅需填报企业所得税年度纳税申报表《资产损失税前扣除及纳税调整明细表》,不再报送资产损失相关资料。相关资料由企业留存备查。《公告》发布后,企业按照《国家税务总局关于发布〈企业资产损失所得税税前扣除管理办法〉的公告》(国家税务总局公告2011年第25号)有关规定,对资产损失相关资料进行收集、整理、归集,并妥善保管,不需在申报环节向税务机关报送。

(二)明确企业资产损失资料留存备查要求

企业资产损失资料是证明企业资产损失真实发生的重要依据,也是税务机关有效监管的重要抓手。因此,《公告》第二条明确,企业应当完整保存资产损失相关资料,保证资料的真实性、合法性,否则要承担《中华人民共和国税收征收管理法》等法律、行政法规规定的法律责任。

(三)明确公告规定适用时间

目前2017年度企业所得税汇算清缴尚未结束,公告规定适用于2017年度及以后年度企业所得税汇算清缴。

财政部关于印发《金融企业呆账核销管理办法(2017年版)》的通知

(财金〔2017〕90号　2017年8月31日公布
自2017年10月1日起施行)

各中央金融企业,其他有关金融企业,各省、自治区、直辖市、计划单列市财政厅(局),新疆生产建设兵团财务局,财政部驻各省、自治区、直

辖市、计划单列市财政监察专员办事处:

为进一步完善金融企业呆账核销管理,促进金融企业提高呆账核销效率,及时化解金融风险,充分实现资产保全,有效防范道德风险,切实强化责任和问责,现将《金融企业呆账核销管理办法(2017年版)》印发给你们,请遵照执行。

各省、自治区、直辖市、计划单列市财政厅(局)及新疆生产建设兵团财务局请将本文转发至辖内地方金融企业执行。

金融企业呆账核销管理办法(2017年版)①

第一章 总 则

第一条 为规范金融企业呆账核销管理,增强金融企业风险防控能力,促进金融企业健康发展,根据有关法律、法规和《金融企业财务规则》相关规定,制定本办法。

第二条 本办法适用于在中华人民共和国境内依法设立的金融企业,包括政策性银行及国家开发银行、商业银行、保险公司、金融资产管理公司、证券公司、信托公司、财务公司、金融租赁公司、农村金融机构等经营金融业务的企业(统称金融企业)。

小额贷款公司、融资担保公司等其他经营金融业务的企业参照本办法执行。

第三条 本办法所称呆账是指金融企业承担风险和损失,符合本办法认定条件的债权和股权资产。本办法所称核销是指金融企业将

① 与2013年修订版相比,本办法进一步简化了核销手续、放宽了核销标准、强化了核销后资产保全清收。一是简化诉讼类法律文书要件要求,增加内部证据作为要件。外部证据应优先获取作为申报核销材料,但是针对因司法程序进展导致外部诉讼证据难以获取的问题,为提高核销进度和效率,增加"内部证据"作为核销要件,主要包括内部清收报告、法律意见书等。二是进一步放宽各类别贷款核销额度标准。针对金融企业反映核销额度标准偏低、核销成本高的问题,进一步放宽中小企业和涉农贷款、对公贷款、个人贷款以及信用卡透支款项核销额度标准。三是进一步缩短诉讼类、追索类和涉案类核销周期。针对诉讼类、涉案类债权核销,法院等部门立案、审理、执行 进度慢、影响核销效率等问题,将诉讼类、涉案类债权核销周期进一步缩短。四是增加关于对已核销资产保全和清收的管理规定,要求实现尽职追偿。

认定的呆账,冲销已计提的资产减值准备或直接调整损益,并将资产冲减至资产负债表外的账务处理方法。

第四条　金融企业核销呆账应当遵循“符合认定条件、提供有效证据、账销案存、权在力催”的基本原则。对于核销后的呆账,金融企业要继续尽职追偿,尽最大可能实现回收价值最大化。

第二章　呆账核销条件及程序

第五条　金融企业经采取必要措施和实施必要程序之后,符合《一般债权或股权呆账认定标准及核销所需相关材料》(附1)所列认定标准之一的债权或股权可认定为呆账。

第六条　金融企业经采取必要措施和实施必要程序之后,符合《银行卡透支款项呆账认定标准及核销所需相关材料》(附2)所列认定标准之一的银行卡(含个人卡和单位卡)透支款项、透支利息以及手续费等可认定为呆账。

第七条　金融企业经采取必要措施和实施必要程序之后,符合《助学贷款呆账认定标准及核销所需相关材料》(附3)所列认定标准之一的助学贷款(含无担保国家助学贷款)可认定为呆账。

第八条　金融企业核销呆账,应具备以下材料:

(一)呆账核销申报材料,包括债权、股权发生情况,呆账形成原因,采取的补救措施及其结果,对借款人(持卡人)、担保人已实施的追索情况,抵质押物及处置情况,债权和股权经办人、部门负责人和单位负责人情况等。符合条件的小额贷款,可采取清单方式进行核销。

(二)金融企业核销呆账,应提供合理的内、外部证据,包括财产清偿证明、追偿证明等。无法取得法院、仲裁机构或政府有关部门出具的财产清偿证明等外部证据的,金融企业可凭财产追偿证明、清收报告、法律意见书等内部证据进行核销。内部证据应清晰、准确,并由拟核销呆账所属经办机构的经办人、部门负责人和单位负责人确认。

财产追偿证明或清收报告应包括借款人和担保人的基本情况、形成呆账的原因、采取的补救措施、债务追收过程等。

法律意见书应由金融企业内部法律事务部门或聘请的律师事务所出具,就被核销债权进行的法律诉讼情况进行说明,包括诉讼或仲裁过程、结果等;未涉及法律诉讼或仲裁的,应说明未诉讼或仲裁理由。

第九条 借款人在同一金融企业的多笔债务,当其中一笔债务经过该金融企业诉讼或仲裁并取得无财产执行的终结(中止)执行或者终结本次执行程序的裁定,或者虽有财产但难以或无法执行的终结(中止)执行或者终结本次执行程序的裁定,对于该借款人的担保条件不超过该笔债务的其余债务,金融企业可以依据法院或仲裁机构的裁定、内部清收报告及法律意见书核销。

第十条 借款人在不同金融企业的多笔债务,当其中一个金融企业经过诉讼或仲裁并取得无财产执行的终结(中止)执行或者终结本次执行程序的裁定,或者虽有财产但难以或者无法执行的终结(中止)执行或者终结本次执行程序的裁定,对于该借款人的担保条件不超过该笔债务的其余债务,其他金融企业可以依据法院或仲裁机构的裁定、内部清收报告及法律意见书核销。

第十一条 对于发生的呆账,金融企业要统筹风险管理、财务能力、内部控制、审慎合规、尽职追偿等因素,及时从计提的资产减值准备中核销。

第十二条 金融企业核销呆账,要履行内部审核程序,各级行(公司)接到下级行(公司)的申报材料,应当根据内部机构设置和职能分工,组织核销处置、信贷管理、财务会计、法律合规、内控等有关部门进行集体审议,由有权人审批。

第十三条 除法律法规和本办法的规定外,其他任何机构和个人(包括借款人)不得干预、参与金融企业呆账核销运作。

第三章 已核销资产管理

第十四条 对于已核销的资产,除依据法律法规和本办法规定的权利义务已终结的情形外,金融企业仍然享有已核销债权或股权等合法权益,要按照"账销案存、权在力催"的原则,比照表内债权和股权的管理方式加强管理,建立保全和尽职追偿制度,实现核销前与核销后管理的有效衔接,最大限度减少损失,充分维护资产权益。

第十五条　对于已核销的资产,除依据法律法规和本办法规定的权利义务已终结的情形外,金融企业要履行清收职责,继续尽职追索,全面查找各项关联财产线索,发现有效财产后,要及时进行资产保全;对可恢复执行的中止或终结裁定的,在获取财产线索证据后,及时向法院提请恢复执行。同时,金融企业要对已核销资产做好台账记录、立卷归档、专人管理,加强追索维护权益。

第十六条　按法律法规及本办法规定,符合下列条件之一的债权与债务,或投资与被投资关系,可完全终结,不纳入账销案存资产管理。

(一)列入国家兼并破产计划核销的贷款;

(二)经国务院专案批准核销的债权;

(三)法院裁定终结执行或者被法院判决(或者仲裁机构裁决)借款人不承担(或者部分承担)责任,并且了结债权债务关系的债权;

(四)法院裁定通过重整协议或者和解协议,根据重整协议或者和解协议核销的债权,在重整协议或者和解协议执行完毕后;

(五)自法院裁定破产案件终结之日起已超过 2 年的债权;

(六)金融企业按规定采取打包出售、公开拍卖、转让、债务减免、债转股、信贷资产证券化等市场手段处置债权或者股权,受让方或者借款人按照转让协议或者债务减免协议履行相关义务完毕后,其处置回收资金与债权或股权余额的差额;

(七)被法院驳回起诉,或者超过诉讼时效(或者仲裁时效),并经 2 年以上补救未果的债权;

(八)其他依法终结债务关系或投资关系的情况。

第四章　监督与问责

第十七条　金融企业是呆账核销的责任主体,要不断健全呆账核销制度,规范审核程序,完善监督机制,强化责任和问责,有效防范各类道德风险。

第十八条　金融企业呆账核销权按其公司治理要求和授权机制,由股东(大)会、董事会、经营管理层行使。金融企业经营管理层可根据管理能力、风控水平,对下级分支机构实行差异化转授。

第十九条　金融企业应当建立呆账损失责任认定和追究制度。对于核销的呆账,应当查明呆账形成的原因。对于形成损失的,应当区分主观客观原因,确系主观原因形成损失的,应当在呆账核销后2年内完成责任认定和对责任人的追究工作。

第二十条　金融企业应当建立对呆账核销的专项审计制度,对核销制度、核销条件和程序、核销后的资产管理、责任认定和追究等进行定期或不定期审计,并于年度终了后5个月内出具专项审计报告。

金融企业应在每个会计年度终了后6个月内向同级财政部门报送上年度呆账核销情况以及专项审计报告。

第二十一条　金融企业应当建立健全呆账核销风险防范机制,按规定核销呆账,在内部进行运作,并做好风险隔离,核销后的管理按金融企业内部要求做好风险防范。

第二十二条　金融企业应当通过对呆账核销的审查、审计,全面分析查找形成呆账和损失的原因,从中汲取有益经验,形成以核销促进债权和投资管理机制不断改善的正向机制。

第二十三条　各级财政部门和金融监督管理部门负责对同级金融企业呆账核销的事后监督和管理,重点是呆账核销的制度规定、条件和程序、核销后的资产管理、强化责任认定和问责等。对于在检查中发现的违规行为及时予以纠正,并按规定进行处理。

第五章　附　　则

第二十四条　金融企业可以根据本办法制定实施细则,履行公司治理程序确定后实施。

第二十五条　本办法自2017年10月1日起施行,《金融企业呆账核销管理办法(2015年修订版)》(财金〔2015〕60号)同时废止。

附:1. 一般债权或股权呆账认定标准及核销所需相关材料

2. 银行卡透支款项呆账认定标准及核销所需相关材料

3. 助学贷款呆账认定标准及核销所需相关材料

附1:一般债权或股权呆账认定标准及核销所需相关材料

序号	认定标准	核销所需相关材料
(一)	借款人依法宣告破产、关闭、解散或者撤销,相关程序已经终结,对借款人财产进行清偿,并对担保人进行追偿后,仍未能收回的剩余债权;法院依法宣告借款人破产后180天以上仍未终结破产程序的,金融企业对借款人和担保人进行追偿后,经法院或破产管理人出具证明或内部清收报告,仍未能收回的剩余债权。	破产、关闭、解散证明、撤销决定文件和财产清偿证明、追偿证明或内部证据。
(二)	借款人死亡,或者按照民法相关规定宣告失踪或者死亡,或者丧失完全民事行为能力或劳动能力,金融企业依法对其财产或者遗产进行追偿,并对担保人进行追偿后,仍未能收回的剩余债权。	死亡或者失踪证明、司法部门或者县级以上医院出具的借款人丧失完全民事行为能力或者劳动能力的证明和财产追偿证明或内部证据。
(三)	借款人遭受自然灾害或者意外事故,损失不能获得保险赔偿,或者以保险赔偿后,确实无力偿还部分或者全部债务,金融企业对其财产进行清偿,并对担保人进行追偿后,仍未能收回的剩余债权。	自然灾害或者意外事故证明、保险赔偿证明和财产清偿证明、财产追偿证明或内部证据。
(四)	借款人已完全停止经营活动,被县级及县级以上工商行政管理部门依法注销、吊销营业执照,金融企业对借款人和担保人进行追偿后,仍未能收回的剩余债权。	县级及县级以上工商行政管理部门注销、吊销证明和财产追偿证明或内部证据。
(五)	借款人已完全停止经营活动或者下落不明,超过3年未履行企业年度报告公示义务的,金融企业对借款人和担保人进行追偿后,仍未能收回的剩余债权。	县级及县级以上工商行政管理部门查询证明和财产追偿证明或内部证据。

续表

序号	认定标准	核销所需相关材料
(六)	借款人触犯刑法,依法被判处刑罚,导致其丧失还款能力,其财产不足归还所借债务,又无其他债务承担者,金融企业经追偿后,仍未能收回的剩余债权。	法院裁定证明和财产清偿证明、财产追偿证明或内部证据。
(七)	由于借款人和担保人不能偿还到期债务,金融企业诉诸法律,借款人和担保人虽有财产,但对借款人和担保人强制执行超过 180 天以上仍未能收回的剩余债权;或者借款人和担保人虽有财产,但进入强制执行程序后,由于执行困难等原因,经法院裁定终结(中止)执行或者终结本次执行程序的债权;或者借款人和担保人无财产可执行,法院裁定终结(中止)执行或终结本次执行程序的债权。	强制执行证明或者法院裁定证明、财产追偿证明或内部证据。
(八)	金融企业对借款人和担保人诉诸法律后,借款人和担保人按照《破产法》相关规定进入重整或者和解程序后,破产重整协议或者破产和解协议经法院裁定通过,根据重整协议或和解协议,金融企业对剩余债权向担保人进行追偿后,仍未能收回的剩余债权。	法院裁定证明、金融企业与借款人和担保人签订的重整协议或者和解协议和内部证据。
(九)	金融企业对借款人和担保人诉诸法律后,在法院主持下出具调解书或者达成执行和解协议并记入执行笔录,根据和解协议或调解书,金融企业对剩余债权向担保人进行追偿后,仍未能收回的剩余债权。	调解书、执行笔录或者和解协议和内部证据

续表

序号	认定标准	核销所需相关材料
（十）	对借款人和担保人诉诸法律后，因借款人和担保人主体资格不符或者消亡等原因，被法院驳回起诉或者判决借款人和担保人不承担（或者部分承担）责任；或者因借款合同、担保合同等权利凭证遗失或者超过诉讼时效，金融企业经追偿后，仍未能收回的剩余债权。	法院驳回起诉证明或判决书、裁定书、民事调解书、仲裁裁决书或仲裁调解书；因权利凭证遗失无法诉诸法律的，提交台账、贷款审批单等旁证材料、追索记录、情况说明以及金融企业法律事务部门或聘请的律师事务所出具的法律意见书；因超过诉讼时效无法诉诸法律的，提交金融企业法律事务部门出具的法律意见书。
（十一）	金融企业依法取得抵债资产，对抵债金额小于贷款本息的差额，符合上述（一）至（十）项原因，经追偿后仍未能收回的剩余债权。	抵债资产接收证明，抵债金额确定证明；和上述（一）至（十）项的相关证明。
（十二）	开立信用证、办理承兑汇票、开具保函等发生垫款时，凡业务申请人和保证人由于上述（一）至（十一）项原因，无法偿还垫款，金融企业经追偿后，仍无法收回的垫款。	垫款证明和上述（一）至（十一）项的相关证明。
（十三）	金融企业采取打包出售、公开拍卖、转让、债务减免、债转股、信贷资产证券化等市场手段处置债权或者股权后，根据转让协议或者债务减免协议，其处置回收资金与债权或股权余额的差额。	资产处置方案、出售转让合同（或协议）、贷款减免协议、成交及入账证明和资产余额清单。
（十四）	对于单户贷款余额在 500 万元及以下（农村信用社、村镇银行为 50 万元及以下）的对公贷款，经追索 180 天以上，仍未能收回的剩余债权。	追索记录，包括电话追索、信函追索和上门追索等原始记录，并由经办人和负责人共同签章确认。

续表

序号	认定标准	核销所需相关材料
(十五)	因借款人、担保人或者其法定代表人、实际控制人涉嫌违法犯罪,或者因金融企业内部案件,经公安机关或者检察机关正式立案侦查1年以上,金融企业对借款人、担保人或者其他还款义务人进行追偿后,仍未能回收的剩余债权。	公检法部门出具的法律证明材料,财产追偿证明、内部清收报告或法律意见书。
(十六)	金融企业对单户贷款余额在6000万元及以下的,经追索180天以上,仍无法收回的中小企业贷款和涉农贷款,可按照账销案存的原则自主核销;对于单户贷款余额在5万元及以下的农户贷款,可以采用清单方式进行核销。其中,中小企业贷款是指对年销售额和资产总额均不超过2亿元的企业的贷款,涉农贷款是按中国人民银行、中国银行业监督管理委员会《关于建立〈涉农贷款专项统计制度〉的通知》(银发〔2007〕246号,以后变化从其规定)规定的农户贷款和农村企业及各类组织贷款。	中小企业贷款、涉农贷款分类证明,追索记录,对于符合条件的小额农户贷款由经办人和负责人共同签章确认,可以采用提供客户清单方式经有权人审批同意后核销。
(十七)	金融企业对单户贷款余额在1000万元及以下的,经追索180天以上,仍无法收回的个人经营贷款,可按照账销案存的原则自主核销。个人经营贷款是指金融企业按照《个人贷款管理暂行办法》(银监会令2010年第2号)①发放的,并且金融企业能有效监控资金流向,证明贷款符合合同约定用途的生产经营贷款。	个人经营贷款分类证明,个人经营贷款用途证明材料,追索记录。

① 《个人贷款管理暂行办法》第3条规定,本办法所称个人贷款,是指贷款人向符合条件的自然人发放的用于个人消费、生产经营等用途的本外币贷款。

续表

序号	认定标准	核销所需相关材料
（十八）	对于单户贷款余额在 30 万元及以下（农村信用社、村镇银行为 10 万元及以下）的个人无抵押（质押）贷款、抵押（质押）无效贷款或者抵押（质押）物已处置完毕的贷款，经追索 180 天以上，仍未能收回的剩余债权。其中，对于单户贷款余额在 5 万元及以下（农村信用社、村镇银行为 1 万元及以下）的，可以采用清单方式进行核销。	抵押情况证明，抵押物处置证明，追索记录，包括电话追索、信函追索和上门追索等原始记录，并由经办人和负责人共同签章确认；对于符合条件的小额个人贷款，可以采用提供客户清单方式经有权人审批同意后核销。
（十九）	对于保险公司应收保费、应收分保账款、保户质押贷款和其他应收款项等债权，证券公司融资类业务（包括融资融券、股票质押式回购交易、约定购回式交易）等债权，当交易对手违约，保险公司和证券公司经履行必要的追偿程序、处置抵质押物后形成的损失，可认定为呆账进行核销。	债权和抵质押情况，追索情况，抵质押物处置情况，法院裁定证明或执行证明等外部证据，或内部证据。
（二十）	具有投资权的金融企业对外投资，满足下列条件之一的可认定为呆账： 1. 被投资企业依法宣告破产、关闭、解散或者撤销，金融企业经清算和追偿后，仍无法收回的股权； 2. 被投资企业已完全停止经营活动，被县级及县级以上工商行政管理部门依法注销、吊销营业执照，金融企业经追偿后，仍无法收回的股权； 3. 被投资企业财务状况严重恶化，累计发生亏损，已连续停止经营 3 年以上，且无重新恢复经营改组计划的；或者被投资企业财务状况严重恶化，累计发生亏损，已完成破产清算或者清算期超过 2 年以上的，金融企业无法收回的股权； 4. 金融企业对被投资企业不具有控制权，投资期限届满或者投资期限超过 10 年，且被投资企业资不抵债的，金融企业无法收回的股权。	被投资企业破产、关闭、解散证明，撤销决定文件、县级及县级以上工商行政管理部门依法注销、吊销证明和财产清偿证明、追偿证明或者破产清算证明、被投资企业财务状况证明，投资期证明等。

续表

序号	认定标准	核销所需相关材料
（二十一）	已丧失流动性、无法进行市场交易的债券投资损失或基金投资损失，可认定为呆账；其中，因结构性产品被清盘，或相关资金池内资产出现损失，导致金融企业所投资的结构性产品、担保债务凭证及资产证券化产品本金丧失偿付可能，且无法通过市场化手段处置的债券投资损失或基金投资损失，可认定为呆账。	发行人或者托管人提供的结构性产品被清盘的证明文件，市场通用资讯平台显示的资产池损失信息，相关情况说明，包括债券基本情况、损失原因等。
（二十二）	形成不良资产超过8年，经尽职追索后仍未能收回的剩余债权和股权。	不良资产分类证明、追索记录。
（二十三）	经国务院专案批准核销的债权。	国务院批准文件。

附2：银行卡透支款项呆账认定标准及核销所需相关材料

序号	认定标准	核销所需相关材料
（一）	持卡人依法宣告破产，金融企业对其财产进行清偿，并对担保人进行追偿后，仍未能收回的剩余债权。	破产证明和财产清偿证明、财产追偿证明。
（二）	持卡人死亡，或者按照相关民事法律规定宣告失踪或者死亡，或者丧失完全民事行为能力或劳动能力，金融企业对其财产或者遗产进行追偿，并对担保人进行追偿后，仍未能收回的剩余债权。	死亡或者失踪证明、司法部门或者县级以上医院出具的借款人丧失完全民事行为能力或者劳动能力的证明和财产追偿证明。
（三）	持卡人遭受自然灾害或者意外事故，损失不能获得保险赔偿，或者以保险赔偿后，确实无力偿且还部分或者全部债务，金融企业对其财产进行清偿，并对担保人进行追偿后，仍未能收回的剩余债权。	自然灾害或者意外事故证明、保险赔偿证明和财产清偿证明、财产追偿证明。

续表

序号	认定标准	核销所需相关材料
（四）	持卡人因经营管理不善、资不抵债，经有关部门批准关闭，被县级及县级以上工商行政管理部门依法注销、吊销营业执照，或者超过3年未履行企业年度报告公示义务，金融企业对持卡人和担保人进行追偿后，仍未能收回的剩余债权。	有关管理部门批准持卡人关闭的文件和工商行政管理部门注销、吊销持卡人营业执照的证明和财产清偿证明、财产追偿证明。
（五）	持卡人触犯刑法，依法被判处刑罚，导致其丧失还款能力，其财产不足归还所透支款项，又无其他债务承担者，金融企业经追偿后，仍未能收回的剩余债权。	法院裁定证明和财产清偿证明、财产追偿证明。
（六）	由于持卡人和担保人不能偿还到期债务，金融企业诉诸法律，经法院判决或者仲裁并经强制执行程序后，持卡人和担保人虽有财产，但对持卡人和担保人强制执行超过180天以上仍未能收回的剩余债权；或者持卡人和担保人虽有财产，但进入强制执行程序后，由于执行困难等原因，经法院裁定终结（中止）执行或者终结本次执行程序的剩余债权；或者持卡人和担保人无财产可执行，法院裁定终结（中止）执行或者终结本次执行程序的剩余债权；经法院调解达成和解协议，按和解协议无法追偿的剩余债权。	诉讼判决书、仲裁书或者法院裁定证明、强制执行证明、和解协议、内部证据。
（七）	对持卡人和担保人诉诸法律后，因持卡人和担保人主体资格不符或者消亡等原因，被法院驳回起诉或判决借款人不承担（或部分承担）责任；或者因借款合同、担保合同等权利凭证遗失或者超过诉讼时效，金融企业经追偿后，仍未能收回的剩余债权。	法院驳回起诉证明或判决书、裁定书、民事调解书、仲裁裁决书或仲裁调解书；因权利凭证遗失无法诉诸法律的，提交台账、贷款审批单等旁证材料、追索记录、情况说明以及金融企业法律事务部门或聘请的律师事务所出具的法律意见书；因超过诉讼时效无法诉诸法律的，提交金融企业法律事务部门出具的法律意见书。

续表

序号	认定标准	核销所需相关材料
(八)	涉嫌信用卡诈骗(不包括商户诈骗),经公安机关或者检察机关正式立案侦查180天以上,仍未能收回的剩余债权。	公检法部门出具的法律证明材料。确实无法取得公检法部门证明材料的,可提交金融企业法律事务部门出具的法律意见书。
(九)	金融企业采用信贷资产证券化等市场化手段处置债权后,根据转让协议等,其处置回收资金与债权余额的差额。	资产处置方案、出售转让合同(或协议)或资产余额清单。
(十)	单户贷款本金在10万元(或等值外币)及以下的,逾期后经追索1年以上,并且不少于6次追索,仍未能收回的剩余债权。	追索记录,包括电话追索、信件追索和上门追索等原始记录,并由经办人和负责人共同签章确认。
(十一)	单户贷款本金在5万元(或等值外币)及以下的,逾期后经追索180天以上,并且不少于6次追索,仍未能收回的剩余债权。	追索记录,包括电话追索、信件追索和上门追索等原始记录,并由经办人和负责人共同签章确认,并可以采用提供客户清单方式经有权人审批同意后核销。

附3：助学贷款呆账认定标准及核销所需相关材料

序号	认定标准	核销所需相关材料
（一）	贷款逾期后，在金融企业确定的有效追索期限内，对于有抵押物（质押物）以及担保人的贷款，金融企业依法处置助学贷款抵押物（质押物）和向担保人追索连带责任后，仍无法收回的贷款；对于无抵押物（质押物）以及担保人的贷款，金融企业依法追索后，仍无法收回的贷款。	对抵押物（质押物）处置情况和对担保人的追索记录。申报核销无担保国家助学贷款的，应提供对借款人的追索记录，无需提供对助学贷款抵押物（质押物）处置和对担保人的追索记录。
（二）	由于借款人和担保人不能偿还到期债务，金融企业诉诸法律，在依法处置其助学贷款抵押物（质押物），并向担保人追索连带责任后，仍无法收回的助学贷款；借款人和担保人虽有财产，但对借款人和担保人强制执行超过180天以上仍无法收回的助学贷款；或者借款人和担保人虽有财产，但进入强制执行程序后，由于执行困难等原因，经法院裁定终结（中止）执行或者终结本次执行程序的助学贷款；或者借款人和担保人无财产可执行，法院裁定终结（中止）执行或者终结本次执行程序的助学贷款。	法院判决书、仲裁裁决书、仲裁调解书或者法院裁定证明；对助学贷款抵押物（质押物）处置情况和对担保人的追索记录；内部证据。
（三）	借款学生死亡的，金融企业可不经追索借款人进行核销。	借款学生的死亡证明。

国家税务总局关于发布《企业资产损失所得税税前扣除管理办法》的公告

(国家税务总局公告2011年第25号
2011年3月31日公布　自2011年1月1日起施行)

企业资产损失所得税税前扣除管理办法①

第一章　总　　则

第一条　根据《中华人民共和国企业所得税法》(以下简称企业所得税法)及其实施条例、《中华人民共和国税收征收管理法》(以下简称征管法)及其实施细则、《财政部国家税务总局关于企业资产损失税前扣除政策的通知》(财税〔2009〕57号)(以下简称《通知》)的规定,制定本办法。

第二条　本办法所称资产是指企业拥有或者控制的、用于经营管理活动相关的资产,包括现金、银行存款、应收及预付款项(包括应收票据、各类垫款、企业之间往来款项)等货币性资产,存货、固定资产、无形资产、在建工程、生产性生物资产等非货币性资产,以及债权性投资和股权(权益)性投资。

第三条　准予在企业所得税税前扣除的资产损失,是指企业在实际处置、转让上述资产过程中发生的合理损失(以下简称实际资产损失),以及企业虽未实际处置、转让上述资产,但符合《通知》和本办法

① 部分条文已废止。其中,第12条已被国家税务总局《关于企业因国务院定事项形成的资产损失税前扣除问题的公告》废止,废止日期:2013年11月8日;第4条、第7条、第8条、第13条有关资产损失证据资料、会计核算资料、纳税资料等相关资料报送的内容已被国家税务总局公告2018年第15号——《关于企业所得税资产损失资料留存备查有关事项的公告》废止。

规定条件计算确认的损失(以下简称法定资产损失)。

第四条　企业实际资产损失,应当在其实际发生且会计上已作损失处理的年度申报扣除;法定资产损失,应当在企业向主管税务机关提供证据资料证明该项资产已符合法定资产损失确认条件,且会计上已作损失处理的年度申报扣除。

第五条　企业发生的资产损失,应按规定的程序和要求向主管税务机关申报后方能在税前扣除。未经申报的损失,不得在税前扣除。

第六条　企业以前年度发生的资产损失未能在当年税前扣除的,可以按照本办法的规定,向税务机关说明并进行专项申报扣除。其中,属于实际资产损失,准予追补至该项损失发生年度扣除,其追补确认期限一般不得超过五年,但因计划经济体制转轨过程中遗留的资产损失、企业重组上市过程中因权属不清出现争议而未能及时扣除的资产损失、因承担国家政策性任务而形成的资产损失以及政策定性不明确而形成资产损失等特殊原因形成的资产损失,其追补确认期限经国家税务总局批准后可适当延长。属于法定资产损失,应在申报年度扣除。

企业因以前年度实际资产损失未在税前扣除而多缴的企业所得税税款,可在追补确认年度企业所得税应纳税款中予以抵扣,不足抵扣的,向以后年度递延抵扣。

企业实际资产损失发生年度扣除追补确认的损失后出现亏损的,应先调整资产损失发生年度的亏损额,再按弥补亏损的原则计算以后年度多缴的企业所得税税款,并按前款办法进行税务处理。

第二章　申报管理

第七条　企业在进行企业所得税年度汇算清缴申报时,可将资产损失申报材料和纳税资料作为企业所得税年度纳税申报表的附件一并向税务机关报送。

第八条　企业资产损失按其申报内容和要求的不同,分为清单申报和专项申报两种申报形式。其中,属于清单申报的资产损失,企业可按会计核算科目进行归类、汇总,然后再将汇总清单报送税务机关,有关会计核算资料和纳税资料留存备查；属于专项申报的资产损失，企业应逐项（或逐笔）报送申请报告，同时附送会计核算资料及其他相关的纳税资料。

企业在申报资产损失税前扣除过程中不符合上述要求的，税务机关应当要求其改正，企业拒绝改正的，税务机关有权不予受理。

第九条　下列资产损失，应以清单申报的方式向税务机关申报扣除：

（一）企业在正常经营管理活动中，按照公允价格销售、转让、变卖非货币资产的损失；

（二）企业各项存货发生的正常损耗；

（三）企业固定资产达到或超过使用年限而正常报废清理的损失；

（四）企业生产性生物资产达到或超过使用年限而正常死亡发生的资产损失；

（五）企业按照市场公平交易原则，通过各种交易场所、市场等买卖债券、股票、期货、基金以及金融衍生产品等发生的损失。

第十条　前条以外的资产损失，应以专项申报的方式向税务机关申报扣除。企业无法准确判别是否属于清单申报扣除的资产损失，可以采取专项申报的形式申报扣除。

第十一条　在中国境内跨地区经营的汇总纳税企业发生的资产损失，应按以下规定申报扣除：

（一）总机构及其分支机构发生的资产损失，除应按专项申报和清单申报的有关规定，各自向当地主管税务机关申报外，各分支机构同时还应上报总机构；

（二）总机构对各分支机构上报的资产损失，除税务机关另有规定外，应以清单申报的形式向当地主管税务机关进行申报；

（三）总机构将跨地区分支机构所属资产捆绑打包转让所发生的资产损失，由总机构向当地主管税务机关进行专项申报。

第十二条　企业因国务院决定事项形成的资产损失，应向国家税务总局提供有关资料。国家税务总局审核有关情况后，将损失情况通知相关税务机关。企业应按本办法的要求进行专项申报。①

第十三条 属于专项申报的资产损失,企业因特殊原因不能在规定的时限内报送相关资料的,可以向主管税务机关提出申请,经主管税务机关同意后,可适当延期申报。

第十四条 企业应当建立健全资产损失内部核销管理制度,及时收集、整理、编制、审核、申报、保存资产损失税前扣除证据材料,方便税务机关检查。

第十五条 税务机关应按分项建档、分级管理的原则,建立企业资产损失税前扣除管理台账和纳税档案,及时进行评估。对资产损失金额较大或经评估后发现不符合资产损失税前扣除规定、或存有疑点、异常情况的资产损失,应及时进行核查。对有证据证明申报扣除的资产损失不真实、不合法的,应依法作出税收处理。

第三章 资产损失确认证据

第十六条 企业资产损失相关的证据包括具有法律效力的外部证据和特定事项的企业内部证据。

第十七条 具有法律效力的外部证据,是指司法机关、行政机关、专业技术鉴定部门等依法出具的与本企业资产损失相关的具有法律效力的书面文件,主要包括:

(一)司法机关的判决或者裁定;

(二)公安机关的立案结案证明、回复;

① 该条已废止。2014 年 3 月 17 日,国家税务总局《关于企业因国务院决定事项形成的资产损失税前扣除问题的公告》(国家税务总局公告 2014 年第 18 号)规定:

为贯彻落实国务院《关于取消和下放一批行政审批项目的决定》(国发〔2013〕44 号),现对企业因国务院决定事项形成的资产损失税前扣除问题公告如下:

一、自国发〔2013〕44 号文件发布之日起,企业因国务院决定事项形成的资产损失,不再上报国家税务总局审核。国家税务总局公告 2011 年第 25 号发布的《企业资产损失所得税税前扣除管理办法》第十二条同时废止。

二、企业因国务院决定事项形成的资产损失,应以专项申报的方式向主管税务机关申报扣除。专项申报扣除的有关事项,按照国家税务总局公告 2011 年第 25 号规定执行。

三、本公告适用于 2013 年度及以后年度企业所得税申报。

(三)工商部门出具的注销、吊销及停业证明;

(四)企业的破产清算公告或清偿文件;

(五)行政机关的公文;

(六)专业技术部门的鉴定报告;

(七)具有法定资质的中介机构的经济鉴定证明;

(八)仲裁机构的仲裁文书;

(九)保险公司对投保资产出具的出险调查单、理赔计算单等保险单据;

(十)符合法律规定的其他证据。

第十八条　特定事项的企业内部证据,是指会计核算制度健全、内部控制制度完善的企业,对各项资产发生毁损、报废、盘亏、死亡、变质等内部证明或承担责任的声明,主要包括:

(一)有关会计核算资料和原始凭证;

(二)资产盘点表;

(三)相关经济行为的业务合同;

(四)企业内部技术鉴定部门的鉴定文件或资料;

(五)企业内部核批文件及有关情况说明;

(六)对责任人由于经营管理责任造成损失的责任认定及赔偿情况说明;

(七)法定代表人、企业负责人和企业财务负责人对特定事项真实性承担法律责任的声明。

第四章　货币资产损失的确认

第十九条　企业货币资产损失包括现金损失、银行存款损失和应收及预付款项损失等。

第二十条　现金损失应依据以下证据材料确认:

(一)现金保管人确认的现金盘点表(包括倒推至基准日的记录);

(二)现金保管人对于短缺的说明及相关核准文件;

(三)对责任人由于管理责任造成损失的责任认定及赔偿情况的说明;

（四）涉及刑事犯罪的，应有司法机关出具的相关材料；

（五）金融机构出具的假币收缴证明。

第二十一条　企业因金融机构清算而发生的存款类资产损失应依据以下证据材料确认：

（一）企业存款类资产的原始凭据；

（二）金融机构破产、清算的法律文件；

（三）金融机构清算后剩余资产分配情况资料。

金融机构应清算而未清算超过三年的，企业可将该款项确认为资产损失，但应有法院或破产清算管理人出具的未完成清算证明。

第二十二条　企业应收及预付款项坏账损失应依据以下相关证据材料确认：

（一）相关事项合同、协议或说明；

（二）属于债务人破产清算的，应有人民法院的破产、清算公告；

（三）属于诉讼案件的，应出具人民法院的判决书或裁决书或仲裁机构的仲裁书，或者被法院裁定终（中）止执行的法律文书；

（四）属于债务人停止营业的，应有工商部门注销、吊销营业执照证明；

（五）属于债务人死亡、失踪的，应有公安机关等有关部门对债务人个人的死亡、失踪证明；

（六）属于债务重组的，应有债务重组协议及其债务人重组收益纳税情况说明；

（七）属于自然灾害、战争等不可抗力而无法收回的，应有债务人受灾情况说明以及放弃债权申明。

第二十三条　企业逾期三年以上的应收款项在会计上已作为损失处理的，可以作为坏账损失，但应说明情况，并出具专项报告。

第二十四条　企业逾期一年以上，单笔数额不超过五万或者不超过企业年度收入总额万分之一的应收款项，会计上已经作为损失处理的，可以作为坏账损失，但应说明情况，并出具专项报告。

第五章　非货币资产损失的确认

第二十五条　企业非货币资产损失包括存货损失、固定资产损失、无形资产损失、在建工程损失、生产性生物资产损失等。

第二十六条 存货盘亏损失，为其盘亏金额扣除责任人赔偿后的余额，应依据以下证据材料确认：

（一）存货计税成本确定依据；

（二）企业内部有关责任认定、责任人赔偿说明和内部核批文件；

（三）存货盘点表；

（四）存货保管人对于盘亏的情况说明。

第二十七条 存货报废、毁损或变质损失，为其计税成本扣除残值及责任人赔偿后的余额，应依据以下证据材料确认：

（一）存货计税成本的确定依据；

（二）企业内部关于存货报废、毁损、变质、残值情况说明及核销资料；

（三）涉及责任人赔偿的，应当有赔偿情况说明；

（四）该项损失数额较大的（指占企业该类资产计税成本10%以上，或减少当年应纳税所得、增加亏损10%以上，下同），应有专业技术鉴定意见或法定资质中介机构出具的专项报告等。

第二十八条 存货被盗损失，为其计税成本扣除保险理赔以及责任人赔偿后的余额，应依据以下证据材料确认：

（一）存货计税成本的确定依据；

（二）向公安机关的报案记录；

（三）涉及责任人和保险公司赔偿的，应有赔偿情况说明等。

第二十九条 固定资产盘亏、丢失损失，为其账面净值扣除责任人赔偿后的余额，应依据以下证据材料确认：

（一）企业内部有关责任认定和核销资料；

（二）固定资产盘点表；

（三）固定资产的计税基础相关资料；

（四）固定资产盘亏、丢失情况说明；

（五）损失金额较大的，应有专业技术鉴定报告或法定资质中介机构出具的专项报告等。

第三十条 固定资产报废、毁损损失，为其账面净值扣除残值和责任人赔偿后的余额，应依据以下证据材料确认：

(一)固定资产的计税基础相关资料;

(二)企业内部有关责任认定和核销资料;

(三)企业内部有关部门出具的鉴定材料;

(四)涉及责任赔偿的,应当有赔偿情况的说明;

(五)损失金额较大的或自然灾害等不可抗力原因造成固定资产毁损、报废的,应有专业技术鉴定意见或法定资质中介机构出具的专项报告等。

第三十一条　固定资产被盗损失,为其账面净值扣除责任人赔偿后的余额,应依据以下证据材料确认:

(一)固定资产计税基础相关资料;

(二)公安机关的报案记录,公安机关立案、破案和结案的证明材料;

(三)涉及责任赔偿的,应有赔偿责任的认定及赔偿情况的说明等。

第三十二条　在建工程停建、报废损失,为其工程项目投资账面价值扣除残值后的余额,应依据以下证据材料确认:

(一)工程项目投资账面价值确定依据;

(二)工程项目停建原因说明及相关材料;

(三)因质量原因停建、报废的工程项目和因自然灾害和意外事故停建、报废的工程项目,应出具专业技术鉴定意见和责任认定、赔偿情况的说明等。

第三十三条　工程物资发生损失,可比照本办法存货损失的规定确认。

第三十四条　生产性生物资产盘亏损失,为其账面净值扣除责任人赔偿后的余额,应依据以下证据材料确认:

(一)生产性生物资产盘点表;

(二)生产性生物资产盘亏情况说明;

(三)生产性生物资产损失金额较大的,企业应有专业技术鉴定意见和责任认定、赔偿情况的说明等。

第三十五条　因森林病虫害、疫情、死亡而产生的生产性生物资产损失,为其账面净值扣除残值、保险赔偿和责任人赔偿后的余额,应

依据以下证据材料确认:

(一)损失情况说明;

(二)责任认定及其赔偿情况的说明;

(三)损失金额较大的,应有专业技术鉴定意见。

第三十六条 对被盗伐、被盗、丢失而产生的生产性生物资产损失,为其账面净值扣除保险赔偿以及责任人赔偿后的余额,应依据以下证据材料确认:

(一)生产性生物资产被盗后,向公安机关的报案记录或公安机关立案、破案和结案的证明材料;

(二)责任认定及其赔偿情况的说明。

第三十七条 企业由于未能按期赎回抵押资产,使抵押资产被拍卖或变卖,其账面净值大于变卖价值的差额,可认定为资产损失,按以下证据材料确认:

(一)抵押合同或协议书;

(二)拍卖或变卖证明、清单;

(三)会计核算资料等其他相关证据材料。

第三十八条 被其他新技术所代替或已经超过法律保护期限,已经丧失使用价值和转让价值,尚未摊销的无形资产损失,应提交以下证据备案:

(一)会计核算资料;

(二)企业内部核批文件及有关情况说明;

(三)技术鉴定意见和企业法定代表人、主要负责人和财务负责人签章证实无形资产已无使用价值或转让价值的书面申明;

(四)无形资产的法律保护期限文件。

第六章 投资损失的确认

第三十九条 企业投资损失包括债权性投资损失和股权(权益)性投资损失。

第四十条 企业债权投资损失应依据投资的原始凭证、合同或协议、会计核算资料等相关证据材料确认。下列情况债权投资损失的,还应出具相关证据材料:

(一)债务人或担保人依法被宣告破产、关闭、被解散或撤销、被吊销营业执照、失踪或者死亡等,应出具资产清偿证明或者遗产清偿证明。无法出具资产清偿证明或者遗产清偿证明,且上述事项超过三年以上的,或债权投资(包括信用卡透支和助学贷款)余额在三百万元以下的,应出具对应的债务人和担保人破产、关闭、解散证明、撤销文件、工商行政管理部门注销证明或查询证明以及追索记录等(包括司法追索、电话追索、信件追索和上门追索等原始记录);

(二)债务人遭受重大自然灾害或意外事故,企业对其资产进行清偿和对担保人进行追偿后,未能收回的债权,应出具债务人遭受重大自然灾害或意外事故证明、保险赔偿证明、资产清偿证明等;

(三)债务人因承担法律责任,其资产不足归还所借债务,又无其他债务承担者的,应出具法院裁定证明和资产清偿证明;

(四)债务人和担保人不能偿还到期债务,企业提出诉讼或仲裁的,经人民法院对债务人和担保人强制执行,债务人和担保人均无资产可执行,人民法院裁定终结或终止(中止)执行的,应出具人民法院裁定文书;

(五)债务人和担保人不能偿还到期债务,企业提出诉讼后被驳回起诉的、人民法院不予受理或不予支持的,或经仲裁机构裁决免除(或部分免除)债务人责任,经追偿后无法收回的债权,应提交法院驳回起诉的证明,或法院不予受理或不予支持证明,或仲裁机构裁决免除债务人责任的文书;

(六)经国务院专案批准核销的债权,应提供国务院批准文件或经国务院同意后由国务院有关部门批准的文件。

第四十一条　企业股权投资损失应依据以下相关证据材料确认:

(一)股权投资计税基础证明材料;

(二)被投资企业破产公告、破产清偿文件;

(三)工商行政管理部门注销、吊销被投资单位营业执照文件;

(四)政府有关部门对被投资单位的行政处理决定文件;

(五)被投资企业终止经营、停止交易的法律或其他证明文件;

(六)被投资企业资产处置方案、成交及入账材料;

(七)企业法定代表人、主要负责人和财务负责人签章证实有关投

资(权益)性损失的书面申明;

(八)会计核算资料等其他相关证据材料。

第四十二条　被投资企业依法宣告破产、关闭、解散或撤销、吊销营业执照、停止生产经营活动、失踪等,应出具资产清偿证明或者遗产清偿证明。

上述事项超过三年以上且未能完成清算的,应出具被投资企业破产、关闭、解散或撤销、吊销等的证明以及不能清算的原因说明。

第四十三条　企业委托金融机构向其他单位贷款,或委托其他经营机构进行理财,到期不能收回贷款或理财款项,按照本办法第六章有关规定进行处理。

第四十四条　企业对外提供与本企业生产经营活动有关的担保,因被担保人不能按期偿还债务而承担连带责任,经追索,被担保人无偿还能力,对无法追回的金额,比照本办法规定的应收款项损失进行处理。

与本企业生产经营活动有关的担保是指企业对外提供的与本企业应税收入、投资、融资、材料采购、产品销售等生产经营活动相关的担保。

第四十五条　企业按独立交易原则向关联企业转让资产而发生的损失,或向关联企业提供借款、担保而形成的债权损失,准予扣除,但企业应作专项说明,同时出具中介机构出具的专项报告及其相关的证明材料。

第四十六条　下列股权和债权不得作为损失在税前扣除:

(一)债务人或者担保人有经济偿还能力,未按期偿还的企业债权;

(二)违反法律、法规的规定,以各种形式、借口逃废或悬空的企业债权;

(三)行政干预逃废或悬空的企业债权;

(四)企业未向债务人和担保人追偿的债权;

(五)企业发生非经营活动的债权;

(六)其他不应当核销的企业债权和股权。

第七章　其他资产损失的确认

第四十七条　企业将不同类别的资产捆绑(打包),以拍卖、询价、竞争性谈判、招标等市场方式出售,其出售价格低于计税成本的差额,可以作为资产损失并准予在税前申报扣除,但应出具资产处置方案、各类资产作价依据、出售过程的情况说明、出售合同或协议、成交及入账证明、资产计税基础等确定依据。

第四十八条　企业正常经营业务因内部控制制度不健全而出现操作不当、不规范或因业务创新但政策不明确、不配套等原因形成的资产损失,应由企业承担的金额,可以作为资产损失并准予在税前申报扣除,但应出具损失原因证明材料或业务监管部门定性证明、损失专项说明。

第四十九条　企业因刑事案件原因形成的损失,应由企业承担的金额,或经公安机关立案侦查两年以上仍未追回的金额,可以作为资产损失并准予在税前申报扣除,但应出具公安机关、人民检察院的立案侦查情况或人民法院的判决书等损失原因证明材料。

第八章　附　　则

第五十条　本办法没有涉及的资产损失事项,只要符合企业所得税法及其实施条例等法律、法规规定的,也可以向税务机关申报扣除。

第五十一条　省、自治区、直辖市和计划单列市国家税务局、地方税务局可以根据本办法制定具体实施办法。

第五十二条　本办法自2011年1月1日起施行,《国家税务总局关于印发〈企业资产损失税前扣除管理办法〉的通知》(国税发〔2009〕88号)、《国家税务总局关于企业以前年度未扣除资产损失企业所得税处理问题的通知》(国税函〔2009〕772号)、《国家税务总局关于电信企业坏账损失税前扣除问题的通知》(国税函〔2010〕196号)同时废止。本办法生效之日前尚未进行税务处理的资产损失事项,也应按本办法执行。

中国银行业监督管理委员会关于加强银行已核销贷款管理工作的通知[①]

(银监发〔2004〕89 号 2004 年 12 月 8 日公布施行)

各银监局,各政策性银行、国有商业银行、股份制商业银行,银监会直接监管的信托投资公司、财务公司、金融租赁公司:

近年来,各行加大了不良贷款的追收及核销力度,建立了贷款质量五级分类制度以及审慎会计制度。但银监会在监管中发现,有些银行对已核销贷款的管理工作还存在许多薄弱环节。为进一步加强银行贷款管理内部控制,防范贷款核销的道德风险,有效保全银行信贷资产,现就加强银行已核销贷款管理工作有关事项通知如下:

一、加强已核销贷款档案管理,坚持账销案存原则

贷款核销是银行根据审慎会计原则,以计提的贷款损失准备冲减认定的贷款损失的账务处理过程。贷款核销后必须坚持账销案存的管理原则,即核销后的贷款虽不再在银行资产负债表上进行会计确认和计量,但银行与借款人之间的借贷关系仍然存续(法律、法规规定债权与债务关系完全终结的除外)。各行应按规定对贷款核销过程和结果进行详细记录,建立和健全贷款核销档案,包括核销申报材料、逐户建立的台账、相关责任人名单等,作为银行信贷档案的重要组成部分。在贷款没有最终收回之前,应当一直作为未结交易档案指定专人妥善保管,不得随意丢失或自行销毁。贷款收回之后,银行再按照档案管理办法的有关规定进行处理。

① 该规定已废止。2014 年 11 月 26 日,银监会发布《关于规范性文件清理结果的公告》(〔2014〕第 2 号),废止该规定。但是编者认为该办法基本理念和原理仍然值得参考,尤其是对于理解呆账核销的性质和账销案存的管理,故收入汇编之中。

二、健全已核销贷款催收制度，维护银行合法权益

贷款核销只是银行账面上的处理，并未免除借款人应向银行承担的还款义务，并不表明银行放弃债权，银行应继续积极催收和追偿，最大限度地保护银行资产少受损失，切实维护银行的合法权益。各行应当密切关注已核销贷款的借款人财务状况和还款能力的变化，指定专人负责催收，使银行的贷款债权始终保持在诉讼时效之内。必要时可通过法律程序对已核销的贷款进行追偿，不能因贷款核销而豁免债务人的偿债义务。

三、做好贷款核销保密工作，切实防范道德风险

贷款核销作为银行稳健经营的内部管理行为，应当在内部进行运作，做好保密工作。为了有效防止借款人因知悉银行贷款核销信息而放弃还款意愿或恶意逃废银行债务的道德风险，各行内部应当严格控制贷款核销的知悉范围，对外更应作为商业秘密严格保守。除向银行监管部门和法律、法规规定的部门报送贷款核销的明细情况外，不得以任何方式对外披露有关贷款核销的详细信息。

四、规范已核销贷款会计核算，客观反映资产状况

各行应根据财政部制定的《金融企业会计制度》对已核销贷款进行会计核算。对于已核销后又收回的贷款，作转回贷款损失准备处理，超过原贷款本金的部分，包括收回的应收利息，计入当期利息收入。对于取得非现金资产抵偿已核销贷款的，按实际抵偿部分作为抵债资产的入账价值，同时转回贷款损失准备；抵债资产处置时取得的抵债收入与抵债资产账面价值的差额，调整贷款损失准备。

五、建立已核销贷款追偿奖励机制，加大监督检查力度

各行应对已核销贷款建立有效的追偿奖惩机制。银行监管部门将加大对已核销贷款管理的监督检查力度，重点关注贷款核销的真实性、催收和追偿情况、信贷档案管理状况、保密制度落实情况以及会计核算的规范性，每年检查覆盖面不低于已核销贷款金额的30%和核销户数的20%。对于违规、违纪行为，监管部门将依照有关法规给予严厉处罚。

请各行根据以上通知要求制定具体的已核销贷款管理办法，报银监会备案。请各银监局将此文转发辖内城市商业银行、外资银行、农村商业银行、农村合作银行、城乡信用社和非银行金融机构。

第五编　以物抵债

行政法规

中华人民共和国土地增值税暂行条例①

（国务院令第138号　1993年12月13日发布　根据2011年1月8日《国务院关于废止和修改部分行政法规的决定》修订）

第一条　为了规范土地、房地产市场交易秩序，合理调节土地增值收益，维护国家权益，制定本条例。

第二条　转让国有土地使用权、地上的建筑物及其附着物（以下简称转让房地产）并取得收入的单位和个人，为土地增值税的纳税义务人（以下简称纳税人），应当依照本条例缴纳土地增值税。

第三条　土地增值税按照纳税人转让房地产所取得的增值额和本条例第七条规定的税率计算征收。

第四条　纳税人转让房地产所取得的收入减除本条例第六条规定扣除项目金额后的余额，为增值额。

第五条　纳税人转让房地产所取得的收入，包括货币收入、实物收入和其他收入。

第六条　计算增值额的扣除项目：

（一）取得土地使用权所支付的金额；

① 1993年12月13日，国务院发布了《中华人民共和土地增值税暂行条例》（以下简称《条例》），自1994年1月1日起对转让国有土地使用权、地上建筑物及附着物的单位和个人征收土地增值税。根据《条例》授权，财政部于1995年1月印发了《中华人民共和国土地增值税暂行条例细则》。2019年7月16日，财政部、国家税务总局起草了《中华人民共和国土地增值税法（征求意见稿）》，并向社会公开征求意见。

（二）开发土地的成本、费用；

（三）新建房及配套设施的成本、费用，或者旧房及建筑物的评估价格；

（四）与转让房地产有关的税金；

（五）财政部规定的其他扣除项目。

第七条　土地增值税实行四级超率累进税率：

增值额未超过扣除项目金额50%的部分，税率为30%。

增值额超过扣除项目金额50%、未超过扣除项目金额100%的部分，税率为40%。

增值额超过扣除项目金额100%、未超过扣除项目金额200%的部分，税率为50%。

增值额超过扣除项目金额200%的部分，税率为60%。

第八条　有下列情形之一的，免征土地增值税：

（一）纳税人建造普通标准住宅出售，增值额未超过扣除项目金额20%的；

（二）因国家建设需要依法征收、收回的房地产。

第九条　纳税人有下列情形之一的，按照房地产评估价格计算征收：

（一）隐瞒、虚报房地产成交价格的；

（二）提供扣除项目金额不实的；

（三）转让房地产的成交价格低于房地产评估价格，又无正当理由的。

第十条　纳税人应当自转让房地产合同签订之日起7日内向房地产所在地主管税务机关办理纳税申报，并在税务机关核定的期限内缴纳土地增值税。

第十一条　土地增值税由税务机关征收。土地管理部门、房产管理部门应当向税务机关提供有关资料，并协助税务机关依法征收土地增值税。

第十二条　纳税人未按照本条例缴纳土地增值税的，土地管理部门、房产管理部门不得办理有关的权属变更手续。

第十三条　土地增值税的征收管理，依据《中华人民共和国税收征收管理法》及本条例有关规定执行。

第十四条　本条例由财政部负责解释，实施细则由财政部制定。

第十五条 本条例自1994年1月1日起施行。各地区的土地增值费征收办法,与本条例相抵触的,同时停止执行。

部门规章及规范性文件

财政部、税务总局关于继续实施银行业金融机构、金融资产管理公司不良债权以物抵债有关税收政策的公告

(财政部、税务总局公告2023年第35号
2023年8月21日公布 自2023年8月1日起施行)

为继续支持银行业金融机构、金融资产管理公司处置不良债权,有效防范金融风险,现将有关税收政策公告如下:

一、银行业金融机构、金融资产管理公司中的增值税一般纳税人处置抵债不动产,可选择以取得的全部价款和价外费用扣除取得该抵债不动产时的作价为销售额,适用9%税率计算缴纳增值税。

按照上述规定从全部价款和价外费用中扣除抵债不动产的作价,应当取得人民法院、仲裁机构生效的法律文书。

选择上述办法计算销售额的银行业金融机构、金融资产管理公司,接收抵债不动产取得增值税专用发票的,其进项税额不得从销项税额中抵扣;处置抵债不动产时,抵债不动产作价的部分不得向购买方开具增值税专用发票。

根据《财政部 税务总局关于银行业金融机构、金融资产管理公司不良债权以物抵债有关税收政策的公告》(财政部 税务总局公告2022年第31号)有关规定计算增值税销售额的,按照上述规定执行。

二、对银行业金融机构、金融资产管理公司接收、处置抵债资产过程中涉及的合同、产权转移书据和营业账簿免征印花税,对合同或产

权转移书据其他各方当事人应缴纳的印花税照章征收。

三、对银行业金融机构、金融资产管理公司接收抵债资产免征契税。

四、各地可根据《中华人民共和国房产税暂行条例》、《中华人民共和国城镇土地使用税暂行条例》授权和本地实际，对银行业金融机构、金融资产管理公司持有的抵债不动产减免房产税、城镇土地使用税。

五、本公告所称抵债不动产、抵债资产，是指经人民法院判决裁定或仲裁机构仲裁的抵债不动产、抵债资产。其中，金融资产管理公司的抵债不动产、抵债资产，限于其承接银行业金融机构不良债权涉及的抵债不动产、抵债资产。

六、本公告所称银行业金融机构，是指在中华人民共和国境内设立的商业银行、农村合作银行、农村信用社、村镇银行、农村资金互助社以及政策性银行；所称金融资产管理公司，是指持有国务院银行业监督管理机构及其派出机构颁发的《金融许可证》的资产管理公司。

七、本公告执行期限为 2023 年 8 月 1 日至 2027 年 12 月 31 日。本公告发布之前已征收入库的按照上述规定应予减免的税款，可抵减纳税人以后月份应缴纳的税款或办理税款退库。已向处置不动产的购买方全额开具增值税专用发票的，将上述增值税专用发票追回后方可适用本公告第一条的规定。

特此公告。

财政部、税务总局关于银行业金融机构、金融资产管理公司不良债权以物抵债有关税收政策的公告

（财政部、税务总局公告 2022 年第 31 号
2022 年 9 月 30 日发布施行）

为支持银行业金融机构、金融资产管理公司处置不良债权，有效

防范金融风险,现将有关税收政策公告如下:

一、银行业金融机构、金融资产管理公司中的增值税一般纳税人处置抵债不动产,可选择以取得的全部价款和价外费用扣除取得该抵债不动产时的作价为销售额,适用9%税率计算缴纳增值税。

按照上述规定从全部价款和价外费用中扣除抵债不动产的作价,应当取得人民法院、仲裁机构生效的法律文书。

选择上述办法计算销售额的银行业金融机构、金融资产管理公司处置抵债不动产时,抵债不动产作价的部分不得向购买方开具增值税专用发票。

二、对银行业金融机构、金融资产管理公司接收、处置抵债资产过程中涉及的合同、产权转移书据和营业账簿免征印花税,对合同或产权转移书据其他各方当事人应缴纳的印花税照章征收。

三、对银行业金融机构、金融资产管理公司接收抵债资产免征契税。

四、各地可根据《中华人民共和国房产税暂行条例》、《中华人民共和国城镇土地使用税暂行条例》授权和本地实际,对银行业金融机构、金融资产管理公司持有的抵债不动产减免房产税、城镇土地使用税。

五、本公告所称抵债不动产、抵债资产,是指经人民法院判决裁定或仲裁机构仲裁的抵债不动产、抵债资产。其中,金融资产管理公司的抵债不动产、抵债资产,限于其承接银行业金融机构不良债权涉及的抵债不动产、抵债资产。

六、本公告所称银行业金融机构,是指在中华人民共和国境内设立的商业银行、农村合作银行、农村信用社、村镇银行、农村资金互助社以及政策性银行。

七、本公告执行期限为2022年8月1日至2023年7月31日。本公告发布之前已征收入库的按照上述规定应予减免的税款,可抵减纳税人以后月份应缴纳的税款或办理税款退库。已向处置不动产的购买方全额开具增值税专用发票的,将上述增值税专用发票追回后方可适用本公告第一条的规定。

特此公告。

中国银监会关于印发商业银行押品管理指引的通知

（银监发〔2017〕16号　2017年4月26日公布施行）

各银监局，各政策性银行、大型银行、股份制银行，邮储银行，外资银行，金融资产管理公司，其他会管金融机构：

现将商业银行押品管理指引印发给你们，请遵照执行。

商业银行押品管理指引[①]

第一章　总　　则

第一条　为规范商业银行押品管理，根据《中华人民共和国银行业监督管理法》、《中华人民共和国商业银行法》、《中华人民共和国物权法》[②]和《中华人民共和国担保法》[③]等法律法规，制定本指引。

第二条　中华人民共和国境内依法设立的商业银行适用本指引。

第三条　本指引所称押品是指债务人或第三方为担保商业银行相关债权实现，抵押或质押给商业银行，用于缓释信用风险的财产或权利。

第四条　商业银行应将押品管理纳入全面风险管理体系，完善与

① 根据抵质押品是商业银行缓释信用风险的重要手段。本指引共7章48条，主要从三方面督促和引导商业银行加强押品管理。一是完善押品管理体系，包括健全押品管理治理架构、明确岗位责任、加强制度建设、完善信息系统等。二是规范押品管理流程，明确了押品管理中的调查评估、抵质押设立、存续期管理、返还处置等业务流程。三是强化押品风险管理，对押品分类、估值方法和频率、抵质押率设定、集中度管理、压力测试等重点环节提出了具体要求。

② 已废止。

③ 已废止。

押品管理相关的治理架构、管理制度、业务流程、信息系统等。

第五条 商业银行押品管理应遵循以下原则:

(一)合法性原则。押品管理应符合法律法规规定。

(二)有效性原则。抵质押担保手续完备,押品估值合理并易于处置变现,具有较好的债权保障作用。

(三)审慎性原则。充分考虑押品本身可能存在的风险因素,审慎制定押品管理政策,动态评估押品价值及风险缓释作用。

(四)从属性原则。商业银行使用押品缓释信用风险应以全面评估债务人的偿债能力为前提。

第六条 中国银监会对商业银行押品管理进行监督检查,对不能满足本指引要求的商业银行,视情况采取相应的监管措施。

第二章 管理体系

第七条 商业银行应健全押品管理的治理架构,明确董事会、高级管理层、相关部门和岗位人员的押品管理职责。

第八条 董事会应督促高级管理层在全面风险管理体系框架下构建押品管理体系,切实履行押品管理职责。

第九条 高级管理层应规范押品管理制度流程,落实各项押品管理措施,确保押品管理体系与业务发展、风险管理水平相适应。

第十条 商业银行应明确前、中、后台各业务部门的押品管理职责,内审部门应将押品管理纳入内部审计范畴定期进行审计。

商业银行应确定押品管理牵头部门,统筹协调押品管理,包括制定押品管理制度、推动信息化建设、开展风险监测、组织业务培训等。

第十一条 商业银行应根据需要,设置押品价值评估、抵质押登记、保管等相关业务岗位,明确岗位职责,配备充足人员,确保相关人员具备必要的专业知识和业务能力。同时,应采取建立回避制度、流程化管理等措施防范操作风险。

第十二条 商业银行应健全押品管理制度和流程,明确可接受的押品类型、目录、抵质押率、估值方法及频率、担保设立及变更、存续期管理、返还和处置等相关要求。

第十三条 商业银行应建立押品管理信息系统,持续收集押品类型、押品估值、抵质押率等相关信息，支持对押品及相关担保业务开展统计分析，动态监控押品债权保障作用和风险缓释能力，将业务管控规则嵌入信息系统，加强系统制约，防范抵质押业务风险。

第十四条 商业银行应真实、完整保存押品管理过程中产生的各类文档，包括押品调查文档、估值文档、存续期管理记录等相关资料，并易于检索和查询。

第三章 风险管理

第十五条 商业银行接受的押品应符合以下基本条件：

（一）押品真实存在；

（二）押品权属关系清晰，抵押（出质）人对押品具有处分权；

（三）押品符合法律法规规定或国家政策要求；

（四）押品具有良好的变现能力。

第十六条 商业银行应至少将押品分为金融质押品、房地产、应收账款和其他押品等类别，并在此基础上进一步细分。同时，应结合本行业务实践和风控水平，确定可接受的押品目录，且至少每年更新一次。

第十七条 商业银行应遵循客观、审慎原则，依据评估准则及相关规程、规范，明确各类押品的估值方法，并保持连续性。原则上，对于有活跃交易市场、有明确交易价格的押品，应参考市场价格确定押品价值。采用其他方法估值时，评估价值不能超过当前合理市场价格。

第十八条 商业银行应根据不同押品的价值波动特性，合理确定价值重估频率，每年应至少重估一次。价格波动较大的押品应适当提高重估频率，有活跃交易市场的金融质押品应进行盯市估值。

第十九条 商业银行应明确押品估值的责任主体以及估值流程，包括发起、评估、确认等相关环节。对于外部估值情形，其评估结果应由内部审核确认。

第二十条 商业银行应审慎确定各类押品的抵质押率上限，并根据经济周期、风险状况和市场环境及时调整。

抵质押率指押品担保本金余额与押品估值的比率：抵质押率 = 押品担保本金余额 ÷ 押品估值 × 100%。

第二十一条 商业银行应建立动态监测机制,跟踪押品相关政策及行业、地区环境变化,分析其对押品价值的影响,及时发布预警信息,必要时采取相应措施。

第二十二条 商业银行应加强押品集中度管理,采取必要措施,防范因单一押品或单一种类押品占比过高产生的风险。

第二十三条 商业银行应根据押品重要程度和风险状况,定期对押品开展压力测试,原则上每年至少进行一次,并根据测试结果采取应对措施。

第四章 押品调查与评估

第二十四条 商业银行各类表内外业务采用抵质押担保的,应对押品情况进行调查与评估,主要包括受理、调查、估值、审批等环节。

第二十五条 商业银行应明确抵押(出质)人需提供的材料范围,及时、全面收集押品相关信息和材料。

第二十六条 商业银行应对抵押(出质)人以及押品情况进行调查并形成书面意见,内容包括但不限于押品权属及抵质押行为的合法性、押品及其权属证书的真实性、押品变现能力、押品与债务人风险的相关性,以及抵押(出质)人的担保意愿、与债务人的关联关系等。

第二十七条 押品调查方式包括现场调查和非现场调查,原则上以现场调查为主,非现场调查为辅。

第二十八条 商业银行应按照既定的方法、频率、流程对押品进行估值,并将评估价值和变现能力作为业务审批的参考因素。

第二十九条 下列情形下,押品应由外部评估机构进行估值:

(一)法律法规及政策规定、人民法院、仲裁机关等要求必须由外部评估机构估值的押品;

(二)监管部门要求由外部评估机构估值的押品;

(三)因估值技术性要求较高,本行不具备评估专业能力的押品;

(四)其他确需外部评估机构估值的押品。

第三十条 商业银行应明确外部评估机构的准入条件,选择符合法定要求、取得相应专业资质的评估机构,实行名单制管理,定期开展后评价,动态调整合作名单。原则上不接受名单以外的外部评估机构的估值结果,确需名单以外的外部评估机构估值的,应审慎控制适用范围。

第三十一条　商业银行应参考押品调查意见和估值结果,对抵质押业务进行审批。

第五章　抵质押设立与存续期管理

第三十二条　商业银行办理抵质押担保业务时,应签订合法、有效的书面主合同及抵质押从合同,押品存续期限原则上不短于主债权期限。主从合同合一的,应在合同中明确抵质押担保事项。

第三十三条　对于法律法规规定抵质押权经登记生效或未经登记不得对抗善意第三人的押品,应按登记部门要求办理抵质押登记,取得他项权利证书或其他抵质押登记证明,确保抵质押登记真实有效。

第三十四条　对于法律规定以移交占有为质权生效要件的押品和应移交商业银行保管的权属证书,商业银行应办理转移占有的交付或止付手续,并采取必要措施,确保押品真实有效。

第三十五条　押品由第三方监管的,商业银行应明确押品第三方监管的准入条件,对合作的监管方实行名单制管理,加强日常监控,全面评价其管理能力和资信状况。对于需要移交第三方保管的押品,商业银行应与抵押(出质)人、监管方签订监管合同或协议,明确监管方的监管责任和违约赔偿责任。监管方应将押品与其他资产相分离,不得重复出具仓储单据或类似证明。

第三十六条　商业银行应明确押品及其权属证书的保管方式和操作要求,妥善保管抵押(出质)人依法移交的押品或权属证书。

第三十七条　商业银行应按规定频率对押品进行价值重估。出现下列情形之一的,即使未到重估时点,也应重新估值:

(一)押品市场价格发生较大波动;

(二)发生合同约定的违约事件;

(三)押品担保的债权形成不良;

(四)其他需要重估的情形。

第三十八条　发生可能影响抵质押权实现或出现其他需要补充变更押品的情形时,商业银行应及时采取补充担保等相关措施防范风险。

第三十九条　抵质押合同明确约定警戒线或平仓线的押品,商业银行应加强押品价格监控,触及警戒线时要及时采取防控措施,触及强制平仓条件时应按合同约定平仓。

第四十条 商业银行在对押品相关主合同办理展期、重组、担保方案变更等业务时,应确保抵质押担保的连续性和有效性,防止债权悬空。

第四十一条 商业银行应对押品管理情况进行定期或不定期检查,重点检查押品保管情况以及权属变更情况,排查风险隐患,评估相关影响,并以书面形式在相关报告中反映。原则上不低于每年一次。

第六章 押品返还与处置

第四十二条 出现下列情形之一的,商业银行应办理抵质押注销登记手续,返还押品或权属证书:

(一)抵质押担保合同履行完毕,押品所担保的债务已经全部清偿;

(二)人民法院解除抵质押担保裁判生效;

(三)其他法定或约定情形。

第四十三条 商业银行向受让方转让抵质押担保债权的,应协助受让方办理担保变更手续。

第四十四条 债务人未能按期清偿押品担保的债务或发生其他风险状况的,商业银行应根据合同约定,按照损失最小化原则,合理选择行使抵质押权的时机和方式,通过变卖、拍卖、折价等合法方式及时行使抵质押权,或通过其他方式保障合同约定的权利。

第四十五条 处置押品回收的价款超过合同约定主债权金额、利息、违约金、损害赔偿金和实现债权的相关费用的,商业银行应依法将超过部分退还抵押(出质)人;价款低于合同约定主债权本息及相关费用的,不足部分依法由债务人清偿。

第七章 附　　则

第四十六条 本指引由中国银监会负责解释。

第四十七条 中国银监会监管的其他银行业金融机构参照本指引执行。

第四十八条 本指引自印发之日起施行。

国家税务总局关于契税纳税申报有关问题的公告①

（国家税务总局公告2015年第67号
2015年9月25日公布施行）

根据房地产权属转移契税征管中遇到的实际情况，现将下列情形契税纳税申报有关问题公告如下：

一、根据人民法院、仲裁委员会的生效法律文书发生土地、房屋权属转移，纳税人不能取得销售不动产发票的，可持人民法院执行裁定书原件及相关材料办理契税纳税申报，税务机关应予受理。

二、购买新建商品房的纳税人在办理契税纳税申报时，由于销售

① 关于《国家税务总局关于契税纳税申报有关问题的公告》的解读如下：

一、公告下发背景。《国家税务总局关于实施房地产税收一体化管理若干具体问题的通知》（国税发〔2005〕156号）规定，纳税人在办理契税纳税申报时，须提交销售不动产发票，否则税务机关不予受理。上述规定在执行中遇到一些契税纳税人确实无法取得销售不动产发票的情形，对于这些情形下，税务机关应否以及如何受理契税纳税人申报等问题有待明确。

二、公告主要内容。公告明确了不再要求契税纳税人在申报时必须提供销售不动产发票的两类情形，并就不同情形下纳税人申报时应提供的材料及税务机关的受理条件提出了要求。具体如下：

第一类情形是，根据人民法院、仲裁委员会的生效法律文书发生的土地、房屋权属转移，契税纳税人不能取得销售不动产发票的情形，比如原产权人已失踪、死亡或者拒不执行等。对此类情形，公告规定，纳税人可持人民法院执行裁定书原件及相关材料办理契税纳税申报，税务机关应予受理。

第二类情形是，购买新建商品房的纳税人在办理契税纳税申报时，由于销售新建商品房的房地产开发企业已办理注销税务登记或者被税务机关列为非正常户等原因，致使纳税人不能取得销售不动产发票的情形。对此类情形，公告规定，税务机关在核实有关情况后应予受理。

三、公告执行公告规定，本公告自公布之日起执行。需要说明的是，根据实体从旧、程从新的原则，对于符合本公告规定情形、公告公布之日前曾来办理契税纳税申未被受理的纳税人，在本公告发布后，也可以按照本公告规定办理契税纳税申报。

参见国家税务总局网，http://www.chinatax.gov.cn/chinatax/n810341/n810760/c1827822/content.html.

新建商品房的房地产开发企业已办理注销税务登记或者被税务机关列为非正常户等原因,致使纳税人不能取得销售不动产发票的,税务机关在核实有关情况后应予受理。

三、本公告自公布之日起施行。

财政部关于印发《银行抵债资产管理办法》的通知

(财金〔2005〕53号　2005年5月27日公布
自2005年7月1日起施行)

国家开发银行,中国农业发展银行,中国进出口银行,中国工商银行,中国农业银行,中国银行,中国建设银行,中国建银投资有限责任公司,交通银行,招商银行,中国民生银行,中国国际信托投资公司,中国光大(集团)总公司,中国民族国际信托投资公司,中煤信托投资有限责任公司,各省、自治区、直辖市、计划单列市财政厅(局):

为规范银行抵债资产管理,避免和减少资产损失,及时化解金融风险,促进银行稳健经营和健康发展,现将《银行抵债资产管理办法》印发给你们,请遵照执行。

请各省、自治区、直辖市、计划单列市财政厅(局)将本办法转发给所辖各银行和其他相关金融机构执行,并做好监督管理工作。

附件:

银行抵债资产管理办法

第一章　总　　则

第一条　为规范抵债资产管理,避免和减少资产损失,及时化解金融风险，根据国家有关法律法规，制定本办法。

第二条 本办法适用于经中国银行业监督管理委员会批准，在中华人民共和国境内依法设立的政策性银行和商业银行（以下简称“银行”）。信托投资公司、财务公司、金融租赁公司和信用社比照执行。

第三条 本办法所称抵债资产是指银行依法行使债权或担保物权而受偿于债务人、担保人或第三人的实物资产或财产权利。

本办法所称以物抵债是指银行的债权到期，但债务人无法用货币资金偿还债务，或债权虽未到期，但债务人已出现严重经营问题或其他足以严重影响债务人按时足额用货币资金偿还债务，或当债务人完全丧失清偿能力时，担保人也无力以货币资金代为偿还债务，经银行与债务人、担保人或第三人协商同意，或经人民法院、仲裁机构依法裁决，债务人、担保人或第三人以实物资产或财产权利作价抵偿银行债权的行为。

第四条 本办法所称抵债资产入账价值是指银行取得抵债资产后，按照相关规定计入抵债资产科目的金额。

抵债金额是指取得抵债资产实际抵偿银行债务的金额。

抵债资产净值是指抵债资产账面余额扣除抵债资产减值准备后的净额。

取得抵债资产支付的相关税费是指银行收取抵债资产过程中所缴纳的契税、车船使用税、印花税、房产税等税金，以及所支出的过户费、土地出让金、土地转让费、水利建设基金、交易管理费、资产评估费等直接费用。

第五条 以物抵债管理应遵循严格控制、合理定价、妥善保管、及时处置的原则。

（一）严格控制原则。银行债权应首先考虑以货币形式受偿，从严控制以物抵债。受偿方式以现金受偿为第一选择，债务人、担保人无货币资金偿还能力时，要优先选择以直接拍卖、变卖非货币资产的方式回收债权。当现金受偿确实不能实现时，可接受以物抵债。

（二）合理定价原则。抵债资产必须经过严格的资产评估来确定价值，评估程序应合法合规，要以市场价格为基础合理定价。

（三）妥善保管原则。对收取的抵债资产应妥善保管，确保抵债资产安全、完整和有效。

(四)及时处置原则。收取抵债资产后应及时进行处置,尽快实现抵债资产向货币资产的有效转化。

第六条 银行应建立健全抵债资产收取和处置的内部申报审批制度,明确申报流程、部门职责、审批权限,并对申报方案的内容、要件和所需材料作出规定。

第二章 抵债资产的收取

第七条 以物抵债主要通过以下两种方式:

(一)协议抵债。经银行与债务人、担保人或第三人协商同意,债务人、担保人或第三人以其拥有所有权或处置权的资产作价,偿还银行债权。

(二)法院、仲裁机构裁决抵债。通过诉讼或仲裁程序,由终结的裁决文书确定将债务人、担保人或第三人拥有所有权或处置权的资产,抵偿银行债权。

诉讼程序和仲裁程序中的和解,参照协议抵债处理①。

第八条 债务人出现下列情况之一,无力以货币资金偿还银行债权,或当债务人完全丧失清偿能力时,担保人也无力以货币资金代为偿还债务,或担保人根本无货币支付义务的,银行可根据债务人或担保人以物抵债协议或人民法院、仲裁机构的裁决,实施以物抵债:

(一)生产经营已中止或建设项目处于停、缓建状态。

(二)生产经营陷入困境,财务状况日益恶化,处于关、停、并、转状态。

(三)已宣告破产,银行有破产分配受偿权的。

(四)对债务人的强制执行程序无法执行到现金资产,且执行实物资产或财产权利按司法惯例降价处置仍无法成交的。

(五)债务人及担保人出现只有通过以物抵债才能最大限度保全银行债权的其他情况。

第九条 银行要根据债务人、担保人或第三人可受偿资产的实际

① 根据《最高人民法院关于执行和解若干问题的规定》第6条的规定,当事人达成以物抵债执行和解协议的,人民法院不得依据该协议作出以物抵债裁定。

情况,优先选择产权明晰、权证齐全、具有独立使用功能、易于保管及变现的资产作为抵债资产。

第十条　下列财产一般不得用于抵偿债务:

(一)法律规定的禁止流通物。

(二)抵债资产欠缴和应缴的各种税收和费用已经接近、等于或者高于该资产价值的。

(三)权属不明或有争议的资产。

(四)伪劣、变质、残损或储存、保管期限很短的资产。

(五)资产已抵押或质押给第三人,且抵押或质押价值没有剩余的。

(六)依法被查封、扣押、监管或者依法被以其他形式限制转让的资产(银行有优先受偿权的资产除外)。

(七)公益性质的生活设施、教育设施、医疗卫生设施等。

(八)法律禁止转让和转让成本高的集体所有土地使用权。

(九)已确定要被征用的土地使用权。

(十)其他无法变现的资产。

第十一条　划拨的土地使用权原则上不能单独用于抵偿债务,如以该类土地上的房屋抵债的,房屋占用范围内的划拨土地使用权应当一并用于抵偿债务,但应首先取得获有审批权限的人民政府或土地行政管理部门的批准,并在确定抵债金额时扣除按照规定应补交的土地出让金及相关税费。

第十二条　银行办理以物抵债前,应当进行实地调查,并到有关主管部门核实,了解资产的产权及实物状况,包括资产是否存在产权上的瑕疵,是否设定了抵押、质押等他项权利,是否拖欠工程款、税款、土地出让金及其他费用,是否涉及其他法律纠纷,是否被司法机关查封、冻结,是否属限制、禁止流通物等情况。

第十三条　银行应对抵债资产建立登记制度,并对每笔以物抵债设定抵债资产收取责任人,负责以物抵债的申报和抵债资产的收取、移交、登记等工作。

第十四条　银行应合理确定抵债金额。

(一)协议抵债的,原则上应在具有合法资质的评估机构进行评估确值的基础上,与债务人、担保人或第三人协商确定抵债金额。评估时,应要求评估机构以公开市场价值标准为原则,确定资产的市场价值,在可能的情况下应要求评估机构提供资产的快速变现价值。抵债资产欠缴的税费和取得抵债资产支付的相关税费应在确定抵债金额时予以扣除。

(二)采用诉讼、仲裁等法律手段追偿债权的,如债务人和担保人确无现金偿还能力,银行要及时申请法院或仲裁机构对债务人、担保人的财产进行拍卖或变卖,以拍卖或变卖所得偿还债权。若拍卖流拍后,银行要申请法院或仲裁机构按照有关法律规定或司法惯例降价后继续拍卖。确需收取抵债资产时,应比照协议抵债金额的确定原则,要求法院、仲裁机构以最后一次的拍卖保留价为基础,公平合理地确定抵债金额。①

第三章 抵债资产的保管

第十五条 银行要按照有利于抵债资产经营管理和保管的原则,确定抵债资产经营管理主责任人,指定保管责任人,并明确各自职责。

第十六条 银行在办理抵债资产接收后应根据抵债资产的类别(包括不动产、动产和权利等)、特点等决定采取上收保管、就地保管、委托保管等方式。

第十七条 在抵债资产的收取直至处置期间,银行应妥善保管抵债资产,对抵债资产要建立定期检查、账实核对制度。

(一)银行要根据抵债资产的性质和状况定期或不定期进行检查和维护,及时掌握抵债资产实物形态及价值形态的变化情况,及时发

① 《最高人民法院关于人民法院民事执行中拍卖、变卖财产的规定》(2020 年修正)第 25 条规定,对于第二次拍卖仍流拍的不动产或者其他财产权,人民法院可以依照本规定第十六条的规定将其作价交申请执行人或者其他执行债权人抵债。申请执行人或者其他执行债权人拒绝接受或者依法不能交付其抵债的,应当在六十日内进行第三次拍卖。第三次拍卖流拍且申请执行人或者其他执行债权人拒绝接受或者依法不能接受该不动产或者其他财产权抵债的,人民法院应当于第三次拍卖终结之日起七日内发出变卖公告。自公告之日起六十日内没有买受人愿意以第三次拍卖的保留价买受该财产,且申请执行人、其他执行债权人仍不表示接受该财产抵债的,应当解除查封、冻结,将该财产退还被执行人,但对该财产可以采取其他执行措施的除外。

现影响抵债资产价值的风险隐患并采取有针对性的防范和补救措施。

（二）每个季度应至少组织一次对抵债资产的账实核对，并作好核对记录。核对应做到账簿一致和账实相符，若有不符的，应查明原因，及时报告并据实处理。

第四章　抵债资产的处置

第十八条　抵债资产收取后应尽快处置变现。以抵债协议书生效日，或法院、仲裁机构裁决抵债的终结裁决书生效日①，为抵债资产取得日，不动产和股权应自取得日起2年内予以处置；除股权外的其他权利应在其有效期内尽快处置，最长不得超过自取得日起的2年；动产应自取得日起1年内予以处置。②

第十九条　银行处置抵债资产应坚持公开透明的原则，避免暗箱操作，防范道德风险。

抵债资产原则上应采用公开拍卖方式进行处置。选择拍卖机构时，要在综合考虑拍卖机构的业绩、管理水平、拍卖经验、客户资源、拍卖机构资信评定结果及合作关系等情况的基础上，择优选用。拍卖抵债金额1000万元（含）以上的单项抵债资产应通过公开招标方式确定拍卖机构。

抵债资产拍卖原则上应采用有保留价拍卖的方式。确定拍卖保留价时，要对资产评估价、同类资产市场价、意向买受人询价、拍卖机构建议拍卖价进行对比分析，考虑当地市场状况、拍卖付款方式及快

---

① 《最高人民法院关于适用〈中华人民共和国民事诉讼法〉的解释》（2022年修正）第491条规定，拍卖成交或者依法定程序裁定以物抵债的，标的物所有权自拍卖成交裁定或者抵债裁定送达买受人或者接受抵债物的债权人时转移。

② 关于抵债资产的风险权重，参见《商业银行资本管理办法（试行）》相关规定。该办法第68条规定：商业银行对工商企业股权投资的风险权重。（一）商业银行被动持有的对工商企业股权投资在法律规定处分期限内的风险权重为400%。（二）商业银行因政策性原因并经国务院特别批准的对工商企业股权投资的风险权重为400%。（三）商业银行对工商企业其他股权投资的风险权重为1250%。第69条规定：商业银行非自用不动产的风险权重为1250%。商业银行因行使抵押权而持有的非自用不动产在法律规定处分期限内的风险权重为100%。第70条规定：商业银行其他资产的风险权重为100%。

速变现等因素,合理确定拍卖保留价。

不适于拍卖的,可根据资产的实际情况,采用协议处置、招标处置、打包出售、委托销售等方式变现。采用拍卖方式以外的其他处置方式时,应在选择中介机构和抵债资产买受人的过程中充分引入竞争机制,避免暗箱操作。

第二十条　抵债资产收取后原则上不能对外出租。因受客观条件限制,在规定时间内确实无法处置的抵债资产,为避免资产闲置造成更大损失,在租赁关系的确立不影响资产处置的情况下,可在处置时限内暂时出租。

第二十一条　银行不得擅自使用抵债资产。确因经营管理需要将抵债资产转为自用的,视同新购固定资产办理相应的固定资产购建审批手续。

第五章　账务处理

第二十二条　银行以抵债资产取得日为所抵偿贷款的停息日。银行应在取得抵债资产后,及时进行账务处理,严禁违规账外核算。

第二十三条　银行取得抵债资产时,按实际抵债部分的贷款本金和已确认的表内利息作为抵债资产入账价值。银行为取得抵债资产支付的抵债资产欠缴的税费、垫付的诉讼费用和取得抵债资产支付的相关税费计入抵债资产价值。银行按抵债资产入账价值依次冲减贷款本金和应收利息。

银行在取得抵债资产过程中向债务人收取补价的,按照实际抵债部分的贷款本金和表内利息减去收取的补价,作为抵债资产入账价值;如法院判决、仲裁或协议规定银行须支付补价的,则按照实际抵债部分的贷款本金、表内利息加上预计应支付的补价作为抵债资产入账价值。

第二十四条　抵债金额超过债权本息总额的部分,不得先行向对方支付补价,如法院判决、仲裁或协议规定须支付补价的,待抵债资产处置变现后,将变现所得价款扣除抵债资产在保管、处置过程中发生的各项支出、加上抵债资产在保管、处置过程中的收入后,将实际超出债权本息的部分退给对方。

第二十五条 抵债金额超过贷款本金和表内利息的部分，在未实际收回现金时，暂不确认为利息收入，待抵债资产处置变现后，再将实际可冲抵的表外利息确认为利息收入。

第二十六条 除法律法规规定债权与债务关系已完全终结的情况外，抵债金额不足冲减债权本息的部分，应继续向债务人、担保人追偿，追偿未果的，按规定进行核销和冲减。

第二十七条 抵债资产保管过程中发生的费用计入营业外支出；抵债资产未处置前取得的租金等收入计入营业外收入；处置过程中发生的费用，从处置收入中抵减。

第二十八条 抵债资产处置时，抵债资产处置损益为实际取得的处置收入与抵债资产净值、变现税费以及可确认为利息收入的表外利息的差额，差额为正时，计入营业外收入，差额为负时，计入营业外支出。公式表示为：

营业外收入（或营业外支出）= 实际取得的处置收入 -（抵债资产账面余额 - 抵债资产减值准备）- 变现税费 - 可确认为利息收入的表外利息

涉及补价的，抵债资产处置损益为实际取得的处置收入与抵债资产净值、变现税费、可确认为利息收入的表外利息、实际支付的补价超出（或少于）预计应支付补价部分的差额，差额为正时，计入营业外收入，差额为负时，计入营业外支出。公式表示为：

营业外收入（或营业外支出）= 实际取得的处置收入 -（抵债资产账面余额 - 抵债资产减值准备）- 变现税费 - 可确认为利息收入的表外利息 -（实际支付的补价 - 预计负债）

第二十九条 银行应当在每季度末对抵债资产逐项进行检查，对预计可收回金额低于其账面价值的，应当计提减值准备。如已计提减值准备的抵债资产价值得以恢复，应在已计提减值准备的范围内转回，增加当期损益。抵债资产处置时，应将已计提的抵债资产减值准备一并结转损益。

第六章 监督检查

第三十条 银行应当对抵债资产收取、保管和处置情况进行检查，发现问题及时纠正。在收取、保管、处置抵债资产过程中，有下列情况之一者，应视情节轻重进行处理；涉嫌违法犯罪的，应当移交司法机关，依法追究法律责任：

（一）截留抵债资产经营处置收入的。

（二）擅自动用抵债资产的。

（三）未经批准收取、处置抵债资产的。

（四）恶意串通抵债人或中介机构，在收取抵债资产过程中故意高估抵债资产价格，或在处理抵债资产过程中故意低估价格，造成银行资产损失的。

（五）玩忽职守，怠于行使职权而造成抵债资产毁损、灭失的。

（六）擅自将抵债资产转为自用资产的。

（七）其他在抵债资产的收取、保管、处置过程中，违反本办法有关规定的行为。

第三十一条 财政主管部门应当加强对当地银行抵债资产收取、保管和处置情况的监督检查，对不符合本办法规定的，应当及时进行制止和纠正，并按照有关规定进行处理和处罚。

财政部驻各地财政监察专员办事处[①]负责对当地中央管理的金融企业分支机构抵债资产收取、保管和处置的监督管理。

第七章　附　　则

第三十二条 银行可以根据本办法制定实施细则，报主管财政部门备案。

第三十三条 本办法自2005年7月1日起施行。此前发布的有关抵债资产管理的规定与本办法相抵触的，以本办法为准。

① 根据《中央编办关于财政部派出机构设置有关事项的通知》（中央编办发〔2019〕33号）要求，原财政部驻各地财政监察专员办事处已陆续更名为财政部各地监管局。2019年4月23日，财政部召开各地监管局更名设立大会，刘昆部长宣布财政部各地财政监察专员办事处更名为财政部各地监管局，主要职责是：推动党中央方针政策和决策部署在属地贯彻落实；加强属地经济发展形势和财政运行状况研究；提升财政资源配置效率和财政资金使用效益；切实加强地方政府债务监督。

部门工作文件

财政部对十三届全国人大三次会议第7386号建议的答复

（财金函〔2020〕48号　2020年9月8日公布施行）

黄毅代表：

您提出的关于精准施策保障实体经济平稳运行的建议收悉。经认真研究，现答复如下：

一、关于积极的财政政策

按照党中央、国务院决策部署，财政部认真贯彻落实积极的财政政策更加积极有为的要求，加大财政政策实施力度，支持统筹做好疫情防控和经济社会发展工作。一是将赤字率提高至3.6%以上，新增财政赤字1万亿元，全部安排给地方，用于支持地方落实“六保”任务；二是发行抗疫特别国债1万亿元，全部安排给地方用于基础设施建设和抗疫相关支出；三是安排地方政府新增专项债券3.75万亿元，比去年增加1.6万亿元，有效支持补短板、惠民生、促消费、扩内需。下一步我们将配合有关部门认真做好政策的组织落实工作，加强对地方的指导和监督，切实提高财政资金使用效益，确保有关政策措施落地落实。

二、关于加大财政贴息力度，创设基金的建议

中央财政积极筹划，多措并举支持中小企业发展和融资。目前，中央财政已通过中小企业发展专项资金、普惠金融发展专项资金、国家中小企业发展基金，加大创业担保贷款贴息力度，推动政府性融资担保机构发展等措施支持中小企业发展和融资。考虑到已出台的相关政策支持力度已较大，建议有关企业可充分利用相关政策加快发展和进行融资。

三、关于稳岗补贴的建议

新冠疫情以来,财政部积极配合相关部门大力支持企业稳定就业岗位。一是将稳岗返还政策裁员率要求由统筹地区城镇登记失业率(全国平均3.8%)放宽至全国城镇调查失业率控制目标(5.5%),对参保职工30人(含)以下企业裁员率放宽至不超过企业职工总数的20%;二是将不裁员或少裁员的中小企业稳岗返还标准由企业及职工上年度缴纳失业保险费的50%,提升至最高100%;三是适当放宽暂时生产经营困难企业稳岗返还政策认定标准,重点向受疫情影响企业倾斜。下一步,我部将继续按照党中央、国务院决策部署,配合相关部门做好稳岗工作。

四、关于中小企业各项税费、社保、医保等免征标准及加大出口退税力度

(一)关于税费免征及出口退税力度。一是今年以来,财政部协调有关部门出台了一揽子阶段性、有针对性的减税降费政策,如减免小规模人增值税,对受疫情影响较大的交通运输、餐饮、住宿、旅游等行业企业延长亏损结转年限,允许小微企业和个体工商户所得税延缓到明年缴纳等;二是提高出口退税率,除"两高一资"外所有未足额退税的出口产品均实现足额退税,即退税率提高至名义税率。

(二)关于社保、医保等免征标准。为支持疫情防控和经济稳定发展,我部阶段性减免企业三项社会保险费,指导地方做好阶段性减征职工医保单位缴费工作。一是从2020年2月至12月底免征全国中小微企业基本养老保险、失业保险、工伤保险(以下简称三项社会保险)单位缴费;从2020年2月至6月底对湖北省以外各省大型企业等其他参保单位(不含机关事业单位,下同)三项社会保险单位缴费部分实行减半征收政策;2020年2月至6月底免征湖北省大型企业等其他参保单位三项社会保险单位缴费;二是受疫情影响生产经营出现严重困难的企业,可继续缓缴社会保险费至2020年12月底,缓缴期间免收滞纳金;三是各省份2020年社保个人缴费基数下限可继续执行2019年个人缴费基数下限标准,个人缴费基数上限正常调整;四是有雇工的个体工商户以单位方式参加三项社会保险的,继续参照企业办法享受单位缴费减免和缓缴政策;五是以个人身份参加企业职工基本养老保险

的个体工商户和各类灵活就业人员,2020年缴费确有困难的,可自愿暂缓缴费。2021年可继续缴费,缴费年限累计计算;六是自2020年2月起,由各省、自治区、直辖市及新疆生产建设兵团指导统筹地区,根据基金运行情况和实际工作需要,在确保基金中长期收支平衡的前提下,对职工医保单位缴费部分实行减半征收,减征期限不超过5个月。

下一步,财政部将配合相关部门切实落实好相关税费、社保、医保惠企政策措施,进一步减轻企业负担,支持企业渡过难关。

五、关于中小银行向小微企业发放贷款确认为不良部分由财政按新增贷款一定比例给予风险补偿

小微企业贷款风险补偿机制受益范围主要是地方企业,从财权与事权相匹配角度,宜由地方政府结合本地实际情况确定。代表所提建议对于促进小微企业融资具有积极意义,因此,有条件的地方可按照依法合规、风险可控、持续发展的原则,统筹考虑财政资金的公共性方向以及地方财力状况等因素研究建立完善小微企业贷款风险补偿机制。

六、关于不良贷款、税前扣除、税赋承担等税务政策

(一)关于税收政策与核销政策相配套问题。一是按照企业所得税法第八条规定,企业实际发生的与取得收入有关的、合理的支出,包括成本、费用、税金、损失和其他支出,准予在计算应纳税所得额时扣除。据此,我们在相关税收政策中明确,金融企业发生的贷款呆账损失,凡经过确认属于真实损失的,都允许在所得税前据实扣除,但未经确认的呆账损失则不允许税前扣除;二是考虑金融行业的特殊性,现行政策允许金融企业按贷款余额的1%提取准备金,并允许提取的准备金在税前扣除,同时金融企业涉农贷款和中小企业贷款在按规定风险分类后,对关注类、次级类、可疑类和损失类贷款,分别按照2%、25%、50%和100%的比例计提的专项贷款损失准备金,也允许在税前全额扣除,即金融企业贷款无论是否实际发生损失,首先可按规定比例提取一般准备金或专项准备金在税前扣除。这项优惠政策就是为了帮助金融企业防范贷款损失风险,允许金融企业计提贷款损失准备金并在税前扣除,相当于在税收政策上对尚未发生的贷款损失提前给予了扣除,与一般企业计提准备金不得税前扣除的政策相比,这项政策的优惠力度更大,建议暂时维持现有政策格局;三是贷款损失核销是指金融企业的财务会计处理,财务会计与税收所遵循原则不同。从国际上看,金融企业核销的贷款损失可以税前扣除的并非全部,都是符合税收政策、在一定范围内的,主要是由于财务制度与税法的立法目的、基本前提和遵循原则不同,呆账核销的财务和税前扣除政策客观上会存在一定差异。从财务制度看,目的是真实、完整地反映企业财务状况和经营成果,按照"谨慎性"原则,允许已发生和或有呆账损失核销;从税法规定看,是为筹集财政收入、调节收入分配、促进结构优化,遵循"真实损失"原则,以维护国家经济利益,防止人为操作利润,避免道德风险和堵塞征管漏洞。

从我们国家的制度设计看,目前采取的是准备金法为主的做法,即银行贷款无论是否实际发生损失,都可以先提取贷款损失准备金并在税前扣除,相当于在税收政策上对尚未发生的贷款损失提前给予了扣除,具有计提的基数宽、计提比例高的特点。同时,对其真实发生的超过准备金的损失部分,仍然允许在税前据实扣除,因此,现行税务处理与财务规定的差异只是扣除时间差异,并不影响扣除本身。

(二)关于抵债资产处置税费问题。以物抵债是银行处置不良资产的一种有效手段,是银行在无法以货币资金收回贷款时,为降低信贷资产风险,收回借款人相应实物资产以抵偿债务的行为。

一般情况下,以物抵债资产价值低于原债权价值,在该种情况下,银行机构在该事项中并未取得盈利,不涉及企业所得税;如果以物抵债资产价值高于债权价值,且高于部分不退还原债务人,则银行机构因该事项取得的盈利,应照章计入应纳税所得额。此外,若以物抵债资产的计税基础与取得时以物抵债资产价值一致,则处置时作为处置收入的对应成本扣除,只有处置收入高于以物抵债资产价值的盈利部分才计征企业所得税。

七、关于新金融工具会计准则

2017年,我部《关于印发修订〈企业会计准则第22号——金融工具确认和计量〉的通知》(财会〔2017〕7号)等文件已对新金融工具会计准则作出了分步实施的安排,即在境内外同时上市的企业以及在境外上市并采用国际财务报告准则或企业会计准则编制财务报告的企业，自 2018 年 1 月 1 日起施行；其他境内上市企业自 2019 年 1 月 1 日起施行；执行企业会计准则的非上市企业自 2021 年 1 月 1 日起施行。因此，非上市中小银行将自 2021 年 1 月 1 日起施行新金融工具准则，相对于首批实施的企业，非上市中小银行的实施时间推迟了 3 年，这一安排充分考虑了我国金融企业的实际情况，为中小银行等做好新准则实施准备预留了时间。据我们了解，目前中小银行已经在陆续开展业务流程梳理、会计核算和内控制度修订、信息系统改造等各项新准则实施准备工作。随着我国金融业对外开放步伐加快，外资金融机构在华业务范围不断扩大，境外金融机构在华投资规模不断提升，更多先进的外资金融机构进入中国。在此背景下，包括中小银行在内的金融企业全面实施新金融工具会计准则有利于我国金融行业对标国际，提升金融企业财务信息透明度和国际认可度。

感谢您对财政工作的关心和支持，欢迎再提宝贵意见。

第六编　金融机构债权人委员会

部门规章及规范性文件

中国银保监会、发展改革委、中国人民银行、中国证监会关于印发金融机构债权人委员会工作规程的通知[①]

（银保监发〔2020〕57号　2020年12月28日公布施行）

各银保监局；各省、自治区、直辖市及计划单列市发展改革委；中国人民银行上海总部，各分行、营业管理部，各省会（首府）城市中心支行，各副省级城市中心支行；各证监局；各政策性银行、大型银行、股份制银行，外资银行，金融资产管理公司，各保险集团（控股）公司、保险公

---

① 2021年1月15日，中国银保监会官网发布并对此作了解读。中国银保监会、发展改革委、中国人民银行、中国证监会联合发布《关于印发金融机构债权人委员会工作规程的通知》

为提高金融服务实体经济质效，完善市场主体退出制度，维护金融机构债权人合法权益，银保监会会同发展改革委、人民银行、证监会制定了《关于印发金融机构债权人委员会工作规程的通知》（以下简称《工作规程》）。

近年来，银保监会坚决贯彻落实党中央、国务院关于防范化解金融风险，支持实体经济发展的决策部署，建立了银行业金融机构债权人委员会制度，推动债权银行业金融机构精准发力、分类施策，合力帮扶困难企业，有序退出"僵尸企业"。总体来看，银行业金融机构债权人委员会制度运行情况良好，有序缓释了银行业金融机构信贷风险，避免了部分企业因资金链突然断裂而倒闭，守住了不发生系统性、区域性金融风险的底线。《工作规程》总结了前期风险企业债务问题特点及债委会运行过程中的成功经验，根据新形势、新任务的要求，对现有债委会制度进行进一步完善。

《工作规程》共21条，主要包括以下内容：一是明确了债委会职责定位。债委会是协商性、自律性、临时性组织，按照市场化、法治化、公平公正、分类施策的原则开展工作。二是扩大债委会成员的覆盖范围。明确对债务规模较大、存在困难的非金融债务

司;各证券期货基金经营机构;中国银行业协会、中国保险行业协会、中国证券业协会、中国期货业协会、中国证券投资基金业协会、中国银行间交易商协会:

为提高金融服务实体经济质效,完善市场主体退出制度,维护金融机构债权人合法权益,根据《中华人民共和国民法典》及相关法律法规,我们制定了《金融机构债权人委员会工作规程》,现予印发,请遵照执行。

金融机构债权人委员会工作规程

第一条 根据《中华人民共和国民法典》及相关法律法规,制定本规程。

第二条 针对债务规模较大、存在困难的非金融债务企业,3 家以上持有债权(含贷款、债券等)、管理的资产管理产品持有债权、依法作为债券受托管理人的银行保险机构和证券期货基金经营机构等(以下统称金融机构)可以发起成立金融机构债权人委员会(以下简称债委会)。

债委会是协商性、自律性、临时性组织,按照市场化、法治化、公平

企业,3 家以上持有债权(含贷款、债券等)、管理的资产管理产品持有债权、依法作为债券受托管理人的银行保险机构和证券期货基金经营机构等可以发起成立债委会。三是区分债委会层级。债委会原则上由直接对企业持有债权的金融机构或其分支机构组建。涉及中央企业或者重大复杂的企业集团,可以在金融机构法人总部层面组建债委会。四是做好与联合授信制度的衔接。联合授信企业发生债务风险的,牵头银行可推动组建债委会。五是对债委会参加机构、主席单位、副主席单位、债权人协议、重大事项决策机制等债委会基本事项作出原则性规定。六是规定对债委会运作的约束机制。针对债委会成员机构的不当行为,支持债委会或者自律组织采取内部通报等自律性惩戒措施。造成严重后果的,金融管理部门可以依法采取约谈、向债委会成员机构总部通报等方式,督促其规范行为。七是支持债委会在破产程序中积极发挥作用。债委会可以代表成员机构,主动向法院推荐管理人、积极配合制定重整计划及债权受偿方案,做好与企业破产程序中的债权人委员会、债权人会议的有效衔接。八是明确打击逃废金融债务的要求。支持金融机构联合打击逃废金融债务,充分发挥行业自律与失信惩戒机制作用。

下一步,银保监会将会同相关部门持续指导金融机构按照《工作规程》积极开展相关工作,深化金融供给侧结构性改革,防范化解金融风险,更好地服务实体经济发展。

公正、分类施策的原则，依法维护金融机构作为债权人的合法权益。

债委会可以按照“一企一策”的方针，集体研究增加融资、稳定融资、减少融资、重组等措施，确保债权金融机构形成合力，稳妥化解风险。

以私募投资基金形式对企业持有债权的私募投资基金管理人，参照本规程执行。

第三条 金融机构应当密切关注债务企业经营情况，发现债务企业存在严重影响按约偿还债务情形的，应当积极推动其他债权金融机构组建债委会。金融机构也可以应债务企业请求，组建债委会。

第四条 涉及中央企业或者重大复杂的企业集团，可以在金融机构法人总部层面组建债委会，其他债务企业可以在金融机构分支机构层面组建债委会。

债权金融机构原则上应当参加针对债务企业成立的债委会，按照本规程相关要求开展工作。

第五条 联合授信企业发生债务风险的，牵头银行可推动组建债委会，做好工作衔接。

第六条 债委会组建会议可以由持有较大债权的金融机构发起召开，也可以由债务企业和持有较大债权的金融机构协商后共同发起召开。

债委会组建会议应当明确主席单位和副主席单位。主席单位原则上由持有债权金额较大且有协调能力和意愿的1—2家金融机构担任，副主席单位可以由持有债权金额较大的金融机构、持有债权金额较小的金融机构及债券受托管理人等代表共同担任，包括不同类型金融机构代表。

第七条 债委会主席单位应当履行组织债委会会议、维护债委会日常运行、促进各成员机构沟通协调和信息共享、督促债务企业对债委会加强信息沟通并充分披露经营及债务情况等职责，牵头组织成立债委会工作组。副主席单位和成员机构应当积极配合主席单位工作。

债委会工作组应当与债务企业和其他非金融债权人充分沟通，全面、准确、及时地向全体成员机构披露有关债务企业、债委会工作的重要信息，并平衡好与债务企业、股东（特别是中小股东）、其他非金融债权人的利益关系。

出现主席单位、副主席单位不适宜行使牵头职责的情形或发生其他重大事项的，债委会可按照议事规则和工作流程，对主席单位、副主席单位进行变更。

第八条　债委会主席单位、副主席单位、成员机构应当完善内部管理制度，将债委会工作纳入内部管理体系，完善债委会相关工作的授权机制，确保债委会高效有序运行。

第九条　债委会主席单位、副主席单位、成员机构应当在现有法律法规框架下自愿签署具有法律约束力的债权人协议。

债权人协议约定的事项包括但不限于：债委会组织架构；债委会议事规则和工作流程；主席单位、副主席单位及各成员机构权利义务；相关费用的分担机制；成员机构退出机制；债委会解散程序等。

议事规则作为债权人协议的重要附件，是债委会运作的重要依据，其主要内容应包括但不限于：召开债委会的条件、债委会议事内容、需投票表决的重大事项范围、其他需商议讨论的一般事项范围、重大事项与一般事项的投票与表决制度等。

各成员机构均可按照债权人协议提请主席单位、副主席单位组织召开债委会会议。

第十条　债委会应当按照约定的议事规则、工作流程和决策机制，就增加融资、稳定融资、减少融资、债务重组、破产重整等相关事项进行协商和决策。涉及重大事项的，主席单位、副主席单位应当召集成员机构举行债委会会议，按照约定的议事规则充分协商后作出决策，在依法合规的基础上，形成会议纪要，印发债委会全体机构执行。

债委会会议对债务企业金融债务重组方案等重大事项的决策，原则上应当经占金融债权总金额三分之二以上的成员机构以及全体成员机构过半数表决同意，并且其所代表的债权额占无财产担保金融债权总金额半数以上，但债权人协议另有约定的除外。

第十一条　债委会可以采取协议重组、协议并破产重整的方式，对债务企业实施金融债务重组。

经债委会依法授权,主席单位、副主席单位、工作组可以与债务企业开展协商谈判,研究包括现金受偿比例、调整贷款利息、展期续贷、变更担保、市场化债转股、引入合格战略投资者等在内的金融债务重组方案。

债委会可以聘请金融资产管理公司、金融资产投资公司、会计师事务所、律师事务所等机构为其提供服务。

第十二条 实施金融债务重组过程中,债委会按照议事规则表决同意对积极配合债委会工作的债务企业稳定融资的,主席单位、副主席单位及各成员机构应当协调行动,不得擅自改变原有融资关系。

对于发展前景较好、风险可控且提出的新资金需求有充分理由的债务企业,为支持其正常运营活动,债委会可以通过联合授信、组建银团贷款或封闭式融资等方式给予支持。

对于扭亏无望、失去生存发展前景的"僵尸企业"或有逃废债行为的债务企业,原则上不应当作为金融债务重组对象。

第十三条 债委会组建成立、日常运行中出现重大问题或涉及重要事项时,银保监会及其派出机构、人民银行及其分支机构、证监会及其派出机构(以下简称金融管理部门)和发展改革部门等应当按照职责分工,依法及时予以指导、协调,银行业协会、保险行业协会、证券业协会、证券投资基金业协会、期货业协会、银行间交易商协会等自律组织(以下简称自律组织)应当积极支持和配合。

在指导、协调过程中,相关部门和自律组织应当保障债务企业和金融机构等市场主体依法享有的自主决策权,防范其他主体对债委会及债权金融机构依法履行权利的不当干预。

第十四条 发展改革部门、金融管理部门间要加强相互协作、信息共享。

对债务企业注册地金融管理部门的协办请求,其他辖区的金融管理部门应当及时办理。

第十五条 债委会成员机构存在不履行其在债委会中相关职责、不遵守债委会按照约定的议事规则所作出的决议、擅自退出债委会或者其他影响债委会工作的情形的,债委会或者自律组织可以采取内部通报等自律性惩戒措施。

因上述情形造成严重后果的，金融管理部门可以采取约谈、向债委会成员机构总部通报等方式督促债委会成员机构规范行为。

第十六条　债委会要积极做好与企业破产程序中的债权人委员会、债权人会议的有效衔接，可以代表债委会成员机构，主动向法院推荐具有专业能力并能依法、独立、公平、公正履行管理职责的管理人，积极配合管理人依法制定公平合理的重整计划及债权受偿方案。

第十七条　金融机构应当积极支持配合债委会开展企业破产相关工作，明确内部工作机制和负责部门，依照《中华人民共和国企业破产法》等相关法律规定，充分行使债权人各项法定权利，依法参与企业破产重整、破产和解或破产清算等，及时主动申报债权，参与债权人会议，与破产管理人进行充分沟通，依法定程序充分表达维护合法债权的利益诉求，依法正当行使表决权，积极维护金融债权和市场经济秩序。

第十八条　金融机构可以通过债委会和自律组织加强企业逃废金融债务信息共享，有效利用全国信用信息共享平台、国家企业信用信息公示系统和金融信用信息基础数据库等信息来源，密切关注债务企业改制、兼并重组、转移资产、简易注销公告、债权人公告等事宜，依法依规开展失信惩戒，坚决打击逃废金融债务行为。

第十九条　自律组织在金融管理部门指导下，积极维护金融机构合法权益，联合金融机构对逃废金融债务的企业进行警示，要求其限期纠正，及时将有关信息通报会员单位，并通过适当形式与国家有关信用信息平台实现信息共享，对逃废金融债务企业依法依规进行失信惩戒。

对于拒不采取纠正措施的逃废金融债务企业，自律组织可以组织金融机构依法对其采取不予新增融资、视情况压缩存量融资等措施实施惩戒。

第二十条　债委会存续原因消灭的，可以按照债权人协议约定的解散程序予以解散。

第二十一条　本规程自发布之日起执行。

中国银行保险监督管理委员会关于印发银行业金融机构联合授信管理办法(试行)的通知[①]

(银保监发〔2018〕24号　2018年5月22日公布施行)

各银监局,各政策性银行、大型银行、股份制银行,邮储银行,外资银行,金融资产管理公司,其他会管金融机构,银行业协会:

为抑制多头融资、过度融资行为,有效防控企业杠杆率上升引发的信用风险,现将《银行业金融机构联合授信管理办法(试行)》(以下简称《办法》)印发给你们,并就联合授信试点工作提出以下要求,请认真抓好落实。

一、充分认识联合授信的重要意义

银行业金融机构开展联合授信是落实党中央、国务院关于降低企业杠杆率要求,防范化解重大金融风险的重要举措。各银监局、各银行业金融机构要充分认识联合授信机制对于提高银行业金融机构信用风险整体管控能力,有效遏制多头融资、过度融资,以及优化金融资源配置,提高资金使用效率,支持供给侧结构性改革的重大意义,把试点工作摆在重要位置,组织认真学习研究,深刻领会政策内涵和工作要求。

① 联合授信机制的主要目标是防范企业重大信用风险事件,适用对象为债权人数量多、债务规模大、外部风险影响广的大中型企业。关于联合授信机制与债委会机制的关系,在中国银行保险监督管理委员会有关部门负责人就《银行业金融机构联合授信管理办法(试行)》及开展试点工作答记者问中进行过专题阐释:联合授信机制和债委会机制均为金融机构相互协作共同防控信用风险的工作机制,两者在风险控制阶段上有所差异。联合授信机制立足关口前移,通过建立事前控制和事中监测等机制抑制企业多头融资、过度融资的行为;债委会机制主要针对已经出现偿债风险的企业,开展债务重组、资产保全等风险处置工作。联合授信机制和债委会机制互为协同、互为补充,构成覆盖事前、事中、事后全流程的风险防控体系,切实防范潜在重大信用风险。参见中国银行保险监督管理委员会网2018年6月1日,http://www.cbirc.gov.cn/cn/view/pages/ItemDetail.html?docId=181032。

二、切实加强工作组织协调

各银监局要成立以主要负责人任组长的试点工作领导小组，建立完善工作机制，明确任务，强化责任，细化措施，确保试点工作有序推进。各银监局试点工作方案应于2018年6月30日前报中国银行保险监督管理委员会备案。各银监局要指导辖内银行业协会做好会员单位的协调组织工作，加快完成统计信息系统建设，完善各项配套工作机制；要加强与各级地方政府及有关部门的沟通协调，争取支持和配合。银行业金融机构要对照《办法》要求，针对试点企业制定专门的授信政策、管理制度、业务流程，督促指导分支机构按照属地银监局要求，积极参加试点工作。

三、选好试点企业

各银监局要严格按照《办法》明确的标准，遵循差异化原则选择试点企业，确保试点企业在性质、行业、规模上具有较强代表性。各银监局辖内试点企业数量原则上不得少于10家，计划单列市以及经济总量较小的省份可适当减少试点企业数量，但不得低于5家。各银监局应于2018年6月30日前将试点企业名单报中国银行保险监督管理委员会备案。

四、持续监测跟踪

各银监局要对试点运行情况和风险状况进行持续监测。对试点中遇到的新情况、新问题要及时报告；对涉及的重大政策事项，要主动请示报告。要及时总结试点工作经验，自2018年3季度起每季末向中国银行保险监督管理委员会报送试点工作情况。

中国银行保险监督管理委员会将适时开展试点工作评估，根据试点情况修订完善《办法》，稳妥有序推广实施联合授信机制。

银行业金融机构联合授信管理办法（试行）

第一章　总　　则

第一条　为进一步优化银企合作关系，提高金融资源配置效率，有效防控重大信用风险，根据《中华人民共和国银行业监督管理法》《中华人民共和国商业银行法》等法律法规，制定本办法。

第二条 本办法适用于经银行业监督管理机构批准设立的金融机构。

第三条 本办法所称联合授信是指拟对或已对同一企业(含企业集团,下同)提供债务融资的多家银行业金融机构,通过建立信息共享机制,改进银企合作模式,提升银行业金融服务质效和信用风险防控水平的运作机制。

本办法所称融资均指债务融资。

第四条 联合授信机制应坚持以下基本原则:

依法合规。联合授信机制运行中,应遵守国家有关法律法规,符合国家信贷政策。

市场导向。联合授信机制运作应充分发挥市场机制的决定性作用,注重平等协商,明晰权利义务,坚守契约精神,尊重各方合法权益。

公开透明。联合授信机制各参与主体应按照约定及时完整真实地披露信息,加强信息共享,提高信息透明度。

第二章 联合授信管理架构

第五条 多家银行业金融机构对同一企业进行授信时,可建立信息共享机制,共同收集汇总、交叉验证企业经营和财务信息。

第六条 对在3家以上银行业金融机构有融资余额,且融资余额合计在50亿元以上的企业,银行业金融机构应建立联合授信机制。

对在3家以上的银行业金融机构有融资余额,且融资余额合计在20-50亿元之间的企业,银行业金融机构可自愿建立联合授信机制。

第七条 银行业金融机构发现企业符合第六条明确的建立联合授信机制条件时,应通知银行业协会。银行业协会协调企业的债权银行业金融机构在1个月内建立联合授信机制。

第八条 企业债权银行业金融机构应签署联合授信成员银行协议(以下简称“成员银行协议”),并组建联合授信委员会。成员银行协议内容包括但不限于:联合授信委员会的组织架构、议事规则、运作方式,成员银行的权利义务和违约责任,联合风险防控、风险预警、风险处置的工作规则等。

第九条 联合授信委员会应履行以下职能:

(一)共同收集汇总、交叉验证企业经营和财务信息,防止企业隐藏真实信息或提供虚假信息,规避银行授信管理要求。

（二）共同挖掘企业内外部信息源，运用必要技术手段，汇总梳理企业关联关系，识别隐性关联企业和实际控制人。

（三）联合评估企业的整体负债状况、实际融资需求和经营状况，测算企业可承受的最高债务水平，设置企业融资风险预警线。

（四）与企业就确定联合授信额度和风险管理要求等进行协商并签订相关协议。其中，联合授信额度包括企业在银行业金融机构、非银行业金融机构、其他渠道的债务融资，以及对集团外企业的担保。

（五）协同监测企业履约情况，发现企业存在不当行为，或出现风险信号时，联合采取风险防控、风险预警和风险处置措施。

第十条　联合授信委员会全体成员银行和企业之间应签署联合授信框架协议（以下简称“银企协议”）。银企协议内容应包括但不限于以下内容：

（一）成员银行应按融资合同和相关协议的约定向企业提供融资，满足企业合理融资需求；

（二）成员银行调低对企业授信额度时应提前1个月告知企业；

（三）成员银行在与企业约定的联合授信额度内向企业提供融资；

（四）企业在联合授信额度内，可自主选择成员银行作为融资业务合作对象，协商确定融资条件；

（五）企业应及时完整地向联合授信委员会披露所有关联方及关联交易情况，提供真实财务报表，在各类融资行为发生后5个工作日内告知联合授信委员会；

（六）企业通过联合授信委员会外的其他渠道，进行可能实质性改变企业债务状况的重大融资和重大对外担保前，应征得联合授信委员会同意；

（七）企业应允许在成员银行范围内共享企业提供的各类信息，并在银行业金融机构范围内共享企业融资台账信息，成员银行不得在约定的信息共享范围外泄露和滥用企业提供的信息。

银企协议中的约定事项应在成员银行与企业签订的融资合同中予以体现。

第十一条　联合授信委员会应建立联席会议制度，负责审议决定重大事项。联席会议是联合授信委员会的决策机构，其决议对全体成员银行有约束力。联席会议应制定明确的议事规则和工作流程。

第十二条 联席会议原则上每个季度召开一次。如遇重大事项,由牵头银行或占成员银行债权总金额三分之一以上比例成员银行提请,可召开临时联席会议。

第十三条 联席会议审议批准事项,涉及设定和调整企业联合授信额度、启动和解除风险预警、制定和修订成员银行协议和银企协议等重大事项,应经占成员银行债权总金额三分之二以上比例成员银行及全体成员银行过半数同意;其他事项应经占成员银行债权总金额二分之一以上比例成员银行同意。

第十四条 银行业金融机构向企业提供融资前,应查询该企业和企业所在集团联合授信机制的建立情况。已建立联合授信机制的企业,银行业金融机构应在成为联合授信委员会成员银行后,方可在联合授信额度内向该企业提供融资。

银行业金融机构在签署成员银行协议或以其他适当形式认可并承诺遵守成员银行协议后,自动加入联合授信委员会。牵头银行应做好相关登记和报备工作。

第十五条 对企业的存量融资额以及拟新增融资额合计不超过企业融资总额5‰的银行业金融机构,在企业不突破联合授信额度的前提下,可不加入联合授信委员会向企业提供融资。但应在每次融资行为发生或融资余额发生变动5个工作日内向联合授信委员会报告该笔融资的相关信息。

第十六条 对企业融资余额为零的成员银行可主动退出该企业的联合授信委员会。连续12个月对企业融资余额为零的成员银行,自动退出该企业的联合授信委员会。牵头银行应做好相关登记和报备工作。

第十七条 成员银行具有以下权利和义务:

(一)获得其他成员银行共享的企业信息;

(二)向联席会议提交议案;

(三)提请召开临时联席会议;

(四)遵守成员银行协议、银企协议和联席会议形成的各项决议;

(五)向成员银行真实全面地共享本行对企业的融资信息,以及企业向其报送的其他与融资相关的信息;

(六)调查收集企业其他相关信息,并及时与各成员银行共享;

(七)成员银行协议中约定的其他权利或义务。

第十八条　联合授信委员会应从成员银行中推选产生一家牵头银行,并可增设副牵头银行。担任牵头银行应符合以下条件:

(一)向企业提供的实际融资额居所有债权银行业金融机构前三位;

(二)与企业无关联关系。

第十九条　牵头银行不再符合作为牵头银行条件或不愿意继续履行牵头银行职责的,联席会议应改选牵头银行。牵头银行履职不到位,可由二分之一以上成员银行提议改选牵头银行。

第二十条　牵头银行应牵头履行以下职责:

(一)制定联合授信机制的各项工作制度;

(二)召集成员银行联席会议;

(三)研究认定企业集团的全部成员,提交联席会议审议;

(四)测算企业联合授信额度,设置融资风险预警线,提交联席会议审议;

(五)建立和维护企业融资台账,监测企业整体负债水平,监督企业银企协议履行情况;

(六)监督成员银行协议和联席会议各项决议的执行,向联席会议或银行业协会提出违约成员银行处理建议;

(七)按照本办法要求,代表联合授信委员会向银行业协会报送融资台账等应报送或备案的信息;

(八)成员银行协议中约定的其他权利和义务。

第三章　联合风险防控

第二十一条　联合授信委员会应对企业运行管理、经营效益、重大项目投资、对外担保、关联交易、交叉违约等信用风险有关情况进行监测。

信息搜集、共享工作由牵头银行组织实施。各成员银行应按照成员银行协议,向牵头银行提供相关信息;牵头银行应及时向各成员银行分发相关信息。

第二十二条　各成员银行应健全信用风险管理体系,落实统一授信、穿透管理等要求,确保向联合授信机制报送信息真实准确。

第二十三条　联合授信委员会可以根据企业的风险状况提出风险防控要求,但不得统一规定对企业的利率、期限、抵(质)押要求等融资条件。成员银行在不违反成员银行协议的前提下,自行确定融资条件,自主作出授信决策、独立进行审批,并按照本行对企业风险的评估,实施后续管理和资产分类。

第二十四条 联合授信委员会应根据企业经营和财务情况测算其可承受的最高债务水平,就测算依据和测算结果与企业充分沟通,协商一致后共同确认企业联合授信额度。企业实际融资总额不得超过双方确认的联合授信额度。

联合授信委员会测算企业联合授信额度时应至少考虑以下要素:资产负债水平、利润及其增长率水平、经营现金流、所属行业、所在区域、还款历史、经营年限等。

第二十五条 联合授信委员会应会同企业定期复评企业联合授信额度,企业因经营需要需调整联合授信额度的,可向联合授信委员会申请复评。

第二十六条 计算企业集团实际融资总额时,应包括各成员银行认定的该企业集团所有成员(不含集团内金融类子公司)的融资。

第二十七条 联合授信机制建立后,由牵头银行牵头组建专职小组,建立并维护企业融资台账。

融资台账应至少包括企业联合授信额度、实际融资和对外担保情况、剩余融资额度、融资违约情况等内容。

已确认的企业实际融资及对集团外企业担保,应在企业融资额度使用台账中逐笔登记,并等额扣减企业剩余融资额度。

第二十八条 牵头银行应在成员银行间共享融资台账,并报送银行业协会。

第四章 联合风险预警处置

第二十九条 当企业发生以下情况之一时,进入企业融资风险预警状态:

(一)企业实际融资达到联合授信额度90%或联合授信委员会设置的融资风险预警线;

(二)银行对企业融资中出现数额较大的不良资产,企业发行的债券违约或出现其他重大风险事件;

(三)企业所处外部环境、公司治理、经营管理、对外投资、对外担保、关联交易等方面出现重大变化,有可能引发企业偿付困难的。

第三十条　进入风险预警状态后,牵头银行要组织召开联席会议,研究应对方案。对企业可能加大成员银行债权风险的新增融资,银行业金融机构要采取更加审慎严格的信贷审批标准、风险管控措施和相应风险缓释手段。

第三十一条　当预警情形已消除,或联合授信委员会认定相关预警信息对各成员银行债权不构成重大风险时,可解除风险预警状态。

第三十二条　当企业可能发生偿债风险时,联合授信委员会应与企业的其他债权人联合组建债权人委员会,集体研究债务重组等措施,有序开展债务重组、资产保全等相关工作。

第五章　联合惩戒及监督管理

第三十三条　银行业协会应建立配套的统计信息系统,监测联合授信机制建立和运行情况,动态更新企业融资信息,并向银行业金融机构提供信息查询服务。

第三十四条　联合授信委员会授权牵头银行向银行业协会备案以下事项:

(一)联合授信机制成立后应在5个工作日内报备;

(二)修改银企协议或成员银行协议,做出调整联合授信额度等重大决策的,应于10个工作日内报备;

(三)企业进入风险预警状态应立即报备。

第三十五条　银行业协会应向银行业监督管理机构全面开放相关统计信息系统,并定期报告联合授信机制建立和运行情况。

第三十六条　对于违反银企协议,提供虚假信息,超出联合授信额度对外融资,逃废成员银行债务的企业,可由牵头银行组织成员银行按银企协议约定进行联合惩戒。情况严重的,银行业协会可将企业列入失信企业名单,并推送至全国信用信息共享平台,按照有关规定实现跨领域联合惩戒。

第三十七条　对不履行约定义务的成员银行,联合授信委员会可依据成员银行协议予以处理。

第三十八条　对存在以下行为之一的银行业金融机构,银行业协会可采取相应的自律惩戒措施。对拒不纠正整改,影响联合授信机制运行,可能引发重大风险事件的,银行业协会应向银行业监督管理机

构报告,银行业监督管理机构可依据有关规定采取监管措施或依法实施行政处罚:

(一)银行业金融机构在未加入联合授信委员会前向已建立联合授信委员会的企业提供融资,符合第十五条规定情形的除外;

(二)成员银行违反成员银行协议,并未按照联合授信委员会要求采取纠正措施;

(三)成员银行违反银企协议,损害企业合法权益;

(四)未按要求向银行业协会报送和备案相关信息。

第六章　附　　则

第三十九条　本办法由中国银行保险监督管理委员会负责解释。

第四十条　按照本办法规定应建立联合授信机制的企业,相关债权银行业金融机构应在本办法实施3个月内建立联合授信机制。

第四十一条　联合授信机制建立时,若企业存量实际融资总额超过联合授信机制确定的联合授信额度,联合授信委员会应与企业协商确定达标过渡期,报银行业协会备案。过渡期原则上不超过3年。

超过联合授信额度的存量融资由联合授信委员会成员银行协商确定退出次序。

第四十二条　本办法自印发之日起施行。

中国银监会办公厅关于进一步做好银行业金融机构债权人委员会有关工作的通知

(银监办便函〔2017〕802号　2017年5月10日公布施行)

各银监局,各政策性银行、大型银行、股份制银行、外资银行,邮储银行,金融资产管理公司:

为进一步加强金融债权管理,维护经济金融秩序,支持实体经济发展,化解企业债务危机,防范金融风险,现就进一步做好银行业金融

机构债权人委员会(以下简称“债委会”)有关工作通知如下:

一、突出工作重点。

各银行业金融机构应将金融债务规模较大、对区域性金融风险影响较大的困难企业,或者是国家确定的钢铁、煤炭等重点行业出现困难的大中型企业作为债委会工作重点。各银监局、各银行业金融机构要尽快摸清规模较大的困难企业的经营情况、资产负债情况及风险底数,按照风险的严重程度和区域的重要性进行排序,通过债委会工作机制,识别和判断企业风险,按照“一企一策”的原则制定风险化解方案。

需要进行金融债务重组的,一般应当具备以下条件:

(一)企业出现较为严重的财务困难或债务危机,预计不能偿还到期金融债务;

(二)企业产品或服务有较好的发展前景和市场份额,具有一定的重组价值;

(三)企业发展符合国家产业和金融支持政策;

(四)债务企业和债权银行业金融机构有债务重组意愿。

对于以下企业,银行业金融机构要坚决压缩、退出相关贷款,尽快实现市场出清:

(一)不符合国家产业政策规定的落后产能企业;

(二)环保、能耗、质量、安全生产、技术等不达标且整改无望的企业;

(三)已经停产半停产、连年亏损、资不抵债、失去清偿能力的“僵尸企业”。

二、强化主体责任。

对列入工作重点的困难企业,尽快组建或完善债委会工作机制。各银行业金融机构要严格按照《中国银监会办公厅关于做好银行业金融机构债权人委员会有关工作的通知》(银监办便函〔2016〕1196 号)的要求,开展相关工作。债委会要切实负起主体责任,及时成立工作小组,积极推动债委会相关工作。主席行要切实负起主要责任,履行好债委会的发起、筹备、成立、日常运行及协调等责任。副主席行和其他成员要积极配合主席行工作。工作小组可以根据债委会的决定,收取一定运行费用。

三、完善授权制度。

各银行业金融机构要改进内部管理制度,进一步完善债委会相关工作的授权机制,将债委会工作纳入银行内部管理体系,做好总行向分行的授权工作,确保债委会高效、有序运作。对于银行业金融机构的分支机构执行债委会的决议和要求,总行不得追究其相关责任。

四、稳定信贷支持。

金融债务重组期间,各银行业金融机构要做到稳定预期、稳定信贷、稳定支持,一致行动,不得随意停贷、抽贷;可通过必要的、风险可控的收回再贷、调整贷款利息、展期续贷、市场化债转股等方式,最大限度地帮助困难企业实现解困。债务重组期间,为救助企业的需要,经债委会决议,可以采取稳定信贷的措施。

五、加强指导协调。

各银监局应依法加强对债委会的指导,对于债委会运行过程中的重大问题和重要事项及时进行协调。各银行业协会应积极配合银监局的相关工作。

六、做好沟通报告。

各银监局要高度重视与地方政府的沟通工作,积极向当地政府报告困难企业的风险化解情况,会同地方政府、债委会共同商讨重点企业的风险化解工作,逐户制定风险化解方案。对风险化解工作中的重大问题,各银监局应及时向银监会报告。

七、加强监管协同。

各银监局之间要通力合作,协调异地银行业金融机构加入债委会,共同推进债委会工作。

八、做好司法衔接。

对采取协议并司法重组方式,需要进入破产重整程序的,债委会应与管辖法院进行沟通协调,寻求支持,主动参加由有关部门、机构的人员组成的清算组或者向法院推荐破产管理人;必要时,债委会可以向银监局报告,由银监局进行协调。

九、强化问责机制。

符合债委会组建条件的困难企业涉及的所有银行业金融机构均

要加入债委会,统一行动。对于不加入债委会、拒不执行债委会决议、拒不履行债务重组方案或者采取其他措施影响债务重组顺利推进的银行业金融机构,造成严重后果的,银监会和银监局可以采取约谈主要负责人、通报批评、责令对有关责任人员给予纪律处分等措施。

十、加强信息交流。

银监会直接监管的各银行业金融机构应于每季度结束后15日内向银监会报告上一季度债委会工作情况;各银监局应于每季度结束后15日内向银监会报告辖内上一季度债委会工作情况。银监会适时编发债委会工作动态,指导各银监局、各银行业金融机构相关工作,通报有关情况。

十一、做好综合服务。

金融资产管理公司、地方资产管理公司要积极与债委会开展合作,为合理降低债务企业杠杆率、化解企业债务危机提供综合金融服务。地方资产管理公司要积极争取省级人民政府、人民法院的支持,可以作为中介机构列入法院破产管理人名单,发挥化解区域金融风险的作用。

十二、引导舆论宣传。

各银监局、各银行业金融机构要会同地方政府及时正面发声,引导社会舆论,做好宣传引导工作,避免不当言论扰乱正常社会金融秩序。

中国银监会办公厅关于做好银行业金融机构债权人委员会有关工作的通知

(银监办便函〔2016〕1196号 2016年7月6日公布施行)

各银监局,各政策性银行、大型银行、股份制银行,邮储银行,外资银行,金融资产管理公司,其他会管机构:

为加强金融债权管理,维护经济金融秩序,支持实体经济发展,做好银行业金融机构债权人委员会(以下简称“债委会”)有关工作,现

就相关事项通知如下:

一、债委会是由债务规模较大的困难企业三家以上债权银行业金融机构发起成立的协商性、自律性、临时性组织。

二、债委会的职责是依法维护银行业金融机构的合法权益,推动债权银行业金融机构精准发力、分类施策,有效保护金融债权,支持实体经济发展。债委会按照"一企一策"的方针集体研究增贷、稳贷、减贷、重组等措施,有序开展债务重组、资产保全等相关工作,确保银行业金融机构形成合力。

三、债委会应当按照"市场化、法治化、公平公正"的原则开展工作。债委会实施债务重组的,应当采取多方支持、市场主导、保持稳定的措施,积极争取企业发展的有利条件,实现银企共赢。

四、债委会可以由债权银行业金融机构自行发起成立。债委会要明确主席单位和副主席单位,启动相关工作。

五、债务企业的所有债权银行业金融机构和银监会批准设立的其他金融机构原则上应当参加债委会;非银监会批准设立的金融机构债权人,也可以加入债委会。

六、债委会主席单位原则上由债权金额较大且有协调能力和意愿的一至两家银行业金融机构担任,副主席单位可以由代表债权金额较大的银行业金融机构和代表债权金额较小的银行业金融机构共同组成。其他债权金融机构应当按照要求出席相关会议。债委会应当设立工作组,负责日常工作。

七、债委会原则上由企业所在地的债权银行业金融机构组建。涉及中央企业以及重大复杂的企业集团,可以在总行层面组建债委会。

八、债委会成员应当签署《债权人协议》。《债权人协议》是债委会有约束力的法律文件,协议内容包括但不限于以下事项:债委会组织架构、议事规则、权利义务及共同约定、相关费用等。

九、债委会应当制定议事规则,所有债权金融机构按照议事规则开展活动。重大事项、主要议题由主席单位及副主席单位召开会议共同协商,达成共识后,形成会议纪要。

债委会重大事项的确定,原则上应当同时符合以下条件:一是经占金融债权总金额的三分之二以上比例债委会成员同意;二是经全体债委会成员过半数同意。

十、债委会对企业实施金融债务重组的，企业一般应当具备以下条件：企业发展符合国家宏观经济政策、产业政策和金融支持政策；企业产品或服务有市场、发展有前景，具有一定的重组价值；企业和债权银行业金融机构有金融债务重组意愿。

十一、债委会实施金融债务重组的，可以采取协议重组和协议并司法重组的方式。

十二、债委会应当积极与企业进行协商谈判，研究讨论金融债务重组及债委会其他工作。

实施金融债务重组的，重组双方围绕重组方式、重组安排及方案内容，开展协商和谈判。主席单位、副主席单位与企业共同研究，形成金融债务重组初步方案后，由主席单位提交债委会全体成员大会讨论，按照议事规则进行表决。表决通过后，发送各债权金融机构和债务企业执行。

十三、为保证企业的正常运营，企业提出的新资金需求有充分理由的，债委会可以通过组建银团贷款、建立联合授信机制或封闭式融资等方式予以支持。

各债权银行业金融机构应当一致行动，切实做到稳定预期、稳定信贷、稳定支持，不得随意停贷、抽贷；可通过必要的、风险可控的收回再贷、展期续贷等方式，最大限度地帮助企业实现解困。

十四、各银行业金融机构要建立债委会相关工作的授权沟通机制，将债委会工作纳入内部管理体系，建立授权沟通机制，适当下放权限，确保债委会工作高效、有序开展。

十五、债委会成立后，主席单位应当以债委会的名义将债委会成立情况、重要事项等及时向银行业监督管理机构报告。

十六、银行业监督管理机构依法对债权人委员会和金融债务重组等工作进行指导、协调和监督；支持银行业协会在债务重组等工作中发挥积极作用；鼓励金融资产管理公司、地方资产管理公司积极参与债务重组等相关工作。

执行中有疑问的，请及时与银监会法规部联系。

第七编　债转股

国务院规范性文件

国务院关于积极稳妥降低企业杠杆率的意见

（国发〔2016〕54号①　2016年9月22日公布施行）

各省、自治区、直辖市人民政府，国务院各部委、各直属机构：

近年来，我国企业杠杆率高企，债务规模增长过快，企业债务负担

① 在国发〔2016〕54号之前，2016年2月1日，国务院专门印发《关于钢铁行业化解过剩产能实现脱困发展的意见》（国发〔2016〕6号）和《关于煤炭行业化解过剩产能实现脱困发展的意见》（国发〔2016〕7号），在政策措施方面均提到加大金融支持，妥善处置企业债务和银行不良资产等内容。

国发〔2016〕6号	国发〔2016〕7号
（十）加大金融支持。	（十五）加大金融支持。
1. 落实有保有控的金融政策，对化解过剩产能、实施兼并重组以及有前景、有效益的钢铁企业，按照风险可控、商业可持续原则加大信贷支持力度，支持各类社会资本参与钢铁企业并购重组；对违规新增钢铁产能的企业停止贷款。	1. 金融机构对经营遇到困难但经过深化改革、加强内部管理仍能恢复市场竞争力的骨干煤炭企业，要加强金融服务，保持合理融资力度，不搞“一刀切”。支持企业通过发债替代高成本融资，降低资金成本。
2. 运用市场化手段妥善处置企业债务和银行不良资产，落实金融机构呆账核销的财税政策，完善金融机构加大抵债资产处置力度的财税支持政策。研究完善不良资产批量转让政策，支持银行加快不良资产处置进度，支持银行向金融资产管理公司打包转让不良资产，提高不良资产处置效率。	
3. 支持社会资本参与企业并购重组。鼓励保险资金等长期资金创新产品和投资方式，参与企业并购重组，拓展并购资金来源。完善并购资金退出渠道，加快发展相关产权的二级交易市场，提高资金使用效率。	
4. 严厉打击企业逃废银行债务行为，依法保护债权人合法权益。地方政府建立企业金融债务重组和不良资产处置协调机制，组织协调相关部门支持金融机构做好企业金融债务重组和不良资产处置工作。	

不断加重。在国际经济环境更趋复杂、我国经济下行压力仍然较大的背景下，一些企业经营困难加剧，一定程度上导致债务风险上升。为贯彻落实党中央、国务院关于推进供给侧结构性改革、重点做好“三去一降一补”工作的决策部署，促进建立和完善现代企业制度，增强经济中长期发展韧性，现就积极稳妥降低企业杠杆率（以下简称降杠杆）提出以下意见。

一、总体要求

降杠杆的总体思路是：全面贯彻党的十八大和十八届三中、四中、五中全会精神，认真落实中央经济工作会议和政府工作报告部署，坚持积极的财政政策和稳健的货币政策取向，以市场化、法治化方式，通过推进兼并重组、完善现代企业制度强化自我约束、盘活存量资产、优化债务结构、有序开展市场化银行债权转股权、依法破产、发展股权融资，积极稳妥降低企业杠杆率，助推供给侧结构性改革，助推国有企业改革深化，助推经济转型升级和优化布局，为经济长期持续健康发展夯实基础。

在推进降杠杆过程中，要坚持以下基本原则：

市场化原则。充分发挥市场在资源配置中的决定性作用和更好发挥政府作用。债权人和债务人等市场主体依据自身需求开展或参与降杠杆，自主协商确定各类交易的价格与条件并自担风险、自享收益。政府通过制定引导政策，完善相关监管规则，维护公平竞争的市场秩序，做好必要的组织协调工作，保持社会稳定，为降杠杆营造良好环境。

法治化原则。依法依规开展降杠杆工作，政府与各市场主体都要严格依法行事，尤其要注重保护债权人、投资者和企业职工合法权益。加强社会信用体系建设，防范道德风险，严厉打击逃废债行为，防止应由市场主体承担的责任不合理地转嫁给政府或其他相关主体。明确政府责任范围，政府不承担损失的兜底责任。

有序开展原则。降杠杆要把握好稳增长、调结构、防风险的关系，注意防范和化解降杠杆过程中可能出现的各类风险。尊重经济规律，充分考虑不同类型行业和企业的杠杆特征，分类施策，有扶有控，不搞“一刀切”，防止一哄而起，稳妥有序地予以推进。

统筹协调原则。降杠杆是一项时间跨度较长的系统工程。要立足当前、着眼长远，标本兼治、综合施策。要把建立规范现代企业制度、完善公司治理结构、强化自身约束机制作为降杠杆的根本途径。降杠杆要综合运用多种手段，与企业改组改制、降低实体经济企业成本、化解过剩产能、促进企业转型升级等工作有机结合、协同推进。

二、主要途径

（一）积极推进企业兼并重组。

1. 鼓励跨地区、跨所有制兼并重组。支持通过兼并重组培育优质企业。进一步打破地方保护、区域封锁，鼓励企业跨地区开展兼并重组。推动混合所有制改革，鼓励国有企业通过出让股份、增资扩股、合资合作等方式引入民营资本。加快垄断行业改革，向民营资本开放垄断行业的竞争性业务领域。

2. 推动重点行业兼并重组。发挥好产业政策的引导作用，鼓励产能过剩行业企业加大兼并重组力度，加快“僵尸企业”退出，有效化解过剩产能，实现市场出清。加大对产业集中度不高、同质化竞争突出行业或产业的联合重组，加强资源整合，发展规模经济，实施减员增效，提高综合竞争力。

3. 引导企业业务结构重组。引导企业精益化经营，突出主业，优化产业链布局，克服盲目扩张粗放经营。通过出售转让非主业或低收益业务回收资金、减少债务和支出，降低企业资金低效占用，提高企业运营效率和经营效益。

4. 加大对企业兼并重组的金融支持。通过并购贷款等措施，支持符合条件的企业开展并购重组。允许符合条件的企业通过发行优先股、可转换债券等方式筹集兼并重组资金。进一步创新融资方式，满足企业兼并重组不同阶段的融资需求。鼓励各类投资者通过股权投资基金、创业投资基金、产业投资基金等形式参与企业兼并重组。

（二）完善现代企业制度强化自我约束。

5. 建立和完善现代企业制度。建立健全现代企业制度、完善公司治理结构，对企业负债行为建立权责明确、制衡有效的决策执行监督机制，加强企业自身财务杠杆约束，合理安排债务融资规模，有效控制企业杠杆率，形成合理资产负债结构。

6.明确企业降杠杆的主体责任。企业是降杠杆的第一责任主体。强化企业管理层资产负债管理责任，合理设计激励约束制度，处理好企业长期发展和短期业绩的关系，树立审慎经营观念，防止激进经营过度负债。落实企业股东责任，按照出资义务依法缴足出资，根据股权先于债权吸收损失原则承担必要的降杠杆成本。

7.强化国有企业降杠杆的考核机制。各级国有资产管理部门应切实履行职责，积极推动国有企业降杠杆工作，将降杠杆纳入国有资产管理部门对国有企业的业绩考核体系。统筹运用政绩考核、人事任免、创新型试点政策倾斜等机制，调动地方各级人民政府和国有企业降杠杆的积极性。

（三）多措并举盘活企业存量资产。

8.分类清理企业存量资产。规范化清理资产，做好闲置存量资产相关尽职调查、资产清查、财产评估等工作，清退无效资产，实现人资分离，使资产达到可交易状态。

9.采取多种方式盘活闲置资产。对土地、厂房、设备等闲置资产以及各类重资产，采取出售、转让、租赁、回租、招商合作等多种形式予以盘活，实现有效利用。引导企业进入产权交易市场，充分发挥产权交易市场价格发现、价值实现功能。

10.加大存量资产整合力度。鼓励企业整合内部资源，将与主业相关的资产整合清理后并入主业板块，提高存量资产的利用水平，改善企业经营效益。

11.有序开展企业资产证券化。按照“真实出售、破产隔离”原则，积极开展以企业应收账款、租赁债权等财产权利和基础设施、商业物业等不动产财产或财产权益为基础资产的资产证券化业务。支持房地产企业通过发展房地产信托投资基金向轻资产经营模式转型。

（四）多方式优化企业债务结构。

12.推动企业开展债务清理和债务整合。加大清欠力度，减少无效占用，加快资金周转，降低资产负债率。多措并举清理因担保圈、债务链形成的三角债。加快清理以政府、大企业为源头的资金拖欠，推动开展中小企业应收账款融资。对发展前景良好、生产经营较为正常，有技术、有订单，但由于阶段性原因成为资金拖欠源头的企业，鼓励充分调动多方力量,在政策允许范围内,统筹运用盘活资产、发行债券和银行信贷等多种手段,予以必要支持。

13.降低企业财务负担。加快公司信用类债券产品创新,丰富债券品种,推动企业在风险可控的前提下利用债券市场提高直接融资比重,优化企业债务结构。鼓励企业加强资金集中管理,支持符合条件的企业设立财务公司,加强内部资金融通,提高企业资金使用效率。通过大力发展政府支持的担保机构等措施,提高企业信用等级,降低融资成本。

(五)有序开展市场化银行债权转股权。

14.以市场化法治化方式开展债转股。由银行、实施机构和企业依据国家政策导向自主协商确定转股对象、转股债权以及转股价格和条件,实施机构市场化筹集债转股所需资金,并多渠道、多方式实现股权市场化退出。

15.以促进优胜劣汰为目的开展市场化债转股。鼓励面向发展前景良好但遇到暂时困难的优质企业开展市场化债转股,严禁将“僵尸企业”、失信企业和不符合国家产业政策的企业作为市场化债转股对象。

16.鼓励多类型实施机构参与开展市场化债转股。除国家另有规定外,银行不得直接将债权转为股权。银行将债权转为股权应通过向实施机构转让债权、由实施机构将债权转为对象企业股权的方式实现。鼓励金融资产管理公司、保险资产管理机构、国有资本投资运营公司等多种类型实施机构参与开展市场化债转股;支持银行充分利用现有符合条件的所属机构,或允许申请设立符合规定的新机构开展市场化债转股;鼓励实施机构引入社会资本,发展混合所有制,增强资本实力。

(六)依法依规实施企业破产。

17.建立健全依法破产的体制机制。充分发挥企业破产在解决债务矛盾、公平保障各方权利、优化资源配置等方面的重要作用。完善破产清算司法解释和司法政策。健全破产管理人制度。探索建立关联企业合并破产制度。细化工作流程规则,切实解决破产程序中的违法执行问题。支持法院建立专门清算与破产审判庭,积极支持优化法官配备并加强专业培训,强化破产司法能力建设。规范和引导律师事务所、会计师事务所等中介机构依法履职,增强破产清算服务能力。

18. 因企制宜实施企业破产清算、重整与和解。对于扭亏无望、已失去生存发展前景的“僵尸企业”,要破除障碍,依司法程序进行破产清算,全面清查破产企业财产,清偿破产企业债务并注销破产企业法人资格,妥善安置人员。对符合破产条件但仍有发展前景的企业,支持债权人和企业按照法院破产重整程序或自主协商对企业进行债务重组。鼓励企业与债权人依据破产和解程序达成和解协议,实施和解。在企业破产过程中,切实发挥债权人委员会作用,保护各类债权人和企业职工合法权益。

19. 健全企业破产配套制度。政府与法院依法依规加强企业破产工作沟通协调,解决破产程序启动难问题,做好破产企业职工安置和权益保障、企业互保联保和民间融资风险化解、维护社会稳定等各方面工作。加快完善清算后工商登记注销等配套政策。

(七)积极发展股权融资。

20. 加快健全和完善多层次股权市场。加快完善全国中小企业股份转让系统,健全小额、快速、灵活、多元的投融资体制。研究全国中小企业股份转让系统挂牌公司转板创业板相关制度。规范发展服务中小微企业的区域性股权市场。支持区域性股权市场运营模式和服务方式创新,强化融资功能。

21. 推动交易所市场平稳健康发展。进一步发展壮大证券交易所主板,深入发展中小企业板,深化创业板改革,加强发行、退市、交易等基础性制度建设,切实加强市场监管,依法保护投资者权益,支持符合条件的企业在证券交易所市场发行股票进行股权融资。

22. 创新和丰富股权融资工具。大力发展私募股权投资基金,促进创业投资。创新财政资金使用方式,发挥产业投资基金的引导作用。规范发展各类股权类受托管理资金。在有效监管的前提下,探索运用股债结合、投贷联动和夹层融资工具。

23. 拓宽股权融资资金来源。鼓励保险资金、年金、基本养老保险基金等长期性资金按相关规定进行股权投资。有序引导储蓄转化为股本投资。积极有效引进国外直接投资和国外创业投资资金。

三、营造良好的市场与政策环境

24. 落实和完善降杠杆财税支持政策。发挥积极的财政政策作用,落实并完善企业兼并重组、破产清算、资产证券化、债转股和银行不良资产核销等相关税收政策。根据需要,采取适当财政支持方式激励引导降杠杆。

25. 提高银行不良资产核销和处置能力。拓宽不良资产市场转让渠道,探索扩大银行不良资产受让主体,强化不良资产处置市场竞争。加大力度落实不良资产转让政策,支持银行向金融资产管理公司打包转让不良资产。推动银行不良资产证券化。多渠道补充银行核心和非核心资本,提高损失吸收能力。

26. 加强市场主体信用约束。建立相关企业和机构及其法定代表人、高级管理人员的信用记录,并纳入全国信用信息共享平台。构建参与各方失信行为联合惩戒机制,依据相关法律法规严格追究恶意逃废债和国有资产流失等违法违规单位及相关人员责任。

27. 强化金融机构授信约束。银行业金融机构应通过建立债权人委员会、联合授信等机制,完善客户信息共享,综合确定企业授信额度,并可通过合同约定等方式,避免过度授信,防止企业杠杆率超出合理水平。对授信银行超过一定数量、授信金额超过一定规模的企业原则上以银团联合方式发放贷款,有效限制对高杠杆企业贷款。

28. 健全投资者适当性管理制度。合理确定投资者参与降杠杆的资格与条件。鼓励具有丰富企业管理经验或专业投资分析能力,并有相应风险承受力的机构投资者参与企业市场化降杠杆。完善个人投资者适当性管理制度,依法建立合格个人投资者识别风险和自担风险的信用承诺制度,防止不合格个人投资者投资降杠杆相关金融产品和超出能力承担风险。

29. 切实减轻企业社会负担。完善减轻企业非债务负担配套政策,落实已出台的各项清理规范涉企行政性、事业性收费以及具有强制垄断性的经营服务收费、行业协会涉企收费政策。加大对企业在降杠杆过程中剥离相关社会负担和辅业资产的政策支持力度。

30. 稳妥做好重组企业的职工分流安置工作。各级人民政府要高度重视降杠杆过程中的职工安置,充分发挥企业主体作用,多措并举做好职工安置工作。鼓励企业充分挖掘内部潜力,通过协商薪酬、转岗培训等方式,稳定现有工作岗位。支持企业依靠现有场地、设施、技术开辟新的就业岗位。对不裁员或少裁员的企业,按规定由失业保险实施稳岗补贴政策。依法妥善处理职工劳动关系,稳妥接续社会保险关系,按规定落实社会保险待遇。积极做好再就业帮扶,落实就业扶持政策,加大职业培训力度,提供公共就业服务,对就业困难人员按规定实施公益性岗位托底安置。

31. 落实产业升级配套政策。进一步落实重点行业产业转型升级和化解过剩产能的配套支持措施,加大对重点企业兼并重组和产业整合的支持力度,发挥产业投资基金作用,吸引社会资本参与,实行市场化运作,推动重点行业破局性、战略性重组,实现产业链整合及产业融合,通过资源重新配置降低企业杠杆率,进一步提升优质企业竞争力。

32. 严密监测和有效防范风险。加强政策协调,强化信息沟通与研判预警,提高防范风险的预见性、有效性,严密监控降杠杆可能导致的股市、汇市、债市等金融市场风险,防止风险跨市场传染。填补监管空白与漏洞,实现监管全覆盖,完善风险处置预案,严守不发生系统性风险的底线。

33. 规范履行相关程序。在降杠杆过程中,涉及政府管理事项的,要严格履行相关核准或备案程序,严禁违法违规操作。为适应开展降杠杆工作的需要,有关部门和单位应进一步明确、规范和简化相关程序,提高行政效率。

34. 更好发挥政府作用。政府在降杠杆工作中的职责是制定规则,完善政策,适当引导,依法监督,维护公平竞争的市场秩序,保持社会稳定,做好职工合法权益保护等社会保障兜底工作,确保降杠杆在市场化、法治化轨道上平稳有序推进。政府在引导降杠杆过程中,要依法依规、遵循规律、规范行为,不干预降杠杆工作中各市场主体的相关决策和具体事务。同时,各级人民政府要切实履行好国有企业出资人职责,在国有企业降杠杆决策中依照法律法规和公司章程行使国有股东权利。

国家发展改革委、人民银行、财政部、银监会等相关部门和单位要

建立积极稳妥降低企业杠杆率部际联席会议制度①，加强综合协调指

① 2016年10月18日，国务院办公厅发布《关于同意建立积极稳妥降低企业杠杆率工作部际联席会议制度的函》（国办函〔2016〕84号），国务院同意建立由发展改革委牵头的积极稳妥降低企业杠杆率工作部际联席会议制度。联席会议不刻制印章，不正式行文。《积极稳妥降低企业杠杆率工作部际联席会议制度》作为附件一并发布，对联席会议的主要职责、成员单位、工作规则等进行规定。

一、主要职责。在国务院领导下，联席会议履行以下职责：（一）研究拟定《国务院关于积极稳妥降低企业杠杆率的意见》（国发〔2016〕54号）相关配套文件。（二）组织开展市场化银行债权转股权试点。（三）研究确定降杠杆的具体政策，组织协调实施降杠杆相关支持政策和监管政策。（四）跟踪分析研究非金融企业债务问题并提出建议。（五）开展降杠杆重大问题专题研究，及时协调解决降杠杆过程中出现的问题。（六）组织建立健全约束机制，推动依法惩处违法行为、联合惩戒失信行为，确保降杠杆不偏离市场化、法治化轨道。（七）负责就降杠杆问题与地方人民政府沟通协调，引导地方营造良好的区域金融环境，指导地方做好相关支持和协调工作。（八）建立降杠杆信息收集和报送机制，组织对降杠杆政策的效果评估。（九）组织协调降杠杆相关舆论引导工作，适时适度做好宣传报道和政策解读工作。（十）承办国务院交办的其他事项。根据降杠杆工作的进展情况，经国务院同意可适时调整联席会议的职责和工作重点。

二、成员单位。联席会议由发展改革委、人民银行、财政部、银监会、中央宣传部、中央网信办、工业和信息化部、人力资源社会保障部、国土资源部、商务部、国资委、税务总局、工商总局、法制办、证监会、保监会、最高人民法院等17个部门和单位组成，发展改革委为牵头单位。

联席会议由发展改革委主要负责同志担任召集人，发展改革委、人民银行、财政部、银监会各一位分管负责同志担任副召集人，其他成员单位有关负责同志为联席会议成员。联席会议成员因工作变动等原因需要调整的，由所在单位提出，联席会议确定。根据工作需要，经联席会议研究确定，可增加成员单位。

联席会议办公室设在发展改革委，承担联席会议日常工作，由发展改革委、人民银行、财政部、银监会派员参加；必要时，可邀请其他相关成员单位派员参加并组织相关人员集中办公。联席会议设联络员，由联席会议成员单位有关司局负责同志担任。

三、工作规则。联席会议由召集人或副召集人主持，根据工作需要定期或不定期召开。成员单位可以提出召开会议的建议。研究具体工作事项时，可视情况召集部分成员单位参加会议，也可邀请其他单位参加会议。联席会议以纪要形式明确议定事项，经与会单位同意后印发有关方面，同时抄报国务院。重大事项按程序报国务院。

四、工作要求。发展改革委要牵头做好联席会议各项工作。各成员单位要按照职责分工，主动开展工作，切实履行职责，认真落实联席会议议定事项及工作任务。各成员单位要相互支持，密切配合，互通信息，形成合力，充分发挥联席会议作用，形成高效运行的长效工作机制。联席会议办公室要加强对联席会议议定事项的跟踪督促落实，及时向成员单位通报进展情况。

联席会议应与各省、自治区、直辖市人民政府，有关银行、实施机构建立有效的信息沟通协调机制。

导,完善配套措施,组织先行先试,统筹推进各项工作。及时了解新情况,研究、解决降杠杆过程中出现的新问题。通过多种方式,加强舆论引导,适时适度做好宣传报道和政策解读工作,回应社会关切,营造良好的舆论环境。及时归集、整理降杠杆相关信息并进行分析研究,适时开展降杠杆政策效果评估,重大问题及时向国务院报告。

附件:

关于市场化银行债权转股权的指导意见[①]

为贯彻落实中央经济工作会议精神和政府工作报告部署,切实降低企业杠杆率,增强经济中长期发展韧性,现就市场化银行债权转股权(以下简称债转股)提出以下指导意见。

一、重要意义

为有效落实供给侧结构性改革决策部署,支持有较好发展前景但遇到暂时困难的优质企业渡过难关,有必要采取市场化债转股等综合措施提升企业持续健康发展能力。在当前形势下对具备条件的企业开展市场化债转股,是稳增长、促改革、调结构、防风险的重要结合点,可以有效降低企业杠杆率,增强企业资本实力,防范企业债务风险;有利于帮助企业降本增效,增强竞争力,实现优胜劣汰;有利于推动企业股权多元化,促进企业改组改制,完善现代企业制度;有利于加快多层次资本市场建设,提高直接融资比重,优化融资结构。

随着社会主义市场经济体制的逐步完善,当前具有开展市场化债转股的较好条件。公司法、证券法、企业破产法、公司注册资本登记管理规定等法律法规已较为完备,为开展市场化债转股提供了重要制度保障;银行、金融资产管理公司和有关企业治理结构更加完善,在资产

---

① 此为2016年9月22日《国务院关于积极稳妥降低企业杠杆率的意见》(国发〔2016〕54号)附件,54号文件第(五)部分专章规定了“有序开展市场化银行债权转股权”内容并单列《关于市场化银行债权转股权的指导意见》作为附件,故将其调整放于债转股部分。

处置、企业重组和资本市场业务方面积累了丰富经验,为开展债转股提供了市场化的主体条件。

二、总体要求

全面贯彻党的十八大和十八届三中、四中、五中全会精神,认真落实中央经济工作会议和政府工作报告部署,遵循法治化原则、按照市场化方式有序开展银行债权转股权,紧密结合深化企业改革,切实降低企业杠杆率,助推完善现代企业制度、实现降本增效,助推多层次资本市场建设、提高直接融资比重,助推供给侧结构性改革、增强企业竞争力和发展后劲。

开展市场化债转股要遵循以下基本原则:

市场运作,政策引导。充分发挥市场在资源配置中的决定性作用,建立债转股的对象企业市场化选择、价格市场化定价、资金市场化筹集、股权市场化退出等长效机制,政府不强制企业、银行及其他机构参与债转股,不搞拉郎配。政府通过制定必要的引导政策,完善相关监管规则,依法加强监督,维护公平竞争的市场秩序,保持社会稳定,为市场化债转股营造良好环境。

遵循法治,防范风险。健全审慎监管规则,确保银行转股债权洁净转让、真实出售,有效实现风险隔离,防止企业风险向金融机构转移。依法依规有序开展市场化债转股,政府和市场主体都应依法行事。加强社会信用体系建设,防范道德风险,严厉打击逃废债行为,防止应由市场主体承担的责任不合理地转嫁给政府或其他相关主体。明确政府责任范围,政府不承担损失的兜底责任。

重在改革,协同推进。开展市场化债转股要与深化企业改革、降低实体经济企业成本、化解过剩产能和企业兼并重组等工作有机结合、协同推进。债转股企业要同步建立现代企业制度、完善公司治理结构、强化激励约束机制、提升管理水平和创新能力,为长期持续健康发展奠定基础。

三、实施方式

(一)明确适用企业和债权范围。

市场化债转股对象企业由各相关市场主体依据国家政策导向自主协商确定。

市场化债转股对象企业应当具备以下条件：发展前景较好，具有可行的企业改革计划和脱困安排；主要生产装备、产品、能力符合国家产业发展方向，技术先进，产品有市场，环保和安全生产达标；信用状况较好，无故意违约、转移资产等不良信用记录。

鼓励面向发展前景良好但遇到暂时困难的优质企业开展市场化债转股，包括：因行业周期性波动导致困难但仍有望逆转的企业；因高负债而财务负担过重的成长型企业，特别是战略性新兴产业领域的成长型企业；高负债居于产能过剩行业前列的关键性企业以及关系国家安全的战略性企业。

禁止将下列情形的企业作为市场化债转股对象：扭亏无望、已失去生存发展前景的"僵尸企业"；有恶意逃废债行为的企业；债权债务关系复杂且不明晰的企业；有可能助长过剩产能扩张和增加库存的企业。

转股债权范围以银行对企业发放贷款形成的债权为主，适当考虑其他类型债权。转股债权质量类型由债权人、企业和实施机构自主协商确定。

（二）通过实施机构开展市场化债转股。

除国家另有规定外，银行不得直接将债权转为股权。银行将债权转为股权，应通过向实施机构转让债权、由实施机构将债权转为对象企业股权的方式实现。

鼓励金融资产管理公司、保险资产管理机构、国有资本投资运营公司等多种类型实施机构参与开展市场化债转股；支持银行充分利用现有符合条件的所属机构，或允许申请设立符合规定的新机构开展市场化债转股；鼓励实施机构引入社会资本，发展混合所有制，增强资本实力。

鼓励银行向非本行所属实施机构转让债权实施转股，支持不同银行通过所属实施机构交叉实施市场化债转股。银行所属实施机构面向本行债权开展市场化债转股应当符合相关监管要求。

鼓励各类实施机构公开、公平、公正竞争开展市场化债转股，支持各类实施机构之间以及实施机构与私募股权投资基金等股权投资机构之间开展合作。

(三)自主协商确定市场化债转股价格和条件。

银行、企业和实施机构自主协商确定债权转让、转股价格和条件。对于涉及多个债权人的,可以由最大债权人或主动发起市场化债转股的债权人牵头成立债权人委员会进行协调。

经批准,允许参考股票二级市场交易价格确定国有上市公司转股价格,允许参考竞争性市场报价或其他公允价格确定国有非上市公司转股价格。为适应开展市场化债转股工作的需要,应进一步明确、规范国有资产转让相关程序。

完善优先股发行政策,允许通过协商并经法定程序把债权转换为优先股,依法合理确定优先股股东权益。

(四)市场化筹集债转股资金。

债转股所需资金由实施机构充分利用各种市场化方式和渠道筹集,鼓励实施机构依法依规面向社会投资者募集资金,特别是可用于股本投资的资金,包括各类受托管理的资金。支持符合条件的实施机构发行专项用于市场化债转股的金融债券,探索发行用于市场化债转股的企业债券,并适当简化审批程序。

(五)规范履行股权变更等相关程序。

债转股企业应依法进行公司设立或股东变更、董事会重组等,完成工商注册登记或变更登记手续。涉及上市公司增发股份的应履行证券监管部门规定的相关程序。

(六)依法依规落实和保护股东权利。

市场化债转股实施后,要保障实施机构享有公司法规定的各项股东权利,在法律和公司章程规定范围内参与公司治理和企业重大经营决策,进行股权管理。

银行所属实施机构应确定在债转股企业中的合理持股份额,并根据公司法等法律法规要求承担有限责任。

(七)采取多种市场化方式实现股权退出。

实施机构对股权有退出预期的,可与企业协商约定所持股权的退出方式。债转股企业为上市公司的,债转股股权可以依法转让退出,转让时应遵守限售期等证券监管规定。债转股企业为非上市公司的,鼓励利用并购、全国中小企业股份转让系统挂牌、区域性股权市场交易、证券交易所上市等渠道实现转让退出。

四、营造良好环境

（一）规范政府行为。

在市场化债转股过程中，政府的职责是制定规则，完善政策，依法监督，维护公平竞争的市场秩序，保持社会稳定，做好职工合法权益保护等社会保障兜底工作，确保债转股在市场化、法治化轨道上平稳有序推进。

各级人民政府及其部门不干预债转股市场主体具体事务，不得确定具体转股企业，不得强行要求银行开展债转股，不得指定转股债权，不得干预债转股定价和条件设定，不得妨碍转股股东行使股东权利，不得干预债转股企业日常经营。同时，各级人民政府要切实履行好国有企业出资人职责，在国有企业债转股决策中依照法律法规和公司章程行使国有股东权利。

（二）推动企业改革。

要把建立和完善现代企业制度作为开展市场化债转股的前提条件。通过市场化债转股推动企业改组改制，形成股权结构多元、股东行为规范、内部约束有效、运行高效灵活的经营机制，提高企业经营管理水平。

债转股企业要健全公司治理结构，合理安排董事会、监事会和高级管理层，建立权责对等、运转协调、制衡有效的决策执行监督机制。

（三）落实和完善相关政策。

支持债转股企业所处行业加快重组与整合，加大对债转股企业剥离社会负担和辅业资产的支持力度，稳妥做好分流安置富余人员工作，为债转股企业发展创造更为有利的产业与市场环境。

符合条件的债转股企业可按规定享受企业重组相关税收优惠政策。根据需要，采取适当财政支持方式激励引导开展市场化债转股。

（四）强化约束机制。

加强对市场化债转股相关主体的信用约束，建立债转股相关企业和机构及其法定代表人、高级管理人员的信用记录，并纳入全国信用信息共享平台。构建市场化债转股参与各方失信行为联合惩戒机制，依据相关法律法规严格追究违法违规单位及相关人员责任。

强化对债转股企业的财务杠杆约束，在债转股协议中，相关主体应对企业未来债务融资行为进行规范，共同制定合理的债务安排和融资规划，对资产负债率作出明确约定，防止企业杠杆率再次超出合理水平。

规范债转股企业和股东资产处置行为，严格禁止债转股企业任何股东特别是大股东掏空企业资产、随意占用和挪用企业财产等侵害其他股东权益的行为。防范债转股企业和实施机构可能存在的损害中小股东利益的不正当利益输送行为。

建立投资者适当性管理制度，对投资者参与市场化债转股设定适当资格与条件，鼓励具有丰富企业管理和重组经验的机构投资者参与市场化债转股。完善个人投资者适当性管理制度，依法建立合格个人投资者识别风险和自担风险的信用承诺制度，防止不合格个人投资者参与市场化债转股投资和超出能力承担风险。

（五）加强和改进服务与监督。

各部门和单位要健全工作机制，加强协调配合，做好服务与监督工作。要按照分工抓紧完善相关政策，制定配套措施。要加强监督指导，及时研究新情况，解决市场化债转股实施中出现的新问题。加强政策宣传，做好解读、引导工作。

各地人民政府要营造良好的区域金融环境，支持债权人、实施机构、企业自主协商，维护公平竞争的市场秩序，保持社会稳定，做好相关工作。

国家发展改革委、人民银行、财政部、银监会等相关部门和单位要指导银行、实施机构和企业试点先行，有序开展市场化债转股，防止一哄而起；加强全过程监督检查，及时归集、整理市场化债转股相关信息并进行分析研究，适时开展市场化债转股政策效果评估，重大问题及时向国务院报告。

国务院办公厅转发财政部等部门关于推进和规范国有企业债权转股权工作意见的通知

（国办发〔2004〕94号 2004年12月30日公布施行）

各省、自治区、直辖市人民政府，国务院各部委、各直属机构：

财政部、国资委、银监会《关于推进和规范国有企业债权转股权工作的意见》已经国务院同意，现转发给你们，请认真贯彻执行。

关于推进和规范国有企业债权转股权工作的意见

（财政部、国资委、银监会 2004年12月30日）

为进一步贯彻落实《国务院办公厅转发国家经贸委财政部人民银行关于进一步做好国有企业债权转股权工作意见的通知》（国办发〔2003〕8号）精神，推进和规范国有企业债权转股权工作（以下简称“债转股”），现提出以下意见：

一、加快完成债转股新公司注册等后续工作

（一）金融资产管理公司（以下简称“资产公司”）和债转股企业出资人及各有关单位应加快完成债转股新公司注册等后续工作，各地区、各部门应积极支持配合。对具备债转股条件、国务院已在2004年6月30日前批准债转股协议和方案的，原则上应在2005年3月31日前完成新公司注册，对个别因特殊原因需要再延期以完成注册的，由资产公司会同债转股企业或其出资人于2005年3月31日前提出，经国资委、财政部、人民银行、银监会联合审核后，报国务院批准；对2004年6月30日后批准债转股协议和方案的，包括部分新增项目，应在国务院批准后9个月内完成新公司注册。逾期未注册的，即自动停止实施债转股。

(二)对已列入原国家经贸委推荐实施债转股580户企业名单,但由于情况发生变化,已不具备债转股条件的,不再实施债转股。资产公司应在2005年3月31日前提出停止债转股项目的意见,并区别不同情况分类处理:对尚未上报国务院以及已上报但国务院未批准债转股协议和方案的,经国资委审核后不再实施;国务院已批准债转股协议和方案、尚未注册新公司的,国资委会同财政部、人民银行、银监会联合审核后不再实施。

(三)对净资产评估结果为负值的项目,由债转股企业原出资人与资产公司充分协商调整债转股方案或停止实施债转股。债转股调整方案由资产公司于2005年3月31日前提出,经国资委、财政部、人民银行、银监会联合审核后,报国务院批准。对在上述期限内仍无法达成一致意见的净资产负值项目停止实施债转股。

(四)对停止实施债转股的企业,按照原债权归属,分别由资产公司、开发银行和国有商业银行依法行使债权人的权利,并由国资委、财政部、银监会书面通知资产公司、银行和企业,自原停息日起恢复计息,严防逃废债务;并以稳妥有效的方式继续支持企业改革发展。停止实施债转股项目的情况由资产公司报国资委、财政部、人民银行、银监会,并由国资委汇总后向国务院报告。

二、妥善处理债转股新公司改制发展中的有关问题

(一)债转股新公司实行主辅分离辅业改制分流安置富余人员的,严格按照原国家经贸委等8部委《关于国有大中型企业主辅分离辅业改制分流安置富余人员的实施办法》(国经贸企业〔2002〕859号)及国资委等部门《关于进一步明确国有大中型企业主辅分离辅业改制有关问题的通知》(国资分配〔2003〕21号)的有关规定执行。

(二)地方各级人民政府和国务院各部门应进一步帮助企业落实剥离非经营性资产、分离企业办社会职能,进一步减轻企业负担,促进企业优化资源配置,充分发挥债转股政策的作用。

三、按照现代企业制度要求促进债转股新公司健康发展

(一)债转股企业原国有出资人和资产公司应按照国务院批准的债转股实施方案,依据《公司法》等有关法律法规设立新公司。新公司股东应按照现代企业制度的要求,积极推动规范和完善公司治理,进一步明确和理顺股东会、董事会、监事会和经理层的职责和关系。新公司股东按持有的资本额依法享有并行使相应的权益。

（二）原国有出资人与债转股新公司之间应实行机构、人员、业务和财务分开，各自独立核算，独立承担责任和风险；各项经济往来活动应按照商业原则进行，不得利用关联交易损害新公司和其他股东的利益。债转股新公司股东不得截留新公司的收入，不得向新公司收取管理费等。资产公司为债转股新公司提供咨询、顾问、资产及项目评估以及其他服务时应按商业原则办理。

（三）债转股新公司应不断深化改革，强化管理，转换经营机制，切实提高市场竞争力和经营效益，力争早日步入良性发展的轨道，实现国有资产保值增值。

四、规范债转股股权转让行为

（一）资产公司应把握时机，积极探索有效处置方式，加快对所持债转股新公司股权资产的处置。除国家禁止或限制的行业外，资产公司所持股权可按商业原则向国内外各类投资者公开转让，努力实现回收价值最大化。

（二）资产公司转让所持债转股新公司股权，应按国家有关法律法规和资产公司资产处置的规定进行，并确保股权转让依法、规范、平稳进行。资产公司转让所持上市公司股权应按现行规定报财政部批准。

（三）资产公司转让所持债转股新公司股权，应妥善处理所涉及的职工安置问题，保障职工合法权益，维护社会稳定。

（四）资产公司向债转股新公司原国有出资人转让股权的，经财政部商国资委审核后，可不进行资产评估，以审计的每股净资产值为基础，由双方依商业原则协商确定收购价格。双方无法达成一致的，应按现行规定进行评估并公开转让股权。资产公司向其他投资者转让股权的，按现行规定进行评估。资产公司之间进行股权置换或转让的，可以账面值为基础确定置换和转让价格，不需进行资产评估。

（五）开发银行和资产公司直接持有、经国务院批准国有商业银行直接持有或委托资产公司持有的债转股新公司股权，在处置时，不得将股权直接转为对新公司的债权；对收购方通过银行融资方式解决收购股权资金来源的，银行应严格执行贷款审批规定，防止形成新的风险。

国务院办公厅转发国家经贸委、财政部、人民银行关于进一步做好国有企业债权转股权工作意见的通知

(国办发〔2003〕8号 2003年2月23日公布施行)

各省、自治区、直辖市人民政府,国务院各部委、各直属机构:

国家经贸委、财政部、人民银行《关于进一步做好国有企业债权转股权工作的意见》已经国务院同意,现转发给你们,请认真贯彻执行。

关于进一步做好国有企业债权转股权工作的意见

为进一步做好国有企业债权转股权(以下简称"债转股")工作,推进债转股企业加快建立现代企业制度,盘活不良金融资产,防范和化解金融风险,规范实施债转股企业、金融资产管理公司和有关单位的行为,依据《中华人民共和国公司法》(以下简称《公司法》)和《金融资产管理公司条例》等有关法律法规以及国务院的有关规定,现提出如下意见。

一、债转股新公司的设立

(一)经国务院批准实施债转股的企业,应当按照《公司法》等有关法律法规的规定,建立现代企业制度。要通过制定公司章程等有关文件明确股东会、董事会、监事会和经理层的权利与义务,形成各负其责、协调运转、有效制衡的公司法人治理结构,并依法设立或变更登记为股份有限公司或有限责任公司(以下简称新公司)。

(二)新公司进行工商注册登记时不得有职工持股,原企业在此之前已存在的职工持股问题,由职工持股方案原批准单位商有关方面妥善解决。

（三）新公司设立时，要依法进行资产评估和产权登记。债转股企业的资产评估，须公开招标，通过竞争确定评估机构和收费标准。参与竞标的资产评估机构必须具备财政部规定的资质条件。债转股企业的资产评估报告，凡属中央企业的，报财政部备案；凡属地方企业的，报省级财政部门备案。净资产评估结果为负值，需要调整债转股方案的，由国家经贸委、财政部、人民银行提出解决办法，个案报国务院审定。

（四）凡已经国有企业监事会监督检查或上年度经国家审计部门全面审计，以及上年度经符合资质条件的中介机构审计且出具审计报告的债转股企业，可不再重复审计。

（五）新公司的股东依法具有平等地位，利益共享、风险共担。股东之间可按自愿原则转让股权。

（六）经国务院批准实施债转股的企业，属国务院确定的580户债转股企业范围内的，从2000年4月1日起停止支付转股债务的利息；其他企业从国务院批准实施债转股之日起停止支付转股债务利息。金融资产管理公司从停息之日起按照股权比例参与原企业的利润分配，新公司设立后享有相应的股东权益。国务院另有规定的除外。

（七）新公司设立后，金融资产管理公司作为股东，依据法律和公司章程，可派员参加新公司董事会、监事会。新公司要积极探索建立符合现代企业制度要求的选人用人新机制。把组织考核推荐同引进市场机制、向社会公开招聘结合起来，把党管干部原则同董事会依法选择经营管理者，以及经营管理者依法行使用人权结合起来。

（八）新公司要严格依据《中华人民共和国会计法》、《企业财务会计报告条例》等规定，规范和完善企业财务制度，重点加强成本核算与成本管理、资金管理与财务会计报表管理。

（九）新公司要采取措施，积极稳妥地推进人事、劳动。分配制度的改革。建立管理人员竞聘上岗、能上能下的人事制度；建立职工择优录用、能进能出的用工制度；建立收入能增能减、有效激励的分配制度。

二、减轻债转股企业的负担

（十）新公司因停息而增加的利润，其所得税返还给原企业（原企业经变更登记已注销的，返还给原企业出资人，以下统称“原企业”），但只能用于购买金融资产管理公司的股权,同时相应增加原企业的国家资本金。

(十一)债转股企业将实物资产投入到新公司时,除债转股前未贴花的在新公司成立时应贴花外,免征增值税和其他相关税费。原企业持有的各种生产经营证书转入新公司时,免交各种费用。

(十二)原企业将生产经营使用的划拨土地投入到新公司,凡符合法定划拨用地范围的,可继续以划拨方式使用;不符合划拨用地范围的,可采取国家以土地使用权作价出资(入股)方式处置。由此增加的国有资本由原企业持有。原企业可免交除工本费以外的土地使用权变更登记费和手续费。

(十三)新公司在实施债转股时设立登记或变更登记中,免交企业注册登记费。

(十四)债转股企业要按照批准的债转股方案要求,剥离非经营性资产、分离办社会职能和分流富余人员,地方政府要履行相应的义务。

三、盘活不良金融资产

(十五)在金融资产管理公司与原企业签订的债转股协议和方案中,以下条款予以废止:

1. 任何形式的股权固定回报;

2. 设立监管账户;

3. 将原企业资产抵押、股权质押或要求第三方为金融资产管理公司股权退出提供担保作为债转股先决条件或附加条件的;

4. 原企业享受兼并、减员增效政策,银行应核销的利息而计入转股额的;

5. 要求原企业全部购买金融资产管理公司股权的有关条款;

6. 将固定资产折旧费用用于购买金融资产管理公司股权;

7. 金融资产管理公司在债转股时直接置换原企业出资人已上市公司的股权;

8. 凡不符合《研究债转股工作有关问题的会议纪要》(国阅〔2000〕16 号)等有关规定的其他内容。

(十六)新公司符合上市条件的,证监会依法受理上市申请,加快核准。金融资产管理公司转让所持上市公司国有股权,要遵守国家有关规定。

(十七)金融资产管理公司向境内外投资者协议转让股权(不含上市公司国有股权)时,其股权定价须经符合资质条件的资产评估机构进行评估,按照公正、公平、公开的原则,采取招标、拍卖等方式确定受让人和受让价格,同等条件下原企业享有优先购买权。

(十八)金融资产管理公司所持股权不能向境内外投资者协议转让股的,原企业可用股权分红所得购买,购买价格参照资产评估每股净资产,由买卖双方商定。

(十九)关于金融资产管理公司股权转让、出售的最终损失处置问题,由财政部提出解决方案另行报国务院审定。

(二十)关系国计民生、国家必须控制的企业,在转让或上市时,必须经国家有关部门批准,并保证国家控股。

(二十一)关于金融资产管理公司终止时,其所持新公司剩余股权处置问题,由财政部、国家经贸委、人民银行等有关部门提出解决办法另行报国务院审定。

四、支持实施债转股企业的发展

(二十二)国务院有关部门要促进新公司的改革和发展,要依照国家产业政策,积极支持新公司搞好技术创新和促进产品升级,增强新公司的市场竞争能力。

(二十三)对于债转股企业生产经营的借款需求,凡符合条件的,有关商业银行应继续给予支持。

部门规章及规范性文件

中国银保监会办公厅关于保险资金投资债转股投资计划有关事项的通知①

(银保监办发〔2020〕82号　2020年9月4日公布施行)

各保险集团(控股)公司、保险公司、保险资产管理公司:

为提升服务实体经济质效,优化保险资产配置结构,按照市场化法治化原则,根据《保险资金运用管理办法》(中国保险监督管理委员会令2018年第1号)等规定,经银保监会同意,现就保险资金投资债转股投资计划有关事项通知如下:

一、保险资金可以投资金融资产投资公司设立的债转股投资计划,纳入《关于保险资金投资有关金融产品的通知》(保监发〔2012〕91号)管理。

二、保险资金投资的债转股投资计划,其发行人应当公司治理良好,经营审慎稳健,具有良好的守法合规记录和较强的投资管理能力。

三、保险资金投资的债转股投资计划,应当符合下列条件:

(一)债转股投资计划投资的市场化债转股资产原则上不低于债转股投资计划净资产的60%;

(二)债转股投资计划可以投资的其他资产包括合同约定的存款(包括大额存单)、标准化债权类资产等银保监会认可的资产;

(三)债转股投资计划进行份额分级的,应当为优先级份额。

四、按照穿透原则,保险资金投资的债转股投资计划实施分类管理。债转股投资计划投资于权益类资产的比例不低于80%的,纳入权

---

① 该规定已废止。近年来,保险资金通过债券、债权投资计划、直接股权投资、私募股权基金等多种方式参与市场化法治化债转股业务,积极参与供给侧结构性改革,助力企业优化融资结构,提升企业持续健康发展水平。

益类资产投资比例管理；其余债转股投资计划纳入其他金融资产投资比例管理。

五、保险集团（控股）公司或保险公司投资同一债转股投资计划的投资金额，不得高于该产品规模的50%，保险集团（控股）公司、保险公司及其关联方投资同一债转股投资计划的投资金额，合计不得高于该产品规模的80%。

国家发展改革委办公厅、人民银行办公厅、财政部办公厅、银保监会办公厅、证监会办公厅关于鼓励相关机构参与市场化债转股的通知

（发改办财金〔2018〕1442号　2018年11月13日公布施行）

各省、自治区、直辖市及计划单列市、新疆生产建设兵团发展改革委、财政厅，中国人民银行上海总部，中国人民银行各分行、营业管理部、省会（首府）城市中心支行，各银保监局，各证监局：

为有效动员各类社会资本参与市场化债转股，推动市场化债转股扩量提质，按照《国务院关于积极稳妥降低企业杠杆率的意见》（国发〔2016〕54号）及附件《关于市场化银行债权转股权的指导意见》（以下简称《指导意见》）相关规定，现就鼓励保险公司、私募股权投资基金等各类机构依法依规积极参与市场化法治化债转股的相关事宜通知如下。

一、允许符合条件的保险集团（控股）公司、保险公司、保险资产管理机构设立专门实施机构从事市场化债转股，允许保险业实施机构设立私募股权投资基金开展市场化债转股，实施机构的管理参照《保险

资金运用管理办法》、《保险资产管理公司管理暂行规定》[①]、《金融资产投资公司管理办法(试行)》等规定执行。

二、鼓励私募股权投资基金开展市场化债转股业务,私募股权投资基金管理人可以独立开展或与其他机构联合开展市场化债转股项目,资金募集和使用应符合相关监管要求。

三、鼓励银行、信托公司、证券公司、基金管理公司等依法依规发行资产管理产品参与市场化债转股,资金投向和使用应符合相关监管要求,公募资管产品除法律法规和金融管理部门另有规定外不得投资非上市企业股权。

四、鼓励暂未设立实施机构的商业银行利用现有机构开展市场化债转股,允许符合条件的商业银行单独或联合或与其他社会资本发起设立金融资产投资公司。

五、支持外资设立私募股权投资基金开展市场化债转股业务。允许外资依法依规投资入股金融资产投资公司、金融资产管理公司开展市场化债转股。

六、上述各类机构发起或参与市场化债转股的,应按照相关规定向积极稳妥降低企业杠杆率工作部际联席会议(以下简称联席会议)办公室报送项目信息。联席会议办公室根据《指导意见》和《关于做好市场化债转股项目信息报送平台上线相关工作的通知》(发改办财金〔2018〕826号)对市场化债转股项目信息进行管理,并会同相关部门开展监督检查,确保项目合法合规。

① 已废止。

国家发展改革委、人民银行、财政部、银监会、国务院国资委、证监会、保监会关于市场化银行债权转股权实施中有关具体政策问题的通知

（发改财金〔2018〕152 号　2018 年 1 月 19 日公布施行）

各银行、各市场化债转股实施机构：

为深入学习贯彻习近平新时代中国特色社会主义思想和党的十九大精神，落实全国金融工作会议和《政府工作报告》部署，有效推动《国务院关于积极稳妥降低企业杠杆率的意见》（国发〔2016〕54 号，以下简称《意见》）、《关于做好市场化银行债权转股权相关工作的通知》（发改财金〔2016〕2792 号）顺利实施，切实解决市场化银行债权转股权（以下简称市场化债转股）工作中遇到的具体问题和困难，经国务院同意，现将有关事项进一步明确并通知如下：

一、允许采用股债结合的综合性方案降低企业杠杆率。各实施机构可根据对象企业降低杠杆率的目标，设计股债结合、以股为主的综合性降杠杆方案，并允许有条件、分阶段实现转股。鼓励以收债转股模式开展市场化债转股，方案中含有以股抵债或发股还债安排的按市场化债转股项目报送信息。

二、允许实施机构发起设立私募股权投资基金开展市场化债转股。各类实施机构发起设立的私募股权投资基金可向符合条件的合格投资者募集资金，并遵守相关监管要求。符合条件的银行理财产品可依法依规向实施机构发起设立的私募股权投资基金出资。允许实施机构发起设立的私募股权投资基金与对象企业合作设立子基金，面向对象企业优质子公司开展市场化债转股。支持实施机构与股权投资机构合作发起设立专项开展市场化债转股的私募股

权投资基金。

三、规范实施机构以发股还债模式开展市场化债转股。实施机构在以发股还债模式开展市场化债转股时,应在市场化债转股协议中明确偿还的具体债务,并在资金到位后及时偿还债务。

四、支持各类所有制企业开展市场化债转股。相关市场主体依据国家政策导向自主协商确定市场化债转股对象企业,不限定对象企业所有制性质。支持符合《意见》规定的各类非国有企业,如民营企业、外资企业开展市场化债转股。

五、允许将除银行债权外的其他类型债权纳入转股债权范围。转股债权范围以银行对企业发放贷款形成的债权为主,并适当考虑其他类型债权,包括但不限于财务公司贷款债权、委托贷款债权、融资租赁债权、经营性债权等,但不包括民间借贷形成的债权。银行所属实施机构开展市场化债转股所收购的债权或所偿还的债务范围原则上限于银行贷款,适当考虑其他类型银行债权和非银行金融机构债权。

六、允许实施机构受让各种质量分级类型债权。银行所属实施机构、金融资产管理公司、国有资本投资运营公司、保险资产管理机构可以市场化债转股为目的受让各种质量分级类型债权,包括银行正常类、关注类、不良类贷款;银行可以向所属实施机构、金融资产管理公司、国有资本投资运营公司、保险资产管理机构以债转股为目的转让各种质量分级类型银行债权,包括正常类、关注类、不良类贷款;银行应按照公允价值向实施机构转让贷款,因转让形成的折价损失可按规定核销。

七、允许上市公司、非上市公众公司发行权益类融资工具实施市场化债转股。符合条件的上市公司、非上市公众公司可以向实施机构发行普通股、优先股或可转换债券等方式募集资金偿还债务。

八、允许以试点方式开展非上市非公众股份公司银行债权转为优先股。根据《意见》中实施机构和企业自主协商确定转股条件等相关规定,实施机构可以将债权转为非上市非公众股份公司优先股;在正式发布有关非上市非公众股份公司发行优先股政策前,对于拟实施债转优先股的非上市非公众股份公司市场化债转股项目,实施机构须事先向积极稳妥降低企业杠杆率工作部际联席会议(以下简称部际联席会议)办公室报送方案,经同意后以试点方式开展。

九、鼓励规范市场化债转股模式创新。鼓励银行、实施机构和企业在现行制度框架下,在市场化债转股操作方式、资金筹集和企业改革等方面探索创新,并优先采取对去杠杆、降成本、促改革、推转型综合效果好的业务模式。对于现行政策要求不明确,或需调整现行政策的市场化债转股创新模式,应报送部际联席会议办公室并经部际联席会议办公室会同相关部门研究反馈后再行开展。

十、规范市场化债转股项目信息报送管理。对股债结合的综合性降杠杆方案,在框架协议签署环节,报送总协议金额和拟最终增加的企业股权权益金额,并以后者作为债转股签约金额;在资金到位环节报送到位资金数额和企业股权权益增加金额;在协议所约定转股股权全部完成环节报送经会计师事务所认定的股权金额,作为项目实际转股金额。实施机构在报送债转股项目信息时,应明确说明与企业所签协议的性质,具有法律约束力的实质性合同金额计入签约金额,意向性营销性协议金额不再计入签约金额。

部际联席会议将组织协调加快《意见》相关政策的落实。落实税收政策,符合条件的市场化债转股企业可按规定享受企业重组相关税收优惠政策;适应开展市场化债转股工作的实际需要,有关部门将研究采取适当支持方式激励引导开展市场化债转股,依据市场化债转股业务规模、资金到位率、降杠杆质量等因素对相关银行和实施机构提供比较稳定的低成本中长期资金支持;在防止国有资产流失的前提下,提高国有企业转股定价的市场化程度,经批准,允许参考股票二级市场交易价格确定国有上市公司转股价格,允许参考竞争性市场报价或其他公允价格确定国有非上市公司转股价格。

国家经贸委、中国人民银行关于实施债权转股权若干问题的意见

(国经贸产业〔1999〕727号　1999年7月30日公布施行)

国务院决定,国有商业银行组建金融资产管理公司,依法处置银行原有的不良信贷资产。同时,为支持国有大中型企业实现三年改革与脱困的目标,金融资产管理公司作为投资主体实行债权转股权,企业相应增资减债,优化资产负债结构。为此,经国务院同意,特提出关于实施债权转股权若干问题的意见。

一、目的和原则

1. 盘活商业银行不良资产,加快不良资产的回收,增加资产流动性,防范和化解金融风险。

2. 加快实现债权转股权的国有大中型亏损企业转亏为盈。

3. 促进企业转换经营机制,加快建立现代企业制度。

实施债权转股权要与贯彻国家产业政策、优化经济结构相结合,促进企业技术进步和产品升级,增强企业竞争力,提高经济增长质量和效益。

二、选择企业的范围与条件

按照高标准、严要求的精神,目前选择债权转股权企业的范围和条件如下:

(一)选择企业的范围

1.“七五”、“八五”期间和“九五”前两年主要依靠商业银行贷款(包括外币贷款)建成投产,因缺乏资本金和汇率变动等因素,负债过高导致亏损,难以归还贷款本息,通过债权转股权后可转亏为盈的工业企业。

2. 国家确定的521户重点企业中因改建、扩建致使负债过重,造成亏损或虚盈实亏,通过优化资产负债结构可转亏为盈的工业企业。

3. 被选企业同时应是1995年及以前年度向商业银行贷款形成不良债务的工业企业。有些地位重要、困难很大的企业,时限可以延至1996年、1997年、1998年。

4. 工业企业直接负债方,作为债权转股权的企业,必须具有独立企业法人资格。

5. 选择个别商贸企业,进行债权转股权企业的试点。

(二)被选企业必须具备的条件

1. 产品品种适销对路(国内有需求、可替代进口、可批量出口),质量符合要求,有市场竞争力。

2. 工艺装备为国内、国际先进水平,生产符合环保要求。

3. 企业管理水平较高,债权债务清楚,财务行为规范,符合"两则"要求。

4. 企业领导班子强,董事长、总经理善于经营管理。

5. 转换经营机制的方案符合现代企业制度的要求,各项改革措施有力,减员增效、下岗分流的任务落实并得到地方政府确认。

被选企业必须具备上述条件。凡不具备条件的企业应先行整顿,特别是领导班子达不到要求的,必须进行调整。

三、选择企业的操作程序

1. 国家经贸委按照选择范围和条件,严格把关,防止一哄而起。要在征求有关部门意见的基础上,通过双向选择,初步提出企业名单;组织国家有关部门和商业银行到企业调查了解生产经营、资产负债、市场销售、企业管理和内部改革等情况,向金融资产管理公司提出符合条件的企业的建议名单。商业银行及金融资产管理公司也要向国家经贸委提供被剥离的不良信贷资产企业的情况,并就债权转股权问题交换意见。

2. 金融资产管理公司对建议名单中的企业经过独立评审,确认实施债权转股权的企业名单。评审中,要防止行政干预。必要时,可委托国内外中介机构评估、论证。

3. 国家经贸委、财政部、中国人民银行对金融管理公司确认的企业债权转股权的条件、方案,联合进行严格审核后,报国务院批准实施。①

四、金融资产管理公司与企业的关系

1. 金融资产管理公司在债权转股权后,即成为企业的股东,对企业持股或控股,派员参加企业董事会、监事会,参与企业重大决策,但不参与企业的日常生产经营活动。

2. 企业按照《中华人民共和国公司法》规定进行改制,并认真建立规范的法人治理结构,重新进行工商注册登记。

3. 金融资产管理公司持有的股权,可按有关规定向境内外投资者转让,也可由债权转股权企业依法回购;符合上市条件的企业,可以上市。关系国计民生且国家必须控股的企业,在转让或上市时,要保证国家控股。

五、职责分工

1. 国家经贸委综合协调债权转股权的各项工作,组织指导企业制定债权转股权方案和建立现代企业制度。

2. 中国人民银行会同财政部对各债权银行及其金融资产管理公司剥离和处置不良资产实施监管。当债权转股权企业在多家商业银行同时贷款时,由最大债权人负责牵头,采取集体工作方式,有效进行债权转股权的工作。

3. 财政部会同中国人民银行制定金融资产管理公司不良资产处置考核办法;各级财政部门按企业隶属关系办理债权转股权企业的产权变更登记手续。

各级财政部门要加强对债权转股权企业和社会中介机构的财政监督。企业和社会审计机构必须保证会计财务报表的真实性和完整性。

4. 中国证监会依法受理实施债权转股权企业的上市申请,加快审批。

---

① 根据2014年1月28日印发的《国务院关于取消和下放一批行政审批项目的决定》(国发〔2014〕5号)规定,金融资产管理公司债权转股权方案和协议审核已取消行政审批。

5. 各省、自治区、直辖市人民政府要积极支持企业债权转股权工作，涉及企业资产重组过程中分离非经营性资产、职工下岗分流等企业改革事项，要采取措施，确保提供必要的条件。

债权转股权是一项新的政策性很强的工作，没有现成的经验，需要在实践中探索。实施过程中，拟按先易后难、由点到面的原则，集中力量首先抓好几个企业，通过试点取得经验，而后推广，并对本意见加以补充、修改，同时尽快制定和完善有关法规。

国家开发银行不组建金融资产管理公司，其实施债权转股权工作参照本意见办理。

部门工作文件

国家发展改革委办公厅、人民银行办公厅、财政部办公厅、银保监会办公厅、国资委办公厅、证监会办公厅关于做好市场化债转股项目信息报送平台上线相关工作的通知

（发改办财金〔2018〕826 号　2018 年 7 月 5 日公布施行）

市场化债转股各实施机构：

为贯彻落实中央经济工作会议、全国金融工作会议和政府工作报告部署，深入推动市场化债转股业务开展，加强市场化债转股实施机构与潜在对象企业之间项目对接，促进市场化债转股工作扩量提质，便于有关部门及时、全面、准确地把握市场化债转股市场整体发展情况，加强信息报送管理，为政策制定提供科学依据，积极稳妥降低企业杠杆率工作部际联席会议办公室（以下简称联席会议办公室）委托北京金融资产交易所牵头开发了“市场化债转股信息报送平台”（以下简

称“报送平台”)。现将上线有关事宜通知如下。

一、自本通知发布之日起,各实施机构线上通过“报送平台”、线下按照原路径同时报送市场化债转股项目信息,取消线下报送项目信息的时间另行通知。项目信息通过互联网访问“报送平台”系统(网络地址为:http://zzgbspt.cfae.cn)进行填报。

二、各实施机构应及时上报市场化债转股项目信息。实施机构应在债转股相关协议签署后五个工作日内,通过“报送平台”系统填报项目信息。各实施机构应在本通知下发一个月内完成存量项目信息的补录工作,包括已签署协议和已落地的项目信息,并根据项目落地进展动态更新填报信息。

三、各实施机构应保证所填信息与所签署的相关协议信息一致,确保信息的真实性、准确性和完整性,并承担相应的法律责任。联席会议办公室将会同相关部门定期或不定期对填报信息质量进行抽查检查。如出现填报信息不实或故意隐瞒,将采取发送告知函、约谈等措施,情节严重的提请列入相关失信名单并在“信用中国”网站上予以公示。

四、实施机构可通过“报送平台”查看潜在市场化债转股对象企业发布的意向信息,促进供需双方信息交流;可通过“报送平台”发布转股资产的转让信息,提高转股资产的流动性。

五、中国银行间市场交易商协会(简称“交易商协会”)负责协助联席会议办公室进行“报送平台”的信息管理,做好数据统计,建立完善和规范的评估体系,对要件齐备性、信息完整性、数据准确性、填报及时性、政策合规性进行评估,有效落实各项政策要求。对于信息填报不符合要求的,应及时反馈相关实施机构进行修改完善。上线进展情况和评估情况应及时向联席会议办公室报告。

六、北京金融资产交易所(简称“北金所”)作为联席会议办公室授权的报送平台技术支持及运营维护机构,按照相关工作要求,负责报送平台的系统开发、运营、维护及安全等工作,做好报送平台系统账户开立、业务培训、市场推广等工作。

七、交易商协会、北金所及相关单位应采取有效管理措施,保护相关单位的信息权益及数据安全,对报送平台的信息严格保密,防止信息泄露。未经联席会议办公室授权,任何个人或单位不得使用或对外发布有关信息。

八、北金所负责办理报送平台账户开立、数字证书(U－key)领取、系统安装使用等上线具体工作。

特此通知。

国家发展改革委办公厅关于印发《市场化银行债权转股权专项债券发行指引》的通知

(发改办财金〔2016〕2735号　2016年12月19日公布施行)

各省、自治区、直辖市及计划单列市、新疆生产建设兵团发展改革委:

为贯彻落实《国务院关于积极稳妥降低企业杠杆率的意见》(国发〔2016〕54号)精神,积极发挥企业债券融资对积极稳妥降低企业杠杆率的作用,有序推进市场化银行债权转股权工作,现将我委制定的《市场化银行债权转股权专项债券发行指引》印发你们,请认真贯彻执行。

市场化银行债权转股权专项债券发行指引

为贯彻落实《国务院关于积极稳妥降低企业杠杆率的意见》(国发〔2016〕54号)"探索发行用于市场化债转股的企业债券"相关要求,充分发挥债券资金在市场化银行债权转股权(以下简称债转股)中的作用,积极稳妥降低企业杠杆率,根据《公司法》、《证券法》、《企业债券管理条例》等法律法规和规范性文件,制定本指引。

一、发行条件

市场化银行债权转股权专项债券(以下简称债转股专项债券)的发行条件如下:

(一)发行人:市场化债转股实施机构,包括但不限于国有资本投资运营公司、地方资产管理公司等。

(二)转股债权要求:转股债权范围以银行对企业发放贷款形成的债权为主,适当考虑其他类型债权。债转股对象企业应符合《关于市场化银行债权转股权的指导意见》的相关要求。

(三)债券申报核准:发行人向积极稳妥降低企业杠杆率工作部际联席会议办公室(以下简称联席会议办公室)报送项目基本信息后,即可向我委申报发行债转股专项债券。

在我委核准债券前,发行人应完成市场化债转股合同签订并正式生效,向我委提供相关材料,并向联席会议办公室报送项目进展信息。

(四)债券募集资金用途:主要用于银行债权转股权项目(以下简称债转股项目),债转股专项债券发行规模不超过债转股项目合同约定的股权金额的70%。发行人可利用不超过发债规模40%的债券资金补充营运资金。债券资金既可用于单个债转股项目,也可用于多个债转股项目。对于已实施的债转股项目,债券资金可以对前期已用于债转股项目的银行贷款、债券、基金等资金实施置换。

(五)债券期限:对于有约定退出时间的债转股项目,债券期限原则上与债转股项目实施期限一致,到期一次还本。也可在实施期限基础上,设置可续期条款。

(六)偿债保障:债转股专项债券优先以股权市场化退出收益作为偿债资金来源。

(七)增信措施:债转股专项债券原则上应以转股股权作为抵押担保,如果该股权早于债券存续期提前变现,应将变现后不低于债券存续期规模的资金用于债券抵押。对于债项级别为AAA的债转股专项债券,可不提供上述增信措施。

(八)债券发行:核准文件有效期1年,可选择分期发行方式。债转股专项债券在银行间市场面对机构投资者发行。

(九)发行方式:允许以公开或非公开方式发行债转股专项债券。非公开发行时认购的机构投资者不超过二百人,单笔认购不少于500万元人民币,且不得采用广告、公开劝诱和变相公开方式。

(十)加速到期条款:债转股专项债券应设置加速到期条款。如债转股项目的股权早于债券存续期提前变现,由债权代理人召开债券持有人大会,经债券持有人会议通过后,可提前清偿部分或全部债券本金。

二、工作要求

（一）严格做好信息披露。发行人应按规定做好债券信息披露。债转股项目实施后，债转股项目专项债券发行人应每半年公开披露债转股对象企业经营情况。

（二）加强信用约束。建立对发行债转股专项债券相关各方失信行为的联合惩戒机制，依据相关法律法规追究违法违规单位及相关人员责任。

（三）鼓励地方政府对债转股专项债券进行贴息等政策支持①。

① 经查询，陕西金融控股集团有限公司发行市场化银行债权转股权专项债券于2017年5月17日获得国家发改委批准，成为2016年12月国家发改委发布《市场化银行债权转股权专项债券发行指引》后国内首单债转股专项债券。此次陕西金控债转股专项债为48亿元（公开发行20亿元，非公开发行28亿元），债项信用评级为AAA，期限为不超过7年，中信证券为主承销商。募集资金将用于替换彩虹集团公司与咸阳中电彩虹集团控股有限公司下属标的公司的银行贷款，并通过“债转股”方式获得彩虹集团公司与咸阳中电彩虹集团控股有限公司下属标的公司的部分股权。参见新华网，http://www.xinhuanet.com//mrdx/2017-05/24/c_136309909.htm。

第八编 不良资产证券化与不良资产收益权

部门规章及规范性文件

中国银保监会办公厅关于银行业金融机构信贷资产证券化信息登记有关事项的通知

（银保监办发〔2020〕99号 2020年9月30日公布
自2020年11月13日起施行）

各银保监局，各政策性银行、大型银行、股份制银行，外资银行，金融资产管理公司，其他会管经营类机构，银行业信贷资产登记流转中心：

为贯彻落实国务院“放管服”政策精神，推进简政放权，促进信贷资产证券化业务规范健康发展，进一步优化银行业金融机构信贷资产证券化登记管理流程，银保监会不再对信贷资产证券化产品备案登记，实施信贷资产证券化信息登记，现就有关事项通知如下：

一、银行业金融机构开展信贷资产证券化业务，应当依照本通知要求进行信息集中统一登记。按照规定向负责信贷资产证券化信息登记的管理机构（以下简称信息登记机构）按产品逐笔提交数据和资料等，并取得具有唯一性的产品信息登记编码。受托机构持有产品信息登记编码，按程序申请发行。

二、银行业金融机构开展信贷资产证券化业务，发行信贷资产证券化产品前，应当对拟发行产品的基础资产明细和资产支持证券信息实施初始登记。信贷资产证券化产品存续期内，其基础资产和资产支持证券信息发生变化的，应当在规定时间内进行变更登记。信贷资产证券化产品存续期内发生风险和损失等重大变化的，应当及时报告银保监会和信息登记机构,并提出应对措施。

三、银行业金融机构应当持续加强信贷资产证券化信息登记内部管理。制定健全完善的信息登记管理制度并严格实施,设立或者指定专门责任部门、岗位及人员并明确责任,严格内部操作流程,建立完备的风险管理、内部控制体系、信息系统和依照有关规定设置的专线报送网络,确保本机构信贷资产证券化信息登记工作规范有序开展。

四、银行业金融机构应当切实加强信贷资产证券化信息登记质量管理,确保登记数据的真实性、准确性、完整性和及时性,建立严格的数据质量管控和责任追究机制,持续监控并杜绝迟报、漏报、错报和瞒报等行为。

五、银行业金融机构应当切实加强信贷资产证券化信息登记相关信息安全管理,依法履行信息保密义务,不得损害社会公共利益和客户及其他相关方的合法权益。

六、信息登记机构按照银保监会规定要求,承担信贷资产证券化信息登记相关职责。包括:

(一)制定并实施信贷资产证券化信息登记的相关制度细则和操作流程,明确登记要素、数据标准、报送方式和管理要求等,并将相关制度细则和操作流程向银保监会备案。

(二)受理银行业金融机构信贷资产证券化信息登记,依照程序进行完备性核验,按规定发放产品信息登记编码。同时,严格持续实施信息登记质量的监督管控,对银行业金融机构未按规定实施信息登记等行为,予以纠正和督促限期整改,开展行业通报,情节严重或者长期存在数据登记质量问题的,应当暂停受理和发放产品信息登记编码,并将有关情况及时报告银保监会。

(三)严格履行日常风险监测和统计职责,定期向银保监会报送信息登记总体情况、业务运行情况、风险分析报告和其他有关情况。管理和维护登记信息,确保信息依法、合规使用。

(四)建立与信贷资产证券化信息登记相匹配的安全、高效的业务系统,配置符合业务系统持续独立、安全、稳定运行要求的物理场所、设备设施和综合保障,安排专责部门和专职人员负责管理。科学合理配置软硬件设施,做好系统运营维护和数据日常备份工作,保障系统运行的稳定性和连续性。持续加强信息登记自动化建设，不断提高信息登记效率。根据有关法律法规，建立保密制度并采取保密措施，根据相关保密要求，设置不同级别的查询权限，严格履行保密义务，确保信息安全。

（五）为银保监会实施信贷资产证券化业务持续性监管提供支持，配合银保监会非现场监管、现场检查和其他日常监管工作。对履行信贷资产证券化信息登记职责中发现的银行业金融机构的相关重大风险和违规行为线索，及时报告银保监会。

（六）银保监会规定的其他事项。

七、银保监会依法对银行业金融机构的信贷资产证券化业务实施监督管理。银行业金融机构应当根据审慎经营规则开展信贷资产证券化业务，未按照本通知规定要求和程序实施信息登记及报送有关数据和资料、对监管工作形成不利影响的，或者相关业务活动中存在违法违规行为的，银保监会视情节可以指导信息登记机构采取纠正措施，或者依据《中华人民共和国银行业监督管理法》等法律法规，采取相关监管措施或者实施行政处罚。

八、信息登记机构应当履职尽责，建立并有效实施严格的履职问责制度和监督机制，严禁违规下载、复制、传送、使用和篡改登记信息等行为，严禁泄露保密信息。信息登记机构及其工作人员违反本通知和相关监管规定的，应当依照规定实施内部问责，银保监会可依法进行问责。

九、银行业金融机构开展信贷资产证券化业务，应当根据《金融机构信贷资产证券化业务试点监督管理办法》和《关于信贷资产证券化备案登记工作流程的通知》（银监办便函〔2014〕1092 号，以下简称《备案通知》）等相关规定，履行业务资格审批程序。

十、本通知自 2020 年 11 月 13 日起施行。自本通知施行之日起，《备案通知》中“产品备案登记”的规定停止执行。银行业金融机构已在银保监会备案，且在本通知施行之日仍存续的信贷资产证券化产品，应当进行补登记。具体补登记事项由信息登记机构另行规定。银行业信贷资产登记流转中心依照本通知要求履行信息登记机构职责，负责制定发布实施细则和登记工作流程，统筹实施相关信息系统建设、测试和培训等工作。

中国银监会办公厅关于规范银行业金融机构信贷资产收益权转让业务的通知

（银监办发〔2016〕82号 2016年4月27日公布施行）

各银监局，各政策性银行、大型银行、股份制银行，邮储银行，外资银行，金融资产管理公司，其他会管金融机构，银行业信贷资产登记流转中心：

近年来，银行业金融机构开展信贷资产收益权转让业务，对进一步盘活信贷存量、加快资金周转发挥了积极作用，但部分业务存在交易结构不规范不透明，会计处理和资本、拨备计提不审慎等问题。为促进信贷资产收益权转让业务健康有序发展，现就有关事项通知如下：

一、信贷资产收益权转让应当遵守“报备办法、报告产品和登记交易”相关要求

（一）报备办法。银行业金融机构应当制定信贷资产收益权转让业务管理制度；银行业信贷资产登记流转中心（以下简称银登中心）应当根据银监会相关要求，制定并发布信贷资产收益权转让业务规则和操作流程，并及时报送银监会备案。

（二）报告产品。银登中心应当根据银监会相关要求，制定并发布产品报告流程和备案审核要求；银行业金融机构应当向银登中心逐笔报送产品相关信息。

（三）登记交易。出让方银行应当依照《中国银监会办公厅关于银行业信贷资产流转集中登记的通知》（银监办发〔2015〕108号）相关规定，及时在银登中心办理信贷资产收益权转让集中登记。

二、信贷资产收益权转让应当依法合规开展，有效防范风险

（一）出让方银行应当根据《商业银行资本管理办法（试行）》，在信贷资产收益权转让后按照原信贷资产全额计提资本。

（二）出让方银行应当按照《企业会计准则》对信贷资产收益权转让业务进行会计核算和账务处理。开展不良资产收益权转让的，在继续涉入情形下，计算不良贷款余额、不良贷款比例和拨备覆盖率等指标时，出让方银行应当将继续涉入部分计入不良贷款统计口径。

（三）出让方银行应当根据《商业银行贷款损失准备管理办法》、《银行贷款损失准备计提指引》和《金融企业准备金计提管理办法》等相关规定，按照会计处理和风险实际承担情况计提拨备。

（四）出让方银行不得通过本行理财资金直接或间接投资本行信贷资产收益权，不得以任何方式承担显性或者隐性回购义务。

（五）信贷资产收益权的投资者应当持续满足监管部门关于合格投资者的相关要求。不良资产收益权的投资者限于合格机构投资者，个人投资者参与认购的银行理财产品、信托计划和资产管理计划不得投资；对机构投资者资金来源应当实行穿透原则，不得通过嵌套等方式直接或变相引入个人投资者资金。

（六）出让方银行和其他相关交易主体应当审慎评估信贷资产质量和风险，按照市场化原则合理定价，必要时委托会计师事务所、律师事务所、评级机构、估值机构等独立第三方机构，对相关业务环节出具专业意见。

（七）出让方银行和其他相关交易主体应当按照有关要求，向投资者及时、准确、完整披露拟转让收益权的信贷资产相关情况，并及时披露对投资者权益或投资收益等产生重大影响的突发事件。

（八）符合上述规定的合格投资者认购的银行理财产品投资信贷资产收益权，按本通知要求在银登中心完成转让和集中登记的，相关资产不计入非标准化债权资产统计，在全国银行业理财信息登记系统中单独列示。

三、银登中心应当加强市场监督，并及时报告重要情况

（一）开展业务产品备案审核。审核内容包括但不限于资产构成、交易结构、投资者适当性、信息披露和风险管控措施等。

（二）加强市场基础设施建设。完善信贷资产收益权转让相关平台功能，加强软硬件设施建设，保障系统运行的稳定性和连续性。

（三）及时报告重要情况。定期向银监会报告信贷资产收益权转让产品备案、登记转让信息和相关统计分析报告。发生重大突发事件时，应当及时向银监会报告。

四、银行业监督管理机构对银行业金融机构的信贷资产收益权转让业务实施监督管理，必要时根据《中华人民共和国银行业监督管理法》等法律法规，采取相关监管措施或者实施行政处罚。

中国银监会办公厅关于银行业信贷资产流转集中登记的通知

（银监办发〔2015〕108号　2015年6月25日公布施行）

各银监局，各政策性银行、大型银行、股份制银行，邮储银行，外资银行，金融资产管理公司，其他会管金融机构，银行业信贷资产登记流转中心：

根据国务院提出的“盘活货币信贷存量，支持实体经济转型升级”的工作要求，为进一步规范信贷资产流转业务，完善非现场监管，决定开展银行业信贷资产流转集中登记工作。现就有关事项通知如下：

一、银行业金融机构开展信贷资产流转业务，即将所持有的信贷资产及对应的受益权进行转让，应实施集中登记，以促进信贷资产流转规范化、透明化，实现对信贷资产流向的跟踪监测。鉴于当前银行业金融机构开展的信贷资产流转规模较大、交易结构复杂多样，应本着先易后难、循序渐进的原则推进集中登记工作。

二、银行业信贷资产登记流转中心（以下简称“信贷资产登记中心”）承担信贷资产集中登记职能。信贷资产登记中心应本着为市场服务的宗旨，制定相关登记规则，明确实施细则和操作流程，建立安全、高效运行的技术系统，完善软、硬件设施，充分发挥金融基础设施机构的作用。各银行业金融机构应规范业务流程，做好技术准备，健全风险管控，确保信贷资产流转集中登记工作有序开展。

三、信贷资产登记中心应保障信贷资产登记的准确性、及时性、完整性;为银行业金融机构提供必要的技术支持和相关服务;确保登记客户信息的保密安全;严格履行日常监测和统计职责,服务于银监会的非现场监管要求;根据监管要求定期提交登记情况报告,促进银行业金融机构信贷资产流转健康、有序开展。

中国银行业监督管理委员会办公厅关于信贷资产证券化备案登记工作流程的通知

(银监办便函〔2014〕1092 号 2014 年 11 月 20 日公布施行)

各银监局,政策性银行、国有商业银行、股份制商业银行、金融资产管理公司、中国邮政储蓄银行、银监会直接监管的信托公司、企业集团财务公司、金融租赁公司:

为加大金融支持实体经济力度,加快推进信贷资产证券化工作,根据金融监管协调部际联席第四次会议和我会 2014 年第 8 次主席会议的决定,信贷资产证券化业务将由审批制改为业务备案制。本着简政放权原则,我会不再针对证券化产品发行进行逐笔审批,银行业金融机构应在申请取得业务资格后开展业务,在发行证券化产品前应进行备案登记。现就有关事项通知如下:

一、业务资格审批

银行业金融机构开展信贷资产证券化业务应向我会提出申请相关业务资格。应依据《金融机构信贷资产证券化业务试点监督管理办法》相关规定,将申请材料报送各机构监管部并会签创新部。对已发行过信贷资产支持证券的银行业金融机构豁免资格审批,但需履行相应手续。

二、产品备案登记

银行业金融机构发行证券化产品前需进行备案登记。信贷资产证券化产品的备案申请由创新部统一受理、核实、登记;转送各机构监管部实施备案统计;备案后由创新部统一出口。银行业金融机构在完成备案登记后可开展资产支持证券的发行工作。已备案产品需在三个月内完成发行，三个月内未完成发行的须重新备案。

在备案过程中，各机构监管部应对发起机构合规性进行考察，不再打开产品“资产包”对基础资产等具体发行方案进行审查；会计师事务所、律师事务所、评级机构等合格中介机构应针对证券化产品发行方案出具专业意见，并向投资者充分披露；各银行业金融机构应选择符合国家相关政策的优质资产，采取简单透明的交易结构开展证券化业务，盘活信贷存量。

三、过渡期安排

在本通知正式发布前已报送我会，正处于发行审批通道内的证券化产品仍按照原审批制下工作流程继续推进。本通知正式发布后，已发行过信贷资产支持证券的银行业金融机构被视为已具备相关业务资格，可按照上述新工作流程开展产品报备登记，并应补充完成业务资格审批手续；未发行过证券化产品的机构则需在获得业务资格后再进行产品备案。

请各银监局将本通知转发至辖内银监分局和银行业金融机构。

附件一：信贷资产证券化项目备案登记工作相关要求

附件二：信贷资产证券化项目备案登记表（略）

附件一：

信贷资产证券化项目备案登记工作相关要求

一、备案登记材料清单

1. 信贷资产证券化项目备案登记表（附件二）；

2. 由发起机构和受托机构联合签署的项目备案报告；

3. 信贷资产证券化项目计划书；

4. 信托合同、贷款服务合同、资金保管合同及其他相关法律文件草案；

5. 执业律师出具的法律意见书草案、注册会计师出具的会计意见书草案、资信评级机构出具的信用评级报告草案及有关持续跟踪评级

安排的说明;

6. 受托机构在信托财产收益支付的间隔期内,对信托财产收益进行投资管理的原则及方式说明;

7. 发起机构信贷资产证券化业务资格的批复或相关证明文件;

8. 特定目的信托受托机构资格的批复;

9. 银监会要求的其他文件和材料。

以上备案登记材料应参照《金融机构信贷资产证券化试点监督管理办法》第十三条相关要求报送。

二、备案登记工作相关要求

1. 信贷资产证券化项目备案登记工作由发起机构进行。

2. 信贷资产证券化发起机构应填写《信贷资产证券化项目备案登记表》,并由相关填报人员签字并加盖机构公章。

3. 填报机构将备案登记材料清单中相关材料报送至银监会创新部,并将《信贷资产证券化项目备案登记表》电子版发送至 zhangmengsheng@ cbrc. gov. cn。

金融机构信贷资产证券化试点监督管理办法

(中国银行业监督管理委员会令 2005 年第 3 号
2005 年 11 月 7 日公布　自 2005 年 12 月 1 日起施行)

第一章　总　　则

第一条　为规范信贷资产证券化试点工作,促进金融机构审慎开展信贷资产证券化业务,有效管理和控制信贷资产证券化业务中的相关风险,保护投资人及相关当事人的合法权益,根据《中华人民共和国银行业监督管理法》、《中华人民共和国商业银行法》、《中华人民共和国信托法》等有关法律、行政法规和《信贷资产证券化试点管理办法》,制定本办法。

第二条　本办法所称金融机构,是指在中华人民共和国境内依法设立的商业银行、政策性银行、信托投资公司、财务公司、城市信用社、农村信用社以及中国银行业监督管理委员会（以下简称银监会）依法监督管理的其他金融机构。

第三条　在中华人民共和国境内，银行业金融机构作为发起机构，将信贷资产信托给受托机构，由受托机构以资产支持证券的形式向投资机构发行受益证券，以该财产所产生的现金支付资产支持证券收益的结构性融资活动，适用本办法。

第四条　金融机构作为信贷资产证券化发起机构、受托机构、信用增级机构、贷款服务机构、资金保管机构、资产支持证券投资机构等从事信贷资产证券化业务活动，应当依照有关法律、行政法规、部门规章的规定和信贷资产证券化相关法律文件的约定，履行相应职责，并有效地识别、计量、监测和控制相关风险。

第五条　银监会依法对金融机构的信贷资产证券化业务活动实施监督管理。

未经银监会批准，金融机构不得作为信贷资产证券化发起机构或者特定目的信托受托机构从事信贷资产证券化业务活动。

第二章　市场准入管理

第六条　信贷资产证券化发起机构是指通过设立特定目的信托转让信贷资产的金融机构。

第七条　银行业金融机构作为信贷资产证券化发起机构，通过设立特定目的信托转让信贷资产，应当具备以下条件：

（一）具有良好的社会信誉和经营业绩，最近三年内没有重大违法、违规行为；

（二）具有良好的公司治理、风险管理体系和内部控制；

（三）对开办信贷资产证券化业务具有合理的目标定位和明确的战略规划，并且符合其总体经营目标和发展战略；

（四）具有适当的特定目的信托受托机构选任标准和程序；

（五）具有开办信贷资产证券化业务所需要的专业人员、业务处理系统、会计核算系统、管理信息系统以及风险管理和内部控制制度；

（六）最近三年内没有从事信贷资产证券化业务的不良记录；

(七)银监会规定的其他审慎性条件。

第八条 特定目的信托受托机构是指在信贷资产证券化过程中,因承诺信托而负责管理特定目的信托财产并发行资产支持证券的机构。受托机构由依法设立的信托投资公司或者银监会批准的其他机构担任。

第九条 信托投资公司担任特定目的信托受托机构,应当具备以下条件:

(一)根据国家有关规定完成重新登记三年以上;

(二)注册资本不低于五亿元人民币,并且最近三年年末的净资产不低于五亿元人民币;

(三)自营业务资产状况和流动性良好,符合有关监管要求;

(四)原有存款性负债业务全部清理完毕,没有发生新的存款性负债或者以信托等业务名义办理的变相负债业务;

(五)具有良好的社会信誉和经营业绩,到期信托项目全部按合同约定顺利完成,没有挪用信托财产的不良记录,并且最近三年内没有重大违法、违规行为;

(六)具有良好的公司治理、信托业务操作流程、风险管理体系和内部控制;

(七)具有履行特定目的信托受托机构职责所需要的专业人员、业务处理系统、会计核算系统、管理信息系统以及风险管理和内部控制制度;

(八)已按照规定披露公司年度报告;

(九)银监会规定的其他审慎性条件。

第十条 信托投资公司申请特定目的信托受托机构资格,应当向银监会提出申请,并且报送下列文件和资料(一式三份):

(一)申请报告;

(二)公司营业执照、注册资本证明和重新登记完成三年以上的证明;

(三)管理特定目的信托财产的操作规程、会计核算制度、风险管理和内部控制制度;

(四)管理特定目的信托财产的业务主管人员和主要业务人员的

名单和履历；

（五）公司最近三个会计年度经审计的财务报表；

（六）申请人自律承诺书；

（七）银监会要求提交的其他文件和资料。

第十一条　银监会应当自收到信托投资公司的完整申请材料之日起五个工作日内决定是否受理申请。银监会决定不受理的，应当书面通知申请人并说明理由；决定受理的，应当自受理之日起一个月内做出批准或者不批准的书面决定。

第十二条　其他金融机构申请特定目的信托受托机构资格的市场准入条件和程序，由银监会另行制定。

第十三条　银行业金融机构作为发起机构，将信贷资产信托给受托机构，由受托机构以资产支持证券的形式向投资机构发行受益证券，应当由符合本办法第七条规定条件的银行业金融机构与获得特定目的信托受托机构资格的金融机构向银监会联合提出申请，并且报送下列文件和资料（一式三份）：

（一）由发起机构和受托机构联合签署的申请报告；

（二）可行性研究报告；

（三）信贷资产证券化业务计划书；

（四）信托合同、贷款服务合同、资金保管合同及其他相关法律文件草案；

（五）执业律师出具的法律意见书草案、注册会计师出具的会计意见书草案、资信评级机构出具的信用评级报告草案及有关持续跟踪评级安排的说明；

（六）发起机构对特定目的信托受托机构的选任标准及程序；

（七）发起机构信贷资产证券化的业务流程、会计核算制度、风险管理和内部控制制度；

（八）发起机构信贷资产证券化业务主管人员和主要业务人员的名单和履历；

（九）受托机构对贷款服务机构、资金保管机构、信贷资产证券化交易中其他有关机构的选任标准及程序；

（十）受托机构在信托财产收益支付的间隔期内，对信托财产收益

进行投资管理的原则及方式说明;

(十一)银监会要求提交的其他文件和资料。

前款第(三)项所称信贷资产证券化业务计划书应当包括以下内容:

(一)发起机构、受托机构、贷款服务机构、资金保管机构及其他参与证券化交易的机构的名称、住所及其关联关系说明;

(二)发起机构、受托机构、贷款服务机构和资金保管机构在以往证券化交易中的经验及违约记录说明;

(三)设立特定目的的信托的信贷资产选择标准、资产池情况说明及相关统计信息;

(四)资产池信贷资产的发放程序、审核标准、担保形式、管理方法、违约贷款处置程序及方法;

(五)交易结构及各参与方的主要权利与义务;

(六)信托财产现金流需要支付的税费清单,各种税费支付来源、支付环节和支付优先顺序;

(七)资产支持证券发行计划,包括资产支持证券的分档情况、各档次的本金数额、信用等级、票面利率、期限和本息偿付优先顺序;

(八)信贷资产证券化交易的内外部信用增级方式及相关合同草案;

(九)清仓回购条款等选择性或强制性的赎回或终止条款;

(十)该信贷资产证券化交易的风险分析及其控制措施;

(十一)拟在发行说明书显著位置对投资机构进行风险提示的内容;

(十二)银监会要求的其他内容。

第十四条 银监会应当自收到发起机构和受托机构联合报送的完整申请材料之日起五个工作日内决定是否受理申请。银监会决定不受理的,应当书面通知申请人并说明理由;决定受理的,应当自受理之日起三个月内做出批准或者不批准的书面决定。

第三章 业务规则与风险管理

第十五条 金融机构应当根据本机构的经营目标、资本实力、风险管理能力和信贷资产证券化业务的风险特征，确定是否从事信贷资产证券化业务以及参与的方式和规模。

第十六条　金融机构在开展信贷资产证券化业务之前，应当充分识别和评估可能面临的信用风险、利率风险、流动性风险、操作风险、法律风险和声誉风险等各类风险，建立相应的内部审批程序、业务处理系统、风险管理和内部控制制度，由信贷管理部门、资金交易部门、风险管理部门、法律部门/合规部门、财务会计部门和结算部门等相关部门对信贷资产证券化的业务处理和风险管理程序进行审核和认可，必要时还需获得董事会或其授权的专门委员会的批准。

第十七条　金融机构应当充分认识其因从事信贷资产证券化业务而承担的义务和责任，并根据其在信贷资产证券化业务中担当的具体角色，针对信贷资产证券化业务的风险特征，制定相应的风险管理政策和程序，以确保持续有效地识别、计量、监测和控制信贷资产证券化业务中的风险，同时避免因在信贷资产证券化交易中担当多种角色而可能产生的利益冲突。

金融机构应当将对信贷资产证券化业务的风险管理纳入其总体的风险管理体系。

第十八条　金融机构的董事会和高级管理层应当了解信贷资产证券化业务及其所包含的风险，确定开展信贷资产证券化业务的总体战略和政策，确保具备从事信贷资产证券化业务和风险管理所需要的专业人员、管理信息系统和会计核算系统等人力、物力资源。从事信贷资产证券化业务和风险管理的工作人员应当充分了解信贷资产证券化业务的法律关系、交易结构、主要风险及其控制方法和技术。

第一节　发起机构

第十九条　信贷资产证券化发起机构拟证券化的信贷资产应当符合以下条件：

（一）具有较高的同质性；

（二）能够产生可预测的现金流收入；

（三）符合法律、行政法规以及银监会等监督管理机构的有关规定。

第二十条 发起机构应当按照公平的市场交易条件和条款转让信贷资产,并且不得违反法律、行政法规、银监会等监督管理机构的有关规定以及贷款合同的约定。

第二十一条 发起机构应当准确区分和评估通过信贷资产证券化交易转移的风险和仍然保留的风险,并对所保留的风险进行有效的监测和控制。

发起机构应当按照本办法第四章的有关规定,对所保留的风险计提资本。

第二十二条 发起机构应当确保受托机构在资产支持证券发行说明书的显著位置提示投资机构:资产支持证券不代表发起机构的负债,资产支持证券投资机构的追索权仅限于信托财产。发起机构除了承担在信托合同和可能在贷款服务合同等信贷资产证券化相关法律文件中所承诺的义务和责任外,不对信贷资产证券化业务活动中可能产生的其他损失承担义务和责任。

第二节 特定目的信托受托机构

第二十三条 特定目的信托受托机构应当在资产支持证券发行结束后十个工作日内,向银监会报告资产支持证券的发行情况,并向银监会报送与发起机构、信用增级机构、贷款服务机构和其他为信贷资产证券化交易提供服务的机构正式签署的相关法律文件。

在资产支持证券存续期内,受托机构应当向银监会报送所披露的受托机构报告。

第二十四条 受托机构应当将作为信托财产的信贷资产与其固有财产和其他信托财产分别记账,分别管理。不同证券化交易中的信托财产也应当分别记账,分别管理。

第二十五条 受托机构应当在下列事项发生后五个工作日内向银监会报告:

(一)作为信托财产的信贷资产质量发生重大变化,可能无法按时向投资机构支付资产支持证券收益;

(二)受托机构、贷款服务机构、资金保管机构违反有关法律、行政法规、部门规章的规定或者信贷资产证券化相关法律文件约定,可能会影响资产支持证券收益的按时支付；

（三）外部信用增级机构发生变更；

（四）资产支持证券和其他证券化风险暴露的信用评级发生变化；

（五）发生清仓回购；

（六）银监会规定的其他可能导致信贷资产证券化业务活动产生重大损失的事项。

第二十六条　受托机构因辞任、被资产支持证券持有人大会解任或者信托合同约定的其他情形而终止履行职责的，应当在五个工作日内向银监会报告。

新受托机构应当自签署信托合同之日起五个工作日内向银监会报告，并报送新签署的信托合同以及其他相关法律文件。

第二十七条　贷款服务机构更换的，受托机构应当及时通知借款人，并在五个工作日内向银监会报告，报送新签署的贷款服务合同。

资金保管机构更换的，受托机构应当在五个工作日内向银监会报告，并报送新签署的资金保管合同。

第二十八条　受托机构应当在资产支持证券发行说明书的显著位置提示投资机构：资产支持证券仅代表特定目的的信托受益权的相应份额，不是受托机构的负债。受托机构以信托财产为限向投资机构承担支付资产支持证券收益的义务，不对信贷资产证券化业务活动中可能产生的其他损失承担义务和责任。

第三节　信用增级机构

第二十九条　本办法所称信用增级是指在信贷资产证券化交易结构中通过合同安排所提供的信用保护。信用增级机构根据在相关法律文件中所承诺的义务和责任，向信贷资产证券化交易的其他参与机构提供一定程度的信用保护，并为此承担信贷资产证券化业务活动中的相应风险。

第三十条　信用增级可以采用内部信用增级和/或外部信用增级的方式提供。内部信用增级包括但不限于超额抵押、资产支持证券分层结构、现金抵押账户和利差账户等方式。外部信用增级包括但不限于备用信用证、担保和保险等方式。

第三十一条 金融机构提供信用增级,应当在信贷资产证券化的相关法律文件中明确规定信用增级的条件、保护程度和期限,并将因提供信用增级而承担的义务和责任与因担当其他角色而承担的义务和责任进行明确的区分。

第三十二条 金融机构应当在法律、行政法规和银监会等监督管理机构有关规定允许的范围内,按照公平的市场交易条件和条款,约定提供信用增级的条件、条款及其所承担的义务和责任。

第三十三条 信用增级机构应当确保受托机构在资产支持证券发行说明书中披露信贷资产证券化交易中的信用增级安排情况,并在其显著位置提示投资机构:信用增级仅限于在信贷资产证券化相关法律文件所承诺的范围内提供,信用增级机构不对信贷资产证券化业务活动中可能产生的其他损失承担义务和责任。

第三十四条 商业银行为信贷资产证券化交易提供信用增级,应当按照本办法第四章的有关规定计提资本。

第四节 贷款服务机构

第三十五条 贷款服务机构是指在信贷资产证券化交易中,接受受托机构委托,负责管理贷款的机构。贷款服务机构应当由在中华人民共和国境内依法设立并具有经营贷款业务资格的金融机构担任。

第三十六条 贷款服务机构可以是信贷资产证券化的发起机构。贷款服务机构为发起机构的,应当与受托机构签署单独的贷款服务合同。

第三十七条 贷款服务机构根据与受托机构签署的贷款服务合同,收取证券化资产的本金、利息和其他收入,并及时、足额转入受托机构在资金保管机构开立的资金账户。

第三十八条 贷款服务机构应当制定管理证券化资产的政策和程序,由专门的业务部门负责履行贷款管理职责。证券化资产应当单独设账,与贷款服务机构自身的信贷资产分开管理。不同信贷资产证券化交易中的证券化资产也应当分别记账,分别管理。

第三十九条 贷款服务机构履行贷款服务职能,应当具备所需要的专业人员以及相应的业务处理系统和管理信息系统。

第四十条 贷款服务费用应当按照公平的市场交易条件和条款确定。

第四十一条 贷款服务机构应当确保受托机构在资产支持证券发行说明书的显著位置提示投资机构:贷款服务机构根据贷款服务合同履行贷款管理职责,并不表明其为信贷资产证券化业务活动中可能产生的损失承担义务和责任。

第四十二条 银监会根据贷款服务机构在信贷资产证券化业务活动中所承担义务和责任的经济实质,判断其是否形成证券化风险暴露。如果形成证券化风险暴露,贷款服务机构应当按照本办法第四章的有关规定计提资本。

第五节 资金保管机构

第四十三条 资金保管机构是指在信贷资产证券化交易中,接受受托机构委托,负责保管信托财产账户资金的机构。

信贷资产证券化发起机构和贷款服务机构不得担任同一交易的资金保管机构。

第四十四条 受托机构应当选择具备下列条件的商业银行担任资金保管机构:

(一)有专门的业务部门负责履行信托资金保管职责;

(二)具有健全的资金保管制度和风险管理、内部控制制度;

(三)具备安全保管信托资金的条件和能力;

(四)具有足够的熟悉信托资金保管业务的专职人员;

(五)具有安全高效的清算、交割系统;

(六)具有符合要求的营业场所、安全防范设施和与保管信托资金有关的其他设施;

(七)最近三年内没有重大违法、违规行为。

第四十五条 资金保管机构应当为每项信贷资产证券化信托资金单独设账,单独管理,并将所保管的信托资金与其自有资产和管理的其他资产严格分开管理。

第四十六条 在向资产支持证券投资机构支付信托财产收益的间隔期内,资金保管机构发现对信托财产收益进行投资管理的投资指令违反法律、行政法规、其他有关规定或者资金保管合同约定的，应当及时向银监会报告。

第六节　资产支持证券投资机构

第四十七条　金融机构按照法律、行政法规和银监会等监督管理机构的有关规定可以买卖政府债券、金融债券的，也可以在法律、行政法规和银监会等监督管理机构有关规定允许的范围内投资资产支持证券。

第四十八条　金融机构投资资产支持证券，应当充分了解可能面临的信用风险、利率风险、流动性风险、法律风险等各类风险，制定相应的投资管理政策和程序，建立投资资产支持证券的业务处理系统、管理信息系统和风险控制系统。

参与资产支持证券投资和风险管理的工作人员应当在充分了解信贷资产证券化的交易结构、资产池资产状况、信用增级情况、信用评级情况等信息的基础上做出投资决策，分析资产支持证券的风险特征并运用相应的风险管理方法和技术控制相关风险。

第四十九条　金融机构投资资产支持证券，将面临资产池资产所包含的信用风险。金融机构应当根据资产池资产的客户、地域和行业特征，将其纳入本机构统一的信用风险管理体系，包括对风险集中度的管理。

第五十条　金融机构投资资产支持证券，应当实行内部限额管理，根据本机构的风险偏好、资本实力、风险管理能力和信贷资产证券化的风险特征，设定并定期审查、更新资产支持证券的投资限额、风险限额、止损限额等，同时对超限额情况制定监控和处理程序。

第五十一条　金融机构负责资产支持证券投资的部门应当与负责风险管理的部门保持相对独立。在负责资产支持证券投资的部门内部，应当将前台与后台严格分离。

第五十二条　信贷资产证券化发起机构不得投资由其发起的资产支持证券，但发起机构持有最低档次资产支持证券的除外。

特定目的信托受托机构不得用所有者权益项下的资金或者信托资金投资由其发行的资产支持证券，但受托机构依据有关规定（或合同)进行提前赎回的除外。

第五十三条　信贷资产证券化的其他参与机构投资在同一证券化交易中发行的资产支持证券,应当建立有效的内部风险隔离机制,由与在证券化交易中履行其他职责(如贷款服务和资金保管职责)相独立的部门负责资产支持证券的投资管理,并且不得利用信息优势进行内幕交易或者操纵市场。

第五十四条　商业银行投资资产支持证券,应当按照本办法第四章的有关规定计提资本。

第五十五条　信托投资公司所有者权益项下依照规定可以运用的资金以及信托项下委托人不为自然人的信托资金,可以投资于资产支持证券。信托投资公司所有者权益项下资产支持证券的投资余额不得超过其净资产的50%,自用固定资产、股权投资和资产支持证券的投资余额总和不得超过其净资产的80%。

第四章　资 本 要 求

第五十六条　从事信贷资产证券化业务的商业银行应当按照《商业银行资本充足率管理办法》①和本办法计算资本充足率。

第五十七条　为充分抵御因从事信贷资产证券化业务而承担的风险,商业银行应当基于信贷资产证券化业务的经济实质,而不仅限于法律形式计提资本。

第五十八条　商业银行因从事信贷资产证券化业务而形成的风险暴露称为证券化风险暴露。证券化风险暴露包括但不限于资产支持证券和信用增级。储备账户如果作为发起机构的资产,应当视同于证券化风险暴露。

前款所称储备账户包括但不限于现金抵押账户和利差账户。

第五十九条　商业银行作为信贷资产证券化发起机构、信用增级机构、投资机构或者贷款服务机构等从事信贷资产证券化业务,只要产生了证券化风险暴露,就应当计提相应的资本。

银监会有权根据信贷资产证券化业务的经济实质,判断商业银行

---

①　已废止。

是否持有证券化风险暴露,并确定应当如何计提资本。

第六十条 在符合下列所有条件的情况下,发起机构才能在计算风险加权资产时扣减被证券化的信贷资产:

(一)与被转让信贷资产相关的重大信用风险已经转移给了独立的第三方机构。

(二)发起机构对被转让的信贷资产不再拥有实际的或者间接的控制。

发起机构证明对被转让的信贷资产不再拥有实际的或者间接的控制,至少需要由执业律师出具法律意见书,表明发起机构与被转让的信贷资产实现了破产隔离。

发起机构对被转让的信贷资产保留实际的或者间接的控制,包括但不限于下列情形:

1. 发起机构为了获利,可以赎回被转让的信贷资产,但发起机构按照《信贷资产证券化试点管理办法》第十四条规定,因已转让的信贷资产被发现在入库起算日不符合信托合同约定的范围、种类、标准和状况而被要求赎回或置换的除外;

2. 发起机构有义务承担被转让信贷资产的重大信用风险。

(三)发起机构对资产支持证券的投资机构不承担偿付义务和责任。

(四)在信托合同和信贷资产证券化其他相关法律文件中不包括下列条款:

1. 要求发起机构改变资产池中的资产,以提高资产池的加权平均信用质量,但通过以市场价格向独立的第三方机构转让资产除外;

2. 在信贷资产转让之后,仍然允许发起机构追加第一损失责任或者加大信用增级的支持程度;

3. 在资产池信用质量下降的情况下,增加向除发起机构以外的其他参与机构支付的收益。

(五)清仓回购符合本办法第六十八条所规定的条件。

在符合上述(一)至(五)项条件的情况下,发起机构仍然应当为所保留的证券化风险暴露计提资本。

在上述(一)至(五)项条件中任何一项不符合的情况下,发起机构都应当按照资产证券化前的资本要求计提资本。

第六十一条　银监会按照客观性、独立性、国际通用性、信息披露充分性、可信度、资源充足性、对资产支持证券评级的专业能力、评级方法和结果的公开性、市场接受程度等标准，确定资信评级机构对信贷资产证券化交易的评级是否可以作为确定风险权重的依据。

第六十二条　银监会认可资信评级机构对信贷资产证券化交易的信用评级作为确定风险权重依据的，证券化风险暴露的风险权重按照本办法附录所示的对应关系确定[①]。

长期评级在BB+(含BB+)到BB-(含BB-)之间的，非发起机构应当对所持有的证券化风险暴露运用350%的风险权重，发起机构应当将证券化风险暴露从资本中扣减。

最高档次的证券化风险暴露未进行评级的，按照被转让信贷资产的平均风险权重确定风险权重。其他未评级的证券化风险暴露，从资本中扣减。

第六十三条　同一证券化风险暴露具有两个不同的评级结果时，商业银行应当运用所对应的较高风险权重。

同一证券化风险暴露具有三个或者三个以上的评级结果时，商业银行应当从所对应的两个较低的风险权重中选用较高的一个风险权重。

本办法采用标准普尔的评级符号仅为示例目的，银监会不指定资信评级机构的选用。

第六十四条　信贷资产证券化交易没有信用评级或者信用评级未被银监会认可作为风险权重依据的，商业银行应当区别以下情形，

---

① 附录：长期评级与风险权重对应表、短期评级与风险权重对应表。

长期评级与风险权重对应表

长期信用评级	AAA到AA-	A+到A-	BBB+到BBB-	BB+到BB-	B+以下或者未评级
风险权重	20%	50%	100%	350%或者扣减	扣减

短期评级与风险权重对应表

短期信用评级	A-1/P-1	A-2/P-2	A-3/P-3	其他评级或者未评级
风险权重	20%	50%	100%	扣减

为证券化风险暴露计提资本:

(一)将第一损失责任从资本中扣减;

(二)对最高档次的证券化风险暴露,按照被转让信贷资产的平均风险权重确定风险权重;

(三)对其他的证券化风险暴露,运用100%的风险权重。

证券化风险暴露由《商业银行资本充足率管理办法》[①]规定的保证主体提供具有风险缓释作用的保证的,按照对保证人直接债权的风险权重确定风险权重。

第六十五条 对表外的证券化风险暴露,运用100%的信用转换系数。

第六十六条 商业银行为信贷资产证券化交易提供保证的,不论资产证券化交易的信用评级是否作为确定风险权重的依据,都应当根据本办法第六十四条的规定确定被保证对象的风险权重,并以此作为该项保证的风险权重。

第六十七条 在将证券化风险暴露从资本中扣减的情况下,应当首先从需要扣减的证券化风险暴露中扣除所计提的专项准备或者减值准备,然后再从核心资本和附属资本中分别扣减扣除专项准备或者减值准备后证券化风险暴露的50%。

第六十八条 如果信贷资产证券化交易合同中含有清仓回购条款,在符合下列条件的情况下,发起机构可以不为其计提资本:

(一)发起机构有权决定是否进行清仓回购,清仓回购的行使无论在形式还是实质上都不是强制性的;

(二)清仓回购安排不会免除信用增级机构或者资产支持证券投资机构理应承担的损失,或者被用来提供信用增级;

(三)只有在资产池或者以该资产池为基础发行的资产支持证券余额降至10%或者10%以下时,才能进行清仓回购。

在上述任何一项条件不符合的情况下,发起机构都应当按照资产证券化前的资本要求计提资本。

第六十九条 商业银行为信贷资产证券化业务所计提的资本,以

---

① 已废止。

被转让信贷资产证券化前的资本要求为上限。

第七十条 商业银行以超过合同义务的方式为信贷资产证券化交易提供隐性支持的,银监会有权要求其按照被转让信贷资产证券化前的资本要求计提资本,并要求其公开披露所提供的隐性支持和为此需要增加的资本。

商业银行提供隐性支持的方式包括但不限于以下情形:

(一)以高于市场价格的方式从资产池赎回部分资产,或赎回资产池中信用质量下降的资产,但发起机构按照《信贷资产证券化试点管理办法》第十四条规定,因已转让的信贷资产被发现在入库起算日不符合信托合同约定的范围、种类、标准和状况而被要求赎回或置换的除外;

(二)以打折的方式向资产池再次注入信贷资产;

(三)增加合同约定之外的第一损失责任。

第五章 监督管理

第七十一条 从事信贷资产证券化业务活动的金融机构应当按照规定向银监会报送与信贷资产证券化业务有关的财务会计报表、统计报表和其他报告。有关规定由银监会另行制定。

第七十二条 从事信贷资产证券化业务活动的金融机构在信贷资产证券化业务中出现重大风险和损失时,应当及时向银监会报告,并提交应对措施。

第七十三条 银监会应当根据金融机构在信贷资产证券化业务中担当的具体角色,定期对其信贷资产证券化业务的合规性和风险状况进行现场检查。

第七十四条 金融机构应当按照银监会关于信息披露的有关规定,披露其从事信贷资产证券化业务活动的有关信息,披露的信息应当至少包括以下内容:

(一)从事信贷资产证券化业务活动的目的;

(二)在信贷资产证券化业务活动中担当的角色、提供的服务、所承担的义务、责任及其限度;

(三)当年所开展的信贷资产证券化业务概述;

(四)发起机构的信用风险转移或者保留程度;

(五)因从事信贷资产证券化业务活动而形成的证券化风险暴露及其数额;

(六)信贷资产证券化业务的资本计算方法和资本要求;

(七)对所涉及信贷资产证券化业务的会计核算方式。

金融机构应当在每个会计年度终了后的四个月内披露上述信息。因特殊原因不能按时披露的,应当至少提前十五个工作日向银监会申请延期。

第七十五条 金融机构违反本办法第三章规定的审慎经营规则从事信贷资产证券化业务活动,或者未按照本办法第四章有关规定计提资本的,应当根据银监会提出的整改建议,在规定的时限内向银监会提交整改方案并采取整改措施。

对于在规定的时限内未能采取有效整改措施或者其行为造成重大损失的金融机构,银监会有权采取下列措施:

(一)暂停金融机构开展新的信贷资产证券化业务;

(二)责令调整董事、高级管理人员或者限制其权利;

(三)《中华人民共和国银行业监督管理法》第三十七条规定的其他措施。

第七十六条 特定目的信托受托机构有下列情形之一的,银监会有权取消其担任特定目的信托受托机构的资格:

(一)经营状况发生恶化,连续两年出现亏损;

(二)在担任特定目的信托受托机构期间出现重大失误,未能尽职管理信托财产而被解任;

(三)严重损害信托财产以及信贷资产证券化发起机构、投资机构和其他相关机构的利益;

(四)银监会认为影响其履行受托机构职责的其他重大事项。

第六章 法律责任

第七十七条 未经银监会批准,金融机构作为信贷资产证券化发起机构或者特定目的信托受托机构从事信贷资产证券化业务活动的,由银监会依据《中华人民共和国银行业监督管理法》第四十四条的规定，予以处罚。

第七十八条　金融机构从事信贷资产证券化业务活动，有下列情形之一的，由银监会依据《中华人民共和国银行业监督管理法》第四十五条的规定，予以处罚：

（一）违反本办法规定投资资产支持证券，或者严重违反本办法第三章、第四章规定的其他审慎经营规则的；

（二）提供虚假的或者隐瞒重要事实的报表、报告等文件、资料的；

（三）未按照规定进行风险揭示或者信息披露的；

（四）拒绝执行本办法第七十五条规定的措施的。

第七十九条　金融机构从事信贷资产证券化业务活动，未按照规定向银监会报告或者报送有关文件、资料的，由银监会依据《中华人民共和国银行业监督管理法》第四十六条的规定，予以处罚。

第八十条　金融机构从事信贷资产证券化业务活动的其他违法违规行为，由银监会依据《中华人民共和国银行业监督管理法》、《中华人民共和国商业银行法》、《中华人民共和国信托法》、《金融违法行为处罚办法》等有关法律、行政法规，予以处罚。

第八十一条　金融机构从事信贷资产证券化业务活动，违反有关法律、行政法规和部门规章规定的，银监会除依照本办法第七十七条至第八十条规定处罚外，还可以依据《中华人民共和国银行业监督管理法》第四十七条和《金融违法行为处罚办法》的相关规定，对直接负责的董事、高级管理人员和其他直接责任人员进行处理；构成犯罪的，依法追究刑事责任。

第七章　附　　则

第八十二条　商业银行投资境外资产支持证券，参照本办法计提资本。

第八十三条　从事信贷资产证券化业务活动的农村合作银行、城市信用社、农村信用社、财务公司计算证券化风险暴露的资本要求，比照适用本办法。从事信贷资产证券化业务活动的外国银行在华分行参照本办法计算营运资金加准备金等之和中的人民币份额与其风险资产中的人民币份额的比例。

第八十四条 信托投资公司以外的不适用于资本充足率考核的金融机构投资资产支持证券的有关规定,由银监会另行制定。

第八十五条 未设立董事会的金融机构,应当由其经营决策机构履行本办法规定的董事会的有关职责。

第八十六条 本办法下列用语的含义:

(一)"超额抵押"是指在信贷资产证券化交易中,将资产池价值超过资产支持证券票面价值的差额作为信用保护的一种内部信用增级方式,该差额用于弥补信贷资产证券化业务活动中可能会产生的损失。

(二)"资产支持证券分层结构"是指在信贷资产证券化交易中,将资产支持证券按照受偿顺序分为不同档次证券的一种内部信用增级方式。在这一分层结构中,较高档次的证券比较低档次的证券在本息支付上享有优先权,因此具有较高的信用评级;较低档次的证券先于较高档次的证券承担损失,以此为较高档次的证券提供信用保护。

(三)"现金抵押账户"是指信贷资产证券化交易中的一种内部信用增级方式。现金抵押账户资金由发起机构提供或者来源于其他金融机构的贷款,用于弥补信贷资产证券化业务活动中可能产生的损失。

(四)"利差账户"是指信贷资产证券化交易中的一种内部信用增级方式。利差账户资金来源于信贷资产利息收入和其他证券化交易收入减去资产支持证券利息支出和其他证券化交易费用之后所形成的超额利差,用于弥补信贷资产证券化业务活动中可能产生的损失。

(五)"第一损失责任"是指信用增级机构向信贷资产证券化交易中的其他参与机构提供的首要的财务支持或者风险保护。

(六)"清仓回购"是指在全部偿还资产池资产或者资产支持证券之前,赎回证券化风险暴露的一种选择权。清仓回购的通常做法是在资产池或者资产支持证券余额降至一定的水平之后,赎回剩余的证券化风险暴露。

第八十七条 本办法由银监会负责解释。

第八十八条 本办法自2005年12月1日起施行。

附:银监会有关负责人就发布《金融机构信贷资产证券化试点监督管理办法》答记者问

《金融机构信贷资产证券化试点监督管理办法》(以下简称《监管办法》)于2005年11月7日以中国银行业监督管理委员会2005年第3号主席令正式发布,将于2005年12月1日实施。日前,中国银行业监督管理委员会有关部门负责人就《监管办法》的有关问题回答了记者的提问。

问:银监会为什么要制定《监管办法》?

答:2005年年初,国务院同意在我国银行业开展信贷资产证券化试点。2005年4月,人民银行和银监会联合发布了《信贷资产证券化试点管理办法》(以下简称《试点办法》),确定了在我国开展信贷资产证券化试点的基本法律框架。由于资产证券化业务涉及发起机构、特定目的的信托受托机构、贷款服务机构、信用增级机构、资产支持证券投资机构等众多市场主体,而且同一主体可能兼任多个角色,交易结构复杂,风险隐蔽性强,因此既要求各参与主体能有效识别和控制相关风险,也需要银行业监管机构加强审慎监管。《监管办法》就是在《试点办法》确定的法律框架之下,由银行业监管机构制定的资产证券化业务监管规定,针对有关金融机构在证券化交易中担当的不同角色,在市场准入、业务规则与风险管理、监管资本等方面提出一系列监管要求,确保其在证券化业务过程中有效管理各类风险。《监管办法》为与信贷资产证券化试点相配套的多项政策法规之一。与此同时,其他有关部门也已发布或正在制定关于资产证券化的信息披露、会计处理、税收管理、交易结算、登记托管等方面的政策法规。

为使《监管办法》既能满足现阶段试点工作的需要,又能兼顾试点后监管资产证券化业务的需要,我们在起草过程中,对资产证券化业务进行了全面的研究,借鉴国际上较为成熟的资产证券化业务监管实践,从资产证券化业务的一般性质出发,结合试点工作特点,对《监管办法》的内容和体例进行了整体考虑和通盘设计,力求使《监管办法》在满足现阶段试点工作需要的同时,也能基本适应未来业务发展的监管需要。《监管办法》的制定和发布,将有利于促进我国金融机构在有效管理风险的前提下开展金融创新,通过信贷资产证券化分散和转移信用风险,改进资产负债结构,增加银行资产流动性,提高资金配置效率。

问:《监管办法》的适用范围是什么?

答:《监管办法》适用于银监会所监管金融机构的信贷资产证券化业务活动,基本涉及银监会的所有监管对象,包括商业银行、政策性银行、信托投资公司、财务公司、城市信用社、农村信用社以及银监会依法监督管理的其他金融机构。根据我国资产证券化试点的特点,《监管办法》对发起机构和受托机构规定了相应的市场准入条件和程序,但对金融机构以其他角色参与证券化交易没有另外设限。金融机构可以在现有的法律制度框架下、根据市场原则参与资产证券化交易。同时,《监管办法》也未对我国境内的外资金融机构另行设限。外资金融机构可以在现行的法律、法规框架下参与资产证券化交易,比如投资资产支持证券等。

问:请介绍一下《监管办法》的基本框架和主要内容

答:《监管办法》分为七章,共有八十八个条款,主要从市场准入、业务规则与风险管理、资本要求三个方面对金融机构参与资产证券化业务制定了监管标准,提出了监管要求。第一章总则,界定了《监管办法》的适用范围,提出了金融机构从事资产证券化业务活动、银监会对资产证券化业务实施监督管理的基本原则和总体要求。第二章市场准入管理,对发起机构、受托机构规定了资产证券化业务的准入条件和程序。第三章业务规则与风险管理,根据金融机构在证券化交易中担当的不同角色,有针对性地提出了相应的风险管理和操作性要求。第四章资本要求,从证券化风险暴露的角度,对担当不同角色的金融机构制定了统一的资本计提规则。第五章监督管理,规定了银监会对资产证券化业务实施监督管理的方法和程序,对参与资产证券化的金融机构提出了信息披露要求,对未按照审慎经营规则从事资产证券化业务的机构规定了监管强制措施。第六章法律责任,按照《中华人民共和国银行业监督管理法》、《中华人民共和国商业银行法》等法律的相关规定,对金融机构开展资产证券化业务的违法违规行为规定了法律责任。第七章附则,对《监管办法》的其他相关问题及有关名词术语进行了解释说明。

问:《监管办法》中对信贷资产证券化业务实行市场准入管理的基本原则是什么?

答：银监会对信贷资产证券化业务实行准入管理，总的思路是既要促进金融机构的业务创新活动，又要从源头上控制和防范风险；既要借鉴国际成熟经验，又要结合我国实际情况。从这个思路出发，《监管办法》对资产证券化业务实行市场准入管理的基本原则是：

1. 按照科学设限、简化审批程序、提高审批效率的原则，在资产证券化交易的各参与主体中，重点对最核心的两类机构—发起机构和受托机构—实行市场准入管理。

2. 准入管理按照机构资格审批和证券化方案审批两个层次来进行。信托投资公司担任受托机构，首先需要获得特定目的信托受托机构资格，然后还需向银监会报送证券化方案；对发起机构的审批重点则是证券化方案设计的科学性与合理性。

3. 考虑到在我国目前的资产证券化交易中，最核心的法律关系是发起机构与受托机构之间的信托关系，资产证券化方案是由发起机构和受托机构共同制定的，《监管办法》采用了由发起机构和受托机构联合报送申请材料的方式。这样，既有利于简化审批程序、提高审批效率，也有利于银监会在准入管理中对资产证券化方案进行整体把握。

问：信贷资产证券化交易结构复杂，参与主体较多，而且同一主体可能兼任多个角色，《监管办法》对从事资产证券化业务的金融机构提出了哪些风险管理要求？

答：信贷资产证券化交易结构复杂，参与主体较多，只有各个参与机构都勤勉尽职，有效控制风险，才能保证资产证券化交易顺利完成，保护投资者的利益。为此，《监管办法》专门设立了“业务规则与风险管理”一章，首先对资产证券化业务的各个参与主体提出了统一的风险管理要求，要求其根据本机构的经营目标、资本实力、风险管理能力和信贷资产证券化业务的风险特征，确定开展信贷资产证券化业务的方式和规模；建立、实施内部的新业务审批政策和程序；制定、实施证券化业务的风险管理政策和程序，并将其纳入总体的风险管理体系；要求董事会和高级管理层制定开展证券化业务的总体战略和政策等等。然后，《监管办法》还分别对发起机构、受托机构、信用增级机构、贷款服务机构、资金保管机构、资产支持证券投资机构制定了具体的业务规则，提出了相应的风险管理要求。在此，《监管办法》重点强调了金融机构的内部风险隔离和风险揭示问题,要求参与证券化交易的金融机构建立有效的内部风险隔离机制,避免因担任多种角色而产生利益冲突。如受托机构应当将作为信托财产的信贷资产与其固有财产和其他信托财产分别记账,分别管理;贷款服务机构应当对证券化资产单独设账,将其与自身的信贷资产分开管理等。同时,《监管办法》还要求金融机构向投资者充分揭示在证券化交易中所承担的义务、责任及其限度,以便投资者在充分知晓、正确评估风险的情况下,做出理性的投资决策。

问:为什么要对从事信贷资产证券化业务的金融机构提出监管资本要求?《监管办法》中对资产证券化业务实行资本监管的基本思路是什么?

答:目前,国内有关方面对资产证券化与资本充足率的关系还存在一些误解,认为银行只要实施了资产证券化,就能将资产转移到表外,从而通过减少风险加权资产而提高资本充足率。但是,资产证券化并不一定必然实现风险的转移,而是既可能完全转移风险,也可能将风险部分或全部保留在银行。为此,监管当局需要判断证券化业务中风险的转移程度,并对所保留的风险提出监管资本要求。如果在银行保留风险的情况下对其免除资本要求,将会造成资本充足率的高估。对于资产证券化业务,国际银行业已经积累许多了因资本要求过松导致银行在未能有效转移风险的情况下,仅仅采用证券化来规避监管资本要求的经验教训;国外监管当局也经历了从不重视证券化业务风险到高度关注并提出资本要求的过程。目前,大多数监管当局都将资本监管作为资产证券化业务监管的核心内容。由于1988年的《资本协议》基本没有涉及资产证券化业务,巴塞尔委员会在制定《新资本协议》期间,也对资产证券化业务予以高度重视,成立了专门的工作组,开展了大量的调查研究,专门针对资产证券化业务规定了资本计提方法。因此,在我国银行业开展资产证券化业务之初,就应当借鉴国际经验,提出恰当、合理的资本要求,以此建立良好的激励机制,既防止银行简单地认为资产证券化必然会降低资本要求,盲目开展证券化业务;也防止不恰当的资本要求给其带来不必要的成本,从而不利于促进我国银行业的金融创新。

《监管办法》借鉴《新资本协议》和《新资本协议》颁布前大多数国家的资产证券化监管法规，结合我国信贷资产证券化试点的具体情况，对参与证券化交易并适用于资本充足率考核的金融机构，分两种情形提出了资本计算方法。一是在银监会认可外部信用评级作为确定风险权重依据的情况下，参照《新资本协议》中证券化风险暴露的标准法，根据外部评级确定风险权重；二是在证券化交易没有信用评级或者信用评级未被银监会认可作为风险权重依据的情况下，参照《新资本协议》颁布前大多数国家的做法，提出了资本计算方法。《监管办法》力图通过这样一种激励机制，鼓励金融机构在资产证券化交易中，选用资信良好的评级机构进行评级，从而更好地保护投资者的利益。《监管办法》强调，要根据交易的“经济实质”（economic substance），而不仅仅是“法律形式”（legal form），来判断资产证券化是否实现了风险的有效转移，并以此确定相应的资本监管政策。而且，《监管办法》从“证券化风险暴露”的角度，对以不同角色参与证券化交易的金融机构，提出了统一的资本计算方法，确保以不同角色参与证券化交易的金融机构，在所形成的风险暴露具有相同风险特征的情况下，适用于同样的资本要求。

总之，《监管办法》在符合审慎监管原则和国际通行做法的前提下，基于我国银行业的资本充足状况，对资产证券化业务提出了相应的监管资本要求，以此引导金融机构在充分评估风险和成本的情况下，合理设计资产证券化的交易结构，从而在我国金融市场规范、审慎地推进资产证券化业务试点。

问：在信贷资产证券化试点期间，哪些机构可以按照《监管办法》的市场准入管理要求，向银监会提出申请？

答：今年年初，国务院同意由国家开发银行和中国建设银行分别进行信贷资产和住房抵押贷款证券化试点。在试点阶段，暂时只有这两家银行可以按照《试点办法》和《监管办法》，申请进行信贷资产证券化。在试点过程中，银监会将密切跟踪资产证券化业务的开展情况，及时总结经验，对相关问题做进一步研究，不断改进和完善相应的监管制度、方法和程序，促进资产证券化业务规范健康发展，为下一步在我国金融市场扩大试点和全面推开资产证券化积极创造条件。

信贷资产证券化试点管理办法

(中国人民银行、中国银行业监督管理委员会公告
〔2005〕第7号 2005年4月20日公布施行)

第一章 总 则

第一条 为了规范信贷资产证券化试点工作,保护投资人及相关当事人的合法权益,提高信贷资产流动性,丰富证券品种,根据《中华人民共和国中国人民银行法》、《中华人民共和国银行业监督管理法》、《中华人民共和国信托法》等法律及相关法规,制定本办法。

第二条 在中国境内,银行业金融机构作为发起机构,将信贷资产信托给受托机构,由受托机构以资产支持证券的形式向投资机构发行受益证券,以该财产所产生的现金支付资产支持证券收益的结构性融资活动,适用本办法。

受托机构应当依照本办法和信托合同约定,分别委托贷款服务机构、资金保管机构、证券登记托管机构及其他为证券化交易提供服务的机构履行相应职责。

受托机构以信托财产为限向投资机构承担支付资产支持证券收益的义务。

第三条 资产支持证券由特定目的信托受托机构发行,代表特定目的信托的信托受益权份额。

资产支持证券在全国银行间债券市场上发行和交易。

第四条 信贷资产证券化发起机构、受托机构、贷款服务机构、资金保管机构、证券登记托管机构、其他为证券化交易提供服务的机构和资产支持证券投资机构的权利和义务,依照有关法律法规、本办法的规定和信托合同等合同(以下简称相关法律文件)的约定。

受托机构依照有关法律法规、本办法的规定和相关法律文件约定,履行受托职责。发起机构、贷款服务机构、资金保管机构、证券登

记托管机构及其他为证券化交易提供服务的机构依照有关法律法规、本办法的规定和相关法律文件约定，履行相应职责。

资产支持证券投资机构（也称资产支持证券持有人）按照相关法律文件约定享有信托财产利益并承担风险，通过资产支持证券持有人大会对影响其利益的重大事项进行决策。

第五条 从事信贷资产证券化活动，应当遵循自愿、公平、诚实信用的原则，不得损害国家利益和社会公共利益。

第六条 受托机构因承诺信托而取得的信贷资产是信托财产，独立于发起机构、受托机构、贷款服务机构、资金保管机构、证券登记托管机构及其他为证券化交易提供服务的机构的固有财产。

受托机构、贷款服务机构、资金保管机构及其他为证券化交易提供服务的机构因特定目的信托财产的管理、运用或其他情形而取得的财产和收益，归入信托财产。

发起机构、受托机构、贷款服务机构、资金保管机构、证券登记托管机构及其他为证券化交易提供服务的机构因依法解散、被依法撤销或者被依法宣告破产等原因进行清算的，信托财产不属于其清算财产。

第七条 受托机构管理运用、处分信托财产所产生的债权，不得与发起机构、受托机构、贷款服务机构、资金保管机构、证券登记托管机构及其他为证券化交易提供服务机构的固有财产产生的债务相抵销；受托机构管理运用、处分不同信托财产所产生的债权债务，不得相互抵销。

第八条 受托机构、贷款服务机构、资金保管机构、证券登记托管机构及其他为证券化交易提供服务的机构，应当恪尽职守，履行诚实信用、谨慎勤勉的义务。

第九条 中国银行业监督管理委员会（以下简称中国银监会）依法监督管理有关机构的信贷资产证券化业务活动。有关监管规定由中国银监会另行制定①。

---

① 原中国银监会专门制定《金融机构信贷资产证券化试点监督管理办法》，该办法 2005 年 9 月 29 日由中国银行业监督管理委员会第 38 次主席会议通过，2005 年 11 月 7 日公布，自 2005 年 12 月 1 日起施行。

第十条 中国人民银行依法监督管理资产支持证券在全国银行间债券市场上的发行与交易活动。

第二章 信贷资产证券化发起机构与特定目的信托

第十一条 信贷资产证券化发起机构是指通过设立特定目的的信托转让信贷资产的金融机构。

第十二条 发起机构应在全国性媒体上发布公告,将通过设立特定目的信托转让信贷资产的事项,告知相关权利人。

第十三条 发起机构应与受托机构签订信托合同,载明下列事项:

(一)信托目的;

(二)发起机构、受托机构的名称、住所;

(三)受益人范围和确定办法;

(四)信托财产的范围、种类、标准和状况;

(五)本办法第十四条规定的赎回或置换条款;

(六)受益人取得信托利益的形式、方法;

(七)信托期限;

(八)信托财产的管理方法;

(九)发起机构、受托机构的权利与义务;

(十)接受受托机构委托代理信托事务的机构的职责;

(十一)受托机构的报酬;

(十二)资产支持证券持有人大会的组织形式与权力;

(十三)新受托机构的选任方式;

(十四)信托终止事由。

第十四条 在信托合同有效期内,受托机构若发现作为信托财产的信贷资产在入库起算日不符合信托合同约定的范围、种类、标准和状况,应当要求发起机构赎回或置换。

第三章 特定目的信托受托机构

第十五条 特定目的信托受托机构(以下简称受托机构)是因承诺信托而负责管理特定目的信托财产并发行资产支持证券的机构。

第十六条　受托机构由依法设立的信托投资公司或中国银监会批准的其他机构担任。

第十七条　受托机构依照信托合同约定履行下列职责：

(一)发行资产支持证券；

(二)管理信托财产；

(三)持续披露信托财产和资产支持证券信息；

(四)依照信托合同约定分配信托利益；

(五)信托合同约定的其他职责。

第十八条　受托机构必须委托商业银行或其他专业机构担任信托财产资金保管机构，依照信托合同约定分别委托其他有业务资格的机构履行贷款服务、交易管理等其他受托职责。

第十九条　有下列情形之一的，受托机构职责终止：

(一)被依法取消受托机构资格；

(二)被资产支持证券持有人大会解任；

(三)依法解散、被依法撤销或者被依法宣告破产；

(四)受托机构辞任；

(五)法律、行政法规规定的或信托合同约定的其他情形。

第二十条　受托机构被依法取消受托机构资格、依法解散、被依法撤销或者被依法宣告破产的，在新受托机构产生前，由中国银监会指定临时受托机构。

受托机构职责终止的，应当妥善保管资料，及时办理移交手续；新受托机构或者临时受托机构应及时接收。

第四章　贷款服务机构

第二十一条　贷款服务机构是接受受托机构委托，负责管理贷款的机构。

贷款服务机构可以是信贷资产证券化发起机构。

第二十二条　受托机构应与贷款服务机构签订服务合同，载明下列事项：

(一)受托机构、贷款服务机构的名称、住所；

(二)贷款服务机构职责；

(三)贷款管理方法与标准;

(四)受托机构、贷款服务机构的权利与义务;

(五)贷款服务机构的报酬;

(六)违约责任;

(七)其他事项。

第二十三条 贷款服务机构依照服务合同约定管理作为信托财产的信贷资产,履行下列职责:

(一)收取贷款本金和利息;

(二)管理贷款;

(三)保管信托财产法律文件,并使其独立于自身财产的法律文件;

(四)定期向受托机构提供服务报告,报告作为信托财产的信贷资产信息;

(五)服务合同约定的其他职责。

第二十四条 贷款服务机构应有专门的业务部门,对作为信托财产的信贷资产单独设账,单独管理。

第二十五条 贷款服务机构应按照服务合同要求,将作为信托财产的信贷资产回收资金转入资金保管机构,并通知受托机构。

第二十六条 受托机构若发现贷款服务机构不能按照服务合同约定的方式、标准履行职责,经资产支持证券持有人大会决定,可以更换贷款服务机构。

受托机构更换贷款服务机构应及时通知借款人。

第五章 资金保管机构

第二十七条 资金保管机构是接受受托机构委托,负责保管信托财产账户资金的机构。

信贷资产证券化发起机构和贷款服务机构不得担任同一交易的资金保管机构。

第二十八条 受托机构应与资金保管机构签订资金保管合同,载明下列事项:

(一)受托机构、资金保管机构的名称、住所;

(二)资金保管机构职责;

（三）资金管理方法与标准；

（四）受托机构、资金保管机构的权利与义务；

（五）资金保管机构的报酬；

（六）违约责任；

（七）其他事项。

第二十九条 资金保管机构依照资金保管合同管理资金，履行下列职责：

（一）安全保管信托财产资金；

（二）以信贷资产证券化特定目的的信托名义开设信托财产的资金账户；

（三）依照资金保管合同约定方式，向资产支持证券持有人支付投资收益；

（四）依照资金保管合同约定方式和受托机构指令，管理特定目的信托账户资金；

（五）按照资金保管合同约定，定期向受托机构提供资金保管报告，报告资金管理情况和资产支持证券收益支付情况；

（六）资金保管合同约定的其他职责。

依照信托合同约定，受托机构也可委托其他服务机构履行上述（三）、（四）、（五）项职责。

第三十条 在向投资机构支付信托财产收益的间隔期内，资金保管机构只能按照合同约定的方式和受托机构指令，将信托财产收益投资于流动性好、变现能力强的国债、政策性金融债及中国人民银行允许投资的其他金融产品。

第三十一条 受托机构若发现资金保管机构不能按照合同约定方式、标准保管资金，经资产支持证券持有人大会决定，可以更换资金保管机构。

第六章 资产支持证券发行与交易

第三十二条 受托机构在全国银行间债券市场发行资产支持证券应当向中国人民银行提交下列文件：

（一）申请报告；

(二)发起机构章程或章程性文件规定的权力机构的书面同意文件;

(三)信托合同、贷款服务合同和资金保管合同及其他相关法律文件草案;

(四)发行说明书草案(格式要求见附①);

(五)承销协议;

(六)中国银监会的有关批准文件;

(七)执业律师出具的法律意见书;

(八)注册会计师出具的会计意见书;

(九)资信评级机构出具的信用评级报告草案及有关持续跟踪评

① 附:资产支持证券发行说明书的编制要求

一、发行机构(受托机构)、发起机构、贷款服务机构、资金保管机构、证券登记托管机构及其他为证券化交易提供服务的机构的名称、住所

二、发起机构简介和财务状况概要

三、发起机构、受托机构、贷款服务机构和资金保管机构在以往证券化交易中的经验及违约记录申明

四、交易结构及当事方的主要权利与义务

五、资产支持证券持有人大会的组织形式与权力

六、交易各方的关联关系申明

七、信托合同、贷款服务合同和资金保管合同等相关法律文件的主要内容

八、贷款发放程序、审核标准、担保形式、管理方法、违约贷款处置程序及方法

九、设立特定目的信托的信贷资产选择标准和统计信息

十、信托财产现金流需要支付的税费清单,各种税费支付来源和支付优先顺序

十一、发行的资产支持证券的分档情况,各档次的本金数额、信用等级、票面利率、预计期限和本息偿付优先顺序

十二、资产支持证券的内外部信用提升方式

十三、信用评级机构出具的资产支持证券信用评级报告概要及有关持续跟踪评级安排的说明

十四、执业律师出具的法律意见书概要

十五、选择性或强制性的赎回或终止条款,如清仓回购条款

十六、各档次资产支持证券的利率敏感度分析;在给定提前还款率下,各档次资产支持证券的收益率和加权平均期限的变化情况

十七、投资风险提示

十八、注册会计师出具的该交易的税收安排意见书

十九、证券存续期内信息披露内容及取得方式

二十、中国人民银行规定载明的其他事项

级安排的说明；

（十）中国人民银行规定提交的其他文件。

第三十三条 中国人民银行应当自收到资产支持证券发行全部文件之日起5个工作日内决定是否受理申请。中国人民银行决定不受理的，应书面通知申请人不受理原因；决定受理的，应当自受理申请之日起20个工作日内作出核准或不核准的书面决定。

第三十四条 资产支持证券可通过内部或外部信用增级方式提升信用等级。

第三十五条 资产支持证券在全国银行间债券市场发行与交易应聘请具有评级资质的资信评级机构，对资产支持证券进行持续信用评级。

资信评级机构应保证其信用评级客观公正。

第三十六条 发行资产支持证券时，发行人应组建承销团，承销人可在发行期内向其他投资者分销其所承销的资产支持证券。

第三十七条 资产支持证券名称应与发起机构、受托机构、贷款服务机构和资金保管机构名称有显著区别。

第三十八条 资产支持证券的发行可采取一次性足额发行或限额内分期发行的方式。分期发行资产支持证券的，在每期资产支持证券发行前5个工作日，受托机构应将最终的发行说明书、评级报告及所有最终的相关法律文件报中国人民银行备案，并按中国人民银行的要求披露有关信息。

第三十九条 资产支持证券的承销可采用协议承销和招标承销等方式。承销机构应为金融机构，并须具备下列条件：

（一）注册资本不低于2亿元人民币；

（二）具有较强的债券分销能力；

（三）具有合格的从事债券市场业务的专业人员和债券分销渠道；

（四）最近两年内没有重大违法、违规行为；

（五）中国人民银行要求的其他条件。

第四十条 资产支持证券在全国银行间债券市场发行结束后10个工作日内，受托机构应当向中国人民银行和中国银监会报告资产支持证券发行情况。

第四十一条　资产支持证券可以向投资者定向发行。定向发行资产支持证券可免于信用评级。定向发行的资产支持证券只能在认购人之间转让。

第四十二条　资产支持证券在全国银行间债券市场发行结束之后2个月内,受托机构可根据《全国银行间债券市场债券交易流通审核规则》的规定申请在全国银行间债券市场交易资产支持证券。

第四十三条　资产支持证券在全国银行间债券市场登记、托管、交易、结算应按照《全国银行间债券市场债券交易管理办法》等有关规定执行。

第七章　信息披露

第四十四条　受托机构应当在资产支持证券发行前和存续期间依法披露信托财产和资产支持证券信息。信息披露应通过中国人民银行指定媒体进行。

受托机构及相关知情人在信息披露前不得泄露其内容。

第四十五条　受托机构应保证信息披露真实、准确、完整、及时,不得有虚假记载、误导性陈述和重大遗漏。

接受受托机构委托为证券化交易提供服务的机构应按照相关法律文件约定,向受托机构提供有关信息报告,并保证所提供信息真实、准确、完整、及时。

第四十六条　受托机构应当在发行资产支持证券5个工作日前发布最终的发行说明书。

第四十七条　受托机构应在发行说明书的显著位置提示投资机构:资产支持证券仅代表特定目的信托受益权的相应份额,不是信贷资产证券化发起机构、特定目的信托受托机构或任何其他机构的负债,投资机构的追索权仅限于信托财产。

第四十八条　在资产支持证券存续期内,受托机构应核对由贷款服务机构和资金保管机构定期提供的贷款服务报告和资金保管报告,定期披露受托机构报告,报告信托财产信息、贷款本息支付情况、证券收益情况和中国人民银行、中国银监会规定的其他信息。

第四十九条　受托机构应及时披露一切对资产支持证券投资价

值有实质性影响的信息。

第五十条 受托机构年度报告应经注册会计师审计，并由受托机构披露审计报告。

第五十一条 受托机构应于信息披露前将相关信息披露文件分别报送全国银行间同业拆借中心和中央国债登记结算有限责任公司。

全国银行间同业拆借中心和中央国债登记结算有限责任公司应为资产支持证券信息披露提供服务，及时将违反信息披露规定的行为向中国人民银行报告并公告。

第八章 资产支持证券持有人权利及其行使

第五十二条 资产支持证券持有人依照相关法律文件约定，享有下列权利：

（一）分享信托利益；

（二）参与分配清算后的剩余信托财产；

（三）依法转让其持有的资产支持证券；

（四）按照规定要求召开资产支持证券持有人大会；

（五）对资产支持证券持有人大会审议事项行使表决权；

（六）查阅或者复制公开披露的信托财产和资产支持证券信息资料；

（七）信托合同和发行说明书约定的其他权利。

第五十三条 下列事项应当通过召开资产支持证券持有人大会审议决定，信托合同如已有明确约定，从其约定。

（一）更换特定目的信托受托机构；

（二）信托合同约定的其他事项。

第五十四条 资产支持证券持有人大会由受托机构召集。受托机构不召集的，资产支持证券持有人有权依照信托合同约定自行召集，并报中国人民银行备案。

第五十五条 召开资产支持证券持有人大会，召集人应当至少提前三十日公告资产支持证券持有人大会的召开时间、地点、会议形式、审议事项、议事程序和表决方式等事项。

资产支持证券持有人大会不得就未经公告的事项进行表决。

第五十六条 资产支持证券持有人大会可以采取现场方式召开,也可以采取通讯等方式召开。

资产支持证券持有人依照信托合同约定享有表决权,资产支持证券持有人可以委托代理人出席资产支持证券持有人大会并行使表决权。

第五十七条 资产支持证券持有人大会决定的事项,应当报中国人民银行备案,并予以公告。

第九章 附 则

第五十八条 与信贷资产证券化相关的会计、税收处理规定和房地产抵押登记变更规定,由国务院有关部门另行规定。

第五十九条 购买和持有资产支持证券的投资管理政策由有关监管机构另行规定。

第六十条 本办法自发布之日起实施。

第六十一条 本办法由中国人民银行和中国银行业监督管理委员会负责解释。

部门工作文件

中国人民银行关于信贷资产支持证券发行管理有关事宜的公告

(中国人民银行公告〔2015〕第7号
2015年3月26日公布施行)

为简化信贷资产支持证券发行管理流程,提高发行管理效率和透明度,促进受托机构与发起机构提高信息披露质量,切实保护投资人合法权益,推动信贷资产证券化业务健康发展,根据《中华人民共和国中国人民银行法》和《信贷资产证券化试点管理办法》(中国人民银行公告〔2005〕第7号公布),现就信贷资产支持证券发行管理有关事宜公告如下:

一、已经取得监管部门相关业务资格、发行过信贷资产支持证券且能够按规定披露信息的受托机构和发起机构可以向中国人民银行申请注册,并在注册有效期内自主分期发行信贷资产支持证券。申请注册发行的证券化信贷资产应具有较高的同质性。

二、受托机构和发起机构应提交注册申请报告、与交易框架相关的标准化合同文本、评级安排等文件。

注册申请报告应包括以下内容:

(一)信贷资产支持证券名称;

(二)证券化的信贷资产类型;

(三)信贷资产支持证券注册额度和分期发行安排;

(四)证券化的信贷资产发放程序、审核标准、担保形式、管理方法、过往表现、违约贷款处置程序及方法;

(五)交易结构及各当事方的主要权利与义务;

(六)贷款服务机构管理证券化信贷资产的方法、标准;

(七)拟披露信息的主要内容、时间及取得方式;

(八)拟采用簿记建档发行信贷资产证券化产品的,应说明采用簿记建档发行的必要性,定价、配售的具体原则和方式,以及防范操作风险和不正当利益输送的措施。

三、中国人民银行接受注册后,在注册有效期内,受托机构和发起机构可自主选择信贷资产支持证券发行时机,在按有关规定进行产品发行信息披露前5个工作日,将最终的发行说明书、评级报告及所有最终的相关法律文件和信贷资产支持证券发行登记表(见附件)送中国人民银行备案。

四、按照投资者适当性原则,由市场和发行人双向选择信贷资产支持证券交易场所。

五、受托机构、发起机构可与主承销商或其他机构通过协议约定信贷资产支持证券的做市安排。

六、采用分层结构的信贷资产支持证券,其最低档次证券发行可免于信用评级。

七、受托机构和发起机构应向中国人民银行报送书面的注册登记材料和发行材料,同时提交电子版文件光盘。

八、中国人民银行在其官方网站(www. pbc. gov. cn)“银行间债券市场”栏目下实时公开信贷资产支持证券发行管理信息。

九、受托机构和发起机构在信贷资产支持证券发行前和存续期间,应切实履行信息披露职责,并承担主体责任。采用注册方式分期发行的,可在注册后即披露产品交易结构等信息,每期产品发行前披露基础资产池相关信息。受托机构、承销机构、信用评级机构、会计师事务所、律师事务所等中介机构要按合同约定切实履行尽职调查责任,依法披露信息。

十、中国银行间市场交易商协会应组织市场成员起草并发布信贷资产支持证券相关标准合同范本和信息披露指引,定期跟踪市场成员对信贷资产证券化信息披露情况的评价,对不能按相关规定进行信息披露的,应及时报告中国人民银行。

十一、本公告自发布之日起施行。

附件:(略)

行业规定

中国银行间市场交易商协会关于发布《不良贷款资产支持证券信息披露指引(试行)》的公告

(中国银行间市场交易商协会公告〔2016〕10号
2016年4月19日公布施行)

为规范不良贷款资产支持证券信息披露行为,维护投资者合法权益，促进信贷资产证券化市场健康有序发展，更好发挥金融支持实体经济作用，根据《中国人民银行关于信贷资产支持证券发行管理有关事宜的公告》（中国人民银行公告〔2015〕第7号）及相关法律法规，中国银行间市场交易商协会组织市场成员制定了《不良贷款资产支持证券信息披露指引（试行）》，经交易商协会第三届债券市场专业委员会第十次会议审议通过，并经人民银行同意，现予发布施行。

不良贷款资产支持证券信息披露指引（试行）[①]

第一章　总　　则

第一条　【制定依据与适用范围】为规范不良贷款资产支持证券信息披露行为，维护投资者合法权益，促进信贷资产证券化市场规范健康发展，根据《中国人民银行关于信贷资产支持证券发行管理有关事宜的公告》（中国人民银行公告〔2015〕第7号）等有关规定和自律规范，制定本指引。

第二条　【产品定义】本指引所称不良贷款资产支持证券，是指在中国境内，银行业金融机构及其他经监管部门认定的金融机构作为发起机构，将不良贷款信托给受托机构，由受托机构以资产支持证券的形式向投资机构发行受益证券，以该不良贷款所产生的现金支付资产支持证券收益的证券化融资工具。

不良贷款应当符合法律法规规定，权属明确，能够产生可预期的现金流或通过执行担保获得收入。

---

① 2016年5月26日，中国银行首支不良信贷资产证券化产品“中誉2016年第一期不良资产支持证券”在银行间市场成功薄记发行，发行规模3.01亿元人民币，5月27日信托正式成立。这是国内信贷资产证券化业务重启试点以来首单公司不良贷款资产支持证券，也是中国银行积极响应信贷资产证券化试点工作，在优化资产负债结构、拓展银行不良资产处置渠道方面的有益尝试。“中誉2016年第一期不良资产支持证券”优先档发行金额2.35亿元，占比78%，评级AAA，发行价格为3.42%，全场认购倍率3.07，边际倍率2.5。发行得到投资人的广泛认可，参与机构包括国有大型商业银行、股份制商业银行、城市商业银行、农信社、基金公司、证券公司等多家机构，投资者结构丰富，认购积极。次级档最终定价水平为101，实现溢价发行。参见中国银行网，https://www.boc.cn/aboutboc/bi1/201605/t20160527_6977226.html.

第三条 【自律管理】中国银行间市场交易商协会(以下简称交易商协会)对不良贷款资产支持证券信息披露行为开展自律管理。受托机构、发起机构及其他相关中介机构应接受交易商协会的自律管理,履行会员义务。

交易商协会、债券登记托管结算机构和全国银行间同业拆借中心应当按照中国人民银行有关规定建立信息和数据交流机制,共同做好数据互换、信息共享、市场监测等工作。

第四条 【信息披露责任】受托机构和发起机构应切实履行信息披露职责,保证信息披露真实、准确、完整、及时,不得有虚假记载、误导性陈述和重大遗漏,并承担主体责任。

发起机构和为证券化提供服务的机构应按照信托合同、服务合同和相关聘用合同等相关约定,及时向受托机构提供相关报告,并保证所提供信息真实、准确、完整。

本指引所称的为证券化提供服务的机构包括但不限于承销机构、贷款服务机构、资产池实际处置机构、资金保管机构、信用评级机构、律师事务所、会计师事务所、资产服务顾问、资产评估机构、信用增进机构等。

第五条 【中介机构尽职履责】为证券化提供服务的机构应按合同约定切实履行尽职调查责任,依法披露信息,对所出具的专业报告和专业意见负责。

第六条 【投资者风险自担】投资者应对披露的信息进行独立分析,独立判断不良贷款资产支持证券投资价值,自行承担投资风险。

第七条 【信息披露内容】受托机构、发起机构及为证券化提供服务的机构应根据本指引及相关表格体系要求,在发行环节及存续期充分披露不良贷款资产支持证券相关信息。

第八条 【信息披露渠道】受托机构、发起机构及为证券化提供服务的机构应通过交易商协会信息披露服务系统、中国货币网、中国债券信息网、北京金融资产交易所网站及交易商协会认可的其他方式进行不良贷款资产支持证券相关信息披露。信息披露相关服务平台应及时以书面形式将违反信息披露规定的行为向中国人民银行报告,同时告知交易商协会,并向市场公告。

信息披露相关服务平台应严格按照银行间市场法律法规及交易商协会相关自律规范文件要求,规范开展信息披露工作,不断完善信息披露基础设施,提高技术支持、信息披露服务和信息安全管理水平。

第九条　【信息保密义务】受托机构、发起机构、为证券化提供服务的机构、全国银行间同业拆借中心、中央国债登记结算有限责任公司、北京金融资产交易所及其他相关知情人在信息披露前不得泄露拟披露的信息。

第十条　【信息披露豁免】因涉及国家秘密、技术性困难或其他客观原因确实无法披露相关信息的,相关信息披露义务人应对无法披露信息的情况及原因进行说明,向投资者披露情况说明书并向中国人民银行报告,同时告知交易商协会。

第二章　发行环节信息披露

第十一条　【发行文件】受托机构和发起机构应至少于发行日前五个工作日,披露信托公告、发行说明书、评级报告、募集办法和承销团成员名单等文件。

发行说明书包括但不限于以下内容:

(一)扉页、目录、本次发行不良贷款资产支持证券基本信息;

(二)风险提示及风险披露;

(三)参与机构信息;

(四)发起机构及为证券化提供服务的机构相关经验及历史数据(如有);

(五)交易结构信息;

(六)基础资产筛选标准和资产保证;

(七)基础资产价值评估相关的尽职调查程序及方法、资产估值程序及回收预测依据;

(八)基础资产总体信息;

(九)基础资产分布信息及预计回收情况;

(十)不良贷款资产支持证券基础信息;

(十一)中介机构意见;

(十二)跟踪评级及后续信息披露安排。

第十二条 【风险提示】受托机构应在发行说明书显著位置提示投资者:投资者购买本期不良贷款资产支持证券,应当认真阅读本文件及有关的信息披露文件,进行独立的投资判断。主管部门对本期证券发行的备案或核准,并不表明对本期证券的投资价值作出了任何评价,也不表明对本期证券的投资风险作出了任何判断。

受托机构需在发行说明书显著位置提示投资者:本期不良贷款资产支持证券仅代表特定目的信托受益权的相应份额,不是发起机构、特定目的信托受托机构或任何其他机构的负债,投资机构的追索权仅限于信托财产。

第十三条 【风险披露】受托机构应在发行说明书中充分披露不良贷款资产支持证券可能存在的投资风险,包括但不限于现金流实际回收不足的风险、现金流回收时间波动的风险、利率风险、政策风险、操作风险等。

第十四条 【历史数据信息】受托机构应在发行说明书中披露发起机构不良贷款情况,发起机构、贷款服务机构、资产服务顾问(如有)及资产池实际处置机构不良贷款证券化相关经验和历史数据。

如果发行后明确资产服务顾问的,受托机构应在发行结果公告中补充披露上述信息。

第十五条 【投资者保护机制】受托机构应在发行说明书中披露各档投资者保护机制,包括但不限于:

(一)各档证券的支付顺序变化(如类似加速清偿事件以及违约事件触发后的支付顺序);

(二)基础资产现金流恶化或其他可能影响投资者利益等情况的应对措施;

(三)优先档证券发生违约后的债权及权益保障及清偿安排;

(四)发生基础资产权属争议时的解决机制;

(五)持有人大会的召开条件、议事程序等安排;

(六)其他投资者保护措施或相关安排。

第十六条 【交易结构】受托机构应在发行说明书中披露本期发行不良贷款资产支持证券的交易结构信息,包括但不限于本期发行交易结构示意图、中介机构简介、参与机构权利与义务、信托账户设置、各交易条款设置、各触发条件设置及解决机制、本期发行的现金流分配机制、信用增进措施、资产支持证券持有人大会的组织形式与权利等。

第十七条　【基础资产筛选标准及资产保证】受托机构应在发行说明书中披露本期发行不良贷款资产支持证券的基础资产筛选标准，包括但不限于债权合法有效性、贷款分类情况、贷款币种、单个借款人在发起机构的所有贷款是否全部入池等，并明确入池每笔贷款在初始起算日和信托财产交付日的状况的全部陈述和保证。

第十八条　【基础资产价值评估相关的尽职调查程序和方法、资产估值程序及回收预测依据】受托机构应在发行说明书中披露本期发行不良贷款资产支持证券基础资产价值评估相关的尽职调查程序和方法、资产估值程序及回收预测依据等。

第十九条　【基础资产总体信息】受托机构应在发行说明书中披露本期发行不良贷款资产支持证券的基础资产总体信息，包括但不限于入池资产笔数、金额与期限特征、入池资产抵(质)押特征、入池资产借款人特征、借款人基础信息等。

第二十条　【基础资产分布信息及预计回收情况】受托机构应在发行说明书中披露本期发行不良贷款资产支持证券的基础资产分布信息及预计回收情况，包括但不限于贷款分布、借款人分布、抵(质)押物分布、预测回收率分布表、现金流回收预测表等。

第二十一条　【发行结果信息披露】受托机构应在每期不良贷款资产支持证券发行结束的当日或次一工作日公布资产支持证券发行情况。

第二十二条　【发行环节信息披露查阅途径】受托机构需在发行说明书显著位置载明投资者在不良贷款资产支持证券发行期间和存续期内查阅基础资产池具体信息的途径和方法。对标准化程度较高的信息，鼓励受托机构通过交易商协会指定的信息披露方式制作并披露相关文件。

第三章　存续期定期信息披露

第二十三条　【定期披露】在不良贷款资产支持证券存续期内，受托机构应依据贷款服务机构和资金保管机构提供的贷款服务报告和资金保管报告,按照本指引及相关表格体系的要求在每期资产支持证券本息兑付日的三个工作日前披露受托机构报告。每年4月30日、8月31日前分别披露上年度受托机构报告(经具有从事证券期货相关业务资格的会计师事务所审计的)和半年度受托机构报告。本息兑付频率为每年两次或两次以上的,可不编制半年度受托机构报告。

对于信托设立不足两个月的,受托机构可以不编制年度和半年度受托机构报告。

第二十四条 【受托机构报告】受托机构报告应当包括但不限于以下内容:

(一)扉页、目录、受托机构报告基本信息;

(二)总信托账户及各信托子账户本期核算情况;

(三)证券日期及各档证券本息兑付情况;

(四)资产池表现情况,包括资产池整体表现情况、资产池现金流入情况、资产池现金流出情况及预计资产池未来表现情况等;

(五)信用增进方式及各信用增进方式的具体情况。

第二十五条 【跟踪评级】受托机构应与信用评级机构就不良贷款资产支持证券跟踪评级的有关安排作出约定,并应于资产支持证券存续期内的每年7月31日前向投资者披露上年度的跟踪评级报告。

第四章 存续期重大事件信息披露

第二十六条 【重大事件信息披露】在发生可能对不良贷款资产支持证券投资价值有实质性影响的临时性重大事件时,受托机构应在事发后三个工作日内披露相关信息,并向交易商协会报告。

前款所称重大事件包括但不限于以下事项:

(一)发生或预期将发生受托机构不能按时兑付不良贷款资产支持证券本息等影响投资者利益的事项;

(二)受托机构和为证券化提供服务的机构发生影响不良贷款资产支持证券投资价值的违法、违规或违约事件;

(三)不良贷款资产支持证券受托机构及为证券化提供服务的机

构发生变更；

（四）不良贷款资产支持证券的信用评级发生不利变化；

（五）受托机构、为证券化提供服务的机构及基础资产发生可能影响正常收益分配的法律纠纷；

（六）受托机构、发起机构或为证券化提供服务的机构的经营情况发生重大变化，或者作出减资、合并、分立、解散、申请破产等决定，可能降低其从事证券化业务水平，对不良贷款资产支持证券投资者利益造成严重不利影响的；

（七）信托合同规定应公告的其他事项；

（八）中国人民银行和中国银行业监督管理委员会等监管部门规定应公告的其他事项；

（九）法律、行政法规规定应公告的其他事项。

第二十七条　【其他重大事件】本指引前条列举的重大事件是重大事件信息披露的最低要求，可能影响各档次证券本息兑付的其他重大事件，受托机构也应依据本指引在事发后三个工作日内予以及时披露。

第二十八条　【重大事件进展持续披露机制】受托机构披露重大事件后，已披露的重大事件出现可能对不良贷款资产支持证券的投资价值产生较大影响的进展或者变化的，应当在上述进展或者变化出现之日起三个工作日内披露进展或者变化情况。

第二十九条　【持有人大会信息披露】召开资产支持证券持有人大会，召集人应至少提前10日公布资产支持证券持有人大会的召开时间、地点、会议形式、审议事项、议事程序和表决方式等事项，并于大会结束后10日内披露大会决议。

第五章　信息披露评价与反馈机制

第三十条　【信息披露跟踪监测】交易商协会建立专门邮箱、电话、传真等信息披露的市场意见征集和反馈机制，跟踪监测不良贷款资产支持证券信息披露工作情况。

第三十一条　【相关机构报告义务】发起机构、受托机构及为证券化提供服务的机构发现相关信息披露义务人未及时履行披露义务或存在违反法律、法规或自律规则行为的,应及时向交易商协会报告。

第三十二条 【信息披露评价机制】交易商协会根据不良贷款资产支持证券信息披露情况和市场成员的反馈意见,遵循公平、公正、公开原则,定期或不定期组织投资机构、发起机构、受托机构及为证券化提供服务的机构等市场成员代表对信息披露工作进行评价。

第三十三条 【评价结果运用】交易商协会及时向市场公布信息披露评价结果,并及时向中国人民银行报告。

第三十四条 【不合规情况报告和自律处分】交易商协会在信息披露情况跟踪监测和评价过程中,对不能按相关规定进行信息披露的情况,及时向中国人民银行报告。

对于未按本指引履行相应职责的受托机构、发起机构及为证券化提供服务的机构,经调查核实后,交易商协会视情节轻重可给予有关自律处分。涉嫌违反相关法律法规的,交易商协会将移交中国人民银行等有关部门处理。

第六章 附 则

第三十五条 【解释权】本指引由交易商协会秘书处负责解释。

第三十六条 【生效时间】本指引自发布之日起施行。

附:不良贷款资产支持证券信息披露表格体系

附:

不良贷款资产支持证券信息披露表格体系

为规范不良贷款资产支持证券信息披露行为,维护投资者合法权益,促进信贷资产证券化市场规范健康发展,根据《中国人民银行关于信贷资产支持证券发行管理有关事宜的公告》(中国人民银行公告〔2015〕第7号)、《不良贷款资产支持证券信息披露指引(试行)》(中国银行间市场交易商协会公告〔2016〕第10号)等有关规定和自律规范制定本《不良贷款资产支持证券信息披露表格体系》(简称《不良贷款表格体系》)。

一、使用说明

(一)《不良贷款表格体系》包括发行说明书、受托机构报告和重大事件报告书三个部分,信息披露表格列示的内容是对发行说明书、受托机构报告和重大事件报告书的最低信息披露要求。

1. 发行说明书应至少包括以下十二个方面的内容:

(1)扉页、目录、本次发行不良贷款资产支持证券基本信息;

(2)风险提示及风险披露;

(3)参与机构信息;

(4)发起机构及为证券化提供服务的机构相关经验及历史数据(如有);

(5)交易结构信息;

(6)基础资产筛选标准和资产保证;

(7)基础资产价值评估相关的尽职调查程序及方法、资产估值程序及回收预测依据;

(8)基础资产总体信息;

(9)基础资产分布信息及预计回收情况;

(10)不良贷款资产支持证券基础信息;

(11)中介机构意见;

(12)跟踪评级及后续信息披露安排。

2. 受托机构报告列示受托机构在已发行的不良贷款资产支持证券存续期内,根据指引及本表格体系规定应披露的相关材料,并出具受托机构报告。

受托机构报告应至少包括以下五方面内容:

(1)扉页、目录、受托机构报告基本信息;

(2)总信托账户及各信托子账户本期核算情况;

(3)证券日期及各档证券本息兑付情况;

(4)资产池表现情况,包括资产池整体表现情况、资产池现金流入情况、资产池现金流出情况及预计资产池未来表现情况等;

(5)信用增进方式及各信用增进方式的具体情况。

3. 重大事件报告书列示已发行的,并存续期内的重大事件触发情况,受托机构应该在事件触发后三个工作日内及时披露相关信息。

重大事件报告书包括对不良贷款资产支持证券投资价值有实质性影响的所有重大事件。

(二)受托机构、发起机构、为证券化提供服务的机构及其经办人员应按有关法律法规、规范性文件要求,编写发行及存续期相关文件,发表专业意见,并对所出具的相关文件和意见承担相应法律责任。

1. 会计师事务所应依据相关规定进行尽职调查及相关专业服务,在会计意见书中对相关事项发表明确意见,对年度受托机构报告进行审计并出具审计报告。

2. 律师事务所应在充分尽职调查的基础上,在法律意见书中对相关事项发表明确意见。

3. 信用评级机构应依据《中国人民银行信用评级管理指导意见》等有关规定出具评级报告。

4. 证券发行前受托机构应按指引要求,填报发行说明书,证券发行后受托机构应按指引要求填报受托机构报告、重大事件报告书。

(三)受托机构应按以下要求填写表格:

1. 发行说明书:应依据"适用范围"项下所列示的不同情形,填报所选表格内容,涉及金额和时间的均需要标明单位。

2. 受托机构报告和重大事件报告书:应依据"适用范围"项下所列示的不同情形,填报所选表格内容,涉及金额和时间的均需要标明单位。

3. 页码:应将披露内容所在文件的具体页码范围填写在"页码"项下。

4. 备注:需要说明的特殊事项,应根据实际情况,在对应的"备注"项下进行说明。

(四)不适用情形说明

若本表格某些具体要求对个别基础资产确实不适用的,发起机构和受托机构可根据实际情况,在不影响披露内容完整性、不影响投资者进行重要投资风险判断的前提下做出适当修改,但应在相关信息披露文件中做出说明。

二、发行说明书(略)

三、受托机构报告(略)

四、重大事件报告书

序号	内　　容	页码	标注
E－1	资产存续期重大事件		
E－1－1	重大事件——报告期内若触发交易文件中约定的相关事件,可包括违约事件、权利完善事件、个别通知事件、资产赎回事件、清仓回购事件、丧失清偿能力事件、受托机构终止事件、重大不利变化事件、重大不利影响事件、受托人解任事件、贷款服务机构解任事件、资金保管机构解任事件、资产支持证券持有大会及其他影响证券年本息兑付或投资者利益的事项的,需要在事件触发三个工作日内披露。不同项目设定的其他重大事件请依据此原则进行披露		

第九编　不良资产评估

法　律

中华人民共和国资产评估法

（中华人民共和国主席令第46号　2016年7月2日公布
自2016年12月1日起施行）

目　　录

第一章　总　　则

第一条　为了规范资产评估行为，保护资产评估当事人合法权益和公共利益，促进资产评估行业健康发展，维护社会主义市场经济秩序，制定本法。

第二条　本法所称资产评估（以下称评估），是指评估机构及其评估专业人员根据委托对不动产、动产、无形资产、企业价值、资产损失或者其他经济权益进行评定、估算，并出具评估报告的专业服务行为。

第三条　自然人、法人或者其他组织需要确定评估对象价值的，可以自愿委托评估机构评估。

涉及国有资产或者公共利益等事项，法律、行政法规规定需要评估的（以下称法定评估），应当依法委托评估机构评估。

第四条　评估机构及其评估专业人员开展业务应当遵守法律、行政法规和评估准则，遵循独立、客观、公正的原则。

评估机构及其评估专业人员依法开展业务，受法律保护。

第五条　评估专业人员从事评估业务，应当加入评估机构，并且只能在一个评估机构从事业务。

第六条　评估行业可以按照专业领域依法设立行业协会，实行自律管理，并接受有关评估行政管理部门的监督和社会监督。

第七条　国务院有关评估行政管理部门按照各自职责分工，对评估行业进行监督管理。

设区的市级以上地方人民政府有关评估行政管理部门按照各自职责分工，对本行政区域内的评估行业进行监督管理。

第二章　评估专业人员

第八条　评估专业人员包括评估师和其他具有评估专业知识及实践经验的评估从业人员。

评估师是指通过评估师资格考试的评估专业人员。国家根据经济社会发展需要确定评估师专业类别。

第九条　有关全国性评估行业协会按照国家规定组织实施评估师资格全国统一考试。

具有高等院校专科以上学历的公民，可以参加评估师资格全国统一考试。

第十条　有关全国性评估行业协会应当在其网站上公布评估师名单，并实时更新。

第十一条　因故意犯罪或者在从事评估、财务、会计、审计活动中因过失犯罪而受刑事处罚，自刑罚执行完毕之日起不满五年的人员，不得从事评估业务。

第十二条　评估专业人员享有下列权利：

（一）要求委托人提供相关的权属证明、财务会计信息和其他资料，以及为执行公允的评估程序所需的必要协助；

(二)依法向有关国家机关或者其他组织查阅从事业务所需的文件、证明和资料;

(三)拒绝委托人或者其他组织、个人对评估行为和评估结果的非法干预;

(四)依法签署评估报告;

(五)法律、行政法规规定的其他权利。

第十三条　评估专业人员应当履行下列义务:

(一)诚实守信,依法独立、客观、公正从事业务;

(二)遵守评估准则,履行调查职责,独立分析估算,勤勉谨慎从事业务;

(三)完成规定的继续教育,保持和提高专业能力;

(四)对评估活动中使用的有关文件、证明和资料的真实性、准确性、完整性进行核查和验证;

(五)对评估活动中知悉的国家秘密、商业秘密和个人隐私予以保密;

(六)与委托人或者其他相关当事人及评估对象有利害关系的,应当回避;

(七)接受行业协会的自律管理,履行行业协会章程规定的义务;

(八)法律、行政法规规定的其他义务。

第十四条　评估专业人员不得有下列行为:

(一)私自接受委托从事业务、收取费用;

(二)同时在两个以上评估机构从事业务;

(三)采用欺骗、利诱、胁迫,或者贬损、诋毁其他评估专业人员等不正当手段招揽业务;

(四)允许他人以本人名义从事业务,或者冒用他人名义从事业务;

(五)签署本人未承办业务的评估报告;

(六)索要、收受或者变相索要、收受合同约定以外的酬金、财物,或者谋取其他不正当利益;

(七)签署虚假评估报告或者有重大遗漏的评估报告;

(八)违反法律、行政法规的其他行为。

第三章　评估机构

第十五条　评估机构应当依法采用合伙或者公司形式，聘用评估专业人员开展评估业务。

合伙形式的评估机构，应当有两名以上评估师；其合伙人三分之二以上应当是具有三年以上从业经历且最近三年内未受停止从业处罚的评估师。

公司形式的评估机构，应当有八名以上评估师和两名以上股东，其中三分之二以上股东应当是具有三年以上从业经历且最近三年内未受停止从业处罚的评估师。

评估机构的合伙人或者股东为两名的，两名合伙人或者股东都应当是具有三年以上从业经历且最近三年内未受停止从业处罚的评估师。

第十六条　设立评估机构，应当向工商行政管理部门申请办理登记。评估机构应当自领取营业执照之日起三十日内向有关评估行政管理部门备案。评估行政管理部门应当及时将评估机构备案情况向社会公告。

第十七条　评估机构应当依法独立、客观、公正开展业务，建立健全质量控制制度，保证评估报告的客观、真实、合理。

评估机构应当建立健全内部管理制度，对本机构的评估专业人员遵守法律、行政法规和评估准则的情况进行监督，并对其从业行为负责。

评估机构应当依法接受监督检查，如实提供评估档案以及相关情况。

第十八条　委托人拒绝提供或者不如实提供执行评估业务所需的权属证明、财务会计信息和其他资料的，评估机构有权依法拒绝其履行合同的要求。

第十九条　委托人要求出具虚假评估报告或者有其他非法干预评估结果情形的，评估机构有权解除合同。

第二十条　评估机构不得有下列行为：

（一）利用开展业务之便，谋取不正当利益；

(二)允许其他机构以本机构名义开展业务,或者冒用其他机构名义开展业务;

(三)以恶性压价、支付回扣、虚假宣传,或者贬损、诋毁其他评估机构等不正当手段招揽业务;

(四)受理与自身有利害关系的业务;

(五)分别接受利益冲突双方的委托,对同一评估对象进行评估;

(六)出具虚假评估报告或者有重大遗漏的评估报告;

(七)聘用或者指定不符合本法规定的人员从事评估业务;

(八)违反法律、行政法规的其他行为。

第二十一条 评估机构根据业务需要建立职业风险基金,或者自愿办理职业责任保险,完善风险防范机制。

第四章 评估程序

第二十二条 委托人有权自主选择符合本法规定的评估机构,任何组织或者个人不得非法限制或者干预。

评估事项涉及两个以上当事人的,由全体当事人协商委托评估机构。

委托开展法定评估业务,应当依法选择评估机构。

第二十三条 委托人应当与评估机构订立委托合同,约定双方的权利和义务。

委托人应当按照合同约定向评估机构支付费用,不得索要、收受或者变相索要、收受回扣。

委托人应当对其提供的权属证明、财务会计信息和其他资料的真实性、完整性和合法性负责。

第二十四条 对受理的评估业务,评估机构应当指定至少两名评估专业人员承办。

委托人有权要求与相关当事人及评估对象有利害关系的评估专业人员回避。

第二十五条 评估专业人员应当根据评估业务具体情况,对评估对象进行现场调查,收集权属证明、财务会计信息和其他资料并进行核查验证、分析整理,作为评估的依据。

第二十六条　评估专业人员应当恰当选择评估方法，除依据评估执业准则只能选择一种评估方法的外，应当选择两种以上评估方法，经综合分析，形成评估结论，编制评估报告。

评估机构应当对评估报告进行内部审核。

第二十七条　评估报告应当由至少两名承办该项业务的评估专业人员签名并加盖评估机构印章。

评估机构及其评估专业人员对其出具的评估报告依法承担责任。

委托人不得串通、唆使评估机构或者评估专业人员出具虚假评估报告。

第二十八条　评估机构开展法定评估业务，应当指定至少两名相应专业类别的评估师承办，评估报告应当由至少两名承办该项业务的评估师签名并加盖评估机构印章。

第二十九条　评估档案的保存期限不少于十五年，属于法定评估业务的，保存期限不少于三十年。

第三十条　委托人对评估报告有异议的，可以要求评估机构解释。

第三十一条　委托人认为评估机构或者评估专业人员违法开展业务的，可以向有关评估行政管理部门或者行业协会投诉、举报，有关评估行政管理部门或者行业协会应当及时调查处理，并答复委托人。

第三十二条　委托人或者评估报告使用人应当按照法律规定和评估报告载明的使用范围使用评估报告。

委托人或者评估报告使用人违反前款规定使用评估报告的，评估机构和评估专业人员不承担责任。

第五章　行业协会

第三十三条　评估行业协会是评估机构和评估专业人员的自律性组织，依照法律、行政法规和章程实行自律管理。

评估行业按照专业领域设立全国性评估行业协会，根据需要设立地方性评估行业协会。

第三十四条　评估行业协会的章程由会员代表大会制定，报登记管理机关核准，并报有关评估行政管理部门备案。

第三十五条 评估机构、评估专业人员加入有关评估行业协会,平等享有章程规定的权利,履行章程规定的义务。有关评估行业协会公布加入本协会的评估机构、评估专业人员名单。

第三十六条 评估行业协会履行下列职责:

(一)制定会员自律管理办法,对会员实行自律管理;

(二)依据评估基本准则制定评估执业准则和职业道德准则;

(三)组织开展会员继续教育;

(四)建立会员信用档案,将会员遵守法律、行政法规和评估准则的情况记入信用档案,并向社会公开;

(五)检查会员建立风险防范机制的情况;

(六)受理对会员的投诉、举报,受理会员的申诉,调解会员执业纠纷;

(七)规范会员从业行为,定期对会员出具的评估报告进行检查,按照章程规定对会员给予奖惩,并将奖惩情况及时报告有关评估行政管理部门;

(八)保障会员依法开展业务,维护会员合法权益;

(九)法律、行政法规和章程规定的其他职责。

第三十七条 有关评估行业协会应当建立沟通协作和信息共享机制,根据需要制定共同的行为规范,促进评估行业健康有序发展。

第三十八条 评估行业协会收取会员会费的标准,由会员代表大会通过,并向社会公开。不得以会员交纳会费数额作为其在行业协会中担任职务的条件。

会费的收取、使用接受会员代表大会和有关部门的监督,任何组织或者个人不得侵占、私分和挪用。

第六章 监督管理

第三十九条 国务院有关评估行政管理部门组织制定评估基本准则和评估行业监督管理办法。

第四十条 设区的市级以上人民政府有关评估行政管理部门依据各自职责,负责监督管理评估行业,对评估机构和评估专业人员的违法行为依法实施行政处罚,将处罚情况及时通报有关评估行业协会,并依法向社会公开。

第四十一条　评估行政管理部门对有关评估行业协会实施监督检查,对检查发现的问题和针对协会的投诉、举报,应当及时调查处理。

第四十二条　评估行政管理部门不得违反本法规定,对评估机构依法开展业务进行限制。

第四十三条　评估行政管理部门不得与评估行业协会、评估机构存在人员或者资金关联,不得利用职权为评估机构招揽业务。

第七章　法律责任

第四十四条　评估专业人员违反本法规定,有下列情形之一的,由有关评估行政管理部门予以警告,可以责令停止从业六个月以上一年以下;有违法所得的,没收违法所得;情节严重的,责令停止从业一年以上五年以下;构成犯罪的,依法追究刑事责任:

(一)私自接受委托从事业务、收取费用的;

(二)同时在两个以上评估机构从事业务的;

(三)采用欺骗、利诱、胁迫,或者贬损、诋毁其他评估专业人员等不正当手段招揽业务的;

(四)允许他人以本人名义从事业务,或者冒用他人名义从事业务的;

(五)签署本人未承办业务的评估报告或者有重大遗漏的评估报告的;

(六)索要、收受或者变相索要、收受合同约定以外的酬金、财物,或者谋取其他不正当利益的。

第四十五条　评估专业人员违反本法规定,签署虚假评估报告的,由有关评估行政管理部门责令停止从业两年以上五年以下;有违法所得的,没收违法所得;情节严重的,责令停止从业五年以上十年以下;构成犯罪的,依法追究刑事责任,终身不得从事评估业务。

第四十六条　违反本法规定,未经工商登记以评估机构名义从事评估业务的,由工商行政管理部门责令停止违法活动;有违法所得的,没收违法所得,并处违法所得一倍以上五倍以下罚款。

第四十七条 评估机构违反本法规定，有下列情形之一的，由有关评估行政管理部门予以警告，可以责令停业一个月以上六个月以下；有违法所得的，没收违法所得，并处违法所得一倍以上五倍以下罚款；情节严重的，由工商行政管理部门吊销营业执照；构成犯罪的，依法追究刑事责任：

（一）利用开展业务之便，谋取不正当利益的；

（二）允许其他机构以本机构名义开展业务，或者冒用其他机构名义开展业务的；

（三）以恶性压价、支付回扣、虚假宣传，或者贬损、诋毁其他评估机构等不正当手段招揽业务的；

（四）受理与自身有利害关系的业务的；

（五）分别接受利益冲突双方的委托，对同一评估对象进行评估的；

（六）出具有重大遗漏的评估报告的；

（七）未按本法规定的期限保存评估档案的；

（八）聘用或者指定不符合本法规定的人员从事评估业务的；

（九）对本机构的评估专业人员疏于管理，造成不良后果的。

评估机构未按本法规定备案或者不符合本法第十五条规定的条件的，由有关评估行政管理部门责令改正；拒不改正的，责令停业，可以并处一万元以上五万元以下罚款。

第四十八条 评估机构违反本法规定，出具虚假评估报告的，由有关评估行政管理部门责令停业六个月以上一年以下；有违法所得的，没收违法所得，并处违法所得一倍以上五倍以下罚款；情节严重的，由工商行政管理部门吊销营业执照；构成犯罪的，依法追究刑事责任。

第四十九条 评估机构、评估专业人员在一年内累计三次因违反本法规定受到责令停业、责令停止从业以外处罚的，有关评估行政管理部门可以责令其停业或者停止从业一年以上五年以下。

第五十条 评估专业人员违反本法规定，给委托人或者其他相关当事人造成损失的，由其所在的评估机构依法承担赔偿责任。评估机构履行赔偿责任后，可以向有故意或者重大过失行为的评估专业人员追偿。

第五十一条 违反本法规定,应当委托评估机构进行法定评估而未委托的,由有关部门责令改正;拒不改正的,处十万元以上五十万元以下罚款;情节严重的,对直接负责的主管人员和其他直接责任人员依法给予处分;造成损失的,依法承担赔偿责任;构成犯罪的,依法追究刑事责任。

第五十二条 违反本法规定,委托人在法定评估中有下列情形之一的,由有关评估行政管理部门会同有关部门责令改正;拒不改正的,处十万元以上五十万元以下罚款;有违法所得的,没收违法所得;情节严重的,对直接负责的主管人员和其他直接责任人员依法给予处分;造成损失的,依法承担赔偿责任;构成犯罪的,依法追究刑事责任:

(一)未依法选择评估机构的;

(二)索要、收受或者变相索要、收受回扣的;

(三)串通、唆使评估机构或者评估师出具虚假评估报告的;

(四)不如实向评估机构提供权属证明、财务会计信息和其他资料的;

(五)未按照法律规定和评估报告载明的使用范围使用评估报告的。

前款规定以外的委托人违反本法规定,给他人造成损失的,依法承担赔偿责任。

第五十三条 评估行业协会违反本法规定的,由有关评估行政管理部门给予警告,责令改正;拒不改正的,可以通报登记管理机关,由其依法给予处罚。

第五十四条 有关行政管理部门、评估行业协会工作人员违反本法规定,滥用职权、玩忽职守或者徇私舞弊的,依法给予处分;构成犯罪的,依法追究刑事责任。

第八章 附 则

第五十五条 本法自 2016 年 12 月 1 日起施行。

部门规章及规范性文件

金融企业国有资产评估监督管理暂行办法

(财政部令第47号 2007年10月12日发布
自2008年1月1日起施行)

第一章 总 则

第一条 为了加强对金融企业国有资产评估的监督管理,规范金融企业国有资产评估行为,维护国有资产所有者合法权益,根据有关法律、行政法规和国务院相关规定,制定本办法。

第二条 在中华人民共和国境内依法设立,并占有国有资产的金融企业、金融控股公司、担保公司(以下简称金融企业)的资产评估,适用本办法。

金融资产管理公司不良资产处置评估另有规定的从其规定。

第三条 县级以上人民政府财政部门(以下简称财政部门)按照统一政策、分级管理的原则,对本级金融企业资产评估工作进行监督管理。

上级财政部门对下级财政部门监督管理金融企业资产评估工作进行指导和监督。

第四条 资产评估机构进行资产评估应当遵守有关法律、法规、部门规章,以及资产评估准则和执业规范,对评估报告的合法性、真实性和合理性负责,并承担责任。

资产评估委托方和提供资料的相关当事方,应当对所提供资料的真实性、合法性和完整性负责。

第五条 金融企业不得委托同一中介机构对同一经济行为进行资产评估、审计、会计业务服务。金融企业有关负责人与中介机构存在可能影响公正执业的利害关系时,应当予以回避。

第二章 评估事项

第六条 金融企业有下列情形之一的,应当委托资产评估机构进行资产评估:

(一)整体或者部分改制为有限责任公司或者股份有限公司的;

(二)以非货币性资产对外投资的;

(三)合并、分立、清算的;

(四)非上市金融企业国有股东股权比例变动的;

(五)产权转让的;

(六)资产转让、置换、拍卖的;

(七)债权转股权的;

(八)债务重组的;

(九)接受非货币性资产抵押或者质押的;

(十)处置不良资产的;

(十一)以非货币性资产抵债或者接受抵债的;

(十二)收购非国有单位资产的;

(十三)接受非国有单位以非货币性资产出资的;

(十四)确定涉讼资产价值的;

(十五)法律、行政法规规定的应当进行评估的其他情形。

第七条 金融企业有下列情形之一的,对相关的资产可以不进行资产评估:

(一)县级以上人民政府或者其授权部门批准其所属企业或者企业的部分资产实施无偿划转的;

(二)国有独资企业与其下属的独资企业之间,或者其下属独资企业之间的合并,以及资产或者产权置换、转让和无偿划转的;

(三)发生多次同类型的经济行为时,同一资产在评估报告使用有效期内,并且资产、市场状况未发生重大变化的;

(四)上市公司可流通的股权转让。

第八条 需要资产评估时,应当按照下列情况进行委托:

(一)经济行为涉及的评估对象属于金融企业法人财产权的,或者金融企业接受非国有资产的,资产评估由金融企业委托;

（二）经济行为涉及的评估对象属于金融企业出资人权利的,资产评估由金融企业出资人或者其上级单位委托。

第九条　金融企业有关经济行为的资产评估报告,自评估基准日起1年内有效。

第三章　核准和备案

第十条　金融企业资产评估项目实行核准制和备案制。

第十一条　金融企业下列经济行为涉及资产评估的,资产评估项目实行核准:

（一）经批准进行改组改制、拟在境内或者境外上市、以非货币性资产与外商合资经营或者合作经营的经济行为;

（二）经县级以上人民政府批准的其他涉及国有资产产权变动的经济行为。

中央金融企业资产评估项目报财政部核准。地方金融企业资产评估项目报本级财政部门核准。

第十二条　需要核准的资产评估项目,金融企业应当在资产评估前向财政部门报告下列情况:

（一）相关经济行为的批准情况;

（二）评估基准日的选择情况;

（三）资产评估范围的确定情况;

（四）资产评估机构的选择情况;

（五）资产评估的进度安排情况。

第十三条　对资产评估机构出具的评估报告,金融企业应当逐级上报审核,自评估基准日起8个月内向财政部门提出资产评估项目核准申请。

第十四条　金融企业申请资产评估项目核准时,应当向财政部门报送下列材料:

（一）资产评估项目核准申请文件;

（二）金融企业资产评估项目核准表(包括:资产评估项目基本情况和资产评估结果,见附件1,一式一份);

（三）与资产评估目的相对应的经济行为批准文件及实施方案;

（四）资产评估报告及电子文档；

（五）按照规定应当进行审计的审计报告。

拟在境外和香港特别行政区上市的，还应当报送符合相关规定的资产评估报告。

第十五条　财政部门收到核准申请后，对申请材料不齐全或者不符合法定形式的，应当在5个工作日内书面一次性告知申请人需要补正的全部内容。对申请材料齐全、符合法定形式，或者申请人按照要求全部补正申请材料的应当受理。

受理申请或者不予受理申请，应当向申请人出具注明日期的书面凭证（见附件2）。

第十六条　财政部门受理申请后，应当对申请材料进行审查。申请材料符合下列要求的，财政部门应当组织专家对资产评估报告进行评审：

（一）资产评估项目所涉及的经济行为已获得批准；

（二）资产评估基准日的选择适当；

（三）资产评估依据适当；

（四）资产评估范围与经济行为批准文件确定的资产范围一致；

（五）资产评估程序符合相关评估准则的规定；

（六）资产评估报告的有效期已明示；

（七）委托方和提供资料的相关当事方已就所提供的资产权属证明文件及其他资料的真实性、合法性和完整性做出承诺。

财政部门应当在受理申请后的20个工作日内作出是否予以核准的书面决定。作出不予核准的书面决定的，应当说明理由。

组织专家评审所需时间不计算在前款规定的期限内。

第十七条　除本办法第十一条第一款规定的经济行为以外的其他经济行为，应当进行资产评估的，资产评估项目实行备案。

第十八条　中央直接管理的金融企业资产评估项目报财政部备案。中央直接管理的金融企业子公司、省级分公司或分行、金融资产管理公司办事处账面资产总额大于或者等于5000万元人民币的资产评估项目，由中央直接管理的金融企业审核后报财政部备案。中央直接管理的金融企业子公司、省级分公司或分行、金融资产管理公司办事处账面资产总额小于5000万元人民币的资产评估项目,以及下属公司、银行地(市、县)级支行的资产评估项目,报中央直接管理的金融企业备案。

地方金融企业资产评估项目备案,由省级财政部门根据本地区实际情况具体确定。

第十九条 对资产评估机构出具的评估报告,金融企业应当逐级上报审核,自评估基准日起9个月内向财政部门(或者金融企业)提出资产评估项目备案申请。

第二十条 金融企业申请资产评估项目备案时,应当报送下列材料:

(一)金融企业资产评估项目备案表(包括:资产评估项目基本情况和资产评估结果,见附件3,一式三份);

(二)与资产评估目的相对应的经济行为批准文件;

(三)资产评估报告及电子文档;

(四)按照规定应当进行审计的审计报告。

第二十一条 财政部门(或者金融企业)收到备案材料后,应当在20个工作日内决定是否办理备案手续。

对材料齐全、符合下列要求的,财政部门(或者金融企业)应当办理备案手续,并将资产评估项目备案表退资产占有企业和报送企业留存:

(一)资产评估项目所涉及的经济行为已获得批准;

(二)资产评估范围与经济行为批准文件确定的资产范围一致;

(三)资产评估程序符合相关评估准则的规定;

(四)委托方和提供资料的相关当事方已就所提供的资产权属证明文件及其他资料的真实性、合法性和完整性做出承诺。

对材料不齐全或者不符合上述要求的,财政部门(或者金融企业)不予办理备案手续,并书面说明理由。

必要时财政部门(或者金融企业)可以组织有关专家进行评审。组织专家评审所需时间不计算在本条第一款规定的期限内。

第二十二条 涉及多个产权投资主体的,按照金融企业国有股最大股东的财务隶属关系申请核准或者备案。国有股东持股比例相等的，经协商可以委托其中一方按照其财务隶属关系申请核准或者备案。

申请核准或者备案的金融企业应当及时将核准或者备案情况告知产权投资主体。

第二十三条　财政部门准予资产评估项目核准文件和经财政部门（或者金融企业）备案的资产评估项目备案表是金融企业办理产权登记、股权设置和产权转让等相关手续的必备材料。

第二十四条　金融企业发生与资产评估相对应的经济行为时，应当以经核准或者备案的资产评估结果为作价参考依据。当交易价格与资产评估结果相差10%以上时，应当就差异原因向财政部门（或者金融企业）作出书面说明。

第四章　监督检查

第二十五条　金融企业应当建立健全金融企业资产评估管理工作制度，完善档案管理，加强统计分析工作。

第二十六条　省级以上财政部门应当对金融企业资产评估工作进行监督检查，必要时可以对资产评估机构进行延伸检查。

第二十七条　省级财政部门应当于每年的3月31日前，将对本地区金融企业上一年度资产评估工作的监督检查情况、存在的问题及处理情况报财政部。

第二十八条　省级以上财政部门应当将监督检查中发现的问题，及时向相关监管部门进行通报。

第五章　罚　　则

第二十九条　金融企业在资产评估中有违法行为的，依照有关法律、行政法规的规定处理、处罚。

第三十条　金融企业违反本办法有关规定，由财政部门责令限期改正。有下列情形之一的，由财政部门给予警告：

（一）应当进行资产评估而未进行评估的；

（二）应当申请资产评估项目核准或者备案而未申请的；

（三）委托没有资产评估执业资格的机构或者人员从事资产评估

的,或者委托同一中介机构对同一经济行为进行资产评估、审计、会计业务服务的。

第三十一条 资产评估机构或者人员在金融企业资产评估中违反有关规定的,由省级以上财政部门依法进行处理、处罚。

第三十二条 财政部门工作人员在资产评估监督管理工作中滥用职权、玩忽职守、徇私舞弊,或者泄漏金融企业商业秘密的,依法给予行政处分,涉嫌犯罪的,依法移送司法机关。

第六章 附 则

第三十三条 省级财政部门可以依照本办法,结合本地区实际情况,制订具体实施办法。

第三十四条 对中国人民银行总行所属企业资产评估的监督管理,参照本办法执行。

第三十五条 本办法自2008年1月1日起施行。

附件:1. 金融企业资产评估项目核准表(略)

2-1. 受理资产评估项目核准申请通知书(略)

2-2. 不予受理资产评估项目核准申请通知书(略)

3. 金融企业资产评估项目备案表(略)

财政部、中国银行业监督管理委员会关于规范资产管理公司不良资产处置中资产评估工作的通知

(财企〔2005〕89号 2005年6月15日公布施行)

各省、自治区、直辖市财政厅(局)、银监局,各金融资产管理公司:

为了规范资产管理公司、资产评估机构和注册资产评估师在处置不良资产过程中的行为,进一步明确资产管理公司、资产评估机构和注册资产评估师的职责和作用,促进不良资产处置工作有序进行,现

就不良资产处置中有关资产评估的问题通知如下：

一、资产管理公司在不良资产处置中的要求

资产管理公司在不良资产处置中，要加强制度建设和内部控制建设，强化不良资产处置中资产评估和评估报告使用环节的管理，充分发挥评估机构在不良资产处置中的积极作用。

1. 资产管理公司应当把资产评估作为不良资产处置的重要环节，根据各类不良资产项目的具体情况，严格按照有关法律法规的规定，对拟处置的不良资产委托资产评估机构进行评估。要严格执行先评估后处置的程序，不得逆程序操作；

2. 资产管理公司应当进一步完善资产评估机构择优聘用制度，在不良资产处置中应当严格按照行业资质要求，选择具有资产评估资格证书的评估机构进行评估。要把竞争机制引入资产评估机构选聘过程，优先选聘信誉好、资质优、职业道德良好的资产评估机构，不仅以评估服务收费孰低作为选择评估机构的唯一依据；

3. 资产管理公司应当维护评估机构的独立性，积极配合评估机构执行评估业务，不得干预评估机构正常执业，不得授意评估机构和注册资产评估师出具不实或虚假评估报告；

4. 资产管理公司应当合理、恰当使用评估机构出具的价值评估结论或价值分析结论，不得恶意使用。

二、评估机构和注册资产评估师在不良资产处置中的要求

资产评估机构和注册资产评估师在执行不良资产处置业务中，要严格依法执业，按照有关评估准则和规范的要求，保证执业的独立、客观、公正，维护社会公共利益和资产评估各方当事人合法权益。

1. 资产评估机构和注册资产评估师要严格按照有关法律、法规和资产评估准则执业，恪守职业道德，勤勉尽职。要严格按规定履行必要的资产评估程序，所采用的评估方法和出具的评估报告、价值分析报告，要符合相关法律法规和资产评估准则的有关规定和要求，不得删减必要的资产评估程序，不得迎合委托方或利害关系人的不正当要求，严禁出具不实或虚假评估报告；

2. 资产评估机构和注册资产评估师在执行不良资产评估业务过程中，要严格遵守中国资产评估协会发布的《金融不良资产评估指导

意见》(中评协〔2005〕37 号)①,规范不良资产评估执业行为;

3. 评估机构要选派具有专业胜任能力的注册资产评估师执行不良资产评估业务,强化执业质量控制,严格履行评估机构内部逐级复核程序,落实复核责任,切实保证不良资产评估质量,维护资产评估当事人的合法权益。

三、不良资产评估业务的监管要求

财政部和中评协应加强对不良资产处置中的资产评估业务的监管,各省、自治区、直辖市财政部门和行业协会要进一步强化对不良资产处置中资产评估业务的监管,加强对不良资产处置中资产评估执业质量检查,促进不良资产处置中资产评估执业质量提高,使资产评估更好地服务于不良资产处置工作。

资产评估机构和注册资产评估师与委托方或有关利益方串通作弊、故意出具不实或虚假报告的,一经发现,由财政部门依法吊销评估机构评估资格证书,由中国资产评估协会依法吊销注册资产评估师证书。

中国银行业监督管理委员会应依法加强对资产管理公司不良资产处置评估委托和使用环节的监管,有效发挥资产评估在不良资产处置过程中的积极作用。

资产管理公司要严格遵守不良资产处置的有关规定,切实做好不良资产处置工作,对于授意或串通评估机构、注册评估师出具不实或虚假评估报告、恶意使用评估报告的,一经发现,依法追究有关机构和相关责任人的责任。

① 2005 年 3 月 21 日发布的中国资产评估协会《关于印发〈金融不良资产评估指导意见(试行)〉的通知》(中评协〔2005〕37 号)已废止。修订后的《金融不良资产评估指导意见》(中评协〔2017〕52 号)自 2017 年 10 月 1 日起施行。

财政部关于不良资产评估有关问题的函

(财金函〔2002〕23号 2002年2月21日公布施行)

中国长城资产管理公司《关于不良资产评估中有关问题的请示》(中长资报〔2001〕59号)收悉。经研究,函复如下:

一、金融资产管理公司(以下简称资产公司)在资产处置过程中,对每一个资产处置项目是否进行评估,是进行内部评估还是聘请中介机构评估,要根据处置项目的具体情况,按照公正合理原则和成本效益原则来确定。

二、资产公司加强资产评估管理,建立相应的内容控制制度,认真落实资产评估与资产处置分离的原则。对不进行评估、采用内部评估和中介机构评估的适用条件,不进行评估项目的定价方式、程序,内部评估的方法、程序,评估机构的选择等,要制定具体规定,合理确定处置资产的价格,减少资产处置中的人为因素,防范道德风险,从而达到回收资产价值最大化、损失最小化的目标。

三、对你公司请示的有关评估的具体问题,请按上述原则完善内部规章制度,并严格执行。

行业规定

中评协关于印发《资产评估执业准则——资产评估方法》的通知

(中评协〔2019〕35号 2019年12月4日公布
自2020年3月1日起施行)

各省、自治区、直辖市、计划单列市资产评估协会(注册会计师协会):

为贯彻落实《资产评估法》,规范资产评估执业行为,保证资产评估执业质量,保护资产评估当事人合法权益和公共利益,在财政部指导下,中国资产评估协会根据《资产评估基本准则》,制定了《资产评估执业准则——资产评估方法》,现予印发,自2020年3月1日起施行。

请各地方协会将《资产评估执业准则——资产评估方法》及时转发资产评估机构,组织学习和培训,并将执行过程中发现的问题及时上报中国资产评估协会。

资产评估执业准则——资产评估方法

第一章 总 则

第一条 为规范资产评估机构及其资产评估专业人员在执行资产评估业务时使用资产评估方法的行为,根据《资产评估基本准则》制定本准则。

第二条 本准则所称资产评估方法,是指评定估算资产价值的途径和手段。资产评估方法主要包括市场法、收益法和成本法三种基本方法及其衍生方法。

第三条 执行资产评估业务,应当遵守本准则。

第二章 市 场 法

第四条 市场法也称比较法、市场比较法,是指通过将评估对象与可比参照物进行比较,以可比参照物的市场价格为基础确定评估对象价值的评估方法的总称。

市场法包括多种具体方法。例如,企业价值评估中的交易案例比较法和上市公司比较法,单项资产评估中的直接比较法和间接比较法等。

第五条 资产评估专业人员选择和使用市场法时应当考虑市场法应用的前提条件:

(一)评估对象的可比参照物具有公开的市场,以及活跃的交易;

(二)有关交易的必要信息可以获得。

第六条 资产评估专业人员应当根据评估对象特点,基于以下原则选择可比参照物:

(一)选择在交易市场方面与评估对象相同或者可比的参照物;

(二)选择适当数量的与评估对象相同或者可比的参照物;

(三)选择与评估对象在价值影响因素方面相同或者相似的参照物;

(四)选择交易时间与评估基准日接近的参照物;

(五)选择交易类型与评估目的相适合的参照物;

(六)选择正常或者可以修正为正常交易价格的参照物。

市场法的比较基准通常因评估对象的资产类型、所处行业等差异有所区别,可以表现为价值比率、交易单价等形式。

第七条 资产评估专业人员在运用市场法时应当对评估对象与可比参照物进行比较分析,并对价值影响因素和交易条件存在的差异做出合理修正。

第八条 运用市场法时,应当关注以下影响评估测算结果可靠性的因素:

(一)市场的活跃程度;

(二)参照物的相似程度;

(三)参照物的交易时间与评估基准日的接近程度;

(四)参照物的交易目的及条件的可比程度;

(五)参照物信息资料的充分程度。

第三章 收 益 法

第九条 收益法是指通过将评估对象的预期收益资本化或者折现,来确定其价值的各种评估方法的总称。

收益法包括多种具体方法。例如,企业价值评估中的现金流量折现法、股利折现法等;无形资产评估中的增量收益法、超额收益法、节省许可费法、收益分成法等。

第十条 资产评估专业人员选择和使用收益法时应当考虑收益法应用的前提条件:

(一)评估对象的未来收益可以合理预期并用货币计量;

(二)预期收益所对应的风险能够度量;

(三)收益期限能够确定或者合理预期。

第十一条 资产评估专业人员在确定预期收益时应当重点关注:

(一)预期收益类型与口径。例如,收入、利润、股利或者现金流量,以及整体资产或者部分权益的收益、税前或者税后收益、名义或者实际收益等。

名义收益包括预期的通货膨胀水平,实际收益则会剔除通货膨胀的影响。

(二)收益预测应当根据资产的性质、可以获取的信息和所要求的价值类型等作出。

资产评估专业人员应当对收益预测所利用的财务信息以及其他相关信息、假设及其对评估目的的恰当性进行分析评价。

第十二条 资产评估专业人员在确定收益期时应当考虑评估对象的预期寿命、法律法规和相关合同等限制,详细预测期的选择应当考虑使评估对象达到稳定收益的期限、周期性等因素。

第十三条 收益法评估所采用的折现率不仅要反映资金的时间价值,还应当体现与收益类型和评估对象未来经营相关的风险,与所选择的收益类型与口径相匹配。

第十四条 运用收益法时,应当关注以下影响评估测算结果可靠性的因素：

（一）无法获得支持专业判断的必要信息；

（二）评估对象没有历史收益记录或者尚未开始产生收益，对收益的预测仅基于预期；

（三）未来的经营模式或者盈利模式发生重大变化。

第四章　成　本　法

第十五条　成本法是指按照重建或者重置被评估对象的思路，将重建或者重置成本作为确定评估对象价值的基础，扣除相关贬值，以此确定评估对象价值的评估方法的总称。

成本法包括多种具体方法。例如，复原重置成本法、更新重置成本法、成本加和法（也称资产基础法）等。

第十六条　资产评估专业人员选择和使用成本法时应当考虑成本法应用的前提条件：

（一）评估对象能正常使用或者在用；

（二）评估对象能够通过重置途径获得；

（三）评估对象的重置成本以及相关贬值能够合理估算。

第十七条　当出现下列情况，一般不适用成本法：

（一）因法律、行政法规或者产业政策的限制使重置评估对象的前提不存在；

（二）不可以用重置途径获取的评估对象。

第十八条　重置成本可区分为复原重置成本和更新重置成本。

更新重置成本通常适用于使用当前条件所重置的资产可以提供与评估对象相似或者相同的功能，并且更新重置成本低于其复原重置成本。

复原重置成本适用于评估对象的效用只能通过按原条件重新复制评估对象的方式提供。

第十九条　资产评估专业人员应当根据评估目的、评估对象和评估假设合理确定重置成本的构成要素。

重置成本的构成要素一般包括建造或者购置评估对象的直接成本、间接成本、资金成本、税费及合理的利润。

重置成本应当是社会一般生产力水平的客观必要成本，而不是个别成本。

第二十条 资产评估专业人员应当结合评估对象的实际情况以及影响其价值变化的条件，充分考虑可能影响资产贬值的因素，合理确定各项贬值。以实体形式存在的评估对象的主要贬值形式有实体性贬值、功能性贬值和经济性贬值。

实体性贬值，也称有形损耗，是指由于使用和自然力的作用导致资产的物理性能损耗或者下降引起的资产价值损失。

功能性贬值是指由于技术进步引起资产功能相对落后造成的资产价值损失。

经济性贬值是指由于外部条件变化引起资产闲置、收益下降等造成的资产价值损失。

第五章 评估方法的选择

第二十一条 资产评估专业人员应当熟知、理解并恰当选择评估方法。资产评估专业人员在选择评估方法时，应当充分考虑影响评估方法选择的因素。选择评估方法所考虑的因素包括：

（一）评估目的和价值类型；

（二）评估对象；

（三）评估方法的适用条件；

（四）评估方法应用所依据数据的质量和数量；

（五）影响评估方法选择的其他因素。

第二十二条 当满足采用不同评估方法的条件时，资产评估专业人员应当选择两种或者两种以上评估方法，通过综合分析形成合理评估结论。

第二十三条 当存在下列情形时，资产评估专业人员可以采用一种评估方法：

（一）基于相关法律、行政法规和财政部部门规章的规定可以采用一种评估方法；

（二）由于评估对象仅满足一种评估方法的适用条件而采用一种评估方法；

（三）因操作条件限制而采用一种评估方法。操作条件限制应当是资产评估行业通常的执业方式普遍无法排除的，而不得以个别资产评估机构或者个别资产评估专业人员的操作能力和条件作为判断标准。

第二十四条　资产评估报告应当对评估方法的选择及其理由进行披露。

因适用性受限而选择一种评估方法的，应当在资产评估报告中披露其他基本评估方法不适用的原因；因操作条件受限而选择一种评估方法的，应当对所受的操作条件限制进行分析、说明和披露。

第六章　附　　则

第二十五条　本准则自2020年3月1日起施行。

中国资产评估协会关于印发《金融不良资产评估指导意见》的通知

（中评协〔2017〕52号　2017年9月8日修订发布
自2017年10月1日起施行）

各省、自治区、直辖市、计划单列市资产评估协会（注册会计师协会）：

为贯彻落实《资产评估法》，规范资产评估执业行为，保证资产评估执业质量，保护资产评估当事人合法权益和公共利益，在财政部指导下，中国资产评估协会根据《资产评估基本准则》，对《金融不良资产评估指导意见（试行）》进行了修订，制定了《金融不良资产评估指导意见》，现予印发，自2017年10月1日起施行。

请各地方协会将《金融不良资产评估指导意见》及时转发资产评估机构，组织资产评估机构和资产评估专业人员进行学习和培训，并将执行过程中发现的问题及时上报中国资产评估协会。

金融不良资产评估指导意见

第一章　总　　则

第一条　为规范金融不良资产评估行为,保护资产评估当事人合法权益和公共利益,根据《资产评估基本准则》制定本指导意见。

第二条　本指导意见所称金融不良资产,是指银行持有的次级、可疑及损失类贷款,金融资产管理公司收购或者接管的金融不良债权,以及其他非银行金融机构持有的不良债权。

本指导意见所称金融不良资产评估业务包括资产评估专业人员执行的以金融不良资产处置为目的的价值评估业务(以下简称价值评估业务)和以金融不良资产处置为目的的价值分析业务(以下简称价值分析业务)。

价值评估业务是指资产评估机构及其资产评估专业人员遵守法律、行政法规和资产评估准则,根据委托对在评估基准日特定目的下的金融不良资产价值进行评定和估算,并出具评估报告的专业服务行为。

价值分析业务是指资产评估机构及其资产评估专业人员根据委托,对无法履行必要资产评估程序的金融不良资产在基准日特定目的下的价值或者价值可实现程度进行分析、估算,并出具价值分析报告等咨询报告的专业服务行为。

第三条　执行金融不良资产评估业务,应当遵守本指导意见。

第二章　基本遵循

第四条　执行金融不良资产评估业务,应当具备金融不良资产评估的专业知识和实践经验,能够胜任所执行的金融不良资产评估业务。

第五条　执行金融不良资产评估业务,应当坚持独立、客观、公正的原则,勤勉尽责,保持应有的职业谨慎,独立进行分析、估算并形成专业意见。

资产评估机构及其资产评估专业人员应当与委托人、被评估单位以及其他相关当事人无利害关系。

第六条 资产评估专业人员应当根据资产评估业务具体情况合理使用评估假设,并在资产评估报告中予以披露。

第七条 价值评估业务和价值分析业务是两种不同的专业服务。

执行金融不良资产评估业务,在未受到限制、能够履行必要资产评估程序的情况下,通常应当考虑执行价值评估业务。

执行金融不良资产评估业务,在受到限制、无法履行必要资产评估程序的情况下,可以与委托人协商执行价值分析业务。

价值评估业务出具资产评估报告,价值分析业务出具价值分析报告等咨询报告。

第八条 资产评估专业人员在受理金融不良资产评估业务时,应当在明确评估业务基本事项的基础上,根据评估对象的具体情况、评估目的、资产处置方式、评估资料可获得程度和资产评估程序受限制程度等因素,与委托人协商后明确执行价值评估业务或者价值分析业务。

第九条 资产评估专业人员应当提醒委托人和其他报告使用人关注价值评估业务和价值分析业务的区别。

资产评估专业人员应当对价值评估结论或者价值分析结论进行明确说明,提醒委托人和其他报告使用人关注价值评估结论和价值分析结论的区别。

价值分析结论是在受到一定限制条件下形成的专业意见,委托人和其他报告使用人应当知晓其作为参考依据的适用性不同于价值评估结论。

第十条 价值评估结论和价值分析结论反映评估对象在基准日的价值或者价值可实现程度。

资产评估专业人员应当提示报告使用人根据基准日后资产状况和市场状况的变化,合理确定价值评估结论和价值分析结论的有效使用期限。

如果资产状况、市场状况与基准日相关状况相比发生重大变化,委托人应当委托资产评估机构执行评估更新业务或者重新评估。

第十一条 价值评估结论和价值分析结论反映资产评估专业人员遵守法律、行政法规和资产评估准则,在履行必要程序后形成的建立在相关假设和限制条件基础上的专业意见。

价值评估结论或者价值分析结论是资产处置的参考依据,不应当被认为是对金融不良资产处置时可实现价格的保证。

委托人和其他报告使用人应当正确理解并恰当使用价值评估结论或者价值分析结论。资产评估专业人员应当建议委托人在参考价值评估结论或者价值分析结论的基础上,结合资产处置方案及资产处置时资产状况和市场状况等因素,进行合理决策。

第十二条 遵守法律、行政法规和资产评估准则,对评估对象在基准日特定目的下的价值或者价值可实现程度进行分析和估算并发表专业意见,是资产评估机构及其资产评估专业人员的责任。

委托人和其他相关当事人应当提供必要的资料,并对资料的真实性、完整性、合法性负责。

委托人应当对资产评估专业人员执行业务予以配合,不得干预资产评估专业人员正常执业。当债务人等被评估单位对资产评估机构的合理要求不予以必要配合时,委托人应当予以必要协调。

第三章 资产评估对象

第十三条 金融不良资产评估业务中,根据项目具体情况和委托人要求,评估对象可能是债权资产,也可能是用以实现债权清偿权利的实物类资产、股权类资产和其他资产。

执行金融不良资产评估业务,应当与委托人进行充分协商,明确评估对象。

第十四条 实物类资产主要包括收购的以物抵贷资产、资产处置中收回的以物抵债资产、受托管理的实物资产及其所产生的权益,以及其他能实现债权清偿权利的实物资产。

股权类资产主要包括商业性债转股、抵债股权、质押股权等。

其他资产主要包括土地使用权、商标权等无形资产以及收益凭证等其他相关资产。

债权资产主要包括本指导意见第二条第一款所指不良贷款和不良债权。

第十五条 执行金融不良资产评估业务,应当关注评估对象的具体形态，充分考虑评估对象特点对评估业务的影响。

第四章　操作要求

第十六条　执行价值评估业务应当充分考虑金融不良资产处置的特点，遵守法律、行政法规和资产评估准则。

第十七条　资产评估专业人员应当明确资产评估业务的基本情况，根据评估目的、评估对象、资产处置方式、可获得的评估资料等因素，恰当选择价值类型和评估方法。

第十八条　执行金融不良资产评估业务，应当在履行必要的资产评估程序或者分析程序后，编制并出具资产评估报告或者咨询报告。

第十九条　资产评估报告应当包含必要信息，使资产评估报告使用人能够正确理解评估结论。

第二十条　资产评估专业人员应当在遵守法律、行政法规和资产评估准则的基础上，根据委托人的要求，合理确定资产评估报告的繁简程度。

第五章　附　　则

第二十一条　本指导意见自2017年10月1日起施行。中国资产评估协会于2005年3月21日发布的《关于印发〈金融不良资产评估指导意见（试行）〉的通知》（中评协〔2005〕37号）同时废止。

中评协关于印发《资产评估执业准则——不动产》的通知

（中评协〔2017〕38号　2017年9月8日修订发布
自2017年10月1日起施行）

各省、自治区、直辖市、计划单列市资产评估协会（注册会计师协会）：

为贯彻落实《资产评估法》，规范资产评估执业行为，保证资产评估执业质量,保护资产评估当事人合法权益和公共利益,在财政部指导下,中国资产评估协会根据《资产评估基本准则》,对《资产评估准则——不动产》进行了修订,制定了《资产评估执业准则——不动产》,现予印发,自2017年10月1日起施行。

请各地方协会将《资产评估执业准则——不动产》及时转发资产评估机构,组织资产评估机构和资产评估专业人员进行学习和培训,并将执行过程中发现的问题及时上报中国资产评估协会。

资产评估执业准则——不动产

第一章 总 则

第一条 为规范不动产评估行为,保护资产评估当事人合法权益和公共利益,根据《资产评估基本准则》制定本准则。

第二条 本准则所称不动产是指土地、建筑物及其他附着于土地上的定着物,包括物质实体及其相关权益。

本准则所称不动产不包含海域、林木等。

第三条 本准则所称不动产评估是指资产评估机构及其资产评估专业人员遵守法律、行政法规和资产评估准则,根据委托对评估基准日特定目的下的不动产价值进行评定和估算,并出具资产评估报告的专业服务行为。

不动产评估包括单独的不动产评估和企业价值评估中的不动产评估。

第四条 执行不动产评估业务,应当遵守本准则,但法律、行政法规规定应当执行其他准则的,从其规定。

第二章 基本遵循

第五条 执行不动产评估业务,应当具备不动产评估的专业知识和实践经验,能够胜任所执行的不动产评估业务。

当执行某项特定业务缺乏特定的专业知识和经验时,应当采取弥补措施,包括利用专家工作及相关报告等。

第六条　资产评估专业人员应当关注不动产的权属,收集相关的权属证明文件,对于没有权属证明文件的不动产应当要求委托人或者其他相关当事人对其权属做出承诺或说明。

第七条　不动产评估应当在评估对象符合用途管制要求的情况下进行。对于不动产使用的限制条件,应当以有关部门依法规定的用途、面积、高度、建筑密度、容积率、年限等技术指标为依据。

第八条　当不动产存在多种利用方式时,应当在合法的前提下,结合经济行为、评估目的、价值类型等情况,选择和使用最优利用方式进行评估。

第三章　操作要求

第九条　执行不动产评估业务,应当要求委托人明确资产评估报告的用途、评估对象、范围和评估目的。不动产评估对象,可以是不动产对应的全部权益,也可以是不动产对应的部分权益。

第十条　执行不动产评估业务,应当全面了解不动产的实物状况、权益状况和区位状况,掌握评估对象的主要特征。

第十一条　执行不动产评估业务,应当根据评估目的和不动产具体情况进行合理假设,并在资产评估报告中予以披露。

第十二条　不动产组成部分的价值存在相互影响关系。建筑物对于其所占有的土地使用权存在价值减损的可能。如果建筑物对于其所占有的土地使用权存在价值减损情形,评估土地使用权价值时应当计算该损失金额并加以扣除。

对于土建工程与机器设备安装为一体或者形成紧密关联的不动产,应当关注机器设备与不动产的关系,合理进行区分,并考虑机器设备等资产对不动产价值的影响。

第十三条　执行不动产评估业务,一般情况下,应当对所评估的不动产进行现场调查,明确不动产存在状态并关注其权属状况。特殊情况下,如需采用抽样等方法对不动产进行现场调查,应当充分考虑抽样风险。

对于不动产处于隐蔽状况或者因客观原因无法进行实地查看的部分,应当采取适当措施加以判断并予以披露。

第十四条 对于水利工程、码头、桥涵、道路等不动产,应当根据不动产的价值特性和资产特点,通过设计概算、工程图纸、竣工决算、定额标准等技术资料,结合对不动产的现场查看,了解不动产的结构、工程量、工程费用分摊、建设周期以及收益等情况。

第十五条 执行不动产评估业务,应当关注不动产的相邻关系、租约限制和动产对不动产价值的影响。

第四章 评估方法

第十六条 执行不动产评估业务,应当根据评估目的、评估对象、价值类型、资料收集等情况,分析市场法、收益法和成本法三种资产评估基本方法以及假设开发法、基准地价修正法等衍生方法的适用性,选择评估方法。

第十七条 采用市场法评估不动产时,应当收集足够的交易实例。收集交易实例的信息包括:

(一)交易实例的基本状况,主要包括:名称、坐落、四至、面积、用途、产权状况、土地形状、土地使用期限、建筑物建成日期、建筑结构、周围环境等;

(二)成交日期;

(三)成交价格,包括总价、单价及计价方式;

(四)付款方式;

(五)交易情况,主要有交易目的、交易方式、交易税费负担方式、交易人之间的特殊利害关系、特殊交易动机等。

第十八条 用作参照物的交易实例应当具备下列条件:

(一)在区位、用途、规模、建筑结构、档次、权利性质等方面与评估对象类似;

(二)成交日期与评估基准日接近;

(三)交易类型与评估目的相适合;

(四)成交价格为正常价格或者可以修正为正常价格。

第十九条 采用市场法评估不动产时,应当进行交易情况修正、交易日期修正和不动产状况修正。

交易情况修正是将参照物实际交易情况下的价格修正为正常交

易情况下的价值。交易日期修正是将参照物成交日期的价格修正为评估基准日的价值。不动产状况修正是将参照物状况下的价格修正为评估对象状况下的价值，可以分为区位状况修正、权益状况修正和实物状况修正。

第二十条　采用收益法评估不动产时，应当了解：

（一）不动产应当具有经济收益或者潜在经济收益；

（二）不动产未来收益及风险能够较准确地预测与量化；

（三）不动产未来收益应当是不动产本身带来的收益；

（四）不动产未来收益包含有形收益和无形收益。

第二十一条　采用收益法评估不动产时，应当合理确定收益期限、净收益与折现率：

（一）收益期限应当根据建筑物剩余经济寿命年限与土地使用权剩余使用年限等参数，并根据法律、行政法规的规定确定；

（二）确定净收益时应当考虑未来收益和风险的合理预期；

（三）折现率与不动产的收益方式、收益预测方法、风险状况有关，也因不动产的组成部分不同而存在差异。折现率的口径应当与预期收益口径保持一致。

第二十二条　采用收益法评估不动产时，有租约限制的，租约期内的租金宜采用租约所确定的租金，租约期外的租金应当采用正常客观的租金，并在资产评估报告中披露租约情况。

第二十三条　采用成本法评估不动产，估算重置成本时，应当了解：

（一）重置成本采用客观成本；

（二）不动产重置成本采取土地使用权与建筑物分别估算、然后加总的评估方式时，重置成本的相关成本构成应当在两者之间合理划分或者分摊，避免重复计算或者漏算；

（三）不动产的重置成本通常采用更新重置成本。当评估对象为具有特定历史文化价值的不动产时，应当尽量采用复原重置成本。

第二十四条　资产评估专业人员应当对不动产所涉及的土地使用权剩余年限、建筑物经济寿命年限及设施设备的经济寿命年限进行分析判断，确定不动产的经济寿命年限。

第二十五条 资产评估专业人员应当综合考虑可能引起不动产贬值的主要因素,估算各种贬值。建筑物的贬值包括实体性贬值、功能性贬值和经济性贬值。确定建筑物的实体性贬值时,通常综合考虑建筑物已使用年限、经济寿命年限和土地使用权剩余年限的影响。

确定住宅用途建筑物实体性贬值时,需要考虑土地使用权自动续期的影响。当土地使用权自动续期时,可以根据建筑物的经济寿命年限确定其贬值额。

第二十六条 采用假设开发法评估不动产时,应当了解:

(一)假设开发法适用于具有开发和再开发潜力,并且其开发完成后的价值可以确定的不动产;

(二)开发完成后的不动产价值是开发完成后不动产状况所对应的价值;

(三)后续开发建设的必要支出和应得利润包括:后续开发成本、管理费用、销售费用、投资利息、销售税费、开发利润和取得待开发不动产的税费等;

(四)假设开发方式通常是满足规划条件下的最佳开发利用方式。

第二十七条 采用基准地价修正法评估土地使用权价值时,应当根据评估对象的价值内涵与基准地价内涵的差异,确定调整内容。在土地级别、用途、权益性质等要素一致的情况下,调整内容包括交易日期修正、区域因素修正、个别因素修正、使用年期修正和开发程度修正等。

第五章 企业价值评估中的不动产评估

第二十八条 企业所拥有的不动产通常在存货、投资性房地产、固定资产、在建工程以及无形资产等科目中核算,且可能存在同一不动产账面价值由多笔余额构成的情形。作为存货的房地产、投资性房地产和自用房地产等,其价值影响因素存在差异。

第二十九条 在企业价值评估中,应当关注企业经营方式及不动产实际使用方式对不动产价值的影响。

第三十条 在企业价值评估中,应当结合企业价值评估的价值类型合理设定不动产评估的假设前提和限制条件。

第三十一条　在企业价值评估中,应当分析不动产的财务核算方式以及是否存在不动产未结合同和尚未支付款项,明确不动产的评估价值内涵与实际已发生支出、尚未发生支出之间的关系,避免重复计算或者漏算。

第三十二条　在企业价值评估中,不动产作为企业资产的组成部分,评估价值受其对企业贡献程度的影响。

第三十三条　在企业价值评估中,对于溢余不动产,应当考虑不动产的持有目的、收益状况和实现交易的可能性,采用恰当的评估方法确定其评估价值。

第六章　披露要求

第三十四条　无论单独出具不动产评估报告,还是将不动产评估作为资产评估报告的组成部分,都应当在资产评估报告中披露必要信息,使资产评估报告使用人能够正确理解评估结论。

第三十五条　执行不动产评估业务,在编制资产评估报告时应当对不动产的总体情况、主要特点和权属状况进行披露。

第七章　附　则

第三十六条　本准则自 2017 年 10 月 1 日起施行。中国资产评估协会于 2007 年 11 月 28 日发布的《关于印发〈资产评估准则——评估报告〉等 7 项资产评估准则的通知》(中评协〔2007〕189 号)中的《资产评估准则——不动产》同时废止。

第十编　违约债券处置

司法解释性质文件

最高人民法院关于印发《全国法院审理债券纠纷案件座谈会纪要》的通知

（法〔2020〕185 号　2020 年 7 月 15 日公布施行）

各省、自治区、直辖市高级人民法院，解放军军事法院，新疆维吾尔自治区高级人民法院生产建设兵团分院：

为正确审理因公司债券、企业债券、非金融企业债务融资工具的发行和交易所引发的合同、侵权和破产民商事案件，统一法律适用，保护债券投资人的合法权益，促进债券市场健康发展，经商国家发展和改革委员会、中国人民银行、中国证监会同意，最高人民法院制定了《全国法院审理债券纠纷案件座谈会纪要》，现将会议纪要印发。

各级人民法院要通过多种形式组织学习培训，使审判人员尽快准确理解掌握纪要的相关内容，在案件审理中正确理解适用。对于适用中存在的问题，请及时层报最高人民法院。

全国法院审理债券纠纷案件座谈会纪要

近年来，我国债券市场发展迅速，为服务实体经济发展和国家重点项目建设提供了有力的支持和保障。债券市场在平稳、有序、健康发展的同时，也出现了少数债券发行人因经营不善、盲目扩张、违规担保等原因而不能按期还本付息，以及欺诈发行、虚假陈述等违法违规事件，严重损害了债券持有人和债券投资者的合法权益。为正确审理因公司债券、企业债券、非金融企业债务融资工具的发行和交易所引发的合同、侵权和破产民商事案件，统一法律适用，最高人民法院于2019年12月24日在北京召开了全国法院审理债券纠纷相关案件座谈会，邀请全国人大常委会法制工作委员会、司法部、国家发展和改革委员会、中国人民银行、中国证监会等单位有关负责同志参加会议，各省、自治区、直辖市高级人民法院和解放军军事法院以及新疆维吾尔自治区高级人民法院生产建设兵团分院主管民商事审判工作的院领导、相关庭室的负责同志，沪、深证券交易所、中国银行间市场交易商协会等市场自律监管机构、市场中介机构的代表也参加了会议。与会同志经认真讨论，就案件审理中的主要问题取得了一致意见，现纪要如下：

一、关于案件审理的基本原则

会议认为，当前债券市场风险形势总体稳定。债券市场风险的有序释放和平稳化解，是防范和化解金融风险的重要组成部分，事关国家金融安全和社会稳定。因此，人民法院必须高度重视此类案件，并在审理中注意坚持以下原则：

1. 坚持保障国家金融安全原则。民商事审判工作是国家维护经济秩序、防范和化解市场风险、维护国家经济安全的重要手段。全国法院必须服从和服务于防范和化解金融风险的国家工作大局，以民法总则[①]、合同法[②]、侵权责任法[③]、公司法、中国人民银行法、证券法、信托法、破产法、企业债券管理条例等法律和行政法规为依据，将法律规则的适用与中央监管政策目标的实现相结合，将个案风险化解与国家经济政策、金融市场监管和社会影响等因素相结合，本着规范债券市场、防范金融风险、维护金融稳定和安全的宗旨，依法公正审理此类纠纷案件，妥善防范和化解金融风险，为国家经济秩序稳定和金融安全提供有力司法服务和保障。

2. 坚持依法公正原则。目前，债券发行和交易市场的规则体系，主要由法律、行政法规、部门规章、行政规范性文件构成。人民法院在

① 已废止。
② 已废止。
③ 已废止。

审理此类案件中,要根据法律和行政法规规定的基本原理,对具有还本付息这一共同属性的公司债券、企业债券、非金融企业债务融资工具适用相同的法律标准。正确处理好保护债券持有人和债券投资者的合法权益、强化对发行人的信用约束、保障债券市场风险处置的平稳有序和促进债券市场健康发展之间的关系,统筹兼顾公募与私募、场内与场外等不同市场发展的实际情况,妥善合理弥补部门规章、行政规范性文件和自律监管规则的模糊地带,确保案件审理的法律效果和社会效果相统一。

3. 坚持"卖者尽责、买者自负"原则。债券依法发行后,因发行人经营与收益的变化导致的投资风险,依法应当由投资人自行负责。但是,"买者自负"的前提是"卖者尽责"。对于债券欺诈发行、虚假陈述等侵权民事案件的审理,要立足法律和相关监管规则,依法确定发行人董事、监事、高级管理人员及其控股股东、实际控制人,以及增信机构,债券承销机构,信用评级机构、资产评估机构、会计师事务所、律师事务所等中介机构(以下简称债券服务机构),受托管理人或者具有同等职责的机构(以下简称受托管理人)等相关各方的权利、义务和责任,将责任承担与行为人的注意义务、注意能力和过错程度相结合,将民事责任追究的损失填补与震慑违法两个功能相结合,切实保护债券持有人、债券投资者的合法权益,维护公开、公平、公正的资本市场秩序。

4. 坚持纠纷多元化解原则。债券纠纷案件涉及的投资者人数众多、发行和交易方式复杂、责任主体多元,要充分发挥债券持有人会议的议事平台作用,保障受托管理人和其他债券代表人能够履行参与诉讼、债务重组、破产重整、和解、清算等债券持有人会议赋予的职责。要进一步加强与债券监管部门的沟通联系和信息共享,建立、健全有机衔接、协调联动、高效便民的债券纠纷多元化解机制,协调好诉讼、调解、委托调解、破产重整、和解、清算等多种司法救济手段之间的关系,形成纠纷化解合力,构建债券纠纷排查预警机制,防止矛盾纠纷积累激化。充分尊重投资者的程序选择权,着眼于纠纷的实际情况,灵活确定纠纷化解的方式、时间和地点,尽可能便利投资者,降低解决纠纷成本。

二、关于诉讼主体资格的认定

会议认为，同期发行债券的持有人利益诉求高度同质化且往往人数众多，采用共同诉讼的方式能够切实降低债券持有人的维权成本，最大限度地保障债券持有人的利益，也有利于提高案件审理效率，节约司法资源，实现诉讼经济。案件审理中，人民法院应当根据当事人的协议约定或者债券持有人会议的决议，承认债券受托管理人或者债券持有人会议推选的代表人的法律地位，充分保障受托管理人、诉讼代表人履行统一行使诉权的职能。对于债券违约合同纠纷案件，应当以债券受托管理人或者债券持有人会议推选的代表人集中起诉为原则，以债券持有人个别起诉为补充。

5. 债券受托管理人的诉讼主体资格。债券发行人不能如约偿付债券本息或者出现债券募集文件约定的违约情形时，受托管理人根据债券募集文件、债券受托管理协议的约定或者债券持有人会议决议的授权，以自己的名义代表债券持有人提起、参加民事诉讼，或者申请发行人破产重整、破产清算的，人民法院应当依法予以受理。

受托管理人应当向人民法院提交符合债券募集文件、债券受托管理协议或者债券持有人会议规则的授权文件。

6. 债券持有人自行或者共同提起诉讼。在债券持有人会议决议授权受托管理人或者推选代表人代表部分债券持有人主张权利的情况下，其他债券持有人另行单独或者共同提起、参加民事诉讼，或者申请发行人破产重整、破产清算的，人民法院应当依法予以受理。

债券持有人会议以受托管理人怠于行使职责为由作出自行主张权利的有效决议后，债券持有人根据决议单独、共同或者代表其他债券持有人向人民法院提起诉讼、申请发行人破产重整或者破产清算的，人民法院应当依法予以受理。

7. 资产管理产品管理人的诉讼地位。通过各类资产管理产品投资债券的，资产管理产品的管理人根据相关规定或者资产管理文件的约定以自己的名义提起诉讼的，人民法院应当依法予以受理。

8. 债券交易对诉讼地位的影响。债券持有人以债券质押式回购、融券交易、债券收益权转让等不改变债券持有人身份的方式融资的，不影响其诉讼主体资格的认定。

三、关于案件的受理、管辖与诉讼方式

会议认为，对债券纠纷案件实施相对集中管辖，有利于债券纠纷的及时、有序化解和裁判尺度的统一。在债券持有人、债券投资者自行提起诉讼的情况下，受诉法院也要选择适当的共同诉讼方式，实现案件审理的集约化。同时，为切实降低诉讼维权成本，应当允许符合条件的受托管理人、债券持有人和债券投资者以自身信用作为财产保全的担保方式。

9. 欺诈发行、虚假陈述案件的受理。债券持有人、债券投资者以自己受到欺诈发行、虚假陈述侵害为由，对欺诈发行、虚假陈述行为人提起的民事赔偿诉讼，符合民事诉讼法第一百一十九条规定的，人民法院应当予以受理。欺诈发行、虚假陈述行为人以债券持有人、债券投资者主张的欺诈发行、虚假陈述行为未经有关机关行政处罚或者生效刑事裁判文书认定为由请求不予受理或者驳回起诉的，人民法院不予支持。

10. 债券违约案件的管辖。受托管理人、债券持有人以发行人或者增信机构为被告提起的要求依约偿付债券本息或者履行增信义务的合同纠纷案件，由发行人住所地人民法院管辖。债券募集文件与受托管理协议另有约定的，从其约定。

债券募集文件与受托管理协议中关于管辖的约定不一致，根据《最高人民法院关于适用〈中华人民共和国民事诉讼法〉若干问题的解释》第三十条第一款的规定不能确定管辖法院的，由发行人住所地人民法院管辖。

本纪要发布之前，人民法院以原告住所地为合同履行地确定管辖的案件，尚未开庭审理的，应当移送发行人住所地人民法院审理；已经生效尚未申请执行的案件，应当向发行人住所地人民法院申请强制执行；已经执行尚未执结的案件，应当交由发行人住所地人民法院继续执行。

11. 欺诈发行和虚假陈述案件的管辖。债券持有人、债券投资者以发行人、债券承销机构、债券服务机构等为被告提起的要求承担欺诈发行、虚假陈述民事责任的侵权纠纷案件，由省、直辖市、自治区人民政府所在的市、计划单列市和经济特区中级人民法院管辖。

多个被告中有发行人的，由发行人住所地有管辖权的人民法院管辖。

12. 破产案件的管辖。受托管理人、债券持有人申请发行人重整、破产清算的破产案件，以及发行人申请重整、和解、破产清算的破产案件，由发行人住所地中级人民法院管辖。

13. 允许金融机构以自身信用提供财产保全担保。诉讼中，对证券公司、信托公司、基金公司、期货公司等由金融监管部门批准设立的具有独立偿付债务能力的金融机构及其分支机构以其自身财产作为信用担保的方式提出的财产保全申请，根据《最高人民法院关于人民法院办理财产保全案件若干问题的规定》（法释〔2016〕22 号）第九条①规定的精神，人民法院可以予以准许。

14. 案件的集中审理。为节约司法资源，对于由债券持有人自行主张权利的债券违约纠纷案件，以及债券持有人、债券投资者依法提起的债券欺诈发行、虚假陈述侵权赔偿纠纷案件，受诉人民法院可以根据债券发行和交易的方式等案件具体情况，以民事诉讼法第五十二条、第五十三条、第五十四条，证券法第九十五条和《最高人民法院关于适用〈中华人民共和国民事诉讼法〉若干问题的解释》的相关规定为依据，引导当事人选择适当的诉讼方式，对案件进行审理。

四、关于债券持有人权利保护的特别规定

会议认为，债券持有人会议是强化债券持有人权利主体地位、统一债券持有人立场的债券市场基础性制度，也是债券持有人指挥和监督受托管理人勤勉履职的专门制度安排。人民法院在案件审理过程中，要充分发挥债券持有人会议的议事平台作用，尊重债券持有人会议依法依规所作出决议的效力，保障受托管理人和诉讼代表人能够履行参与诉讼、债务重组、破产重整、和解、清算等债券持有人会议赋予的职责。对可能减损、让渡债券持有人利益的相关协议内容的表决，受托管理人和诉讼代表人必须忠实表达债券持有人的意愿。支持受

① 2020 年修正后仍为第 9 条，内容不变。

托管理人开展代债券持有人行使担保物权、统一受领案件执行款等工作,切实保护债券持有人的合法权益。

15. 债券持有人会议决议的效力。债券持有人会议根据债券募集文件规定的决议范围、议事方式和表决程序所作出的决议,除非存在法定无效事由,人民法院应当认定为合法有效,除本纪要第5条、第6条和第16条规定的事项外,对全体债券持有人具有约束力。

债券持有人会议表决过程中,发行人及其关联方,以及对决议事项存在利益冲突的债券持有人应当回避表决。

16. 债券持有人重大事项决定权的保留。债券持有人会议授权的受托管理人或者推选的代表人作出可能减损、让渡债券持有人利益的行为,在案件审理中与对方当事人达成调解协议,或者在破产程序中就发行人重整计划草案、和解协议进行表决时,如未获得债券持有人会议特别授权的,应当事先征求各债券持有人的意见或者由各债券持有人自行决定。

17. 破产程序中受托管理人和代表人的债委会成员资格。债券持有人会议授权的受托管理人或者推选的代表人参与破产重整、清算、和解程序的,人民法院在确定债权人委员会的成员时,应当将其作为债权人代表人选。

债券持有人自行主张权利的,人民法院在破产重整、清算、和解程序中确定债权人委员会的成员时,可以责成自行主张权利的债券持有人通过自行召集债券持有人会议等方式推选出代表人,并吸收该代表人进入债权人委员会,以体现和代表多数债券持有人的意志和利益。

18. 登记在受托管理人名下的担保物权行使。根据《最高人民法院关于〈国土资源部办公厅关于征求为公司债券持有人办理国有土地使用权抵押登记意见函〉的答复》①精神，为债券设定的担保物权可登记在受托管理人名下，受托管理人根据民事诉讼法第一百九十六条、第一百九十七条的规定或者通过普通程序主张担保物权的，人民法院应当予以支持，但应在裁判文书主文中明确由此所得权益归属于全体债券持有人。受托管理人仅代表部分债券持有人提起诉讼的，人民法院还应当根据其所代表的债券持有人份额占当期发行债券的比例明确其相应的份额。

19.受托管理人所获利益归属于债券持有人。受托管理人提起诉讼或者参与破产程序的，生效裁判文书的既判力及于其所代表的债券持有人。在执行程序、破产程序中所得款项由受托管理人受领后在十个工作日内分配给各债券持有人。

20.共益费用的分担。债券持有人会议授权的受托管理人或者推选的代表人在诉讼中垫付的合理律师费等维护全体债券持有人利益所必要的共益费用，可以直接从执行程序、破产程序中受领的款项中扣除，将剩余款项按比例支付给债券持有人。

五、关于发行人的民事责任

会议认为，民事责任追究是强化债券发行人信用约束的重要手

---

① 最高人民法院关于《国土资源部办公厅关于征求为公司债券持有人办理国有土地使用权抵押登记意见函》的答复(〔2010〕民二他字第16号)：

国土资源部办公厅：

国土资厅函〔2010〕374号《国土资源部办公厅关于征求为公司债券持有人办理国有土地使用权抵押登记意见函》收悉，经研究，答复如下：

基于公司债券持有人具有分散性、群体性、不易保护自身权利的特点，《公司债券发行试点办法》(以下简称《办法》)规定了公司债券受托管理人制度，以保护全体公司债券持有人的权益。基于此，《办法》第二十五条对公司债券受托管理人的法定职责进行了规定，同时允许当事人约定权利义务范围。

根据《物权法》(已废止)的规定，函中所述案例的抵押权人为全体公司债券持有人。抵押权的设定有利于保护全体公司债券持有人的利益。在公司债券持有人因其不确定性、群体性而无法申请办理抵押权登记的情形下，认定公司债券受托管理人可以代理办理抵押权登记手续，符合设立公司债券受托管理人制度的目的，也不违反《办法》第二十五条的规定。在法律没有禁止性规定以及当事人之间没有禁止代为办理抵押登记约定的情形下，应认定公司债券受托管理人可代理全体公司债券持有人申请办理土地抵押登记。

以上意见仅供参考。

段,各级人民法院要充分发挥审判职能作用,严格落实债券发行人及其相关人员的债券兑付和信息披露责任,依法打击公司控股股东、实际控制人随意支配发行人资产,甚至恶意转移资产等"逃废债"的行为。对于债券违约案件,要根据法律规定和合同约定,依法确定发行人的违约责任;对于债券欺诈发行和虚假陈述侵权民事案件,应当根据债券持有人和债券投资者的实际损失确定发行人的赔偿责任,依法提高债券市场违法违规成本。

21. 发行人的违约责任范围。债券发行人未能如约偿付债券当期利息或者到期本息的,债券持有人请求发行人支付当期利息或者到期本息,并支付逾期利息、违约金、实现债权的合理费用的,人民法院应当予以支持。

债券持有人以发行人出现债券募集文件约定的违约情形为由,要求发行人提前还本付息的,人民法院应当综合考量债券募集文件关于预期违约、交叉违约等的具体约定以及发生事件的具体情形予以判断。

债券持有人以发行人存在其他证券的欺诈发行、虚假陈述为由,请求提前解除合同并要求发行人承担还本付息等责任的,人民法院应当综合考量其他证券的欺诈发行、虚假陈述等行为是否足以导致合同目的不能实现等因素,判断是否符合提前解除合同的条件。

22. 债券欺诈发行和虚假陈述的损失计算。债券信息披露文件中就发行人财务业务信息等与其偿付能力相关的重要内容存在虚假记载、误导性陈述或者重大遗漏的,欺诈发行的债券认购人或者欺诈发行、虚假陈述行为实施日及之后、揭露日之前在交易市场上买入该债券的投资者,其损失按照如下方式计算:

(1)在起诉日之前已经卖出债券,或者在起诉时虽然持有债券,但在一审判决作出前已经卖出的,本金损失按投资人购买该债券所支付的加权平均价格扣减持有该债券期间收取的本金偿付(如有),与卖出该债券的加权平均价格的差额计算,并可加计实际损失确定之日至实际清偿之日止的利息。利息分段计算,在 2019 年 8 月 19 日之前,按照中国人民银行确定的同期同类贷款基准利率计算;在 2019 年 8 月 20 日之后,按照中国人民银行授权全国银行间同业拆借中心公布的贷款市场报价利率(LPR)标准计算。

(2)在一审判决作出前仍然持有该债券的,债券持有人请求按照本纪要第21条第一款的规定计算损失赔偿数额的,人民法院应当予以支持;债券持有人请求赔偿虚假陈述行为所导致的利息损失的,人民法院应当在综合考量欺诈发行、虚假陈述等因素的基础上,根据相关虚假陈述内容被揭露后的发行人真实信用状况所对应的债券发行利率或者债券估值,确定合理的利率赔偿标准。

23. 损失赔偿后债券的交还与注销。依照本纪要第21条、第22条第二项的规定请求发行人承担还本付息责任的,人民法院应当在一审判决作出前向债券登记结算机构调取本案当事人的债券交易情况,并通知债券登记结算机构冻结本案债券持有人所持有的相关债券。

人民法院判令发行人依照本纪要第21条、第22条第二项的规定承担还本付息责任的,无论债券持有人是否提出了由发行人赎回债券的诉讼请求,均应当在判项中明确债券持有人交回债券的义务,以及发行人依据生效法律文书申请债券登记结算机构注销该债券的权利。

24. 因果关系抗辩。债券持有人在债券信息披露文件中的虚假陈述内容被揭露后在交易市场买入债券的,对其依据本纪要第22条规定要求发行人承担责任的诉讼请求,人民法院不予支持。

债券投资人在债券信息披露文件中的虚假陈述内容被揭露后在交易市场买入该债券,其后又因发行人的其他信息披露文件中存在虚假记载、误导性陈述或者重大遗漏导致其信用风险进一步恶化所造成的损失,按照本纪要第22条的规定计算。

人民法院在认定债券信息披露文件中的虚假陈述内容对债券投资人交易损失的影响时,发行人及其他责任主体能够证明投资者通过内幕交易、操纵市场等方式卖出债券,导致交易价格明显低于卖出时的债券市场公允价值的,人民法院可以参考欺诈发行、虚假陈述行为揭露日之后的十个交易日的加权平均交易价格或前三十个交易日的市场估值确定该债券的市场公允价格,并以此计算债券投资者的交易损失。

发行人及其他责任主体能够证明债券持有人、债券投资者的损失部分或者全部是由于市场无风险利率水平变化(以同期限国债利率为参考)、政策风险等与欺诈发行、虚假陈述行为无关的其他因素造成的,人民法院在确定损失赔偿范围时,应当根据原因力的大小相应减轻或者免除赔偿责任。

人民法院在案件审理中,可以委托市场投资者认可的专业机构确定欺诈发行、虚假陈述行为对债券持有人和债券投资者损失的影响。

六、关于其他责任主体的责任

会议认为,对于债券欺诈发行、虚假陈述案件的审理,要按照证券法的规定,严格落实债券承销机构和债券服务机构保护投资者利益的核查把关责任,将责任承担与过错程度相结合。债券承销机构和债券服务机构对各自专业相关的业务事项未履行特别注意义务,对其他业务事项未履行普通注意义务的,应当判令其承担相应法律责任。

25. 受托管理人的赔偿责任。受托管理人未能勤勉尽责公正履行受托管理职责,损害债券持有人合法利益,债券持有人请求其承担相应赔偿责任的,人民法院应当予以支持。

26. 债券发行增信机构与发行人的共同责任。债券发行人不能如约偿付债券本息或者出现债券募集文件约定的违约情形时,人民法院应当根据相关增信文件约定的内容,判令增信机构向债券持有人承担相应的责任。监管文件中规定或者增信文件中约定增信机构的增信范围包括损失赔偿内容的,对债券持有人、债券投资者要求增信机构对发行人因欺诈发行、虚假陈述而应负的赔偿责任承担相应担保责任的诉讼请求,人民法院应当予以支持。增信机构承担责任后,有权向发行人等侵权责任主体进行追偿。

27. 发行人与其他责任主体的连带责任。发行人的控股股东、实际控制人、发行人的董事、监事、高级管理人员或者履行同等职责的人员,对其制作、出具的信息披露文件中存在虚假记载、误导性陈述或者重大遗漏,足以影响投资人对发行人偿债能力判断的,应当与发行人共同对债券持有人、债券投资者的损失承担连带赔偿责任,但是能够证明自己没有过错的除外。

28. 发行人内部人的过错认定。对发行人的执行董事、非执行董事、独立董事、监事、职工监事、高级管理人员或者履行同等职责的人员,以及参与信息披露文件制作的责任人员所提出的其主观上没有过错的抗辩理由，人民法院应当根据前述人员在公司中所处的实际地位、在信息披露文件的制作中所起的作用、取得和了解相关信息的渠道及其为核验相关信息所做的努力等实际情况，审查、认定其是否存在过错。

29.债券承销机构的过错认定。债券承销机构存在下列行为之一，导致信息披露文件中的关于发行人偿付能力相关的重要内容存在虚假记载、误导性陈述或者重大遗漏，足以影响投资人对发行人偿债能力判断的，人民法院应当认定其存在过错：

（1）协助发行人制作虚假、误导性信息，或者明知发行人存在上述行为而故意隐瞒的；

（2）未按照合理性、必要性和重要性原则开展尽职调查，随意改变尽职调查工作计划或者不适当地省略工作计划中规定的步骤；

（3）故意隐瞒所知悉的有关发行人经营活动、财务状况、偿债能力和意愿等重大信息；

（4）对信息披露文件中相关债券服务机构出具专业意见的重要内容已经产生了合理怀疑，但未进行审慎核查和必要的调查、复核工作；

（5）其他严重违反规范性文件、执业规范和自律监管规则中关于尽职调查要求的行为。

30.债券承销机构的免责抗辩。债券承销机构对发行人信息披露文件中关于发行人偿付能力的相关内容，能够提交尽职调查工作底稿、尽职调查报告等证据证明符合下列情形之一的，人民法院应当认定其没有过错：

（1）已经按照法律、行政法规和债券监管部门的规范性文件、执业规范和自律监管规则要求，通过查阅、访谈、列席会议、实地调查、印证和讨论等方法，对债券发行相关情况进行了合理尽职调查；

（2）对信息披露文件中没有债券服务机构专业意见支持的重要内容，经过尽职调查和独立判断，有合理的理由相信该部分信息披露内容与真实情况相符；

（3）对信息披露文件中相关债券服务机构出具专业意见的重要内容，在履行了审慎核查和必要的调查、复核工作的基础上，排除了原先的合理怀疑；

（4）尽职调查工作虽然存在瑕疵，但即使完整履行了相关程序也难以发现信息披露文件存在虚假记载、误导性陈述或者重大遗漏。

31. 债券服务机构的过错认定。信息披露文件中关于发行人偿付能力的相关内容存在虚假记载、误导性陈述或者重大遗漏，足以影响投资人对发行人偿付能力的判断的，会计师事务所、律师事务所、信用评级机构、资产评估机构等债券服务机构不能证明其已经按照法律、行政法规、部门规章、行业执业规范和职业道德等规定的勤勉义务谨慎执业的，人民法院应当认定其存在过错。

会计师事务所、律师事务所、信用评级机构、资产评估机构等债券服务机构的注意义务和应负责任范围，限于各自的工作范围和专业领域，其制作、出具的文件有虚假记载、误导性陈述或者重大遗漏，应当按照证券法及相关司法解释的规定，考量其是否尽到勤勉尽责义务，区分故意、过失等不同情况，分别确定其应当承担的法律责任。

32. 责任追偿。发行人的控股股东、实际控制人、发行人的董事、监事、高级管理人员或者履行同等职责的人员、债券承销机构以及债券服务机构根据生效法律文书或者按照先行赔付约定承担赔偿责任后，对超出其责任范围的部分，向发行人及其他相关责任主体追偿的，人民法院应当支持。

七、关于发行人破产管理人的责任

会议认为，对于债券发行人破产案件的审理，要坚持企业拯救、市场出清、债权人利益保护和维护社会稳定并重，在发行人破产重整、和解、清算程序中，应当进一步明确破产管理人及时确认债权、持续信息披露等义务，确保诉讼程序能够及时进行，保护债券持有人的合法权益，切实做到化解风险，理顺关系，安定人心，维护秩序。

33. 发行人破产管理人的债券信息披露责任。债券发行人进入破产程序后，发行人的债券信息披露义务由破产管理人承担，但发行人自行管理财产和营业事务的除外。破产管理人应当按照证券法及相关监管规定的要求，及时、公平地履行披露义务，所披露的信息必须真实、准确、完整。破产管理人就接管破产企业后的相关事项所披露的内容存在虚假记载、误导性陈述或者重大遗漏，足以影响投资人对发行人偿付能力的判断的，对债券持有人、债券投资者主张依法判令其承担虚假陈述民事责任的诉讼请求,人民法院应当予以支持。

34. 破产管理人无正当理由不予确认债权的赔偿责任。债券发行人进入破产程序后,受托管理人根据债券募集文件或者债券持有人会议决议的授权,依照债券登记机关出具的债券持仓登记文件代表全体债券持有人所申报的破产债权,破产管理人应当依法及时予以确认。因破产管理人无正当理由不予确认而导致的诉讼费用、律师费用、差旅费用等合理支出以及由此导致债权迟延清偿期间的利息损失,受托管理人另行向破产管理人主张赔偿责任的,人民法院应当予以支持。

部门规章及规范性文件

中国人民银行、发展改革委、证监会关于公司信用类债券违约处置有关事宜的通知

(银发〔2020〕144号　2020年6月15日发布
自2020年8月1日起施行)

为深入贯彻落实党中央、国务院关于防范化解金融风险的决策部署,深化金融供给侧结构性改革,建立健全债券市场风险防范及化解机制,促进公司信用类债券市场健康发展,现就公司信用类债券违约处置有关事宜通知如下:

一、基本原则

底线思维原则。坚持守住不发生系统性金融风险的底线,稳妥推进债券违约处置相关工作,防范化解金融风险,维护债券市场融资功能。

市场化、法治化原则。尊重市场规律,充分发挥市场配置资源的决定性作用,强化契约精神和法治意识,运用市场化、法治化手段处置债券违约问题。

各方尽职尽责原则。发行人和中介机构要按照有关法律规定、自律规则和合同约定,切实履行义务,勤勉尽责,维护投资者合法权益。投资者要提高风险识别意识和风险管理能力。

平等自愿原则。债券违约处置各参与主体要在平等、自愿的基础上确定各方的权利和义务,协商制定债券违约处置方案。

二、充分发挥受托管理人和债券持有人会议制度在债券违约处置中的核心作用

(一)建立健全受托管理人制度。债券发行人应当聘请受托管理人或履行同等职责的机构(以下统称受托管理人),并在债券募集说明书等发行文件中明确受托管理人的职责、权利和义务及违反受托管理协议的责任等事项。鼓励熟悉债券市场业务、具备良好风险处置经验或法律专业能力的机构担任受托管理人。

受托管理人可以根据债券募集文件、受托管理协议或债券持有人会议决议的授权,代表债券持有人申请处置抵质押物、申请财产保全、提起诉讼或仲裁、参与破产程序等。债券持有人为各类资产管理产品的,资产管理产品的管理人可以根据相关规定或资产管理文件的约定代表债券持有人提起诉讼、仲裁或参与破产程序。受托管理人应当根据规定、约定或债券持有人会议决议的授权,忠实履行受托管理职责,切实保障债券持有人合法权益。

受托管理人未能按照规定和约定勤勉尽责履行受托管理职责的,债券持有人会议可决定更换受托管理人。受托管理人因怠于履行职责给债券持有人造成损失的,应当承担相应赔偿责任。信用评级机构、会计师事务所、律师事务所等中介机构应当配合受托管理人履行受托管理职责。

(二)完善债券持有人会议制度。发行人应当在债券募集文件中约定债券持有人会议的表决事项、召集、召开、决议生效条件与决策程序、决议效力范围等事项。债券持有人会议可以通过非现场形式召开。鼓励按照债券持有人会议议案对债券持有人权益的影响程度,建立分层次表决机制,提高债券持有人会议决策效率。

三、强化发行人契约精神,严格履行各项合同义务

(三)积极履行清偿责任。发行人要主动提高债务管理水平与流动性管理水平，积极通过资产处置、清收账款、落实增信、引入战略投资者等方式筹措偿付资金，及时偿付债券本金及利息。发行人、控股股东、实际控制人及发行人的董事、监事、高级管理人员不得怠于履行偿债义务或通过财产转移、关联交易等方式逃废债务，蓄意损害债券持有人合法权益。

（四）严格履行信息披露义务。发行人等其他信息披露义务人要真实、准确、完整、及时、公平地披露可能影响投资者决策的重要信息，披露内容包括但不限于发行人财务信息、违约事项、违约处置方案及债券持有人会议决议、诉讼仲裁进展，提升信息披露质量，保障投资者知情权。

企业进入破产程序的，破产信息披露义务人应当持续披露破产程序进展和破产企业的重要信息，并为债券持有人查询了解信息提供便利。信息披露内容包括但不限于人民法院作出的裁定和决定、破产企业的财产状况报告，债权人会议的相应议案和决议以及影响投资者决策的重要信息。

（五）积极参与债券违约处置。发行人要按照规定、约定参与债券持有人会议，配合受托管理人履行受托管理职责，提供受托管理所需要的材料、信息和相关情况，明确回应债券持有人会议决议。

四、依法保障债券持有人合法权益，加大投资者保护力度

（六）充分利用集体行动机制参与债券违约处置。支持债券持有人积极通过债券持有人会议、受托管理人等集体行动机制，依法行使求偿权。

（七）保障债券持有人合法权益。发行人要公正、公平地对待当期债券项下全体债券持有人。发行人以会议、委员会等形式组织债券持有人商议债券违约处置方案的，要确保债券持有人公平参与的权利。受托管理人可以根据债券募集文件或债券持有人会议决议的授权，代表债券持有人出席债权人委员会会议并发表意见。

（八）在债券发行文件中明确违约处置机制。发行人、主承销商等中介机构及债券投资人要发挥主动性，不断推动完善、细化债券约定条款。支持在债券募集文件中约定发行人违约后的处置机制，包括债券违约事件的范围及救济机制、债券发行文件条款修改、变更或豁免及持有人会议决议对发行人的约束安排等事项。债券发行文件中应当根据投资者适当性原则和债券信用风险情况,设置适当的投资者保护条款,强化债券存续期间的投资者保护措施。

(九)提高信用风险识别能力。债券持有人要树立风险自担的意识,认真阅读债券发行文件,完善公司治理机制和内部风险管理体系,审慎进行投资决策,加强风险监测、评估和预警。

五、建立健全多元化的债券违约处置机制,提高处置效率

(十)发挥违约债券交易机制作用。支持各类债券市场参与主体通过合格交易平台参与违约债券转让活动,并由债券登记托管机构进行结算。鼓励具有专业资产处置经验的机构参与债券违约处置,促进市场有效出清。债券交易平台要加强违约债券相关信息的披露,防范道德风险。

(十一)丰富市场化债券违约处置机制。市场参与主体在坚持市场化、法治化的前提下选择合理的债券违约处置方式和方案。发行人与债券持有人双方可以在平等协商、自愿的基础上通过债券置换、展期等方式进行债务重组,并同时做好对相关债券违约处置的信息披露,将债券违约处置进展及结果真实、及时、完整地告知全体债券持有人。

(十二)完善金融基础设施配套措施。债券登记托管机构要积极配合做好债券违约处置的登记托管服务。在符合监管机构要求的前提下协助提供债券持有人名册,为债券持有人会议的召开及债券违约处置提供支持。

(十三)鼓励提供多元化的债券报价或估值服务。鼓励市场机构按照真实、可靠、公允的原则,为违约债券提供多元化的报价或估值服务,不断完善违约债券价值评估方法,有效、准确、充分地反映债券内在价值,促进公司信用类债券的价格发现。

(十四)推动信用衍生品市场发展。充分发挥衍生品的信用风险管理功能,鼓励市场机构参与信用衍生品交易,推动信用衍生品流动性提升,促进信用风险合理定价。

六、严格中介机构履职,强化中介机构问责

(十五)强化中介机构勤勉尽责。主承销商、受托管理人、信用评级机构、会计师事务所、律师事务所等中介机构要诚实守信、遵守执业规范和职业道德，按照法律法规、监管要求、自律规则及相关协议约定，就债券违约处置涉及的相关事项出具专业意见或提供其他专业服务。

（十六）提高对存续期债券的信用风险评价和管理能力。主承销商、受托管理人要依据相关监管要求或约定，加强对发行人经营情况、财务状况的监测和分析，密切关注发行人重大诉讼、重大资产重组、资产出售、资产查封、股权变更等可能对发行人偿债能力产生影响的情况，做好债券违约的早发现、早识别和早处置。

（十七）建立利益冲突防范机制。主承销商、受托管理人等参与债券违约处置的机构要做好利益冲突防范工作，建立健全相应的防火墙机制，制定并完善内部控制制度及业务流程。存在潜在利益冲突的，中介机构要及时采取措施并予以披露，可能严重影响投资者权益的，中介机构还要履行回避义务。

（十八）提高信用评级的风险揭示能力。受评经济主体债券违约后，信用评级机构要及时评估本机构所评其他债项的信用等级，并对受评经济主体的可持续经营能力、融资及偿债能力等情况进行持续跟踪。信用评级机构要重视违约数据积累，不断完善以违约率为核心的评级质量检验体系，提升评级技术体系预测的准确性，提高信用评级的前瞻性。信用评级机构要依法独立开展业务，不受任何单位和个人的干涉。

（十九）强化担保和增信机构履职责任。支持专业的担保和债券信用增进机构为发行人提供信用支持。提供担保和信用增进服务的机构要按照约定，及时落实增信措施，履行代偿、流动性支持等担保或增信责任。提供债券信用担保或增信的机构要加强自身约束，维护市场秩序，杜绝"担而不保"等行为。

七、加强监管协调，加大债券市场统一执法力度

（二十）加强监管协调和信息共享。人民银行、发展改革委、证监会将严格贯彻落实党中央、国务院关于防范化解金融风险的各项要求，明确责任分工，对债券违约相关纠纷化解工作中遇到的问题加强协调配合和信息共享，防范系统性金融风险，推动压实各方责任，防范道德风险。

（二十一）推进债券市场统一执法。积极落实《中国人民银行 证监会 发展改革委关于进一步加强债券市场执法工作的意见》（银发〔2018〕296号），重点对信息披露违法违规、内幕交易、操纵证券市场及相关中介机构未勤勉尽责等各类违反证券法的行为进行查处，加强统一执法，加大对违法行为的打击力度，提高违法成本。对涉嫌犯罪的，及时移送司法机关处理。

（二十二）加大对恶意逃废债行为惩戒力度。建立健全跨部门失信企业通报及惩戒机制，对蓄意损害债券投资者利益且情节严重、造成重大损失和不良社会影响的发行人，依法依规限制其市场融资。对恶意逃废债的发行人及实际控制人和负有主要责任的董事、监事、高级管理人员，有关部门依法将其逃废债信息纳入征信系统及全国信用信息共享平台。

（二十三）完善市场自律管理。自律组织要按照各自职责，加强对市场机构的自律管理，不断健全债券违约处置相关自律规则体系，推动组织各方加强协商，促进债券违约处置工作有序开展。

（二十四）加快培育市场合格机构投资者。推动完善债券市场投资者管理机制，加强市场投资者教育。扩大债券市场中长期资金来源，培育市场中长期机构投资者，推动形成风险偏好多元化的合格投资者群体。

（二十五）本通知由人民银行会同发展改革委、证监会负责解释。

（二十六）本通知自2020年8月1日起施行。

附录：中国人民银行有关部门负责人就《中国人民银行 发展改革委 证监会关于公司信用类债券违约处置有关事宜的通知》答记者问

1.《通知》出台的背景及意义是什么？

近年来我国债券违约事件有所增多，债券违约进入常态化阶段。由于我国债券违约历史还比较短，过程中暴露出处置效率不高、处置周期长等问题。为进一步落实党的十九届四中全会和中央经济工作会议精神，加强资本市场制度建设、防范化解风险，去年以来，人民银行会同发展改革委、证监会加快完善债券违约处置机制，共同制定本

《通知》。建立完善的债券违约处置机制、提升违约处置效率，是防范化解债券市场风险、保护投资者合法权益的有效路径之一，也是市场向纵深发展的必经之路。《通知》的发布是构建市场化、法治化债券违约处置机制、推动债券市场规则统一的一项重要制度安排，有利于完善债券市场的基础性制度，补齐市场发展短板，促进市场长远健康发展。

2.《通知》的主要内容是什么？

《通知》的主要内容包括，一是明确违约处置的基本原则；二是建立健全受托管理人等投资者保护制度，充分发挥受托管理人和债券持有人会议制度在债券违约处置中的核心作用；三是明确违约处置各方的职责与义务，强化发行人契约精神，加大投资者保护力度，明确中介机构责任；四是建立健全多元化的债券违约处置机制，提高处置效率；五是加强监管协调，加大债券市场统一执法力度。

3.《通知》重点完善债券违约处置中的哪些方面？

一是明确债券违约处置的基本原则。坚持守住不发生系统性金融风险的底线，遵循市场化、法治化原则、各方尽职尽责原则和平等自愿原则。

二是夯实债券募集文件等契约基础。《通知》聚焦公司信用类债券的信用属性，进一步强化和细化契约约束，明确债券募集等发行文件应当包含受托管理人责任义务、债券持有人会议规则、违约处置机制等与投资者密切权益相关的重要事项，为风险的处置端口前移和违约后顺畅处置提供基础。

三是建立健全受托管理人、债券持有人制度。《通知》明确引入受托管理人制度，突出受托管理人的角色定位，同时鼓励优化债券持有人会议机制，提高持有人会议效率，促进国内债券投资者保护制度与国际接轨。

四是丰富市场化违约处置机制。《通知》在坚持市场化、法治化原则的前提下，探索为发行人和投资人搭建市场化处置平台，进一步丰富违约债券处置的手段和路径。

五是强化债券违约的信息披露。充分发挥市场化约束机制作用，进一步强调发行人等信息披露义务人在债券违约中的信息披露义务，完善破产阶段的信息披露要求。

4.《通知》主要明确违约处置各方的哪些职责与义务?

第一,关于债券发行人。强化发行人的契约精神,明确发行人积极履行清偿责任的义务,不得恶意逃废债或蓄意损害投资者合法权益,严格履行信息披露义务。

第二,关于债券持有人。坚持投资者权益保护与投资者风险意识提高并重。支持债券持有人充分利用集体行动机制维护合法权益,明确发行人要公平、公正对待债券持有人。

第三,关于中介机构。在强化中介机构勤勉尽责的基础上,推动主承销商或受托管理人提高对存续期债券的信用风险评价和管理能力,明确建立中介机构利益冲突防范机制,提高信用评级机构的风险揭示能力,强化担保、增信机构的履职责任。

第四,关于监管机构。加强监管协调和信息共享,推进债券市场统一执法,加大对恶意逃废债行为的惩戒力度,推动完善市场自律管理,加快培育市场合格机构投资者。

5. 能否介绍下人民银行会同发展改革委、证监会在债券违约处置方面已经开展的工作及下一步工作安排?

2019 年以来,人民银行会同发展改革委、证监会积极发挥公司信用类债券部际协调机制作用,加快完善债券违约处置机制。一是推出到期违约债券转让机制,提高违约处置的透明度,促进市场对信用风险合理定价。二是积极配合最高人民法院制定债券违约处置的司法文件,畅通违约债券司法救济渠道。三是加强监管协调,实施债券市场统一执法,推动跨市场执法工作取得实质性进展。四是指导市场自律组织出台债券违约处置相关自律指引,细化投资者保护安排。五是丰富市场化处置手段,综合利用多种市场化工具依法有序开展处置工作。

下一步,人民银行将继续会同相关部门,在公司信用类债券部际协调机制框架下,加快完善市场化、法治化的债券市场风险防范和处置机制,严厉打击违法违规行为,构建良好信用生态环境,维护债券市场稳定运行。

中国人民银行关于调整银行间债券市场债券交易流通有关管理政策的公告

（中国人民银行公告〔2015〕第9号 根据中国人民银行公告〔2021〕第4号修改 2021年4月2日公布 自2021年5月6日起施行）

根据《国务院关于取消和调整一批行政审批项目等事项的决定》（国发〔2015〕11号），中国人民银行取消银行间债券市场债券交易流通审批。为保护投资者利益，加强事中事后管理，根据《全国银行间债券市场债券交易管理办法》（中国人民银行令〔2000〕第2号）、《银行间债券市场债券登记托管结算管理办法》（中国人民银行令〔2009〕第1号）等规定，现就调整银行间债券市场债券交易流通有关管理政策公告如下：

一、依法发行的各类债券，完成债权债务关系确立并登记完毕后，即可在银行间债券市场交易流通。

二、本公告所称各类债券，包括但不限于政府债券，中央银行债券，金融债券，企业债券、公司债券、非金融企业债务融资工具等公司信用类债券，资产支持证券等。

三、全国银行间同业拆借中心（以下简称同业拆借中心）以及中国人民银行同意的其他交易场所为债券交易流通提供服务。同时，同业拆借中心承担交易数据库职责，负责集中保存交易数据电子记录。

四、中央国债登记结算有限责任公司和银行间市场清算所股份有限公司（以下统称债券登记托管结算机构）应与同业拆借中心建立系统直连，在债券登记当日以电子化方式交互传输债券交易流通要素信息。

债券交易流通要素信息主要包括：证券名称、证券简称、证券代码、发行总额、证券期限、票面年利率、面值、计息方式、付息频率、发行日、起息日、债权债务登记日、交易流通终止日、兑付日、发行价格、含权信息、浮息债信息以及其他必须的信息。

五、同业拆借中心收到完整的债券交易流通要素信息后,应在一个工作日内按照本公告要求做好债券交易流通服务准备。

六、债券交易流通期间,债券登记托管结算机构收到发行人或主承销商提交的债券交易流通信息变更报告后,应及时告知同业拆借中心。

七、债券交易流通期间,发行人应按照银行间债券市场的有关规定履行信息披露义务。

八、对于影响债券按期偿付的重大事件,发行人应在第一时间通过同业拆借中心、债券登记托管结算机构向市场参与者公告,包括但不限于以下事项:

(一)发生重大债务或未能清偿到期债务的违约情况;

(二)发生重大亏损或遭受重大损失;

(三)发行人减资、合并、分立、解散、托管、停业、申请破产的;

(四)涉及发行人的重大诉讼;

(五)涉及担保人主体发生变更或经营、财务发生重大变化的情况(如属担保发行);

(六)中国人民银行规定的其他重大事项。

九、债券交易流通期间,发行人不得以自己发行的债券为标的资产进行现券交易,但发行人根据有关规定或合同进行提前赎回的除外。

十、债券交易流通期间,单个投资者持有量超过该期债券发行量的30%时,债券登记托管结算机构应及时告知同业拆借中心并进行信息披露。

十一、债券交易流通期间发生以下情形的,投资者应及时通过同业拆借中心进行信息披露:

(一)以自己发行的债券为标的资产进行债券回购交易;

(二)与其母公司或同一母公司下的其他子公司(分支机构)进行债券交易;

(三)资产管理人的自营账户与其资产管理账户进行债券交易;

(四)同一资产管理人管理的不同账户之间进行债券交易;

(五)中国人民银行规定的其他情形。

十二、债券交易流通期间,投资者不得通过以自己发行的债券进行债券回购交易等各类行为操纵债券价格。

十三、投资者在银行间债券市场的债券交易行为还应遵守其监管部门关于关联交易的规定。

十四、发生以下情形的，债券交易流通终止：

（一）发行人提前全额赎回债券；

（二）发行人依法解散、被责令关闭或者被宣布破产；

（三）债券到期日前一个工作日；

（四）其他导致债权债务关系灭失的情形。

十五、债券交易流通期间，同业拆借中心和债券登记托管结算机构应做好投资者债券交易、清算、托管、结算的一线监测工作。如有异常情况应及时处理并向中国人民银行报告，同时抄送中国银行间市场交易商协会。中国银行间市场交易商协会应加强对投资者的自律管理。

十六、同业拆借中心和债券登记托管结算机构应按照本公告要求制定相应的业务规则，并报中国人民银行备案。

十七、本公告自发布之日起施行。《全国银行间债券市场债券交易流通审核规则》（中国人民银行公告〔2004〕第19号）、资产支持证券在银行间债券市场交易结算等事项公告（中国人民银行公告〔2005〕第15号）、公司债券进入银行间债券市场交易流通有关事项公告（中国人民银行公告〔2005〕第30号）、债券交易流通审核政策调整事项公告（中国人民银行公告〔2009〕第1号）同时废止。

中国人民银行关于开展到期违约债券转让业务有关事宜的公告

（中国人民银行公告〔2019〕第24号　2019年12月30日发布
自2020年2月1日起施行）

为健全债券违约处置机制，保护投资人合法权益，根据《全国银行间债券市场债券交易管理办法》（中国人民银行令〔2000〕第2号）等有关规定，现就银行间债券市场到期违约债券转让有关事宜公告如下：

一、本公告所称到期违约，是指在债券发行文件中约定的到期兑付日，债券本金或利息未能得到按时足额偿付，以及因破产等法定或约定原因导致债券提前到期且债券本金或利息未能得到按时足额偿付的情形。

二、到期违约债券，应当通过银行间债券市场的交易平台和债券托管结算机构予以转让，并采用券款对付结算方式办理债券结算和资金结算。

三、到期违约债券的发行人应当按照真实、准确、完整、及时的原则，履行信息披露义务。

到期违约债券的主承销商或相关机构应当尽职履责，及时召开债券持有人会议，督促发行人按时合规履行信息披露义务。

四、投资人参与到期违约债券转让业务前，应当制定相关内部监控及风险管理制度，并签署承诺函，表明已充分了解参与到期违约债券转让业务的风险，承诺遵守国家相关法律法规和银行间债券市场相关规则，且不会通过到期违约债券转让实施欺诈、内幕交易和利益输送等违法违规行为。

五、银行间债券市场的交易平台和债券托管结算机构应当及时披露到期违约债券转让业务相关必要信息，同时做好监测工作，发现异常情况及时处理并向中国人民银行报告。

六、银行间债券市场的交易平台和债券托管结算机构应当制定相关业务规则，报中国人民银行备案。

七、本公告未尽事宜，参照中国人民银行公告〔2015〕第9号有关规定执行。

八、本公告自2020年2月1日起施行。现行银行间债券市场相关规定与本公告不符的，以本公告为准。

行业规定

中国银行间市场交易商协会关于发布《银行间债券市场非金融企业债务融资工具违约及风险处置指南（2022 版）》的通知

（中市协发〔2022〕67 号　2022 年 4 月 22 日发布施行）

各市场成员：

为进一步完善违约及风险处置机制，指导市场主体积极稳妥运用处置措施，防范化解债券市场风险，中国银行间市场交易商协会结合近年来违约风险处置经验和市场需求，修订形成《银行间债券市场非金融企业债务融资工具违约及风险处置指南（2022 版）》。经中国人民银行备案同意，现予以发布实施。2019 年发布的《银行间债券市场非金融企业债务融资工具违约及风险处置指南》（中市协发〔2019〕161 号）同时废止。此外，配套发布多元化处置措施相关的持有人会议议案和协议范本，市场成员可自行参考适用。

附件：1. 银行间债券市场非金融企业债务融资工具违约及风险处置指南（2022 版）

2. 多元化处置措施相关议案与协议范本

附件 1：

银行间债券市场非金融企业债务融资工具违约及风险处置指南（2022 版）

第一章　总　　则

第一条　为保护银行间市场非金融企业债务融资工具（以下简称

债务融资工具）持有人合法权益，指导市场参与主体的债务融资工具违约处置行为，根据《银行间债券市场非金融企业债务融资工具管理办法》（中国人民银行令〔2008〕第1号发布）、《中国人民银行发展改革委证监会关于公司信用类债券违约处置有关事宜的通知》（银发〔2020〕144号）及中国银行间市场交易商协会（以下简称交易商协会）相关自律规则，制定本指南。

第二条　本指南用于指导债务融资工具的发行人、持有人、中介机构开展债务融资工具违约及风险处置工作。

本指南所称“中介机构”是指，存续期管理机构及履行同等职责的机构、受托管理人、特定目的载体管理机构、信用评级机构、会计师事务所、律师事务所等为债务融资工具提供中介服务的机构。

第三条　本指南所称“违约”是指，发行人未能按照约定按期足额支付债务融资工具本金或利息，以及因破产等法定或约定原因，导致债务融资工具提前到期且发行人未能按期足额支付本息的情形。

如债务融资工具发行文件或发行人与持有人达成的其他约定对支付时间设置宽限期，则上述“违约”指截至宽限期届满日仍未能履行足额偿付义务。

本指南所称“风险”是指，发行人按约定或法定要求按期足额支付债务融资工具本金或利息存在重大不确定性的情况。

第四条　债务融资工具违约及风险处置参与各方应坚持市场化、法治化理念，遵循诚实守信、平等自愿、公平清偿、公开透明的原则，依据相关法律法规、规范性文件、自律规则和协议约定，行使权利并履行义务。

第二章　参与主体的职责和权利

第五条　债务融资工具发生风险或违约时，发行人应及时建立工作组，制定、完善违约及风险处置应急预案，并开展相关工作。

应急预案包括但不限于以下内容：工作组的组织架构与职责分工、内外部协调机制与联系人、信息披露与持有人会议等工作安排、偿付资金安排、拟采取的违约及风险处置措施、增信措施的落实计划（如有）、舆情监测与管理。

第六条　发行人应按照相关规则和协议约定，真实、准确、完整、及时、公平地披露信息，落实投资人保护措施、持有人会议决议等。同时，发行人应配合中介机构开展持有人会议召集召开、跟踪监测、风险排查等存续期风险管理、违约及风险处置工作，及时提供其履行本指南要求义务所需的信息。

第七条　债务融资工具出现偿付风险时，发行人应通过多种措施筹集资金，争取按期足额偿付本息。同时，发行人可与持有人协商通过增加增信措施、事先承诺条款、事先约束条款、控制权变更条款、偿债保障承诺，以及其他投资人保护措施等方式，保障持有人权益。

第八条　债务融资工具出现偿付风险或违约时，发行人应加大处置力度，如采取资产处置、清收账款、引入战略投资者、资产重组与债务重组等方式，并积极与持有人协商，制定切实可行的处置方案。

发行人应积极履行偿债义务，不得以转移资产、隐匿财产、虚构债务、增加对外担保、新增投资，或破产前剥离、转移、抵质押有效偿债资产等方式恶意逃废债务。

第九条　债务融资工具已设定抵押、质押、保证担保或其他信用增进安排的，发行人应配合相关方及时处置担保物、落实保证责任。

持有人与发行人就追加抵押、质押、保证担保及其他信用增进安排达成一致的，发行人应及时配合办理相关手续。

第十条　发行人无力偿付债务融资工具本息，由增进机构代偿的，增进机构应及时披露拟代偿事宜，根据登记托管结算机构相关要求完成资金划付。

发行人因破产等法定或约定原因，导致有信用增进的债务融资工具提前到期并无力偿付的，增进机构应按照约定确定代偿金额、履行代偿义务。

第十一条　发行人可聘请财务顾问、律师事务所等熟悉债券市场业务、具备丰富风险处置经验及专业能力的专业机构参与违约及风险处置；可以在募集说明书等发行文件或相关协议中明确中介机构工作职责和费用承担。

第十二条　发行人的债权金融机构按照《关于印发金融机构债权人委员会工作规程的通知》组建债委会，且债委会参加机构包括债务融资工具持有人的，制定的投票与表决制度应当考虑持有人的独立性,根据单只债项的持有人数量和持有金额合理设置表决席位,给予各持有人表达意见、参与表决的权利。

第十三条 进入破产程序后,发行人和破产管理人在制定破产相关方案时应充分考虑债务融资工具特点和持有人诉求,按照相关规则持续披露破产程序进展。

第十四条 债务融资工具持有人应提高主动维权意识,可充分利用持有人会议、受托管理人等集体行动机制,与发行人、中介机构沟通,积极表达诉求并协商违约及风险处置方案。

持有人可依法通过申请财产保全、提起诉讼或仲裁、提起或参与破产等方式维护自身合法权益。

第十五条 发行人的债权金融机构组建债委会的,持有人可自主决定是否加入债委会,就所持债权在债委会决议机制下达成相关协议。鼓励持有人委托受托管理人代为行使权利。

第十六条 持有人转让、交易违约债务融资工具应通过合法合规的机制进行,并及时通过登记托管结算机构办理变更登记。拟参与违约及风险债务融资工具转让、交易的投资人,应充分判断、评估并自行承担风险。

第十七条 为债务融资工具提供服务的中介机构应按照相关规则和协议约定,开展违约及风险处置中介服务。存续期管理机构应与发行人、持有人做好沟通,告知发行人多元化处置措施及相应流程。

第三章 多元化处置措施

第十八条 发行人可结合自身实际情况和持有人诉求,与持有人协商采用本章所列的一种或多种处置措施(以下统称"多元化处置措施")。

发行人采取本章措施制定偿付方案时,应公平合理地保障当期债务融资工具全体持有人享有同等选择的权利。多期债务融资工具面临违约或较大偿付风险的,发行人可与各期持有人同时协商沟通。

第十九条 发行人可以与持有人协商调整当期债务融资工具的基本偿付条款。基本偿付条款包括兑付价格、利率、偿付时间以及债项担保等影响持有人按原约定收回本息的其他条款。

发行人与持有人采用本条处置措施的,可按照以下流程办理:

(一)发行人在与持有人协商的基础上制定重组方案并提交给持有人会议召集人,由召集人拟定相应议案并召集持有人会议进行表决,议案中的重组方案应明确基本偿付条款具体调整事项;

(二)议案应经当期债务融资工具全体持有人表决同意;发行人就持有人会议决议事项答复同意后,及时向全国银行间同业拆借中心和登记托管结算机构提交变更申请,并在变更完成后的 2 个工作日内披露变更结果。

发行人可与各持有人签署重组协议,重组协议内容需与持有人会议决议通过的重组方案要素一致。

如相关法律、法规另有规定或者发行文件、补充协议对变更基本偿付条款的流程另有约定,例如设置特别议案、同意征集机制等,从其规定或约定。

为债务融资工具新增信用增进安排的,不适用本条规定。

第二十条 发行人采用置换方式处置债务融资工具的,应根据相关指引的要求,在与持有人充分沟通的基础上,向当期债务融资工具全体持有人发出置换要约,披露置换公告和要约文件,接受置换的持有人应在要约期内按照要约文件约定的方式发送要约回执,申报置换数量并申请锁定相应数量的债务融资工具。发行人和相关专业机构根据要约结果向登记托管机构申请办理注销和登记等事项。

第二十一条 发行人可与债务融资工具持有人协商采取其他方式偿付本息。其中涉及需注销当期债务融资工具的全部或部分份额的,可按照以下流程办理:

(一)发行人将包含注销事宜、操作流程等内容的方案提交给持有人会议召集人,由召集人拟定相应议案并召集持有人会议,持有人就是否同意发行人启动注销事宜进行表决;

(二)议案应经持有人会议表决通过;

(三)发行人就持有人会议决议事项答复同意后,应与愿意注销的持有人签订协议,并聘请律师对协议的合法合规性出具法律意见。不注销的持有人,所持债务融资工具份额继续存续;

(四)发行人在与愿意注销的持有人签署协议后,及时披露协议主要内容及法律意见,同时发行人与持有人尽快向债务融资工具的登记托管结算机构共同申请注销协议约定的债务融资工具份额,并应在注销完成后的2个工作日内披露结果并告知全国银行间同业拆借中心。

相关法律、法规另有规定或者发行文件、补充协议另有约定,从其规定或约定。符合本指南第二十二条、二十三条、二十四条所列情形的,按照对应条款办理注销。

第二十二条 持有人就所持债权在债委会决议机制下达成债务重组协议,需注销其所持相应债务融资工具全部或部分份额的,可按照以下流程办理:

(一)发行人披露拟启动注销的公告,说明因债委会达成重组安排,需注销债委会成员所持债务融资工具份额,同时明确注销流程及时间、后续信息披露安排等;

(二)作为债委会成员的持有人如愿意注销所持份额,应与发行人签订注销协议,发行人聘请律师对协议的合法合规性出具法律意见。不愿意注销的持有人,所持债务融资工具份额继续存续;

(三)协议签署后,发行人及时披露协议主要内容及法律意见,同时发行人与持有人尽快向债务融资工具的登记托管结算机构共同申请注销协议约定的债务融资工具份额,并应在注销完成后的2个工作日内披露结果并告知全国银行间同业拆借中心。

第二十三条 发行人进入破产程序后,如需注销部分或全部债务融资工具份额,可按照以下流程办理:

(一)发行人披露拟启动注销的公告,说明注销原因、流程及时间、后续信息披露安排等;

(二)持有人如愿意注销所持份额,应与发行人签订注销协议,发行人聘请律师对协议的合法合规性出具法律意见;

(三)协议签署后,发行人及时披露协议主要内容及法律意见,同时发行人与持有人尽快向债务融资工具的登记托管结算机构共同申请注销协议约定的债务融资工具份额,并应在注销完成后的2个工作日内披露结果并告知全国银行间同业拆借中心。

第二十四条 发行人进入破产程序后,法院裁定通过重整、和解或清算方案并执行完毕的,发行人可提供登记托管结算机构要求的相关材料,如法院出具的关于债务融资工具相关债权执行完毕的法律文书等,向登记托管结算机构申请办理债务融资工具注销登记并告知全国银行间同业拆借中心。

第二十五条 发行人进入破产程序后,破产管理人接管财产和经营的,可由破产管理人实施本章所列债务融资工具处置措施。

第二十六条 本指南中所称“披露”的对象范围及方式参照自律规则规定和相应的债务融资工具发行文件约定。

发行人对债务融资工具开展债务重组的,应按照存续期信息披露相关要求,对全部存续期债务融资工具持有人披露当期债务融资工具债务重组结果。

第四章 附 则

第二十七条 发行人应向交易商协会报告处置进展,如企业经营、财务、融资情况、持有人诉讼仲裁进展、增信措施落实情况、发行人偿债方案及推进情况等。

第二十八条 对境外非金融企业债务融资工具、资产支持票据、项目收益票据等产品,按相关产品的自律规则和文件约定,结合产品特点参照本指南开展违约及风险处置工作。

资产支持票据基础资产现金流的获得取决于发起机构持续经营的,发起机构参照适用本指南关于发行人职责的规定。

第二十九条 本指南由交易商协会秘书处负责解释。本指南自发布之日起实施,《银行间债券市场非金融企业债务融资工具违约及风险处置指南》(中市协发〔2019〕161号)同时废止。

附件2:

多元化处置措施相关议案与协议范本

一、调整基本偿付条款的议案范本

关于同意(发行人)(债项全称)重组的议案

——适用于调整基本偿付条款

议案内容:同意对本期债项的条款做下述调整:________________

(详细列述偿付金额、利率、日期以及其他调整事项、约定事项)。在本议案经本期债务融资工具总表决权数额的(100%/90%/其他)持有人同意,且发行人在就本议案的持有人会议答复中表示同意后,本议案涉及的调整事项在发行人和全体持有人之间发生效力。

[说明:1. 在本议案获得(100%/90%/其他)持有人同意,此处请根据本期债项具体情况填写。如果发行文件或补充协议对调整基本偿付条款有特别约定,则填写约定的比例,例如发行文件中约定了特别议案,此处则填写90%。如果发行文件或补充协议对调整基本偿付条款无特别约定,则此处填写100%。2. 存在多个调整事项的,可以放到同一议案表决,也可以作为多个议案分开表决,根据具体协商需要。如在同一议案中,则最终结果同意或不同意该方案;如在多个议案中,则最终结果是经相应比例持有人同意的所有议案组合而成的方案。]

二、调整基本偿付条款的协议范本

关于(发行人)(债项全称)的重组协议

——适用于调整基本偿付条款

甲方:________(持有人)

法定代表人:

住所地:

联系人:

电话:

乙方:________(发行人)

法定代表人:

住所地:

联系人:

电话:

鉴于:

1. 乙方于________年____月____日在全国银行间债券市场发行"(债项简称)" (债项类型),产品代码____,发行总额____亿元人民币,发行利率____,到期日期________年____月____日(实际兑付日:________);甲方持有(债项简称)面额____万元人民币(以下简称"标的债项")。

2. ________(说明此次调整基本偿付条款的背景和原因,如发行人未能于兑付日/付息日按期兑付标的债项本金及到期利息)。

3. 简述甲方、乙方协商就调整基本偿付条款达成一致所履行的流程。

[范例:________年____月____日(标的债项召集人)召集并召开了"标的债项持有人会议名称",根据会议生效决议,乙方同意对标的债项核心要素进行变更。]

现甲乙双方根据《中华人民共和国民法典》以及银行间债券市场相关法律法规、规范性文件、自律规则和本期债项发行文件约定,经协商一致,达成本协议:

第一条　甲乙双方同意就甲方持有的标的债项面额____万元人民币向相关登记托管结算机构银行间市场清算所股份有限公司申请办理债项核心登记要素变更登记,同时报送全国银行间同业拆借中心。

第二条　债项核心要素调整如下:

[请详细列明调整的内容,对应的利率、偿付金额、偿付日期(具体到日,并明确节假日顺延)、增信安排等;涉及需要办理抵质押或其他增信措施的,明确具体办理时间;涉及提前到期等其他安排的,需明确触发情形、触发后措施以及对应的日期等。]

范例:

1. (调整兑付价格)截至本协议签署日甲方所持标的债券面额万元人民币,调整为____万元人民币。

2. (调整利率)________年____月____日至________年____月____日期间利率调整为____%。(说明:如对计息期间设置不同利息的,参照以上表述分别列明各计息期间对应约定利率。)

3. (调整付息时间)乙方应在________年____月____日向甲方兑付标的债券________年____月____日至________年____月____日期间利息(如遇法定节假日或休息日,则顺延至兑付日后的第一个工作日,顺延期间不另计息)。

4. (调整兑付时间)乙方在________年____月____日向甲方兑付标的债券本金____万元人民币(如遇法定节假日或休息日,则顺延至兑付日后的第一个工作日,顺延期间不另计息)。

5.其他条款调整。

（说明：甲乙双方可以在持有人会议决议基础上，针对标的债项权利义务的重组做出其他约定，但内容不得违反相关法律法规、规范性文件以及银行间市场自律规则要求等，且应保证同一只债项下所有持有人与发行人约定原则上一致，以保障他们的债权受到公平对待）

第三条　本协议未约定变更的事项，按照标的债项发行文件执行。甲乙双方在履行本协议过程中发生的争议，按照（填写与标的债项发行文件约定一致的争议解决方式）解决。

第四条　标的债项对应的发行人及持有人在银行间市场清算所股份有限公司开立的账户账号信息如下：

发行人账户账号：

发行人账户账号全称：

持有人账户账号：

持有人账户账号全称：

资产管理人全称：＿＿（持有人是非法人产品的需填写）

第五条　甲乙双方同意就办理前款变更事宜，按照银行间市场相关自律要求流程、全国银行间同业拆借中心和银行间市场清算所股份有限公司 的要求，配合办理与变更事宜有关的必要事项，包括但不限于出具相关变更申请、持有人会议决议公告等相关文件。

第六条　（协议生效日）本协议自双方加盖公章之日起生效。

（说明：甲乙双方可以根据实际情况，在上述条款基础上对生效日调整，但原则上应保证同一只债项下所有持有人与发行人此处约定一致。）

第七条　本协议一式＿＿＿份，均具有同等法律效力，甲乙双方各持＿＿＿份。

甲方（盖章）：	乙方（盖章）：
法定代表人或授权代表	法定代表人或授权代表
（签字或盖章）：	（签字或盖章）：
年　月　日	年　月　日

三、其他方式偿付并注销的议案范本

关于同意(发行人)启动(债项全称)注销登记的议案

议案内容:因____(注销背景和原因,可详述),______(发行人名称)拟启动______(债项名称)的注销工作。具体注销流程安排如下:______(列明后续流程及对应的大致时间安排,如召开持有人会议、签署注销协议、向登记托管机构申请等流程以及各环节对应的时间安排)。同意(发行人名称)启动______(债项名称)注销事宜,注销本期债务融资工具______(部分、全部、部分或者全部)份额。

(说明:1.发行人将注销议案提交持有人会议表决,不要求必须附加具体偿付方案;2.该表决通过只是启动注销、不在于最终确定被注销的债务融资工具份额。此环节目的在于保证每个持有人的知情权。表决通过之后由发行人与愿意注销的持有人签订协议并办理注销,不愿意注销的持有人继续留债;3.具体注销操作需与登记托管结算机构提前沟通,根据其要求提供相关材料;4.如需分多次逐步注销,如因分期兑付导致的多次注销,在议案中说明后续注销的大致时间安排。)

四、其他方式偿付并注销的协议范本

关于(发行人)(债项全称)注销的协议

甲方:________(持有人)

法定代表人:

住所地:

联系人:

电话:

乙方:________(发行人)

法定代表人:

住所地:

联系人:

电话:

鉴于:

1.乙方于________年____月____日在全国银行间债券市场发行"(债项简称)"中期票据(债项类型),产品代码____,发行总额____万元人民币,发行利率____,到期日期________年____月____日(实际兑

付日:　　　　);甲方持有(债项简称)面额____万元人民币(以下简称"标的债项")。

2. ________(说明此次注销的背景和原因,以及甲方前期已履行的程序。例如发行人未能于兑付日/付息日按期兑付标的债项本金及到期利息,乙方在　　　年　　月　　日已向甲方兑付标的债项的本金　　万元人民币,利息　　万元人民币)。

现甲乙双方根据《中华人民共和国民法典》以及银行间债券市场相关法律法规、规范性文件、自律规则和本期债项发行文件约定,经协商一致,达成本协议:

第一条　甲乙双方同意就甲方持有的标的债项面额____万元人民币向相关登记托管结算机构银行间市场清算所股份有限公司申请办理债务融资工具注销。

第二条　其他与标的债项注销事宜相关的约定(如有)。

(说明:甲乙双方可以针对标的债项注销事宜约定其他事项,但内容不得违反相关法律法规、规范性文件以及银行间市场自律规则要求等,且应保证同一只债项下所有持有人与发行人约定原则上一致,以保障他们的债权受到公平对待)

第三条　本协议未约定变更的事项,按照标的债项发行文件执行。甲乙双方在履行本协议过程中发生的争议,根据(可填写与标的债项发行文件约定一致的争议解决方式,也可约定其他方式)解决。

第四条　标的债项对应的发行人及持有人在银行间市场清算所股份有限公司开立的账户账号信息如下:

发行人账户账号:

发行人账户账号全称:

持有人账户账号:

持有人账户账号全称:

资产管理人全称:____(持有人是非法人产品的需填写)

第五条　甲乙双方同意就办理注销事宜,按照银行间市场相关自律要求流程、银行间市场清算所股份有限公司的要求,配合办理与注销事宜有关的必要事项,包括但不限于出具相关注销申请、持有人会议决议公告等相关文件。

第六条 （协议生效日）本协议自双方加盖公章之日起生效。

（说明：甲乙双方可以根据实际情况，在上述条款基础上对生效日调整，但原则上应保证同一只债项下所有持有人与发行人此处约定一致。）

第七条 本协议一式____份，均具有同等法律效力，甲乙双方各持____份。

甲方[①]（盖章）：	乙方（盖章）：
法定代表人或授权代表	法定代表人或授权代表
（签字或盖章）：	（签字或盖章）：
年 月 日	年 月 日

中国银行间市场交易商协会关于发布《银行间债券市场非金融企业债务融资工具受托管理人业务指引（试行）》及配套制度的公告

（中市协发〔2019〕24号 2019年12月27日公布
自2020年7月1日起施行）

为建立健全银行间债券市场风险防范及化解机制，进一步完善债务融资工具存续期管理和违约处置相关制度，根据《银行间债券市场非金融企业债务融资工具管理办法》（中国人民银行令〔2008〕第1号发布）及中国银行间市场交易商协会（以下简称“交易商协会”）相关自律规定，交易商协会组织市场成员制定了《非金融企业债务融资工

① 通过结算代理人结算的境外投资人，注销协议应加盖结算代理人单位公章；通过债券通入市的境外投资人，加盖我国香港特别行政区金融监管局公章。

具受托管理人业务指引(试行)》及其配套制度《关于〈非金融企业债务融资工具受托管理人业务指引〉过渡期安排的通知》《关于受托管理业务相关备案事项的通知》。上述制度经交易商协会第五届常务理事会第十四次会议审议通过,并经中国人民银行备案同意。现将《非金融企业债务融资工具受托管理人业务指引(试行)》予以发布,自 2020 年 7 月 1 日起施行。相关配套制度另行发布。

银行间债券市场非金融企业债务融资工具受托管理人业务指引(试行)

第一章 总 则

第一条 为保护银行间市场非金融企业债务融资工具(以下简称"债务融资工具")持有人(以下简称"持有人")合法权益,规范债务融资工具受托管理人(以下简称"受托管理人")业务,根据中国人民银行《银行间债券市场非金融企业债务融资工具管理办法》(中国人民银行令〔2008〕第 1 号发布)及中国银行间市场交易商协会(以下简称"交易商协会")相关自律规定,制定本指引。

第二条 发行债务融资工具的,发行人应当为债务融资工具持有人聘请 1 家受托管理人,并在注册发行前签署以发行成功作为唯一生效条件的、符合本指引要求的债务融资工具受托管理协议(以下简称"受托协议")。

第三条 发行人应当在债务融资工具募集说明书、定向发行协议等发行文件中披露受托管理人基本情况及受托协议的主要内容,并在显著位置提示投资人认购或持有本期债务融资工具视作同意受托协议。

第四条 受托管理人应当依照本指引规定和受托协议约定公正履行受托管理职责,忠实守信、勤勉尽责,切实维护持有人利益。

第五条 交易商协会对受托管理人及受托管理业务进行自律管理。

发行人、提供信用增进服务的机构、主承销商以及其他中介机构应当积极配合受托管理人开展相关工作。

第二章　受托管理人适当性及利益冲突防范

第六条　机构开展受托管理业务应制定受托管理业务相关制度，明确业务开展机制和分工安排。以下机构可以向交易商协会备案成为受托管理人：

（一）债务融资工具的主承销商；

（二）持有金融许可证的金融资产管理公司；

（三）已取得债务融资工具承销商业务资质的信托公司；

（四）具备债务融资工具业务经验的律师事务所及其他专业机构。

第七条　机构开展受托管理业务应当由专门团队和人员负责，并在受托管理业务与其他业务之间建立利益冲突管理机制：

（一）机构应当对其他各项业务活动中可能与受托管理业务存在的利益冲突进行识别、评估，并通过完善内部控制、建立“防火墙”等措施进行管理和防范；

（二）机构的受托管理业务应当与债券承销、债券交易、投资、贷款业务之间，在组织架构、人员设置、业务操作流程等方面进行有效隔离；

（三）为本期债务融资工具提供担保的机构，以及为发行人提供法律服务的律师事务所，不得担任本期债务融资工具的受托管理人。

第八条　机构已经采取相关措施，但仍难以避免利益冲突的，相关方应当在受托协议中载明受托管理人的利益冲突情形、利益冲突风险防范和解决机制，并在发行文件和存续期信息披露文件中予以披露。相关利益冲突情形包括但不限于：

（一）其与发行人为同一实际控制人所控制；

（二）发行人持有其5%以上股份或是其实际控制人；

（三）其持有发行人5%以上股份或是其实际控制人；

（四）受托管理人同时担任发行人相关债券的中介机构；

（五）受托管理人向发行人提供贷款以及其他金融服务；

（六）受托管理人持有发行人发行的债券、股票等金融产品；

(七)其他可能影响受托管理人公正、客观履职的情形。

第九条 受托管理人不得将受托管理职责委托第三方主体代为履行,但可以聘请律师事务所、会计师事务所等中介机构提供专业服务,由此产生的费用相关主体按照受托协议的约定承担。

第三章 受托管理人职责与权利

第十条 受托管理人应当按照本指引的规定及受托协议的约定履行受托管理职责,包括但不限于:

(一)管理及处置担保物;

(二)代表持有人参与债务重组;

(三)代表持有人申请财产保全、提起诉讼或仲裁;

(四)代表持有人参与破产程序;

(五)受托协议中约定的其他职责。

第十一条 本期债务融资工具主承销商同时担任受托管理人的,其作为受托管理人应当按照本指引第十条的规定履行受托管理职责,其作为主承销商应当按照相关自律规则的要求开展后续管理工作。

第十二条 债务融资工具设定抵押、质押、保证等担保措施的,受托管理人应当在约定的时间内取得担保权利证明或者其他有关文件,并在担保期间妥善保管上述文件。

受托管理人应当持续关注担保物价值、权属情况以及其他信用增进安排的实施情况,并按照受托协议的约定对上述情况进行核查。发生法律规定及担保文件约定的担保权行使条件的,受托管理人应当根据持有人授权处置担保物或要求保证人承担保证责任。

第十三条 受托管理人可以接受全部或部分债务融资工具持有人的委托,代表持有人参与债务重组,督促发行人、主承销商及相关机构开展债务重组工作,保护持有人合法权益。

第十四条 受托管理人可以接受全部或部分债务融资工具持有人的委托,以自己名义代表债务融资工具持有人申请财产保全措施、提起诉讼或仲裁、参与破产等司法程序。

第十五条 受托协议中应当明确约定持有人对受托管理人管理

及处置担保物、参与债务重组、参与司法程序的授权方式，包括但不限于发行文件授权、持有人会议授权、协议授权等。

受托管理人在需要履行持有人授权的职责之前，应与持有人就相关费用和法律责任等进行协商，并在与持有人达成一致意见后积极履行相关职责。

第十六条　出现以下情形的，受托管理人应当在知道或应当知道该等情形之日起2个工作日内披露受托管理事务报告：

（一）本期债务融资工具信用增进安排发生重大变化；

（二）受托管理人处置担保物或要求保证人承担保证责任；

（三）受托管理人在履职期间新增本指引第八条规定的利益冲突情形；

（四）出现本指引规定的受托管理人变更情形；

（五）对受托协议进行了变更、修订、补充；

（六）交易商协会规定或受托协议约定的其他情形。

受托管理人代表持有人参与债务重组、申请财产保全、提起诉讼或仲裁、参与破产程序的，应当至少每月披露一次受托管理职责履行情况。

受托管理事务报告应以符合规定格式的形式送达交易商协会综合业务和信息服务平台，并通过交易商协会认可的渠道披露。

第十七条　受托管理人应当参加本期债务融资工具持有人会议，及时了解持有人会议召开情况。

第十八条　受托管理人对履行受托管理职责所需的信息享有知情权。发行人、主承销商及其他中介机构应按照受托管理人的要求及时提供其履行受托管理职责所必需的信息和材料。

受托管理人不得利用非公开信息为自己或他人谋取利益，或侵犯他人合法权益。

第十九条　受托管理人为履行受托管理职责，有权代表债务融资工具持有人查询持有人名册和相关登记信息。

第二十条　受托管理人有权按照受托协议的约定收取受托管理报酬以及因履行受托管理职责而产生的费用。

第二十一条　受托管理人应当妥善保管其履行受托管理事务的

所有文件档案及电子资料,保管时间不得少于债务融资工具本息全部清偿或相应债权债务关系终止后5年。相关债务融资工具持有人可向受托管理人申请查阅备查文件,备查文件包括但不限于:

(一)受托管理业务相关的组织架构、岗位设置;

(二)受托管理业务涉及的投资者沟通机制、利益冲突防范和管理机制;

(三)相关债项的受托协议。

第四章 受托管理人变更

第二十二条 债务融资工具存续期内出现下列情形之一的,当期债务融资工具的持有人有权通过持有人会议变更受托管理人:

(一)受托管理人未能持续履行受托管理职责;

(二)受托管理人出现停业、分立、合并、解散、破产或被依法撤销等情况;

(三)单独或合计持有当期债务融资工具总额30%以上的持有人书面请求更换受托管理人;

(四)受托管理人提出书面辞职;

(五)受托管理人因严重利益冲突或其他原因,不再适合继续担任受托管理人。

第二十三条 新任受托管理人应当与发行人或持有人签订受托协议,履行受托管理职责。原任受托管理人应当在变更生效当日或之前与新任受托管理人办理完毕工作移交手续。新任受托管理人开始履职前,原任受托管理人应当继续履行受托管理职责。

第二十四条 新任受托管理人应当在签订受托协议2个工作日内披露受托管理人变更公告,披露内容包括但不限于:新任受托管理人基本情况、受托协议主要内容、履行职责起始日期、变更原因以及资料移交情况等。

第五章 自律管理与处分

第二十五条 交易商协会可根据自律管理需要,对受托管理人及相关人员采取以下措施:

（一）口头提醒、督促；

（二）发出通知、提示、关注等书面函件；

（三）要求受托管理人对受托管理工作开展自查，并对相关问题作出解释、说明和披露；

（四）约见谈话；

（五）开展现场或者非现场调查；

（六）交易商协会规定的其他措施。

受托管理人及相关工作人员应当积极配合交易商协会的自律管理行为。

第二十六条 交易商协会可以组织市场成员对受托管理人进行业务评价，并根据评价结果实施有针对性的自律管理。

第二十七条 发行人、受托管理人、主承销商以及其他中介机构，或其工作人员违反本指引相关规定的，交易商协会将依据自律处分规则，视违规情节给予相应自律处分。

发行人、受托管理人或其工作人员违反受托协议约定，严重损害投资人利益，破坏银行间债券市场秩序的，交易商协会将依据自律处分规则，视违规情节给予相应自律处分。

第六章 附 则

第二十八条 非金融企业资产支持票据适用受托管理人制度相关事宜，由交易商协会自律规则另行规定。

第二十九条 本指引由交易商协会秘书处负责解释。

第三十条 本指引自2020年7月1日起施行。

中国银行间市场交易商协会关于《银行间债券市场非金融企业债务融资工具受托管理人业务指引(试行)》过渡期安排的通知

(中市协发〔2019〕162号 2019年12月27日公布施行)

各市场参与者:

近期,交易商协会发布了《银行间债券市场非金融企业债务融资工具受托管理人业务指引(试行)》(以下简称《指引》),明确了非金融企业债务融资工具实施受托管理人机制的有关事项,并于2020年7月1日开始施行。为进一步落实《指引》要求,做好非金融企业债务融资工具受托管理人相关机制安排,现就有关过渡期安排事项通知如下:

一、《指引》开始施行之日起报送债务融资工具注册文件的,相关方应按照《指引》要求做好受托管理机制安排相关工作。

二、《指引》发布后,债务融资工具尚未发行的,相关方有意愿聘请受托管理人,应按照《指引》要求做好受托协议签署工作,并在注册发行相关文件中披露受托管理人基本情况及受托协议的主要内容。

三、《指引》发布后,债务融资工具已经处于存续期、相关方有意愿聘请受托管理人的,应按照以下途径落实受托管理人机制:

(一)同一期债务融资工具的持有人可按照《银行间债券市场非金融企业债务融资工具持有人会议规程》的规定,通过持有人会议决议或协议约定等方式选定1家符合《指引》要求的机构作为受托管理人,并签订受托管理协议。

(二)相关方签订受托管理协议应当符合以下要求:

1. 同一期债务融资工具的受托管理协议内容应当保持一致。

2. 受托管理协议中应当明确约定持有人全部或部分转让本期债务融资工具时,该持有人在受托管理协议项下的权利义务随之一并转让。

3.受托管理协议签订完成后2个工作日内，受托管理人应向交易商协会报备签订的受托管理协议。

（三）受托管理协议签订完成后，受托管理人应于2个工作日内披露受托管理事务报告。受托管理事务报告内容应包括但不限于：

1.受托管理人基本情况及受托管理协议主要内容；

2.受托管理协议签订完成情况；

3.显著位置提示投资者：已签订受托管理协议的持有人全部或部分转让本期债务融资工具的，受让方视作同意受托管理协议。

中国银行间市场交易商协会关于受托管理业务相关备案事项的通知

（中市协发〔2019〕163号　2019年12月27日公布施行）

各市场参与者：

为加强非金融企业债务融资工具存续期管理机制建设，维护投资人权益，根据《银行间债券市场非金融企业债务融资工具受托管理人业务指引（试行）》（以下简称《指引》）及相关自律规则，现就有关受托管理业务的相关备案事项通知如下：

一、以下机构中有意向开展受托管理业务的，可向交易商协会提交受托管理业务备案申请：

（一）已取得债务融资工具主承销商业务资质的金融机构；

（二）持有金融许可证的金融资产管理公司；

（三）已取得债务融资工具承销商业务资质的信托公司；

（四）具备债务融资工具业务经验，最近1年内为债务融资工具注册发行出具过法律意见书的律师事务所。

二、上述机构成为受托管理人应当满足以下条件：

（一）内部治理机制健全，已建立完善的受托管理业务相关制度，包括投资人沟通、受托事务信息披露、利益冲突防范与管理、信息保

密、人员管理、质量控制等;

(二)受托管理业务应由专门团队和人员负责开展,相应工作人员应当熟悉债务融资工具相关业务,或具有管理处置担保物、参与债务重组或司法程序等相关工作经验;

(三)受托管理业务与债券承销等其他可能存在利益冲突的业务之间应建立风险隔离机制,对可能存在的利益冲突情形及风险进行有效识别和防范;

(四)最近2年没有重大违法和违规行为;

(五)申请备案的机构应当接受交易商协会自律管理,遵守交易商协会的相关自律规则。

三、符合上述条件的机构应按照本通知附件的具体要求向交易商协会提交备案材料,经交易商协会秘书处备案后,可开展受托管理业务。

四、提交备案申请的机构应确保备案信息的真实、准确、完整。

五、相关机构应指定专人负责相关备案工作,备案信息发生变更的,应及时与交易商协会秘书处联系。

特此通知。

附件:

受托管理业务备案材料具体要求

一、符合《关于受托管理业务相关备案事项的通知》相关要求且有意向开展受托管理业务的机构,应向交易商协会秘书处提交加盖机构公章的下列备案材料:

(一)备案说明书;

备案说明书需包括以下内容:

1. 备案意向;

2. 机构联系人、职务及联系方式;

3. 相关业务部门情况简介,包括岗位设置、人员简历、职责划分等情况,并应包括相关部门从业人员从业经验和业务资格能力等情况;

4. 最近2年无重大违法和违规行为的书面说明；

5. 最近2年本机构在银行间债券市场的相关业务情况说明。

（二）经年检的营业执照或律师执业许可证副本复印件；

（三）受托管理业务操作规程、风险管理和内部控制机制说明及相关制度等；

（四）交易商协会要求提供的其他材料。

二、金融资产管理公司除第一条所述备案材料外，还应提供《金融许可证》副本复印件。

三、信托公司除第一条所述备案材料外，还应提供债务融资工具承销业务开展情况证明文件。

四、律师事务所除第一条所述备案材料外，还应提供下列备案材料：

（一）债务融资工具业务开展情况证明文件；

（二）重大复杂诉讼、破产案件开展情况证明文件。

第十一编　金融资产管理公司与金融资产投资公司

行政法规

金融资产管理公司条例

（国务院第32次常务会议通过　国务院令第297号
2000年11月10日公布施行）

第一章　总　　则

第一条　为了规范金融资产管理公司的活动，依法处理国有银行不良贷款，促进国有银行和国有企业的改革和发展，制定本条例。

第二条　金融资产管理公司，是指经国务院决定设立的收购国有银行不良贷款，管理和处置因收购国有银行不良贷款形成的资产的国有独资非银行金融机构。

第三条　金融资产管理公司以最大限度保全资产、减少损失为主要经营目标，依法独立承担民事责任。

第四条　中国人民银行、财政部和中国证券监督管理委员会依据各自的法定职责对金融资产管理公司实施监督管理。

第二章　公司的设立和业务范围

第五条　金融资产管理公司的注册资本为人民币100亿元，由财政部核拨。

第六条　金融资产管理公司由中国人民银行颁发《金融机构法人许可证》，并向工商行政管理部门依法办理登记。

第七条　金融资产管理公司设立分支机构，须经财政部同意，并报中国人民银行批准，由中国人民银行颁发《金融机构营业许可证》，并向工商行政管理部门依法办理登记。

第八条　金融资产管理公司设总裁 1 人、副总裁若干人。总裁、副总裁由国务院任命。总裁对外代表金融资产管理公司行使职权，负责金融资产管理公司的经营管理。

金融资产管理公司的高级管理人员须经中国人民银行审查任职资格。

第九条　金融资产管理公司监事会的组成、职责和工作程序，依照《国有重点金融机构监事会暂行条例》执行。

第十条　金融资产管理公司在其收购的国有银行不良贷款范围内，管理和处置因收购国有银行不良贷款形成的资产时，可以从事下列业务活动：

（一）追偿债务；

（二）对所收购的不良贷款形成的资产进行租赁或者以其他形式转让、重组；

（三）债权转股权，并对企业阶段性持股；

（四）资产管理范围内公司的上市推荐及债券、股票承销；

（五）发行金融债券，向金融机构借款；

（六）财务及法律咨询，资产及项目评估；

（七）中国人民银行、中国证券监督管理委员会批准的其他业务活动。

金融资产管理公司可以向中国人民银行申请再贷款。

第三章　收购不良贷款的范围、额度及资金来源

第十一条　金融资产管理公司按照国务院确定的范围和额度收购国有银行不良贷款；超出确定的范围或者额度收购的，须经国务院专项审批。

第十二条　在国务院确定的额度内，金融资产管理公司按照账面价值收购有关贷款本金和相对应的计入损益的应收未收利息；对未计入损益的应收未收利息，实行无偿划转。

第十三条　金融资产管理公司收购不良贷款后，即取得原债权人对债务人的各项权利。原借款合同的债务人、担保人及有关当事人应当继续履行合同规定的义务。

第十四条　金融资产管理公司收购不良贷款的资金来源包括：

(一)划转中国人民银行发放给国有独资商业银行的部分再贷款;

(二)发行金融债券。

中国人民银行发放给国有独资商业银行的再贷款划转给金融资产管理公司,实行固定利率,年利率为2.25%。

第十五条 金融资产管理公司发行金融债券,由中国人民银行会同财政部审批。

第四章 债权转股权

第十六条 金融资产管理公司可以将收购国有银行不良贷款取得的债权转为对借款企业的股权。

金融资产管理公司持有的股权,不受本公司净资产额或者注册资本的比例限制。

第十七条 实施债权转股权,应当贯彻国家产业政策,有利于优化经济结构,促进有关企业的技术进步和产品升级。

第十八条 实施债权转股权的企业,由国家经济贸易委员会向金融资产管理公司推荐。金融资产管理公司对被推荐的企业进行独立评审,制定企业债权转股权的方案并与企业签订债权转股权协议。债权转股权的方案和协议由国家经济贸易委员会会同财政部、中国人民银行审核,报国务院批准后实施。①

第十九条 实施债权转股权的企业,应当按照现代企业制度的要求,转换经营机制,建立规范的公司法人治理结构,加强企业管理。有关地方人民政府应当帮助企业减员增效、下岗分流,分离企业办社会的职能。

第二十条 金融资产管理公司的债权转股权后,作为企业的股东,可以派员参加企业董事会、监事会,依法行使股东权利。

第二十一条 金融资产管理公司持有的企业股权,可以按照国家

① 2012年9月23日,国务院发布《关于第六批取消和调整行政审批项目的决定》(国发〔2012〕52号),将金融资产管理公司债权转股权方案和协议审核审批部门调整为财政部、国资委。2014年1月28日,国务院发布《关于取消和下放一批行政审批项目的决定》(国发〔2014〕5号),规定金融资产管理公司债权转股权方案和协议审核已取消行政审批。

有关规定向境内外投资者转让，也可以由债权转股权企业依法回购。

第二十二条 企业实施债权转股权后，应当按照国家有关规定办理企业产权变更等有关登记。

第二十三条 国家经济贸易委员会负责组织、指导、协调企业债权转股权工作。

第五章 公司的经营和管理

第二十四条 金融资产管理公司实行经营目标责任制。

财政部根据不良贷款质量的情况，确定金融资产管理公司处置不良贷款的经营目标，并进行考核和监督。

第二十五条 金融资产管理公司应当根据不良贷款的特点，制定经营方针和有关措施，完善内部治理结构，建立内部约束机制和激励机制。

第二十六条 金融资产管理公司管理、处置因收购国有银行不良贷款形成的资产，应当按照公开、竞争、择优的原则运作。

金融资产管理公司转让资产，主要采取招标、拍卖等方式。

金融资产管理公司的债权因债务人破产等原因得不到清偿的，按照国务院的规定处理。

金融资产管理公司资产处置管理办法由财政部制定。

第二十七条 金融资产管理公司根据业务需要，可以聘请具有会计、资产评估和法律服务等资格的中介机构协助开展业务。

第二十八条 金融资产管理公司免交在收购国有银行不良贷款和承接、处置因收购国有银行不良贷款形成的资产的业务活动中的税收。具体办法由财政部会同国家税务总局制定。

金融资产管理公司免交工商登记注册费等行政性收费。

第二十九条 金融资产管理公司应当按照中国人民银行、财政部和中国证券监督管理委员会等有关部门的要求，报送财务、统计报表和其他有关材料。

第三十条 金融资产管理公司应当依法接受审计机关的审计监督。

金融资产管理公司应当聘请财政部认可的注册会计师对其财务状况进行年度审计，并将审计报告及时报送各有关监督管理部门。

第六章　公司的终止和清算

第三十一条　金融资产管理公司终止时,由财政部组织清算组,进行清算。

第三十二条　金融资产管理公司处置不良贷款形成的最终损失,由财政部提出解决方案,报国务院批准执行。

第七章　附　　则

第三十三条　金融资产管理公司违反金融法律、行政法规的,由中国人民银行依照有关法律和《金融违法行为处罚办法》给予处罚;违反其他有关法律、行政法规的,由有关部门依法给予处罚;构成犯罪的,依法追究刑事责任。

第三十四条　本条例自公布之日起施行。

部门规章及规范性文件

中国银保监会办公厅关于引导金融资产管理公司聚焦主业积极参与中小金融机构改革化险的指导意见

(银保监办发〔2022〕62号　2022年5月31日公布施行)

各金融资产管理公司,各银保监局:

为进一步促进金融资产管理公司(以下简称资产管理公司)回归本源、专注主业,在中小金融机构改革化险中发挥积极作用,经银保监会同意,现提出以下指导意见。

一、总体要求与原则

(一)提高政治站位。资产管理公司要深刻认识金融工作的政治性和人民性，完整、准确、全面贯彻新发展理念，适应新时代新形势新要求，坚守主责主业，坚持守正创新，主动担当作为，坚定不移走好中国特色金融发展之路。

（二）坚守功能定位。资产管理公司要坚持回归本源、聚焦主业的经营理念，找准自身在国家经济金融体系中的定位，切实发挥逆周期的救助性功能。要加强与其他机构的协同配合，为中小金融机构改革化险、金融业转型和金融市场健康发展做出新的积极贡献。

（三）坚持市场化法治化原则。资产管理公司要在夯实中小金融机构风险底数的基础上，全面评估风险，自主决定是否通过市场化收购处置不良资产、参与改革重组方案设计等方式，参与有关中小金融机构风险处置。地方政府和监管部门按职责做好相关工作，不搞"拉郎配"，不摊派任务，不干预不良资产市场定价。

（四）依法量力而行。资产管理公司要严格遵守有关法律法规、国有金融资本管理制度和监管规定，在压实中小金融机构风险处置主体责任、股东责任、地方属地责任和监管责任的基础上，依法合规参与改革化险。要结合自身财务状况、综合业务能力和风险管控能力等因素，审慎论证可行性。严禁通过结构设计隐匿真实风险和不良资产"假出表"，严防国有资产流失。对涉及资产管理公司股东权益的重大事项，应严格按照内部管理制度规定，履行相应的公司治理程序或向董事会、股东大会报告。

（五）加强贯通融合。资产管理公司要主动加强与有关地方党委和政府的沟通，争取地方党委和政府的理解和支持。在处置地方金融风险中用足用好支持政策，发挥不良资产处置和风险化解合力。在做好存量风险处置的同时，有关部门应深入剖析中小金融机构风险成因与根源，坚持问题导向，完善体制机制，补齐制度短板，形成强化中小金融机构内部治理、加强外部监管、市场化处置风险的长效机制。

二、处置盘活存量不良资产

（六）加大不良资产收购处置力度。资产管理公司要遵循市场化、法治化原则，加大对中小金融机构不良资产收购、管理和处置力度，提高不良资产的处置效率和效益。监管部门以适当方式加大对各资产管理公司收购处置不良资产情况的监管评价。

(七)积极开展受托管理和处置业务。鼓励资产管理公司接受金融监管部门、地方政府的委托,通过提供市场化估值定价、方案设计、顾问咨询等技术支持,履行受托管理职责,以轻资产方式积极参与化解地方中小金融机构风险。

(八)适度拓宽对金融资产的收购范围。相关金融机构可以将下列风险资产转让给资产管理公司:涉及债委会项目;债务人已进入破产程序;本金或利息等权益已逾期90天以上;债务人在公开市场发债已出现违约;因疫情影响延期还本付息后再次出现逾期的资产或相关抵债资产。资产管理公司批量收购前述类型资产的风险权重、操作规程参照不良资产批量收购业务办理。

(九)完善不良资产一级市场定价机制。为解决交易双方对不良资产的估值分歧,允许相关金融机构和资产管理公司以真实估值为基础、在资产真实转让的前提下开展结构化交易。如参与批量转让的各资产管理公司报价均低于金融机构估值底价,买卖双方可以双方估值为基础,通过自主协商,协议约定双方参与未来资产处置收益分成、损失分担等方式达成交易。交易双方需确保资产转让行为符合监管法律法规规定,资产转让的会计处理符合会计准则中金融资产终止确认的有关规定。严禁资产管理公司通过结构化交易方式为银行业金融机构不良资产违规出表提供通道。

(十)规范开展反委托处置不良资产业务。为提高金融不良资产处置效益,发挥原债权金融机构在人员、机构和业务等方面的优势,在不良资产真实、洁净出表前提下,资产管理公司可采取反委托相关金融机构的方式进行处置。双方应当依法签订反委托处置协议,明确双方权利义务和责任,约定受托处置目标、处置期限、处置进度等内容,压实资产管理公司主体责任和受托机构的管理责任。资产管理公司要切实发挥主导作用,在委托处置期间持续做好监测和管理,及时纠正受托机构违法违规处置或未尽职尽责处置等行为,必要时依法解除委托合同,严禁“一托了之”。

(十一)规范分期付款处置方式。资产管理公司批量收购金融机构不良资产,可按照《财政部 银监会关于印发金融企业不良资产批量转让管理办法的通知》(财金〔2012〕6号)相关规定分期支付收购款。

资产管理公司向投资者转让不良资产，原则上应当采取一次性收款方式。确需采取分期收款方式的，应将首付比例、付款期限、次数等条件作为确定转让对象和价格的因素，在有效落实履约保障措施后，结合收款进度向受让人移交部分或全部资产权证。分期收款的首次收款比例不得低于转让价款的30%，资产管理公司要根据受让方信用状况将应收款项纳入风险分类范围。

三、优化金融资源配置

（十二）推动高风险中小金融机构市场出清。鼓励资产管理公司参与高风险中小金融机构兼并重组工作，推动高风险中小金融机构有序出清，优化区域性金融布局，提高有效金融供给。资产管理公司要发挥自身知识、技术、法律等优势，为并购方或地方政府提供咨询意见或制定兼并重组方案。相关中间业务服务可按照市场化方式收取费用，确保收费价格与所提供的服务内容和质量相符。严禁资产管理公司直接出资持有风险金融机构股权，防止因处置风险产生新的风险。

（十三）引入现代治理机制。资产管理公司要切实帮助相关中小金融机构建立完善现代公司治理机制，加强党的领导与公司治理有机融合。资产管理公司可以向中小金融机构提供人才和智力支持，帮助中小金融机构优化管理体制机制，走上高质量发展之路。

四、完善体制机制，加强行业自律和监管

（十四）完善内部管理体制。资产管理公司要向内挖掘潜力，着力改变不适应化解处置金融风险的内部管理体制和运行机制，持续优化公司治理结构、风险管理和内部控制体系，调整内部人力、资本、资源配置，适度向化解处置金融风险业务领域倾斜。要培养和提升对金融不良资产收购处置的评估和定价能力，明确不良资产估值管理和复核部门，加强队伍专业能力建设。

（十五）改进绩效评价考核体系。资产管理公司要建立有利于做好金融风险化解工作的内部考核评价体系，包括但不限于新增投放量、自主处置能力、处置进度和效益、中间业务收入等业务指标，全面反映资产管理公司发挥独特功能优势、化解处置金融风险的质效。

（十六）优化融资来源和结构。资产管理公司要加强资产负债统筹，逐步降低对短期融资的依赖，适当拉长负债期限，提升负债稳健性。金融管理部门支持资产管理公司适度增加金融债券发行规模,降低融资成本,改善负债结构,全面提升金融不良资产的收购和处置能力。鼓励商业银行、保险公司依法依规认购资产管理公司发行的债务融资和资本工具,增强资产管理公司的资金和资本实力,支持资产管理公司更好发挥化解金融风险的功能作用。商业银行等金融机构持有资产管理公司发行的金融债券的风险权重,如满足相关监管要求,可适用商业银行权重。

(十七)加强行业自律和外部监管。资产管理公司要加强自我约束和行业自律,防止"一哄而上""一哄而散",严禁以任何形式形成行业垄断和不正当竞争,扰乱不良资产市场秩序。各级监管部门要加强监管,规范资产管理公司展业行为,对违法违规行为及时采取监管措施或实施行政处罚,严肃追究有关机构、人员责任。

中国银保监会关于金融资产投资公司开展资产管理业务有关事项的通知

(银保监发〔2020〕12 号　2020 年 4 月 16 日公布施行)

各银保监局,各政策性银行、大型银行、股份制银行,外资银行,各保险集团(控股)公司、保险公司,银行业理财登记托管中心:

为促进市场化债转股健康发展,规范金融资产投资公司资产管理业务,依法保护投资者合法权益,按照《国务院关于积极稳妥降低企业杠杆率的意见》(国发〔2016〕54 号)、《关于规范金融机构资产管理业务的指导意见》(银发〔2018〕106 号)、《金融资产投资公司管理办法(试行)》(中国银行保险监督管理委员会令 2018 年第 4 号)等相关规定,现就金融资产投资公司开展资产管理业务的有关事项通知如下:

一、总体要求

(一)金融资产投资公司开展资产管理业务,是指其接受投资者委托,设立债转股投资计划并担任管理人,依照法律法规和债转股投资计划合同的约定,对受托的投资者财产进行投资和管理。债转股投资计划应当主要投资于市场化债转股资产,包括以实现市场化债转股为目的的债权、可转换债券、债转股专项债券、普通股、优先股、债转优先股等资产。

(二)金融资产投资公司开展资产管理业务,应当遵守成本可算、风险可控、信息充分披露的原则,诚实守信、勤勉尽职地履行职责,按照约定条件和实际投资收益情况向投资者支付收益、不保证本金支付和收益水平,投资者自担投资风险并获得收益。

(三)债转股投资计划财产独立于管理人、托管机构的自有资产,因债转股投资计划财产的管理、运用、处分或者其他情形而取得的财产,均归入债转股投资计划财产。债转股投资计划管理人、托管机构因依法解散、被依法撤销或者被依法宣告破产等原因进行清算的,债转股投资计划财产不属于其清算财产。债转股投资计划管理人管理、运用和处分债转股投资计划财产所产生的债权,不得与管理人、托管机构的自有债务相抵销;管理人管理、运用和处分不同债转股投资计划财产所产生的债权债务,不得相互抵销。

(四)金融资产投资公司债转股投资计划可以依法申请登记成为债转股标的公司股东。

(五)中国银保监会及其派出机构依法对金融资产投资公司资产管理业务活动实施监督管理。

二、资金募集

(六)金融资产投资公司应当通过非公开方式向合格投资者发行债转股投资计划,并加强投资者适当性管理。合格投资者为具备与债转股投资计划相适应的风险识别能力和风险承担能力,并符合下列条件的自然人、法人或者其他组织:

1. 具有4年以上投资经历,且满足下列条件之一:家庭金融净资产不低于500万元,或者家庭金融资产不低于800万元,或者近3年本人年均收入不低于60万元。

2. 最近1年末净资产不低于2000万元的法人单位。

3. 中国银保监会视为合格投资者的其他情形。

合格投资者投资单只债转股投资计划的金额不低于300万元。

金融资产投资公司应当通过金融资产投资公司官方渠道或中国银保监会认可的其他渠道,对投资者风险承受能力进行定期评估。

自然人投资者参与认购的债转股投资计划,不得以银行不良债权为投资标的。

(七)金融资产投资公司可以自行销售债转股投资计划,也可以委托商业银行等中国银保监会认可的机构代理销售或者推介债转股投资计划。

商业银行代理销售债转股投资计划时,应当严格按照《中国银监会关于规范商业银行代理销售业务的通知》(银监发〔2016〕24 号)等要求,做好尽职调查、风险隔离和投资者适当性管理。

(八)金融资产管理公司、保险资产管理机构、国有资本投资运营公司等各类市场化债转股实施机构和符合《关于鼓励相关机构参与市场化债转股的通知》(发改办财金〔2018〕1442 号)规定的各类相关机构,可以在依法合规的前提下使用自有资金、合法筹集或管理的专项用于市场化债转股的资金投资债转股投资计划。

金融资产投资公司可以使用自有资金、合法筹集或管理的专项用于市场化债转股的资金投资本公司或其他金融资产投资公司作为管理人的债转股投资计划,但不得使用受托管理的资金投资本公司债转股投资计划。

保险资金、养老金等可以依法投资债转股投资计划。

其他投资者可以使用自有资金投资债转股投资计划。

(九)投资者可以通过银行业理财登记托管中心(下称登记机构)以及中国银保监会认可的其他场所和方式,向合格投资者转让其持有的债转股投资计划份额,并按规定办理持有人份额变更登记。转让后,持有债转股投资计划份额的合格投资者合计不得超过 200 人。

金融资产投资公司应当在债转股投资计划份额转让前,对受让人的合格投资者身份和债转股投资计划的投资者人数进行合规性审查。

任何单位或个人不得以拆分债转股投资计划份额等方式,变相突破合格投资者标准或 200 人的人数限制。

三、投资运作

(十)债转股投资计划可以投资单笔市场化债转股资产,也可以采用资产组合方式进行投资。资产组合投资中，市场化债转股资产原则上不低于债转股投资计划净资产的60%。

债转股投资计划可以投资的其他资产包括合同约定的存款（包括大额存单）、标准化债权类资产等。

（十一）债转股投资计划应当为封闭式产品，自产品成立日至终止日期间，投资者不得进行认购或者赎回。债转股投资计划直接或间接投资于非标准化债权类资产的，非标准化债权类资产的终止日不得晚于产品到期日。债转股投资计划直接或间接投资于未上市企业股权及其收益权的，未上市企业股权及其收益权的退出日不得晚于产品的到期日。

（十二）债转股投资计划原则上应当为权益类产品或混合类产品，可以进行份额分级，根据所投资资产的风险程度设定分级比例（优先级份额/劣后级份额，中间级份额计入优先级份额）。权益类产品的分级比例不得超过1∶1，混合类产品的分级比例不得超过2∶1。分级债转股投资计划不得直接或间接对优先级份额认购者提供保本保收益安排。

金融资产投资公司应当对分级债转股投资计划进行自主管理，不得转委托给劣后级投资者。

（十三）债转股投资计划的总资产不得超过该产品净资产的200%。分级债转股投资计划的总资产不得超过该产品净资产的140%。

金融资产投资公司计算债转股投资计划总资产时，应当按照穿透原则合并计算债转股投资计划所投资的底层资产。债转股投资计划投资于资产管理产品的，应当按照持有资产管理产品的比例计算底层资产。

四、登记托管

（十四）金融资产投资公司应当在登记机构对债转股投资计划进行集中登记。金融资产投资公司不得发行未在登记机构进行登记的债转股投资计划。

（十五）金融资产投资公司发行债转股投资计划，应当在相关法律文件中约定投资者委托金融资产投资公司在登记机构开立持有人账户及办理产品份额登记的条款。

(十六)投资者应当向金融资产投资公司提交真实、准确、完整的开户信息,金融资产投资公司应当予以核实并向登记机构提交开户信息。登记机构应当为每个持有人账户设定唯一的账户号码,并出具开户通知书,通过持有人账户记载每个投资者持有债转股投资计划的份额及变动情况。

(十七)金融资产投资公司设立的债转股投资计划,应当选择在商业银行、登记机构等具有相关托管资质的机构托管。

五、信息披露与报送

(十八)金融资产投资公司应当在债转股投资计划产品合同中与投资者约定信息披露方式、内容、频率,主动、真实、准确、完整、及时披露产品募集信息、资金投向、杠杆水平、收益分配、托管安排、投资账户信息和主要投资风险等内容,并且应当至少每季度向投资者披露产品净值和其他重要信息。金融资产投资公司应当通过中国理财网和与投资者约定的其他方式披露产品信息。

(十九)金融资产投资公司、登记机构应当按要求向相关部门报送债转股投资计划产品信息。登记机构应当每月向中国银保监会报告债转股投资计划登记内容、登记质量和登记系统运行等有关情况。

六、其他事项

(二十)债转股投资计划登记的基本要求见附件。在本通知发布前设立的债转股投资计划,应当自本通知发布实施之日起六十日内完成补登记。

(二十一)金融资产投资公司开展资产管理业务,除本通知涉及的事项外,应遵守《关于规范金融机构资产管理业务的指导意见》的相关规定。

附件

债转股投资计划登记的基本要求

一、金融资产投资公司应当履行的职责

（一）明确内部牵头部门，配备专门人员和专用设备，做好债转股投资计划的登记工作，确保登记信息的真实性、准确性、完整性和及时性，不得出现迟登、漏登、错登、不登等现象。

（二）在债转股投资计划销售文件的显著位置列明该计划在登记机构获得的产品编码，并提示投资者可以在中国理财网（www.chinawealth.com.cn）查询该计划及投资者持有份额信息。

（三）在债转股投资计划发行的五个工作日前向登记机构申请办理债转股投资计划预登记，并在登记机构取得唯一产品编码。

（四）在债转股投资计划成立或者生效后三个工作日内申请办理债转股投资计划及各持有人份额登记。

（五）债转股投资计划存续期间，因登记内容发生变化或信息错误需要变更或更正登记信息的，在发生或发现相关情形之日起三个工作日内，申请办理变更或更正登记。

（六）债转股投资计划终止后，在按照合同约定解除受托人责任后三个工作日内申请办理债转股投资计划及其持有人份额的终止登记。

（七）除上述登记内容外，在债转股投资计划存续期间，应当定期在登记机构中登记债转股投资计划募集、资产负债等相关信息。

二、登记机构应当履行的职责

（一）制定并发布债转股投资计划登记的业务规则、操作规程和技术规范等，加强对债转股投资计划的登记质量监控。

（二）持续加强登记系统建设和管理，确保系统独立、安全、高效、稳定运行。

（三）对金融资产投资公司提供的债转股投资计划登记信息及相关文件进行形式审查。

（四）开立持有人账户并对持有人账户进行集中管理。

（五）在收到金融资产投资公司登记申请后一个工作日内完成登

记手续。

(六)依法合规使用债转股投资计划登记的相关信息,建立保密制度并采取相应的保密措施,确保信息安全。

(七)提供必要的技术支持、业务培训和投资者教育等服务。

(八)中国银保监会规定的其他职责。

金融资产投资公司管理办法(试行)

(原中国银监会2017年第9次主席会议通过 中国银行保险监督管理委员会令2018年第4号 2018年6月29日公布施行)

第一章 总 则

第一条 为推动市场化、法治化银行债权转股权健康有序开展,规范银行债权转股权(以下简称债转股)业务行为,根据《中华人民共和国银行业监督管理法》《中华人民共和国商业银行法》和《中华人民共和国公司法》等法律法规以及《国务院关于积极稳妥降低企业杠杆率的意见》《中国人民银行 中国银行保险监督管理委员会 中国证券监督管理委员会 国家外汇管理局关于规范金融机构资产管理业务的指导意见》,制定本办法。

第二条 本办法所称金融资产投资公司是指经国务院银行业监督管理机构批准,在中华人民共和国境内设立的,主要从事银行债权转股权及配套支持业务的非银行金融机构。

第三条 金融资产投资公司应当遵循市场化、法治化原则运作,与各参与主体在依法合规前提下,通过自愿平等协商开展债转股业务,确保洁净转让、真实出售,坚持通过市场机制发现合理价格,切实防止企业风险向银行业金融机构和社会公众转移,防止利益冲突和利益输送,防范相关道德风险。

第四条 银行通过金融资产投资公司实施债转股,应当通过向金融资产投资公司转让债权,由金融资产投资公司将债权转为对象企业股权的方式实现。银行不得直接将债权转化为股权,但国家另有规定的除外。

鼓励金融资产投资公司通过先收购银行对企业的债权,再将债权转为股权的形式实施债转股,收购价格由双方按市场化原则自主协商确定。涉及银行不良资产,可以按不良资产处置的有关规定办理。鼓励银行及时利用已计提拨备核销资产转让损失。

第五条　银行、金融资产投资公司应当与债转股对象企业、企业股东等相关方按照公允原则确定股权数量和价格,依法建立合理的损失分担机制,真实降低企业杠杆率,切实化解金融风险。

鼓励通过债转股、原股东资本减记、引进新股东等方式优化企业股权结构。支持金融资产投资公司推动企业改组改制,切实行使股东权利,履行股东义务,提高企业公司治理水平。

第六条　国务院银行业监督管理机构及其派出机构依法对金融资产投资公司及其分支机构和业务活动实施监督管理,对其设立的附属机构实施并表监管。

第二章　设立、变更与终止

第七条　金融资产投资公司应当具备下列条件:

(一)有符合《中华人民共和国公司法》和国务院银行业监督管理机构规定的章程;

(二)有符合本办法要求的股东和注册资本;

(三)有符合任职资格条件的董事、高级管理人员和熟悉业务的合格从业人员;

(四)建立有效的公司治理、内部控制和风险管理制度,有与业务经营相适应的信息科技系统;

(五)有与业务经营相适应的营业场所、安全防范措施和其他设施;

(六)国务院银行业监督管理机构规章规定的其他审慎性条件。

第八条　金融资产投资公司应当由在中华人民共和国境内注册成立的商业银行作为主要股东发起设立。商业银行作为主要股东,应

当符合以下条件:

(一)具有良好的公司治理机制、内部控制体系和健全的风险管理制度;

(二)主要审慎监管指标符合所在地监管机构的监管要求;

(三)财务状况良好,最近3个会计年度连续盈利;

(四)监管评级良好,最近2年内无重大违法违规行为;

(五)为金融资产投资公司确定了明确的发展战略和清晰的盈利模式;

(六)入股资金为自有资金,不得以债务资金和委托资金等非自有资金入股;

(七)承诺5年内不转让所持有的股权,不将所持有的股权进行质押或设立信托,并在金融资产投资公司章程中载明;

(八)国务院银行业监督管理机构规章规定的其他审慎性条件。

商业银行作为金融资产投资公司股东应当符合前款第(一)、(二)、(三)、(四)、(六)、(七)、(八)项规定要求。

国有商业银行新设的金融资产投资公司应当依据国有金融资产管理规定做好相关工作。

第九条 其他境内外法人机构作为金融资产投资公司的股东,应当具备以下条件:

(一)具有良好的公司治理机制;

(二)有良好的社会声誉、诚信记录和纳税记录;

(三)其他境内外法人机构为非金融机构的,最近1年年末总资产不低于50亿元人民币或等值自由兑换货币,最近1年年末净资产不得低于总资产的30%;

(四)其他境内外法人机构为非金融机构的,权益性投资余额原则上不超过其净资产的50%(合并会计报表口径);

(五)财务状况良好,最近2个会计年度连续盈利;

(六)经营管理良好,最近2年内无重大违法违规经营记录;

(七)入股资金为自有资金,不得以债务资金和委托资金等非自有资金入股;

(八)承诺5年内不转让所持有的股权,不将所持有的股权进行质押或设立信托，并在金融资产投资公司章程中载明；

（九）国务院银行业监督管理机构规章规定的其他审慎性条件。

其他境内外法人机构为金融机构的，应当同时符合所在地有关法律法规和相关监管规定要求。

第十条　有以下情形之一的企业不得作为金融资产投资公司的股东：

（一）公司治理结构与机制存在明显缺陷；

（二）股权关系复杂且不透明、关联交易异常；

（三）核心主业不突出且其经营范围涉及行业过多；

（四）现金流量波动受经济景气程度影响较大；

（五）资产负债率、财务杠杆率明显高于行业平均水平；

（六）代他人持有金融资产投资公司股权；

（七）其他可能对金融资产投资公司产生重大不利影响的情形。

第十一条　金融资产投资公司的注册资本应当为一次性实缴货币资本，最低限额为100亿元人民币或等值自由兑换货币。

国务院银行业监督管理机构根据审慎监管要求，可以调整金融资产投资公司注册资本最低限额要求，但不得少于前款规定的限额。

第十二条　金融资产投资公司设立须经筹建和开业两个阶段。

第十三条　筹建金融资产投资公司，应当由作为主要股东的商业银行向国务院银行业监督管理机构提交申请，由国务院银行业监督管理机构按程序受理、审查并决定。国务院银行业监督管理机构自收到完整申请材料之日起4个月内作出批准或不批准的书面决定。

第十四条　金融资产投资公司的筹建期为批准决定之日起6个月。未能按期完成筹建的，应当在筹建期限届满前1个月向国务院银行业监督管理机构提交筹建延期报告。筹建延期不得超过一次，延长期限不得超过3个月。

申请人应当在前款规定的期限届满前提交开业申请，逾期未提交的，筹建批准文件失效，由决定机关注销筹建许可。

第十五条　金融资产投资公司开业，应当由作为主要股东的商业银行向国务院银行业监督管理机构提交申请，由国务院银行业监督管理机构受理、审查并决定。国务院银行业监督管理机构自受理之日起

2 个月内作出核准或不予核准的书面决定。

第十六条 金融资产投资公司应当在收到开业核准文件并领取金融许可证后,办理工商登记,领取营业执照。

金融资产投资公司应当自领取营业执照之日起 6 个月内开业。不能按期开业的,应当在开业期限届满前 1 个月向国务院银行业监督管理机构提交开业延期报告。开业延期不得超过一次,延长期限不得超过 3 个月。

未在前款规定期限内开业的,开业核准文件失效,由决定机关注销开业许可,发证机关收回金融许可证,并予以公告。

第十七条 金融资产投资公司董事和高级管理人员实行任职资格核准制度,由国务院银行业监督管理机构及其派出机构按照有关金融资产管理公司董事和高级管理人员任职资格的行政许可范围、条件和程序进行审核。

第十八条 金融资产投资公司根据业务发展需要设立分支机构和附属机构,由国务院银行业监督管理机构及其派出机构参照有关金融资产管理公司的行政许可范围、条件和程序进行审核。

第十九条 金融资产投资公司有下列变更事项之一的,应当报经国务院银行业监督管理机构批准:

(一)变更公司名称;

(二)变更注册资本;

(三)变更股权或调整股权结构;

(四)变更公司住所;

(五)修改公司章程;

(六)变更组织形式;

(七)合并或分立;

(八)国务院银行业监督管理机构规定的其他变更事项。

金融资产投资公司股权变更或调整股权结构后持股 5% 以上的股东应当经股东资格审核。变更或调整股权后的股东应当符合本办法规定的股东资质条件。

经国务院银行业监督管理机构批准,金融资产投资公司可以发行优先股。

第二十条　金融资产投资公司有下列情形之一的，经国务院银行业监督管理机构批准后可以解散：

（一）公司章程规定的营业期限届满或者公司章程规定的其他解散事由出现；

（二）股东会议决议解散；

（三）因公司合并或者分立需要解散；

（四）其他解散事由。

第二十一条　金融资产投资公司因解散、依法被撤销或被宣告破产而终止的，其清算事宜按照国家有关法律法规办理。

第二十二条　金融资产投资公司的机构变更和终止、调整业务范围及增加业务品种等行政许可事项由国务院银行业监督管理机构受理、审查并决定，相关申请材料、许可条件和程序参照适用有关金融资产管理公司行政许可相关规定，本办法另有规定的除外。

第三章　业务范围和业务规则

第二十三条　经国务院银行业监督管理机构批准，金融资产投资公司可以经营下列部分或者全部业务：

（一）以债转股为目的收购银行对企业的债权，将债权转为股权并对股权进行管理；

（二）对于未能转股的债权进行重组、转让和处置；

（三）以债转股为目的投资企业股权，由企业将股权投资资金全部用于偿还现有债权；

（四）依法依规面向合格投资者募集资金，发行私募资产管理产品支持实施债转股；

（五）发行金融债券；

（六）通过债券回购、同业拆借、同业借款等方式融入资金；

（七）对自营资金和募集资金进行必要的投资管理，自营资金可以开展存放同业、拆放同业、购买国债或其他固定收益类证券等业务，募集资金使用应当符合资金募集约定用途；

（八）与债转股业务相关的财务顾问和咨询业务；

（九）经国务院银行业监督管理机构批准的其他业务。

金融资产投资公司应当以前款第(一)、(二)、(三)、(四)项业务为主业。金融资产投资公司全年主营业务占比或者主营业务收入占比原则上不应低于总业务或者总收入的50%。

第二十四条　金融资产投资公司应当建立系统规范的债转股各项业务经营制度,明确尽职调查、审查审批与决策流程,全面准确了解掌握债转股对象企业的真实情况,科学合理评估债权和拟投资股权的价值。

第二十五条　金融资产投资公司可以设立附属机构,由其依据相关行业主管部门规定申请成为私募股权投资基金管理人,设立私募股权投资基金,依法依规面向合格投资者募集资金实施债转股。

金融资产投资公司及其附属机构应当加强投资者适当性管理和信息披露,明确告知投资者募集资金用于债转股项目。

第二十六条　金融资产投资公司申请在银行间市场和交易所市场发行金融债券,应当符合以下条件:

(一)具有良好的公司治理机制、完善的内部控制体系和健全的风险管理制度;

(二)资本充足水平符合审慎监管要求;

(三)风险监管指标符合审慎监管要求;

(四)国务院银行业监督管理机构规章规定的其他审慎性条件。

金融资产投资公司发行金融债券募集的资金,应当主要用于流动性管理和收购银行债权。金融资产投资公司使用发行金融债券募集的资金开展债转股业务,不适用本办法第二十七条第三款和第三十一条。

第二十七条　商业银行控股或者参股的金融资产投资公司应当与该商业银行及其关联机构建立防止利益冲突和利益输送的机制。

金融资产投资公司使用自营资金收购债权和投资企业股权时,鼓励不同商业银行通过所控股或参股的金融资产投资公司交叉实施债转股。

金融资产投资公司使用募集资金收购债权和投资企业股权,应当主要用于交叉实施债转股。

第二十八条　商业银行不得对控股或者参股的金融资产投资公

司投资的企业降低授信标准，对其中资产负债率持续超出合理水平的企业不得增加授信。

第二十九条 金融资产投资公司收购银行债权应当严格遵守洁净转让、真实出售的原则，通过评估或估值程序审慎评估债权质量和风险，坚持市场化定价，实现资产和风险的真实完全转移。

银行债权评估或估值可以由金融资产投资公司会同银行对企业进行尽职调查后确定，也可以由独立第三方实施。银行债权转让可以采取招标、拍卖等公开方式，也可在评估或估值基础上自主协商确定公允价格，允许金融资产投资公司折价收购银行债权。

金融资产投资公司对企业进行股权投资后，由企业将股权投资资金全部用于偿还银行债权的，应当与企业约定在合理期间偿还银行债权，并约定所偿还银行债权的定价机制，确保按照实际价值偿还银行债权。金融资产投资公司应当与企业约定必要的资金用途监管措施，严格防止企业挪用股权投资资金。

第三十条 金融资产投资公司收购银行债权不得接受债权出让方银行及其关联机构出具的本金保障和固定收益承诺，不得实施利益输送，不得协助银行掩盖风险和规避监管要求。

金融资产投资公司不得与银行在转让合同等正式法律文件之外签订或达成任何协议或约定，影响资产和风险真实完全转移，改变交易结构、风险承担主体及相关权益转移过程等。

第三十一条 金融资产投资公司收购银行债权，不得由该债权出让方银行使用资本金、自营资金、理财资金或其他表外资金提供任何形式的直接或间接融资，不得由该债权出让方银行以任何方式承担显性或者隐性回购义务。

金融资产投资公司对企业进行股权投资，股权投资资金用于偿还企业银行债权的，不得由该债权人银行使用资本金、自营资金、理财资金或其他表外资金提供任何形式的直接或间接融资。

第三十二条 转股债权标的应当以银行对企业发放贷款形成的债权为主，适当考虑其他类型银行债权和非银行金融机构债权。转股债权资产质量类别由债权银行、企业和金融资产投资公司自主协商确定，包括正常类、关注类和不良类债权。

第三十三条 金融资产投资公司应当加强对所收购债权的管理,认真整理、审查和完善相关债权的法律文件和管理资料,密切关注债务人和担保人的清偿能力和抵质押物价值变化情况,及时采取补救措施,切实维护和主张权利。

第三十四条 债转股对象和条件由金融资产投资公司、债权银行和企业根据国家政策依法自主协商确定,转股债权及股权价格按市场化原则确定。对于涉及多个债权银行的,可以由最大债权银行或主动发起债转股的债权银行牵头成立债权人委员会进行协调。

经过法定程序,债权可以转为普通股,也可以转为优先股。

第三十五条 金融资产投资公司确定作为债转股对象的企业应当具备以下条件:

(一)发展前景良好但遇到暂时困难,具有可行的企业改革计划和脱困安排;

(二)主要生产装备、产品、能力符合国家产业发展方向,技术先进,产品有市场,环保和安全生产达标;

(三)信用状况较好,无故意违约、转移资产等不良信用记录。

第三十六条 金融资产投资公司开展债转股,应当符合国家产业政策等政策导向,优先考虑对拥有优质优良资产的企业和发展前景良好但遇到暂时困难的优质企业开展市场化债转股,包括:

(一)因行业周期性波动导致困难但仍有望逆转的企业;

(二)因高负债而财务负担过重的成长型企业,特别是战略性新兴产业领域的成长型企业;

(三)高负债居于产能过剩行业前列的关键性企业以及关系国家安全的战略性企业;

(四)其他适合优先考虑实施市场化债转股的企业。

第三十七条 金融资产投资公司不得对下列企业实施债转股:

(一)扭亏无望、已失去生存发展前景的"僵尸企业";

(二)有恶意逃废债行为的失信企业;

(三)债权债务关系复杂且不明晰的企业;

(四)不符合国家产业政策,助长过剩产能扩张和增加库存的企业;

（五）金融业企业；

（六）其他不适合实施债转股的企业。

第三十八条　金融资产投资公司应当按照公开、公平、公正的原则，根据自身业务经营和风险管理策略，开展市场化债转股业务。

金融资产投资公司应当对债转股对象企业开展尽职调查，合理评估对象企业价值，并与企业、企业股东等利益相关方协商明确转股价格、转股比例、资产负债重组计划、公司治理安排、经营发展规划、股权退出等事宜，签订债转股协议。

金融资产投资公司应当积极争取各级政府和相关部门推动债转股企业改组改制，并在剥离相关社会负担、分流安置富余人员、税收优惠、股权退出等方面给予支持。

第三十九条　金融资产投资公司应当建立严格的关联交易管理制度，关联交易应当遵循商业原则，以市场价格为基础，按照不优于非关联方同类交易的条件进行，防止利益输送，防范掩盖风险、规避监管和监管套利。

金融资产投资公司重大关联交易应当经董事会批准，并进行充分披露。重大关联交易是指金融资产投资公司与一个关联方之间单笔交易使用的自营资金总额占金融资产投资公司净资产5%以上的交易。重大关联交易应当自批准之日起10个工作日内报告监事会，同时报告国务院银行业监督管理机构及其派出机构。

上市商业银行控股或参股的金融资产投资公司，与该上市商业银行及其关联方的关联交易，应当符合证券监管有关规定。

第四十条　金融资产投资公司应当与相关主体在债转股协议中对企业未来债务融资行为进行规范，共同制定合理的债务安排和融资规划，对企业资产负债率作出明确约定，防止企业杠杆率再次超出合理水平。

第四十一条　金融资产投资公司应当建立和完善股权管理制度，明确持股目的和持股策略，确定合理持股份额，并根据《中华人民共和国公司法》等法律法规要求承担责任。金融资产投资公司对于实行债转股的企业，原则上不应当控股。如确有必要，应当制定合理的过渡期限。

债转股企业涉及上市公司和非上市公众公司的,应当符合证券监管有关规定。

第四十二条 金融资产投资公司应当按照法律法规、公司章程要求和合同约定,派员参加企业股东(大)会、董事会、监事会,审议修订公司章程和议事规则,明确重大事项决策程序,依法行使股东权利,参与公司治理和企业重大经营决策,督促持股企业持续改进经营管理。

第四十三条 金融资产投资公司应当依法行使各项股东权利,在法律法规和公司章程规定范围内依法采取措施,制止损害股东权益行为。当持股企业因管理、环境等因素发生不利变化,导致或可能导致持股风险显著增大时,应当及时采取有效措施保障自身合法权益。

第四十四条 鼓励金融资产投资公司建立股权退出策略和机制。对股权有退出预期的,可以与相关主体协商约定所持股权的退出方式。实施股权退出涉及证券发行或交易的,应当符合证券监管的有关规定。涉及国有资产产权登记和转让的,应当符合国有资产管理的有关规定。

第四十五条 鼓励金融资产投资公司通过市场化措施向合格投资者真实转让所持有的债转股企业股权。

第四十六条 金融资产投资公司应当建立履职问责制,规定在债转股业务过程中有关部门和岗位的职责,对违反法律法规、本办法及其他债转股监管规定的行为进行责任认定和处理。

第四十七条 金融资产投资公司开展业务应当遵守法律法规和监管政策,严禁以下违法违规行为:

(一)与债务人等串通,转移资产,逃废债务;

(二)违反规定对禁止性对象企业实施债转股或变相实施债转股;

(三)违规接受银行承诺或签订私下协议;

(四)伪造、篡改、隐匿、毁损债转股相关档案;

(五)其他违法违规及违反本办法要求的行为。

第四章 风险管理

第四十八条 金融资产投资公司应当建立组织健全、职责清晰的公司治理结构,明确股东(大)会、董事会、监事会、高级管理层以及业务部门、风险管理部门和内审部门的职责分工，建立多层次、相互衔接、有效制衡的风险管理机制。金融资产投资公司对其设立的附属机构应当加强并表管理。

控股或参股金融资产投资公司的商业银行与金融资产投资公司之间应当建立防火墙，在资金、人员、业务方面进行有效隔离，防范风险传染。

第四十九条　金融资产投资公司应当建立与其业务规模、复杂程度、风险状况相匹配的有效风险管理框架，制定清晰的风险管理策略，明确风险偏好和风险限额，制定完善风险管理政策和程序，及时有效识别、计量、评估、监测、控制或缓释各类重大风险。

第五十条　金融资产投资公司应当按照国务院银行业监督管理机构的相关规定建立资本管理体系，合理评估资本充足状况，建立审慎、规范的资本补充和约束机制。金融资产投资公司资本充足率、杠杆率和财务杠杆率水平参照金融资产管理公司资本管理相关规定执行。

第五十一条　金融资产投资公司应当严格按照有关规定，对所持有的债权资产进行准确分类，足额计提风险减值准备，确保真实反映风险状况。

第五十二条　金融资产投资公司应当确保其资产负债结构与流动性管理要求相匹配，建立、完善明晰的融资策略和融资渠道，提高融资来源的多元性、稳定性和可持续性，合理控制期限错配，实施流动性风险限额管理，制定有效的流动性风险应急计划。

第五十三条　金融资产投资公司应当加强债转股项目全流程管理，严格落实尽职调查、审查审批、风控措施、后续管理等各项要求，加强监督约束，防范超越权限或者违反程序操作、虚假尽职调查与评估、泄露商业秘密谋取非法利益、利益输送、违规放弃合法权益、截留隐匿或私分资产等操作风险。

第五十四条　金融资产投资公司应当制定合理的业绩考核和奖惩机制，建立市场化的用人机制和薪酬激励约束机制。

第五十五条　金融资产投资公司应当建立健全内部控制和内外部审计制度，完善内控机制，提高内外部审计有效性，持续督促提升业务经营、内控合规、风险管理水平。

第五章 监督管理

第五十六条 国务院银行业监督管理机构及其派出机构通过非现场监管和现场检查等方式对金融资产投资公司及其分支机构(附属机构)实施持续监管。

第五十七条 金融资产投资公司及其分支机构(附属机构)应当按规定向国务院银行业监督管理机构及其派出机构报送监管信息,主要包括:

(一)业务经营和风险管理制度;

(二)组织架构及主要管理人员信息;

(三)财务会计报表、监管统计报表;

(四)信息披露材料;

(五)重大事项报告;

(六)国务院银行业监督管理机构及其派出机构认为必要的其他信息。

金融资产投资公司定期报送上述信息时,应当包括股权投资和管理业务运行及风险情况,作为其主要股东的商业银行及其关联机构对所投资企业及其关联企业的授信、融资及投资变化情况。

金融资产投资公司所投资企业出现杠杆率持续超出合理水平、重大投资风险、重大经营问题和偿付能力问题等重大事项时,应当及时报告。

第五十八条 国务院银行业监督管理机构及其派出机构应当定期对金融资产投资公司及其分支机构(附属机构)开展全面现场检查和股权投资管理等业务的专项检查。

第五十九条 国务院银行业监督管理机构及其派出机构根据履职需要,可与金融资产投资公司董事、高级管理人员及外部审计人员进行监管谈话,要求其就业务活动和风险管理等重大事项作出说明。

第六十条 国务院银行业监督管理机构应当按照法律法规要求,督促金融资产投资公司落实信息披露要求。

第六十一条 金融资产投资公司及其分支机构(附属机构)所投

资企业出现企业杠杆率持续超出合理水平、重大投资风险、重大经营问题和偿付能力问题，或者可能对金融行业和金融市场产生不利影响的，国务院银行业监督管理机构及其派出机构可以依据有关法律法规规定对金融资产投资公司采取限期整改、暂停业务、限制股东权利等强制监管手段。

第六十二条　金融资产投资公司及其分支机构（附属机构）违反有关法律法规以及本办法有关规定的，国务院银行业监督管理机构及其派出机构应当依法责令金融资产投资公司限期整改，并可区别情形，依照《中华人民共和国银行业监督管理法》等法律法规，对金融资产投资公司采取暂停业务、限制股东权利等强制监管措施和行政处罚。

第六十三条　国务院银行业监督管理机构对金融资产投资公司及其分支机构（附属机构）业务开展情况和债转股效果定期进行评估，根据降低企业杠杆率实际效果、主营业务占比、购买债权实施转股业务占比、交叉实施债转股占比等情况，研究完善监督管理、激励约束和政策支持措施。

第六章　附　　则

第六十四条　金融资产管理公司、信托公司等其他银行业金融机构参与开展市场化债转股，商业银行通过其他符合条件的所属机构参与开展市场化债转股，应当参照适用本办法规定的业务规则和风险管理要求，法律法规和金融监管部门规章另有规定的除外。

金融资产投资公司对非银行金融机构债权实施债转股适用本办法规定，法律法规和金融监管部门规章另有规定的除外。

第六十五条　商业银行已经签订框架性协议尚未实施的债转股项目应当符合本办法相关要求，已实施的债转股项目管理方式不得违反本办法相关要求，法律法规和金融监管部门规章另有规定的除外。

第六十六条　本办法由中国银行保险监督管理委员会负责解释。

第六十七条　本办法自公布之日起施行。

附:银保监会有关部门负责人就《金融资产投资公司管理办法(试行)》答记者问①

为推动市场化、法治化银行债权转股权(以下简称“债转股”)健康有序开展,规范银行债转股业务行为,银保监会印发了《金融资产投资公司管理办法(试行)》(以下简称《办法》),银保监会有关部门负责人就相关问题回答了记者提问。

一、《办法》制定的背景是什么?

答:市场化、法治化银行债转股是银行业贯彻落实党中央、国务院关于推进供给侧结构性改革决策部署、落实“三去一降一补”五大任务的重要举措。根据《国务院关于积极稳妥降低企业杠杆率的意见》(国发〔2016〕54 号,以下简称 54 号文)及其附件《关于市场化银行债权转股权的指导意见》,银行应当通过实施机构开展市场化债转股。金融资产投资公司作为银行发起设立的债转股实施机构,是一类新型实施机构。为使此类机构有法可循,确保其规范开展债转股业务,提高债转股效率,同时有效防范金融风险,真实降低企业杠杆率,银保监会特制定本《办法》。

二、《办法》主要包括哪些内容?

答:《办法》共 6 章 67 条。第一章总则明确了立法依据、适用范围、基本原则、监管职责等内容。第二章规定了金融资产投资公司的设立、变更和终止事宜。第三章规定了金融资产投资公司的业务范围及其业务经营规则,鼓励通过“收债转股”的形式开展债转股,同时强调债转股必须严格遵循洁净转让和真实出售原则,严防利益冲突和利益输送;第四、第五章分别规定了风险管理和监督管理要求。第六章附则规定了解释权、生效时间等事项。

三、《办法》制定的主要思路是什么?

答:一是始终遵循市场化、法治化的原则。充分发挥市场在资源配置中的决定性作用,坚持债转股对象企业市场化选择、价格市场化定价、资金市场化筹集、股权市场化退出的市场化运作要求,由各参与

---

① 资料来源于中国银保监会网 2018 年 6 月 29 日,http://www.cbirc.gov.cn/cn/view/pages/ItemDetail.html?docId=183899&itemId=915&generaltype=0。

主体在依法合规的前提下,通过自愿平等协商开展债转股,与此同时,健全审慎监管规则,确保合理定价、洁净转让、真实出售,坚持通过市场机制发现合理价格,防止企业风险向银行业金融机构和社会公众转移,防止利益冲突和利益输送,防范相关道德风险。

二是坚持服务于供给侧结构性改革。统筹兼顾债转股与去产能、调结构、降低企业杠杆率、真实反映银行贷款质量等目标任务。《办法》鼓励金融资产投资公司通过"先收债后转股"的方式开展业务,鼓励银行及时利用已计提拨备核销资产转让损失,通过债转股、引入新投资者、原股东资本减记等方式,推动银行、金融资产投资公司、债转股对象企业及其原有股东等利益相关方依法建立合理的损失分担机制,实现真实债转股,推动经济高质量发展。

三是积极营造良好债转股市场环境。总结债转股试点经验,支持债转股业务模式创新,努力拓宽资金募集渠道,促进债转股业务顺利开展。要求金融资产投资公司建立健全股权管理制度,依法行使股东权利,参与债转股对象企业公司治理和重大经营决策,强化财务杠杆约束。鼓励金融资产投资公司积极争取各级政府和相关部门推动债转股企业改组改制,并在剥离相关社会负担、分流安置富余人员、税收优惠、股权退出等方面给予支持。

四、《办法》对设立金融资产投资公司有哪些要求?

答:《办法》明确了金融资产投资公司的非银行金融机构属性,规定了设立金融资产投资公司应具备的一般性条件,包括符合规定的章程,符合要求的股东和注册资本,符合任职资格条件的董事、高级管理人员和合格从业人员,有效的公司治理、内控和风险管理制度等。这主要是为了在满足机构设立需求的同时,防止"一哄而起",确保金融资产投资公司具备相应的风险抵御能力。考虑到金融资产投资公司主要是作为银行业债转股实施机构,《办法》要求金融资产投资公司应由境内商业银行作为主要股东发起设立,但并不要求商业银行控股,允许其他符合条件的投资者投资入股金融资产投资公司,充分调动社会资金参与债转股的积极性。本着扩大对外开放的精神,《办法》对境外机构投资入股金融资产投资公司实行"国民待遇",对外资持股比例没有做出限制。

五、《办法》如何引导金融资产投资公司市场化筹集资金?

答:为了推动债转股业务的顺利开展,《办法》在资金来源上鼓励金融资产投资公司充分利用各种市场化方式和渠道加以筹集。第一,允许金融资产投资公司依法依规面向合格投资者募集资金,充分运用私募资产管理产品支持实施债转股。第二,允许金融资产投资公司设立附属机构申请成为私募股权投资基金管理人,通过设立私募股权投资基金开展债转股业务。第三,明确金融资产投资公司可以通过发行金融债券募集债转股资金。第四,允许金融资产投资公司可以通过债券回购、同业拆借和同业借款等业务融入资金。第五,在确保资产洁净转让和真实出售的前提下,允许银行理财资金依法依规用于交叉实施债转股。

六、针对债转股过程中可能出现的各类风险,《办法》做出了哪些规定?

答:为防范债转股过程中的风险特别是道德风险,《办法》主要做了以下规定,一是要求转股债权应当坚持通过市场机制发现合理价格,洁净转让、真实出售,有效实现风险隔离。强调应当审慎评估债权质量和风险,坚持市场化定价,实现资产和风险真实完全转移。二是要求金融资产投资公司应当与其股东银行及其关联机构建立防止利益冲突和利益输送的机制。鼓励交叉实施债转股,对于使用募集资金开展业务的,应当主要用于交叉实施债转股。股东银行对金融资产投资公司所投资企业不得降低授信标准。债权出让方银行不得提供直接或间接融资,不得承担显性或者隐性回购义务,防止虚假交易,掩盖不良资产。三是明确转股对象和转股债权范围。贯彻 54 号文及其附件要求,鼓励对发展前景良好但遇到暂时困难的优质企业实施债转股,禁止对僵尸企业、失信企业、金融企业等实施债转股。四是要求金融资产投资公司建立全面规范的业务经营制度,明确尽职调查、审查审批与决策流程,建立严格的关联交易管理制度,遵循商业原则,防止掩盖风险、规避监管和监管套利,同时加强对所收购债权的管理,切实维护自身合法权益。

七、《办法》如何推动金融资产投资公司规范行使股东权利?

答:债转股不仅要切实降低企业杠杆率,还应以此为契机,推动深化企业改革,完善债转股企业公司治理结构,强化激励约束机制,提升管理水平和创新能力,为转股企业长期持续健康发展奠定基础。《办法》首先要求金融资产投资公司建立和完善股权管理制度,明确持股目的和策略,确定合理持股份额。考虑到债转股目的和金融资产投资公司的经营能力,《办法》规定金融资产投资公司原则上不应当控股债转股企业,确有必要的,可以制定合理的过渡期限。其次,《办法》规定金融资产投资公司应当派员参加企业股东(大)会、董事会、监事会,参与公司治理和重大经营决策,督促企业持续改进经营管理。再次,《办法》规定金融资产投资公司应当与相关主体在债转股协议中对企业未来债务融资行为进行规范,共同制定合理的债务安排和融资规划,对企业资产负债率作出明确约定,防止企业杠杆率再次超出合理水平。另外,对损害股东权益的行为,金融资产投资公司应当依法采取措施予以制止。当持股企业因管理、环境等因素发生不利变化,导致或可能导致持股风险显著增大时,应及时采取有效措施保障自身合法权益。

八、《办法》对金融资产投资公司自身的风险管理提出了哪些要求?

答:《办法》对金融资产投资公司的公司治理结构、风险管理框架、资本管理、信用风险、流动性风险、操作风险管理等提出了具体要求。例如,《办法》要求金融资产投资公司应当建立组织健全、职责清晰的公司治理结构,明确股东(大)会、董事会、监事会、高级管理层等职责分工,建立与其业务规模、复杂程度、风险状况相匹配的有效风险管理框架。金融资产投资公司应当与股东银行建立"防火墙",在资金、人员、业务方面有效隔离,防范风险传染,并对附属机构进行并表管理。再如,《办法》规定,金融资产投资公司应当按要求建立资本管理体系,确立资本补充和约束机制,有关资本充足率、杠杆率和财务杠杆率水平要求参照金融资产管理公司相关规定执行。又如,金融资产投资公司应当对所持有的债权资产进行准确分类,足额计提风险减值准备,确保真实反映风险状况。又如,金融资产投资公司应当确保其资产负债结构与流动性管理要求相匹配,提高融资来源的多元性、稳定性和可持续性,合理控制期限错配,制定有效的流动性风险应急计划。此外,《办法》还要求金融资产投资公司强化激励约束机制和内部控制,完善业务流程管理,制定合理奖惩考核机制,提高内外部审计有效性等。

中国银监会关于印发金融资产管理公司资本管理办法(试行)的通知

(银监发〔2017〕56号　2017年12月26日公布
自2018年1月1日起施行)

各金融资产管理公司:

现将金融资产管理公司资本管理办法(试行)印发给你们,请遵照执行。

金融资产管理公司资本管理办法(试行)

第一章　总　　则

第一条　为加强金融资产管理公司(以下简称资产公司)资本监管,维护资产公司稳健运行,根据《中华人民共和国银行业监督管理法》《金融资产管理公司条例》等法律法规,制定本办法。

第二条　本办法适用于资产公司及其附属机构组成的集团。

本办法所称集团母公司是指资产公司总部及分支机构。

本办法所称附属机构是指由集团母公司直接或间接持股的、按照本办法第三章第一节规定应当纳入集团资本监管范围的机构,包括附属法人机构以及特殊目的实体等附属经济组织。

第三条　集团及集团母公司应当确保持有的资本能够抵御所面临的风险,包括集团风险、个体风险和系统性风险。

第四条　集团及集团母公司应当持续满足本办法规定的资本充

足性监管要求和监管指标。

第五条　本办法所称资本充足率，是指集团母公司持有的符合本办法规定的资本与风险加权资产之间的比率。

一级资本充足率，是指集团母公司持有的符合本办法规定的一级资本与风险加权资产之间的比率。

核心一级资本充足率，是指集团母公司持有的符合本办法规定的核心一级资本与风险加权资产之间的比率。

第六条　本办法所称集团超额资本，是指集团持有的符合本办法规定的合格资本净额超出本办法规定的集团最低资本要求之上的部分。

第七条　本办法所称资本净额，是指从集团母公司及附属机构持有的符合本办法规定的各级资本中对应扣除扣减项（调整项）后的资本余额。

第八条　除上述集团超额资本和资本充足率监管要求外，集团及集团母公司还应当满足杠杆率监管要求。

本办法所称杠杆率，是指集团母公司持有的、符合本办法规定的一级资本净额与调整后的表内外资产余额的比率。

集团财务杠杆率，是指集团合并净资产与符合本办法规定的、经调整后的合并表内外资产的比率。

第九条　集团及集团母公司资本充足性相关监管指标的计算应当建立在充分计提资产减值准备的基础之上。

第十条　集团母公司应当参照国务院银行业监督管理机构关于商业银行资本监管的相关规定，建立全面风险管理架构和内部资本充足性管理及评估程序。

第十一条　集团母公司应当按照本办法披露资本充足性信息。

第十二条　国务院银行业监督管理机构依照本办法对集团及集团母公司资本充足性、杠杆率、资本管理等情况进行日常监管和现场检查，可以视情况采取相应的监管措施。

第十三条　国务院银行业监督管理机构在国务院金融稳定发展委员会的领导下，加强与财政部、人民银行、国务院证券监督管理机构、国务院保险监督管理机构等主管部门和监管机构的监管协调和监管合作,最大限度地消除监管空白和减少监管套利。

第二章 集团母公司资本监管要求

第一节 资本充足率计算及监管要求

第十四条 集团母公司应当按照以下公式计算资本充足率:

$$核心一级资本充足率=\frac{核心一级资本-对应资本扣减项}{风险加权资产}\times 100\%$$

$$一级资本充足率=\frac{一级资本-对应资本扣减项}{风险加权资产}\times 100\%$$

$$资本充足率=\frac{总资本-对应资本扣减项}{风险加权资产}\times 100\%$$

第十五条 集团母公司总资本包括核心一级资本、其他一级资本和二级资本。集团母公司应当按照本章第二节的规定计算各级资本和扣减项。

第十六条 集团母公司风险加权资产包括信用风险加权资产、市场风险加权资产和操作风险加权资产。集团母公司应当按照本章第三节的规定分别计量信用风险加权资产、市场风险加权资产和操作风险加权资产。

第十七条 集团母公司各级资本充足率不得低于如下最低要求:

(一)核心一级资本充足率不得低于9%。

(二)一级资本充足率不得低于10%。

(三)资本充足率不得低于12.5%。

第二节 资本定义

第十八条 核心一级资本包括:

(一)实收资本或普通股。

(二)资本公积。

(三)盈余公积。

(四)一般风险准备。

(五)未分配利润。

(六)其他综合收益。

（七）其他可计入部分。

第十九条 其他一级资本包括：

（一）其他一级资本工具。

（二）其他一级资本工具溢价。

第二十条 二级资本包括：

（一）二级资本工具。

（二）二级资本工具溢价。

（三）超额信用风险类资产减值准备。

1. 集团母公司采用权重法计量信用风险加权资产的，超额信用风险类资产减值准备可计入二级资本，但不得超过信用风险加权资产的1.25%。

前款所称超额信用风险类资产减值准备是指集团母公司实际计提的信用风险类资产减值准备超过最低要求的部分。信用风险类资产减值准备最低要求是指100%拨备覆盖率对应的信用风险类资产减值准备和应计提的信用风险类资产减值准备两者中的较大者。集团母公司信用风险类资产减值准备的计提标准，由国务院银行业监督管理机构另行制定。

2. 集团母公司采用内部评级法计量信用风险加权资产的，超额信用风险类资产减值准备可计入二级资本，但不得超过信用风险加权资产的0.6%。

前款所称超额信用风险类资产减值准备是指集团母公司实际计提的信用风险类资产减值准备超过预期损失的部分。

第二十一条 计算资本充足率时，集团母公司应当从核心一级资本中全额扣除以下项目：

（一）商誉。

（二）其他无形资产（土地使用权除外）。

（三）由经营亏损引起的净递延税资产。

（四）信用风险类资产减值准备缺口。

1. 集团母公司采用权重法计量信用风险加权资产的，信用风险类资产减值准备缺口是指实际计提的信用风险类资产减值准备低于信用风险类资产减值准备最低要求的部分。

2. 集团母公司采用内部评级法计量信用风险加权资产的,信用风险类资产减值准备缺口是指实际计提的信用风险类资产减值准备低于预期损失的部分。

(五)资产证券化销售利得。

(六)固定收益类的养老金资产净额。

(七)直接或间接持有的本公司股票。

(八)对资产负债表中未按公允价值计量的项目进行套期形成的现金流储备,若为正值,应予以扣除;若为负值,应予以加回。

(九)自身信用风险变化导致负债公允价值变化带来的未实现损益。

(十)对纳入集团资本监管范围的附属机构的核心一级资本投资。

第二十二条 集团母公司与其他金融机构之间通过协议相互持有的各级资本工具,或国务院银行业监督管理机构认定为虚增资本的各级资本投资,应从相应的监管资本中对应扣除。

集团母公司直接或间接持有本公司及附属机构发行的其他一级资本工具和二级资本工具,应从相应的监管资本中对应扣除。

对应扣除是指从集团母公司自身相应层级资本中一次性全额扣除。集团母公司某级资本净额小于应扣除数额的,缺口部分应从更高一级的资本净额中扣除。

第二十三条 集团母公司对未纳入集团资本监管范围的金融机构的小额少数资本投资,合计超出本公司核心一级资本净额30%的部分,应从各级监管资本中对应扣除。

小额少数资本投资是指集团母公司对金融机构各级资本投资(包括直接和间接投资)占该被投资金融机构实收资本(普通股加普通股溢价)10%(不含)以下,且根据本办法第三章第一节规定可不纳入集团资本监管范围的资本投资。

第二十四条 集团母公司对未纳入集团资本监管范围的金融机构的大额少数资本投资中,核心一级资本投资合计超出本公司核心一级资本净额30%的部分应从本公司核心一级资本中扣除;其他一级资本投资和二级资本投资应从相应层级资本中全额扣除。

大额少数资本投资是指集团母公司对金融机构各级资本投资(包

括直接和间接投资)占该被投资金融机构实收资本(普通股加普通股溢价)10%(含)以上,且根据本办法第三章第一节规定可不纳入集团资本监管范围的资本投资。

第二十五条　除本办法第二十一条规定的递延税资产外,其他依赖于本公司未来盈利的净递延税资产,超出本公司核心一级资本净额10%的部分应从核心一级资本中扣除。

第二十六条　根据本办法第二十四条、第二十五条的规定,未在集团母公司核心一级资本中扣除的对金融机构的大额少数资本投资和相应的净递延税资产,合计金额不得超过本公司核心一级资本净额的35%。

第二十七条　计算资本充足率时,其他应在核心一级资本、其他一级资本、二级资本中扣除的项目,应从相应的监管资本中对应扣除。

第三节　风险加权资产计量

第二十八条　集团母公司应采用权重法计量信用风险加权资产,并可结合实际申请采用内部评级法。未经国务院银行业监督管理机构核准,集团母公司不得变更信用风险加权资产计量方法。

第二十九条　权重法下信用风险加权资产为表内资产信用风险加权资产与表外项目信用风险加权资产之和。

第三十条　集团母公司计量各类表内资产的风险加权资产,应首先从资产账面价值中扣除相应的减值准备,然后乘以风险权重。

本办法施行后新增的各类表内资产的风险权重按照本办法附件1的规定执行,存续的表内资产按照《中国银监会办公厅关于印发金融资产管理公司非现场监管报表指标体系的通知》(银监办发〔2016〕38号)规定的集团母公司表内资产的风险权重执行。

第三十一条　集团母公司计量各类表外项目的风险加权资产,应将表外项目名义金额乘以信用风险转换系数得到等值的表内资产,再按表内资产的处理方式计量风险加权资产。

各类表外项目的信用风险转换系数按照本办法附件1的规定执行。

集团母公司应当按照本办法附件2的规定计量资产证券化风险

暴露的信用风险加权资产。

第三十二条　集团母公司采用权重法计量信用风险加权资产时，可按照本办法附件1的规定考虑合格质物质押或合格保证主体提供保证的风险缓释作用。

合格质物质押的债权（含证券融资类交易形成的债权），取得与质物相同的风险权重，或取得与对质物发行人或承兑人直接债权相同的风险权重。部分质押的债权（含证券融资类交易形成的债权），受质物保护的部分获得相应的较低风险权重。

合格保证主体提供全额保证的债权，取得与对保证人直接债权相同的风险权重。部分保证的债权，被保证部分获得相应的较低风险权重。

第三十三条　集团母公司采用权重法的，质物或保证的担保期限短于被担保债权期限的，不具备风险缓释作用。

第三十四条　集团母公司应采用标准法计量市场风险资本要求。

第三十五条　集团母公司应当制定清晰的交易账簿和非交易账簿划分标准，明确纳入交易账簿的金融工具和商品头寸以及在交易账簿和非交易账簿间划转的条件，确保执行的一致性。

第三十六条　集团母公司交易账簿总头寸如未达到80亿元或未超过表内外总资产的5%，可不计提市场风险资本。

第三十七条　集团母公司市场风险加权资产为市场风险资本要求的8倍，即：市场风险加权资产＝市场风险资本要求×8。

第三十八条　集团母公司应当按照本办法附件3的规定分别计量利率风险、汇率风险、商品风险和股票风险的资本要求，并单独计量以各类风险为基础的期权工具风险的资本要求。

第三十九条　集团母公司应采用基本指标法计量操作风险资本要求。

第四十条　集团母公司操作风险加权资产为操作风险资本要求的8倍，即：操作风险加权资产＝操作风险资本要求×8。

第四十一条　集团母公司应当以集团母公司最近三年平均总收入为基础计量操作风险资本要求。

总收入按照本办法附件4的规定进行确认，包括不良资产经营及处置净收入、手续费及佣金净收入、投资收益、利息净收入以及其他收入。

操作风险资本要求按照以下公式计量：

$$K_{BIA} = \frac{\sum_{i-1}^{n}(GI_i \times \alpha)}{n}$$

其中：

K_{BIA}为按基本指标法计量的操作风险资本要求。

GI 为过去三年中每年正的总收入。

n 为过去三年中总收入为正的年数。

α 为 15%。

第四节　杠杆率计算及监管要求

第四十二条　集团母公司杠杆率的计算公式为：

杠杆率=一级资本净额/(调整后的表内资产余额+衍生产品资产余额+证券融资交易资产余额+调整后的表外项目余额)×100%

第四十三条　调整后的表内资产余额为表内总资产扣减衍生产品资产会计余额、证券融资交易资产会计余额及一级资本扣减项后的表内资产余额。

表内总资产是指扣减针对相关资产计提的准备或会计估值调整后的表内资产余额。

扣减的衍生产品资产是指衍生产品的公允价值及其变动形成的衍生资产会计余额，但不包括作为有效套期的衍生工具。

扣减的证券融资交易资产是指交易合约价值通过市场估值确定且通常要求提供现金或证券作为抵质押品的交易形成的资产会计余额，包括买入返售、卖出回购、证券借贷及保证金贷款交易等。

第四十四条　调整后的表外项目余额为集团母公司表外业务根据相应的信用转换系数计算得到的风险暴露。

第四十五条　集团母公司杠杆率不得低于6%。

第三章　集团资本监管要求

第一节　集团资本监管范围

第四十六条　集团资本监管范围包括集团母公司及其附属机构。

第四十七条 集团应当遵循“实质重于形式”的原则，以控制为基础，兼顾风险相关性，将符合下列条件之一的被投资机构，纳入集团资本监管范围：

（一）集团母公司或其附属机构直接拥有，或与附属机构共同拥有50%以上表决权的被投资机构。

（二）集团母公司拥有50%（含）以下的表决权，但有下列情形之一的被投资机构：

1. 通过与其他投资者之间的协议，拥有该机构50%以上的表决权。

2. 根据章程或协议，有权决定该机构的财务和经营政策。

3. 有权任免该机构董事会或类似权力机构的多数成员。

4. 在该机构董事会或类似权力机构拥有多数表决权。

确定对被投资机构的表决权时，应考虑集团持有的该机构的当期可转换公司债券、当期可执行的认股权证等潜在表决权因素。对于当期可以实现的潜在表决权，应当计入集团母公司对被投资机构的表决权。

（三）其他证据表明受集团母公司实际控制的被投资机构。

控制，是指投资方拥有对被投资方的权力，通过参与被投资方的相关活动而享有可变回报，并且有能力运用对被投资方的权力影响其回报金额。

国务院银行业监督管理机构有权根据集团母公司的股权结构变动、风险类别等确定和调整集团资本监管范围。

第四十八条 集团母公司未拥有被投资机构多数表决权或控制权，具有下列情况之一的，应当纳入集团资本监管范围：

（一）具有业务同质性的多个机构，虽然单个机构资产规模占集团整体资产规模的比例较小，但根据风险相关性，该类机构的总体风险足以对集团母公司的财务状况及风险水平造成重大影响。

（二）被投资机构所产生的合规风险、声誉风险造成的危害和损失足以对集团母公司造成重大影响。

第四十九条 下列被投资机构可以不纳入集团资本监管范围：

（一）已关闭或已宣告破产的机构。

(二)因终止而进入清算程序的机构。

(三)有证据证明决定在三年内出售的、集团母公司或附属机构的权益性资本在50%以上的被投资机构。

(四)受所在国外汇管制或其他突发事件影响、资金调度受到限制的境外附属机构。

(五)集团母公司或经批准实施债转股的附属机构短期或阶段性持有的债转股企业。

集团母公司或附属机构应制定阶段性持有债转股企业的退出计划,并报国务院银行业监督管理机构备案。超出计划退出期限仍未退出且具有实际控制权的债转股企业,原则上应纳入集团资本监管范围。

(六)符合以下任一条件的附属非金融机构:

1.金融资产占总资产的比重低于50%(金融资产的范围应符合《企业会计准则第22号——金融工具确认和计量》的相关规定)。

2.资产负债率低于70%。

3.经国务院银行业监督管理机构认定不具有投融资功能。

本项规定的条件,主要依据该附属非金融机构最近两年经审计的年末财务报表的算术平均值进行判断,成立不满两年的,可依据自成立之日起至最近一期经审计财务报表进行判断。

第五十条　集团母公司及其附属金融机构对附属非金融机构提供长期清偿担保的,该非金融机构应纳入集团资本监管范围;无清偿担保或清偿担保可无条件撤销的,由集团母公司按审慎原则处理。

第五十一条　集团母公司应当加强附属机构资本管理,根据自身实际情况确定对各级附属非金融机构资本充足性的管理要求,并督促附属机构持续满足资本管理和监管要求。

第二节　集团合格资本计量

第五十二条　集团合格资本包括集团母公司合格资本和附属机构合格资本两部分。集团母公司应当根据集团内部交叉持股、互持资本工具、过度杠杆、未纳入集团资本监管范围的附属机构资本缺口等情况计量集团合格资本调整项,对集团合格资本进行相应调整。

第五十三条 集团合格资本净额按照以下公式计算:

集团合格资本净额=集团母公司合格资本净额+∑(附属机构合格资本净额×集团母公司对该附属机构的持股比例)-集团合格资本调整项

前款公式中的附属机构只包括集团母公司直接持股的一级附属机构(含附属金融机构和非金融机构,并对二级及以下附属机构进行资本并表),对附属机构持股比例应包括直接及间接持股;集团母公司应当按照本办法第二章第二节的规定计算合格资本净额,按照本办法第五十六条的规定计算集团合格资本调整项。

第五十四条 附属金融机构是指由国务院银行业监督管理机构、证券监督管理机构和保险监督管理机构依法监督管理的集团附属机构,其合格资本净额是指在资本并表口径下按照相关行业资本监管规定计量得出的资本净额。

对于相关行业资本监管要求只适用于法人口径的附属金融机构,其合格资本净额按照法人口径计量;若其还存在附属机构,按照相关行业监管规定计量其合格资本,若无资本监管规定的,按本办法第五十五条规定计量其合格资本,并按照第五十六条规定计入二级及以下附属机构的资本缺口调整项。

第五十五条 附属非金融机构是指应纳入集团资本监管范围的除附属金融机构以外的其他附属机构,其合格资本净额是指在资本并表口径下参照本办法第二章第二节规定计量得出的合格资本净额,资本并表中产生的少数股东权益可按规定部分计入合格资本。

本办法发布前附属非金融机构已经持有的、按照此前相关监管规定属于合格资本但按照本办法规定不能认定为合格资本的部分,自2018年1月1日起按年递减20%计算,2022年1月1日起不得计入监管资本;因新旧计量规则差异导致集团母公司和附属非金融机构增加资本扣除要求的部分,自2018年1月1日起分五年逐步实施,即第一年扣除20%,第二年扣除40%,第三年扣除60%,第四年扣除80%,第五年全额扣除。

第五十六条 集团合格资本调整项包括:

(一)集团补充资本调整项。该调整项包括集团母公司和各级附属机构之间、各级附属机构之间的持股额及相互持有的其他合格资本工具、经审核无法转移的资本额或国务院银行业监督管理机构认定为虚增资本的其他资本投资。

前款所称持股额主要包括过度杠杆，即将发债和借入资金以股权或其他方式注资获得的持股额；相互持有的其他合格资本工具包括优先股、二级资本债券等被认定为被投资机构合格资本的其他资本工具。但上述两项均不包括已在附属机构按照资本并表口径计量资本数据时合并抵销掉的持股额，以及在集团母公司合格资本中已扣除的各级资本工具。

（二）二级及以下附属机构的资本缺口调整项。该调整项是指，相关行业资本监管要求只适用于法人口径的一级附属金融机构时，该金融机构的附属机构的资本缺口与集团母公司对其持股比例（包括直接及间接持股）的乘积汇总之和。

二级及以下附属机构的资本缺口等于该附属机构的合格资本小于最低资本要求的差额，如合格资本超过最低资本要求，则超额部分在本项目中列为负值，即资本缺口调整项为负值。若相关行业监管机构对二级及以下附属机构有资本监管规定的，按相关规定计量其合格资本及最低资本要求，若无资本监管规定的，按本办法第五十五条、第六十条相关规定计算。

第三节　集团最低资本要求计量

第五十七条　集团最低资本要求包括集团母公司最低资本要求和附属机构最低资本要求两部分。集团应当根据集团内部借款、担保（含等同于担保的或有项目）等情况计量集团最低资本要求调整项，对集团最低资本要求进行相应调整。

第五十八条　集团最低资本要求计算公式如下：

集团最低资本要求＝集团母公司最低资本要求＋∑（附属机构最低资本要求×集团母公司对该附属机构的持股比例）－集团最低资本要求调整项

集团母公司最低资本要求，应取以下二者中较高值：

风险加权资产总额×资本充足率监管要求，（调整后的表内资产余额+衍生产品资产余额+证券融资交易资产余额+调整后的表外项目余额）×杠杆率监管要求。

第五十九条　附属金融机构最低资本要求是指在资本并表口径下按照相关行业资本监管规定计量得出的最低资本要求。对于相关行业资本监管要求只适用于法人口径的附属金融机构，其最低资本要求按照法人口径计量；若其还存在附属机构，按照相关行业监管规定计量其最低资本要求，若无资本监管规定的，按本办法第六十条规定计量其最低资本要求，并按照第五十六条规定计入二级及以下附属机构的资本缺口调整项。

第六十条　附属非金融机构最低资本要求计算公式如下：

附属非金融机构最低资本要求=风险加权资产×资本充足率要求×管理层级难度系数

公式中的附属非金融机构最低资本要求是指对一级附属非金融机构在资本并表口径下参照本办法第二章第三节规定计量得出的风险加权资产总额与本办法第二章第一节规定的资本充足率监管要求以及管理层级难度系数三者的乘积。其中，附属非金融机构交易账簿总头寸未超过表内外总资产的5%，可不计提市场风险资本。

管理层级难度系数为（100+N）%，附属非金融机构的集团层级不超过三级时N=0，层级为四级时N=10，层级为五级时N=20，以此类推。集团层级由集团母公司起算，特殊目的实体和项目公司可不纳入层级计算。管理层级难度系数自2018年底开始纳入附属非金融机构最低资本要求计算。

第六十一条　集团最低资本要求调整项，是指由于集团母公司与集团各级附属机构之间的借款、担保及等同于担保的或有项目形成的监管资本要求在集团范围内的重复计算而产生的调整项，等于上述借款、担保余额与集团母公司对附属机构持股比例（包括直接及间接持股）以及对集团母公司的资本充足率监管要求的乘积汇总之和。

第四节　集团超额资本计算及监管要求

第六十二条　集团超额资本计算公式如下：

集团超额资本=集团合格资本净额－集团最低资本要求

第六十三条　集团超额资本不得低于0。

第六十四条　国务院银行业监督管理机构有权根据集团母公司及其附属机构的股权结构、业务类别及风险状况等确定和调整集团超额资本的计算范围。

第五节　集团财务杠杆率计算及监管要求

第六十五条　集团财务杠杆率的计算公式为：

集团财务杠杆率＝集团合并净资产/（集团表内总资产＋集团表外项目＋集团表外管理资产－调整项）×100%

集团表外项目，包括远期收购承诺、信用增级、对外提供融资性担保、非融资性担保、不可撤销的流动性支持承诺及其他或有项目。

集团表外管理资产，包括集团母公司及其附属机构实际进行管理而未纳入资产负债表内的各类资产，主要包括资产证券化资产、银行理财、委托贷款、信托计划、资产管理计划、私募基金等形式的资产。

调整项，包括集团母公司及其附属机构有充分证据证明自身对表外管理资产不承担会计、法律和事实上的本金或收益兑付义务的资产。虽未在合同中约定本金或收益的兑付义务，但根据此类资产的历史兑付情况很有可能履行兑付义务的资产不得列入调整项。国务院银行业监督管理机构有权通过日常监管和现场检查对调整项科目进行核实，如发现集团将不符合规定的资产纳入调整项，可根据有关监管法规及本办法第四章的相关规定对集团采取监管措施。

第六十六条　集团财务杠杆率不得低于8%。

第四章　监督检查

第六十七条　国务院银行业监督管理机构对集团及集团母公司实施资本充足性监督检查，确保资本能够充分覆盖所面临的各类风险。

第六十八条　除最低资本要求外，国务院银行业监督管理机构有权根据日常监管和现场检查情况提出更审慎的附加资本要求，确保资本充分覆盖风险，包括：

（一）根据单家资产公司的功能定位及发展战略执行情况、不良资产主业经营和发展状况、投资设立金融和非金融附属机构以及附属机构经营和发展情况等，提出的集团附加资本要求。

（二）根据对特定资产组合的风险及与主业相关度的判断，通过调整风险权重、相关性系数、有效期限等方法，针对特定资产组合提出的附加资本要求。

（三）根据监督检查结果，针对集团或集团母公司提出的附加资本要求。

（四）根据单家集团母公司未建立内部资本充足评估程序，或内部资本充足评估程序未达到相关要求等情况，结合对风险状况的评估结果，针对集团母公司提出的附加资本要求。

（五）根据单家集团母公司操作风险管理水平及操作风险事件发生情况，针对集团母公司提出的操作风险附加资本要求。

第六十九条 集团母公司应当在年度结束后的四个月内向国务院银行业监督管理机构提交内部资本充足性评估报告。

第七十条 根据资本充足状况，国务院银行业监督管理机构将资产公司分为三类：

（一）第一类资产公司：集团超额资本、资本充足率、一级资本充足率和核心一级资本充足率均达到本办法规定的各级资本要求。

（二）第二类资产公司：集团超额资本、资本充足率、一级资本充足率或核心一级资本充足率均不低于最低资本要求，但未达到附加资本要求。

（三）第三类资产公司：集团超额资本、资本充足率、一级资本充足率和核心一级资本充足率任意一项未达到最低资本要求。

第七十一条 对第一类资产公司，国务院银行业监督管理机构支持其稳健发展业务。为防止其资本充足水平快速下降，国务院银行业监督管理机构可以采取下列预警监管措施：

（一）要求资产公司加强对资本充足水平下降原因的分析及预测。

（二）要求资产公司制定切实可行的资本充足性管理计划。

（三）要求资产公司提高风险控制能力。

第七十二条 对第二类资产公司，除本办法第七十一条规定的监管措施外，国务院银行业监督管理机构还可以采取下列监管措施：

（一）与集团母公司董事会、高级管理层进行审慎性会谈。

（二）印发监管意见书，内容包括：集团资本管理存在的问题、拟采取的纠正措施和限期达标意见等。

（三）要求集团母公司制定切实可行的资本补充计划和限期达标计划。

（四）督促集团母公司对附属机构资本充足状况进行排查，督促资本不足的附属机构尽快提升资本水平。

（五）提高对集团资本充足性的非现场监管和现场检查频率。

（六）要求集团母公司对特定风险领域采取风险缓释措施。

（七）限制集团分配红利和其他收入。

（八）限制集团向董事、高级管理人员实施任何形式的激励。

（九）限制集团进行股权投资或回购资本工具。

（十）限制集团重要资本性支出。

（十一）要求集团控制风险资产增长。

第七十三条　对第三类资产公司，除本办法第七十一条和第七十二条规定的监管措施外，国务院银行业监督管理机构还可以采取以下监管措施：

（一）要求集团大幅降低风险资产的规模。

（二）责令集团停办全部高风险资产业务。

（三）限制或禁止新设机构、开办新业务。

（四）责令集团对附属机构进行清理整合，调整附属机构股权结构或转让资产。

（五）强制要求集团对非普通股的其他各级资本工具进行减记或转为普通股。

（六）责令集团母公司调整董事、高级管理人员或限制其权利。

（七）依法对集团母公司实行接管或者促成机构重组，直至予以撤销。

在处置此类资产公司时，国务院银行业监督管理机构还可以综合考虑外部因素，采取其他必要措施。

第七十四条　对于杠杆率低于最低监管要求的集团母公司，国务院银行业监督管理机构可以采取以下监管措施：

(一)要求集团母公司在限定期限内补充一级资本。

(二)要求集团母公司控制表内外资产增长速度。

(三)要求集团母公司降低表内外资产规模。

第七十五条 对于集团财务杠杆率低于最低监管要求的集团,国务院银行业监督管理机构可以采取以下监管措施:

(一)要求集团在限定期限内补充合格资本。

(二)要求集团控制表内外资产增长速度。

(三)要求集团降低表内外资产规模。

(四)限制或禁止新设机构、开办新业务。

(五)责令集团对附属机构进行清理整合,调整附属机构股权结构或转让资产。

第五章 信息披露

第七十六条 集团母公司应当通过公开渠道,向投资者和社会公众披露相关信息,确保信息披露的集中性、可访问性和公开性。

第七十七条 集团母公司信息披露频率分为临时、半年及年度披露。其中,临时信息应及时披露,半年度信息披露时间为期末后 60 个工作日内,年度信息披露时间为会计年度终了后四个月内。因特殊原因不能按时披露的,应至少提前 15 个工作日向国务院银行业监督管理机构申请延迟披露。

第七十八条 集团母公司应当分别按照以下频率披露相关信息:

(一)实收资本或普通股及其他资本工具的变化情况应及时披露。

(二)核心一级资本净额、一级资本净额、资本净额、最低资本要求、附加资本要求、核心一级资本充足率、一级资本充足率、资本充足率、集团合格资本、集团最低资本要求、集团超额资本、杠杆率、集团财务杠杆率等重要信息应每半年披露一次。

(三)资本充足性相关指标的计算范围、信用风险暴露总额、逾期及不良资产总额、信用风险资产减值准备、信用风险资产组合缓释后风险暴露余额、资产证券化风险暴露余额、市场风险资本要求、市场风险期末风险价值及平均风险价值、操作风险情况、股权投资及其损益、非交易账簿利率风险情况等相关重要信息应每年披露一次。

第七十九条　经国务院银行业监督管理机构同意,在满足信息披露总体要求的基础上,未在境内外上市的集团母公司可以适当简化信息披露内容。

第六章　附　　则

第八十条　本办法未尽事宜,资产公司应当参照国务院银行业监督管理机构关于商业银行资本监管的相关规定执行。

第八十一条　资产公司应当在2020年底前达到本办法规定的集团超额资本和集团财务杠杆率监管指标要求,鼓励有条件的资产公司提前达标。

第八十二条　集团母公司应当根据本办法制定资本充足性指标计算的内部制度。集团母公司调整本办法规定的资本充足性相关指标计算范围的,应当说明理由,并及时报国务院银行业监督管理机构备案。

第八十三条　本办法由国务院银行业监督管理机构负责解释。

第八十四条　本办法自2018年1月1日起施行。

附件1:表内资产风险权重、表外项目信用转换系数及合格信用风险缓释工具

附件2:资产证券化风险加权资产计量规则

附件3:市场风险标准法计量规则

附件4:操作风险基本指标法计量规则

附件 1

表内资产风险权重、表外项目信用转换系数及合格信用风险缓释工具

一、表内资产风险权重

表 1　表内资产风险权重表

项　　目	权重
1. 现金类资产	
1.1　现金	0%
1.2　存放中国人民银行款项	0%
2. 对中央政府和中央银行的债权	
2.1　对我国中央政府的债权	0%
2.2　对中国人民银行的债权	0%
2.3　对评级 AA -(含 AA -)以上的国家或地区的中央政府和中央银行的债权	0%
2.4　对评级 AA - 以下,A -(含 A -)以上的国家或地区的中央政府和中央银行的债权	20%
2.5　对评级 A - 以下,BBB -(含 BBB -)以上的国家或地区的中央政府和中央银行的债权	50%
2.6　对评级 BBB - 以下,B -(含 B -)以上的国家或地区的中央政府和中央银行的债权	100%
2.7　对评级 B - 以下的国家或地区的中央政府和中央银行的债权	150%
2.8　对未评级的国家或地区的中央政府和中央银行的债权	100%
3. 对公共部门实体的债权	
3.1　对我国公共部门的债权(收入来源于中央财政)	
3.1.1　其中:对我国公共部门的贷款(收入来源于中央财政)	20%
3.1.2　其中:持有的我国公共部门发行的债券(收入来源于中央财政)	20%
3.2　对我国省级(直辖区、自治区)以及计划单列市人民政府的债权	20%
3.3　对评级 AA - 及以上国家或地区注册的公共部门实体的债权	25%

续表

项　　目	权重
3.4　对评级 AA－以下,A－(含 A－)以上国家或地区注册的公共部门实体的债权	50%
3.5　对评级 A－以下,B－(含 B－)以上国家或地区注册的公共部门实体的债权	100%
3.6　对评级 B－以下国家或地区注册的公共部门实体的债权	150%
3.7　对未评级的国家或地区注册的公共部门实体的债权	100%
4. 对我国金融机构的债权	
4.1　对我国政策性银行的债权	
4.1.1　对我国政策性银行的债权	0%
4.1.2　对我国政策性银行的次级债权(未扣除部分)	100%
4.2　对我国商业银行的债权	
4.2.1　原始期限 3 个月以内	20%
4.2.2　原始期限 3 个月以上	25%
4.3　对我国商业银行的次级债权(未扣除部分)	100%
4.4　对我国其他金融机构的债权	100%
5. 对在其他国家或地区注册的金融机构的债权	
5.1　对评级 AA－(含 AA－)以上国家或地区注册的商业银行的债权	25%
5.2　对评级 AA－以下,A－(含 A－)以上国家或地区注册的商业银行的债权	50%
5.3　对评级 A－以下,B－(含 B－)以上国家或地区注册的商业银行的债权	100%
5.4　对评级 B－以下国家或地区注册的商业银行的债权	150%
5.5　对未评级的国家或地区注册的商业银行的债权	100%
5.6　对多边开发银行、国际清算银行及国际货币基金组织的债权	0%
5.7　对其他金融机构的债权	100%
6. 对一般企(事)业单位和个人债权	
6.1　收购金融不良资产形成的债权	
6.1.1　批量收购金融不良资产形成的债权	50%

续表

项　　目	权重
6.1.2　其他形式收购金融不良资产形成的债权	75%
6.2　收购非金融不良资产形成的债权	100%
6.3　其他对一般企(事)业单位和个人的债权	150%
7. 股权投资	
7.1　对金融机构的股权投资(未扣除部分)	250%
7.2　因政策性原因形成的对工商企业的股权投资	100%
7.3　围绕不良资产开展的追加投资	150%
7.4　市场化债转股	150%
7.5　对工商企业的其他股权投资(未扣除部分)	400%
7.6　对有控制权但未并表的工商企业的股权投资	800%
8. 其他	
8.1　非自用不动产	
8.1.1　因行使抵押权而持有的非自用不动产	100%
8.1.2　其他非自用不动产	400%
8.2　次级受益权资产	200%
8.3　因实质性重组项目形成的表内资产	50%
8.4　其他表内资产	100%

注:1. 多边开发银行包括世界银行集团、亚洲开发银行、亚洲基础设施投资银行、金砖国家新开发银行、非洲开发银行、欧洲复兴开发银行、泛美开发银行、欧洲投资银行、欧洲投资基金、北欧投资银行、加勒比海开发银行、伊斯兰开发银行和欧洲开发银行理事会。

2. 收购金融不良资产是指资产公司按照国家有关规定和市场化原则从金融机构收购的债权类不良资产(按规定程序和标准认定为次级、可疑、损失类的债权资产,不包括由金融机构作为中间人受托管理其他法人或自然人财产形成的不良资产),且与不良资产转出方之间不存在任何关于该笔资产的回购协议或约定最低处置收益的委托处置协议。

批量收购金融不良资产形成的债权是指资产公司按照《金融企业不良资产批量转让管理办法》(财金〔2012〕6 号)及有关补充规定从金融企业收购的不良债权资产。

3. 因政策性原因形成的对工商企业的股权投资是指经国务院批准的政策性债转股

以及为实现其保值增值而形成的对工商企业的股权投资，形成方式包括股权置换、增资、配股、转增股本、定向增发等。

4. 因实质性重组项目形成的表内资产是指资产公司参与对问题企业的实质性重组活动形成的债权、股权等各类表内资产。

实质性重组是指资产公司单独或者联合其他机构运用多种方式对问题企业的资金、资产、人才、技术、管理等要素进行重新配置，构建新的生产经营模式，帮助企业摆脱经营与财务困境，恢复生产经营能力和偿债能力，实现企业价值再造和提升。只对问题企业提供直接或间接融资的项目不包含在内。

问题企业是指经营或财务遭遇困难的企业，包括但不限于：(1)贷款、债券、票据、应付账款等债务不能按期偿付；(2)资产低效或无效运营，例如，企业涉及重大诉讼、核心资产被查封、资金被冻结等；(3)经营情况出现异常，例如，主营业务持续萎缩、对外过度投资、产能严重过剩等；(4)财务状况出现异常，例如，资不抵债、收不抵支、连续两年亏损，并且难以获得补充资金来源等；(5)意外、突发事件引致的暂时性困难，例如，遭遇短期流动性问题、资金链突然断裂、债务或权益被要求提前偿付或赎回等；(6)企业管理失效，例如，内部管理机制失灵、企业市场价值或公允评估值长期低于企业净资产等。

5. 资产公司附属房地产类子公司开发的房地产资产可填入“8.4　其他表内资产”。

二、表外项目信用转换系数

表2　表外项目信用转换系数表

项　　目	信用转换系数
1. 担保及等同于担保的或有项目	100%
2. 信用风险仍在资产公司的资产销售与购买协议	100%
3. 远期资产购买	100%
4. 部分交款的股票及证券	100%
5. 资产公司借出的证券或用作抵押物的证券	100%
6. 其他表外项目	100%

注：1. 担保及等同于担保的或有项目，包括一般负债担保、信用增级、远期收购承诺等。其中，担保是指资产公司作为担保人和债权人约定，当债务人不履行债务时，担保人按照约定履行债务或者承担责任的行为；担保方式主要包括《担保法》①所列的抵押、质押和保证；担保人以自身信用或特定财产为债务人提供担保，以保障债权实现。其他等同于担保的或有项目是指虽不符合“担保”的法定含义，但效力等同于担保的其他或

① 已废止。

有项目,例如提供信用增级服务。

2. 资产公司为子公司借款、发债等融资方式提供的流动性支持、安慰函、维好协议等,符合我国《担保法》规定的,应当填入“1. 担保及等同于担保的或有项目”;不符合我国《担保法》规定,但资产公司基于声誉考虑,存在为子公司融资提供支持可能的,应当填入“6. 其他表外项目”。

三、证券、商品、外汇交易清算过程中形成的风险暴露

(一)货款对付模式下的信用风险加权资产计算

1. 货款对付模式是指在结算日,证券和资金、资金和资金进行实时同步、最终一致、不可撤销的交收。

2. 货款对付模式下信用风险加权资产的计算公式为:

$$RWA = E \times R \times 8$$

其中:

(1) RWA 为货款对付模式下信用风险加权资产;

(2) E 为货款对付模式下,因合约结算价格与当期市场价格差异而产生的风险暴露;

(3) R 为与延迟交易时间相关的资本计提比例,具体见表3。

表3 货款对付模式下交易对手信用风险资本计提比例

自合约结算日起延迟交易的交易日数	资本计提比例
4(含)个交易日以内	0%
5至15(含)个交易日之间	8%
16至30(含)个交易日之间	50%
31至45(含)个交易日之间	75%
46(含)个交易日以上	100%

(二)非货款对付模式下信用风险加权资产计算

非货款对付模式下,因填报机构已执行支付,而交易对手未在约定日期支付而产生的风险暴露:自填报机构执行支付之日起,交易对手未支付部分视同对该交易对手的债权进行处理;自交易对手应履行支付义务之日起,5个交易日后,交易对手仍未支付部分的风险权重为800%。

四、合格信用风险缓释工具

表4　合格信用风险缓释工具的种类

信用风险缓释工具	种　类
质物	(一)以特户、封金或保证金等形式特定化后的现金; (二)黄金; (三)银行存单; (四)我国财政部发行的国债; (五)中国人民银行发行的票据; (六)我国政策性银行、公共部门实体、商业银行发行的债券、票据和承兑的汇票; (七)金融资产管理公司为收购国有银行不良贷款而定向发行的债券; (八)评级为 BBB -(含 BBB -)以上国家或地区政府和中央银行发行的债券; (九)注册地所在国家或地区的评级在 A -(含 A -)以上的境外商业银行和公共部门实体发行的债券、票据和承兑的汇票; (十)多边开发银行、国际清算银行和国际货币基金组织发行的债券。
保证	(一)我国中央政府、中国人民银行、政策性银行、公共部门实体和商业银行; (二)评级为 BBB -(含 BBB -)以上国家或地区政府和中央银行; (三)注册地所在国家或地区的评级在 A -(含 A -)以上的境外商业银行和公共部门实体; (四)多边开发银行、国际清算银行和国际货币基金组织。

附件 2

资产证券化风险加权资产计量规则

一、总体要求

（一）资产证券化交易包括传统型资产证券化、合成型资产证券化以及兼具两种类型共同特点的资产证券化交易。

传统型资产证券化是指基础资产的信用风险通过资产转让、信托等方式全部或部分转移给投资者，基础资产的现金流用以支付至少两个不同信用风险档次的证券的资产证券化交易。

合成型资产证券化是指基础资产的信用风险通过信用衍生工具或者保证全部或部分转移给投资者的资产证券化交易。该交易结构中至少具有两个不同信用风险档次的证券。信用衍生工具包括资金来源预置型和资金来源非预置型两种类型。

（二）资产公司因从事资产证券化业务而形成的表内外风险暴露称为资产证券化风险暴露。资产证券化风险暴露包括但不限于资产支持证券、住房抵押贷款证券、信用增级、流动性便利、利率或货币互换、信用衍生工具和分档次抵补。

储备账户如果作为发起机构的资产，应当视同于资产证券化风险暴露。储备账户包括但不限于现金抵押账户和利差账户。

（三）为充分抵御因从事资产证券化业务而承担的风险，资产公司应当基于交易的经济实质，而不仅限于法律形式计提监管资本。资产公司作为资产证券化发起机构、信用增级机构、流动性便利提供机构、投资机构或者贷款服务机构等从事资产证券化业务，只要产生了资产证券化风险暴露，就应计提相应的监管资本。

国务院银行业监督管理机构有权根据交易的经济实质，判断资产公司是否持有资产证券化风险暴露，并确定应当如何计提资本。

（四）资产公司应使用资产证券化标准法计算资产证券化风险暴露的资本要求。

（五）资产公司资产证券化风险暴露金额按照如下规定确定：

1. 表内资产证券化的违约风险暴露为扣除专门针对该资产证券

化风险暴露所计提的减值准备后的账面价值。

2. 表外资产证券化的违约风险暴露为其表外名义金额扣除减值准备后，再乘以相应的信用转换系数得到的金额。

（六）资产公司为资产证券化交易提供信用支持而且该信用支持已经反映到外部评级中的，该公司不得使用外部评级而应当按照本附件关于未评级资产证券化风险暴露的有关规定计量监管资本要求。

（七）同一资产公司在同一资产证券化交易中具有重叠的资产证券化风险暴露的，应当对重叠部分的监管资本要求进行比较，只需按照最高值计提一次监管资本。

（八）资产公司在按照本附件要求扣减销售利得之后为资产证券化业务所计提的资本，以基础资产证券化之前的监管资本要求为上限。

（九）对不符合以下条件的资产证券化风险暴露，资产公司应按照800%的风险权重计算监管资本要求：

1. 资产公司应当持续、全面了解其表内外资产证券化风险暴露及基础资产的风险特征。

2. 资产公司应当能够及时获取基础资产的相关信息，包括资产类别、债务人资信状况、各类逾期资产占比、基础资产抵质押品类别及其权属状况、平均抵质押率以及行业和地域分散情况等。

3. 资产公司应当全面了解可能对其所持有资产证券化风险暴露产生重大影响的资产证券化交易的结构特征，包括信用增级、流动性便利、与交易有关的违约定义、各种触发机制和资产支持证券偿付安排等。

二、信用风险转移与监管资本计量

（一）对于传统型资产证券化交易，在符合下列所有条件的情况下，发起机构才能在计算风险加权资产时扣减证券化基础资产：

1. 与被转让资产相关的重大信用风险已经转移给了独立的第三方机构。

2. 发起机构对被转让的资产不再拥有实际的或者间接的控制。

发起机构证明对被转让的资产不再拥有实际的或者间接的控制，至少需要由执业律师出具法律意见书，表明发起机构与被转让的资产实现了破产隔离。

发起机构对被转让的资产保留实际的或者间接的控制,包括但不限于下列两种情形:

(1)发起机构为了获利,可以赎回被转让的资产,但发起机构按照相关规定,因基础资产被发现在入库起算日不符合信托合同约定的范围、种类、标准和状况而被要求赎回或置换的情况除外。

(2)发起机构有义务承担被转让资产的重大信用风险。

3. 发起机构对资产支持证券的投资机构不承担偿付义务和责任。

4. 在信托合同和资产证券化其他相关法律文件中不包括下列条款:

(1)要求发起机构改变资产池中的资产,以提高资产池的加权平均信用质量,但通过以市场价格向独立的第三方机构转让资产除外。

(2)在基础资产转让之后,仍然允许发起机构追加承担第一损失责任或者增加信用增级的支持程度。

(3)在资产池信用质量下降的情况下,增加向除发起机构以外的其他参与机构支付的收益。

5. 清仓回购符合本部分(五)所规定的条件。

在符合上述1至5项条件的情况下,发起机构仍然应当按照本附件规定,为所持有的资产证券化风险暴露计提资本。

在上述1至5项条件中任何一项不符合的情况下,发起机构都应当按照资产证券化前的资本要求计提资本。

(二)对于合成型资产证券化交易,只有在符合下列所有条件的情况下,发起机构才能在计量证券化基础资产监管资本时认可信用风险缓释工具的信用风险缓释作用:

1. 信用风险缓释工具符合《金融资产管理公司非现场监管报表指标体系》附件1的相关要求,且信用风险缓释工具的到期日不早于基础资产的最晚到期日。

2. 发起机构必须将基础资产的重大信用风险转移给独立的第三方机构。

3. 信用风险缓释工具的相关合同文件不得包含限制信用风险转

移数量的条件和条款,包括但不限于以下情形:

(1)在信用损失事件发生或者资产池信用质量下降的时候,限制信用保护或信用风险转移程度。

(2)要求发起机构改变资产池中的资产,以提高资产池的加权平均信用质量,但通过以市场价格向独立的第三方机构转让资产除外。

(3)在资产池信用质量下降的情况下,增加发起机构的信用保护成本。

(4)在资产池信用质量下降的情况下,增加向除发起机构以外的其他参与机构支付的收益。

(5)在资产证券化交易开始之后,仍然允许发起机构追加承担第一损失责任或者增加信用增级的支持程度。

4. 资产证券化交易必须由执业律师出具法律意见书,确认相关合同在所有相关国家或者地区的执行效力。

5. 清仓回购符合本部分(五)所规定的条件。

在符合上述1至5项条件的情况下,发起机构仍然应当按照本附件规定,为所持有的资产证券化风险暴露计提资本。

在上述1至5项条件中任何一项不符合的情况下,发起机构在计量证券化基础资产监管资本时均不得认可信用风险缓释工具的信用风险缓释作用。

(三)对于符合本部分(二)规定条件的合成型资产证券化交易,发起机构在计量证券化基础资产监管资本时,应当按照信用风险加权资产计量权重法的相关规定,认可信用风险缓释工具的信用风险缓释作用。

(四)如果资产池中的资产具有不同的期限,应当将最长的期限作为整个资产池的期限。

(五)资产证券化交易合同中含有清仓回购条款的,在符合下列条件的情况下,发起机构可以不为清仓回购安排计提资本:

1. 发起机构有权决定是否进行清仓回购,清仓回购的行使无论在形式还是实质上都不是强制性的。

2. 清仓回购安排不会免除信用增级机构或者资产支持证券投资

机构理应承担的损失,也不会被用来提供信用增级。

3. 对于传统型资产证券化交易,只有在资产池或者以该资产池为基础发行的资产支持证券余额降至资产池或者资产支持证券初始金额的10%或者10%以下时,才能进行清仓回购。

4. 对于合成型资产证券化交易,只有在参考资产的价值降至初始金额的10%或者10%以下时,才能进行清仓回购。

在上述1至4项条件中任何一项不符合的情况下,对于传统型资产证券化交易,发起机构应当按照资产证券化前的资本要求计提资本,而且不能在监管资本中计入销售利得。对于合成型资产证券化交易,发起机构在计量证券化基础资产监管资本时不得认可信用风险缓释工具的信用风险缓释作用。如果合成型资产证券化交易包含赎回权,而且该赎回权在特定时间终止证券化交易及其所购买的信用保护,发起机构应当按照本部分(四)的规定计算该证券化交易的资本要求。

(六)资产公司以超过合同义务的方式为资产证券化交易提供隐性支持的,应当按照基础资产证券化之前的资本要求计提资本,而且应当公开披露所提供的隐性支持及其对监管资本要求的影响。

资产公司提供隐性支持的方式包括但不限于以下情形:

1. 以高于市场价格的方式从资产池赎回部分资产,或赎回资产池中信用质量下降的资产,但发起机构按照有关规定,因基础资产被发现在入库起算日不符合信托合同约定的范围、种类、标准和状况而被要求赎回或置换的情况除外。

2. 以打折的方式向资产池再次注入资产。

3. 增加合同约定之外的第一损失责任。

4. 所行使的清仓回购被认定为用作提供信用增级。

三、资产证券化标准法

(一)以经资产公司评估的合格评级机构的外部信用评级作为确定风险权重依据的,资产证券化风险暴露和再资产证券化风险暴露的风险权重按照表1和表2所示的对应关系确定。

表 1　长期信用评级与风险权重对应表

长期信用评级	AAA 到 AA－	A＋到 A－	BBB＋到 BBB－	BB＋到 BB－	B＋及 B＋以下或者未评级
资产证券化风险暴露	15%	35%	70%	220%	800%
再资产证券化风险暴露	30%	70%	150%	420%	800%

注：长期评级在 BB＋（含 BB＋）到 BB－（含 BB－）之间的，发起机构不适用表中的220% 或 420% 风险权重，而适用 800% 的风险权重。

表 2　短期信用评级与风险权重对应表

短期信用评级	A－1/P－1	A－2/P－2	A－3/P－3	其他评级或者未评级
资产证券化风险暴露	15%	35%	70%	800%
再资产证券化风险暴露	30%	70%	150%	800%

（二）资产公司应当区分以下情形，为无信用评级或者信用评级未被资产公司认可作为风险权重依据的资产证券化风险暴露和再资产证券化风险暴露（以下简称未评级的资产证券化风险暴露）计提监管资本。

1. 对于最高档次的资产证券化风险暴露和再资产证券化风险暴露，如果资产公司能够确定资产池的平均风险权重，则可以按照资产池的平均风险权重确定资产证券化风险暴露的风险权重。

2. 对于没有合格外部评级且符合本部分（三）规定的合格流动性便利，按照资产池中单个风险暴露的最高风险权重确定风险权重。

3. 其他未评级的资产证券化风险暴露按照 800% 的风险权重计算风险加权资产。

（三）在满足以下条件的情况下，资产公司提供的流动性便利为合格流动性便利：

1. 流动性便利的合同文件明确限定使用流动性便利的情形。流动性便利的金额应当低于基础资产和信用增级所能清偿的全部金额。流动性便利不能用于抵补在其使用之前资产池中产生的任何损失。

2. 对流动性便利的使用应当具有不确定性。流动性便利不能用于永久性或者常规性地对资产证券化投资机构提供资金。

3. 对流动性便利应当进行资产质量测试,防止其被用于抵补因违约已经产生的信用风险暴露的损失。如果流动性便利用于支持具有外部评级的资产证券化风险暴露,则该项流动性便利只能用于支持外部评级为投资级以上的资产证券化风险暴露。

4. 流动性便利不得在所有的信用增级使用完毕之后动用。

5. 对流动性便利的偿付不能位于资产证券化交易投资机构之后,也不能延期或者免除债务。

(四)在满足以下条件的情况下,贷款服务机构现金透支便利为合格贷款服务机构现金透支便利:

1. 贷款服务机构有权得到全额偿付。

2. 该现金透支便利具有最高受偿顺序,优先于其他所有对基础资产的求偿权。

(五)表外资产证券化风险暴露按照如下方式确定信用转换系数:

1. 对于按照外部评级确定风险权重的流动性便利,运用100%的信用转换系数。

2. 对于不按照外部信用评级确定风险权重的合格流动性便利,若原始期限不超过1年,则运用20%的信用转换系数;若原始期限大于1年,则运用50%的信用转换系数。

3. 对于合格贷款服务机构现金透支便利,按照本附件关于合格流动性便利的有关规定计算监管资本要求。如果合格贷款服务机构现金透支便利可以在无需事先通知的情况下无条件取消,则可以运用0%的信用转换系数。

4. 对于其他的表外资产证券化风险暴露,运用100%的信用转换系数。

(六)采用资产证券化标准法的资产公司在计量具有信用风险缓释工具的资产证券化风险暴露的监管资本时,能够认可的合格风险缓释工具仅限于本办法附件1所规定的合格抵质押品及保证。

(七)采用资产证券化标准法的资产公司在计量由合格抵质押品提供信用风险缓释的资产证券化风险暴露的监管资本时,应当按照表内信用风险加权资产计量和风险权重的相关规定确认风险缓释工具的信用风险缓释作用，计算出该资产证券化风险暴露的风险加权资产。

（八）由合格保证人对资产证券化风险暴露提供具有风险缓释作用的信用保护的，该资产证券化风险暴露持有机构可以对具有信用保护的资产证券化风险暴露部分按照对保证人的直接债权计量监管资本要求。

（九）信用风险缓释工具仅覆盖部分资产证券化风险暴露的，对于所覆盖部分，资产公司应当按照本附件的有关规定计量考虑信用风险缓释作用后的监管资本要求；对于未覆盖部分，则应按照不存在信用风险缓释工具的情形计量监管资本要求。

信用风险缓释工具仅覆盖部分资产证券化风险暴露，并且资产证券化风险暴露具有不同档次的，若无明确约定，应当视为该信用风险缓释工具按照从高级到低级的顺序依次为各档次的资产证券化风险暴露提供信用保护。

（十）若信用风险缓释工具的期限比当前风险暴露的期限短，则不具有信用风险缓释作用。

（十一）作为非发起机构的资产公司为资产证券化风险暴露提供信用保护的，应当视同于该资产证券化风险暴露的投资机构来计量监管资本要求。

（十二）除了本部分（十三）规定的例外情形，当资产证券化交易同时具有下列提前摊还情形时，发起机构应当为部分或者全部投资者权益计提资本：

1. 在该资产证券化交易中有提前摊还条款的相关安排。

2. 基础资产具有循环特征，包括允许借款人在信用额度内在事先约定的限额内变动提款额与还款额而形成的资产。

当基础资产同时包含循环信贷和定期贷款时，发起机构应当对基础资产中的循环信贷风险暴露部分按照本部分（十四）的相关规定计提监管资本。

发起机构为投资者权益计提的监管资本要求不得大于以下两项的最大值：(1)剩余的资产证券化风险暴露的监管资本要求，(2)基础资产证券化之前的监管资本要求。

（十三）如有下列任何一项情形，发起机构都无需为证券化交易的提前摊还计提资本：

1. 在补充型证券化交易结构中，所补充的基础资产不具有循环特征，而且在提前摊还发生之后，发起机构不能再增加资产池中的基础资产。

2. 证券化交易的基础资产池虽然具有循环特征，但证券化交易的提前摊还安排导致其具有定期债权性质，使发起机构无需承担基础资产的风险。

3. 即使发生提前摊还，资产支持证券投资机构仍然完全承担循环额度债务人未来动用资金额度的风险。

4. 提前摊还的触发机制与证券化交易的基础资产或发起机构无关。

（十四）发起机构为投资者权益计提的资本为以下三项的乘积：

1. 投资者权益。

2. 相关信用转换系数。

3. 基础资产证券化之前的平均风险权重。

投资者权益等于投资机构在证券化基础资产已提取本金余额和未提取本金余额的等价信用金额中所占的数额。在确定未提取本金余额的等价信用金额时，证券化基础资产的未提取本金余额应当根据发起机构与投资机构在已提取本金余额中的份额进行分配。

信用转换系数按照下列两项条件确定：提前摊还是控制型结构还是非控制型结构，基础资产为非承诺零售信用额度还是其他信用额度。

（十五）对于具有控制型提前摊还安排的资产证券化交易，发起机构应当根据表3确定信用转换系数：

1. 对于承诺型信用额度，适用90%的信用转换系数。

2. 对于非承诺的非零售信用额度，适用90%的信用转换系数。

3. 对于非承诺的零售信用额度，按照表3中资产证券化交易的“三个月平均超额利差”与“超额利差锁定点”的比值确定信用转换系数。若该证券化交易未设定锁定超额利差，则超额利差锁定点为4.5%。

表3　具有控制型提前摊还安排的资产证券化交易的信用转换系数表

	非承诺型		承诺型
零售信用额度	三个月平均超额利差/超额利差锁定点(R)		90%信用转换系数
	R > =133.33%	0%信用转换系数	
	100% = < R < 133.33%	1%信用转换系数	
	75% = < R < 100%	2%信用转换系数	
	50% = < R < 75%	10%信用转换系数	
	25% = < R < 50%	20%信用转换系数	
	R < 25%	40%信用转换系数	
非零售信用额度	90%信用转换系数		90%信用转换系数

（十六）对于具有非控制型提前摊还安排的资产证券化交易，发起机构应当按照表4确定信用转换系数：

1. 对于承诺型信用额度，适用100%的信用转换系数。

2. 对于非承诺的非零售信用额度，适用100%的信用转换系数。

3. 对于非承诺的零售信用额度，按照表4中资产证券化交易的“三个月平均超额利差”与“超额利差锁定点”的比值确定信用转换系数。若该证券化交易未设定锁定超额利差，则超额利差锁定点为4.5%。

表4　具有非控制型提前摊还安排的资产证券化交易的信用转换系数表

	非承诺型		承诺型
零售信用额度	三个月平均超额利差/超额利差锁定点(R)		100%信用转换系数
	R > =133.33%	0%信用转换系数	
	100% = < R < 133.33%	5%信用转换系数	
	75% = < R < 100%	15%信用转换系数	
	50% = < R < 75%	50%信用转换系数	
	R < 50%	100%信用转换系数	
非零售信用额度	100%信用转换系数		100%信用转换系数

四、外部评级使用规范

使用外部信用评级结果计量资产证券化风险暴露资本要求时,除满足《商业银行资本管理办法(试行)》附件 17 的外部评级使用规范外,还应满足下列操作标准:

(一)为有效计算风险权重,外部信用评级必须要全额考虑和反映债权的信用风险。如果资产公司的债权既包括本金又包括利息,那么评级就必须要考虑和反映与本金和利息及时偿还相关的信用风险。

(二)外部信用评级必须由经过国务院银行业监督管理机构认可的合格外部评级机构做出。合格的信用评级、流程、方法、假设和评级用关键要素应无选择地公之于众,并且完全免费。即信用评级必须以公众可以获取的方式发布,并且包括在外部评级机构的评级迁徙矩阵中。此外,损失和现金流分析,以及评级结果对主要评级假设变化的敏感性也应公开。仅对交易相关方提供信用评级是不能满足该要求的。

(三)合格的外部评级机构必须以市场接受程度高等来证明其在资产证券化方面具有专长。

(四)资产公司在使用合格外部信用评级机构的外部信用评级时,对于同一类型的资产证券化风险暴露应当保持连续性和一致性。针对同一资产证券化结构的所有档次,资产公司应使用同一家合格外部信用评级机构的外部信用评级结果。

(五)当信用风险缓释直接提供给特别目的机构时,如提供者当前外部信用评级在 BBB-(含)以上,且在提供信用风险缓释时外部信用评级在 A-(含)以上,并且该风险缓释反映在资产证券化风险暴露的外部信用评级中,则应使用与该外部信用评级相对应的风险权重。为避免重复计算,对于信用风险缓释不需持有额外资本。若信用风险缓释的提供者不满足以上要求,则该资产证券化风险暴露应作为未评级处理。

(六)如果特别目的机构未能得到信用风险缓释,而是在某个给定结构(如资产支持证券档次)中的特定资产证券化风险暴露中使用,资产公司应按照未评级来处理这些风险暴露,然后使用规定的信用风险缓释处理方法来确认相关风险的防范方式。

(七)同一资产证券化风险暴露具有两个不同的评级结果时,资产公司应当运用所对应的较高风险权重。同一资产证券化风险暴露具有三个或者三个以上的评级结果时,资产公司应从所对应的两个较低的风险权重中选用较高的风险权重。

五、名词解释

“传统型资产证券化”是指基础资产的信用风险通过资产转让、信托等方式全部或部分转移给投资者,基础资产的现金流用以支付至少两个不同信用风险档次的证券的资产证券化交易。

“合成型资产证券化”是指基础资产的信用风险通过信用衍生工具或者保证全部或部分转移给投资者的资产证券化交易。该交易结构中至少具有两个不同信用风险档次的证券。信用衍生工具包括资金来源预置型和资金来源非预置型两种类型。

“资金来源预置型信用衍生工具”是指在发生信用违约事件时,信用保护购买机构对于因获得信用保护而有权获取的资金或者资产,可以自行通过扣押、处置、转让等方式进行处理而获得赔偿。信用保护购买机构持有用于信用保护的抵质押资产或发行信用连接票据属于此种情形。

“资金来源非预置型信用衍生工具”是指在发生信用违约事件时,信用保护购买机构只能依赖信用保护提供机构履行承诺而获得赔偿。保证和信用违约互换属于此种情形。

“流动性便利”是指在基础资产的实际本息收取与资产支持证券的正常本息偿付暂时不匹配的情况下,由资产公司提供的一种短期融资,以确保投资者能按时、足额收取资产支持证券的本金和利息。

“分档次抵补”是指对于某一风险暴露,资产公司同信用保护提供方转移一部分风险,同时保留一部分风险,而转移部分和保留部分处于不同优先档次的情形。在这种情况下,资产公司所获得的信用保护既可以是针对较高档次的,也可以是针对较低档次的。

“现金抵押账户”是指资产证券化交易中的一种内部信用增级方式。现金抵押账户资金由发起机构提供或者来源于其他金融机构的贷款,用于弥补资产证券化业务活动中可能产生的损失。

“利差账户”是指资产证券化交易中的一种内部信用增级方式。利差账户资金来源于资产利息收入和其他证券化交易收入减去资产支持证券利息支出和其他证券化交易费用之后所形成的超额利差,用于弥补资产证券化业务活动中可能产生的损失。

"销售利得"是指资产公司作为发起机构在资产支持证券发行过程中取得溢价收入而导致的所有者权益的增加额。

"第一损失责任"是指资产证券化交易参与机构最先承担的资产池损失责任,为该参与机构向资产证券化交易其他参与机构所提供的首要财务支持或者风险保护。

"清仓回购"是指在资产池资产或者资产支持证券全部偿还之前,发起机构赎回资产证券化风险暴露的一种选择权。对于传统型资产证券化交易,清仓回购的通常做法是在资产池或者资产支持证券余额降至一定的水平之后,由发起机构赎回剩余的资产证券化风险暴露;对于合成型资产证券化交易,清仓回购通常是指提前终止信用保护。

"再资产证券化"是指至少一项基础资产符合正文关于资产证券化风险暴露定义并具有分层结构的资产证券化风险暴露。对一个或多个再资产证券化的风险暴露属于再资产证券化。

"服务机构现金透支便利"是指由贷款服务机构提供的一种短期垫款或者融资,包括但不限于垫付清收费用、抵押品相关费用以按时收回基础资产的本金和利息,从而使投资者能按时、足额收取资产支持证券的本金和利息。

"提前摊还"是指在资产证券化相关法律文件中事先规定的机制被触发时,投资机构将在事先规定的资产支持证券到期日之前得到偿还。

"控制型提前摊还"是指满足如下条件的提前摊还安排:

发起机构具有恰当的资本或者流动性方案,以确保其在发生提前摊还时有足够的资本和流动性资金。

在包括提前摊还期在内的证券化交易存续期内,发起机构与投资机构按照每月月初在证券化基础资产未偿余额中的相对份额所确定的同一比例,分摊利息、本金、费用、损失与回收金额。

发起机构所设定的提前摊还期应当足以使基础资产至少90%的未偿债务在提前摊还结束时已经被偿还或者认定为违约。

在提前摊还期内,偿还投资机构的速度不得快于直线摊销法下的还款速度。

不满足上述条件的提前摊还安排为“非控制型提前摊还”。

“非承诺信用额度”是指无需事先通知,即可无条件随时撤销的信用额度。

附件3

市场风险标准法计量规则

一、账簿划分

(一)资产公司应制定清晰的交易账簿和非交易账簿划分标准,明确纳入交易账簿的金融工具和商品头寸以及在交易账簿和非交易账簿间划转的条件,确保执行的一致性。

(二)市场风险资本计量应覆盖资产公司交易账簿中的利率风险和股票风险,以及全部汇率风险和商品风险。

(三)交易账簿包括为交易目的或对冲交易账簿其他项目的风险而持有的金融工具和商品头寸。为交易目的而持有的头寸是指短期内有目的地持有以便出售,或从实际或预期的短期价格波动中获利,或锁定套利的头寸,包括自营业务、做市业务和为执行客户买卖委托的代客业务而持有的头寸。交易账簿中的金融工具和商品头寸原则上还应满足以下条件:

1. 在交易方面不受任何限制,可以随时平盘。

2. 能够完全对冲以规避风险。

3. 能够准确估值。

4. 能够进行积极的管理。

二、利率风险

利率风险包括交易账簿中的债券(固定利率和浮动利率债券、央行票据、可转让存单、不可转换优先股及按照债券交易规则进行交易的可转换债券)、利率及债券衍生工具头寸的风险。利率风险的资本要求包括特定市场风险和一般市场风险的资本要求两部分。

(一)特定市场风险

表1 特定市场风险计提比率对应表

类别	发行主体外部评级	特定市场风险资本计提比率
政府证券	AA - 以上(含 AA -)	0%
	A + 至 BBB - (含 BBB -)	0.4%(剩余期限不超过 6 个月)
		1.6%(剩余期限为 6 至 24 个月)
		2.5%(剩余期限为 24 个月以上)
	BB + 至 B - (含 B -)	12.5%
	B - 以下	18.75%
	未评级	12.5%
合格证券	BB + 以上 (不含 BB +)	0.4%(剩余期限不超过 6 个月)
		1.6%(剩余期限为 6 至 24 个月)
		2.5%(剩余期限为 24 个月以上)
其他	外部评级为 BB + 以下(含 BB +)的证券以及未评级证券的资本计提比率为证券主体所适用的信用风险权重除以 8,风险权重参见本办法附件 1。	

1. 政府证券包含各国中央政府和中央银行发行的各类债券和短期融资工具。

我国中央政府、中国人民银行及政策性银行发行的债券的资本计提比率均为 0% 。

2. 合格证券包括:

(1)多边开发银行、国际清算银行和国际货币基金组织发行的债券。

(2)我国公共部门实体和商业银行发行的债券。

(3)被至少两家合格外部评级机构评为投资级别(BB + 以上)的发行主体发行的债券。

3. 对于其他发行主体发行的债券,其资本计提比率为证券发行主体所对应的信用风险权重除以 8,具体风险权重根据本办法附件 1 确定。

资产证券化风险暴露的风险权重根据本办法附件2确定。

（二）一般市场风险

1.一般市场风险的资本要求包含以下三部分：

（1）每时段内加权多头和空头头寸可相互对冲的部分所对应的垂直资本要求。

（2）不同时段间加权多头和空头头寸可相互对冲的部分所对应的横向资本要求。

（3）整个交易账簿的加权净多头或净空头头寸所对应的资本要求。

2.资产公司可以采用到期日法或久期法计算利率风险的一般市场风险资本要求。

3.资产公司采用到期日法计算一般市场风险资本要求，应先对各头寸划分时区和时段，时段的划分和匹配的风险权重见表2，时区的划分和匹配的风险权重见表3。到期日法具体计算步骤如下：

（1）各时段的头寸乘以相应的风险权重计算各时段的加权头寸。

（2）各时段的加权多头、空头头寸可相互对冲的部分乘以10%得出垂直资本要求。

（3）各时段的加权多头头寸和加权空头头寸进行抵消得出各个时段的加权头寸净额；将在各时区内各时段的加权头寸净额之间的可相互对冲的部分乘以表3所列的同一区内的权重得出各个时区内的横向资本要求。

（4）各时区内各时段的加权头寸净额进行抵消，得出各时区加权头寸净额；每两个时区加权头寸净额之间可相互对冲的部分乘以表3所列的相邻区内以及1区和3区之间的权重得出时区间的横向资本要求。

（5）各时区加权头寸净额进行抵消，得出整个交易账簿的加权净多头或净空头头寸所对应的资本要求。

表2 时段和权重

票面利率不小于3%	票面利率小于3%	风险权重	假定收益率变化
不长于1个月	不长于1个月	0.00%	1.00
1至3个月	1至3个月	0.20%	1.00
3至6个月	3至6个月	0.40%	1.00
6至12个月	6至12个月	0.70%	1.00
1至2年	1.0至1.9年	1.25%	0.90
2至3年	1.9至2.8年	1.75%	0.80
3至4年	2.8至3.6年	2.25%	0.75
4至5年	3.6至4.3年	2.75%	0.75
5至7年	4.3至5.7年	3.25%	0.70
7至10年	5.7至7.3年	3.75%	0.65
10至15年	7.3至9.3年	4.50%	0.60
15至20年	9.3至10.6年	5.25%	0.60
20年以上	10.6至12年	6.00%	0.60
	12至20年	8.00%	0.60
	20年以上	12.50%	0.60

表3 时区和权重

<table>
<tr><th>时区</th><th>时段</th><th>同一区内</th><th>相邻区之间</th><th>1区和3区之间</th></tr>
<tr><td rowspan="4">1区</td><td>0－1个月</td><td rowspan="4">40%</td><td rowspan="13">40%</td><td rowspan="13">100%</td></tr>
<tr><td>1至3个月</td></tr>
<tr><td>3至6个月</td></tr>
<tr><td>6至12个月</td></tr>
<tr><td rowspan="3">2区</td><td>1至2年</td><td rowspan="3">30%</td></tr>
<tr><td>2至3年</td></tr>
<tr><td>3至4年</td></tr>
<tr><td rowspan="6">3区</td><td>4至5年</td><td rowspan="6">30%</td></tr>
<tr><td>5到7年</td></tr>
<tr><td>7至10年</td></tr>
<tr><td>10至15年</td></tr>
<tr><td>15至20年</td></tr>
<tr><td>20年以上</td></tr>
</table>

4. 经国务院银行业监督管理机构核准,资产公司可以使用久期法计量一般市场风险资本要求。一旦选择使用久期法,应持续使用该方法,如变更方法需经国务院银行业监督管理机构认可。久期法具体计算步骤如下:

(1)在表4中找出每笔头寸期限对应的收益率变化,逐笔计算该收益率变化下的价格敏感性。

(2)将价格敏感性对应到表4的15级久期时段中。

(3)每个时段中的多头和空头头寸分别计提5%的垂直资本要求,以覆盖基差风险。

(4)按照到期日法的要求,计算横向资本要求。

(5)按照到期日法的规定,将各区加权头寸净额进行抵消,得出整个交易账簿的加权净多头或净空头所对应的资本要求。

表4　久期法计算表

	假定收益率变化		假定收益率变化
1区		3区	
0-1月	1.00	3.6-4.3年	0.75
1-3月	1.00	4.3-5.7年	0.7
3-6月	1.00	5.7-7.3年	0.65
6-12月	1.00	7.3-9.3年	0.6
		9.3-10.6年	0.6
2区		10.6-12年	0.6
1-1.9年	0.90	12-20年	0.6
1.9-2.8年	0.80	20年以上	0.6
2.8-3.6年	0.75		

(三)利率及债券衍生工具

1. 利率衍生工具包括受利率变化影响的衍生金融工具,如:利率期货、远期利率协议、利率互换及交叉货币互换合约、利率期权及远期外汇头寸。

债券衍生工具包括债券的远期、期货和债券期权。

2. 衍生工具应转换为基础工具,并按基础工具的特定市场风险和一般市场风险的方法计算资本要求。利率和货币互换、远期利率协议、远期外汇合约、利率期货及利率指数期货不必计算特定市场风险的资本要求;如果期货合约的基础工具是债券或代表债券组合的指数,则应根据发行主体的信用风险计算特定市场风险资本要求。

三、股票风险

股票风险是指交易账簿中股票及股票衍生金融工具头寸的风险。其中股票是指按照股票交易规则进行交易的所有金融工具,包括普通股(不考虑是否具有投票权)、可转换债券和买卖股票的承诺。

(一)特定市场风险和一般市场风险

特定市场风险的资本要求等于各不同市场中各类股票多头头寸绝对值及空头头寸绝对值之和乘以12.5%后所得各项数值之和。一般市场风险对应的资本要求,等于各不同市场中各类多头及空头头寸抵消后股票净头寸的绝对值乘以12.5%后所得各项数值之和。

(二)股票衍生工具

股票衍生工具包括股票和股票指数的远期、期货及互换合约。

衍生工具应转换为基础工具,并按基础工具的特定市场风险和一般市场风险的方法计算资本要求。

四、外汇风险

外汇风险是指外汇(包括黄金)及外汇衍生金融工具头寸的风险。

(一)结构性外汇风险暴露

结构性外汇风险暴露是指结构性资产或负债形成的非交易性的外汇风险暴露。结构性资产或负债指经营上难以避免的策略性外币资产或负债,可包括:

1. 经扣除折旧后的固定资产和物业。

2. 与记账本位币所属货币不同的资本(营运资金)和法定储备。

3. 对海外附属机构和关联公司的投资。

4. 为维持资本充足率稳定而持有的头寸。

(二)外汇风险的资本要求

外汇风险的资本要求等于净风险暴露头寸总额乘以12.5%。

净风险暴露头寸总额等于以下两项之和：

1. 外币资产组合（不包括黄金）的净多头头寸之和（净头寸为多头的所有币种的净头寸之和）与净空头头寸之和（净头寸为空头的所有币种的净头寸之和的绝对值）中的较大者。

2. 黄金的净头寸。

（三）外汇衍生工具

外汇衍生工具应转换为基础工具，并按基础工具的方法计算市场风险资本要求。

五、商品风险

适用于商品、商品远期、商品期货、商品互换。

此处的商品是指可以在二级市场买卖的实物产品，如：贵金属（不包括黄金）、农产品和矿物（包括石油）等。

（一）商品风险对应的资本要求等于以下两项之和：

1. 各项商品净头寸的绝对值之和乘以20%。

2. 各项商品总头寸（多头头寸加上空头头寸的绝对值）之和乘以4%。

（二）商品衍生工具应转换为名义商品，并按上述方法计算资本要求。

六、期权风险

（一）仅购买期权的资产公司可以使用简易的计算方法。

1. 资产公司如持有现货多头和看跌期权多头，或持有现货空头和看涨期权多头，资本要求等于期权合约对应的基础工具的市场价值乘以特定市场风险和一般市场风险资本要求比率之和，再减去期权溢价。资本要求最低为零。

2. 资产公司如持有看涨期权多头或看跌期权多头，资本要求等于基础工具的市场价值乘以该基础工具的特定市场风险和一般市场风险资本要求比率之和与期权的市场价值两者中的较小者。

（二）同时卖出期权的资产公司应使用得尔塔+（Delta-plus）方法。

得尔塔+方法计算的资本要求由以下三部分组成：

1. 期权基础工具的市值乘以该期权的得尔塔值得到得尔塔加权期权头寸，然后将得尔塔加权头寸加入基础工具的头寸中计算资本要求。

2. 伽马（Gamma）风险的资本要求。

伽马效应值 $=0.5\times \text{Gamma}\times(\text{VU})^2$

VU 为期权基础工具的变动。

其中：

（1）对于利率期权，当基础工具为债券时：VU = 基础工具市值 × 表 1 中相应时段的风险权重。

（2）当基础工具为利率时：VU = 基础工具市值 × 表 1 中相应时段的假定收益率变化。

（3）当基础工具为股票、股指、外汇与黄金时：VU = 基础工具市值 ×8% 。

（4）当基础工具为商品时：VU = 基础工具市值 ×15% 。

同一基础工具每项期权对应的伽马效应值相加得出每一基础工具的净伽马效应值。仅当基础工具的净伽马效应值为负值时，才须计算相应的资本要求，且资本要求总额等于这些净伽马效应值之和的绝对值。

3. 维加（vega）风险的资本要求。

基础工具维加风险的资本要求 = 25% × 该基础工具波动率 × |该基础工具的各项期权的维加值之和|

维加风险的资本要求总额，等于各项基础工具维加风险的资本要求之和。

七、交易账簿信用衍生产品

资产公司应将交易账簿信用衍生产品转换为相关信用参考实体的本金头寸，并使用其当前市值计算利率风险的市场风险资本要求。

表 5 交易账簿信用衍生产品转换规则

		多头/信用保护卖方	空头/信用保护买方
信用违约互换	一般市场风险	如有任何费用或利息的支付，则视为持有无特定市场风险债券多头	如有任何费用或利息的支付，则视为卖出无特定市场风险债券空头
	特定市场风险	视为持有信用参考实体多头，如为合格证券的情况，则视为持有互换风险暴露	视为持有信用参考实体空头，如为合格证券的情况，则视为卖出互换空头

续表

		多头/信用保护卖方	空头/信用保护买方
总收益互换	一般市场风险	如有任何费用或利息的支付,则视为持有信用参考实体多头,及卖出无特定市场风险债券空头	如有任何费用或利息的支付,则视为卖出信用参考实体,及持有无特定市场风险债券多头
	特定市场风险	视为持有信用参考实体多头	视为卖出信用参考实体空头
信用联系票据	一般市场风险	视为持有票据发行方多头	视为卖出票据发行方空头
	特定市场风险	视为持有票据发行方以及信用参考实体多头,如为合格证券的情况,则视为持有票据发行方多头	视为卖出信用参考实体空头,如为合格证券的情况,则视为卖出票据发行方空头
首次违约信用互换	一般市场风险	如有任何费用或利息的支付,则视为持有无特定市场风险债券多头	如有任何费用或利息的支付,则视为卖出无特定市场风险债券空头
	特定市场风险	视为持有所有参考实体多头,特定市场风险资本要求以可能的最大支出作为上限,如为合格证券的情况,则视为持有信用衍生品多头	视为卖出特定市场风险资本要求最高的参考实体空头(针对风险暴露),或视为卖出特定市场风险资本要求最低的信用参考实体空头(针对对冲头寸)
第二次违约信用互换	一般市场风险	如有任何费用或利息的支付,则视为持有无特定市场风险债券多头	如有任何费用或利息的支付,则视为卖出无特定市场风险债券空头
	特定市场风险	视为持有所有参考实体多头,但不包括特定市场风险资本要求最低的信用参考实体多头,特定市场风险资本要求以可能的最大支出作为上限,如为合格证券的情况,则视为持有信用衍生品多头	视为卖出特定市场风险资本要求最高的参考实体空头(针对风险暴露),当存在首次违约保护的情况下,视为卖出第二个特定市场风险资本要求最低的信用参考实体空头,或当特定市场风险资本要求最低的信用参考实体已发生违约的情况下,视为卖出信用参考实体空头(针对对冲头寸)

附件 4

操作风险基本指标法计量规则

基本指标法总收入定义

总收入为不良资产经营及处置净收入、手续费及佣金净收入、投资收益、利息净收入以及其他收入之和。总收入构成说明见表 1。

表 1　总收入构成说明

序号	项目	内容
1	不良资产经营及处置净收入	不良资产经营及处置收益减去经营及处置损失后的净额，包括因处置不良资产获取的价差收益或损失，因重组不良资产所获取的收益或损失，以及以公允价值计量的不良资产的公允价值变动损益
2	手续费及佣金净收入	手续费及佣金收入 - 手续费及佣金支出
3	投资收益	以各种方式对外投资取得的收益，包括债券及股票投资收益、股权投资分红等
4	利息净收入	金融机构往来利息收入及其他利息收入等 - 金融机构往来利息支出及其他借入资金利息支出等
5	其他收入	除以上各项外的其他业务所取得的收入
6	总收入	1 +2 +3 +4 +5

中国银监会、国土资源部关于金融资产管理公司等机构业务经营中不动产抵押权登记若干问题的通知

（银监发〔2017〕20 号　2017 年 5 月 15 日公布施行）

各银监局，各省、自治区、直辖市国土资源主管部门，新疆生产建设兵团国土资源局，各政策性银行、大型银行、股份制银行，邮储银行，外资银行，金融资产管理公司：

为贯彻落实党中央、国务院关于“三去一降一补”工作的决策部署，进一步发挥好金融资产管理公司服务实体经济发展、防范和化解金融风险的重要作用，根据《中华人民共和国物权法》①《中华人民共和国担保法》②《中华人民共和国城市房地产管理法》《不动产登记暂行条例》等法律法规，现就金融资产管理公司等机构经营活动中涉及不动产抵押权登记的有关问题通知如下：

一、金融资产管理公司是经国家有关部门依法批准设立的非银行金融机构。金融资产管理公司及其分支机构（以下统称金融资产管理公司）在法定经营范围内开展经营活动，需要以不动产抵押担保方式保障其债权实现的，可依法申请办理不动产抵押权登记。

二、金融资产管理公司收购不良资产后重组的，与债务人等交易相关方签订的债务重组协议、还款协议或其他反映双方债权债务内容的合同，可作为申请办理不动产抵押权登记的主债权合同。金融资产管理公司收购不良资产涉及大量办理不动产抵押权转移登记或者变更登记的，不动产登记机构要积极探索批量办理的途径和方法，切实做到依法规范、高效便利，为金融资产管理公司健康发展提供有力保障。

三、金融资产管理公司收购不良资产后重组的，需要以在建建筑物、房屋、土地使用权抵押担保其债权实现的，不动产登记机构应根据当事人的申请依法予以登记。

四、金融资产管理公司、银行等经依法批准设立的金融机构与抵押人持不动产权属证书、主债权合同和抵押合同等必要材料，可以直接向不动产登记机构申请不动产抵押权登记，不动产登记机构应当依法受理、及时办理，不得要求金融资产管理公司、银行或者抵押人提供没有法律法规依据的确认单、告知书等材料，不得将没有法律法规依据的审核、备案等手续作为不动产登记的前置条件或纳入不动产登记流程。

五、各省、自治区、直辖市人民政府（含计划单列市人民政府）按照

① 已废止。
② 已废止。

规定设立或授权,并经中国银监会公布的地方资产管理公司,在从事金融企业不良资产批量转让、收购和处置业务活动中需办理抵押权登记的,参照本通知执行。

中国银监会、财政部、中国人民银行、中国证监会、中国保监会关于印发《金融资产管理公司监管办法》的通知

(银监发〔2014〕41号　2014年8月14日公布
自2015年1月1日起施行)

各银监局;财政部驻各省、自治区、直辖市、计划单列市财政监察专员办事处;中国人民银行上海总部,各分行、营业管理部,各省会(首府)城市中心支行、副省级城市中心支行;各证监局;各保监局;各金融资产管理公司:

为加强对商业化转型后的金融资产管理公司的监管,规范其经营行为,根据国家有关法律法规,银监会、财政部、人民银行、证监会、保监会联合制定了《金融资产管理公司监管办法》。现予印发,请遵照执行。

金融资产管理公司监管办法

第一章　总　　则

第一条　为适应金融资产管理公司集团化、多元化发展的监管需要,规范其经营行为,根据《中华人民共和国银行业监督管理法》、《金融资产管理公司条例》等法律、法规,制定本办法。

第二条　本办法适用于金融资产管理公司(以下简称"资产公司")及其附属法人机构等组成的集团的监管。

本办法所称集团是指资产公司、附属法人机构以及特殊目的实体

等其他附属经济组织组成的集团。

本办法所称集团母公司是指资产公司总部及分支机构。

本办法所称附属法人机构(不包括政策性债转股企业)是指由资产公司控制的境内外子公司以及其他被投资机构。“控制”概念按照财政部《企业会计准则第33号——合并财务报表》有关标准界定。

当被投资机构不为资产公司所控制,但符合下列情况的应当纳入集团范围监管:被投资机构总体风险足以对集团的财务状况及风险水平造成重大影响;被投资机构合规风险、声誉风险足以对集团声誉造成重大影响。

本办法所称集团层面监管是指对集团母公司的审慎监管以及通过集团母公司对集团内未受监管实体的间接监管。集团未受监管实体是指不直接受到金融分业监管机构审慎监管的附属法人机构以及特殊目的实体等其他附属经济组织。

本办法所称集团范围监管是指通过金融分业监管机构(及其他行业监管机构)之间的协调合作,对集团实施的全面审慎监管。

第三条　根据国家有关法律和国务院的授权,中国银行业监督管理委员会(以下简称银监会)依法监督管理集团母公司和实施集团并表监管,并负责集团层面监管。集团附属法人机构根据法律规定接受相关监管机构或部门的监管。

银监会与财政部、中国人民银行、中国证券监督管理委员会(以下简称证监会)、中国保险监督管理委员会(以下简称保监会)等监管机构和主管部门加强监管合作和信息共享,协调实现集团范围的全面、有效监管。

第四条　银监会建立风险为本的审慎监管框架,并定期评估、及时更新,以确保对资产公司集团监管的有效性。

集团审慎监管侧重于同集团经营相关联的特有风险,包括但不限于:多重杠杆、风险传染、风险集中、利益冲突、内部交易及风险敞口等。

集团审慎监管框架的基本要素包括但不限于:公司治理、风险管控、内部交易、资本充足性、财务稳健性、信息资源管理和信息披露等。

第二章　公司治理

第一节　公司治理框架

第五条　集团应建立全面的公司治理框架。集团母公司及各附属法人机构应当遵循独立运作、有效制衡、相互合作、协调运转的原则，建立合理的治理制衡机制和治理运行机制，确保集团有效履行审慎、合规的义务，治理框架应关注的内容包括但不限于：

（一）集团架构的一致性；

（二）集团组织和管理结构的适当性；

（三）集团重要股东的财务稳健性；

（四）集团母公司董事、高级管理人员和集团风险管理、内部控制等重要部门的主要负责人在集团管理中的适当性；

（五）对集团内部利益冲突的管理；

（六）集团内部控制、风险管理体系、内部审计及合规职能。

第六条　集团母公司应当参照《商业银行公司治理指引》等有关规定，建立健全公司治理机制，满足集团运营的组织、业务和风险管理需要。

集团母公司应规范指导附属法人机构建立和完善与其业务性质、规模相匹配的公司治理机制，并在符合《公司法》等相关法律、法规以及附属法人机构公司章程的前提下，确保附属法人机构的公司治理机制服从集团整体的治理要求。

第七条　集团母公司董事会应对集团管理承担最终责任。董事会下设专业委员会，向董事会提供专业意见或根据董事会授权就专业事项进行决策，包括但不限于：

（一）战略委员会负责制定集团整体发展战略，制定集团战略应当听取主要附属法人机构董事会或类似机构的意见；

（二）审计委员会负责检查集团内部控制及合规情况，评估集团合并财务报告信息的真实性、准确性、完整性和及时性；

（三）风险管理委员会负责督促和指导高级管理层建立集团整体的风险偏好以及有效、适当的内部控制体系和风险隔离机制，风险隔离的具体内容参照《商业银行并表管理及监管指引》执行；

（四）关联交易委员会负责集团关联交易的管理、审查和批准，识别和控制内部关联性引起的合规和风险问题；

（五）薪酬委员会应负责审议集团激励约束制度和政策。

第八条　集团母公司监事会应当履行对集团管理的监督职责，包括但不限于：

（一）监督集团整体发展战略的制定及实施；

（二）监督集团合并财务报告的制定，以及财务报告信息的真实性、准确性、完整性和及时性；

（三）监督集团整体风险、内部控制体系和风险隔离机制；

（四）监督集团关联交易和内部交易的管理、审查、批准及合规情况；

（五）监督集团激励约束机制的建立和实施情况。

第九条　集团母公司高级管理层执行董事会对集团管理的决策，包括但不限于：执行董事会关于集团管理的战略方针和重大决策；制定集团管理制度，对集团的人力资源、财务会计、信息系统、品牌文化等实施有效管理，确保集团管理各项决策的有效实施；确保集团的监管、合规以及审计问题得到及时解决，并落实监事会对集团监督的意见和建议。

第十条　集团公司治理框架应当能够恰当地平衡集团母公司与附属法人机构，以及各附属法人机构之间的利益冲突。集团母公司负责制定能识别和管理集团内部利益冲突的政策和程序。利益冲突来源包括但不限于集团内部交易及定价，母公司和附属法人机构之间的资产转移、利润转移、风险转移等。

第二节　集团组织架构

第十一条　集团应当根据相关法律规定，设定其职能、业务条线和区域组织结构，确保整体的组织架构有助于集团稳健经营，且不影响监管机构对其实施有效监管。

第十二条　集团应当建立健全与业务策略和风险状况相符合的管理架构，明确集团管理的职责、政策、程序和制度，建立清晰的报告路线和完善的信息管理系统,确保集团母公司及附属法人机构的内部控制、风险管理等关键职能的适当性。

第十三条　集团母公司应当在遵守《公司法》等相关法律、法规的前提下,按照"合规、精简、高效"的原则,控制集团层级及附属法人机构数量,集团层级控制在三级以内,金融监管机构另有规定的除外。附属法人机构的设立需征得股东同意或者根据集团母公司章程及授权制度等规定履行相关程序。

第十四条　银监会评估和监测集团组织管理架构的适当性,尤其是集团母公司审批和控制架构的调整,以及新设附属法人机构的适当性。

银监会对集团的股权结构进行评估,包括但不限于:

(一)股权结构的必要性、合理性和透明度;

(二)入股行为以及入股资金的来源是否依法合规;

(三)控股法人股东的公司治理安排及其影响;

(四)股东对集团的潜在不利影响。

第三节　集团管控

第十五条　集团母公司应当在遵守《公司法》等相关法律、法规,尊重附属法人机构独立地位的前提下,根据集团整体战略和安全稳健运营的需要,并考虑附属法人机构不同的股权结构和治理结构,通过适当的管控模式,规范行使集团母公司的管理职能。

第十六条　集团母公司应当加强对附属法人机构的管理,督促附属法人机构遵守行业监管的相关规定,实现集团经营的协同性。集团母公司主要在战略、财务、经营决策、人事等方面,按照相关法律、法规以及附属法人机构的公司章程或协议规定的程序,对附属法人机构实施控制权,包括但不限于:

(一)加强集团战略管理,指导、检查、监督各附属法人机构贯彻落实集团战略规划;

(二)制定集团整体经营策略,加强附属法人机构之间的业务协同和资源共享;

(三)指导各附属法人机构建立健全财务、业务及会计管理制度,制定经营计划，通过适当的预算管理、绩效考核和激励约束机制，确保各附属法人机构完成计划目标；

（四）优化内部资源配置，根据各附属法人机构的实际运营绩效以及对集团战略目标实现的贡献程度，整合配置资金、资本和人才等核心资源，推动集团的集约化、协同化发展；

（五）构建和实施集团全面的风险管理框架和有效的内部控制体系，指导各附属法人机构制定适当的风险管理程序和执行准则；

（六）通过附属法人机构董事会，加强对附属法人机构的管理；

（七）提高集团支持服务能力，推进产品研发、客户服务、会计核算、人力资源、信息技术、行政后勤等集团统一平台和共享服务中心建设，提升集团协同水平。

第十七条　集团母公司应当在符合《公司法》等相关法律、法规以及附属法人机构公司章程的前提下，通过影响附属法人机构股东大会（股东会）、董事会决策，确保附属法人机构能落实集团管理的制度、政策和要求。

第十八条　集团母公司应当建立责任机制或制衡机制，包括但不限于：

（一）在保证自身安全稳健的前提下，可对附属法人机构提供适当的资金支持；

（二）附属法人机构资本充足率达不到监管要求时，母公司应当督促其补足资本金；

（三）确保母公司的管理控制不会存在损害附属法人机构及其相关利益人权益的行为。

第四节　任职管理

第十九条　集团母公司董事和高级管理人员除达到《银行业金融机构董事（理事）和高级管理人员任职资格管理办法》等相关规定的条件以外，还应当具备与集团组织、管理、业务结构的复杂性相匹配的任职条件，包括但不限于：

（一）拥有足够的知识和经验以便恰当、公平和有效地对集团所有机构实施管理和监督，以及拥有足够的公信力；

(二)完全理解与集团综合经营相关的组织结构、业务管理的复杂性,具有相关的管理能力;

(三)全面掌握集团的业务情况和财务状况,理解与把握集团的风险承受能力、风险偏好以及同集团经营相关的特有风险。负责风险管理的董事和高级管理人员应对集团风险状态和风险类型,以及测量、监控和管理各种风险的技术有深入了解。

第二十条　集团母公司应当确保附属法人机构董事和高级管理人员履职的适当性,并建立持续监测和评估的程序。集团母公司在考核时除评估上述人员对附属法人机构自身发展贡献方面的履职情况外,还应当重点考虑其履职情况是否符合集团整体的发展要求。

第二十一条　集团母公司的董事、高级管理人员以及负责内部控制和风险管理的关键人员原则上不得兼任附属法人机构的董事、高级管理人员等重要职位。如确有兼任必要,应当确保集团安全稳健运行,避免内部利益冲突。

第五节　激励约束机制

第二十二条　集团应当建立和实施适当的激励约束机制。集团母公司对集团范围的激励约束机制承担最终责任,确保集团母公司及各附属法人机构的绩效考核、薪酬政策符合集团整体的长期利益以及集团风险管理的需要。

第二十三条　集团母公司应当参照《商业银行公司治理指引》、《商业银行稳健薪酬监管指引》等相关规定,建立适当的激励约束机制和稳健的薪酬制度,并指导附属法人机构根据各自的行业规定,建立与集团审慎管理相匹配的激励约束机制。集团母公司及各附属法人机构的激励约束机制可根据经营性质和行业监管要求的不同,存在合理差异,但履职评价、绩效考核、薪酬机制的整体目标应当保持一致,确保与绩效考核、薪酬政策相关的风险控制在集团整体的风险管理框架中予以体现,减少由不当激励约束安排引发的风险。

第二十四条　集团母公司应当建立和完善科学、客观、合理的责权利对称、可操作性强的集团综合考评指标体系,形成适当的内部资源配置机制,定期对自身和附属法人机构的经营业绩和发展情况进行全面考核，确保稳健经营和资本合理回报。

集团绩效考评应当建立规范、透明、公开的管理流程，兼顾效益与风险、财务因素与非财务因素，突出合规经营和风险管理的重要性。

第二十五条 承担集团财务管理、内部控制、风险管理等职能的人员的业绩衡量和薪酬应当独立于其所监督管理的业务领域，不得与所监督管理业务领域的经营业绩挂钩。

第三章 风险管控

第一节 风险治理

第二十六条 集团应当整合风险管理资源，建立独立、全面、有效的综合风险管理体系，集团母公司董事会全面负责集团范围的风险管理、内控机制、内部审计和合规管理，确保集团风险管理行为的一致性。

（一）集团母公司董事会应当设立独立的风险管理委员会；

（二）集团母公司董事会应当设立独立的审计委员会，审计委员会成员主要由非兼任高级管理人员职务的董事担任，审计委员会的召集人由独立董事担任；

（三）集团母公司应当建立独立的风险管理部门和内部审计部门，在人员数量和资质、薪酬等激励政策、信息科技系统访问权限、专门的信息系统建设以及集团内部信息渠道等方面给予风险管理部门和内部审计部门必要的支持；集团母公司应当确保风险管理部门和内部审计部门具备向董事会和高级管理层直接报告的渠道和路径；

（四）集团母公司应当规划集团整体经营策略、风险管理政策与指导原则，指导附属法人机构做好风险管理，附属法人机构应当根据集团母公司相关规定拟定自身风险管理程序及执行规则。

第二十七条 集团风险管控机制包括但不限于：

（一）根据集团母公司及各附属法人机构的业务规模、信用风险、市场风险与操作风险等状况及未来发展趋势，监控其资本充足性；

（二）制定适当的长、短期资金调度原则及管理规范，建立衡量及监控集团母公司及各附属法人机构流动性风险的管理机制，衡量、监

督、管控集团的流动性风险;

(三)根据集团整体风险情况、自有资本及负债的特征进行各项投资资产配置,建立各项投资风险管理制度;

(四)建立资产性质和分类的评估方法,计算及管控集团母公司及各附属法人机构的大额风险暴露,定期监测、核实并计提损失准备;

(五)针对集团母公司与附属法人机构,以及附属法人机构之间的业务、交易、信息共享等,建立信息安全防护机制及危机管理计划。

第二十八条 集团应当建立健全有效的风险管理流程和内控机制。包括但不限于:

(一)职权与责任的明确安排;

(二)资金管理部门与会计部门的分离;

(三)相关流程的协调机制;

(四)集团的资产保全;

(五)适当的独立内部审计与合规管理,促进上述控制措施、相关法律和监管要求得到遵守。

第二十九条 集团应当建立统一的内部审计制度,检查集团的业务活动、财务信息和内部控制,指导和评估附属法人机构的内部审计工作。

(一)附属法人机构应当向集团母公司上报董事会会议记录、会计查核报告、金融监管机构非现场监管、现场检查意见书或其他有关资料;

(二)附属法人机构应当设立内部审计部门,并将内部审计报告所提重大缺陷及整改情况上报集团母公司审核;

(三)集团母公司审计部门应当定期对附属法人机构内部审计的成效进行考核,考核结果经报集团母公司董事会后,送交附属法人机构董事会作为改进工作的参考。

第三十条 集团母公司应当逐步建立与其风险状况相匹配的前瞻性的压力测试方案,并作为其风险管理体系的组成部分。集团母公司应当定期评估集团的压力测试方案,确定其涵盖主要风险来源并采用可能发生的不利情景假设。集团母公司应将压力测试结果应用到决策、风险管理(包括应急计划)以及资本和流动性水平的内部评估中。

如果发现压力测试方案存在实质性缺陷,或者决策过程没有充分考虑压力测试结果,银监会可要求采取纠正措施。

第三十一条　集团应当定期审查集团范围风险管理框架的有效性,并确保恰当地加总风险:

(一)集团母公司风险敞口的计算适用资产公司有关监管规定;

(二)附属金融类法人机构风险敞口的计算适用相关分业监管机构的监管规定,按集团母公司对其享有的权益额和借款额作为计入集团风险敞口的上限;无相关风险敞口计量监管规定的,按集团母公司对其享有的权益额和借款额计算计入集团的风险敞口;

(三)附属非金融类法人机构风险敞口的计算,按集团母公司对其享有的权益额和借款额作为计入集团风险敞口的上限,具体计算根据业务活动类型分别处理,对其从事金融活动的风险敞口参照金融业相关监管规定执行,对其从事非金融活动的风险敞口参照具有专业资质的评估机构或审计机构的公允价值评价结果确定;

(四)集团母公司按照在附属法人机构中的持股比例对风险敞口进行加总,但附属法人机构风险敞口计入集团的总额不得大于集团母公司对附属法人机构享有的权益总额和借款总额。

第三十二条　集团在识别、评估、监测、控制、缓释重大风险时,应当做好危机管理:

(一)危机包括但不限于:大批交易对手破产,导致财务状况恶化;不法行为造成信誉严重丧失;灾害和意外事故,如严重自然灾害或恐怖行为,使经营难以继续;因谣言等各种不利因素造成集团突发性的声誉风险事件,使集团无法及时从外部融入资金,从而导致集团出现流动性问题;

(二)如果其中一家附属法人机构面临风险,可能对集团内其他附属法人机构或整个集团产生损害时,集团应当建立有效管理系统妥善应对此情况;

(三)集团应当制定应急计划以妥善处理危机,应急计划应定义报告和沟通方式;

(四)集团应当根据环境的变化及时审查应急计划;

(五)集团应当做好公共关系管理,应对附属法人机构在财务稳健性和运营适宜性等方面可能产生的重大事件。

第三十三条 集团应当管理特定功能外包风险:

(一)不得将自身权利责任委托给外包机构;

(二)不得将下列管理职能委托给外包机构:集团的计划、协调、控制和管理约定;法律或其他法规已明确分配的管理职能或规范;相关风险敞口决策;

(三)不得影响监管机构对集团的有效监管。

第三十四条 集团应当重点防范风险在集团母公司及各附属法人机构之间的传染。

(一)集团应当制定制度以规范集团内部交易,防范机构之间的投融资以及担保等行为引起风险在集团内部传染;

(二)集团应当避免通过收取不恰当的管理费用或以其他方式挪用集团母公司及附属法人机构的利润来救助面临破产危机的附属法人机构,从而影响集团内部其他实体的清偿力、流动性或盈利性;

(三)集团应当建立和完善人员、资金、业务、信息等方面的防火墙制度,防范风险传染;

(四)集团应当妥善应对因附属法人机构经营不善或倒闭引发的集团债务偿付要求,避免给整个集团带来损失和声誉风险的事件发生。

第三十五条 集团应当建立整体的风险容忍度和风险偏好政策,明确可接受和不可接受的风险承受行为,并与集团的业务战略、风险状况以及资本规划保持一致。集团母公司在考虑整体风险状况的基础上,应当始终确保其风险承受能力可应对重大风险,并考虑风险之间的相关性。

第三十六条 集团母公司应当建立识别、评估、管理和监测风险流程来确保其有足够的风险承受能力。风险管理部门应当明确集团所面临的各类风险,高级管理层应当积极参与集团风险限额的制定和监测。在确定或调整风险管理战略时,应当考虑集团的风险承受能力。

第三十七条 集团母公司董事会和高级管理层应当认真培育风

险管理文化,积极采取有效措施建立相关程序和流程形成集团范围内的风险管理文化,措施包括但不限于:

(一)要求集团各个层面、各个阶段(包括产品设计阶段)决策中均应考虑风险管理因素;

(二)风险管理文化应当考虑集团业务的整体性,包括对未受监管实体和金融产品的风险意识;

(三)对员工特别是对董事、高级管理人员、重要部门关键人员等提供风险管理培训;

(四)培育和倡导全员风险管理文化建设,为所有人员特别是基层员工发现风险、防范和管理风险提供正当渠道。

第二节 战略风险

第三十八条 本办法所称战略风险,是指集团因缺乏对市场环境的了解、战略定位不当、关键资源能力不足、集团业务条线和机构之间缺乏战略协同、无法形成有效的盈利模式,以及战略推动力和执行力不足,导致对集团盈利、资本、声誉产生影响的现有或潜在风险。

第三十九条 集团母公司应当在对市场环境和自身关键资源能力分析的基础上制定集团战略规划,明确集团战略定位和集团的盈利模式。集团母公司应当采取措施加强集团战略规划的推动力和执行力,推动集团管理模式、盈利模式和信息技术的创新和融合。

第四十条 集团母公司应当加强战略规划的管控能力,确保业务条线、主要职能部门和附属法人机构的子战略规划服从和符合集团的整体战略规划。

(一)集团应当根据发展战略,制定相应的年度工作计划并分解和落实年度目标;应当完善集团发展战略管理制度,并建立完整的集团战略发展评估体系。附属法人机构应当以集团战略发展规划为指引制定相应的战略规划和工作计划;

(二)战略规划应当覆盖三至五年的时期,并经过董事会批准。集团母公司应当对附属法人机构的战略规划进行定期审查,要求附属法人机构根据环境的变化定期对其战略规划进行评估,依据评估情况确定修订与否及修订方案。

第四十一条　集团战略决策应当反映外部市场环境、监管等方面的变化。在进行战略决策时，集团母公司及各附属法人机构应当关注集团关键资源能力、集团企业文化、协同和考核机制能否支持业务发展战略。

第四十二条　集团母公司应当要求附属法人机构确保其战略目标的设定在符合监管导向的前提下与集团的定位、价值、文化及风险承受能力相一致，并确保其战略风险能被识别、评估、监测、控制和报告。

第四十三条　集团母公司应当加强集团企业文化和激励约束考核机制建设，促进战略协同，加强附属法人机构对集团战略规划的贯彻执行，确保集团整体战略目标的实现。

第四十四条　集团母公司应当确保附属法人机构的组织模式、关键资源能力足以支持集团战略的实施。当附属法人机构的发展战略与集团发生偏差和利益冲突时，集团母公司应当恰当地平衡各方利益，在维护集团整体利益的同时，不得损害子公司及其少数股东的正当权益。

第四十五条　集团母公司战略委员会应当加强对集团战略实施情况的监控，定期收集和分析相关信息，并及时向集团母公司董事会报告明显偏离发展战略的情况。如果董事会在审议方案中发现重大问题和由环境变化所产生的战略风险，应当责成战略委员会对方案做出调整。

附属法人机构应当加强对自身战略实施情况的监控，定期收集和分析相关信息，并及时向集团母公司报告明显偏离发展战略的情况。如果附属法人机构在发展战略中发现因环境变化所产生的战略风险，应当及时向集团母公司反映情况，并根据集团母公司的要求对战略方案做出调整。

第三节　集中度风险

第四十六条　集中度风险是指单个风险暴露或风险暴露组合可能威胁集团整体偿付能力或财务状况，导致集团风险状况发生实质性变化的风险。存在集中度风险的情形包括但不限于：

（一）交易对手集中风险。由于集团母公司及各附属法人机构对同一个交易对手或多个风险高度相关的交易对手有较高的风险暴露而产生的风险。

(二)地区集中风险。集团母公司及各附属法人机构对同一地区交易对手具有较高的风险暴露而产生的风险。

(三)行业集中风险。集团母公司及各附属法人机构对同一经济、金融行业具有较高的风险暴露而产生的风险。

(四)信用风险缓释工具集中风险。集团母公司及各附属法人机构由于采用单一的抵质押品、由单个担保人提供担保而产生的风险。

(五)资产集中风险。集团母公司及各附属法人机构高比例持有特定资产的风险,特定资产包括债权、衍生产品、结构性产品等。

(六)表外项目集中风险。集团母公司及各附属法人机构从事对外担保、承诺所形成的集中风险。

(七)其他集中风险。集团母公司及各附属法人机构其他可能给集团带来损失的单个风险暴露或风险暴露组合。

第四十七条 集团应当逐步采用多种技术手段充分识别、计量和管理信用风险、市场风险和流动性风险的集中度风险。

第四十八条 集团大额风险暴露是指集团并表后的资产组合对单个交易对手或一组有关联的交易对手、行业或地区、特定类别的产品等超过集团资本一定比例的风险集中暴露。集团母公司应当严格按照资产公司有关监管要求,计量管理大额风险暴露。

第四十九条 集团应当建立全面的集中度风险管理框架,集中度风险管理框架至少包括:

(一)书面的集中度风险管理制度。该制度对集团面临的集中度风险做出明确的定义并规定相关的管理措施。

(二)有效地识别、计量、监测和控制集中度风险的方法。

(三)集中度风险限额管理体系。集团根据其经营规模和业务复杂程度对集中度风险确定适当的限额,并采取有效的措施确保限额在经营管理中得到遵守。

(四)定期的集中度风险报告和审查制度。

(五)压力测试制度。集团母公司定期对面临的主要集中度风险进行压力测试,识别可能对集团经营带来不利影响的潜在因素,并根据压力测试结果采取相应的处置措施。

第四节　流动性风险

第五十条　集团母公司及各附属法人机构应当建立与业务规模、性质、复杂程度和经营范围相适应的流动性风险管理体系,从而满足其所承担或可能承担的流动性风险的资金需求。流动性风险管理体系的基本要素包括但不限于:

(一)有效的流动性风险管理治理结构;

(二)完善的流动性风险管理策略、政策和程序;

(三)有效的流动性风险识别、计量、监测和控制;

(四)完善的管理信息系统。

第五十一条　集团应当明确在正常及压力情况下可承受的流动性风险水平,制定流动性风险管理的具体政策及程序。

第五十二条　集团母公司应当要求附属法人机构在流动性策略中明确应对日常经营现金流出以及季节性和周期性现金流波动的主要资金来源。同时,集团母公司应当对流动性风险进行分类管理,持续关注附属法人机构的流动性风险,制定向附属法人机构提供流动性支持的预案,并报银监会、人民银行备案。集团母公司还应当制定向附属法人机构提供处理潜在临时、中期及长期流动性风险情况的计划和流程。

第五十三条　集团应当在策略规划及预算编制流程中将流动性成本、利润以及风险纳入考虑范围。集团附属法人机构应当按照集团母公司的要求进行流动性策略规划,开展重要业务活动时,应当对流动性风险敞口及盈利能力进行评估。

第五十四条　集团应当坚持审慎性原则,充分识别、有效计量、持续监测和控制流动性风险,确保其资产负债结构与流动性要求相匹配。集团母公司及各附属法人机构应当通过设立更加稳定、持久和结构化的融资渠道来提高应对流动性风险的能力。同时,集团母公司应当要求附属法人机构对其在正常和压力情景下未来不同时间段的流动性风险水平及优质流动性资产储备情况进行前瞻性分析评估。

第五十五条　集团应当定期评估集团流动性管理政策的充分性

和有效性,以及流动性应急预案的充分性和可操作性;关注并分析集团整体的资产负债状况、现金流状况、融资能力的持续有效性等,特别是负债集中度、资产负债期限错配对流动性可能带来的负面影响。

第五十六条 集团可根据自身发展状况,对集团的流动性风险进行统一的限额管理,充分考虑投、融资和其他业务活动,确保集团母公司及各附属法人机构具有充足的流动性,并充分考虑到实际和潜在的对附属法人机构之间以及各附属法人机构与母公司之间资金流动的限制性因素,包括法律和监管因素。

第五十七条 集团应当对整体的流动性风险状况进行监测分析,具体内容包括但不限于:现金流缺口、现金流预测、重要的流动性风险预警指标、融资可行性、应急资金来源的现状或者抵押品的使用情况等。在正常的业务环境中,流动性风险报告应当及时上报高级管理层,定期上报董事会或董事会专门委员会并抄报监事会,报告次数可依据业务组合及流动性风险状况复杂程度进行调整。

第五节 声誉风险

第五十八条 集团应当建立统一的声誉风险管理机制、相关制度和管理政策,建立集团声誉风险管理体系,持续、有效监控声誉风险管理的总体状况和有效性,防范声誉风险,应对声誉事件,以减少负面影响或损失。

第五十九条 集团应当配备与集团业务规模及复杂程度相适应的声誉风险管理资源,识别影响集团母公司及各附属法人机构的声誉或业务、或应引起高级管理人员高度重视的主要风险,建立声誉风险或潜在问题的预警指标,及时应对声誉事件。

第六十条 集团应当对母公司及各附属法人机构进行声誉风险排查,查明声誉风险在母公司与附属法人机构之间的传导途径以及发生声誉事件的因素。

第六十一条 集团母公司应当制定自身的声誉风险应急预案,附属法人机构应当根据集团母公司的声誉风险管理要求,制定相应的声誉风险应急预案报集团备案。同时,集团母公司应当提升客户满意度并及时准确地发布信息,提升集团在金融市场中的整体形象。

第六十二条　集团应当对附属法人机构声誉事件实行分类分级管理。附属法人机构应当对声誉事件进行应急处置,并及时向集团母公司报告,防止因声誉风险的传递对集团造成不良影响。

第六十三条　附属法人机构应当按照集团母公司的要求,评估声誉事件应对措施的有效性,及时向集团母公司反馈情况。

集团应当根据附属法人机构发生的声誉风险,动态调整应对方案,发生重大声誉事件应当及时向银监会报告有关情况,并及时上报声誉事件处置和评估报告。

第六节　新业务风险

第六十四条　集团母公司应当制定相关制度对新业务进行定义,明确新业务试点开展的具体流程、风险评估和控制措施,以及实施前的测试工作等要求。对于提交董事会或高级管理层审查的创新试点项目,应当重点审查新业务的创新性及风险管理计划。集团的新业务制度应当随着市场情况、监管法规发生变化而更新。

第六十五条　集团母公司及各附属法人机构应当在新业务已成功实施,且识别、评估、处理、监控风险的流程已就绪的情况下持续开展该业务。新业务运作中所涉及的部门和人员(包括内部审计部门和合规管理部门)应当参与到新业务计划的制定及测试阶段中。

第六十六条　集团母公司及各附属法人机构应当制定防范新业务风险的制度,并对新业务及其风险进行评估,包括但不限于:

(一)分析新业务的法律、法规要求;

(二)分析新业务与集团主业的关联度情况以及新业务收益成本;

(三)描述相关金融产品和相关目标市场;

(四)描述新业务活动可能给集团带来的风险,以及任何已有的风险管理程序和系统的细节,包括风险定义、量化、管理和控制的程序;

(五)评估新业务活动对集团整体财务状况和资本水平影响程度;

(六)描述相关会计核算、交易组织架构以及关键风险控制职能。

第四章　内部交易管理

第一节　定义和原则

第六十七条　集团内部交易是指集团母公司与附属法人机构以及附属法人机构之间发生的包括资产、资金、服务等资源或义务转移的行为。不包括集团母公司及各附属法人机构与对其有直接或间接控制、共同控制、实际控制或重大影响的其他股东之间的交易。

第六十八条　集团内部交易应当遵循诚信、公允、审慎、透明的原则，确保内部交易的必要性、合理性、合规性。

（一）必要性。内部交易应当符合集团及各附属法人机构的战略发展目标，有利于加强集团协同，提高集团的综合经营效益，防止通过内部交易掩盖风险。

（二）合理性。内部交易应当符合商业原则、行业和市场惯例，交易价格应当公允。

（三）合规性。内部交易应当遵守国家法律、法规以及相关行业的监管规定。

第六十九条　集团内部交易范围主要包括：

（一）以资产为基础的内部交易。包括：资产买卖与委托（代理）处置、资产重组（置换）、资产租赁等。

（二）以资金为基础的内部交易。包括：投资、授信、融资（借款、买卖公司债券、股东存款及提供担保等）、理财业务等。

（三）以中间服务为基础的内部交易。包括：提供评级、评估、审计、法律顾问、拍卖、咨询、业务代理、中介服务等。

第二节　内部交易的管理

第七十条　集团母公司及各附属法人机构在依法合规和有效控制风险的前提下，可建立客户、渠道、品牌等方面的共享机制，逐步对会计核算、信息技术、行业研究等后台支持部门进行集中管理，有效配置和使用资源，实现规模效益。

第七十一条　集团母公司及各附属法人机构开展银行、证券、信

托、基金、期货、保险等业务的综合营销时,应当符合下列要求:

(一)从事综合营销的业务人员,应当取得监管部门规定的有关业务所需的资质。

(二)集团内部各经营单位代理内部业务应当签订协议,明确各自的权利和义务。确保代理业务前期尽职调查到位,落实项目后期管理责任。

(三)附属法人机构之间进行综合营销时,其营业场所、业务人员及服务项目应当使客户易于识别。

(四)从事综合营销的业务人员办理相关业务时,其行为由开办相关业务的附属法人机构承担法律责任。

(五)集团母公司及附属法人机构之间共享客户资源进行营销时,客户数据的提供、贮存、使用必须符合法律、法规要求,附属法人机构之间应当签订保密协议,建立客户数据库,妥善储存、保管及管理客户相关数据。

第七十二条 集团母公司应当按照相关法律、法规及监管规定,制定集团内部交易管理制度,加强内部交易管理,规范内部交易行为。内部交易管理制度应当报送银监会。

第七十三条 监管机构明确界定的重大关联交易对应的内部交易应当按照相关监管机构规定执行,按照规定需经审批的关联交易对应的内部交易,应当报监管机构批准。

第七十四条 集团母公司应当明确内部交易审议(审查)和决策机构及相应的管理职能,制定并严格履行科学、规范的内部交易审议(审查)和决策程序。

附属法人机构可根据业务开展情况,明确内部交易审议(审查)和决策机构及其对应的职责。

第七十五条 集团母公司应当健全和完善内部交易的定价机制,集团内部交易定价应当以市场交易价格为基础,无法获取市场交易价格的,可按照成本加成定价或协议价定价。集团内部交易按照协议价定价的,业务发生机构应当按照国家法律、法规要求,提供价格形成的有效依据。

第七十六条 集团母公司应当建立健全集团内部交易风险隔离

机制，增强内部交易透明度，降低内部交易的复杂程度，防止通过内部交易不当转移利润和转嫁风险，减少利益冲突，避免风险过度集中，保护利益相关者的合法权益，维护公平竞争的市场环境。

第七十七条　集团母公司及各附属法人机构应当对内部交易的成本和收入进行分析，并按照会计准则和有关规定真实、及时地进行会计处理。

第七十八条　集团母公司内部审计部门应当每年至少对集团内部交易情况进行一次审计。审计结果报董事会（或经营决策机构）和监事会，董事会（或经营决策机构）应当每年向股东大会（股东会）报告。

集团母公司应当于每年第一季度末向银监会报送上一年度集团内部交易开展情况的综合报告。

第三节　内部交易的禁止性规定

第七十九条　集团母公司在内部交易中不得利用其控股地位损害附属法人机构、附属法人机构的其他股东和客户的合法权益。

第八十条　不得通过内部交易进行监管套利。

第八十一条　附属法人机构应当遵守所属行业的监管规定，不得违规从事下列事项：

（一）附属银行类机构不得对集团母公司及其他附属法人机构提供无担保授信，或发放无担保贷款。不得对集团母公司及其他附属法人机构的融资行为提供担保，但关联方以银行存单、国债提供足额反担保的除外；

（二）附属信托类机构不得将集合信托资金直接或间接运用于集团母公司及其他附属法人机构，但集合信托资金全部来源于集团母公司及其他附属法人机构的除外；

（三）附属证券类机构不得对集团母公司和其他股东提供融资或担保。附属证券类机构不得持有集团母公司和其他股东的股权（但法律、法规或者证监会另有规定的除外），不得通过购买集团母公司或其他股东持有的证券等方式输送不当利益；

（四）附属保险类机构不得违反保监会有关关联交易的监管要求，

违规对集团母公司及其他附属法人机构提供担保和投资。

第五章 特殊目的实体管理

第八十二条 本办法所称特殊目的实体是指为特殊目的而建立的法人和其他经济组织。

第八十三条 集团母公司及各附属法人机构以特殊目的实体从事业务时,应当依照有关法律、法规、部门规章的规定和各业务的法律约定履行相应职责,并有效地识别、计量、监测和控制相关风险。

第八十四条 集团母公司及各附属法人机构以特殊目的实体从事业务时,特殊目的实体应当具有良好的公司治理、风险管理体系和内部控制制度,规范的标准和程序等。

第八十五条 集团应当充分认识设立特殊目的实体从事交易而承担的责任,并根据特殊目的实体在所从事交易业务中担当的角色,制定相应的风险管理政策和程序,以确保持续有效地识别、计量、监测和控制特殊目的实体从事交易过程中的风险,避免因特殊目的实体在交易过程中承担多种角色可能产生的利益冲突。

第八十六条 集团对特殊目的实体的设立和运营监管承担以下责任:

(一)集团应当设立评估流程,根据特殊目的实体与集团关系的性质,确定是否全部或部分纳入并表监管;

(二)集团应当在压力测试和情景分析中考虑因特殊目的实体产生的表外业务风险;

(三)集团应当重点评估特殊目的实体所带来的风险传染。

第八十七条 集团应当评估特殊目的实体在交易过程中所承担的风险和商业目的,区分风险转移与风险转化。集团应当确保评估持续进行,且管理层对上述风险充分了解。

第八十八条 集团应当对特殊目的实体中增加交易复杂性的风险管理因素进行评估(如特殊目的实体的结构化特征)。如特殊目的实体交易的复杂程度增加,超出特殊目的实体和投资者对有关风险进行量化的能力,则不得发起该交易。

第八十九条 集团母公司及各附属法人机构应当对其特殊目的

实体的资本充足情况、杠杆作用及流动性措施的影响进行分析，对其各类风险进行评估。集团母公司应评估加总、评价和报告所有特殊目的实体的风险敞口，将其与集团内其他所有实体的风险共同考虑并加以管理。

第九十条　集团应当定期监督、监测特殊目的实体活动的开展状况，评估它们对集团的影响，识别可能导致的系统脆弱性及系统性风险传染。

第六章　资本充足性管理

第一节　资 本 要 求

第九十一条　对集团的资本监管分为单一机构监管、同业的并表监管及集团补充资本监管三个层次：

（一）集团母公司及附属金融类法人机构应当分别满足各自监管机构的单一资本监管要求。其中，集团母公司资本充足率不得低于12.5%。

（二）集团母公司、附属银行业金融机构及附属非金融机构应当满足银监会相关并表监管的资本监管要求，附属证券业和保险业金融机构，应当分别满足各自分业并表的资本监管或偿付能力监管要求。

（三）集团应当满足集团补充资本监管要求。

第九十二条　集团补充资本计量方法为，将母公司和附属金融类法人机构的合格资本按持股比例全部相加，从中减去附属法人机构之间及各附属法人机构对其母公司的持股额（包括过度杠杆，即将发债和借入资金以股权或其他方式注资获得的持股额）和经审核无法转移的资本额。然后，将扣除内部持股和无法转移资本后的集团合格资本与母公司及其对附属金融类法人机构按持股比例计算的资本监管要求之和进行比较，以确定集团的资本是否充足。

第二节　资 本 管 理

第九十三条　集团应当建立审慎、健全的资本管理政策、制度及实施流程，同时要兼顾未受监管业务的额外风险和跨业经营的复杂情况。可根据集团发展情况，建立资本管理政策委员会，统一负责集团的资本政策、制度和规划管理，也可由集团母公司董事会指定的委员会负责。集团母公司应当保持集团范围的资本充足，缓冲集团经营活动带来的风险。资本管理要考虑和评估集团范围的风险状况。

第九十四条 资本管理政策应当经集团母公司董事会批准并定期审查，资本管理决策应当体现稳健的资本规划要求，并考虑压力情景下的结果。资本规划应当确保集团内部资本充足性评估程序的稳健性。

第九十五条 资本规划流程应当符合对整个集团范围以及单个被监管机构的资本要求。资本规划应当在考虑集团战略重点和经营计划的基础上设定与风险敞口规模和类别对应的资本充足性目标；考虑集团范围的风险状况、风险偏好及重要附属法人机构已暴露的相关业务风险对集团资本状况可能造成的影响；识别和计量重大风险(包括表内、表外业务风险及未受监管实体的业务风险)；量化内部资本目标，制定保持内部资本目标水平的管理计划，明确未达标需采取的行动和措施；考虑当前和可预测的商业和宏观经济环境，采用前瞻性的压力测试识别可能的时间或市场状况的变化对集团资本状况带来的不利影响。

集团资本规划主要内容包括：

(一)对规划周期(至少九个季度)内的资本预期使用和补充来源的评估及超过规划周期的资本潜在使用和潜在补充来源的预测评估。包括在预期和压力条件下，集团的规模、复杂性、风险状况和经营范围等。

(二)集团资本充足性评估程序的详细描述。包括但不限于：评价集团活动产生风险的程序，确保资本与风险水平相适应；集团如何保持资本充足的战略；如何设定集团风险状况相关的资本目标、风险偏好；如何在预期和压力条件下保持超过最低监管要求资本；如何加强对附属银行业法人机构资本支持，在偏离监管资本要求时所采取的补救措施；如何加强对特殊目的实体、中间控股公司等未受监管实体的资本缺口管理；集团应当说明如何能够获得足够的合格资本覆盖缺口。

（三）对资本规划、发行、使用和分配的原则和规定的评估。包括内部资本目标，分红和股份回购的定量和定性规定，应对潜在资本不足的策略，围绕资本政策的内部治理程序等。

（四）对集团资本充足性和流动性有重大影响业务规划的任何预期改变。

（五）明确集团母公司与附属法人机构、附属法人机构之间进行转让的资本的性质以及对该类资本如何进行转让的说明。

（六）明确对未受监管实体持有足够的资本或可随时调用足够资本所做的安排。

第九十六条　集团母公司应当识别和明确集团内相互持股产生的双重或多重的资本杠杆，避免资本的重复计算。持续关注对于集团与其他集团之间的相互持股以及集团通过未受监管的中间控股公司对附属法人机构持股，充分考虑上述行为对集团资本管理可能造成的不利影响。

第九十七条　集团母公司应当减少过度资本杠杆对整个集团造成的风险。防范集团母公司将发债或借入资金以股权或其他方式注资附属法人机构，以及附属法人机构将发债或借入资金以股权或其他方式注资集团母公司或其他附属法人机构对整个集团可能造成的不利影响。

第九十八条　集团母公司应当加强对附属法人机构的审慎管理。集团母公司对附属法人机构的持股比例超过20%低于50%，并获得实际控制权时，只有按比例分配的合格资本高于附属法人机构资本要求的超额部分才可用于弥补集团或集团母公司资本。

第九十九条　按照外部监管与内部监管相结合的原则，集团母公司应当通过逐步建立和强化内生经济资本管理，提升外部资本监管的有效性。集团母公司应当加强经济资本管理建设规划，逐步建立有利于经济资本计量的数据采集、模型选取等制度，并在有效计量经济资本的基础上，逐步建立健全经济资本的预算分配制度，以及以经济增加值和经风险调整的资本回报率为核心的绩效考核制度，以提高与集团整体的业务发展及风险相匹配的资本计量和管理能力，提升资本使用效率。集团母公司应当通过集团内部审计，确保集团整个资本管理过程的完整性。

第一百条　集团母公司应当关注集团经营业绩是否能够支持整个风险资本要求，分析资产和权益增长率的水平和趋势对资本补充的影响，持续检查资产损失头寸的现有水平，关注集团母公司依赖的核心盈利或收入是否来自非主营业务，强化在经营恶化趋势中通过盈利增加资本的管理能力，并提升通过存续股东增加资本、发行新资本工具或使用资本替代来源的能力。

第一百零一条　集团母公司应当促进资本工具的创新，加强对资本工具的有效运用和合规性的管理，拥有分红支付优先权的股票不得作为普通股纳入一级资本。

第三节　资 本 评 估

第一百零二条　集团母公司应当对集团范围内经营活动和交易中的内在风险的资本充足性进行评估，充分考虑整个集团的经营风险，妥善处理第三方参与者与少数股东权益，包括对未受监管实体的资本处理方式以及对重要的风险敞口和特定机构的投资是否需要提出具体的额外资本要求。

集团母公司进行资本评估，应当涵盖集团内所有从事金融和准金融活动的机构（包括受监管实体和未受监管实体），当集团内风险由受监管实体转移至未受监管实体时，应当对未受监管实体的资产数量和质量进行审查。

第一百零三条　集团母公司应当评估计量和扣除资本重复计算采取措施的适当性和一致性。集团资本充足性评估和计量技术应当能解决过度杠杆评估和计量问题，充分考虑资本结构、注资方式、附属法人机构通过分红帮助母公司偿债对资本充足率评估的影响。

第一百零四条　集团母公司应当在不考虑集团内部资本转移能力的情况下，评估集团内部资本分配的适当性。集团资本评估和计量技术应当能够评估集团内部资本转移的限制，判断是否存在影响集团内部资本有效转移的现有或潜在障碍，包括法律限制、税收规定、其他股东利益、资本质量的审慎要求、对未受监管实体出资相关的限制和针对单个附属法人机构的监管要求的限制、外汇管制及所在地的特殊要求等，并考虑上述限制和障碍可能对资本是否纳入集团资本评估产生的影响。

第一百零五条　集团母公司应当明确对附属法人机构资本充足性的具体要求，并对集团内股权投资对集团资本充足性的影响进行持续评估，附属法人机构应当将其重大投资计划提前报告集团母公司。集团母公司应当评估附属法人机构超额资本的适当性，并确保附属法人机构超额资本由合格资本构成。

第一百零六条　集团母公司应当评估资本规划的合理性，包括但不限于：评估现金或其他价值的分红是否与目前和未来的资本需求相一致，资本需求包括可能的未来储备的增加、资产核销和短期内通过市场培育额外资本的可行性；依据盈利或潜在的资本需求评估是否限制超额分红，消除分红可能导致集团资本结构发生重大不利变化；评估是否建立和完善集团范围内全面的分红政策，为集团资本规划提供帮助；持续关注集团内附属法人机构为适应经济环境改变分红政策可能造成的不利影响；评估股票回购和赎回对资本规划的影响，确保资本能够满足集团持续发展的需要。

第四节　资本质量

第一百零七条　集团母公司应当建立资本的自救安排机制，以抵御系统性风险对集团的影响，提升集团监管资本的损失吸收能力。

银监会在必要时可允许集团母公司根据逆周期管理的需要，适当调整资本监管要求，缓解资本监管的亲经济周期效应。

第一百零八条　集团母公司经批准发行非普通股的各级资本工具的条款必须规定，除非在资本工具持有者承担损失前能够充分吸收集团的损失，否则，根据银监会的相关要求，触发条件一旦发生，资本工具或者经批准核销，或者转为普通股。触发条件为下列两者中较早者：

（一）银监会认定，如不做出核销或转为普通股的决定，集团将无法生存；

（二）财政部、人民银行等国家相关管理部门认定，如不做出公共部门注资或提供同等效力支持的决定，集团将无法生存。

第七章 财务稳健性管理

第一节 资金管理

第一百零九条 集团内部资金管理应当遵循统筹安排、合理使用、提高效益的原则,保障集团母公司及各附属法人机构资金需要,按时编制资金使用计划,提高资金使用的安全性、效益性和流动性。

第一百一十条 资金计划管理是通过编制下达资金计划,运用资金调度手段,对资金总量及结构进行主动调节和量化控制,保证资金支付和收支计划的顺利实施,减少不合理资金占用、提高资金使用效率,监测计划期内资金总量平衡和结构调整状况,指导集团母公司及附属法人机构的资金管理活动。

第一百一十一条 集团应当保持债务规模和期限结构合理适当,新增债务融资应充分评估财务风险。集团应当关注资金的动态情况,实时监控集团的资金头寸(附属信托公司、证券公司、基金管理公司、期货公司等机构受托管理的资金可除外),对集团母公司及各附属法人机构资金运用出现异常情况,应当及时发出预警,向集团母公司高级管理层汇报。

第一百一十二条 集团应当建立内部资金转移定价机制,制定科学合理的内部资金转移利率。集团母公司从其附属金融类法人机构融资必须符合有关法律、法规规定,不得以资金占用等形式侵占附属法人机构及其他利益相关者的合法权益。

第一百一十三条 集团应当对附属法人机构的对外担保业务进行统一管理,制定审慎的审批程序,规范对外担保行为,严格控制对外担保产生的债务风险。

第二节 投资管理

第一百一十四条 集团应当协调附属银行业、证券业、保险业法人机构金融业务发展,提高竞争力和盈利能力,并根据国家宏观政策和集团发展战略,优化金融业务投资布局。

第一百一十五条 集团母公司及各附属法人机构应当对对外投

资项目的可行性进行研究,对被投资企业的财务信息进行甄别和分析,并及时进行对外投资项目的效益测算和分析评价。

第一百一十六条　集团母公司及各附属法人机构从事境外投资活动,应当按照国家有关境外投资管理规定和相关要求,履行报批程序。集团应当加强境外业务的管理和协调,及时应对形势发展变化,防范和化解财务风险。

第三节　预算与财务控制

第一百一十七条　集团应当根据经济发展状况、市场变化、发展战略和风险偏好等因素,审批确定审慎、可行的年度经营计划。

第一百一十八条　集团应当实施全面预算管理,包括财务预算、业务预算和资本预算;明确集团母公司及各附属法人机构各自的职责和权利,设置专门委员会或明确相应的决策体系,负责预算的编制、审定、组织实施和调整等,以实现集团的整体战略目标。

第一百一十九条　集团母公司及各附属法人机构应当确保其资产、业务增长速度与其资本积累能力和抗风险能力相匹配,确保附属法人机构达到集团母公司规定的风险控制指标要求,不断改善资产负债结构。集团母公司及各附属法人机构应当建立健全动态指标监测系统,及时提示并化解财务风险。

第一百二十条　集团应当全面识别和清理风险隐患,完善财务风险控制制度,建立健全应对财务风险的应急处理机制,有效防范和化解风险。

第一百二十一条　集团应当加强资产质量管理,建立健全资产风险分类管理制度,并逐步实现动态评价。对预计可收回金额低于账面价值的部分,按照有关规定及时足额计提资产减值准备。

第四节　会计信息管理

第一百二十二条　集团母公司及各附属法人机构应当严格依据会计准则进行会计核算,提高会计信息的可靠性、可比性;集团母公司应当定期对附属法人机构重要业务会计政策的准确性和恰当性进行指导和监督。

第一百二十三条 集团母公司应当定期对附属法人机构会计管理工作进行指导和监督,及时纠正不规范会计操作;集团母公司应当规范附属法人机构外部审计机构选聘管理机制,提高附属法人机构所聘用审计机构的资质、独立性和审计水平,提升会计信息质量。具体按照银监会颁布的《银行业金融机构外部审计监管指引》执行。

第一百二十四条 集团应当全面进行财务信息化建设,提高会计信息管理的效率和财务信息的及时性,满足对外及时披露会计信息和报送监管信息、对内提供管理数据的集团财务信息管控要求。集团应当规范会计基础信息的业务标准,支持财务数据的汇总分析,实现集团内部抵消,提高并表效率。

第八章 信息资源管理

第一节 数据管理

第一百二十五条 信息资源管理是指对信息内容及包括应用系统、设备、技术、信息科技人员等在内的与信息内容相关的资源进行管理的过程,包括规划整合相关资源,建设应用系统,建立管理体系,提供信息服务等。集团应当充分认识数据在集团经营决策、内部管理与金融服务中的核心价值和战略意义,从管理体系和技术上不断改进数据的统一管理模式,持续加大数据积累与整合的广度和深度。

第一百二十六条 在符合相关法律、法规前提下,集团应当建设统一的数据管理机制,建立集团管理信息数据库,集中汇总各级附属法人机构的业务、财务和风险管理数据,满足监管信息报送、信息披露、综合营销、集团风险管理、资本管理和经营分析的需求,并持续提升对数据的分析和运用能力。

第一百二十七条 集团母公司应当明确数据统一管理的部门及其职责,负责集团数据管理的领导、组织、协调工作,协调和督促集团母公司各相关部门及各附属法人机构,共同做好数据管理工作,定期检查并发现数据质量存在的问题,提出合理化建议。

第一百二十八条 集团母公司各相关部门及各附属法人机构负责本部门及本机构业务范围内有关数据的日常管理工作,在集团数据统一管理部门的组织协调下，全面开展数据管理工作。

第一百二十九条　集团数据统一管理部门应当牵头建立全面、科学的集团管理信息指标体系，做好信息的监测、分析和风险预警，推进集团管理信息数据库建设，为监管信息报送、经营分析、管理决策、信息披露提供信息分析和支持服务。

第一百三十条　集团母公司应当逐步推进集团数据标准建设，重点加强集团管理信息指标的数据标准建设，推动数据信息逻辑整合，提高监管机构、集团母公司与附属法人机构信息系统之间数据对接的准确性、一致性。

第二节　信息科技治理

第一百三十一条　集团应当逐步健全信息科技治理结构，明确董事会、高级管理层、信息科技管理委员会、信息科技风险管理部门、信息科技管理部门、审计部门的信息科技工作要求和职责。

第一百三十二条　集团母公司应当设立由高级管理层、信息科技部门、主要业务部门和附属法人机构的代表组成的信息科技管理委员会，负责定期向董事会和高级管理层汇报信息科技战略规划执行、信息科技管理与科技风险管理情况。

第一百三十三条　集团母公司应当明确集团的信息科技风险管理部门及其职责，根据集团风险管理体系制定全面的信息科技风险管理策略，建立风险识别和评估流程，持续开展信息科技风险计量和监测。

第一百三十四条　集团母公司应当明确集团信息科技管理部门及其职责，统一负责集团信息系统的规划、信息科技资源的协调与共享、信息科技制度体系建设、信息化需求管理等。

第一百三十五条　集团应当持续提高集团信息技术服务能力，提高信息技术人力资源规划与管理水平，培养专业技术人才，减少关键岗位对外包服务的依赖。

第一百三十六条　集团母公司及各附属法人机构应当将信息科技风险管理审计作为内外部审计的一部分，确保内部审计部门配备足够的资源和具有专业能力的信息科技审计人员，定期进行独立有效的信息科技风险管理审计。

第一百三十七条　集团母公司应当制定信息科技外包管理策略,明确外包管理职责,不能将信息科技管理责任外包,并审慎监督外包职能的履行。

第三节　信息系统建设

第一百三十八条　集团母公司应当制定与其经营战略相适应的信息化建设规划,并结合实际情况,在集团范围内逐步做到“统一规划、统一标准、统一建设、统一管理”。

第一百三十九条　集团母公司应当结合业务实际,制定与附属法人机构业务性质相适应的信息系统技术架构和数据标准,并完善附属法人机构信息系统间的风险隔离机制。

第一百四十条　集团母公司应当建立和完善符合监管要求的管理信息系统,及时、准确、全面获取附属法人机构的相关信息,在集团层面汇总资本、流动性、大额风险暴露、内部交易、盈利、绩效评价等信息,并实现与非现场监管系统的对接。

第一百四十一条　集团母公司应当按照相关法律、法规的要求,集中建设符合专业技术标准的数据中心、灾备中心、开发测试中心和业务后援中心,提高信息技术服务能力,建立健全各项开发测试、运行维护及业务连续性方面的管理措施和应急机制,保障业务持续、安全、稳定运行。

第四节　信息安全管理

第一百四十二条　集团母公司应当研究制定和完善集团信息安全标准规范和信息安全制度体系,落实信息安全管理职责,建立信息安全管理机制,运用各项安全技术,提高员工信息安全意识,依据已确立的法律、法规、内部制度与相关技术标准,定期开展信息安全检查和评估。

第一百四十三条　集团母公司及各附属法人机构对于客户个人资料、往来交易资料及其他相关资料,除法律或监管机构另有规定外,应当保守秘密。集团母公司与附属法人机构之间应当就所集中使用的保密资料签订书面保密承诺,并以监管机构指定的方式,揭示保密措施的重要事项。

第一百四十四条 集团母公司及各附属法人机构进行交叉销售,共同使用客户个人资料时,应当符合为客户保密的监管规定,且事先向客户提示,并经客户同意。集团母公司因法律、监管规定或因内部管理需要,要求附属法人机构将业务或客户信息集中建立数据库并加以应用,不适用本条规定,按本办法第一百四十三条处理。

第一百四十五条 集团应当遵循相关法律、法规对于上市公司未公开信息管理的要求,加强对内幕信息的管理。在符合相关法律、法规的前提下,上市附属法人机构如需向集团披露未公开的业务、财务和风险管理等信息,应当限定集团知悉的人员和内容,签署相关保密及承诺协议,做好内幕信息知情人的登记备案。

第九章 信息披露

第一节 信息披露的基本要求

第一百四十六条 集团信息披露的主体为集团母公司。集团母公司应当建立和完善信息披露制度,规范披露程序,明确内部管理职责,按照相关法律、法规的要求对外披露信息。

第一百四十七条 集团对外披露管理信息应当遵循真实性、准确性、完整性、及时性和公平性原则,对信息披露中的虚假和误导性陈述及重大遗漏等承担相应的法律责任。

第一百四十八条 集团对外披露信息应当严格执行国家保密相关规定,依法确定信息披露的范围和内容,制定合规的披露方式。

第一百四十九条 信息披露内容应当包括:集团法人治理情况、财务状况、风险管理、重大事件等。根据自身实际情况,可以自主增加披露其他相关信息。

第一百五十条 信息披露的方式、途径、频率、对象等,应当遵守监管机构的相关规定。因特殊原因不能按照上述有关规定及时披露的,集团应当遵守监管机构规定合规处理。

第二节 信息披露内容

第一百五十一条 法人治理信息。包括但不限于:

(一)集团概况。包括治理结构、组织结构和股权结构信息。

(二)集团母公司股本变动情况。

(三)集团母公司主要股东及实际控制人基本情况。

第一百五十二条 会计信息。包括但不限于:集团及母公司财务会计报表,包括资产负债表、利润表、现金流量表、所有者权益变动表、财务报表附注和审计报告的主要审计意见。

第一百五十三条 风险信息。包括但不限于:

(一)风险管理体系的组织架构和管理职能;

(二)风险管理的政策和程序,风险计量、监测和管理信息系统,内部控制和全面审计情况等;

(三)根据监管机构规定需要披露的其他风险信息。

第一百五十四条 重大事件信息。集团应当按照相关的法律、法规要求,及时披露可能具有较大影响的重大事件,说明事件的起因、目前的状态和可能产生的影响。重大事件包括但不限于:

(一)控股股东或者实际控制人发生变更;

(二)更换董事长或者总裁;

(三)当年董事会成员发生变动;

(四)公司名称、注册资本或者注册地发生变更;

(五)经营范围发生重大变化;

(六)合并、分立、解散或者申请破产;撤销分支机构信息;

(七)重大交易和关联交易;

(八)董事长、总裁因经济犯罪被判处刑罚;

(九)重大诉讼或者重大仲裁事项;

(十)更换或者提前解聘会计师事务所等。

第一百五十五条 集团应当按照有关法律、法规要求披露的重大交易和关联交易信息,包括但不限于:

(一)交易对手;

(二)定价政策;

（三）交易目的；

（四）交易的内部审批流程；

（五）交易对公司本期和未来财务及经营状况的影响；

（六）独立董事的意见。

第十章 监督管理

第一节 监管协调

第一百五十六条 银监会作为集团层面的监管机构，依法履行监管职责，针对集团范围的有效监管问题，加强与财政部、人民银行、证监会、保监会等监管机构和主管部门的监管协调，最大限度地消除监管空白和减少监管套利。监管协调的内容包括但不限于：

（一）银监会同其他监管机构和主管部门签署监管合作谅解备忘录，明确各相关监管机构和主管部门在集团监管中的职责，明确信息交流的内容、方式和渠道，确定联席工作会议、联系机制、重大紧急问题磋商机制、合作开展检查与联合采取监管措施等协调工作机制。

（二）银监会积极寻求同集团附属非金融法人机构的行业主管部门签署合作谅解备忘录，同该行业的主管部门保持沟通与信息共享。

（三）为避免重复监管，银监会对集团附属金融法人机构的了解和评估，在集团母公司提供的信息之外，主要依赖证监会、保监会等监管机构提供的信息，如有必要，可委托相关监管机构收集附属法人机构的特定信息。在监管协作的范围内，证监会、保监会等监管机构可从银监会获得集团运营中有可能影响到附属法人机构的信息。

（四）如果发现附属法人机构的活动可能会给集团运营带来实质性风险，银监会将与相关监管机构协调，联合开展检查或测试。

（五）银监会促进各相关监管机构就集团范围监管问题形成统一意见。对于金融监管政策等方面的协调，通过金融监管协调部际联席会议协调解决。如存在具体监管分歧，银监会通过与其他监管机构监管合作途径，及时协调解决。

（六）银监会和财政部、人民银行、证监会、保监会等相关监管机构及主管部门建立健全集团监管信息共享平台，包括检查报告、风险评估报告、内外部处罚情况和日常监管情况等信息。

第一百五十七条　银监会与境外监管机构开展监管合作,对集团跨境业务的监管和协调做出安排。

第二节　监管检查

第一百五十八条　银监会通过持续的非现场监管,现场检查以及不定期地对集团重要的风险管理和内部控制进行压力测试及情景分析等方式,持续深入了解集团的运营状况,判断集团是否符合相关法律、法规规定和满足审慎监管要求。

第一百五十九条　银监会持续监测和分析集团信息,评估集团整体的风险状况。集团母公司应当为银监会的持续监管提供必要的信息,并定期报送集团风险评估报告,适时报送集团重大事项以及监管部门要求报送的其他资料。

第一百六十条　银监会和集团母公司董事会、高级管理层之间应当就监管检查中发现的问题深入沟通,确保监管检查取得实效,促进集团母公司董事会和高级管理层及时采取纠正措施。

银监会可对集团的监管检查结果落实情况进行跟踪或实施后续检查。

第三节　监管罚则

第一百六十一条　银监会依法对集团母公司采取监管措施,督促其遵守审慎监管要求,确保集团稳健经营。

对附属法人机构达不到集团审慎监管要求的,银监会可责令集团母公司对附属法人机构提出限期纠正的要求。附属法人机构属于证券业或保险业机构的,银监会进行协调,由证监会、保监会等监管机构对其采取监管措施。

第一百六十二条　对于集团母公司未按照银监会监管要求进行整改,或者严重违反法律、法规的行为,银监会依据《中华人民共和国银行业监督管理法》、《中国银行业监督管理委员会行政处罚办法》等相关法律、法规进行处罚或移送司法部门进行处理。

第十一章　附　　则

第一百六十三条　本办法中的“以上”、“以内”包括本数或者本级。

第一百六十四条　本办法中董事会、监事会、董事、监事等有关规定不适用于未改制资产公司，信息披露有关规定不适用于未上市资产公司。资产公司可分阶段落实本办法中风险计量及压力测试、数据管理及信息系统建设有关规定，但已改制资产公司至少应在2020年底前达标，未改制资产公司至少应在改制后7年内达标。资产公司应制定分步实施规划。

第一百六十五条　本办法自2015年1月1日起施行。

财政部、银监会关于印发《金融资产管理公司资产处置公告管理办法（修订）》的通知

（财金〔2008〕87号　2008年7月11日公布施行）

中国华融资产管理公司、中国长城资产管理公司、中国东方资产管理公司、中国信达资产管理公司：

为适应金融资产管理公司商业化转型的需要，规范过渡阶段资产处置行为，确保资产处置收益最大化，防范道德风险，现将《金融资产管理公司资产处置公告管理办法（修订）》印发给你们，请遵照执行。

金融资产管理公司资产处置公告管理办法（修订）

第一条　为进一步规范金融资产管理公司（以下简称资产公司）资产处置行为，增强资产处置透明度，接受社会公众监督，防范道德风险，促进资产公司按照公开、公平、公正和竞争、择优的原则处置不良资产，最大限度提高资产处置收益，减少损失，根据《金融资产管理公司条例》、《金融资产管理公司资产处置管理办法（修订）》等，制定本

办法。

第二条　本办法适用范围为经国务院批准成立的中国华融资产管理公司、中国长城资产管理公司、中国东方资产管理公司、中国信达资产管理公司。

中国建银投资有限责任公司处置承继的金融资产,以及汇达资产托管有限责任公司处置金融资产时的处置公告,比照本办法执行。

第三条　资产公司资产处置公告应遵守有关法律法规。公告信息应面向社会,确保及时、有效、真实、完整。

第四条　资产公司资产处置公告适用的资产范围为资产公司收购(含附带无偿划转,下同)的各类不良资产及依法享有处置权的其他资产,包括但不限于以下资产:

(一)债权类资产:资产公司收购的不良贷款及相应利息;

(二)股权类资产:资产公司持有的债转股企业股权,通过资产置换、资产抵债等其他方式持有的各类企业股权;

(三)实物类资产:资产公司拥有所有权及依法享有处分权的各种实物资产,包括以物抵债实物资产、处置抵(质)押贷款等收回的实物资产等;

(四)其他权益类资产:无形资产等。

第五条　资产公司接受委托代为处置的资产,可参照本办法执行。委托协议另有约定的从其约定。

第六条　资产处置公告应至少包括以下内容:

(一)资产状态描述,包括资产的名称、种类、所在地、标的金额、数量、涉及的抵押、担保及其他情况等;

(二)资产处置的意思表示;

(三)提请对资产处置项目征询或异议的意思表示,征询或异议的有效期限;

(四)对交易对象资格和交易条件的要求;

(五)联系人及联系方式;

(六)对排斥、阻挠征询或异议的举报方式;

(七)公告发布的日期及有效期限;

(八)其他需要说明的情况。

第七条　按照本办法属于公告范围内的资产,在未形成资产处置方案前,除另有规定外,均依据第六条第1款的要求将资产基本情况逐项置于资产公司对外网站,以便社会查阅。

第八条　按照本办法属于公告范围内的资产,在形成资产处置方案后,资产处置公告应采取网站公告和报纸公告两种形式:

(一)网站公告。拟处置项目(含单项处置和打包处置,下同),除另有规定外,均应在资产公司审核处置方案前,在公司对外网站发布处置公告。其中:

——资产处置标的(即截至公告前最近一个结息日的资产整体账面价值,下同)在1000万元(含)以下的处置项目,只需在公司对外网站发布处置公告,不需进行报纸公告。

——网站公告的内容。单个项目的网站公告遵循上述第六条有关规定;打包处置项目除对资产包中每个项目进行公告外,还应在公告中对资产包作总体介绍,披露资产包的户数、金额、资产形态、债务分布地区,投资者向债权人了解债权具体情况的途径和方法等。

——资产公司应将网站公告的网页截图打印成纸质文件,存入资产处置档案,作为资产处置方案的附件备查;并将网站公告的电子文档作为系统备份文件无限期保存。

(二)报纸公告。对资产处置标的超过1000万元的处置项目,除在公司对外网站发布处置公告外,还应当在相应级别的报纸上进行公告。其中:

——资产处置标的在1000万元-5000万元(含)的处置项目,在资产所在地的地市级(含)以上公开发行的经济类或综合类报纸进行公告。资产处置标的超过5000万元的处置项目,在资产所在地的省级(含)以上公开发行的经济类或综合类报纸进行公告。

——报纸公告的内容。单个项目的报纸公告遵循上述第六条有关规定;资产包项目的报纸公告可仅公告资产包总体情况,但应在公告中注明“请投资者登录资产公司对外网站查询或与资产公司有关部门接洽查询”等类似字样,以便投资者了解单个项目情况。跨行政区域的资产包原则上应在较其属地高一级公开发行量最大的经济类或综合类报纸上公告。

——资产公司应将报纸公告的复印件存入资产处置档案,作为资产处置方案的附件备查。

第九条 资产处置公告应当遵循如下时间期限规定:

(一)资产处置标的在1000万元(含)以下的处置项目,应在资产处置审核机构审核日至少7个工作日前刊登公告;

(二)资产处置标的在1000万元-5000万元(含)的处置项目,应在资产处置审核机构审核日至少10个工作日前刊登公告;

(三)资产处置标的在5000万元-10000万元(含)的处置项目,应在资产处置审核机构审核日至少15个工作日前刊登公告;

(四)资产处置标的超过10000万元的处置项目,应在资产处置审核机构审核日至少20个工作日前刊登公告。

对分别采取网站公告和报纸公告两种形式进行公告的资产处置标的,应以时间较迟的公告发布日期计算公告期限。

第十条 以拍卖、招投标等竞价方式处置资产时,须按相关法律法规的规定进行公告。公告内容可比照上述第六条有关规定。

第十一条 在诉讼过程中,债务人自觉履行法院判决或通过强制执行方式结案的处置项目,以及依法破产终结的处置项目,可不按照本办法进行公告。

第十二条 以下符合国家有关规定不宜公开转让的处置项目,可不按照本办法进行公告:

(一)债务人或担保人为国家机关的项目;

(二)经国务院批准列入全国企业政策性关闭破产计划的国有企业项目;

(三)国务院批准的债转股项目原股东用债转股企业所得税返还回购资产公司持有的债转股企业股权;

(四)经相关政府部门出具证明的,国防、军工等涉及国家安全和敏感信息的项目,以及其他特殊情形不宜公开的项目。

第十三条 资产公司应建立资产处置公告的制定、发布等内部工作程序,指定资产处置公告工作的归口管理部门,确保公告工作规范、有序。资产公司应对资产处置公告的媒体选择、发布形式等严格审查把关,并应将选择确定的发布资产处置公告的媒体报财政部驻各地财政监察专员办事处和各地银监局备案。

第十四条　资产公司按资产处置管理规定审核资产处置方案时，网站公告的网页截图打印件和报纸公告的复印件应作为附件与方案一并提交资产处置审核机构审核。

第十五条　资产公司资产处置部门应结合公告反馈情况，完善和优化资产处置方案。资产处置审核机构发现公告情况有可能对资产处置产生重大影响的，应敦促资产处置部门进一步寻求更为合理的资产处置方案。

第十六条　依照本办法已公告的资产处置项目，变更处置方案时，如公告内容不发生变动，原则上可不重新公告；如公告的资产包方案增加项目的，则应在资产处置审核机构审核日至少5个工作日前刊登补充公告，补充公告的内容应包括资产包内有关项目及金额的增加等情况；公告的资产包方案减少项目的，不需进行补充公告。

第十七条　资产公司应按照国家档案管理的有关规定，加强资产处置公告档案管理。有关资产处置公告过程和结果的资料必须记录真实，留存完整。

第十八条　任何单位和个人不得以任何方式干扰资产公司资产处置公告活动，不得限制或者排斥符合条件的法人、其他组织和自然人征询或异议，不得阻挠或者隐瞒社会公众的举报。

资产公司必须抵制任何其他单位和个人对资产公司资产处置公告活动的干扰，并就干扰行为向有关监管部门报告。

第十九条　财政部驻各地财政监察专员办事处、各地银监局、资产公司审计与纪检监察部门对资产公司资产处置公告活动进行监督检查，受理有关排斥、阻挠征询或异议及其他干扰资产处置公告活动的举报，并进行核实和相关调查。

第二十条　对发生以下行为、玩忽职守、违反规定造成国有资产损失的，经查实，按照处理人和处理事相结合的原则，依据有关规定进行相应的经济处罚和行政处分：

（一）对应当予以公告的资产处置项目不予公告或无正当理由擅自免除公告进行处置的；

（二）公告时间不符合规定的；

(三)公告媒体的级别不符合规定的;

(四)公告内容不完整或不真实,影响对资产价值做出正常判断的;

(五)对征询、异议不予受理、消极对待、压制隐瞒的;

(六)资产处置公告档案管理混乱,重要记录、文件缺失的;

(七)违反国家有关保密规定的;

(八)其他干扰资产处置公告的行为。

第二十一条 本办法自印发之日起施行。

财政部关于印发《金融资产管理公司资产处置管理办法(修订)》的通知

(财金〔2008〕85 号 2008 年 7 月 9 日发布施行)

中国华融资产管理公司、中国长城资产管理公司、中国东方资产管理公司、中国信达资产管理公司:

为适应金融资产管理公司商业化转型的需要,规范过渡阶段资产处置行为,确保资产处置收益最大化,防范道德风险,现将《金融资产管理公司资产处置管理办法(修订)》印发给你们,请遵照执行。

金融资产管理公司资产处置管理办法(修订)

第一章 总 则

第一条 为规范金融资产管理公司(以下简称资产公司)资产处置管理工作程序和资产处置行为,确保资产处置收益最大化,防范处置风险,根据国家有关规定,制定本办法。

第二条 本办法适用范围为经国务院批准成立的中国华融资产管理公司、中国长城资产管理公司、中国东方资产管理公司、中国信达资产管理公司。

中国建银投资有限责任公司和汇达资产托管有限责任公司比照本办法执行。

第三条　本办法所称资产处置,是指资产公司按照有关法律、法规,综合运用经营范围内的手段和方法,以所收购的不良资产价值变现为目的的经营活动。

资产公司接受委托管理和处置的不良资产可参照本办法执行。委托协议另有约定的,从其约定。

第四条　资产公司资产处置应坚持效益优先、严控风险、竞争择优和公开、公平、公正的原则,按照有关法律、法规的规定进行。

第五条　资产公司资产处置应遵循"评处分离、审处分离、集体审查、分级批准,上报备案"的原则和办法。

第二章　处置审核机构

第六条　资产公司必须设置资产处置专门审核机构,负责对资产处置方案进行审查。资产公司资产处置专门审核机构,由资产处置相关部门人员组成,对资产公司总裁负责。资产公司可建立资产处置专门审核机构后备成员库。资产处置专门审核机构成员和后备成员应具备一定资质,熟悉资产处置工作和相关领域业务,且责任心强。

资产公司分支机构也应健全处置程序,成立相应的资产处置专门审核机构,对分支机构负责人负责。

第七条　资产公司及其分支机构必须完善资产处置内部控制制度和制衡机制,明确参与资产处置各部门的职责,强化资产处置内部监督。

第三章　处 置 审 批

第八条　资产处置方案未经资产处置专门审核机构审核通过,资产公司一律不得进行处置,经人民法院或仲裁机构作出已生效的判决、裁定、裁决的资产处置项目除外。资产处置无论金额大小和损益大小,资产公司任何个人无权单独决定。

第九条　资产处置方案审批工作程序。

(一)分支机构资产管理和处置部门制定处置方案,如有必要,经征询相关部门意见后,将在授权范围内的处置方案及相关资料(如评估报告、法律意见书等)提交分支机构资产处置专门审核机构审查通过后,由分支机构负责人批准实施。对超出授权范围的,上报资产公司审批。

(二)资产公司指定归口部门对分支机构上报的处置方案进行初审,将处置方案及初审意见提交资产公司资产处置专门审核机构审查通过后,由资产公司总裁批准实施。分支机构上报的处置方案提交资产公司资产处置专门审核机构审查前,如有必要,应征询资产评估、资金财务、法律等部门意见。

(三)资产公司资产处置专门审核机构召开资产处置审核会议必须通知全体成员,7 人以上(含 7 人)成员到会,会议审议事项方为有效;分支机构召开资产处置审核会议必须 5 人以上(含 5 人)成员到会,会议审议事项方为有效。全体到会人员以记名投票方式对处置方案进行表决,实行一人一票制,获到会人员总数 2/3(含 2/3)以上票数方可通过。

第十条 审查依据和审查重点。

(一)资产处置方案的审查依据是资产收购成本、评估价值、尽职调查和估值结果、同类资产的市价和国家有关资产管理、资产处置、资产评估、价值认证及商品(产权)交易等方面的法律法规。

(二)资产处置方案的审查重点是处置方案的成本效益性、必要性及可行性、风险的可控性、评估方法的合规性、资产定价和处置费用的合理性、处置行为和程序的公开性和合规性。

第十一条 资产公司法定代表人及分支机构负责人对资产处置的过程和结果负责。

资产公司法定代表人及分支机构负责人不参加资产处置专门审核机构,可以列席资产处置审核会议,不得对审议事项发表意见,但对资产处置专门审核机构审核通过的资产处置方案拥有否决权。如调整处置方案,调整后的处置方案如劣于原处置方案,需按资产处置程序由资产处置专门审核机构重新审核。

资产公司副总裁和分支机构副总经理(副主任)参加资产处置专

门审核机构的，出席会议时不得事先对审议事项发表同意与否的个人意见。

直接参与资产处置的部门负责人及有关人员可以列席资产处置专门审核机构资产处置审核会议，介绍资产处置方案的有关情况。

资产公司和分支机构审计与纪检、监察人员应列席资产处置审核会议。

第十二条　资产公司资产处置必须实行回避制度，资产公司任何个人与被处置资产方、资产受让（受托）方、受托资产评估机构等有直系亲属关系的，在整个资产处置过程中必须予以回避。

第十三条　经人民法院或仲裁机构作出已生效的判决、裁定、裁决的资产处置项目，不再经资产处置专门审核机构审核通过。但是，该项目在诉讼或执行中通过调解、和解需放弃全部或部分诉讼权利、申请执行终结、申请破产等方式进行处置时，应事先经资产处置专门审核机构审核通过。

第十四条　分支机构不得向内设机构和项目组转授资产处置审批权。

第十五条　资产公司和分支机构应按规定，逐月分别向财政部和财政部驻各地财政监察专员办事处（以下简称专员办）报告资产处置进度。报告内容包括资产处置项目、全部债权金额、处置方式、回收非现金资产、回收现金等内容。分支机构对单项资产处置项目收购本金在1000万元以上（含1000万元）和单个资产包收购本金在1亿元以上（含1亿元）的项目，终结处置完成后报专员办备案。

第四章　处置实施

第十六条　资产公司可通过追偿债务、租赁、转让、重组、资产置换、委托处置、债权转股权、资产证券化等多种方式处置资产。资产公司应在金融监管部门批准的业务许可范围内，探索处置方式，以实现处置收益最大化的目标。

第十七条　资产公司可依法通过公告、诉讼等方式维权和向债务人和担保人追偿债务，加强诉讼时效管理，防止各种因素导致时效丧失而形成损失。

资产公司采用诉讼方式应考虑资产处置项目的具体情况,避免盲目性,最大限度降低处置成本。

第十八条 资产公司在资产处置过程中,根据每一个资产处置项目的具体情况,按照公正合理原则、成本效益原则和效率原则确定是否评估和具体评估方式。

资产公司对债权资产进行处置时,可由外部独立评估机构进行偿债能力分析,或采取尽职调查、内部估值方式确定资产价值,不需向财政部办理资产评估的备案手续。

资产公司以债转股、出售股权资产(含国务院批准的债转股项目股权资产,下同)或出售不动产的方式处置资产时,除上市公司可流通股权资产外,均应由外部独立评估机构对资产进行评估。国务院批准的债转股项目股权资产,按照国家国有资产评估项目管理的有关规定进行备案;其他股权资产和不动产处置项目不需报财政部备案,由资产公司办理内部备案手续。

资产公司应参照评估价值或内部估值确定拟处置资产的折股价或底价。

第十九条 资产公司转让资产原则上应采取公开竞价方式,包括但不限于招投标、拍卖、要约邀请公开竞价、公开询价等方式。其中,以招投标方式处置不良资产时,应按照《中华人民共和国招标投标法》的规定组织实施。以拍卖方式处置资产,应选择有资质的拍卖中介机构,按照《中华人民共和国拍卖法》的规定组织实施。招标和拍卖的底价确定按资产处置程序办理。

以要约邀请公开竞价、公开询价等方式处置时,至少要有两人以上参加竞价,当只有一人竞价时,需按照公告程序补登公告,公告 7 个工作日后,如确定没有新的竞价者参加竞价才能成交。

资产公司未经公开竞价处置程序,不得采取协议转让方式向非国有受让人转让资产。

第二十条 资产公司对持有国有企业(包括国有全资和国有控股企业)的债权资产进行出售时,应提前 15 天书面告知国有企业及其出资人或国有资产管理部门。

第二十一条 资产公司以出售方式处置股权资产时,非上市公司股权资产(含国务院批准的债转股项目非上市股权,下同)的转让符合以下条件的,资产公司可采取直接协议转让的方式转让给原国有出资人或国资部门指定的企业:

(一)因国家法律、行政法规对受让方有特殊要求的;

(二)从事战略武器生产、关系国家战略安全和涉及国家核心机密的核心重点保军企业的股权资产;

(三)资源型、垄断型等关系国家经济安全和国计民生行业的股权资产;

(四)经相关政府部门认定的其他不宜公开转让的股权资产。

第二十二条　资产公司直接协议转让非上市公司股权资产的,除以下情形外,转让价格不得低于资产评估结果:

(一)资产公司向国务院批准的债转股项目原国有出资人转让股权的,经财政部商国资委审核后,可不进行资产评估,以审计的每股资产净值为基础,由双方依商业原则协商确定收购价格,不得低于最近一期经审计的资产净值。

(二)国务院批准的债转股项目原股东用债转股企业所得税返还购买资产公司持有的债转股企业股权,无须经过处置公告和资产评估,双方应根据企业经审计的每股净资产在协商的基础上确定转让价格,不得低于最近一期经审计的资产净值。

第二十三条　资产公司以出售方式处置股权资产时,除本办法第二十一条、第二十二条规定的情形外,国务院批准的债转股项目股权资产及评估价值在1000万元以上的其他非上市公司股权资产的转让均应按照国家有关规定的程序,在依法设立的省级以上产权交易市场公开进行。首次挂牌价格不得低于资产评估结果。当交易价格低于评估结果的90%时,应当暂停交易,重新履行资产公司内部处置审批程序。

第二十四条　资产公司以出售方式处置股权资产时,上市公司股权资产的转让应按照金融类企业国有资产转让管理的有关规定,通过依法设立的证券交易系统进行,并根据证券交易的相关规定披露转让信息。

第二十五条　除向政府、政府主管部门、出资人及其指定机构、资产公司转让外,资产公司不得对外转让下列资产:债务人或担保人为国家机关的债权;经国务院批准列入全国企业政策性关闭破产计划的国有企业债权;国防军工等涉及国家安全和敏感信息的债权;国家法律法规限制转让的其他债权。

第二十六条 资产公司不得向下列人员转让不良资产:国家公务员、金融监管机构工作人员、政法干警、资产公司工作人员、国有企业债务人管理层以及参与资产处置工作的律师、会计师、评估师等中介机构人员等关联人。资产公司在处置公告中有义务提示以上人员不得购买资产。

第二十七条 资产公司可按资产处置程序自行确定打包转让资产。对于打包处置项目,可采用抽样方式,通过对抽样项目的评估或内部估值,推断资产包的总体价值,确定打包转让的底价。

对于将商业化收购资产与政策性资产混合处置的资产(包),资产公司必须合理确定各类资产的分摊成本,据实分配收益,不得人为调剂。

第二十八条 资产公司必须按规定的范围、内容、程序和时间等要求进行资产处置公告,国家有关政策另有规定除外。特殊情况不宜公告的需由相关政府部门出具证明。

第二十九条 资产公司委托处置资产时,必须遵守回收价值大于处置成本的原则,即回收的价值应足以支付代理处置手续费和代理处置过程中发生的诉讼费、公证费、资产保全费和拍卖佣金等直接费用,并应有结余。

第三十条 资产公司可通过吸收外资对其所拥有的资产进行重组和处置,严格执行我国外商投资的法律和有关法规,处置方案按资产处置程序确定。

资产公司利用外资处置资产应注重引进国外先进技术和管理经验,促进现代企业制度的建设,提升资产价值。

第三十一条 资产公司在资产处置过程中,需注入部分资金提升处置回收价值的,在业务许可范围内,按市场原则和资产处置程序办理。

第三十二条 为避免竞相压价,最大限度地回收资产,减少资产损失,资产公司处置资产中,凡涉及两家或两家以上资产公司的共同资产,应加强沟通和协调,共同做好维权和回收工作,不得相互之间发生恶性竞争。

第三十三条 资产公司应建立资产保全和追收制度,对未处置和未终结处置的资产继续保留追索的权利,并对这部分资产(包括应计利息、表外应收利息等)应得权益继续催收。

资产公司接受抵债资产后,必须保障资产安全,应尽可能及时办理过户手续,并按资产处置程序和回收最大化原则,择机变现,不得故意拖延或违规自用。资产公司应加强抵债资产的维护,建立定期清理制度,避免因管理不当导致资产减值。

第五章 处置管理

第三十四条 资产公司应建立健全资产处置的项目台账,对每一个资产处置项目应实行项目预算管理,加强对回收资产、处置费用及处置损益的计划管理,并持续地跟踪、监测项目进展。对一个资产处置方案(金额按单个债务人全部债务合并计算),如预计其全部回收资产价值小于直接处置费用的,原则上应另行考虑更为经济可行的资产处置方案。

第三十五条 资产公司必须按照国家档案管理的有关规定,严格加强资产处置档案管理。资产处置过程和结果的资料必须完整、真实。对资产处置专门审核机构的资产处置审查意见和表决结果必须如实记录,并形成会议纪要。

第三十六条 资产公司及其任何个人,应对资产处置方案和结果保守秘密。除国家另有规定以及资产公司为了处置资产必须公布有关信息外,严禁对外披露资产公司资产处置信息。

第三十七条 根据国家有关规定,资产处置过程中,任何单位和个人不得对资产处置进行干预,资产公司必须抵制任何单位和个人对资产处置的干预。

第三十八条 资产公司要强化一级法人的管理,建立和完善分工明确的制约机制和授权管理,健全资产处置项目各种可行方案的比较分析机制,严禁采取超授权、越权、逆程序等违规手段处置资产,严禁虚假评估,严禁伪造虚假档案和记录。要采取各种措施从实质上防范商业风险、道德风险,按照最优方案处置资产。

第六章 处置权限划分

第三十九条 资产公司以打包形式收购的资产,应将整包资产的收购成本按照适当的方法分摊至包内的每户单项资产,作为该户单项资产的收购成本入账。

第四十条 资产公司应采取合理、审慎的方法确定资产处置的盈亏平衡点。计算盈亏平衡点时,应考虑资产收购成本、融资成本以及资产收购、管理和处置过程中发生的相关成本和各项税费等因素。资产处置项目的预计回收价值可以弥补或超过上述各项成本及税费的,视为达到或超过盈亏平衡点;不足以弥补各项成本及税费的,视为未达到盈亏平衡点,差额为预计亏损。

第四十一条 对达到或超过盈亏平衡点的资产处置项目,资产公司可按照资产收购成本的一定金额,根据实际情况确定对分支机构的授权额度。授权额度之内的资产处置项目,必须经分支机构资产处置专门审核机构审核通过后,由分支机构负责人批准;超出授权额度的资产处置项目,必须经资产公司资产处置专门审核机构审核通过后,由资产公司总裁批准。

第四十二条 对未达到盈亏平衡点的资产处置项目,资产公司可按照预计亏损的一定金额,根据实际情况确定对分支机构的授权额度。授权额度之内的资产处置项目,必须经分支机构资产处置专门审核机构审核通过后,由分支机构负责人批准;超出授权额度的资产处置项目,必须经资产公司资产处置专门审核机构审核通过后,由资产公司总裁批准。

第四十三条 资产处置过程中,对列入全国企业兼并破产领导小组计划内的兼并、破产等政策性核销债权的处置,资产公司应严格按规定进行审核并出具意见,从相关部门批准或通知之日起,资产公司对相关债权予以处理。

第七章 监督检查

第四十四条 资产公司应建立资产处置尽职调查和事后检查制

度，定期或不定期地对分支机构资产处置进行审计。

资产公司审计与纪检、监察部门和专员办设立资产处置公开举报电话，对举报内容如实记录，并进行核实和相关调查。

第四十五条　财政部和专员办定期或不定期组织对资产公司及分支机构资产处置过程的合规性和处置结果进行抽查。

第四十六条　对发生以下行为，造成国有资产损失的，一经查实，按照处理人和处理事相结合的原则和国家有关规定，视情节轻重和损失大小进行相应的经济处罚和行政处罚；违反党纪、政纪的，移交有关纪检、监察部门处理；涉嫌违法犯罪的，移交司法机关处理：

（一）未经规定程序审批同意，放弃资产公司应有、应得权益；

（二）超越权限或未经规定程序审批同意擅自处置资产；

（三）未经规定程序审批同意，擅自更改处置方案；

（四）隐瞒或截留处置资产、回收资产和处置收入；

（五）在进行收购成本分摊入账时，未经规定程序审批同意，擅自更改资产公司既定的成本分摊入账原则；

（六）玩忽职守，造成债务人逃废债务；

（七）内外勾结，串通作弊，压价处置资产；

（八）暗箱操作、内部交易、私下处置；

（九）泄露资产公司商业秘密；

（十）抵债资产管理不善，未经规定程序审批同意，擅自使用，造成资产损失；

（十一）谋取小集体利益和个人利益；

（十二）资产处置档案管理混乱；

（十三）其他因自身过错造成资产损失的行为。

第八章　附　　则

第四十七条　资产公司资本金项下股权资产应按照金融类企业国有资产的产权登记、资产评估、产权管理的统一规定执行。

第四十八条　资产公司可根据本办法制定资产处置管理实施细则，报财政部备案。

第四十九条　本办法自发布之日起施行。《财政部关于印发〈金融资产管理公司资产处置管理办法(修订)〉的通知》(财金〔2004〕41号)同时废止。以往其他规定与本办法不符的,以本办法为准。

地方规范性文件

福建银保监局关于进一步规范金融资产管理公司非金融机构不良资产业务的通知

(闽银保监发〔2020〕111号　2020年11月30日公布施行)

各金融资产管理公司福建省分公司:

近年来,辖区金融资产管理公司(以下简称"资产公司")非金融机构不良资产收购和处置业务(以下简称"非金业务")不规范、不审慎问题突出。为进一步规范资产公司非金业务经营行为,防范非金业务风险,促进资产公司稳健发展,现就有关事项通知如下:

一、端正经营理念,坚持差异竞争

(一)端正经营理念。提高政治站位,牢记资产公司的初心和使命,坚持主责主业,紧扣服务实体经济和供给侧结构性改革,发挥金融救助器和逆周期工具功能,助力化解实体企业风险。积极围绕问题企业、问题资产,将实质性重组作为非金融机构不良资产处置的主要方式和培育自身核心竞争力的重要手段,积极探索有效的方式和举措,更好地服务实体经济。

(二)坚持差异化竞争。作为金融体系的有效补充,与银行实行差异化经营,多做"价值再造"和"雪中送炭",走差异化、特色化经营之路,积极支持面临暂时性困难但有良好前景和良好预期的企业,帮助企业解开债务链条,剥离低效资产,盘活存量资产,促进企业解困重生。

(三)科学把握时机。在企业因经营出现暂时流动性困难的情况下，发挥“紧急通道”作用，将资源用于有发展前景但又确需流动性救助的企业。不得假借救助之名，违规收购企业之间不真实的不良资产或正常资产。待企业恢复正常生产经营后，要适时退出，及时腾出资源投向更需救助的企业，严防通过非金业务助长企业盲目扩张、过度负债而酿成更大的风险。

二、加强内控管理，严格调查审查

（四）完善内控制度。结合实际制定非金业务管理办法，明确客户筛选标准，严格选择准入客户，对于涉及民间借贷的企业或项目要审慎介入。明确非金不良资产真实性判定办法，明确问题企业、问题资产认定标准，制定实质性重组业务具体操作细则。防范非金不良资产认定不审慎、问题企业认定不准确、变相为企业融资等问题。

（五）收齐证明资料。全面收集业务发生的基础合同及协议、贸易背景证明、双方企业会计报表、各交易方银行账户流水等资金收付凭证、债权债务关系确认书、拟收购资产为存量不良资产的性质证明材料、原债权人和债务人相关征信信息、舆情信息以及是否涉及民间借贷等方面的材料，取得资产各相关方对拟收购标的资产权属关系真实性、合法性、有效性、准确性的承诺与保证。

（六）审慎确认债权。收齐证明材料后，应综合运用现场调查、非现场调查和外围调查等多种方式，验证收购标的资产权属关系真实性，不能单纯依赖于资产出让方、债务方等交易相关方提供的材料。对于合同发票，应在跨月查验真伪的基础上，在原件上加盖“债权已出售”的签章。要深入分析，充分印证拟收购标的为存量不良资产且存在价值贬损的情况，不得简单以借款合同到期债务人未能还款作为不良资产认定标准。严格审核原债权债务形成原因，不得收购仅有资金划转但没有实际对应资产的往来款，不得收购无真实交易背景的债权资产，不得借收购非金不良资产名义为企业或项目提供融资，不得违反国家宏观调控政策开展非金业务。

（七）合理确定价格。审慎评估拟收购资产的价值，定价结果应当充分体现对风险和成本的覆盖以及不良资产价值贬损的特征，不得随意提高收购价格或随意豁免债务而导致资产公司可能承担最终风险和损失。未经审慎、客观、合理评估论证，不得采取“原值收购”。

三、健全风控机制,强化风险管理

(八)健全风控机制。切实发挥三道防线职责,加强项目实质性审核和全流程管理,严格落实各项风控措施,加强投后风险监测。建立健全风险限额管理机制,加强前十大客户名单制管理,切实防范"垒大户"风险。对同一集团客户发生三次(含)以上收购业务,应建立管理台账,并在项目实施后一个月内将尽职调查报告或涵盖尽职调查内容的项目方案向监管部门报告。严格控制行业集中度,投向单一行业的资产超过非金不良资产余额50%的,应及时向监管部门报告集中度控制措施。

(九)做实资产质量。审慎评估偿债主体的还款能力,对以信用风险为主要特征的资产,应根据资产质量变动情况,严格按照真实、准确、及时、动态的原则进行不良资产估值和资产风险分类,足额计提资产减值准备,特别是对于出现重大不利变化的资产,应及时下调资产风险分类,不得随意回调资产风险分类和资产减值准备,不得采取任何方式掩盖或隐藏内生不良资产。

特此通知。

第十二编　地方资产管理公司

部门规章及规范性文件

中国银行业监督管理委员会办公厅关于适当调整地方资产管理公司有关政策的函

（银监办便函〔2016〕1738号　2016年10月14日公布施行）

各省、自治区、直辖市、计划单列市人民政府办公厅：

为盘活金融企业不良资产，拓宽金融企业不良资产处置渠道，促进市场竞争，支持地方资产管理公司发展，维护经济金融秩序，经国务院同意，现将有关政策调整情况函告如下：

一、放宽《金融企业不良资产批量转让管理办法》（财金［2012］6号）第三条第二款关于各省级人民政府原则上可设立一家地方资产管理公司的限制，允许确有意愿的省级人民政府增设一家地方资产管理公司。省级人民政府增设地方资产管理公司应当考虑以下因素：一是当地不良贷款余额较高、不良贷款处置压力较大；二是不良资产增速较快，不良资产转让需求较高；三是已设立的地方资产管理公司正常经营并已积极发挥作用。省级人民政府增设一家地方资产管理公司，应当按照《中国银监会关于地方资产管理公司开展金融企业不良资产批量收购处置业务资质认可条件等有关问题的通知》（银监发［2013］45号）第二条规定的条件执行，并报银监会公布。

二、放宽《金融企业不良资产批量转让管理办法》（财金［2012］6号）第三条关于地方资产管理公司收购的不良资产不得对外转让，只能进行债务重组的限制，允许以债务重组，对外转让等方式处置不良资产，对外转让的受让主体不受地域限制。

三、各省级人民政府（含计划单列市）应履行主体监管责任，督促其授权或批准的地方资产管理公司严格遵守相关法律、行政法规的监管规则。银监会会同财政部也将加强对地方资产管理公司的指导和监督,促进地方资产管理公司健康发展。

执行中有问题的,可以与银监会法规部联系。

中国银监会关于地方资产管理公司开展金融企业不良资产批量收购处置业务资质认可条件等有关问题的通知

(银监发〔2013〕45号　2013年11月28日公布施行)

各银监局,各政策性银行、国有商业银行、股份制商业银行、金融资产管理公司,邮储银行,各省级农村信用联社,银监会直接监管的信托公司、企业集团财务公司、金融租赁公司:

为规范金融企业不良资产批量转让、收购和处置业务,切实效防范和化解金融风险,根据《银行业监督管理法》和财政部、银监会《关于印发〈金融企业不良资产批量转让管理办法〉的通知》(财金〔2012〕6号)等有关规定,现就省、自治区、直辖市人民政府依法设立或授权的资产管理或经营公司(以下简称地方资产管理公司)开展金融企业不良资产批量收购、处置业务的资质认可条件等有关问题通知如下:

一、各省、自治区、直辖市人民政府原则上只可设立或授权一家地方资产管理公司,参与本省(自治区、直辖市)范围内金融企业不良资产的批量收购、处置业务。地方资产管理公司购入的不良资产应当采取债务重组的方式进行处置,不得对外转让。

二、地方资产管理公司应当符合以下审慎性条件:

(一)注册资本最低限额为十亿元人民币,且为实缴资本;

(二)有具备任职专业知识和业务工作经验的董事、高级管理人员及适宜于从事金融企业不良资产批量收购、处置业务的专业团队。

(三)具有健全的公司治理、完善的内部控制和风险管理制度;

（四）经营业绩良好，最近三个会计年度连续盈利；

（五）资质信用良好，近三年内无违法违规和其他不良记录。

新设地方资产管理公司不受前款第四、第五项的限制。

三、各省、自治区、直辖市人民政府可根据上述审慎性条件设立或授权一家地方资产管理公司开展金融企业不良资产批量收购、处置业务，核准设立或授权文件应同时抄送财政部和银监会。鼓励民间资本投资入股地方资产管理公司。

四、经银监会公布后，金融企业可以按照有关法律、行政法规和《金融企业不良资产批量转让管理办法》的规定向地方资产管理公司批量转让不良资产。

五、金融企业和地方资产管理公司开展金融企业不良资产批量转让、处置业务，应当严格遵守金融不良资产管理、处置的法律、行政法规和监管要求。

部门工作文件

中国银保监会办公厅关于加强地方资产管理公司监督管理工作的通知

（银保监办发〔2019〕153号　2019年7月5日公布施行）

近年来，随着银行不良贷款规模攀升、地方债务逐渐增加，地方资产管理公司快速发展，在处置不良资产、盘活存量资产、防范和化解金融风险、支持实体经济发展等方面发挥了积极作用，但同时也产生了一些高风险甚至违规经营行为。为落实党中央、国务院关于“完善金融服务、防范和化解金融风险、深化金融供给侧结构性改革”的决策部署，现就加强地方资产管理公司监督管理，促进地方资产管理公司稳健经营和健康发展有关工作通知如下：

一、严格标准，把好市场入口和市场出口两道关

为整顿不良资产市场秩序，防止盲目设立地方资产管理公司，各省（区、市）人民政府地方金融监管部门应从实际出发，严格标准，规范流程，把好市场入口和市场出口两道关，促进地方资产管理公司健康发展。

（一）各省（区、市）人民政府地方金融监管部门应严格遵守《金融企业不良资产批量转让管理办法》（财金〔2012〕6 号）、《关于地方资产管理公司开展金融企业不良资产批量收购处置业务资质认可条件等有关问题的通知》（银监发〔2013〕45 号）、《关于适当调整地方资产管理公司有关政策的函》（银监办便函〔2016〕1738 号）等有关规定，对地方资产管理公司的设立从严把握，并对公司设立的可行性与必要性进行全方位论证，论证报告及相关材料报送银保监会。

（二）地方资产管理公司的名称、组织形式、注册资本、控股股东、住所等事项发生变更，应事前向省（区、市）人民政府地方金融监管部门书面报告。

（三）地方资产管理公司违法经营或有危及公司稳健运行、可能引发金融风险行为的，各省（区、市）人民政府地方金融监管部门可采取责令限期改正、追究相关责任人责任等监管措施。

（四）地方资产管理公司严重违法经营的，各省（区、市）人民政府地方金融监管部门可撤销该公司参与本地区金融企业不良资产批量收购处置业务的资质，但应书面征求银保监会意见。达成一致意见的，省（区、市）人民政府地方金融监管部门可作出撤销决定，并在 10 个工作日内抄报银保监会，由银保监会予以公布。

（五）地方资产管理公司解散或被依法宣告破产的，应依法进行清算并注销，清算过程接受省（区、市）人民政府地方金融监管部门监督。清算结束后，清算机构应出具清算报告，编制清算期间收支报表，连同注册会计师验证报告，一并报送省（区、市）人民政府地方金融监管部门，向公司登记机关申请办理注销登记，并抄报银保监会，由银保监会予以公布。

二、回归本源，专注主业

地方资产管理公司应坚持依法合规、稳健经营，以市场化方式、法

治化原则、专业化手段开展不良资产收购处置业务，以防范和化解区域金融风险、维护经济金融秩序、支持实体经济发展为主要经营目标。

（一）地方资产管理公司收购处置的不良资产应当符合真实、有效等条件，通过评估或估值程序进行市场公允定价，实现资产和风险的真实、完全转移。不得与转让方在转让合同等正式法律文件之外签订或达成影响资产和风险真实完全转移的改变交易结构、风险承担主体及相关权益转移过程的协议或约定，不得设置任何显性或隐性的回购条款，不得以任何形式帮助金融企业虚假出表掩盖不良资产，不得以收购不良资产名义为企业或项目提供融资，不得收购无实际对应资产和无真实交易背景的债权资产，不得向股东或关系人输送非法利益，不得以暴力或其他非法手段进行清收。

（二）地方资产管理公司不得收购经国务院批准列入全国企业政策性关闭破产计划的资产、国防军工等涉及国家安全和敏感信息的资产、在借款合同或担保合同中有限制转让条款的资产以及国家法律法规限制转让的其他资产。

（三）各省（区、市）人民政府地方金融监管部门应正确引导地方资产管理公司回归本源、专注主业、脱虚向实，促进地方资产管理公司向不良资产收购处置专营化发展，支持地方资产管理公司探索拓展主营业务模式，积极参与地方非银行金融机构、非存款类放贷组织等机构不良资产的收购与处置工作，协助地方政府有效防控区域金融风险，服务地方实体经济，更好地支持金融供给侧结构性改革。

三、坚持问题导向，压实监管责任

根据相关规定，银保监会负责制定地方资产管理公司的监管规则，各省（区、市）人民政府履行地方资产管理公司监管责任，各地方金融监管部门具体负责对本地区地方资产管理公司的日常监管，包括地方资产管理公司的设立、变更、终止、风险防范和处置等工作，并督促地方资产管理公司严格遵守相关法律法规和监管规则。

（一）在监管工作中，各省（区、市）人民政府地方金融监管部门应坚持问题导向，通过采取现场检查和非现场监管等多种方式，落实各项监管措施，压实监管责任，防范和化解地方资产管理公司经营风险。

（二）根据履行职责的需要，各省（区、市）人民政府地方金融监管部门有权采取现场检查、约谈、询问地方资产管理公司工作人员,查阅复制与检查事项相关的文件、资料、系统数据等方式,深入了解地方资产管理公司的运营状况,分析、评价地方资产管理公司风险状况,判断地方资产管理公司是否符合相关法律法规规定,实现对地方资产管理公司的有效监管。

(三)各省(区、市)人民政府地方金融监管部门应提高非现场监管工作标准化水平,建立并完善地方资产管理公司业务统计制度和信息化监管平台,督促地方资产管理公司定期报送资产负债表、利润表和其他财务会计、统计报表,经营管理资料,注册会计师出具的审计报告及其他相关材料等。

(四)各省(区、市)人民政府地方金融监管部门应加强与银保监会派出机构的沟通协调,建立地方资产管理公司监管信息共享机制,共同研究防范和化解区域金融风险、服务实体经济的监管措施。

四、严守风险底线,治理市场乱象

各省(区、市)人民政府地方金融监管部门要坚持严守风险的底线思维,坚持服务实体经济的根本目标,坚持稳妥审慎的监管思路,坚持问题导向、有的放矢,不断深化金融供给侧结构性改革。

(一)地方资产管理公司应建立全面的公司治理框架、完备的内部控制与风险管理体系,稳健的资本管理政策、制度及实施流程,建立可持续的资本补充机制,充分抵御各类风险。建立规范的资产风险分类制度和风险准备金制度,加强资产质量管理,足额计提风险损失准备。

(二)地方资产管理公司应遵循安全、合规的原则,积极有效降低杠杆率,谨慎选择融资渠道,未经批准不得向社会公众发行债务性融资工具。

(三)地方资产管理公司应建立并完善信息披露制度,明确内部管理职责,规范披露程序,以及信息披露的方式、途径、频率、对象等。同时,严格执行重大事项报告制度,及时向省(区、市)人民政府地方金融监管部门报送重大事项信息。

(四)各省(区、市)人民政府地方金融监管部门要坚持宏观审慎管理与微观审慎监管相结合、机构监管与功能监管相结合的监管理念,加大市场摸底与排查力度,避免各地方资产管理公司违规或高风险经营，防止风险跨行业、跨市场、跨区域传导。

五、鼓励政策支持，营造良好环境

为充分发挥地方资产管理公司盘活地方不良资产、防范和化解区域金融风险、服务实体经济的积极作用，鼓励地方政府及相关部门研究出台税收、资产处置、信贷支持、产业发展、司法和人才引进等方面的扶持政策，支持地方资产管理公司健康发展。

地方规范性文件

广西壮族自治区地方金融监督管理局关于印发《广西壮族自治区地方资产管理公司监督管理指引（试行）》的通知

（桂金监贰〔2021〕7号　2021年4月27日公布施行）

各设区市金融办、各地方资产管理公司：

《广西壮族自治区地方资产管理公司监督管理指引（试行）》已经自治区地方金融监督管理局局长办公会讨论通过，现印发给你们，请认真贯彻执行。

广西壮族自治区地方资产管理公司监督管理指引（试行）

第一章　总　　则

第一条　为加强对广西壮族自治区地方资产管理公司（以下简称地方资产管理公司）的监管，促进地方资产管理公司规范健康发展，防范化解相关金融风险，根据《中国银保监会办公厅关于加强地方资产管理公司监督管理工作的通知》（银保监办发〔2019〕153号）及《广西壮族自治区地方金融监督管理条例》(2020年9月22日广西壮族自治区第十三届人民代表大会常务委员会第十八次会议通过)等相关政策和法规精神,制定本指引。

第二条　本指引适用于经广西壮族自治区人民政府批准设立、依法注册登记,并经中国银行保险监督管理委员会(以下简称银保监会)备案公布的地方资产管理公司的监管工作。

第三条　广西壮族自治区地方金融监督管理局(以下简称自治区地方金融监管局)是代表广西壮族自治区人民政府履行广西行政区域内地方资产管理公司日常监督管理职能的机构,负责地方资产管理公司的设立、变更和终止相关审批工作,以及地方资产管理公司日常监督管理和风险防范处置工作。广西壮族自治区财政厅(以下简称自治区财政厅)、广西壮族自治区人民政府国有资产监督管理委员会(以下简称自治区国资委)、广西壮族自治区市场监督管理局(以下简称自治区市场监管局),中国人民银行南宁中心支行(以下简称人行南宁中支)、中国银行保险监督管理委员会广西监管局(以下简称广西银保监局)等部门在各自监管权限范围内予以协调配合。

第四条　自治区地方金融监管局建立风险管控为本的审慎监管框架,审慎监管框架的基本要素包括但不限于:设立条件、公司治理、股权变更、风险管控、资本充足性、财务稳健性、信息报送与信息披露等。

第二章　经营规则

第五条　地方资产管理公司设立应当符合以下审慎性条件:

(一)注册资本最低限额为10亿元人民币,且为实缴资本;

(二)有具备任职专业知识和业务工作经验的董事、监事、高级管理人员及适宜于从事金融企业不良资产批量收购、处置业务的专业团队;

(三)具有健全的公司治理、完善的内部控制和风险管理制度;

(四)发起人经营业绩良好,最近3个会计年度连续盈利;

(五)发起人资质信用良好,近3年内无违法违规和其他不良记录。

第六条 申请设立地方资产管理公司应当向各级地方金融监管部门逐级提交下列文件、资料:

(一)申请书,申请书应当载明拟设立的地方资产管理公司的名称、住所、注册资本、业务范围等;

(二)可行性研究报告;

(三)章程草案;

(四)拟任职的董事、监事及高级管理人员的资格证明;

(五)法定验资机构出具的验资证明;

(六)股东名册及其出资额、股份;

(七)股东的资信证明;

(八)经营计划;

(九)营业场所和安全设施、信息设备等与业务有关的其他设施的资料;

(十)业务管理制度、财务管理制度、风险管理制度、内部审计和合规管理制度、信息披露制度等制度文件;

(十一)自治区地方金融监管局规定提交的其他文件、资料。

第七条 地方资产管理公司应建立全面的公司治理框架,应当遵循独立运作、有效制衡、相互合作、协调运转的原则,建立合理的治理制衡机制和治理运行机制,确保地方资产管理公司有效履行审慎、合规的义务。

第八条 地方资产管理公司可以从事下列业务活动:

(一)批量收购、管理和处置广西区内金融企业、类金融企业及其他企业的不良资产;

(二)对所购不良资产进行整合、重组、经营和转让;

(三)对所管理的企业进行必要投资或提供资金支持;

(四)债权转股权,并对企业阶段性持股;

(五)发行债券,向金融机构借款;

(六)经相关部门批准的资产证券化;

(七)财务、投资、法律及风险管理等咨询和顾问;

(八)经自治区地方金融监管局批准的其他业务。

第九条 地方资产管理公司应当在对市场环境和自身关键资源

能力分析的基础上制定战略规划,同时根据经济发展状况、市场变化、发展战略和风险偏好等因素,制定年度经营计划。

第十条 地方资产管理公司应更好优化资源配置,围绕服务实体经济、防控金融风险、深化金融改革三项任务,助力广西经济高质量发展,更好的发挥地方资产管理公司在化解区域性风险中的作用。

第十一条 地方资产管理公司董事、监事和高级管理人员应当严格遵守法律、行政法规和监管部门规定,自觉遵守公司章程和行业规范,恪守诚信,勤勉尽责。地方资产管理公司董事、监事和高级管理人员离任,其任职资格自离任之日起自动失效。

第十二条 地方资产管理公司有下列变更事项之一的,应当提前10个工作日逐级报各级地方金融监管部门审批或事前书面报告各级地方金融监管部门并事后备案。

(一)审批事项:

1. 变更注册资本;

2. 调整业务范围;

3. 变更持有资本总额或者股份总额5%以上的股东。

(二)事前书面报告各级地方金融监管部门并事后备案事项:

1. 变更名称;

2. 变更组织形式;

3. 变更注册地址;

4. 变更董事、监事、高级管理人员;

5. 修改章程。

(三)各级地方金融监管部门规定的其他变更或备案的事项。

第十三条 地方资产管理公司解散或依法宣告破产的,应依法进行清算并注销,各级地方金融监管部门会同有关部门派员指导监督清算工作。清算结束后,清算组将清算报告、清算期间收支报表及注册会计师验证报告一并报送各级地方金融监管部门,向公司登记机关申请办理注销登记,并由自治区地方金融监管局抄报银保监会,由银保监会予以公布。

第三章 风险控制

第十四条 地方资产管理公司应当整合风险管理资源，逐步建立独立、全面、有效的综合风险管理体系，公司董事会全面负责建立健全并有效实施公司风险管理、内部审计和合规管理等内控机制，确保公司风险管理行为的一致性。

（一）地方资产管理公司董事会应当设立风险管理委员会；

（二）地方资产管理公司董事会应当设立审计委员会，审计委员会成员主要由非兼任高级管理人员职务的董事担任；

（三）地方资产管理公司应当建立独立的风险、合规管理部门和内部审计部门。地方资产管理公司应当建立统一的内部审计制度，内部审计部门负责本公司的内部审计工作并出具专项审计报告；也可以根据需要聘请外部审计机构对本公司实施审计并出具专项审计报告。

第十五条 地方资产管理公司应当建立包括但不限于以下的风险管控机制：

（一）建立健全公司流动性风险管理机制，衡量、管控公司的流动性风险，确保其资产负债结构与流动性要求相匹配并满足公司所承担或可能承担的流动性风险的资金需求。

（二）根据公司整体风险情况、自有资本及负债的特征进行各项投资资产配置，建立各项投资风险管理制度；

（三）建立资产性质和分类的评估方法，计算及管控公司的大额风险暴露，定期监测、核实并按照会计准则计提损失准备。

第十六条 地方资产管理公司应当逐步建立与其风险状况相匹配的前瞻性压力测试方案，并作为其风险管理体系的组成部分。定期评估压力测试方案，确定其涵盖主要风险来源并采用可能发生的不利情景假设。地方资产管理公司应将压力测试结果应用到决策、风险管理（包括应急计划）以及资本和流动性水平的内部评估中。

第十七条 地方资产管理公司应当对整体的流动性风险状况进行监测分析，具体内容包括但不限于：现金流缺口、重要的流动性风险预警指标、融资可行性、应急资金来源的现状或者抵押品的使用情况等。在正常的业务环境中，流动性风险报告应当定期上报董事会或董事会专门委员会并抄报监事会和各级地方金融监管部门。

第十八条 地方资产管理公司股东在公司发生流动性风险时,应及时采取追加资本金等合理方式给予流动性支持。

第十九条 地方资产管理公司应当建立全面的集中度风险管理制度,采用多种技术手段充分识别、计量和管理交易对手集中风险、地区集中风险、行业集中风险、资产集中风险、表外项目集中风险及关联交易风险等,强化大额风险管控。

第二十条 地方资产管理公司内部资金管理应当遵循统筹安排、合理使用、提高效益的原则,保障资金需要,按时编制资金使用计划,提高资金使用的安全性、流动性和效益性。

第二十一条 地方资产管理公司应当对对外投资项目进行尽职调查并出具调查报告,对被投资企业的财务信息进行甄别和分析,并及时进行对外投资项目的效益测算和分析评价。

第二十二条 地方资产管理公司应当严格依据会计准则进行会计核算,提高会计信息的可靠性,提升会计信息质量,全面、真实反映公司经营状况,满足监管要求。

第二十三条 地方资产管理公司应当建立与公司审慎管理相匹配的激励约束机制和稳健的薪酬制度,降低由不当激励引发的风险。

第二十四条 地方资产管理公司应当制定与其经营战略相适应的信息化建设规划,建立完善适应业务实际需求的信息管理系统并接入地方资产管理公司业务统计制度和信息化监管平台,及时、准确、全面获取公司资本、流动性、业务集中度、盈利、绩效评价等信息。

第二十五条 地方资产管理公司应当建立和完善信息披露制度,规范披露程序,明确内部管理职责,在公司官网等媒体披露公司营业地址、联系电话、组织结构、股权结构、高管人员信息、监管部门监督投诉方式等。相关信息发生变更的,应在变更后7日内及时更新。信息披露制度报各级地方金融监管部门备案,地方资产管理公司应严格执行重大事项报告制度,及时报送重大信息。

第四章 监督管理

第二十六条 各级地方金融监管部门作为广西地方资产管理公

司的监管部门，应当与人民银行、银保监、财政、国资等部门建立监管协调机制，有效防范和处置地方资产管理公司经营风险。

第二十七条　各级地方金融监管部门通过非现场监管和现场监管，持续深入了解地方资产管理公司的运营状况，分析、评价地方资产管理公司的风险状况，判断地方资产管理公司是否符合相关法律、法规规定和满足审慎监管要求。

第二十八条　自治区地方金融监管局负责逐步建立地方资产管理公司业务统计制度和信息化监管平台，加强非现场监管。

第二十九条　地方资产管理公司应当建立健全财务会计报告制度，应当在每批次不良资产收购工作结束后（即金融企业向受让地方资产管理公司完成档案移交）30个工作日内向各级地方金融监管部门报告完整的不良资产收购情况，应当按月向各级地方金融监管部门报送上月不良资产收购业务统计报表和经营情况报告，按季向各级地方金融监管部门报送财务报表，每年1月30日前向各级地方金融监管部门提供上年度批量收购、管理和处置不良资产的汇总情况，每年4月30日前向各级地方金融监管部门提供上年度财务会计报告和审计报告。

第三十条　地方资产管理公司股东会和董事会会议议题及相关内容应当于会议召开前2日书面报告各级地方金融监管部门，各级地方金融监管部门视情况派员参会。地方资产管理公司应在会议结束后10个工作日内将会议结果报自治区地方金融监管局备案。

第三十一条　地方资产管理公司应当依法合规经营，不得有以下行为：

（一）未经批准变更、终止；

（二）以不正当手段扰乱市场秩序、进行不公平竞争；

（三）以捏造、散布虚假事实等方式损害其他同类机构声誉；

（四）与他人串通，转移资产，逃废债务；

（五）违反规定从事未经批准的业务活动；

（六）未经任职资格审查任命董事、监事、高级管理人员；

（七）拒绝或者阻碍非现场监管或者现场监管；

（八）提供虚假的或者隐瞒重要事实的报表、报告等文件、资料。

第三十二条　地方资产管理公司收购处置的不良资产应当符合真实、有效等条件,通过评估或估值程序进行市场公允定价,实现资产和风险的真实、完全转移。必须遵守以下规定:

(一)不得与转让方在转让合同等正式法律文件之外签订或达成影响资产和风险真实完全转移的改变交易结构、风险承担主体及相关权益转移过程的协议或约定;

(二)不得设置任何显性或隐性的回购条款;

(三)不得以任何形式帮助金融企业虚假出表掩盖不良资产;

(四)不得以收购不良资产名义为企业或项目提供融资;

(五)不得收购无实际对应资产和无真实交易背景的债权资产;

(六)不得向股东或关系人输送非法利益;

(七)不得以暴力或其他非法手段进行清收;

(八)不得收购经国务院批准列入全国企业政策性关闭破产计划的资产、国防军工等涉及国家安全和敏感信息的资产,在借款合同或担保合同中有限制转让条款的资产以及国家法律法规限制转让的其他资产。

第三十三条　各级地方金融监管部门根据审慎监管的需要,可以采取下列措施进行现场检查:

(一)查看经营场所、采集数据信息、测试有关系统设备设施;

(二)访谈或询问相关人员,要求其对有关检查事项作出说明;

(三)查阅、复制地方资产管理公司与检查事项有关的文件、资料,对可能被转移、隐匿或者毁损的文件、资料予以登记并依法处理;

(四)对专业性强的领域,可委托符合条件的第三方机构进行检查;

(五)符合法律法规及规章规定的其他方式。

第三十四条　各级地方金融监管部门和实施检查的人员(以下简称检查人员)应依照政策、法规确定的职责、权限和程序进行检查,有利害关系的人员要依法依规进行回避;在检查中,检查人员应当客观公正,实事求是,忠诚履职,清正廉洁,保守秘密。

第三十五条　各级地方金融监管部门应加强与人民银行、银保监、财政、国资等部门的工作联动,沟通检查情况,依法共享检查信息,必要时可联合其他部门开展对地方资产管理公司相关业务领域的现场检查。

第三十六条　各级地方金融监管部门开展现场检查时，检查人员不得少于2人，并应当出示相关证件和检查通知书。

第三十七条　现场检查结束后，各级地方金融监管部门应制作现场检查工作报告，并向被查机构出具现场检查意见书。必要时，可将检查意见告知被查机构的上级管理部门或第一大股东。

第三十八条　地方资产管理公司违反审慎经营规则的，各级地方金融监管部门可采取约谈相关责任人、责令限期改正等措施；逾期未改正的，经自治区地方金融监管局同意后，各级地方金融监管部门可采取责令暂停部分业务等措施，并将违规行为记入诚信档案予以公布；严重违法经营的，自治区地方金融监管局在书面征求银保监会同意后可以撤销地方资产管理公司参与广西辖内金融企业不良资产的批量收购、处置业务的资质。

第三十九条　地方资产管理公司违法违规经营，未按要求进行整改的，由各级地方金融监管部门提请相关部门依法处理；构成犯罪的，移送公安机关，依法追究刑事责任。

第四十条　违规地方资产管理公司整改后，应当向各级地方金融监管部门提交整改报告。各级地方金融监管部门经验收，符合有关审慎经营规则的，应当自验收完毕之日起7日内解除对其采取的有关监管措施。

第五章　附　　则

第四十一条　本指引由自治区地方金融监管局负责解释。

第四十二条　本指引自印发之日起施行。银保监会对地方资产管理公司监督管理另有规定的，从其规定。

上海市地方金融监督管理局关于印发《上海市地方资产管理公司监督管理暂行办法》的通知

（沪金规〔2020〕2号　2020年12月21日公布
自2021年2月7日起施行）

各区地方资产管理行业主管部门、本市各地方资产管理公司：

现将《上海市地方资产管理公司监督管理暂行办法》印发给你们，请认真按照执行。

上海市地方资产管理公司监督管理暂行办法

第一章　总　　则

第一条　为强化本市地方资产管理公司监管，促进地方资产管理公司稳健经营和健康发展，根据《上海市地方金融监督管理条例》《金融企业不良资产批量转让管理办法》（财金〔2012〕6号）、《关于地方资产管理公司开展金融企业不良资产批量收购处置业务资质认可条件等有关问题的通知》（银监发〔2013〕45号）、《关于适当调整地方资产管理公司有关政策的函》（银监办便函〔2016〕1738号）、《中国银保监会办公厅关于加强地方资产管理公司监督管理工作的通知》（银保监办发〔2019〕153号），以及相关法律、法规，制定本办法。

第二条　本办法所称地方资产管理公司是指经上海市人民政府依法设立或授权，经中国银行保险监督管理委员会（以下简称银保监会）公布，参与本市范围内金融企业不良资产批量收购、处置业务的资产管理或经营公司。

第三条　上海市地方金融监督管理局（以下简称市地方金融监管

局)负责制定本市地方资产管理公司有关规定、指导相关区金融工作部门做好本市地方资产管理公司日常监督管理和风险处置工作。负责配合中国人民银行上海总部、中国银行保险监督管理委员会上海监管局(以下简称上海银保监局)、中国证券监督管理委员会上海监管局(以下简称上海证监局)对地方资产管理公司与相关金融企业开展业务的风险监测。

相关区金融工作部门负责辖区内地方资产管理公司的日常管理、联络沟通和本市范围内金融企业不良资产批量收购处置业务的风险处置工作。配合相关部门做好辖内地方资产管理公司本市范围内非金融企业不良资产批量收购处置业务等风险的处置工作。

本市国资管理部门,按国资监管相关规定,对国资控股或参股的地方资产管理公司行使国资管理、出资人职责,以出资人身份,督促相关地方资产管理公司依法合规经营。

第二章　设立、变更和终止流程

第四条　地方资产管理公司应当符合以下审慎性条件:

(一)注册资本最低限额为10亿元人民币,且为实缴资本;

(二)有具备任职专业知识和业务工作经验的董事、高级管理人员。董事、高级管理人员需熟悉经济、金融、不良资产处置的法律法规,具有良好的合规意识和审慎经营态度。高级管理人员应具备本科以上(含本科)学历,从事不良资产处置或金融工作三年以上;

(三)适宜于从事金融企业不良资产批量收购、处置业务的专业团队;

(四)具有健全的公司治理、完善的内部控制和风险管理制度;

(五)经营业绩良好,最近三个会计年度连续盈利;

(六)资质信用良好,近三年内无违法违规和其他不良记录。

新设地方资产管理公司不受前第五、第六项限制。

第五条　设立地方资产管理公司或申请参与本市范围区内金融企业不良资产批量收购、处置业务,应当向住所地区政府提出申请。区政府在初步论证必要性后,向市地方金融监管局出具同意函。市地方金融监管局对相关情况进行审查并同意后,报请市政府批准并致函银保监会。待银保监会公布后,方可开展本市范围区内金融企业不良资产批量收购、处置业务。

第六条 设立地方资产管理公司,应当向住所地区政府提交以下材料:

(一)申请书。申请书应当载明拟设立的地方资产管理公司名称、组织形式、住所、注册资本、法定代表人、经营范围、控股股东及实际控制人情况、设立的可行性与必要性等;

(二)可行性研究报告;

(三)股东名册及其出资份额;

(四)章程草案及业务、财务、风险监控、信息披露等内部管理制度;

(五)拟任董事、监事、高级管理人员简历及相关资格证明;

(六)公司经营计划;

(七)股东财务报告;

(八)营业场所所有权或使用权的证明文件;

(九)其他监管部门要求提供的文件、材料。

第七条 申请参与本市范围内金融企业不良资产批量收购、处置业务,除向住所地区政府提交第六条所需材料外,还需提供以下材料:

(一)公司营业执照;

(二)公司最近三个会计年度审计报告;

(三)公司及股东的资信证明。

第八条 地方资产管理公司的名称、组织形式、注册资本、控股股东、住所等事项发生变更,应事前向所在区金融工作部门书面报告,抄送市地方金融监管局,并提供相关情况证明材料。

地方资产管理公司在本市或者外省市设立分支机构、变更法定代表人、董事、监事或者高级管理人员的,应在市场监督管理部门变更完成后30天内,向所在区金融工作部门书面报告,抄送市地方金融监管局,并提供相关情况证明材料。

第九条 地方资产管理公司解散或被依法宣告破产的,应依法进行清算并注销。清算结束后,清算机构应出具清算报告,编制清算期间收支报表,连同注册会计师验证报告,一并报市地方金融监管局、区金融工作部门,并向公司登记机关申请办理注销登记。市地方金融监管局将相关情况报市政府和银保监会,由银保监会予以公布。

第三章 经营规则

第十条 地方资产管理公司应坚持依法合规、稳健经营,以市场化方式、法治化原则、专业化手段开展不良资产收购、处置业务,以防范和化解区域金融风险、维护经济金融秩序、支持实体经济发展为主要经营目标。

第十一条 地方资产管理公司应当制订全面的公司治理框架、完备的内部控制与风险管理体系。保持本市范围内金融企业不良资产批量收购处置业务与其他不良资产收购处置业务、公司其他业务相对独立。

第十二条 地方资产管理公司应当制定稳健的资本管理政策、制度及实施流程,建立可持续的资本补充机制,充分抵御各类风险。

第十三条 地方资产管理公司应当建立完善的财务管理制度,对本市范围内金融企业不良资产批量收购处置业务建立单独业务台账。

第十四条 地方资产管理公司应当建立规范的资产风险分类制度和风险准备金制度,加强资产质量管理,足额计提风险损失准备。原则上本市范围内金融企业不良资产批量收购处置业务风险损失准备不低于风险资产期末余额的1.5%。

第十五条 地方资产管理公司应当按照国家和本市有关规定,谨慎选择融资渠道,通过合法途径融入资金,并积极有效降低杠杆率。地方资产管理公司未经批准不得向社会公众发行债务性融资工具。

第十六条 地方资产管理公司收购处置的不良资产应当符合真实有效等条件,通过评估或估值程序进行市场公允定价,实现资产和风险的真实、完全转移,不得开展以下业务:

(一)与转让方在转让合同等正式法律文件之外签订或达成影响资产和风险真实完全转移的改变交易结构、风险承担主体及相关权益转移过程的协议或约定;

(二)设置任何显性或隐性的回购条款;

(三)以任何形式帮助金融企业虚假出表掩盖不良资产;

（四）以收购不良资产名义为企业或项目提供融资；

（五）收购无实际对应资产和无真实交易背景的债权资产；

（六）通过资产收购处置等方式，向股东或关系人输送非法利益；

（七）以暴力或其他非法手段进行清收；

（八）收购经国务院批准列入全国企业政策性关闭破产计划的资产、国防军工等涉及国家安全和敏感信息的资产、在借款合同或担保合同中有限制转让条款的资产以及国家法律法规限制转让的其他资产。

第十七条　地方资产管理公司在收购或处置环节进行债权转让时，应当及时通知债务人，双方约定暂不通知的除外。地方资产管理公司在解散、破产清算时，应当做好或配合债权人做好对债务人的告知工作。

第十八条　地方资产管理公司在转让或出售资产时，应当考察交易对象资质及风险承受能力，慎重挑选交易对象。

第十九条　地方资产管理公司应当建立并完善信息披露制度，明确内部管理职责，规范披露程序，以及信息披露的方式、途径、频率、对象等。

第四章　监督管理

第二十条　市地方金融监管局应当加强与中国人民银行上海总部、上海银保监局、上海证监局、本市国资管理部门等的沟通协调，建立地方资产管理公司监管信息共享机制，相互共享地方资产管理公司设立与退出、采取相关监管措施情况、重大风险事件等信息。

第二十一条　市地方金融监管局应建立地方金融监督管理信息平台。设计、完善地方资产管理公司风险预警体系。

第二十二条　地方资产管理公司应当于每月10日前，向所在区金融工作部门报送，并抄送市地方金融监管局：

（一）上月经营情况表；

（二）上月融入资金情况报告（报告应当包括上月融入资金规模、融入资金渠道、融入资金期限、融入资金存量、公司资产负债率等情况）；

（三）上月资产负债表、利润表；

（四）收购、存量、处置资产明细表；

（五）市地方金融监管局要求的其他数据、情况。

地方资产管理公司应当于每年 4 月 30 日前，向所在区金融工作部门报送上年度财务会计报告和审计报告，并抄送市地方金融监管局。

市地方金融监管局和所在区金融工作部门可以就报送情况中的有关内容，要求地方资产管理公司及其相关员工说明情况。

第二十三条　地方资产管理公司出现以下重大风险事件的，应当自知道或者应当知道之时起二十四小时内，向所在区金融工作部门书面报送情况，并抄送市地方金融监管局：

（一）引发群体性事件的；

（二）发生流动性困难，或无力清偿到期债务的；

（三）发生重大负面舆情的；

（四）公司作为被告或第三人涉及诉讼或仲裁，标的达到其净资产 10% 以上，或可能对正常经营产生重大影响的；

（五）公司法定代表人、董事长或总经理失踪、死亡、丧失民事行为能力，或上述人员被司法机关依法采取强制措施的；

（六）公司 5% 以上股权或 10% 以上资产被查封、扣押、冻结的；

（七）市地方金融监管局要求报告的其他情况。

第二十四条　地方资产管理公司对经营活动中的风险事件承担主体责任，发生风险事件时应当立即采取相应措施，向所在区金融工作部门报告，并抄送市地方金融监管局。市地方金融监管局、区金融工作部门在收到的地方资产管理公司报告后，应当立即开展风险研判、评估。

第二十五条　市地方金融监管局、区金融工作部门有权对地方资产管理公司开展现场检查。现场检查分为常规现场检查和专项现场检查。常规现场检查原则上一年开展一次，重点检查地方资产管理公司对本办法第三章的执行情况。专项检查以问题为导向，根据监管需要，不定期开展。

现场检查可采取以下措施：

(一)进入地方资产管理公司进行检查;

(二)询问地方资产管理公司的工作人员,要求其对检查事项作出说明;

(三)检查相关业务数据管理系统等;

(四)调取、查阅、复制与检查事项有关的文件资料等;

(五)法律、法规规定的其他措施。

经市地方金融监管局负责人批准,对可能被转移、隐匿或者损毁的文件资料、电子设备等证据材料,以及相关经营活动场所、设施,可以予以查封、扣押。

进行现场检查,检查人员不得少于2人,并应当出示执法证件和检查通知书。市地方金融监管局、区金融工作部门可以根据监管需要聘请律师事务所、会计师事务所等第三方机构参与检查。

第二十六条 区金融工作部门应在现场检查结束后,制作现场检查工作报告,报市地方金融监管局,市地方金融监管局向地方资产管理公司出具现场检查意见书。

第二十七条 地方资产管理公司违法经营或有危及公司稳健运行、可能引发金融风险行为的,市地方金融监管局、区金融工作部门可采取监管谈话、责令公开说明、责令定期报告、出示风险预警函、通报批评、责令改正、追究相关责任人责任等措施。

第二十八条 地方资产管理公司严重违法经营的,市地方金融监管局可在报请市政府同意后,书面征求银保监会意见并达成一致意见后,撤销该公司参与本市范围内金融企业不良资产批量收购处置业务的资质。

市地方金融监管局作出撤销决定的,应当在10个工作日内抄报银保监会,由银保监会予以公布。

第五章 法律责任

第二十九条 地方资产管理公司违反本办法第二十二条规定,未按照要求报送经营信息的,由市地方金融监管局责令限期改正,处一万元以上五万元以下的罚款。

地方资产管理公司违反本办法第二十三条规定,未按照要求在规定期限内报告重大风险事件的，或者违反本办法第二十四条规定，在发生风险事件时未立即采取相应措施的，由市地方金融监管局责令限期改正，处一万元以上五万元以下的罚款；情节严重的，处五万元以上二十万元以下的罚款。

第三十条　地方资产管理公司违反本办法第十六条规定，由市地方金融监管局责令限期改正，没收违法所得，处五十万元以上二百五十万元以下的罚款；情节严重的，依法责令停业或者撤销参与本市范围内金融企业不良资产批量收购处置业务的资质。

第三十一条　地方资产管理公司妨害市地方金融监管局或区金融工作部门履行职责，拒绝、阻碍监督检查或者毁灭、转移相关材料的，由市地方金融监管局责令限期改正，处一万元以上五万元以下的罚款，情节严重的，处五万元以上二十万元以下的罚款。

第三十二条　市地方金融监管局对地方资产管理公司作出行政处罚的，可以同时对负有直接责任的董事、监事或者高级管理人员处五万元以上五十万元以下的罚款。

第三十三条　违反本规定的，有下列情形之一的，应当依法从轻或者减轻行政处罚：

（一）主动及时赔偿金融消费者和投资者损失的；

（二）主动消除或者减轻违法行为危害后果的；

（三）配合查处其他违法行为有立功表现的；

（四）其他依法应当从轻或者减轻行政处罚的；

第三十四条　行政机关及其工作人员在地方资产管理监督管理工作中滥用职权、玩忽职守、徇私舞弊的，依法给予处分；构成犯罪的，依法追究刑事责任。

第六章　附　　则

第三十五条　本办法由市地方金融监管局负责解释。

第三十六条　本办法 2021 年 2 月 7 日起施行。银保监会对地方资产管理公司监督管理另有规定的，从其规定。

江西省人民政府金融办公室关于印发《江西省地方资产管理公司监管试行办法》的通知

（赣金发〔2017〕8号　2017年10月16日公布施行）

省内地方资产管理公司：

《江西省地方资产管理公司监管试行办法》已经省政府金融办办务会审议通过，现予印发，请遵照执行。

江西省地方资产管理公司监管试行办法

第一章　总　　则

第一条　为加强对省内地方资产管理公司的监管，促进地方资产管理公司规范健康发展，根据《中华人民共和国公司法》、国家和省人民政府有关金融监管职责的规定，制定本办法。

第二条　本办法适用于经江西省人民政府批准设立、依法注册登记，并经中国银行业监督管理委员会（以下简称中国银监会）备案公布的资产管理公司（以下简称地方资产管理公司）的监管。

第三条　江西省人民政府金融办公室（以下简称省政府金融办）是代表江西省人民政府履行江西省地方资产管理公司日常监督管理职能的机构，负责审查地方资产管理公司的设立、变更和终止，以及地方资产管理公司日常监督管理和风险防范处置工作。

第四条　省政府金融办建立风险管控为本的审慎监管框架，审慎监管框架的基本要素包括但不限于：股东资格、公司治理、高管任职、风险管控、资本充足性、财务稳健性、信息披露等。

第二章　机构设立、变更和终止

第五条　设立地方资产管理公司，应向省政府金融办提交申请报告，经省政府金融办审查并报省人民政府批准后，再依法办理工商注册登记。

第六条　地方资产管理公司应当符合以下审慎性条件：

（一）注册资本最低限额为十亿元人民币，为实缴货币资本，须一次性足额缴纳；

（二）具有合格的发起人；

（三）有具备任职条件的董事、高级管理人员及从事金融企业不良资产（批量）收购、处置业务的专业团队；

（四）具有健全的公司治理、完善的内部控制和风险管理制度。

第七条　地方资产管理公司的发起人应为企业法人，单个股东出资或者持股比例不得超过地方资产管理公司注册资本总额的40%，股东之间不得有关联关系。同一企业法人不得持有两家或两家以上地方资产管理公司的股份或股权。

第八条　地方资产管理公司发起人原则上应满足以下条件：

（一）具有较强的可持续出资能力，发起时资产负债率不超过70%。其中主发起人出资额不高于净资产的50%，其他发起人出资额不高于净资产的70%；

（二）经营业绩良好，主发起人最近三个会计年度连续盈利，其他发起人最近一个会计年度盈利；

（三）入股资金来源真实合法，且必须是自有货币资金，不得以债务资金或他人委托资金入股；

（四）资质信用良好，近三年内无重大违法违规和其他不良记录；

（五）信誉良好，在所属行业内处于领先地位。

地方资产管理公司成立后拟加入的新股东，其资质条件按照本条执行。

第九条　地方资产管理公司董事和高级管理人员应当严格遵守法律、行政法规和监管部门规定，自觉遵守公司章程和行业规范，恪守诚信，勤勉尽责。

第十条 地方资产管理公司董事应当具备以下条件:

(一)从事金融、经济、法律、财务等工作5年以上;

(二)具有大学专科以上学历。

申请独立董事任职资格的,应与所申请地方资产管理公司不存在关联关系、利益冲突或者其他可能妨碍独立客观判断的情形。

第十一条 地方资产管理公司董事长、副董事长应当具备以下条件:

(一)从事金融工作6年以上,或从事相关经济工作10年以上,其中从事金融工作3年以上;

(二)具有大学本科以上学历;

(三)省政府金融办规定的其他条件。

第十二条 地方资产管理公司高级管理人员应当具备以下条件:

(一)拟任地方资产管理公司总经理应当具备本科以上学历,从事金融工作8年以上,或从事相关经济工作12年以上,其中从事金融工作4年以上;

(二)拟任地方资产管理公司副总经理、总经理助理、董事会秘书应当具有大学本科以上学历,从事金融工作6年以上,或从事相关经济工作10年以上,其中从事金融工作3年以上;

(三)拟任地方资产管理公司财务负责人应当具备本科以上学历,从事财务、会计或审计工作6年以上;

(四)拟任地方资产管理公司合规负责人应当具备本科以上学历,从事相关经济、法务工作6年以上,其中从事金融工作2年以上。

第十三条 地方资产管理公司董事和高级管理人员离任,其任职资格自离任之日起自动失效。董事长、副董事长和高级管理人员离任,地方资产管理公司应当在六十日内向省政府金融办报送其离任审计报告。

第十四条 地方资产管理公司的业务范围:

(一)经相关部门批准的批量收购、管理和处置省内金融企业不良资产;

(二)收购、管理和处置金融企业、类金融企业及其他企业的不良资产;

(三)对所购不良资产进行整合、重组和经营;

（四）对所管理的企业进行必要投资或提供资金支持；

（五）债权转股权，并对企业阶段性持股；

（六）对外进行股权投资和财务性投资；

（七）发行债券，向金融机构借款；

（八）经相关部门批准的资产证券化；

（九）财务、投资、法律及风险管理等咨询和顾问；

（十）经省政府金融办批准的其他业务。

第十五条　地方资产管理公司主发起人持有的股份自地方资产管理公司成立之日起5年内不得转让，其他股东持有的股份2年内不得转让（监管部门责令转让或司法机关强制转让的除外）。

第十六条　地方资产管理公司变更股东、注册资本、董事、高级管理人员等须经省政府金融办审核同意。

第十七条　地方资产管理公司设立分支机构或子公司，须事前书面报告省政府金融办；按规定须事前审批的，依照有关规定报省政府金融办审批。

第十八条　地方资产管理公司解散，应依法进行清算，省政府金融办会同有关部门派员指导监督清算工作。清算结束后，清算机构应当出具清算报告，编制清算期间收支报表，连同中国注册会计师验证报告，一并报送省政府金融办、省财政厅，并向公司登记机关申请办理注销登记。

第三章　合规经营

第十九条　地方资产管理公司应建立全面的公司治理框架，应当遵循独立运作、有效制衡、相互合作、协调运转的原则，建立合理的治理制衡机制和治理运行机制，确保地方资产管理公司有效履行审慎、合规的义务，治理框架应关注的内容包括但不限于：

（一）组织和管理结构的适当性；

（二）重要股东的财务稳健性；

（三）公司董事、高级管理人员和风险管理、内部控制等重要部门的主要负责人在公司管理中的适当性；

（四）内部控制、风险管理体系、内部审计及合规职能。

第二十条　地方资产管理公司应当在对市场环境和自身关键资源能力分析的基础上制定战略规划，明确战略定位和盈利模式。

第二十一条　地方资产管理公司应当根据经济发展状况、市场变化、发展战略和风险偏好等因素，确定审慎、可行的年度经营计划。

第二十二条　地方资产管理公司应当整合风险管理资源，逐步建立独立、全面、有效的综合风险管理体系，公司董事会全面负责公司范围的风险管理、内控机制、内部审计和合规管理，确保公司风险管理行为的一致性。

（一）地方资产管理公司董事会应当设立独立的风险管理委员会；

（二）地方资产管理公司董事会应当设立独立的审计委员会，审计委员会成员主要由非兼任高级管理人员职务的董事或监事担任；

（三）地方资产管理公司应当建立独立的风险、合规管理部门和内部审计部门，在人员数量和资质、薪酬等激励政策以及公司内部信息渠道等方面给予风险管理部门和内部审计部门必要的支持。

第二十三条　地方资产管理公司应当建立包括但不限于以下的风险管控机制：

（一）制定适当的长、短期资金调度原则及管理规范，建立衡量及监控地方资产管理公司流动性风险的管理机制，衡量、监督、管控公司的流动性风险；

（二）根据公司整体风险情况、自有资本及负债的特征进行各项投资资产配置，建立各项投资风险管理制度；

（三）建立资产性质和分类的评估方法，计算及管控地方资产管理公司的大额风险暴露，定期监测、核实并按照会计准则计提损失准备。

第二十四条　地方资产管理公司应当建立统一的内部审计制度，检查公司的业务活动、财务信息和内部控制。

第二十五条　地方资产管理公司应当逐步建立与其风险状况相匹配的前瞻性的压力测试方案，并作为其风险管理体系的组成部分。定期评估压力测试方案，确定其涵盖主要风险来源并采用可能发生的不利情景假设。地方资产管理公司应将压力测试结果应用到决策、风险管理（包括应急计划）以及资本和流动性水平的内部评估中。

第二十六条　地方资产管理公司应当建立与业务规模、性质、复杂程度和经营范围相适应的流动性风险管理体系,从而满足其所承担或可能承担的流动性风险的资金需求。

第二十七条 地方资产管理公司应当坚持审慎性原则,充分识别、有效计量、持续监测和控制流动性风险,确保其资产负债结构与流动性要求相匹配。

第二十八条 地方资产管理公司应当对整体的流动性风险状况进行监测分析,具体内容包括但不限于:现金流缺口、现金流预测、重要的流动性风险预警指标、融资可行性、应急资金来源的现状或者抵押品的使用情况等。在正常的业务环境中,流动性风险报告应当定期上报董事会或董事会专门委员会并抄报监事会。

第二十九条 地方资产管理公司股东在公司发生流动性风险时,应及时采取追加资本金等合理方式给予流动性支持。

第三十条 地方资产管理公司的资本充足率不得低于12.5%。

第三十一条 地方资产管理公司应当建立全面的集中度风险管理制度,采用多种技术手段充分识别、计量和管理交易对手集中风险、地区集中风险、行业集中风险、资产集中风险、表外项目集中风险,防止大额风险集中暴露。

第三十二条 地方资产管理公司内部资金管理应当遵循统筹安排、合理使用、提高效益的原则,保障资金需要,按时编制资金使用计划,提高资金使用的安全性、效益性和流动性。

第三十三条 地方资产管理公司应当对对外投资项目的可行性进行研究,对被投资企业的财务信息进行甄别和分析,并及时进行对外投资项目的效益测算和分析评价。

第三十四条 地方资产管理公司应当严格依据会计准则进行会计核算,提高会计信息的可靠性,提升会计信息质量,全面、真实反映公司经营状况,满足监管要求。

第三十五条 地方资产管理公司应当建立与公司审慎管理相匹配的激励约束机制和稳健的薪酬制度,减少由不当激励约束安排引发的风险。

第三十六条 地方资产管理公司应当制定与其经营战略相适应的信息化建设规划,建立完善适应业务实际需求的信息管理系统,及时、准确、全面获取公司资本、流动性、大额风险暴露、盈利、绩效评价等信息。

第三十七条 地方资产管理公司的各项业务活动应符合国家法律法规和金融政策规定,对于因市场环境变化、业务发展需要等,确需开展超出本办法规定经营范围创新试点业务的,应当在首次开展该类创新试点业务后及时报省政府金融办备案。

第三十八条 地方资产管理公司应当建立和完善信息披露制度,规范披露程序,明确内部管理职责,在公司官网等媒体披露公司营业地址、联系电话、治理结构、组织结构、股权结构、高管人员信息、监管部门监督投诉方式等。相关信息发生变更的,应在变更后 7 日内及时更新。

第四章 监督管理

第三十九条 省政府金融办作为地方资产管理公司的监管机构,依法履行监管职责,应当与当地银监部门建立协调机制,有效防范和处置地方资产管理公司经营风险,定期向中国银监会报送监管报告。

第四十条 省政府金融办通过非现场监管和现场检查,持续深入了解地方资产管理公司的运营状况,分析、评价地方资产管理公司的风险状况,判断地方资产管理公司是否符合相关法律、法规规定和满足审慎监管要求。

第四十一条 省政府金融办应逐步建立地方资产管理公司业务统计制度和信息化监管平台,加强非现场监管。

第四十二条 地方资产管理公司应当建立健全财务会计报告制度,每年向省财政厅提供财务会计报告,并于年度终了后一个季度内将年度审计报告报送省财政厅。

第四十三条 地方资产管理公司应当于每月 15 日前向省政府金融办报送上月业务统计报表,按季向省政府金融办报送财务报表和经营情况报告,并于年度终了后一个季度内向省政府金融办报送年度审计报告。

第四十四条 地方资产管理公司股东大会和董事会会议议题及相关内容应当于会议召开前 5 日书面报告省政府金融办,省政府金融办视情况派员参会。地方资产管理公司应在会议结束后10个工作日内将会议结果报省政府金融办备案。

第四十五条 地方资产管理公司应当依法合规经营,不得违反下列禁止性规定:

(一)未经批准变更、终止;

(二)以不正当手段扰乱市场秩序、进行不公平竞争;

(三)以捏造、散布虚假事实等方式损害其他同类机构声誉;

(四)与他人串通,转移资产,逃废债务;

(五)违反规定从事未经批准或者未备案的业务活动;

(六)未经任职资格审查任命董事、高级管理人员;

(七)拒绝或者阻碍非现场监管或者现场检查;

(八)提供虚假的或者隐瞒重要事实的报表、报告等文件、资料。

第四十六条 省政府金融办根据审慎监管的需要,可以采取下列措施进行现场检查:

(一)对地方资产管理公司进行现场检查;

(二)询问地方资产管理公司的工作人员,要求其对有关检查事项作出说明;

(三)查阅、复制地方资产管理公司与检查事项有关的文件、资料,对可能被转移、隐匿或者毁损的文件、资料予以登记并依法处理;

(四)检查地方资产管理公司业务管理系统;

(五)定期委托外部独立机构对地方资产管理公司进行监管检查。

第四十七条 地方资产管理公司违反审慎经营规则的,省政府金融办应当责令其限期改正;逾期未改正的,省政府金融办可以依法采取责令暂停部分业务等措施,并将违规行为记入诚信档案予以公布。

第四十八条 地方资产管理公司违法违规经营,未按要求进行整改的,由省政府金融办依据《中华人民共和国行政处罚法》等法律法规进行处罚;构成犯罪的,移送司法机关,依法追究刑事责任。

第四十九条 违规地方资产管理公司整改后,应当向省政府金融办提交整改报告。省政府金融办经验收,符合有关审慎经营规则的,应当自验收完毕之日起7日内解除对其采取的有关监管措施。

第五章 附 则

第五十条 其他资产管理公司的准入和监督管理参照本办法执行。

第五十一条 本办法由省政府金融办负责解释。

第五十二条 本办法自印发之日起施行。

地方工作文件

河南省地方金融监督管理局关于加强地方资产管理公司监管工作的若干意见

（豫金监〔2022〕98号 2022年4月27日公布施行）

各省直管地方金融组织：

为深入贯彻落实省委省政府关于健全地方金融监管体系，防范化解重大金融风险的相关要求，进一步加强对我省地方资产管理公司的监督管理，规范地方资产管理公司的经营行为，防范行业风险，促进行业健康发展，根据国家法律、法规及《中国银保监会办公厅关于加强地方资产管理公司监督管理工作的通知》（银保监办发〔2019〕153号）有关规定，结合我省实际提出如下若干意见，请认真贯彻落实。

一、规范经营管理

（一）本意见所称地方资产管理公司，是指经河南省人民政府批准设立，并经国务院银行保险业监督管理机构公布名单，主要从事我省金融机构和非金融机构不良资产收购、管理和处置等业务的公司。

（二）地方资产管理公司应坚持依法合规、稳健经营的原则，回归本源、专注主业、脱虚向实，向不良资产收购处置专营化发展，探索拓展主营业务模式，积极参与地方金融机构、地方金融组织等不良资产的收购与处置工作，协助地方政府有效防控区域金融风险，服务地方实体经济，更好地支持金融供给侧结构性改革。

（三）地方资产管理公司应具有与业务经营相适应的营业场所、安全防范措施和相关部门要求的其他设施，并在相关法律、法规及行业监管制度规定的范围内依法合规开展经营活动，未经批准不得开展其他金融业务。

（四）地方资产管理公司应深化改革、积极创新，在风险可控的前提下，结合市场需求不断创新服务模式，积极开发新业务、新产品，进一步提高服务实体经济的能力和水平。

（五）地方资产管理公司应完善公司章程，建立健全以股东（大）会、董事会（执行董事）、监事会（监事）、高级管理人员为主体的组织架构。完善股东（大）会、董事会（执行董事）、监事会（监事）、高级管理层的组成、职责和议事规则及财务、风险管理等制度，确保相互独立和有效制衡，促进企业发展，强化风险防控。

（六）地方资产管理公司担任企业法定代表人、董事、监事、高级管理人员等相关职务的人员应具有诚实信用的品行、良好的合规经营意识和履行职务必需的经营管理能力。担任企业总经理、副总经理及风险控制、合规稽核、财务管理部门负责人（或实际履行相关职责人员）等高级管理人员的，应熟悉经济金融工作，具备从事资产管理或相关金融机构运营管理工作经验。

（七）地方资产管理公司应建立全面的公司治理框架、完备的内部控制与风险管理体系、稳健的资本管理政策、制度及实施流程，建立可持续的资本补充机制。建立规范的资产风险分类制度和风险准备金制度，加强资产质量管理，足额计提风险损失准备。

（八）地方资产管理公司应遵循安全、合规的原则，积极有效降低杠杆率，谨慎选择融资渠道，未经批准不得向社会公众发行债务性融资工具。

（九）地方资产管理公司应建立并完善信息披露制度，明确内部管理职责，规范披露程序，以及信息披露的方式、途径、频率、对象等。

二、及时报送信息和重大事项

（十）地方资产管理公司应严格按照有关监管要求开展信息报送：

1. 地方资产管理公司应于每月10日前向省地方金融监管局报送上月财务报表和经营情况报告。

2. 地方资产管理公司应于每季度终了后15日内向省地方金融监管局报送季度总结、季度经营情况报表，并于每年4月30日前报送上年度审计报告。

3. 地方资产管理公司的名称、组织形式、注册资本、控股股东、住所等事项发生变更，应事前向省地方金融监管局书面报告。

4. 省地方金融监管局要求报送的其他审慎性资料。

（十一）地方资产管理公司发生群体性事件或重大安全防范突发事件的，应及时向省地方金融监管局报告。

（十二）地方资产管理公司发生以下重大事项的，应于24小时内向省地方金融监管局报告：

1. 主要资产被查封、冻结、扣押；

2. 主要或全部业务陷入停顿；

3. 法定代表人、股东代表、董事、监事以及高级管理人员因涉嫌违法违规被行政机关、司法机关立案调查；

4. 法人股东依法解散、申请破产或者被责令关闭、吊销营业执照。

（十三）地方资产管理公司发生以下重大事项的，应在5日内向省地方金融监管局书面报告：

1. 发生单笔金额超过净资产10%的重大损失或赔偿责任；

2. 发生单笔金额超过净资产20%的或有负债；

3. 获悉任一股东所持企业5%以上股份被质押、冻结、司法拍卖、托管、设定信托或者被依法限制表决权；

4. 董事、三分之一以上监事或总经理发生变动或无法履行职责；

5. 受到相关部门较大金额罚款、没收违法所得、没收非法财物、责令停产停业、暂扣或吊销许可证（营业执照）等重大行政处罚，或者作为被告（或被申请人）涉及重大诉讼、仲裁；

6. 其他对公司经营发展有重大影响的事项。

三、强化风险防控

（十四）地方资产管理公司应遵守相关法律、法规、规章和行业监管制度，遵循诚实信用原则和公平原则，规范自身经营行为，收购处置的不良资产应符合真实、有效等条件，通过评估或估值程序进行市场公允定价，实现资产和风险的真实、完全转移：

1. 不得与转让方在转让合同等正式法律文件之外签订或达成影响资产和风险真实完全转移的改变交易结构、风险承担主体及相关权益转移过程的协议或约定；

2. 不得设置任何显性或隐性的回购条款；

3. 不得以任何形式帮助金融企业虚假出表掩盖不良资产；

4. 不得以收购不良资产名义为企业或项目提供融资；

5. 不得收购无实际对应资产和无真实交易背景的债权资产；

6. 不得向股东或关系人输送非法利益；

7. 不得以暴力或其他非法手段进行清收。

（十五）地方资产管理公司不得收购经国务院批准列入全国企业政策性关闭破产计划的资产、国防军工等涉及国家安全和敏感信息的资产、在借款合同或担保合同中有限制转让条款的资产以及国家法律法规限制转让的其他资产。

四、加强监督管理

（十六）省地方金融监管局负责承担地方资产管理公司的日常监管，包括地方资产管理公司的设立、变更、终止、风险防范和处置等工作，并督促地方资产管理公司严格遵守相关法律法规和监管规则。

（十七）省地方金融监管局适时开展现场检查和非现场监督管理工作，对地方资产管理公司日常经营、风险管理、内部控制、准备金提取等情况实施持续动态监管。监管基本要素包括股东资格、公司治理、高管任职、风险管控、资本充足性、财务稳健性、信息报送等监管内容。

（十八）省地方金融监管局每年对地方资产管理公司进行一次全覆盖式现场检查，现场检查可采取下列方式进行：

1. 询问地方资产管理公司的工作人员，要求其对有关检查事项作出说明；

2. 查阅、复制地方资产管理公司与检查事项有关的文件、资料、系统数据等，对可能被转移、隐匿或者毁损的文件、资料予以登记并依法处理；

3. 必要时可以按照相关程序，聘请资信良好、符合条件的会计师事务所等第三方机构参与检查工作；

4. 必要时可联合省财政厅、省政府国资委、省市场监管局、人民银行郑州中心支行、河南银保监局、河南证监局等部门开展对地方资产管理公司相关业务领域的现场检查。

（十九）地方资产管理公司违法经营或有危及公司稳健运行、可能引发金融风险行为的，省地方金融监管局可采取责令限期改正、追究相关责任人责任等监管措施。

（二十）地方资产管理公司严重违法经营、解散或被依法宣告破产的按照法律、法规及银保监办发〔2019〕153 号文件等有关规定执行。

五、营造行业发展良好环境

为充分发挥地方资产管理公司盘活地方不良资产、防范和化解区域金融风险、服务实体经济的积极作用，省地方金融监管局会同省财政厅、省政府国资委、人民银行郑州中心支行、河南银保监局等相关部门积极研究出台资产处置、信贷支持、产业发展和人才引进等方面的扶持政策，支持地方资产管理公司健康发展。

广西壮族自治区地方金融监督管理局关于印发《广西壮族自治区地方资产管理公司变更指引（试行）》的通知

（桂金监贰〔2021〕13 号　2021 年 11 月 18 日公布施行）

各设区市金融办、各地方资产管理公司：

《广西壮族自治区地方资产管理公司变更指引（试行）》已经自治区地方金融监管局局长办公会审议通过，现印发给你们，请认真贯彻执行。

广西壮族自治区地方资产管理公司变更指引(试行)

第一条　为了深化“放管服”改革,优化营商环境,规范广西壮族自治区辖内地方资产管理公司事项变更工作,促进地方资产管理公司健康有序发展,根据《中华人民共和国公司法》、《中国银保监会办公厅关于加强地方资产管理公司监督管理工作的通知》(银保监办发〔2019〕153号)、《广西壮族自治区地方金融监督管理局关于印发〈广西壮族自治区地方资产管理公司监督管理指引(试行)〉的通知》(桂金监贰〔2021〕7号)等相关政策和法规精神,制定本指引。

第二条　本指引适用于经广西壮族自治区人民政府批准设立或授权设立,并依法登记,经中国银行保险监督管理委员会(以下简称银保监会)备案公布的地方资产管理公司。

第三条　本指引中的变更事项具体包括变更注册资本,调整业务范围,股权(股份)变更(特指变更资本总额或者股份总额5%以上事项),变更名称,变更组织形式,变更注册地址,修改章程,变更法定代表人、董事、监事、高级管理人员等事项。

“变更注册资本”“调整业务范围”“股权(股份)变更”等应事前报告,“变更名称”“变更组织形式”“变更注册地址”“修改章程”“变更法定代表人、董事、监事、高级管理人员”等实行备案制。

第四条　地方资产管理公司申请变更事项的条件:

(一)地方资产管理公司运行规范、依法合规经营。

(二)符合《中国银保监会办公厅关于加强地方资产管理公司监督管理工作的通知》(银保监办发〔2019〕153号)、《广西壮族自治区地方金融监督管理局关于印发〈广西壮族自治区地方资产管理公司监督管理指引(试行)〉的通知》(桂金监贰〔2021〕7号)等相关政策的规定。

(三)地方资产管理公司股东入股资金应当为合法自有资金,不得以委托资金、负债资金等非自有资金出资。

(四)地方资产管理公司新增股东,股东财务状况和信用记录良好,最近三年无重大违法违规和严重不良信用记录;法人股东应当最近两个会计年度连续盈利(合并会计报表口径),自然人股东应当年满18周岁、有完全民事行为能力。

(五)地方资产管理公司法定代表人、董事、监事、高级管理人员不存在《中华人民共和国公司法》第一百四十六条所列举的情形。

第五条 地方资产管理公司申请变更事项须提交的材料(参考文本详见附件):

(一)共性材料部分:

1. 变更事项报告。

2. 市、县(市、区)级地方金融监管部门(行政审批部门)审查意见书。

3. 公司有权机构(股东会、董事会等)会议决议。

4. 修改后的公司章程草案或公司章程修正案草案(不涉及章程修改的无需提供)。

5. 公司最近一个月的财务报表。

(二)各变更事项分别提供材料部分:

1. 变更注册资本

(1)减少注册资本

①股东各方关于减少注册资本的协议。

②公司债权债务情况说明。

③公司关于登刊《减资公告》的情况说明。

④通知债权人回执。

(2)增加注册资本

①股东各方关于新增注册资本的协议。

②参与增资的股东出资能力情况证明:

A. 法人股东提供:参与增资的法人股东有权机构(股东会、董事会等)出具同意增资的决议;最近一个月的财务报表、经审计的上一年度的财务会计报告;上一年度至最近一个月的纳税证明材料。

B. 自然人股东提供:出资能力证明材料(如:银行存款、国债、股票、房产、土地、其他收益等相关凭证)。

③公司股东承诺书。(新增投资股东提供)

④新增股东需提供以下材料:

A. 新增股东为法人股东:企业简介、企业信用报告;企业法定代表人简历、身份证复印件、个人信用报告;最近一个月的财务报表以及经审计的上一年度财务会计报告。

B. 新增股东为自然人股东:个人简历、身份证复印件、个人信用报告。

2. 调整业务范围

调整业务范围前后对照表(经营范围使用市场监管部门的规范表述)。

3. 股权(股份)变更

(1)股权受让方有权机构(股东会、董事会等)会议决议。

(2)股权转让协议。

(3)公司股东承诺书。(股权受让方提供)

(4)非受让股东放弃优先受让权承诺书。

(5)受让股东出资能力情况证明:

①法人股东提供:最近一个月的财务报表、经审计的上一年度的财务会计报告;上一年度至最近一个月的纳税证明材料。

②自然人股东提供:出资能力证明材料(如:银行存款、国债、股票、房产、土地、其他收益等相关凭证)。

(6)受让股东需提供以下材料:

①股东为法人股东:企业简介、企业信用报告;企业法定代表人简历、身份证复印件、个人信用报告;最近一个月的财务报表以及经审计的上一年度财务会计报告。

②股东为自然人股东:个人简历、身份证复印件、个人信用报告。

4. 变更法定代表人、董事、监事、高级管理人员,在事后备案时应提供:

(1)法定代表人、董事、监事和高级管理人员名册。

(2)法定代表人、董事、监事和高级管理人员身份证复印件。

(3)法定代表人、董事、监事和高级管理人员个人简历。

(4)法定代表人、董事、监事和高级管理人员个人信用报告。

(5)法定代表人、董事、监事和高级管理人员承诺书。

第六条 地方资产管理公司申请变更事项的程序:

(一)地方资产管理公司申请变更注册资本、调整业务范围、股权(股份)变更(变更持有资本总额或者股份总额5%以上),应事前逐级向地方金融监管部门书面报告,地方金融监管部门提出是否有异议的意见。自治区本级承诺办结时限为7个工作日。

(二)地方资产管理公司申请变更名称,变更组织形式,变更注册地址,修改章程,变更法定代表人、董事、监事、高级管理人员等事项,应事先告知地方金融监管部门。地方资产管理公司在完成上述事项变更后,由属地地方金融监管部门核实情况后10日内报自治区地方金融监管局备案。自治区本级承诺办结时限为7个工作日。

第七条 地方资产管理公司到属地市场监督管理部门办理相关变更手续。变更手续办理完毕后,于20个工作日内将变更事项材料报各级地方金融监管部门备案。属地地方金融监管部门对其变更事项办理及后续经营履行属地监管职责。

第八条 组织形式为股份有限公司的地方资产管理公司申请变更股份,可根据《中华人民共和国公司法》及《公司章程》据实提供相关材料。因股权(股份)变更使公司法定代表人、董事、监事、高级管理人员或者其他事项发生变更的,需符合监管政策的有关规定,另文提交变更事项材料。

第九条 本指引由自治区地方金融监管局负责解释。

第十条 本指引自发布之日起施行。银保监会对地方资产管理公司变更事项另有规定的,从其规定。

附件:1. 变更事项申请材料(参考文本)

2. 申报材料格式要求

附件 1

变更事项申请材料(参考文本)

××××年××月××日

附件 1－1

××公司文件

××司报〔××××〕×号

××公司关于变更××的报告

(适用全部变更事项)

××市、县(市、区)金融办(财政局):

一、公司基本情况:批准开业的时间、注册资本、依法合规经营概况等。

二、公司基本经营情况及申请事项变更的理由。

三、公司申请事项变更前后对比情况表。

注册资本变更情况表

股东名称	变更前		变更后	
	出资额	持股比例	出资额	持股比例
合计				

经营范围调整情况表

	变更前	变更后
经营范围		
经营范围		

新老股权(股份)变更情况表

原始股东名称或姓名(获批开业时间)	出资额(万元)	出资比例(%)	第一次变更(获批时间)后股东名称或姓名	出资额(万元)	出资比例(%)	…	本次拟变更后股东名称或姓名	出资额(万元)	出资比例(%)	是否本次变更新增股东
××公司1	××	××	××	××	××	…	××	××	××	否
××公司2	××	××	××	××	××	…	××	××	××	是
××自然人1	××	××	××	××	××	…	××	××	××	××
××自然人2	××	××	××	××	××	…	××	××	××	××
合计										

其他事项变更情况表

	变更前	变更后
事项变更一		
事项变更二		
事项变更……		

四、变更事项需说明情况:

一是公司有权机构做出减资决议(决定)后债权人要求清偿债务或者提供担保的情况。(适用变更注册资本为减少注册资本情况)

二是受让方法人股东情况包括公司名称、成立时间、法定代表人、净资产、资产负债率、盈利情况、对外投资比例、员工人数、经营发展情况、行业地位等。受让方自然人股东情况包括姓名、性别、出生年月、学历、简历、现居住地、个人资产情况等。(适用股权〔股份〕变更)

五、其他需特别说明事项。

六、申请人联系方式:

包括联系人姓名,固定电话、移动电话、传真电话号码,E-mail,详细通讯地址及邮政编码等。可以确定1-2名联系人。

××公司:(加盖公章)

××××年××月××日

附件 1－2

关于对××公司变更××的意见

（适用全部变更事项）

自治区地方金融监管局/××市金融办(财政局):

我单位于××年××月××日收到××变更的申请材料,依据《广西壮族自治区地方金融监督管理局关于印发〈广西壮族自治区地方资产管理公司监督管理指引(试行)〉的通知》(桂金监贰〔2021〕7号)、《广西壮族自治区地方资产管理公司变更指引(试行)》等规定,对其进行了认真审查,现将我办(局)意见报告如下:

一、审查内容

(一)变更注册资本:一是审查变更注册资本变动情况;二是减少注册资本,需对拟减少注册资本条件进行评价,包括公司经营是否规范、合法,减资后注册资本是否符合最低注册资本要求(10亿元)等情况;三是增加注册资本,需对公司及股东资格条件进行评价,包括公司经营是否规范、是否具有出资能力,入股资金是否为自有资金且来源合法等情况。

(二)变更股权(股份):一是审查公司开业以来历次股权(股份)变更情况;二是对受让方资格条件进行评价,包括受让方资质信用情况,近两年是否有违法违规和其他不良记录;受让方法人股东经营是否规范,最近两个年度是否盈利;受让方入股资金是否为自有资金且一次性缴付到位,资金来源真实合法,并且该资金不得为借贷资金、他人委托资金等情况;受让方董监高近两年是否有犯罪记录、是否有较大到期未清偿债务、是否被列入失信被执行人或被有关部门联合惩戒、未在经营不善破产清算或因违法被吊销营业执照的公司担任企业董监高而承担个人责任。

(三)调整业务范围:一是审查公司调整经营范围情况;二是审查调整经营范围资格条件,对公司资格条件进行评价,包括公司经营是否规范、合法等情况。

(四)其他变更事项:变更董事、监事、高级管理人员需审查变更后的董监高资质信用状况等。

(五)变更事项资料情况

对事项变更资料进行评价,包括是否齐全、规范、有效等。

二、审查意见

提出审查时发现的问题和应给予关注的事项。

经审查,××公司提供的申请材料内容齐全,本次××变更,符合《广西壮族自治区地方资产管理公司变更指引(试行)》的有关规定,我办(局)对××变更申请无异议/同意予以备案。

审查人姓名:要求两名以上(含两名)审查人员审查并签字。

(地方金融监管部门公章)

××××年××月××日

附件1-3

××公司股东(董事)会决议

(适用全部变更事项)

至少应包括的内容:

会议时间、地点、全体股东(董事)名称或姓名,实际到会股东(董事)名称或姓名。

会议同意公司事项变更的决议。

××法定代表人签名并加盖公章

××公司股东(董事)签章

(注:法人股东法定代表人签名并加盖公章;
自然人股东签名并盖指模)

××××年××月××日

附件1-4

××公司章程或修正案

(适用全部变更事项)

根据股东会议决议的事项修订相关内容(不涉及章程修改的无需提供)。

××公司法定代表人签名并加盖公章
法人股东法定代表人签名并加盖公章
所有自然人股东签名并盖指模
××××年××月××日

附件1-5

股东各方关于减少注册资本的协议
（适用减少注册资本）

一、协议各方

法人股东注明：法人名称、企业统一社会信用代码、住所和法定代表人。

自然人股东注明：自然人姓名、身份证号码和住址。

二、协议内容

（一）公司名称与注册资本；

（二）公司减少注册资本前的注册资本、股权结构；

（三）公司减少注册资本后的注册资本、股权结构；

（四）权利和义务；

（五）其他重要事项；

（六）争议解决。

××公司法定代表人签名并加盖公章
法人股东法定代表人签名并加盖公章
所有自然人股东签名并盖指模
××××年××月××日

附件1-6

公司债权债务情况说明
（适用减少注册资本）

主要内容应包括以下部分：

一、公司截至股东会作出减资决议之日共有××万元债权、××

万元债务,至变更之日又新增××万元债权、××万元债务;本公司合计债权总额××万元、债务总额××万元。

二、公司截至申请变更之日已偿还××万元债务;剩余部分已落实担保或已和债权人达成协议。

三、股东承诺对公司减资前的所有债务(隐性债务)以减资前的投资额为限承担连带责任。

四、本债务清偿或债务担保情况说明不含虚假内容,如有虚假,全体股东愿承担相应的一切法律责任。

附:至股东会决议日的资产负债表及财产清单,债权、债务清单(原件,经公司法定代表人、财务负责人、会计签字确认并加盖公章)。

××公司法定代表人签名并加盖公章

法人股东法定代表人签名并加盖公章

所有自然人股东签名并盖指模

××××年××月××日

附件1-7

公司关于登刊《减资公告》的情况说明

××公司减少注册资本公告

(适用减少注册资本)

经公司××××年××月××日股东会(股东)决议(决定):本公司拟将注册资本从××万元减至××万元,现予以公告。为保护本公司债权人的合法权益,请债权人自接到本公司书面通知书之日起三十日内,未接到通知书的自本公告见报之日起四十五日内,向本公司提出清偿债务或者提供相应的担保请求。

联系人及联系方式:××××,×××。

××公司

××××年××月××日

附件1－8

通知债权人回执
（适用减少注册资本）

××公司减少注册资本公告送达回执（范例）

送达单位	
送达地点	
送达文件名称	
收到时间	
送达单位 （盖章） 收件人 （签名）	发文单位 （盖章） 发送人 （签名）
备注	

注：1. 送达单位法定代表人不在时，可由其他负责人或收发部门签收。

2. 发生拒收情况时，发送人应在送达单位或其他有关人员的见证下，留下送达文件并在备注栏中附注说明送达。

附件1－9

股东各方关于新增注册资本的协议
（适用增加注册资本）

一、协议各方

法人股东注明：法人名称、企业法人代码、住所和法定代表人。

自然人股东注明：自然人姓名、身份证号码和住址。

二、协议内容

（一）公司名称与注册资本；

（二）公司增资扩股前的注册资本、股权结构；

（三）公司增资扩股后的注册资本、股权结构；

（四）放弃优先购买权的相关内容；

（五）出资时间；

(六)权利和义务;

(七)其他重要事项;

(八)争议解决。

××公司法定代表人签名并加盖公章

法人股东法定代表人签名并加盖公章

所有自然人股东签名并盖指模

××××年××月××日

附件 1－10

××公司股东承诺书

(增加注册资本中新增投资股东、

股权〔股份〕变更中受让股东提供)

本公司××、××股东(新增投资股东/受让股东提供)郑重承诺如下:

一、承诺所提交的文件、证件及有关材料真实可靠,复印件与原件内容一致,并对因材料虚假所引发的一切后果负法律责任。

二、承诺严格遵守国家法律、法规;严格遵守《中国银保监会办公厅关于加强地方资产管理公司监督管理的通知》等规章制度及监管政策,服从各级地方金融监管部门的监管要求;严格遵守公司章程。

三、承诺不以借贷资金入股,不以他人的委托资金入股,不抽走入股资金。在今后的经营过程中如出现违法、违规行为,我们将承担应负的法律责任和经济责任。

四、承诺对公司经营活动可能出现的亏损和风险,愿意在法律责任范围内承担相应责任。

××公司法定代表人签名并加盖公章

××公司股东签章

(注:法人股东法定代表人签名并加盖公章;

所有自然人股东签名并盖指模)

××××年××月××日

附件1－11

股权转让协议
（适用股权〔股份〕变更）

1. 协议条款中需注明向地方金融监管部门报告后，协议方能生效（或××日内完成股权交割）。

2. 协议条款中需注明一式×份，××、××各执1份，报属地地方金融监管部门、自治区地方金融监督管理局备案各1份，市场监督管理部门备案1份（如需）等。

附件1－12

非受让股东放弃优先受让权承诺书
（适用股权〔股份〕变更）

鉴于：

××（股权出让方）拟向××（股权受让方）转让其持有××资产管理公司××%的股权。××（弃权股东）在此承诺：

1. 本公司（本人）无条件放弃根据《中华人民共和国公司法》和公司章程对出让股权所享有的优先受让权。

2. 本公司（本人）放弃股权优先受让权的决定是无条件的和不会撤销的，并承诺在股权转让的过程中配合办理股权转让相关手续。

3. 本公司（本人）同意就出让相关事宜对公司章程进行相应修改。

弃权法人股东法定代表人签名并加盖公章

弃权自然人股东签名并盖指模

××××年××月××日

附件1－13

××公司股东会（董事会）决议
（股权〔股份〕变更中受让法人股东提供）

至少应包括的内容：

会议时间、地点、全体股东（董事）名称或姓名，实际到会股东（董事)名称或姓名。

会议同意受让××资产管理公司××%股份(金额)等有关事项的决议。

××公司法定代表人签名并加盖公章

××公司股东(董事)签章

(注:法人股东法定代表人签名并加盖公章;

自然人股东签名并盖指模)

××××年××月××日

附件1-14

个人简历

(增加注册资本中新增投资股东、

股权〔股份〕变更中受让方为自然人股东,

变更法定代表人及董监高后的任职人员提供)

<table>
<tr><td>姓名</td><td></td><td>性别</td><td></td><td>出生年月</td><td></td><td rowspan="3">(注:1寸彩色免冠照片)</td></tr>
<tr><td>籍贯</td><td></td><td>民族</td><td></td><td>政治面貌</td><td></td></tr>
<tr><td>学历</td><td></td><td>毕业院校</td><td></td><td>专业</td><td></td></tr>
<tr><td>身份证号码</td><td></td><td>职称</td><td></td><td>职务</td><td colspan="2"></td></tr>
<tr><td>工作单位</td><td></td><td>固定电话</td><td></td><td>移动电话</td><td colspan="2"></td></tr>
<tr><td>简历
(时间连贯,从高中阶段填写,包括至今为止的学习和工作经历)</td><td colspan="6">(从高中阶段填写,包括至今为止的学习和工作经历)
例如:××年×月-××年×月 在××××学校就读
××年×月-××年×月 在××××单位工作,任××职务
(期间,在××学校××专业就读)
××年×月至今 在××单位工作,任××职务</td></tr>
<tr><td>奖惩情况</td><td colspan="6">获奖情况,近三年有无刑事和行政处罚记录等</td></tr>
</table>

附件 1－15

法定代表人、董事、监事及高级管理人员名册

（适用变更法定代表人、董事、监事和高级管理人员）

填报单位：××公司（加盖公章）

变更前				
姓名	身份证号码	是否股东 （股东需注明持股比例）	职务	备注
变更后				
姓名	身份证号码	是否股东 （股东需注明持股比例）	拟任职务	备注

附件 1－16

法定代表人、董事、监事及高级管理人员承诺书

（适用变更法定代表人、董事、监事和高级管理人员）

至少应包括的内容：

是否无民事行为能力或者限制民事行为能力；

是否因贪污、贿赂、侵占财产、挪用财产或者破坏社会主义市场经济秩序，被判处刑罚，执行期满未逾五年，或者因犯罪被剥夺政治权

利,执行期满未逾五年;

是否担任破产清算的公司、企业的董事或者厂长、经理,对该公司、企业的破产负有个人责任的,自该公司、企业破产清算完结之日起未逾三年;

是否担任因违法被吊销营业执照、责令关闭的公司、企业的法定代表人,并负有个人责任的,自该公司、企业被吊销营业执照之日起未逾三年;

个人是否所负数额较大的债务到期未清偿。

××公司法定代表人、董事、监事、
高级管理人员签名并盖指模
××××年××月××日

附件2

申报材料格式要求

一、格式要求

申报材料采用活页装订的方式,须严格按照参考文本及目录顺序排版装订。纸张幅面为标准A4纸张规格(需提供原件的历史文件除外)。申报材料正文须用仿宋GB 2312三号字体书写。如需提供原件的历史文件是以英文书写的,应附中文译本,且以中文译本为准。申报文件一般采用双面打印。

申请材料须提供原件1份(逐级提交地方金融监管部门审核并由终审部门存档),复印件若干份(根据各级负责审核的地方金融监管部门的要求提供)。

二、注意事项

(一)会议决议、协议书及承诺书等文书均由法定代表人签字并加盖公章,自然人签字并加盖指模;多页装订的加盖骑缝章。

(二)自然人提供的身份证、出资能力等材料的复印件每一页均须注明"与原件一致",签字并加盖指模。

(三)企业信用报告每一页加盖公章;个人简历、信用报告等材料每一页签名并加印指模。

（四）审计报告原件须注册会计师签名和盖章，加盖会计师事务所审验章或骑缝章，提供会计师事务所营业执照、会计师资格年检记录复印件等；财务报表应包括资产负债表、利润表、现金流量表等，需经公司法定代表人、财务负责人、会计签字确认；对财务报表应收账款、其他应收款、长期投资、其他应付款、应交税费、资本公积、所得税等会计科目在审计报告中要作出附注说明。

三、提供的文件必须真实有效，如有弄虚作假行为，将承担相应法律责任。

附：《广西壮族自治区地方资产管理公司变更指引（试行）》解读

一、问：为什么要出台《广西壮族自治区地方资产管理公司变更指引（试行）》（桂金监贰〔2021〕13 号）（以下简称《变更指引》）？

答：一是规范地方资产管理公司监管工作的需要。按照《中国银保监会办公厅关于加强地方资产管理公司监督管理工作的通知》（银保监办发〔2019〕153 号）、自治区党委办公厅　自治区人民政府办公厅关于印发《广西壮族自治区地方金融监督管理局职能配置、内设机构和人员编制规定》的通知（厅发〔2019〕4 号）等相关政策，自治区地方金融监管局负责对广西行政区域内的地方资产管理公司实施监管，包括设立、变更等相关审批工作。目前地方资产管理公司变更事项相关制度机制存在空缺，而地方资产管理公司存在诸多变更需求，本着急用先行、逐步完善的工作思路，先行出台《变更指引》，以便有规可依，规范监管，更好地落实地方金融监管部门的监管责任。二是促进地方资产管理公司高质量发展的需要。截至 2021 年 9 月末，我区经银保监会认可的两家地方资产管理公司（广西广投资产管理股份有限公司、广西金控资产管理有限公司）注册资本达 110 亿元，总资产 180.22 亿元，存量不良资产账面值 156.97 亿元。今年 1－9 月累计新增收购不良资产账面值 37.5 亿元，同比增长 22.46%；实现利润总额 1.69 亿元，同比增长 17.88%。这些都体现了我区地方资产管理公司在防范和化解金融风险、支持我区实体经济发展等方面发挥了积极作用。但我区地方资产管理公司在经营中遇到外部融资难、引进战略投资者难、业务拓展难等问题,在一定程度上制约了行业的发展。为助力地方资产管理公司破解经营难题,自治区地方金融监管局以制度建设为引领和支撑,在前期出台监管指引的基础上持续发力,出台《变更指引》,为地方资产管理公司做强做大不良资产主业营造良好的监管环境,助推地方资产管理公司高质量发展提供制度支撑。

二、问:变更指引的主要依据是什么?

答:主要依据《中华人民共和国公司法》、《中国银保监会办公厅关于加强地方资产管理公司监督管理工作的通知》(银保监办发〔2019〕153号)、《广西壮族自治区地方金融监督管理局关于印发〈广西壮族自治区地方资产管理公司监督管理指引(试行)〉的通知》(桂金监贰〔2021〕7号)等法律法规和政策。同时参考和借鉴了我区小额贷款公司、典当行相关变更指引。

三、问:变更指引的主要内容有哪些?

答:变更指引主要内容分为十条,后附16个申请材料样本,明确了全区地方资产管理公司申请事项变更的条件、材料及流程。着力规范地方资产管理公司的变更事项办理规程,优化地方资产管理公司营商环境。

(一)第一条。阐明了起草《指引(试行)》的主要目的和依据。

(二)第二条。明确《指引(试行)》适用范围。即适用于经自治区人民政府批准设立或授权设立,并依法注册登记,经银保监会备案公布的地方资产管理公司。

(三)第三条。列举了变更事项具体内容,明确"变更注册资本"等3类事项应事前报告,"变更名称""变更组织形式"等5类事项实行备案制。

(四)第四条。明确地方资产管理公司申请事项变更应符合的条件。

(五)第五条。明确地方资产管理公司申请事项变更应提供的材料。

(六)第六条。明确地方资产管理公司申请事项变更程序。

(七)第七条。明确地方资产管理公司完成事项变更后的监管要求。

（八）第八条。明确对公司形式为股份有限公司的地方资产管理公司的要求。

（九）第九条。对《指引（试行）》的解释权作了明确规定，即由自治区地方金融监管局负责解释。

（十）第十条。规定了《指引（试行）》的施行日期。

青海省地方金融监督管理局关于印发《青海省地方资产管理公司监管工作指引》的通知

（青金监〔2020〕18号　2020年3月13日发布
自2020年4月13日起施行）

各市（州）金融工作办公室，华融昆仑青海资产管理股份有限公司[①]：

为加强对省内地方资产管理公司的监督管理，促进地方资产管理公司稳健经营和健康发展，省地方金融监管局根据《中华人民共和国公司法》、《中国银保监会办公厅关于加强地方资产管理公司监督管理工作的通知》（银保监办发〔2019〕153号）等规范性文件的规定，结合我省实际，制定了《青海省地方资产管理公司监管工作指引》，现印发给你们，请认真抓好落实。

青海省地方资产管理公司监管工作指引

第一章　总　　则

第一条　为加强对省内地方资产管理公司的监督管理，促进地方

① “华融昆仑青海资产管理股份有限公司”已于2020年6月更名为“昆朋青海资产管理股份有限公司”。

资产管理公司稳健经营和健康发展,根据《中华人民共和国公司法》、《中国银保监会办公厅关于加强地方资产管理公司监督管理工作的通知》(银保监办发〔2019〕153 号)等规范性文件的相关规定,结合我省实际,制定本指引。

第二条 本指引适用于经青海省人民政府批准设立、依法注册登记,并经中国银保监会备案公布的资产管理公司(以下简称"地方资产管理公司")的监管。

第三条 青海省地方金融监督管理局(以下简称"省地方金融监管局")是代表青海省人民政府履行对青海省地方资产管理公司日常监督管理职能的机构,具体负责地方资产管理公司的日常监管,包括地方资产管理公司的设立、变更、注销、风险防范和处置等工作,并督促地方资产管理公司严格遵守相关法律法规和监管规则。

第四条 省地方金融监管局建立风险管控为本的审慎监管框架,审慎监管框架的基本要素包括但不限于:股东资格、公司治理、高管任职、风险管控、资本充足性、财务稳健性、信息披露等。

第五条 地方资产管理公司应坚持依法合规、稳健经营,以市场化方式、法治化原则、专业化手段开展不良资产收购处置业务,以防范和化解区域金融风险、维护经济金融秩序、支持青海实体经济发展为主要经营目标。

第二章 机构设立、变更和注销

第六条 地方资产管理公司申请设立,应将申请材料报送省地方金融监管局审批,经省地方金融监管局审查同意并报省人民政府批准后,再依法办理注册登记。

第七条 设立地方资产管理公司,应当符合《中华人民共和国公司法》的规定,并具备以下条件:

(一)注册资本最低限额为十亿元人民币,为实缴货币资本,须一次性足额缴纳;

(二)拥有合格的发起人;

(三)有具备任职专业和业务工作经验的董事、监事、高级管理人员及适宜于从事金融企业不良资产批量收购、处置业务的专业团队;

（四）具有健全的公司治理、完善的内部控制和风险管理制度；

（五）法律法规规定及青海省地方金融监管局认为必要的其他条件。

第八条　地方资产管理公司的发起人应为企业法人，其中：省内企业法人不少于两家，且省内企业法人的持股比例合计不得低于注册资本金的51%。

地方资产管理公司在股权转让时，省内企业法人合计持股比例依照本条第一款规定执行。

第九条　地方资产管理公司的发起人应满足以下条件：

（一）具有较强的可持续出资能力；

（二）经营业绩良好；

（三）入股资金来源真实合法，且必须是自有货币资金；

（四）资质信用良好，近三年内无重大违法违规和不良信用记录；

（五）在所属行业内处于领先地位。

地方资产管理公司成立后拟加入的新股东，其资质条件按照本条执行。

第十条　设立地方资产管理公司，应向省地方金融监管局提交以下资料：

（一）设立申请（应当载明拟设立地方资产管理公司的名称、住所、注册资本、股东及出资额、经营范围等内容）；

（二）可行性研究报告（当地经济社会发展情况特别是不良资产相关情况，组建的必要性与可行性、市场服务定位、经营方向，未来发展前景分析，未来业务发展计划、风险防范和处置办法）；

（三）地方资产管理公司章程；

（四）出资协议及出资承诺书；

（五）地方资产管理公司业务规则；

（六）内部管理制度（注：包括但不限于业务风险管控制度等）；

（七）具有法定资格的验资机构出具的验资证明文件；

（八）拟任法定代表人、董事、监事及高级管理人员的简历及具有履行职责所需的从业经验和管理能力的证明材料（须对相关信息的真实性作出承诺）、个人征信报告、无犯罪记录承诺书；

(九)具有法定资格的会计师事务所出具的主发起人近三年、其他发起人近一年的财务审计报告、纳税记录及出资能力证明、法人股东的股东会或董事会决议及其营业执照副本复印件;

(十)符合要求的营业场所的所有权或者使用权的有效证明文件,以及拟用房产近期七寸彩色外沿及内部照片各一张(贴到A4纸上,注明拍摄日期,全体股东签字);

(十一)省地方金融监管局要求提供的其他材料。

第十一条 地方资产管理公司董事、监事、高级管理人员应当严格遵守法律、行政法规和监管部门规定,自觉遵守公司章程和行业规范,恪守诚信,勤勉尽责。

第十二条 地方资产管理公司董事、监事应当具备以下条件:

(一)从事金融、经济、法律、财务等工作5年以上;

(二)具有大学本科以上学历;

(三)申请独立董事任职资格的,应与所申请地方资产管理公司不存在关联关系、利益冲突或者其他可能妨碍独立客观判断的情形;

(四)省地方金融监管局规定的其他条件。

第十三条 地方资产管理公司董事长、监事长和副董事长(如有)应当同时具备以下条件:

(一)从事金融工作8年以上,或从事相关经济工作12年以上,其中从事金融工作的经历须在4年以上;

(二)具有大学本科以上学历;

(三)省地方金融监管局规定的其他条件。

第十四条 地方资产管理公司高级管理人员应当具备以下条件:

(一)拟任地方资产管理公司总经理应当具备本科以上学历,从事金融工作8年以上,或从事相关经济工作12年以上,其中从事金融工作的经历须在4年以上;

(二)拟任地方资产管理公司副总经理、总经理助理、董事会秘书应当具有大学本科以上学历,从事金融工作6年以上,或从事相关经济工作10年以上,其中从事金融工作的经历须在3年以上;

(三)拟任地方资产管理公司财务负责人应当具备本科以上学历,从事财务、会计或审计工作的经历须在6年以上;

(四)拟任地方资产管理公司合规负责人应当具备本科以上学历，从事相关经济、法务工作6年以上，其中从事金融工作的经历须在2年以上。

第十五条　省地方金融监管局对地方资产管理公司董事、监事和高级管理人员任职资格进行审核。经资格核准后，拟任人应当自作出核准决定之日起三个月内到任并向省地方金融监管局进行书面报告，任职资格审批核准后，无正当理由超过三个月未实际履职的，任职资格失效。

地方资产管理公司董事长、监事长、副董事长和高级管理人员离任，应当在60日内向省地方金融监管局报送其离任审计报告。董事、监事和高级管理人员离任，其任职资格自离任之日起自动失效。

第十六条　地方资产管理公司申请变更名称、组织形式、注册资本、公司住所、业务范围、法定代表人、董事、监事和高级管理人员、股东和股权结构、修改章程以及省地方金融监管局规定的其他变更事项的，应将申请材料(见附件)报送省地方金融监管局；经批准后，再依法办理变更登记。变更后的相关事项须符合公司设立时的相关要求。

第十七条　地方资产管理公司的业务范围：不良资产经营(收购、经营、管理和处置金融机构以及非金融机构的债权、股权以及实物不良资产，受托管理金融机构以及非金融机构的债权、股权以及实物不良资产)；投资业务(股权投资、债券投资、证券投资、基金投资等业务)；资产管理业务(与不良资产经营和投资业务相关的各类金融权益类、金融物资类资产管理业务，通过设立专项基金的方式引入资金投资资产或项目)；托管重组业务；综合金融服务(与不良资产经营相关的各类企业股权融资、债权融资、租赁融资、债权转股权等投融资服务及财务顾问、投资咨询、管理咨询等服务，为境内外投资收购不良资产提供专业尽职调查、法律咨询、法律分析论证等服务，开展担保业务和投资银行等大资产管理业务和资产增值服务)；资产证券化、发行债券；向金融机构进行商业融资；地方非银行金融机构、非存款类放贷组织等机构不良资产的收购与处置；监管机构批准的其他业务。

第十八条　地方资产管理公司申请注销的，应将以下申请材料报送省地方金融监管局审批；经批准后，再依法办理注销登记。

(一)变更申请书(应载明注销理由);

(二)股东(大)会同意注销的决议;

(三)清算组成员名单;

(四)清算报告(含债权债务处理方案);

(五)税务机关出具的《税务事项通知书》;

(六)登载注销公告的证明材料复印件;

(七)地方金融监管部门要求提供的其他材料。

第十九条 地方资产管理公司解散或被依法宣告破产的,应依法进行清算并注销,清算过程接受省地方金融监管局监督。清算结束后,清算机构应当出具清算报告,编制清算期间收支报表,连同注册会计师验证报告,一并报送省地方金融监管局。向公司登记机关申请办理注销登记,并抄报中国银保监会,由中国银保监会予以公布。

第三章 合规经营

第二十条 地方资产管理公司应建立全面的公司治理框架,应当遵循独立运作、有效制衡、相互合作、协调运转的原则,建立合理的治理制衡机制和治理运行机制,确保地方资产管理公司有效履行审慎、合规的义务,治理框架应关注的内容包括但不限于:

(一)组织和管理结构的适当性;

(二)重要股东的财务稳健性;

(三)公司董事、监事和高级管理人员和风险管理、内部审计等重要部门的主要负责人在公司管理中的适当性(即公司董事、监事和高级管理人员应履行的义务和责任);

(四)内部控制、风险管理体系、内部审计及合规职能。

第二十一条 地方资产管理公司应当在对市场环境和自身关键资源能力分析的基础上制定战略规划,明确战略定位和盈利模式。

第二十二条 地方资产管理公司应当根据经济发展状况、市场变化、发展战略和风险偏好等因素,确定审慎、可行的年度经营计划。

第二十三条 地方资产管理公司应建立完备的内部控制与风险管理体系,充分抵御各类风险。建立规范的资产风险分类制度和风险准备金制度,加强资产质量管理,足额计提风险损失准备。

第二十四条 地方资产管理公司应当整合风险管理资源,逐步建立独立、全面、有效的综合风险管理体系,公司董事会全面负责公司范围的风险管理、内控机制、内部审计和合规管理,确保公司风险管理行为的一致性。

(一)地方资产管理公司董事会应当设立独立的风险管理委员会;

(二)地方资产管理公司董事会应当设立独立的审计委员会,审计委员会成员主要由非兼任高级管理人员职务的董事或监事担任;

(三)地方资产管理公司应当建立独立的风险、合规管理部门和内部审计部门,在人员数量和资质、薪酬等激励政策以及公司内部信息渠道等方面给予风险管理部门和内部审计部门必要的支持。

第二十五条 地方资产管理公司应当建立如下(包括但不限于)风险管控机制:

(一)制定适当的长、短期资金调度原则及管理规范,建立衡量及监控地方资产管理公司流动性风险的管理机制,衡量、监督、管控公司的流动性风险;

(二)根据公司整体风险情况、自有资本及负债的特征进行各项投资资产配置,建立各项投资风险管理制度;

(三)建立资产性质和分类的评估方法,计算及管控地方资产管理公司的大额风险暴露,定期监测、核实并按照会计准则计提损失准备。

第二十六条 地方资产管理公司应当建立统一的内部审计制度,检查公司的业务活动、财务信息和内部控制。

第二十七条 地方资产管理公司应当逐步建立与其风险状况相匹配的前瞻性的压力测试方案,并作为其风险管理体系的组成部分。定期评估压力测试方案,确定其涵盖主要风险来源并采用可能发生的不利情景假设。地方资产管理公司应将压力测试结果应用到决策、风险管理(包括应急计划)以及资本和流动性水平的内部评估中。

第二十八条 地方资产管理公司应遵循安全、合规的原则,积极有效降低杠杆率,谨慎选择融资渠道,未经批准不得向社会公众发行债务性融资工具。

第二十九条 地方资产管理公司应当建立与业务规模、性质、复杂程度和经营范围相适应的流动性风险管理体系,从而满足其所承担或可能承担的流动性风险的资金需求。

第三十条 地方资产管理公司应当建立稳健的资本管理政策、制度及实施流程,建立可持续的资本补充机制,坚持审慎性原则,充分识别、有效计量、持续监测和控制流动性风险,确保其资产负债结构与流动性要求相匹配。

第三十一条 地方资产管理公司应当对整体的流动性风险状况进行监测分析,具体内容包括但不限于:现金流缺口、现金流预测、重要的流动性风险预警指标、融资可行性、应急资金来源的现状或者抵押品的使用情况等。在正常的业务环境中,流动性风险报告应当定期上报董事会或董事会专门委员会并抄报监事会。

第三十二条 地方资产管理公司发生流动性风险时,股东应及时采取追加资本金等合理方式给予流动性支持。

第三十三条 地方资产管理公司的资本充足率不得低于12.5%。

第三十四条 地方资产管理公司应当建立全面的集中度风险管理制度,采用多种技术手段充分识别、计量和管理交易对手集中风险、地区集中风险、行业集中风险、资产集中风险、表外项目集中风险,防止大额风险集中暴露。

第三十五条 地方资产管理公司内部资金管理应当遵循统筹安排、合理使用、提高效益的原则,保障资金需要,按时编制资金使用计划,提高资金使用的安全性、效益性和流动性。

第三十六条 地方资产管理公司应当就对外投资项目的可行性进行研究,对被投资企业的财务信息进行甄别和分析,并及时进行对外投资项目的效益测算和分析评价。

第三十七条 地方资产管理公司应当严格依据会计准则进行会计核算,提高会计信息的可靠性,提升会计信息质量,全面、真实反映公司经营状况,满足监管要求。

第三十八条 地方资产管理公司应当建立与公司审慎管理相匹配的激励约束机制和稳健的薪酬制度,减少由不当激励约束安排引发的风险。

第三十九条 地方资产管理公司应当制定与其经营战略相适应的信息化建设规划,建立完善适应业务实际需求的信息管理系统,及时、准确、全面获取公司资本、流动性、大额风险暴露、盈利、绩效评价等信息。

第四十条　地方资产管理公司的各项业务活动应符合国家法律法规和金融政策规定，对于因市场环境变化、业务发展需要等，确需开展超出本办法规定经营范围创新试点业务的，应当在开展该类创新试点业务前报省地方金融监管局备案。

第四十一条　地方资产管理公司应建立并完善信息披露制度，明确内部管理职责，规范披露程序，以及信息披露的方式、途径、频率、对象等。在公司官网等媒体披露公司营业地址、联系电话、治理结构、组织结构、股权结构、高管人员信息、监管部门监督投诉方式，相关信息发生变更的，应在7个工作日内及时更新。

严格执行重大事项报告制度，发生重大事项应根据相关规定及时向省地方金融监管局上报。

第四十二条　地方资产管理公司收购处置的不良资产应当符合真实、有效、洁净等条件，通过评估或估值程序进行市场公允定价，实现资产和风险的真实、完全转移。地方资产管理公司不得有如下（包括但不限于）违法违规行为：

（一）不得与转让方在转让合同等正式法律文件之外签订或达成影响资产和风险真实完全转移的改变交易结构、风险承担主体及相关权益转移过程的协议或约定；

（二）不得设置任何显性或隐性的回购条款；

（三）不得以任何形式帮助金融企业虚假出表掩盖不良资产；

（四）不得为银行业金融机构规避资产质量监管提供通道；

（五）不得以收购不良资产名义为企业或项目提供融资；

（六）不得收购无实际对应资产和无真实交易背景的债权资产；

（七）不得向股东或关系人输送非法利益；

（八）不得以暴力或其他非法手段进行清收。

第四十三条　地方资产管理公司不得收购经国务院批准列入全国企业政策性关闭破产计划的资产；不得收购国防军工等涉及国家安全和敏感信息的资产；不得收购在借款合同或担保合同中有限制转让条款的资产以及国家法律法规限制转让的其他资产。

第四十四条 地方资产公司应及时采取有效措施,切实化解风险,避免风险外溢,确保能自担责任、自负盈亏、自我消化风险。不得采取违规方式掩盖风险。项目风险及化解情况应按照相关监管要求报送省地方金融监管局。

第四十五条 地方资产管理公司不得违反下列禁止性规定:

(一)未经批准变更、终止;

(二)以不正当手段扰乱市场秩序、进行不公平竞争;

(三)以捏造、散布虚假事实等方式损害其他同类机构声誉;

(四)与他人串通,转移资产,逃废债务;

(五)违反规定从事未经批准或者未备案的业务活动;

(六)未经任职资格审查任命董事、监事和高级管理人员;

(七)拒绝或者阻碍非现场监管或者现场检查;

(八)提供虚假的或者隐瞒重要事实的报表、报告等文件、资料;

(九)不得通过设立特殊目的实体进入禁止性领域。

第四章 监督管理

第四十六条 省地方金融监管局作为地方资产管理公司的监管机构,依法履行监管职责,应当与当地银保监部门建立协调机制,有效防范和处置地方资产管理公司经营风险,定期向中国银保监会报送监管报告。

第四十七条 省地方金融监管局通过非现场监管和现场检查,持续深入了解地方资产管理公司的运营状况,分析、评价地方资产管理公司的风险状况,判断地方资产管理公司是否符合相关法律、法规规定和满足审慎监管要求。

第四十八条 地方资产管理公司应按照省地方金融监管局要求,向信息化监管平台报送相关数据,接受省地方金融监管局的非现场监管。

第四十九条 地方资产管理公司应当于每月的前5个工作日内向省地方金融监管局报送上月业务统计报表,每季度结束后15个工作日内报送财务报表和经营情况报告,并于每年3月15日前报送注册会计师出具的审计报告及其他相关材料。

第五十条 地方资产管理公司股东大会和董事会会议的议题及相关内容应当于会议召开前5个工作日书面报告省地方金融监管局。地方资产管理公司应在会议结束后10个工作日内将会议结果报省地方金融监管局备案。

第五十一条 省地方金融监管局根据审慎监管的需要,有权采取如下(包括但不限于)措施对地方资产管理公司实施现场检查:

(一)对地方资产管理公司进行现场检查;

(二)询问地方资产管理公司的工作人员,要求其对有关检查事项作出说明;

(三)查阅、复制地方资产管理公司与检查事项有关的文件、资料;

(四)检查地方资产管理公司业务管理系统;

(五)定期委托外部独立机构对地方资产管理公司进行监管检查。

第五十二条 地方资产管理公司违反审慎经营规则的,省地方金融监管局应当责令其限期改正;逾期未改正的,省地方金融监管局有权采取包括但不限于责令其暂停部分业务等监管措施,并将违规行为记入诚信档案予以公布。

第五十三条 地方资产管理公司违法经营或有危及公司稳健运行、可能引发金融风险行为的,省地方金融监管局有权采取包括但不限于责令限期改正、追究相关责任人责任等监管措施。

第五十四条 地方资产管理公司严重违法经营的,省地方金融监管局可依据《中国银保监会办公厅关于加强地方资产管理公司监督管理工作的通知》(银保监办发〔2019〕153号)等相关规范性文件的规定,书面征求银保监会意见,与银保监会达成一致意见后,可撤销该公司参与本地区金融企业不良资产批量收购处置业务的资质,并在决定作出之日起10个工作日内抄报银保监会,由银保监会予以公布。

第五章 附 则

第五十五条 其他资产管理公司的准入和监督管理参照本指引执行。

第五十六条 本指引由青海省地方金融监督管理局负责解释,自2020年4月13日起实施,有效期至2025年4月13日。

本指引在实施过程中如遇国家和青海省颁布新的法律、法规、规章,按照颁布的法律、法规、规章执行。

附件:

地方资产管理公司部分申报材料式样及要求

一、封面式样

(一)封面内容:

“关于申请设立××地方资产管理公司的材料”或“关于××地方资产管理公司申请变更(注销)的材料”(2号华文中宋,靠上居中)

(二)封面落款:

××地方资产管理公司(筹备组)(小2号华文中宋,靠下居中)

××××年××月××日(3号华文中宋,靠下居中)

注:封面用硬卡纸,按式样及字形要求打印。

二、目录式样

目　录

1. 设立申请 ………………………………………………… ×页
2. 可行性研究报告 ………………………………………… ×页
3. 地方资产管理公司章程 ………………………………… ×页
4. 出资协议及出资承诺书 ………………………………… ×页
5. 地方资产管理公司业务规则 …………………………… ×页
6. 内部管理制度 …………………………………………… ×页
7. 安全防范措施 …………………………………………… ×页
8. 具有法定资格的验资机构出具的验资证明 …………… ×页
9. 拟任法定代表人、董事、监事、高级管理人员相关资料 … ×页
10. 股东相关资料 ………………………………………… ×页
11. 营业场所相关资料 …………………………………… ×页
12. 省地方金融监管局要求提供的其他材料 …………… ×页

注“目录”二字用小二号华文中宋字,目录内容用3号仿宋字体。

三、申请书式样

关于设立××地方资产管理公司的请示

（小二号华文中宋字，居中）

省地方金融监管局：

根据《青海省地方资产管理公司监管工作指引》相关规定，×××××公司、×××××公司……，×方股东共同协商，一致同意拟在青海省××市（州）成立"××地方资产管理公司"。现将有关申请设立情况报告如下：

（一）公司名称：××地方资产管理公司

（二）公司住所：青海省××市（州）××路（街）××号

（三）公司法定代表人：××

（四）公司注册资本金：×××万元

（五）股东出资额及股份比例：……

（六）公司拟定经营范围：不良资产经营（收购、经营、管理和处置金融机构以及非金融机构的债权、股权以及实物不良资产，受托管理金融机构以及非金融机构的债权、股权以及实物不良资产）；投资业务（股权投资、债券投资、证券投资、基金投资等业务）；资产管理业务（与不良资产经营和投资业务相关的各类金融权益类、金融物资类资产管理业务，通过设立专项基金的方式引入资金投资资产或项目）；托管重组业务；综合金融服务（与不良资产经营相关的各类企业股权融资、债权融资、租赁融资、结构化融资、债权转股权等投融资服务及财务顾问、投资咨询、管理咨询等服务，为境内外投资收购不良资产提供专业尽职调查、法律咨询、法律分析论证等服务，开展担保业务和投资银行等大资产管理业务和资产增值服务）；资产证券化、发行债券；向金融机构进行商业融资；地方非银行金融机构、非存款类放贷组织等机构不良资产的收购与处置；监管机构批准的其他业务。

妥否，请批示。

申请委托代理人：××（签字、手印）；

法定代表人（签字、手印）；

全体发起人(盖章)。

××××年××月××日

注:申请书内容用3号仿宋字体。

四、出资协议书式样

出资协议书

(小二号华文中宋字,居中)

拟设立××地方资产管理公司于×年×月×日召开全体股东(大)会,应到×人,实到×人,符合《公司法》规定,就出资设立××地方资产管理公司事宜达成以下出资协议:

发起人××公司出资××万元,占×%;

发起人××公司出资××万元,占×%。

法定代表人(签字、手印);

全体发起人(盖章)。

××××年××月××日

注:内容用3号仿宋字体。

五、发起人承诺书

××公司出资承诺书

(小二号华文中宋字,居中)

××公司自愿出资××万元,发起设立××地方资产管理公司。作为发起人,享有并履行章程规定的权利和义务,自觉遵守地方资产管理公司相关法律法规,遵守公司章程,加强监督管理,不从事非法金融活动,保证按时足额缴纳出资额,不抽逃资金,且入股资金来源真实合法,未以借贷资金或他人委托资金入股。申报中所提供的材料原件与复印件一致,所提交的文件、证件及有关附件是真实有效。对因抽逃资金、借贷资金、他人委托资金、长期股权投资不实或申报材料虚假,愿承担一切后果和法律责任。

上述承诺内容经法定代表人本人亲自验看后签署。

特此承诺。

××公司盖章;

其法定代表人签字。

××××年××月××日

注:内容用3号仿宋字体

六、地方资产管理公司法定代表人、董事、监事及高管人员简历表样式

地方资产管理公司法定代表人、董事、监事及高管人员简历表

拟任　　　　　　(填职务)

<table>
<tr><td>姓名</td><td></td><td>性别</td><td></td><td rowspan="5">照片</td></tr>
<tr><td>出生日期</td><td></td><td>学历</td><td></td></tr>
<tr><td>身份证号码</td><td></td><td>职称</td><td></td></tr>
<tr><td>毕业时间及院校</td><td colspan="3"></td></tr>
<tr><td>家庭住址及电话</td><td colspan="3"></td></tr>
<tr><td rowspan="5">工作简历</td><td>起止年月</td><td>工作单位和部门</td><td colspan="2">职务</td></tr>
<tr><td></td><td></td><td colspan="2"></td></tr>
<tr><td></td><td></td><td colspan="2"></td></tr>
<tr><td></td><td></td><td colspan="2"></td></tr>
<tr><td></td><td></td><td colspan="2"></td></tr>
<tr><td colspan="3">本人承诺所填写的所有信息真实、准确,且过往无任何犯罪记录,如有虚假或隐瞒,本人愿意承担一切责任。
(签字、手印)
××××年××月××日</td><td colspan="2">备注:身份证等相关证件复印件紧附其后。</td></tr>
</table>

七、变更事项提交材料清单

(一)变更名称

1. 变更申请书(应载明变更事项和理由);

2. 股东(大)会同意变更的决议;

3. 修改后的章程或章程修正案;

4. 全体股东签署的承诺承担变更前公司债权债务的承诺书;

5. 省地方金融监管局要求提供的其他材料。

(二)变更公司住所(仅限本省范围内)

1. 变更申请书(应载明变更事项和理由);

2. 股东(大)会同意变更的决议;

3. 修改后的章程或章程修正案;

4. 符合要求的营业场所的所有权或者使用权的有效证明文件;经营场所及保管库房平面图、建筑结构图;录像设备、防护设施、保险箱(柜、库)及消防设施安装、设置位置分布图,以及拟用房产近期七寸彩色外沿及内部照片各一张(贴到A4纸上,注明拍摄日期,全体股东签字);

5. 省地方金融监管局要求提供的其他材料。

(三)变更注册资本

1. 变更申请书(应载明变更事项和理由);

2. 股东(大)会同意变更的决议;

3. 修改后的章程或章程修正案;

4. 有新增股东的提供新增股东相关资料(参照公司设立时对法人股东的要求提供);

5. 验资报告;

6. 提供截止到股东(大)会决议日期当月,经会计师事务所审计的审计报告;

7. 提供登载增、减资公告的相关证明文件;

8. 省地方金融监管局要求提供的其他材料。

(四)变更法定代表人、董事、监事及高级管理人员

1. 变更申请书(应载明变更事项和理由);

2. 股东会(股东大会)或董事会同意变更的决议;

3. 如有涉及章程内容修改的须提供修改后的章程或章程修正案;

4. 拟任法定代表人、董事、监事、高级管理人员简历及具有履行职责所需的从业经验和管理能力的证明材料(须对相关信息的真实性作出承诺)、个人征信报告、无犯罪记录承诺书等;

5. 省地方金融监管局要求提供的其他材料。

(五)变更股东、股权

1. 变更申请书(应载明变更事项和理由);

2. 股东(大)会同意变更的决议;

3. 修改后的章程或章程修正案;

4. 新增股东相关资料；

5 省地方金融监管局要求提供的其他材料。

（六）变更公司章程

1. 变更申请书（应载明变更事项和理由）；

2. 股东（大）会同意变更的决议；

3. 修改后的章程或章程修正案；

4. 省地方金融监管局要求提供的其他材料。

附录：《青海省地方资产管理公司监管工作指引》解读材料①

为贯彻落实《中国银保监会办公厅关于加强地方资产管理公司监督管理工作的通知》（银保监办发〔2019〕153 号）文件精神，加强对省内地方资产管理公司的监督管理，切实防范行业风险，促进地方资产管理公司规范健康发展，结合我省实际，省地方金融监管局印发了《青海省地方资产管理公司监管工作指引》（以下简称“工作指引”）。现就《工作指引》有关情况简要解读如下：

一、《青海省地方资产管理公司监管工作指引》的出台背景是什么？

答：近年来，随着银行不良贷款规模攀升、地方债务逐渐增加，地方资产管理公司快速发展，在处置不良资产、盘活存量资产、防范和化解金融风险、支持实体经济发展等方面发挥了积极作用，但同时也产生了一些高风险甚至违规经营行为。为落实党中央、国务院关于“完善金融服务、防范和化解金融风险、深化金融供给侧结构性改革”的决策部署，中国银保监会出台了《中国银保监会办公厅关于加强地方资产管理公司监督管理工作的通知》（银保监办发〔2019〕153 号）文件，鼓励地方资产管理公司回归本源，专注主业，充分发挥地方资产管理公司盘活地方不良资产和化解区域金融风险、服务实体经济的积极作用，同时要求地方金融监管部门具体负责对本地区地方资产管理公司

① 载青海省地方金融监督管理局、青海省金融工作办公室网 2020 年 4 月 20 日，https://dfjrj.qinghai.gov.cn/index.php? m=content&c=index&a=show&catid=33&id=2373。

的日常监管,督促地方资产管理公司严格遵守相关法律法规和监管规则。为促进地方资产管理公司规范健康发展,结合我省实际,研究起草了《工作指引》。

二、《青海省地方资产管理公司监管工作指引》的主要内容是什么?

答:《工作指引》共五部分,五十六条。第一部分总则。明确省地方金融监管局是代表青海省人民政府履行对青海省地方资产管理公司日常监督管理职能的机构。明确阐述地方资产管理公司经营目标。第二部分机构设立、变更和注销。一是明确地方资产管理公司的设立,是经省地方金融监管局审查同意并报省人民政府批准后,再依法办理注册登记;二是明确了地方资产管理公司设立时应满足的条件、发起人应具备的条件;三是明确了对地方资产管理公司董事长、副董事长和董事、监事、高级管理人员应具备的任职条件;四是明确了地方资产管理公司业务范围;五是明确了地方资产管理公司设立、变更、注销应提供的资料。第三部分合规经营。提出了地方资产管理公司内部治理的要求,明确审慎性监管指标"资本充足率"不得低于12.5%和8条不良资产处置中的违法违规行为及9条违规经营的禁止性规定。第四部分监督管理。一是明确省地方金融监管局应与青海银保监局建立协调机制。要求地方资产管理公司及时向我局报送月报、季报和年报及股东会和董事会决议。二是明确非现场监管和5项现场检查的方式,要求地方资产管理公司按规定接受检查。三是明确省地方金融监管局可对地方资产管理公司的违规行为采取责令限期改正、追究相关责任人责任、责令其暂停部分业务、违规行为记入诚信档案予以公布等相应的监管措施。第五部分附则。明确《工作指引》实施时间及有效期限。

三、地方资产管理公司收购处置不良资产不得有哪些违法违规行为?

答:按照《工作指引》规定,地方资产管理公司在收购处置不良资产时不得有以下违法违规行为:

(一)不得与转让方在转让合同等正式法律文件之外签订或达成影响资产和风险真实完全转移的改变交易结构、风险承担主体及相关权益转移过程的协议或约定；

（二）不得设置任何显性或隐性的回购条款；

（三）不得以任何形式帮助金融企业虚假出表掩盖不良资产；

（四）不得为银行业金融机构规避资产质量监管提供通道；

（五）不得以收购不良资产名义为企业或项目提供融资；

（六）不得收购无实际对应资产和无真实交易背景的债权资产；

（七）不得向股东或关系人输送非法利益；

（八）不得以暴力或其他非法手段进行清收。

四、地方资产管理公司经营过程中不得违反的禁止性规定有哪些？

答：按照《工作指引》规定，地方资产管理公司当依法合规经营，不得有以下行为：

（一）未经批准变更、终止；

（二）以不正当手段扰乱市场秩序、进行不公平竞争；

（三）以捏造、散布虚假事实等方式损害其他同类机构声誉；

（四）与他人串通，转移资产，逃废债务；

（五）违反规定从事未经批准或者未备案的业务活动；

（六）未经任职资格审查任命董事、监事和高级管理人员；

（七）拒绝或者阻碍非现场监管或者现场检查；

（八）提供虚假的或者隐瞒重要事实的报表、报告等文件、资料；

（九）不得通过设立特殊目的实体进入禁止性领域。

五、省地方金融监管局对省内地方资产管理公司违法违规行为可采取哪些监管措施？

答：省地方金融监管局对省内地方资产管理公司违法违规行为可采取以下监管措施：

（一）地方资产管理公司违反审慎经营规则的，省地方金融监管局应当责令其限期改正；逾期未改正的，省地方金融监管局有权采取包括但不限于责令其暂停部分业务等监管措施，并将违规行为记入诚信档案予以公布。

（二）对地方资产管理公司违法经营或有危及公司稳健运行、可能引发金融风险行为的，省地方金融监管局有权采取包括但不限于责令限期改正、追究相关责任人责任等监管措施。

(三)对地方资产管理公司严重违法经营的,省地方金融监管局可依据《中国银保监会办公厅关于加强地方资产管理公司监督管理工作的通知》(银保监办发〔2019〕153号)文件的规定,书面征求银保监会意见,与银保监会达成一致意见后,可撤销该公司参与本地区金融企业不良资产批量收购处置业务的资质,并在决定作出之日起10个工作日内抄报银保监会,由银保监会予以公布。

第十三编　不良资产跨境转让

部门规章及规范性文件

国家外汇管理局关于进一步深化改革促进跨境贸易投资便利化的通知

（汇发〔2023〕28号　2023年12月4日公布施行）

国家外汇管理局各省、自治区、直辖市、计划单列市分局；各全国性中资银行：

为深入贯彻落实党中央、国务院决策部署，进一步促进跨境贸易投资便利化，切实提升外汇管理服务实体经济能力，国家外汇管理局决定进一步深化外汇管理改革，便利市场主体合规办理跨境贸易投资业务，以高水平开放促进高质量发展。现就有关事项通知如下：

一、推进贸易外汇收支便利化

（一）优化市场采购贸易外汇管理。市场采购贸易项下委托第三方报关出口的市场主体以自身名义办理收汇的，应满足以下条件：1. 从事市场采购贸易的市场主体已在地方政府市场采购贸易联网平台备案。市场采购贸易联网平台应能采集交易、出口全流程信息，并提供与企业、个体工商户对应的出口明细数据。2. 经办银行采取系统与市场采购贸易联网平台对接或通过网页登录等其他必要技术手段，识别客户身份，审核交易背景的真实性，防范交易信息重复使用。

（二）放宽加工贸易收支轧差净额结算。银行为企业办理进料对口收付汇抵扣业务资金结算，即出口货款和进口料件货款轧差后净额结算的，应满足以下条件：1. 企业自境外交易对手方购买料件加工后，将成品卖给同一境外交易对手。2. 企业开展进料对口收付汇抵扣业务前，需持相关材料至银行说明，由银行在货物贸易外汇监测系统主体标识功能中添加“进料对口抵扣企业”标识。3. 企业应合理安排轧差周期,及时结清应收应付款项,原则上每个季度轧差净额结算不少于1次。

银行应按照展业原则审核业务真实性和合理性,为“进料对口抵扣企业”标识企业办理进料对口收付汇抵扣业务,并按要求办理实际收付数据和还原数据申报(申报要求见附件1)。

(三)完善委托代理项下跨境贸易资金收付。代理方因破产、银行账户被冻结等情形,导致确实无法办理货物贸易收付汇时,银行可按照展业原则,在确认收支的真实性和合理性后,为委托方审慎办理货物贸易收付汇,并在涉外收支申报交易附言中标注“非报关人 + 委托方收付汇 + ×××(代理方名称)”。

(四)便利境内机构经营性租赁业务外汇资金结算。境内机构(以下简称承租方)使用自有外汇收入向境内租赁公司(以下简称出租方)支付境内经营性租赁(含飞机、船舶、大型设备)外币租金的,应满足下列条件:1. 承租方拥有稳定的外汇收入来源,且外汇收入具有一定规模;承租方年度支付外币租金原则上不低于等值1亿美元,且支出需求合理;承租方已纳入贸易外汇收支便利化优质企业;2. 出租方购买租赁物的资金50%以上来源于外币债务,或自境外租入租赁物需对外支付外币租金。出租方收取的外币租金收入原则上不得结汇使用(上缴境内税款、注销清算的除外),可用于支付境外租金、归还外币债务、向境外支付租赁物货款以及符合外汇局规定的其他外汇支出。

银行应遵循展业原则,在审核业务真实性和合理性后办理境内经营性租赁外币租金划转业务。承租方应在《境内汇款申请书》等交易附言栏目中填写经营性租赁合同号并标明“外币租金支付”字样;出租方应在《境内收入申报单》交易附言栏目中填写经营性租赁合同号并标明“外币租金收取”字样。

二、扩大资本项目便利化政策

(五)全国推广跨境融资便利化试点政策。将科技型中小企业纳入跨境融资便利化试点主体范围,进一步支持中小企业科技创新。天津、上海、江苏、山东(含青岛)、湖北、广东(含深圳)、四川、陕西、北京、重庆、浙江(含宁波)、安徽、湖南、海南省(市)辖内符合条件的高新技术、"专精特新"和科技型中小企业,可在不超过等值1000万美元额度内自主借用外债。其他地区辖内符合条件的高新技术、"专精特新"和科技型中小企业,可在不超过等值500万美元额度内自主借用外债(实施细则见附件2)。

(六)放宽境外直接投资(ODI)前期费用规模限制。取消境内企业境外直接投资前期费用累计汇出额不超过等值300万美元的限制,但累计汇出额不得超过中方拟投资总额的15%。

(七)便利外商投资企业(FDI)境内再投资项下股权转让资金和境外上市募集资金支付使用。将资本项目资产变现账户调整为资本项目结算账户(相关账户整合方案见附件3)。境内股权出让方(含机构和个人)接收境内主体以外币支付的股权转让对价资金,以及境内企业境外上市募集的外汇资金,可直接汇入资本项目结算账户。资本项目结算账户内资金可自主结汇使用。境内股权出让方接收外商投资企业以结汇所得人民币资金(来源于直接结汇所得或结汇待支付账户内的人民币资金)支付的股权转让对价资金,可直接划转至境内股权出让方的人民币账户。

三、优化资本项目外汇管理

(八)完善资本项目收入使用负面清单管理。非金融企业的资本金、外债项下外汇收入及其结汇所得人民币资金的使用应遵循真实、自用原则,不得直接或间接用于国家法律法规禁止的支出;除另有明确规定外,不得直接或间接用于证券投资或其他投资理财(风险评级结果不高于二级的理财产品及结构性存款除外);不得用于向非关联企业发放贷款(经营范围明确许可的情形以及中国(上海)自由贸易试验区临港新片区、中国(广东)自由贸易试验区广州南沙新区片区、中国(海南)自由贸易港洋浦经济开发区、浙江省宁波市北仑区等4个区域除外);不得用于购买非自用的住宅性质房产(从事房地产开发经营、房地产租赁经营的企业除外)。

(九)取消外债账户异地开立核准。允许确有合理需求的非金融企业到注册地所属外汇分局之外的其他地区银行开立外债账户。

鼓励银行将更多优质企业纳入资本项目收入支付便利化范畴;根据企业实际需求,进一步丰富跨境投融资产品和汇率风险管理产品,优化业务流程;按照展业原则做好客户尽调,利用科技手段加强事后监测,为真实合规的跨境投融资提供更加便捷高效的跨境资金结算服务;如发现异常可疑情况,及时报告。各分局应加强对上述业务的事中事后监管与核查检查,指导银行、企业合规开展业务。

本通知自发布之日起实施(其中,第七项自2024年6月3日开始实施)。以前规定与本通知不符的,以本通知为准,具体修改条款详见附件4。国家外汇管理局各省(市)分局接到本通知后,应及时转发辖内地(市)分局、城市商业银行、农村商业银行、外资银行、农村合作银行。

特此通知。

附件:1. 加工贸易收支轧差净额结算申报要求

2. 跨境融资便利化业务实施细则

3. 资本项目结算账户整合方案

4. 国家外汇管理局予以修改的4件外汇管理规范性文件中部分条款

附件1

加工贸易收支轧差净额结算申报要求

银行为"进料对口抵扣企业"标识企业办理进料对口收付汇抵扣业务,应按如下要求办理实际收付数据和还原数据申报:

对实际收付款数据的申报,实际收付款数据不为零时,企业应通过办理实际对外收付款交易的境内银行进行申报,境内银行应将实际收付款信息交易编码申报在"999999-有实际资金收付的集中或轧差结算"项下。实际收付款数据为零时(轧差净额结算合计值为零),境内银行应虚拟一笔结算值为零的涉外付款,填写《境外汇款申请书》,收付款人名称均为该企业,交易编码申报在"999998-无实际资金收付的集中或轧差结算"项下,"收款人常驻国家(地区)"为"中国",其他必输项可视情况填报或填写"N/A"。境内银行应在实际对外收付款之日(轧差净额结算合计值为零时,为轧差结算日或会计结算日)

(T)后的第1个工作日(T+1)中午12:00前,完成实际收付款数据的报送工作。

对还原数据的申报,企业在申报实际收付数据的当日,根据全收全支原则,向实际办理或记账处理对外收付款业务的银行提供还原数据的基础信息和申报信息。境内银行应在实际收付款之日(T)后的第1个工作日(T+1)中午12:00前,完成还原数据基础信息的报送工作;第5个工作日(T+5)前,完成还原数据申报信息的报送工作。申报单号码由发生实际收付款的银行编制,交易编码和交易附言按照实际交易性质填报。境内银行应将还原数据的"银行业务编号"填写为所对应的实际收付款数据的申报号码。境内银行应为企业提供申报渠道等基础条件,并负责将还原数据的基础信息和申报信息传送到外汇局。

附件2

跨境融资便利化业务实施细则

第一条 本实施细则所称高新技术企业是指经国家或地方相关部门认证的具有知识产权、技术或工艺先进、市场前景良好的创新型企业;"专精特新"企业是指经国家或地方相关部门认证的具有"专业化、精细化、特色化、新颖化"特征的企业;科技型中小企业是指经相关部门认证的依托一定数量的科技人员从事科学技术研究开发活动,取得自主知识产权并将其转化为高新技术产品或服务,从而实现可持续发展的中小企业。

第二条 符合条件的高新技术企业、"专精特新"企业、科技型中小企业可按照本实施细则参加跨境融资便利化业务,在一定额度内自主借用外债(以下简称便利化业务)。

第三条 参与便利化业务的企业应符合以下条件:

(一)成立时间一年(含)以上且存在实际经营活动的非金融企业(房地产企业、地方政府融资平台企业除外)。

(二)获得国家或地方相关部门认证的高新技术、"专精特新"企业或科技型中小企业。

(三)如为货物贸易外汇收支名录内企业,其货物贸易外汇管理分类结果应为A类。

(四)近两年无外汇行政处罚记录(成立不满两年的,自成立之日起无外汇行政处罚记录)。

(五)宏观审慎模式不适用或无法满足企业实际对外债务融资需求。

参与便利化业务的企业中不再符合上述条件的,则不得再行开展便利化业务。企业仍持有采用便利化业务登记的外债,可将外债持有至到期,外债资金仍可正常使用,待还本付息完毕后可按规定注销该外债。企业新借入外债,需延续开展便利化业务前所选用的外债模式借用外债;开展便利化业务前未选择过外债模式外商投资企业,可自主选择全口径跨境融资宏观审慎或"投注差"模式借债。通过便利化业务登记的外债如有余额,需占用企业的外债额度。

第四条 企业申请参与便利化业务,应在办理外债签约登记时向所在地外汇局提交以下材料:

(一)申请书(含近两年无外汇违规行政处罚记录的情况说明)。

(二)营业执照复印件。

(三)高新技术和"专精特新"企业需提交国家或地方相关部门认证为高新技术或"专精特新"企业的证明材料原件和复印件,科技型中小企业需在"全国科技型中小企业信息服务平台"打印企业获得认证的相关公告和科技管理部门为企业赋予的科技型中小企业入库登记编号。

(四)借款意向书或借款合同原件及其主要条款复印件。文本为外文的,应另附主要条款的中文译本原件。

(五)上一年度或最近一期经审计的财务报告原件和复印件。

以上材料除申请书外原件验后返还,复印件加盖企业公章由所在地外汇局留存。

第五条 参与企业申请的便利化额度原则上不应超过所在地区企业跨境融资便利化额度上限。

对于发展前景较好、属于国家重点支持行业和领域的企业,实际融资需求确需超出额度上限的，所在地省（市）分局经集体审议可以作出决定。

企业参与便利化业务借用外债，在签约登记后一年内未实际发生提款的，所在地外汇局可将该笔外债签约登记注销。企业需再次申请参与便利化业务的，可按照本实施细则规定重新申请。

第六条　参与便利化业务的企业，不再适用全口径跨境融资宏观审慎及外债"投注差"管理规定。企业在参与便利化业务前已借用尚未偿还的外债余额，占用便利化业务额度。

第七条　企业参与便利化业务借用的外债，原则上应调回境内并在经营范围内使用，遵循以下要求：

（一）不得直接或间接用于国家法律法规禁止的支出。

（二）除另有明确规定外，不得直接或间接用于证券投资或其他理财投资（风险评级结果不高于二级的理财产品及结构性存款除外）。

（三）不得用于向非关联企业发放贷款，经营范围明确许可的情形除外。

（四）不得用于购买非自用的住宅性质房产（从事房地产开发经营、房地产租赁经营的企业除外）。

适用《国家外汇管理局关于在上海自由贸易试验区临港新片区等部分区域开展跨境贸易投资高水平开放试点的通知》（汇发〔2021〕35号，以下简称35号文件）规定的企业，其外债资金使用范围仍按照35号文件执行。

第八条　所在地外汇局应密切跟踪监测便利化业务开展情况，依法对参与企业进行监督管理，防范跨境资金流动风险。

第九条　国家外汇管理局可根据国家宏观调控政策、外汇收支形势及便利化业务开展情况，对便利化业务地区范围、参与企业范围、便利化业务额度上限等依法进行调整。

第十条　参与企业未按本实施细则办理便利化业务的，外汇局可根据《中华人民共和国外汇管理条例》进行处罚。

第十一条　本实施细则由国家外汇管理局负责解释。

第十二条　本实施细则未明确事项，依照现行外债管理相关规定执行。

附件 3

资本项目结算账户整合方案

资本项目结算账户整合是指,将部分账户按照使用特性进行取消和调整,整合为统一的资本项目结算账户。主要内容如下:

一、账户整合工作要求

(一)将"资本项目－资产变现账户(2103)"调整为"资本项目－结算账户(2103)"(以下或称资本项目结算账户)。

1. 整合规则

更新账户类型代码表:"资本项目－资产变现账户(2103)"更新为"资本项目－结算账户(2103)",代码沿用 2103。

2. 历史数据处理

已开立且尚未关户的"资本项目－资产变现账户(2103)",不强制要求关户,由各银行根据下表中的账户刷新规则对留存账户的账户性质名称进行刷新操作:

现行外汇账户	清理操作	处理方式
资本项目－资产变现账户(2103)	变更	更新账户性质,将账户性质名称更新为"资本项目－结算账户",代码沿用 2103。

(二)调整资本项目结算账户和外汇资本金账户收支范围:将外商直接投资(FDI)境内再投资项下股权转让资金和境内企业境外上市募集资金纳入资本项目结算账户。

1. 账户收支范围调整规则

(1)"资本项目－结算账户(2103)"和"资本项目－外汇资本金账户(2102)"(以下简称外汇资本金账户)收支范围调整见附表。

(2)新开立资本项目结算账户的主体应为 FDI 企业中转外项下的境内股权出让方、境内再投资项下的境内股权出让方、境外投资中发生减资、转股、清算等资本项目变动收入的境内主体、境内环境权益出让方或境外上市的境内企业。新开立资本项目外汇资本金账户的主体应为外商投资企业、接收境内外汇再投资的主体。

(3)银行应区分接收外汇资金的不同性质，分别开立资本项目结算账户和外汇资本金账户，并在报送账户数据时填写相应业务编号。

资本项目结算账户：用于接收境内股权转让对价的，在报送账户开户数据时，“外汇局批件号/备案表号/业务编号”一栏应填写以“16”开头的业务编号；用于接收FDI企业支付境内再投资股权转让对价资金的，应填写以“19”开头的业务编号；用于接收境外上市首发募集资金的，应填写以“27”开头的业务编号，境外上市增发可共用境外上市首发开立的账户，也可单独开立账户（境外上市增发募集资金单独开立资本项目结算账户应填写以“28”开头的业务编号）；接收境外投资企业减资所得的，填写以“36”开头的业务编号；用于接收境外股权转让对价的，填写以“37”开头的业务编号；接收境外企业清算所得的，填写以“43”开头的业务编号；境外上市回购开立资本项目结算账户，应填写以“29”开头的业务编号；接收环境权益交易价款的，无需填写业务编号。

外汇资本金账户：用于接收外国投资者汇入的外商投资企业资本金的，填写以“14”开头的业务编号；用于接收境内再投资新设或增资外汇资金的，应填写以“19”开头的业务编号。

(4)开户主体可根据业务需要开立一个或多个账户，可异地开户。

2. 历史数据处理

对于用于接收外商直接投资（FDI）境内再投资项下股权转让资金或境内企业境外上市募集资金的存量“资本项目－外汇资本金账户（2102）”，处理思路如下：

(1)用于接收境内企业境外上市募集资金的存量“资本项目－外汇资本金账户（2102）”，不强制要求关户，按以下思路处理：一是原则上维持原账户不变，按照附表中调整前的收支范围要求办理账户收支业务，直至账户关户。二是对于企业确有需要的，且账户仅用于境外上市业务（即账户开户数据中的“外汇局批件号/备案表号/业务编号”一栏填写的是以“27”或“28”开头的业务编号），则各银行可于政策实施以后，将原“资本项目－外汇资本金账户（2102）”中资金原币划转至新开立（如需）的“资本项目－结算账户（2103）”。三是银行应按《金融机构外汇业务数据采集规范（1.3版）》要求向外汇局报送账户、划转数据。

（2）用于接收FDI境内再投资项下股权转让外汇资金的存量"资本项目－外汇资本金账户（2102）"，不强制要求关户，按以下思路处理：一是原则上维持原账户不变，按照附表中调整前的收支范围要求办理账户收支业务，直至账户关户。二是对于企业确有需要的，且账户仅用于接收FDI境内再投资项下股权转让资金（即账户开户数据中的"外汇局批件号/备案表号/业务编号"一栏填写的是以"19"开头的业务编号，且开户主体为境内股权出让方），则各银行可于政策实施以后，将原"资本项目－外汇资本金账户（2102）"中资金原币划转至新开立（如需）的"资本项目－结算账户（2103）"。三是银行应按《金融机构外汇业务数据采集规范（1.3版）》要求向外汇局报送账户、划转数据。

（3）用于接收FDI境内再投资项下股权转让人民币资金（来源于直接结汇所得或结汇待支付账户内的人民币资金）的存量"资本项目－结汇待支付账户（2113）"，不强制要求关户，按以下思路处理：一是原则上维持原账户不变，按照"资本项目－结汇待支付账户（2113）"的收支范围要求办理账户收支业务，直至账户关户。二是对于企业确有需要的，且账户仅用于接收FDI境内再投资项下股权转让人民币资金（即账户开户数据中的"外汇局批件号/备案表号/业务编号"一栏填写的是以"19"开头的业务编号，且开户主体为境内股权出让方），则各银行可于政策实施以后，将原"资本项目－结汇待支付账户（2113）"中资金原币划转至企业的人民币账户。三是银行应按《金融机构外汇业务数据采集规范（1.3版）》要求向外汇局报送账户、划转数据。

二、银行需完成的工作

（一）按照要求刷新历史数据（由于采取国家外汇管理局和银行分别刷新的方式，所以已报送过的账户开关户、变更及收支余信息不需要重复报送）；

（二）更新账户性质代码表；

（三）修订相关的银行内部制度；

（四）修改相应的操作规程，确保已废止的账户性质不再开立新的

账户;对刷新性质后继续使用的账户,按照刷新后账户性质的相关规定办理账户相关交易并及时向外汇局报送数据;

(五)根据业务办理需要,升级业务系统和数据报送接口;

(六)开展政策宣讲和业务培训,保证账户清理整合工作顺利实施。

三、时间安排

银行应于2024年5月31日(周五)前完成制度政策修订、信息系统调整和历史数据处理等准备工作,并应于2024年5月31日(周五)18:00至6月2日(周日)18:00之间完成刷新历史数据、更新账户类型代码表及上线配套系统功能等工作。

附表

资本项目-结算账户、资本项目-外汇资本金账户收支范围调整情况

账户性质	调整前	调整后
资本项目-结算账户(原资本项目-资产变现账户)	收入范围: 1. 外国投资者汇入的股权转让对价(含非居民存款账户、离岸账户、境外个人境内外汇账户出资); 2. 外国投资者通过保证金专用账户划入的股权转让对价; 3. 环境权益交易项下外汇收入; 4. 同名资产变现账户划入的资金; 5. 原由本账户划出至保证金专用账户、境外放款专用账户的资金划回;	收入范围: 1. 境内股权出让方(含机构和个人)接收外国投资者汇入的股权转让对价外汇资金(含前期费用外汇账户、离岸账户及自由贸易账户的外汇出资); 2. 外国投资者通过保证金专用账户划入的股权转让对价外汇资金; 3. 境内股权出让方接收FDI企业支付的境内再投资股权转让对价资金; 4. 环境权益交易项下外汇收入; 5. 同名资本项目结算账户划入的资金; 6. 境外投资主体发生减资、转股、清算等资本项目变动收入; 7. 境外上市募集资金汇回; 8. 以自有外汇、人民币购汇划入的用于回购境外股份的外汇资金; 9. 回购境外股份剩余资金调回的外汇资金; 10. 境内国有股东减持收入调回的外汇资金;

续表

账户性质	调整前	调整后
	6. 国内资金主账户划入资金; 7. 境外投资主体发生减资、转股、清算等资本项目变动收入; 8. 经外汇局(银行)登记或外汇局核准的其他收入。	11. 从境外证券市场退市调回的外汇资金; 12. 境外上市相关的其他外汇收入; 13. 本账户合规划出后划回的资金,因交易撤销原币退汇的资金,利息收入,及经外汇局(银行)登记或外汇局核准的其他收入。本账户结汇后划出的资金,因交易撤销等原因需退回的,可划入同名人民币结算户,不得购汇回资本项目结算账户。
	支出范围: 1. 凭相关业务登记凭证直接在银行办理结汇; 2. 按规定境内原币划转(划至外汇资本金账户、资产变现账户、保证金专用账户、境外放款专用账户、国内资金主账户); 3. 经真实性审核后的经常项目对外支出; 4. 经外汇局(银行)登记或外汇局核准的资本项目支出。	支出范围: 1. 直接在银行办理结汇使用; 2. 按规定境内原币划转至资本项目结算账户、国内外汇贷款专户、国内资金主账户、QDII 境内托管账户;划至同名经常项目外汇结算账户、境外放款专用账户、外债专户、外债转贷款专户、居民境外证券与衍生品账户、境内外投资者 B 股交易结算资金账户、非银行金融机构自有外汇资金账户;划转至非同名外汇资本金账户、保证金专用账户、非银行金融机构客户资金账户; 3. 按规定进行的经常项目项下和资本项目项下的支出; 4. 汇往境外用于回购境内股份; 5. 代境内国有股东将国有股份减持收入划转社保基金; 6. 境外上市相关的其他支出; 7. 经外汇局(银行)登记或外汇局核准的其他支出。

续表

账户性质	调整前	调整后
资本项目－外汇资本金账户	收入范围： 1.外国投资者境外汇入外汇资本金或认缴出资（含非居民存款账户、离岸账户、境外个人境内外汇账户出资），保证金专用账户划入的外汇资本金或认缴出资； 2.资本金账户、资产变现账户划入的境内再投资资金； 3.境外上市首发/增发募集调回的外汇资金； 4.以自有外汇、人民币购汇划入的用于回购境外股份的外汇资金； 5.回购境外股份剩余资金调回的外汇资金； 6.境内国有股东减持收入调回的外汇资金； 7.从境外证券市场退市调回的外汇资金； 8.境外上市相关的其他外汇收入； 9.本账户合规划出后划回的资金，同名资本金账户划入资金，因交易撤销退回的资金，利息收入及经外汇局（银行）登记或外汇局核准的其他收入。	收入范围： 1.外国投资者境外汇入外汇资本金或认缴出资（含前期费用外汇账户、离岸账户及自由贸易账户的外汇出资），保证金专用账户划入的外汇资本金或认缴出资； 2.资本金账户、资本项目结算账户划入的境内再投资项下新设或增资资金； 3.本账户合规划出后划回的资金，同名资本金账户划入资金，因交易撤销退回的资金，利息收入及经外汇局（银行）登记或外汇局核准的其他收入。
	支出范围： 1.经营范围内结汇支出； 2.结汇划入结汇待支付账户； 3.境内原币划转至保证金专用账户、外汇资本金账户、境外放款专用账户、国内资金主账户、国内外汇贷款专用账户； 4.因外国投资者减资、撤资汇出； 5.境外上市公开披露文件中所列的经常项目项下和资本项目项下的支出； 6.境内划转至公司其他外汇账户； 7.为境外机构代扣代缴境内税费； 8.汇往境外用于回购境外股份；	支出范围： 1.经营范围内结汇支出； 2.结汇划入结汇待支付账户； 3.境内原币划转至保证金专用账户、外汇资本金账户、资本项目结算账户、境外放款专用账户、国内资金主账户、国内外汇贷款专用账户； 4.因外国投资者减资、撤资汇出；

续表

账户性质	调整前	调整后
	9. 代境内国有股东将国有股份减持收入划转社保基金； 10. 境外上市相关的其他支出； 11. 经常项目对外支付； 12. 外汇局（银行）登记或外汇局核准的其他资本项目支出。	5. 境内划转至公司其他外汇账户； 6. 为境外机构代扣代缴境内税费； 7. 经常项目对外支付； 8. 经外汇局（银行）登记或外汇局核准的其他资本项目支出。

附件 4

国家外汇管理局予以修改的4件外汇管理规范性文件中部分条款

一、将《国家外汇管理局关于印发〈经常项目外汇业务指引（2020年版）〉的通知》（汇发〔2020〕14号）附件《经常项目外汇业务指引（2020年版）》第四十六条和《国家外汇管理局关于支持贸易新业态发展的通知》（汇发〔2020〕11号）第五条同时修改为“市场采购贸易项下委托第三方报关出口的市场主体以自身名义办理收汇的，应满足以下条件：（一）从事市场采购贸易的市场主体已在地方政府市场采购贸易联网平台备案。市场采购贸易联网平台应能采集交易、出口全流程信息，并提供与企业、个体工商户对应的出口明细数据；（二）经办银行采取系统与市场采购贸易联网平台对接或通过网页登录等其他必要技术手段，识别客户身份，审核交易背景的真实性，防范交易信息重复使用”。

二、将《国家外汇管理局关于进一步改进和调整资本项目外汇管理政策的通知》（汇发〔2014〕2号）第三条第（一）项修改为“境外直接投资前期费用（以下简称前期费用）累计汇出额不超过中方投资总额的15%，境内机构（不含境内银行）可凭有关材料到所在地银行办理前期费用登记”；第三条第（二）项修改为“前期费用累计汇出额超过中方投资总额15%的，境内机构（不含境内银行）应向所在地外汇局提供其已向境外直接投资主管部门报送的书面申请及境内机构参与投标、并购或合资项目的相关真实性证明材料办理前期费用登记"。

三、将《国家外汇管理局关于进一步促进跨境贸易投资便利化的通知》（汇发〔2019〕28号）第二条第二款第一句修改为"非投资性外商投资企业以资本金原币划转开展境内股权投资的，被投资企业应按规定办理接收境内再投资登记并开立资本金账户接收资金，无需办理货币出资入账登记，出让股权的境内机构应按规定办理接收境内再投资登记并开立资本项目结算账户接收股权转让对价"。

四、将《国家外汇管理局关于改革和规范资本项目结汇管理政策的通知》（汇发〔2016〕16号）中第四条第二款第（二）项和第（四）项分别修改为"（二）除另有明确规定外，不得直接或间接用于证券投资或其他投资理财（风险评级结果不高于二级的理财产品及结构性存款除外）"和"（四）不得用于购买非自用的住宅性质房产（从事房地产开发经营、房地产租赁经营的企业除外）"。

国家发展改革委关于做好对外转让债权外债管理改革有关工作的通知

（发改外资〔2016〕1712号　2016年8月8日公布施行）

各省、自治区、直辖市及计划单列市、新疆生产建设兵团发展改革委：

为进一步贯彻落实国务院"简政放权、放管结合、优化服务"改革工作和"十三五"规划相关要求，做好境内金融机构向境外投资者转让不良债权有关工作，稳步推进企业外债登记制管理改革，加强全口径外债管理。现就有关事项通知如下：

一、境内金融机构向境外投资者转让不良债权，形成境内企业对外负债，适用《国家发展改革委关于推进企业发行外债备案登记制管理改革的通知》（发改外资〔2015〕2044号）有关规定，统一纳入企业外债登记制管理。

二、境内金融机构对外转让不良债权登记申请材料应包括以下内容:

(一)对外转让不良资产情况(账面本金、利息总额、主要构成、地域分布、第三方评估意见);

(二)对外转让协议;

(三)在新闻媒体上公开发布的处置公告;

(四)境外投资者企业注册证明、有关书面承诺及资信业绩情况证明文件。以境外特殊目的公司(SPV)形式购买不良债权,不能充分证明资信业绩状况的,要提供控股母公司的证明文件;

(五)公证机构对转让过程出具的公证书(不良债权简况,转让方式,参与转让的主要境内外投资者,相关报价);

(六)律师事务所出具的法律意见书;

三、对外转让不良债权的境内金融机构收到国家发展改革委出具的登记证明后,可向外汇主管部门申请办理外债登记及资金汇兑。

四、本通知自发布之日起施行。

国家外汇管理局关于金融资产管理公司对外处置不良资产外汇管理有关问题的通知

(汇发〔2015〕3号 2015年1月9日公布施行)

国家外汇管理局各省、自治区、直辖市分局、外汇管理部,深圳、大连、青岛、厦门、宁波市分局,各中资银行:

为深化资本项目外汇管理改革,简化行政审批程序,我局决定进一步简化金融资产管理公司对外处置不良资产外汇管理政策。现就有关问题通知如下:

一、经有关主管部门批准金融资产管理公司对外处置不良资产的,金融资产管理公司在收到对外处置不良资产的对价款后,可持以下材料直接到银行办理入账及结汇手续:

（一）申请书；

（二）有关主管部门批准金融资产管理公司对外处置不良资产的核准或备案文件；

（三）金融资产管理公司和境外投资者签署的不良资产转让合同的主要条款复印件；

（四）针对前述材料需提供的补充材料。

二、受让境内不良资产的境外投资者通过清收、再转让等方式取得的收益，可持以下材料直接向银行申请办理对外购付汇手续：

（一）申请书；

（二）有关主管部门批准金融资产管理公司对外处置不良资产的核准或备案文件；

（三）关于不良资产处置收益来源的证明文件；

（四）由境内代理人代境外投资者办理的，提供代理协议；

（五）针对前述材料需提供的补充材料。

三、金融资产管理公司办理对外处置不良资产外汇收入入账手续、境外投资者办理处置境内不良资产收益对外购付汇手续时，应按照国际收支申报的有关规定进行申报。

四、银行应认真审核金融资产管理公司或境外投资者在办理上述业务时提交的相关材料，并按照现行外汇管理规定报送相关数据。

五、因金融资产管理公司对外处置不良资产导致原有担保的受益人改变为境外投资者的，以及金融资产管理公司对外处置不良资产后新发生的跨境担保，按照现行跨境担保外汇管理规定进行管理。

六、在本通知生效前已经办理金融资产管理公司对外处置不良资产登记手续，但尚未办理后续外汇收入入账及结汇手续以及境外投资者处置境内不良资产收益对外购付汇手续的，银行在办理相关业务时无需再填写金融资产管理公司对外处置不良资产登记的业务编号。

七、经主管部门批准，金融资产管理公司以外的其他境内机构对外处置不良资产，可参照本通知办理。

八、本通知自发布之日起实施。以前规定与本通知不符的，以本通知为准。请各分局、外汇管理部尽快将本通知转发至辖内中心支局、支局和辖内银行;各中资银行尽快将本通知转发至分支机构。执行中如遇问题,请及时向国家外汇管理局资本项目管理司反馈。

国家外汇管理局关于发布《外债登记管理办法》的通知

(汇发〔2013〕19号 2013年4月28日公布
自2013年5月13日起施行)

国家外汇管理局各省、自治区、直辖市分局、外汇管理部,深圳、大连、青岛、厦门、宁波市分局,各中资外汇指定银行:

为深化外汇管理体制改革,简化行政审批程序,强化外债统计监测,防范外债风险,国家外汇管理局决定改进外债登记管理方式。为此,国家外汇管理局制定了《外债登记管理办法》和《外债登记管理操作指引》,现印发给你们,请遵照执行。

本通知自2013年5月13日起实施。之前规定与本通知内容不一致的,以本通知为准。本通知实施后,附件3所列法规即行废止。

国家外汇管理局各分局、外汇管理部接到本通知后,应及时转发辖内中心支局、支局、城市商业银行、农村商业银行、外资银行、农村合作银行;各中资银行接到通知后,应及时转发所辖各分支机构。执行中如遇问题,请及时向国家外汇管理局资本项目管理司反馈。

附件:1. 外债登记管理办法

2. 外债登记管理操作指引

3. 废止法规目录

附件1：

外债登记管理办法

第一章　总　　则

第一条　为准确、及时、完整统计外债信息，规范外债资金流出入的管理，防范外债风险，根据《中华人民共和国外汇管理条例》（以下简称《外汇管理条例》）和《外债统计监测暂行规定》，制定本办法。

第二条　债务人应按照国家有关规定借用外债，并办理外债登记。

第三条　国家外汇管理局及其分支局（以下简称外汇局）负责外债的登记、账户、使用、偿还以及结售汇等管理、监督和检查，并对外债进行统计和监测。

国家外汇管理局负责全口径外债的统计监测，并定期公布外债情况。

第四条　国家外汇管理局根据国际统计标准，结合我国实际情况，确定外债统计范围和统计方法。

外债统计方法包括债务人登记和抽样调查等。

第五条　国家外汇管理局可根据国际收支变化情况，对外债登记范围和管理方式进行调整。

第二章　外债登记

第六条　外债登记是指债务人按规定借用外债后，应按照规定方式向所在地外汇局登记或报送外债的签约、提款、偿还和结售汇等信息。根据债务人类型实行不同的外债登记方式。

外债借款合同发生变更时，债务人应按照规定到外汇局办理外债签约变更登记。

外债未偿余额为零且债务人不再发生提款时，债务人应按照规定到外汇局办理外债注销登记手续。

第七条　债务人为财政部门，应在每月初10个工作日内逐笔向所在地外汇局报送外债的签约、提款、结汇、购汇、偿还和账户变动等信息。

第八条 债务人为境内银行,应通过外汇局相关系统逐笔报送其借用外债信息。

第九条 债务人为财政部门、银行以外的其他境内债务人(以下简称非银行债务人),应在规定时间内到所在地外汇局办理外债签约逐笔登记或备案手续。

第十条 对于不通过境内银行办理资金收付的,非银行债务人在发生外债提款额、还本付息额和未偿余额变动后,持相关证明材料到所在地外汇局办理备案手续。

第三章 外债账户、资金使用和结售汇管理

第十一条 境内银行借用外债,可直接在境内、外银行开立相关账户,直接办理与其外债相关的提款和偿还等手续。

第十二条 非银行债务人在办理外债签约登记后,可直接向境内银行申请开立外债账户。

非银行债务人可开立用于办理提款和还款的外债专用账户,也可根据实际需要开立专门用于外债还款的还本付息专用账户。

第十三条 根据非银行债务人申请,银行在履行必要的审核程序后,可直接为其开立、关闭外债账户以及办理外债提款、结售汇和偿还等手续。

第十四条 外商投资企业借用的外债资金可以结汇使用。

除另有规定外,境内金融机构和中资企业借用的外债资金不得结汇使用。

第十五条 债务人在办理外债资金结汇时,应遵循实需原则,持规定的证明文件直接到银行办理。

银行应按照有关规定审核证明文件后,为债务人办理结汇手续。

第十六条 债务人借款合同中约定的外债资金用途应当符合外汇管理规定。

短期外债原则上只能用于流动资金,不得用于固定资产投资等中长期用途。

第十七条　债务人购汇偿还外债,应遵循实需原则。

银行应按照有关规定审核证明文件后,为债务人办理购付汇手续。

第四章　外保内贷外汇管理

第十八条　符合规定的债务人向境内金融机构借款时,可以接受境外机构或个人提供的担保(以下简称外保内贷)。

境内债权人应按相关规定向所在地外汇局报送相关数据。

发生境外担保履约的,债务人应到所在地外汇局办理外债登记。

第十九条　外商投资企业办理境内借款接受境外担保的,可直接与境外担保人、债权人签订担保合同。

发生境外担保履约的,其担保履约额应纳入外商投资企业外债规模管理。

第二十条　中资企业办理境内借款接受境外担保的,应事前向所在地外汇局申请外保内贷额度。

中资企业可在外汇局核定的额度内直接签订担保合同。

第五章　对外转让不良资产外汇管理

第二十一条　境内机构对外转让不良资产,应按规定获得批准。

第二十二条　对外转让不良资产获得批准后,境外投资者或其代理人应到外汇局办理对外转让不良资产备案手续。

第二十三条　受让不良资产的境外投资者或其代理人通过清收、再转让等方式取得的收益,经外汇局核准后可汇出。

第六章　罚　　则

第二十四条　外债资金非法结汇的,依照《外汇管理条例》第四十一条进行处罚。

第二十五条　有擅自对外借款或在境外发行债券等违反外债管理行为的,依照《外汇管理条例》第四十三条进行处罚。

第二十六条　违反规定,擅自改变外债或外债结汇资金用途的,依照《外汇管理条例》第四十四条进行处罚。

第二十七条 有下列情形之一的,依照《外汇管理条例》第四十八条进行处罚:

(一)未按照规定进行涉及外债国际收支申报的;

(二)未按照规定报送外债统计报表等资料的;

(三)未按照规定提交外债业务有效单证或者提交的单证不真实的;

(四)违反外债账户管理规定的;

(五)违反外债登记管理规定的。

第二十八条 金融机构有下列情形之一的,依照《外汇管理条例》第四十七条进行处罚:

(一)违反规定办理外债资金收付的;

(二)违反规定办理外债项下结汇、售汇业务的。

第二十九条 其他违反本办法的行为,按《外汇管理条例》法律责任有关规定进行处罚。

第七章 附 则

第三十条 银行应按照外汇管理相关规定,将非银行债务人的外债账户、提款、使用、偿还及结售汇等信息报送外汇局。

第三十一条 外汇局利用抽样调查等方式,采集境内企业对外贸易中产生的预收货款、延期付款等企业间贸易信贷信息。

境内企业与境外企业间发生贸易信贷的,无需按照本办法规定办理外债登记。

第三十二条 债务人可按照有关规定签订以锁定外债还本付息风险为目的、与汇率或利率相关的保值交易合同,并直接到银行办理交割。

第三十三条 本办法由国家外汇管理局负责解释。

第三十四条 本办法自2013年5月13日起实施。

附件2：

外债登记管理操作指引

一、非银行债务人办理外债签约登记

法规依据	1.《中华人民共和国外汇管理条例》（国务院令第532号）。2.《外债统计监测暂行规定》（1987年公布）。3.《外债登记管理办法》。4.《国家外汇管理局关于下发第一批通过商务部备案的外商投资房地产项目名单的通知》（汇综发〔2007〕130号）。5.其他相关法规。
审核材料	1.申请书。2.外债合同正本及合同主要条款复印件，合同为外文的应另附合同主要条款的中文译本。3.外商投资企业应提供批准证书、营业执照和外方股东资本金到位证明材料等文件，中资企业应提供营业执照、外债主管部门批准其对外借款的文件。4.针对前述材料应当提供的补充说明。

续表

审核原则	1. 除财政部门、银行以外的其他境内债务人(以下简称"非银行债务人"),应当在外债合同签约后15个工作日内,到所在地外汇局办理外债签约登记手续.办理外债签约登记后,外汇局应发给债务人加盖资本项目业务印章的《境内机构外债签约情况表》。2. 外商投资企业借用外债应同时符合以下条件:(1)除另有规定外,外商投资企业借用的短期外债余额和中长期外债发生额之和不得超过商务主管部门批准的投资总额与其注册资本的差额(以下简称"投注差")。外保内贷项下担保人发生履约后形成的境内机构对外债务,按短期外债纳入"投注差"控制。(2)外商投资企业首次借用外债之前,其外方股东至少已经完成第一期资本金的缴付。(3)外商投资企业借用外债时,其外方股东应当缴付的资本符合出资合同或企业章程约定的期限、比例或金额要求。(4)外商投资企业实际可借用外债额度等于外方股东资本金到位比例乘以"投注差"。3. 外商投资企业的中长期外债办理展期,或借用新的中长期外债偿还过去借用的中长期和短期外债时,在不增加该企业现有外债本金余额和不办理结汇的前提下,不重复占用外商投资企业的"投注差"。4. 外商投资性公司的外债规模按以下原则管理:注册资本不低于3000万美元的,其短期外债余额与中长期外债发生额之和不得超过已缴付注册资本的4倍;注册资本不低于1亿美元的,其短期外债余额与中长期外债发生额之和不得超过已缴付注册成本的6倍。5. 外商投资租赁公司对外借款,应根据外商投资租赁公司提供的上年度经审计的报嵌,计算出上年度末风险资产总额(A),再计算净资产的10倍(B),然后将(B-A)作为新年度期间该公司可新借外债的余额的最高限额。借用外债形成的资产全部计算为风险资产。6. 外商投资房地产企业的外债按以下原则管理:(1)对2007年6月1日以后(含)取得商务主管部门批准证书且通过商务部备案的外商投资房地产企业,不予办理外债签约登记手续。(2)对2007年6月1日以前(不合)成立的外商投资房地产企业,可在原"投注差"范围内按相关规定举借外债;增资后"投注差"小于其增资前"投注差"的,以增资后"投注差"为准。(3)外商投资房地产企业注册资本未全部缴付的,或未取得《国有土地使用证》的,或开发项目资本金未达到项目投资总额35%的,不得借用外债,外汇局不予办理外债签约登记手续。7. 以下含有外国投资的境内机构,除另有规定外,其举借外债参照境内中资企业举借外债的规定办理:(1)外国投资者出资比例低于25%的境内企业;(2)投资总额与注册资本相等的外商投资企业;(3)外国投资者比例不低于25%,但未明

续表

	确投资总额的外商投资企业。8. 债务人办妥外债签约登记后，外汇局应按照规定出具外债登记证明文件。
审核要素	1. 审核材料的规范性、齐备性及材料之间的一致性；审核申请书和《境内机构外债签约情况表》等填写的内容是否与借款合同内容一致。2. 审核借款合同中当事各方、币种、金额、期限、利率、借款用途和适用法律等主要条款。3. 对于外商投资企业以外的非银行债务人，其对外借款需要事前批准或纳入指标管理的，应审查借款合同条款与批准文件内容是否一致。
授权范围	1. 符合条件的，由所在地外汇局办理。2. 非银行债务人可预先登录国家外汇管理局应用服务平台，在资本项目信息系统中预录入外债签约信息。
注意事项	1. 外债的统计范围包括居民对非居民承担的具有契约性偿还义务的全部债务。外债的规模管理范围与其统计范围存在差异。根据外债统计、监测和管理等实际需要，目前，外债可进行以下分类：(1)按照各部门外债管理职能分工，外债可分为外国政府贷款、国际金融组织贷款和国际商业贷款。(2)按照债务人类型，外债可分为代表国家举借并以国家信用保证对外偿还的主权外债以及由境内其他机构借用的非主权外债。非主权外债可分为银行外债、非银行金融机构外债、中资企业外债。外商投资企业外债和其他机构外债。(3)按照债权人类型，外债可分为：①向外国政府、国际金融组织和政策性金融机构借款；②向境外银行和其他金融机构借款；③向境外企业和自然人借款。(4)按照债务工具类型，外债可分为：①直接贷款（包括境外机构提供的买方或卖方信贷，银行的同业拆借、同行往来等）；②境外发行的标准化债务工具，如中长期债券（含可转换债券）、短期债券（含商业票据、大额可转让存单等）；③境内银行吸收的非居民存款，境内银行对外开立的远期信用证、委托境外银行办理的海外代付或其他具有相似性质的负债类银行贸易融资；④以实物形式办理提款而形成的金融性债务，如融资租赁、补偿贸易中用现汇偿还的债务、贵金属拆借等；⑤境内机构在对外货物或服务贸易中产生的预收款、应付款等企业间贸易信贷。(5)按照外债的签约期限，外债可分为短期外债和中长期外债。①短期外债是指债务人和债权人签订的约定还款期限在1年以下（含）的外债；②中长期外债是指债务人和债权人签订的约定还款期限在1年以上（不含）的外债。2. 境内银行从其在境外设立的非法人分支机构借款，应纳入规模管理

续表

	和外债统计。境内银行在境外设立的非法人分支机构，从境外机构或个人办理借款，不纳入规模管理和外债统计。除上述规定外，其他境内机构在境外设立的非法人机构从境外机构或个人借款，应视同境内机构对外借款进行规模管理，但其对境外机构承担的债务不纳入外债统计范围。3. 外商投资企业因增资、转股和改制等原因，导致外国投资者出资比例低于25%，或企业类型发生改变，而无法计算其"投注差"的，则改为参照中资企业借用外债进行管理。其作为外商投资企业时已发生的外债提款，可按本操作指引规定继续办理结汇、还本付息等相关手续，但该企业不得再发生新的外债提款业务。4. 非银行债务人可自行与境内银行或境外债权银行签订以锁定外债还本付息风险为目的，与汇率或利率相关的保值交易合同，并直接到银行办理交割。签订保值交易合同、办理保值交易合同交割时，非银行债务人的交易对手银行、办理交割款项汇出的银行等，应当确认该笔交易具备合法、清晰的实盘背景。(1)非银行债务人获得的保值交易外汇收入，可直接到银行办理结汇或开立资本项目专用账户保留；(2)非银行债务人可直接到银行购汇或使用自有外汇办理交割。5. 遗失外债登记或备案凭证的非银行债务人在登报进行遗失声明后，可向所在地外汇局申请补办相关凭证。6. 已办理签约登记的外债合同主要条款发生变化，如期限(展期等)、金额、债权人等，非银行债务人应参照上述程序办理外债签约变更登记。7. 非银行债务人融资租赁、售后融资性回租和发行境外债券等，应按本操作指引办理外债签约登记手续。8. 非银行债务人签订借款合同后未按规定及时办理外债签约登记的，须按以下规定办理外债签约补登记：(1)非银行债务人外债合同签约后15个工作日内没有及时办理签约登记，但截至非银行债务人申请日尚未发生外债首次提款的，如能说明合理原因，外汇局可按正常程序为其办理签约登记手续；不能说明合理原因的，外汇局可按未及时办理外债签约登记进行处理。(2)非银行债务人办理外债补登记时，已发生外债提款的，除按照本操作指引的一般要求提交相关资料外，还需提交能够证明其已发生对外负债的相关材料，补登记金额仅限于经核实已入账尚未偿还的债务余额。(3)外债登记部门认为存在违规情形且需要进行处理的，应移交外汇检查部门后再办理外债补登记手续。9. 非银行债务人购汇偿还外债，除另有规定外，应遵循实需原则。10. 除另有规定外，对外货物或服务贸易中产生的预收款和应付款，以及除外债之外其他金融资产交易产生的对外应付

续表

	款及相关息费等,不纳入外债规模管理,无需按照本操作指引办理外债登记。境内付款方应当按照与基础交易相关的外汇管理规定办理对价及附属费用的对外支付。11.未参与外债转贷款改革的地区或机构,仍按照原外债转贷款登记管理规定办理相关登记手续,即逐笔到所在地外汇局办理签约、提款、结汇、还本付息和账户开立、关闭等手续。

二、财政部门和银行办理外债登记

法规依据	1.《中华人民共和国外汇管理条例》(国务院令第532号)。2.《外债统计监测暂行规定》(1987年公布)。3.《境内机构借用国际商业贷款管理办法》(〔97〕汇政发字06号)。4.《外债管理暂行办法》(国家发展计划委员会 财政部 国家外汇管理局令2003年第28号)。5.《国家外汇管理局关于资本项目信息系统试点及相关数据报送工作的通知》(汇发〔2012〕60号)。[①] 6.《境内金融机构赴香港特别行政区发行人民币债券管理暂行办法》(中国人民银行 国家发展和改革委员会公告〔2007〕第12号)。7.《外债登记管理办法》。8.其他相关法规。
审核材料	1.债务人为财政部门的,应在每月初10个工作日内向外汇局报送上月外债的签约、提款、结汇、购汇、偿还和账户变动情况等数据。2.债务人为境内银行的,应通过资本项目信息系统报送其自身外债相关数据。
审核原则	1.银行可自行在境内、外银行开立相关账户存放其外债资金,并可自行办理与其外债相关的提款和偿还手续.银行不得办理与自身外债相关的结汇和购汇。2.银行在境外发行债券,应根据本操作指引办理外债登记,并自行办理提款和偿还等手续。
审核要素	数据的准确性、及时性和完整性。
授权范围	1.财政部应定期向国家外汇管理局北京外汇管理部报送,由国家外汇管理局北京外汇管理部将数据录入资本项目信息系统。2.银行应通过接口方式直接向资本项目信息系统报送;未开发接口方式的,可通过国家外汇管理局应用服务平台,使用界面录入方式向资本项目信息系统报送。
注意事项	

① 已废止。

三、银行为非银行债务人开立、关闭外债账户

法规依据	1.《中华人民共和国外汇管理条例》(国务院令第532号)。2.《境内外汇账户管理规定》(银发〔1997〕416号)。3.《外债统计监测暂行规定》(1987年公布)。4.《国家外汇管理局关于资本项目信息系统试点及相关数据报送工作的通知》(汇发〔2012〕60号)①。5.《外债登记管理办法》。6.其他相关法规。
银行审核材料	1.外债账户开立:(1)申请书。(2)外汇局核发的外债登记证明文件和资本项目信息系统《协议办理凭证》(验原件、收加盖非银行债务人公章的复印件)。(3)针对前述材料应当提供的补充说明。2.外债账户关闭:(1)申请书。(2)针对前述材料应当提供的补充说明。关闭账户时,非银行债务人应确认外债账户余额为零且不再发生提款。
审核原则	1.非银行债务人可在所属的分局辖区内选择银行直接开立外债账户。外债账户包括外债专用账户和还本付息专用账户。2.银行应在资本项目信息系统银行端查看该笔业务的相关控制信息表,且查明"尚可开立账户总数"大于等于1的信息时,方可为该非银行债务人开户,并在资本项目信息系统反馈非银行债务人的开户信息。3.非银行债务人应按规定范围使用外债账户:(1)外债专用账户的收入范围是:按规定已办理签约登记的外债收入及存款利息、在偿还外债前5个工作日内划入的用于还款的资金;支出范围是:经常项目对外支付、按规定办理结汇及按规定办理资本项目支付。除另有规定外,非银行债务人借用的现汇形式的债务资金必须存入外债专用账户。(2)还本付息专用账户的收入范围是:根据债权人要求在规定范围和金额内划入用于还款的自有外汇资金或其他来源外汇资金;支出范围是:偿还外债。
审核要素	1.审核材料的规范性、齐备性及材料之间的一致性。2.银行在为非银行债务人开立外债专用账户或还本付息专用账户时,应在资本项目信息系统银行端查看与该笔外债相关的控制信息表,并与债务人提供的《境内机构外债签约情况表》中的信息核对。3.银行可在非银行债务人办理开户后留存《境内机构外债签约情况表》复印件,并在资本项目信息系统银行端进行开立和关闭账户信息反馈。
授权范围	由银行根据非银行债务人申请直接办理。

① 已废止。

续表

注意事项	1. 发现债务人违规开户、使用的，所在地外汇局应按规定进行处理。2. 债务人可根据合同约定自行将自有或购汇外汇资金在偿还外债前划入还本付息专用账户，账户余额最多不能超过未来两期该笔外债项下应付债务本息及相关费用之和（划入日前应还未还的债务积欠除外）。未经外汇局核准，已办理购汇并按规定划入还本付息专用账户的外汇资金不得再次办理结汇。3. 一笔外债最多可开立两个外债专用账户；不同外债应分别开立外债专用账户。一笔外债最多开立一个还本付息专用账户。4. 因特殊经营需要，非银行债务人需在所属分局辖区以外选择开户银行，或者开立外债账户超出规定个数的，应当经所在地外汇局核准。5. 境内企业借用的外债资金，可用于自身经营范围内的货物与服务贸易支出，以及规定范围内的金融资产交易。用于金融资产交易的，应当符合以下规定：(1)允许通过借新还旧等方式进行债务重组，但外债资金不得办理结汇；(2)允许通过新建企业、购买境内外企业股份等方式进行股权投资，可原币划转但不得办理结汇，且债务人的股权投资符合其经营范围；(3)除外商投资租赁公司、外商投资小额贷款公司外，不得用于放款；(4)除担保公司外，不得用于抵押或质押；(5)不得用于证券投资；(6)外债账户内资金需要转存定期存款的，在不发生资金汇兑的前提下，债务人可在同一分局辖区内、同一银行自行办理。6. 外债资金的运用期限应与外债的还款期限相匹配。除"搭桥"外，短期外债不得用于固定资产投资等中长期用途。如审批部门或债权人未指定外债资金用途的，中长期外债可用于短期流动资金。

四、非银行债务人办理非资金划转类提款备案

法规依据	1.《中华人民共和国外汇管理条例》（国务院令第 532 号）。2.《外债统计监测暂行规定》（1987 年公布）。3.《国家外汇管理局关于资本项目信息系统试点及相关数据报送工作的通知》（汇发〔2012〕60 号）①。4.《外债登记管理办法》。5. 其他相关法规。

① 已废止。

续表

审核材料	1. 申请书。2. 相关材料：(1)债务收入存放境外的，应提供资金入账凭证；(2)根据债务人指令由债权人在贷款项下直接办理对境内、外货物或服务提供商支付的，应提供交易合同、债权人付款确认通知等；(3)以实物形式办理提款的，应提供已办理实物提款的证明材料（外债签约登记日期应在报关日期之前）；(4)利息本金化的，应提供利息本金化协议或通知；(5)其他可能导致外债提款额或外债本金余额发生变动但无法通过境内银行向外汇局反馈相关数据的情形，应提供证明交易真实性的材料。3. 针对前述材料应当提供的补充说明。
审核原则	1. 非资金划转类提款是指非银行债务人外债提款额或外债本金余额发生变动，但末通过境内银行办理收款从而无法向资本项目信息系统反馈外债提款信息的情形。2. 非银行债务人发生非资金划转类提款交易的，应在提款发生后5个工作日内，到所在地外汇局办理逐笔提款备案。3. 非银行债务人为每笔外债首次办理备案手续时，非银行债务人应从所在地外汇局领取加盖资本项目业务印章的《境内机构外债变动反馈登记表》，并根据外债变动情况如实填写《境内机构外债变动反馈登记表》。4. 外汇局审核通过后，应将外债变动情况录入资本项目信息系统，并在非银行债务人留有的《境内机构外债变动反馈登记表》上确认。
审核要素	1. 审核材料的规范性、齐备性及材料之间的一致性。2. 通过非资金划转方式办理外债提款和还本付息，应符合资本项目外汇管理规定。
授权范围	符合条件的，由所在地外汇局办理。
注意事项	1. 经核实的提款记录应及时录入资本项目信息系统，作为今后还本付息的依据。2. 除无法通过境内银行向外汇局反馈数据的情形外，非银行债务人可直接到银行办理外债的提款、偿还业务，并正确进行国际收支申报，外汇局直接从银行采集相关数据。3. 除银行以外的其他境内机构，能实现与资本项目信息系统连接的，经外汇局批准可按规定直接报送外债项下账户、提款、使用、偿还和结售汇等数据。

五、非银行债务人办理非资金划转类还本付息备案

法规依据	1.《中华人民共和国外汇管理条例》(国务院令第532号)。2.《外债统计监测暂行规定》(1987年公布)。3.《外债登记管理办法》。4.其他相关法规。
审核材料	1.申请书。2.相关材料:(1)减免债务本金和利息的,应提供债权人出具的豁免通知或其他相关证明文件;(2)债权转股权等债务重组的,应提供境外债权人确认书、商务主管部门批复文件(文件中需明确企业增资的资金来源为已登记外债);(3)境内、外担保人代债务人履行债务偿还责任的,应提供担保人已经履约的证明文件;(4)通过非银行债务人境外账户偿还债务和利息的,应提供境外支付证明材料;(5)其他可能导致外债还款额或外债本金余额发生变动但无法通过境内银行向外汇局反馈相关数据的情形,应提供证明交易真实性的材料。3.针对前述材料应当提供的补充说明。
审核原则	1.非资金划转类还本付息是指非银行债务人外债还款额或外债本金余额发生变动,但未通过境内银行办理付款从而无法向资本项目信息系统反馈外债还款信息的情形。2.非银行债务人发生非资金划转类还本付息交易的,应在还本付息发生后5个工作日内,到所在地外汇局逐笔办理备案。3.非银行债务人为每笔外债首次办理备案手续时,非银行债务人应从所在地外汇局领取加盖资本项目业务印章的《境内机构外债变动反馈登记表》,并根据外债变动情况如实填写《境内机构外债变动反馈登记表》。4.外汇局审核通过后,应将外债变动情况录入资本项目信息系统。
审核要素	1.审核材料的规范性、齐备性及材料之间的一致性。2.通过非资金划转方式办理外债提款和还本付息,应符合资本项目外汇管理规定。
授权范围	符合条件的,由所在地外汇局办理。
注意事项	1.经核实的还本付息信息应及时录入资本项目信息系统。2.除无法通过境内银行向外汇局反馈数据的情形外,非银行债务人可直接到银行办理外债的提款,偿还业务,并正确进行国际收支申报,外汇局直接从银行采集相关数据。3.除银行以外的其他境内机构,能实现与资本项目信息系统连接的,经外汇局批准可按规定直接报送外债项下账户、提款、使用、偿还和结售汇等数据。4.支付债务从属费用比照还本付息办理。5.债务清偿完毕后,应到所在地外汇局注销外债登记凭证。

六、银行为非银行债务人办理外债结汇

法规依据	1.《中华人民共和国外汇管理条例》(国务院令第532号)。2.《外债统计监测暂行规定》(1987年公布)。3.《外债登记管理办法》。4.其他相关法规。
银行审核材料	1.申请书(包括结汇资金来源、金额及用途等,同时明确"本公司承诺该笔外债资金结汇所得人民币资金实际用途与申请用途保持一致;若不一致,本公司愿承担相应法律后果。")。2.《境内机构外债签约情况表》(验原件后返还。该表与外债开户时留存件不一致的,非银行债务人应提交盖章的最新表格的复印件)。3.与结汇资金用途相关的合同、协议、发票、收款通知(收款人)、付款指令(付款人)、清单或凭证等证明文件。4.银行认为必要的其他补充材料。
审核原则	1.债务人办理外债资金结汇,除另有规定外,应当遵循实需原则,即债务人应当在实际需要办理符合规定的人民币支付时,方能申请办理结汇。2.申请结汇的金额必须小于外债专用账户中尚未使用的余额。3.结汇后人民币资金不能用于偿还境内金融机构发放的人民币贷款。4.除备用金等特殊用途外,结汇所得人民币资金应于结汇之日起5个工作日内划转给收款人。
审核要素	1.审核材料的规范性、齐备性及材料之间的一致性。2.外债用途与非银行债务人经营范围、外汇管理规定、合同约定及《境内机构外债签约情况表》记载的内容是否一致,并留存相关审核材料备查。
授权范围	由银行根据非银行债务人申请直接办理。
注意事项	1.未经外汇局批准,境内中资企业和中、外资银行借用的外债资金不得结汇。2.非银行债务人外债专用账户中的利息收入可参照经常项目管理规定办理结汇。3.银行应根据自身对客户的了解情况、非银行债务人申明的资金用途类型以及结汇金额的大小,合理确定非银行债务人应当提供的资金用途证明文件范围和数量。银行应对非银行债务人申明的结汇资金用途进行尽职审查,并对非银行债务人进行必要的合规提示。非银行债务人提供的资金用途证明文件事后发现存在明显瑕疵的,银行应当承担相应责任。

七、外债注销登记

法规依据	1.《中华人民共和国外汇管理条例》(国务院令第532号)。2.《外债统计监测暂行规定》(1987年公布)。3.《外债登记管理办法》。4.其他相关法规。
审核材料	1.申请书。2.《境内机构外债签约情况表》。3.针对前述材料应当提供的补充说明。
审核原则	1.非银行债务人外债未偿余额为零且不再发生提款的,应在办妥最后一笔还本付息之日起1个月内,到所在地外汇局办理外债注销登记。2.登录资本项目信息系统,确认非银行债务人相关外债专用账户及还本付息专用账户已关闭。3.外汇局审核通过后,在外债登记证明文件上标注"注销"后将《境内机构外债签约情况表》退还债务人。
审核要素	审核材料的规范性、齐备性及材料之间的一致性。
授权范围	符合条件的,由所在地外汇局办理。
注意事项	1.外汇局经办人员应登录资本项目信息系统对非银行债务人外债进行注销操作。2.外债专用账户及还本付息专用账户的关户信息于关户次日方可在资本项目信息系统显示。

八、境内企业办理外保内贷业务

法规依据	1.《中华人民共和国外汇管理条例》(国务院令第532号)。2.《外债登记管理办法》。3.其他相关法规。
审核材料	外商投资企业可自行签订外保内贷合同;中资企业借用境内贷款需要接受境外担保的,应先向外汇局申请外保内贷额度:1.申请书。2.营业执照。3.经审计的上年度财务报表。4.境内贷款和接受境外担保的意向书。5.针对前述材料应当提供的补充说明。
审核原则	1.属于国家鼓励行业。2.过去三年内连续盈利,或经营趋势良好。3.具有完善的财务管理制度和内控制度。4.企业的净资产与总资产的比例不得低于15%。5.对外借款与对外担保余额之和不得超过其净资产的50%。
审核要素	审核材料的规范性,齐备性及材料之间的一致性。

续表

授权范围	中资企业所在地分局。
注意事项	1. 境内企业借用境内借款,在同时满足以下条件时,可以接受境外机构或个人提供的担保(以下简称“外保内贷”):(1)债务人为外商投资企业,或获得分局外保内贷额度的中资企业;(2)债权人为境内注册的金融机构;(3)担保标的为债务人借用的本外币普通贷款或金融机构给予的授信额度;(4)担保形式为保证,中国法律法规允许提供或接受的抵押或质押。2. 国家外汇管理局根据国际收支形势、货币政策取向和地区实际需求等因素,为分局核定地区中资企业外保内贷额度。分局可在国家外汇管理局核定的地区额度内,为辖内中资企业核定外保内贷额度。3. 中资企业可在分局核定的外保内贷额度内,直接签订外保内贷合同。中资企业外保内贷项下对内、对外债务清偿完毕前,应按未偿本金余额占用该企业自身及地区中资企业外保内贷额度。4. 中资企业外保内贷项下发生境外担保履约的,境内债务人应到所在地外汇局办理短期外债签约登记及相关信息备案。中资企业因外保内贷履约而实际发生的对境外担保人的外债本金余额不占用分局地区短期外债余额指标。5. 外商投资企业借用境内贷款接受境外担保的,可直接与债权人、境外担保人签订担保合同。发生境外担保人履约的,因担保履约产生的对外负债应视同短期外债(按债务人实际发生的对境外担保人的外债本金余额计算)纳入外商投资企业“投注差”或外债额度控制,并办理外债签约登记手续。因担保履约产生的外商投资企业对外负债未偿本金余额与其他外债合计超过“投注差”或外债额度的,外汇局可先为其办理外债登记手续,再按照超规模借用外债移交外汇检查部门处理。6. 境内企业从事外保内贷业务,由发放贷款的境内金融机构实行债权人集中登记。债权人应于每月初10个工作日内向所在地外汇局报送外保内贷项下相关数据。债权人与债务人注册地不在同一外汇局辖区的,应当同时向债权人和债务人所在地外汇局报送数据。

九、金融机构为外保内贷项下担保履约款办理结汇或购汇

法规依据	1.《中华人民共和国外汇管理条例》(国务院令第532号)。2.《国家外汇管理局关于完善银行自身结售汇业务管理有关问题的通知》(汇发〔2011〕23号)。3.《外债登记管理办法》。4. 其他相关法规。

续表

审核材料	1. 申请书。2. 证明金融机构与债务人债权关系。担保关系的合同。3. 证明结汇(或购汇)资金来源的书面材料。4. 债务人提供的境外担保履约项下外债登记证明文件(因清算、解散或其他原因导致债务人无法取得外债登记证明的,应当说明原因)。5. 针对前述材料应当提供的补充说明。
审核原则	1. 债权人已办理境内贷款项下接受境外担保定期登记。2. 境内金融机构作为受益人签订贷款担保合同时无违规行为。3. 境内金融机构签订贷款担保合同时存在违规行为的,应半年一次集中向所在地外汇局提出申请。
审核要素	审核材料的规范性、齐备性及材料之间的一致性。
授权范围	1. 境内金融机构办理境外担保履约款结汇(或购汇)业务,由其分行或总行汇总自身及下属分支机构的担保履约款结汇(或购汇)申请后,向其所在地外汇局集中提出申请。2. 境内金融机构提出的境外担保履约款结汇(或购汇)申请,由外汇局负责金融机构自身结汇(或购汇)的部门受理,并会签同级资本项目管理部门。
注意事项	1. 外保内贷项下发生境外担保人履约,如担保履约资金与担保项下债务签约币种不一致,金融机构需要办理结汇或购汇的,参照本操作指引办理。2. 境内金融机构作为受益人签订贷款担保合同时无违规行为的,外汇局可批准其担保履约款结汇。3. 若金融机构违规行为属于未办理债权人集中登记等程序性违规的,外汇局可先允许其办理结汇,再依据相关法规进行处理;金融机构违规行为属于超出现行政策许可范围向企业发放境外担保项下贷款等实质性违规的,外汇局应先移交外汇检查部门,处罚完毕后再批准其结汇。

十、非银行债务人办理担保费对外支付

法规依据	1.《结汇、售汇及付汇管理规定》(银发〔1996〕210 号)。2.《国家外汇管理局关于外汇担保项下人民币贷款有关问题的补充通知》(汇发〔2005〕26 号)。3.《外债登记管理办法》。4. 其他相关法规。
审核材料	1. 申请书。2. 担保人支付担保费通知书。3. 担保合同(合同如为外文的,应提交主要条款的中文译本,并加盖申请人印章)。4. 担保项下主债务合同。5. 支付外债项下担保费,应提供债务登记凭证(验原件后返还)。6. 针对前述材料应当提供的补充说明。

续表

审核原则	1. 非银行债务人在境内外融资时，由境外机构或个人提供担保或反担保后，要求非银行债务人支付担保费的，应经外汇局核准。2. 确认担保合同与债务有关内容的一致性。
审核要素	审核材料的规范性、齐备性及材料之间的一致性。
授权范围	符合条件的，由所在地外汇局办理。
注意事项	担保费率由当事人按照行业标准协商确定。

十一、对外处置不良资产涉及的外汇收支和汇兑核准

法规依据	1.《金融资产管理公司吸收外资参与资产重组与处置的暂行规定》（对外贸易经济合作部令 2001 年第 6 号）①。2.《国家发展和改革委员会　国家外汇管理局关于规范境内金融机构对外转让不良债权备案管理的通知》（发改外资〔2007〕254 号）。3.《外债登记管理办法》。4. 其他相关法规。
审核材料	1. 金融资产管理公司处置不良资产涉及的外汇收支及汇兑核准：(1) 申请书。(2) 国家发展和改革委员会就不良资产对外转让出具的备案文件。(3) 不良资产对外转让合同中涉及跨境交易的相关条款。(4) 对前述材料应当提供的补充说明。2. 金融资产管理公司处置不良资产收入结汇核准：(1) 申请书。(2) 债权转让协议或其他导致债权所有权发生转移的协议。(3) 受让人的汇款证明或外汇指定银行出具的外汇转入款暂挂证明。(4) 针对前述材料应当提供的补充说明。
审核原则	1. 金融资产管理公司集中对外转让境内不良资产时，应在取得国家发展和改革委员会的备案或核准后 15 个工作日内，就不良资产对外转让过程中的外汇收支和汇兑管理事项安排向国家外汇管理局申请核准。2. 金融资产管理公司在向外方转让不良资产时取得的各项外汇收入，应及时、足额调回境内。3. 封包期内资产包内债权的处置回收款、金融资产管理公司的服务费等可用于等额抵扣外方应付的购买价款。4. 申请结汇的资金来源，汇款人应与资产受让人一致。

① 已废止。

续表

审核要素	1. 金融资产管理公司外汇收支和汇兑核准申请书应包括对外处置不良资产总额、资产回收率、外汇收入及结汇情况、受托管理的不良资产的清收情况等内容。2. 金融资产管理公司收入结汇核准申请书应包括资产管理公司基本情况、所出售的不良资产的内容,结汇理由说明等内容。3. 审核材料的规范性、齐备性及材料之间的一致性。
授权范围	1. 国家外汇管理局负责对外处置不良资产外汇收支及汇兑事项的核准。2. 对外处置不良资产的金融资产管理公司所在地分局负责对外处置不良资产所得外汇收入的结汇核准。
注意事项	1. 境内金融资产管理公司利用外资处置不良资产,向境外投资者转让不良债权后,对于不良债权项下新发生的对外担保,分局应按照对外担保管理规定进行审批和登记管理。2. 除金融资产管理公司以外,其他从事不良资产集中对外转让的金融机构,应先获得国家发展和改革委员会的核准或备案,然后参照本操作指引办理相关手续。

十二、不良资产境外投资者备案登记和购付汇核准

法规依据	1.《金融资产管理公司吸收外资参与资产重组与处置的暂行规定》(对外贸易经济合作部令 2001 年第 6 号)①。2.《国家发展和改革委员会　国家外汇管理局关于规范境内金融机构对外转让不良债权备案管理的通知》(发改外资〔2007〕254 号)。3.《外债登记管理办法》。4. 其他相关法规。
审核材料	1. 不良资产境外投资者备案登记:(1)申请书。(2)国家外汇管理局关于不良资产对外转让的批准文件(复印件)。(3)《不良资产备案登记表》。(4)被出售或转让资产的清单。(5)由境外投资者的代理人提出申请的,还需提供代理协议、代理人营业执照和业务许可文件。(6)针对前述材料应当提供的补充说明。2. 不良资产境外投资者收益购付汇核准:(1)申请书。(2)《不良资产备案登记表》。(3)处置项目清单和收益证明文件。(4)针对前述材料应当提供的补充说明。

① 已废止。

续表

审核原则	1. 购买或受让不良资产的外国投资者或其代理人,应在交易完成后15个工作日内到资产所在地分局或国家外汇管理局指定的分局办理不良资产出售或转让备案登记手续。2. 审核《不良资产备案登记表》填写是否与国家外汇管理局的批准文件和相关材料一致。3.《不良资产备案登记表》中应注明担保的具体情况,对损害社会公共利益或违反法律法规规定的担保,不予登记。4. 金融资产管理公司利用外资处置不良资产后,除原有担保外,债务人或第三人不得为所出售或转让的债权提供其他担保。
审核要素	审核材料的规范性、齐备性及材料之间的一致性。
授权范围	由国家外汇管理局指定的分局办理。
注意事项	1. 国家外汇管理局批准境内金融机构对外转让不良资产后15个工作日内,境外投资者应到国家外汇管理局指定的分局办理不良资产对外转让备案登记。2. 不良资产的境外投资者或其代理人通过清收、再转让等方式取得的收益,经国家外汇管理局指定的分局核准后,可办理对外购付汇手续。3. 如外方要求开立人民币账户用于存放资产清收相关人民币款项的,可根据《中国人民银行关于境外投资者因经营受让不良债权开立人民币银行结算账户有关问题的通知》(银发〔2005〕116号),直接到商业银行办理。4. 办理出售或转让的资产备案时,备案资产有下列情形之一的,接受股权投资企业应遵守相关法律法规,并按有关外汇管理规定办理外商直接投资登记手续:(1)备案资产中含有股权;(2)备案的债权转为债务人企业的股权;(3)备案的实物资产在境内作价出资;(4)境外投资者将境内处置不良资产的收益用于境内再投资。5. 因回购、出售(让)、清收、转股或其他原因导致境外投资者对备案资产的所有权灭失时,境外投资者或其代理人应在所有权灭失后15个工作日内到备案地分局办理资产备案的注销手续。6. 办理不良资产对外转让备案登记时,应注明债权对外转让导致境内担保人向境外投资者提供担保的情况,并提交担保逐笔明细清单。该担保不纳入对外担保管理,无需按对外担保管理规定办理审批和登记手续。(1)对外转让的不良资产含有担保安排的,境外投资者或其代理人到原备案登记的分局补办相关手续时,应区分以下情况进行处理:①2005年1月1日之前(不含)境外投资者或其境内代理人办理不良资产对外转让备案时没有提交不良资产项下担保余额或逐笔明细清单,或2005年1月1日之后(含),

续表

注意事项	境外投资者提交了不良资产项下担保余额或逐笔明细清单但提交信息不全的，分局直接为其办理担保逐笔明细清单和相关信息的补交手续。②2005 年 1 月 1 日之后（含），境外投资者办理不良资产对外转让备案时没有提交不良资产项下担保余额和逐笔明细清单的，分局在将境外投资者未按相关规定办理不良资产对外转让备案事宜移交外汇检查部门后，可为其办理担保逐笔明细清单补交手续。（2）分局为境外投资者或其代理人办理担保逐笔明细清单补交手续时，境外投资者或其代理提交以下文件：①国家外汇管理局关于境内金融机构对外转让不良资产形成的对外负债及汇兑管理事项的批准文件。②《对外处置不良资产备案登记表》。③含担保明细的资产逐笔清单。④境外投资者就第③项所列材料的真实性和合法性所作的承诺书。⑤由代理人提出申请的，还需提供相关的代理协议、代理人的营业执照和业务许可文件。（3）分局接收境外投资者补交的担保逐笔明细清单后，应根据境外投资者或其代理人的申请出具加盖资本项目业务印章的回执。（4）境外投资者及其代理人依法到分局申请调取其担保备案明细清单的，应提交注意事项第 6 点第（2）项第①、②和④所列文件。分局完成审核后，应参照行政许可相关要求，根据境外投资者或其代理人的申请，出具包含以下内容的加盖资本项目业务印章的回执：①对外转让不良债权共计笔数、本金总计金额。②对外转让不良债权项下担保共计笔数、担保项下债务本金总计金额。③明示以下内容："根据《最高人民法院关于审理金融资产管理公司利用外资处置不良债权案件涉及对外担保合同效力问题的通知》（法发〔2010〕25 号）等相关规定，我处收到你公司申请补交的、汇复〔20××〕××号文件批复的对外转让不良资产项下担保明细清单。你公司承诺对所提供材料的真实性和合法性负责。"

十三、银行为非银行债务人办理资金类划转外债提款

法规依据	1.《中华人民共和国外汇管理条例》（国务院令第 532 号）。2.《外债统计监测暂行规定》（1987 年公布）。3.《外债登记管理办法》。4. 其他相关法规。
审核材料	1. 申请书。2.《境内机构外债签约情况表》（原件验后返还）。3. 银行认为必要的其他材料。

续表

银行审核原则	1. 银行在为非银行债务人办理外债提款时，应在资本项目信息系统查看该笔业务的相关控制信息表，且查明在尚可提款金额内，方可为非银行债务人办理相关手续。2. 银行不能超出尚可提款金额为非银行债务人办理提款手续。3. 银行在为非银行债务人办理外债提款业务时，应当审核非银行债务人是否正确填写批件号或业务编号。非银行债务人在银行办理外债提款业务时，应在申报凭证上"外汇局批件号/备案表号/业务编号"一栏填写该笔资金的核准件号或外债业务编号（核准件号优先）。4. 无合理原因的，外债提款项下境外汇款人、还款项下境外收款人应当与债权人一致。
审核要素	审核材料的规范性、齐备性及材料之间的一致性。
授权范围	银行审核相关材料后，直接为非银行债务人办理提款手续。
注意事项	银行应及时在资本项目信息系统反馈非银行债务人的提款信息。

十四、银行为非银行债务人办理资金类划转外债还本付息

法规依据	1.《中华人民共和国外汇管理条例》（国务院令第532号）。2.《外债统计监测暂行规定》（1987年公布）。3.《外债登记管理办法》。4. 其他相关法规。
审核材料	1. 申请书。2.《境内机构外债签约情况表》（原件验后返还）。3. 非银行债务人提供的还本付息通知书。4. 银行认为必要的其他材料。
银行审核原则	1. 银行应在资本项目信息系统银行端查看该笔业务的相关控制信息表，且查明该笔还款资金在尚可还本金额内，方可为非银行债务人办理还款手续。银行在为非银行债务人办理偿还外债时，应在资本项目信息系统查看该笔业务的相关控制信息表，且查明在尚可还本金额内，方可为非银行债务人办理相关手续。2. 银行不能超出尚可还本金额为非银行债务人办理还款手续。3. 银行在为非银行债务人办理偿还外债业务时，应当审核非银行债务人是否正确填写批件号或业务编号。非银行债务人在银行办理偿还外债业务时，应在申报凭证上"外汇局批件号/备案表号/业务编号"一栏填写该笔资金的核准件号或外债业务编号（核准件号优先）。4. 提前还款时，应当审核贷款合同中关于提前还款的条款，且债权人、非银行债务人均同意提前还款，并由非银行债务人提出申请。5. 无合理原因的，外债提款项下境外汇款人、还款项下境外收款人应当与债权人一致。

续表

审核要素	审核材料的规范性、齐备性及材料之间的一致性。
授权范围	银行审核相关材料后,直接为非银行债务人办理还款手续。
注意事项	1. 支付债务从属费用比照还本付息办理。2. 银行办理其自身外债项下还本付息不需外汇局核准,但还本付息不得购汇。

十五、银行为非银行债务人办理外债套期保值履约交割

法规依据	1.《中华人民共和国外汇管理条例》(国务院令第 532 号)。2.《外债统计监测暂行规定》(1987 年公布)。3.《外债登记管理办法》。4. 其他相关法规。
银行审核材料	1. 申请书。2. 外债合同或《境内机构外债签约情况表》。3. 套期保值合同或协议。4. 交割通知凭证。5. 银行认为必要的其他材料。
审核原则	1. 外债套期保值以锁定外债还本付息风险为目的。非银行债务人的交易对手银行、办理交割款项汇出或收入的银行等应当确认该笔交易具备合法、清晰的实盘背景。2. 套期保值与汇率、利率相关。3. 签订套期保值的交易对方应是境内银行或境外债权银行。
审核要素	审核材料的规范性、齐备性及材料之间的一致性。
授权范围	1. 非银行债务人与境内银行或境外债权银行可以自行签订符合规定的外债套期保值合同,银行应当审核保值合同的外债交易实盘背景。2. 非银行债务人获得的保值交易交割外汇收入,可直接到银行办理结汇;或直接到银行开立资本项目专用账户保留外汇收入,并自行办理结汇。3. 非银行债务人可直接到银行购汇或使用自有外汇办理交割。
注意事项	1. 为保值交易交割办理收入或汇出的银行应当按本操作指引进行操作。2. 涉及人民币汇率衍生产品的交易,非银行债务人应遵守现行规定。

附件3:

废止法规目录

1.《关于以人民币计价对外借款有关问题的通知》(〔95〕汇资字第002号)

2.《关于禁止非金融企业之间进行外汇借贷的通知》(〔96〕汇资字第305号)

3.《国家外汇管理局关于支付涉外担保费有关处理原则的通知》(汇发〔2000〕105号)

4.《国家外汇管理局关于调整购汇提前还贷管理措施的通知》(汇发〔2002〕38号)

5.《国家外汇管理局关于金融资产管理公司利用外资处置不良资产有关外汇管理问题的通知》(汇发〔2004〕119号)

6.《国家外汇管理局关于完善外债管理有关问题的通知》(汇发〔2005〕74号)

7.《国家外汇管理局综合司关于境外担保履约款结汇有关问题的批复》(汇综复〔2009〕65号)

8.《国家外汇管理局关于金融资产管理公司对外转让不良资产涉及担保备案管理有关问题的通知》(汇发〔2011〕13号)

地方规范性文件

国家外汇管理局北京外汇管理部关于印发《北京地区境内信贷资产对外转让试点业务操作指引》的通知

（京汇〔2020〕29号　2020年5月6日公布施行）

辖区内各银行：

为推进北京地区境内信贷资产对外转让试点工作规范有序开展，北京外汇管理部制定了《北京地区境内信贷资产对外转让试点业务操作指引》（见附件），现印发给你们，请遵照执行。

执行中如遇问题，请及时向北京外汇管理部反馈。

联系电话：68559838

附件

北京地区境内信贷资产对外转让试点业务操作指引

第一条　为贯彻落实《国家外汇管理局关于进一步促进跨境贸易投资便利化的通知》（汇发〔2019〕28号）要求，拓宽境内信贷资产对外转让渠道，国家外汇管理局北京外汇管理部（以下简称北京外汇管理部）制定本操作指引。

第二条　本指引所称境内信贷资产对外转让，仅限于银行不良贷款和银行贸易融资资产向境外转出。银行不良贷款是指辖内银行经营过程中形成的不良贷款（含金融资产管理公司合法取得的银行不良贷款），银行贸易融资是指辖内银行因办理基于真实跨境贸易结算产生的银行贸易融资资产。

第三条 辖内机构(含银行和代理机构)开展境内信贷资产对外转让试点业务,应遵守本指引以及发展改革委、财政部、商务部、人民银行和银保监会等相关部门的规定,并符合国家产业政策等相关要求。

第四条 北京外汇管理部参照外债管理规定,对境内信贷资产对外转让试点业务实行逐笔登记,因境内信贷资产对外转让形成的外债,不纳入银行和代理机构自身跨境融资风险加权余额计算。

第五条 辖内银行直接对外转让不良贷款的,应具备完善的内控制度和风险管理制度,事前逐笔向北京外汇管理部备案,并提交以下备案材料:

1. 备案申请书;

2. 对外转让不良贷款情况及对外转让协议(含关于转让资产合法合规真实的承诺书或相关证明材料、底层贷款以及资产担保等情况);

3. 首次开展业务的辖内银行,还应提交具备合规经营、审慎展业、内控管理制度完善等相关证明材料。

北京外汇管理部备案通过后,向辖内申请银行出具《国家外汇管理局北京外汇管理部资本项目外汇业务备案通知书》。

辖内银行直接对外转让不良贷款试点业务形成的外债,按照现行外债管理规定办理外债登记,债务类型登记为“外债—其他贷款”,在“项目名称”中注明“银行不良贷款对外转让”,在备注栏中注明“实际债务人为境内企业”。

辖内银行直接对外转让不良贷款的转让对价结汇以及清收款项的购付汇,由银行进行真实合规性审核后自行办理,并在结售汇统计中报送在“240 其他投资”项下;在报送“对外金融资产负债与交易统计”报表时,将对外转让所得资金信息填报在 D01 表(货币与存款)中,包括存量和流量等各项目。

第六条 代理机构开展辖内银行不良贷款对外转让试点业务[①]，应具备交易必备的办公场所、人员等基础设施和相关管理制度等。首次开展试点业务前，应向北京外汇管理部报备相关证明材料，包括但不限于公司章程、内控制度、风险管理制度等。

代理机构开展试点业务时，应在北京外汇管理部办理逐笔外债登记，并提交以下材料：

1. 外债登记申请书；

2. 对外转让不良贷款情况及对外转让协议（含关于转让资产合法合规真实的承诺书或相关证明材料、底层贷款和资产担保等情况）。

北京外汇管理部为代理机构办理外债登记并出具业务登记凭证，登记金额为对外转让不良贷款的账面金额。

第七条 代理机构凭业务登记凭证直接在银行开立外债专用账户，用于接收保证金（如有）和不良贷款转让对价。代理机构收到的转让对价，可原币或意愿结汇后支付给辖内不良贷款出让方。

信贷资产对外转让交易达成前，保证金不得结汇和使用；对外转让交易未达成的，保证金应原路退回或用于违约扣款，代理机构应及时办理外债注销登记。

第八条 通过代理机构对外转让的辖内银行不良贷款后续清收，应在确保清收款真实合规的前提下，按现行外债管理规定购汇及汇出。清收完成且清收款全额汇出后，代理机构应关闭外债专用账户，及时办理外债注销登记。

第九条 北京外汇管理部负责对辖内信贷资产跨境转让试点业务实施监督管理，跟踪、监测、核查试点业务的开展情况，依法对有违规行为的辖内机构采取约谈、下发风险提示函等措施；情节严重的，北京外汇管理部将暂停或取消其相关业务资格。

附：国家外汇管理局北京外汇管理部资本项目外汇业务备案通知书

---

① 北京金融资产交易所已完成代理机构展业前备案工作、成为北京地区境内银行不良贷款向境外转让试点业务的代理机构，并于2020年6月19日召开银行不良贷款对外转让业务市场通气会。

附

国家外汇管理局北京外汇管理部
资本项目外汇业务备案通知书

编号：　　　　　　　　　　　　　　　　　　日期：　年　月　日

来文单位		收文日期	
文件名称		文号	
申请备案的事项			
备案意见			
经办人：	电话：	复核人/审批人（等相关人员）	

第一联　资本项目管理处留存

国家外汇管理局北京外汇管理部

资本项目外汇业务备案通知书

编号：　　　　　　　　　　　　　　　　　　日期：　　年　月　日

来文单位		收文日期	
文件名称		文号	
申请备案的事项			
备案意见			
备注：			

第二联　发送申请单位

地方工作文件

国家外汇管理局广东省分局、国家外汇管理局深圳市分局关于外汇管理支持粤港澳大湾区和深圳先行示范区发展的通知

(粤汇发〔2020〕15号 2020年3月30日公布施行)

国家外汇管理局广东省内各中心支局,增城、从化支局;广州地区、深圳地区各银行:

为落实《粤港澳大湾区发展规划纲要》《关于支持深圳建设中国特色社会主义先行示范区的意见》,探索资本项目外汇管理改革创新,提升粤港澳大湾区和深圳先行示范区对外开放程度和投融资便利化水平,根据《国家外汇管理局关于进一步促进跨境贸易投资便利化的通知》(汇发〔2019〕28号)等文件要求,经国家外汇管理局批准,现就外汇管理支持粤港澳大湾区和深圳先行示范区发展有关事宜通知如下:

一、开展外债登记管理改革试点。对于粤港澳大湾区内地城市(以下简称粤港澳大湾区内)符合条件的非金融企业,取消外债逐笔登记,非金融企业可按不超过净资产2倍到所在地外汇局办理外债签约登记,在登记额度范围内自主举借外债,并按规定办理国际收支申报。操作指引详见附件1。

二、允许企业对已选定的外债管理模式进行调整。允许粤港澳大湾区内非金融企业从"投注差"外债管理模式调整为以跨境融资宏观审慎管理模式借用外债,一经调整不得变更。

三、放宽粤港澳大湾区内非金融企业跨境融资签约币种、提款币种、偿还币种必须一致的要求。允许粤港澳大湾区内非金融企业提款币种和偿还币种与签约币种不一致,但提款币种和偿还币种应保持一致。

四、开展境内信贷资产对外转让试点。按照风险可控、审慎管理

的原则，允许粤港澳大湾区内试点机构对外转让银行不良贷款和银行贸易融资。操作指引详见附件2。

五、粤港澳大湾区内符合条件的企业可试点资本项目外汇收入支付便利化业务。允许粤港澳大湾区内符合条件的企业将资本金、外债和境外上市等资本项下收入用于境内支付时，无需事前向银行逐笔提供真实性证明材料。操作指引详见附件3。

六、简化粤港澳大湾区内资本项下境内资金支付程序，合并支付命令函和境内汇款申请书。

七、粤港澳大湾区内企业可在所属分局辖内任一银行办理境内直接投资基本信息登记、变更与注销手续。

八、支持国际人才在粤港澳大湾区内创办科技型企业。支持经认定取得我国永久居留权资格的国际人才，以其境内合法收入在粤港澳大湾区内设立科技型企业。

本通知自发布之日起实施，由国家外汇管理局广东省分局、深圳市分局负责政策解释及后续监督管理工作。《国家外汇管理局广东省分局关于印发〈进一步推进中国（广东）自由贸易试验区广州南沙新区、珠海横琴新区片区外汇管理改革试点实施细则〉的通知》（粤汇发〔2019〕21号）附件第三章第十条及附1《资本项目外汇收入支付便利化业务操作指引》、《国家外汇管理局深圳市分局关于印发〈深入推进中国（广东）自由贸易试验区深圳前海蛇口片区外汇管理改革试点实施细则〉的通知》附件第三章第十条及附1《资本项目外汇收入支付便利化业务操作指引》、《国家外汇管理局深圳市分局关于印发〈深圳地区开展银行不良资产跨境转让试点业务操作指引〉的通知》（深外管〔2018〕34号）、《国家外汇管理局深圳市分局关于在全辖开展资本项目外汇收入支付便利化试点的通知》（深外管〔2019〕23号）同时废止。国家外汇管理局广东省内各中心支局及增城、从化支局接到本通知后，应及时转发辖内支局和银行。执行中如遇问题，请根据属地管理原则，及时向国家外汇管理局广东省分局、国家外汇管理局深圳市分局反馈。

国家外汇管理局广东省分局联系电话：020－81883195，81882947。

国家外汇管理局深圳市分局联系电话：0755－25590240－811，

22192853。

特此通知。

附件:1. 非金融企业外债登记管理改革试点业务操作指引

2. 境内信贷资产对外转让试点业务操作指引

3. 资本项目外汇收入支付便利化业务操作指引

附件 1

非金融企业外债登记管理改革试点业务操作指引

第一条 为贯彻落实《国家外汇管理局关于进一步促进跨境贸易投资便利化的通知》(汇发〔2019〕28 号),便利非金融企业办理外债业务,进一步提高跨境融资业务办理便利化水平,特制定本指引。

第二条 本指引所称外债登记管理改革试点,是指符合本指引各项条件的非金融企业可按照便利化登记程序向所在地国家外汇管理局分支局(以下简称外汇局)申请办理一次性外债登记的业务。除本指引第五条相关情况外,申请办理一次性外债登记的试点企业可以不再办理外债逐笔签约登记。

第三条 注册地在国家外汇管理局广东省分局、深圳市分局辖内,并符合以下条件的非金融企业法人(以下简称试点企业),可根据实际融资需求申请办理一次性外债登记业务:

(一)成立时间满一年(含)以上且有实际经营业务活动,并已经选择全口径跨境融资宏观审慎管理模式借用外债的企业。

(二)近三年无外汇违规行政处罚记录的企业(成立不满三年的企业,自成立之日起无外汇违规行政处罚记录)。

(三)房地产企业、政府融资平台、融资担保公司、小额贷款公司、典当行、融资租赁公司、商业保理公司、地方资产管理公司等机构,以及选择"投注差"模式借用外债的企业,不适用本指引。

第四条 试点企业一次性外债登记额度不得超过其跨境融资风

险加权余额上限。

试点企业跨境融资风险加权余额上限 = 净资产 × 跨境融资杠杆率 × 宏观审慎调节参数。跨境融资杠杆率初始值设定为 2,宏观审慎调节参数初始值设定为 1。

试点企业已发生跨境融资的,外汇局应在一次性外债登记额度中扣减已逐笔登记的外债签约金额;逐笔登记的外债偿清后,试点企业可向外汇局申请调增一次性外债登记额度。

第五条 试点企业内保外贷项下资金以外债形式调回境内、在境外发行债券、外保内贷履约外债登记的,需到所在地外汇局办理逐笔外债签约登记。外汇局按逐笔登记的签约额相应扣减一次性外债登记额度。

第六条 试点企业办理一次性外债登记时,需向所在地外汇局提供以下材料:

(一)申请书(含基本情况、拟申请一次性登记外债金额、近三年无外汇违规行政处罚记录的情况说明等,格式见附);

(二)营业执照;

(三)最近一期经审计的财务报告。

第七条 试点企业办理一次性外债登记后,可在登记额度内凭业务登记凭证在银行办理外债账户开立、外债资金汇出入和结售汇手续。外债资金应按照外债合同和外债管理规定允许的用途使用。

试点企业应将所涉相关外债合同、结汇及资金使用等证明材料保存五年备查。

试点企业向离岸银行借用的商业贷款视同外债管理。发生提款和还本付息时,试点企业需到所在地外汇局逐笔办理非资金划转类提款、还本付息备案。

第八条 银行根据试点企业的申请,审核试点企业提供的外债合同等真实性证明材料后,按规定为试点企业开立、关闭外债账户以及办理外债提款、结汇、购汇、偿还等手续,并留存相关材料五年备查。

银行应当建立健全内控制度,按照了解客户、了解业务、尽职审查的展业三原则完善全业务流程的真实性和合规性审查机制并办理业务,并应加强事后监督,发现异常或可疑情况的,及时报告外汇局。

第九条 试点企业按本指引办理一次性外债登记后一年内未实际发生外债提款的,外汇局有权将一次性外债登记额度调为零。

试点企业当年净资产较上年末经审计的净资产上下浮动超过20%(含)的,应主动向所在地外汇局报告,申请调整一次性登记外债金额。

第十条 外汇局对外债登记管理改革试点业务实施监督管理,跟踪,监测和核查试点业务开展情况。

附:非金融企业办理一次性外债登记业务申请书

附

非金融企业办理一次性外债登记业务申请书

国家外汇管理局________分局/中心支局/支局:

根据《非金融企业外债登记管理改革试点业务操作指引》,我公司(统一社会信用代码:________________)选择全口径跨境融资宏观审慎管理模式借用外债,现申请办理一次性外债登记业务。公司所涉情况及信息如下:

<table>
<tr><td colspan="4">一、申请事项</td></tr>
<tr><td colspan="4">根据________会计师(审计师)事务所________分所出具的最近一期《审计报告》(字号:________________),截至________年____月____日,我公司的净资产(所有者权益)为人民币________元(A)。截至申请日,我公司既往所借的外债签约金额合计为人民币________元(B)。因此,我公司可一次性登记外债额度为人民币________元(2A-B)。
结合生产经营与融资需求,我公司现申请一次性外债登记额度人民币元,未超过跨境融资风险加权余额上限。</td></tr>
<tr><td colspan="4">二、申请人基本情况</td></tr>
<tr><td>中文名称</td><td colspan="3"></td></tr>
<tr><td>成立时间</td><td>年 月 日</td><td>所属行业</td><td></td></tr>
</table>

续表

外汇违规行政处罚情况	我公司□近三年/□自成立之日起无外汇违规行政处罚记录。		
三、申请人其他信息			
法定代表人姓名			
法定代表人证件类型		法定代表人证件号码	
联系人姓名		联系人手机号码	
联系人证件类型		联系人证件号码	
四、承诺： 以上跨境融资管理模式一经选定，不再变更；对申请书填写的信息及提交的申请材料的真实性、准确性负责；愿意接受国家外汇管理部门的监督、管理和检查，并承担违反外汇管理法规的法律责任。			

填表人：

法定代表人（或被授权人）签字（或盖章）：

（申请人公章）

年　月　日

附申请材料：

1. 营业执照；

2. 最近一期经审计的财务报告（名称：________________）；

3. 授权委托书（受权签字的提供）。

【说明：上述材料提供原件核验并同时提供加盖公章的复印件。经审计的财务报告复印封面页、正文及资产负债表（签字栏应有相关人员签字）即可，无需复印提交财务报表附注内容。涉及需核查申请人存量外债余额或发生额数据的，由外汇局通过资本项目信息系统提取数据核对。】

★业务申请书主要栏目填写说明

1. 非金融企业申请人办理一次性外债登记业务，应如实、准确、完整地填写申请书各项有关内容（或在对应□处勾选）。

2. 如无特别说明,涉及金额栏目均以阿拉伯数字表示,且保留小数点后两位数。

3. 统一社会信用代码:按《营业执照》上的代码填写(无此代码的企业填写《组织机构代码证》上的组织机构代码)。

4. 成立时间和所属行业:按照《营业执照》上的成立时间和经营范围填写。

5. 申请人外汇违规行政处罚记录可登录国家外汇局网站(http://www.safe.gov.cn/)首页"信息公开—外汇检查执法—外汇行政处罚查询"栏目查询。

6. 外汇违规行政处罚情况:申请人成立时间在三年(含)以上且近三年无外汇违规行政处罚记录的,勾选□近三年无外汇违规行政处罚记录;申请人成立时间不满三年且自成立之日起无外汇违规行政处罚记录的,勾选□自成立之日起无外汇违规行政处罚记录。

★非金融企业一次性外债登记业务不适用于房地产企业、政府融资平台、融资担保公司、小额贷款公司、典当行、融资租赁公司、商业保理公司、地方资产管理公司等机构,以及选择"投注差"模式借用外债的企业。

附件2

境内信贷资产对外转让试点业务操作指引

第一条 为贯彻落实《国家外汇管理局关于进一步促进跨境贸易投资便利化的通知》(汇发〔2019〕28号)要求,拓宽境内信贷资产对外转让渠道,国家外汇管理局广东省分局、深圳市分局(以下简称外汇局)制定本操作指引。

第二条 本指引所称境内信贷资产对外转让,仅限于银行不良贷款和银行贸易融资向境外转出。银行不良贷款是指境内银行经营过程中形成的不良贷款(含金融资产管理公司合法取得的银行不良贷款),银行贸易融资是指境内银行因办理基于真实跨境贸易结算产生的银行贸易融资资产。

第三条　辖内机构(含银行和代理机构)开展境内信贷资产对外转让试点业务,应遵守本指引和发展改革委、财政部、商务部、人民银行和银保监会等相关部门的规定,并符合国家产业政策等相关要求。

第四条　外汇局参照外债管理规定,对境内信贷资产对外转让试点业务实行逐笔登记,对境内信贷资产对外转让形成的外债,不纳入银行和代理机构自身跨境融资风险加权余额计算。

第五条　辖内银行直接对外转让不良贷款的,应具备完善的内控制度和风险管理制度,并向外汇局事前逐笔备案,同时提交以下备案材料:

(一)备案申请书;

(二)对外转让不良贷款情况及对外转让协议(含关于转让资产合法合规真实的承诺书或相关证明材料、底层贷款和资产担保情况);

(三)首次开展业务的辖内银行,还应提交合规经营、审慎展业,具备完善内控管理制度等相关证明材料。

外汇局备案通过后,向辖内申请银行出具《国家外汇管理局________分局资本项目外汇业务备案通知书》(格式见附)。

辖内银行直接对外转让不良贷款试点业务形成的外债,按照现行外债管理规定办理外债登记,债务类型登记为"外债－其他贷款",在"项目名称"中注明"银行不良贷款对外转让",在备注栏中注明"实际债务人为境内企业"。

辖内银行直接对外转让不良贷款的转让对价结汇及清收款项购付汇,由银行进行真实性合规性审核后自行办理,在结售汇统计中报送在"240 其他投资"项下,并在报送"对外金融资产负债与交易统计"报表时,将对外转让所得资金信息填报在 D01 表(货币与存款)中,包括存量和流量等各项目。

第六条　代理机构开展境内银行不良贷款对外转让试点业务,应具备交易必备的办公场所、人员等基础设施和相关管理制度等。首次开展试点业务前,应向外汇局报备相关证明材料,包括但不限于公司章程、内控制度、风险管理制度等。

代理机构开展试点业务时,应在外汇局办理逐笔外债登记,并提交以下材料：

（一）外债登记申请书；

（二）对外转让不良贷款情况及对外转让协议（含关于转让资产合法合规真实的承诺书或相关证明材料、底层贷款和资产担保情况）。

外汇局为代理机构办理外债登记并出具业务登记凭证，登记金额为对外转让的不良贷款账面金额。

第七条 代理机构凭业务登记凭证直接在银行开立外债专用账户，用于接收保证金（如有）和不良贷款转让对价。代理机构收到的转让对价，可原币或意愿结汇后支付给境内不良贷款出让方。

信贷资产对外转让交易达成前，保证金不得结汇和使用；对外转让交易未达成的，保证金应原路退回或用于违约扣款，代理机构应及时办理外债注销登记。

第八条 通过代理机构对外转让的境内银行不良贷款后续清收，应在确保清收款真实合规的前提下，按现行外债管理规定购汇及汇出。清收完成，且清收款全额汇出后，代理机构应关闭外债专用账户，并及时办理外债注销登记。

第九条 外汇局负责对辖内信贷资产跨境转让试点业务实施监督管理，跟踪、监测和核查试点业务开展情况，依法对有违规行为的辖内机构采取约谈、下发风险提示函等措施，对于情节严重的机构，外汇局将暂停或取消其业务。

附：国家外汇管理局________分局资本项目外汇业务备案通知书

附

国家外汇管理局________分局
资本项目外汇业务备案通知书

编号： 日期： 年 月 日

来文单位		收文日期	
文件名称		文号	
申请备案的事项			
备案意见			
经办人：	电话：	复核人/审批人（等相关人员）	

第一联 资本项目处留存

国家外汇管理局________分局
资本项目外汇业务备案通知书

编号：　　　　　　　　　　　　　　　　　　日期：　　年　月　日

来文单位		收文日期		
文件名称			文号	
申请备案的事项				
备案意见				
备注：				

第二联　发送申请单位

附件3

资本项目外汇收入支付便利化业务操作指引

第一条　为规范资本项目外汇收入支付便利化试点工作，国家外汇管理局广东省分局、深圳市分局（以下简称外汇局）制定本操作指引。本操作指引适用参与试点业务的银行和企业。

第二条　粤港澳大湾区内地城市（以下简称粤港澳大湾区内）符合条件的企业可试点资本项目外汇收入支付便利化业务。办理资本项目外汇收入用于境内支付使用时，可凭《资本项目外汇收入支付便利化业务支付命令函》（见附1）直接在符合条件的银行办理，无需事前逐笔提交真实性证明材料。

前款所称资本项目外汇收入，包括外汇资本金、境内再投资专用账户内资金、外币外债资金和境外上市调回资金。

第三条　外汇局对资本项目外汇收入支付便利化业务实施宏观审慎管理。企业享受资本项目外汇收入支付便利化的额度为：企业资本项目外汇收入发生额×宏观审慎系数。宏观审慎系数暂定为1，外汇局可根据外汇收支形势适时对宏观审慎系数进行调节。宏观审慎系数小于1时，企业资本项目外汇收入中便利化额度外的部分，执行现行资本项目支付管理政策；如届时现行政策有所调整，执行调整后政策。

第四条　试点资本项目外汇收入支付便利化业务的企业应为注册在粤港澳大湾区内的非金融企业（房地产企业、政府融资平台除外），并符合以下条件：

（一）近一年无外汇违规行政处罚记录（成立不满一年的企业，自成立之日起无外汇违规行政处罚记录）；

（二）如为货物贸易外汇收支名录内企业，其货物贸易分类结果应为A类。

第五条　经办资本项目外汇收入支付便利化业务的银行应符合以下条件：

（一）已开通国家外汇管理局资本项目信息系统；

（二）上年度执行外汇管理规定年度考核B类（不含B－）及以上（如有）；

（三）具有完善的内控制度和风险防范措施。

第六条 经办银行在办理资本项目外汇收入支付便利化业务时，应审核企业资质是否符合本指引第四条的规定，并按照《国家外汇管理局关于发布〈金融机构外汇业务数据采集规范（1.2版）〉的通知》（汇发〔2019〕1号）的要求，及时报送相关账户、境内划转、账户内结售汇等信息。结汇待支付账户与其他人民币账户之间的资金划转，应通过填写境内收付款凭证报送境内划转信息，并在“发票号”栏中包含“CIPP”字样；账户内结汇所得人民币资金与人民币账户（不含结汇待支付账户）之间的资金划转，应报送结汇信息，并在“结汇详细用途”栏中包含“CIPP”字样。

第七条 经办银行应按外汇局要求对所办理的资本项目外汇收入支付便利化业务进行事后抽查。抽查比例和频次可根据企业及业务风险状况确定，每季度抽查比例不低于支付总金额的10%。经办银行发现存在异常或可疑情况的，应及时报告所在地外汇局。

第八条 经办银行应于每季度初10个工作日内向所在地外汇局上报《资本项目外汇收入支付便利化业务季度报表》（见附2）及《企业资本项目外汇收入支付便利化业务事后抽查情况表》（见附3）。

第九条 本操作指引自发布之日起实施，其他未明确事项，参照同期资本项目支付管理政策执行。

附：1. 资本项目外汇收入支付便利化业务支付命令函

2. 资本项目外汇收入支付便利化业务季度报表

3. 企业资本项目外汇收入支付便利化业务事后抽查情况表

附1

资本项目外汇收入支付便利化业务支付命令函

________银行（行号：______________）：

请贵行按以下要求办理本公司资本项目账户资金相关支付：

□从结汇待支付账户办理对外支付　□境内直接付汇

□结汇后直接对外支付

<table>
<tr><td colspan="2">支付账户类型</td><td colspan="2">支付账户账号</td><td colspan="2">是否办理资本项目收入相关登记手续</td></tr>
<tr><td colspan="2"></td><td colspan="2"></td><td>□是，业务编号为________</td><td>□否</td></tr>
<tr><td>收款人</td><td>收款人所属行业</td><td>支付金额及币种</td><td>收款人开户银行名称</td><td>收款人账号</td><td>支付资金用途</td></tr>
<tr><td></td><td></td><td></td><td></td><td></td><td></td></tr>
<tr><td></td><td></td><td></td><td></td><td></td><td></td></tr>
<tr><td></td><td></td><td></td><td></td><td></td><td></td></tr>
<tr><td></td><td></td><td></td><td></td><td></td><td></td></tr>
<tr><td></td><td></td><td></td><td></td><td></td><td></td></tr>
<tr><td></td><td></td><td></td><td></td><td></td><td></td></tr>
<tr><td>合计</td><td></td><td></td><td></td><td></td><td></td></tr>
<tr><td colspan="6">本公司承诺（请在对应□打钩）：
□本公司已认真阅读并完全理解所附填表说明及相关重要提示，本公司填写的《资本项目外汇收入支付便利化业务支付命令函》，其内容真实有效，本公司保证在经营范围内合规使用此次申请支付的资金。如擅自改变支付用途或虚假承诺，依照《中华人民共和国外汇管理条例》及相关法规，本公司及其法定代表人愿意承担相应法律责任。
□本公司近一年无外汇违规行政处罚记录。
□本公司货物贸易分类结果为A类（如有）。

联系人：

联系电话：
________公司（盖章）

公司法定代表人（被授权人）签章：　　　　年　月　日</td></tr>
</table>

注：请仔细阅读后附填写说明及重要提示。

《资本项目外汇收入支付便利化业务支付命令函》填表说明：

1. 请在□从结汇待支付账户办理对外支付、□境内直接付汇、

□结汇后直接对外支付前的方框中打钩,“结汇后直接对外支付”指资本项目账户内资金结汇后直接支付给实际收款人;“境内直接付汇”指从资本项目账户直接支付外汇给境内实际收款人;“从结汇待支付账户办理对外支付”指将结汇待支付账户内的人民币资金支付使用。本选项只能单选,如同时包括各种情况,请分别填写支付命令函。

2. 支付账户类型是指划出支付资金的账户类型,包括但不仅限于:资本金账户、境内再投资账户、外债专用账户、境外上市专用账户、结汇待支付账户等。

3. 填写支付资金用途时,请按标准用途项目填写(支付货款、支付工程款、支付保证金非同名、支付咨询费、支付其他服务费用、预付款、支付税款、支付工资等劳务报酬、土地出让金、购房、购买其他固定资产、股权出资、偿还银行贷款、同名划转、备用金、现钞、个人、购买银行保本型投资产品、融资租赁、担保履约、小额贷款、保理业务、其他)。选择预付款或其他的,请另行提交资金用途说明。支付资金用途不同需分开填写。

4. 公司法人代表授权委托他人填写本表的,另需提供授权委托书。

重要提示:

1. 境内机构的资本项目外汇收入及其结汇所得人民币资金的使用,应当遵守以下规定:不得直接或间接用于企业经营范围之外或国家法律法规禁止的支出;除另有明确规定外,不得直接或间接用于证券投资或除银行保本型产品之外的其他投资理财;不得用于向非关联企业发放贷款,经营范围明确许可的情形除外;不得用于建设、购买非自用房地产(房地产企业除外);境内机构与其他当事人之间对资本项目收入适用范围存在合同约定的,不得超出该合同约定范围使用相关资金。除另有规定外,当事人之间的合同约定不得与上述规定存在冲突。

2. 单一机构每月资本项目收入的备用金支付累计金额不得超过等值20万美元。

附2

资本项目外汇收入支付便利化业务季度报表

填报单位：　　　　（公章）　　　　填报季度：×年第×季度

企业社会统一信用码	企业名称	资本项目收入类型	收入币种	支付日期	支付币种	支付金额（折万美元）	收款人名称	资金用途

注：资本项目收入类型包括外汇资本金、境内再投资专用账户资金、外债资金和境外上市调回资金。

填报人：

联系电话：

附 3

企业资本项目外汇收入支付便利化业务事后抽查情况表

××银行××分行××年×季度办理资本项目外汇收入支付便利化业务总金额____万美元，事后抽查金额____万美元，占比____%。

序号	企业社会统一信用码	企业名称	支付日期	支付币种	支付金额	支付金额折美	结汇/支付用途	结汇或对外支付账户账号	账户性质代码	人民币收款人名称	人民币账户账号	申报号码	金融机构标识码	金融机构名称	事后抽查日期
合计	—	—	—	—	—		—	—	—	—	—	—	—	—	—

填报人：　　　　　　　　　　　　联系电话：

填表说明：

1. 仅填写银行已开展事后抽查的结汇、支付业务明细。

2. 申报号码一栏：从资本项目外汇账户结汇后直接对外支付的，填写资本项目信息系统结汇数据申报号码；从结汇待支付账户对外支付的，填写境内汇款申请书单号。

第二部分　典 型 案 例

指导案例34号　李晓玲、李鹏裕申请执行厦门海洋实业(集团)股份有限公司、厦门海洋实业总公司执行复议案

(最高人民法院审判委员会讨论通过
2014年12月18日发布)

【案号】

(2012)执复字第26号

【关键词】

民事诉讼/执行复议/权利承受人/申请执行

【相关法条】

《中华人民共和国民事诉讼法》(2012修正)第236条第1款(2023年修正后为第247条)

【裁判要点】

生效法律文书确定的权利人在进入执行程序前合法转让债权的,债权受让人即权利承受人可以作为申请执行人直接申请执行,无需执行法院作出变更申请执行人的裁定。

【基本案情】

原告投资2234中国第一号基金公司(以下简称2234公司)与被告厦门海洋实业(集团)股份有限公司(以下简称海洋股份公司)、厦门海洋实业总公司(以下简称海洋实业公司)借款合同纠纷一案,2012年1月11日由最高人民法院作出终审判决,判令海洋实业公司应于判决生效之日起偿还2234公司借款本金2274万元及相应利息;2234公司对蜂巢山路3号的土地使用权享有抵押权。在该判决作出之前的2011年6月8日,2234公司将其对于海洋股份公司和海洋实业公司的2274万元本金债权转让给李晓玲、李鹏裕,并签订《债权转让协议》。2012年4月19日,李晓玲、李鹏裕依据上述判决和《债权转让协

议》向福建省高级人民法院(以下简称福建高院)申请执行。4月24日,福建高院向海洋股份公司、海洋实业公司发出(2012)闽执行字第8号执行通知。海洋股份公司不服该执行通知,以执行通知中直接变更执行主体缺乏法律依据,申请执行人李鹏裕系公务员,其受让不良债权行为无效,因此债权转让合同无效为主要理由,向福建高院提出执行异议。福建高院在异议审查中查明:李鹏裕系国家公务员,其本人称,在债权转让中未实际出资,并已于2011年9月退出受让的债权份额。

福建高院认为:(1)关于债权转让合同效力问题。根据《最高人民法院关于审理涉及金融不良债权转让案件工作座谈会纪要》(以下简称《纪要》)第6条"关于不良债权转让合同无效和可撤销事由的认定"第9项"(九)受让人为国家公务员、金融监管机构工作人员……"和《公务员法》(2005)第53条第14项①明确禁止国家公务员从事或者参与营利性活动等相关规定,作为债权受让人之一的李鹏裕为国家公务员,其本人购买债权受身份适格的限制。李鹏裕称已退出所受让债权的份额,本院受理的执行案件未做审查仍将李鹏裕列为申请执行人显属不当。(2)关于执行通知中直接变更申请执行主体的问题。《最高人民法院关于判决确定的金融不良债权多次转让人民法院能否裁定变更申请执行主体请示的答复》(以下简称1号答复)认为:"《最高人民法院关于人民法院执行工作若干问题的规定(试行)》,已经对申请执行人的资格予以明确。其中第18条第1款规定:'人民法院受理执行案件应当符合下列条件:……(2)申请执行人是生效法律文书确定的权利人或其继承人、权利承受人。'该条中的'权利承受人',包含通过债权转让的方式承受债权的人。依法从金融资产管理公司受让债权的受让人将债权再行转让给其他普通受让人的,执行法院可以依据上述规定,依债权转让协议以及受让人或者转让人的申请,裁定变更申请执行主体。"据此,本院在执行通知中直接将本案受让人作为申请执行主体,未作出裁定变更,程序不当,遂于2012年8月6日作出(2012)闽执异字第1号执行裁定,撤销(2012)闽执行字第8号执行

① 2018年修订后改为第59条第16项。

通知。

李晓玲不服，向最高人民法院申请复议，其主要理由如下：(1)李鹏裕的公务员身份不影响其作为债权受让主体的适格性。(2)申请执行前，两申请人已同2234公司完成债权转让，并通知了债务人(被执行人)，是合法的债权人；根据《最高人民法院关于人民法院执行工作若干问题的规定(试行)》(2008调整)(以下简称《执行规定》)的有关规定，申请人只要提交生效法律文书、承受权利的证明等，即具备申请执行人资格，这一资格在立案阶段已予审查，并向申请人送达了案件受理通知书；1号答复适用于执行程序中依受让人申请变更的情形，而本案申请人并非在执行过程中申请变更执行主体，因此不需要裁定变更申请执行主体。

【裁判结果】

最高人民法院于2012年12月11日作出(2012)执复字第26号执行裁定：撤销福建高院(2012)闽执异字第1号执行裁定书，由福建高院向两被执行人重新发出执行通知书。

【裁判理由】

最高人民法院认为：本案申请复议中争议焦点问题是，生效法律文书确定的权利人在进入执行程序前合法转让债权的，债权受让人即权利承受人可否作为申请执行人直接申请执行，是否需要裁定变更申请执行主体，以及执行中如何处理债权转让合同效力争议问题。

一、关于是否需要裁定变更申请执行主体的问题

变更申请执行主体是在根据原申请执行人的申请已经开始了的执行程序中，变更新的权利人为申请执行人。根据《执行规定》第18条、第20条①的规定，权利承受人有权以自己的名义申请执行，只要向人民法院提交承受权利的证明文件，证明自己是生效法律文书确定的权利承受人的，即符合受理执行案件的条件。这种情况不属于严格意义上的变更申请执行主体，但二者的法律基础相同，故也可以理解为广义上的申请执行主体变更，即通过立案阶段解决主体变更问题。1号答复的意见是，《执行规定》第18条可以作为变更申请执行主体的

① 2020年修正后改为第16条、第18条，下同。

法律依据,并且认为债权受让人可以视为该条规定中的权利承受人。本案中,生效判决确定的原权利人 2234 公司在执行开始之前已经转让债权,并未作为申请执行人参加执行程序,而是权利受让人李晓玲、李鹏裕依据《执行规定》第 18 条的规定直接申请执行。因其申请已经法院立案受理,受理的方式不是通过裁定而是发出受理通知,债权受让人已经成为申请执行人,故并不需要执行法院再作出变更主体的裁定,然后发出执行通知,而应当直接发出执行通知。实践中有的法院在这种情况下先以原权利人作为申请执行人,待执行开始后再作出变更主体裁定,因其只是增加了工作量,并无实质性影响,故并不被认为程序上存在问题。但不能由此反过来认为没有作出变更主体裁定是程序错误。

二、关于债权转让合同效力争议问题

原则上应当通过另行提起诉讼解决,执行程序不是审查判断和解决合同效力的适当程序。被执行人主张转让合同无效所援引的《纪要》第 5 条也规定:在受让人向国有企业债务人主张债权的诉讼中,国有企业债务人以不良债权转让行为损害国有资产等为由,提出不良债权转让合同无效抗辩的,人民法院应告知其向同一人民法院另行提起不良债权转让合同无效的诉讼;国有企业债务人不另行起诉的,人民法院对其抗辩不予支持。关于李鹏裕的申请执行人资格问题。因本案在异议审查中查明,李鹏裕明确表示其已经退出债权受让,不再参与本案执行,故后续执行中应不再将李鹏裕列为申请执行人。但如果没有其他因素,该事实不影响另一债权受让人李晓玲的受让和申请执行资格。李晓玲要求继续执行的,福建高院应以李晓玲为申请执行人继续执行。

指导案例53号 福建海峡银行股份有限公司福州五一支行诉长乐亚新污水处理有限公司、福州市政工程有限公司金融借款合同纠纷案

（最高人民法院审判委员会讨论通过
2015年11月19日发布）

【案号】

（2013）闽民终字第870号

【关键词】

民事/金融借款合同/收益权质押/出质登记/质权实现

【相关法条】

《中华人民共和国物权法》第208条、第223条、第228条第1款（已废止，对应《中华人民共和国民法典》第425条、第440条、第445条第1款）

【裁判要点】

1. 特许经营权的收益权可以质押，并可作为应收账款进行出质登记。

2. 特许经营权的收益权依其性质不宜折价、拍卖或变卖，质权人主张优先受偿权的，人民法院可以判令出质债权的债务人将收益权的应收账款优先支付质权人。

【基本案情】

原告福建海峡银行股份有限公司福州五一支行（以下简称海峡银行五一支行）诉称：原告与被告长乐亚新污水处理有限公司（以下简称长乐亚新公司）签订单位借款合同后向被告贷款3000万元。被告福州市政工程有限公司（以下简称福州市政公司）为上述借款提供连带责任保证。原告海峡银行五一支行、被告长乐亚新公司、福州市政公司、案外人长乐市建设局四方签订了《特许经营权质押担保协议》，福

州市政公司以长乐市污水处理项目的特许经营权提供质押担保。因长乐亚新公司未能按期偿还贷款本金和利息,故诉请法院判令:长乐亚新公司偿还原告借款本金和利息;确认《特许经营权质押担保协议》合法有效,拍卖、变卖该协议项下的质物,原告有优先受偿权;将长乐市建设局支付给两被告的污水处理服务费优先用于清偿应偿还原告的所有款项;福州市政公司承担连带清偿责任。

被告长乐亚新公司和福州市政公司辩称:长乐市城区污水处理厂特许经营权,并非法定的可以质押的权利,且该特许经营权并未办理质押登记,故原告诉请拍卖、变卖长乐市城区污水处理厂特许经营权,于法无据。

法院经审理查明:2003 年,长乐市建设局为让与方、福州市政公司为受让方、长乐市财政局为见证方,三方签订《长乐市城区污水处理厂特许建设经营合同》,约定:长乐市建设局授予福州市政公司负责投资、建设、运营和维护长乐市城区污水处理厂项目及其附属设施的特许权,并就合同双方权利义务进行了详细约定。2004 年 10 月 22 日,长乐亚新公司成立。该公司系福州市政公司为履行《长乐市城区污水处理厂特许建设经营合同》而设立的项目公司。

2005 年 3 月 24 日,福州市商业银行五一支行与长乐亚新公司签订《单位借款合同》,约定:长乐亚新公司向福州市商业银行五一支行借款 3000 万元;借款用途为长乐市城区污水处理厂 BOT 项目;借款期限为 13 年,为 2005 年 3 月 25 日至 2018 年 3 月 25 日;还就利息及逾期罚息的计算方式作了明确约定。福州市政公司为长乐亚新公司的上述借款承担连带责任保证。

同日,福州市商业银行五一支行与长乐亚新公司、福州市政公司、长乐市建设局共同签订《特许经营权质押担保协议》,约定:福州市政公司以《长乐市城区污水处理厂特许建设经营协议》授予的特许经营权为长乐亚新公司向福州市商业银行五一支行的借款提供质押担保,长乐市建设局同意该担保;福州市政公司同意将特许经营权收益优先用于清偿借款合同项下的长乐亚新公司的债务,长乐市建设局和福州市政公司同意将污水处理费优先用于清偿借款合同项下的长乐亚新公司的债务;福州市商业银行五一支行未受清偿的,有权依法通过拍卖等方式实现质押权利等。

上述合同签订后,福州市商业银行五一支行依约向长乐亚新公司发放贷款3000万元。长乐亚新公司于2007年10月21日起未依约按期足额还本付息。

另查明,福州市商业银行五一支行于2007年4月28日名称变更为福州市商业银行股份有限公司五一支行;2009年12月1日其名称再次变更为福建海峡银行股份有限公司五一支行。

【裁判结果】

福建省福州市中级人民法院于2013年5月16日作出(2012)榕民初字第661号民事判决:一、长乐亚新污水处理有限公司应于本判决生效之日起10日内向福建海峡银行股份有限公司福州五一支行偿还借款本金28,714,764.43元及利息(暂计至2012年8月21日为2,142,597.6元,此后利息按《单位借款合同》的约定计至借款本息还清之日止);二、长乐亚新污水处理有限公司应于本判决生效之日起10日内向福建海峡银行股份有限公司福州五一支行支付律师代理费人民币123,640元;三、福建海峡银行股份有限公司福州五一支行于本判决生效之日起有权直接向长乐市建设局收取应由长乐市建设局支付给长乐亚新污水处理有限公司、福州市政工程有限公司的污水处理服务费,并对该污水处理服务费就本判决第一项、第二项所确定的债务行使优先受偿权;四、福州市政工程有限公司对本判决第一项、第二项确定的债务承担连带清偿责任;五、驳回福建海峡银行股份有限公司福州五一支行的其他诉讼请求。

宣判后,两被告均提起上诉。

福建省高级人民法院于2013年9月17日作出福建省高级人民法院(2013)闽民终字第870号民事判决,驳回上诉,维持原判。

【裁判理由】

法院生效裁判认为:被告长乐亚新公司未依约偿还原告借款本金及利息,已构成违约,应向原告偿还借款本金,并支付利息及实现债权的费用。福州市政公司作为连带责任保证人,应对讼争债务承担连带清偿责任。本案争议焦点主要涉及污水处理项目特许经营权质押是否有效以及该质权如何实现问题。

一、关于污水处理项目特许经营权能否出质问题

污水处理项目特许经营权是对污水处理厂进行运营和维护,并获得相应收益的权利。污水处理厂的运营和维护,属于经营者的义务,而其收益权,则属于经营者的权利。由于对污水处理厂的运营和维护,并不属于可转让的财产权利,故讼争的污水处理项目特许经营权质押,实质上系污水处理项目收益权的质押。

关于污水处理项目等特许经营的收益权能否出质问题,应当考虑以下方面:其一,本案讼争污水处理项目《特许经营权质押担保协议》签订于2005年,尽管当时法律、行政法规及相关司法解释并未规定污水处理项目收益权可质押,但污水处理项目收益权与公路收益权性质上相类似。《最高人民法院关于适用〈中华人民共和国担保法〉若干问题的解释》(已废止)第97条[①]规定,"以公路桥梁、公路隧道或者公路渡口等不动产收益权出质的,按照担保法第七十五条第(四)项的规定处理",明确公路收益权属于依法可质押的其他权利,与其类似的污水处理收益权亦应允许出质。其二,国务院办公厅2001年9月29日转发的《国务院西部开发办〈关于西部大开发若干政策措施的实施意见〉》(国办发〔2001〕73号)中提出,"对具有一定还贷能力的水利开发项目和城市环保项目(如城市污水处理和垃圾处理等),探索逐步开办以项目收益权或收费权为质押发放贷款的业务",首次明确可试行将污水处理项目的收益权进行质押。其三,污水处理项目收益权虽系将来金钱债权,但其行使期间及收益金额均可确定,其属于确定的财产权利。其四,在《物权法》颁布实施后,因污水处理项目收益权系基于提供污水处理服务而产生的将来金钱债权,依其性质亦可纳入依法可出质的"应收账款"的范畴。因此,讼争污水处理项目收益权作为特定化的财产权利,可以允许其出质。

二、关于污水处理项目收益权质权的公示问题

对于污水处理项目收益权的质权公示问题,在《物权法》自2007年10月1日起施行后,因收益权已纳入该法第223条第6项"应收账款"的范畴,故应当在中国人民银行征信中心的应收账款质押登记公

---

① 对应《民法典》第440条。

示系统进行出质登记,质权才能依法成立。由于本案的质押担保协议签订于2005年,在《物权法》施行之前,故不适用《物权法》关于应收账款的统一登记制度。因当时并未有统一的登记公示的规定,故参照当时公路收费权质押登记的规定,由其主管部门进行备案登记,有关利害关系人可通过其主管部门了解该收益权是否存在质押之情况,该权利即具备物权公示的效果。

本案中,长乐市建设局在《特许经营权质押担保协议》上盖章,且协议第7条明确约定"长乐市建设局同意为原告和福州市政公司办理质押登记出质登记手续",故可认定讼争污水处理项目的主管部门已知晓并认可该权利质押情况,有关利害关系人亦可通过长乐市建设局查询了解讼争污水处理厂的有关权利质押的情况。因此,本案讼争的权利质押已具备公示之要件,质权已设立。

三、关于污水处理项目收益权的质权实现方式问题

我国《担保法》和《物权法》均未具体规定权利质权的具体实现方式,仅就质权的实现作出一般性的规定,即质权人在行使质权时,可与出质人协议以质押财产折价,或就拍卖、变卖质押财产所得的价款优先受偿。但污水处理项目收益权属于将来金钱债权,质权人可请求法院判令其直接向出质人的债务人收取金钱并对该金钱行使优先受偿权,故无需采取折价或拍卖、变卖之方式。况且收益权均附有一定之负担,且其经营主体具有特定性,故依其性质亦不宜拍卖、变卖。因此,原告请求将《特许经营权质押担保协议》项下的质物予以拍卖、变卖并行使优先受偿权,不予支持。

根据协议约定,原告海峡银行五一支行有权直接向长乐市建设局收取污水处理服务费,并对所收取的污水处理服务费行使优先受偿权。由于被告仍应依约对污水处理厂进行正常运营和维护,若无法正常运营,则将影响到长乐市城区污水的处理,亦将影响原告对污水处理费的收取,故原告在向长乐市建设局收取污水处理服务费时,应当合理行使权利,为被告预留经营污水处理厂的必要合理费用。

指导案例54号　中国农业发展银行安徽省分行诉张大标、安徽长江融资担保集团有限公司执行异议之诉纠纷案

(最高人民法院审判委员会讨论通过
2015年11月19日发布)

【案号】

(2013)皖民二终字第00261号

【关键词】

民事/执行异议之诉/金钱质押/特定化/移交占有

【相关法条】

《中华人民共和国物权法》第210条、第212条(已废止,对应《中华人民共和国民法典》第427条、第429条)

【裁判要点】

当事人依约为出质的金钱开立保证金专门账户,且质权人取得对该专门账户的占有控制权,符合金钱特定化和移交占有的要求,即使该账户内资金余额发生浮动,也不影响该金钱质权的设立。

【基本案情】

原告中国农业发展银行安徽省分行(以下简称农发行安徽分行)诉称:其与第三人安徽长江融资担保集团有限公司(以下简称长江担保公司)按照签订的《信贷担保业务合作协议》,就信贷担保业务按约进行了合作。长江担保公司在农发行安徽分行处开设的担保保证金专户内的资金实际是长江担保公司向其提供的质押担保,请求判令其对该账户内的资金享有质权。

被告张大标辩称:农发行安徽分行与第三人长江担保公司之间的《贷款担保业务合作协议》没有质押的意思表示;案涉账户资金本身是浮动的,不符合金钱特定化要求,农发行安徽分行对案涉保证金账户

内的资金不享有质权。

第三人长江担保公司认可农发行安徽分行对账户资金享有质权的意见。

法院经审理查明:2009 年 4 月 7 日,农发行安徽分行与长江担保公司签订一份《贷款担保业务合作协议》。其中第 3 条“担保方式及担保责任”约定:甲方(长江担保公司)向乙方(农发行安徽分行)提供的保证担保为连带责任保证;保证担保的范围包括主债权及利息、违约金和实现债权的费用等。第 4 条“担保保证金(担保存款)”约定:甲方在乙方开立担保保证金专户,担保保证金专户行为农发行安徽分行营业部,账号尾号为 9511;甲方需将具体担保业务约定的保证金在保证合同签订前存入担保保证金专户,甲方需缴存的保证金不低于贷款额度的 10%;未经乙方同意,甲方不得动用担保保证金专户内的资金。第 6 条“贷款的催收、展期及担保责任的承担”约定:借款人逾期未能足额还款的,甲方在接到乙方书面通知后 5 日内按照第三条约定向乙方承担担保责任,并将相应款项划入乙方指定账户。第 8 条“违约责任”约定:甲方在乙方开立的担保专户的余额无论因何原因而小于约定的额度时,甲方应在接到乙方通知后 3 个工作日内补足,补足前乙方可以中止本协议项下业务。甲方违反本协议第 6 条的约定,没有按时履行保证责任的,乙方有权从甲方在其开立的担保基金专户或其他任一账户中扣划相应的款项。2009 年 10 月 30 日、2010 年 10 月 30 日,农发行安徽分行与长江担保公司还分别签订与上述合作协议内容相似的两份《信贷担保业务合作协议》。

上述协议签订后,农发行安徽分行与长江担保公司就贷款担保业务进行合作,长江担保公司在农发行安徽分行处开立担保保证金账户,账号尾号为 9511。长江担保公司按照协议约定缴存规定比例的担保保证金,并据此为相应额度的贷款提供了连带保证责任担保。2009 年 4 月 3 日至 2012 年 12 月 31 日,该账户共发生了 107 笔业务,其中贷方业务为长江担保公司缴存的保证金;借方业务主要涉及两大类:一类是贷款归还后长江担保公司申请农发行安徽分行退还的保证金,部分退至债务人的账户;另一类是贷款逾期后农发行安徽分行从该账户内扣划的保证金。

2011 年 12 月 19 日,安徽省合肥市中级人民法院在审理张大标诉安徽省六本食品有限责任公司、长江担保公司等民间借贷纠纷一案过程中,根据张大标的申请,对长江担保公司上述保证金账户内的资金 1495.7852 万元进行保全。该案判决生效后,合肥市中级人民法院将上述保证金账户内的资金 1338.313257 万元划至该院账户。农发行安徽分行作为案外人提出执行异议,2012 年 11 月 2 日被合肥市中级人民法院裁定驳回异议。随后,农发行安徽分行因与被告张大标、第三人长江担保公司发生执行异议纠纷,提起本案诉讼。

【裁判结果】

安徽省合肥市中级人民法院于 2013 年 3 月 28 日作出(2012)合民一初字第 00505 号民事判决:驳回农发行安徽分行的诉讼请求。宣判后,农发行安徽分行提出上诉。安徽省高级人民法院于 2013 年 11 月 19 日作出(2013)皖民二终字第 00261 号民事判决:一、撤销安徽省合肥市中级人民法院(2012)合民一初字第 00505 号民事判决;二、农发行安徽分行对长江担保公司账户(账号尾号 9511)内的 13383132.57 元资金享有质权。

【裁判理由】

法院生效裁判认为:本案的争议焦点为农发行安徽分行对案涉账户内的资金是否享有质权。对此应当从农发行安徽分行与长江担保公司之间是否存在质押关系以及质权是否设立两个方面进行审查。

一、农发行安徽分行与长江担保公司是否存在质押关系

《物权法》第 210 条规定:"设立质权,当事人应当采取书面形式订立质权合同。质权合同一般包括下列条款:(一)被担保债权的种类和数额;(二)债务人履行债务的期限;(三)质押财产的名称、数量、质量、状况;(四)担保的范围;(五)质押财产交付的时间。"本案中,农发行安徽分行与长江担保公司之间虽没有单独订立带有"质押"字样的合同,但依据该协议第 4 条、第 6 条、第 8 条约定的内容,农发行安徽分行与长江担保公司之间协商一致,对以下事项达成合意:长江担保公司为担保业务所缴存的保证金设立担保保证金专户,长江担保公司按照贷款额度的一定比例缴存保证金;农发行安徽分行作为开户行对长江担保公司存入该账户的保证金取得控制权,未经其同意,长江担保

公司不能自由使用该账户内的资金；长江担保公司未履行保证责任，农发行安徽分行有权从该账户中扣划相应的款项。该合意明确约定了所担保债权的种类和数量、债务履行期限、质物数量和移交时间、担保范围、质权行使条件，具备《物权法》第210条规定的质押合同的一般条款，故应认定农发行安徽分行与长江担保公司之间订立了书面质押合同。

二、案涉质权是否设立

《物权法》第212条规定："质权自出质人交付质押财产时设立。"《最高人民法院关于适用〈中华人民共和国担保法〉若干问题的解释》(已废止)第85条规定，债务人或者第三人将其金钱以特户、封金、保证金等形式特定化后，移交债权人占有作为债权的担保，债务人不履行债务时，债权人可以以该金钱优先受偿。依照上述法律和司法解释规定，金钱作为一种特殊的动产，可以用于质押。金钱质押作为特殊的动产质押，不同于不动产抵押和权利质押，还应当符合金钱特定化和移交债权人占有两个要件，以使金钱既不与出质人其他财产相混同，又能独立于质权人的财产。

本案中，首先金钱以保证金形式特定化。长江担保公司于2009年4月3日在农发行安徽分行开户，且与《贷款担保业务合作协议》约定的账号一致，即双方当事人已经按照协议约定为出质金钱开立了担保保证金专户。保证金专户开立后，账户内转入的资金为长江担保公司根据每次担保贷款额度的一定比例向该账户缴存保证金；账户内转出的资金为农发行安徽分行对保证金的退还和扣划，该账户未作日常结算使用，故符合《最高人民法院关于适用〈中华人民共和国担保法〉若干问题的解释》(已废止)第85条规定的金钱以特户等形式特定化的要求。其次，特定化金钱已移交债权人占有。占有是指对物进行控制和管理的事实状态。案涉保证金账户开立在农发行安徽分行，长江担保公司作为担保保证金专户内资金的所有权人，本应享有自由支取的权利，但《贷款担保业务合作协议》约定未经农发行安徽分行同意，长江担保公司不得动用担保保证金专户内的资金。同时，《贷款担保业务合作协议》约定在担保的贷款到期未获清偿时，农发行安徽分行有权直接扣划担保保证金专户内的资金，农发行安徽分行作为债权人取得了案涉保证金账户的控制权,实际控制和管理该账户,此种控制权移交符合出质金钱移交债权人占有的要求。据此,应当认定双方当事人已就案涉保证金账户内的资金设立质权。

关于账户资金浮动是否影响金钱特定化的问题。保证金以专门账户形式特定化并不等于固定化。案涉账户在使用过程中,随着担保业务的开展,保证金账户的资金余额是浮动的。担保公司开展新的贷款担保业务时,需要按照约定存入一定比例的保证金,必然导致账户资金的增加;在担保公司担保的贷款到期未获清偿时,扣划保证金账户内的资金,必然导致账户资金的减少。虽然账户内资金根据业务发生情况处于浮动状态,但均与保证金业务相对应,除缴存的保证金外,支出的款项均用于保证金的退还和扣划,未用于非保证金业务的日常结算。农发行安徽分行可以控制该账户,长江担保公司对该账户内的资金使用受到限制,故该账户资金浮动仍符合金钱作为质权的特定化和移交占有的要求,不影响该金钱质权的设立。

指导案例57号　温州银行股份有限公司宁波分行诉浙江创菱电器有限公司等金融借款合同纠纷案

(最高人民法院审判委员会讨论通过
2016年5月20日发布)

【案号】

(2014)浙甬商终字第369号

【关键词】

民事/金融借款合同/最高额担保

【相关法条】

《中华人民共和国担保法》第14条(已废止,对应《中华人民共和国民法典》第690条)

【裁判要点】

在有数份最高额担保合同情形下，具体贷款合同中选择性列明部分最高额担保合同，如债务发生在最高额担保合同约定的决算期内，且债权人未明示放弃担保权利，未列明的最高额担保合同的担保人也应当在最高债权限额内承担担保责任。

【基本案情】

原告浙江省温州银行股份有限公司宁波分行（以下简称温州银行）诉称：其与被告宁波婷微电子科技有限公司（以下简称婷微电子公司）、岑建锋、宁波三好塑模制造有限公司（以下简称三好塑模公司）分别签订了“最高额保证合同”，约定三被告为浙江创菱电器有限公司（以下简称创菱电器公司）一定时期和最高额度内的借款提供连带责任担保。创菱电器公司从温州银行借款后，不能按期归还部分贷款，故诉请判令被告创菱电器公司归还原告借款本金250万元，支付利息、罚息和律师费用；岑建锋、三好塑模公司、婷微电子公司对上述债务承担连带保证责任。

被告创菱电器公司、岑建锋未作答辩。

被告三好塑模公司辩称：原告诉请的律师费不应支持。

被告婷微电子公司辩称：其与温州银行签订的最高额保证合同，并未被列入借款合同所约定的担保合同范围，故其不应承担保证责任。

法院经审理查明：2010年9月10日，温州银行与婷微电子公司、岑建锋分别签订了编号为温银9022010年高保字01003号、01004号的最高额保证合同，约定婷微电子公司、岑建锋自愿为创菱电器公司在2010年9月10日至2011年10月18日期间发生的余额不超过1100万元的债务本金及利息、罚息等提供连带责任保证担保。

2011年10月12日，温州银行与岑建锋、三好塑模公司分别签署了编号为温银9022011年高保字00808号、00809号最高额保证合同，岑建锋、三好塑模公司自愿为创菱电器公司在2010年9月10日至2011年10月18日期间发生的余额不超过550万元的债务本金及利息、罚息等提供连带责任保证担保。

2011年10月14日，温州银行与创菱电器公司签署了编号为温银

9022011 企贷字 00542 号借款合同,约定温州银行向创菱电器公司发放贷款 500 万元,到期日为 2012 年 10 月 13 日,并列明担保合同编号分别为温银 9022011 年高保字 00808 号、00809 号。贷款发放后,创菱电器公司于 2012 年 8 月 6 日归还了借款本金 250 万元,婷微电子公司于 2012 年 6 月 29 日、10 月 31 日、11 月 30 日先后支付了贷款利息 31115.3 元、53693.71 元、21312.59 元。截至 2013 年 4 月 24 日,创菱电器公司尚欠借款本金 250 万元、利息 141509.01 元。温州银行为实现本案债权而发生律师费用 95200 元。

【裁判结果】

浙江省宁波市江东区人民法院于 2013 年 12 月 12 日作出(2013)甬东商初字第 1261 号民事判决:一、创菱电器公司于本判决生效之日起 10 日内归还温州银行借款本金 250 万元,支付利息 141,509.01 元,并支付自 2013 年 4 月 25 日起至本判决确定的履行之日止按借款合同约定计算的利息、罚息;二、创菱电器公司于本判决生效之日起 10 日内赔偿温州银行为实现债权而发生的律师费用 95200 元;三、岑建锋、三好塑模公司、婷微电子公司对上述第一项、第二项款项承担连带清偿责任,其承担保证责任后,有权向创菱电器公司追偿。

宣判后,婷微电子公司以其未被列入借款合同,不应承担保证责任为由,提起上诉。

浙江省宁波市中级人民法院于 2014 年 5 月 14 日作出(2014)浙甬商终字第 369 号民事判决,驳回上诉,维持原判。

【裁判理由】

法院生效裁判认为:温州银行与创菱电器公司之间签订的编号为温银 9022011 企贷字 00542 号借款合同合法有效,温州银行发放贷款后,创菱电器公司未按约还本付息,已经构成违约。原告要求创菱电器公司归还贷款本金 250 万元,支付按合同约定方式计算的利息、罚息,并支付原告为实现债权而发生的律师费 95200 元,应予支持。岑建锋、三好塑模公司自愿为上述债务提供最高额保证担保,应承担连带清偿责任,其承担保证责任后,有权向创菱电器公司追偿。

本案的争议焦点为,婷微电子公司签订的温银 9022010 年高保字

01003号最高额保证合同未被选择列入温银9022011企贷字00542号借款合同所约定的担保合同范围,婷微电子公司是否应当对温银9022011企贷字00542号借款合同项下债务承担保证责任。对此,法院经审理认为,婷微电子公司应当承担保证责任。理由如下:第一,民事权利的放弃必须采取明示的意思表示才能发生法律效力,默示的意思表示只有在法律有明确规定及当事人有特别约定的情况下才能发生法律效力,不宜在无明确约定或者法律无特别规定的情况下,推定当事人对权利进行放弃。具体到本案,温州银行与创菱电器公司签订的温银9022011企贷字00542号借款合同虽未将婷微电子公司签订的最高额保证合同列入,但原告未以明示方式放弃婷微电子公司提供的最高额保证,故婷微电子公司仍是该诉争借款合同的最高额保证人。第二,本案诉争借款合同签订时间及贷款发放时间均在婷微电子公司签订的编号温银9022010年高保字01003号最高额保证合同约定的决算期内(2010年9月10日至2011年10月18日),温州银行向婷微电子公司主张权利并未超过合同约定的保证期间,故婷微电子公司应依约在其承诺的最高债权限额内为创菱电器公司对温州银行的欠债承担连带保证责任。第三,最高额担保合同是债权人和担保人之间约定担保法律关系和相关权利义务关系的直接合同依据,不能以主合同内容取代从合同的内容。具体到本案,温州银行与婷微电子公司签订了最高额保证合同,双方的担保权利义务应以该合同为准,不受温州银行与创菱电器公司之间签订的温州银行非自然人借款合同约束或变更。第四,婷微电子公司曾于2012年6月、10月、11月三次归还过本案借款利息,上述行为也是婷微电子公司对本案借款履行保证责任的行为表征。综上,婷微电子公司应对创菱电器公司的上述债务承担连带清偿责任,其承担保证责任后,有权向创菱电器公司追偿。

指导案例95号　中国工商银行股份有限公司宣城龙首支行诉宣城柏冠贸易有限公司、江苏凯盛置业有限公司等金融借款合同纠纷案

（最高人民法院审判委员会讨论通过
2018年6月20日发布）

【案号】

（2014）皖民二终字第00395号

【关键词】

民事/金融借款合同/担保/最高额抵押权

【相关法条】

《中华人民共和国物权法》第203条、第205条（已废止，对应《中华人民共和国民法典》第420条、第422条）

【裁判要点】

当事人另行达成协议将最高额抵押权设立前已经存在的债权转入该最高额抵押担保的债权范围，只要转入的债权数额仍在该最高额抵押担保的最高债权额限度内，即使未对该最高额抵押权办理变更登记手续，该最高额抵押权的效力仍然及于被转入的债权，但不得对第三人产生不利影响。

【基本案情】

2012年4月20日，中国工商银行股份有限公司宣城龙首支行（以下简称工行宣城龙首支行）与宣城柏冠贸易有限公司（以下简称柏冠公司）签订《小企业借款合同》，约定柏冠公司向工行宣城龙首支行借款300万元，借款期限为7个月，自实际提款日起算，2012年11月1日还100万元，2012年11月17日还200万元。涉案合同还对借款利率、保证金等作了约定。同年4月24日，工行宣城龙首支行向柏冠公司发放了上述借款。

2012年10月16日,江苏凯盛置业有限公司(以下简称凯盛公司)股东会决议决定,同意将该公司位于江苏省宿迁市宿豫区江山大道118号–宿迁红星凯盛国际家居广场(房号:B–201、产权证号:宿豫字第201104767)房产,抵押与工行宣城龙首支行,用于亿荣达公司商户柏冠公司、闽航公司、航嘉公司、金亿达公司四户企业在工行宣城龙首支行办理融资抵押,因此产生的一切经济纠纷均由凯盛公司承担。同年10月23日,凯盛公司向工行宣城龙首支行出具一份房产抵押担保的承诺函,同意以上述房产为上述四户企业在工行宣城龙首支行融资提供抵押担保,并承诺如该四户企业不能按期履行工行宣城龙首支行的债务,上述抵押物在处置后的价值又不足以偿还全部债务的,凯盛公司同意用其他财产偿还剩余债务。该承诺函及上述股东会决议均经凯盛公司全体股东签名及加盖凯盛公司公章。2012年10月24日,工行宣城龙首支行与凯盛公司签订《最高额抵押合同》,约定凯盛公司以宿房权证宿豫字第201104767号房地产权证项下的商铺为自2012年10月19日至2015年10月19日期间,在4000万元的最高余额内,工行宣城龙首支行依据与柏冠公司、闽航公司、航嘉公司、金亿达公司签订的借款合同等主合同而享有对债务人的债权提供抵押担保,无论该债权在上述期间届满时是否已到期,也无论该债权是否在最高额抵押权设立之前已经产生,担保的范围包括主债权本金、利息、实现债权的费用等。同日,双方对该抵押房产依法办理了抵押登记,工行宣城龙首支行取得宿房他证宿豫第201204387号房地产他项权证。2012年11月3日,凯盛公司再次经过股东会决议,并同时向工行宣城龙首支行出具房产抵押承诺函,股东会决议与承诺函的内容及签名盖章均与前述相同。当日,凯盛公司与工行宣城龙首支行签订《补充协议》,明确双方签订的《最高额抵押合同》担保范围包括2012年4月20日工行宣城龙首支行与柏冠公司、闽航公司、航嘉公司和金亿达公司签订的四份贷款合同项下的债权。

柏冠公司未按期偿还涉案借款,工行宣城龙首支行诉至宣城市中级人民法院,请求判令柏冠公司偿还借款本息及实现债权的费用,并要求凯盛公司以其抵押的宿房权证宿豫字第201104767号房地产权证项下的房地产承担抵押担保责任。

【裁判结果】

宣城市中级人民法院于2013年11月10日作出(2013)宣中民二初字第00080号民事判决:一、柏冠公司于判决生效之日起5日内给付工行宣城龙首支行借款本金300万元及利息……四、如柏冠公司未在判决确定的期限内履行上述第一项给付义务,工行宣城龙首支行以凯盛公司提供的宿房权证宿豫字第201104767号房地产权证项下的房产折价或者以拍卖、变卖该房产所得的价款优先受偿……宣判后,凯盛公司以涉案《补充协议》约定的事项未办理最高额抵押权变更登记为由,向安徽省高级人民法院提起上诉。该院于2014年10月21日作出(2014)皖民二终字第00395号民事判决:驳回上诉,维持原判。

【裁判理由】

法院生效裁判认为:凯盛公司与工行宣城龙首支行于2012年10月24日签订《最高额抵押合同》,约定凯盛公司自愿以其名下的房产作为抵押物,自2012年10月19日至2015年10月19日期间,在4000万元的最高余额内,为柏冠公司在工行宣城龙首支行所借贷款本息提供最高额抵押担保,并办理了抵押登记,工行宣城龙首支行依法取得涉案房产的抵押权。2012年11月3日,凯盛公司与工行宣城龙首支行又签订《补充协议》,约定前述最高额抵押合同中述及抵押担保的主债权及于2012年4月20日工行宣城龙首支行与柏冠公司所签《小企业借款合同》项下的债权。该《补充协议》不仅有双方当事人的签字盖章,也与凯盛公司的股东会决议及其出具的房产抵押担保承诺函相印证,故该《补充协议》应系凯盛公司的真实意思表示,且所约定内容符合《物权法》第203条第2款的规定,也不违反法律、行政法规的强制性规定,依法成立并有效,其作为原最高额抵押合同的组成部分,与原最高额抵押合同具有同等法律效力。由此,本案所涉2012年4月20日《小企业借款合同》项下的债权已转入前述最高额抵押权所担保的最高额为4000万元的主债权范围内。就该《补充协议》约定事项,是否需要对前述最高额抵押权办理相应的变更登记手续,《物权法》没有明确规定,应当结合最高额抵押权的特点及相关法律规定来判定。

根据《物权法》第203条第1款的规定,最高额抵押权有两个显著特点:一是最高额抵押权所担保的债权额有一个确定的最高额度限制,但实际发生的债权额是不确定的;二是最高额抵押权是对一定期间内将要连续发生的债权提供担保。由此,最高额抵押权设立时所担保的具体债权一般尚未确定,基于尊重当事人意思自治原则,《物权法》第203条第2款对前款作了但书规定,即允许经当事人同意,将最高额抵押权设立前已经存在的债权转入最高额抵押担保的债权范围,但此并非重新设立最高额抵押权,也非《物权法》第205条的最高额抵押权变更的内容。同理,根据《房屋登记办法》(已废止)第53条的规定,当事人将最高额抵押权设立前已存在债权转入最高额抵押担保的债权范围,不是最高抵押权设立登记的他项权利证书及房屋登记簿的必要记载事项,故亦非应当申请最高额抵押权变更登记的法定情形。

本案中,工行宣城龙首支行和凯盛公司仅是通过另行达成补充协议的方式,将上述最高额抵押权设立前已经存在的债权转入该最高额抵押权所担保的债权范围内,转入的涉案债权数额仍在该最高额抵押担保的4000万元最高债权额限度内,该转入的确定债权并非最高抵押权设立登记的他项权利证书及房屋登记簿的必要记载事项,在不会对其他抵押权人产生不利影响的前提下,对于该意思自治行为,应当予以尊重。此外,根据商事交易规则,法无禁止即可为,即在法律规定不明确时,不应强加给市场交易主体准用严格交易规则的义务。况且,就涉案2012年4月20日借款合同项下的债权转入最高额抵押担保的债权范围,凯盛公司不仅形成了股东会决议,出具了房产抵押担保承诺函,且和工行宣城龙首支行达成了《补充协议》,明确将已经存在的涉案借款转入前述最高额抵押权所担保的最高额为4000万元的主债权范围内。现凯盛公司上诉认为该《补充协议》约定事项必须办理最高额抵押权变更登记才能设立抵押权,不仅缺乏法律依据,也有悖诚实信用原则。

综上,工行宣城龙首支行和凯盛公司达成《补充协议》,将涉案2012年4月20日借款合同项下的债权转入前述最高额抵押权所担保的主债权范围内,虽未办理最高额抵押权变更登记,但最高额抵押权的效力仍然及于被转入的涉案借款合同项下的债权。

指导案例111号　中国建设银行股份有限公司广州荔湾支行诉广东蓝粤能源发展有限公司等信用证开证纠纷案

(最高人民法院审判委员会讨论通过
2019年2月25日发布)

【案号】

(2015)民提字第126号

【关键词】

民事/信用证开证/提单/真实意思表示/权利质押/优先受偿权

【相关法条】

《中华人民共和国海商法》第71条

《中华人民共和国物权法》第224条(已废止,对应《中华人民共和国民法典》第441条)

《中华人民共和国合同法》第80条第1款(已废止,对应《中华人民共和国民法典》第546条)

【裁判要点】

1. 提单持有人是否因受领提单的交付而取得物权以及取得何种类型的物权,取决于合同的约定。开证行根据其与开证申请人之间的合同约定持有提单时,人民法院应结合信用证交易的特点,对案涉合同进行合理解释,确定开证行持有提单的真实意思表示。

2. 开证行对信用证项下单据中的提单以及提单项下的货物享有质权的,开证行行使提单质权的方式与行使提单项下货物动产质权的方式相同,即对提单项下货物折价、变卖、拍卖后所得价款享有优先受偿权。

【基本案情】

中国建设银行股份有限公司广州荔湾支行(以下简称建行广州荔

湾支行)与广东蓝粤能源发展有限公司(以下简称蓝粤能源公司)于2011年12月签订了《贸易融资额度合同》及《关于开立信用证的特别约定》等相关附件,约定该行向蓝粤能源公司提供不超过5.5亿元的贸易融资额度,包括开立等值额度的远期信用证。惠来粤东电力燃料有限公司(以下简称粤东电力)等担保人签订了保证合同等。2012年11月,蓝粤能源公司向建行广州荔湾支行申请开立8592万元的远期信用证。为开立信用证,蓝粤能源公司向建行广州荔湾支行出具了《信托收据》,并签订了《保证金质押合同》。《信托收据》确认自收据出具之日起,建行广州荔湾支行即取得上述信用证项下所涉单据和货物的所有权,建行广州荔湾支行为委托人和受益人,蓝粤能源公司为信托货物的受托人。信用证开立后,蓝粤能源公司进口了164,998吨煤炭。建行广州荔湾支行承兑了信用证,并向蓝粤能源公司放款84,867,952.27元,用于蓝粤能源公司偿还建行首尔分行的信用证垫款。建行广州荔湾支行履行开证和付款义务后,取得了包括本案所涉提单在内的全套单据。蓝粤能源公司因经营状况恶化而未能付款赎单,故建行广州荔湾支行在本案审理过程中仍持有提单及相关单据。提单项下的煤炭因其他纠纷被广西防城港市港口区人民法院查封。建行广州荔湾支行提起诉讼,请求判令蓝粤能源公司向建行广州荔湾支行清偿信用证垫款本金84,867,952.27元及利息;确认建行广州荔湾支行对信用证项下164,998吨煤炭享有所有权,并对处置该财产所得款项优先清偿上述信用证项下债务;粤东电力等担保人承担担保责任。

【裁判结果】

广东省广州市中级人民法院于2014年4月21日作出(2013)穗中法金民初字第158号民事判决,支持建行广州荔湾支行关于蓝粤能源公司还本付息以及担保人承担相应担保责任的诉请,但以信托收据及提单交付不能对抗第三人为由,驳回建行广州荔湾支行关于请求确认煤炭所有权以及优先受偿权的诉请。

建行广州荔湾支行不服一审判决,提起上诉。

广东省高级人民法院于2014年9月19日作出(2014)粤高法民二终字第45号民事判决,驳回上诉,维持原判。

建行广州荔湾支行不服二审判决,向最高人民法院申请再审。

最高人民法院于2015年10月19日作出(2015)民提字第126号民事判决,支持建行广州荔湾支行对案涉信用证项下提单对应货物处置所得价款享有优先受偿权,驳回其对案涉提单项下货物享有所有权的诉讼请求。

【裁判理由】

法院生效判决认为,提单具有债权凭证和所有权凭证的双重属性,但并不意味着谁持有提单谁就当然对提单项下货物享有所有权。对于提单持有人而言,其能否取得物权以及取得何种类型的物权,取决于当事人之间的合同约定。建行广州荔湾支行履行了开证及付款义务并取得信用证项下的提单,但是由于当事人之间没有移转货物所有权的意思表示,故不能认为建行广州荔湾支行取得提单即取得提单项下货物的所有权。虽然《信托收据》约定建行广州荔湾支行取得货物的所有权,并委托蓝粤能源公司处置提单项下的货物,但根据物权法定原则,该约定因构成让与担保而不能发生物权效力。然而,让与担保的约定虽不能发生物权效力,但该约定仍具有合同效力,且《关于开立信用证的特别约定》约定蓝粤能源公司违约时,建行广州荔湾支行有权处分信用证项下单据及货物,因此根据合同整体解释以及信用证交易的特点,当事人真实意思表示是通过提单的流转而设立提单质押。本案符合权利质押设立所需具备的书面质押合同和物权公示两项要件,建行广州荔湾支行作为提单持有人,享有提单权利质权。建行广州荔湾支行的提单权利质权如果与其他债权人对提单项下货物所可能享有的留置权、动产质权等权利产生冲突的,可在执行分配程序中依法予以解决。

指导案例116号 丹东益阳投资有限公司申请丹东市中级人民法院错误执行国家赔偿案

（最高人民法院审判委员会讨论通过
2019年12月24日发布）

【案号】

(2018)最高法委赔提3号

【关键词】

国家赔偿/错误执行/执行终结/无清偿能力

【相关法条】

《中华人民共和国国家赔偿法》第30条

【裁判要点】

人民法院执行行为确有错误造成申请执行人损害，因被执行人无清偿能力且不可能再有清偿能力而终结本次执行的，不影响申请执行人依法申请国家赔偿。

【基本案情】

1997年11月7日，交通银行丹东分行与丹东轮胎厂签订借款合同，约定后者从前者借款422万元，月利率7.92‰。2004年6月7日，交通银行丹东分行将该笔债权转让给中国信达资产管理公司沈阳办事处，后经转手由丹东益阳投资有限公司（以下简称益阳公司）购得。2007年5月10日，益阳公司提起诉讼，要求丹东轮胎厂还款。5月23日，丹东市中级人民法院（以下简称丹东中院）根据益阳公司财产保全申请，作出(2007)丹民三初字第32-1号民事裁定：冻结丹东轮胎厂银行存款1050万元或查封其相应价值的财产。次日，丹东中院向丹东市国土资源局发出协助执行通知书，要求协助事项为：查封丹东轮胎厂位于丹东市振兴区振七街134号土地六宗，并注明了各宗地的土地证号和面积。2007 年 6 月 29 日,丹东中院作出(2007)丹民三初字第 32 号民事判决书,判决丹东轮胎厂于判决发生法律效力后 10 日内偿还益阳公司欠款 422 万元及利息 6,209,022.76 元(利息暂计至 2006 年 12 月 20 日)。判决生效后,丹东轮胎厂没有自动履行,益阳公司向丹东中院申请强制执行。

2007 年 11 月 19 日,丹东市人民政府第 51 次市长办公会议议定,"关于丹东轮胎厂变现资产安置职工和偿还债务有关事宜……责成市国资委会同市国土资源局、市财政局等有关部门按照会议确定的原则对丹东轮胎厂所在地块土地挂牌工作形成切实可行的实施方案,确保该地块顺利出让"。2007 年 11 月 21 日,丹东市国土资源局在《丹东日报》刊登丹东轮胎厂土地挂牌出让公告。12 月 28 日,丹东市产权交易中心发布丹东轮胎厂锅炉房、托儿所土地挂牌出让公告。2008 年 1 月 30 日,丹东中院作出(2007)丹立执字第 53－1 号、53－2 号民事裁定:解除对丹东轮胎厂位于丹东市振兴区振七街 134 号三宗土地的查封。随后,前述六宗土地被一并出让给太平湾电厂,出让款 4680 万元被丹东轮胎厂用于偿还职工内债、职工集资、普通债务等,但没有给付益阳公司。

2009 年起,益阳公司多次向丹东中院递交国家赔偿申请。丹东中院于 2013 年 8 月 13 日立案受理,但一直未作出决定。益阳公司遂于 2015 年 7 月 16 日向辽宁省高级人民法院(以下简称辽宁高院)赔偿委员会申请作出赔偿决定。在辽宁高院赔偿委员会审理过程中,丹东中院针对益阳公司申请执行案于 2016 年 3 月 1 日作出(2016)辽 06 执 15 号执行裁定,认为丹东轮胎厂现暂无其他财产可供执行,作出(2007)丹民三初字第 32 号民事判决终结本次执行程序。

【裁判结果】

辽宁高院赔偿委员会于 2016 年 4 月 27 日作出(2015)辽法委赔字第 29 号决定,驳回益阳公司的国家赔偿申请。益阳公司不服,向最高人民法院赔偿委员会提出申诉。最高人民法院赔偿委员会于 2018 年 3 月 22 日作出(2017)最高法委赔监 236 号决定,本案由最高人民法院赔偿委员会直接审理。最高人民法院赔偿委员会于 2018 年 6 月 29 日作出(2018)最高法委赔提 3 号国家赔偿决定:一、撤销辽宁高院赔偿委员会(2015)辽法委赔字第 29 号决定;二、丹东中院于本决定生效后5日内，支付丹东益阳投资有限公司国家赔偿款300万元；三、准许益阳公司放弃其他国家赔偿请求。

【裁判理由】

最高人民法院赔偿委员会认为，本案基本事实清楚，证据确实、充分，申诉双方并无实质争议。双方争议焦点主要在于三个法律适用问题：第一，丹东中院的解封行为在性质上属于保全行为还是执行行为？第二，丹东中院的解封行为是否构成错误执行，相应的法律依据是什么？第三，丹东中院是否应当承担国家赔偿责任？

关于第一个焦点问题。益阳公司认为，丹东中院的解封行为不是该院的执行行为，而是该院在案件之外独立实施的一次违法保全行为。对此，丹东中院认为属于执行行为。最高人民法院赔偿委员会认为，丹东中院在审理益阳公司诉丹东轮胎厂债权转让合同纠纷一案过程中，依法采取了财产保全措施，查封了丹东轮胎厂的有关土地。在民事判决生效进入执行程序后，根据《最高人民法院关于人民法院民事执行中查封、扣押、冻结财产的规定》(2008调整)第4条①的规定，诉讼中的保全查封措施已经自动转为执行中的查封措施。因此，丹东中院的解封行为属于执行行为。

关于第二个焦点问题。益阳公司称，丹东中院的解封行为未经益阳公司同意且最终造成益阳公司巨额债权落空，存在违法。丹东中院辩称，其解封行为是在市政府要求下进行的，且符合最高人民法院的有关政策精神。对此，最高人民法院赔偿委员会认为，丹东中院为配合政府部门出让涉案土地，可以解除对涉案土地的查封，但必须有效控制土地出让款，并依法定顺位分配该笔款项，以确保生效判决的执行。但丹东中院在实施解封行为后，并未有效控制土地出让款并依法予以分配，致使益阳公司的债权未受任何清偿，该行为不符合最高人民法院关于依法妥善审理金融不良资产案件的司法政策精神，侵害了益阳公司的合法权益，属于错误执行行为。

至于错误执行的法律依据，因丹东中院解封行为发生在2008年，故应适用当时有效的司法解释，即2000年发布的《最高人民法院关于

---

① 2020年修正后已无该规定。

民事、行政诉讼中司法赔偿若干问题的解释》（已废止）。由于丹东中院的行为发生在民事判决生效后的执行阶段，属于擅自解封致使民事判决得不到执行的错误行为，故应当适用该解释第4条第7项[①]规定的违反法律规定的其他执行错误情形。

关于第三个焦点问题。益阳公司认为，被执行人丹东轮胎厂并非暂无财产可供执行，而是已经彻底丧失清偿能力，执行程序不应长期保持终结本次执行的状态，而应实质终结，故本案应予受理并作出由丹东中院赔偿益阳公司落空债权本金、利息及相关诉讼费用的决定。丹东中院辩称，案涉执行程序尚未终结，被执行人丹东轮胎厂尚有财产可供执行，益阳公司的申请不符合国家赔偿受案条件。对此，最高人民法院赔偿委员会认为，执行程序终结不是国家赔偿程序启动的绝对标准。一般来讲，执行程序只有终结以后，才能确定错误执行行为给当事人造成的损失数额，才能避免执行程序和赔偿程序之间的并存交叉，也才能对赔偿案件在穷尽其他救济措施后进行终局性的审查处理。但是，这种理解不应当绝对化和形式化，应当从实质意义上进行理解。在人民法院执行行为长期无任何进展、也不可能再有进展，被执行人实际上已经彻底丧失清偿能力，申请执行人等已因错误执行行为遭受无法挽回的损失的情况下，应当允许其提出国家赔偿申请。否则，有错误执行行为的法院只要不作出执行程序终结的结论，国家赔偿程序就不能启动，这样理解与《国家赔偿法》以及相关司法解释的目的是背道而驰的。本案中，丹东中院的执行行为已经长达11年没有任何进展，其错误执行行为亦已被证实给益阳公司造成了无法通过其他渠道挽回的实际损失，故应依法承担国家赔偿责任。辽宁高院赔偿委员会以执行程序尚未终结为由决定驳回益阳公司的赔偿申请，属于适用法律错误，应予纠正。

至于具体损害情况和赔偿金额，经最高人民法院赔偿委员会组织申诉人和被申诉人进行协商，双方就丹东中院（2007）丹民三初字第32号民事判决的执行行为自愿达成如下协议：（1）丹东中院于本决定书

---

① 对应《最高人民法院关于审理民事、行政诉讼中司法赔偿案件适用法律若干问题的解释》（2016）第5条。

生效后5日内,支付益阳公司国家赔偿款300万元;(2)益阳公司自愿放弃其他国家赔偿请求;(3)益阳公司自愿放弃对该民事判决的执行,由丹东中院裁定该民事案件执行终结。

综上,最高人民法院赔偿委员会认为,本案丹东中院错误执行的事实清楚,证据确实、充分;辽宁高院赔偿委员会决定驳回益阳公司的申请错误,应予纠正;益阳公司与丹东中院达成的赔偿协议,系双方真实意思表示,且不违反法律规定,应予确认。依照《国家赔偿法》(2012修正)第30条第1款、第2款和《最高人民法院关于国家赔偿监督程序若干问题的规定》(2017)第11条第4项、第18条、第21条第3项的规定,遂作出上述决定。

指导案例117号　中建三局第一建设工程有限责任公司与澳中财富(合肥)投资置业有限公司、安徽文峰置业有限公司执行复议案

(最高人民法院审判委员会讨论通过
2019年12月24日发布)

【案号】

(2017)最高法执复68号

【关键词】

执行/执行复议/商业承兑汇票/实际履行

【相关法条】

《中华人民共和国民事诉讼法》(2017修正)第225条(2023年修正后为第236条)

【裁判要点】

根据民事调解书和调解笔录,第三人以债务承担方式加入债权债务关系的,执行法院可以在该第三人债务承担范围内对其强制执行。债务人用商业承兑汇票来履行执行依据确定的债务,虽然开具并向债权人交

付了商业承兑汇票，但因汇票付款账户资金不足、被冻结等不能兑付的，不能认定实际履行了债务，债权人可以请求对债务人继续强制执行。

【基本案情】

中建三局第一建设工程有限责任公司（以下简称中建三局一公司）与澳中财富（合肥）投资置业有限公司（以下简称澳中公司）建设工程施工合同纠纷一案，经安徽省高级人民法院（以下简称安徽高院）调解结案，安徽高院作出的民事调解书，确认各方权利义务。调解书确认的调解协议第1条第6款第2项、第3项约定：本协议签订后，为偿还欠付中建三局一公司的工程款，澳中公司向中建三局一公司交付付款人为安徽文峰置业有限公司（以下简称文峰公司）、收款人为中建三局一公司（或收款人为澳中公司并背书给中建三局一公司），金额总计为人民币6000万元的商业承兑汇票。同日，安徽高院组织中建三局一公司、澳中公司、文峰公司调解的笔录载明，文峰公司明确表示自己作为债务承担者加入调解协议，并表示知晓相关的义务及后果。之后，文峰公司分两次向中建三局一公司交付了金额总计为人民币6000万元的商业承兑汇票，但该汇票因文峰公司相关账户余额不足被冻结而无法兑现，也即中建三局一公司实际未能收到6000万元工程款。

中建三局一公司以澳中公司、文峰公司未履行调解书确定的义务为由，向安徽高院申请强制执行。案件进入执行程序后，执行法院冻结了文峰公司的银行账户。文峰公司不服，向安徽高院提出异议称，文峰公司不是本案被执行人，其已经出具了商业承兑汇票；另外，即使其应该对商业承兑汇票承担代付款责任，也应先执行债务人澳中公司，而不能直接冻结文峰公司的账户。

【裁判结果】

安徽省高院于2017年9月12日作出（2017）皖执异1号执行裁定：一、变更安徽高院（2015）皖执字第00036号执行案件被执行人为澳中公司。二、变更合肥高新技术产业开发区人民法院（2016）皖0191执10号执行裁定中的被执行人为澳中公司。中建三局第一建设工程有限责任公司不服，向最高人民法院申请复议。最高人民法院于2017年12月28日作出（2017）最高法执复68号执行裁定：撤销安徽高院（2017）皖执异1号执行裁定。

【裁判理由】

最高人民法院认为，涉及票据的法律关系，一般包括原因关系（系当事人间授受票据的原因）、资金关系（系指当事人间在资金供给或资金补偿方面的关系）、票据预约关系（系当事人间有了原因关系之后，在发出票据之前，就票据种类、金额、到期日、付款地等票据内容及票据授受行为订立的合同）和票据关系（系当事人间基于票据行为而直接发生的债权债务关系）。其中，原因关系、资金关系、票据预约关系属于票据的基础关系，是一般民法上的法律关系。在分析具体案件时，要具体区分原因关系和票据关系。

本案中，调解书作出于2015年6月9日，其确认的调解协议第1条第6款第2项约定：本协议签订后7个工作日内澳中公司向中建三局一公司交付付款人为文峰公司、收款人为中建三局一公司（或收款人为澳中公司并背书给中建三局一公司）、金额为人民币3000万元整、到期日不迟于2015年9月25日的商业承兑汇票；第3项约定：于本协议签订后7个工作日内澳中公司向中建三局一公司交付付款人为文峰公司、收款人为中建三局一公司（或收款人为澳中公司并背书给中建三局一公司）、金额为人民币3000万元整、到期日不迟于2015年12月25日的商业承兑汇票。同日，安徽高院组织中建三局一公司、澳中公司、文峰公司调解的笔录载明：承办法官询问文峰公司“你方作为债务承担者，对于加入本案和解协议的义务及后果是否知晓？”文峰公司代理人邵红卫答：“我方知晓。”承办法官询问中建三局一公司“你方对于安徽文峰置业有限公司加入本案和解协议承担债务是否同意？”中建三局一公司代理人付琦答：“我方同意。”综合上述情况，可以看出，三方当事人在签订调解协议时，有关文峰公司出具汇票的意思表示不仅对文峰公司出票及当事人之间授受票据等问题作出了票据预约关系范畴的约定，也对文峰公司加入中建三局一公司与澳中公司债务关系、与澳中公司一起向中建三局一公司承担债务问题作出了原因关系范畴的约定。因此，根据调解协议，文峰公司在票据预约关系层面有出票和交付票据的义务，在原因关系层面有就6000万元的债务承担向中建三局一公司清偿的义务。文峰公司如期开具真实、足额、合法的商业承兑汇票，仅是履行了其票据预约关系层面的义务，而对于其债务承担义务,因其票据付款账户余额不足、被冻结而不能兑付案涉汇票,其并未实际履行,中建三局一公司申请法院对文峰公司强制执行,并无不当。

指导案例 118 号　东北电气发展股份有限公司与国家开发银行股份有限公司、沈阳高压开关有限责任公司等执行复议案

(最高人民法院审判委员会讨论通过
2019 年 12 月 24 日发布)

【案号】

(2017)最高法执复 27 号

【关键词】

执行/执行复议/撤销权/强制执行

【相关法条】

《中华人民共和国民事诉讼法》(2017 修正)第 225 条(2023 年修正后为第 236 条)

【裁判要点】

1. 债权人撤销权诉讼的生效判决撤销了债务人与受让人的财产转让合同,并判令受让人向债务人返还财产,受让人未履行返还义务的,债权人可以债务人、受让人为被执行人申请强制执行。

2. 受让人未通知债权人,自行向债务人返还财产,债务人将返还的财产立即转移,致使债权人丧失申请法院采取查封、冻结等措施的机会,撤销权诉讼目的无法实现的,不能认定生效判决已经得到有效履行。债权人申请对受让人执行生效判决确定的财产返还义务的,人民法院应予支持。

【基本案情】

国家开发银行股份有限公司(以下简称国开行)与沈阳高压开关

有限责任公司(以下简称沈阳高开)、东北电气发展股份有限公司(以下简称东北电气)、沈阳变压器有限责任公司、东北建筑安装工程总公司、新东北电气(沈阳)高压开关有限公司(现已更名为沈阳兆利高压电器设备有限公司,以下简称新东北高开)、新东北电气(沈阳)高压隔离开关有限公司(原沈阳新泰高压电气有限公司,以下简称新东北隔离)、沈阳北富机械制造有限公司(原沈阳诚泰能源动力有限公司,以下简称北富机械)、沈阳东利物流有限公司(原沈阳新泰仓储物流有限公司,以下简称东利物流)借款合同、撤销权纠纷一案,经北京市高级人民法院(以下简称北京高院)一审、最高人民法院二审,最高人民法院于2008年9月5日作出(2008)民二终字第23号民事判决,最终判决结果为:(1)沈阳高开偿还国开行借款本金人民币15,000万元及利息、罚息等,沈阳变压器有限责任公司对债务中的14,000万元及利息、罚息承担连带保证责任,东北建筑安装工程总公司对债务中的1000万元及利息、罚息承担连带保证责任。(2)撤销东北电气以其对外享有的7666万元对外债权及利息与沈阳高开持有的在北富机械95%的股权和在东利物流95%的股权进行股权置换的合同;东北电气与沈阳高开相互返还股权和债权,如不能相互返还,东北电气在24,711.65万元范围内赔偿沈阳高开的损失,沈阳高开在7666万元范围内赔偿东北电气的损失。(3)撤销沈阳高开以其在新东北隔离74.4%的股权与东北电气持有的在沈阳添升通讯设备有限公司(以下简称沈阳添升)98.5%的股权进行置换的合同。双方相互返还股权,如果不能相互返还,东北电气应在13,000万元扣除2787.88万元的范围内赔偿沈阳高开的损失。依据上述判决内容,东北电气需要向沈阳高开返还下列三项股权:在北富机械的95%股权、在东利物流的95%股权、在新东北隔离的74.4%股权,如不能返还,扣除沈阳高开应返还东北电气的债权和股权,东北电气需要向沈阳高开支付的款项总额为27,000万余元。判决生效后,经国开行申请,北京高院立案执行,并于2009年3月24日,向东北电气送达了执行通知,责令其履行法律文书确定的义务。

2009年4月16日,被执行人东北电气向北京高院提交了《关于履行最高人民法院(2008)民二终字第23号民事判决的情况说明》(以下简称说明一),表明该公司已通过支付股权对价款的方式履行完毕生效判决确定的义务。北京高院经调查认定,根据中信银行沈阳分行铁西支行的有关票据记载,2007 年 12 月 20 日,东北电气支付的 17046 万元分为 5800 万元、5746 万元、5500 万元,通过转账付给沈阳高开;当日,沈阳高开向辽宁新泰电气设备经销有限公司(沈阳添升 98.5% 股权的实际持有人,以下简称辽宁新泰),辽宁新泰向新东北高开、新东北高开向新东北隔离、新东北隔离向东北电气通过转账分别支付了 5800 万元、5746 万元、5500 万元。故北京高院对东北电气已经支付完毕款项的说法未予认可。此后,北京高院裁定终结本次执行程序。

2013 年 7 月 1 日,国开行向北京高院申请执行东北电气因不能返还股权而按照判决应履行的赔偿义务,请求控制东北电气相关财产,并为此提供保证。2013 年 7 月 12 日,北京高院向工商管理机关发出协助执行通知书,冻结了东北电气持有的沈阳高东加干燥设备有限公司 67.887% 的股权及沈阳凯毅电气有限公司 10% (10 万元)的股权。

对此,东北电气于 2013 年 7 月 18 日向北京高院提出执行异议,理由是:(1)北京高院在查封财产前未作出裁定;(2)履行判决义务的主体为沈阳高开与东北电气,国开行无申请强制执行的主体资格;(3)东北电气已经按本案生效判决之规定履行完毕向沈阳高开返还股权的义务,不应当再向国开行支付 17,000 万元。同年 9 月 2 日,东北电气向北京高院出具《关于最高人民法院(2008)民二终字第 23 号判决书履行情况的说明》(以下简称说明二),具体说明本案终审判决生效后的履行情况:(1)关于在北富机械 95% 股权和东利物流 95% 股权返还的判项。2008 年 9 月 18 日,东北电气、沈阳高开、新东北高开(当时北富机械 95% 股权的实际持有人)、沈阳恒宇机械设备有限公司(当时东利物流 95% 股权的实际持有人,以下简称恒宇机械)签订四方协议,约定由新东北高开、恒宇机械代东北电气向沈阳高开分别返还北富机械 95% 股权和东利物流 95% 股权。(2)关于新东北隔离 74.4% 的股权返还的判项。东北电气与沈阳高开、阜新封闭母线有限责任公司(当时新东北隔离 74.4% 股权的实际持有人,以下简称阜新母线)、辽宁新泰于 2008 年 9 月 18 日签订四方协议,约定由阜新母线代替东北电气向沈阳高开返还新东北隔离 74.4% 的股权。2008 年 9 月 22 日,各方按照上述协议交割了股权，并完成了股权变更工商登记。相关协议中约定，股权代返还后，东北电气对代返还的三个公司承担对应义务。

2008 年 9 月 23 日，沈阳高开将新东北隔离的股权、北富机械的股权、东利物流的股权转让给沈阳德佳经贸有限公司，并在工商管理机关办理完毕变更登记手续。

【裁判结果】

北京市高级人民法院审查后，于 2016 年 12 月 30 日作出（2015）高执异字第 52 号执行裁定，驳回了东北电气发展股份有限公司的异议。东北电气发展股份有限公司不服，向最高人民法院申请复议。最高人民法院于 2017 年 8 月 31 日作出（2017）最高法执复 27 号执行裁定，驳回东北电气发展股份有限公司的复议请求，维持北京市高级人民法院（2015）高执异字第 52 号执行裁定。

【裁判理由】

最高人民法院认为：

一、关于国开行是否具备申请执行人的主体资格问题

北京高院 2016 年 12 月 20 日的谈话笔录中显示，东北电气的委托代理人雷爱民明确表示放弃执行程序违法、国开行不具备主体资格两个异议请求。雷爱民的委托代理权限为：代为申请执行异议、应诉、答辩，代为承认、放弃、变更执行异议请求，代为接收法律文书。因此，雷爱民在异议审查程序中所作的意思表示，依法由委托人东北电气承担。故东北电气在异议审查中放弃了关于国开行不具备申请执行人的主体资格的主张，在复议审查程序再次提出该项主张，法院依法可不予审查。即使东北电气未放弃该主张，国开行申请执行的主体资格也无疑问。本案诉讼案由是借款合同、撤销权纠纷，法院经审理判决支持了国开行的请求，判令东北电气偿还借款，并撤销了东北电气与沈阳高开股权置换的行为，判令东北电气和沈阳高开之间相互返还股权，东北电气如不能返还股权，则承担相应的赔偿责任。相互返还这一判决结果不是基于东北电气与沈阳高开双方之间的争议，而是基于国开行的诉讼请求。东北电气向沈阳高开返还股权，不仅是对沈阳高开的义务，而实质上主要是对胜诉债权人国开行的义务。故国开行完全有权利向人民法院申请强制有关义务人履行该判决确定的义务。

二、关于东北电气是否履行了判决确定的义务问题

(一)不能认可本案返还行为的正当性

法律设置债权人撤销权制度的目的,在于纠正债务人损害债权的不当处分财产行为,恢复债务人责任财产以向债权人清偿债务。东北电气返还股权、恢复沈阳高开的偿债能力的目的是向国开行偿还其债务。只有在通知胜诉债权人,以使其有机会申请法院采取冻结措施,从而能够以返还的财产实现债权的情况下,完成财产返还行为,才是符合本案诉讼目的的履行行为。任何使国开行诉讼目的落空的所谓返还行为,都是严重背离该判决实质要求的。因此,认定东北电气所主张的履行是否构成符合判决要求的履行,都应以该判决的目的为基本指引。尽管在本案诉讼期间及判决生效后,东北电气与沈阳高开之间确实有运作股权返还的行为,但其事前不向人民法院和债权人作出任何通知,且股权变更登记到沈阳高开名下的次日即被转移给其他公司的情况下,该种行为实质上应认定为规避判决义务的行为。

(二)不能确定东北电气协调各方履行无偿返还义务的真实性

东北电气主张因为案涉股权已实际分别转由新东北高开、恒宇机械、阜新母线等三家公司持有,无法由东北电气直接从自己名下返还给沈阳高开,故由东北电气协调新东北高开、恒宇机械、阜新母线三家公司将案涉股权无偿返还给沈阳高开。如其所主张的该事实成立,则也可以视为其履行了判决确定的返还义务。但依据本案证据不能认定该事实。

1. 东北电气的证据前后矛盾,不能做合理解释。本案在执行过程中,东北电气向北京高院提交过两次说明,即2009年4月16日提交的说明一和2013年9月2日提交的说明二。其中,说明一显示,东北电气与沈阳高开于2007年12月18日签订协议,鉴于双方无法按判决要求相互返还股权和债权,约定东北电气向沈阳高开支付股权转让对价款,东北电气已于2007年12月20日(二审期间)向沈阳高开支付了17,046万元,并以2007年12月18日东北电气与沈阳高开签订的《协议书》、2007年12月20日中信银行沈阳分行铁西支行的三张银行进账单作为证据。说明二则称,2008年9月18日,东北电气与沈阳高开、新东北高开、恒宇机械签订四方协议,约定由新东北高开、恒宇机

械代东北电气向沈阳高开返还了北富机械95%股权、东利物流95%股权;同日,东北电气与沈阳高开、阜新母线、辽宁新泰亦签订四方协议,约定由阜新母线代东北电气向沈阳高开返还新东北隔离74.4%的股权;2008年9月22日,各方按照上述协议交割了股权,并完成了股权变更工商登记。

对于其所称的履行究竟是返还上述股权还是以现金赔偿,东北电气的前后两个说明自相矛盾。第一,说明一表明,东北电气在二审期间已履行了支付股权对价款义务,而对于该支付行为,经过北京高院调查,该款项经封闭循环,又返回到东北电气,属虚假给付。第二,在执行程序中,东北电气2009年4月16日提交说明一时,案涉股权的交割已经完成,但东北电气并未提及2008年9月18日东北电气与沈阳高开、新东北高开、恒宇机械签订的四方协议。第三,既然2007年12月20日东北电气与沈阳高开已就股权对价款进行了交付,那么2008年9月22日又通过四方协议,将案涉股权返还给沈阳高开,明显不符合常理。第四,东北电气的《重大诉讼公告》于2008年9月26日发布,其中提到接受本院判决结果,但并未提到其已于9月22日履行了判决,且称其收到诉讼代理律师转交的本案判决书的日期是9月24日,现在又坚持称其在9月22日履行了判决,难以自圆其说。由此只能判断东北电气在执行过程中所谓已履行最高人民法院判决的说法,可能是对过去不同时期已经发生了的某种与涉案股权相关的转让行为,其自行解释为是对本案判决的履行行为。故对四方协议的真实性及东北电气不同阶段的解释的可信度高度存疑。

2. 经东北电气协调无偿返还涉案股权的事实不能认定。工商管理机关有关登记备案的材料载明,2008年9月22日,恒宇机械持有的东利物流的股权、新东北高开持有的北富机械的股权、阜新母线持有的新东北隔离的股权已过户至沈阳高开名下。但登记资料显示,沈阳高开与新东北高开、沈阳高开与恒宇机械、沈阳高开与阜新母线签订的《股权转让协议书》中约定有沈阳高开应分别向三公司支付相应的股权转让对价款。东北电气称,《股权转让协议书》系按照工商管理部门的要求而制作,实际上没有也无须支付股权转让对价款。对此,东北电气不能提供充分的证据予以证明,北京高院到沈阳市有关工商管理部门调查,亦未发现足以证明提交《股权转让协议书》确系为了满足工商备案登记要求的证据。且北京高院经查询案涉股权变更登记的工商登记档案,发现除了《股权转让协议书》,还有主管部门同意股权转让的批复,相关公司同意转让、受让或接收股权的股东会决议,董事会决议等材料,这些材料均未提及作为本案执行依据的生效判决以及两份四方协议。在四方协议本身存在重大疑问的情况下,人民法院判断相关事实应当以经工商备案的资料为准,认定本案相关股权转让和变更登记是以备案的相关协议为基础的,即案涉股权于 2008 年 9 月 22 日登记到沈阳高开名下,属于沈阳高开依据转让协议有偿取得,与四方协议无关。沈阳高开自取得案涉股权至今是否实际上未支付对价,以及东北电气在异议复议过程中所提出的恒宇机械已经注销的事实,新东北高开、阜新母线关于放弃向沈阳高开要求支付股权对价的承诺等,并不具有最终意义,因其不能排除新东北高开、恒宇机械、阜新母线的债权人依据经工商登记备案的有偿《股权转让协议》向沈阳高开主张权利,故不能改变《股权转让协议》的有偿性质。因此,依据现有证据无法认定案涉股权曾经变更登记到沈阳高开名下系经东北电气协调履行四方协议的结果,无法认定系东北电气履行了生效判决确定的返还股权义务。

指导案例 119 号 安徽省滁州市建筑安装工程有限公司与湖北追日电气股份有限公司执行复议案

(最高人民法院审判委员会讨论通过
2019 年 12 月 24 日发布)

【案号】

(2018)最高法执复 88 号

【关键词】

执行/执行复议/执行外和解/执行异议/审查依据

【相关法条】

《中华人民共和国民事诉讼法》(2017 修正)第 225 条(2023 年修正后为第 236 条)

【裁判要点】

执行程序开始前,双方当事人自行达成和解协议并履行,一方当事人申请强制执行原生效法律文书的,人民法院应予受理。被执行人以已履行和解协议为由提出执行异议的,可以参照《最高人民法院关于执行和解若干问题的规定》第 19 条的规定审查处理。

【基本案情】

安徽省滁州市建筑安装工程有限公司(以下简称滁州建安公司)与湖北追日电气股份有限公司(以下简称追日电气公司)建设工程施工合同纠纷一案,青海省高级人民法院(以下简称青海高院)于 2016 年 4 月 18 日作出(2015)青民一初字第 36 号民事判决,主要内容为:(1)追日电气公司于本判决生效后 10 日内给付滁州建安公司工程款 1405.02533 万元及相应利息;(2)追日电气公司于本判决生效后 10 日内给付滁州建安公司律师代理费 24 万元。此外,还对案件受理费、鉴定费、保全费的承担作出了判定。后追日电气公司不服,向最高人民法院提起上诉。

二审期间,追日电气公司与滁州建安公司于 2016 年 9 月 27 日签订了《和解协议书》,约定:"1. 追日电气公司在青海高院一审判决书范围内承担总金额 463.3 万元,其中(1)合同内本金 413 万元;(2)受理费 11.4 万元;(3)鉴定费 14.9 万元;(4)律师费 24 万元……3. 滁州建安公司同意在本协议签订后七个工作日内申请青海高院解除对追日电气公司全部银行账户的查封,解冻后三日内由追日电气公司支付上述约定的463.3万元,至此追日电气公司与滁州建安公司所有账务结清,双方至此不再有任何经济纠纷。"和解协议签订后,追日电气公司依约向最高人民法院申请撤回上诉,滁州建安公司也依约向青海高院申请解除了对追日电气公司的保全措施。追日电气公司于 2016 年 10 月 28 日向滁州建安青海分公司支付了 412.880667 万元,滁州建安青海分公司开具了一张 413 万元的收据。2016 年 10 月 24 日,滁州建安青海分公司出具了一份《情况说明》,要求追日电气公司将诉讼费、鉴定费、律师费共计50.3万元支付至程一男名下。后为开具发票，追日电气公司与程一男、王兴刚、何寿倒签了一份标的额为50万元的工程施工合同，追日电气公司于2016年11月23日向王兴刚支付40万元、2017年7月18日向王兴刚支付了10万元，青海省共和县国家税务局代开了一张50万元的发票。

后滁州建安公司于2017年12月25日向青海高院申请强制执行。青海高院于2018年1月4日作出（2017）青执108号执行裁定：查封、扣押、冻结被执行人追日电气公司所有的人民币1000万元或相应价值的财产。实际冻结了追日电气公司3个银行账户内的存款共计126.605118万元，并向追日电气公司送达了（2017）青执108号执行通知书及（2017）青执108号执行裁定。

追日电气公司不服青海高院上述执行裁定，向该院提出书面异议。异议称：双方于2016年9月27日协商签订《和解协议书》，现追日电气公司已完全履行了上述协议约定的全部义务。现滁州建安公司以协议的签字人王兴刚没有代理权而否定《和解协议书》的效力，提出强制执行申请的理由明显不能成立，并违反诚实信用原则，青海高院作出的执行裁定应当撤销。为此，青海高院作出（2017）青执异18号执行裁定，撤销该院（2017）青执108号执行裁定。申请执行人滁州建安公司不服，向最高人民法院提出了复议申请。主要理由是：案涉《和解协议书》的签字人为"王兴刚"，其无权代理滁州建安公司签订该协议，该协议应为无效；追日电气公司亦未按《和解协议书》履行付款义务；追日电气公司提出的《和解协议书》亦不是在执行阶段达成的，若其认为《和解协议书》有效，一审判决不应再履行，应申请再审或另案起诉处理。

【裁判结果】

青海高院于2018年5月24日作出（2017）青执异18号执行裁定，撤销该院（2017）青执108号执行裁定。滁州建安公司不服，向最高人民法院申请复议。最高人民法院于2019年3月7日作出（2018）最高法执复88号执行裁定，驳回滁州建安公司的复议请求，维持青海高院（2017）青执异18号执行裁定。

【裁判理由】

最高人民法院认为：

一、关于案涉《和解协议书》的性质

案涉《和解协议书》系当事人在执行程序开始前自行达成的和解协议，属于执行外和解。与执行和解协议相比，执行外和解协议不能自动对人民法院的强制执行产生影响，但当事人仍然有权向人民法院申请强制执行。追日电气公司以当事人自行达成的《和解协议书》已履行完毕为由提出执行异议的，人民法院可以参照《最高人民法院关于执行和解若干问题的规定》（2018）第19条①的规定对和解协议的效力及履行情况进行审查，进而确定是否终结执行。

二、关于案涉《和解协议书》的效力

虽然滁州建安公司主张代表其在案涉《和解协议书》上签字的王兴刚未经其授权，其亦未在《和解协议书》上加盖公章，《和解协议书》对其不发生效力，但是《和解协议书》签订后，滁州建安公司根据约定向青海高院申请解除了对追日电气公司财产的保全查封，并就《和解协议书》项下款项的支付及开具收据发票等事宜与追日电气公司进行多次协商，接收《和解协议书》项下款项、开具收据和发票，故滁州建安公司以实际履行行为表明其对王兴刚的代理权及《和解协议书》的效力是完全认可的，《和解协议书》有效。

三、关于案涉《和解协议书》是否已履行完毕

追日电气公司依据《和解协议书》的约定以及滁州建安公司的要求，分别向滁州建安公司和王兴刚等支付了412.880667万元、50万元款项，虽然与《和解协议书》约定的463.3万元尚差4000余元，但是滁州建安公司予以接受并为追日电气公司分别开具了413万元的收据及50万元的发票，根据《最高人民法院关于贯彻执行〈中华人民共和国民法通则〉若干问题的意见（试行）》（已废止）第66条的规定，结合滁州建安公司在接受付款后较长时间未对付款金额提出异议的事实，可以认定双方以行为对《和解协议书》约定的付款金额进行了变更，构成合同的默示变更，故案涉《和解协议书》约定的付款义务已经履行完

---

① 2020年修正后仍为第19条。

毕。关于付款期限问题，根据《最高人民法院关于执行和解若干问题的规定》第15条的规定，若滁州建安公司认为追日电气公司延期付款对其造成损害，可另行提起诉讼解决，而不能仅以此为由申请执行一审判决。

指导案例120号　青海金泰融资担保有限公司与上海金桥工程建设发展有限公司、青海三工置业有限公司执行复议案

（最高人民法院审判委员会讨论通过
2019年12月24日发布）

【案号】

（2017）最高法执复38号

【关键词】

执行/执行复议/一般保证/严重不方便执行

【相关法条】

《中华人民共和国民事诉讼法》（2017修正）第225条（2023年修正后为第236条）

《中华人民共和国担保法》第17条第1款、第2款（已废止，对应《中华人民共和国民法典》第687条第1款、第2款）

【裁判要点】

在案件审理期间保证人为被执行人提供保证，承诺在被执行人无财产可供执行或者财产不足清偿债务时承担保证责任的，执行法院对保证人应当适用一般保证的执行规则。在被执行人虽有财产但严重不方便执行时，可以执行保证人在保证责任范围内的财产。

【基本案情】

青海省高级人民法院（以下简称青海高院）在审理上海金桥工程建设发展有限公司（以下简称金桥公司）与青海海西家禾酒店管理有限公司（后更名为青海三工置业有限公司，以下简称家禾公司）建设工

程施工合同纠纷一案期间，依金桥公司申请采取财产保全措施，冻结家禾公司账户存款1500万元（账户实有存款余额23万余元），并查封该公司32438.8平方米土地使用权。之后，家禾公司以需要办理银行贷款为由，申请对账户予以解封，并由担保人宋万玲以银行存款1500万元提供担保。青海高院冻结宋万玲存款1500万元后，解除对家禾公司账户的冻结措施。2014年5月22日，青海金泰融资担保有限公司（以下简称金泰公司）向青海高院提供担保书，承诺家禾公司无力承担责任时，愿承担家禾公司应承担的责任，担保最高限额1500万元，并申请解除对宋万玲担保存款的冻结措施。青海高院据此解除对宋万玲1500万元担保存款的冻结措施。案件进入执行程序后，经青海高院调查，被执行人青海三工置业有限公司（原青海海西家禾酒店管理有限公司）除已经抵押的土地使用权及在建工程外（在建工程价值4亿余元），无其他可供执行财产。保全阶段冻结的账户，因提供担保解除冻结后，进出款8900余万元。执行中，青海高院作出执行裁定，要求金泰公司在3日内清偿金桥公司债务1500万元，并扣划担保人金泰公司银行存款820万元。金泰公司对此提出异议称，被执行人青海三工置业有限公司尚有在建工程及相应的土地使用权，请求返还已扣划的资金。

【裁判结果】

青海高院于2017年5月11日作出（2017）青执异12号执行裁定：驳回金泰公司的异议。金泰公司不服，向最高人民法院提出复议申请。最高人民法院于2017年12月21日作出（2017）最高法执复38号执行裁定：驳回金泰公司的复议申请，维持青海高院（2017）青执异12号执行裁定。

【裁判理由】

最高人民法院认为，《最高人民法院关于人民法院执行工作若干问题的规定（试行）》（2008调整）第85条[①]规定："人民法院在审理案件期间，保证人为被执行人提供保证，人民法院据此未对被执行人的财产采取保全措施或解除保全措施的，案件审结后如果被执行人无财产可供执行或其财产不足清偿债务时，即使生效法律文书中未确定保

① 2020年修正后改为第54条。

证人承担责任,人民法院有权裁定执行保证人在保证责任范围内的财产。”上述规定中的保证责任及金泰公司所做承诺,类似于《担保法》规定的一般保证责任。《担保法》第17条第1款及第2款规定:“当事人在保证合同中约定,债务人不能履行债务时,由保证人承担保证责任的,为一般保证。一般保证的保证人在主合同纠纷未经审判或者仲裁,并就债务人财产依法强制执行仍不能履行债务前,对债权人可以拒绝承担保证责任。”《最高人民法院关于适用〈中华人民共和国担保法〉若干问题的解释》(已废止)第131条规定:“本解释所称‘不能清偿’指对债务人的存款、现金、有价证券、成品、半成品、原材料、交通工具等可以执行的动产和其他方便执行的财产执行完毕后,债务仍未能得到清偿的状态。”依据上述规定,在一般保证情形,并非只有在债务人没有任何财产可供执行的情形下,才可以要求一般保证人承担责任,即债务人虽有财产,但其财产严重不方便执行时,可以执行一般保证人的财产。参照上述规定精神,由于青海三工置业有限公司仅有在建工程及相应的土地使用权可供执行,既不经济也不方便,在这种情况下,人民法院可以直接执行金泰公司的财产。

指导案例121号　株洲海川实业有限责任公司与中国银行股份有限公司长沙市蔡锷支行、湖南省德奕鸿金属材料有限公司财产保全执行复议案

(最高人民法院审判委员会讨论通过
2019年12月24日发布)

【案号】

(2017)最高法执复2号

【关键词】

执行/执行复议/协助执行义务/保管费用承担

【相关法条】

《中华人民共和国民事诉讼法》(2017 修正)第 225 条(2023 年修正后为第 236 条)

【裁判要点】

财产保全执行案件的保全标的物系非金钱动产且被他人保管,该保管人依人民法院通知应当协助执行。当保管合同或者租赁合同到期后未续签,且被保全人不支付保管、租赁费用的,协助执行人无继续无偿保管的义务。保全标的物价值足以支付保管费用的,人民法院可以维持查封直至案件作出生效法律文书,执行保全标的物所得价款应当优先支付保管人的保管费用;保全标的物价值不足以支付保管费用,申请保全人支付保管费用的,可以继续采取查封措施,不支付保管费用的,可以处置保全标的物并继续保全变价款。

【基本案情】

湖南省高级人民法院(以下简称湖南高院)在审理中国银行股份有限公司长沙市蔡锷支行(以下简称中行蔡锷支行)与湖南省德奕鸿金属材料有限公司(以下简称德奕鸿公司)等金融借款合同纠纷案中,依中行蔡锷支行申请,作出民事诉讼财产保全裁定,冻结德奕鸿公司银行存款 4800 万元,或查封、扣押其等值的其他财产。德奕鸿公司因生产经营租用株洲海川实业有限责任公司(以下简称海川公司)厂房,租期至 2015 年 3 月 1 日,故将该公司所有并质押给中行蔡锷支行的铅精矿存放于此。2015 年 6 月 4 日,湖南高院作出协助执行通知书及公告称,人民法院查封德奕鸿公司所有的堆放于海川公司仓库的铅精矿期间,未经准许,任何单位和个人不得对上述被查封资产进行转移、隐匿、损毁、变卖、抵押、赠送等,否则,将依法追究其法律责任。2015 年 3 月 1 日,德奕鸿公司与海川公司租赁合同期满后,德奕鸿公司既未续约,也没有向海川公司交还租用厂房,更没有交纳房租、水电费。海川公司遂以租赁合同纠纷为由,将德奕鸿公司诉至湖南省株洲市石峰区人民法院。后湖南省株洲市石峰区人民法院作出判决,判令案涉租赁合同解除,德奕鸿公司于该判决生效之日起 15 日内向海川公司返还租赁厂房,将囤放于租赁厂房内的货物搬走;德奕鸿公司于该判决生效之日起15日内支付欠缴租金及利息。海川公司依据判决,就德奕鸿公司清场问题申请强制执行。同时,海川公司作为利害关系人对湖南高院作出的协助执行通知书及公告提出执行异议,并要求保全申请人中行蔡锷支行将上述铅精矿搬离仓库,并赔偿其租金损失。

【裁判结果】

湖南高院于2016年11月23日作出(2016)湘执异15号执行裁定:驳回株洲海川实业有限责任公司的异议。海川公司不服,向最高人民法院申请复议。最高人民法院于2017年9月2日作出(2017)最高法执复2号执行裁定:一、撤销湖南高院(2016)湘执异15号执行裁定。二、湖南高院应查明案涉查封财产状况,依法确定查封财产保管人并明确其权利义务。

【裁判理由】

最高人民法院认为,湖南高院在中行蔡锷支行与德奕鸿公司等借款合同纠纷诉讼财产保全裁定执行案中,依据该院相关民事裁定中"冻结德奕鸿公司银行存款4800万元,或查封、扣押其等值的其他财产"的内容,对德奕鸿公司所有的存放于海川公司仓库的铅精矿采取查封措施,并无不当。但在执行实施中,虽然不能否定海川公司对保全执行法院负有协助义务,但被保全人与场地业主之间的租赁合同已经到期未续租,且有生效法律文书责令被保全人将存放货物搬出;此种情况下,要求海川公司完全无条件负担事实上的协助义务,并不合理。协助执行人海川公司的异议,实质上是主张在场地租赁到期的情况下,人民法院查封的财产继续占用场地,导致其产生相当于租金的损失难以得到补偿。湖南高院在发现该情况后,不应回避实际保管人的租金损失或保管费用的问题,应进一步完善查封物的保管手续,明确相关权利义务关系。如果查封的质押物确有较高的足以弥补租金损失的价值,则维持查封直至生效判决作出后,在执行程序中以处置查封物所得价款,优先补偿保管人的租金损失。但海川公司委托质量监督检验机构所做检验报告显示,案涉铅精矿系无价值的废渣,湖南高院在执行中,亦应对此事实予以核实。如情况属实,则应采取适当方式处理查封物,不宜要求协助执行人继续无偿保管无价值财产。保全标的物价值不足以支付保管费用,申请保全人支付保管费用的,可以继续采取查封措施,不支付保管费用的,可以处置保全标的物并继续保全变价款。执行法院仅以对德奕鸿公司财产采取保全措施合法,海川公司与德奕鸿公司之间的租赁合同纠纷是另一法律关系为由,驳回海川公司的异议不当,应予纠正。

指导案例 122 号　河南神泉之源实业发展有限公司与赵五军、汝州博易观光医疗主题园区开发有限公司等执行监督案

（最高人民法院审判委员会讨论通过
2019 年 12 月 24 日发布）

【案号】

(2018)最高法执监 848、847、845 号

【关键词】

执行/执行监督/合并执行/受偿顺序

【相关法条】

《中华人民共和国民事诉讼法》(2017 修正)第 204 条(2023 年修正后为第 215 条)

【裁判要点】

执行法院将同一被执行人的几个案件合并执行的,应当按照申请执行人的各个债权的受偿顺序进行清偿,避免侵害顺位在先的其他债权人的利益。

【基本案情】

河南省平顶山市中级人民法院(以下简称平顶山中院)在执行陈冬利、郭红宾、春少峰、贾建强申请执行汝州博易观光医疗主题园区开发有限公司(以下简称博易公司)、闫秋萍、孙全英民间借贷纠纷四案中,原申请执行人陈冬利、郭红宾、春少峰、贾建强分别将其依据生效

法律文书拥有的对博易公司、闫秋萍、孙全英的债权转让给了河南神泉之源实业发展有限公司(以下简称神泉之源公司)。依据神泉之源公司的申请,平顶山中院于2017年4月4日作出(2016)豫04执57-4号执行裁定,变更神泉之源公司为上述四案的申请执行人,债权总额为129,605,303.59元(包括本金、利息及其他费用),并将四案合并执行。

案涉国有土地使用权证号为汝国用(2013)第0069号,证载该宗土地总面积为258,455.39平方米。平顶山中院评估、拍卖土地为该宗土地的一部分,即公司园区内东西道路中心线以南的土地,面积为160,720.03平方米,委托评估、拍卖的土地面积未分割,未办理单独的土地使用证。

涉案土地及地上建筑物被多家法院查封,本案所涉当事人轮候顺序为:1.陈冬利一案。2.郭红宾一案。3.郭志娟、蔡灵环、金爱丽、张天琪、杨大棉、赵五军等案。4.贾建强一案。5.春少峰一案。

平顶山中院于2017年4月4日作出(2016)豫04执57-5号执行裁定:"将扣除温泉酒店及1号住宅楼后的流拍财产,以保留价153073614.00元以物抵债给神泉之源公司。对于博易公司所欠施工单位的工程款,在施工单位决算后,由神泉之源公司及其股东陈冬利、郭红宾、春少峰、贾建强予以退还。"

赵五军提出异议,请求法院实现查封在前的债权人债权以后,严格按照查封顺位对申请人的债权予以保护、清偿。

【裁判结果】

平顶山中院于2017年5月2日作出(2017)豫04执异27号执行裁定,裁定驳回赵五军的异议。赵五军向河南省高级人民法院申请复议。河南省高级人民法院作出(2017)豫执复158号等执行裁定,裁定撤销平顶山中院(2017)豫04执异27号等执行裁定及(2016)豫04执57-5号执行裁定。神泉之源公司向最高人民法院申诉。2019年3月19日,最高人民法院作出(2018)最高法执监848、847、845号裁定,驳回神泉之源公司的申诉请求。

【裁判理由】

最高人民法院认为,赵五军以以物抵债裁定损害查封顺位在先的其他债权人利益提出异议的问题是本案的争议焦点问题。平顶山中院在陈冬利、郭红宾、春少峰、贾建强将债权转让给神泉之源公司后将四案合并执行，但该四案查封土地、房产的顺位情况不一，也并非全部首封案涉土地或房产。贾建强虽申请执行法院对案涉土地 B29 地块运营商总部办公楼采取了查封措施，但该建筑占用范围内的土地使用权此前已被查封。根据《最高人民法院关于人民法院民事执行中查封、扣押、冻结财产的规定》（2008 调整）第 23 条第 1 款①有关查封土地使用权的效力及于地上建筑物的规定精神，贾建强对该建筑物及该建筑物占用范围内的土地使用权均系轮候查封。执行法院虽将春少峰、贾建强的案件与陈冬利、郭红宾的案件合并执行，但仍应按照春少峰、贾建强、陈冬利、郭红宾相应债权申请查封的顺序确定受偿顺序。平顶山中院裁定将全部涉案财产抵债给神泉之源公司，实质上是将查封顺位在后的原贾建强、春少峰的债权受偿顺序提前，影响了在先轮候的债权人的合法权益。

指导案例 125 号　陈载果与刘荣坤、广东省汕头渔业用品进出口公司等申请撤销拍卖执行监督案

（最高人民法院审判委员会讨论通过
2019 年 12 月 24 日发布）

【案号】

（2017）最高法执监 250 号

【关键词】

执行/执行监督/司法拍卖/网络司法拍卖/强制执行措施

【相关法条】

《中华人民共和国民事诉讼法》（2017 修正）第 204 条（2023 年修

① 2020 年修正后改为第 21 条第 1 款。

正后为第215条）

【裁判要点】

网络司法拍卖是人民法院通过互联网拍卖平台进行的司法拍卖，属于强制执行措施。人民法院对网络司法拍卖中产生的争议，应当适用《民事诉讼法》及相关司法解释的规定处理。

【基本案情】

广东省汕头市中级人民法院（以下简称汕头中院）在执行申请执行人刘荣坤与被执行人广东省汕头渔业用品进出口公司等借款合同纠纷一案中，于2016年4月25日通过淘宝网司法拍卖网络平台拍卖被执行人所有的位于汕头市升平区永泰路145号13—1地号地块的土地使用权，申诉人陈载果先后出价5次，最后一次于2016年4月26日10时17分26秒出价5,282,360.00元确认成交，成交后陈载果未缴交尚欠拍卖款。

2016年8月3日，陈载果向汕头中院提出执行异议，认为拍卖过程一些环节未适用《拍卖法》等相关法律规定，请求撤销拍卖，退还保证金23万元。

【裁判结果】

汕头中院于2016年9月18日作出（2016）粤05执异38号执行裁定，驳回陈载果的异议。陈载果不服，向广东省高级人民法院申请复议。广东省高级人民法院于2016年12月12日作出（2016）粤执复字243号执行裁定，驳回陈载果的复议申请，维持汕头中院（2016）粤05执异38号执行裁定。申诉人陈载果不服，向最高人民法院申诉。最高人民法院于2017年9月2日作出（2017）最高法执监250号，驳回申诉人陈载果的申诉请求。

【裁判理由】

最高人民法院认为：

一、关于对网络司法拍卖的法律调整问题

根据《拍卖法》（2015修正）第2条的规定，本法适用于中华人民共和国境内拍卖企业进行的拍卖活动，调整的是拍卖人、委托人、竞买人、买受人等平等主体之间的权利义务关系。拍卖人接受委托人委托对拍卖标的进行拍卖，是拍卖人和委托人之间“合意”的结果，该委托拍卖系合同关系,属于私法范畴。人民法院司法拍卖是人民法院依法行使强制执行权,就查封、扣押、冻结的财产强制进行拍卖变价进而清偿债务的强制执行行为,其本质上属于司法行为,具有公法性质。该强制执行权并非来自当事人的授权,无须征得当事人的同意,也不以当事人的意志为转移,而是基于法律赋予的人民法院的强制执行权,即来源于《民事诉讼法》及相关司法解释的规定。即便是在传统的司法拍卖中,人民法院委托拍卖企业进行拍卖活动,该拍卖企业与人民法院之间也不是平等关系,该拍卖企业的拍卖活动只能在人民法院的授权范围内进行。因此,人民法院在司法拍卖中应适用《民事诉讼法》及相关司法解释对人民法院强制执行的规定。网络司法拍卖是人民法院司法拍卖的一种优选方式,亦应适用《民事诉讼法》及相关司法解释对人民法院强制执行的规定。

二、关于本项网络司法拍卖行为是否存在违法违规情形问题

在网络司法拍卖中,竞价过程、竞买号、竞价时间、是否成交等均在交易平台展示,该展示具有一定的公示效力,对竞买人具有拘束力。该项内容从申诉人提供的竞买记录也可得到证实。且在本项网络司法拍卖发生时,《民事诉讼法》及相关司法解释均没有规定网络司法拍卖成交后必须签订成交确认书。因此,申诉人称未签订成交确认书、不能确定权利义务关系的主张不能得到支持。

关于申诉人提出的竞买号牌 A7822 与 J8809 蓄谋潜入竞买场合恶意串通,该标的物从底价 230 万元抬至 530 万元,事后经查证号牌 A7822 竞买人是该标的物委托拍卖人刘荣坤等问题。网络司法拍卖是人民法院依法通过互联网拍卖平台,以网络电子竞价方式公开处置财产,本质上属于人民法院"自主拍卖",不存在委托拍卖人的问题。《最高人民法院关于人民法院民事执行中拍卖、变卖财产的规定》(2004)第 15 条第 2 款①明确规定申请执行人、被执行人可以参加竞买,作为申请执行人刘荣坤只要满足网络司法拍卖的资格条件即可以参加竞买。在网络司法拍卖中,竞买人是否加价竞买、是否放弃竞买、何时加价竞买、何时放弃竞买完全取决于竞买人对拍卖标的物的价值

① 2020 年修正后改为第 12 条第 2 款。

认识。从申诉人提供的竞买记录看,申诉人在2016年4月26日9时40分53秒出价2,377,360元后,在竞买人叫价达到5,182,360元时,分别在2016年4月26日10时01分16秒、10时05分10秒、10时08分29秒、10时17分26秒加价竞买,足以认定申诉人对于自身的加价竞买行为有清醒的判断。因竞买号牌A7822与J8809连续多次加价竞买就认定该两位竞买人系蓄谋潜入竞买场合恶意串通理据不足,不予支持。

指导案例149号　长沙广大建筑装饰有限公司诉中国工商银行股份有限公司广州粤秀支行、林传武、长沙广大建筑装饰有限公司广州分公司等第三人撤销之诉案

(最高人民法院审判委员会讨论通过
2021年2月19日发布)

【案号】

(2018)粤民终1151号

【关键词】

民事/第三人撤销之诉/公司法人/分支机构/原告主体资格

【相关法条】

《中华人民共和国民事诉讼法》(2017修正)第56条(2023年修正后为第59条)

《中华人民共和国民法总则》第74条第2款(已废止,对应《中华人民共和国民法典》第74条第2款)

【裁判要点】

公司法人的分支机构以自己的名义从事民事活动,并独立参加民事诉讼,人民法院判决分支机构对外承担民事责任,公司法人对该生效裁判提起第三人撤销之诉的,其不符合《民事诉讼法》第56条规定

的第三人条件，人民法院不予受理。

【基本案情】

2011 年 7 月 12 日，林传武与中国工商银行股份有限公司广州粤秀支行（以下简称工商银行粤秀支行）签订《个人借款/担保合同》。长沙广大建筑装饰有限公司广州分公司（以下简称长沙广大广州分公司）出具《担保函》，为林传武在工商银行粤秀支行的贷款提供连带责任保证。后因林传武欠付款项，工商银行粤秀支行向法院起诉林传武、长沙广大广州分公司等，请求林传武偿还欠款本息，长沙广大广州分公司承担连带清偿责任。此案经广东省广州市天河区人民法院一审、广州市中级人民法院二审，判令林传武清偿欠付本金及利息等，其中一项为判令长沙广大广州分公司对林传武的债务承担连带清偿责任。

2017 年，长沙广大建筑装饰有限公司（以下简称长沙广大公司）向广州市中级人民法院提起第三人撤销之诉，以生效判决没有将长沙广大公司列为共同被告参与诉讼，并错误认定《担保函》性质，导致长沙广大公司无法主张权利，请求撤销广州市中级人民法院作出的（2016）粤 01 民终第 15617 号民事判决。

【裁判结果】

广州市中级人民法院于 2017 年 12 月 4 日作出（2017）粤 01 民撤 10 号民事裁定：驳回原告长沙广大建筑装饰有限公司的起诉。宣判后，长沙广大建筑装饰有限公司提起上诉。广东省高级人民法院于 2018 年 6 月 22 日作出（2018）粤民终 1151 号民事裁定：驳回上诉，维持原裁定。

【裁判理由】

法院生效裁判认为：《民事诉讼法》（2017 修正）第 56 条第 1 款规定："对当事人双方的诉讼标的，第三人认为有独立请求权的，有权提起诉讼。对当事人双方的诉讼标的，第三人虽然没有独立请求权，但案件处理结果同他有法律上的利害关系的，可以申请参加诉讼，或者由人民法院通知他参加诉讼。人民法院判决承担民事责任的第三人，有当事人的诉讼权利义务。前两款规定的第三人，因不能归责于本人的事由未参加诉讼，但有证据证明发生法律效力的判决、裁定、调解书的部分或者全部内容错误，损害其民事权益的，可以自知道或者应当知道其民事权益受到损害之日起六个月内,向作出该判决、裁定、调解书的人民法院提起诉讼……”依据上述法律规定,提起第三人撤销之诉的“第三人”是指有独立请求权的第三人,或者案件处理结果同他有法律上的利害关系的无独立请求权第三人,但不包括当事人双方。在已经生效的(2016)粤01民终15617号案件中,被告长沙广大广州分公司系长沙广大公司的分支机构,不是法人,但其依法设立并领取工商营业执照,具有一定的运营资金和在核准的经营范围内经营业务的行为能力。根据《民法总则》第74条第2款“分支机构以自己的名义从事民事活动,产生的民事责任由法人承担;也可以先以该分支机构管理的财产承担,不足以承担的,由法人承担”的规定,长沙广大公司在(2016)粤01民终15617号案件中,属于承担民事责任的当事人,其诉讼地位不是《民事诉讼法》(2017修正)第56条规定的第三人。因此,长沙广大公司以第三人的主体身份提出本案诉讼不符合第三人撤销之诉的法定适用条件。

指导案例150号　中国民生银行股份有限公司温州分行诉浙江山口建筑工程有限公司、青田依利高鞋业有限公司第三人撤销之诉案

(最高人民法院审判委员会讨论通过
2021年2月19日发布)

【案号】

(2018)浙民申3524号

【关键词】

民事/第三人撤销之诉/建设工程价款优先受偿权/抵押权/原告主体资格

【相关法条】

《中华人民共和国民事诉讼法》(2017修正)第56条(2023年修正

后为第59条)

【裁判要点】

建设工程价款优先受偿权与抵押权指向同一标的物,抵押权的实现因建设工程价款优先受偿权的有无以及范围大小受到影响的,应当认定抵押权的实现同建设工程价款优先受偿权案件的处理结果有法律上的利害关系,抵押权人对确认建设工程价款优先受偿权的生效裁判具有提起第三人撤销之诉的原告主体资格。

【基本案情】

中国民生银行股份有限公司温州分行(以下简称温州民生银行)因与青田依利高鞋业有限公司(以下简称青田依利高鞋业公司)、浙江依利高鞋业有限公司等金融借款合同纠纷一案诉至浙江省温州市中级人民法院(以下简称温州中院),温州中院判令:"一、浙江依利高鞋业有限公司于判决生效之日起10日内偿还温州民生银行借款本金5690万元及期内利息、期内利息复利、逾期利息;二、如浙江依利高鞋业有限公司未在上述第一项确定的期限内履行还款义务,温州民生银行有权以拍卖、变卖被告青田县依利高鞋业公司提供抵押的坐落于青田县船寮镇赤岩工业区房产及工业用地的所得价款优先受偿……"上述判决生效后,因该案各被告未在判决确定的期限内履行义务,温州民生银行向温州中院申请强制执行。

在执行过程中,温州民生银行于2017年2月28日获悉,浙江省青田县人民法院向温州中院发出编号为(2016)浙1121执2877号的《参与执行分配函》,以(2016)浙1121民初1800号民事判决为依据,要求温州中院将该判决确认的浙江山口建筑工程有限公司(以下简称山口建筑公司)对青田依利鞋业公司高享有的559.3万元建设工程款债权优先于抵押权和其他债权受偿,对坐落于青田县船寮镇赤岩工业区建设工程项目折价或拍卖所得价款优先受偿。

温州民生银行认为案涉建设工程于2011年10月21日竣工验收合格,但山口建筑公司直至2016年4月20日才向法院主张优先受偿权,显然已超过了6个月的期限,故请求撤销(2016)浙1121民初1800号民事判决,并确认山口建筑公司就案涉建设工程项目折价、拍卖或变卖所得价款不享有优先受偿权。

【裁判结果】

浙江省云和县人民法院于2017年12月25日作出(2017)浙1125民撤1号民事判决:一、撤销浙江省青田县人民法院(2016)浙1121民初1800号民事判决书第一项;二、驳回原告中国民生银行股份有限公司温州分行的其他诉讼请求。一审宣判后,浙江山口建筑工程有限公司不服,向浙江省丽水市中级人民法院提起上诉。浙江省丽水市中级人民法院于2018年4月25日作出(2018)浙11民终446号民事判决书,判决驳回上诉,维持原判。浙江山口建筑工程有限公司不服,向浙江省高级人民法院申请再审。浙江省高级人民法院于2018年12月14日作出(2018)浙民申3524号民事裁定书,驳回浙江山口建筑工程有限公司的再审申请。

【裁判理由】

法院生效裁判认为:第三人撤销之诉的审理对象是原案生效裁判,为保障生效裁判的权威性和稳定性,第三人撤销之诉的立案审查相比一般民事案件更加严格。正如山口建筑公司所称,《最高人民法院关于适用〈中华人民共和国民事诉讼法〉的解释》(2015)第292条[①]规定,第三人提起撤销之诉的,应当提供存在发生法律效力的判决、裁定、调解书的全部或者部分内容错误情形的证据材料,即在受理阶段需对原生效裁判内容是否存在错误从证据材料角度进行一定限度的实质审查。但前述司法解释规定本质上仍是对第三人撤销之诉起诉条件的规定,起诉条件与最终实体判决的证据要求存在区别,前述司法解释规定并不意味着第三人在起诉时就要完成全部的举证义务,第三人在提起撤销之诉时应对原案判决可能存在错误并损害其民事权益的情形提供初步证据材料加以证明。温州民生银行提起撤销之诉时已经提供证据材料证明自己是同一标的物上的抵押权人,山口建筑公司依据原案生效判决第一项要求参与抵押物折价或者拍卖所得价款的分配将直接影响温州民生银行债权的优先受偿,而且山口建筑公司自案涉工程竣工验收至提起原案诉讼远远超过6个月期限,山口建筑公司主张在6个月内行使建设工程价款优先权时并未采取起诉、仲

① 2022年修正后为第290条。

裁等具备公示效果的方式。因此，从起诉条件审查角度看，温州民生银行已经提供初步证据证明原案生效判决第一项内容可能存在错误并将损害其抵押权的实现，其提起诉讼要求撤销原案生效判决主文第一项符合法律规定的起诉条件。

指导案例151号　台州德力奥汽车部件制造有限公司诉浙江建环机械有限公司管理人浙江安天律师事务所、中国光大银行股份有限公司台州温岭支行第三人撤销之诉案

（最高人民法院审判委员会讨论通过
2021年2月19日发布）

【案号】

(2020)最高法民申2033号

【关键词】

民事/第三人撤销之诉/破产程序/个别清偿行为/原告主体资格

【相关法条】

《中华人民共和国民事诉讼法》(2017修正)第56条(2023年修正后为第59条)

【裁判要点】

在银行承兑汇票的出票人进入破产程序后，对付款银行于法院受理破产申请前6个月内从出票人还款账户划扣票款的行为，破产管理人提起请求撤销个别清偿行为之诉，法院判决予以支持的，汇票的保证人与该生效判决具有法律上的利害关系，具有提起第三人撤销之诉的原告主体资格。

【基本案情】

2014年3月21日，中国光大银行股份有限公司台州温岭支行(以

下简称光大银行温岭支行)分别与浙江建环机械有限公司(以下简称建环公司)、台州德力奥汽车部件制造有限公司(以下简称德力奥公司)等签订《综合授信协议》《最高额保证合同》,约定光大银行温岭支行在2014年4月1日至2015年3月31日期间向建环公司提供最高额520万元的授信额度,德力奥公司等为该授信协议项下最高本金余额520万元提供连带责任保证。2014年4月2日,光大银行温岭支行与建环公司签订《银行承兑协议》,建环公司提供50%保证金(260万元),光大银行温岭支行向建环公司出具承兑汇票520万元,汇票到期日为2014年10月2日。2014年10月2日,陈某1将260万元汇至陈某2兴业银行的账户,然后陈某2将260万元汇至其在光大银行温岭支行的账户,再由陈某2将260万元汇至建环公司在光大银行温岭支行的还款账户。2014年10月8日,光大银行温岭支行在建环公司的上述账户内扣划2563430.83元,并陆续支付持票人承兑汇票票款共37笔,合计520万元。

2015年1月4日,浙江省玉环县人民法院受理建环公司的破产重整申请,并指定浙江安天律师事务所担任管理人(以下简称建环公司管理人)。因重整不成,浙江省玉环县人民法院裁定终结建环公司的重整程序并宣告其破产清算。2016年10月13日,建环公司管理人提起请求撤销个别清偿行为之诉,浙江省玉环县人民法院于2017年1月10日作出(2016)浙1021民初7201号民事判决,判令光大银行温岭支行返还建环公司管理人2563430.83元及利息损失。光大银行温岭支行不服提起上诉,浙江省台州市中级人民法院于2017年7月10日作出(2016)浙10民终360号二审判决:驳回上诉,维持原判。

2018年1月,光大银行温岭支行因保证合同纠纷一案将德力奥公司等诉至温岭市人民法院。原、被告均不服一审判决,上诉至台州市中级人民法院,二审判决德力奥公司等连带偿还光大银行温岭支行垫付款本金及利息等。

德力奥公司遂向台州市中级人民法院起诉撤销浙江省玉环县人民法院(2016)浙1021民初7201号民事判决第一项及台州市中级人民法院(2016)浙10民终360号民事判决。

【裁判结果】

台州市中级人民法院于2019年3月15日作出(2018)浙10民撤2号民事判决:驳回德力奥公司的诉讼请求。德力奥公司不服,上诉至浙江省高级人民法院。

浙江省高级人民法院于2019年7月15日作出(2019)浙民终330号民事判决:一、撤销台州市中级人民法院(2018)浙10民撤2号民事判决;二、撤销台州市中级人民法院(2016)浙10民终360号民事判决和浙江省玉环县人民法院(2016)浙1021民初7201号民事判决第一项"限被告中国光大银行股份有限公司台州温岭支行于判决生效后一个月内返还原告浙江建环机械有限公司管理人浙江安天律师事务所人民币2563430.83元,并从2016年10月13日起按中国人民银行规定的同期同类贷款基准利率赔偿利息损失";三、改判浙江省玉环县人民法院(2016)浙1021民初7201号民事判决第二项"驳回原告浙江建环机械有限公司管理人浙江安天律师事务所的其余诉讼请求"为"驳回原告浙江建环机械有限公司管理人浙江安天律师事务所的全部诉讼请求";四、驳回德力奥公司的其他诉讼请求。建环公司管理人不服,向最高人民法院申请再审。最高人民法院于2020年5月27日作出(2020)最高法民申2033号民事裁定:驳回建环公司管理人的再审申请。

【裁判理由】

最高人民法院认为:关于德力奥公司是否有权提起第三人撤销之诉的问题。若案涉汇票到期前建环公司未能依约将票款足额存入其在光大银行温岭支行的账户,基于票据无因性以及光大银行温岭支行作为银行承兑汇票的第一责任人,光大银行温岭支行须先行向持票人兑付票据金额,然后再向出票人(本案为建环公司)追偿,德力奥公司依约亦需承担连带偿付责任。由于案涉汇票到期前,建环公司依约将票款足额存入了其在光大银行温岭支行的账户,光大银行温岭支行向持票人兑付了票款,故不存在建环公司欠付光大银行温岭支行票款的问题,德力奥公司亦就无须承担连带偿付责任。但是,由于建环公司管理人针对建环公司在汇票到期前向其在光大银行温岭支行账户的汇款行为提起请求撤销个别清偿行为之诉,若建环公司管理人的诉求得到支持,德力奥公司作为建环公司申请光大银行温岭支行开具银行承兑汇票的保证人即要承担连带还款责任,故原案的处理结果与德力奥公司有法律上的利害关系,应当认定德力奥公司属于《民事诉讼法》(2017 修正)第 56 条规定的无独立请求权第三人。

指导案例 152 号　鞍山市中小企业信用担保中心诉汪薇、鲁金英第三人撤销之诉案

(最高人民法院审判委员会讨论通过
2021 年 2 月 19 日发布)

【案号】

(2017)最高法民终 626 号

【关键词】

民事/第三人撤销之诉/撤销权/原告主体资格

【相关法条】

《中华人民共和国民事诉讼法》(2017 修正)第 56 条(2023 年修正后为第 59 条)

《中华人民共和国合同法》第 74 条(已废止,对应《中华人民共和国民法典》第 538 条)

【裁判要点】

债权人申请强制执行后,被执行人与他人在另外的民事诉讼中达成调解协议,放弃其取回财产的权利,并大量减少债权,严重影响债权人债权实现,符合《合同法》第 74 条规定的债权人行使撤销权条件的,债权人对民事调解书具有提起第三人撤销之诉的原告主体资格。

【基本案情】

2008 年 12 月,鞍山市中小企业信用担保中心(以下简称担保中心)与台安县农村信用合作社黄沙坨信用社(以下简称黄沙坨信用社)签订保证合同,为汪薇经营的鞍山金桥生猪良种繁育养殖厂(以下简称养殖厂)在该信用社的贷款提供连带责任担保。汪薇向担保中心出

具一份个人连带责任保证书,为借款人的债务提供反担保。后因养殖厂及汪薇没有偿还贷款,担保中心于2010年4月向黄沙坨信用社支付代偿款2,973,197.54元。2012年担保中心以养殖厂、汪薇等为被告起诉至辽宁省鞍山市铁东区人民法院(以下简称铁东区人民法院),要求养殖厂及汪薇等偿还代偿款。铁东区人民法院于2013年6月作出判决:(1)汪薇于该判决书生效之日起十五日内给付担保中心代偿银行欠款2973197.54元及银行利息;(2)张某某以其已办理的抵押房产对前款判项中的本金及利息承担抵押担保责任;(3)驳回担保中心的其他诉讼请求。该判决已经发生法律效力。

2010年12月汪薇将养殖厂转让给鲁金英,转让费450万元,约定合同签订后立即给付163万余元,余款于2011年12月1日全部付清。如鲁金英不能到期付款,养殖厂的所有资产仍归汪薇,首付款作为违约金归汪薇所有。合同签订后,鲁金英支付了约定的首付款。汪薇将养殖厂交付鲁金英,但鲁金英未按约定支付剩余转让款。2014年1月,铁东区人民法院基于担保中心的申请,从鲁金英处执行其欠汪薇资产转让款30万元,将该款交给了担保中心。

汪薇于2013年11月起诉鲁金英,请求判令养殖厂的全部资产归其所有;鲁金英承担违约责任。辽宁省鞍山市中级人民法院经审理认为,汪薇与鲁金英签订的《资产转让合同书》合法有效,鲁金英未按合同约定期限支付余款构成违约。据此作出(2013)鞍民三初字第66号民事判决:(1)鲁金英将养殖厂的资产归还汪薇所有;(2)鲁金英赔偿汪薇实际损失及违约金1,632,573元。其中应扣除鲁金英代汪薇偿还的30万元,实际履行中由汪薇给付鲁金英30万元。鲁金英向辽宁省高级人民法院提起上诉。该案二审期间,汪薇和鲁金英自愿达成《调解协议》。辽宁省高级人民法院于2014年8月作出(2014)辽民二终字第00183号民事调解书予以确认。《调解协议》主要内容为养殖厂归鲁金英所有,双方同意将原转让款450万元变更为3,132,573元,鲁金英已给付汪薇1,632,573元,再给付150万元,不包括鲁金英已给付担保中心的30万元等。

鲁金英依据(2014)辽民二终字第00183号民事调解书向担保中心、执行法院申请回转已被执行的30万元,担保中心知悉汪薇和鲁金英买卖合同纠纷诉讼及上述调解书的内容,随即提起本案第三人撤销之诉。

【裁判结果】

辽宁省高级人民法院于2017年5月23日作出(2016)辽民撤8号民事判决:一、撤销辽宁省高级人民法院(2014)辽民二终字第00183号民事调解书和鞍山市中级人民法院(2013)鞍民三初字第66号民事判决书;二、被告鲁金英于判决生效之日起10日内,将金桥生猪良种繁育养殖厂的资产归还被告汪薇所有;三、被告鲁金英已给付被告汪薇的首付款1,632,573元作为实际损失及违约金赔偿汪薇,但应从中扣除代替汪薇偿还担保中心的30万元,即实际履行中由汪薇给付鲁金英30万元。鲁金英不服,提起上诉。最高人民法院于2018年5月30日作出(2017)最高法民终626号民事判决:一、维持辽宁省高级人民法院(2016)辽民撤8号民事判决第一项;二、撤销辽宁省高级人民法院(2016)辽民撤8号民事判决第二项、第三项;三、驳回鞍山市中小企业信用担保中心的其他诉讼请求。

【裁判理由】

最高人民法院判决认为,本案中,虽然担保中心与汪薇之间基于贷款代偿形成的债权债务关系,与汪薇和鲁金英之间因转让养殖厂形成的买卖合同关系属两个不同法律关系,但是,汪薇系为创办养殖厂与担保中心形成案涉债权债务关系,与黄沙坨信用社签订借款合同的主体亦为养殖厂,故汪薇和鲁金英转让的养殖厂与担保中心对汪薇债权的形成存在关联关系。在汪薇与鲁金英因养殖厂转让发生纠纷提起诉讼时,担保中心对汪薇的债权已经生效民事判决确认并已进入执行程序。在该案诉讼及判决执行过程中,铁东区人民法院已裁定冻结了汪薇对养殖厂(投资人鲁金英)的到期债权。鲁金英亦已向铁东区人民法院确认其欠付汪薇转让款及数额,同意通过法院向担保中心履行,并已实际给付了30万元。铁东区人民法院也对养殖厂的相关财产予以查封冻结,并向养殖厂送达了协助执行通知书。故汪薇与鲁金英因养殖厂资产转让合同权利义务的变化与上述对汪薇财产的执行存在直接牵连关系,并可能影响担保中心的利益。《合同法》第74条规定:“债务人以明显不合理的低价转让财产,对债权人造成损害,并且受让人知道该情形的,债权人也可以请求人民法院撤销债务人的行为。”因本案汪薇和鲁金英系在诉讼中达成以3,132,573元交易价转让养殖厂的协议,该协议经人民法院作出(2014)辽民二终字第00183号民事调解书予以确认并已发生法律效力。在此情形下,担保中心认为汪薇与鲁金英该资产转让行为符合《合同法》第74条规定的情形,却无法依据《合同法》第74条规定另行提起诉讼行使撤销权。故本案担保中心与汪薇之间虽然属于债权债务关系,但基于担保中心对汪薇债权的形成与汪薇转让养殖厂之间的关联关系,法院对汪薇因养殖厂转让形成的到期债权在诉讼和执行程序中采取的保全和执行措施使得汪薇与鲁金英买卖合同纠纷案件处理结果对担保中心利益产生的影响,以及担保中心主张受损害的民事权益因(2014)辽民二终字第00183号民事调解书而存在根据《合同法》第74条提起撤销权诉讼障碍等本案基本事实,可以认定汪薇和鲁金英买卖合同纠纷案件处理结果与担保中心具有法律上的利害关系,担保中心有权提起本案第三人撤销之诉。

指导案例155号　中国建设银行股份有限公司怀化市分行诉中国华融资产管理股份有限公司湖南省分公司等案外人执行异议之诉案

(最高人民法院审判委员会讨论通过
2021年2月19日发布)

【案号】

(2019)最高法民终603号

【关键词】

民事/案外人执行异议之诉/与原判决、裁定无关/抵押权

【相关法条】

《中华人民共和国民事诉讼法》(2017修正)第227条(2023年修

正后为第234条)

【裁判要点】

在抵押权强制执行中,案外人以其在抵押登记之前购买了抵押房产,享有优先于抵押权的权利为由提起执行异议之诉,主张依据《最高人民法院关于人民法院办理执行异议和复议案件若干问题的规定》排除强制执行,但不否认抵押权人对抵押房产的优先受偿权的,属于《民事诉讼法》第227条规定的"与原判决、裁定无关"的情形,人民法院应予依法受理。

【基本案情】

中国华融资产管理股份有限公司湖南省分公司(以下简称华融湖南分公司)与怀化英泰建设投资有限公司(以下简称英泰公司)、东星建设工程集团有限公司(以下简称东星公司)、湖南辰溪华中水泥有限公司(以下简称华中水泥公司)、谢某某、陈某某合同纠纷一案,湖南省高级人民法院(以下简称湖南高院)于2014年12月12日作出(2014)湘高法民二初字第32号民事判决(以下简称第32号判决),判决解除华融湖南分公司与英泰公司签订的《债务重组协议》,由英泰公司向华融湖南分公司偿还债务9800万元及重组收益、违约金和律师代理费,东星公司、华中水泥公司、谢某某、陈某某承担连带清偿责任。未按期履行清偿义务的,华融湖南分公司有权以英泰公司已办理抵押登记的房产3194.52平方米、2709.09平方米及相应土地使用权作为抵押物折价或者以拍卖、变卖该抵押物所得价款优先受偿。双方均未上诉,该判决生效。英泰公司未按期履行第32号判决所确定的清偿义务,华融湖南分公司向湖南高院申请强制执行。湖南高院执行立案后,作出拍卖公告拟拍卖第32号判决所确定华融湖南分公司享有优先受偿权的案涉房产。

中国建设银行股份有限公司怀化市分行(以下简称建行怀化分行)以其已签订房屋买卖合同且支付购房款为由向湖南高院提出执行异议。该院于2017年12月12日作出(2017)湘执异75号执行裁定书,驳回建行怀化分行的异议请求。建行怀化分行遂提起案外人执行异议之诉,请求不得执行案涉房产,确认华融湖南分公司对案涉房产的优先受偿权不得对抗建行怀化分行。

【裁判结果】

湖南省高级人民法院于2018年9月10日作出(2018)湘民初10号民事裁定:驳回建行怀化分行的起诉。建行怀化分行不服上述裁定,向最高人民法院提起上诉。最高人民法院于2019年9月23日作出(2019)最高法民终603号裁定:一、撤销湖南省高级人民法院(2018)湘民初10号民事裁定;二、指令湖南高院审理。

【裁判理由】

最高人民法院认为,《民事诉讼法》(2017修正)第227条规定:"执行过程中,案外人对执行标的提出书面异议的,人民法院应当自收到书面异议之日起十五日内审查,理由成立的,裁定中止对该标的的执行;理由不成立的,裁定驳回。案外人、当事人对裁定不服,认为原判决、裁定错误的,依照审判监督程序办理;与原判决、裁定无关的,可以自裁定送达之日起十五日内向人民法院提起诉讼。"《最高人民法院关于适用〈中华人民共和国民事诉讼法〉的解释》(以下简称《民事诉讼法解释》)(2015)第305条①进一步规定:"案外人提起执行异议之诉,除符合民事诉讼法第一百一十九条规定外,还应当具备下列条件:(一)案外人的执行异议申请已经被人民法院裁定驳回;(二)有明确的排除对执行标的执行的诉讼请求,且诉讼请求与原判决、裁定无关;(三)自执行异议裁定送达之日起十五日内提起。人民法院应当在收到起诉状之日起十五日内决定是否立案。"可见,《民事诉讼法解释》第305条明确,案外人提起执行异议之诉,应当符合"诉讼请求与原判决、裁定无关"这一条件。因此,《民事诉讼法》第227条规定的"与原判决、裁定无关"应为"诉讼请求"与原判决、裁定无关。

华融湖南分公司申请强制执行所依据的原判决即第32号判决的主文内容是判决英泰公司向华融湖南分公司偿还债务9800万元及重组收益、违约金和律师代理费,华融湖南分公司有权以案涉房产作为抵押物折价或者以拍卖、变卖该抵押物所得价款优先受偿。本案中,建行怀化分行一审诉讼请求是排除对案涉房产的强制执行,确认华融湖南分公司对案涉房产的优先受偿权不得对抗建行怀化分行,起诉理

① 2022年修正后改为第303条,下同。

由是其签订购房合同、支付购房款及占有案涉房产在办理抵押之前，进而主张排除对案涉房产的强制执行。建行怀化分行在本案中并未否定华融湖南分公司对案涉房产享有的抵押权，也未请求纠正第32号判决，实际上其诉请解决的是基于房屋买卖对案涉房产享有的权益与华融湖南分公司对案涉房产所享有的抵押权之间的权利顺位问题，这属于“与原判决、裁定无关”的情形，是执行异议之诉案件审理的内容，应予立案审理。

指导案例168号　中信银行股份有限公司东莞分行诉陈志华等金融借款合同纠纷案

（最高人民法院审判委员会讨论通过
2021年11月9日发布）

【案号】

（2019）最高法民再155号

【关键词】

民事/金融借款合同/未办理抵押登记/赔偿责任/过错

【相关法条】

《中华人民共和国物权法》第15条（已废止，对应《中华人民共和国民法典》第215条）

《中华人民共和国合同法》第107条、第113条第1款、第119条第1款（已废止，对应《中华人民共和国民法典》第577条、第584条、第591条第1款）

【裁判要点】

以不动产提供抵押担保，抵押人未依抵押合同约定办理抵押登记的，不影响抵押合同的效力。债权人依据抵押合同主张抵押人在抵押物的价值范围内承担违约赔偿责任的，人民法院应予支持。抵押权人对未能办理抵押登记有过错的，相应减轻抵押人的赔偿责任。

【基本案情】

2013年12月31日，中信银行股份有限公司东莞分行（以下简称中信银行东莞分行）与东莞市华丰盛塑料有限公司（以下简称华丰盛公司）、东莞市亿阳信通集团有限公司（以下简称亿阳公司）、东莞市高力信塑料有限公司（以下简称高力信公司）签订《综合授信合同》，约定中信银行东莞分行为亿阳公司、高力信公司、华丰盛公司提供4亿元的综合授信额度，额度使用期限自2013年12月31日起至2014年12月31日止。为担保该合同，中信银行东莞分行于同日与陈志波、陈志华、陈志文、亿阳公司、高力信公司、华丰盛公司、东莞市怡联贸易有限公司（以下简称怡联公司）、东莞市力宏贸易有限公司（以下简称力宏公司）、东莞市同汇贸易有限公司（以下简称同汇公司）分别签订了《最高额保证合同》，约定：高力信公司、华丰盛公司、亿阳公司、力宏公司、同汇公司、怡联公司、陈志波、陈志华、陈志文为上述期间的贷款本息、实现债权费用在各自保证限额内向中信银行东莞分行提供连带保证责任。同时，中信银行东莞分行还分别与陈志华、陈志波、陈仁兴、梁彩霞签订了《最高额抵押合同》，陈志华、陈志波、陈仁兴、梁彩霞同意为中信银行东莞分行2013年12月31日至2014年12月31日期间对亿阳公司等授信产生的债权提供最高额抵押，担保的主债权限额均为4亿元，担保范围包括贷款本息及相关费用，抵押物包括：1. 陈志华位于东莞市中堂镇东泊村的房产及位于东莞市中堂镇东泊村中堂汽车站旁的一栋综合楼（未取得不动产登记证书）；2. 陈志波位于东莞市中堂镇东泊村陈屋东兴路东一巷面积为4667.7平方米的土地使用权及地上建筑物、位于东莞市中堂镇吴家涌面积为30801平方米的土地使用权、位于东莞市中堂镇东泊村面积为12641.9平方米的土地使用权（均未取得不动产登记证书）；3. 陈仁兴位于东莞市中堂镇的房屋；4. 梁彩霞位于东莞市中堂镇东泊村陈屋新村的房产。以上不动产均未办理抵押登记。

另，中信银行东莞分行于同日与亿阳公司签订了《最高额权利质押合同》《应收账款质押登记协议》。

基于《综合授信合同》，中信银行东莞分行与华丰盛公司于2014年3月18日、19日分别签订了《人民币流动资金贷款合同》，约定：中信银行东莞分行为华丰盛公司分别提供2500万元、2500万元、2000万元流动资金贷款,贷款期限分别为2014年3月18日至2015年3月18日、2014年3月19日至2015年3月15日、2014年3月19日至2015年3月12日。

东莞市房产管理局于2011年6月29日向东莞市各金融机构发出《关于明确房地产抵押登记有关事项的函》(东房函〔2011〕119号),内容为:"东莞市各金融机构:由于历史遗留问题,我市存在一些土地使用权人与房屋产权人不一致的房屋。2008年,住建部出台了《房屋登记办法》(建设部令第168号),其中第八条明确规定'办理房屋登记,应当遵循房屋所有权和房屋占用范围内的土地使用权权利主体一致的原则'。因此,上述房屋在申请所有权转移登记时,必须先使房屋所有权与土地使用权权利主体一致后才能办理。为了避免抵押人在实现该类房屋抵押权时,因无法在房管部门办理房屋所有权转移登记而导致合法利益无法得到保障,根据《物权法》(已废止)、《房屋登记办法》(已废止)等相关规定,我局进一步明确房地产抵押登记的有关事项,现函告如下:一、土地使用权人与房屋产权人不一致的房屋需办理抵押登记的,必须在房屋所有权与土地使用权权利主体取得一致后才能办理。二、目前我市个别金融机构由于实行先放款再到房地产管理部门申请办理抵押登记,产生了一些不必要的矛盾纠纷。为了减少金融机构信贷风险和信贷矛盾纠纷,我局建议各金融机构在日常办理房地产抵押贷款申请时,应认真审查抵押房地产的房屋所有权和土地使用权权利主体是否一致,再决定是否发放该笔贷款。如对房地产权属存在疑问,可咨询房地产管理部门。三、为了更好地保障当事人利益,我局将从2011年8月1日起,对所有以自建房屋申请办理抵押登记的业务,要求申请人必须同时提交土地使用权证。"

中信银行东莞分行依约向华丰盛公司发放了7000万元贷款。然而,华丰盛公司自2014年8月21日起未能按期付息。中信银行东莞分行提起本案诉讼。请求:华丰盛公司归还全部贷款本金7000万元并支付贷款利息等;陈志波、陈志华、陈仁兴、梁彩霞在抵押物价值范围内承担连带赔偿责任。

【裁判结果】

广东省东莞市中级人民法院于2015年11月19日作出(2015)东中法民四初字第15号民事判决:一、东莞市华丰盛塑料有限公司向中信银行股份有限公司东莞分行偿还借款本金7000万元、利息及复利并支付罚息;二、东莞市华丰盛塑料有限公司赔偿中信银行股份有限公司东莞分行支出的律师费13万元;三、东莞市亿阳信通集团有限公司、东莞市高力信塑料有限公司、东莞市力宏贸易有限公司、东莞市同汇贸易有限公司、东莞市怡联贸易有限公司、陈志波、陈志华、陈志文在各自《最高额保证合同》约定的限额范围内就第一、第二判项确定的东莞市华丰盛塑料有限公司所负中信银行股份有限公司东莞分行的债务范围内承担连带清偿责任,保证人在承担保证责任后,有权向东莞市华丰盛塑料有限公司追偿;四、陈志华在位于广东省东莞市中堂镇东泊村中堂汽车站旁的一栋综合楼、陈志波在位于广东省东莞市中堂镇东泊村陈屋东兴路东一巷面积为4667.7平方米的土地使用权及地上建筑物(面积为3000平方米的三幢住宅)、位于东莞市中堂镇吴家涌面积为30801平方米的土地使用权、位于东莞市中堂镇东泊村面积为12641.9平方米的土地使用权的价值范围内就第一、第二判项确定的东莞市华丰盛塑料有限公司所负中信银行股份有限公司东莞分行债务的未受清偿部分的1/2范围内承担连带赔偿责任;五、驳回中信银行股份有限公司东莞分行的其他诉讼请求。

中信银行股份有限公司东莞分行提出上诉。

广东省高级人民法院于2017年11月14日作出(2016)粤民终1107号民事判决:驳回上诉,维持原判。

中信银行股份有限公司东莞分行不服向最高人民法院申请再审。

最高人民法院于2018年9月28日作出(2018)最高法民申3425号民事裁定,裁定提审本案。

2019年12月9日,最高人民法院作出(2019)最高法民再155号民事判决:一、撤销广东省高级人民法院(2016)粤民终1107号民事判决;二、维持广东省东莞市中级人民法院(2015)东中法民四初字第15号民事判决第一项、第二项、第三项、第四项;三、撤销广东省东莞市中级人民法院(2015)东中法民四初字第15号民事判决第五项;四、陈志华在位于东莞市中堂镇东泊村的房屋价值范围内、陈仁兴在位于东莞市中堂镇的房屋价值范围内、梁彩霞在位于东莞市中堂镇东泊村陈屋新村的房屋价值范围内,就广东省东莞市中级人民法院(2015)东中法民四初字第15号民事判决第一项、第二判项确定的东莞市华丰盛塑料有限公司所负债务未清偿部分的1/2范围内向中信银行股份有限公司东莞分行承担连带赔偿责任;五、驳回中信银行股份有限公司东莞分行的其他诉讼请求。

【裁判理由】

法院生效判决认为:《物权法》第15条规定:“当事人之间订立有关设立、变更、转让和消灭不动产物权的合同,除法律另有规定或者合同另有约定外,自合同成立时生效;未办理物权登记的,不影响合同效力。”本案中,中信银行东莞分行分别与陈志华等三人签订的《最高额抵押合同》,约定陈志华以其位于东莞市中堂镇东泊村的房屋、陈仁兴以其位于东莞市中堂镇的房屋、梁彩霞以其位于东莞市中堂镇东泊村陈屋新村的房屋为案涉债务提供担保。上述合同内容系双方当事人的真实意思表示,内容不违反法律、行政法规的强制性规定,应为合法有效。虽然前述抵押物未办理抵押登记,但根据《物权法》第15条之规定,该事实并不影响抵押合同的效力。

依法成立的合同,对当事人具有法律约束力,当事人应当按照合同约定履行各自义务,不履行合同义务或履行合同义务不符合约定的,应依据合同约定或法律规定承担相应责任。《最高额抵押合同》第6条“甲方声明与保证”约定:“6.2 甲方对本合同项下的抵押物拥有完全的、有效的、合法的所有权或处分权,需依法取得权属证明的抵押物已依法获发全部权属证明文件,且抵押物不存在任何争议或任何权属瑕疵……6.4 设立本抵押不会受到任何限制或不会造成任何不合法的情形。”第12条“违约责任”约定:“12.1 本合同生效后,甲乙双方均应履行本合同约定的义务,任何一方不履行或不完全履行本合同约定的义务的,应当承担相应的违约责任,并赔偿由此给对方造成的损失。12.2 甲方在本合同第六条所作声明与保证不真实、不准确、不完整或故意使人误解,给乙方造成损失的,应予赔偿。”根据上述约定,陈志华等三人应确保案涉房产能够依法办理抵押登记,否则应承担相应的违约责任。本案中,陈志华等三人尚未取得案涉房屋所占土地使用权证,因房地权属不一致,案涉房屋未能办理抵押登记,抵押权未依法设立,陈志华等三人构成违约,应依据前述约定赔偿由此给中信银行东莞分行造成的损失。

《合同法》第113条第1款规定:“当事人一方不履行合同义务或者履行合同义务不符合约定,给对方造成损失的,损失赔偿额应当相当于因违约所造成的损失,包括合同履行后可以获得的利益,但不得超过违反合同一方订立合同时预见到或者应当预见到的因违反合同可能造成的损失。”《最高额抵押合同》第6.6款约定:“甲方承诺:当主合同债务人不履行到期债务或发生约定的实现担保物权的情形,无论乙方对主合同项下的债权是否拥有其他担保(包括但不限于主合同债务人自己提供物的担保、保证、抵押、质押、保函、备用信用证等担保方式),乙方有权直接请求甲方在其担保范围内承担担保责任,无需行使其他权利(包括但不限于先行处置主合同债务人提供的物的担保)。”第8.1款约定:“按照本合同第二条第2.2款确定的债务履行期限届满之日债务人未按主合同约定履行全部或部分债务的,乙方有权按本合同的约定处分抵押物。”在《最高额抵押合同》正常履行的情况下,当主债务人不履行到期债务时,中信银行东莞分行可直接请求就抵押物优先受偿。本案抵押权因未办理登记而未设立,中信银行东莞分行无法实现抵押权,损失客观存在,其损失范围相当于在抵押财产价值范围内华丰盛公司未清偿债务数额部分,并可依约直接请求陈志华等三人进行赔偿。同时,根据本案查明的事实,中信银行东莞分行对《最高额抵押合同》无法履行亦存在过错。东莞市房产管理局已于2011年明确函告辖区各金融机构,房地权属不一致的房屋不能再办理抵押登记。据此可以认定,中信银行东莞分行在2013年签订《最高额抵押合同》时对于案涉房屋无法办理抵押登记的情况应当知情或者应当能够预见。中信银行东莞分行作为以信贷业务为主营业务的专业金融机构,应比一般债权人具备更高的审核能力。相对于此前曾就案涉抵押物办理过抵押登记的陈志华等三人来说,中信银行东莞分行具有更高的判断能力,负有更高的审查义务。中信银行东莞分行未尽到合理的审查和注意义务,对抵押权不能设立亦存在过错。同时,根据《合同法》第119条第1款“当事人一方违约后,对方应当采取适当措施防止损失的扩大;没有采取适当措施致使损失扩大的,不得就扩大的损失要求赔偿”的规定,中信银行东莞分行在知晓案涉房屋无法办理抵押登记后,没有采取降低授信额度、要求提供补充担保等措施防止损失扩大,可以适当减轻陈志华等三人的赔偿责任。综合考虑双方当事人的过错程度以及本案具体情况,酌情认定陈志华等三人以抵押财产价值为限,在华丰盛公司尚未清偿债务的1/2范围内,向中信银行东莞分行承担连带赔偿责任。

第三部分　文书范本

文书范本使用说明

本书文书范本放在有章平台，可以直接下载使用，使用说明如下：

输入网址（https://www. ilawpress. com/）－搜索范本标题－阅读、下载文件；客户端：下载“有章阅读”APP－浏览器/微信扫描二维码－打开有章阅读 APP－阅读文件。